LECCIONES DE ADMINISTRACIÓN
(y Políticas Públicas)

A Ramón Parada, del que discrepo en ocasiones, pero con el que coincido muchas veces. Con el sincero afecto de.

[illegible]

Madrid, 6. X. 2011

GASPAR ARIÑO ORTIZ
Catedrático de Derecho Administrativo

LECCIONES DE ADMINISTRACIÓN (y Políticas Públicas)

FUNDACIÓN DE ESTUDIOS DE REGULACIÓN

iustel

1.ª edición, 2011

Iustel
Portal Derecho, S. A.
www.iustel.com
Princesa, 29. 28008 Madrid
ISBN: 978-84-9890-156-6
Depósito legal: M. 29.660-2011
Printed in Spain - Impreso en España
por Sociedad Anónima de Fotocomposición
Talisio, 9. 28027 Madrid

A mis maestros, la generación de los 50,
que construyó el Derecho Administrativo español.

En especial a José Luis Villar Palasí,
que inspiró no pocas de estas lecciones.

Y a mis discípulos, que las escucharon,
en mis cuarenta años de Catedrático
de la Universidad española.

Madrid, 15 de enero de 2011

Índice

CAPÍTULO II

EL ORDENAMIENTO JURÍDICO-ADMINISTRATIVO. PRINCIPIO DE LEGALIDAD

CAPÍTULO III

LA ADMINISTRACIÓN Y SUS PRINCIPIOS DE ORGANIZACIÓN

CAPÍTULO IV

ESTADO Y COMUNIDADES AUTÓNOMAS EN LA CONSTITUCIÓN DE 1978

CAPÍTULO V

SOBRE LOS CONTRATOS EN DERECHO PÚBLICO

CAPÍTULO VI

BIENES PÚBLICOS Y SERVICIOS PÚBLICOS

CAPÍTULO VII

EL AGUA Y SU RÉGIMEN JURÍDICO

CAPÍTULO VIII

PRIVATIZACIONES, LIBERALIZACIÓN Y REGULACIÓN ECONÓMICA. LA EMPRESA

CAPÍTULO IX

OTROS ESCRITOS Y UN EPÍLOGO

LECCIONES DE ADMINISTRACIÓN
(y Políticas Públicas)

Presentación

Se recogen en este libro un conjunto de estudios elaborados a lo largo de casi cuarenta años, desde 1970, en que intensifiqué mi dedicación exclusiva a preparar las oposiciones a Cátedra. De hecho, el primero de los textos aquí contenidos constituye una parte de mi Memoria, que debía tratar sobre el concepto y «método» de construcción y enseñanza del Derecho administrativo. Fue también la primera lección que dicté en el inicio del curso académico 72-73, en la Facultad de Derecho de Madrid.

Eran hasta ahora escritos dispersos, no cristalizados en un libro, que fueron publicados en las más diversas fuentes: en actas de congresos, revistas culturales, libros-homenaje, prólogos, prelecciones y también —claro está— en las revistas especializadas de Derecho Administrativo como la «Revista de Administración Pública» (RAP), «Revista Española de Derecho Administrativo» (REDA), «Documentación Administrativa» (DA), «Diario La Ley», o la recientemente aparecida «El Cronista del Estado Social y Democrático de Derecho»; junto a ellas, otras menos habituales como «Presupuesto y Gasto Público» o «Revista del IEE». Me ha parecido que podía ser de utilidad agrupar estos trabajos, todos ellos sobre materias centrales de la asignatura y ofrecerlos de un modo asequible a la comunidad jurídica.

Tengo que decir que algunos de estos textos tienen para mí una especial significación, porque fueron hitos de mi formación y tarea universitaria; también porque puse en ellos un especial cuidado y una gran dedicación, en esos años en que uno no mide el tiempo que dedica al estudio y se pasa tres días para redactar una nota a pie de página. Recuerdo con especial emoción los meses dedicados a preparar mi ponencia para el II Symposium de Historia de la Administración *(«Derechos del Rey, derechos del pueblo...»)* aquí recogido. Quiero dejar aquí un testimonio de homenaje a mi viejo maestro, D. José Luis Villar Palasí, que me impulsó a entrar por esos vericuetos de la historia (y por otros).

Creo también que, por ser temas centrales del Derecho Público, todo jurista que quiera especializarse en esta rama del saber debe prestarles, antes o después, alguna atención. Si es posible, en los años centrales de su formación deberá enfrentarse con temas como el concepto de Administración Pública (y su deslinde), la legalidad, los principios de organización, la personalidad jurídica, el contrato administrativo y sus problemas, el servicio público, los bienes, o los recientes procesos de privatización, liberalización de actividades y el nuevo modelo de regulación para la competencia. Sobre estos temas se centran la mayoría de estudios de este libro. Tres de ellos abordan un tema que creo necesita de una construcción *ex novo* para el futuro: la regulación empresarial y un gobierno corporativo presidido por normas de derecho público (no sólo de derecho societario). Después de lo sucedido con la profunda crisis financiera y económica que estamos viviendo es claro que el sistema capitalista deberá ser repensado, especialmente en algunos sectores especiales (banca, seguros, bolsas, energía y otros). Finalmente, el libro se cierra con algunos apuntes —sólo apuntes— en torno a gravísimos problemas de la España actual: las lenguas, la ordenación universitaria o la lucha contra el nuevo Leviatán.

Los escritos se transcriben tal como fueron publicados originariamente. Hacen referencia, por tanto, a la legislación de la época (en algunos casos, preconstitucional) y al sistema jurídico vigente en el momento de su elaboración. No he creído necesario —ni conveniente— actualizarlos. Y ello por dos razones: primera, porque son en su mayoría cuestiones atemporales, que no están vinculados a preceptos legislativos determinados de una época, sino que contemplan problemas permanentes del Estado —o del Derecho Público— que se plantean bajo cualquier legislación; y en segundo lugar, porque estoy convencido de que el Derecho Público es un Derecho histórico (frente al Derecho Civil que es, en gran medida, un Derecho permanente), razón por la cual es muy conveniente verlo en su evolución, que es la única forma de entenderlo. El Derecho Administrativo, nos decía siempre José Luis Villar, «no se puede fotografiar, es preciso filmarlo», porque cualquier fotograma instantáneo que tomemos de sus instituciones nos ofrecerá una visión parcial, incompleta y, en muchas ocasiones, errónea. La configuración del contrato administrativo, la personificación de los organismos autónomos o la evolución del servicio público, que se estudian ampliamente en estas páginas son prueba de cuanto digo. Por ello, los trabajos se recogen —repito— tal como fueron inicialmente escritos; si acaso, hay en algunos una nota a pie de página de presentación, en la que hago algún comentario sobre la actualidad —o no— de su contenido.

Este libro no es un Curso, ni un Manual, ni un Tratado de Derecho Administrativo. Es, simplemente, un conjunto de lecciones escogidas sobre algunos temas básicos del Derecho del Estado y de políticas públicas. Inicialmente pensé titularle, sin más, *«Lecciones de Administración»*, recordando al pionero y gran maestro, D. José Posada, que hace 150 años alumbró, con este título, la primera obra con ambiciones de tratamiento sistemático de la Administración y sus campos de actuación. Después, pensé que era bueno añadirle la expresión *«y Políticas Públicas»*, porque en buena parte de los estudios que aquí se ofrecen, no hay sólo «Derecho», sino también política (y algo de economía). El Derecho Público nunca está lejos de la política, es un subproducto de ésta, entendida en su más noble sentido (no política partidista o puramente electoral). En los trabajos aquí reunidos esto se manifiesta de manera especial, pues son temas, casi siempre, en los que he procurado huir de planteamientos formalistas o puramente conceptuales. Es mi convicción —y así se expone en mi prelección sobre el estudio de Derecho Administrativo— que éste, a diferencia del Civil, no es creación pacífica de la razón, sino la resultante de la lucha por el poder, de la lucha entre el Estado y la sociedad; es la historia del sometimiento al Derecho de las inmunidades del poder, en frase de García de Enterría, o, si se quiere, la historia de la defensa del ciudadano frente a las intromisiones del poder en el ámbito de sus derechos y libertades. Detrás de muchas de sus instituciones está el episodio histórico de esa lucha. De ahí que en el estudio de las técnicas jurídicas del Derecho Público sea muy necesario considerar siempre ese trasfondo, que es político. El estudio del Derecho Administrativo debe hacerse sin apriorismos conceptuales, *sin acudir a explicaciones lógico-formales que no explican nada*, porque no conectan con la realidad, sino que la ocultan. Por ello, en la mayoría de los textos aquí recogidos se ha procurado explicar —y en ocasiones criticar— las políticas públicas que los inspiran.

Y esto es todo cuanto quería decir en la presentación de este libro, que es el libro de mi vida y espero ayude a los que se inician en el estudio del Derecho Público.

Madrid, Navidad de 2010
Gaspar ARIÑO ORTIZ

CAPÍTULO I

ESTUDIOS DE INTRODUCCIÓN AL DERECHO PÚBLICO Y ADMINISTRATIVO

LECCIÓN 1.ª

SOBRE EL ESTUDIO Y COMPRENSIÓN DEL DERECHO PÚBLICO. GUÍA PARA SU ESTUDIO *

SUMARIO: 1. EL DERECHO ADMINISTRATIVO COMO RESPUESTA AL CAMBIO SOCIAL.—2. MOVILIDAD E INESTABILIDAD DEL DERECHO ADMINISTRATIVO.—3. DERECHO DE CONFLICTO.—4. DERECHO DE REALIZACIÓN.—5. EL DERECHO ADMINISTRATIVO, UN CONJUNTO DE MICROCOSMOS JURÍDICOS: PERSPECTIVISMO DE SUS CONCEPTOS.—6. EL DERECHO ADMINISTRATIVO, DISCIPLINA «CARREFOUR».—7. UN DERECHO APEGADO A LO CONCRETO, UN DERECHO DE CASOS, UN DERECHO VIVO.—8. NO ES UN DERECHO PARA SER «APRENDIDO», SINO PARA SER «COMPRENDIDO».—9. DERECHO ADMINISTRATIVO Y SISTEMA CIENTÍFICO.—CONCLUSIÓN.

En la exposición que a continuación se hace, con la que quiero saludar a mis alumnos de la Facultad de Derecho de Madrid, se recogen algunas consideraciones sobre el estudio y comprensión del Derecho Público.

Con ellas quisiera introducir la atención de los estudiantes que acudan a la cátedra en éste y sucesivos cursos de vida académica. Más que afirmaciones apodícticas, quisiera señalar aquí, en un tono menor, algunos aspectos del aprendizaje de esta disciplina, que la experiencia de no pocos años me dicta. Trataré de reflejar lo que entiendo constituyen algunas peculiaridades sustantivas del Derecho Administrativo —su específica naturaleza y caracteres—, de las que necesariamente derivan peculiaridades metodológicas en cuanto a su elaboración, estudio y comprensión. El método es el camino del conocimiento para la aprehensión de un objeto dado y bueno será que a la hora de iniciar éste —especialmente por el alumno de tercer año de Licenciatura— se tengan bien presentes algunas características de la materia objeto de su estudio.

No es necesario decir que la aproximación al Derecho Público que en estas consideraciones se encierra, es por completo deudora de la enseñanza de mis maestros, cosa que se comprobará sin dificultad a través de su lectura. Es la

* Lección dictada en la Facultad de Derecho de la Universidad Complutense, Madrid, octubre 1972.

línea de pensamiento científico en la que me he movido en los últimos años y que ha presidido las tareas desarrolladas hasta ahora por el Instituto de Estudios Administrativos, en el que he trabajado. Es de justicia que recuerde aquí a los Profesores Villar Palasí y Meilán Gil, que lo iniciaron, y que deje constancia igualmente de mi agradecimiento a quienes lo integran. De un modo especial, quiero hacer mención de mi compañero y amigo Profesor Gallego Anabitarte, con el que durante años he venido trabajando en esta Facultad de Derecho de Madrid y con el que en tantas y tantas ocasiones he discutido sobre estos temas.

1. El Derecho Administrativo como respuesta al cambio social

El Derecho Administrativo no es una creación pacífica y lógica de la razón, sino una respuesta al reto social. Respuesta que estará siempre vinculada al entorno económico, político y social en el que se inserta, y que por esa misma razón adoptará sentidos diferentes, según las necesidades, las ideas, las exigencias sociales del momento. Por ello —se ha escrito—, «la comprensión de su sentido, su evolución y sus técnicas sólo es posible desde un conocimiento global de la sociedad, del conjunto de factores ideológicos, culturales, políticos y económicos que dibujan el cuadro general de cada tiempo histórico».

Uno de los riesgos del administrativista es precisamente éste: responder a preguntas que ya no se formulan, o lo que es lo mismo, tratar de resolver falsos problemas, que no se plantean, olvidando los verdaderos. De ahí que una de las claves en la elaboración de un *Derecho Administrativo que mire hacia delante* (no hacia atrás) es ésta: ahondar en las tensiones de intereses, en las demandas actuales de nuestra sociedad (más aún: en las demandas futuras), pues es lo cierto que las técnicas e instituciones administrativas deben responder hoy a ellas, y no a los anhelos de nuestros abuelos. El administrativista necesita por ello sensibilidad y tacto para descubrir en la urdimbre de los pequeños y grandes acontecimientos el sentido de la agrupación social en la que vive. Todos los grandes maestros de nuestra disciplina —Hauriou, Mayer, Romano o nuestro gran Colmeiro— fueron hombres que supieron *oír el pulso de la historia*. Las respuestas que dan hoy las instituciones y técnicas del Derecho Administrativo clásico son, en muchos casos, anacrónicas e insuficientes, porque son sólo respuestas a viejos problemas. Por supuesto que hay metas definitivamente conquistadas que jamás se abandonarán. Pero es preciso percatarse de que hoy son nuevas cotas las que la sociedad reclama y que el Derecho Administrativo debe servir a ellas. Y es preciso preguntarse: ¿son aptos para estas nuevas tareas los instrumentos que hemos heredado?

Esta vinculación necesaria a su entorno se manifiesta de modo especial en el *imprescindible enraizamiento del Derecho Administrativo en el marco constitucional.* Martín-Retortillo y Gallego Anabitarte se han ocupado del tema entre nosotros y, recientemente ha sido recordada esta vinculación con estas palabras: «el Derecho administrativo es, antes que nada, el Derecho del Estado; sólo desde una visión unitaria del Estado puede nuestra ciencia alcanzar su auténtica dimensión en el ordenamiento jurídico. Como es sabido, las raíces de nuestra disciplina se afincan en el orden constitucional. No puede explicarse válidamente un sistema administrativo sin referencias continuas y precisas al orden constitucional que configura la peculiar organización de la vida colectiva de cada país. No siempre, sin embargo, se tiene en cuenta esta elemental exigencia. Se ha querido, a veces, explicar las instituciones administrativas como si viviesen sólo en los libros, como si fuesen inmutables o como si fuesen absolutamente fungibles de un país a otro» [1].

En algunos temas centrales —por ejemplo, el régimen local o el sistema de lo contencioso-administrativo—, que están especialmente vinculados a la estructura política del país, se hace sencillamente imposible entender la realidad sobre la base de los puros textos legales. El aislamiento de la norma en estos casos, su desenraizamiento del contexto político social, lleva a conclusiones engañosas. Especialmente necesario resulta mantener esta vinculación entre regla jurídica y contexto político en el estudio de las instituciones orgánicas [2].

Ello explica también que las grandes transformaciones del Derecho Público hayan coincidido con lo que podríamos llamar los *«tournants de l'histoire».* Villar Palasí ha escrito sobre esto bellas y penetrantes páginas a las que me remito [3]. Quisiera únicamente añadir que esta vinculación al cambio político y social tiene para el jurista una desagradable consecuencia: la tremenda *inseguridad dogmática* y *técnica* que arroja sobre la elaboración del Derecho Administrativo; pocas disciplinas se ven forzadas, como la nuestra, a ser construidas sobre un terreno tan inestable y movedizo: el terreno de las estructuras sociales, políticas e incluso tecnológicas, con su creciente dinamismo.

---

[1] LÓPEZ RODÓ, L., *Nuevo horizonte...*, cit., página 191.

[2] Cfr. a título de ejemplo el intento revisionista de explicación del Régimen Local español que ha propuesto GALLEGO ANABITARTE, *Notas histórico-jurídicas sobre el Régimen Local Español,* Comunicación al II Symposium de Historia de la Administración, IEA, Alcalá de Henares, noviembre de 1969.

[3] *Derecho Administrativo,* Caps. I, III y IV, *in totum. Vid.* también su prólogo a *La cláusula de progreso de los servicios públicos,* de MEILÁN GIL, donde denuncia los riesgos —y las trampas— del «mimetismo científico».

2. Movilidad e inestabilidad del Derecho Administrativo

Es una consecuencia obligada de lo anterior.

Un gran jurista español de mediados del siglo pasado —don Pedro Gómez de la Serna— escribía hacia 1865: «mas no sucede con el Derecho Administrativo lo que hemos expuesto del civil...; compuesto de leyes, reglamentos y otros actos del Gobierno, producto de tiempos diferentes, amalgama de preceptos heterogéneos, animado en sus diversas partes de diferente espíritu, vario en los objetos a que se extiende, y por las formas de que se reviste, modificándose, destruyéndose y rehaciéndose sin interrupción, reflejando incesantemente las necesidades temporales de la sociedad, dominado de continuo por ellas, mudable por su índole, tiene actualmente que ser tan oscuro y tan difícil y tan complicado como las fuentes de que se deriva. La multiplicidad cada día mayor y la variedad infinita de sus prescripciones, la poca estabilidad de muchas, agregan a la dificultad del estudio de las leyes administrativas, la de desconocerse frecuentemente cuáles son las que subsisten en vigor, cuáles son las que se hallan derogadas, cuáles las que sólo han sido modificadas parcialmente» [4]. Esta realidad no ha cambiado con los años, sino que, quizás, se ha intensificado. Otro gran jurista de hoy, al cabo de un siglo exactamente, ha escrito: «el Derecho Administrativo es el campo más fértil de la legislación contingente y ocasional, de las normas parciales y fugaces; es sobre todo de su materia de la que se alimenta la ininterrumpida e impresionante salida diaria del "Boletín Oficial del Estado" y la que nutre los rimeros de tomos de las Enciclopedias y los Diccionarios legislativos, con apéndices y puestas al día nunca jamás conclusos» [5].

El hecho es que estamos viviendo, según escribía García de Enterría recordando la agudeza y humor de Carl Schmitt, una época de «legislación motorizada» en la que es difícil seguir, perdiendo el aliento, al legislador [6].

Aludiendo a este incesante devenir de las normas administrativas, ha dicho también Villar Palasí que en nuestra disciplina, a las instituciones «no se las puede fotografiar: es preciso filmarlas», o lo que es lo mismo, no se las puede inmovilizar en un momento determinado porque cualquiera de estas visiones «fijas» resultaría insuficiente, ocasional, inservible para edificar sobre ella un sistema científico.

No es necesario insistir sobre esta realidad que es evidente. Pero sí convendrá señalar algunas consecuencias metodológicas que en principio parecen derivarse de esta «naturaleza de las cosas»:

---

[4] Gómez de la Serna, P., *Jurisprudencia administrativa*, RGLJ, tomo XVI, página 423.

[5] García de Enterría, E., *Reflexiones sobre la Ley...*, cit., página 203.

[6] García de Enterría, E., *loc. cit.*, página 204 por nota.

1.ª que se hace realmente *difícil la aplicación al Derecho Administrativo del método exegético propio del positivismo legalista,* entre otras razones porque la misma movilidad y variedad de los textos, su carácter ocasional, de urgencia en muchos casos, hace de éstos, instrumentos altamente deficientes en su formulación y de no fácil integración por los puros caminos de la exégesis. Ésta es hoy opinión común [7], si bien en estos últimos años, y tras los ataques a que se vio sometido en los anteriores el positivismo, la doctrina ha reaccionado recordando que en ningún caso la superación del positivismo puede suponer el abandono de la *positividad del Derecho* y su sustitución por una especie de repertorio de juicios de valor, éticos o políticos. Garrido Falla recordó entre nosotros que aun cuando se apele a los principios jurídico-políticos del Ordenamiento para interpretar e integrar las normas, o al interés público como «standard interpretativo», no debe olvidarse que nuestro sistema jurídico-continental es un sistema positivo y que la exégesis de los textos legales siguen siendo «la única forma lícita de razonar admitida por los Tribunales» [8];

2.ª en cualquier caso, el Derecho Administrativo y sus normas *no pueden elaborarse con un sistema cerrado de conceptos,* con un contenido puramente racional, pues su mismo objeto —la Administración y sus instituciones— es esencialmente contingente y vinculado a la política, por tanto, en alguna medida poco racional (mas ideológico y pasional) [9];

3.ª por eso también pienso que una investigación auténtica en Derecho Administrativo exigirá muchas veces el *manejo de fuentes y el estudio de materias que en ocasiones serán extrajurídicas,* pero donde se descubren esas fuerzas ocultas que hicieron nacer o perfilaron el Derecho Administrativo en cada momento. Se trata de *integrar el fenómeno jurídico dentro del marco económico-social en el que se inserta.* De una manera especial en nuestro tiempo, el Derecho Administrativo se ha visto especialmente vinculado a la economía; en el actual Estado interventor y rector de la economía, muchas de las normas jurídico-administrativas responden a la coyuntura económica, y aquéllas resultarán indescifrables sin

---

[7] *Vid.* por todos, García de Enterría, *loc. cit.*

[8] Garrido Falla, F., *La Administración y el método jurídico,* RAP, n.º 35, 1961, página 69. Por lo demás, recuerda Garrido, nuestro Ordenamiento jurídico está constituido principalmente por leyes escritas, las cuales tienen absoluta prioridad sobre cualquier otra fuente del Derecho, lo cual determina necesariamente la postura del intérprete: «el principio del Derecho escrito postula un tipo de intérprete exegeta».

[9] Villar Palasí, J. L., *Derecho Administrativo, passim.* Es irracional desde el punto de vista de la «lógica formal», pero no desde el punto de vista de otra «a modo de lógica material» que es la experiencia y la constatación histórica y contingencia real: *vid.* sobre este doble camino del razonamiento, Villar Palasí, J. L., *El perenne milagro del Derecho,* «Atlántida», n.º 3, 1963, páginas 333 y siguientes. También García de Enterría, E., *Reflexiones...,* cit. página 212, texto y nota 88.

esta perspectiva. Meilán Gil ha destacado entre nosotros esta necesaria impostación extrajurídica para entender el Derecho Administrativo Económico [10].

3. Derecho de conflicto

Se ha dicho muchas veces que el Derecho Administrativo es un derecho de conformación social. Digamos ahora que es por ello mismo, *un derecho de conflicto* [11]. Y ello en varios sentidos.

En primer lugar, puede afirmarse que el Derecho Administrativo es como la resultante de la lucha por el Poder, de la lucha entre el Estado y la Sociedad; esto se manifestará, de una parte, en la tensión Parlamento-Gobierno (toda la teoría de las normas y la progresiva racionalización y control del poder normativo responde a ello; también el principio de legalidad, la teoría de las potestades, los planteamientos presupuestarios, etc.); y de otra, en la tensión Administración-Juez (la historia del Derecho Administrativo es, en este sentido, la historia del sometimiento al derecho de las inmunidades del poder, en frase de García de Enterría, o, si se quiere, la historia de la defensa del ciudadano frente a las intromisiones del poder en el ámbito de sus derechos). El Derecho Administrativo ha sido el *instrumento de afirmación de la supremacía o de la garantía, según el predominio de las fuerzas en juego.* Ello explica que el régimen

---

[10] *Vid.* la cuestión ampliamente en su trabajo *El estudio de la Administración económica,* RAP, n.º 50, 1966, páginas 51-81, especialmente páginas 71 y siguientes donde puede leerse: «antes de examinar las normas relativas, por ejemplo, al sector agrícola —escribe—, es preciso, a mi modo de ver, tomar conciencia de los problemas derivados del exceso de minifundios, de la existencia de latifundios mal explotados, de problemas de infraestructura, como pueden ser los derivados de falta de agua, de la ausencia de una tradición empresarial o de la carencia de capitalización adecuada en los medios rurales, problemas planteados por el éxodo rural, o problemas originados por la tensión entre consumidores y productores agrícolas, en cuanto a la regulación del precio de los productos. Se trata de ver entonces cómo estas causas influyen en la legislación económica del sector». Otras veces serán razones de tipo ideológico, o de tipo exterior, o puras motivaciones anecdóticas: «El jurista, concluye, ha de hacer notar las contradicciones internas del ordenamiento, y al mismo tiempo comprender el por qué de su existencia, si aspira al conocimiento completo de una normativa. Que ello es importante se demuestra porque, en ocasiones, se mantienen por rutina unas determinadas normas o unas determinadas organizaciones. Son algo así como el elefante que, aún después de morir, se mantiene en pie durante un cierto tiempo. Es preciso que alguien, con una buena dosis de ingenuidad y otra buena dosis de rigor, les dé un empujón y demuestre a la sociedad que están muertos, que son normas caducas que han tenido una explicación en un momento histórico determinado, pero que ahora mismo ya no la tienen» (página 74).

[11] He oído esta expresión en muchas ocasiones al Profesor VILLAR PALASÍ, ante el análisis de instituciones o disposiciones concretas que eran objeto de nuestro estudio, y aún ante sucesos y decisiones político-administrativas concretas. Aparece también recogida en su *Derecho Administrativo,* cit., páginas 10-11.

jurídico-administrativo sea una mixtura de privilegios y sujeciones, de prerrogativa y carga. El Derecho Administrativo es, así, la solución de compromiso —la resultante— entre una incesante y creciente expansión del Poder público y un esfuerzo paralelo por reducir sus inmunidades, por someterlo al Derecho [12].

Detrás de muchas de sus instituciones está el episodio histórico concreto de esa lucha. Creo haberlo puesto de manifiesto en el caso de los entes institucionales, en el manejo táctico de la personalidad jurídica que Maurio ofrecerá a una Comisión de diputados franceses en 1893; en el artículo 41 de la LACHP, que será una solución de compromiso por la vía de los créditos extraordinarios para el libre manejo por el Gobierno de fondos públicos; en la figura del contrato administrativo y en tantos casos más.

¿Cuál es la lección metodológica que se puede extraer de estas ideas? Sencillamente, que en el estudio de las instituciones y técnicas administrativas es preciso considerar siempre ese trasfondo, esa base de sustentación de las mismas, que es política. Es claro que al jurista, en cuanto tal, no le interesa la «ganga de consideraciones o factores políticos, ideológicos o puramente pragmáticos que acompañan siempre a la actividad administrativa, pero es igualmente cierto que el estudio del Derecho Administrativo debe hacerse sin apriorismos conceptuales, *sin acudir a explicaciones lógico-formales que no explican nada,* porque no conectan con la realidad, sino que la ocultan [13]». La dogmática jurídico-pública debe reflejar esa realidad. Un tema donde este tratamiento lógico-formal ha sido llevado al límite, ocultando la realidad subyacente, ha sido el tema de la centralización-descentralización, explicada sobre el concepto de *personalidad jurídica,* arbitrariamente manejado. Y algo de esto ha pasado también con el principio de legalidad en su versión de la «norma previa».

Por supuesto que la integración de ambos planos —el plano de la realidad del «poder» (en un sentido amplio) y el plano de la técnica jurídica— debe ser

---

[12] Se alcanzan en materia jurisdiccional nuevos ámbitos, pero la Administración crea nuevas zonas de acción inmune. VILLAR PALASÍ ha escrito: «todo el Derecho administrativo va haciendo nacer técnicas que en su nacimiento tienen pretensión de inmunidad jurisdiccional, y a medida que los antiguos artificios la pierden, crea nuevos artilugios con la misma pretensión. El administrado está satisfecho de ver cercenado el campo de acción del viejo "paraíso de los actos políticos" —paraíso para la Administración, purgatorio al menos para el súbdito—; pero no observa cómo un manejo del crédito privado por la Administración puede hacerle ir a la quiebra o a la suspensión de pagos, sin que tenga acción y a veces ni conocimiento del acuerdo gubernativo, que se considera acto de la potestad doméstica, no justificable»: *Derecho administrativo...*, cit., páginas 34 y 35.

[13] Esta construcción lógico-formal ha sido, sobre todo, realizada por la doctrina italiana, y obedece, en parte, a un proceso de reacción que inició Orlando.

hecha sin mezclarlos. Si se hace así, no se atenta contra la pureza del método jurídico, sino al contrario, se le da su verdadero sentido, pues se le hace idóneo, *apto para el análisis de su objeto —la realidad del Poder—* según la propia naturaleza de éste [14].

Otra consecuencia de este carácter conflictivo que con frecuencia presenta nuestro derecho es su *preferencia por la solución de compromiso.* Meilán ha definido el Derecho Administrativo como el resultado de «una serie de tensiones que dan lugar a distintos niveles de compromiso»: tensión entre prerrogativa y garantía, tensión entre unidad y especialidad, entre principios teóricos y exigencias prácticas, entre legalidad y eficacia, entre los derechos individuales y los de la sociedad [15].

Cuando con una visión tópica, y en gran parte miope, se ve el Derecho Administrativo como un *derecho de opresión* con el que el Estado invade la esfera de los intereses de los ciudadanos, exigiéndole un sacrificio de su libertad, de sus bienes o de su dinero, se olvida, como dice Villar, el otro lado del problema, «su anverso, su auténtica aspiración a ser un derecho de liberación»; liberación de la ignorancia, del aislamiento, de la enfermedad o de la miseria, de todas aquellas personas que se benefician de un servicio de abastecimiento o transportes, de un centro escolar o de un centro sanitario, para cuya prestación, naturalmente, otros ciudadanos han tenido que sufrir una invasión en sus bienes y derechos.

En el fondo el conflicto es siempre el mismo: entre el que tiene y el que no tiene. Y el Derecho Administrativo ha de ser —ésta es su grandeza— el instrumento para hacer realidad en la comunidad política aquel *suum cuique tribuendi* en que la justicia consiste; un poderoso instrumento, lleno de posibilidades, para la construcción de una sociedad más justa.

El Derecho Administrativo reflejará siempre el compromiso, la solución hábil, adaptada al *hic et nunc* del hecho de que se trate para solucionar tales conflictos; supuestos paradigmáticos de esa pugna, y su compromiso, entre el interés general y particular, serán los que conlleva la famosa «cláusula de pro-

---

[14] No desconozco que, aunque en el orden empírico pueda parecer fácil de llevar a cabo esta distinción entre la ciencia jurídica y sus «elementos de construcción» (sociológicos, políticos, etc.), epistemológicamente es mucho menos simple y hay graves problemas, como ha señalado GIANNINI, «para trazar la línea de división exacta entre la ciencia jurídica y las demás ciencias»: *General theory...*, cit., página 424. Ahora bien, lo que se afirma aquí es que en ningún caso es lícito al jurista (al administrativista) desconocer la realidad, y el impacto de la norma en ella, por el purismo de un «método jurídico».

[15] MEILÁN GIL, J. L., *El proceso de la definición del Derecho administrativo*, ENAP, 1967, páginas 53 y siguientes.

greso» de los servicios públicos, o los que se perfilan en los supuestos de riesgo imprevisible en los contratos administrativos.

En el orden metodológico ello significa la *necesaria huida de los absolutismos conceptuales* y la no menos necesaria *aceptación de las gradaciones, las escalas,* las matizaciones. Y así se hablará de la escala de la demanialidad, o la escala de la contractualidad, o de la personalidad. No son viables en Derecho Administrativo las categorías cerradas, rígidas y absolutas; antes bien, se halla impregnado siempre de un sano pragmatismo, como lo estuvo el derecho romano clásico hasta la codificación justinianea.

4. Derecho de realización

El Derecho Administrativo es un derecho de realización. No es hoy, fundamentalmente, un derecho límite, sino el cauce necesario de las realizaciones estatales. Desde que a mediados del pasado siglo la escuela clásica alemana del Derecho Público inició el proceso de juridificación del Estado, el Derecho es el necesario camino que el Estado debe seguir para la realización de sus fines, hoy ingentes. El Estado actúa, pues, siempre a través de «formas» jurídicas. Ello supone que cuando, como ocurre hoy, el Estado ha asumido la conformación del orden social, el Derecho Administrativo se convierte en un derecho para ser realizado, una norma que se dicta no sólo para no ser infringida, sino, positivamente, para ser cumplida, para conseguir unos fines muy concretos. La regulación de la concentración parcelaria, la red de centros asistenciales y sanitarios, la promoción industrial de una zona o la extensión a todos los españoles de la educación general básica, *no es equiparable a la regulación del Código Civil sobre el usufructo o los legados:* al legislador no le importa si se constituyen muchos o pocos usufructos, y en cambio cuando dicta esa normativa agraria, sanitaria o educativa lo que sobre todo le interesa es que, mediante su cumplimiento, se alcancen los fines que persigue: la ordenación rural, la sanidad, la elevación del nivel de vida de las zonas deprimidas, la escolarización. Otro ejemplo más patente: la Ley de concentración parcelaria tiene un sentido —y por tanto una interpretación— totalmente distinta al retracto de colindantes del Código Civil (no obstante servir ambas a un mismo fin), pues aquélla contempla, más que el interés individual del propietario, el «interés general» de la estructuración de unas explotaciones agrícolas racionales. Por eso, porque busca ser realizada, se impondrá coactivamente a la minoría (pronta y eficaz satisfacción del interés general: artículo 40 LOE).

Ello tiene una explicación clara: el Derecho Privado no persigue fines o interés colectivos, ni se realiza mediante actos «en masa», necesarios para que aquéllos se consigan; además, se construye sobre la autonomía de la voluntad de los sujetos de derecho, de los titulares, que son el *dominus negotii*. El Derecho Privado es un proyecto de conformar *negativamente* la sociedad (el *ius cogen* es excepcional) y de abrir cauces a la actuación individual.

En cambio el Derecho Administrativo requiere muchas veces actos en masa, busca fines de necesario o conveniente cumplimiento, y, además, se construye sobre el principio de legalidad (legalidad que es no sólo autorización o habilitación para actuar, sino mandato, orden de ejecución). El Derecho Administrativo es, así, un proyecto de conformación social, *positivamente diseñado,* con ambiciones de pronta y eficaz consecución (artículo 40 LOE).

Éste es un punto en el que se manifiesta la evolución del Derecho Administrativo y el *cambio de sentido de sus categorías.* Tal es lo que ha ocurrido con el concepto de potestad. Tradicionalmente se ha concebido la potestad como aquel poder o haz de facultades que con *carácter tasado, limitado,* concedía el Ordenamiento jurídico a la Administración para la intervención en la vida social. Esta categoría, así entendida, contempla un Estado cuya finalidad fundamental es el Derecho. Por eso —se ha dicho— el ámbito de la potestad administrativa debe ser siempre interpretado restrictivamente, según los términos estrictos de la norma legal.

Ahora bien, cuando el Estado, desde la primera guerra mundial comienza a asumir la tarea de configurar una sociedad más justa y cuando la Administración se hace cargo de la positiva satisfacción de necesidades sociales (ordenación de las relaciones laborales, fomento de la producción y el mercado, promoción de la vivienda y del turismo, etc.), la potestad cambia de sentido: ya no será sólo una «facultad» de actuar, ni una «autorización» para limitar los derechos individuales, sino un auténtico «deber de intervención», un mandato de actuación para la consecución de aquellas finalidades que vienen a satisfacer necesidades apremiantes. El contenido de la potestad, así entendida, no alcanza solamente a los estrictos términos legales, sino a todos aquellos aspectos que sean necesarios para la consecución del fin que la Administración, por mandato legal, debe alcanzar. En estos sectores, las potestades administrativas reciben, por tanto, *una virtualidad expansiva.*

Las consecuencias en el orden metodológico son claras: la norma administrativa exige *una interpretación finalista,* como la doctrina unánimemente ha señalado [16]. Ocurre, sin embargo, que la investigación de éste no siempre es fácil

---

[16] *Vid.* por todos, González Pérez, J., *El método en el Derecho Administrativo,* RAP, n.º 22, 1957, páginas 11 y siguientes, especialmente, sobre la interpretación de las normas jurídico-administrativas según el fin, páginas 69-72.

desde el solo texto legal. Como apunta Villar Palasí, frente a la inmediata comprensión de los fines, causas y razones del ordenamiento jurídico privado, la norma administrativa se nos ofrece con un «relativo esoterismo respecto de sus fines» derivado unas veces de su carácter técnico y otras de su misma y casi siempre precipitada redacción, lo cual produce un «sinnúmero de perplejidades en el intérprete, el jurista y el juzgador» [17]. No es extraño por ello —y ya me he referido a este punto— que para descubrir el fin de la norma deba acudirse en no pocos casos a disciplinas o campos diferentes, tratando de integrar el fenómeno jurídico en un marco más amplio (*vid.* lo dicho *supra*).

Otra consecuencia importante ante este sentido del actual Derecho Administrativo es la *necesaria instrumentación de un control de la inactividad.*

5. El Derecho Administrativo, un conjunto de microcosmos jurídicos: perspectivismo de sus conceptos

Nuestra disciplina da a veces la impresión de falta de unidad, de incoherencia consigo misma, lo cual se manifiesta, como escribe Meilán, en que «dentro de él existen una serie de microcosmos con sus principios rectores, que ofrecen una larga serie de contradicciones internas. Si uno pregunta al propio Ordenamiento qué dice de sí mismo, la contestación no es única» [18]. Y es que las leyes administrativas se dictan con demasiada frecuencia revestidas de pretensiones totalizadoras, como auténticos microcosmos en los que se establece un régimen peculiar de todos los aspectos posibles, al margen de las leyes generales existentes para cada uno de ellos (son frecuentes las regulaciones organizativas, procesales o financieras al margen de la LRJ, LPA, LJC o LACHP). Esto puede estar o no justificado (a veces lo está y a veces no), pero en cualquier caso es una realidad, y ello produce, como ha destacado Villar Palasí, «que los conceptos se vean afectados de una relatividad, por mejor decir, de un *perspectivismo en su contenido y en su comprensión»* [19]: cada regulación los ve desde su punto de vista.

---

[17] VILLAR PALASÍ, J. L., *La potestad ordenatoria de la Administración*, inédito, página 10.

[18] Los ejemplos podrían multiplicarse: MEILÁN señala algunos como la diferente regulación de una misma institución (por ejemplo, silencio administrativo o revisión de oficio) en ámbitos administrativos diferentes (central y local); o entre dos leyes de una misma Administración (así, diferente tratamiento de la responsabilidad en cuanto a la jurisdicción, en la LRJ y LJ; o del recurso de reposición en las leyes de Jurisdicción, Procedimiento y General Tributaria), en *El proceso de definición...*, cit., páginas 43-44.

[19] VILLAR PALASÍ, J. L., *Derecho...*, cit., página 35: «Casi todas las ideas maestras del Derecho Administrativo —escribe— están inficionadas de este carácter perspectival que aproxima los conceptos jurídico-administrativos a las categorías ubicuas, a fuerza de ser vistas por la norma desde tantas y tantas perspectivas diferentes, parecen quedar desprovistas de un contenido pre-

La primera consecuencia de esta realidad es que *«la interpretación cabal* de los conceptos requerirá, así, por la inexorable exigencia de su perspectivismo, un deslinde previo de su *conexión al fin del grupo* normativo singular en que están insertos» [20].

La segunda consecuencia es que para el Derecho Administrativo no es instrumento adecuado una concepción «esencialista» de *las categorías jurídicas.* Estas *no son «esencias» sino «consecuencias»:* lo que se trata de conseguir con su empleo es muchas veces la aplicación de un régimen jurídico, *en algún aspecto concreto,* pero sería erróneo en esos *casos de manejo táctico* la aplicación íntegra del régimen jurídico común de aquella institución en todos sus aspectos. Ejemplos paradigmáticos de esta realidad son los conceptos de servicio público, de personalidad jurídica, o el mismo concepto de Administración Pública que nos ofrece el artículo 1.º LJ, cuestiones éstas que he analizado en otros lugares [21].

Es, en definitiva, este *perspectivismo de las definiciones* legales, un argumento adicional que viene a apoyar la necesidad de un método de pensamiento tópico en el sentido de Viehweg, que ha sido propugnado entre nosotros por García de Enterría.

6. El Derecho Administrativo, disciplina «carrefour»

Es ésta una vieja expresión de Hauriou, que ha sido recientemente recordada entre nosotros. La idea es conocida y no es preciso insistir en ella. El Derecho Administrativo, como derecho que se va configurando en torno a un sujeto (aunque no sea sólo «el derecho de la Administración como sujeto») supondrá, como se ha dicho, una cierta concentración, en torno a ésta, de la total materia jurídica; y así, los estudiantes, al abordar el estudio de los contratos administrativos o el dominio público, la empresa pública, el derecho disciplinario o el recurso contencioso se verán obligados a actualizar y poner a prueba lo que han aprendido en Derecho Civil, Penal, Mercantil y Procesal;

---

ciso, llegándose a afirmar su incomprensibilidad categorial. Con todo, es éste el modo de laborar del Derecho. Cada perspectiva ve un lado sólo de la totalidad categorial, en su totalidad, pero desde un punto de vista distinto cada vez: no se trata de visiones parciales de un supuesto de hecho más amplio, sino de comprensión total, pero desde una cierta y determinada perspectiva, del supuesto abstracto de hecho».

[20] VILLAR PALASÍ, ibídem.

[21] ARIÑO ORTIZ, G., *Tres lecciones sobre servicio público,* Escuela Nacional de Administración Pública, XI Curso de Técnicos de Administración, 1971, edic. dactilográfica; y también en mi trabajo *Sobre la personalidad jurídica en derecho público. Los organismos autónomos. Consecuencias e inconsecuencias de su declaración de personalidad,* ENAP, 1971.

no digamos nada del imprescindible encuadre constitucional e histórico que toda institución administrativa necesitará para ser comprendida cabalmente.

Ello quiere decir que al Derecho Administrativo hay que venir bien pertrechado de ciencia jurídica básica, de esa teoría general del Derecho, desgraciadamente tan poco elaborada entre nosotros, en la que se contienen las categorías jurídicas fundamentales. Es ilustrativo recordar a este respecto cómo dos de los más grandes administrativistas de todos los tiempos —Hauriou y Laband— dedicaron largos años al estudio del Derecho Romano y el Derecho Civil.

Ahora bien, en la utilización de técnicas seculares, procedentes del Derecho Civil o Mercantil, el administrativista debe desprenderse de servidumbres dogmáticas y saber dotarlas del nuevo sentido que exija en cada momento la tensión Estado-Sociedad, la pugna constante entre el interés público y los intereses particulares. Por debajo de un mismo esquema formal de técnicas e instituciones, correrán siempre en ambos campos energías y líneas de fuerza diferentes; así creo haberlo señalado en dos institutos jurídicos básicos: el contrato y la persona jurídica.

Todo ello conlleva una exigencia: la necesidad de construir nuestra disciplina sobre su propio suelo y con sus propios materiales. Por supuesto que habrá muchos conceptos recibidos de (y contenidos en) el Derecho Privado, pero es preciso, antes de su aceptación indiscriminada, someterlos a la prueba de fuego de su contraste con los textos positivos de nuestras leyes administrativas, y con las declaraciones, siempre creadoras, de nuestro Tribunal Supremo. Nuestro Derecho Administrativo está muy necesitado de revisión y crítica de ese saber convencional con el que a menudo se nos explican las cosas, y que no se debe aceptar sin más, como dogmas inconcursos.

Pero más aún: ni siquiera en Derecho Público los conceptos y categorías pueden ser aceptados como algo rígido, inmóvil, cristalizado. Como ya se ha dicho, ese manejo táctico por el legislador de técnicas y conceptos ha llenado en más de una ocasión de perplejidad el ánimo de los juristas, al comprobar cómo se aplicaban conceptos administrativos clásicos a realidades que estaban muy alejadas de sus supuestos de origen. Rivero ha recordado hasta qué punto se ha aplicado, por ejemplo, el concepto de concesión o de persona jurídica a supuestos muy alejados de lo que para los juristas era «su» concesión o «su» persona jurídica. Y otro tanto ha ocurrido con el concepto de servicio público, o con el concepto de contrato aplicado a la acción concertada. Este *modus operandi,* que es habitual, origina cierta confusión de las categorías, y misión del jurista será poner nuevo orden y nueva luz en la inicial oscuridad que tales manipulaciones conceptuales acarrean.

Se tratará en muchos casos de acuñar nuevos conceptos que identifiquen y conecten con la nueva realidad. Pero esto ocurre siempre en un momento posterior.

7. Un derecho apegado a lo concreto, un derecho de casos, un derecho vivo

Es ésta una característica del Derecho Administrativo que tiene múltiples manifestaciones y también algunas consecuencias metodológicas.

En primer lugar, el hecho de que «el principio de prevalencia de la ley formal actúa en la esfera de creación válida del grupo normativo, pero no en la aplicación específica del grupo mismo: la Administración trabaja más con circulares e instrucciones que a la vista de leyes generales abstractas» [22]. La razón de ello es por lo demás obvia y es que a medida que la norma gana en generalidad, pierde en contenido real. Ahora bien, ocurre que a diferencia del Derecho Civil en que entre Ley (abstracta, general) y actuación concreta se encuentra la autonomía de la voluntad, que da contenido real a la primera, en *Derecho Administrativo entre Ley y acto está la Administración,* y ese llenar de contenido real la norma abstracta y general no puede ser dejado en cada caso, incondicionadamente, al funcionario encargado de actuarla, sino que tiene que venir sucesivamente *concretada y llenada de sentido* por normas o actos intermedios.

El actuar administrativo está integrado así, en su gran mayoría, por una escala de normas y una escala de actos que constituyen la sucesiva concreción y acercamiento a la realidad de la ley formal. Es una consecuencia ineludible del principio de legalidad y de la unidad y jerarquía de la Administración.

Pero junto a ello, debe recordarse que en los últimos años esta inmediación de la norma a lo concreto se ha intensificado: son, cada vez más, *los casos reales los que día a día alimentan esta rama jurídica,* la conveniencia pública viva, palpitante y exigente de cada sector de la vida del país.

Pues en efecto, las leyes administrativas no pueden hoy contemplar y regular de manera formal la realidad. Sin caer en el tópico, puede decirse que ya no cabe atribuir a las normas administrativas el papel de una «simple plasmación formal del orden jurídico administrativo» [23]. La Administración interviene de manera hasta hace poco desconocida en la esfera de las relaciones públicas y

---

[22] VILLAR PALASÍ, J. L., *Derecho...*, cit., página 14.

[23] VILLAR PALASÍ, J. L., Prólogo a la obra de Otto NASS, *Reforma administrativa y ciencia de la Administración*, ENAP, páginas 24-25.

privadas del hombre moderno; la Administración penetra la entraña misma de la vida social, y su Derecho no sólo ordena y regula, sino que incide en ella, como ha dicho Garrido, «con pretensiones de ordenación ortopédica», para corregir una realidad social deficiente [24]. Al cumplimiento de esa misión, la Administración no suele acudir con grandes leyes generales con vocación de eternidad y pretensiones de regulación total, sino que *sale al paso* de las necesidades con medidas concretas de carácter sectorial, y aún singular.

¿Será necesario recordar ese doble proceso de evolución de la Ley que parece contradictorio? De una parte, el fenómeno de la ley-cuadro con afirmaciones genéricas o abstractas que permiten moverse a la Administración dentro de ellas cómodamente. De otra parte, la ley-medida, ley que se dicta *para un supuesto concreto,* que nace para morir, en la que no hay «vocación de eternidad», ni la estructura hipotética de la norma clásica (previsión de casos futuros), sino la perentoria urgencia de resolver un supuesto ya existente.

He dicho que este doble proceso es contradictorio, pero lo es sólo aparentemente. En efecto, responde en el fondo a una finalidad común: la necesidad de que la Administración acuda a resolver los problemas, en los términos concretos y singulares en que éstos se presentan, y para ello se acudirá bien a los amplios apoderamientos globales que contienen las leyes-cuadro, bien al uso de leyes-medida, sobre todo bajo la forma del Decreto-Ley sin control de urgencia o con urgencia provocada. Que esto supone un amplio margen de actuación «libre» para la Administración es indudable, pero así lo exige la tremenda complejidad actual de los problemas y de sus soluciones que no pueden ser tratados muchas veces al «estilo parlamentario» ni con meras formulaciones generales [25].

Dedúcese de todo ello *la importancia del caso,* de la realidad concreta y singular, no solamente en el terreno del juzgador, sino también, y es mucho más importante, en su biología, su vida normal (tanto a nivel normativo como de actuación concreta).

He escrito en otra ocasión que esa valoración de la norma en su aplicación a la vida real se manifiesta muchas veces en nuestro campo no en sede juris-

---

[24] GARRIDO FALLA, F., *Administración indirecta y descentralización funcional,* IEAL, 1950, página 109.

[25] FORSTHOFF, E., en *Problemas actuales del Estado Social de Derecho en Alemania,* ENAP, 1967, ha señalado como la extraordinaria complejidad que observamos en la estructura de la moderna y técnica sociedad industrial se transmite naturalmente al Estado...

En una sociedad tan complicada como es la moderna sociedad industrial todos los problemas políticos se convierten en problemas técnicos...; esta complejidad lleva a que el elemento técnico avance cada vez con más fuerza, y a una preponderancia cada vez más fuerte de la Administración en comparación con el Parlamento.

diccional, sino administrativa, aplicativa de la legalidad vigente a través de órdenes de servicios, circulares, instrucciones, etc., y en otros casos, inaplicativamente: situaciones en que la Administración cede en su derecho porque le resultaría perjudicial hacerlo valer. Pues bien, pienso que en Derecho Administrativo, toda investigación debe ser realizada no sólo sobre los textos legales, sino también sobre los criterios y principios con que la Administración entiende aquéllos; porque el orden jurídico no es sólo el orden que establece el juez decisor, sino también el orden de la vida vigente, vinculante y seguido en la mayoría de los casos. Ésta es la razón de que en Derecho Administrativo sea inestimable base de partida el conocimiento real, vivido a ser posible, de la materia que se trata de estudiar. La prioridad de la orden concreta en el orden aplicativo fuerza a ello. Puedo decir que en uno de mis libros *(Teoría del equivalente económico en el contrato administrativo)* tan importantes fueron para mí el estudio de los textos legales y doctrinales como las conversaciones mantenidas con ingenieros de caminos y contratistas, auténticos protagonistas del fenómeno.

Permítaseme recordar aquí unas bellas frases de aquel gran historiador que fue Vicens Vives: «ni los reglamentos, ni los privilegios, ni las leyes, ni las constituciones, nos acercan a la realidad humana. Son fórmulas que elevan límites, pero nada más que límites. La expresión de la vida se halla en la aplicación del derecho, de la ley, del decreto, del reglamento; en la forma como los hombres tergiversan la voluntad ordenadora del Estado, de una corporación o de una oligarquía. No en la institución considerada en sí misma, sino en el hervor humano que se agita en su seno. Para aprehenderlo históricamente es preciso prescindir del caparazón legislativo, ir directamente a la colectividad humana, con sus apetencias, sus pequeños orgullos y sus profundos resentimientos, que de todo hay en la viña del Señor» [26].

Algo de esto es aplicable a nuestra disciplina, justamente por ese carácter polémico, conflictivo, lleno de apasionamiento, que le acompaña siempre.

8. No es un derecho para ser «aprendido», sino para ser «comprendido»

Cuentan de Romanones que decía: las leyes que las haga el Congreso, a mí que me dejen hacer los reglamentos (y esto, en un tiempo en que únicamente se legislaba desde el Congreso). Las leyes son, sin duda, los grandes esquemas

---

[26] VICENS VIVES, J., *Aproximación a la historia de España*, Prólogo, 5.ª edición, 1968, página 14.

del actuar administrativo, pero no dan razón por sí solas de la realidad, especialmente en lo que se llama *materia administrativa* (en los aspectos procesales u orgánicos es distinto).

Es por ello que el estudio del Derecho Administrativo debe hacerse muy fundamentalmente sobre órdenes ministeriales, especialmente en las ramas o sectores más jóvenes de nuestra disciplina (Administración económica), porque es en ellas, tan próximas a la vida real, donde con más claridad se ven las posiciones, el juego de las técnicas, la conciliación de intereses en que toda solución jurídica consiste.

Tiene esto una consecuencia importante en el orden pedagógico: el Derecho Administrativo no es un derecho para ser «aprendido», sino para ser «comprendido». Ya se ve que es inútil pretender que el alumno «aprenda» la regulación en concreto de cada uno de los sectores de actuación, tendencia a la que estamos muy inclinados los profesores de Derecho. Es ésta, también, una servidumbre que pagamos a los planteamientos del Derecho Privado del pasado siglo. Ponía de manifiesto recientemente Rivero cómo la tradición de nuestras Facultades ha presentado siempre una masa de conocimientos jurídicos que constituían un *derecho inmovilista:* «aprender» el Digesto o el Código de Napoleón era sin duda «conferir al estudiante un capital seguro que no corría el riesgo de ser devaluado». Pero no es ésta, en Derecho Administrativo, la dinámica del momento: las regulaciones se suceden unas a otras con relativa frecuencia y no sólo *no se debe exigir al estudiante que las aprenda* en detalle, sino que es mejor incluso que las olvide. Lo que importa es que la formación jurídica que se le proporciona le permita entender y aplicar rectamente las cuatro o cinco regulaciones que seguramente va a ver pasar a lo largo de su vida. Lo importante es que éstas se comprendan, esto es, que se vea la «unidad de sentido» a que responden.

Así pues, en la formación del administrativista, lo que hay que conseguir no es tanto la retención de una masa de conocimientos o reglamentación, sino que aprenda a recorrer por sí mismo el camino del razonamiento jurídico, ese ir y venir de lo concreto a lo general. Sólo si es capaz de ello, será capaz también de integrar, en un sistema de principios permanentes, la mudable y cambiante realidad de cada momento que se contiene en la pequeña y dispersa legislación del «Boletín Oficial» de cada mañana.

9. Derecho Administrativo y sistema científico. Conclusión

En los últimos años, sobre todo a partir de 1950, la doctrina científica ha puesto en tela de juicio la validez y vigencia de un sistema científico del Derecho Administrativo que se halla muy alejado de la Administración interventora y prestadora que hoy vivimos. Forsthoff ha afirmado rotundamente que «el sistema de Derecho Administrativo asociado al Estado de Derecho y con ello a la garantía de la libertad legalmente regulada es incongruente, en su específico contenido conceptual, con la moderna Administración, fomentadora del bienestar» [27].

Las consecuencias de la crisis de un sistema científico son siempre que los conceptos, antes bien definidos y correspondiendo a un contenido real específico, sufren un proceso de elastificación en la medida necesaria para dar en ellos entrada a las nuevas realidades que se presentan. Ya me he referido a este fenómeno. Ahora bien, al final de ese proceso surge siempre la pregunta: ¿sigue siendo éste un concepto jurídico con contenido preciso, es decir, capaz de determinar un régimen de derecho?

Rivero ha descrito este proceso de distensión excesiva de las categorías con estas palabras:

> «pour integrer à la catégorie traditionnelle una situation juridique nouvelle qui s'en rapproche et s'en distingue a la fois, on élimine du schéma classique les traits incompatibles avec la situation considérée; ainsi, la categorie se maintient et s'élargit; mais c'est au prix d'un *apauvrissement de son contenu juridique;* à la limite, l'apauvrissement est tel que la catégorie n'a plus qu'une valeur nominale; et rattacher telle ou telle institution n'offre plus aucun intêret, des lors que ce rattachement n'apporte rien a la connaissance du régimen aplicable á institution considérée» [28].

Nuestra disciplina conoce no pocos ejemplos de elaboración de teorías generales, a partir de un concreto modelo histórico al cual se pretende dar después valor dogmático y general (teoría del servicio público sobre los ferrocarriles, teoría de la personalidad jurídica sobre las comunidades, teoría del dominio público sobre los caminos, ríos y demás bienes del dominio natural y uso público; todo ello como conceptos unitarios). Ahora bien, por ese camino —y éste es el peligro de todo sistema— se llega, en un afán excesivo de unidad, a formulaciones vacías de contenido, o si se quiere, como es frecuente en Derecho Administrativo, a *conceptos falsamente unitarios,* pues juegan con carácter polivalente según los aspectos a que se aplican. El ejemplo paradigmático es hoy, sin duda, el concepto de servicio público.

---

[27] *Vid.* FORSTHOFF, E., *Sociedad industrial...*, cit., página 88.

[28] RIVERO, J., *Le regime des entreprises nationalisés et l'evolution du droit administratif,* en «Archives de Philosophie du Droit», Recueil Sirey, 1952, página 157.

Justamente con relación a él se han mantenido polémicas doctrinales que no hacen sino confirmar la crisis del sistema en sus ideas cardinales [29]. Entre éstas es interesante a nuestro objeto, porque penetra en el núcleo mismo de la cuestión, la que se mantuvo en Francia entre Bernard Chenot, defensor de un «existencialismo jurídico» vinculado a realidades concretas juzgadas en su singularidad, y Jean Rivero, que salió al paso de tales posiciones en su famosa *apologie pour les «faisseurs de systèmes»*.

Chenot constataba una vez más [30] que la evolución de los hechos sociales y económicos ha dado lugar a contradicciones en el clásico sistema del servicio público presidido por el paralelismo entre naturaleza, fin y régimen jurídico del ente o actividad en que el servicio público consiste. El progreso técnico, las guerras y la intervención consiguiente del Estado en la economía rompen este equilibrio del sistema, dando lugar a actividades del Estado sometidas a Derecho Privado y también viceversa, actividades de particulares u organizaciones privadas en régimen de Derecho Público (el Conseil d'État se niega a configurar como entidades administrativas los comités de organización económica o las organizaciones profesionales y, sin embargo, les encomienda misiones de servicio público).

No es del caso entrar ahora en el problema sustantivo, sino reflejar su significación para la metodología y el sistema científico. Y su significación, para Chenot, es que a los conceptos jurídicos, a las categorías elaboradas por los *«faiseurs de systèmes»* para la tranquilidad de profesores y estudiosos, no puede seguir dándoseles una significación determinante del régimen jurídico. El juez —escribe—:

> «est ennemi de la "chose en soi". Il ne cherche pas à connaître l'essence des institutions pour en classer les diverses variétés dans un herviré. Il doit dire quelles sont les règles qui régissent dans un cas déterminé, le comportement juridique d'une personne publique au privée» [31].

Por ello —concluye— queda desechada la posibilidad de construir una noción institucional, estable y *a priori* del servicio público, y este método dog-

---

[29] Conocida es en España la polémica que levantó el trabajo de VILLAR PALASÍ, J. L., *La actividad industrial del Estado en el Derecho administrativo*, RAP, páginas 53 y siguientes, a cuya formulación, secundada por GARCÍA DE ENTERRÍA, *La actividad industrial y mercantil de los municipios*, RAP, n.º 17, páginas 87 y siguientes, se opuso GARRIDO FALLA, *La crisis de la noción de servicio público*, en «Las transformaciones del Régimen administrativo», Madrid, 1962, páginas 141 y siguientes.

[30] CHENOT, B., *La notion de service public dans la jurisprudence économique du Conseil d'État*, Etudes et Documents, 1950, páginas 77 y siguientes.

[31] CHENOT, B., *La notion...*, cit., página 82.

mático debe ser sustituido por otro vinculado *«aux realités concrètes, en écartant toute querelle théorique su l'essence des institutions, pour définir seulement les actes qui manifestent l'existence sociales de clles'ci»*.

Se afirma con ello la primacía de un existencialismo jurídico, y el fin de los «sistemas».

Conviene no exagerar las cosas. Si con ello se quiere decir que en Derecho Administrativo, quizás más que en ningún otro, es necesario no perder de vista la realidad y matizar debidamente las situaciones concretas, sin pretender forzarlas en unos moldes apriorísticos; si se insiste en que es necesario seguir muy de cerca la evolución de los hechos económicos y sociales para ver el fin y el sentido de las regulaciones que se dictan (pues éstas emplean muchas veces conceptos procedentes del viejo sistema, que no pueden entenderse hoy como ayer); si se quiere decir esto, todo ello es encomiable y aceptable, como se ha puesto de manifiesto reiteradamente a lo largo de estas páginas.

Ahora bien, si con estas críticas al sistema jurídico se pretende decir que cualquier categorización y ordenación racional de los conceptos resulta estéril e inútil para el juez, porque éste ha de mirar siempre a los problemas —a la «existencia»— y no a las esencias, entonces tal mentalidad iconoclasta de la ciencia jurídica resulta no sólo utópica, sino claramente atentatoria contra el buen orden social, y por tanto inaceptable.

Es cierto que el juez debe declarar *el derecho para el caso concreto,* y que en principio es pensable un sistema pretoriano de aplicación del derecho, esto es, un derecho sin sistema, como lo fue el Derecho Romano clásico. Pero creo que tal cosa es hoy imposible, y además inconveniente, por dos razones fundamentales que ha señalado Rivero [32]:

1.ª Porque el Derecho, en nuestro tiempo, está basado en reglas que son, por definición, generales: «la regla de derecho no puede regular los casos más que reuniéndolos en el cuadro de una categoría, en un esquema abstracto», ha escrito este autor, es evidente que en este paso inevitable de lo concreto a lo abstracto hay riesgos; y lo es también, que «la tentación del jurista estará siempre en considerar las nociones a las que llega, no como la expresión momentánea de soluciones abocadas al cambio, sino como realidades objetivas dotadas de una vida propia y permanente» [33]. Ahora bien, estos riesgos no pueden llevarle a abandonar el sistema porque sólo él es capaz de darle unidad y complitud al Ordenamiento. Renunciar a ese ir y venir constante de lo concreto a lo general, por el riesgo que entraña, sería renunciar al razonamiento jurídico.

---

32 RIVERO, J., *Apologie...*, cit., páginas 100-101.

33 RIVERO, J., ibídem.

2.ª Pero es que, además, este *riesgo* del sistema tiene también su *ventura;* y ésta consiste en uno de los valores más cotizados de nuestro tiempo: la seguridad, seguridad jurídica en nuestro caso. El sistema permite al ciudadano «prever de antemano qué regla se le aplicará en aquella situación en la que él quiere colocarse». Cualquiera que fuese la justeza y precisión que alcanzase la solución de un juez sabio y prudente siempre presentaría el tremendo riesgo de la imprevisibilidad, que hoy resulta odioso a nuestra mentalidad. Lo que sí debe afirmarse rotundamente es que en Derecho Administrativo, si no quieren quedarse vacíos de contenido, los esquemas teóricos del sistema deben revisarse constantemente a la vista del dato normativo y de la evolución económico-social [34].

Los administrativistas estamos, mucho me temo, condenados a tejer y destejer constantemente los propios planteamientos teórico-dogmáticos; primero, porque no podemos trabajar sino con abstracciones, y segundo, porque éstas, que son siempre inducciones, que para ser válidas han de estar umbilicalmente unidas a la realidad, que es cambiante.

* * *

Y con ello quiero finalizar estas consideraciones que son, como decía al comienzo, el resultado —hecho discurso sin pretensiones— de no pocos años de experiencia. Dicen que la experiencia es intransferible y posiblemente así será. La lectura de estas páginas no ha de ahorrar al alumno su propio esfuerzo. Pero sí pueden, quizás, ahorrarle obstáculos innecesarios, o evitar que ande por caminos que no conducen a ninguna parte. Ésta fue la finalidad con la que se escribieron.

Alcalá de Henares, a dos de octubre de mil novecientos setenta y dos.

---

[34] «Será especialmente necesario reelaborar una y otra vez esas categorías generales a partir de la mudable realidad de cada momento, en las ramas o sectores más jóvenes de nuestra disciplina (Administración económica, Administración social»): *vid.* LÓPEZ RODÓ, L., *Nuevo Horizonte..*, cit., página 199.

LECCIÓN 2.ª

SOBRE EL CONCEPTO DE ADMINISTRACIÓN PÚBLICA Y EL DERECHO ADMINISTRATIVO *

SUMARIO: 1. ADMINISTRACIÓN Y RÉGIMEN JURÍDICO-PÚBLICO. TRASCENDENCIA DE LA CALIFICACIÓN.—2. EL TRASFONDO POLÍTICO DE LAS CONSTRUCCIONES DOGMÁTICAS.—3. LA HISTORIA DOCTRINAL ESPAÑOLA. BREVE PANORÁMICA.—4. LA CONCEPCIÓN DEL DERECHO ADMINISTRATIVO SEGÚN UN CRITERIO SUBJETIVO: EL DERECHO DE LA ADMINISTRACIÓN COMO SUJETO.—5. ALGUNAS OBSERVACIONES A LA TESIS DE LA ADMINISTRACIÓN COMO SUJETO. EL PROBLEMA DEL SECTOR PÚBLICO. ¿DÓNDE ACABA LA ADMINISTRACIÓN?—6. EN TORNO AL DESLINDE DE LA ADMINISTRACIÓN PÚBLICA. ADMINISTRACIÓN-SUJETO Y ACCIÓN ADMINISTRATIVA. LA CRISIS DE UN CRITERIO: a) *La imposible* «reductio ad unitatem». b) *Interpretación del artículo 1 LJ.* c) *¿Derecho administrativo corporativo o derecho público de las corporaciones?*—7. LA PERSPECTIVA FINANCIERA.—8. AVANCE DE CONCLUSIÓN: LA VUELTA A VIEJOS CAMINOS.—9. CRITERIO Y CONCEPTO QUE SE PROPONE: A) *Los puntos de acuerdo en la doctrina.* B) *Respuesta a algunas objeciones.* C) *Poder administrativo y competencia específica.* D) *Actuaciones* «ad intra» *y* «ad extra». E) *Conclusión: concepto y definición.*

Es praxis tradicional en nuestra Universidad que el profesor, al comenzar el estudio de la disciplina, ofrezca a los alumnos una primera lección sobre el «concepto e importancia de la asignatura». El autor es consciente de que para el alumno tales explicaciones resultan muchas veces estériles, porque nada le dicen en el comienzo mismo del curso académico. Desde un punto de vista didáctico sería más razonable abordar el problema de la definición y concepto al final del camino, esto es, después de que el alumno se haya enfrentado personalmente con la materia objeto de la definición.

Sin embargo, creo que en Derecho Administrativo se hace particularmente necesario enfrentarse desde el primer momento con esta tarea de definir qué sea la Administración pública y su Derecho, cuáles son su ámbito y sus límites. No por una razón puramente científica o de tradición, sino porque en el intento de definir esta rama del Derecho el jurista no tiene más remedio que plantearse las cuestiones fundamentales, los criterios centrales, sobre los que se apoya nuestra disciplina. El concepto y límites de la Administración pública y el concepto y límites del Derecho Administrativo constituyen así, en buena medida, la clave de comprensión de su contenido. En efecto, el interés de ese deslinde radica en el hecho de que la calificación de un ente o una acti-

---

* Lección dictada en la Facultad de Derecho de la Universidad Complutense, Madrid, octubre 1973.

vidad como «Administración pública» comporta trascendentales consecuencias de régimen jurídico (esto es, de efectos en la vida de la sociedad).

No estará de más insistir brevemente en este punto.

1. Administración y régimen jurídico-público. Trascendencia de la calificación

Sabido es que los problemas jurídico-dogmáticos tienen siempre en el Derecho, y especialmente en Derecho Administrativo, interés e importancia, en la medida en que su solución en un sentido o en otro conlleva repercusiones importantes en aquel sector de la sociedad o de la vida de los individuos sobre el que se proyecta. Pues bien, las consecuencias aquí son de primer orden y pueden resumirse así: la Administración (sujeto o actividad) demanda en principio la aplicación de un régimen jurídico de derecho público, presidido por una idea de sujeción, de vinculatoriedad (principio de legalidad, responsabilidad, control público) frente a los sujetos o actividades privadas, cuyo ordenamiento y régimen jurídico respira libertad, autonomía de la voluntad, dominio [1].

Este régimen jurídico de derecho público ha sido tradicionalmente presentado como un régimen exorbitante, como un derecho de prerrogativa, de supremacía, a favor de los entes públicos, singularmente del Estado y su organización, en atención al superior rango e importancia social de los fines que éstos tienen encomendados. Por una serie de factores históricos, ideológicos y políticos, el Derecho Administrativo recibe inicialmente esta configuración. Sin embargo, hoy está comúnmente reconocido cómo, junto a este carácter de derecho exorbitante, que concede a sus sujetos un conjunto de prerrogativas, el Derecho Administrativo impone al mismo tiempo a éstos una serie de limitaciones muy superiores a las que son propias de los sujetos privados. No es sólo un haz de potestades, sino también un cuadro de garantías. La vinculación a la ley en toda su riqueza de manifestaciones, el principio de igualdad, la exigencia del debido procedimiento, la necesaria habilitación financiera, la publicidad y control de sus actuaciones (en todas sus formas: administrativo y judicial) son otros tantos contrapesos a las inmunidades y privilegios que acompañan también siempre a la Administración.

---

[1] La distinción, por lo demás, presenta hoy un particular interés, pues, como se ha dicho, nuestro tiempo está presidido por una suerte de «feudalismo administrativo», de pulular de entes y organizaciones que viven en la frontera de lo público: cfr. GARCÍA TREVIJANO, *Tratado de Derecho administrativo,* tomo II, páginas 321 y siguientes.

Pues bien, este complejo de poder y garantía, de privilegio y carga, es típico del régimen jurídico público, que acompaña a la Administración en mayor o menor medida allí donde ésta actúa. Y ello no desaparece totalmente ni siquiera cuando en su actuación se someta a formas de derecho privado, pues hay siempre un núcleo interno de organización y actividad que es siempre público.

El problema de la calificación de un ente o actividad como Administración pública se presenta justamente en nuestros días con especial gravedad porque el Estado se reviste hoy con frecuencia de formas privadas, buscando con ello una libertad de movimientos de la que carecía como sujeto público. El Estado —más en concreto, la Administración— no necesita hoy, en muchos casos, acudir a sus potestades jurídicas de *imperium:* le basta con su poder económico. Y en el uso de éste, prefiere no tener que soportar las rigideces del Derecho Público. Naturalmente que ésta es, en ocasiones, la única forma jurídica que permite conseguir con eficacia los nuevos fines económicos que el Estado ha asumido desde la primera guerra mundial, pero es igualmente cierto que éste es hoy el más claro portillo de escape de la legalidad y el posible camino de un nuevo despotismo.

Éste es el interés fundamental de la calificación: la fijación de un régimen jurídico presidido por principios bien diferentes en uno y otro caso: los principios contenidos en nuestras Leyes de Régimen Jurídico, de Administración y Contabilidad, de Procedimiento Administrativo, de Contratos del Estado, de Tasas y Exacciones, etc., o los principios derivados del Código Civil o de Comercio. Dicho con otras palabras: la aplicación, *a un sujeto o a una actividad,* del Derecho Administrativo como *derecho común,* con sus privilegios y sus cargas y con capacidad de autointegración de sus propias lagunas normativas, o bien la remisión al derecho privado como derecho básico general en todo lo no previsto por su normativa específica.

Concretando un poco más esta afirmación, puede decirse que de ello dependerá en primer lugar la posible existencia de un proceso contencioso-administrativo que, según parece desprenderse del artículo 1 de la LJ [2], se configura como un proceso a la persona, no un proceso al acto (requiere la presencia de un sujeto que sea Administración); en segundo lugar, la naturaleza y condición del ente determinará que el régimen financiero o su actuación económica esté o no sometida a las medidas y normas de Derecho Público en garantía del recto manejo de los fondos públicos; en tercer lugar, será un criterio fundamental para determinar cuál es el grado de su vinculación a la ley (nece-

---

[2] Más adelante se somete a revisión esta afirmación habitual.

saria habilitación normativa para actuar) o el grado de autonomía de la voluntad y libertad de iniciativa o decisión que cabe reconocerle [3]; de modo especial, de su calificación dependerá que sean o no de aplicación las normas y principios generales del procedimiento administrativo; que la relación de los agentes se configure —*lege silente*— como funcionarial o laboral; que se den o no incompatibilidades, o se computen o no los años de servicios a efectos de trienios o clases pasivas; que sea titular —o simplemente beneficiario— de la potestad expropiatoria; que pueda ejercer o no la vía de apremio para el cobro de sus créditos; que goce o no, y en qué medida, de prelación de créditos; la aplicación o no del principio de igualdad como criterio clave de actuación y control de toda persona pública; la aplicación de un régimen de protección a sus bienes y derechos en cuanto a su alineabilidad, embargabilidad, prescripción o renuncia, etc., etc.

En definitiva, se trata de decidir —repito— si deben estar sometidos o no al sistema de principios que integran el régimen jurídico general del Derecho Público. Naturalmente que la normativa de cada ente nos dará muchos casos expresamente previstos y resueltos muchos de estos puntos, pero en otros casos no es así y solamente por vía de integración de la laguna legal, según su naturaleza, podrá llegarse a la regulación adecuada del caso. Hay abundantes ejemplos de jurisprudencia en los que el Tribunal Supremo se ha visto en la necesidad de completar unas casi siempre incompletas ordenaciones estatutarias. Pues bien, *el camino y el método de integración normativa serán distintos según se considere o no Administración pública el ente de que se trate.* Naturalmente que no debe caerse en la ingenuidad de pensar que a todos habrá de aplicarse un régimen uniforme y pleno. Sabemos que junto al derecho general del Estado hay y deberán configurarse otros regímenes especiales (Administración local, organismos autónomos, etc.), pero no puede olvidarse que a falta de texto expreso aquél funcionará como derecho supletorio [4]; más aún: que es posible construir un sistema de principios jurídicos materiales de Derecho Público (principio de legalidad, igualdad, responsabilidad, control judicial, derechos

---

[3] Destaca GARCÍA TREVIJANO, *Tratado,* tomo II, páginas 342-344, cómo según la calificación del ente procederá o no aplicarle un régimen jurídico estatutario presidido por el principio de adherencia a los fines predeterminados en la norma, con la posibilidad de declarar *ultra vires* y nulos aquéllos que excedan del círculo de sus atribuciones; también —aunque esto será menos frecuente— la aplicabilidad o no del principio de tipicidad de los actos, que exige previa habilitación legal para cada uno de ellos. Requisitos ambos que no son, obviamente, aplicables a entes que no formen parte de la Administración.

[4] Es conocida la doctrina de CLAVERO sobre el tema, en *Personalidad jurídica, derecho general...,* en DA, n.º 58, 1962, páginas 17-37, y el intento de revisión que, modestamente, propuse en mi libro *La Administración institucional. Bases de su régimen jurídico,* Instituto de Estudios Administrativos, Madrid, 1972.

adquiridos, seguridad jurídica, procedimiento legal y audiencia del interesado, etc.), de general aplicabilidad cuando se *administran* —cualquiera que sea el modo— intereses públicos, y aunque la ley no lo diga.

Estas y otras muchas cuestiones que tendremos ocasión de ver a lo largo de este curso condicionan en gran medida nuestra vida en sociedad. Y de su acertado planteamiento y solución dependen también en alto grado la salvaguardia de la justicia y la libertad.

Ello explica, por tanto, los constantes esfuerzos doctrinales por encontrar un criterio de identificación, de delimitación del ámbito de aplicación del Derecho administrativo. Porque, en efecto, como ha escrito Jean Rivero, «ninguna otra rama del Derecho ha sido objeto del mismo esfuerzo de síntesis. Ni el civilista, ni el criminalista, ni el mercantilista han acariciado el osado propósito de reconducir a unidad las reglas que estudian y de sistematizar alrededor de una sola idea toda la materia de su disciplina [5]. El administrativista, en cambio, se ha visto desde el comienzo obligado a ello».

2. El trasfondo político de las construcciones dogmáticas

Una razón práctica, de garantía social, de regulación y control del poder, ha estado desde el comienzo en la base de las construcciones dogmáticas sobre la Administración y el Derecho Administrativo. En el origen de tal intento hubo unas necesidades políticas que era preciso resolver, necesidades que fueron de distinto signo en Francia y en Alemania.

En Francia fue una cuestión procesal —el necesario reparto de jurisdicciones— que poco a poco fue sustantivándose y convirtiéndose en una cuestión jurídico-material —la aplicación o no de un régimen jurídico de prerrogativas y privilegio a una determinada relación.

En Alemania, por el contrario, será la tensión Parlamento-Rey, en el marco de una monarquía constitucional, la que determinará un análisis jurídico (con trasfondo político) de las funciones del Estado que permita establecer una clasificación de los actos del Estado y una partición del poder entre el Parlamento y el Gobierno. Así pues, este esfuerzo doctrinal no ha sido caprichoso o puramente cientifista, sino que ha venido impuesto y se ha realizado con unas finalidades concretas que a veces se olvidan.

---

[5] RIVERO, J., *Existe-t-il un critère du droit administratif?*, RDP, 1953, páginas 279 y siguientes. Describe el profesor de París esa impresión, de caravana trashumante en busca de su tierra prometida, que damos los especialistas del Derecho administrativo en busca del propio concepto.

La historia del Derecho Administrativo ha visto pasar un *impresionante desfile de teorías,* que por una u otra vía han intentado la comprensión, la sistematización y el deslinde de su contenido alrededor de una idea maestra, de un criterio clave de identificación: la distinción actos de autoridad-actos de gestión, la *«puissance publique»,* el servicio público, la función administrativa como función jurídica del Estado, el acto de administración, el interés público, la Administración como sujeto, la ejecución de la ley, por citar sólo las más conocidas, han sido en reiteradas formulaciones ese basamento constantemente anhelado por los administrativistas para construir sobre él el edificio de esta rama del Derecho.

No puede traerse aquí toda la larga historia doctrinal del concepto de Administración y su pendular y alternativa comprensión como sujeto o como función [6]. Pero sí debe recordarse que la cuestión tiene fundamentalmente dos vertientes: de una parte, se tratará de delimitar la Administración frente a la legislación, los tribunales y el Gobierno; de otra, se tratará de encontrar un criterio de distinción entre la actividad sometida al Derecho Administrativo y la actividad de Derecho privado. Estos son los dos puntos esenciales del problema definitorio y a ellos han respondido, respectivamente, las formulaciones alemana y francesa. El sentido de la respuesta en uno y otro país ha sido diferente, justamente por la distinta finalidad política a que ambas han servido.

La doctrina alemana se ha planteado siempre la cuestión desde una perspectiva jurídico-estatal, esto es, desde la teoría y funciones del Estado. Por ello, su objetivo fundamental será la delimitación de la acción administrativa respecto a la legislación y a la justicia, sin plantearse mayores problemas respecto de la separación de las actuaciones de Derecho Privado o del control jurisdiccional, porque ambas cuestiones en Alemania venían desde muy atrás marcadas y solucionadas a través de la Fiskuslehre. En Alemania, la actividad administrativa era esencialmente expresión del poder soberano que actúa por actos unilaterales, y cuando actuaba por las vías del derecho privado, su sometimiento a éste era rotundo y claro, sin lugar a discusión.

---

[6] Suele destacarse a veces (así MARTÍN RETORTILLO, *El ordenamiento jurídico de Santi Romano. Estudio preliminar,* Madrid, 1968) una perspectiva formal, que se relaciona «con los procederes, con el modo como se obra», pero, como indica el propio autor, esta valoración y la orgánica se encuentran muy a menudo vinculadas de modo conjunto y con carácter complementario entre sí: véase VEDEL, G., *Bases constitutionelles du Droit Administratif,* «Études et Documentos du Conseil d'État», n.º 8, página 27: «Si l'on utilise le point de vue formel, c'est-à-dire si l'on prend en considération les procédures, on est par là même obligé de faire place aux considérations tirées de la natures des organes intervenant, dans ces procédures».

Por todos, GIANNINI, M. S., *Lezioni di Diritto Administrativo,* Anno 1959-60, páginas 8-9. Entre nosotros, VILLAR PALASÍ, J. L., *Derecho administrativo,* Madrid, 1968.

En Francia, por el contrario, el objetivo fundamental de todas las clásicas sistematizaciones del Derecho administrativo ha sido no tanto la separación de la legislación y la justicia, sino la distinción entre actividades de la Administración sometidas al derecho común y actos sometidos a «reglas derogatorias del derecho común»: así, la distinción actos de autoridad-actos de gestión, la actuación como poder o como persona jurídica, la doctrina de la «gestión administrativa» que Hauriou formulará en 1899, y finalmente la doctrina del servicio público.

En definitiva, puede quizás afirmarse que el derecho alemán responde sobre todo en sus planteamientos a la distinción ley-Administración, cosa absolutamente lógica desde la estructura política de la monarquía constitucional (enfrentamiento Parlamento-Rey). En cambio, la tensión será, en Francia, Administración-juez, y el problema alemán no se planteará porque en Francia —dirá Berthélemy— «el tránsito del régimen de policía al régimen del derecho se efectuó de un solo golpe», o, lo que es lo mismo, el régimen de legalidad (afirmación de la soberanía nacional, reserva ilimitada de ley, supremacía de la Asamblea en todos los campos, estrecho control del Gobierno por el Parlamento, etc.) será afirmado íntegramente. Su problema será, en cambio, el control jurisdiccional.

De ahí también el distinto significado con que el Derecho Administrativo surge en uno y otro país. En Francia será el necesario instrumento de potenciación del Estado, tal como éste es diseñado por Napoleón. Por eso aparecerá sobre todo como un *derecho de supremacía,* y en el fondo de todos los criterios definitorios formulados estará la idea de *«puissance publique»* y, como contrapunto, el control de Conseil d'État que frene al gobernante. En Alemania, por el contrario, la monarquía constitucional se hallará encarnada en un Estado fuerte, heredero del Estado-policía, en el que hasta 1919 se afirmará el principio monárquico con poderes originarios y propios en amplias zonas; el Derecho Administrativo será, por ello, antes que nada, un sistema de límites que asegure los derechos de los ciudadanos; será, fundamentalmente, un *derecho de garantía,* y en el fondo de todos sus intentos definitorios estará siempre ese profundo sentido de limitación del poder a través del Derecho (teoría de las funciones: reserva de creación del Derecho, de las *Rechtsäze,* a favor del Parlamento, reserva de intervención en libertad, propiedad y derechos fundamentales). Alemania es, por ello, el país de la legalidad [7].

---

[7] Quizás convenga hacer aquí alguna aclaración, pues a veces se hacen en este punto afirmaciones equívocas. Así, suele decirse que Alemania es el país de la legalidad, que el principio de legalidad es de origen alemán, y ello es verdad si se entiende lo que se quiere decir. En efec-

La distinta estructura constitucional (en Alemania una monarquía constitucional, en Francia una república parlamentaria) es así, en el fondo, la causa de una diferente elaboración jurídica y doctrinal y un diferente planteamiento del problema definitorio.

3. La historia doctrinal española. Breve panorámica

Ante estos dos modelos, la historia doctrinal del Derecho Administrativo español viene integrada fundamentalmente por dos etapas: la etapa de los iniciadores, que está marcada por una concepción orgánica [8], a la que se sumará después la necesaria partición de jurisdicciones; el tema de la legalidad al modo alemán no será planteado, pues la Administración es siempre, al menos teóricamente, ejecución de la ley. La segunda etapa (con un eslabón de enganche que será Santamaría de Paredes y su concepción armónica del Estado) viene determinada por la recepción de la doctrina alemana, con un aparato

---

to, eso significa que justamente por la estructura constitucional de este país, la legalidad fue el camino seguido para limitar el poder originario y propio del Rey (Administración); a ello responde el principio de la reserva de ley, la distinción ley material-ley formal, la teoría de las funciones del Estado, etc., instrumentos todos ellos conducentes a afirmar el imperio del derecho y el control del poder político en un país en el que seguía perdurando en gran medida el Estado policía, y sobre el que se superponía progresivamente la autoridad de la ley. Éste fue el admirable proceso de juridificación de los poderes del Estado, de sumisión y control de éstos a través del sistema jurídico. He ahí la gran obra de los juristas alemanes. En Francia, por el contrario, la Revolución trajo desde el primer momento la afirmación del principio de soberanía nacional y la supremacía ilimitada del Parlamento sobre el Ejecutivo; con ello, la limitación y el control político del Gobierno (Administración) es total teóricamente, y, por tanto, el principio de legalidad, jurídico-dogmáticamente, no tendrá tanta importancia como en Alemania, pues no es la vía necesaria de sumisión y control del poder. Éste es algo conseguido *a radice* a nivel político-constitucional («lo tenemos afirmado íntegramente», dirá Berthelemy): cfr. BERTHELEMY, H., prólogo a la obra de Otto MAYER *Derecho Administrativo,* trad. cast., Buenos Aires, 1949, páginas vi y siguientes.

[8] Esta visión es lógica en un momento histórico en el que el objetivo fundamental del recién inaugurado sistema constitucional consiste en «separar» al ejecutivo de los otros dos poderes con los que hasta entonces venía confundido; los textos constitucionales afirmarán la existencia de los tres poderes, «cuya misión con carácter exclusivo era legislar, juzgar y ejecutar las disposiciones del legislador».

Es también lógica en unos hombres como Javier de Burgos, Oliván, Posada Herrera u Ortiz de Zúñiga, que al mismo tiempo que jurisconsultos y escritores participarán activamente en la vida pública. De ahí su preocupación por los temas organizativos y por ordenar de alguna forma la materia administrativa, sin mayores pretensiones dogmáticas por el momento. El centro de atracción alrededor del cual podían orientarse ambos aspectos era sin duda el propio aparato organizativo del Estado, en el que residía uno de los poderes: el ejecutivo. Véase sobre ello ENTRENA CUESTA, R., *El concepto de Administración pública en la doctrina y el derecho positivo españoles,* RAP, n.º 32, 1960, páginas 55-73. Y GARCÍA DE ENTERRÍA, E., *Verso un concetto di Diritto Administrativo come diritto statutario,* RTDP, n.º 10, 1960.

categorial desconectado de nuestra realidad constitucional, que será utilizado sin demasiada conciencia de la finalidad a que sirvió en el país de origen, por otro lado, con la recepción de la doctrina del servicio público de la Escuela de Burdeos, como criterio de partición de jurisdicciones y de aplicación del Derecho administrativo. Desde ambos frentes, un Posada (Adolfo), un Gascón o un García Oviedo intentarán construir un concepto material y objetivo de la Administración y su derecho. La concepción funcional —la Administración como una «función» del Estado— la inició en España don Adolfo Posada. El krausista Posada es quizás en la historia del Derecho Administrativo español el primer gran dogmático. «Era —ha escrito de él Alejandro Nieto— un lector voraz que infatigablemente iba almacenando en sus obras opiniones de los autores europeos y americanos. Nuestro Derecho Administrativo abandonó su aislamiento para importar cuanto en el mundo se había escrito» [9].

La influencia más destacada en él la ejerció sin duda la gran escuela clásica del Derecho público alemán, y en lo que en este momento nos interesa, su famosa teoría de las funciones del Estado, cuya recepción en España fue total y absoluta [10].

Junto a esta influencia debe consignarse también la ejercida por la llamada Escuela del Servicio Público francesa, que en el primer tercio de este siglo levantó una majestuosa construcción científica del Derecho Administrativo, alrededor de este criterio material de la «actividad de servicio público» [11].

---

[9] NIETO, A., *Influencias extranjeras en la evolución de la ciencia española del Derecho administrativo,* Anales Universidad de La Laguna, sep., página 22.

[10] Sobre el proceso de recepción de la teoría de las funciones en España véase GALLEGO ANABITARTE, *Clases de leyes...*, cit., páginas 475 y siguientes, especialmente página 479.

[11] La Escuela del Servicio Público, por lo demás, era en gran medida deudora de la gran escuela alemana, cuya influencia es patente en DUGUIT. Especialmente, ello es cierto en el deslinde y conceptuación de las funciones del Estado, según el cual «la función administrativa» se identifica según su naturaleza interna por tener como contenido propio la emisión de decisiones individuales bajo la forma de actos-condición o de actos subjetivos, mientras la legislación consiste en la emisión o formulación de actos-regla. Todo esto es evidente y la afirmación que algunas veces se lee de que los profesores franceses desarrollaron y precisaron el pensamiento de la escuela alemana es puro «chauvinismo» y, como ha dicho GALLEGO ANABITARTE, sólo puede tomarse como una broma. En cambio, donde la Escuela del Servicio Público ofrece un interés mayor como intento definitorio no es en el orden de configuración de las funciones del Estado, sino en el criterio de calificación de la actividad administrativa y, por tanto, del Derecho administrativo como un conjunto de reglas especiales en torno de la idea de servicio público. El enfoque es ahora totalmente diferente: se trata de ver cuál es el criterio, la idea central, que ha de informar la actividad de la Administración para que ésta sea regulada por ese conjunto de «reglas especiales» que constituye el *«régime administratif»* y no por el derecho común. Éste sí que es el planteamiento típicamente francés (la delimitación de los campos de aplicación del derecho administrativo y del derecho privado), y la Escuela del Servicio Público ofrece su solución.

El hecho es que a partir de Posada en la doctrina española se formulará con unanimidad casi absoluta la caracterización de la Administración como una de las funciones del Estado [12]. La separación de poderes no había operado una paralela separación de funciones, sino, al contrario, había consagrado la inmunidad de la Administración frente al poder judicial (residenciando con ello en la propia Administración la solución de los conflictos contencioso-administrativos) y por otro lado le había dotado asimismo de un poder reglamentario, autónomo en muchos campos. Con ello, la identificación Administración-poder ejecutivo resultaba inexacta. La Administración será entendida desde finales de siglo como «función administrativa», es decir, como una de las actividades del Estado caracterizada de un modo objetivo por la realización de determinados actos jurídicos, por la gestión de servicios públicos o por la ejecución de un tipo de actividad, práctica, concreta o de conformación social, según las diferentes concepciones doctrinales [13].

Pues bien, después de vanos intentos de definición del Derecho Administrativo en base a una indefinible «función administrativa» (que había elaborado la dogmática alemana) y de los no menos infructuosos intentos de deslinde del Derecho privado en base a unos criterios positivos y jurisprudenciales de técnica jurídica (que había elaborado el Conseil d'État y sus comentadores doctrinales), hemos asistido en los últimos años a un cambio de orientación de la doctrina, que volvió a reemprender, a partir de los años cincuenta, el criterio subjetivo, orgánico, que iniciaron nuestros clásicos, si bien ahora con nuevas precisiones dogmáticas [14].

---

[12] Véase, por todos, ENTRENA, R., *El concepto de Administración pública,* RAP, n.º 32, páginas 62 y 63 y todas las referencias allí citadas: «En esta línea —escribe— deben incluirse los nombres de los autores cuyos tratados y manuales han tenido más difusión entre nosotros: Royo-Villanova, Gascón y Martín, García Oviedo y Álvarez Gendín, y los de la doctrina extranjera de fines del siglo XIX y la primera parte del siglo presente. Como punto de partida para sus investigaciones comienzan por apuntar que ni todo lo que hace el poder ejecutivo es administrar ni sólo el poder ejecutivo administra. La afirmación se repite, casi textualmente, en los dos primeros autores citados. Seguidamente intentan, como apuntábamos con anterioridad, elaborar una teoría de la función administrativa».

[13] GARCÍA DE ENTERRÍA, E., *Verso un concetto di Diritto Administrativo come diritto statutario,* RTDP, n.º 10, 1960, página 320.

[14] Salvo error mío, el último representante de la concepción funcional fue Ballbe, y el primero que levantó la bandera de la Administración en sentido subjetivo, Garrido Falla, quien en 1952 escribía: «El objeto del Derecho Administrativo está constituido por la Administración en sentido subjetivo, si bien se comprenda en esta denominación la llamada Administración indirecta del Estado... Cuando se examina el punto de vista doctrinal que insiste en hallar un criterio material o sustancial de determinación de la actividad administrativa a través de los diversos poderes orgánicos del Estado, se puede apreciar el valor nulo que, desde el punto de vista del Derecho administrativo, cabe asignar al hecho de que ciertos actos, por ejemplo, del poder legislativo no reúnan los caracteres de generalidad que se asignan normalmente a la ley. Es evi-

4. La concepción del Derecho Administrativo según un criterio subjetivo: el derecho de la Administración como sujeto

Entre las formulaciones españolas en este sentido, pueden recordarse, entre otras, las posturas de los profesores Garrido Falla y García de Enterría. No es este lugar para referirse a ellas con detalle. Lo haré únicamente con brevedad respecto a este último, porque es necesario para el hilo de la argumentación y conclusión a la que aquí se quiere llegar.

Según esta formulación doctrinal, hecha en 1959 [15], el Derecho administrativo es el derecho de la Administración, entendida ésta no como un mero complejo orgánico en el seno del Estado, sino como una persona jurídica, como un sujeto de Derecho. Personificación de la que no participan ni el Parlamento (que es un *corpus* representativo del pueblo, titular de la propiedad del poder), ni el juez (*vox legis,* vinculado directamente a las leyes, al Derecho), ni el Gobierno (en cuanto éste participa del proceso de apropiación del poder y tiene encomendadas constitucionalmente una serie de funciones estrictamente políticas) [16].

Así pues, la Administración subjetivamente considerada no es sino el Estado actuando como persona; más aún: la única personificación posible del Estado. Ahora bien —se dirá—, no se trata de una única personalidad administrativa, sino de una «constelación de entes personificados», reconducible por unas u otras vías a la unidad estructural y funcional del Estado.

Sobre este sugestivo planteamiento, un amplio sector de la doctrina española (Villar Palasí, Clavero) ha construido el Derecho Administrativo como un derecho *ratione personae,* que corta horizontalmente a las demás ramas del Derecho, integrándolas a modo de adjetivaciones propias.

Sea bajo esta formulación de la Administración sujeto, sea bajo la formulación de la Administración como complejo orgánico integrado en el poder

---

dente, además, la conveniencia de someter al mismo régimen de los demás actos administrativos los reglamentos emanados de la Administración. Así pues, al intentar definir el Derecho Administrativo, no nos queda sino confirmarnos en tales opiniones». Véase su estudio *Sobre el Derecho administrativo y sus ideas cardinales,* RAP, n.º 7, páginas 11 y siguientes, y más tarde en *La Administración como objeto de las ciencias jurídicas y no jurídicas,* RAP, n.º 23, páginas 9 y siguientes. También en su *Tratado,* tomo I, páginas 26 y siguientes.

[15] En *Verso un concetto...,* cit., páginas 317-341.

[16] En este último caso, lo que ocurre es que son las mismas personas las que desarrollan esa acción política o de gobierno y las que actúan como órganos superiores de la Administración, pero con una diferencia: en el primer caso actúan como «elementos» del Estado no personificado y en el segundo, como «agentes» de la Administración personificada; por ello, eso que se llama «función de gobierno» son actuaciones concernientes al Estado como complejo, pero no a la Administración como sujeto.

ejecutivo, con función residual (Garrido), parecía que era alrededor de este concepto subjetivo de la Administración, como una realidad identificable, concreta y organizativa, como se podían superar las estériles y dogmáticas distinciones sobre la naturaleza de una actividad que devenía absolutamente indefinible. Pero he aquí que, cuando se creía estar en un camino seguro de deslinde y conceptuación, vuelven a surgir tremendas dificultades, por la creciente e incontenible floración de entes públicos y semipúblicos cuya calificación resulta problemática y aún de auténticos entes privados cuya interpenetración en la organización administrativa es constante.

5. Algunas observaciones a la tesis de la Administración como sujeto. El problema del sector público. ¿Dónde acaba la Administración?

Pues, en efecto, todo este planteamiento (el Derecho Administrativo como el derecho propio de la Administración-sujeto) sólo es válido y concluyente en tanto en cuanto se precise qué y quién es la Administración, cómo reconocer y qué criterios pueden emplearse para identificar a ese sujeto; esto es, cómo identificar los entes personificados que pueden ser calificados como Administración Pública [17].

Pues obsérvese que en la formulación subjetiva, esta tarea de deslinde de la Administración pública se realiza frente a la legislación, la jurisdicción y la acción de gobierno. Se nos deslinda —podríamos decir— «hacia arriba», pero no nos dice nada —y esto es algo crucial en la Administración actual— de cómo identificar toda esa «constelación de Administraciones Públicas» que se citan de pasada; esto es, no se nos dice nada de hasta dónde llega «hacia abajo» la Administración, cuál es el límite de la Administración frente al creciente pulular de entes públicos, semipúblicos, sociales o puras organizaciones privadas de carácter asociativo (grupos, juntas, cooperativas, etc.), incesantemente creadas, a las cuales se confían tareas públicas.

La cuestión es ésta: ¿dónde acaba la Administración? La doctrina hablará de una incorporación a la unidad de la Administración Pública, de una *reductio ad unitatem* mediante la serie de técnicas de tutela, delegación, comunicabili-

[17] De dicha calificación se hace depender todo: la aplicación o no de un régimen jurídico-administrativo (con los privilegios y con las limitaciones del derecho público), la procedente o improcedente fiscalización por los tribunales contencioso-administrativos, la misma existencia de relación jurídico-administrativa (ésta no existe —se dice— allí donde no esté presente una persona administrativa, y viceversa, la presencia de ésta acarrea, *ipso facto,* un régimen jurídico especial, estatutario, incluso en sus relaciones de derecho privado).

dad de patrimonios, etc. Ahora bien, ¿cuál es la naturaleza de esa incorporación, en qué consiste y dónde acaba? ¿Se dan de hecho otros entes públicos, otras personas públicas a las que, no obstante su falta de incorporación orgánica a la Administración central del Estado, cabe calificar dogmáticamente como Administración Pública a efectos de control jurisdiccional o financiero? ¿En qué consiste y cuáles son las técnicas para que se pueda hablar de «encuadramiento» de todos estos entes públicos menores en la unidad del Estado? Mientras no se conteste a estas preguntas, el criterio de la Administración personificada, que es claro y sugestivo en abstracto, conduce a una definición en el vacío.

Es éste justamente uno de los principales problemas del Derecho Administrativo de nuestro tiempo, pues es lo cierto que, cada vez con mayor amplitud, se produce una constante interferencia entre la organización administrativa tradicional y las organizaciones sociales, a las que se les confía, no obstante su carácter externo a la Administración como sujeto, la realización de funciones públicas, dotándoles para ello de potestad. Esta interpenetración no va a disminuir, sino todo lo contrario. Voces autorizadas han hablado recientemente en toda Europa, y también en nuestro país, de la necesidad de caminar «hacia una Administración de participación» [18].

Desde otro punto de vista, se ha pedido también entre nosotros «la ampliación del concepto de Administración Pública a efectos de la delimitación del ámbito de lo contencioso-administrativo», pues en otro caso, y dada la configuración que la Administración como sujeto recibe en el artículo 1, párrafo 2.°, de la LJ, se escapa a todo control judicial «la actividad de numerosos entes que, caracterizados o no como entes públicos, con o sin personalidad, ejercitan de hecho y de derecho potestades públicas» [19], y que, sin embargo, no se consideran formalmente integrados en la Administración del Estado.

En resumen: hoy resulta especialmente necesario abordar el deslinde y calificación de la Administración Pública, no sólo *ad intra,* frente a los otros poderes o elementos que integran el Estado, sino, también, *ad extra,* frente a la inmensa constelación de organizaciones y entidades públicas, semipúblicas, sociales o puramente privadas que *nomine propio* o *nomine alieno* gestionan y tienen encomendados el cuidado de los intereses colectivos. Pues es un hecho

---

[18] López Rodó, L., *Discurso de apertura de la Table Ronde del Instituto Internacional de Ciencias Administrativas,* sep., Barcelona, junio 1969, páginas 16 y siguientes, y las referencias allí contenidas: «Es preciso determinar una acción común entre la Administración y la sociedad..., la toma de conciencia de una tarea compartida entre todos».

[19] Parada, J. R., *Informe sobre la jurisdicción contencioso-administrativa,* RAP, n.° 58, páginas 468-469.

innegable que, al menos *prima facie,* aparecen hoy multitudes de relaciones jurídicas, de campos sociales cubiertos por el Derecho Administrativo en los que éste actúa no porque en ellas sea parte de la Administración (sujeto, organización), sino porque afectan a los intereses colectivos. Son actividades de naturaleza administrativa, reguladas por el Derecho Administrativo, pero no ejercidas por la Administración, sino por sujetos privados (o públicos, pero no integrados formalmente en la Administración).

Para hacerse una cabal idea de cuál es el inmenso campo de análisis que tiene ante sí en este punto el Derecho Administrativo de nuestro tiempo, problema al cual aboca necesariamente la consideración subjetiva de la Administración, conviene dibujar sin pretensiones totalizadoras, ni por supuesto dogmáticas, una perspectiva de lo que suele llamarse «el sector público».

He aquí —sin pretensión alguna de calificación dogmática— el que han trazado, por remitirse a un documento oficial y puramente descriptivo, las *«Cuentas de las Administraciones Públicas»* correspondientes al año 1965 [20]:

1. El Estado: Administración Central, a todos sus niveles y en todos sus sectores.

2. Los Organismos Autónomos: Administración Institucional, en todas sus variedades y tipos.

3. Las Corporaciones Locales: Administración local (municipios, provincias, entidades menores y las islas cuando están organizadas en régimen de cabildos).

4. La Seguridad Social: con el Instituto Nacional de Previsión, Mutualidades Laborales, Instituto Social de la Marina, entidades colaboradoras del S.O.E.

5. Empresas públicas: comprendiendo en este subsector, además de algunos servicios de carácter comercial incluidos en los presupuestos generales del Estado y de los organismos autónomos comerciales e industriales (recuérdese la finalidad no jurídica, sino contable, que preside la redacción de este documento), los siguientes apartados:

a) Empresas nacionales en las que el Estado detente la totalidad de las acciones o una participación mayoritaria, o bien cuando, siendo la participación estatal minoritaria, se ejerza un control público a través de acciones preferentes o de forma indirecta por medio de participaciones accionarias de otras empresas nacionales.

---

[20] Recojo aquí el esquema trazado en el estudio sobre ellas de BAREA TEJERO y RÚA BENITO en «Información Comercial Española», n.º 406, páginas 86 y siguientes.

b) Los servicios y empresas municipalizados.

c) Las empresas propiedad del Estado y no constituidas en forma de sociedad (Renfe).

d) Las empresas privadas —concesionarias— en las que el Estado ostente la propiedad o ejerza un control por mayoría u otros medios, como en el caso de Tabacalera, Compañía Telefónica, Campsa.

6. Instituciones financieras públicas: Banco de España, Instituto de Crédito Oficial, Bancos Oficiales, Instituto de las Cajas de Ahorro y, en un cierto sentido, también el I.N.I.

A ellas habría que añadir otros tres amplios sectores, como son:

7. Las Organizaciones Sindicales y del Movimiento, en su polifacética y variada realidad (sindicatos, hermandades, obras sindicales, grupos de colonización, etc.).

8. La llamada Administración Corporativa (cámaras, comunidades de regantes, colegios profesionales, etc.; a éstas algunos añaden las mutualidades de funcionarios).

9. Otras entidades asociativas con funciones públicas de ordenación y gestión de intereses colectivos: cooperativas, cotos mineros, consorcios, juntas de compensación, grupos de exportadores, Ofile y Unesa, etc.

Pues bien, he aquí la cuestión: ¿cuáles de entre toda esta multiforme y variada gama de entes pueden calificarse como entes públicos? ¿Y dentro de este grupo, cuáles podemos configurar como Administraciones Públicas? Por último, ¿puede afirmarse, a efectos científicos y de régimen jurídico, la unidad de la Administración-sujeto y la consiguiente unidad con capacidad autointegradora del ordenamiento jurídico-administrativo? He aquí un grave problema de nuestro actual Derecho Administrativo.

En efecto, en tales condiciones, una primera objeción se plantea, y es ésta: si difícil era delimitar sustancial y materialmente la «función administrativa», no lo es menos en nuestros días deslindar formalmente los entes que pueden ser calificados como Administración-sujeto, y mientras esto no se haga, al menos teóricamente, la definición del Derecho Administrativo como el Derecho de la Administración en cuanto sujeto (de la Administración como persona) es —insisto— una definición en el vacío. Hace años se decía que la Administración era difícilmente definible, pero fácilmente descriptible. Dudo que hoy pueda sostenerse esta afirmación [21].

---

[21] Ésta es la razón de que se haya pedido también entre nosotros «la ampliación del con-

6. En torno al deslinde de la Administración Pública. Administración-sujeto y acción administrativa. La crisis de un criterio

El camino de la Administración como sujeto era sin duda certero en muchos aspectos; ahora bien, en esta *demarche,* y a la vista de las transformaciones de una Administración de planificación y participación, se hacía necesario llevar el intento a un posterior desarrollo, tratando de verificar, *hic et nunc,* ese deslinde, único modo de comprobar si el Derecho administrativo se circunscribe realmente en nuestro ordenamiento al Derecho de la Administración como sujeto.

Obviamente, no pueden traerse aquí los análisis que tal deslinde exigiría y que traté de llevar a cabo en las páginas de mi Memoria de cátedra. Por otra parte, será siempre un deslinde inacabado y quizás inacabable, pero sí quiero recoger las conclusiones a las que llegué y tomar postura respecto al criterio definitorio.

El punto de partida para este análisis era, de modo obligado, el artículo 1 de la LJ, que es el texto positivo de nuestro ordenamiento en el que la Administración se intenta delimitar. El sector problemático era, naturalmente, el apartado c) del número 2, y dentro de él la zona polémica es la de las corporaciones, un viejo concepto en el mundo del Derecho que ha sufrido a lo largo del tiempo desconsideradas manipulaciones.

En mi Memoria se recoge una exposición de síntesis de la teoría de las personas públicas y se intenta la construcción de una teoría de las corporaciones en el ordenamiento jurídico español. Se ha llevado a cabo igualmente un análisis jurídico de algunos otros «tipos» de entes integradores del sector público.

Pues bien, como conclusiones de este análisis (que queda por ahora impublicado) afirmo lo siguiente:

1. El concepto subjetivo de Administración es un concepto orgánico, esto es, hace referencia a una organización integrada por una serie de entes o centros de poder que se encuadran (integración estructural, no funcional) en alguna de las Administraciones Públicas constitucionalmente reconocidas: la

---

cepto de Administración pública a efectos de la delimitación del ámbito de lo contencioso-administrativo» (PARADA), pues en otro caso, y dada la configuración que la Administración como sujeto recibe en el artículo 1, párrafo 2.°, de la LJ, se escapa a todo control judicial la actividad de numerosos entes que ejercitan de hecho y de derecho potestades públicas, y que, sin embargo, no se consideran formalmente integrados en la Administración del Estado.

Administración central y la Administración local. Según ello, serán Administración pública todos aquellos órganos o entidades (con o sin personalidad) que se integran en la Administración del Estado (como organización); y también todos aquéllos que se encuadran estructuralmente en la Administración municipal y provincial, únicas instituciones que están constitucionalmente consagradas desde un punto de vista subjetivo como «Administración Pública» en la LOE [22].

2. Las corporaciones son centros representativos de intereses de la sociedad, a diferencia de las instituciones, que son centros de referencia de intereses del Estado; su condición básica y radical es la de ser entes asociativos (integrados por miembros) *para la defensa de un sector de intereses sectoriales, de grupo o clase, como «intereses propios».*

3. Tales entes no pueden ser referidos estructuralmente a la Administración; no están, en sentido riguroso, «encuadrados» en ésta. Naturalmente, todo depende de la idea que se tenga de «encuadramiento»; a mi modo de ver, la idea de encuadramiento hace referencia a la inserción organizativa de un ente en el cuadro de otro; es un concepto estructural, que hace referencia *no tanto a la actividad «ad extra»,* sino a su funcionamiento interno, a su naturaleza y condición *en cuanto sujeto.* De ahí que todo centro o ente «encuadrado» en la Administración (de Estado o local) tenga, en cuanto sujeto, un régimen jurídico análogo al de ésta (salvo derogación expresa); o lo que es lo mismo: todo ente «encuadrado» es Administración sujeto, lo cual determina bastantes aspectos de su régimen jurídico, aún cuando su actividad sea realizada por cauces de derecho privado (aspectos procedimentales, financieros, patrimoniales, de control, etc.).

No basta, en cambio, para afirmar una relación de encuadramiento que se dé una delegación o transferencia de tareas y potestades originariamente estatales que son confiadas a otra organización, personificada o no, para su ejecución. La idea de absorción de fines o transferencia de funciones no se refiere al sujeto, sino a la actividad (sin alterar la naturaleza de aquél); este fenómeno es el típico de las corporaciones y hoy es frecuente, además, con determinadas organizaciones de tipo asociativo que en ningún caso pueden considerarse encuadradas en la organización del Estado (Grupos de exportadores, Juntas de compensación de la Ley del Suelo, Cooperativas, algunos Consorcios, etc.) [23].

---

[22] El municipio y la provincia son, en nuestro sistema institucional, entes distintos del Estado (como organización), pero al mismo tiempo, como dice la LOE (artículo 45.1) «constituyen estructuras básicas de la comunidad nacional». Hoy, obviamente, tras la Constitución de 1978 a ellas hay que añadir las Comunidades Autónomas.

[23] Otra cosa es que en España el Estado, especialmente en los últimos años, haya intensi-

4. Por tanto, en una consideración subjetiva de la Administración (y aunque otra cosa digan los que la sustentan) se deja fuera del concepto a todos aquellos entes que constituyen meros centros de referencia de intereses de la comunidad social (de la vida de la sociedad, no del Estado), es decir, todos los llamados por la doctrina italiana entes independientes o comunitarios [24] y por la doctrina española entidades representativas y profesionales [25] o corporaciones económico-sectoriales [26].

Ahora bien, muchas de estas entidades llevan a cabo actividades de naturaleza administrativa en el ejercicio de determinadas funciones públicas que el Estado les ha confiado. No sólo en el caso de las corporaciones, sino también en el de otras entidades asociativas; este fenómeno es hoy patente para la doctrina [27] y el Tribunal Supremo así lo ha reconocido [28].

Por tanto, puede concluirse que hoy día la Administración-sujeto, rigurosamente extendida, no cubre la totalidad de la acción administrativa; dicho en otros términos: que la acción administrativa no es referible en todo caso a una

---

ficado su intervención y control sobre estas corporaciones y asociaciones profesionales y económico-sectoriales hasta hacerlas instrumentos de control social en sus manos. Éste será, si se quiere, un fenómeno de intervencionismo y control político sobre *su actividad* (intervencionismo, justamente, sobre algo externo a él), pero sin que ello suponga su absorción desde un punto de vista *estructural,* sin que tales entes queden por ello *incrustados* en su organización.

[24] GIANNINI, M. S., *Lezioni...,* cit., páginas 154 y siguientes.

[25] JORDANA DE POZAS, L., *Ensayo sobre las entidades públicas, representativas y profesionales,* en «Estudios Jordana», tomo I, Madrid, 1961, páginas 207-249.

[26] MARTÍN MATEO, R., *Municipalismo, descentralización y democracia,* REVL, n.º 157, enero-marzo 1968.

[27] MEILÁN ha señalado cómo es hoy innegable «el traspaso de funciones administrativas a entes *no privados, pero que tampoco son Administración pública»,* según reiteradamente ha reconocido el «ordenamiento jurídico»: *El proceso de la definición del Derecho administrativo,* ENAP, 1967, página 77. Y Martín Mateo destaca igualmente «la incorporación a las tareas de la Administración de organizaciones de Derecho privado que colaboran con ella y a las cuales se otorga un trato especial y se adjudican potestades que antiguamente sólo se encontraban en manos de personas públicas». Y antes que ambos, BOQUERA, J. M.ª, *El aspecto jurídico-administrativo...,* cit., página 40: «Esto obliga a comenzar a construir el sistema jurídico-administrativo a partir de una noción no subjetiva de lo administrativo, pues ésta ya no ayuda a comprender el mundo actual».

[28] Es destacable, en este sentido, la sentencia de 21 de noviembre de 1960, de la que fue ponente don José María Cordero de Torres, de la que el Tribunal Supremo califica como *contrato administrativo «sui generis»* el celebrado entre una cooperativa y una sociedad constructora, sometido a la aprobación definitiva del Instituto Nacional de la Vivienda. El Tribunal afirmará —aunque creo que el término no es el correcto— que «tales cooperativas están encuadradas sólo a ciertos efectos» en el Ministerio. Ya se ve que este concepto de encuadramiento no es técnico, ni por ello quedan convertidas las cooperativas en entes públicos.

Administración-sujeto; ni el Derecho Administrativo será sólo un derecho de la Administración como sujeto.

Conviene, antes de seguir adelante, salir al paso de algunas posibles objeciones.

a) *La imposible* «reductio ad unitatem»

La primera sería decir, como efectivamente se ha dicho, que todos estos entes que integran las corporaciones y demás entidades asociativas son también Administración Pública en tanto en cuanto el ejercicio de funciones públicas y su actividad administrativa es reconducible por uno u otro artificio legal a la unidad del Estado, a través de las técnicas de tutela, de avocaciones de competencia, de alzadas impropias, etc.

Ahora bien, si se llega a esta conclusión se está al borde de incurrir en una definición *idem per idem;* pues en efecto, se reconoce que tales entes no son «Administración pública» por una razón orgánica; ni constituyen *per se* —cons titucionalmente— «Administración»: la LOE los ignora en la descripción del sistema institucional del Estado y algunos no son siquiera entes públicos. Luego si se les considera Administración es por estar investidos de ciertas competencias administrativas para el desempeño de unas *funciones que el propio Estado les encomienda,* y justamente en base a ello se las controla y se las califica como Administración Pública; es decir, *son Administración en tanto en cuanto están dotados de competencia por el Estado* para el desarrollo de determinados fines. Pero llegar a esta conclusión supone traicionar el camino emprendido e incurrir —como digo— en una definición *idem per idem,* pues se está definiendo el sujeto por la actividad para a continuación definir la acción administrativa por su referencia al sujeto; ésta fue la petición de principio en que incurrió Vedel cuando escribía que la noción de *«puissance publique»* es el medio de determinar si un organismo debe ser *«rattaché au pouvoir executif»;* y se incurre en ella igualmente cuando se pretende encuadrar a tales entidades dentro del conjunto de órganos encuadrados en el poder ejecutivo (Garrido) o cuando se intenta delimitar en base a tal criterio los que forman parte de la *Administración en cuanto tal* (García de Enterría) [29].

En el fondo ésta ha sido la gran limitación y la gran servidumbre que ha presentado siempre el criterio subjetivo: la necesidad de acudir a un criterio

---

[29] Esta petición de principio que encierra en el fondo el criterio subjetivo (la necesaria referencia, para la calificación del sujeto, a un criterio material) ya fue señalada por Martín Mateo en relación con las formulaciones españolas de Garrido y García de Enterría: véase MARTÍN MATEO, *La sustantividad del Derecho administrativo,* RAP, n.º 53, páginas 38-39.

material para determinar quién es ese sujeto, porque el criterio estrictamente orgánico resulta insuficiente.

b) *Interpretación del artículo 1 LJ*

Otra objeción que podría hacerse a estas afirmaciones aquí sostenidas es el propio texto del artículo 1 de la LJ, en el que se asimilan expresamente la Administración institucional (entes integrados) y las corporaciones (entes no integrados), considerando unos y otros, subjetivamente, como Administración Pública. A mi juicio, esta asimilación es más aparente que real y viene de hecho desmentida en el resto del ordenamiento. En efecto, la LJ contempla el concepto de Administración Pública *desde la perspectiva de los actos* sujetos a la jurisdicción contenciosa, que es la suya, pero sin que ello suponga, ni la ley lo pretenda, una calificación de la naturaleza de los entes que los dictan: la dicción literal del propio párrafo 2.º da pie para esta interpretación («se entenderá *a estos efectos...»;* tales efectos son los que se contienen en el párrafo anterior: la producción e impugnación de actos administrativos). Ahora bien, el concepto y la naturaleza del acto administrativo no viene determinado por la naturaleza del sujeto que lo dicta (no todo acto de la Administración es acto administrativo, ni todo acto administrativo es dictado por la Administración); en resumen, la ley, en este artículo, no contempla los entes en sí mismos (en su naturaleza), sino en su actuación (en el control jurisdiccional *de sus actos;* lo que la ley pretende no es deslindar la Administración-sujeto (aunque ésta haya sido la interpretación habitual del artículo), sino atribuir a la jurisdicción contencioso-administrativa el control judicial de *los actos que integran objetivamente la Administración* [30].

c) *¿Derecho administrativo corporativo o derecho público de las corporaciones?*

Finalmente, la tercera objeción a mi argumentación podría ser la siguiente: este Derecho regulador de la estructura y vida de las corporaciones, ¿no es acaso también Derecho Administrativo? ¿No puede ser visto como una zona o parcela del mismo, distinta ciertamente a la del Estado, que establece un régimen jurídico especial?

---

[30] Esta comprensión del artículo 1 LJ —aunque no fuera la de sus redactores— resulta hoy la más conveniente, pues entre otras ventajas, es la única que permitiría, en tanto no se reforme, evitar las denegaciones de justicia que de otra forma se pueden producir, ante el hecho, no infrecuente, de las nuevas administraciones autónomas de la economía, en las que no se da «la nota subjetiva de actos de la Administración Pública», según ha destacado Parada.

Por supuesto, sobre cuestiones terminológicas es inútil polemizar. Lo que ocurre es que detrás de las diferencias terminológicas se ocultan casi siempre planteamientos de fondo, distintas concepciones de la realidad.

Así, Meilán ha defendido la existencia de «un auténtico Derecho Administrativo sindical, corporativo o concordatorio, sin que los sindicatos, las corporaciones profesionales y la Iglesia sean Administración Pública»; lo cual es perfectamente coherente desde su concepción del Derecho Administrativo como «derecho común relativo a la regulación y gestión subordinada de intereses colectivos». Si el Derecho Administrativo se ve como el derecho público común de los intereses colectivos (cualquiera que sea el sujeto de esa gestión y los regímenes jurídicos de la misma), tal calificación es admisible, pero entonces hay que aclarar enseguida que por Derecho Administrativo, o régimen administrativo, *no deberá entenderse nunca un régimen jurídico unitario* propio de un sujeto, sino una categoría formal en el que se incluyen una pluralidad de ordenamientos jurídicos separados, *no susceptibles de mutua integración;* la única nota que uniría a todos ellos es un carácter público, esto es, *que no son el puro derecho privado.* Ahora bien, para este amasijo de normas y regulaciones es inútil buscar un concepto unitario.

Pero si en vez de una concepción objetiva (derecho común de los intereses colectivos) se parte de una concepción subjetiva (derecho de la Administración como sujeto), entonces al derecho de las corporaciones no se le debe llamar Derecho administrativo. Un sector de la doctrina ha hablado de la posibilidad de hablar de un Derecho corporativo como un *tertium genus* entre el Derecho público y el Derecho privado [31]: entiende, sin embargo, que «en nuestro derecho esto es inadmisible, y que el Derecho de las corporaciones, el Derecho de estas entidades, a pesar de las existencias de esos intereses perfectamente diferenciables del Estado, no deja de ser una parcela, una zona del Derecho administrativo». Ahora bien, desde la concepción que mantiene este autor, se hace difícil llegar a esta conclusión si no es considerando a las corporaciones como formando parte del complejo o aparato orgánico integrado en el poder ejecutivo (Estado), y así efectivamente hablará del encuadramiento de estos entes en la organización estatal [32]. Entiendo que llamar Derecho Administrativo al derecho regulador de las corporaciones no es correcto si aquél lo entendemos como el derecho propio (esto es, el *régimen jurídico propio*) de las Administraciones públicas. Y esto tiene una importante consecuencia: la separación y la inaplicación, en principio, del derecho de la Administración pública (de la Ley de Procedimiento, Ley de Contratos, de Régimen Jurídico, de

---

[31] Así Garrido Falla, F., *La descentralización administrativa,* Costa Rica, página 56.

[32] Garrido Falla, F., *La descentralización administrativa,* cit., páginas 55-56.

Funcionarios, etc.) a las corporaciones como sujetos. Yo he defendido en alguna ocasión la expresión «Derecho público de las corporaciones», pero aclaro enseguida que este derecho no tiene nada que ver con la construcción que de él hizo la doctrina italiana de los años treinta y en especial Zanobini en su artículo homenaje a Federico Cammeo.

En cualquier caso, y dejando a un lado la cuestión terminológica, que es convencional, lo que es preciso afirmar, porque si no se incurre en un error de fondo, es que el Derecho de las Administraciones públicas no es, en principio, aplicable a las corporaciones como sujetos; es decir, éstas no son incluibles, en principio, en el régimen *jurídico-administrativo unitario que, con todas las especialidades que se quiera, es común a la Administración central, local e institucional;* lo cual no quiere decir que el Derecho Administrativo les sea, en absoluto, inaplicable: se aplicará a ellas en determinados aspectos *de su actuación* como «delegados» del Estado y también en ciertos principios generales que son comunes a todo ente público (principio de igualdad, principio de audiencia del interesado, principio de control financiero y rendición de cuentas, etc.).

Pero esto no basta para incluirlas en esa *radical unidad de régimen jurídico* que, aún con las especialidades que sean del caso, conviene afirmar *para todos aquellos entes que constituyen Administraciones Públicas.*

Me he pronunciado en otro lugar contra esa pretendida separación de ordenamientos que un gran sector de la doctrina española trató de establecer para la Administración central, local e institucional [33]. Pues bien, esta separación de ordenamientos es verdadera y real para las corporaciones, a las que sólo por vía de remisión expresa o por analogía, a través de unos principios básicos del Derecho público, serán aplicables las leyes del Estado. Y ello por la razón sencilla —repito— de que no son Administración.

Quedan con ello matizadas estas posibles objeciones y mantenida la tesis de que el criterio subjetivo no es un criterio definitorio suficiente para la Administración de nuestros días (aclararé enseguida que ello no significa que sea un criterio estéril, pues, como veremos, sigue teniendo gran relevancia en muchos aspectos).

7. La perspectiva financiera

Pero antes conviene fijarse en otro dato que invita a repensar la validez del criterio subjetivo como criterio suficiente para la definición del Derecho

---

[33] Véase mi libro *La Administración institucional,* Madrid, 1972.

Administrativo. Y este dato nos viene dado por un sector de la Administración en el que la consideración subjetiva había encontrado precisamente una aplicación más incontestable: el campo de la Hacienda Pública. El régimen jurídico de ésta, tanto en sus ingresos como en sus gastos, se configuraba tradicionalmente en atención a la especial condición del «sujeto» y al margen de la naturaleza de la actividad que los originase. La peseta del Estado era siempre «peseta del Estado», esto es, una peseta privilegiada tanto a efectos de cobro (prelaciones, apremio, no compensación) como de pago (inembargabilidad, liquidación y ejecución de deudas por la propia Administración, régimen especial de prescripción quinquenal o anual, etc.), sin tener en cuenta para nada la naturaleza del título causal del crédito o la deuda.

Esta concepción se aprecia con toda evidencia en nuestra vigente Ley de Administración y Contabilidad de la Hacienda Pública que es, bien puede decirse, la cristalización de un pretendido estatuto jurídico subjetivo de la Hacienda Pública.

Pues bien, también en este bloque cerrado de reglamentación en torno a un sujeto empiezan a producirse fisuras. En mi Memoria de cátedra he descrito, en parte, el *proceso de objetivación o funcionalización de privilegios según la naturaleza del título casual de los créditos y deudas;* este proceso se ha producido como consecuencia de la diversificación de la Administración en su organización y actividad. De otra forma, dado el incremento de la acción del Estado a través de mil «formas» y «sujetos» diferentes, se produciría una extensión desorbitada de los mismos. Si el Estado, en cuanto titular «último» y verdadero de los bienes y fondos de gran número de entidades económica, extendiese sobre éstas su haz de privilegios e inmunidades, se desnaturalizarían las relaciones de estos entes y, además, se sembraría de inseguridad jurídica el tráfico económico.

Se produce así la quiebra de uno de los más sólidos puntos de apoyo de la concepción subjetiva del Derecho Administrativo como Derecho de la Administración.

Esta evolución se patentiza en nuestro Derecho cuando se compara la LACHP con la LEA (artículos 16, 17, 51) o con el Estatuto de Recaudación de 1968 (artículo 3.º), o incluso con la LPA (artículo 105, a *contrario sensu*). En toda esta normativa reciente la concepción que se refleja es que el régimen jurídico-público en materia de créditos queda referido no al sujeto titular de los mismos (la Administración Pública en cualquiera de sus formas), sino a la naturaleza de la relación que los origina: *se exige que el título causal del crédito sea de naturaleza administrativa.*

Bien es verdad que este principio general (a nivel de concepción), que supone un cambio de sentido completo, se ve excepcionado en muchos derechos estatutarios singulares, en los que se reconoce expresamente la vía de apremio para el cobro de sus créditos cualquiera que sea su naturaleza [34]. Pero por numerosas que sean las excepciones, es preciso afirmar que el sentido general de la legislación ha cambiado [35].

8. Avance de conclusión: la vuelta a viejos caminos

Concluyamos, pues, esta primera parte de la exposición diciendo que el criterio subjetivo resulta hoy insuficiente como criterio definitorio, como idea maestra, del Derecho Administrativo. Lo cual, por otra parte, es consecuencia de los planteamientos ideológicos y políticos del tiempo en que vivimos: el camino que iniciaron nuestros clásicos era certero en un momento en que había una nítida separación entre Estado y Sociedad. El Derecho Administrativo estaba basado en esta fundamental y tajante distinción y podía quedar fundamentalmente referido al *corpus* organizativo integrado en el poder ejecutivo (organización estatal centralizada y organismos locales), porque sólo ellos aparecían revestidos de la potestad del Estado [36]. Hoy las barreras se han roto: la sociedad sube hasta el Estado y el Estado se infiltra en la sociedad.

Ante esta situación, se imponía quizás la vuelta a viejos caminos. Y ésta ha sido la dirección emprendida por la doctrina española en sus últimos intentos a través de formulaciones doctrinales que insistirán en la noción de «poder administrativo», y su actualización, el acto administrativo (Boquera), o bien en la

---

[34] Así, son apremiables, por ejemplo los créditos de la Comisión de Compras de Excedentes de Vino (D.L. 11 de agosto de 1953, artículo 13.3.ª, párrafo 2.º), los créditos a favor del BOE (D. 1 de septiembre de 1948, artículo 27), los créditos del Instituto Español de Emigración (Ley de 17 de julio 1956 y Decreto de 23 de julio de 1959), los créditos a favor del Instituto Nacional de la Vivienda (Texto refundido de 24 de julio de 1963, artículo 32), los créditos de las Juntas de Obras y Servicios de Puertos (Ley de 20 de junio de 1968, artículo 30), los de la Mancomunidad de los Canales del Taibilla (Ley de 27 de abril de 1946, artículo 9), los créditos del Patrimonio Forestal del Estado, cualquiera que sea su clase (Decreto de 30 mayo 1941, artículo 108), los del Servicio Nacional del Trigo (Orden de 19 noviembre 1953, artículo 157), etc.

[35] No puedo extenderme ahora en este punto, pero si el alumno lo desea me remito a las lecciones de este programa, que espero se vean pronto publicadas.

[36] La posibilidad teórica de gestión del interés público a través de «asociaciones e individuos que auxilien al Estado en la realización de sus fines» fue vista, desde luego, por nuestros clásicos, pero estas asociaciones, entidades o corporaciones que integrarían la llamada Administración corporativa —escribirá, lamentándose, Posada Herrera— «no existe verdaderamente en España, salvo en los objetivos de beneficencia, que demuestran lo que podía ser aplicado a otros ramos del servicio público»: POSADA HERRERA, J., *Administración,* en «Diccionario General de Política y Administraciones», de Suárez Inclán, Madrid, 1868, página 102.

presencia de «potestades singulares» (Martín Mateo), o en la regulación y gestión con «poder subordinado» de intereses colectivos (Meilán). Bajo una u otra formulación, es, en el fondo, la vuelta a Hauriou y a su *puissance publique* el camino que se ha reemprendido [37].

Digamos, por lo demás, que en el fondo este criterio jamás ha sido abandonado desde que, un poco intuitivamente, lo señalaron los fundadores del Derecho administrativo. La misma Escuela del Servicio Público, que durante unos años pareció centrar triunfalmente alrededor de esta idea la totalidad del Derecho administrativo [38], empezó a entrar en crisis desde el momento en que se rompió la ecuación servicio público-régimen jurídico de derecho público, allá por los años treinta, y se vino abajo ya de una manera espectacular con el proceso de las nacionalizaciones [39]. Lo cual no hacía sino dar la razón al

---

[37] La vuelta de HAURIOU ha sido expresamente solicitada: «Volvamos, pues, de nuevo a Hauriou y a su *puissance publique* como dato fundamental para definir el Derecho administrativo», ha escrito MARTÍN MATEO, *La sustantividad del Derecho...*, cit., página 57.

[38] La fe y el entusiasmo por la doctrina del servicio público fueron, en las primeras décadas del siglo, verdaderamente avasalladores. En 1914, JÈZE, *L'enfant terrible de l'École,* escribía: «El servicio público es, hoy, la piedra angular del Derecho administrativo francés. Esta noción sirve para volver a modelar todas las instituciones del Derecho público. La colaboración del Consejo de Estado y de los teóricos ha producido notables resultados en este sentido; indudablemente estos esfuerzos paralelos conducirán, dentro de algunos años, a construir un edificio admirable». Y unos años más tarde (1926), de modo triunfante y excluyente de cualquier otra posible explicación, diría: «En France, à l'heure actuelle, le service public est l'idée maîtresse du droit public; toutes les théories juridiques reposant sur la souveraineté, de la puissance publique, de l'autorité, disparaissent un à un. Leur influence est à pur prés nulle sur les jeunes générations de juristas»: JÈZE, G., *Le service public,* en «Revue de Droit Public», cit. por HAURIOU, Preface a la 11eme édit. de su *Precis de Droit administratif,* 1926, página X. Las afirmaciones de JÉZE son de una radicalidad que linda con la imprudencia; así en las primeras páginas de sus *Principios,* cuando afirma: «Se puede afirmar que en todo país donde se haya alcanzado la noción del servicio público tal como la expondremos más adelante, es decir, en todo país civilizado, existe derecho administrativo» (tomo I, página 1).

[39] En efecto, es lo cierto que su validez como criterio definitorio dependía ante todo de un dato: la distinción, que fuese fácil de establecer, entre servicios públicos y actividades privadas del Estado; esta distinción fue clara desde finales del XIX hasta los años treinta. Ahora bien, ese estado de la vida administrativa ha sido desbordado, como señala el propio LAUBADERE, por dos órdenes de factores: de una parte, por la proliferación de servicios de un carácter nuevo, de carácter económico, y por otra parte, por la creciente colaboración de los particulares en tareas de interés general, que sin ser calificadas como servicio público son consideradas como «misión de interés general» o «misión de servicio público» (misiones de organización profesional, de desarrollo económico, etc.): LAUBADERE, A., *Traité...*, cit., tomo I, páginas 46-47. Uno y otro factores han dado lugar a la progresiva penetración del derecho privado en la gestión de los servicios públicos (algo que ya previó HAURIOU: recuérdese su distinción «gestión administrativa»-«gestión privada») y con ello a la quiebra del paralelismo servicio público-régimen jurídico público-jurisdicción administrativa; y, por otro lado, a la aplicación de elementos de derecho público (beneficio de expropiación, ocupaciones, exenciones fiscales, imposición de servidum-

viejo maestro de Toulouse, quien en pleno triunfalismo de Jèze había escrito: *«Le domaine prope du droit… non point dans le région des buts porsuivis, mais dans celle des moyens employés pour atteindre ces buts, c'est-á-dire la région des pouvoirs et des droits; vous voyez bien, la puissance publique subsiste et, même, elle passe avant le service public, puisque celui-ci ne peut étre défini que par elle. Il ne faut point triompher si vite…»* [40].

A la misma conclusión llegó entre nosotros Garrido Falla, quien recordará la necesidad de «volver la vista a los *medios* empleados por la Administración pública actual» (subrayado del original), y concluirá: «La actuación administrativa sometida al Derecho público se caracteriza por el uso de la prerrogativa por parte de la Administración; y por ello si queremos saber, a efectos del artículo 1 LJ, cuáles son los actos de la Administración pública "sometidos al Derecho Administrativo", la contestación —escribe— sería la siguiente: aquellos actos de la Administración realizados en el ejercicio de una potestad pública atribuida a la Administración por la Ley» [41].

9. Criterio y concepto que se propone

Es el momento de formular un criterio y un concepto. Y para ello vamos a partir de unas afirmaciones sobre las que hay un cierto acuerdo doctrinal. Es, quizás, una vía segura de aproximación.

A) *Los puntos de acuerdo en la doctrina*

1) En primer lugar, podría decirse que el Derecho Administrativo tiene por objeto la organización y actividad de las Administraciones Públicas; con ello se alude a dos cuestiones históricamente debatidas y que hoy están zanjadas [42]:

---

bres, etc.) a actividades puramente privadas que son declaradas de interés público (determinados sectores o actividades económicas, polos de desarrollo, declaración de centros de interés turístico, etc.). Respecto al primer aspecto, VEDEL señaló en su famoso artículo sobre las bases constitucionales del Derecho Administrativo, cómo este fenómeno no era algo nuevo, sino previsto por el propio comisario Romieu en sus conclusiones sobre el *affaire* Terrier: VEDEL, G., *Bases constitucionnelles du Droit administratif,* «Études et Documents», n.º 8, 1954, páginas 23-24. Véase, en detalle, la interpretación de regímenes jurídicos en LAUBADERE, A., *Traité…,* cit., tomo I, páginas 47-48.

Todo ello ha provocado la famosa crisis del servicio público *(le declin de la notion de service public),* que ha sido reconocido hoy como *«inopérante quant á ses consequences juridiques et comme fumante, sinon insaisissable au regard de sa définition»,* LAUBADERE, A., *Traité…,* cit., tomo I, página 49.

[40] HAURIOU, M., prefacio de la 11.ª edición de su *Precis,* página XII.

[41] *Tratado…,* cit., página 164.

[42] Por todos, MARTÍN MATEO, *La sustantividad…,* cit., páginas 43-45.

a) *La materia de organización es una materia jurídica,* regulada por normas de carácter jurídico que constituyen una parte cada vez más importante del Derecho administrativo; la afirmación es hoy lugar común y no es preciso insistir.

b) La actividad *de la Administración* se somete al Derecho Administrativo, *cualquiera que sea, desde el punto de vista de las funciones* (en el sentido de la doctrina alemana), *su naturaleza:* esto es, ya sea actividad reglamentaria, actividad jurisdiccional (recursos), actos jurídicos singulares o puras operaciones materiales.

2) En segundo lugar, es preciso convenir que *no toda organización y actividad referible al Estado es objeto del Derecho administrativo* y que de alguna manera hay que deslindar el campo de la organización y actividad del Estado que se somete al Derecho administrativo. García de Enterría, en una breve fórmula, ha hablado de la Administración *«en cuanto tal»;* Garrido Falla, de «el uso de *prerrogativas* por parte de la Administración»; Boquera, de *«la posibilidad de imponer a través de ella, de modo unilateral,* obligaciones y derechos»; Martín Mateo, de «presencia de *potestades singulares* en manos de la Administración», y así otros muchos testimonios que podrían aportarse. Baste con éstos para concluir que *todos ellos son deudores de la idea de «puissance publique»* que Hauriou mantuvo como criterio central del Derecho Administrativo. Con ello se excluyen del campo de cobertura de éste:

a) De una parte, las puras formas organizativas de Derecho privado (sociedades de Estado) en las que la Administración actúa o interviene no con títulos de *«potestad»,* sino con títulos de *«propiedad».*

b) Y de otra, en cuanto a la actividad, todas aquellas actuaciones de la Administración, puramente patrimoniales, económicas o comerciales, en las que ésta actúa como un agente más del mercado, sin poder público [43].

3) En tercer lugar, también unánimemente se reconoce hoy —y aquí se ha insistido en ello hasta la saciedad— la existencia de funciones y tareas públicas que son encomendadas a entidades u organizaciones no administrativas, dotándoles para ello de poder público, de potestades administrativas, para imponer unilateralmente conductas a los ciudadanos; este fenómeno supone la existencia de acción administrativa (esto es, actividad de prerrogativa, con po-

[43] Digamos, no obstante, que, aún en estos casos, hay un núcleo subjetivo íntimo de esas organizaciones y de esas relaciones patrimoniales que, como con acierto señaló García de Enterría, resulta irreductible al puro derecho privado y está siempre sometido al derecho público, porque son aspectos vinculados e inseparables a la Administración como sujeto: GARCÍA DE ENTERRÍA, *Verso un concetto...,* cit., páginas 339-340. Véase lo que se dice más adelante sobre este extremo.

der de imposición unilateral a los ciudadanos) en manos privadas y la posibilidad, por tanto, de que estas organizaciones dicten actos administrativos ejecutorios sometidos al Derecho administrativo.

De estas tres afirmaciones, sobre las que hay un relativo acuerdo, puede deducirse en una primera aproximación que el criterio individualizador de lo administrativo está en este dato: la existencia de «poder», de prerrogativas, de potestades o, si se quieren utilizar términos clásicos, la existencia de «autoridad», de *«puissance publique»*. Y junto a esto, la existencia de limitaciones, de sujeciones, de controles sobre el ejercicio de dichas potestades.

En el fondo ésta ha sido y es la «visión de siempre» del Derecho Administrativo como el «Derecho del poder». Derecho que quiere ser, al mismo tiempo, *instrumento y brida* del ejercicio de éste.

B) *Respuesta a algunas objeciones*

Conviene, sin embargo, antes de seguir adelante, salir al paso de algunas objeciones formuladas a este criterio:

a) *Las derogaciones en más y en menos;* es sobradamente conocida esta observación de Rivero: el Derecho Administrativo no es sólo prerrogativa, sino también carga; no es sólo *«derogation en plus»*, sino también *«derogation en moins»;* no es sólo *«Administration imperieuse»*, sino también *«Administration ligotée»*. Esta fue una observación aguda y certera, pero no es una objeción al criterio del «poder». Pues tanto unas como otras derogaciones al derecho común —prerrogativa y servidumbre— son manifestaciones de un mismo fenómeno: la *regulación jurídica del ejercicio del poder público con garantías,* unas veces garantías del Estado frente a los intereses individuales que deben estarle subordinados (prerrogativas) y otras garantías de la sociedad frente a los titulares del poder y frente a sus «administradores» (sujeciones).

b) *Actividades de prestación o favorecimiento;* la segunda objeción frente al criterio de la prerrogativa o del «poder» ha sido la de que en las actividades de prestación o de fomento, la Administración no utiliza esa prerrogativa de imposición unilateral, sino que, en vez de sus rigores, le ofrece al ciudadano sus favores, en un régimen de libre aceptación (así, por ejemplo, en subvenciones conciertos, crédito oficial, asistencia social, etc.) [44].

Ahora bien, a ello hay que responder que el hecho de que se desarrollen en régimen de libre aceptación por los ciudadanos no significa que la Admi-

---

[44] GARCÍA DE ENTERRÍA, E., *Verso un concetto...*, cit., página 336.

nistración actúe en ellas sin «potestad». Ejerce en primer lugar la potestad, verdaderamente formidable, de afectación o destino de los fondos públicos [45], así como la de control sobre los mismos una vez incorporados al patrimonio del beneficiario; y sobre todo, sus prerrogativas y potestades se manifestarán en los supuestos de anormal ejecución o desarrollo de la relación creada, en cuyo caso los privilegios de la Administración vuelven a cobrar vida tanto activa como pasivamente *(potestas variandi,* inejecución de sentencias, no obligación de *facere,* procedimientos ejecutivos, etc.).

Por otro lado, también en estas actividades administrativas, no ejercidas por vías de coacción, no dejan de existir las cargas: por ejemplo, aplicación del principio de igualdad, incompatibilidades en su gestión, etc. [46].

No debe por ello confundirse la actividad administrativa en régimen de aceptación voluntaria por el ciudadano (ausencia de imposición unilateral) con la actividad de derecho privado de la Administración, ejercida sin prerrogativa alguna en el orden de la prestación. Lo único que ocurre en estos casos es que *la prerrogativa opera sólo previa existencia de un acto de solicitud o aceptación.*

En el fondo, lo que quizás hoy más nos desconcierta es que este poder, esta *«puisssance»,* que es la entraña del Derecho Administrativo, se «oculta», no se sabe si vergonzantemente o arteramente, pues a medida que se nos disfraza resulta más difícil su identificación, su localización, y por ello su embridamiento jurídico. Lo que ocurre en estos campos es que el poder político y jurídico se oculta tras el «poder económico», que es una de las formas disfrazadas de poder público.

c) *Las relaciones de colaboración entre Administraciones Públicas, en un plazo de igualdad;* finalmente, algo análogo podría decirse respecto de la pretendida quiebra del criterio de la prerrogativa (en el sentido ambivalente señalado) en las relaciones de colaboración entre Administraciones Públicas que están obviamente sometidas al Derecho Administrativo. Se confunde en esta objeción una posible situación de «igualdad» (que por otra parte no siempre se da en tales relaciones) con una situación de ausencia de potestades públicas; más bien

---

[45] En la medida en que la Administración goza en estos campos de potestad discrecional (y esta medida no es escasa), tal poder constituye una prerrogativa de primer orden, y vistas las cosas globalmente, respecto al conjunto de la sociedad (otros posibles ciudadanos o sectores económicos) aparece la otra cara de la moneda y es ésta: que los «favores» concedidos a unos conllevan en muchos casos «rigores» para con otros (ciudadanos, regiones o sectores productivos que quedan marginados).

[46] Véase esto ampliamente en MARTÍN MATEO, R., *La sustantividad del Derecho administrativo,* RAP, n.º 53, 1967, páginas 60-65.

habría que afirmar lo contrario: lo que ocurre en tales casos es que ambas partes (y no sólo una de ellas) son titulares de prerrogativas, actúan con «potestad», lo cual puede equilibrar las posiciones. Y la prueba de ello es que cuando el conflicto se produce tales prerrogativas se manifiestan y tratan de imponerse las unas sobre las otras. Son entonces los jueces los que deciden la tensión a favor de una de ellas. En más de una ocasión nuestra jurisprudencia de conflictos ha tenido que ventilar la tensión entre el Instituto Nacional de Previsión (con las facultades de apremio para el cobro de sus cuotas) y la inembargabilidad de los fondos municipales con los que tenían que ser pagadas tales cuotas. Ambos eran privilegios claramente públicos, exorbitantes del derecho común [47].

Una vez aclaradas estas habituales objeciones sobre el criterio de las potestades, y reafirmada la conclusión de que el Derecho Administrativo se nos aparece irreversiblemente como «el derecho del poder», podemos seguir adelante analizando los caracteres y condicionamientos de éste.

C) *Poder administrativo y competencia específica*

Se ha definido el poder público como el «poder de creación e imposición unilateral de obligaciones y derechos» [48]. Dentro de él, como una de sus claves o categorías, está el «poder administrativo», que, a diferencia del que corresponde a las Cortes o a los Tribunales y en algunos casos al Gobierno, constituye un poder *no soberano, vinculado a la ley, controlado por los jueces* con todas sus

---

[47] Así, por ejemplo, Decreto resolutorio de competencia de 25 de febrero de 1960 (Az. 167), entre el gobernador civil y la Magistratura de Trabajo de Badajoz, con ocasión de una ejecución por vía de apremio que la segunda había ordenado contra el Ayuntamiento de Cheles por falta de pago de cuotas de seguros sociales, al amparo del artículo 4.º de la Ley de 15 de julio de 1952. *Se enfrentaban aquí dos prerrogativas:* la vía de apremio concedida para el cobro de los seguros por una Administración frente al privilegio de inembargabilidad afirmado en la LACHP (artículo 15) y aplicable a las haciendas locales por remisión de la Ley articulada de 1950 (disposición final 4.ª), el Reglamento de Haciendas Locales de 1952 (disposición adicional 1.ª) y la O.M. de 13 de octubre de 1953. Así lo ha confirmado finalmente el artículo 661 de la LRL, texto de 1955. Pues bien, el Decreto entiende que estamos aquí ante un privilegio «de carácter especialísimo», que no se puede entender derogado por ninguna otra disposición que al regular otras materias o instituciones pueda interferirse con aquél. Por lo que debe ceder, ante él, el privilegio de apremio para el cobro de las cuotas de seguros sociales, lo cual, además, «sólo supone una mera alteración en el procedimiento para hacerlas efectivas, plenamente justificada por la naturaleza y fines a que se aplican los fondos de cuya protección se trata». En el mismo sentido, Decreto de competencias de 23 de junio de 1960 (Az. 2023).

[48] BOQUERA OLIVER, J. M.ª, *El aspecto jurídico-administrativo de la Organización Sindical española,* RAP, n.º 52, 1967, páginas 25 y siguientes, especialmente página 41.

manifestaciones, *y otorgando para la consecución fines específicos de interés público,* en toda su variedad [49].

Ahora bien, este poder no se manifiesta en bloque, sino parcelado, distribuido en el conjunto de los órganos que integran el aparato organizativo del Estado, y otorgado en ocasiones a centros o entidades que están fuera de él. Así pues, no sólo la Administración —aparato orgánico del Estado— es titular de poder administrativo, sino también aquéllos a quienes ésta apodera en cada caso por vía de delegación o mandato, o incluso aquéllos a quienes explícitamente y de una manera directa les otorga la legislación.

Este ámbito o parcela del interés público, cuyo cuidado se encomienda a cada órgano o entidad, constituye un *munus publicum,* esto es, una misión, una tarea de organización, defensa y gestión de un sector de los intereses públicos. Esto es lo que en Derecho Administrativo se conoce con el nombre de *competencias* (ámbito de actuación propia, en el cumplimiento de unos fines específicos, para cuya realización el sujeto es investido de potestad, poder administrativo).

Debe destacarse, por tanto, que la potestad no se concede *in genere,* sino que es siempre una potestad *ad hoc,* esto es, para el cumplimiento de los fines específicamente atribuidos (y no de otros). Dicho con otras palabras: la potestad pública, la dosis de poder administrativo con que se dota a cada órgano o ente, está vinculada y limitada *a su competencia específica,* a la realización de su *munus publicum* [50].

---

[49] Frente a la Ley (poder incondicionado), al poder judicial (subordinado a la ley, pero inatacable, salvo por ésta, cuando se pronuncia en su instancia superior) y al poder político (frente al que no pueden reaccionar jurídicamente los sujetos afectados por él porque la ley prohíbe a los jueces que intervengan, aunque sus actos sean antijurídicos), el poder administrativo se nos manifiesta jurídicamente como el más débil, pues su acción, aunque no quede paralizada, puede ser controlada y destruida si infringe el orden jurídico: tal es la caracterización que de él hace BOQUERA, *El aspecto...,* cit., páginas 41-44.

[50] Éste es también el criterio para reconocer la existencia o no de «potestad en una relación jurídica determinada». En muchos casos las potestades aparecen expresamente reconocidas en la norma, pero en otras ocasiones no ocurrirá así (por ejemplo, en materia contractual o en materia de bienes, en el caso de entidades institucionales o corporaciones, no referibles orgánicamente al Estado, provincia o municipio), y entonces cabe preguntarse: ¿cómo saber si se actúa o no con «potestad»? Pues bien, es justamente en estos supuestos donde el criterio de la competencia específica viene a ofrecer una solución que resulta problemática si se acude a fórmulas genéricas tales como «giro o tráfico de la Administración», «funciones propias», «obras y servicios públicos», etc. Y ello porque la Administración no puede ser contemplada globalmente (pues dada la genérica formulación de nuestras Leyes Fundamentales, sus fines podrían ser todos: artículo 40, I, LOE), sino en cada una de sus «unidades operativas» a quienes se encomienda un concreto y particular *munus publicum*: cfr. VILLAR PALASÍ, J. L., en *Derecho Administrativo. Introducción y teoría de las normas,* Madrid, 1968,

Pues bien, en esta línea de pensamiento, entiendo que a la hora de definir la Administración de nuestros días lo importante son las competencias y no quién las ejercita. La presencia de la Administración viene dada entonces no por la presencia de funcionarios o titulares de la organización burocrática, sino por la actuación de competencias. Caben así actos administrativos dictados por sujetos que no son Administración (si actúan competencias) y viceversa, actuaciones realizadas por órganos o entes formalmente administrativos que no constituyen actos administrativos (actuación *a iure privato,* si no se actúan competencias específicas: contratos privados).

Según esta concepción, serán Administración todas aquellas personas que ejercitan competencias (sean o no entes públicos y estén o no «encuadrados» en la organización del Estado, provincia o municipio) en tanto en cuanto tienen atribuida la consecución de un fin de interés colectivo, que ha sido formalmente declarado tal por el Estado y encomendado al sujeto o ente por el ordenamiento *(munus publicum).*

En el ejercicio de las actividades propias del *munus* gozará de potestad pública. Ahora bien, gozará de potestad a esos efectos (y no a otros), y como todo ejercicio de potestad estará sometido también en estos aspectos a las limitaciones propias del Derecho público y a la fiscalización jurisdiccional de los tribunales contencioso-administrativos.

El recurso contencioso se convierte así en un proceso al acto, no a la persona, puesto que en ocasiones no será la Administración, ni siquiera un ente público, la que sea autora del acto administrativo.

Y, por el contrario, quedan fuera del concepto de Administración las formas organizativas de derecho privado (sociedades de Estado) y en general todas aquellas actividades (en su aspecto relacional, *erga privatos*) en las que no se actúan competencias.

D) *Actuaciones* «ad intra» *y* «ad extra»

¿Pueden entenderse entonces que toda actividad en la que no se ejerzan *potestades «ad extra»* pertenece al Derecho privado? Sabido es que no, porque —ya aquí vuelven a aparecer en toda su tremenda fuerza condicionante el criterio subjetivo— en toda actividad de la Administración, *aun cuando no suponga actuación de competencias,* es preciso distinguir dos aspectos: el de la *actuación*

---

y también en las *Lecciones sobre Contratación Administrativa,* Cátedra del Prof. Villar Palasí, Madrid, 1968.

«ad intra», que estará siempre ajustada a las normas propias de la Administración-sujeto (organizativas, habilitación, etc.), al menos en su núcleo más íntimo (caso de las sociedades de Estado), y el de *la actuación relacional «ad extra», «erga privatos»,* que es donde el Derecho administrativo no tendrá ningún papel cuando las actuaciones de que se trate no supongan ejercicio de competencias. Y es que todo aquello que pertenece al núcleo interno de *organización,* de la Administración como sujeto, es siempre administrativo.

Ahora bien, conviene insistir en que este criterio subjetivo —calificación de la Administración como sujeto y aplicación a toda su actividad *ad intra* de un régimen peculiar— no depende en modo alguno del ejercicio o no, *ad extra,* de potestades, sino de su encuadramiento orgánico en el Estado, provincia o municipio.

E) *Conclusión: concepto y definición*

Con ello se afirma algo que ha estado en el fondo de esta exposición, y es que *la determinación subjetiva de la Administración y la determinación material de la misma son caminos por completo independientes, aunque sean complementarios y necesarios ambos para la determinación actual del Derecho Administrativo.* El primero es, como vimos, un concepto orgánico, estructural; el segundo, un concepto funcional. Por ello, *la existencia o ejercicio de potestades singulares no puede aportar ningún elemento para la calificación de la condición del sujeto.* Ésta dependerá exclusivamente de su *encuadramiento orgánico de derecho público* en el Estado, provincia o municipio [51].

---

[51] Justamente por ello las sociedades de Estado no son, en rigor, encuadrables orgánicamente en el Estado, por ello no les es aplicable, a mi juicio, en toda su actuación *ad intra,* el derecho de éste ni directa ni suplementariamente (hago esta afirmación a pesar de lo que dice el artículo 398 del Reglamento de Contratos del Estado, que es un precepto equívoco y perturbador). Y no son «encuadrables» en el Estado-organización porque no cabe situarlas en una relación jurídico-pública de tipo orgánico o institucional, lo cual no quiere decir que no sean referibles en último término, patrimonial y financieramente, a éste. Pero esa referibilidad no es tanto una relación orgánica de poder público (jerarquía, tutela, supremacía, etc.), sino más sencillamente una relación de propiedad. Hay, ciertamente, algunos aspectos excepcionales en los que existen relaciones de derecho público. Por lo demás, hay que decir que, en principio, el Estado no responde ilimitadamente por ellas. Su régimen jurídico es de derecho privado (civil o mercantil), si bien se trata en ocasiones de un derecho privado, singular, que ha sido calificado como «derecho privado administrativo» (AUBY, VILLAR PALASÍ), calificación que puede parecer contradictoria, pero que no lo es si se entiende como el derecho privado (no público, privilegiado, ni exorbitante) únicamente aplicable a los sujetos de la Administración pública. Véase, en este mismo sentido GARRIDO FALLA, *Tratado...,* II, páginas 355-356.

Puede concluirse, por tanto, que:

1. Es el *criterio funcional* (*no un criterio metafísico y esencialista,* como pretendió construir la dogmática alemana del siglo pasado, sino un *criterio jurídico* formulado a través de la técnica jurídica de la *atribución de competencias singulares*) el que debe ser aceptado como criterio definitorio.

2. Pero debe ser tomado en cuenta el *aspecto subjetivo para determinar, en todo caso, el régimen jurídico de todo ente «encuadrado» en sede pública, para toda su actuación «ad intra»*. Ello supone que en la separación de lo público y lo privado (y en la aplicación de uno u otro derecho) no puede hoy operarse globalmente, por bloques o conjuntos de materias, ni siquiera caso por caso, sino distinguiendo en cada relación jurídica —en frase de García Trevijano— diferentes «momentos singulares de la actuación, sometidos a una u otra rama del Derecho» [52]; es lo que Eisenmann llamó el estudio «a nivel de las moléculas» [53]. Pues bien, hay «momentos singulares» —«moléculas»— que, cualquiera que sea la naturaleza de la relación, pertenecen siempre al Derecho público, pues son elementos de la Administración-sujeto, posiciones, cualidades, peculiaridades jurídicas (unas veces en más: privilegios; otras en menos: limitaciones de su capacidad y autonomía de la voluntad), que acompañan siempre al sujeto Administración [54].

Y según ello, la Administración debe ser considerada, en cuanto criterio definidor del Derecho Administrativo, como *actividad desarrollada por un sujeto, público o no, en el ejercicio de competencias singulares atribuidas por el ordenamiento.*

Y el Derecho Administrativo es el *derecho común que regula la organización y funcionamiento de la Administración Pública subjetivamente considerada, y la actividad de todos aquellos sujetos —sean o no Administración— que ejercen competencias específicas atribuidas por el ordenamiento o delegadas por el poder público.*

---

[52] Cfr. GARCÍA TREVIJANO, J. A., *Tratado...*, tomo II, página 323.

[53] Cit. por ENTERRÍA, *Apuntes,* tomo I, lec. IV.

[54] Buena parte de ellas están contenidas en la LRJ y en la LACHP, que es un auténtico derecho estatutario de la Administración (Central) como sujeto. También en la LEA (para la Administración institucional); y, en otro aspecto, en la LPA y sus normas complementarias.

CAPÍTULO II

EL ORDENAMIENTO JURÍDICO-ADMINISTRATIVO. PRINCIPIO DE LEGALIDAD

LECCIÓN 3.ª

DERECHOS DEL REY, DERECHOS DEL PUEBLO. APUNTES PARA LA CONFIGURACIÓN DEL PRINCIPIO DE MATERIAS RESERVADAS A LA LEY *

SUMARIO: I. INTRODUCCIÓN.—II. PODERES DE DISPOSICIÓN Y PODERES DE ADMINISTRACIÓN DEL PRÍNCIPE, EN LA DOCTRINA DEL DERECHO REGIO: 1. *El principio de legalidad desde la perspectiva del acto de administración*. 2. *La doctrina del acto de administración en el derecho intermedio (común)*. 3. *La configuración del acto de administración en el derecho del príncipe: prohibiciones de disponer:* a) La titularidad compartida. b) El Príncipe, marido de la República: equiparación a los bienes dotales. c) El juramento hecho en capitulaciones. d) Algunas fuentes de nuestro Derecho histórico. 4. *Recepción constitucional*.—III. POTESTAD REGIA Y PROPIEDAD PRIVADA.—IV. DERECHOS ADQUIRIDOS *(IURA QUAESITA)*.—V. *MUTATIO MONETAE*.—VI. TRIBUTOS.—A MODO DE CONCLUSIONES.

> *«Profesional, aunque modesto, yo, en otro linaje de estudios, bien sé la previa concienzuda preparación que es menester para que trabajo de cualquier especie merezca darse a la publicidad. Más aficionado a la lectura de nuestros antiguos escritores, he ido acotando pasajes y extractando doctrinas que, más o menos torpemente trabadas, pueden ofrecer algún interés y hasta satisfacer alguna necesidad intelectual, si no en razón a su valor, de que carecerán, a lo menos por la pobreza de nuestras actuales investigaciones, que bien pueden tolerar las tan modestas que aquí recojo».*
>
> Recaredo FERNÁNDEZ DE VELASCO, *Referencias y transcripciones para la historia de la literatura política en España*, Madrid, 1925 (Prólogo).

---

* Este trabajo constituye, sustancialmente, la ponencia que sobre el tema tuve el honor de exponer en las sesiones del II Symposium de Historia de la Administración celebrado en la Escuela Nacional de Administración Pública los días 13 al 15 de noviembre de 1969. He introducido en él, junto a algunos retoques de texto, todo el aparato documental y bibliográfico que entonces, naturalmente, no acompañé.

I. Introducción

No pretendo en modo alguno reconstruir en estas páginas toda una teoría del Estado, que se puede encontrar en nuestros autores clásicos de los siglos XVI y XVII [1].

Tampoco corresponde al objeto de este trabajo la cuestión de si hubo o no absolutismo con los Austrias, ni la de dictaminar sobre la presencia en Cádiz de Tradición y Revolución, temas ambos muchas veces suscitados. Es conocido el empeño de nuestros grandes liberales —Argüelles, Martínez Marina— por presentar sus ideas como la continuación de una constitución histórica de nuestros reinos, y no como secuela de Rousseau o Montesquieu. ¿Hubo en ello táctica o convicción? [2].

En los juicios emitidos, tanto por los protagonistas como por sus censores posteriores, ha habido quizá no poco apasionamiento, todo lo explicable que se quiera. Hoy, cuando la mayoría de los motivos que entonces apasionaban están históricamente superados y no despiertan emoción alguna, creo que es

---

[1] La «primera teoría del Estado como nueva entidad política», en frase de SÁNCHEZ AGESTA, *El concepto del Estado en el pensamiento español del siglo XVI,* IEP, Madrid, 1959, páginas 14-15 y 67-68. Dos aproximaciones certeras en los últimos años son las de SÁNCHEZ AGESTA (libro citado), y MARAVALL, José Antonio, *La teoría española del Estado en el siglo XVII,* IEP, 1969, separata.

[2] Quizá ambas cosas. Ante la denuncia al Consejo de Castilla de la *Teoría de las Cortes,* de MARTÍNEZ MARINA, y la censura de que fue objeto como obra en la que se pretendía «iniciar a los españoles en el pacto social de Rousseau», el autor protestará con gran lujo de citas, en las que trata de demostrar la raigambre de la doctrina pactista (pacto entre el Rey y el Reino) en Santo Tomás y en nuestros autores clásicos (Gregorio LÓPEZ, MARIANA, MOLINA, etc.) mucho antes de que escribiese su obra el ginebrino; por eso, concluye afirmando que en la *Teoría de las Cortes* se limitó a afirmar «la existencia del pacto social como base del Gobierno español, no según las teorías de la Filosofía moderna, sino en conformidad a lo que resulta de los monumentos de la Historia de España y a las ideas de los antiguos sabios». *Vid.* MARINA, M., *Principios naturales de la Moral, de la Política o de la Legislación,* Madrid, edición de 1933, páginas 341 y siguientes. Personalmente pienso que hubo profunda convicción de unos hombres que ante la trágica situación de una nación «que ha perdido la conciencia de sí misma, que se encuentra al borde de su disolución como cuerpo social y que ve amenazada su propia existencia, asumen la tarea de instaurar un nuevo orden de cosas». Y si vuelven la mirada a la Historia, confiesa el propio MARTÍNEZ MARINA: «no es porque haya pensado jamás que la nación no tiene otros derechos que los que gozaron nuestros mayores, o que no existen más títulos para asegurar la independencia y libertad nacional que los que se hallan consignados en los viejos y carcomidos pergaminos sepultados en el polvo de los archivos, y mucho menos que la antigua Constitución de Castilla fuese perfecta y adaptada en todas sus partes a la presente situación política, sino por lo mucho que la conducta y gloriosas acciones de nuestros antepasados pueden contribuir a extender y fijar la opinión general, a formar el espíritu público, a excitar los deseos de la nación y a encaminarla por las sendas de la felicidad». En definitiva, los constitucionalistas son también hombres de su tiempo.

mucho más fácil, y, desde luego, más instructivo, constatar sencillamente unos textos en los que sin el romanticismo doceañista, se pueden apreciar las «coincidencias fundamentales entre algunos conceptos capitales de nuestra teoría jurídica y política moderna, y las ideas de nuestros grandes teólogos, moralistas y jurisconsultos» (Adolfo Posada) [3].

No se trata, pues, de abordar una vez más esos «grandes temas» de la historia de nuestro derecho público, lo cual resultaría impropio de esta comunicación y también excesivo para su autor. El objetivo es mucho más modesto: he querido recoger simplemente algunos testimonios, unos conocidos, otros quizá menos, de nuestra tradición jurídico-pública, que tienen un valor permanente y presiden aún nuestro Derecho Administrativo vigente. Son principios y fórmulas jurídicas que, contra lo que a veces se oye, no nacen con la Revolución, sino que *pasan a través de ella*.

La mayoría de ellos los he buscado en nuestros viejos cuerpos legales y en nuestros grandes jurisconsultos de los siglos XVI y XVII, aunque, en menor medida, he acudido también a juristas del Imperio o de las Repúblicas italianas, unas veces para establecer un cierto contraste con la que se ha venido a llamar «escuela española», y otras para confirmar la existencia de una opinión generalizada.

He de advertir, finalmente, cómo Fernández de Velasco escribía hace años que estas páginas no pretenden «ajustarse a las previas normas de las magistrales investigaciones, sino, sencillamente, exponer antecedentes doctrinales en orden a nuestro derecho público» [4]. Éste no es más que el intento de un aficionado, que un poco audazmente, se lanza a bucear en aguas ajenas con un equipo que no es el suyo. Corre siempre el riesgo de incurrir en excesivas generalizaciones o de descubrir... ¡el Mediterráneo! Pido disculpas a los historiadores si esto aconteciese. En cualquier caso pienso que, a los que como yo, están obligados por oficio a enfrentarse cada mañana con las páginas áridas del «Boletín Oficial del Estado», este tipo de estudios pueden servir —al autor le han servido— para tomar conciencia de nosotros mismos, y para afirmar con un cierto orgullo —¿por qué no?—, la continuidad de una gloriosa tradición jurídica.

La expresión con la que se titulan estas páginas —*derechos del rey, derechos del pueblo*— es clásica en la historia del derecho público [5]. Con ella se quiere

---

[3] En su estudio preliminar a la obra de MARTÍNEZ MARINA, *Principios naturales de la moral, de la Política y de la Legislación,* Madrid, 1933.

[4] En el prólogo a sus *Referencias y transcripciones para la historia de la literatura política en España,* Madrid, 1925.

[5] Ángel LÓPEZ AMO, traductor de la obra de KERN, F., *Cottesgnadentum und Widerstands*

aludir a toda una serie de cuestiones en las que se patentiza la lucha eterna por el poder. Con terminología actual podría decirse que tales cuestiones se encierran en lo que actualmente se llama principio de la *reserva de Ley* o principio de *«materias reservadas»*, y también, en segundo lugar, esa otra manifestación del mismo fenómeno que se denomina técnicamente «primacía de ley». Reserva de ley y primacía de ley: los dos frentes del principio de legalidad en su prístino y original sentido. A ellos habría que añadir otro no menos importante: la garantía jurisdiccional, la justiciabilidad de las decisiones de la autoridad.

Atravesamos un momento de crisis de estas categorías. O, por mejor decir, de necesaria revisión de su contenido. Es significativo el hecho de que en los últimos meses se haya vuelto a abrir en la doctrina española una vieja polémica, en torno a los artículos 10 y 12 de la Ley de Cortes [6].

La evolución de la estructura constitucional de nuestro país a partir de 1939 y la recuperación por el ejecutivo de aquel antiguo «poder de gobernación del Reino», ha dejado inservibles en cierta medida algunas concepciones propias del Estado liberal burgués.

Este trabajo pretende recoger algunos trazos para la configuración histórica de este principio de partición del poder [7]. Está hoy definitivamente superada la ingenua creencia de que el Derecho Administrativo surgió como una

---

recht im früheren Mittelater (Darmstadt, 1954), tituló así la versión española de aquélla. Y Rafael GIBERT resume en ella brevemente el significado y alcance profundo de nuestro antiguo Consejo de Castilla: *vid.*, de este autor, *El antiguo Consejo de Castilla,* Madrid, 1964, página 9.

[6] Polémica indicada por GALLEGO ANABITARTE en *Ley y Reglamento en España,* RAP, n.° 57, páginas 81 y siguientes, representando antiguas posiciones de GARRIDO FALLA. Después de varios estudios han vuelto sobre el tema, y la misma Comisión de Competencia Legislativa de las Cortes se ha pronunciado sobre él. *Vid.*, singularmente, GARRIDO FALLA, F., *La fiscalización de los decretos legislativos por la jurisdicción contencioso-administrativa,* RAP, n.° 60. El dictamen de la Comisión de la Competencia Legislativa de 24 de julio de 1969 ha sido objeto de un comentario de MARTÍN OVIEDO, J. M., *El control por el poder legislativo de la legislación delegada y de los textos refundidos,* en Rev. Der. Fin., n.° 82, 1969, páginas 642 y siguientes. Un planteamiento general en GARCÍA DE ENTERRÍA, E., *Legislación delegada y control judicial,* Madrid, 1970. Y muy recientemente CLAVERO ARÉVALO, M., *¿Existen reglamentos autónomos en el Derecho español?,* RAP, n.° 62, 1970, páginas 9 y siguientes.

[7] Dejo fuera el gran tema de la garantía judicial, pero quiero dejar constancia de una próxima publicación de mi compañero Prof. GALLEGO ANABITARTE, que he tenido ocasión de leer en su versión provisional, a través de la cual se pone de relieve la existencia, al menos en las fuentes legales, de un impresionante sistema de garantía de los derechos, que —pienso— obliga a replantearse, al menos por lo que se refiere a España, la versión tópica del Estado absoluto que se nos ha contado. *Vid.* GALLEGO ANABITARTE, A., *Administración y Jueces: reflexiones sobre el Antiguo Régimen y el Estado Constitucional,* Estudio elaborado para e1 libro homenaje a Karl Loewestein. Próxima publicación en la RGLJ. Cito el texto mecanografiado.

creación *ex nihilo* de la Revolución, sin conexión alguna con el pasado, antes bien, con el formal rechazo del *Ancien Regime* [8].

Por lo que al tema de hoy se refiere, puede afirmarse, aunque faltan quizá estudios de detalle, que el principio de materias reservadas constituye el precipitado histórico, en un momento dado, de una secular polémica entre el rey y los reinos por la titularidad del poder. Las materias reservadas no son un «invento» del constitucionalismo, sino algo muy anterior, como tendremos ocasión de ver. Pero conviene, antes de seguir, salir al paso de algunas posibles objeciones, matizando debidamente la cuestión.

La primera objeción podría formularse así [9]: es cierto que mucho antes del constitucionalismo y, en particular, durante los siglos XIII al XVII, pueden encontrarse amplios sectores (materia penal, materia tributaria, derechos adquiridos, propiedad, contratos, etc.), en que el poder del Monarca se halla estrictamente limitado, de forma que aquél no puede desconocer ni invadir determinadas situaciones jurídicas; es cierto también que el Estado Absoluto conoció la vinculación de las autoridades administrativas a las disposiciones del príncipe, de forma que aquéllas no podían actuar lícitamente sin previa instrucción o autorización de éste. Pero semejante legalidad —he aquí la objeción, formulada por Jesch [10]—, no suponía una función protectora del ciudadano porque «la protección terminaba en el punto decisivo, es decir, en la cumbre del Ejecutivo, en el cual estaban unidos el Poder legislativo y el ejecutivo; dado que el concepto absolutista de la Ley, a causa de su diversidad cualitativa con respecto al constitucional, no puede conocer una dependencia de la Administración para con el legislador en el sentido moderno. Aquel que quiere señalar en el Estado absoluto el moderno principio de legalidad, es víctima de un equívoco conceptual, y con ello de un "autoengaño". El principio de legalidad con sus específicos presupuestos y consecuencias jurídicas, aún existentes, no es pensable sin una forma de Estado constitucional. Por ello, el re-

[8] A lo largo de las reuniones celebradas en el I y II Symposiums de Historia de la Administración (Escuela Nacional de Administración Pública, 1967-1969) se ha podido comprobar hasta qué punto esa conexión es estrechísima. Me remito a los testimonios contenidos en las Actas de estas reuniones, y de un modo muy particular a las luminosas palabras de VILLAR PALASÍ, J. L., en Actas de I Symposium, páginas 31 y siguientes, así como al Capítulo III de su *Derecho Administrativo,* Madrid, 1968, *Historia y Derecho de la Administración,* especialmente páginas 91-95.

[9] *Vid.* sobre este punto JESCH, D., *Gestz und Verwaltung,* Tübingen, 1961, páginas 102 y siguientes. Hay traducción española (en prensa) de Heredero Higueras.

[10] La afirmación de JESCH —por lo demás exacta en su estricto significado técnico— es que «sólo en la monarquía constitucional y mediante la misma se alcanzó una situación jurídico-constitucional que hoy definimos, en general, con el concepto de la "legalidad de la administración"». GESETZ, cit., página 109.

curso a una época "preconstitucional", así como la comparación con las estructuras estatales absolutistas y totalitarias, tienen que ser estéril o inútil como medio de lograr unos resultados jurídicos» [11].

Las afirmaciones de Jesch encierran una gran verdad. Es preciso reconocer que el cambio de siglo (XVIII al XIV) supuso en todo el mundo occidental un auténtico *«tournant de l'histoire»,* y que todas las manifestaciones anteriores de reservas de intervención del poder no son producto de una dialéctica general de oposición Estado-Sociedad, que es propia del Constitucionalismo, y base sobre la que se construirá el principio general de legalidad, sino otra cosa diferente. En nuestras mismas Cortes de Cádiz, en las que una y otra vez se apelará a nuestra tradición histórica, es patente la diferente base de partida: la consagración del principio de «soberanía nacional», la afirmación de «autoridad legislativa», que se atribuyen, la reserva a favor de su exclusiva competencia para emitir Leyes y Decretos sobre materias determinadas, son principios nunca hasta entonces formulados *con ese carácter genérico.* Los poderes de las Cortes o de la comunidad política frente al Rey, aún existentes con anterioridad en gran medida, como veremos en estas páginas, se insertan en un sistema totalmente diferente, que impide una simplista identificación. El cambio de sentido es patente: frente al poder real soberano, con limitaciones (las que impone el derecho divino, natural y de gentes, los fueros, el juramento hecho, las materias o ámbitos que el pueblo se ha reservado, etcétera), ahora se afirmará pura y simplemente que «en los Diputados que representan a la nación española reside la soberanía nacional».

Ahora bien, si todo ello es cierto, no lo es menos que tales formulaciones constitucionales no surgieron *ex nihilo* de la Revolución, ni tampoco de los enciclopedistas franceses que instauran la «edad de la razón», sino de toda una escuela clásica anterior del derecho público europeo, en la que destaca además por su riqueza y solidez la tradición jurídica española de derecho público [12].

---

[11] JESCH, D., *Gesetz und Verwaltung,* cit., páginas 109-110. Por ello, dice más adelante: «Los viejos apoderamientos del Estado policial conferidos a los órganos de la Administración no eran una concesión hecha por la sociedad al Estado, sino una delegación del poder del Príncipe absoluto en sus servidores, es decir, una división del trabajo meramente interna, que tampoco tiene lo más mínimo de común con la esencia y el sentido de una reserva para intervenciones en la libertad y la propiedad» (página 116).

[12] Cfr. en todo este tema GALLEGO ANABITARTE, A., *Régimen local: tres estudios* —actualmente en prensa—, en el que el autor intenta una explicación jurídico-política de lo que significa en nuestra historia y en nuestro Estado la Constitución de Cádiz, explicación que quiere estar igualmente alejada de todo prejuicio partidista y del intento explicativo puramente formalista —pero tantas veces repetido— sobre el modelo francés (1789-1791). Entiende, por ello, la formulación de Cádiz como «la expresión perfectamente original y española del espíritu común de la época». Esta originalidad proviene fundamentalmente de dos instituciones: las Cor-

Resulta ilustrativo poner de manifiesto cómo, antes y después de la Revolución, existe una base jurídico-política común indudable: la afirmación de que la suprema autoridad reside en la comunidad; que ésta, integrada por el conjunto de los miembros de la comunidad política, tiene un poder superior al rey; que los reyes son para el pueblo y no los pueblos para los reyes; que el Rey desempeña un «ministerio», un «oficio» en el seno de la comunidad. Por eso, necesita el «consenso» expreso de sus súbditos (ciudadanos) para la adopción de ciertas decisiones (si se quiere, para el ejercicio de determinadas formas de poder); sus derechos fundamentales no pueden ser invadidos ni menoscabados; por su misma situación, en el seno de la comunidad, nuestros juristas nunca aceptarán sin grandes matizaciones la tópica afirmación del *princeps legibus solutus* [13].

El principio de la «soberanía nacional», tal como se formulaba en Cádiz, era moderno a todas luces, pero, sin duda, también se construía por nuestros constituyentes con viejos materiales de nuestra Constitución histórica, algunos de los cuales veremos en estas páginas [14].

---

tes (de Castilla y Aragón) y toda la tradición jurídica española de partición y equilibrio del poder (limitación del poder real).

[13] Todas estas afirmaciones son de uso común y general entre nuestros juristas; por todos, ampliamente en SÁNCHEZ AGESTA, *El concepto del Estado...*, cit., especialmente Capítulos II y III.

[14] Ningún texto tan expresivo de lo que aquí se quiere decir como esta exposición de la «soberanía nacional» que hace MARTÍNEZ MARINA, en cuya terminología aún resuenan las viejas formulaciones de MARIANA, COVARRUBIAS, VITORIA o SOTO: «La soberanía, el mero imperio, la suprema autoridad política —escribe— reside y está depositada natural y esencialmente en las naciones. He aquí el sumario de todos los principios constitutivos y leyes fundamentales de la pública libertad de los Estados soberanos, libres e independientes, y señaladamente de los Gobiernos representativos. No hay autoridad legítima, sino aquella que se ha establecido sobre la base de la soberanía del pueblo. Las libertades políticas e individuales de las naciones, aunque garantizadas por sus propias leyes y costumbres o por sus respectivas cartas constitucionales, serán siempre un vano simulacro, no estando fundadas sobre el cimiento de la soberanía nacional». Porque es consiguiente a este dogma político que las naciones son libres e independientes y *no pueden ser patrimonio de ninguna persona* ni familia: que les pertenece exclusivamente el *derecho de establecer sus leyes fundamentales,* reformarlas y modificarlas, y aquella forma de gobierno que les pareciese más a propósito para asegurar su existencia política, sus derechos y promover su felicidad. Que toda autoridad, todos los poderes políticos emanan de las naciones, y que solamente deben ser ejercidos para bien y prosperidad de los pueblos. Que *el príncipe pertenece a su respectiva nación,* y *no la nación al príncipe.* Que los reyes son hechos para los pueblos, y no los pueblos para los reyes. Que *el monarca reina por las leyes,* y en el ejercicio de su autoridad suprema debe acomodarse a la opinión pública o a la *voluntad general de que es ejecutor.* Que la autoridad de las naciones es superior a la de los reyes; que pueden reclamar contra los abusos del poder, y reasumirlo cuando el individuo o individuos que lo ejercen no gobiernan de un modo calculado para promover la seguridad y bienestar de la comunidad; antes, al contrario, abusan de la autoridad para oprimir y degradar a los individuos que debían proteger. Todos los ciudadanos, en particular, deben obedecer y respetar al jefe del Estado, de quien son súbditos; pero

Lo que sí hará el constitucionalismo será reconducir todos estos derechos individuales y comunitarios, frente al Estado, a un sistema unitario (la esfera de las libertades individuales: libertad, propiedad, derechos fundamentales), que se afirmará como un *status libertatis,* algo —dirá Jellinek— «absolutamente unitario y no compuesto de un número concreto de derechos» [15]. Esta afirmación ideológico-dogmática sí que es algo nuevo.

Quede, pues, matizada esta primera objeción.

La segunda objeción podría ser la de que la historia doctrinal, esto es, el testimonio de los autores (teólogos, juristas, escritores políticos), es una falsa historia. Teóricamente, se afirmarán una serie de delimitaciones jurídico-políticas al poder real, pero de hecho, en la práctica, todas las sagradas limitaciones que se formulen a nivel de principios no tendrán posible aplicación a nivel de derecho vigente. En definitiva, es el propio príncipe el que reúne en su mano todos los poderes efectivos y no hay frente a él garantía alguna. Sólo con la Revolución se escindirá formalmente el poder, asignando su titularidad a sujetos diferentes: Parlamento, Gobierno, Tribunales independientes.

Esta segunda objeción requiere una nueva matización. Que la historia doctrinal coincida o no con la historia real, es algo que ciertamente le importa mucho investigar a un historiador. A un jurista, no tanto. Lo que al jurista le importa, sobre todo, descubrir, es el origen y el sentido de las categorías que maneja, de las técnicas e instituciones que integran el Derecho. Por supuesto, que vendrán inspiradas en cada época por un sentido político distinto y en ello radicará la originalidad del sistema, pero en muchos casos éste no hará, como decía Tocqueville, sino «servirse de las ruinas del Antiguo Régimen para construir el edificio de la nueva sociedad» [16].

Pues bien, resulta altamente revelador comprobar hasta qué punto algunos de esos grandes principios, que el constitucionalismo consagra, se encuentran

---

todos, colectivamente, son superiores a él porque forman *el cuerpo de la nación, el verdadero soberano de quien dimanan todos los poderes* y a cuya utilidad y ventaja deben dirigirse todos. Esté el príncipe persuadido, dice el sabio inglés HOOKER, de esta verdad fundamental: que *la autoridad de la nación, de toda la república, es superior a la suya;* asentado en su ánimo este principio, desconfíe de los pérfidos aduladores que le aseguren lo contrario. Sólo por un trastorno de ideas se puede colocar en un Gobierno representativo al Rey antes que a la nación, siendo cierto que el Rey no existe sino por la nación y para la nación; poner lo accesorio antes que lo principal sería el mayor absurdo. Sepa el Príncipe —dice SAAVEDRA— que la dominación es gobierno *y* no poder absoluto, y los vasallos súbditos, y no esclavos. Más es *el reinar oficio que dignidad;* no nacieron los súbditos para el rey, sino el Rey para los súbditos; son los príncipes parte de la República y en cierta manera sujetos a ella como instrumentos de su conservación: en *Principios...,* cit., páginas 276-277.

15 Cit. por JESCH, *loc. cit.,* páginas 125-126.

16 Alexis DE TOCQUEVILLE, *El Antiguo Régimen y la Revolución,* página 13.

ahí, rigurosa y precisamente formulados en los grandes juristas de los siglos XVI y XVII (Mariana, Covarrubias, Vázquez de Menchaca, Suárez, Las Casas, Alfaro, Lucano, Arumaeo y otros) [17].

II. Poderes de disposición y poderes de administración del príncipe, en la doctrina del derecho regio

1. *El principio de legalidad desde la perspectiva del acto de administración*

Quizá no sea superfluo recordar aquí, brevísimamente, aquella formulación de Hauriou —uno de los enfoques posibles del principio de legalidad [18]— según la cual la doctrina revolucionaria de la emanación o delegación de la soberanía venía a significar la afirmación de la *propiedad del poder* por parte del pueblo, el cual, a través de sus representantes parlamentarios, goza de la titularidad del mismo. El Parlamento viene a ser así el dueño —*el Dominus*— de la cosa pública (la propiedad del poder de gobierno: soberanía) y, como tal, tiene el poder de disposición sobre ella, y es irresponsable. El Gobierno, por el contrario, corresponde al Ejecutivo (la Administración), que ostenta sólo la gestión subordinada y, por tanto, limitada y responsable. Como todo «administrador», como todo *gestor negotii,* deberá dar cuenta, responder, ante aquél que le encomendó el mandato, ante su poderdante [19]. Desde esta

---

[17] Siempre me ha parecido un tanto simplista ese salto en el vacío entre la Revolución, cuna de libertades, y el llamado Estado Absolutista, presidido por el *«quod Principi placuit legis habet vigorem».* No deja de sorprender que un tiempo que alumbró un gran pensamiento humanista en tantos órdenes aceptase pacíficamente en el orden jurídico tales principios.

[18] El principio de legalidad tiene un contenido enormemente rico. Constituye el eje, el criterio central de toda la actividad de la Administración. «Con él —escribió THOMAS— no está dicho todo, pero sí el fundamento de ese conglomerado de ideas que se desata ante la expresión Estado de Derecho» (cit. por GALLEGO ANABITARTE en *Las relaciones especiales de sujeción y el principio de legalidad de la Administración. Contribución a la teoría del Estado de Derecho,* RAP, n.º 34, enero-abril 1961, página 16 de separata). Su formulación en la doctrina alemana se ha hecho fundamentalmente a través del principio de materias reservadas y desde la perspectiva de la garantía de la sociedad y los derechos de los individuos concretos que la integran (propiedad, libertad, derechos fundamentales), frente a la intervención del Estado (el fuerte Estado alemán de la monarquía constitucional). La formulación de HAURIOU, que se contiene en el texto, aún coincidente en el fondo con ésta, arroja nueva luz sobre otra cara del principio de legalidad: la partición del poder y el ejercicio vicario de éste por la Administración. Éste es ahora el aspecto que interesa.

[19] Sobre el tema *in extenso,* HAURIOU, en *Principios de Derecho público y constitucional,* Madrid, 1927, cit., páginas 245 y siguientes. En otro lugar, *La liberté politique et la responsabilité moral de l'Etat,* «Revue Trimestrielle», n.º 22, 1923, página 338, nos hablará HAURIOU de ese proceso de «interiorización» del fenómeno moral de la responsabilidad, que se produce en el cuerpo constituido del Estado, que es un índice claro de la personalidad real de éste, como lo es el sentido del honor nacional que se produce en las conciencias de los miembros del grupo social

perspectiva, el principio de legalidad puede ser visto como la necesaria habilitación o apoderamiento que el *Dominus* hace al «gestor» para que éste realice todos aquellos actos que supongan «disposición» sobre la cosa pública (que no sean pura gestión) [20]. La relación Parlamento-gobierno se configurará, sobre todo, en el terreno patrimonial y financiero, como la existente entre el propietario *(Dominus negotii)* y el *gestor negotii* [21]. El Rey, como primer administrador del país, podrá dirigir o realizar (ejecutar) esa gestión, pero no disponer [22].

En todo caso, el propietario conserva el poder de disponer sobre la cosa, lo cual lleva consigo el derecho de organizar y regular el ejercicio de la propiedad (su gestión y explotación), así como el de adoptar todas aquellas decisiones que afecten en manera fundamental a su existencia.

Algunas de estas decisiones, por su importancia y trascendencia, quedan reservadas al titular de la propiedad del poder (esto es, al legislativo). Surge así el principio de materias reservadas que viene a constituir un intento de delimitación entre lo que constituye disposición y administración en el ejercicio del poder público. Los confines entre una y otra variarán en las sucesivas etapas del Estado de Derecho.

Esta verdadera naturaleza de la soberanía (propiedad del poder) —dirá Hauriou— «se ha ocultado durante mucho tiempo a los ojos de los juristas por el hecho de que la soberanía y el poder de gobierno se confundían en manos del Rey» [23].

Veremos a continuación en cuán gran medida es incierta esta última afirmación (sobre todo en el orden económico patrimonial) y hasta qué punto nuestros juristas clásicos sentaron con precisión las bases de toda esa construc-

---

que reflejan la existencia real de una personalidad moral subyacente. Entre nosotros esta formulación aparece recogida por VILLAR PALASÍ, J. L., *Derecho Administrativo,* cit., Capítulo II, páginas 76 y siguientes.

[20] Cfr. VILLAR PALASÍ, J. L., *Derecho…,* cit., páginas 79-93.

[21] «Es la situación —dice HAURIOU— de los propietarios que tienen colonos, enfiteutas o concesionarios; aunque un propietario tenga arrendado su dominio, o aunque haya dejado apoderarse de la administración a un gestor de negocios, esto no es razón suficiente para que no controle esta administración, y el mejor modo de controlarla es participar en ella. Acontece al soberano como al propietario; tiene la facultad de controlar su gobierno, y, para controlarlo mejor, tiene la facultad de participar en él; su situación de propietario le otorga este derecho. Porque cuando es la nación la que tiene la soberanía, como ésta no puede ser ejercida por aquélla más que bajo la forma mayoritaria y deben reservarse las iniciativas al poder minoritario, el control y la participación de la nación no deben, en principio, implicar iniciativas»: *Principios…,* cit., página 249.

[22] Esta formulación se contiene también en SANTAMARÍA DE PAREDES, *Curso de Derecho Administrativo,* 7.ª ed., Madrid, 1910, página 604.

[23] HAURIOU, M., *Principios…,* cit., página 246.

ción de la titularidad escindida del poder que el constitucionalismo se limitará recoger.

2. *La doctrina del acto de administración en el derecho intermedio (común)*

La doctrina del derecho regio se encontrará en este punto con todo un cuerpo de doctrina elaborado por los glosadores y postglosadores alrededor de la figura romana de la *administratio simple,* figura que había sufrido en el derecho postclásico una progresiva limitación de facultades [24] limitándose a conservar el patrimonio y a impedir su disminución, primero del valor económico, más tarde de los bienes singulares que lo integran [25]. El acto de administración se configurará negativamente, por contraposición al acto de disposición por excelencia, la enajenación, a la cual se equiparan toda una serie de figuras afines que entrañan transmisión, gravamen, renuncia o pérdida de derechos. Así, según Montanus, no puede el tutor *imponer o liberar de una servidumbre,* ceder derechos o acciones especialmente inmobiliarias *quia sunt species alienationis.* Ni *constituir hipoteca,* sino tan sólo un derecho de retención, ni dividir los bienes comunes, *quod divisio alienationis species est.* Tampoco es lícito el *compromiso, «quia qui non potest alienare non potest compromittere».* Ni tampoco *transigir, «quia per transactionem sequitur alienatio».* Ni conceder *dilaciones o renuncias, «quia ilia renuntiatio dicetur alienatio».* En fin, no puede el tutor *dar en pago, «quici in solutum datio emptione et venditione aequiparetur»,* ni enajenar indirectamente, por lo cual no puede *celebrar compromisos, «quia potest sequi alienato, nec pati ut praescriptio in praeiudicim alterius sequatur, quia praescriptio est alienatio»* [26].

Sabido es, por otra parte, que el derecho regio se construirá como un derecho especial, singular, en relación con el *ius commune,* del que recibirá gran parte de sus técnicas, tratando de *adaptarlas* a las peculiaridades propias de la persona del príncipe o del Fisco, hasta el punto de que muchos Tratados del derecho del Fisco (Alfaro, Lucano, etc.), están integrados en gran parte por *largas series de privilegios,* es decir, de excepciones al derecho común que se entiende siempre como derecho básico regulador.

---

[24] D'ORS, A., *Derecho Privado Romano,* Edic. Universidad de Navarra, 1968, páginas 290 y siguientes.

[25] FERRARA, *Gli atti di amministrazione,* en «Scritti Giuridici», I, Milano, 1954, páginas 268 y 269.

[26] Cit. por FERRARA, F., *Gli atti,* cit., páginas 271-272.

3. *La configuración del acto de administración en el derecho del príncipe: prohibiciones de disponer*

Pues bien, algo análogo va a ocurrir con la doctrina de la *administratio simplex* aplicable a los bienes del Fisco. Y hay que distinguir, en este punto, una doble situación. En primer lugar, *los poderes de administración de los bienes fiscales por parte de los oficiales,* comisarios o procuradores reales: la delimitación de éstos se hará siguiendo la eterna equiparación entre el Fisco y el menor de edad, lo que equivale a decir que se les aplican los rigurosos módulos de la *administratio simplex* tal como ha quedado configurada *supra* [27]. Y así, por lo que yo he podido comprobar (aunque es éste un punto que requeriría un estudio extenso y completo por su gran interés), no pueden estos servidores del Rey enajenar, ni transigir, ni conceder exenciones, dispensas ni moratorias, ni allanarse en juicio, ni, en general, todo lo que suponga renuncia de derechos.

En el *Tractatus* de Alfaro [28] se lee que «el Procurador del Fisco sólo tiene derecho a *vender* cuando interviene un mandato especial» y «no podrá hacerlo a no ser por orden del rey» [29] y «con cierta solemnidad» [30]. Tiene prohibido igualmente *tomar dinero a préstamo* [31] así como *renunciar* a derechos, conceder *exenciones* o allanarse, puesto que «no puede perjudicarse al Príncipe, pues el daño de éste es daño de todos, ya que conviene que el príncipe sea rico, pues sus riquezas son poder, y sin ellas no hay poder; y además no es justo el beneficio del Príncipe cuando aprovecha a unos pocos y daña a muchos, y así si el Príncipe concede tributos, se considera que la gracia ha sido obtenida de modo subrepticio» [32]. Tampoco podrán los oficiales del Rey, según recoge Lu-

---

[27] Cfr. FERRARA, ob. cit., página 270: cita un texto de Alcitato, según el cual el régimen jurídico del tutor se aplicará «respecto al visitador, al comisario o al secretario, y también al procurador de la República» (Idem *in visitatore, vel comissario, vel adiutore itemque in Reipublicae curatote*). Por lo demás, la equiparación Príncipe-menor-Iglesia-dote es absolutamente general y repetida una y otra vez en los autores, tanto en sus limitaciones como en sus prerrogativas. Así, por ejemplo, en LUCAS DE PENNA, *Commentaria in tres posteriores libros codicis Iustiniani,* Lugduni, 1582, especialmente página 30, número 21 (comentario a la Ley IV, título III, libro X: *res publicae et pupilla res eadem gaudent praerrogativa)* y página 81, número 3 (Comentario a la Ley I, tít. XVIII, lib. X: *res Ecceside et res fislis publica pari passu ambulant*).

[28] ALFARO, F., *Tractatus de officio fiscalis, deque fiscalibus privilegiis* Matriti, MDCCLXXX.

[29] ALFARO, F., *Tractatus...,* glosa 34, Capítulo I, páginas 257-261.

[30] *Ibidem,* pág. 263.

[31] ALFARO, F., *Tractatus...,* glosa 34, Capítulo III, página 290: «Los oficiales regios —dice— están expresamente mandados de no aceptar dinero prestado, a no ser en caso de gran necesidad, y yo nunca he visto recibir un préstamo, a no ser en caso de gran necesidad, mientras fui Fiscal en la Real Audiencia de Panamá, cuando Francisco Drac fue apresado y muerto con gran valor y fortaleza de los habitantes de aquel Reino en el año de 1596, de lo cual yo fui testigo ocular, pues entonces, *agotado el erario, fue necesario acudir corriendo al préstamo».*

[32] ALFARO, *Tractatus...,* glosa 34, Capítulo IV, página 294.

cano [33], *«transigir o componer,* a no ser que tenga mandato especial del Príncipe»..., «pues no puede enajenar las cosas del César, sino llevar a cabo diligentemente lo que le fue encomendado».

Por otro lado, tenemos la distinción y delimitación de los poderes de administración o disposición del propio príncipe. Aquí la cuestión aparece más oscura y, desde luego, polémica. Veámosla con algún detalle.

Alfaro, al tratar de la donación, comienza recogiendo el texto de las Partidas, según la cual «el rey puede dar y a quien quisiere», y afirmando la absoluta potestad del mismo. Sin embargo, a renglón seguido, enumera una serie de condiciones o circunstancias que se exigen necesariamente para que esas donaciones o disposiciones del Rey «sean reguladas con método» *(reguletur ratione),* esto es, sean *con arreglo a derecho.* Entre otras, que sólo se hagan a los naturales, que tenga causa adecuada (si bien la causa se presume en los actos del Rey) que no se trate de bienes incorporados *(non enim donare potest laedendo Coronam),* pues como había escrito Baldo *«ea quae Imperii sunt, donare non potest»* [34].

Las afirmaciones son a veces contradictorias. Sin embargo, creo que la conclusión a la que llegan los autores de las postrimerías del Derecho regio como Alfaro, apoyándose en los clásicos y en los textos de las Partidas y Leyes insertas en la Recopilación, es la «no disponibilidad» de los Príncipes sobre los bienes (sobre todo si son inmuebles), que forman parte de la Corona o del Fisco. Alfaro recoge el principio de que *«fiscales res alienari non possint..., praecipue si inmobilis sit, unde dicitur non posse Principem alienare civitatem invitis civibus».* Cita más adelante la autoridad de Menchaca, según el cual ni siquiera en época de necesidad puede el Príncipe vender los bienes de la ciudad y la venta hecha de ellos no tendría garantía *(«emens a Rege oppidum non habeat bonam fidem, nec res civitatis potest Princeps vendere etiam tempore necessitatis»),* y finalmente la de Baldo, afirmando con éste: *«non solum alienare in totum, rerum nec minuere potest Rex ea quae patrimonii Regis sunt».*

Veamos cómo cristalizan doctrinalmente estas soluciones, con especial referencia a los autores españoles.

---

[33] LUCANO PARMENSIS, F., *De privilegio Fisci,* número 68, en *Tractatus Illustrium in utraque tum Pontificii, tum Caesarei iuris facultate iurisconsultorum,* Venetiis, MDLXXXIV, tomo XII, «De Fisco», páginas 6 y siguientes. Este *Tractatus,* conocido más brevemente como *Tractatus Universi Iuris,* es una colosal obra que mandó componer Gregorio XIII en 1584, y contiene en 26 tomos, en folio grande pergamino, una selección de obras de los más grandes jurisconsultos sobre todas las materias del Derecho. La obra es de difícil acceso. Hay en preparación una edición fotomecánica en Aalen Verlag. Yo he podido consultar un ejemplar de esta obra, que perteneció precisamente a don José Posada Herrera.

[34] ALFARO, *Tractatus...,* cit., página 291.

Superado el confusionismo reinante en este punto en el Estado patrimonial de la Alta Edad Media [35] y a partir de la Baja Edad Media, se distinguen entre los bienes del soberano dos tipos: los llamados bienes fiscales *(bona fiscalia),* que son aquellos que pertenecen al Fisco, a la República o al Reino, y los bienes patrimoniales *(bona patrimonalia)* que son *propiedad personal* del Príncipe, el cual los posee o puede tener *como un privado (bona patrimonalia, propia ipsius princips, quae tanquam privatus possidet vel potest habere)* [36].

---

[35] Llámese hoy Estado patrimonial (con cierta imprecisión, porque la idea de Estado es muy posterior) a la organización del poder propia de la Alta Edad Media: una sociedad de estructura feudal, presidida por un sentido patrimonialista de poder, sin unidad, ni de administración, ni de justicia, ni de milicia, ni de servicios; por tanto, sin Hacienda ni gastos comunes, tal como hoy se entienden. FERNÁNDEZ DE VELASCO recoge unos textos de HALLER en que el Estado patrimonial se describe así: «El Rey es señor en su reino, como el padre lo es en su hogar. El Príncipe recibe su poder de Dios. No debe cuenta ninguna a sus súbditos del empleo que hace de su poder. Decide de la guerra o de la paz, porque tiene un derecho personal para defender su propiedad. Hace tratados, porque tiene el derecho de enajenar el territorio que constituye su patrimonio particular. Hace leyes, otorga gracias... No existe Hacienda del Estado, sino solamente Hacienda del Príncipe»: en *Referencias y transcripciones...,* cit., página 176. Una detallada y exacta descripción del sistema fundamentalmente patrimonial de nuestras Haciendas medievales en SAINZ DE BUJANDA, F., *Hacienda y Derecho,* en IEP, Madrid, 1962, página 213. Pues bien, concretándonos al punto que ahora nos interesa, es claro que en un sistema tal, se confunden el patrimonio del Rey y el del Reino: ambos son una misma cosa, vinculada a la persona e integrada por: 1) el dominio eminente sobre todas las tierras que se conquistaban y que después concedía a vasallos o servidores; 2) el dominio pleno —vinculado a su persona como patrimonio particular de los territorios, pueblos y villas que se reservaba; y 3) el dominio directo (y el canon o pensiones) de los territorios otorgados en censo enfitéutico (Ley 3, Título 14, part. 1.°, y Ley 28, Título 8, part. 5.ª). Cfr. COS GAYÓN, F., *Historia de la Administración Pública de España,* Madrid, 1851, páginas 115-119. Y más específicamente su *Historia jurídica del patrimonio real,* Madrid, 1881.

[36] Bartolomé DE LAS CASAS, *De Regia Potestate o derecho de autodeterminación,* Frankfurt, 1571. He manejado la edición crítica bilingüe preparada por Luciano PEREÑA y otros. Madrid, 1969, páginas 59-60. El libro de Bartolomé DE LAS CASAS tuvo un motivo político muy concreto y está escrito con una marcada intención polémica frente a Gregorio LÓPEZ con ocasión del proyecto de venta a perpetuidad de las encomiendas de Indias que aquél había informado favorablemente en el Consejo y se encontraba en trámite de negociación con Felipe II. No es, por tanto, una visión que pueda ser considerada en toda su integridad como representativa, pero sí constituye, en sus tesis de fondo, un testimonio irrefutable de la *communis opinio* de juristas y teólogos sobre las cuestiones fundamentales en él planteadas, justamente porque, aun a riesgo de caer más de una vez en el plagio y el fraude científico, recoge en apoyo de sus tesis abundantes y selectos textos de los más grandes juristas y glosadores. Así lo han puesto de relieve PEREÑA Y PÉREZ-PRENDES en la presentación y estudio preliminar a la edición crítica recientemente publicada. Es forzoso agradecer aquí a estos autores, y a VIDAL ABRIL y a Joaquín DE AZCÁRRAGA, la reparación de esta edición, especialmente en todo su aparato crítico, que pone a disposición de los juristas españoles una serie de fuentes riquísimas de contenido y difícilmente asequibles a los administrativistas de hoy. Constituye esta obra, a mi juicio, un modelo de lo que convendría hacer con tantas otras obras de nuestros clásicos, que esperan —y merecen— ser exhumadas. Todo conocimiento en profundidad de los grandes temas de Derecho Público

Esta clasificación de los bienes será apoyada en la doctrina de la doble personalidad del Príncipe, y en la doble condición de las cosas: *«duplex patrimonium in Principe consideretur..., aut enim privatum tanquam Titii, aut publicum tanquam Principis consideratur, qua Princeps duplicem personam sustinet»* (Baldo) [37].

La separación entre uno y otro patrimonio es clara en sus extremos, y confusa en sus zonas de colindancia, como no podía ser de otra manera en una época en que la identificación de Estado Soberano es todavía apreciable [38].

Pues bien, se formula claramente el distinto régimen jurídico que hay que aplicar a unos y otros en cuanto a su disposición: sobre los primeros (bienes fiscales) el Rey no tiene plena titularidad *(sunt bona non propie regis solius, sed regiae coronae),* no es el *«dominus»,* sino el administrador *(seu quasi dominus).* Por eso, no puede enajenarlos ni disponer gravemente de ellos [39]; en cambio, sí puede hacerlo sobre sus bienes patrimoniales. Tal es también la conclusión de Alfaro: «lo que corresponde a la Suprema dignidad Regia y las cosas que le corresponden tan sólo a él por estar vinculadas e *incorporadas al Príncipe (en*

---

exige acudir a la historia. Ésta tiene un valor permanente para los administrativistas en tanto en cuanto en ella ahondan sus raíces las mismas tensiones que ha levantado en todo tiempo la lucha por el poder.

[37] Cit. por ALFARO, F., *Tractatus...,* cit., glosa 34, página 259.

[38] Así, entre los bienes fiscales *(tanquam Principis)* se incluyen a las comunidades públicas, ríos, canales, mar, puertos, las minas, salinas y similares, así como las rentas que se sacan de ellos; también todos los bienes comunes a la colectividad y las regalías; entre los privados *(tanquam Titii),* por el contrario, se incluyen los bienes familiares recibidos por herencia de sus predecesores, así como las rentas que tiene asignadas, etc.; «para el mantenimiento de su casa y persona real, así como ciertas posesiones y plazas fuertes o compradas a particulares o bienes que haya ganado por su propio esfuerzo en guerra justa contra infieles». Sin embargo, se consideran también de este segundo tipo algunos bienes que propiamente hablando debían entenderse fiscales, pues eran adjudicados al fisco en los casos de crimen de alta traición, prescripción, carencia de dueño u otras razones: *vid.* Bartolomé DE LAS CASAS, *De Regia Potestate o derecho de autodeterminación,* edición crítica bilingüe por Luciano PEREÑA y otros, Madrid, 1969, páginas 59-61. No es éste el momento de estudiar la cuestión del deslinde, que ha sido tratada ya con rigor y precisión por CLAVERO, *La inalienabilidad del dominio público,* RAP, n.º 25, 1958, páginas 11-84; también LÓPEZ RODÓ, L., *El patrimonio nacional,* Madrid, 1954. Para la perspectiva que aquí se adopta es indiferente, pues no se trata tanto de estudiar la condición jurídica de los bienes y los criterios de calificación de éstos, sino más bien señalar los poderes del Rey sobre ellos frente a los derechos de la comunidad. Digamos únicamente que hay bienes que se atribuyen a la persona privada y que, no obstante, se declararán inalienables por su condición de bienes «incorporados a la Corona, como de regalía». Cfr. ALFARO, *Tractatus,* cit., glosa 34, página 259. No son bienes del Reino, sino del Rey, pero pertenecientes a la Corona, no a su persona.

[39] Con mucha mayor razón tiene prohibida también la disposición sobre los poderes de jurisdicción, en cuanto poderes jurídicos o facultades de derecho público que le han sido conducidas para hacer justicia (cfr. LAS CASAS, ob. cit., página 62, quien recoge un texto de BALDO, según el cual *de iure comune iurisdictiones, non possunt vendi, quia publici iuris sunt,* página 64).

cuanto tal), no pueden ser separadas ni enajenadas por él, ya sea a título oneroso o lucrativo» [40].

En cambio, «no hay duda para nadie, de que el Rey puede enajenar por su propio derecho lo que compete al Rey como a un particular» (como a Titio), «en la medida que quiera, y pueda asimismo gastarlo e incluso perderlo» [41]. Las Casas tratará aún de limitar esa libertad de enajenación de sus bienes privados, exigiendo que «lo haga con cierta moderación»: «es razonable —dice— que se conceda con más liberalidad este derecho al Príncipe, cuando legalmente viene concedido a cualquier particular» [42], pero recuerda que esto debe hacerse siempre con moderación, pues es peligrosa la pobreza del gobernante y, en este sentido, según Lucas de Penna, el Príncipe no tiene la libertad del particular de empobrecerse, porque eso sería perjudicial para los intereses de la comunidad, que puede verse amenazada por esta causa [43].

Si una donación o enajenación no es hecha según estas condiciones, con arreglo a Derecho, su sucesor no estará obligado a observarla. Y en ningún caso, y por ningún tiempo, podrán dichos bienes ser prescritos [44].

La justificación doctrinal de estas prohibiciones de disponer se monta sobre tres consideraciones (las dos primeras podrían reconducirse a una: ausencia de plena titularidad del rey sobre los bienes del reino), a saber:

a) *La titularidad compartida*

La titularidad compartida con sus sucesores: el rey no puede enajenar villas, tierras u otros derechos porque *no es el titular pleno* de ellas, sino que su ti-

---

40 ALFARO, F., *Tractatus...*, página 259. *Supremae regiae dignitati convenientia, & quae ei solummodo conveniunt, cum personae principis conveniant, & cohaereat, ab eo separari, aut alienari non posse, sive oneroso, sive lucrativo titulo. Vid.* en nuestro derecho la Ley 3, título 10, Libro 5 N. R., que se analiza más adelante.

41 ALFARO, F., *Tractatus..., loc. cit., «Altera etiam et prima conclusio sit: Ea quae Regi competunt, ut Titio, peculiari jure Nelli dubidum est, Regem alienare posse, prout voluerit, consumere ibidem, & perdere poterit».* A análoga conclusión parece llegar LUCANO, F., *De Privilegio Fisci,* número 127: «Las cosas se llaman fiscales, en cuanto *propias y privadas* del Príncipe, y así podrá el Príncipe disponer de ellas». La distinción, no obstante, es problemática y no está definitivamente aclarada.

42 LAS CASAS, B., *De Regia Potestate...,* cit., página 85.

43 LUCAS DE PENNA, después de prohibir por completo la enajenación de los «bienes demaniales o fiscales (bienes del demanio, bona demanii) para que la República no reduzca nada sus reinos por muchas, aunque pequeñas, enajenaciones», afirma: «Lo dicho respecto a las cosas fiscales del imperio, o *demaniales del reino,* debe ser justamente observado, no sea que disminuidas las rentas de los bienes demaniales, que se tenían para mantener la vida del Rey y de la República, se vean obligados los reyes a *extender sus manos hacia los súbditos»:* en *Commentaria...,* cit., página 564, número 10, *in fine,* y página 565, número 13.

44 ALFARO, *Tractatus...,* cit., página 79.

tularidad está necesariamente compartida por sus sucesores, esto es, por el Reino, entendido como una entidad distinta de la persona singular que en cada momento lo ocupa, «pues no es más llamado Rey de un modo absoluto a causa de los graves daños que de allí pueden venir a toda la República y así lo han entendido los derechos y lo han promulgado los doctores» [45].

Veremos más adelante cómo esta causa es aducida en las Cortes de Valladolid en 1442 [46].

b) *El Príncipe, marido de la República: equiparación a los bienes dotales*

El Príncipe es el marido de la República. El argumento es repetido de libro en libro. En sus comentarios a la Ley VII, Título LVIII, lib. XI del Códex, Lucas de Penna escribe: «así como entre marido y mujer se contrae un matrimonio carnal y económico, así entre el Príncipe y República se contrae un matrimonio moral y político, y entre la Iglesia y el prelado un matrimonio espiritual y divino». La finalidad de todas estas equiparaciones, a las que tan aficionados son los autores del derecho regio, será conseguir la aplicación de un régimen jurídico a los bienes del Fisco y de la Iglesia: el régimen jurídico de los bienes dotales. Y así como el marido no tiene facultades para enajenar la dote de la mujer, así concluye Lucas de Penna, «al prelado le está prohibido enajenar los bienes de la Iglesia y a los príncipes los bienes fiscales» [47]. La equiparación del Fisco con la Iglesia, el menor y la mujer casada es, como se sabe, constante, y rica en consecuencias, a lo largo de toda la doctrina del derecho regio; en ella insistirán igualmente los juristas del Imperio para limitar el *ius disponendi* del Emperador. Así, Arumaeo, después de denunciar una serie de irregularidades corridas en este punto (disposición ilegal de los bienes del

45 ALFARO, *Tractatus...*, cit., página 261. La misma argumentación se encuentra en ARUMAEO, *De Iure Publico (Discursuum Academicorum)*, Jenae, año 1623, página 335: «Los bienes que entrega la República al Príncipe están sujetos a restitución y no pueden enajenarse *en perjuicio de los sucesores en el Reino»*.

46 Así, dice la Ley 3.ª, Título X, Libro V de la Nueva Recopilación: «y cómo D. Juan II, leyendo y considerando que, después de las Leyes y Ordenanzas susodichas, por importunidad de algunos grandes del Reino, había hecho algunas mercedes de villas, i lugares, i rentas, i pechos, i derechos..., i por ello se hacía perjuicio a la dignidad Real, *i a sus sucesores,* estatuyó en 1442...».

47 Lucas DE PENNA, *Commentaria..,* cit., páginas 564-566, especialmente números 8, 9 y 10. Esta misma argumentación en LAS CASAS, *De Regia Potestate...,* cit., páginas 76-77: «El gobernante es como el padre común y el marido de la República; ahora bien, el padre no está autorizado a enajenar los bienes de la madre ni las cosas pertenecientes a sus hijos; tampoco el marido tiene facultad para enajenar la dote de la mujer, aunque, por otra parte, se estime que es su dueño; también se prohíbe al obispo enajenar los bienes de la Iglesia. Luego, con justicia, *está prohibido que el gobernante enajene los bienes fiscales»*.

Imperio) [48], recuerda que a diferencia del dominio absoluto de los Césares romanos, hoy «el dominio» es como *la dote de la Corona («quia dominium Coronae dos Regia»),* sobre la que el Emperador no puede disponer [49].

La prohibición se extendía no sólo a la enajenación *stricto sensu,* sino también a la enfeudación, aun cuando en ésta, a menudo, se enajenaba únicamente el usufructo, permaneciendo la propiedad siempre al lado del imperio. Ahora bien, se entendía (según la concepción imperante del deslinde entre los actos de administración y los actos de disposición) que toda desmembración del dominio equivalía a una sustracción o enajenación parcial y, por tanto, estaba excluida. Entre nosotros, Vázquez de Menchaca recogerá también la misma argumentación [50].

c) *El juramento hecho en capitulaciones*

En tercer lugar, se aducía, sobre todo en el derecho del Sacro Imperio, el juramento hecho en las capitulaciones que acompañaban a la elección, según las cuales el Emperador se comprometía a «no sustraer, apartar, hipotecar, empeñar, gravar o enajenar de cualquier otro modo el Sacro Romano Imperio ni nada de lo que le pertenece sin el conocimiento, voluntad y permiso de todos

---

48 Domingo ARUMAEO, *De Iure Publico (Discursuum Academicorum),* Jenae, Typis et sumptibus Johanis Beithmanni, Anno MDCXXIII, cap. VII, *De articulis qui bona Imperii concernunt,* páginas 335 y siguientes: El Emperador Carlos IV entregó al de la Galia el reino Arelatense por una comida en una casa de campo nueva, cerca de Aviñón; vendió dieciséis ciudades libres pertenecientes de Imperio a los Príncipes vecinos para que designase a su hijo Wenceslao sucesor y prometió a cada uno de los electores cien mil monedas de oro, las cuales, como no pudiera pagar, enajenó, con gran detrimento del Imperio para los Emperadores, junto a los subsidios dejados a los príncipes mismos.

49 ARUMAEO, *De Iure Publico,* cit., página 336 bis. La equiparación con la dote será recordada también por LOBARTH cuando explica la amplitud e intensidad que deben tener los tributos y el destino que hay que dar a dichos fondos. Se justifican como medio necesario para obtener la paz y llevar las cargas del Reino, por lo que *no suponen un traslado al patrimonio del Rey, sino que se tienen en lugar de la dote y se conceden al Rey para que se dediquen a la República,* y así no son propios del Rey ni éste puede dilapidarlos a su gusto: *«Equidem iura haec fiscalia, quórum subtilitate jurium transitus quidem fieri videtur in patrimonium Regis, tamen quia dotis loco habentur, et Regi conceduntur propterea ut Rempubl. Sibi despondeat, revera non auferuntur populo in totum, nec ita propria fiunt Regis u tea pro lubitu dilapidare possit»: De Potestate Principis,* cit., página 248, número 50.

50 VÁZQUEZ DE MENCHACA, F., *Controversiarum illustrium aliarumque usu frequentium, libro tres.* Versión española de Rodríguez Alcalde, Valladolid, 1931, tomo I, página 160: La doctrina de Baldo y otros..., según la cual «le es lícito al Príncipe enajenar sus súbditos obligado por alguna necesidad propia, es doctrina no menos sospechosa que lo sería al afirmar *el tutor, ante una necesidad propia, podrían enajenar a su pupilo.* Falsedad que consta por los derechos y razones antes alegados y, principalmente, porque la autoridad del Príncipe para con sus súbditos se equipara a la tutela sobre los pupilos, según queda declarado».

y cada uno de dichos Electores» [51]. Justamente en base a este factor, se entenderá paradójicamente que la potestad del Emperador en cuanto a su poder de disposición sobre los bienes, tierras, ciudades y derechos que pertenecen al Imperio, es todavía más limitada que la de los reyes en sus reinos. Nuestras Leyes de Partida se referirán precisamente a esta diferente situación, recordando en la Ley VIII, Título I, 2.ª Parte, que los primeros ganan el señorío por heredad, mientras los segundos lo obtienen por elección, por lo que estos últimos se encuentran siempre limitados a los términos del mandato y a las condiciones acostumbradas de la elección [52]. Por lo demás, en las capitulaciones, el Emperador se comprometía no sólo a no enajenar, sino a recuperar los dominios separados del Imperio [53].

d) *Algunas fuentes de nuestro Derecho histórico*

Y esto no parece eran sólo opiniones doctrinales, sino también, en España, exigencia política formulada en Cortes y realidad jurídica formulada en leyes.

En las peticiones de Cortes se contienen, en muchas ocasiones, las quejas y oposición que los procuradores del Reino presentan al Rey por actos de liberalidad o enajenación que éstos, contra derecho, han realizado. Martínez Marina recoge [54] el testimonio de las Cortes de Nieva, de 1473, en que éstas presentan sus quejas al rey (Enrique IV) por sus desórdenes y prodigalidad (las

---

[51] Arumaeo, D., ob. cit., página 336 bis.

[52] «El Rey —dice— puede dar Villa o Castillo de su Reyno por heredamiento a quien quisiere, lo que non puede fazer el Emperador, porque es tenudo de acrecentar su Imperio, e de nunca menguarlo, como quier que los podría bien dar a otro en feudo, por serivicio que le óbviese fecho, o que le prometiesse de fazer por ello. Otrosi decimos, que el Rey se puede servir, de ayudar de las gentes del Reyno, quien le fuere menester, en muchas maneras, que lo non podría fazer el Emperador. Ca el por ninguna cuyta que le venga, non puede apremiar a los del Imperio, que le dan mas de aquello que antiguamente fue acostumbrado de dar a los otros Emperadores, si de grado dellos non se finiere»: Ley VIII, Título I, Parte 2.ª

[53] Arumaeo, D., *De Iure Publico...*, página 337: «Debemos esforzarnos concentradamente y con sumo esfuerzo en emplear la máxima diligencia y trabajo para recuperar los dominios separados de él (Imperio), y sobre todos los caídos principados y dominados y otras cosas que esperan lo mismo y además los bienes confiscados o no confiscados de gran importancia cuya mayor parte es usurpada y retenida injustamente por Naciones exteriores. Unamos de nuevo el Imperio, incorporándole y *confirmémosle en la propiedad de las cosas:* usemos en este asunto del auxilio, consejo y asistencia de los Electores y de los demás príncipes y Estados y (si) lo que por algún tiempo fue determinado igualmente por nosotros y ellos, parece posible y conveniente para la República, maduramente los ejecutemos sin perjuicio o detrimento de cualquier clase de privilegios, derechos y libertades».

[54] Martínez Marina, F., *Teoría de las Cortes o Grandes Juntas Nacionales de los Reinos de León y Castilla. Monumentos de su Constitución Política y de la soberanía del pueblo,* Madrid, 1813, tomo I, página 298.

famosas mercedes enriqueñas), advirtiéndole que «en nombre de vuestros regnos e de la corona real e de los tres estados dellos contradecimos e impugnamos las dichas mercedes e gracias e donaciones... e protestamos al derecho de vuestra señoría». El Rey les contestó que al presente era muy difícil condescender a su petición (revisión y revocación de las mercedes hechas) «sin traer sobreello perturbación e escándalo en mis regnos». Y Martínez Marina comenta: «quiso decir el Rey que hai males políticos de tal naturaleza que pretender remediarlos de repente sería exponer la sociedad a mayores peligros y calamidades». Pero las Cortes insistieron y de nuevo fue planteado el mismo asunto a los Reyes Católicos en las famosas Cortes de Toledo (1480) [55] y éstos ordenaron la revisión de todas las donaciones hechas por su hermano Enrique, su clasificación, la anulación de lagunas y la reforma de otras [56]. Así se desprende de la Ley XVIII, Tít. X, Libro V de la Recopilación, en la cual reconocen que «las dichas peticiones de los unos y de los otros Procuradores fechas, eran mui justas i verdaderas»; y —previa aprobación de las Cortes— ordenan la revocación y modificación parcial de algunas de ellas para restauración del Real patrimonio [57].

El criterio fue confirmado por Carlos I en 1523 y pasó a integrar la Ley 3, Tít. X, Libro V de la Recopilación, cuyo texto es de un rico contenido: después de afirmar la necesidad de no amenguar con excesivas donaciones o mercedes la Corona Real, recuerda las promesas de Enrique II (Cortes de Toro, de 1409) y Juan II (Cortes de Valladolid, 1442), y confirma la ley dada en éstas, en la que se determinó «por *lei, pacto, i contrato firme, i* estable, hecho, i firmado entre partes, que todas las Ciudades i Villas, i Lugares que el Rei tenía, i posseía, i las Fortalezas, Aldeas, i términos, e Jurisdiciones de su natura fuesen inalienables, i perpetuamente imprescriptibles, i permaneciesen, i quedasen siempre en la Real Corona de sus Reinos, en tal manera que el dicho

---

[55] Estas Cortes de Toledo han sido calificadas como «las más importantes en orden a la conversión de nuestro país en un Estado moderno»: COMELLAS, J. L., *Historia moderna y contemporánea de España,* Madrid, 1969, página 30.

[56] COS GAYÓN, F., *Historia de la Administración Pública en España,* cit., página 128.

[57] La revocación era asunto muy delicado y por ello los Reyes pidieron el parecer y consentimiento de las Cortes: «Por ser la materia —dice el texto de la Ley— i causa, sobre que se fundaba, mui ardia, i tocante, á muchos, i tal, en que era menester madura deliberación, i consejo, Nos ficimos saber, i notificar la dicha peteición a algunos Prelados principales, i a los Grandes de nuestros Reynos, i les enbiamos a mandar que, para dar en esto su consejo, viniesen a las dichas Cortes, i, los que no pudiesen venir, nos enviasen a decir cerca dello su parecer». Las Cortes de Toledo fueron el comienzo —escribe COMELLAS— de «una política general de revisión de mercedes y de todos aquellos títulos y propiedades que los nobles no pudiesen demostrar como *adquiridos en legítimo derecho»:* ob. cit., página 33. Al tema dedicó una detallada investigación MATILLA TASCÓN, *Declaratorias de los Reyes Católicos sobre reducción de juros y otras mercedes,* Madrid, 1952.

Rei D. Juan, ni sus sucesores, que después reinassen, no pudiessen en todo, ni en parte, enajenar lo susodicho: pero que *si por alguna gran urgente necesidad por razón de grandes, i leales servicios,* que alguno le hiciesse, o en otra manera, al Rei fuesse de necessario de prover, i hacer mercedes de algunos vassallos, *que no lo pudiessen hacer, salvo vista, i conocida la tal necessidad por el Rei, con consejo, i de consejo, i común concordia de los de su Consejo,* que en su Corte al tiempo residiesen, o de la mayor parte dellos en número de personas i *consejo, i de consejo de seis Procuradores de seis Ciudades, quales él eligiesse».*

Es clara en este texto: 1.º, la distinción entre el Rey y la Corona, en los términos vistos más arriba, y 2.º, la limitación de los poderes del rey que se obliga a actuar en estas materias *«cum Consilio».* De tal forma que «si en otra manera de tal donación, o merced se hiciesse contra la forma susodicha, que cualquier alienación, que se hiciesse, por ese mismo hecho fuesse ninguna (nula), i de ningún valor, i efecto, i el donatario, o sus sucessores herederos no pudiessen por tal titulo adquirir, ni ganar los bienes, ni a ellos pudiesse passar el Señorío, i possesion, i por ningún curso, ni lapso de tiempo lo pusiesen prescribir».

Y ello, aunque fuese en caso de gran necesidad; con lo que nuestro derecho rechazaba aquella doctrina, bastante común en la épica, que distinguía *dos posibles situaciones:* una situación de normalidad a la que corresponde la potestad ordinaria del Príncipe, que se ejerce en tiempo de paz y libertad de la República y según la cual no debe disponer de los bienes; otra, extraordinaria, que se realiza alguna vez bajo una situación de necesidad evidente, en la que puede disponer incluso de los bienes privados, en pro de la pública utilidad [58].

Esta distinción entre *potestas* ordinaria y *potestas* absoluta arranca de Baldo y era muy empleada entre los juristas para justificar las extralimitaciones jurídicas de los príncipes [59]. *Distinción que será rotundamente condenada,* entre nosotros, por Covarrubias y Vázquez de Menchaca, al afirmar la *imposible existencia de poderes que no sean jurídicos* [60].

---

[58] Contenida, por ejemplo, en LOBARTH, ERHARDUS, *De Potestate Principes,* «Discursum Academicorum de Iure Publico», tomo IV, página 250, y en otros muchos juristas de la época. *Vid.* el testimonio y la crítica de COVARRUBIAS y VÁZQUEZ DE MENCHACA que se contiene a continuación en el texto.

[59] SÁNCHEZ AGESTA, L., *El concepto de Estado en el pensamiento español del siglo XVI,* cit., páginas 93 y siguientes. «Se trata —escribe SÁNCHEZ AGESTA, recogiendo un texto de COVARRUBIAS— de una potestad extraordinaria que se caracteriza por su imposible limitación jurídica: *"plenitudo potestatis, Quam absolutam, ipse publici iuris regulis limitata"* (la plenitud de potestad que Baldo y otros autores llaman absoluta es plenitud de arbitrio no sujeta a ninguna obligación ni limitada por regla alguna de derecho público)»: *loc. cit.,* página 98.

[60] *Vid.* SÁNCHEZ AGESTA, *loc. cit.,* páginas 98 y siguientes, y lo que se dice más adelante al hablar del respeto a la propiedad.

Así, Vázquez de Menchaca dirá que «los autores han usado a cada paso, con no menor inexactitud que perjuicio, aquel dicho tan corriente: que en los príncipes se da doble potestad, ordinaria una y absoluta la otra»; pues bien, afirma, «si en alguna disposición el Príncipe añadiera aquella cláusula, en uso de la plenitud de poder, o de la potestad absoluta, sería lo mismo que si dijera en uso de todo su poder; *cláusula que no tendrá otra fuerza que la de declarar más y más su voluntad y firme decisión de ánimo, pero no la de aumentar en modo alguno su poder.* Por consiguiente, cuando aquella cláusula "en uso de la plenitud de poder" se hubiera añadido a alguna disposición, tendrá por efecto el que hasta donde se extiendan los límites de su poder, hasta esos mismos sin disminuir lo más mínimo, alcancen los efectos de aquel acto o acción; pero no ensanchará los límites del poder y, por tanto, es lo mismo que si el Príncipe afirmara que procedía con ciencia cierta. Porque también la cláusula "con ciencia cierta" lleva consigo plenitud de poder, como consta por la Glosa» [61].

Y para evitar cualquier posible rectificación o derogación de este criterio (téngase en cuenta la ausencia de una jerarquía formal de disposiciones propias del tiempo), se cierra el texto de la ley afirmando que esta *prohibición de enajenación (si no es «cum Consilio») tendrá plena vigencia y valor,* «no ostantes qualesquier privilegios, cartas, i mandamientos, que el Rei hiciere, los quales desde agora anulo, aunque tengan primera, i segunda yussion con qualesquier penas, i clausulas derogatorias generales, o especiales, i otras qualesquier firmezas, abrogaciones, i derogaciones, voto, i juramento, *aunque el Rei de su propio motu, i cierta ciencia, i absoluto poderio quiera usar en los tales enagenamientos;* ca el dicho señor Rei D. Juan de su cierta ciencia, i motu propio, i absoluto poderio lo abrogó, derogó, casó, i anuló, i que no tengan firmeza alguna, i juró, i prometió, so la fee Real sobre la Cruz, i Santos Evangelios, estando aí presente los de su Consejo, i los dichos Procuradores del Reino, que realmente, i con efecto guardará, i cumplirá lo susodicho».

Se aprecia claramente en este último párrafo un deseo de asegurar la vigencia y el respeto a esta ley, frente a los artilugios usados por los legistas regios para justificar derogaciones singulares: tales eran los rescriptos *«contra ius»* emanados *«ex plenitudo scientiae»,* la cláusula *«non obstante»,* la invocación de la *«plenitudo potestatis»,* etc. Las Cortes tratan de precaverse, de antemano, frente a estos mecanismos, rodeando a esta ley de los máximos títulos imaginables (el pacto, el juramento, el absoluto poderío, el *rex cum Consilio,* su cierta ciencia, etc.).

Esta Ley, denominada en su título *«pacción i contrato del Rei con su Reino»,* se rodeó así de la máxima autoridad, sin permitir derogación posterior de sí mis-

---

[61] Vázquez de Menchaca, F., *Controversiarum…,* cit., tomo I, página 124.

ma, por acto singular. Sería interesante estudiar más extensamente esta apelación a la idea, sagrada y siempre utilizada, del contrato, como instrumento de vinculatoriedad (incluso para el Príncipe) que en este caso no está *«legibus solutus»*.

Tal parece era el alcance absoluto de esta prohibición con relación a los bienes raíces. En cambio, es interesante destacar que en la propia Recopilación, un poco más adelante se recoge otra disposición del tenor siguiente: «las donaciones, i mercedes, que el Rei hiciere, las deve hacer con acuerdo de los de su Consejo, o de la mayor parte, i numero de personas; *pero esto no ha lugar en los oficios menores de la casa del Rei, en las limosnas, i mantenimientos, i vestuarios de los dichos menores oficios* y de las lanzas, que vacaren de padre a hijo legítimo, i las mercedes de cavallos, y mulas, i paños; estas cosas *puede el Rei dar a su voluntad sin algún consejo*» [62].

Es interesante consignar la diferencia establecida ya, y actualmente vigente, entre la «libre disposición» que se le otorga sobre los bienes muebles (bienes menores) según la vieja máxima *(res mobilis, res vilis)* y la necesidad de autorización del Consejo para disponer sobre los inmuebles análoga a la autorización del Consejo de familia para los actos de administración extraordinaria o de disposición de los bienes del menor. Esta distinción, un tanto anacrónicamente, se recoge en nuestra vigente Ley del Patrimonio del Estado (artículo 95).

Podemos pues concluir que, a través de todas estas formulaciones, es clara y rotunda la idea de que el Príncipe, en ningún caso, es el *«dominus»*, sino el «gestor», el administrador, el usuario temporal, etc. Por ello, podrá realizar válidamente lo que podríamos llamar actos de plena disposición sólo «con el consentimiento de las colectividades y súbditos suyos a quienes atañan» *(cum consensu universitatum et subditorum suorum, qui exinde tanguntur)*, el cual se manifestará ordinariamente a través del acuerdo en Cortes, o del acuerdo *«cum Consilio»*, manifestando en diversa forma según las circunstancias y lugares [63]. Solamente en *caso de extrema necesidad*, se admitirá —no sin polémica— la posibilidad de adaptar tales actos, siempre que con ello no se perjudique gravemente el reino [64]. Así, Vázquez de Menchaca, después de recordar que según

---

[62] Ley V, tít. X, libro V.

[63] «Ningún Rey o Príncipe puede —escribirá LAS CASAS— tampoco negociar sobre el derecho o soberanía, a menos que consientan libremente en esta enajenación los súbditos, vecinos o residentes de la tal ciudad, villa o comarca» (LAS CASAS, *De Regia Potestate,* página 58).

[64] LAS CASAS, ob. cit., páginas 102 y siguientes. Bartolomé DE LAS CASAS recoge las razones esgrimidas a favor de las enajenaciones por el Rey de las villas, ciudades y tierras cuando se den causas de urgente necesidad, no obstante el juramento de no enajenar que presentaron en

algunos autores el Príncipe puede enajenar los bienes y derechos pertenecientes a la regia corona, cuando con ello no se infiere enorme perjuicio al reino o a sus sucesores, afirmará rotundamente: «pero mucho más conforme a verdad y prudencia es la solución contraria, de no serle lícita al Príncipe esa cesión aunque el perjuicio no fuera enorme, sino sólo ordinario; otra cosa sería si el daño fuera tan insignificante que fundadamente pudiera creerse, que en aquel caso concreto, no se negaría el *consentimiento de los ciudadanos* a tan ilustre príncipe» [65].

---

el momento de su coronación. En tales casos, si la necesidad lo exige, hay que salvaguardar los intereses públicos, siempre que con ello no se perjudique gravemente al reino.

Ahora bien, todo ello es siempre excepcional. Frente a las pretendidas facultades de disposición que el monarca a menudo ejercitaba, justificándolas en la necesidad de recompensar unos méritos o servicios que se le han prestado, o de pagar una guerra, o de dotar a sus hijos o hermanos, los juristas afirmarán constantemente que «ningún Rey o Príncipe, por soberano que sea, puede legítimamente, por donación, venta, permuta o de cualquier otro modo de enajenación, ceder ciudades, villas, castillos, ni rincón alguno de su país, por insignificante que sea, en favor de otro señor».

Y sale al paso de los argumentos esgrimidos, aduciendo:

1. Que puede el Rey recompensar los servicios recibidos con bienes muebles, aunque sean «fiscales».

2. Que no importa que ello se haya hecho frecuentemente en España en siglos anteriores, pues eso se hizo al principio, «cuando los reyes de España acababan de conquistar a los infieles aquellas tierras en guerra justa y quedándose los mismos infieles como pobladores de tales territorios, pues eran pocos entonces los cristianos en España» (*o. c.,* página 102).

3. Que si quisiere fundar Iglesias, «hágalo con bienes particulares de su patrimonio privado, pero no con los bienes del pueblo, y todavía menos con los recursos indispensables para el Estado», e igualmente si debe cumplir votos o promesas hechas por él, que no lo puede hacer a costa del reino (*o. c.,* página 104).

4. Igualmente, «para pagar el sueldo de los combatientes, si el rey no tiene bastante dinero, pídalo al pueblo, exija impuestos, imponga nuevos tributos, exija derramas adicionales si la necesidad es tan urgente, con tan que no venda ni ciudades ni territorios del reino» (*o.c.,* 106).

5. Respecto a dotaciones a la reina o al presunto sucesor, su primogénito, hágalo también con bienes muebles o con bienes patrimoniales, o, en último lugar, dé algunas tierras o ciudades, pero «por tiempo limitado y sólo en cuanto al disfrute de sus rentas» (*o. c.,* 107).

Y con ello, el Rey no desmerece en su dignidad.

[65] VÁZQUEZ DE MENCHACA, F., *Controversiarum...,* cit., tomo I, página 172. Y en otro lugar añade: «Los reyes, aunque ordinariamente no tiene facultad para enajenar las ciudades o pueblos de su corona, sin embargo, con justa causa no les está prohibido el enajenar algún que otro pueblo, conforme lo enseñan comúnmente los doctores en el lugar citado, y lo hemos indicado ligeramente antes para evitar que de otra suerte el poder de esta ley prohibitiva, que se ha dado sólo para utilidad, se convierta en perjudicial, en contra del espíritu de la misma ley, a lo que no debe ser obstáculo alguno el que se vaya contra la propiedad de las palabras. Con todo, se ha de tener presente que, no bien haya cesado aquella urgente necesidad, al punto, *a expensas de todo el reino, se recuperen aquellas ciudades que se habían enajenado y se reintegren a la regia corona»: Controversiarum...,* cit., tomo II, página 224.

Bien sé que estas ingenuas ficciones —puramente instrumentales, tácticas— que se montan los juristas (comunidad con los sucesores, matrimonio espiritual con la República, equiparación al menor) y tantas solemnes y precisas declaraciones doctrinales, y aún legales, con frecuencia fueron incumplidas [66].

Pero lo que se quiere señalar es que detrás de ellas hay toda una concepción jurídico-política que se trata de mantener: defensa de la República, afirmación de los derechos del pueblo, limitación de los poderes del Rey, defensa del patrimonio común, de los intereses generales y aún de los propios que pueden verse amenazados por la libertad del Rey, que no es su dueño. Hay, en definitiva, una concepción del Estado y del Derecho.

4. *Recepción constitucional*

Toda esta concepción —que nunca sería olvidada entre nosotros [67]— fue claramente recibida por nuestro primer constitucionalismo, y a ella apelará en

[66] COLMEIRO recoge en su *Curso de Derecho Político según la historia de León y de Castilla,* Madrid, 1873, una breve historia de las muchas mercedes que nuestros reyes se vieron en la necesidad de hacer («de tierras y vasallos, de lugares, villas y ciudades con título de señorío y mero y mixto imperio, de rentas y tributos...», y «llegó la prodigalidad de los reyes —dice— al extremo de hacer donaciones de las casas de moneda..., y, por último, no teniendo ya qué dar, expedían cartas o albaláes en blanco que después llenaban los interesados con mercedes injustas o exorbitantes»). Y «aunque se decían hechas de su libre voluntad o concedidas *propio motu,* o por servicios señalados, o en compensación de otras que no tuvieron efecto o fue necesario revocar, es lo cierto que los reyes cedían las más veces a los ruegos e importunaciones de los grandes y caballeros cuya lealtad no solía ser muy desinteresada»: ob. cit., página 247. Destacaron en este orden Sancho IV y Enrique II (llamado «el Dadivoso»); también Juan II y Enrique IV fueron reyes pródigos en mercedes, pero en menor grado que los anteriores, en parte porque muchos bienes y derechos habían sido ya enajenados en parte por el clima de oposición que encontraron reiteradamente en villas y ciudades, y hay —dice COLMEIRO, recogiendo varios testimonios— «repetidos ejemplos de la facilidad con que los pueblos pasaban del ruego a la amenaza y de la amenaza a las vías de hecho»: cfr. COLMEIRO, M., ob. cit., página 253. En efecto, las necesidades financieras a las que la Monarquía española estuvo a menudo subordinada obligó a repetidos incumplimientos de estas declaraciones, juramentos y leyes constitutivas del Reino, pero ello no afecta a lo que aquí se quiere señalar: *la existencia de una concepción del Estado, y del derecho, que las prohíbe.* El constante quebrantamiento de estos principios fue ocasión de frecuentes quejas de las Cortes reunidas sucesivamente en Valladolid (1442), Madrid (1467), Ocaña (1469), Madrigal (1476) y Toledo (1480). Puede verse la petición séptima de las de Madrigal, en que los procuradores reclaman con entereza el cumplimiento de este pacto a que el Rey se sometió (véase el texto de esta petición en MARTÍNEZ MARINA, F., *Teoría de las Cortes,* II, páginas 38-45).

[67] En 1640, SAAVEDRA FAJARDO escribía en sus *Empresas:* «Tenga entendido el Príncipe que aun *esa púrpura no es suya, sino de la República, que se la presta para que represente ser cabeza Della y para que atienda* a su conservación, aumento y felicidad...», y más adelante: «El Rey no debe di-

1813 un gran liberal —Martínez Marina—, diciendo: «los monarcas de estos reinos, *por ley fundamental y constitución de ellos, no eran sino unos meros administradores de los bienes y caudales de la corona:* y no podían sin faltar a una de sus más sagradas obligaciones contraídas en el día de su aclamación y a la religión del juramento que entonces hacían, disponer arbitrariamente de aquellos bienes ni hacer donaciones, ventas o cesiones de ciudades, villas o pueblos, ni de los términos de éstos *sin acuerdo y consentimiento y aprobación de los brazos del estado»* [68].

Y no es difícil entonces describir toda esta rica tradición jurídica en el artículo 172 de nuestra Constitución de Cádiz, cuando al decretar las restricciones del poder real dice: «no puede el Rey enajenar, ceder o permutar provincia, ciudad, villa o lugar, ni parte alguna, por pequeña que sea, del territorio español» (número 4), «no puede tampoco obligarse por ningún tratado a dar subsidios» (número 6), «no puede el Rey ceder ni enajenar los bienes nacionales sin consentimiento de las Cortes» (número 7), ni «tomar caudales a préstamo sobre el crédito de la nación» (artículo 131, número 14), ni «enajenar, ceder, renunciar o, en cualquier manera, traspasar a otro la autoridad real, ni alguna de sus prerrogativas» (número 3). Por el contrario, al establecer las facultades de las Cortes establece el artículo 131 que a ellas corresponderá «disponer lo conveniente para la administración, conservación y enajenación de los bienes nacionales».

Parece, pues, claro que todas estas restricciones al poder real no surgieron de la nada.

La continuidad de una tradición jurídica y cultura —escribió Sánchez Agesta— «es algo que se desvela a poco que tengamos nuestra mirada en todo proceso histórico, por profundo que pueda parecer el tajo con que corta la Historia una revolución cultural o política» [69].

Pero no es éste el único punto en el que cabe descubrir esa continuidad.

III. Potestad regia y propiedad privada

Es sabido que uno de los núcleos centrales de la reserva de Ley, tal como es afirmada por el Constitucionalismo, lo constituye el respeto a la propiedad (ti-

---

vidir el reino... El Rey es una persona pública y ha de obrar como tal y no como padre... Es también el reino un bien público y así se considera como ajeno: *y no tiene el Rey tan libre disposición en él* como en sus bienes los particulares...». Texto citado por FERNÁNDEZ DE VELASCO, R., *Referencias y transcripciones para la historia de la literatura política en España,* cit., página 130.

[68] MARTÍNEZ MARINA, *Teoría de las Cortes,* cit.

[69] SÁNCHEZ AGESTA, L., *El concepto del Estado...,* página 6.

tularidad de derechos, en cualquiera de sus formas). En este punto, la Monarquía constitucional recogerá también los frutos de una larga polémica y culminará así un proceso de garantías del ciudadano. Garantías que, en muchos casos, se encuentran ya minuciosamente establecidas en el derecho regio, y no sólo como planteamiento teórico o doctrinal, sino perfectamente instrumentalizadas en un adecuado sistema de control judicial [70].

Hace ya bastantes años fue estudiado entre nosotros este punto con precisión y justeza por Don Clemente de Diego [71]. Me limitaré a recordar los puntos centrales de la cuestión, a través de su formulación legal en nuestro derecho histórico y del testimonio doctrinal de algunos de los juristas más destacados. No se trata, por otro lado, de exhumar viejas polémicas medievales, sino de exponer las conclusiones a las que llegó la mejor doctrina jurídica de los siglos XVI y XVII, como resultado de aquéllas.

Digamos en primer lugar que contamos con un, bien conocido por todos, monumento jurídico: la regulación que hacían en este punto las Partidas.

Cuando en la Ley II, Título I, 2.ª Parte se describen los poderes del monarca (poder de hacer Leyes, y de interpretarlas, y de abolir la costumbre, y de hacer justicia, etc.), al llegar a la propiedad, al poder de tomar a los demás lo suyo, se dice: «non puede (el Príncipe) tomar a ninguno lo suyo, sin su placer, si non fiziese tal cosa, porque lo debiese perder según ley» [72] o porque «el Emperador óbviese menester de fazer alguna cosa en ello, que se tornase á pro comunal de la tierra»; esto es, que así se prescriba en la Ley o que lo exija la

---

70 Me remito, en cuanto al control judicial, al trabajo de GALLEGO ANABITARTE, *Administración y Jueces...*, obra citada al comienzo de este estudio.

71 CLEMENTE DE DIEGO, F., *Notas sobre la evolución doctrinal de la expropiación forzosa por causa de utilidad pública. Glosadores y postglosadores,* en Rev. Der. Priv., tomo IX, 1922, páginas 289 y siguientes; y *Siglos XVI y XVII,* en la misma revista, tomo X, 1923, páginas 257 y siguientes. Me remito *in totum* a estos dos trabajos en los que se contiene una amplia exposición de las polémicas doctrinales mantenidas a lo largo de la Edad Media por glosadores y postglosadores sobre este punto concreto de relaciones del poder público con los súbditos, así como la detallada exposición que hace en el segundo de nuestros grandes juristas de los siglos XVI y XVII.

72 «Porque hubiese fecho cosa porque las debiese perder aquel cuyas eran» (Ley XXXI, tít. XVIII, part. 3.ª). No se puede entrar ahora en un estudio detallado de los supuestos de confiscación, precisa y minuciosamente detallados en las leyes penales; una amplia exposición puede verse en ALFARO, F., *Tractatus...*, cit., Glosa XX, cap. X, páginas 157 y siguientes. Digamos únicamente que la confiscación como acto normalmente vinculado a causas penales y como gravemente atentatorio contra la propiedad, solamente se admite como «derecho de máximo imperio», que sólo puede ejercer el Príncipe, o por mandato de éste, y únicamente en los casos previstos por el derecho: ALFAFO, *loc. cit.,* páginas 158-159. Sobre el proceso histórico de diferenciación de ambas figuras, así como de la emancipación de la institución de derecho público denominada expropiación, de otras privaciones o sustracciones de propiedad, *vid.* DE DIEGO, *Notas...*, cit., páginas 262 y siguientes.

utilidad y el interés común. En la Partida 3.ª, Título XVIII, Ley XXXI, se precisan algunas de estas causas de pública utilidad: «Si el Rey la óbviese menester por facer dellas, ó en ellas alguna lavor, o alguna cosa que fuesse alguna heredad, en que oviessen á facer castillo o torre, o puente, o alguna otra cosa semejante desas, que tornasse a pro, ó á amparamiento de todos, ó de algún lugar señaladamente».

La doctrina, en las postrimerías del derecho regio, afirmará reiteradamente este principio: el Príncipe no puede arrebatar las cosas de otro —escribe Alfaro— a no ser por causa de la paz pública *(«an possit auxerre alienam rem... sed hoc causa publicae pacis poterit»)*. Arumaeo, por su parte, al analizar el principio según el cual *«Princeps legibus soutus est»* y ver con qué extensión debe ser éste entendido escribirá: «es claro que el Emperador no puede quitar los bienes de los privados, puesto que él mismo no está exento de las leyes, porque las leyes civiles que prohíben esto se apoyan en la razón natural: que nadie se enriquezca con injuria de otro; y esto mismo está prohibido por el derecho divino» [73]. Ésta es, pues, una de las limitaciones más claras al *Principes legibus solutus:* las leyes y derechos civiles que *se apoyan en el derecho natural* y, entre ellas, expresamente formulada, *la propiedad*.

Éste era el principio general, declarado por los jurisconsultos. Pero éstos reconocerán, y tratarán de fundamentar también una amplia gama de excepciones, al amparo de la pública necesidad. Así Lobarth nos dirá que «en el príncipe hay una doble razón, un doble orden de potestad, una ordinaria, que usa en tiempo normal, observando exactamente los derechos de los privados; otra extraordinaria que ejerce alguna vez contra los derechos de los privados a causa del bien público y por una necesidad inevitable» [74]. Y ello —concluye— porque el bien público y la necesidad de conservarlo es la causa entera del derecho, y ello obliga a imponer algunas adaptaciones y restricciones al derecho común (aun en aquellos casos que responde al derecho natural) a favor de este derecho de dominación [75]. Esta excepción, sin embargo, no tiene límite cuan-

---

[73] ARUMAEO, D., *De Iure Publico, de potestate et capitulatione Imperatoris,* volumen IV, página 373: *«Ex quipus non obscurum, Imperatorem bona privatorum Auxerre non posse nec quoad hoc legubs ipsum esse solutum, quia leges et iam civiles hoc prohibtentes naturali nituntur ratione, ne quis cum alterius injuria locupleretur, idemque iure divino prohibitum»*... Detrás de esta afirmación hay toda una vieja concepción en torno a la posición del Príncipe frente a la Ley, distinta según se tratase de leyes de derecho divino, natural o de genes (que están por encima del Príncipe) y leyes humano-positivas (civiles o del llamado derecho del reino) que, en principio, ni vinculan al Príncipe y admiten rescriptos contra *ius,* salvo que tales leyes positivas y derechos se apoyen en el derecho natural. Toda esta temática, que se encierra bajo el principio *«Princeps legibus solutus»,* exigirá una explicación muy matizada que no puede ser hecha ahora.

[74] LOBARTH, E., *De Potestate Principis,* cit., página 250, número 70.

[75] LOBARTH, E., *loc. cit.,* página 250, número 71: «El derecho natural es corregido así por el

titativo: «cuantas veces la necesidad lo exija se permite al príncipe traspasar el umbral del derecho común» [76]. Ahora bien, como este derecho es excesivo, los juristas aconsejan al príncipe que «obrará mucho más cómodamente si procura que cada uno, no a disgusto y a la fuerza, sino por su voluntad, descienda a conceder estas cosas que, dañosas para él, son necesarias a la utilidad pública». Cuando el príncipe toma las cosas de otro —dirá Alfaro— se entiende que lo hace por causa justa y en virtud de su *plenitudo potestatis,* de su poder absoluto de dominación *(Imperator ut possit de plenitudine potestatis res alterius et iure auxerre, ita sentit Laurentius)* [77].

En esta ambivalente formulación, el problema estaba, como fácilmente se adivina, en precisar exactamente el alcance y consecuencias de esa potestad extraordinaria (*potestas absoluta, plenitudo potestatis,* etc.). Este punto será un motivo de polémica por las consecuencias excepcionales (ausencia de causa, negativa de indemnización, etc.), que de ella querían derivarse.

De una parte se afirmaba como principio general que el príncipe deberá siempre indemnizar al súbdito *(remitere damna subditi data);* nuestras Leyes de Partida especificarán rigurosamente esta obligación con expresivos términos: «tenudo es (el príncipe, por derecho), de le dar *ante*(s) buen cambio, *que vala tanto o mas* de guisa..., a bien vista de omes buenos» (Ley II, Título I, Parte 2.ª). Y en otro lugar (Ley XXXI, citada) añaden: «pero esto deven facer en una destas dos maneras, dándole cambio por ello *primeramente,* o comprándoselo segund que valiere». Las condiciones son rigurosas: debía abonarse el precio previamente (previo pago), debía ser un precio suficiente (justo precio) y éste vendría determinado por hombres buenos (juez imparcial). Sin embargo, por otro lado, algunos comentadores de las Partidas, apoyándose en otros juristas de la época (sobre todo juristas del Imperio, y de la escuela italiana), trataban de minimizar las fuertes garantías de la propiedad que las leyes preveían y para

---

derecho de gentes, el derecho de gentes por el derecho de dominación». Entre nuestros comentadores de las leyes de partida se aludirá a estas dos potestades: ordinaria (sujeta a la leyes civiles) y plena (que se sobrepone a ellas). Certeramente recuerda De Diego la polémica entre Montalbo y Gregorio López: «Montalbo afirmaba que el Rey no podía expropiar a nadie en virtud de la potestad ordinaria, y que la plena no le bastaba para alterar los preceptos del derecho natural y de gentes en que se fundó el dominio, aunque sí para ocupar alguno por causa legítima y con indemnización previa, sin otras limitaciones. Gregorio López sostenía que la facultad de expropiar era atributo de la potestad ordinaria y limitaba sus restricciones»: *Notas...,* cit., página 259.

[76] Lobarth, E., *loc. cit.,* número 74: «Por este derecho, el Príncipe, persuadiéndole la pública utilidad, puede destruir la casa del súbdito o aceptar un terreno de ellos cercano a la urbe o a la ciudad para ampliar los foros o para construir una fortaleza, e igualmente ocupar las proximidades para que el enemigo no se refugie allí, etc.».

[77] Alfaro, *Tractatus...,* página 293.

ello acudían a los títulos extraordinarios (*«dominium eminens», «potestas absoluta», «plenitudo potestatis», «plenitudo scientiae»)* para justificar, en ciertos casos, un régimen especial menos gravoso para el Príncipe.

Las consecuencias que de estos poderes excepcionales derivaban suponían un ataque directo a las garantías; así hablan unas veces de la posibilidad de expropiar *sin causa* (en algunos supuestos, cuando el título de origen de los derechos que se expropiaban no era pleno, sino debilitado; o con causa pero *sin indemnización,* o con causa y con indemnización pero *con pago diferido sine die,* etc. [78]. Frente a esta concepción, la tradición y el sentir de los mejores juristas españoles fue claramente contraria a estos criterios absolutistas y negadores de la garantía: Covarrubias, Molina, Soto, Las Casas, Mariana y, sobre todo, nuestro gran Vázquez de Menchaca, reaccionarán contra estos artificios jurídicos de la escuela italiana que trata de justificar lo injustificable [79]. Realmente, no otra cosa podía suceder a la vista del riguroso texto de *Las Partidas.* Así, Bartolomé de las Casas escribirá que: «ni los reyes ni los emperadores tienen poder fundado sobre las haciendas de los ciudadanos, ni sobre la posesión de sus territorios, provincias o tierras del reino, ni tampoco sobre el dominio útil ni directo de los habitantes»... «pues sus poseedores solamente están sometidos a la autoridad de los reyes, por lo que se refiere a la jurisdicción»... «es decir, que una cosa es la propiedad y otra muy distinta la jurisdicción» [80]. «Y no importa —dice más adelante— que digan los reyes que el reino es suyo, pues ha de entenderse únicamente en lo relativo a la jurisdicción y a la protección del reino». No hacía con ello sino recoger la doctrina de Bartolo, que había escrito: *«quod ratione protectionis et iurisdictionis Imperator dicitur Dominus mundi»* [81]. Por todo lo cual —concluye— «los reyes, emperadores, todos los demás soberanos y otros señores inferiores a ellos, no tienen, sino que son protectores y defensores con suprema jurisdicción» [82-83].

---

78 Cfr. De Diego, F. C., *Notas,* cit., páginas 259 y siguientes.

79 Pueden verse en De Diego, *Notas...,* cit., páginas 260-262, el testimonio de Covarrubias, Molina, Soto. Me limito a recoger en el texto el testimonio de Las Casas (al que no alude De Diego) y el de Vázquez de Menchaca, que es, sin duda, el punto más alto de la doctrina jurídica.

80 Las Casas, B., *De Regia Potestate,* páginas 23-24.

81 Las Casas, B., *De Regia Potestate...,* cit., página 31. Ésta era la doctrina unánime en el siglo xvi: así también Lucas de Penna: *«Princeps est dominus rerum privatorum quoad protectione: quod autem dicitur de privilegio, procedere non videtur, cum princeps non sit Dominus rerum singularium privatorum, nisi quoad protectionem solam»: Commentaria...,* cit., página 224, sub. Núms. 2-3.

82 Las Casas, B., *B.O.C.,* página 27.

83 Enrique Seguisio defendía contra todos los juristas «que todas las cosas son del soberano, en cuanto a la propiedad y al dominio eminente, y que puede, en consecuencia, el príncipe transferirlas a otro no sólo por lo que se refiere al dominio útil, sino también a la percepción de los frutos» (citado por Las Casas, página 29). Frente a esta postura, Las Casas

El punto más alto en la elaboración doctrinal de la expropiación se alcanzará con Fernando Vázquez de Menchaca. De su *«Controversiarum illustrum libri III»* realizó De Diego un ajustado análisis [84]. Las afirmaciones claves son las siguientes:

— La cuestión de cuándo puede el Príncipe sustraer los bienes de los ciudadanos, la resuelve afirmado que sólo por causa de «utilidad pública o necesidad» *(ut ex causa publicae utilitatis vel necessitatis id fiat)* [85].

— En segundo lugar, afirma que debe ir siempre acompañada (o mejor, precedida) de una justa «recompensatio» *(congrua et moderata recompensatio):* si una cosa me es sustraída por causa y para bien de todos —dice—, es muy justo y conforme al derecho natural que su precio se me restituya a expensas de todos, quitada la parte proporcional que a mí me correspondía pagar *(dempta parte quae me attingebat)* [86].

— Que en ningún caso la *«plenitudo potestatis»* justifica otro régimen, ya que en ningún caso aquélla se extiende a lo que es injusto (no sería *plenitudo potestatis,* sino *plenitudo tempestatis*) [87]. Frente a la opinión muy extendida, de que en uso de la plenitud de poder puede el Príncipe, aún sin causa, despojar a un súbdito de una cosa propia (cita abundantes testimonios que mantienen esta solución). Menchaca afirmará que ninguna diferencia hay, en ese punto, entre la potestad ordinaria y la llamada potestad absoluta o *plenitudo potestatis,* y que «ni aún en virtud de ésa le es lícito al Príncipe, al desaparecer la utilidad o necesidad pública, el que contra mi voluntad se me prive de una cosa que me pertenece». Consta, pues —escribe en otro lugar—, «no existir diferencia alguna entre la plenitud de poder y la potestad ordinaria del Príncipe, puesto que ninguna de las dos puede extenderse a causar considerable daño a un tercero, ni alzarse contra él, sino *en los límites en que conste haber sido otorgado al príncipe por las leyes de su nación:* lo mismo a que se extiende también la potestad ordinaria» [88].

---

argumenta que únicamente por error —creyendo que la propiedad era suya— puede el Príncipe transferir las cosas de otros, pero sólo si hay buena fe y siempre puede el verdadero dueño reclamar jurídicamente su precio dentro del plazo de cuatro años. Cfr. *De Regia Potestate,* página 29.

[84] *Vid.* la segunda parte de sus *Notas...,* cit., especialmente páginas 266 y siguientes.

[85] *«Controversiarum illustrium libri tres»,* cit., especialmente páginas 266 y siguientes.

[86] *Ibidem,* y también en páginas 166-168.

[87] *Controversiarum...,* cit., tomo II, página 140.

[88] *Controversiarum...,* cit., tomo I, página 168 y tomo II, página 140. Como señaló Sánchez Agesta, para Menchaca sólo hay una potestad legítima (llámese ordinaria o absoluta) cuando ha sido concedida por el Derecho, y en los límites de éste, Sánchez Agesta, L., *El concepto del Estado...,* cit., páginas 100-101.

— En cuanto al montante de la indemnización, establece que «la República debe dar y remunerar al ciudadano todo el valor de lo entregado por éste»; reconoce que en alguna situación extrema pueda el príncipe encontrarse en una situación financiera tal que le sea imposible abonar la compensación o abonarla en su totalidad. Pues bien, entonces «tanto en el caso de no haberle otorgado compensación alguna, como en el de habérsele concedido insuficiente, es justo que tan pronto como logre alcanzar la República un estado más floreciente en sus bienes, supla la parte que faltaba por recompensar». Por tanto, en ningún caso, aunque sea en un tiempo de apremiante necesidad, queda exonerado el Príncipe de prestar esta adecuada compensación. La obligación quedará aplazada pero no cancelada y originará el pago de un rédito razonable [89].

Concluyamos: *Las Partidas* y nuestra mejor doctrina configurarán este respeto a la propiedad exigiendo: 1) *causa legal, necesidad o utilidad pública* para tomar los bienes; 2) pagar *previamente* por ellos *un buen precio;* 3) que éste sea *apreciado imparcialmente por hombres buenos.* Y (según Menchaca) 4) que se abone un *interés de demora* (rédito razonable) si hay demora en el pago.

Fácil es reconocer estos elementos en nuestros días [90]. Y muy reveladora de la continuidad de una tradición jurídica es la formulación de la Constitución de 1812 (artículo 172, 10): «no puede el Rey tomar la propiedad de ningún particular, ni corporación, ni turbarle en la posesión, uso y aprovechamiento

---

[89] *Controversiarum...,* cit., páginas 167-168. Por analogía, aplicando el criterio contenido en un caso semejante, este pago aplazado dará lugar al abono de un rédito razonable (interés de demora). Tal es la solución en el caso de que el súbdito sea obligado a dar en préstamo su dinero al Príncipe, «en un supuesto de extraordinaria necesidad: la guerra». En este caso —dice MENCHACA—, «en el que se ha forzado al súbdito a prestar su dinero, puede percibir un moderado rédito y es justo que así se haga, como dejamos consignado en nuestra obra *De succes,* siguiendo la doctrina de Pablo DE CASTRO, Juan CROTO. También Juan DE ANANIA defiende que en tal peligro de suma necesidad debe el vasallo auxiliar a su señor prestándole dinero; así lo expresa admitiendo su doctrina, Fernando DE LOACES».

Ésa es la norma general, pero teniendo presente que después el príncipe, percibía cantidades suficientes destinadas por el reino para estos fines, *debe devolver al ciudadano todo su dinero con un rédito razonable;* si los tributos para este fin eran exiguos o nulos, debe hacer la restitución de las aportaciones de los ciudadanos, disminuida, desde luego, la pequeña parte que correspondía al acreedor, teniendo en cuenta la cuantía de su fortuna, como miembro que es del pueblo, según hemos visto. Ésta ha sido la práctica que se ha observado con suma frecuencia en España cuando, ante las necesidades de furiosas guerras, tomaba a rédito la nación el oro y plata exportado de las Indias y traído a España por los habitantes de Sevilla o por otros españoles»: VÁZQUEZ DE MENCHACA, *Controversiarum...,* cit., tomo I, página 181.

[90] Nos cuenta Clemente DE DIEGO cómo «cuando se discutía nuestra primera Ley de Expropiación en el parlamento, algunos oradores entendieron que no era necesario el proyecto de nueva Ley, toda vez que la materia estaba suficientemente regulada en Las Partidas»: *Notas sobre la evolución doctrinal...,* cit., 2.ª parte, página 258.

de ella» (clara manifestación de una reserva de intervención); y sigue: «si en algún caso fuere necesario para un objeto de conocida utilidad común tomar propiedad de un particular, no lo podrá hacer, sin que *al mismo tiempo sea indemnizado, y se le dé buen cambio, a bien vista de hombres buenos»*. El lenguaje es el de *Las Partidas.*

IV. Derechos adquiridos *(iura quaesita)*

La protección, amplia y rigurosa, de la propiedad, que acabamos de ver, no era, como parece lógico suponer, una pieza aislada, sino que se inserta en un sistema más amplio de protección de los derechos de los súbditos (derechos adquiridos, *iura quaesita*), el primero de los cuales —pero no el único— es, precisamente, la propiedad.

Parece, por ello, conveniente hacer una referencia, aunque sea breve, a esa magna cuestión calificada por Nieto como «la espina dorsal de todas las instituciones que representan un límite al poder del soberano»: los *iura quaesita* [91].

El problema de los derechos adquiridos ha quedado reducido actualmente entre nosotros a una cuestión de derecho intertemporal, de validez y permanencia de las situaciones jurídicas consolidadas, frente al derecho nuevo. El criterio general queda formulado así: la Ley no se presume retroactiva, salvo que expresamente disponga lo contrario [92]. Este planteamiento de la cuestión, aunque no desconocido en la Edad Media —recuérdese la polémica entre el *buen derecho viejo* y el criterio de la *lex conformans* [93]—, no es quizá el más signi-

---

[91] NIETO GARCÍA, A., *Evolución expansiva del concepto de expropiación forzosa,* RAP, n.º 38, página 70: «En la fragmentación de derechos y facultades que caracteriza la Edad Media, los *iura quaesita* de los súbditos son un campo vedado al Príncipe, al carecer éste de facultades más allá de los límites de sus propios derechos... Cualquier intervención en los derechos adquiridos es, en principio, ilícita».

[92] Código Civil, artículo 3: «Las leyes no tendrán efecto retroactivo, si no dispusieran lo contrario»; y en el encabezamiento de las disposiciones transitorias: «Las variaciones introducidas por este Código, que perjudiquen derechos adquiridos según la legislación civil anterior, no tendrán efecto retroactivo»; con una serie de reglas que el Código recoge a continuación, en las que establecen criterios para la regulación de los diferentes casos.

[93] VILLAR PALASÍ, J. L., *Derecho Administrativo,* cit., páginas 107-108. Ampliamente Fritz KERN, *Derechos del Rey y derechos del pueblo,* traducción española, Madrid, 1955: «En el derecho germánico, Derecho era el derecho consuetudinario, las *leyes de los padres,* la situación jurídica objetiva preexistente como un complejo de infinitos derechos subjetivos particulares. Todos los derechos privados bien adquiridos están protegidos contra la alteración arbitraria como miembros de la misma estructura jurídica objetiva a la que debe también el monarca sus regias facultades», página 26. Frente a esta concepción, el Estado cristiano de la Baja Edad Media «pone en pie el ideal de una intensa acción social de bienestar y cultura. De esta manera vincu-

ficativo ni el más importante en la historia de las relaciones entre el príncipe y los súbditos.

Más que a una cuestión de derecho transitorio, el tema de los *iura quaesita* se refiere originariamente a la defensa y protección de situaciones jurídicas singulares, de derechos y propiedades privadas, frente a intervenciones o actuaciones concretas del poder real [94].

El poder del Príncipe, hasta la formación del Estado moderno, no es un poder abstracto y unitario, sino un conglomerado de derechos, que constituye un verdadero haz de prerrogativas y títulos singulares de intervención pacientemente anudados a su persona [95]. Frente a estos derechos de supremacía, concebidos en gran medida al modo de los derechos privados [96], se alzará una amplia red de derechos adquiridos que marcan justamente campos exentos y situaciones inviolables para la acción del Príncipe [97]. A medida que se elabore y consagre un concepto unitario de potestad (*ius eminens, potestas suprema, plenitudo potestatis,* finalmente soberanía) como título abstracto de poder, con ca-

---

la al monarca a un Derecho distinto y a un orden aún no existente, sino que está siempre por crear», página 127.

94 Este planteamiento se conserva hoy todavía en Suiza: *Vid.* Claude NARBEL, *Les droits acquis des fonctionnaires (en droit suisse, en droit allemand et en droit français),* Lausanne, 1957, páginas 18-29: el Tribunal federal concibe los derechos adquiridos como «tous les droits patrimoniaux qui composent la fortune d'el individué et qui sont protégés par la garantie constitutionnelle de la propriété». Como señala VILLAR, «en nuestro régimen administrativo esta seguridad será obra de otros principios: el *nemini licet venire contra factum proprium,* la prohibición del acto de contrario imperio, y la irrevocabilidad de las declaraciones o constituciones de situaciones jurídicas privadas»: VILLAR PALASÍ, J. L., *Derecho Administrativo,* cit., página 108.

95 Otto MAYER, *Derecho Administrativo alemán,* Buenos Aires, 1949-54, tomo I, páginas 30 y siguientes.

96 En efecto, la distinción que hoy no es familiar, entre derecho público y derecho privado, era entonces inexistente, y «no se hacía diferencia alguna entre las facultades privadas y las públicas, pues unas y otras dimanaban de un derecho de igual naturaleza». FLEINER: *Instituciones de Derecho Administrativo,* traducción de A. GENDÍN, Madrid, 1933, página 25. De ahí que derechos de supremacía *(iura regalia)* frente a derechos adquiridos *(iura quaesita)* resultaran pretensiones equivalentes y que estos últimos no cedieran ante los primeros; lo importante era, como dice FLEINER, «probar el título adquisitivo» de unos y otros (*loc. cit.,* página 26).

97 KERN, F., *Derechos del Rey...,* cit., página 131. Solamente con el libre consentimiento de los interesados en su derecho se admiten las intervenciones: «cuando el Rey interviene en los intereses de la colectividad, no debe tener lugar su disposición sin el *consensus fidelium*». «En el tipo de Estado patrimonial de la Edad Media —escribe MAYER— los derechos adquiridos no pueden suprimirse pura y simplemente por el ejercicio de ninguna prerrogativa, aun de la más amplia: la protección se instrumenta, orgánico-judicialmente a través de los Tribunales Imperiales (Reichskammergericht, Reichshofrat), a los cuales están sometidos también los Príncipes territoriales: éstos no pueden ser llevados a sus propios Tribunales pero sí a los tribunales del Imperio por cualquier acción que lesione derechos»: FLEINER, F., *Instituciones...,* cit., páginas 26-28.

rácter más o menos absoluto, el rígido sistema de defensa que habían constituido los *«iura quaesita»* empieza a sufrir quiebras y a perder significación en los Estados europeos [98]. Frente a la idea de Estado, titular de una potestad suprema *(summa potestas, maiestas,* soberanía), los derechos adquiridos empiezan a desaparecer como títulos de exención, aunque conserven su fuerza a efectos indemnizatorios, en una u otra forma: en Alemania, a través de la teoría del Fisco; en España, a través de una obligación jurídica del príncipe de indemnizar toda lesión o daño de derechos ajenos (nunca tuvo existencia —no fue necesaria— entre nosotros la teoría del Fisco). Es, a finales del siglo XVII, cuando se produce el cambio: se entenderá ahora que el poder de policía (poder del Rey) está encaminado a conseguir la felicidad de los súbditos, y puede, siempre que lo exija la «necessitas o Salus publica», desconocer los *«iura quaesita»* [99]. De esta suerte —concluye Fleiner— se echaron las bases del poder absoluto del príncipe: el Estado-policía quedó establecido [100]. Ahora bien, en cualquier caso, la importancia de la calificación de una situación como un *«ius quaesitum»* sigue siendo fundamental, pues justamente en base a ella se instrumentará la posible protección judicial. El derecho adquirido recibe la protección del derecho privado común, que el príncipe debe respetar, especialmente en aquellas instituciones o títulos (propiedad, contrato, prescripción) que encuentran su apoyo en el derecho natural. La existencia de un «derecho» es lo que hará posible uno y otro tipo de protección judicial. En efecto, la base del sistema de protección de los derechos en el Antiguo Régimen estará en la distinción —común a todo occidente europeo— entre «Jurisdictio» y «Gubernaculum», entre asuntos de Justicia y asuntos de Gobierno (Gobernación del reino) entre *Justizsache* y *Polizeisache,* distinción que a nivel jurídico-positivo se formulará en España desde el final de la Edad Media mediante la separación entre lo «contencioso» y lo «gubernativo» [101]. Será contencioso todo aquello

---

[98] Otto MAYER destaca la influencia que la concepción iusnaturalista de los siglos XVI y XVII tuvo en este proceso de integración del poder al alumbrar la idea de Estado y al colocar «los derechos y deberes del Príncipe bajo el punto de vista central del fin del Estado», *loc. cit.,* página 31. Sobre el significado de la Reforma como factor que contribuyó a la «nueva omnipotencia del Príncipe», *vid.* FLEINER, *Instituciones...,* cit., página 27. Por lo demás, el país que en mayor grado e intensidad concentró el poder en las manos del Rey fue Francia. También en España se produjo, a partir de los Reyes Católicos, esa integración de derechos particulares, aunque, con limitaciones y frenos impuestos por una concepción extraordinariamente exigente de las relaciones entre poder y derecho.

[99] GALLEGO ANABITARTE, A., *Administración y Jueces: reflexiones sobre el Antiguo Régimen y el Estado Constitucional,* cit.

[100] FLEINER, F., *Instituciones...,* cit., página 27.

[101] Según GARCÍA GALLO, la distinción de la «gobernación» y de la «justicia» se consolida cuando oficialmente se da un tratamiento distinto a cada una de ellas. Esto ocurre en 1551, cuando al ausentarse de España Carlos V, en las Instrucciones que deja al Consejo de Indias le

que afecta a «propiedades», a «derechos» de los súbditos, a cuestiones de posesión u otros títulos jurídicos que se ventilan entre partes. Por el contrario, será gubernativo aquello que hace referencia a cuestiones económico-administrativas, políticas, de policía y gobierno de los pueblos o de los reinos. Naturalmente que entre una y otra no hay una clara separación, pues es frecuente que una de estas decisiones de gobierno invada o atente contra los «derechos»; entonces, algo que en principio es gubernativo, se hará contencioso y deberá ser llevado el asunto ante los Tribunales en cuanto tales y sustanciado en figura de juicio. Más aún: si es posible, deberá detenerse la acción [102].

---

dice que «en las cosas de pleitos de justicia haréis lo que se acostumbra...; lo mismo haréis en negocios de gobernación...»: en *La división de las competencias administrativas en España en la Edad Moderna,* Alcalá de Henares, noviembre 1969, página 8 (texto ciclostilado). Me remito en este tema al reciente trabajo de GALLEGO ANABITARTE, *Administración y Jueces..., in totum.*

«Gobernaculum —escribe GALLEGO— es el Gobierno, la Administración real, un campo en el que el Rey actúa libre y discrecionalmente; *Jurisdictio* es ley, derecho y significa los límites impuestos coercitivamente al rey. Éste podría actuar siempre y cuando no afectase a la *jurisdictio,* que venía a significar el *derecho* frente a la *voluntad* del rey»: GALLEGO ANABITARTE, A.: *Administración y Jueces..., cit.* Análogo planteamiento en Alemania: La lesión de un derecho particular adquirido seguirá siendo la piedra angular de la protección judicial, aunque ahora sin apelación a los Tribunales imperiales: en efecto, cuando se configure una supremacía especial (plenitud de poder, *imperium, dominium eminens*) para desconocer los *iura quaesita,* y los príncipes territoriales alemanes se liberen de la apelación a los Tribunales imperiales en los asuntos de la policía-gobierno (*privilegia de non apellando,* im Polizeisache Keine Appellation), entonces, las «polizeisache» no pueden ser recurridas en cuanto tales. Sólo cuando devienen *Justizsache* (cuando el acto afecta a los derechos privados de un individuo perjudicado) podrá llevarse ante los Tribunales. Esta sujeción a los Tribunales de las *Justizsache* tuvo en Alemania una doble fase: primeramente van a los Tribunales imperiales, en los que se decidirá cualquier asunto en el que se haya producido una lesión de «derechos» siendo indiferente que ésta se produzca en una relación privada del príncipe, o en una actuación propia del *ius politiae,* esto es, en un acto del Poder: en este último caso, estamos ante un «asunto gubernativo de carácter judicial» (FLEINER). En un segundo momento, a medida que se debilita la idea de Imperio y los Príncipes van obteniendo *privilegia de non apellando* y *de non avocando,* se va perdiendo este control de los Tribunales imperiales, incluso para las *Justizsache.* Es entonces cuando literalmente se «inventa» la teoría del Fisco como medio de demandar a la autoridad (en la persona del Fisco) *ante sus propios Tribunales.* Fue éste un intento de lograr protección jurídica para el súbdito en un momento en que los propios Tribunales territoriales «no tenían competencia para anular decisiones del Príncipe en asuntos de gobierno». Se consiguió así que «los Tribunales civiles obtuvieran la facultad de condenar al Fisco al pago de una suma como indemnización a favor del súbdito cuyo derecho particular adquirido hubiera sido lesionado por una disposición de la autoridad». En resumen, se consiguió así, por una vía diferente, que tanto en las relaciones de carácter privado-patrimonial, como en las relaciones de poder y autoridad se asegurase toda posible lesión de derechos adquiridos. *Vid.* en todo este tema FLEINER, ob. cit., páginas 28-30, y el fundamental trabajo de GALLEGO, en el que se contiene un completo planteamiento del tema en el terreno sustantivo y jurisdiccional.

[102] GALLEGO ANABITARTE, A., *Administración y Jueces...,* cit.

Pues bien, la distinción clave (entre lo que es gubernativo y lo contencioso) parece que se apoya justamente en la existencia o no de un «derecho» del cual el súbdito es titular, esto es, en la existencia o no de un *derecho adquirido.*

Ahora bien, ¿qué se entendía por tal?, ¿cuándo existía un derecho adquirido? El *ius quaestitum* ha sido definido como «un derecho fundado en un título especial» (Otto Mayer). No son los derechos inherentes a la persona humana (que las doctrinas del iusnaturalismo racionalista afirmarán más tarde como derechos originarios, universales y absolutos del ciudadano frente al poder: los llamados *iura connata*) [103], ni la simple posibilidad o expectativa de adquirir, sino la *titularidad de un interés concreto «atribuida por un hecho jurídico determinado»* (un testamento, un contrato, una concesión o privilegio real, una prescripción adquisitiva, etcétera) [104].

La adquisición de derechos por títulos civiles (testamento, prescripción, contrato entre partes, donación, etc.), es clara y no presenta problemas de calificación. El problema se plantea, sobre todo, respecto a las mercedes, beneficios, exenciones y demás privilegios hechos por el rey: ¿nace de ellos un derecho adquirido o pueden ser revocados libremente por quien lo concedió? No podemos entrar ahora en un análisis detallado del régimen jurídico del privilegio o concesión real, que plantea múltiples problemas, sino señalar únicamente, en relación con el tema que ahora interesa, lo que parece *communis opinio* de los autores.

En primer lugar, se afirma la irrevocabilidad de aquellos derechos adquiridos por contrato, principio absolutamente general. Así, dice Festasio: «en el caso de que (la inmunidad) haya sido concedida al súbdito por medio de un contrato, atestiguan los doctores que es irrevocable, estando el príncipe fuertemente obligado por éste *(cum princeps ex eo tenacite obligetur)»,* y ni siquiera en virtud de su *«plenitudo potestatis»* puede el príncipe contravenir lo que acordó [105]. Sobre esta conclusión —dice— no hay lugar a dudas: todos están de acuerdo.

El segundo supuesto es el de derechos que hayan sido adquiridos, formalmente, no por contrato, sino por privilegio o concesión real. En este caso,

---

[103] NIETO, A., *Los derechos adquiridos de los funcionarios,* RAP, n.º 39, página 245. Es sabido que esta doctrina de los derechos innatos del hombre se esgrimirá justamente como un freno al absolutismo en que el poder del rey ha caído: son derechos que la naturaleza ha concedido al individuo y que no caen en modo alguno bajo el poder del Estado, son anteriores y superiores a éste: FLEINER, ob. cit., página 30.

[104] Otto MAYER, *Derecho Administrativo alemán,* cit., páginas 36-37.

[105] FESTASIO, N., *De aestimo et collectis, apud Tractatus Universi Iuris,* cit., página 194: «*...et adeo rerum est, ut de plenitudine potestatis contravenire ipse Princeps prohibeatur*». La misma solución en Pedro DE UBALDO, *De collectis...,* en «Tractatus Universi Iuris», tomo XII, de Fisco, página 2.

conviene distinguir. Hay privilegios —dice— que, no obstante haberse otorgado en forma de merced (acto unilateral) se juzgan pasados o concedidos en fuerza de contratos (*«in vim contractus privilegium transire censetur»);* tal es el caso de que haya mediado un hecho recíproco, o dinero, o en general cuando hayan sido concedidos en recompensa de servicios prestados: son actos con *cuerpo de privilegio y alma de contrato* que dan lugar a *derechos adquiridos perfectos* y, por tanto, que el rey y su sucesor deben respetar y no pueden ser revocados. En otros casos, en cambio, cuando el privilegio se concede como tal, esto es, aquel que *per viam gratiae subdito concessum est,* entonces «puede sin causa» ser quitado por el príncipe y con ello no se comete injusticia contra nadie, ya que no estaba obligado a hacer la concesión por ningún derecho [106]. En estos casos, no nace ni llega a perfeccionarse el derecho adquirido.

En resumen, los derechos adquiridos por privilegio, si están «pasados en fuerza de contrato», no son revocables en principio; si son pura merced, lo son aún sin causa.

Ahora bien, en todo caso, «mediando una causa justa y legítima, el príncipe puede quitar el derecho adquirido, aunque lo haya sido por contrato»..., pues «no se conservan los derechos adquiridos si éstos dañaran gravemente a la República» *(non veniunt servata quaesita si respublica graniter laederetur»)* [107]. Los supuestos de causa justa que se enumeran son variados: así, el vicio de ingratitud (como en las donaciones), el vicio esencial en su concesión (haber otorgado el privilegio o la merced sin el consentimiento del Consejo cuando éste procedía); también cuando sobrevenga una *causa de necesidad,* como «una guerra, una peste o hambre o cualquier otra causa de necesidad surgida de un modo amenazador para la República o el príncipe» [108]. En todos estos casos, se argumentará o bien que el derecho adquirido no alcanza a estos supuestos o bien que no ha llegado a perfeccionarse [109] *(ius nondum formatum,*

---

[106] FESTASIO, N., *De aestimo...,* cit., página 194.

[107] FESTASIO, N., *De aestimo ete collectis...,* cit., página 193. En el mismo sentido, UBALDO, *loc., cit.,* páginas 2-3, que dice: «Pero por una causa sobrevenida puede ser modificada la Ley común aunque haya pasado en forma de contrato», pues parece claro que en caso de necesidad lo estatuido se tenga por no estatuido, ya que, de lo contrario, aquello que «se estableció a favor público de un modo general se cambiaría en daño y odio común, y la ley debe ser siempre posible y honesta»; la ley —dice— debe ser siempre observada, aunque sea dura, pero cuando se trata de evitar un daño a la República puede apartarse de ella impunemente, y aun cuando el «dominus» o «rector» de la república «no puede hacer nada contra los acuerdos tomados por convención general en una forma determinada» en estos casos de necesidad «los rectores de la ciudad pueden proveer *contra o más allá de lo estatuido».*

[108] FESTASIO, N., *De aestimo et collectis...,* cit., página 195.

[109] Así, las inmunidades o exenciones concedidas por los Príncipes, incluso las concedidas a modo de contraprestación —se dirá—, no alcanzan nunca los casos de necesidad (guerra,

ius non perfecte) [110], o bien que debe ceder ante la pública utilidad, como cualquier derecho de los privados.

En estos últimos supuestos —revocación de derechos adquiridos perfectos, con causa justa y legítima—, el problema se reconduce a un caso de expropiación, en los términos y modo consignados *supra*. Por ello, para estos casos, Festasio, como Menchaca, afirmará que ni en virtud de la cláusula *non obstante,* ni de la *plenitudo potestatis,* ni en otra alguna forma puede privarse de ellos a sus titulares [111].

Entre los autores españoles, es especialmente interesante la doctrina de Suárez en esta materia, porque da un paso más en la afirmación del respeto y garantía de los derechos adquiridos. Suárez acepta inicialmente la clásica distinción: «si se ha dado por contrato oneroso o lucrativo, en ningún caso es revocable, porque el príncipe está obligado a cumplir los pactos —aún los hechos con súbditos suyos—, dado que esta obligación nace de la justicia natural,

---

pestes, hambres y otras necesidades semejantes), pues se considera que el Príncipe no pensó nunca en estos casos cuando hizo la concesión; por tanto, aun los exentos están obligados a la recaudación en tales casos: Festasio, N., *loc. cit.,* Ubaldo admite igualmente la revocación cuando de la exención se derive una carga excesiva para los demás. Se les concede a éstos, entonces, el derecho de apelar contra la exención y la facultad del Príncipe de revocar el privilegio concedido ante la apelación que se le presenta (es el caso, por ejemplo, de que un Condado esté obligado a soportar la carga del llamado en el texto *«Salarium potestatis»*. Si una villa —la más rica e importante— es declarada exenta en tal modo que la carga pese después en exceso sobre el resto de los habitantes, éstos pueden apelar y el Príncipe revocar.

[110] Muy hábilmente los juristas regios argumentarán sobre la base del *ius mondum formatum* y el juego de la cláusula *non obstante* para afirmar tanto la facultad real de conceder exenciones e inmunidades, como la facultad de revocarlas. Así, de una parte, Festasio afirma la validez de la concesión de éstas, aunque vayan en perjuicio de la comunidad, mediante el empleo de la cláusula *non obstante —non obstante aliqua lex in contrarium faciente—* por cuanto la comunidad no tiene un derecho completamente formado y adquirido a que todos los componentes de la comunidad paguen o soporten las cargas por igual (tiene un cierto interés, pero no un derecho adquirido: *ius nondum formatum, quod perfecte non dicitur quaesitum*). Y, por otro lado, afirma que el privilegio de inmunidad concedido graciosamente por la cláusula «non obstante» no supone tampoco ningún derecho adquirido para el beneficiario sino que le quita fácilmente, en *De aestimo...,* cit., páginas 191-193. Análogo planteamiento en Pedro de Ubaldo, para quien «si el Príncipe ha concedido la exención *"ex certa scientia"* o *"proprio motu"* (no a instancia del beneficiario), entonces los demás "no podrán resistirse ni apelar, puesto que no se puede apelar contra una decisión del Príncipe, pero se podría bien recurrir a él o pedirle un remedio misericordioso"».

[111] Festasio, N., *loc. cit.* Es interesante señalar que este autor recoge también, citando a Socino, esa observación un tanto irónica que estableció Menchaca entre *plenitudo potestatis y plenitudo tempestatis: «el si cum clausula de plenitudine potestatis agat quod sibi de irure non licet, dicitur ilum plenitudine tempestatis non potestatis uti, ut inquit ille, idoque sibi licere existimat, quod leges permitenmeretur: iustitia enim plenus esse debet»; loc. cit.*

la cual obliga también a príncipe, como es evidente» [112]. Sólo en aquel caso «en que el príncipe podría privar a un súbdito suyo de sus propias cosas, también podrá revocar el privilegio a pesar del contrato, porque la razón —como es claro— es la misma o mayor» [113]. Y, en ese caso, «el príncipe debe —en cuanto pueda— compensar al súbdito por el privilegio que le ha quitado».

«La razón —explica— es que, aunque el Príncipe —por una necesidad pública o por otra causa urgente— pueda rescindir el contrato, pero no puede en justicia privar completamente al súbdito de lo suyo sin una compensación: esto no es necesario para el bien común, y el súbdito no está obligado a ceder de su derecho gratuitamente cuando puede dársele una compensación, dado que el príncipe no es dueño absoluto de las cosas del súbdito» [114].

Suárez distingue también los *privilegios dados «en gratitud»*, especie intermedia entre el pasado en forma de contrato y el puro y simple privilegio: son aquéllos que se conceden en recompensa de ciertos servicios, pero sin que exista deuda de justicia. La irrevocabilidad aquí es más dudosa, pues «la sola razón de agradecimiento no basta para que produzca un verdadero y riguroso contrato»; por ello, si se revoca con causa, dice: «tal vez no se deberá una compensación en justicia, sino sólo por gratitud, lo mismo que la primera compensación» [115].

Pero Suárez da un paso más en los principios sentados hasta aquí. Abordando el estudio del puro y simple privilegio, *«gratis omnino subdito concesso»*, que se había afirmado como libremente revocable (aún sin causa), distingue dos posibles tipos: primero, aquél «que consiste en la facultad o permiso para hacer algo al margen del derecho común», para el cual es válida la tesis de su libre revocabilidad (aun sin causa) [116]; pero otro hay «que consiste en una donación absoluta con traspaso de la propiedad de una cosa o de un derecho, como cuando se concede una fortaleza, o derecho de impuestos o de otra clase de tributo, o derecho de servidumbre». Pues bien, estos últimos también son «irrevocables de suyo, si no hay una causa legítima para revocarlos». Y la razón es «que el príncipe no puede, a su arbitrio y voluntad, quitar a sus súbdito una cosa sobre la cual éste tiene verdadera propiedad o un derecho adquirido —como ampliamente explica Antonio Gabrieli—, porque también el príncipe está obligado a guardar la justicia no quitando una cosa contra la voluntad razonable de su dueño. Y, por la misma razón, *el príncipe no puede revocar*

---

[112] *Tractatus de Legibus ac Deo Legislatore,* versión española del IEP, Madrid, 1968, página 1062.

[113] *De Legibus...,* cit., página 1062.

[114] *De Legibus...,* cit., página 1062.

[115] *De Legibus...,* cit., página 1062.

[116] *De Legibus...,* cit., página 1064.

a su arbitrio una donación que hizo a su súbdito traspasándole la propiedad; en otro caso, aquello no hubiese sido una donación, sino un préstamo o concesión precaria; ahora bien, es cosa cierta que el príncipe puede (con ciertas condiciones) hacer verdaderas donaciones a sus súbditos y traspasarles la propiedad; luego una vez hecha la donación, surge la obligación natural de justicia que hemos dicho; luego lo mismo sucederá con el privilegio cuando la cosa que se concedió por él pasó a verdadera propiedad del súbdito». Y esta tesis «es aplicable no sólo al que concedió el privilegio, sino también a su sucesor, pues la razón para éste es la misma, al menos por razón de la *propiedad adquirida* por el súbdito» [117]. La afirmación de los derechos adquiridos, aun cuando sea por pura concesión y acto unilateral del príncipe, alcanza en Suárez su más alto nivel [118].

Naturalmente que «con causa legítima, el príncipe pueda revocar tal privilegio, lo mismo que —con causa— puede privar a un súbdito de un derecho adquirido o de la propiedad de una cosa; pero es preciso que esta causa se refiera al bien común y que sea moralmente necesaria» [119]. Así, pues, en este orden, es indiferente que el derecho adquirido haya sido por merced o por contrato: siempre habrá derecho adquirido y no podrá ser quitado sin justa causa. La única diferencia que cabe establecer es que en el concedido en fuerza de contrato oneroso, la justa y total compensación es necesaria, si se revoca; en cambio, en el gratuito esto es dudoso («para mí —dice— *es probable* que no sea necesaria la total compensación..., puesto que esto no es esencial a la donación liberal, como parece serlo a un contrato que incluya la conmutación de la cosa por otra cosa o por un trabajo *con alguna igualdad*») [120].

¿Cuál fue, en realidad, en la monarquía española, el respeto a los derechos adquiridos? Es éste un punto que bien merece una investigación ahora impo-

---

[117] Todo ello según *De Legibus...,* cit., página 1063.

[118] Esta avanzada doctrina tenía una objeción: podía poner en peligro la reincorporación de poderes de jurisdicción que hubieran sido concedidos. SUÁREZ sale al paso afirmando: «Tales enajenaciones de jurisdicción soberana son imposibles ("el Príncipe no puede verse privado de ella con relación a sus súbditos"), por lo que hay que entender que "eso no es una donación, sino sólo una *comisión o delegación* de la jurisdicción, que siempre puede revocarse"»: *De Legibus,* cit., página 1063.

[119] *Ibidem.*

[120] *De Legibus,* cit., página 1063. Otra diferencia entre ambos supuestos hace referencia al modo de la revocación: los privilegios concedidos en fuerza de contrato sólo pueden serlo mediante cláusula expresa en el rescripto, Ley o estatuto que opera la revocación, en la que se diga: «aunque hayan sido concedidos en forma de contrato» y ello porque «siendo tales privilegios irrevocables por el derecho ordinario, y necesitándose una causa gravísima para que sea justo revocarlos, no se presume que queden revocados si no se expresa esto suficientemente, al menos de la manera que se ha dicho»; *loc. cit.,* página 1067.

sible de realizar. Sin pretender hacer afirmaciones definitivas, hay datos para pensar que el respeto de la Corona española ante las obligaciones contraídas o ante los derechos por ella concedidos fue máximo a lo largo de los siglos XVI a XVIII. Y ello no puede extrañar, pues en la consecuencia de una concepción del Derecho y del Estado basada en una antropología cristiana e impregnada de contenido ético. Como señaló Federico de Castro, esa base teológica de la escuela española «marca nuestra jurisprudencia con estas notas: 1.ª) inclusión del Derecho en el orden moral (oposición al legalismo); 2.ª, dependencia del legislador respecto al Derecho (repudiación del absolutismo); 3.ª, independencia del jurista respecto del gobernante (como servidor de la Justicia y no mero legista)» [121]. En definitiva, este respeto no era sino el fruto coherente de todo el planteamiento hasta aquí expuesto: toda esa concepción del poder y del Derecho tuvo que afectar, en no escasa medida, al juego de los derechos concretos de los súbditos en su relación con la Administración Real.

Por lo que ahora nos importa, Gallego Anabitarte ha recordado recientemente el testimonio de Tocqueville, según el cual la Monarquía francesa, en el plazo de ochenta años, vendió y volvió a tomar siete veces los oficios enajenados, desconociendo así todo derecho adquirido; pues bien —añade— «jamás la Corona española, no ya realizó este fabuloso negocio de vender la misma cosa siete veces en ochenta años, como en Francia, sino que ni pensó tomar algún cargo o renta, o señorío "enajenado" sin la correspondiente indemnización o causa justa de reversión a través de acción judicial en negocios *contenciosos* "inmortales", ¡y que muchas veces no prosperaban!» [122].

---

[121] Castro y Bravo, F., *Derecho Civil de España,* tomo I, Madrid, 1955, páginas 174-175: «Son los teólogos —escribe el profesor De Castro— los que crean las bases filosóficas de nuestro Derecho, en lo que se ha llamado la escuela española de Derecho natural. Esta dependencia... no imprime a la doctrina —como se ha creído— un carácter monjil y timorato, ni origina un espíritu de "oscurantismo" servil hacia hombres y teorías; todo lo contrario, se escribe con un estilo tan recio que parece extrañamente bronco, con una libertad en el planteamiento e hipótesis sorprendente para la mojigatería moderna y una originalidad y personalidad en las ideas de osadía máxima. El cuerpo de sus doctrinas es una defensa ardiente de los derechos y libertades de la persona; el valor de la Justicia se eleva; la obediencia a las leyes; los deberes de las autoridades se encuentran una base trascendente en la Religión y en la Moral; ella, a su vez, otorga a los razonamientos de los autores una fuerza tan grande que les hace enfrentarse, con energía, e incluso pedir cuenta a monarcas y autoridades del modo como usan sus prerrogativas en beneficio del bien común».

[122] Gallego Anabitarte, A., *Administración y Jueces...,* cit., página 53; y ello —escribe— «tanto por el impulso de un concepto de lo *contencioso judicial* fuerte y vigoroso frente a lo *gubernativo,* como por el peso de la Teoría española de los siglos XVI y XVII, que sometió la potestas al derecho. Aquí ningún Rey dijo "L'État c'est moi", y aquí nunca surgió la teoría del *Machtspruch,* de la sentencia de poder del Rey, frente a la sentencia judicial de los Tribunales, tan tristemente célebre en Alemania. Todo ello es, sin duda, una prueba de la potencia real, efectiva, de los *iura quaesita* en la España del —así llamado (?)— Estado Absoluto».

Sabidos los intentos de los fiscales de los Reales Consejos para la reversión a la Corona de numerosos señoríos y la preparación en el Consejo de Hacienda de una ley general de incorporación de bienes y rentas enajenadas que no llegó a promulgarse. Este fracaso, en 1781, del movimiento general de incorporaciones vino determinado quizá por el temor a los innumerables pleitos a que podía dar lugar y por la imposibilidad financiera de hacer frente a las indemnizaciones que la preparada Ley General de Incorporación iba a desencadenar; y no se olvide que la incorporación de oficios enajenados es un proceso lento que se prolonga en nuestra patria hasta bien entrado el siglo XIX, como ha demostrado Tomás y Valiente. Porque *nunca entre nosotros se concibió como un camino viable la pura y simple confiscación* por decreto [123]. Cuando en 1835 (Decreto de 23 de julio) se ordene la suspensión de los viejos oficios enajenados y se declare que «todos los oficios de república y sus dependencias son de elección libre» se dejará también establecido que esto debe hacerse «indemnizándose a los propietarios por el Estado o por el pueblo, según que la egresión proceda de uno o de otro» (artículo 6.º).

Como pura hipótesis de trabajo podríamos, para concluir este punto, preguntarnos: ¿no estará aquí, en este tremendo respeto a los *iura quaesita,* la raíz de esa peculiaridad de nuestra tradición jurídico-administrativa que ha sido y es el principio de irrevocabilidad de los actos declarativos de derechos?

---

[123] Cfr., además del estudio de GALLEGO, para el tema de las incorporaciones de Señoríos, los trabajos de MOXÓ, S., *Incorporación de Señoríos en la España del Antiguo Régimen,* Valladolid, 1959, y, sobre todo, *La disolución del Régimen señorial en España,* Madrid, 1965, páginas 3-4, 15, 16, etc. En todo momento se deja constancia de que tales incorporaciones no se concebían sin «las oportunas compensaciones», mediando una «justa composición», «reservando a los poseedores el reintegro a que tengan derecho», etc. (MOXÓ, *locs. cits.*). También sobre el tema, GARCÍA ORMAECHEA, R., *Estudio de legislación y jurisprudencia sobre señoríos,* Edit. Reus, Madrid, 1932, especialmente páginas 10 y siguientes: la exigencia de vía judicial para tales reversiones es patente también: «la acción de los pueblos —escribe— para el tanteo no puede vencer la resistencia de los señores que alargan los pleitos no por años, sino por siglos, ni los gastos del procedimiento que empeoran su situación. Los Diputados de 1811 refieren muchos casos en demostración de inutilidad de los esfuerzos de los pueblos que acudían a esa vía legal». Y por ello el Diputado Alonso y López, en 1811, solicitaría de las Cortes «que se removiesen los obstáculos tradicionales para la sustanciación de los pleitos de reversión y de tanteo, estimulando al Consejo de Castilla a activar su trámite y resolución».

En idéntico sentido, las conclusiones que se derivan de los trabajos de TOMÁS Y VALIENTE sobre *Renuncias y ventas de oficios públicos y su incorporación a la Corona,* Instituto de Estudios Administrativos, Alcalá de Henares, 1968-69.

V. *Mutatio monetae*

Es ésta otra de las tradicionales limitaciones del poder real o, lo que es lo mismo, otra de las materias que en la distribución de los derechos ha sido objeto de *reserva a favor del pueblo* [124]. En el fondo, es una garantía más en la defensa de la propiedad de la que se priva el ciudadano, hoy como ayer, sin que éste se entere, cuando se produce una devaluación monetaria. Al tema prestaron atención generalizada los juristas clásicos y, entre ellos, de modo especial, dos de nuestros grandes jurisconsultos; se trata en este caso de Diego de Covarrubias y Juan de Mariana [125].

El derecho de acuñar moneda constituía una de las regalías mayores de la Corona, como es sabido [126]; derecho que podía ejercitarse con entera libertad y licitud cuantas veces el príncipe quiera, siempre que se mantenga la debida proporción entre peso y valor. La cuestión, tal como se la plantea Covarrubias, es ésta: «si las monedas pueden alguna vez, por autoridad del príncipe, ser estimadas en más o adquirir más valor con el mismo peso» [127]. Dejando a un lado el problema doctrinal de si es la ley del príncipe o la propia materia lo que en el fondo da el valor a la moneda, Covarrubias recuerda el sentido de la acuñación: garantía de «una determinada medida de peso y valor, que consta por su propia forma y marca sin necesidad de ningún otro examen, el cual sería necesario si se diera simplemente una masa de oro o de plata sin forma pública en pago de cualquier cosa necesaria para el uso humano» [128]. En definitiva, es una «marca pública de cuanta es la valoración que se ha hecho de su materia», con el fin de facilitar y dar seguridad al comercio de los hombres. De ahí que, una vez acuñada por el príncipe, lo que da valor a la moneda no es tanto su sustancia (oro, plata, etc.), sino «el valor impuesto y constituido de modo público y perpetuo» por el Príncipe mediante la acuñación. Naturalmente —dirá

---

[124] Suele citarse, por ello, como uno de los precedentes históricos de la actual reserva de Ley: así, MARTÍN MATEO, R., *Administración monetaria,* Madrid, 1968, páginas 19, 20 y 41. Y antes VILLAR PALASÍ, J. L., *Apuntes de Cátedra,* tomo IV, páginas 16-17.

[125] El primero en su libro *Practicarum Questionum liber singularis.* He utilizado el texto de los capítulos sobre el tema recogidos en el «Tractatus Universi Iuris», tomo XII, páginas 220 y ss. Juan DE MARIANA dedica al tema su libro *De monetae mutatione,* y el capítulo VIII de la versión castellana del *De rege et regis institutione...,* traducción de Acivaro, Madrid, 1880, páginas 516-536. También puede verse Martín LAUDENSIS, *De Monetis...,* en «Tractatus Universi Iuris», tomo XII, páginas 203 y siguientes, y referencias en LAS CASAS, LUCAS DE PENNA, etc.

[126] Era uno de esos derechos privativos e inalienables que, con palabras del Fuero Viejo, «le pertenecen (al Rey) por señorío natural: Justicia, *Moneda,* Fonsadera y suos Yantares». Sólo en tres ocasiones parece que se concedió en León y Castilla el derecho de acuñación de moneda: SAINZ DE BUJANDA, F., *Hacienda..,* cit., página 225, en nota.

[127] COVARRUBIAS, D., *loc. cit.,* página 220.

[128] COVARRUBIAS, D., *Tractatus,* cit., página 221.

Covarrubias—, la moneda sigue teniendo también un valor «como cosa» (no como moneda marcada), «pues el valor del metal ni perece ni se cambia porque tenga impreso un sello público»; por tanto, podría ser medida como oro o como plata si así se consiguiera un precio mayor que el valor que le ha sido adjudicado por la República, cosa no conveniente [129]. De ahí que el valor como moneda no debe ser inferior al valor como sustancia, sino al contrario, y puede (el Príncipe) «fijar el precio de las monedas un poco más alto que la estimación de la materia de que están hechas», obteniendo así alguna ganancia, «siempre que esta ganancia sea pequeña», y tal es la práctica aceptada por la costumbre en los Reinos [130].

Ahora bien, el problema es si le está permitido al Príncipe aumentar ese valor más allá de los gastos de acuñación y de ese lícito beneficio o, dicho en general, «si puede el Príncipe, a su arbitrio, cambiar el valor y estimación del dinero». La respuesta es unánimemente negativa: sin el consentimiento del pueblo, el Príncipe no puede alterar la moneda [131]; es un tributo encubierto que se impone al pueblo, un ataque a la propiedad de éste, que ve encarecido el oro y los productos en beneficio del Príncipe, y así —escribe Mariana— «el Rey no puede por su libre albedrío y sin que preceda el asentimiento público adulterar en manera alguna la moneda, lo cual no es otra cosa que una especie de tributo que se saca de los bienes de los súbditos» a favor del Príncipe [132].

---

[129] MARIANA, *De Rege...*, edic. cit.: distinguirá también entre un «valor natural sacado de la calidad del metal y de su peso, que llamamos intrínseco, y otro legal o extrínseco, que el príncipe le da por autoridad de una Ley» (página 520).

[130] «El príncipe —dice— no está obligado a acuñar la moneda a sus expensas, sino al contrario, es lícito que obtenga de la acuñación algún beneficio»: ob. cit., página 221, número 5. Esto es opinión común: *vid.* también Martín LAUDENSIS, *De monetis,* en «Tractatus Universi Iuris», página 203, que escribe: «El dinero debe valer tanto en la forma como en la materia deducidos los gastos de acuñación... y me pregunto si el rey o el gobernante pueden hacer moneda un tanto mayor de la estimación que hubiese por la materia, deducidos los gastos. La respuesta es que esto puede hacerse lícitamente, hasta el punto de percibir un lucro moderado, no excesivo, en el caso de que lo necesite, y siempre que la moneda no circule fuera del reino o del ducado». MARIANA es aún más exigente: según él, «debe el Príncipe de asentar por una Ley el valor de ella, considerando el justo precio del metal y su peso, *sin exceder de esto poco ni mucho,* salvo que se aumente lo que monte el dispendio o gasto de elaboración» (acepta pues, que el Príncipe se reintegre los gastos de acuñación, pero sin ningún otro beneficio).

[131] COVARRUBIAS, D., *loc. cit.*, página 222. Martín LAUDENSIS se pregunta *«an princeps possit Mutare monetam sine consensu populi»* y responde que no le es lícito según el parecer general de los doctores, y añade: «pero con el consentimiento de su pueblo puede cambiarla». También LAS CASAS, *De Regia potestate,* cit., página 91: «El Príncipe no puede permitir en su reino que sea alterado el valor legal del dinero sin consentimiento del pueblo, porque sería perjudicial para el pueblo»; y Lucas DE PENNA, *Commentaria...*, cit., página 399, número 4: *«Et nota quod monetam sine consensu populi rex Mutare non potest: quia unicuique limitum est renunciare his quae pro se introducta sunt»*.

[132] *De Rege...*, edic. cit., página 520: «Cuanto se quita a la moneda, en peso o en calidad,

La moneda, *como medida del valor de las cosas, exige, pues, idéntica garantía que la propiedad* y «¿sería por ventura lícito —pregunta Mariana— entrar por fuerza en el granero de un súbdito, tomar parte del grano y pretender luego compensar el daño dándole facultad para vender el resto por el valor que tenía cuando el montón estaba intacto y sin merma? [133]». La alteración artificial del valor es algo que no se puede hacer sin daño del reino, y de ahí que esté sometido al mismo régimen de reserva que los tributos o la disposición sobre los bienes del reino: *«sólo con el consentimiento del pueblo o de las ciudades del Reino puede el Príncipe hacerlo»,* afirmará Covarrubias [134].

Sólo de modo excepcional podrá el Príncipe acordar un cambio de valor de la moneda, ante una situación de necesidad pública, pero esta medida tendrá siempre un carácter transitorio y al terminar la necesidad deberá hacerse a los súbditos una restitución del daño ocasionado por el propio Príncipe [135-136].

Digamos una vez más que esta reserva de derechos a favor del pueblo en cuanto a la moneda será también recogida, como las anteriores, en nuestra

---

tanto queda en pro del Príncipe; lo que no podría no ser maravilloso si aviniese poder hacello sin daño a los súbditos»....

133 *Ibidem.*

134 COVARRUBIAS, D., ob. cit., página 222: «el cambio de moneda será, en cambio, claramente lícito cuando exista el consentimiento de aquellos para los cuales hay un perjuicio por este cambio»..., y también será lícito «cuantas veces sea por justa causa, es decir, porque la materia de las monedas se convierta en más baja o más preciosa en la común estimación de los hombres». En este último caso no hay un cambio artificial en provecho del Príncipe, sino una adecuación del valor a la realidad.

135 MARIANA, J., *De Rege.., cit.*, página 525: «Si la penuria es tal, y tal es el apremio, que esté en peligro la salud pública en manera que ni aún los ciudadanos a quien importa el negocio de que se trata, pueden ayuntarse para dejar proveído lo que más convenga, en este caso, así como puede el príncipe aplicar los bienes de los súbditos a los usos públicos para subvenir a la extrema necesidad de la patria, asimesmo puede también mezclar los metales pecuniarios y amenguar el peso de la moneda, siempre y cuando acabe con la guerra semejante facultad y no venga a ser continuo el abuso; y a mas desto, que la moneda mala que trujo la necesidad, se inutilice luego de pasada ésta, y se dé en su lugar otra legítima y buena a los que poseyeren de buena fe».

136 Respecto a la vigencia efectiva de estos derechos del pueblo sobre la *mutatio moneate,* parece que las Cortes trataron —aunque no siempre con éxito— de controlar los cambios: cfr. VICENS VIVES, *Historia Económica de España,* 3.ª ed., Barcelona, 1964, páginas 407 y 408. Parece que Carlos I y Felipe II no acudieron a este fácil procedimiento. Fue el Duque de Lerma quien, para salvar un descubrimiento de 12 millones de ducados en 1607, ordenó la acuñación de moneda de vellón cuyo valor intrínseco era muy inferior a su valor nominal: las Cortes de 1609 protestaron enérgicamente por ello: cfr. COMELLAS, J. L., *Historia...,* cit., pág. 201. Y fue justamente esta mudanza de la moneda la que hizo que MARIANA «levantara su voz con el valor acostumbrado» (BALMES, Prólogo a la traducción *De Rege...,* Madrid, 1880, página 30), denunciando este abuso de poder, por lo que fue procesado en 1609 y condenado a un año de prisión.

Constitución de Cádiz, cuyo artículo 131 señalaba entre las facultades de las Cortes: «decimonona: determinar el valor, peso, ley, tipo y denominación de las monedas». La continuidad de nuestro derecho histórico es evidente.

VI. Tributos

Llegamos así a otro elemento configurador de la histórica *reserva* de derechos a favor de los pueblos: los tributos. Es quizá éste el aspecto más conocido y a él se han dedicado por historiadores y juristas amplias investigaciones, por lo que no es del caso insistir más aquí [137].

Respecto al desenvolvimiento histórico de este principio desde el siglo XII al XVII, puede simplemente recordarse la evolución: pérdida de importancia de los ingresos patrimoniales de la Corona, así como de muchos derechos señoriales o de regalía que disfrutaban los reyes y que han sido enajenados o afectados (derechos de aprovechamientos: montazgos, pontazgos, etc.; monopolios: molinos, hornos, fraguas, etc.; derechos de reversión o jurisdicción y derechos de circulación) [138]; establecimiento mediante pacto de algunos impuestos o tributos tasados que tenían carácter permanente y estaban recogidos en los fueros de cada ciudad (moneda forera), pero que no alcanzaban a cubrir los gastos crecientes de la Corona, y, por ello, necesidad de acudir, cada vez en mayor grado, a impuestos directos personales, esto es, a tributos ordinarios o extraordinarios que la representación del Reino, reunida en Cortes, concede al Rey con carácter temporal y para cada caso ante las necesidades del gobierno o de la guerra [139].

Esta última fase del proceso está perfectamente estudiada: la necesidad de obtener nuevos recursos, unida a la exención tradicional de nobles y eclesiásticos, obligó a los Reyes a dirigirse a los representantes de esa nueva clase social —los burgueses o habitantes de las ciudades—, solicitando nuevas prestaciones económicas y ofreciéndoles a cambio representación en la Curia regia, organismo compuesto hasta entonces sólo por nobles y eclesiásticos; es así como surge nuestra institución política básica —las Cortes—, integrada por los tres brazos clásicos, que tiene como misión fundamental la concesión de tributos,

---

137 *Vid.* por todos SAINZ DE BUJANDA, F., *Hacienda y Derecho,* Madrid, 1955, tomo I, páginas 130 y siguientes, especialmente en páginas 192 y siguientes, con las abundantes referencias allí contenidas.

138 Cfr. GARCÍA GALLO, A., *Historia de Derecho español,* tomo I, Madrid, 1944, páginas 610 y siguientes, y SAINZ DE BUJANDA, F., *Hacienda...,* cit., páginas 215-216.

139 Cfr. COS-GAYÓN, F., *Historia de la Administración,* cit., páginas 117 y siguientes; MARTÍNEZ MARINA, M., *Teoría...,* cit., tomo II, páginas 382-387.

subsidios o «servicios» (como se llamaban en Castilla) [140], y así fue como se despertó en el pueblo —el tercer estado— la conciencia de ser parte esencial y primaria de la representación política del Reino [141]; ésta se estructuró progresivamente alrededor de los municipios, cuyos oficios de alcaldes, regidores o jurados eran provistos por elección de los Ayuntamientos [142]; en su calidad de representantes del pueblo, sus titulares acudían a las Cortes, las cuales fueron configurándose como una asamblea político-limitativa del poder real, que ostenta la representación nacional.

> «Esta revolución política —escribe Martínez Marina— por la que el pueblo fue llamado al gobierno y a tener gran parte en la representación nacional, produjo las más felices consecuencias: el clero y la nobleza perdieron las facultades que se arrogaban de turbar el estado y su altanería se estrellaba contra el baluarte de la autoridad municipal; las ciudades y pueblos salieron de la esclavitud, sacudieron el yugo de la tiranía, comenzaron a disfrutar las dulzuras de la sociedad y a ser libres e independientes sin más sujeción que a la Ley [143]. Con ello quedó también definitivamente asentado el principio según el cual los Reyes no podían echar sobre sus súbditos "pechos" o tributos que no hubiesen sido consentidos por éstos».

Tal principio, repetidamente consagrado, pasó a integrar la Ley 1.ª, Título VII, Libro 6, de la Recopilación, cuyo texto dice así: «Los Reyes, nuestros progenitores, establecieron por leyes, i Ordenanzas, fechas en Cortes, que no se echassen, ni repartiessen ningunos pechos, servicios, pedidos, ni monedas, ni otros tributos nuevos, especial, ni generalmente en todos nuestros Reinos, i que estos sean otorgados por dichos Procuradores, que a las Cortes vinieren» [144].

El principio general en los autores es que «ninguna carga, ninguna sumisión, ninguna servidumbre puede imponerse al pueblo sin que el pueblo, que

---

[140] *Vid.* por todos SAINZ DE BUJANDA, F., *Hacienda y Derecho,* I, páginas 231 y siguientes: «Todos los historiadores coinciden en afirmar que la entrada del estado llano en la Curia transformó la naturaleza de esta asamblea, dando origen a una institución nueva —las Cortes—, encargada fundamentalmente del otorgamiento del Servicio».

[141] MARTÍNEZ MARINA, F., *Teoría de las Cortes o grandes Juntas nacionales,* Madrid. En la imprenta de Fermín Vinnalpando, año 1813, tomo I, páginas 84 y siguientes.

[142] En los pueblos donde el Rey conservaba la regalía de nombrar regidores debía, precisamente, recaer el nombramiento en uno de los tres elegidos y propuestos por su respectivo Ayuntamiento: MARTÍNEZ MARINA, ob. cit., página 91.

[143] Ob. cit., página 95. El romanticismo doceañista hacia nuestra historia es patente en este texto.

[144] En el encabezamiento de la Ley se dice que ésta fue dada por D. Alonso en Madrid, 1367, pet. 67; i D. Juan II, en Valladolid, año 1420, por Pragmática de 13 de junio; i el Emperador D. Carlos en las Cortes de Madrid del año 1523, capítulo 42.

ha de cargar con ella, dé su libre consentimiento a tal imposición», que «los pueblos fueron originariamente libres», «libertad que les corresponde por derecho natural» [145]. Esta situación de libertad se consagra especialmente en relación con los tributos y cargas, materia en la cual los autores formularán *expresis verbis* la doctrina de la reserva: en ningún caso —se dice— este poder se transfirió a los príncipes cuando el pueblo los eligió, sino que aquél se los ha *reservado* siempre.

De las muchas formulaciones doctrinales de la época que pudieran recordarse, la más interesante por sus resonancias actuales es, para mí, la de Mariana, cuando compara el poder del Rey y el de la República. Mariana distingue dos esferas en el gobierno. Hay una esfera, que es la propia del Rey, en el que éste tiene un poder supremo, absoluto, en la que no necesita de nadie, ni rinde cuentas ante nadie: «el poder real es supremo en todas aquellas *cosas que se dejaron al albedrío del príncipe,* ya por las costumbres del pueblo, ya por las instituciones, o bien por ciertas leyes, tales como hacer la guerra, administrar justicia y nombrar los caudillos y magistrados. Tocante a esto, el poder real es mayor no sólo que el de cada uno, sino también que el de todos ellos juntos; que no hay quien pueda oponelle justificable resistencia, ni quien pueda pedille cuenta de sus hechos; porque es cosa ya sancionada por la costumbre de todos los pueblos y no ha lugar a la retracción por el rey ni a la renovación por los ciudadanos» [146].

Ahora bien, hay otra esfera de asuntos «que por las costumbres *se han reservado los pueblos* y en ninguna manera dejados al arbitrio del Príncipe» *(alia gentis moribus universitati reservata),* y en ellos «la autoridad de la República es mayor que la del Príncipe», de manera que éste «no puede en manera alguna oponerse a la voluntad del pueblo» [147].

---

[145] Por todos, LAS CASAS, *De Regia Potestate...*, página 33: «El Imperium —escribe— procede inmediatamente del pueblo, y es el pueblo la causa efectiva de los reyes o príncipes y de todos los gobernantes...; cuando un pueblo eligió sus príncipes o su rey, no perdió su propia libertad, ni renunció o concedió poder de gravarle, coaccionarle o imponerle cargas, en perjuicio de todo el pueblo o comunidad política: *nulla subiectio imposita fuit sine consensu populi*» (páginas 34, 35 y 36).

[146] MARIANA, J., *De rege...*, cit., página 168.

[147] MARIANA, J., *De rege...*, cit., páginas 168, 169, 184, etc. «Todos convienen —escribe— en que el rey es jefe y cabeza de la república, y en que, como tal, tiene suprema autoridad en la gestión de los negocios del Estado, ya sea para declarar la guerra al enemigo, ya para conceder más derechos a sus súbditos en la paz» y «pero niegan no pocos de los que sustentan esta doctrina, que el rey tenga bastante autoridad para oponerse a lo que toda la república quiera, o se convenga entre los varones de cuenta elegidos para mirar por ella, de entre todas las clases del reino, como suceden en nuestra misma España, donde el *rey no puede imponer tributos sin consentimiento de los pueblos*».

Pues bien, en esta segunda esfera (materia reservada) se incluye como fundamental los tributos, «todo lo que atañe a derramar impuestos» [148]. Esta reserva se vinculará justamente al pacto o convenio entre el Rey y el Reino, según se refleja en el testimonio de un autor de la época (Comines), que escribió: «considerando el derecho humano que consiste en las leyes de los reinos, y el título que éstos pueden haber adquirido contra sus reyes ora por contrato ora por prescripción de costumbre inmemorial, no recibe duda que no podrá el príncipe por sola su autoridad imponer *nuevos servicios* contra la voluntad del reino que por cualquiera de las razones alegadas hubiere adquirido derecho contra él, *como tengo por cierto del de Castilla»;* y lo uno y lo otro será visto pasar en *fuerza de contrato,* a que no pueden dejar de quedar obligados los reyes... Será, pues, la regla cierta de este derecho privado el *contrato que virtual o expresamente interviniere entre el estado y el príncipe* que debe ser inviolable mayormente si se juró» [149].

No es éste el momento de precisar hasta cuándo —y hasta qué punto— las Cortes constituyeron en este punto una limitación y un control al poder real [150]. Lo único que ahora importa destacar es que esta reserva fiscal —a diferencia de lo que ocurrió en Francia, donde desde principios del siglo XVII

---

[148] MARIANA, *ibidem*. Las otras clásicas materias son: las leyes de sucesión a la Corona, la religión, la moneda; y a ellas habría que añadir las ya vistas de enajenaciones o disposición sobre el reino, propiedad, etc. Cfr. MARAGALL, J. A., *Teoría Española del Estado...*, cit., página 31.

[149] Cit. por MARTÍNEZ MARINA, *Teoría de las Cortes...*, cit., tomo II, página 386. Tal concepción de la reserva, vincula al pacto o convenio del Rey con el reino, será recogida por nuestros primeros constitucionalistas. Así, el mismo MARTÍNEZ MARINA, en otra de sus obras, *Principios naturales...*, cit., páginas 391 y 392, concibe la reserva, y participación del poder entre las Cortes y el Rey, en estos términos: «las acaloradas controversias e importantes discusiones sobre la Soberanía, *sobre el Poder legislativo y sobre la extensión de la Autoridad real* se determinarían muy en breve si no abusásemos de los nombres y si con este abuso no confundiésemos las ideas y todos los derechos, y si el hilo de los discursos se tomase, como dicta el arte de razonar, de la misma *fuente de donde se deriva naturalmente aquella autoridad.* La asociación civil es efecto de un convenio; la dignidad regia, un oficio instituido en beneficio público; los reyes, hechura de los pueblos, cuya voluntad les dio el ser y cuyos dones y trabajos los mantienen. La *extensión de la autoridad monárquica, sus modificaciones y restricciones penden de aquel convenio,* de la Constitución del Estado y de la voluntad de los pueblos, en quien reside originariamente todo el supremo poder político».

[150] Parece, por lo demás, que habría que distinguir en este punto: frente a viejas formulaciones románticas doceañistas (p. e., la de MARTÍNEZ MARINA) parece hoy comprobado que en Castilla las prerrogativas de las Cortes nunca alcanzaron a discutir los conceptos del gasto público, ni ejercieron, por tanto, función fiscalizadora. La vinculación del gasto es nula en Castilla. En cambio, en Aragón, las Cortes no sólo votaron los recursos, sino que con frecuencia controlaron estrechamente el pago de los servicios, en ocasiones haciéndolos en especie (barcos, armas, trigo, etc.) y otras veces nombrando en su seno una Comisión que se encarga de recaudar los fondos y de pagar los gastos del Rey: éste no ve el dinero. Oí formular este juicio a don Alfonso García Gallo en los debates del II Symposium de Historia de la Administración.

dejan de reunirse los Estados Generales— nunca se perdió en nuestro Antiguo Régimen, pese a la decadencia de las Cortes en otros aspectos de su participación política [151]. Y así llegará, una vez más, al constitucionalismo de Cádiz, artículo 131, que enumera entre las facultades de las Cortes: 12.ª: fijar los gastos de la administración pública; 13.ª: establecer anualmente las contribuciones e impuestos; 14.ª: tomar caudales a préstamo en casos de necesidad sobre el crédito de la nación; 15.ª: aprobar el repartimiento de las contribuciones entre las provincias; 16.ª: examinar y aprobar las cuentas de la inversión de los caudales públicos; 17.ª: establecer las aduanas y aranceles de derechos. Y en el artículo 172, 8.ª: «no puede el Rey imponer por sí, directa ni indirectamente, contribuciones ni hacer pedidos bajo cualquier nombre o para cualquier objeto que sea, sino que siempre los han de decretar las Cortes».

A modo de conclusiones

Hemos visto algunos trazos del considerable trasfondo histórico que yace bajo la formulación constitucional de Cádiz en varios de sus artículos fundamentales. Cabría aún añadir otros (por ejemplo, las normas sobre sucesión a la Corona, juramento del Rey, Regencia, etc.), pero no es necesario. Decía en una ocasión Rafael Gibert que 1789 es como un gran arco de triunfo: por debajo de él, pasa la historia.

---

[151] Muchas veces se ha señalado el respeto de los Austrias, pese a su autoritarismo, hacia nuestro derecho y nuestras instituciones políticas tradicionales, especialmente en materia fiscal; el respeto de los derechos de las Cortes (es ésta una profunda diferencia de nuestro siglo XVII y el siglo XVII francés). La historiografía ha señalado (cfr., p. e., COMELLAS, ob. cit., página 42) que a partir de los Reyes Católicos decae el papel de las Cortes, instrumento inadecuado para la dirección de la política, y cobran gran importancia los Consejos (primero el Consejo Real y luego todos los que emanaron de sus salas). Ahora bien, como ha escrito SAINZ DE BUJANDA, «sería un error inmenso dar a ese juicio negativo una extensión desmesurada y creer que desde los Reyes Católicos las atribuciones financieras de las Cortes fueron paulatinamente reduciéndose. Lejos de ello, fue precisamente a partir de ese reinado cuando la intervención de aquel organismo en los asuntos de Hacienda se hizo más extensa e interesante»: *Hacienda y Derecho...*, cit., página 304. El instrumento de esa intervención y poder de control fueron los «servicios de millones» (que extendió la autorización de Cortes a los impuestos indirectos sobre el consumo) y las «escrituras de millones», con sus cinco partes fundamentales (1.ª, el acuerdo que el reino hace de servir a S. M. los millones; 2.ª, los acuerdos relativos a los medios que el reino ha elegido para la paga del servicio; 3.ª, el género de las cosas para que se consigna el servicio; 4.ª, la forma de la administración y cobranza de los medios destinados al pago de los «millones», y 5.ª, la relación de súplicas formuladas por el reino y concedidas por el Rey), que, como ha señalado la doctrina financiera, constituyen el precedente y modelo inmediato de la estructura presupuestaria constitucional: SAINZ DE BUJANDA, ob. cit., páginas 305 y siguientes. Cierto que en el siglo XVIII se prorrogan los «servicios de millones» sin intervención de las Cortes, pero *sin que desaparezcan en modo alguno los principios políticos tradicionales, cuya vigencia será solicitada repetidamente.*

Debo terminar. ¿Será necesario formular conclusiones? Si es así, he aquí algunas, aunque éstas sean ofrecidas con toda la modestia del que sabe que presenta aproximaciones más que demostraciones. En cualquier caso, tendría —pienso—, para los administrativistas de hoy, grandísimo interés ver confirmadas o desmentidas algunas de estas cuestiones, y esto es algo que nadie mejor que ustedes, historiadores del *Derecho,* puede ofrecer.

1. Cuando uno se asoma a las páginas de nuestra historia y trata de descubrir el perfil de nuestras instituciones políticas y el sentido del orden jurídico que preside la creación en España del Estado moderno, tiene la impresión de que la imagen que ve no coincide con el modelo absolutista que nos han contado.

2. Nuestros textos doctrinales y legales afirmarán una y otra vez la doctrina del poder como *pacto o contrato con el reino,* según el cual el Rey carece de «poderes de disposición» sobre el Reino en una serie de ámbitos o *materias que el pueblo se ha reservado; la doctrina del Rey-administrador* es constante en nuestro derecho [152].

3. Como consecuencia, se afirmará el respeto al *Rex cum Consillio:* el poder originariamente reside en la comunidad política y no en el Rey; por tanto, éste debe contar con el asentimiento de aquélla para las decisiones «grandes y arduas», según se lee en la ley segunda, título VII, libro VI de la Recopilación: «porque en los hechos arduos de nuestros Reinos es necesario consejo de nuestros súbditos, i naturales, especialmente de los Procuradores de las nuestras Ciudades, Villas, i Lugares de los nuestros Reinos; por ende ordenamos, i mandamos que sobre los tales fechos grandes, i arduos se ayan de ayuntar Cortes, i se faga con consejo de los tres Estados de nuestros reinos, según que lo ficieron los Reyes nuestros progenitores». Así pues, el pacto y el acuerdo del Rey con el Reino es el principio imperante. Y el absolutismo no se ve por ningún lado, al menos hasta 1700.

4. Afirmemos en segundo lugar que nuestros jurisconsultos y nuestras leyes asentarán fuertemente en todo momento el *respeto a la propiedad y a los derechos adquiridos,* que sólo pueden ser invadidos, desconocidos o revocados

---

[152] Cierto que en Castilla el poder de este administrador va a ser un poder casi pleno. Pero no así en los otros reinos, especialmente en Aragón. El caso de Fernando el Católico es significativo: de sus cuarenta y cinco años de reinado, cuarenta los pasó en Castilla, y sólo cinco en sus estados privativos de Aragón. Y es porque en éstos el gobierno era difícil y estaba enormemente trabado por el rígido y legalista orden institucional: Cortes, Justicia Mayor, etc. Cfr. COMELLAS, J. L., ob. cit., páginas 72-73. Finalmente, cierto también que con los Borbones se afirmará la doctrina del origen divino del poder: éste ya no por contrato, sino recibido directamente de Dios. Pero esta doctrina nunca será aceptada pacíficamente entre nosotros.

por el Rey mediando causa justa y legítima, y con la correspondiente y adecuada compensación. Derechos adquiridos serán no sólo los derivados de pactos o contratos, sino incluso los adquiridos por privilegio o concesión del Rey, siempre que traigan una causa legítima en su otorgamiento.

5. Reiteradamente se rechazan por nuestros mejores juristas las sutiles y arteras distinciones montadas por los legistas de las curias para fundamentar las extralimitaciones del poder real; una y otra vez limitarán, como hemos visto, el alcance de tales pretendidos poderes (llámense *plenitudo potestatis, potestas suprema, absoluta potestas, plenitudo scientiae,* o de cualquier otra forma) cuando éstos quieran desconocer el orden jurídico. No es de extrañar, por ello, que cuando se construya sobre estos conceptos la idea de «soberanía» y se atribuya al Rey su titularidad, la concepción española de la misma es algo muy diferente al contenido de la soberanía absoluta (esto es, *a legibus soluta*) en Bodino, como puso de manifiesto Sánchez Agesta.

6. Se deduce fácilmente de todo lo anterior que nunca aceptaron nuestros juristas sin muchas matizaciones el *Princeps legibus solutus est,* ni nada semejante. El Príncipe está sujeto, no sólo al derecho natural y al derecho de gentes, sino en grandísima medida al Derecho civil (Derecho del reino), salvo que lo modifique, y por ello debe respeto a todas aquellas situaciones, derechos e instituciones que en ellos se apoyan.

7. Toda esta concepción no era sólo utopía doctrinal de humanistas, sino que tenía en el orden político y jurídico formidables puntos de apoyo que hacía posible en gran medida su vigencia efectiva; además de las Cortes (máxima representación política del Reino, desde la Baja Edad Media) y de nuestros Consejos, que desde la reforma del Consejo Real hecha por los Reyes Católicos en 1480 tendrán un carácter eminentemente técnico-jurídico (los juristas desplazan a los nobles) [153], además de esto —digo—, el punto de apoyo fundamental para afirmar una vigencia efectiva del Derecho está en el sistema de

---

[153] Sobre la significación jurídico-política, apogeo y decadencia de las Cortes de Castilla y Aragón faltan, quizá, estudios detallados. La historiografía señala como su época floreciente desde mediados del siglo XIII a finales del XV, y apunta como comienzo de su decadencia el reinado de los Reyes Católicos. Sin embargo, hay una serie de datos —por ejemplo, la lucha del Rey por conseguir de las ciudades apoderamientos no especificados, que sólo conseguirá en el segundo tercio del siglo XVII (en concreto, en las Cortes de 1632-1638) la pervivencia hasta 1688 de efectivos poderes para votar servicios, especialmente el «servicio de millones», etc.— que exigirían matizar esa afirmación de decadencia. Al menos, no es ésa la impresión que uno saca de la lectura de la conocida obra de MARTÍNEZ MARINA, ni del Título VII del libro VI de la Recopilación bajo el epígrafe «De las Cortes i Procuradores del Reino». Hasta qué punto las afirmaciones de MARINA sean fruto del romanticismo doceañista, o los textos de las leyes letra muerta, es algo que los historiadores nos tienen que decir.

garantía de los derechos privados, que se articuló fuertemente entre nosotros a través de la distinción entre Gobierno y Justicia (gubernativo y contencioso) y de un sistema de órganos de control de carácter jurisdiccional enormemente rico y matizado, y mucho más riguroso y fuerte en España que en ningún país de Europa, como ha demostrado, a mi juicio, Gallego Anabitarte en su reciente trabajo [154].

8. Bien sé yo que la «operatividad» de toda esta concepción del poder y del Derecho no queda demostrada con estas afirmaciones. Diré, sin embargo, y no es poco, que esa concepción está irrebatiblemente ahí, en los textos. La cuestión es: ¿hasta qué punto y hasta cuándo fueron las Cortes el instrumento capaz de hacer presente los derechos del pueblo ante el poder real? ¿Cuál fue, en orden al sometimiento del Poder al Derecho, el papel de los Consejos a partir, especialmente, de los Reyes Católicos (Cortes de Toledo, 1480: reforma del Consejo Real)? ¿Cuál fue el valor de los dictámenes o consultas que emitían? ¿Cuál el alcance efectivo de los *iura quaesita* y la potencia real de *lo contencioso frente al Rey o sus delegados*? En una palabra, ¿esa concepción del Estado y del Derecho que se describe en los textos con un vigor y una osadía insólita para su tiempo, fue una realidad viva y operativa o más bien aspiraciones no realizadas de unos juristas?

Para los administrativistas de hoy, deseosos de tomar conciencia de nuestro derecho histórico, resultaría de extraordinario interés recibir una respuesta a estas cuestiones.

---

[154] Después de un detallado análisis de fuentes, sobre el cual puede construirse una doble escala orgánica de control jurisdiccional (escala gubernativo-administrativa, actuando con método providencial «con audiencia de partes» y escala contencioso-judicial, actuando con método contradictorio «con figura de juicio»), el autor concluye que «el sistema tenía cubierta y pensada teóricamente, tanto la eficacia de la Administración en su acción directiva y ejecutiva en los asuntos gobernativos, económicos y administrativos, como la garantía del súbdito, y que *no había un solo español al que le fuese dicho lo que era su derecho, sino con figura de juicio y por un tribunal ordinario o por un órgano judicial compuesto de letrados, aunque orgánicamente inserto en la estructura administrativa*», cosa que indudablemente dio lugar a frecuentes enfrentamientos de competencias y a una abundante legislación para dirimirlas, lo cual no es, en el fondo, sino la prueba de «la fuerza del derecho y la situación de esclavitud de un sistema político administrativo respecto al orden jurídico establecido: cada vez aparece como más fantástica la imagen de una monarquía absoluta». Todo ello ampliamente en *Administración y Jueces: gobernativo y contencioso, cit.*, los textos citados, en páginas 37-38 del texto mecanografiado.

LECCIÓN 4.ª

LEYES SINGULARES, LEYES DE CASO ÚNICO *

SUMARIO: 1. INTRODUCCIÓN. NECESIDAD DE UNA NUEVA REFLEXIÓN SOBRE UN VIEJO TEMA: LAS LEYES SINGULARES.—2. LA RECUPERACIÓN DEL CONCEPTO DE LEY.—3. EL VALOR DE LA LEY EN EL SISTEMA CONSTITUCIONAL ESPAÑOL.—4. ESTADO DE DERECHO Y REQUISITOS MATERIALES DE LA LEY.—5. TIPOLOGÍA DE LEYES SINGULARES Y CONSECUENCIAS.—6. LEYES DE INTERVENCIÓN, LEYES-MEDIDA, DE CARÁCTER SINGULAR.—7. UN SUPUESTO PARADIGMÁTICO: LAS EXPROPIACIONES LEGISLATIVAS. EL CASO RUMASA.—8. LEY, SEGURIDAD JURÍDICA, CONFIANZA EN EL DERECHO.—*POST SCRIPTUM*.

1. Introducción. Necesidad de una nueva reflexión sobre un viejo tema: las leyes singulares

Desde hace bastantes años se viene produciendo una profunda transformación del concepto de ley. Frente al concepto clásico de la ley —regla abstracta y general que ordena las conductas de los hombres— los Parlamentos, nacional y autonómicos, aprueban cada año numerosas disposiciones que reciben el nombre de «ley» y que son decisiones concretas para la resolución de problemas concretos; o se limitan a autorizar la actuación del Ejecutivo en un determinado campo, otorgando casi siempre a éste una amplísima libertad para adoptar las decisiones que juzgue conveniente.

Esta práctica de intervenciones estatales concretas del máximo rango formal —esto es, por ley— se ha visto en España notablemente incrementada como consecuencia de la aparición de los poderes legislativos autonómicos. Muchos de ellos vienen dando forma y valor de ley a determinadas actuaciones que, según la división estructural de las funciones estatales, correspondería adoptar al poder ejecutivo mediante resolución singular. Son leyes en las que, además de definir —como toda ley— un supuesto de hecho abstracto al cual aplicar un régimen jurídico, se establecen los casos concretos a los que tal régimen debe ser aplicado [1].

---

* Artículo publicado en la «Revista de Administración Pública», n.º 118, enero-abril 1989, páginas 57-102.

[1] Un ejemplo, entre otros que podrían citarse, es el de la Ley 4/1985, de 4 de diciembre, especial para el tratamiento de actuaciones urbanísticas ilegales en la Comunidad de Madrid, en la que el legislador no sólo lleva a cabo la mención genérica de un objeto —las actuaciones urbanísticas ilegales—, sino que concreta que las actuaciones de tal tipo son las «relacionadas en el Anexo Único de la misma», a las que se cita por sus nombres y su ubicación.

Pero, sobre todo, ha sido la expropiación del grupo RUMASA, todavía sometida al juicio del Tribunal Europeo de Derechos Humanos, la que ha replanteado en España este conflictivo tema de las leyes de caso único. Máxime cuando los más altos órganos consultivos del Estado, la otrora prestigiosa Dirección General de lo Contencioso (hoy Dirección General del Servicio Jurídico del Estado) y el propio Consejo de Estado se pronunciaron a favor de esa singular expropiación con argumentos como los siguientes:

> «La remisión a las leyes del artículo 33.3 no tiene otra finalidad que dotar de una especial garantía instrumental a las diversas fases de la expropiación forzosa, y esa garantía ha sido respetada por el Real Decreto-Ley, que incluso amplía los aspectos que en nuestro Ordenamiento jurídico, en materia de expropiación, exige el manejo de ley formal... En nuestro caso, toda la operación se encuentra amparada en el rango de ley formal, en la totalidad de sus elementos y fases (...). En conjunto, nos encontramos con una expropiación en la que *el respeto a la ley formal es máximo,* sin consistir en un desarrollo de una previa habilitación general, extendiéndose tal respeto y sujeción, tal conformidad con lo dispuesto por las leyes (art. 33.3 de la Constitución española), a la plenitud de la operación singular de expropiación, que queda revestida así de mayor solemnidad que las expropiaciones amparadas en el actual régimen de la Ley de Expropiación».

Es decir, que según ello, como observa Parada, parecería que «las expropiaciones legislativas integrales, es decir, aquéllas en que todos los trámites se ordenan y operan por el legislador directamente son constitucionalmente más legítimas, por cuanto aumentan las garantías ciudadanas al potenciar o ampliar el principio de legalidad formal» [2].

Por su parte, el Consejo de Estado, al analizar el significado de la expresión constitucional (artículo 33.3) «... y de conformidad con lo dispuesto en las leyes», formula esta arriesgada doctrina:

> «Este requisito es especialmente aplicable a las expropiaciones administrativas, pero no puede entenderse en el sentido de que aún en el caso de las expropiaciones legislativas del Estado haya de ajustarse al régimen común de la Ley de Expropiación Forzosa de 16 de diciembre de 1954, porque esto equivaldría a reconocer a esta ley una primacía que no tiene.
>
> El poder legislativo puede no sólo modificar la ley general, sino también establecer un régimen especial para un supuesto concreto, como ocurre en

[2] Este Informe Dictamen de la Dirección General de lo Contencioso no ha sido publicado oficialmente, que yo sepa. Tomo su texto de J. R. PARADA, *Expropiaciones legislativas y garantías jurídicas,* n.ºs 100-102 de esta Revista, páginas 1139 y siguientes.

el presente caso, cuya complejidad, urgencia y trascendencia justifican la norma singular, sin que por ello se incurra en discriminación atentatoria a la igualdad proclamada en el artículo 14 de la Constitución.

De modo que el hecho de que el proyecto remitido en consulta no se ajuste íntegramente a la Ley de Expropiación Forzosa, no es motivo para tacharlo de inconstitucional ni de medida discriminatoria».

Aun conociendo lo que todo el mundo sabe —la mediatización política que ambos órganos sufrieron en la elaboración de estos Dictámenes, solicitados a *posteriori* y con respuesta prejuzgada, resultaría escandaloso que semejantes tesis pasasen sin crítica a los anaqueles de nuestra doctrina legal. Afortunadamente esta crítica ya fue hecha, de forma contundente, por Parada, a los pocos meses de su formulación, poniendo de manifiesto la falacia que ello implica y el atentado que puede suponer a todo el sistema de garantías establecido en el ordenamiento y protegido constitucionalmente por el artículo 24 CE. La privación de los medios ordinarios de defensa del ciudadano, que no pueden ser ejercidos frente a la ley, provoca un caso de indefensión, cuando el legislativo asume determinadas decisiones que corresponden estructuralmente a otros órganos del Estado [3]. Pero es preciso insistir en este tema por cuanto el Tribunal Constitucional, cuando el asunto ha llegado hasta él, ha sido nuevamente ambiguo —y aun claramente erróneo— en sus pronunciamientos.

Es éste un tema grave que pone en cuestión toda una concepción de la ley y del Estado de Derecho. Un estudio frontal del tema exigiría una extensión mucho mayor de la que aquí puede ofrecerse, pero no obstante procuraremos plantearla en toda su hondura, aunque sea brevemente.

La concepción genérica del Derecho y de la vida política que imaginaron los revolucionarios del siglo XVIII entró en los últimos años irremediablemente en crisis, y ello se produce en un doble sentido. Por un lado, el Gobierno ha pasado de ser el ejecutor de la política, a ser el formulador de la misma, en campos cada vez más amplios. Y las asambleas de representantes elegidos han tenido que, o bien otorgar amplias y constantes «delegaciones en blanco» a los gobiernos, o bien limitarse a asentir sin más (o con leves alteraciones) a los planes y programas del Gobierno.

---

[3] J. R. PARADA, *Expropiaciones legislativas...*, cit., páginas 1152-1153, 1161 a 1166, *passim*. También ha sido criticada por GÓMEZ-FERRER esa práctica legislativa autonómica que «eleva» a la condición de «ley» lo que debería ser una norma reglamentaria o una resolución administrativa; *vid.*, de este autor, *Legislación en materia de urbanismo: competencia de la Comunidad* [de Madrid] *y novedades más significativas,* en el volumen colectivo, «Estudios sobre la Comunidad de Madrid», Civitas, 1987, páginas 485 y siguientes.

Pero, por otro lado, los Parlamentos se han visto obligados a desempeñar una labor que ha ido mucho más allá de emitir reglas jurídicas —normas de conducta social que regulan el comportamiento individual— y se han visto obligados, cada día más, a adoptar decisiones en materias económico-sociales que carecen de las notas y caracteres intrínsecos de la ley, pero que emanan del órgano legislativo y adoptan la «forma» y la eficacia de la ley.

El constitucionalismo europeo conoció desde antiguo esta diferencia entre «hacer leyes» y resolver asuntos concretos (o autorizar al Gobierno acciones singulares) y es bien conocida por todos la polémica sobre ley material-ley formal que se levanta en Alemania a mediados del siglo XIX (1862-1866) en torno a la naturaleza del Presupuesto. No se trata ahora de replantear esta polémica, ni siquiera de volver a examinar la existencia y legitimidad de las leyes singulares, que han sido objeto de estudios anteriores que bien pueden calificarse de definitivos [4]. Pero sí se trata, porque esto no se ha hecho todavía, de ver en qué medida y hasta qué punto las leyes singulares, las leyes de caso único, pueden contener un régimen jurídico distinto —y más gravoso— al establecido por leyes generales. Se trata de ver hasta qué punto resulta aplicable también al legislador —una vez que existe la Constitución y un Tribunal Constitucional— el principio de la inderogabilidad singular de las leyes, como una exigencia del principio de igualdad (artículo 14 CE) y también del principio de seguridad jurídica y de interdicción de la arbitrariedad de los poderes públicos (artículo 9.3 CE). El tema ha sido planteado ya por Garrido Falla en dos ocasiones, pero sin entrar en él [5].

El principio de inderogabilidad singular de los Reglamentos está pacíficamente admitido, sin discusión, en Derecho Administrativo para las normas emanadas de la Administración. Sin embargo, en este punto, como en otros (por ejemplo, irretroactividad de los Reglamentos, responsabilidad patrimonial por toda privación o daño a derechos e intereses de los particulares que se produzca como consecuencia de disposiciones generales, etc.) se viene estableciendo un diferente tratamiento jurídico entre Ley y Reglamento, que arranca de la pretendida soberanía de la primera y el carácter subordinado de

---

[4] Sobre la distinción ley material-ley formal y su proyección sobre el Presupuesto puede verse, entre otros, A. Rodríguez Fereijo, *El presupuesto del Estado,* Tecnos, 1970, especialmente páginas 39-167. Sobre el tema, en general, lo mejor sigue siendo A. Gallego Anabitarte, *Ley y Reglamento en el Derecho Público Occidental,* IEA, 1969, y *Plan y Presupuesto como problema jurídico en España. En torno al concepto de norma jurídica,* en «Estudio-Homenaje a Prieto Castro», Madrid, 1979, páginas 341-383 y 384-407.

[5] *Vid.* F. Garrido Falla, «Prólogo» al libro de Oscar Moreno Gil, *Expropiación Forzosa,* Madrid, 1983, páginas 9-12, y en la última edición de su *Tratado de Derecho Administrativo,* Madrid, 1987, páginas 208-209.

los segundos, lo que a su vez pretende basarse en el mito de la ley como expresión soberana de la voluntad popular [6]. Pues bien, hay que preguntarse si todo ello es mantenible una vez que existe una norma constitucional con valor superior a la ley, a la cual ésta queda subordinada.

2. La recuperación del concepto de ley

Conviene, para empezar, recordar algunas características o atributos que, de acuerdo con la doctrina clásica del Estado de Derecho, debía reunir toda ley para ser verdaderamente tal. La idea de la ley como *ratio,* que preside el pensamiento de la Escolástica, postula ya desde su origen la nota de la generalidad. Es medida de conductas y no puede haber tantas medidas como cosas a medir. Pero viniendo a los orígenes más inmediatos del concepto de ley que ha llegado hasta nosotros, ésta es la resultante de dos líneas de pensamiento que se personifican en J. Locke y J. J. Rousseau.

a) *La ley como garantía de la libertad civil y de la propiedad*: en el *Second Treatise of Civil Government* de J. Locke, capítulo IX, se nos refiere con precisión cuál debe ser el alcance y límites del poder legislativo y se reclama para él estas cuatro condiciones:

— No puede ir más allá de lo que la comunidad le ha confiado, de aquello para lo que la Sociedad se ha constituido, por lo que «no puede disponer arbitrariamente sobre las vidas y las fortunas de los ciudadanos».

— No puede legislar mediante decisiones extemporáneas *(extemporary arbitrary decrees),* sino que «debe determinar los derechos de los súbditos mediante leyes fijas, previamente promulgadas, que no deben ser alteradas en consideración a casos particulares: una sola regla para ricos y pobres, para el cortesano y para el labriego»... de forma que «el pueblo pueda conocer con certeza sus deberes y sentirse a salvo y seguro dentro de los límites de la ley» [7].

---

[6] Esta tesis es, por el momento, mayoritaria. Fue la adoptada por GARCÍA DE ENTERRÍA, a quien sigue una gran parte de su escuela. He aquí un texto de su *Curso de Derecho Administrativo,* 4.ª edición, 1983, página 208, donde se formula con toda rotundidad: «Si la Ley, por diferencia del Reglamento, puede autorizar derogaciones singulares, ello es porque el poder legislativo no está afectado como la Administración por una vinculación a la legalidad, vinculación que sería de difícil articulación teniendo en cuenta que el poder legislativo no está subjetivado, como ya sabemos. El poder legislativo es un poder de pura creación jurídica y en esta función no está nunca predeterminado por sus producciones normativas anteriores: es, en cada momento y en todos ellos, libre, originario, soberano. El poder administrativo no tiene, en modo alguno, estos atributos». Hay que preguntarse si todo ello es cierto, si ha sido cierto alguna vez y, sobre todo, si debe seguir siendo así.

[7] En otro pasaje afirmará: «*The ruling power ought to govern by declared and received laws, and*

— En tercer lugar, no puede imponer tasas o contribuciones sobre sus propiedades sin el consentimiento de los ciudadanos.

— Finalmente, no puede delegar a otros el poder que se le ha confiado, salvo con consentimiento expreso del pueblo.

Resulta patente, a través de estos textos, las exigencias de generalidad, irretroactividad, interdicción de arbitrariedad, publicidad y seguridad jurídica que, para Locke, caracterizan a la ley. Con ello recogía una vieja idea que había ido gestándose en Inglaterra a lo largo del siglo XVII: que la ley debe expresarse en términos generales, que es ajena a personas y cosas concretas. Su misión es proteger la libertad, la propiedad y la seguridad de todos los ciudadanos, pues justamente para ello se unen en sociedad.

b) Desde otra perspectiva, el otro gran padre del concepto moderno de Ley, el gran teórico ginebrino, llegará al mismo resultado. Quizá nadie ha expresado mejor que Rousseau la excelsitud de la ley, como expresión de esa «voluntad general» que sabe elevarse por encima de los intereses mezquinos y cambiantes de cada individuo. En ella se combinan y armonizan los deseos, aspiraciones y preferencias diversas de los diferentes grupos e individuos, y justamente la superación de cada uno de ellos es lo que le permite entrar en el reino de lo justo. Ahora bien, siendo expresión de esa voluntad común o general, debe ser también general en su objeto. En el libro II, capítulos VI *(De la loi)* y VII *(Du législateur)*, puede leerse:

> «Ya he dicho que no puede haber voluntad general sobre un objeto particular... Pues cuando todo el pueblo legisla sobre todo el pueblo no se considera sino a sí mismo... y entonces *la materia sobre la cual se legisla es general como la misma voluntad que estatuye.* Es a este acto que yo le llamo una Ley.
>
> Cuando yo digo que el objeto de las leyes es siempre general entiendo que la Ley considera a los sujetos como un colectivo y las acciones como abstractas, nunca un hombre como individuo ni una acción en particular. Así, la Ley bien puede establecer que habrá privilegios, pero no puede darlos nominalmente a nadie; la Ley puede hacer varias clases de ciudadanos, incluso señalar las cualidades que dan derecho a (pertenecer a) esas clases, pero no pueden designar nominalmente a unos u otros para ser admitidos en ellas; puede establecer un Gobierno monárquico y una sucesión hereditaria, pero no puede elegir un Rey ni designar una familia real: en una palabra, *toda función que se refiera a un objeto individual no corresponde al poder legislativo.*

---

not by extemporary dictates and undetermined resolutions...». Cito por la edición de Russel Kirk, Chicago, 1955, páginas 190 y siguientes.

Sobre esta base se ve enseguida que no hace falta preguntarse a quién pertenece "hacer las leyes", puesto que éstas son actos de la voluntad general; ni tampoco si el Príncipe está por encima de las leyes, puesto que también él es miembro del Estado; ni si la ley puede ser injusta, puesto que nadie es injusto en relación consigo mismo, ni cómo se puede ser libre y al mismo tiempo sometido a las leyes, puesto que estas no son más que el reflejo de nuestras voluntades» [8].

Tras este expresivo y magnífico texto apenas si se necesita comentario por la claridad de su pronunciamiento. Rousseau se plantea cómo era posible hacer que una multitud ciega, que a menudo no sabe lo que quiere, pueda llegar a alcanzar la luz necesaria para alumbrar la voluntad general, siempre derecha y justa. Es preciso —dice— obligar a los unos a conformar sus voluntades a sus razones; y a los otros, enseñarles a conocer lo que quieren. Y justamente en ese intento de hacer algo para todos (no sólo para algunos) es en lo que se fundamenta la razón y la justicia de la Ley.

Generalidad y racionalidad son, pues, para Rousseau dos elementos absolutamente inseparables. En un lúcido comentario que he leído hace poco sobre la Ley, se dice lo siguiente sobre Rousseau, que suscribo en su integridad:

«Ciertamente, en teoría, no cabe duda de que cabría una norma de carácter general que fuese injusta o irracional; sin embargo, ello resulta casi imposible en la práctica si de verdad nos encontramos ante una auténtica norma general, pues tal carácter implicaría una adaptación a los deseos y a los intereses mayoritarios, al menos en una democracia política. Por lo demás es extraordinariamente difícil razonar lo irrazonable, sostener en un verdadero debate lo indefendible con argumentos que no sean pulverizados. Lo que sucede es que en ocasiones se dictan normas aparentemente generales que *se dirigen sólo a sectores muy concretos, e incluso contra personas determinadas.* Tales normas no son generales en el sentido profundo y sustantivo del término, sino puramente en su enfoque lógico-dialéctico, en su estructura aparencial. Creadas por grupos particulares, nos situamos aquí ante algo profundamente distinto de ese armonioso mundo en que los intereses egoístas cederían ante los intereses generales de que hablaba el filósofo ginebrino. Estamos, no ante un fracaso de la Ley, sino ante su suplantación y falsificación. Y no es despreciable en este sentido la enorme complejidad que el desarrollo técnico ha introducido en nuestra sociedad, que permite "manejar" la Ley, apoyarla en argumentos discutibles y "pasarla" ante un auditorio que

[8] J. J. ROUSSEAU, *Du contrat social ou Principes du Droit Politique,* París, Editions Garnier, páginas 257 y siguientes.

difícilmente conoce las repercusiones y las consecuencias de aquello que se plantea con apariencias de equidad» [9].

Este magnífico texto apunta certeramente a esa profunda conexión entre generalidad y racionalidad; y denuncia lo que ha sido la prostitución de aquella ley a que Rousseau aspiraba: no una ley de dominación, sino una ley de libertad. En la vieja aspiración de los revolucionarios americanos —*Government by laws, not by men*— se escondía igualmente este viejo concepto de ley, pues «cuando obedecemos leyes en el sentido de normas generales abstractas establecidas con independencia de su aplicación a nosotros, no estamos sujetos —escribe Hayek— a la voluntad de otro hombre y, por lo tanto, somos libres. Puede afirmarse que las leyes y no los hombres imperan, por cuanto el legislador desconoce los casos particulares a los que sus prescripciones conciernen y también porque el juez que las aplica no tiene elección a la hora de formular las conclusiones que se siguen del cuerpo legal en vigor y de las particulares condiciones del caso que se juzga. La Ley no es arbitraria porque se establece con ignorancia del caso particular y ninguna voluntad humana decide la coacción utilizada para hacerla cumplir. Esto último, sin embargo, es verdad, tan sólo si por ley significamos las normas generales y abstractas que se aplican igualmente a todos. Dicha generalidad, probablemente, es el aspecto más importante de ese tributo de la ley que hemos denominado abstracción. Una ley verdadera no debe nombrar ninguna particularidad ni destacar especialmente ninguna persona determinada o grupo de personas» [10].

No parece necesario seguir citando más testimonios de autoridad, en los que se reitera esta necesidad de que la ley sea general para que constituya un instrumento de libertad y no de opresión. Pero sí será bueno recordar que la ley falseada, manipulada, prostituida, puede ser camino de servidumbre y tiranía. No otra cosa ocurrió en Alemania con la legalidad nacionalsocialista: todo se hizo dentro de los más estrictos cauces democráticos y por procedimientos «legales», como tantas veces se ha contado. ¿Cómo fue ello posible? Por una concepción radicalmente errónea de la ley: la de que ésta tiene un poder ilimitado, puede ordenarlo todo, extenderse a cualquier campo y regular la vida, la libertad o la propiedad en la forma que los representantes del pueblo —titulares de la soberanía— crean conveniente.

La nación alemana ha pagado ciertamente su error y ha extraído de ello una conclusión provechosa: antes, los derechos fundamentales se concebían en

---

[9] Comentario Editorial «Boletín Informativo del Consejo General de los Colegios Oficiales de Corredores de Comercio», n.º 12, febrero 1985.

[10] F. A. Hajek, *Los Fundamentos de la libertad*, traducción española, Madrid, 1975, páginas 166-167.

el marco de la ley y estaban entregados al legislador; hoy, bajo la Ley Fundamental de Bonn, son las leyes las que se sitúan en el marco de los derechos fundamentales. La ley no es soberana, ni su poder es ilimitado, ni su contenido puede ser cualquiera, ni son admisibles leyes singulares que afecten o restrinjan de una manera particular los derechos fundamentales. Volveremos enseguida sobre este punto, que es el centro de nuestro estudio, pero antes conviene hacer unas consideraciones sobre el lugar y el valor de la ley en el sistema constitucional español.

3. El valor de la ley en el sistema constitucional español

En España existía hasta fecha reciente —ya lo hemos dicho— una concepción generalizada de que la ley constituía, frente al Reglamento o el acto administrativo, un mandato soberano, prácticamente ilimitado, como expresión que era de la voluntad general o popular [11]. Según el más renombrado Manual de Derecho Administrativo español, la ley podría hacer todo lo que no fuera «físicamente imposible: puede establecer mandatos generales o particulares; puede ordenar para el futuro o retroactivamente; puede quebrantar o rescindir una relación constituida o puede crear una nueva donde no existía; puede poner término a un proceso o reabrir uno fenecido. Ningún órgano podrá resistirse al mandato de la ley, todos le están expresamente sometidos por lo mismo que en la ley tienen basada todos su propia competencia». La ley se nos presenta como «decisión soberana irreversible, suprema, en cuanto aceptada como tal por los propios destinatarios... lo que expresa en el concepto tradicional de fuerza de ley y lo que continúa siendo la nota básica de la ley» [12]. A esta concepción responderá todavía la Ley para la Reforma Política de 1977, según la cual «la democracia en el Estado español se basa en la supremacía de la ley, expresión de la voluntad soberana del pueblo» (artículo 1.1).

Frente a esa norma «esencialmente soberana», como corresponde a su autor (la comunidad misma), el Reglamento era esencialmente una norma «subordinada, secundaria y complementaria de la ley», como corresponde también a su autor (la Administración, «organización instrumental de gestión, carente de soberanía, obligada a justificarse en cada momento»). Frente a la legitimidad de su origen, que hace a la ley injusticiable, el Reglamento es el producto de «un legislador de muy dudoso crédito» que no puede verse en

---

[11] Esta era *communis opinio* en la doctrina jurídico-administrativa de la España preconstitucional.

[12] E. GARCÍA DE ENTERRÍA y T. R. FERNÁNDEZ, *Curso de Derecho Administrativo,* I, páginas 135 y 136.

principio como «expresión correcta del orden jurídico», por lo que debe ser sometido a un control judicial amplio (directo, abstracto y material) no boicoteado por estrictas legitimaciones y sancionado en todo caso con la máxima fuerza: la nulidad de pleno derecho [13].

De esta concepción de la «ley soberana» se han deducido consecuencias importantísimas de régimen jurídico, a diferencia de lo que es propio de los Reglamentos o los actos: por ejemplo, la aceptación sin escrúpulos de su derogabilidad singular, de su posible retroactividad, de su irresponsabilidad, o del desconocimiento de derechos adquiridos, revocando o transformando radicalmente situaciones jurídicas consolidadas por los ciudadanos [14]. Ninguna de tales cosas se admite para los Reglamentos, como es bien sabido.

Pues bien, todo esto debe ser revisado —y cuanto antes mejor— a la vista de la Constitución española de 1978, que no se identifica con esa construcción pseudorrousoniana que se nos ha enseñado. Nadie pone en duda la primacía de la ley, como es lógico, pero sí hay que rechazar la «soberanía de la ley» (como la de las Cortes), que no aparece por ningún lado en la Constitución [15]. Sólo en el Preámbulo se habla de «consolidar un Estado de Derecho, que asegure el imperio de la ley, como expresión de la voluntad popular», a lo que nada hay que objetar. Pero lo que está por ver es si, a partir de ahora, deben ser mantenidos esos mal llamados «privilegios soberanos» de la ley, a los que antes me refería. Algunos como el de la irresponsabilidad o el de la ilimitada retroactividad están siendo ya desmontados [16] y otros como el de la derogabilidad (inderogabilidad) singular no deben tardar en serlo, en los términos que más adelante veremos.

---

13 Las expresiones entrecomilladas están tomadas de E. GARCÍA DE ENTERRÍA, *Legislación Delegada y control judicial,* Madrid, Tecnos, páginas 8, 11, 13, 29 y siguientes, *passim.*

14 *Vid.* GARCÍA DE ENTERRÍA Y FERNÁNDEZ RODRÍGUEZ, *Curso...,* I, páginas 200 y siguientes.

15 Cfr. la concluyente respuesta que dio Fraga Iribarne a Solé Tura, rechazando aquél la «soberanía del Parlamento», que es «un órgano constituido como los demás...», cit. por A. MENÉNDEZ REXACH, *La Jefatura del Estado en el Derecho Público Español,* Madrid, INAP, 1979, página 368, por nota.

16 Sobre este último, *vid.* LÓPEZ MENUDO, *El principio de retroactividad en las normas jurídico-administrativas,* Sevilla, 1982, en el que, a pesar de su título, se contiene una amplia exposición, muy certera, sobre el principio de irretroactividad en sede parlamentaria, con precisiones muy interesantes al respecto (especialmente páginas 83-227). En cuanto a la responsabilidad del legislador, se han pronunciado ya positivamente tanto el Tribunal Constitucional, aunque éste con no mucha generosidad (STC 108/1986, de 26 de julio, y STC 99/1987, de 11 de junio), como, de forma mucha más clara, el Tribunal Supremo en pleno, en sus Sentencias de 15 de julio y 25 de septiembre de 1987.

Antes de seguir adelante, es de justicia citar aquí a Alfredo Gallego Anabitarte, que desde sus primeros trabajos criticó razonadamente ese mito de la soberanía de la ley [17] y que, tras la Constitución de 1978, escribió lo que sigue [18]:

> «Todos los poderes del Estado están, pues, igualmente vinculados al titular de la soberanía nacional, e igualmente sujetos a la Constitución, que es la expresión del poder constituyente, tras cuya aprobación y promulgación no hay ningún ejercicio de la soberanía nacional, sino ejercicio de poder público a través de órganos y competencias fijadas constitucionalmente y cuya legitimidad en el ejercicio de sus competencias es exactamente igual en todo, porque todas emanan del pueblo español, y se ejercen de la manera y con el ámbito previsto en el orden jurídico fundamental del Estado que es la Constitución».

Esta tesis se abre hoy camino sin dificultad en la dogmática española del Derecho Público [19]. Pero volvamos a nuestro tema.

4. Estado de Derecho y requisitos materiales de la ley

Hemos dicho más arriba que en el constitucionalismo europeo, y desde luego en España, siempre hubo clara conciencia de que una cosa era «hacer leyes» y otra autorizar determinadas acciones al Gobierno o resolver sobre asuntos concretos que aparecían encomendados al legislativo o que éste creía necesario asumir (otorgar o rescatar concesiones, autorizar determinados contratos por ley, conceder subvenciones o ayudas extraordinarias, etc.). Una vez que el dualismo histórico de Ley y Decretos de Cortes desaparece, y el Parlamento tiende a expresarse únicamente por medio de leyes, resulta evidente que bajo este nombre —bajo esta «forma»— se albergan contenidos de muy diferente tipo.

---

[17] Aparte de otros, el mejor análisis de la soberanía en el sentido que se expone en el texto es el que hace este autor en su Memoria de Cátedra, 1972, tomo I, páginas 82 y siguientes, que he podido leer y que permanece en gran parte inédita. Después, puede verse el brillante Prólogo que, bajo el título «Derecho Público, Derecho Constitucional, Derecho Administrativo», escribió para el libro de A. Menéndez Rexach, *La Jefatura del Estado...*, cit. más arriba.

[18] *Derecho Administrativo, Programa y Guía, Prelección,* Universidad Autónoma de Madrid, 1980, página 45.

[19] *Vid.* el más reciente testimonio en J. A. Santamaría Pastor, *Fundamentos de Derecho Administrativo,* Madrid, 1988, páginas 532 y siguientes, bajo el expresivo epígrafe «La supremacía de la ley y su crisis». En el mismo sentido, hablando de una «reducción de la ley» consiste en «el paso de la posición absolutamente privilegiada...» a una «posición preeminente», pero controlable en su ajuste a la Constitución, que es verdadera norma jurídica, se pronuncia J. Pérez Royo, *Las Fuentes del Derecho,* Madrid, Tecnos, 1984, páginas 17-18. Y L. Díez-Picazo, *Constitución, Ley, Juez,* REDC, n.º 15, 1985, se pronuncia por la conveniencia de «seguir caminando por esa senda de reducción de la ley» (página 12).

Sin entrar ahora en un análisis en profundidad del dualismo ley formal-ley material (que tiene diversos contenidos y significados, tanto desde el punto de vista histórico como doctrinal) podemos decir que, a nuestros efectos, por *ley formal* vamos a entender todo aquello que, con carácter de ley, emana del Parlamento (sea regulación de carácter general, sea decisión de un supuesto concreto); y por *ley material* aquella que emana del Parlamento y *contiene una formación jurídica,* ya sea ésta general o singular. No vamos a entrar tampoco ahora en la polémica en torno al concepto de «norma jurídica», tema éste de gran complejidad teórica [20]; nos limitaremos a decir, a los efectos de este trabajo, que entendemos por tal, con A. Gallego Anabitarte, todo aquel pronunciamiento que crea *derecho objetivo,* esto es, que constituye «pauta, regla, escala, según la cual, bajo un supuesto de hecho, resulten derechos y/o deberes ya sea para el Estado, ya sea para los ciudadanos; en base a él, y bajo los supuestos designados por él, nacen y se desarrollan los derechos y deberes. El Derecho objetivo es, por tanto, el que otorga el fundamento, la razón suficiente para engarzar, con un determinado supuesto de hecho, determinados derechos y deberes que nacen, perduran y desaparecen de acuerdo con aquél» [21].

Pues bien, el problema que aquí se trata de analizar es si por una ley formal puede establecerse una norma (derecho objetivo, pauta, regla) de la que, para un sujeto o un grupo de sujetos individualizados, se derive una situación singular de derechos y/o deberes, diferenciada y más gravosa que la general. Se trata también de determinar si una norma puede declarar el derecho objetivo y aplicarlo al mismo tiempo a un caso determinado, alterando así la división estructural de funciones que es propia del Estado de Derecho. Se trata finalmente de determinar si la fuerza de ley puede extenderse a cualquier decisión, a cualquier contenido que el Parlamento decida.

Pensemos, por ejemplo, en el otorgamiento de pensiones extraordinarias. El legislador puede hacer una ley general de pensiones extraordinarias y aplicarla luego a todos aquellos casos que sean subsumibles en los supuestos abstractos previstos por la norma. O bien puede aprobar una ley singular para cada caso que lo crea conveniente, creando un derecho objetivo para ese supuesto y aplicándolo al mismo tiempo (supuesto normativo y situación de hecho se identifican). Pensemos también en un supuesto de expropiación (o en

---

20 Sobre este tema, extensamente, A. Gallego Anabitarte, *Plan y Presupuesto como problema jurídico en España,* en el vol. col. *Planificación,* tomo I, Madrid, 1974, páginas 109-162. Edición ampliada con una *Addenda,* en «Estudios-Homenaje al Profesor Prieto Castro», Madrid, Editora Nacional, 1978, páginas 3-21. En ambos estudios se hace un pormenorizado análisis del estado de la cuestión en la doctrina española.

21 A. Gallego Anabitarte, *loc. cit.,* página 150.

cualquier otro supuesto que implique una carga al ciudadano (p.e. un impuesto individual) o en la fijación de infracciones y sanciones): el legislador puede, de forma abstracta y general, declarar la utilidad pública o el interés social de determinados supuestos de hecho (planes de obras y servicios, supuestos urbanísticos, etc.), o bien puede declarar por ley singular, en cada caso, esa legitimación expropiatoria de bienes inmuebles o muebles (artículos 11 y 12 LEF). Ahora bien, ¿podría, en la misma norma, regular un régimen expropiatorio especial, diferente al general, más gravoso que éste, aplicable únicamente a ese supuesto?

Los casos no son idénticos. Obviamente, en los casos de leyes de favorecimiento, de dispensa, de reconocimiento de derechos, no parece haber en ello ningún problema. Otra cosa es en los supuestos de «intervención», de invasión, privación o limitación de derechos. En estos casos, la solución es bastante más problemática.

Porque, en efecto, el Estado de Derecho y el principio de división de poderes presupone una concepción de la ley con un determinado tipo de contenidos. El Estado de Derecho es ante todo un *sistema de garantías* de los derechos individuales. Para que no se produzca una quiebra del Estado de Derecho, lo que supondría una perversión de la ley, es preciso que las reglas de conducta en ella contenidas reúnan ciertas características o requisitos. Deben ser:

— generales y sustantivas, no referidas a personas u objetos concretamente identificados;

— conocidas y ciertas, de modo que sea posible a los ciudadanos predecir las decisiones de los Tribunales;

— que respeten el principio de igualdad, de no discriminación;

— que no prive a los destinatarios de la tutela judicial efectiva;

— que, como consecuencia, no tenga carácter retroactivo pleno;

— que respete la separación de poderes (y funciones) constitucionalmente establecidas.

Todos estos requisitos del contenido de la ley son *inmanentes al Estado de Derecho* y se derivan de principios constitucionales consagrados en el artículo 9 (seguridad jurídica, irretroactividad, interdicción de la arbitrariedad de los poderes públicos), artículo 14 (igualdad), artículo 24 (tutela efectiva de jueces y tribunales), artículo 25 (tipificación previa de toda infracción y sanción). Justamente por ello aquellas leyes que no reúnen tales características internas provocan un problema constitucional, como ha ocurrido en Alemania con las famosas leyes-medida, que más adelante veremos. Frente a la tesis de que la ley puede tener cualquier contenido, o de que forma y contenido de la ley se identifican en nuestro Derecho [22], es preciso recordar estas ideas elementales que subyacen en la formulación constitucional. Ciertamente, hay que reconocer que el criterio de la generalidad es de difícil medida, por cuanto una ley puede ser perfectamente «general» refiriéndose sólo a un determinado grupo de personas, que pueden ser muy pocos, e incluso, eventualmente, uno sólo (p. ej., una ley reguladora de la profesión de verdugo). Entre la generalidad absoluta (norma que afecte a todos los españoles) y la singularidad máxima (norma dictada para una sola persona), hay una escala de múltiples grados. Pero aun con todo, es un criterio, un test que toda ley debe pasar, pues, como escribe Ignacio de Otto, resulta útil en los casos extremos; y así —escribe este autor— el «principio o exigencia teórico-constitucional de la generalidad de la ley excluye radicalmente la ley individual, dirigida a una persona concretamente identificada, por ejemplo la ley que expropia tan sólo a un individuo o persona jurídica. En tal supuesto nos hallaríamos ante un caso inequívoco de infracción de la exigencia de generalidad, pues es obvio, desde un punto de vista lógico que ley individual y ley general son términos contrapuestos» [23]. En definitiva, lo que se prohíbe es una ley que se dirija a uno (o varios), cerrando tras de si cualquier otra posible aplicación para todo el período de su vigencia.

Otro tanto podría decirse de la igualdad. Podría argumentarse que si este principio hay que entenderlo «como prohibición de desigualdades injustificadas, discriminatorias», y se admite que, en principio, cabe justificar una desigualdad entre categorías, no hay ninguna razón para negar que esa misma justificación pueda aplicarse a un solo individuo concreto [24]. Pero a ello hay que contestar que la carga de la prueba, en este caso, corresponde al legislador, que debe motivarlo suficientemente. Y luego el Tribunal Constitucional podrá entrar a juzgar por principio, en toda norma singular, la razonabilidad y proporcionalidad de la misma, pues ésta deberá ser puesta siempre «bajo sospecha» [25]. No basta, en este caso, que el legislador se base en presunciones, que es lo que habitualmente ocurre. Como escribe Alonso García, todo legislador

---

[22] García de Enterría y Fernández, *Curso...*, cit., página 144.

[23] Ignacio de Otto, *Derecho Constitucional, Sistema de fuentes,* Madrid, Ariel, 1987, páginas 179 y siguientes.

[24] Ignacio de Otto, ob. cit., página 181.

[25] *Vid.* STC de 10 de noviembre de 1981 (BOE de 19 de noviembre), con voto particular de Rubio Llorente, y STC de 2 de julio de 1981 (BOE de 20 de julio). Sobre el tema de la igualdad y el llamado test de razonabilidad, *vid.* E. Alonso García, *El principio de igualdad del artículo 14 de la Constitución española,* n.os 100-102 de esta Revista, 1983, especialmente páginas 31 y siguientes.

constata que hay un problema, presume unas consecuencias y trata de evitarlas; al no estar obligado a motivar, puede presumir lo que quiera y regular en los términos que estime más adecuados. Pues bien, añado yo, en el caso de las leyes singulares la posición se invierte: hay que afirmar en principio su inconstitucionalidad, salvo justificación válida; y sólo será válida si: a) existen motivos o razones que justifiquen la desigualdad, y b) si aquéllos son acordes con el sistema de valores constitucionales [26]. Se trata, en definitiva, de ver si las razones son de tal peso que pueden justificar la quiebra de un valor constitucional como es el de la generalidad-igualdad de la ley.

En cuanto a la proporcionalidad como límite y criterio de la desigualdad, resulta igualmente aplicable a las leyes singulares: la desigualdad de «proporción» entre la medida *más gravosa* adoptada y la razón alegada, hace a ésta insuficiente, no válida y, por tanto, hace inconstitucional la ley (así, por ejemplo, cuando la STC de 2 de julio de 1981 declara que la jubilación anticipada no es un medio adecuado para alcanzar el pleno empleo) [27].

Todo ello, además, no debe ser sólo objeto de afirmaciones generales e indemostradas del legislador (o del Gobierno), como es lo habitual en las Memorias que acompañan a las leyes, sino que tendrá que ser objeto, ante el Tribunal Constitucional, de la prueba empírica de los hechos sociales o económicos que se alegan como motivación de la ley singular. Esto es habitual en la jurisprudencia constitucional, especialmente la norteamericana. Las sentencias que constituyen verdaderos *land-marks* en la historia del Tribunal Supremo de aquel país, obra de sus grandes jueces (desde Marshall a Frankfurter, pasando por Holmes, Brandeis, Douglas), están llenas de datos estadísticos, de consideraciones técnicas o de razonamientos económicos. Frente a ello, nuestro Tribunal Constitucional opera casi siempre con afirmaciones genéricas indemostradas (veremos más adelante algún ejemplo clamoroso) que se formulan con aire dogmático y como procedentes de la divinidad, sin posible alegación en contrario. Como dice Alonso García, resulta penosa esa «absurda autonomía que en nuestro país parece tener el Derecho como ciencia».

De todo lo cual puede deducirse que, aún con las dificultades de apreciación que ello conlleve, las leyes de caso único que, junto a la formulación de una regla, pauta o derecho objetivo, contiene en su seno un mandato de aplicación concreta, resultan de dudosa constitucionalidad. Deben ser llevadas, todas, ante el Tribunal Constitucional a través de alguna de las vías posibles y

---

[26] STC 68/1982, de 22 de noviembre (BOE de 29 de diciembre).

[27] Este aspecto de la cuestión, ampliamente, en ALONSO GARCÍA, *El principio...*, cit., páginas 59 y siguientes.

deben ser fiscalizadas por éste con sumo cuidado, en base a los requisitos materiales de la ley antes examinados, que son algo inmanente al Estado de Derecho [28].

5. Tipología de leyes singulares y consecuencias

Bajo el nombre de leyes singulares, se engloban una serie de fenómenos que tienen diferente naturaleza y alcance desde el punto de vista jurídico. Todas ellas coinciden en una cosa: les falta la nota de generalidad, abstracción y normación para el futuro, con vocación de permanencia. Ahora bien, por debajo de esa característica lógico-formal, hay grandes diferencias en cuanto a su impacto sobre el Estado de Derecho [29]:

A) Hay algunas de estas leyes que son *actos institucionales* que se encomiendan al Parlamento como representación de la comunidad política (por ejemplo, Ley de 23 de julio de 1969, por la que se nombró a don Juan Carlos de Borbón heredero a título de Rey; autorización de abdicaciones y renuncias reales; resolución de conflictos sobre sucesión a la corona de España: artículo 57 CE).

B) Otras son un acuerdo recepticio de un conjunto normativo o la autorización previa para llegar a él (por ejemplo, ratificación o autorización de Tratados y convenios internacionales) que no pueden ser calificadas, en rigor, de ley singular en cuanto a su contenido normativo (artículos 93, 94 y 96 CE). Ni unas ni otras presentan problema alguno para el Estado de Derecho.

C) Una gran mayoría de las denominadas leyes singulares son *leyes de autorización o leyes de aprobación*, consecuencia de la organización y distribución de los poderes y funciones estatales, que reservan al legislativo determinadas decisiones. Ello es consecuencia de que en la moderna teoría jurídica del Estado la función del Parlamento no es sólo y exclusivamente la emanación de le-

---

[28] Frente a ese mito de la soberanía de la ley, cualquiera que fuese su contenido, a que antes nos referíamos, levantó su voz GALLEGO ANABITARTE, escribiendo lo siguiente: «desde luego, tampoco la Ley de Cortes puede dictar mandatos particulares como se pretende, ya que justamente es una tradición europea que la ley sea abstracta y general (para garantizar, entre otras cosas, el principio de igualdad) y tan sólo dicta mandatos particulares o normas concretas excepcionalmente. Cualquier actividad legislativa concreta o particular (y de aquí surge la preocupación constitucional —en Alemania— sobre las leyes-medida, de las que se suele hablar en España sin saber por qué) tendría que ser fiscalizada en base al principio de separación de poderes o funciones, porque en España la función ejecutiva, esto es, actividad particular y concreta o resolutiva es, competencia del Gobierno y de la Administración», en «Prólogo» a MENÉNDEZ REXACH, *La Jefatura del Estado...*, cit., página XXIV.

[29] Sobre el tema, con gran riqueza, como siempre, J. L. VILLAR PALASÍ, *Derecho Administrativo. Introducción y Teoría de las Normas*, Madrid, 1968, especialmente páginas 273 y siguientes.

yes, sino el monopolio de la *disposición del Poder*, frente a la gestión subordinada del mismo, que incumbe a la Administración Pública. A este grupo de leyes pertenecen las numerosas autorizaciones de operaciones económico-financieras, desde la aprobación de los Presupuestos Generales del Estado hasta la autorización de un gasto no previsto, pasando por la emisión de deuda pública, la enajenación de ciertos bienes, la concesión de avales, la aprobación de algunas operaciones financieras, el otorgamiento de moratorias o exenciones fiscales, o la ley de aprobación de la Cuenta General del Estado (*vid.* artículos 134, 135 y 136 CE, y un sin fin de artículos de la Ley General Presupuestaria —artículos 30, 64, 101, 111, etc., Texto Refundido de 1988— o de la Ley del Patrimonio del Estado, artículos 62, 103, etc.). Todo este grupo de leyes, que podíamos llamar «singulares» (se refieren a operaciones concretas, o a conjuntos de operaciones) no suponen tampoco ningún atentado al Estado de Derecho, pues no son en el fondo más que instrucciones o directrices que un órgano del Estado, al que se atribuye la supremacía, dirige a las autoridades y funcionarios, determinando la forma en que han de regir el aparato del Gobierno y administrar los medios que se ponen a su disposición.

D) Otro tanto podría decirse de las *leyes aprobatorias de planes* de obras o de programas de inversiones, que implican únicamente un cierto compromiso entre Parlamento y Gobierno, por lo demás de difícil exigibilidad jurídica. De ellas no se derivan directamente derechos y/o deberes para los ciudadanos [30]. En este mismo grupo podrían situarse las leyes singulares en las que se declara la utilidad pública o interés social de determinados bienes concretos (artículos 10, 11 y 12 LEF) que no supone sino un acto de aplicación de otra ley general anterior (por tanto, sin contenido normativo propio) [31].

E) Nuestro Ordenamiento ha conocido también, en épocas pasadas, leyes aprobadas por las Cortes que autorizaban al Gobierno a celebrar un contrato específico con determinada persona: eran y son, para utilizar una expresión gráfica, *leyes-contractuales,* a diferencia de las típicas leyes-normas generales. Ejemplo de este tipo de leyes son la multitud de leyes de las Cortes españolas aprobadas en el siglo XIX, según las cuales se autorizaba al Gobierno a otorgar la contratación de determinado tramo de ferrocarril bajo determinadas condiciones [32].

---

[30] Sobre el tema, Alfredo GALLEGO, *Plan y Presupuesto,* cit., *in totum.*

[31] Cfr. E. GARCÍA DE ENTERRÍA Y T. R. FERNÁNDEZ, *Curso...,* cit., página 144.

[32] Ejemplo: Ley de 9 de marzo de 1855, otorgando a don José de Salamanca del ferrocarril de Madrid a Aranjuez y Almansa, o la Ley de la misma fecha fijando los derechos y obligaciones de la Empresa de Ferrocarril de Alar a Santander; todavía el 12 de enero de 1877, las Cortes aprobaban la concesión a Don Francisco Bumá y Ferrán para construir un ferrocarril de Vall a Barcelona, de acuerdo con las condiciones adjuntas.

Estas *leyes-contrato* (o contrato-ley) se utilizaron también cuando el asunto o materia era singular o especial; por ejemplo, la Ley de 26 de junio de 1887 aprobó el contrato celebrado con la Compañía Transatlántica encargada de desempeñar determinadas comunicaciones marítimas; los sucesivos contratos del Estado para el arrendamiento del monopolio del tabaco han sido aprobados siempre por ley (Ley de 30 de agosto de 1896, Ley de 18 de marzo de 1900, Ley de 29 de junio de 1921, Ley de 18 de marzo de 1944 y Ley 10/1971, de 30 de marzo) otorgando a determinada Sociedad la explotación y administración del monopolio de tabacos de acuerdo con el contrato adjunto. El mismo supuesto de ley contractual se constata en el Decreto-ley de 25 de agosto de 1924, que estableció las bases para la concesión de servicio telefónico, adjudicado a la Compañía Telefónica Nacional de España. Y así, otros que podrían citarse. Este tipo de normas presenta ciertamente problemas de constitucionalidad en tanto que como «normas pactadas» que son pudiera pretenderse que congelan o limitan la potestad legislativa del Estado respecto de aquella relación particular (por ejemplo, la potestad fiscal o la potestad tarifaria) [33]. Pero en cuanto normas singulares, que ciertamente son, no presentan tampoco peligro alguno para el sistema de garantías del Estado de Derecho, por la sencilla razón de que en todas estas relaciones elevadas a rango de ley, las partes —los ciudadanos afectados— entran voluntariamente y aceptan la situación jurídica diseñada a su medida: *volenti non fit iniuria.*

F) Digamos, finalmente, que hay también leyes singulares que, por su carácter de leyes de favorecimiento o de «ley más benigna», no deben ofrecer dificultad de aceptación. Se dictan para un caso concreto o para resolver problemas ya surgidos y no repetibles y contienen un mandato singular que se separa, además, de la regla general (si es que existe), pero ello se hace *in bonus,* a favor de los destinatarios, lo que hace desaparecer cualquier problema de falta de garantía. Tales son los casos de las leyes que otorgan pensiones extraordinarias, las leyes de amnistía o indulto, las leyes de ascensos por méritos de guerra, las moratorias o exenciones por razón de grandes catástrofes, etc.

---

[33] No puede olvidarse que los precedentes que acaban de ser citados son anteriores a la Constitución de 1978, la cual establece en su artículo 9.1 que «los ciudadanos y los poderes públicos están sujetos a la Constitución y al resto del ordenamiento jurídico». En un momento de transición, todavía anterior a la Constitución, pero ya cercano a ella, el Consejo de Estado apuntó ya sus dudas respecto del alcance del contrato de la Compañía Telefónica, afirmando que «los pactos fiscales, al igual que otro tipo de contratos, obligan a las partes al cumplimiento de lo pactado, pero no suponen una inmovilidad del Estado respecto al contendido originario de los mismos. Los pactos, en cualquier caso, quedan sometidos al ordenamiento jurídico, del que procede su eficacia y su fuerza obligatoria» (Dictamen de 20 de febrero de 1975, expediente 39577).

Toda esta tipología de leyes singulares ningún atentado suponen al Estado de Derecho como sistema de garantías, ni al principio de seguridad jurídica, ni a la protección de las situaciones jurídicas en las que el ciudadano tiene derecho a confiar, ni atentan contra el principio de igualdad, ni suponen ejercicio arbitrario del poder público. Y es que, en el fondo, la mayoría de ellas no suponen la creación de un régimen jurídico particular y distinto del general, y más gravoso que éste, para ninguna persona ni bien en particular. Pero hay otras normas que pueden ser singulares y que suponen intervención, limitación, invasión de los derechos de los particulares (derechos profesionales, derechos patrimoniales, derechos económicos o sociales). Y es en ellas en las que el problema se plantea en toda su gravedad. Son las medidas de intervención económica que, adoptando la forma y fuerza de ley, irrumpen en situaciones jurídicas previamente existentes, imponiendo a una determinada persona, o a un grupo de ellas, cargas o sacrificios especiales. Veamos el problemas que éstas plantean.

6. Leyes de intervención, leyes-medida, de carácter singular

Tanto constitucionalmente como por la tradición legislativa española de los últimos años, como por múltiples pronunciamientos del Tribunal Constitucional, el gobierno tiene reconocida una amplia legitimación para ordenar los procesos económicos y sociales. Esto se lleva a cabo las más de las veces por la vía del Decreto (ordenación de campañas, tasaciones de precios en ciertos productos, regulación de entregas obligatorias, fijación de cuotas o cupos de mercado, etc.) al amparo de unas genéricas habilitaciones legales absolutamente indeterminadas. Esta heterodoxa práctica —la regulación, por decreto de la propiedad, la libertad económica y los mercados, sin una precisa habilitación legal— ha venido siendo consentida por el Tribunal Supremo, pero, a mi juicio, debería ser corregida. En cualquier caso, será sustituida —ya lo ha sido en algunos casos— por el decreto-ley o las leyes-medida, que vienen a enfrentarse a situaciones específicas o problemas concretos mediante medidas singulares, unas veces respetuosas con el régimen jurídico general de los derechos y otras no.

El artículo 128 de la Constitución (reservas al sector público, intervención de empresas), el artículo 131 (planificación de la actividad económica), el artículo 33.2 (función social de la propiedad, de acuerdo con las leyes) y el propio artículo 38, último inciso («exigencias de la economía general») dan suficiente base constitucional para la adopción de esas «medidas».

Sería fácil justificar la necesidad de las mismas en una sociedad industrial y urbana, y en un «Estado Social» redistribuidor de gran estilo, pero no debe olvidarse que ese Estado es también «Estado de Derecho», que, si quiere ser conservado, debe respetar lo que han sido desde su origen sus principios estructurales. Como ha escrito recientemente Santamaría Pastor, «la generalidad de la norma jurídica es una conquista histórica capital frente a la arbitrariedad del Antiguo Régimen, que no puede tirarse alegremente por la borda: más aún, sociedades tan complejas como las actuales requieren un alto grado de formación general para su correcto funcionamiento; los delicados mecanismos de la sociedad postindustrial no pueden estar a expensas de las decisiones coyunturales y erráticas que el partido de turno pueda tomar en cada momento» [34].

Así pues, es preciso aceptar la realidad de las cosas —la realidad de intervenciones puntuales de la economía, en forma de ley— pero sin renunciar al Estado de Derecho, sin incurrir en «formas aberrantes de leyes» (Díez-Picazo).

Una vez más, el ejemplo de la doctrina alemana puede ser ilustrativo para nosotros, en relación con la discusión que tuvo lugar en aquel país sobre la ley-medida. En el famoso estudio de Forsthoff sobre este tema, publicado en el *Libro Homenaje a Jellinek* [35], el gran jurista alemán insiste en que un Estado de Derecho es incompatible con todo absolutismo, también el parlamentarista; y tras recordar las características propias de la ley según la doctrina clásica, constata que el Estado se ve obligado a intervenir en el curso de la economía ordenando situaciones singulares que requieren una regulación legal. Contrapone el «obrar por fines», que corresponde a la Administración, y da lugar a una «creación decisionista de derecho», y el «normar constituyente» que es la ordenación racional y justa, arraigada en «el ethos, las costumbres y la autoconciencia cultural del pueblo», que corresponde al legislador. Pues bien, las leyes-medida representan una intervención del legislativo en lo que es función propia del ejecutivo, lo que exige un especial control del Tribunal Constitucional sobre ellas «con arreglo a los mismos principios que los tribunales (controlan) los actos de la Administración».

Partiendo de estos conceptos (norma y medida), Menger da un paso más y entiende que «las leyes dadas para un caso particular pueden ser normas si ordenan una situación singular con arreglo a medidas justas... Por tanto, las leyes-medida sólo son admisibles en el ámbito del gobierno y de la administración configuradora, pero de ningún modo pueden modificar el Derecho existente» [36]. Esta inderogabilidad singular del «derecho (esto es, de la ley ge-

---

[34] J. A. Santamaría Pastor, *Fundamentos de Derecho Administrativo,* Madrid, 1988, página 528.

[35] Se ofrece aquí una síntesis, siguiendo la exposición que hace de él Christian Starck, *El concepto de ley en la Constitución alemana,* 1.ª ed., Madrid, CEC, 1980, páginas 77 y siguientes.

[36] Todo ello según Ch. Starck, *El concepto...,* cit., página 81.

neral) existente» por vía de ley-medida en el ámbito de la Administración interventora (limitadora) es una consecuencia obligada del artículo 19.1 de la Ley fundamental de Bonn, que dice así:

> «Cuando de acuerdo con la presente Ley Fundamental un derecho fundamental pueda ser restringido por ley o en virtud de una ley, ésta deberá tener carácter general y no ser limitado al caso individual (valer universalmente y no para el caso particular). Además, deberá citar el derecho fundamental indicando el artículo correspondiente».

Apoyándose en este artículo, y a la luz del principio de la separación de poderes, Kruger afirma la existencia de una «prohibición de intercambiar los actos estatales: el artículo 19, apartado 1, párrafo 1, de la Ley Fundamental constituye una de las normas más importantes del Derecho constitucional, que en caso de conflicto se pronuncia a favor del Estado de Derecho contra la democracia, para realizar el principio de igualdad» [37].

La doctrina alemana reconoce ciertamente que el principio de igualdad no es absoluto (permite tratar lo singular con arreglo a su particularidad), pero afirma una igualdad básica y radical que, en lo que a los derechos fundamentales se refiere, viene impuesta por la exigencia de la norma, que no puede «valer sólo para el caso particular», lo que, como entiende Huber, claramente «expresa que no se puede intervenir en los derechos fundamentales por una ley que sólo afecta a un caso singular. Si el legislador regulase un caso particular, sería principalmente debido a motivos más referidos a personas que objetivos. Como esto es difícilmente comprobable, el artículo 19 erige la presunción *iuris et de iure* de la ilegalidad de toda ley singular. Para determinar si existe o no ley singular no hay que preguntar si es determinable o indeterminado el número de personas afectadas; lo decisivo es más bien si el objeto de la regulación es o no un caso particular. El concepto de ley para un caso particular en este sentido es más estrecho que el de ley no general» [38].

Ciertamente, Huber reconoce que las «legítimas tareas de la actual acción estatal no pueden llevarse a cabo (siempre) con el concepto de Ley de Estado de Derecho...: un cambio transitorio coyuntural, una caída de los precios en el mercado mundial, el hundimiento de una gran empresa industrial pueden requerir medidas públicas de ayuda, cuya índole y amplitud no pueden estar predeterminadas por ley jurídica». Pero ello no quiere decir que en la ordenación o regulación particular de esas situaciones el legislador pueda aplicar arbitrariamente criterios distintos y más gravosos que los establecidos en las le-

---

[37] Siempre siguiendo a STARCK, *loc. cit.*, página 83.

[38] *Apud* STARCK, *loc. cit.*, página 86.

yes generales reguladoras de esos derechos fundamentales. Y ello, aun en el caso de que puedan apreciarse diferencias objetivamente fundadas.

Debemos preguntarnos ahora si estos mismos criterios deben ser aplicados en nuestro sistema jurídico para aquellos supuestos de leyes singulares que afecten a los derechos fundamentales (a todos los derechos fundamentales —tanto de la Sección 1.ª como de la Sección 2.ª— del Capítulo II del Título I). Ciertamente, nuestro artículo 53.1 (que es el paralelo al 19.1 y 2 de Bonn) no contiene una precisión semejante a la que contiene la Ley Fundamental, pero, como apunta Santamaría Pastor, «dicha exigencia es indiscutible» porque la igualdad «es un elemento constitutivo del contenido esencial de los derechos que el legislador debe respetar: la uniformidad del estatuto de derechos fundamentales de todos los ciudadanos es, obviamente, una exigencia primaria sin la que ningún Estado puede legítimamente apelarse a sí mismo democrático) (artículo 1.º, 1, CE) [39]. Y no sólo por esto, sino porque de no respetar el contenido jurídico general de las libertades, derechos y deberes de los ciudadanos, mediante la aplicación de leyes singulares aprobadas aquí y allá, cosa posible con una cómoda mayoría en el Congreso, se atentaría gravemente contra todos los principios esenciales del Estado de Derecho, consagrados en los artículos 1.1, 9.3, 14, 23, 24, 25 de la Constitución.

7. Un supuesto paradigmático: las expropiaciones legislativas. El caso RUMASA

Toda la doctrina formulada hasta aquí encuentra un buen banco de pruebas en el supuesto de las expropiaciones legislativas que, por hipótesis, son leyes singulares. En España hemos padecido —nunca mejor dicho: no sólo la han sufrido los afectados, sino todos los españoles, con grave daño para el sistema jurídico y político— un supuesto clamoroso de ley singular calificada por la gran mayoría de miembros de la comunidad jurídica como inconstitucional: la expropiación legislativa (primero Decreto-ley, luego Ley) del mayor *holding* empresarial privado hasta entonces existente en España (RUMASA y todo su grupo de empresas), a la que nos referíamos al comienzo de estas páginas.

No era ésta la primera experiencia de expropiación legislativa. Sin remontarnos muy atrás en la historia [40], entre las últimas operaciones nacionalizado-

---

[39] J. A. Santamaría Pastor, *loc. cit.*, página 526.

[40] A este tema, en nuestra historia lejana, me he referido en algún trabajo anterior, principalmente, en mi artículo *Derechos del Rey, Derechos del pueblo. Apuntes para la configuración histórica del principio de materias reservadas*, en «Actas de II Symposium de Historia de la Admi-

ras que podrían ser citadas en el último siglo destacan la Ley de Presupuestos de 30 de junio de 1892 que expropió las fábricas e industrias de cerillas fosfóricas; el Decreto-ley (no había Cortes) de 28 de junio de 1937 que expropió todas las fábricas e instalaciones destinadas a la gestión de productos petrolíferos; el Decreto-ley de 7 de julio de 1962 por el que se nacionalizaron las acciones privadas del Banco de España; la Ley de 24 de enero de 1941 por la que se nacionaliza la Red de los Ferrocarriles Españoles; y, finalmente, la Ley de 8 de noviembre de 1979, por la que se acordó la llamada «desprivatización» de la Compañía Metropolitana de Madrid, S.A. A ellas podrían añadirse algunas otras, como la nacionalización parcial de la Compañía Telefónica (mediante Decreto-ley de 13 de abril de 1945) o la adquisición por el Estado de la Compañía Trasmediterránea, S.A. (Decreto 2866/1977, de 28 de octubre) o la intervención y posterior adquisición de algunas empresas en crisis como Calzados Segarra, S.A., HYTASA, y otras.

Suelen citarse estas operaciones como una prueba de la «normalidad» y corrección de las expropiaciones legislativas [41], afirmando que «unas veces la ley autoriza de forma general a expropiar y otras veces de forma singular»; se aduce, para justificar tal práctica, que ésta es, al fin y al cabo, nuestra experiencia histórica y que «la Constitución vivida es esencial para la hermenéutica constitucional» (Gallego Anabitarte). Sin embargo, no es éste un buen planteamiento de la cuestión. Porque el problema no es, obviamente, que se autorice por ley a expropiar, ni siquiera que se expropie directamente por ley, sino cómo se expropia. Las leyes que habitualmente se enumeran para justificar esta práctica no demuestran gran cosa, primero porque habría que ver, en un análisis de su contenido, si en ellas se encerraba o no un atentado al sistema general de garantías de la institución expropiatoria (me remito a un próximo trabajo mío al respecto); y, en segundo lugar, porque parece evidente que el haber hecho mal las cosas durante bastante tiempo no justifica que deban seguir haciéndose. La Constitución de 1978 quizá deba suponer también en este punto un corte histórico.

---

nistración», IEA, 1971, páginas 37-95 (*vid.* lección anterior). En el paso del Antiguo Régimen al Estado constitucional se producen también en España varios supuestos de privación de derechos por el legislador, siempre con la correspondiente indemnización (Ley de 23 de julio de 1835, por la que se suprimen los oficios enajenados, y RD de 20 de enero de 1834, estableciendo la libertad de tráfico y suprimiendo las exclusivas de abastecimiento). *Vid.*, sobre estos y otros casos, GALLEGO ANABITARTE, *Derecho General de Organización,* Madrid, 1971, páginas 269 y siguientes.

[41] Así lo hacen, entre otros, GARCÍA DE ENTERRÍA, en su *Curso* citado, y GALLEGO ANABITARTE, en su estudio *Sobre la no inconstitucionalidad del Decreto-ley 2/83,* de 23 de febrero, en Revista Jurídica «La Ley», n.º 653, página 2.

En efecto, nadie discute que los artículos 33 y 128 de nuestra nueva Ley Fundamental legitiman tanto operaciones nacionalizadoras como expropiaciones singulares de empresas o grupos de empresas. El problema de la constitucionalidad de tales actuaciones radica justamente en que la regulación singular que de ellas se hace, con frecuencia pretende disminuir o incluso suprimir algunas garantías básicas que el ordenamiento común de la expropiación otorga a los expropiados: bien sea en relación con el procedimiento, bien con la integridad del precio, bien con el derecho de reversión, o de retasación, o cualquier otro. Todo ello sin contar con la inatacabilidad judicial que el hecho de ser aprobada por ley conlleva para el expropiado. Pues bien, se trata de decidir si tales regulaciones singulares de la expropiación son o no válidas.

Por supuesto que si una ley desconoce el contenido esencial de la propiedad o viola el estándar de protección de ésta diseñado en la Constitución, aquélla es inconstitucional (pensemos, por ejemplo, que se negase toda indemnización), pero el problema es que en las Constituciones no se definen con excesiva precisión (sino por mera referencia o simple enumeración) los elementos de la institución (causa de utilidad pública, justa compensación, control judicial). Es en las leyes ordinarias y generales, configuradoras de la institución (Ley General de Expropiación y leyes especiales reguladoras de distintos sectores) donde se perfilan el contenido de los derechos y el sistema de garantías sobre la propiedad.

Pues bien, ¿puede una ley singular expropiatoria alterar, disminuyéndolo, el contenido y las garantías de la propiedad establecidas, no en la Constitución, sino en la ley general? En la situación anterior a 1978, dado el concepto de ley entonces imperante, ello era sin duda posible: una ley singular podía reducir o suprimir la compensación, o alterar los criterios generales de valoración, o aplazar el pago, sin que existiera un control judicial efectivo, ni un fundamento claro para su inaplicación (aparte de las dificultades procedimentales que ello implicaba). Como se recordará, el caso se planteó con ocasión de la Ley de Seguridad Social (Ley de Bases de 28 de diciembre de 1963 y Texto articulado de 21 de abril de 1966), que supuso el cese de todo un sector de actividad (el de los accidentes de trabajo) de las Compañías aseguradoras privadas, con lo que ello significaba de extinción de sus contratos en curso y transferencia de sus carteras de este tipo de pólizas. Pues bien, cuando el tema llegó al Tribunal Supremo éste, en varias sentencias (*vid.* por todas, sentencia de 20 de mayo de 1970), no supo, a la vista de las leyes fundamentales existentes, otorgar protección alguna a los afectados y con una argumentación formalista se limitó a declararse incompetente para entender de otra cosa que no fuera la responsabilidad patrimonial del Ejecutivo. No quiso entrar en el fondo de la cuestión porque no podía entrar.

Ahora bien, hoy no puede admitirse tal cosa. Por todas las consideraciones hechas hasta aquí, la discriminación en el tratamiento del derecho de propiedad en relación con una persona (o con un grupo individualizado al que la norma se dirige) atenta contra los principios estructurales del Estado de Derecho; también del Estado *Social* de Derecho. Las esferas de libertad y de protección de la propiedad —que son inseparables— no pueden ser delimitadas individualmente. Nada hay que oponer a la utilización de la expropiación forzosa con fines de «reforma estructural» propia de un Estado Social; pero cualquiera que sea la finalidad que con aquélla se persiga (reforma agraria, nacionalización de la red eléctrica peninsular, conservación de la naturaleza o protección del patrimonio artístico nacional) no pueden alterarse las líneas maestras de la estructura institucional de la expropiación, si es que se quiere que esto siga siendo un Estado de Derecho [42].

Afirmar, como hizo el Consejo de Estado, que una ley (la Ley de Expropiación Forzosa) puede ser derogada por otra ley (la ley singular expropiatoria), ya que ambas tienen el mismo rango y la segunda sería posterior y especial, es no haber entendido nada del sentido profundo del Estado de Derecho. Si, además, ello se hace por Decreto-ley el motivo de inconstitucionalidad es doble, como ya señalé en su momento en relación con el caso RUMASA [43].

Dejando a un lado ahora el tema del Decreto-ley, que no es de este lugar, permítaseme recordar algo de lo que entonces escribí. El artículo 33.3 de la Constitución admite las expropiaciones —cualesquiera que sean— «de conformidad con lo dispuesto en las leyes». Esta remisión constitucional supone que *la configuración de la institución expropiatoria no puede ser cualquiera, sino que hay unos principios esenciales* de la misma determinados en cada momento por las leyes que, con *carácter general,* regulan la privación de la propiedad y su sistema de garantías. Esto es para mí evidente.

En concreto, estas leyes son hoy el Código Civil y la Ley de Expropiación Forzosa, que contienen el régimen común, y algunas leyes especiales (Ley del Suelo, Ley de Reforma y Desarrollo Agrario, etc.) que establecen procedimientos especiales, respetando todas ellas esos principios estructurales de la institución. Que esto es así en nuestro Derecho también parece indiscutible.

Configurado en nuestro ordenamiento un concepto material y abstracto de expropiación (artículo 1.º LEF), con una determinada estructura institu-

---

42 Sobre el tema de la indemnización ampliamente, *vid.* mi artículo *La indemnización en las nacionalizaciones,* RAP, n.os 100-102, 1983, páginas 2789 y siguientes.

43 *Vid.* G. Ariño Ortiz, *El Socialismo y las nacionalizaciones,* con un epílogo sobre RUMASA, en «Cuenta y Razón», n.º 10, marzo-abril 1983, páginas 61 y siguientes.

cional, que enseguida veremos, parece claro que la remisión constitucional a «lo dispuesto en las leyes» no se puede referir —repito— a *cualquier ley,* diga lo que diga, sino a esas leyes *generales* que pasan a integrar así el «bloque de constitucionalidad». Es decir, que la garantía constitucional de la propiedad consagrada en el artículo 33.3 debe entenderse interpretada e integrada por lo dispuesto en dichas leyes. Resulta más que cuestionable, entonces, la constitucionalidad de las leyes singulares que vengan a excluir o disminuir las garantías *esenciales* que en dichas normas *generales* se establecen, ya no sólo por exigencia de los principios inmanentes del Estado de Derecho (*vid.* todo lo dicho *supra*), sino en base al propio texto del artículo 33 de la Constitución [44].

Razonar de otro modo y permitir que las expropiaciones singulares, aunque sean aprobadas en cada caso por ley, pudieran ser configuradas con distinto alcance y contenido en sus elementos esenciales, supondría abrir la vía a la más completa arbitrariedad y trato discriminatorio entre los españoles.

¿Y cuáles son esas líneas maestras que configuran la estructura institucional de la expropiación en nuestro derecho? A mi juicio, las siguientes:

a) Declaración por ley de la *utilidad pública o interés social* que autorice o legitime la expropiación (artículos 10, 11 y 12 LEF). La Administración no dispone de una potestad abstracta para decidir por sí y ante sí lo que cree necesario expropiar.

b) *Procedimiento preceptivo y estricto,* con algunos elementos esenciales cuya omisión vicia de nulidad radical (inconstitucionalidad) cualquier acción expropiatoria (aun cuando sea acordada por ley); esto es algo connatural a la acción expropiatoria [45] que de otro modo se convierte, si no en un despojo ilegal, en una vía de hecho. Entre los elementos o fases esenciales de ese procedimiento está la *audiencia del interesado,* previa siempre a la declaración de necesidad de ocupación y a la puesta en práctica de la misma. Esto ha sido siempre así, desde los más remotos tiempos y ni siquiera el Parlamento puede hacer lo contrario porque lo impide un principio de justicia natural que, en nuestra Constitución, forma parte del artículo 24.1 [46]. Digamos, finalmente,

---

[44] Así lo entiende PARADA, ob. cit., página 1158: «En todo caso, las leyes singulares expropiatorias no podrán sin incurrir en inconstitucionalidad, eliminar directa o indirectamente los elementos o requisitos propios del instituto expropiatorio que se citan y garantizan en el artículo 33.3 o infringir otros preceptos de la Constitución».

[45] Como dice certeramente PARADA, «en España [y en el mundo entero, añado yo] la expropiación forzosa sigue siendo una potestad pública con la carga de un proceso» (ob. cit., página 1153).

[46] Aunque sea a título de mera erudición, recordemos aquí que justamente del único Parlamento europeo verdaderamente soberano (el que «puede hacerlo todo menos convertir a un hombre en una mujer»), que es el inglés, el gran jurista COKE afirmaba en 1610: «y en nuestros

que este procedimiento no es algo externo y ajeno al «contenido esencial» del derecho de propiedad, sino parte fundamental de la garantía de éste. Desde luego que no puede entenderse esta exigencia procedimental como algo formalista y en todos sus detalles, sino más bien con un enfoque institucional como el que aquí se ha hecho. Pero dejando bien claro que el procedimiento es algo más que una garantía del precio; el trámite de audiencia es esencial para *justificar* la expropiación y aun para saber lo que hay que expropiar, si no se quiere incurrir en las grotescas situaciones que se dieron en el caso RUMASA con las famosas «correcciones de errores».

c) En tercer lugar, toda transferencia de propiedad lleva consigo la exigencia de justa *compensación,* que debe reunir dos características: ser completa, esto es, tratarse de una reparación integral (justo precio); y ser abonada con carácter previo o razonablemente simultáneo. Me remito en este punto a lo que he dejado escrito en ocasión anterior: nada ha cambiado con la sustitución terminológica operada entre el artículo 33 de la Constitución («previa» por «mediante») [47].

d) Finalmente, debe llevarse a cabo en forma que sea posible la más amplia *tutela judicial* de todo este proceso, que no ha de extenderse sólo a discutir el precio, sino también a la extensión del objeto expropiable y en general a la pulcritud y el cumplimiento del procedimiento; cualquier ley que, por la mecánica expropiatoria que establece (en contra de lo previsto en el procedimiento ordinario) prive al ciudadano de esa defensa judicial, sería inconstitucional, como demostró contundentemente Parada en su conocido estudio [48].

Hay otros elementos secundarios de la regulación expropiatoria que pueden no pertenecer a la esencia de la institución y que, por tanto, es pensable su derogación o modificación por ley singular (por ejemplo, derecho a la retasa-

---

libros aparece que en muchos casos la *Common Law* controlará las Leyes del Parlamento y, a veces, las declarará totalmente nulas: porque cuando una Ley del Parlamento va contra el derecho y la razón comunes, o suscita repulsa, o es imposible de cumplir, la *Common Law* debe tomarla bajo su control y proclamarla inválida». Y todavía en 1766, William Pitt podía argüir en la Cámara de los Comunes (*Parlamentary History of England,* Londres, 1813, volumen colectivo 195) que «hay muchas cosas que un Parlamento no puede hacer. No puede convertirse en Ejecutivo, ni disponer de cargos que pertenecen a la Corona. No puede arrebatar a nadie su propiedad, ni siquiera la del más insignificante morador de una choza, como en el caso del cerramiento de tierras antes libres, *sin oírle previamente».* La cita no puede ser más oportuna en la España de hoy. Tomo esta cita y la anterior de F. A. Hayek, *Derecho, Legislación y Libertad,* volumen I, Madrid, 1978, páginas 192-193.

[47] *Vid.* G. Ariño Ortiz, *La indemnización en las nacionalizaciones,* cit., páginas 2821 y siguientes.

[48] J. R. Parada Vázquez, *Expropiaciones legislativas y garantías jurídicas...,* cit., páginas 1139 y siguientes, especialmente 1151 y siguientes.

ción; más discutible sería si pertenece o no a la esencia de la expropiación el derecho a la reversión de bienes expropiados), pero los enumerados constituyen esos *principios esenciales* que hay que entender incorporados al artículo 33.3 de la Constitución por la expresión *«lo dispuesto en las leyes»* (bloque de la constitucionalidad).

Pues bien, si se compara todo ello con lo ocurrido en la expropiación de RUMASA se comprenderá hasta qué punto ésta fue una enormidad jurídica que a cualquier jurista con una mínima sensibilidad le causa todavía sonrojo [49]. Causa sonrojo la forma en que se llevó a cabo (el Decreto-ley, la corrección de errores, la toma por la fuerza pública de los domicilios sociales, la adquisición del «pleno dominio» por «ministerio de la ley», etc.) y más sonrojo todavía lo sucedido después, empezando por las deplorables sentencias del Tribunal Constitucional y terminando por el vergonzante informe del Tribunal de Cuentas. Analizar el impacto político-institucional del caso RUMASA es algo que nos llevaría muy lejos y no podemos hacer ahora (bien merecería una tesis doctoral). Pero sí debemos, para concluir, hacer una breve referencia a las dos sentencias del Tribunal Constitucional recaídas sobre él.

No vamos, desde luego, a hacer un análisis en profundidad de estas peculiares sentencias, cuya génesis, elaboración y desarrollo exigirían largos comentarios. Tiempo habrá para ello. Aquí se trata solamente de hacer unas referencias a los pronunciamientos —ocasionales en la primera y frontales en la segunda— que ambas contienen sobre las leyes singulares. En la primera de ellas (STC 111/1983, de 2 de diciembre, «BOE» de 14 de diciembre), la cuestión aparece una y otra vez, especialmente en el voto particular de los magistrados disidentes, que basan toda la línea vertebradora de su argumentación en la comparación entre norma singular y régimen general expropiatorio, pero ello se hace a los efectos de determinar si existe o no «regulación sustancial» del derecho de propiedad para determinar si el Decreto-ley «afecta», en el sentido del artículo 86.1 de la Constitución, a ese derecho fundamental. En caso positivo, no había más remedio que declarar la inconstitucionalidad del mismo. Pero con ello no se pronunciaban sobre la cuestión de si esa «norma sin-

---

[49] Alfredo GALLEGO se esforzó en demostrar que el Decreto-ley de RUMASA no alteraba esencialmente la regulación ordinaria de la expropiación, en su garantía constitucional. Era un intento imposible. *Vid.* en contra de tal tesis, el bien razonado voto particular de ¡seis magistrados! disidentes en la STC 111/1983, a que se alude en el texto. Y, sobre todo, el análisis pormenorizado que del Decreto-ley hizo Óscar MORENO GIL en el Apéndice 13 incorporado a su exhaustivo libro *Expropiación Forzosa, Legislación y Jurisprudencia Comentadas,* Madrid, 1983, páginas 1319-1940, en el que se pone de manifiesto hasta qué punto la «regulación» del instituto expropiatorio, primero en el Decreto-ley y luego en la Ley, era opuesta y contradictoria con la regulación general de la LEF.

gular» hubiese sido constitucional caso de tratarse de una ley de Cortes (pues, como se recordará, la Ley que siguió al Decreto no fue impugnada, sorprendentemente, por los diputados y senadores que impugnaron aquél).

Por su parte, el voto mayoritario sólo incidentalmente, en el Fundamento Jurídico Duodécimo, hace referencia a las cuestiones que se derivan de la norma singular. Los recurrentes habían aducido, al parecer, los principios de seguridad jurídica, interdicción de la arbitrariedad e igualdad de los artículos 9.3 y 14 de la Constitución, que, como ya se ha dicho, son en un Estado de Derecho el gran argumento en contra de las leyes singulares. No he conseguido conocer el texto completo de los recurrentes, pero he aquí el despectivo trato que a este argumento le da el Tribunal:

> «Unas últimas consideraciones se hacen por los recurrentes invocando al efecto los artículos 9.3 y 14 de la Constitución española, para acusar al Decreto-ley de atentatorio a los principios de seguridad jurídica y de interdicción de la arbitrariedad, por lo que se refiere al primero de los citados preceptos, y a la igualdad ante la ley y en la ley, trayendo a colación el artículo 14. La invocación de la igualdad no es para proscribir las expropiaciones *ope legis* en lo que pudieran tener de tratamientos singulares, tema, por lo demás, ajeno al proceso ceñido al análisis del Decreto-ley desde el ángulo del artículo 86.1, sino para sostener que en otras actuaciones de crisis financiera, que no se cuida de documentar para dotar al alegato de alguna consistencia, los poderes públicos han actuado con medidas menos restrictivas y enérgicas que la expropiatoria. La debilidad del argumento es patente y no permite mínimamente discurrir respecto a la virtualidad que en el tratamiento de las situaciones de crisis financiera pudiera tener el indicado principio de igualdad, principio que en la estructura del artículo 14 de la CE tiene obviamente un sentido que no se alcanza a comprender qué relación puede tener con los fenómenos de crisis reclamadores de medidas de intervención adecuadas a la entidad de las situaciones y a los intereses generales afectados. No es mayor la precisión y el aparato argumental para apoyar los alegatos de los principios de seguridad jurídica y de interdicción de la arbitrariedad que se hacen con propósito —según parece entenderse— invalidatorio del Decreto-ley...».

No vale la pena seguir leyendo. Ignoro si el escrito de alegaciones de los recurrentes era tan ramplón y confuso como se deduce del texto del Tribunal. No lo es menos éste, ciertamente, pues aparte de altanero y desconsiderado, la verdad es que no se contiene en él ni una argumentación (sólo afirmaciones apodícticas) y sí en cambio dos graves errores: el primero, que el artículo 14, según hemos visto en páginas anteriores, tiene que ver y mucho con las normas singulares restrictivas de los derechos fundamentales como la propiedad, y el segundo, que la prueba de la desigualdad no corresponde ciertamente a quien recurre contra la ley singular, sino a quien la dicta y a quien, como el Tribunal, debía apreciarla. Como hemos dicho más arriba, el Tribunal Constitucional, en lugar de proveer lo necesario para apreciar, o no, la desigualdad, se limita a aceptar el juicio político-económico del Gobierno, que es, en estos casos, lo contrario de lo que hay que hacer.

La calidad jurídica —y literaria— de este Considerando es ínfima, aunque, en definitiva, este tema era lo de menos después de las tragaderas que el Tribunal demuestra en la justificación del Decreto-ley.

Bastante más fino resulta el análisis jurídico en la segunda sentencia sobre RUMASA, de 19 de diciembre de 1986, es decir, tres años después, en la que se resuelve la cuestión de inconstitucionalidad que le había sido planteada. En ésta, el Tribunal Constitucional aborda ya frontalmente el problema de las leyes singulares, y en concreto de la que se presenta a su consideración con las siguientes palabras:

> «Décimo.-Respecto al primero de los problemas enunciados, debe hacerse previamente la precisión conceptual y terminológica de que el término "leyes singulares" es aquí utilizado en el sentido de "leyes de caso único", definidas como aquéllas dictadas en atención a un supuesto de hecho concreto y singular, que agotan su contenido y eficacia en la adopción y ejecución de la medida tomada por el legislador ante ese supuesto de hecho, aislado en la ley singular y no comunicable en ningún otro.
>
> La resistencia conceptual que, en principio, suscitó esta clase de leyes *se encuentra actualmente superada por la moderna doctrina científica,* según la cual el dogma de la generalidad de la ley no es obstáculo insalvable que impida al legislador dictar, con valor de ley, preceptos específicos para supuestos únicos o sujetos concretos.
>
> Ello no quiere, sin embargo, decir que las leyes singulares sean totalmente equiparables a las leyes generales en el sentido de que constituyan ejercicio normal de la potestad legislativa, sino que se configuran como ejercicio excepcional de esta potestad, subordinada a rigurosos límites, que desarrollaremos, a continuación, en el marco de nuestro Derecho Constitucional».

No se sabe cuál es la «moderna doctrina científica» que inspiró al Tribunal, el cual entiende que en la Constitución española no existe precepto, expreso o implícito, que imponga una determinada estructura formal a las leyes, si bien consagra principios que obligan a concebir las leyes singulares como de naturaleza excepcional. A partir de ahí, todo el razonamiento discurre a través del siguiente esquema:

a) La regla general —viene a decir el TC— es que el principio de igualdad impone a las leyes una *vacación de generalidad*. Pero como la igualdad no consiste en proscribir diferenciaciones, sino en evitar que éstas se hagan de forma arbitraria, cabe que en un supuesto concreto se dicte una ley singular, si verdaderamente el supuesto de hecho así lo exige; lo que no cabe es una creación arbitraria de ese supuesto de hecho.

b) La regla general es también que la potestad legislativa del Estado corresponde a las Cortes (artículo 66.2 CE) y la ejecución al Gobierno (artículo 97 CE); pero esta separación no impide la existencia, a título excepcional, de la facultad de dictar Decretos-leyes. De la misma forma que éstos no se pueden dictar más que en casos de «extraordinaria y urgente necesidad», puede afirmarse que la adopción de leyes singulares es admisible cuando, excepcionalmente, un caso concreto no permite darle solución mediante los «instrumentos normales» de que disponen ya Administración y legislador.

c) Los derechos fundamentales no pueden ser objeto de una ley singular que condicione o impida su ejercicio. Esto no es ya regla general, sino *principio absoluto* que no admite excepciones. Ahora bien, una ley singular puede simplemente *afectar* a un derecho fundamental: en este caso es admisible, y el problema se desplaza a la cuestión de si, al no ser posibles acciones judiciales frente a las leyes, resulta vulnerado el derecho a la tutela judicial efectiva. Esta cuestión sólo puede resolverse analizando el contenido concreto de cada ley singular (pero no es un obstáculo de principio a la admisión de esta figura).

Hasta aquí no habría mucho que oponer —en el terreno de los principios— a estas afirmaciones, siempre que las mismas fuesen acompañadas, a la hora de emitir el juicio, de una sólida prueba de los hechos. Tales afirmaciones no difieren sustancialmente de la doctrina consignada en la primera parte de este estudio, especialmente en lo que se refiere a la regulación de los derechos fundamentales. El problema es, como veremos enseguida, que el Tribunal no aplica correctamente su propia doctrina.

En efecto, tras reconocer dichos principios, los proyecta (Fundamentos Jurídicos 12 a 14) sobre la institución expropiatoria, en tanto que ésta se configura como un sistema de garantías que deben ser respetadas. De entrada recuerda que la idea del *Estado Social* «determina una esencial revisión del instituto expropiatorio... (convertido) en instrumento para el cumplimiento de sus fines de ordenación y conformación de la sociedad a imperativos crecientes de justicia social...»; asimismo la expropiación puede extenderse «a toda clase de derechos *e* intereses patrimoniales y a toda categoría de fines públicos y sociales».

Hasta aquí, en el orden jurídico, nada que objetar (en el orden político puede haber otras preferencias), siempre que los *fines* del Estado Social se consigan con el respeto debido a los *medios* que son propios del Estado de Derecho. Esos medios son justamente el sistema de garantías que la Constitución y la Ley General Expropiatoria han establecido en España desde las Partidas [50]. La sentencia se refiere a ellos, según el mismo esquema más arriba consignado:

a) *Causa expropiandi:* aquí el Tribunal Constitucional admite cualquier finalidad y objetivo político, económico o social, con una formulación de tal amplitud y vaguedad que es difícil encontrar límite alguno (en tales términos, lógicamente, el derecho de reversión se esfuma, pero no podemos detenernos en este punto). En relación con las leyes singulares, afirma:

> «Las leyes singulares de expropiación, al igual que toda clase de expropiaciones, requieren una específica finalidad de utilidad pública o interés social, si bien es preciso que esta finalidad venga apoyada en un supuesto de hecho singular y excepcional que guarde adecuación con la naturaleza, igualmente singular y excepcional, que tienen las expropiaciones legislativas y, en tal sentido, su causa expropiandi funciona como criterio de razonabilidad y proporcionalidad de la medida legislativa expropiatoria, de manera igual a como lo hace el fin discernible en las normas diferenciadoras dentro del principio de igualdad, al cual, indudablemente, vienen sometidas dichas medidas».

b) *Indemnización,* no necesariamente *previa* a la privatización (aunque parece que pagadera siempre dentro del procedimiento: esto, también, está dicho con tal vaguedad que no ofrece garantía alguna). En cuanto a su integridad las expresiones utilizadas no son tampoco las clásicas (justo precio, equivalencia, valor de sustitución, compensación integral, etc.), sino otras como «proporcional equilibrio», «corresponder con el valor económico...», «razonable equilibrio entre el daño expropiatorio y su reparación». De ello, el Tribunal Constitucional deduce, respecto a las leyes singulares, lo siguiente:

> «Las leyes singulares de expropiación, según lo razonado, no vulneran la garantía indemnizatoria del artículo 33.3 de la Constitución cuando acuerdan la inmediata ocupación de los bienes y derechos expropiados y la transmisión de su propiedad y *no contienen reglas excluyentes* de la indemnización o modalidades valorativas determinantes, directa o indirectamente, de consecuencias confiscatorias».

c) *Debido procedimiento legal:* en la expresión de conformidad con lo dispuesto en las leyes, el Tribunal ve la «garantía del procedimiento expropiatorio» que tiene por objeto —dice— «proteger sus derechos a la igualdad y se-

---

[50] *Vid.* G. ARIÑO ORTIZ, *La indemnización en las nacionalizaciones,* cit., páginas 2821 y siguientes.

guridad jurídica, estableciendo el respeto y sumisión a normas generales de procedimiento legalmente preestablecidas, cuya observancia impida expropiaciones discriminatorias o arbitrarias». De nuevo, nada que objetar a ello.

Ante la pregunta de si una ley singular cubriría siempre esa garantía, cualquiera que sea el procedimiento expropiatorio que establezca, el Tribunal responde:

> «Ello no puede así aceptarse en relación con las leyes singulares de expropiación, pues su naturaleza excepcional y singular no autoriza al legislador a prescindir de la garantía del procedimiento expropiatorio establecido en las leyes generales de expropiación, al cual deben igualmente someterse; pero ello no es obstáculo para que la propia singularidad del supuesto de hecho que legitima la expropiación legislativa autorice al legislador para introducir en el procedimiento general las *modificaciones que exija dicha singularidad excepcional,* siempre que se inserte como especialidades razonables que no dispensan de la observancia de las demás normas de los procedimientos contenidos en la legislación general».

d) *Tutela judicial efectiva:* ésta es la cuarta garantía institucional que debe respetar cualquier ley singular, pero, como ya hemos dicho, este problema «no es susceptible de un estudio abstracto, desconectado del contenido que, en cada caso concreto, tenga la ley singular».

De todos estos textos, finamente escritos esta vez, se deduce, como es evidente, una *exigencia mínima en la justificación de la singularidad:* tanto la *causa expropiandi,* como la cuantía y el momento de la indemnización, como las peculiaridades del procedimiento, pueden ser apreciadas y determinadas con la máxima amplitud y flexibilidad. Pero no es eso lo peor: lo peor es que el Tribunal no lleva a cabo una sólida apreciación de los hechos en los que la singularidad (la desigualdad) dice basarse. Remitiéndose a su propia Sentencia anterior, en la que es igualmente nula la prueba de los hechos, se limita a afirmar:

> «La expropiación del Grupo RUMASA... es, según se dice en la sentencia 111/83 de 2 de diciembre..., un caso singular que no responde a esquemas generales, pero atiende a una situación de grave incidencia en el interés de la Comunidad, comprometido por el riesgo de la estabilidad del sistema financiero y la preservación de otros intereses sociales que reclamaron, junto a una acción inmediata que no podía posponerse a la utilización de mecanismos legislativos ordinarios, la actuación global a través de la técnica expropiatoria. No resulta necesario entrar aquí en la naturaleza jurídica de esta técnica, sino señalar que la objetiva razonabilidad y proporcionalidad de la singularidad de la expropiación, así como de su *causa expropiandi* está reconocida v declarada en dicha sentencia con base en que se encuentran legiti-

madas en una situación excepcional que reclamaba una acción de los poderes públicos, por cuanto ante la dimensión del fenómeno con proyección en el orden económico y financiero, y aún en el social por la extensión de los sectores afectados, el problema tenía una relevancia que traspasaba las fronteras de los acotados límites de una crisis empresarial para convertirse en un factor determinante de inestabilidad de la situación financiera nacional».

No sé qué datos o medios de prueba constaban ante el Tribunal para hacer esta afirmación tan apodíctica. Esto era lo que el Gobierno había alegado para intervenir, pero obviamente el Tribunal no está en estos casos para dar por bueno lo que diga el Gobierno que en estos casos nunca es de fiar. Eso pudo decirse para justificar el Decreto-ley, pero a los tres años de la expropiación *había datos más que suficientes para someter a prueba* —aunque fuera para confirmarlo— ese juicio. El Tribunal dice querer respetar el juicio de oportunidad del Gobierno, sin entender que justamente *en los casos de leyes singulares está obligado él mismo a comprobar la veracidad* de la razón legitimadora de la desigualdad. De lo contrario, valdría todo.

El Tribunal parece aceptar, sin más, la presunción de validez y oportunidad (presunción de igualdad y proporcionalidad) de la actuación del legislador, sin darse cuenta —lo que es un grave error— que en materia de derechos fundamentales —la propiedad indudablemente lo es [51]— *la presunción debe ser justamente contraria* a la ley singular, como la mejor doctrina europea y el propio Tribunal, en un Fundamento anterior, han reconocido. Éstos y otros pronunciamientos sobre la no discriminación en cuanto a la tutela judicial *efectiva* de los expropiados, o sobre el cálculo y modo de pago de la indemnización o sobre el respeto —según el Tribunal— del debido procedimiento legal, resultan, a mi juicio, *totalmente indemostrados.* La realidad posterior —lo efectivamente acaecido en los dos últimos años, desde que se pronunció la sentencia— podría dar lugar a sabrosas consideraciones a las que renuncio.

Finalmente, bien merece un breve comentario el voto particular de Francisco Rubio Llorente. Como tantas veces ocurre con las *disseting opinions* de los grandes jueces norteamericanos, es en éstas donde hay que buscar el camino hacia el futuro. Hubiera sido de gran interés que este prestigioso magistrado nos hubiera expuesto su «desacuerdo con algunas de las posturas teóricas a cuyo desarrollo consagra la sentencia sus más extensos Fundamentos» y su «discrepancia en la apreciación de que la medida expropiatoria aquí puesta en

---

[51] Resulta ciertamente sorprendente la devaluación que el derecho de propiedad, como derecho fundamental, ha experimentado en la doctrina española de los últimos años. Es algo para reflexionar. He dado mi opinión en el artículo en prensa, *Propiedad y Empresa,* en el vol. col. sobre «Empresa y Constitución», Fomento del Trabajo Nacional, Barcelona, 1989.

cuestión constituye una medida *razonable* y *proporcionada* en relación con el fin perseguido». No lo hace así, por entender que la verdadera —y única— cuestión sometida al control de constitucionalidad es la de la tutela judicial efectiva. Respecto a ésta, entiende que también se produce su quiebra, por cuanto

> «...en nuestro Derecho, ni la jurisdicción constitucional forma parte del Poder judicial, ni cabe el recurso de amparo frente a leyes, ni puede reducirse el derecho fundamental a la tutela judicial efectiva a la posibilidad de pedir a un juez o tribunal que plantee ante el Tribunal Constitucional una cuestión de inconstitucionalidad...».

Rubio Llorente estima que hay que distinguir entre ley singular y ley de caso único, y entrando justamente en el supuesto de hecho contemplado, entiende que:

> «Ni toda ley singular ha de ser como la Ley 7/1983, ley de caso único, ni toda ley singular expropiatoria ha de definir la *causa expropiandi*, como hace dicha ley, no en términos abstractos, sino en términos concretos por referencia inmediata a la titularidad de los bienes que se trata de expropiar y sin asegurar a la expropiación un fin trascendente al hecho mismo de la privación de propiedad. Son estas características concretas de la Ley 7/1983, que en la sentencia no se analizan, las que hacen imposible que los actos de aplicación de esta decisión concreta en forma de ley escapen a la posibilidad de tutela judicial efectiva y las que, en consecuencia, la vician de inconstitucionalidad».

Yo estoy muy de acuerdo con el planteamiento del tema que hace el voto particular. Es lástima que no haya explicitado más su pensamiento.

8. Ley, seguridad jurídica, confianza en el Derecho

Permítaseme una consideración final sobre el sentido profundo de toda esta reflexión sobre la ley. El sentido no es otro que la defensa de la libertad del hombre. El concepto de ley no es arbitrario, ni manipulable por el poder político, al servicio de objetivos particulares, sectarios o partidistas. La legalidad formal no basta: la tiranía del Parlamento, hoy dominado por el Gobierno a través de los partidos no es mejor que la tiranía del monarca absoluto. La generalidad de la ley, precedida de un debate público, abierto y racional, es la mejor defensa contra esa tiranía. Ello exige igualmente una cierta independencia de los representantes del pueblo respecto a la dirección de los partidos, algo que en España no existe en absoluto.

La seguridad jurídica es uno de los valores supremos del Estado de Derecho. El ciudadano tiene derecho a saber con certeza cuáles son sus derechos y sus deberes, el contenido de la situación jurídica en que se encuentra, las consecuencias que se le van a imputar a sus acciones u omisiones, la previsibilidad de los efectos jurídicos de sus actos. En una palabra, el pueblo debe sentirse a salvo y seguro dentro de los límites de la ley. El principio de legalidad, pieza maestra del Estado de Derecho tiene, ante todo, esa finalidad. Todo ello se derrumba cuando se admite que una ley singular puede venir, en un caso concreto, a alterar esencialmente ese marco jurídico. Se dirá que hay situaciones graves y excepcionales, pero ¿quién juzgará de la gravedad? En el orden económico todo o casi todo es argumentable y los tribunales son casi siempre incapaces de revisar esos juicios. Por tanto, hay que cerrar esa posibilidad.

La confianza en el Derecho no es sólo requisito de la libertad, sino también de la eficacia y prosperidad de una sociedad. No ya a largo, sino a corto plazo, la propiedad de las naciones se basa, más que en sus riquezas naturales, en su civilidad, en el respeto a las reglas de la convivencia, del mercado, de los contratos, de la propiedad y, sobre todo, del Derecho, que es lo que mantiene en pie todo lo anterior. Es ingenua —y profundamente equivocada— esa confianza en la eficacia de la acción directa, al margen del Derecho, que a veces demuestran los gobernantes. Lo que en esta desdichada ocasión se calificó de «orgía jurídico-formal», esto es, el respeto a la ley constituida, el cumplimiento de las formas, la autonomía de las Instituciones, la separación de poderes y funciones, la intervención y control del gasto público y tantas cosas más, es el secreto del buen gobierno. El Derecho público es producto de la historia, sabiduría acumulada en la dirección de los asuntos públicos; no es sólo instrumento de justicia, sino garantía de buen gobierno. La expropiación de RUMASA, «de noche y con niebla», es una buena prueba de ambas cosas. O, mejor, de su antítesis. Cuando todo lo anterior se invierte:

— cuando las leyes no son preceptos generales;

— cuando se usan para otorgar al Gobierno poderes incondicionados;

— cuando se elaboran en el seno de gabinetes impenetrables, por hombres de confianza;

— cuando se aprueban sin apenas publicidad, ni libre discusión sin que el país se entere apenas de lo que hace el Parlamento;

— cuando la disciplina del partido hace que los representantes del pueblo se limiten a votar a toque de silbato o de tambor;

— cuando el ciudadano —el empresario, el funcionario, el profesional de cualquier oficio— ve radicalmente alteradas las situaciones y derechos en cuya efectividad confía;

— cuando se pierde la confianza en los hombres encargados de decir el Derecho (esto es, los jueces); o en la predictibilidad de sus decisiones;

— cuando las decisiones, que esas leyes permiten, son cada vez más discrecionales y menos regladas;

— cuando nadie sabe cuáles son las condiciones (fiscales, laborales, económicas o familiares) en que tendrá que vivir y trabajar mañana;

Cuando todo esto ocurre —podríamos seguir, pero no hace falta—, se pierde la confianza social en el Derecho. Se produce entonces un estado patológico de la comunidad política: aparecen los miedos, los temores a lo que pueda pasar (cada uno tiene los suyos), la actividad económica se intranquiliza, el ahorro disminuye, se consume y se gasta todo lo que se tiene, la inversión se sustituye por la especulación, lo importante no es hacer las cosas bien, sino tener amigos bien situados y, en los conflictos, se impone la ley del más fuerte.

La crisis de una sociedad es, en gran parte, la crisis de la ley y del Derecho, pues como escribió el filósofo ginebrino, tantas veces citado, «nada legítimo tiene ya fuerza cuando las leyes no la tienen».

Las situaciones que entonces se producen constituyen una pura contradicción con el Estado de Derecho, que queda sustituido por su antítesis: la «razón de Estado». Se impone entonces una curiosa idea de «justicia», que está por encima y al margen de las normas legales ordinarias, una especie de valoración de conductas que se asienta no en el Derecho constituido (la Constitución y las Leyes generales), sino en un juicio apriorístico supremo e incontrolable sobre el bien y el mal, sobre lo que llaman «el interés de España». Un Estado de Derecho es como un bosque inmenso de leyes y normas que cubren y limitan la acción del poder en todas sus manifestaciones. Si un día tras otro el bosque se tala —hoy aquí, mañana allá—, nadie podrá resistir los vendavales que entonces lo asolarán.

Por lo demás, la experiencia de estas leyes singulares es muy destructiva en el orden institucional: el Consejo de Estado fue instrumentalizado, el Tribunal Constitucional se vio partido en dos y salió profundamente dañado de este trance; el Tribunal de Cuentas ha corrido igual suerte tras el palmetazo recibido de la Sala Tercera del Tribunal Supremo con su Sentencia de 16 de julio de 1988: éste le recuerda la obligación que aquél tiene de admitir la acción pública de responsabilidad contable cuando como consecuencia del procedimiento de reprivatización llevado a cabo por venta directa se hayan podido producir graves perjuicios al Tesoro Público. Finalmente, no menor ha sido el desprestigio —a veces incluso el espectáculo— en el que ha caído el Congreso de los Diputados ante la petición, por todas las fuerzas políticas de la oposición, de una Comisión Investigadora sobre el proceso de reprivatización de RUMASA, que el Gobierno, apoyado en su mayoría, ha negado en cinco ocasiones (curiosa situación ésta, en la que el que ha de ser controlado decide si ha de llevarse a cabo o no la labor del controlador).

Post scriptum

Cuando estas páginas estaban en pruebas, se ha hecho público en el «Boletín Oficial de las Cortes Generales» (Congreso de los Diputados, Serie E, núm. 154, 30 de diciembre de 1988) el Informe del Tribunal de Cuentas a las Cortes sobre el proceso de reprivatización de las empresas del Grupo, a los efectos de «verificar la regularidad de las decisiones públicas adoptadas en el mismo». Me ha parecido necesario incorporar al texto anterior un brevísimo comentario a la primera parte de dicho Informe, en el que vuelve a plantearse como causa legitimadora de todo lo realizado el carácter singular de la Ley 7/1983.

Como se recordará, el artículo 5 de la Ley 7/1983, al prever la reprivatización del Grupo, establecía:

> «La enajenación se hará por concurso público en la forma prevista por la legislación de contratos del Estado, salvo que el Gobierno autorice la venta directa de las acciones. En este último caso se dará cuenta a las Cortes Generales».

Cualquiera que lea este artículo, aun el más lego en Derecho, deducirá que el concurso se configura como sistema ordinario de enajenación y la venta directa como una excepción, de la que hay que dar cuenta, en cada caso, a las Cortes Generales. Pues bien, el Tribunal de Cuentas, una de cuyas funciones esenciales es justamente controlar la legalidad y pulcritud de la contratación administrativa, entiende justamente lo contrario. Dado —dice— que la venta directa no está constreñida por una enumeración de supuestos tasados, dado que no hay una exigencia expresa de motivación o justificación de la elección de este sistema y dado que dicha venta directa no está acompañada de remisión normativa alguna, el Gobierno, según el citado Tribunal, puede hacer lo que le venga en gana: es «un puro juicio de oportunidad... en modo alguno fiscalizable por este Tribunal de Cuentas».

El razonamiento, con todos mis respetos, es demencial. Constituye un verdadero «hallazgo» en el Derecho público europeo el fundamento que el Tribunal de Cuentas encuentra para llegar a semejante conclusión: no es otro que el carácter singular de la Ley, que se proyecta, según él, al proceso de reprivatización. Resulta —dice— que «la singularidad del supuesto de hecho que dio lugar a la medida expropiatoria y la de esta última cabe predicarla de idéntica forma de dicho proceso, por lo que quedaría vacía de sentido jurídico la posible aplicación de los preceptos concretos del Derecho que podríamos denominar general y ordinario, informados por un determinado principio rector, a una materia o realidad sobre la que se proyecta el Derecho singular, basado en otros principios» (Informe a las Cortes Generales, página 4151).

Así pues —y éste es el gran hallazgo— resulta que la Ley singular, o de caso único, que viola principios esenciales del Estado de Derecho y que ha sido «salvada» por el Tribunal Constitucional en un alarde de comprensión indemostrada, debe ser además objeto de *interpretación extensiva*, proyectando su falta de garantías sobre el propio proceso de enajenación de los bienes expropiados. Eso sí, todo ello en aras de un «interés social», que ha sido perseguido por la expropiación. El hundimiento del Estado de Derecho ha llegado aquí a tocar fondo. No se puede caer más bajo. Precisemos que cuatro Consejeros se negaron a firmar este Informe.

Sería muy interesante llevar a cabo un seguimiento de la forma en que se ha logrado asegurar, en la operación reprivatizadora, ese «interés social». Esto es justamente lo que los Grupos parlamentarios solicitaban: saber si esa cifra cercana al billón de pesetas había venido a satisfacer las muchas necesidades —«sociales», por supuesto— que la reprivatización tenía que conseguir. Pero desgraciadamente no ha sido posible saberlo.

Sería deprimente transcribir aquí las razonadas sinrazones que el Tribunal de Cuentas despliega a continuación, en un alarde de retórica pocas veces igualado para justificar que todo lo hecho está muy bien hecho y que no había otra forma de hacerlo. No vale la pena gastar más tiempo en ello; los resultados a la vista están y todavía lo estarán más si algún día se llega a saber qué es lo que realmente ocurrió.

La conclusión que un jurista tiene que sacar de todo ello es que el Derecho público, los procedimientos, las formas, las garantías que hoy constituyen la regla común del funcionamiento del Estado no es un producto artificioso ni una carrera de obstáculos; es sabiduría acumulada a lo largo de los siglos: su cumplimiento no es sólo garantía de justicia, sino garantía de buen gobierno. Repitamos una vez más con el gran ginebrino: «nada legítimo tiene ya fuerza cuando las leyes no la tienen».

LECCIÓN 5.ª
ESTADO Y DERECHO PRIVADO *

SUMARIO: I. Introducción. Estado de Derecho y Derecho privado.—II. Ámbito de aplicación del Derecho público: extensión a toda clase de sujetos: 1. *Los contratos derivados de una concesión de obras públicas.* 2. *La contratación de los llamados «sectores excluidos».* 3. *Contratos de equipamiento comunitarios por encima de un cierto nivel, que estén financiados con fondos públicos.* 4. *Los contratos entre una Sociedad Anónima Municipal y un constructor para la ejecución de obras de urbanización.* 5. *Responsabilidad de la Administración por los hechos de sus «Sociedades».* 6. *La Disposición Adicional 6.ª de la LCAP, un grave error de concepto en relación con los artículos 1 y 2 de la misma Ley.* 7. Quid *de la aplicación del Derecho privado.*—III. El Derecho público, reconstructor y garante del mercado: 1. *Instalación y gestión de infraestructuras (redes, bases de operación) que no deben ser duplicadas porque presentan características de monopolio natural (al menos en principio).* 2. *Prestaciones de servicio universal. Hacia un nuevo concepto de servicio público.*—IV. Conclusión.

I. Introducción. Estado de Derecho y Derecho privado

La sumisión del Estado al Derecho privado es una vieja cuestión que ha tenido distintas significaciones históricas y que ha sido estudiada por la doctrina científica en muchas ocasiones [1]. Primero fue la vieja teoría del Fisco, con la que se trató en Alemania de someter el Poder al Derecho (privado, naturalmente) y la responsabilidad patrimonial por sus actos. Después se formularía en Francia la distinción de *actos de autoridad-actos de gestión,* para afirmar que aquellos actos que la Administración realiza «como un particular podría hacerlo en la gestión de su patrimonio», se someten, en principio, al Derecho común y a la competencia de los Tribunales civiles. Las consecuencias de esta formulación se reflejarán sobre todo, como se sabe, en materia contractual, pa-

* Este pequeño trabajo sobre uno de los grandes temas del Derecho público fue escrito y publicado en homenaje a quien ha sido en el último medio siglo de vida española un gran servidor del Estado. Manuel Fraga pasará a la historia de España —está ya en ella— por muchas razones, pero sobre todo por una: porque sirvió con honestidad y grandeza a su país, dejando en él una profunda huella. Él fue el creador, inspirador, organizador y líder indiscutido de una derecha española civilizada y moderna, tan necesaria en la democracia parlamentaria que sucedió al régimen del General Franco. Yo le ayudé, modestamente, durante algún tiempo, en esta tarea. Es para mí un placer —y un honor— ofrecerle este pequeño homenaje de admiración y reconocimiento.

[1] Sobre esto me pronuncié hace ya muchos años en Gaspar Ariño Ortiz, *Memoria de Cátedra,* Tomo III, página 931, y más recientemente en Gaspar Ariño Ortiz, con la colaboración de Lucía López de Castro, ¿Privatizar *el Estado? Un retroceso en el camino de la historia o la antítesis del Estado de Derecho,* Fundación BBV, mayo de 1994, páginas 55 y siguientes.

trimonial y de responsabilidad. Finalmente, se elaborarán las recientes formulaciones sobre el *ius privatum singulare* de la Administración entendido como aquel conjunto de normas de Derecho privado (en cuanto no se suponen técnicas o situaciones exorbitantes, privilegiadas, sino que por su contenido podrían incluirse en forma de pacto en cualquier relación u organización de Derecho privado), pero que son únicamente aplicables a la Administración Pública, con lo que se quiere encontrar «ese traje a medida» para la vida patrimonial del Estado, que no necesita de un Derecho exorbitante y privilegiado.

No se trata de replantear en toda su extensión este tema, que nos llevaría muy lejos en la historia, sino de responder a las siguientes cuestiones: ¿cuándo está el Estado legitimado para actuar bajo el régimen jurídico privado? ¿En estos casos, deja por ello de estar vinculado a los principios básicos de Derecho público en materia patrimonial, en materia de contratación, de personal, procedimiento, etc...? ¿Es inconstitucional la remisión al Derecho privado de una actividad administrativa típica? ¿Existe una reserva constitucional de Derecho administrativo? Si es así, ¿qué alcance tiene?

Para responder a ellas, quisiera empezar recordando una realidad bien conocida: las diferencias entre Derecho público y Derecho privado. En concreto, los distintos mundos y las distintas relaciones jurídicas a las que uno y otro se dirigen. Mientras el Derecho público es el Derecho del poder, allí donde éste se manifiesta en cualquiera de sus formas, para la defensa de los intereses colectivos, el Derecho privado es el Derecho de la libertad y de la autonomía de los particulares en la defensa y gestión de intereses privados, individuales o corporativos.

La segunda reflexión, no tan común, es que el Derecho público es el Derecho regulador de los monopolios —que también son un poder—, de los derechos de exclusiva, de las posiciones de dominio y supremacía, frente al Derecho privado, que es el Derecho del mercado, de las actuaciones libres y competitivas en régimen de igualdad, donde rige el principio de la autonomía de la voluntad (artículo 1.255 del Código Civil: «los contratantes pueden establecer los pactos, cláusulas y condiciones que tengan por conveniente, siempre que no sean contrarios a las leyes, a la moral y al orden público»). Por ello, cuando la situación es desigual, cuando la libertad de la transacción no es real, cuando se ve amenazada, también en las relaciones entre particulares, o cuando hay efectos indirectos para el público (eso que se llama *externalidades*) entonces el Derecho público tiene que venir a configurar, a regular esas relaciones, limitando la autonomía de las partes. Dicho está con ello que el llamado Derecho de la competencia, aunque haya estado hasta ahora elaborado por los mercantilistas, es Derecho público-administrativo, más que mercantil.

Ambas formulaciones son complementarias, y más adelante veremos una multitud de fenómenos en que ello se manifiesta. Una tercera reflexión conviene hacer sobre los artículos 1, 9 y 103 de la Constitución española. El artículo 1 constituye a España «en un Estado social y democrático de Derecho que propugna como valores superiores de su ordenamiento jurídico la *libertad,* la justicia, la *igualdad...*»; el artículo 9 afirma que los «ciudadanos y los *poderes públicos están sujetos* a la Constitución y al resto del ordenamiento jurídico...» y garantiza el *principio de legalidad...*, la *seguridad* jurídica, la responsabilidad y la *interdicción de la arbitrariedad* de los poderes públicos»; finalmente, el artículo 103.1 afirma: «La Administración Pública sirve con objetividad los intereses generales y actúa de acuerdo con los *principios de eficacia...*, con *sometimiento pleno a la Ley y al Derecho».* Este conjunto de principios constitucionales apunta, con toda evidencia, a un régimen jurídico para «los poderes públicos» (el Estado y las Administraciones Públicas) que reúne los caracteres del Derecho público, en los términos y características que enseguida veremos. En base a ellos, Ramón Parada y Silvia del Saz han planteado recientemente con brillantez la existencia de una verdadera *reserva constitucional de Derecho administrativo,* que se podría oponer al movimiento de huida al Derecho privado, tan extendido en los últimos tiempos [2]. Según estos autores, el «sometimiento pleno a la Ley y al Derecho» no se refiere a «cualquier Derecho» sino que la interpretación conjunta de esas y otras disposiciones constitucionales parece indicar que el artículo 103 se refiere cabalmente al Derecho administrativo [3].

En efecto, cuando se repasan los caracteres y notas que definen esencialmente eso que se llama «Estado de Derecho» (principio de legalidad, igualdad, indisponibilidad sobre el patrimonio público, régimen presupuestario y control financiero, etc...) fácilmente se ve que el Derecho privado no sirve para garantizar el cumplimiento de tales principios. Como se dijo más arriba, *el De-*

---

[2] Sobre la huida en desbandada al Derecho privado, *vid.* G. ARIÑO, *Privatizar el Estado,* cit., *in totum.* También, el Prólogo de GARCÍA DE ENTERRÍA comentando el trabajo de Silvia DEL SAZ, *Desarrollo y crisis del Derecho Administrativo,* Civitas, Madrid, 1992. Idéntico planteamiento aparece en el *Dictamen sobre Contratación Pública* elaborado por PARADA y DEL SAZ, Madrid, 1992.

[3] En particular, aunque el artículo 106 CE establece generalmente que los Tribunales controlarán la legalidad de la actuación administrativa, el artículo 153 CE menciona expresamente la jurisdicción contencioso-administrativa en el control de la actuación de las CC.AA. Por ello es razonable entender que el sometimiento al Derecho administrativo y al control de la jurisdicción contenciosa se refiere a toda la Administración. Asimismo, sin la correlación entre actividad administrativa y Derecho administrativo quedarían sin sentido las referencias constitucionales al régimen común de las AA.PP. (artículo 149.1.18.ª) y a las instituciones propiamente administrativas como son la explotación forzosa, contratos, concesiones, responsabilidad administrativa, dominio público, obras públicas y régimen estatutario de los funcionarios. Todo ello, ampliamente, en los dos trabajos citados en nota anterior.

recho privado es lo contrario: es el reino de la libertad, de la autonomía de la voluntad, de la propiedad privada y la titularidad sobre los derechos *(dominus negotii),* así como la libre disposición sobre los mismos; es el reino de la privacidad e incluso de la arbitrariedad (potencialmente al menos).

Si todo ello es así, resulta evidente que la Constitución, al consagrar los principios y procedimientos a que se ha de sujetar la actividad administrativa, ha establecido una «reserva de Derecho administrativo» [4] que impide la libre actuación de la Administración bajo el Derecho privado. Lo cual llevaría consigo, de una parte, la prohibición de utilizar el Derecho privado en todas aquellas actividades que supongan ejercicio de autoridad o disposición de la riqueza pública (función recaudatoria, regulatoria, autorizante, expropiatoria, etc.) pero también en todas aquellas actividades que supongan reconocimiento de derechos, ayudas, subvenciones, exclusivas de explotación o adjudicación de bienes y servicios. De otra parte, incluso en aquellas en que por ley especial, en cada caso, se autorice tal régimen [5], hay que dejar bien sentado que la *Administración bajo formas privadas no deja de ser Administración,* y como tal habrá de someterse a los principios constitucionales sobre la actuación de los poderes públicos.

Esto tiene importantes consecuencias en la aplicación de la Ley reguladora de la contratación pública a muchos Entes públicos y sociedades estatales en régimen jurídico-privado, así como también en el comportamiento de muchos servicios públicos, en los términos que enseguida veremos [6].

---

[4] Según Silvia DEL SAZ esta reserva tiene carácter de «garantía institucional». Recordemos que este concepto de Derecho alemán es una técnica que protege a determinadas instituciones que se consideran esenciales en la organización jurídico-política y para la preservación de los principios constitucionales.

[5] Ahora bien, en este supuesto intervienen otros límites constitucionales sobre el papel de la empresa pública en una economía de mercado, por la combinación de los artículos 38 y 128 de la Constitución. Dado que la empresa pública nunca actúa en igualdad de condiciones respecto a la empresa privada, para mantener el sistema de economía de mercado habría que considerar que la iniciativa pública empresarial es secundaria y exige la justificación de un interés público.

Vid. ARIÑO, *La empresa pública,* vol. colectivo «El modelo económico en la Constitución», IEE, Madrid, 1981.

[6] El profesor BORRAJO, en su trabajo *El intento de huir del Derecho Administrativo,* REDA, n.º 78, páginas 233 y siguientes, que niega la existencia de una «reserva constitucional de Derecho administrativo», no tiene más remedio que reconocer el sometimiento de las empresas públicas —cualquiera que sea su «forma»— a los principios constitucionales que presiden la actuación de los poderes públicos, citando a este respecto dos sentencias del Tribunal Constitucional muy ilustrativas:

— La sentencia «Hermanos Bengoechea *versus* TVE, S.A.» (35/1983, de 11 de mayo, JC 6:16), en la que rechaza expresamente que la forma jurídico-privada de la entidad en mano

Concluyamos, pues, afirmando que sólo excepcionalmente, *por ley especial en cada caso,* puede autorizarse la sumisión de la Administración al Derecho privado, y aún en estos casos habrá de respetar los principios constitucionales que deben presidir en todo momento la actuación de los poderes públicos, siempre que la Administración, *aunque sea bajo formas privadas, actúe en cuanto tal, esto es, ejerza funciones y competencias* públicas asignadas por el Ordenamiento.

Una segunda conclusión que deriva de lo anterior es que hay que *rechazar el principio de libertad de elección de formas:* el Estado no puede elegir, en aras de una pretendida eficacia, la forma que más cómoda le resulte para el ejercicio de sus funciones. Éste es un planteamiento erróneo. Las «formas» elegidas para la realización de unas actividades deben adecuarse al contenido de éstas, sabiendo que si la forma jurídico-mercantil impone un régimen jurídico de esa naturaleza, ésta no deberá utilizarse cuando tales actividades hayan de estar sometidas a las exigencias básicas del Derecho público: control parlamentario, legalidad, contratación y financiación pública, respeto a los derechos fundamentales, etc... Y una de dos: o se impugna tal creación o se someten esas «formas» también al Derecho público.

Por el contrario, las exigencias propias del Derecho público no podrían aplicarse a empresas públicas concurrenciales, que actúan en el mercado en competencia con otros operadores privados en actividades de carácter puramente industrial o mercantil; y la razón de ello es clara: de obligarlas a actuar en estos casos con esas limitaciones y controles estarían en una situación de clara inferioridad respecto de las empresas de la competencia.

De nuevo venimos así donde empezamos: el criterio básico que puede legitimar la elección de las «formas privadas» para la gestión pública es la existencia de *competencia y mercado en el sector económico de que se trate.* En un contexto competitivo, la gestión pública necesita la agilidad que le proporciona la forma mercantil y el sometimiento al Derecho privado. La propia competencia es una garantía para la eficacia de su gestión. En cambio el monopolio público ha de estar sometido a la regulación del Derecho administrativo, por su

---

pública pudiera desvincularse del respeto a los derechos y libertades reconocidos en la Constitución; es evidente que TVE, S.A., aunque actúe en régimen de Derecho privado, debe quedar sometida al respeto escrupuloso de los derechos fundamentales de los particulares —en mayor grado que cualquier empresa periodística— ya que pertenece al sector público a través del ente público RTVE.

— La sentencia «Abat Dinares» (161/1991, de 18 de julio, JC 30:765), que otorga el amparo a unos médicos del Instituto Catalán de Salud porque el empleador es la Administración pública, sometida al principio de igualdad ante la ley. No considera relevante la existencia de un ente público interpuesto ni el carácter laboral de los médicos demandantes.

faceta de Derecho «garantizador» para los ciudadanos. Y otra conclusión: para la aplicación del Derecho público, lo esencial no es el sujeto que actúe, sino la naturaleza de la actividad. Veámoslo.

II. Ámbito de aplicación del Derecho público: extensión a toda clase de sujetos

El Derecho público —que tradicionalmente se configuró como el Derecho de la Administración en cuanto sujeto— ha visto extendida su aplicación a toda clase de sujetos —sean éstos públicos o privados— cuando éstos actúan en el ejercicio de tareas o funciones públicas (aquéllas que pueden encomendarse a particulares), o bien se encuentran en una situación de privilegio, en un *estatus* de exclusividad, de monopolio de oferta o de demanda, en una posición de superioridad otorgada para la gestión de intereses colectivos. Esto tiene múltiples manifestaciones, entre las que vamos a enumerar algunas (no son las únicas) que se derivan de la legislación de contratos.

1. *Los contratos derivados de una concesión de obras públicas*

La LCAP recoge como una materia totalmente nueva, en su artículo 130, el contrato de concesión de obra pública que define como «aquel en el que siendo su objeto alguna de las obras contenidas en el artículo 120 se caracteriza porque la contrapartida de las obras consiste o bien únicamente en el derecho a explotar la obra, o bien en dicho derecho acompañado de un precio».

No obstante, como ocurre en otras temáticas de la ley, lo que se presenta como una innovación no es realmente tal, ya que la figura de la «Concesión de Obras Públicas» es perfectamente conocida en nuestro Ordenamiento desde mediados del siglo pasado.

No obstante, hasta el presente, el concesionario de una obra y servicio gozaba del Derecho *exclusivo* a la construcción de la misma, que es donde en muchos casos residía el verdadero negocio, pues se adjudicaba siempre la construcción a alguna empresa del grupo a la que el concesionario pertenecía. Tal ha sido la experiencia generalizada en el caso de las autopistas.

Pues bien, la realización de las obras objeto del contrato de «concesión de obras», después de la LCAP, puede no realizarse totalmente por el titular de la misma, sino que puede tener que cederse en parte a un tercero. La Administración puede imponer al concesionario que ceda a un tercero un porcentaje del mismo (del contrato de concesión) que represente, al menos, «un 30 por

100 del valor total de la obra», lo cual no es sino la transposición del artículo 3, apartado 2, de la Directiva 93/37/CEE sobre el contrato de obras.

Los contratos que celebre el concesionario particular con un tercero deberán someterse, cuando sobrepase el umbral comunitario (cinco millones de Ecus o, lo que es igual, 681.655.208 pesetas), a las normas de publicidad y concurrencia que establece el artículo 135.2 de la LCAP, es decir, deberá de anunciarlo en el *Diario Oficial de las Comunidades Europeas* y recibir ofertas en concurrencia. Hasta ahora estos contratos entre concesionario particular y tercero se habían regido, tanto en su fase de preparación como de cumplimiento, por el Derecho privado, al tratarse de contratos en los que no interviene una Administración Pública (es decir, son *inter privatos*). A partir de ahora se someten al Derecho público y a aquellos condicionamientos, en cuanto al contenido, que se deriven del acuerdo concesional. El Derecho público entra así en el ámbito de la contratación privada, y ello se debe a que se tiene en cuenta la materia objeto del contrato (construcción y explotación de una *obra pública*) y a que el concesionario particular se encuentra en una situación de monopolio y goza de un Derecho especial y exclusivo para el ejercicio de su actividad.

2. *La contratación de los llamados «sectores excluidos»*

La incorporación del Derecho comunitario a nuestro Derecho interno ha supuesto una innovación en los esquemas clásicos de la contratación pública española. Y ello porque somete al Derecho público a *ciertas entidades privadas por el hecho de gozar «de derechos especiales o exclusivos»*. En este sentido, el Consejo de la CEE adoptó el 17 de septiembre de 1990 la Directiva 90/53 CEE, relativa a los procedimientos de formalización de los contratos en los sectores del agua, de la energía, de los transportes y de las telecomunicaciones («los llamados sectores exclusivos»). Este texto fue posteriormente refundido en la Directiva 93/38 CEE, sobre coordinación de los procedimientos de adjudicación de contratos cuyo objetivo inmediato es la realización y formalización de contratos destinados a garantizar la *igualdad de oportunidades* de los contratistas.

Según el artículo 2.1 de la Directiva 93/38 CEE, ésta se aplicará, entre otras, a las entidades contratantes que «sin ser poderes públicos ni empresas públicas ejercen entre sus actividades algunas de las contempladas en el apartado 2 y gocen de *derechos especiales o excluidos* concedidos por una autoridad de un Estado miembro» (mediante licencias, autorizaciones y concesiones). Por otro lado, el Derecho comunitario entiende por *empresas públicas* —cualquiera que sea la forma jurídica que revistan— aquéllas sobre las que los poderes públicos puedan ejercer, directa o indirectamente, una influencia dominante por el hecho de tener la propiedad o una participación financiera en las mismas, o en virtud de las normas que las rigen (artículo 1.2).

A efectos de aplicación de este régimen jurídico se consideran derechos especiales o excluidos los que resulten de una *autorización* otorgada por una autoridad competente del Estado miembro de que se trate, en virtud de cualquier disposición legal, reglamentaria o administrativa, que tenga como efecto *la reserva del ejercicio de una de las actividades definidas en el apartado 2 a una o más entidades.* Además, se considera que una entidad contratante goza de derechos especiales o excluidos cuando: a) con el fin de construir las redes o efectuar las instalaciones a que se refiere el apartado 2, dicha entidad pueda recurrir a un procedimiento de expropiación pública o de servidumbre, o utilizar el suelo, el subsuelo y el espacio situado sobre la vía pública para instalar los equipos de las redes; y b) en el caso de la letra a) del apartado 2, cuando dicha entidad suministre agua potable, electricidad, gas o calefacción a una red que, a su vez, sea explotada por una entidad que goce de derechos especiales o exclusivos concedidos por una autoridad competente del Estado miembro correspondiente.

En otras palabras, la Directiva 93/38 CEE se aplicará a los contratos de obras, suministros y servicios en los «sectores excluidos» (agua, energía, transporte y telecomunicaciones) *con independencia de la naturaleza pública o privada de las entidades* que operen en estos sectores.

El plazo de entrada en vigor de la normativa comunitaria fue fijado para España el 1 de enero de 1996, si se trata de contratos de obras o suministros, y el 1 de enero de 1997 si se trata de contratos de consultoría y asistencia y de servicios y de trabajos específicos y concretos no habituales.

Pero, en lo que importa para este estudio, es de destacar la expresa aplicación a estos sectores de partes importantes del régimen típico de la contratación pública, incluyendo en éste tanto a las empresas privadas como a las empresas públicas bajo forma privada —mercantil, normalmente— *siempre que no actúen en régimen de mercado abierto y en condiciones de plena igualdad* con los demás agentes particulares, es decir, siempre que gocen de derechos especiales o exclusivos. Por esta doble razón, el régimen de contratación pública resultará aplicable a los Entes de Derecho público del artículo 6.1 y 6.5 de la Ley General Presupuestaria que actúen en estos sectores con esas características, como sería el caso de los distintos Entes contemplados en la nueva Ley de Puertos del Estado y de la Marina Mercante o de Aeropuertos Nacionales (AENA), Renfe, Feve, Retevisión o Canal de Isabel II (todos ellos «entidades públicas empresariales», sometidas en muchos aspectos al Derecho privado, no en materia de contratación). Por lo que se refiere a «sociedades en mano pública», el régimen de contratación de la Directiva habrá de aplicarse a empresas públicas tales como Endesa o Redesa en el sector eléctrico (y las por ella participadas de forma dominante), Enagas o CLH, HUNOSA o Telefónica. Obviamente, habrán de someterse también a las mismas normas las empresas privadas de esos sectores que gocen de similares derechos especiales o excluidos, como puede ocurrir con Iberdrola, Unión FENOSA, Airtel, Aguas de Barcelona o Gas Natural [7].

3. *Contratos de equipamiento comunitarios por encima de un cierto nivel, que estén financiados con fondos públicos*

Un tercer supuesto de aplicación del Derecho público a sujetos privados es el contemplado en el artículo 2, apartado 2, de la LCAP, cuando sus actuaciones estén financiadas con fondos públicos por encima de una cierta proporción. La ley se refiere tanto a los contratos de obra como a los relacionados con la obra (consultoría y asistencia, contratos de servicios y de trabajos específicos y concretos no habituales). La enumeración alude a los contratos de obras de ingeniería civil (los de la clase 50, grupo 502, de la Nomenclatura General de Actividades Económicas de las Comunidades Europeas —NACE—), de construcción relativos a hospitales, equipamientos deportivos, recreativos o de ocio, edificios escolares o universitarios y a edificios de uso administrativo, cuando su importe sea igual o superior a 681.655.208 pesetas si se trata de contratos de obras, o a 27.266.208 pesetas si se trata de cualquier otro contrato de los mencionados, *siempre que sean subvencionados directamente por la Administración con más del 50 por 100 de su importe.* Para estos supuestos la ley prevé una «aplicación mínima» de sus preceptos, entendiendo por tal la exclusiva aplicación de aquellas normas de la ley que regulan la capacidad de las empresas, publicidad, procedimientos de licitación y formas de adjudicación, pero bien entendido que ello afecta a cualquier tipo de ente, sea público o privado; entran, por consiguiente, en este supuesto tanto los *contratos por los entes públicos que adopten formas societarias como las empresas privadas de capital igualmente privado.*

---

[7] J. L. Martínez López-Muñiz, Ponencia titulada *Examen de la Contratación de los Entes instrumentales. Estudio especial del Derecho comunitario,* «Curso: eficacia discrecional y control judicial en el ámbito administrativo. Personificaciones instrumentales y sometimiento de los entes públicos a las normas del Derecho privado», Consejo del Poder Judicial, Madrid, 19 de octubre de 1994.

4. *Los contratos entre una Sociedad Anónima Municipal y un constructor para la ejecución de obras de urbanización*

Éste es el caso de la interesante Sentencia de 16 de marzo de 1973 (Az. 1195), de la que fue ponente el excelentísimo señor don José Luis Ponce de León. El asunto era, en líneas generales, el siguiente: el Ayuntamiento de Almorox (Toledo) adoptó acuerdo de constitución de una Sociedad Anónima del Monte Pinar del Común o Pinar de Propios, que, como Sociedad Anónima Municipal, adjudicó las obras de urbanización, en forma directa, a una empresa privada con la que suscribió el correspondiente contrato. Esta adjudicación directa efectuada por la empresa propia fue recurrida por la entidad «El Encinar de Alberche», que hizo extensiva su impugnación a los acuerdos previos al Ayuntamiento de Almorox relativos a la municipalización del servicio y a la creación de la Sociedad Anónima Municipal llamada a gestionarlo.

Pues bien, la Sentencia de 16 de marzo de 1973, confirmando la de Primera Instancia, declaró la aplicación del Derecho administrativo a la citada relación jurídica y la competencia de la jurisdicción contencioso-administrativa para su revisión. Según la Sentencia, el acuerdo de la Sociedad Anónima sobre adjudicación de las obras de urbanización es un acto administrativo, y el subsiguiente contrato lo es igualmente, a pesar del carácter jurídico-privado de las partes contratantes. El tenor literal de la Sentencia es explícito en este sentido:

> «Contrato cuya Naturaleza no queda desvirtuada por el hecho de que en lugar de ser el propio Ayuntamiento el que de forma directa lo concertara, se verificara por la Sociedad Anónima Municipal expresada, constituida con esta exclusiva finalidad, la de llevar a buen término y fin la urbanización deseada por el Ayuntamiento citado».

Se aplica a estos contratos *inter-privatos* el Derecho público porque el objeto de la Sociedad Anónima Municipal es *un servicio público municipalizado,* sin que tenga otro patrimonio que las parcelas municipales objeto de la urbanización y sin otros socios y gestores que la propia Corporación Municipal, que fue la que la constituyó y a la que está, *por otra parte, subordinada.* No tiene sentido que el régimen jurídico del servicio se altere porque el Ayuntamiento haya constituido en su seno una entidad bajo forma jurídico-privada para llevar a cabo la gestión del mismo [8].

---

[8] *Vid.* T. Ramón Fernández, *¿Contratos administrativos entre personas privadas?,* REDA, n.º 1, abril-junio 1974.

5. *Responsabilidad de la Administración por los hechos de sus «Sociedades»*

Otra de las manifestaciones de la aplicación de Derecho público a toda clase de sujetos, cuando éstos se encuentren en una situación de ejercicio de competencias o funciones públicas, se hace patente en la extensión de la *responsabilidad del Municipio más allá de la personalidad jurídica de la empresa municipal.*

La jurisprudencia del Tribunal Supremo se ha pronunciado sobre esta cuestión en un par de sentencias de contenido significativo:

a) STS de 28 de mayo de 1984 (Az. 2800): Se trata de una demanda dirigida contra una Sociedad Anónima de gestión de servicio municipal y el Ayuntamiento de Palma de Mallorca en reclamación de daños y perjuicios originados por la rotura de la red municipal de abastecimiento de agua, servicio municipal contratado con la Sociedad Anónima a tal efecto constituida, «Empresa Municipal de Aguas y Alcantarillado», inscrita en el Registro al amparo de la Ley de Sociedades Anónimas; demanda que en principio fue dirigida contra el Ayuntamiento y más tarde, para obviar el problema de la legitimación pasiva, conjuntamente contra el Ayuntamiento y la empresa municipal citada. La Sala Primera (Civil) de la Audiencia de Palma, primero, y el Tribunal Supremo (Sala Primera, Civil), después, entendieron que la reclamación *ante el Ayuntamiento,* había interrumpido la prescripción de la acción *contra la sociedad,* aludiendo a la necesidad de «levantar el velo» e ir a la «auténtica y constitutiva personalidad social y económica..., al substrato real de su composición personal (o institucional) y negocial, a los efectos de la determinación de su responsabilidad».

Tanto la Sala Primera de la Audiencia Territorial de Palma de Mallorca como luego la Sala Primera del Tribunal Supremo coinciden en la siguiente apreciación:

> «Cuando se habla de entes públicos o de gestión *(mutatis mutandi)* a los que se reviste de una forma jurídica perteneciente al Derecho privado (Sociedades Anónimas, por ejemplo), según se señala por autorizada doctrina, no se hacer sino utilizar una técnica ofrecida por ese Derecho de modo instrumental del uso de un procedimiento en el que la sociedad aparece como una simple forma para encubrir la creación de un ente filial puro y simple, externamente regida por el Derecho privado, pero en realidad —internamente— de la pertenencia de la Administración, tal como en el caso del recurso ocurre, y se declara por la Sentencia de instancia, en el que, según el contrato, el *Ayuntamiento es el órgano de la Sociedad Municipal y el Alcalde su Presidente del Consejo,* es decir, con el poder, siquiera compartido, de gestión de la entidad, circunstancia más que suficiente para no considerar tercero o

extraño al Ayuntamiento con respecto a la Sociedad Municipal demandada y consecuentemente, bastante para llegar a la misma conclusión que la sentencia impugnada, es decir, que la interpelación hecha al Municipio vale para la sociedad como órgano integrante de ésta y que ésta ni puede ni debe pretender escapar de sus efectos».

b) En el mismo sentido se pronunció, años más tarde, el Tribunal Supremo en Sentencia de 31 de julio de 1993 (Az. 6596). El asunto, en líneas generales, es idéntico al anterior: el Ayuntamiento de Cers (Barcelona) con la finalidad de atender un servicio relativo a la construcción dc viviendas, constituye, al amparo del correspondiente acuerdo municipal, un órgano diferenciado con forma de Sociedad Anónima («Patronato Local de la Vivienda S.A.»), con capital de propiedad exclusiva de la Corporación, que asume las funciones de la Junta General. De ello se infiere, como manifiesta el Tribunal Supremo, la identidad entre el Patronato, persona jurídica que adopta la forma de Sociedad Anónima para la prestación de un servicio municipal de naturaleza industrial, y el propio Ayuntamiento, por lo que la legitimación pasiva puede imputarse indistintamente a uno o a otro, como también la responsabilidad por el incumplimiento de lo pactado: la entrega de las viviendas en un tiempo determinado. La Sala entiende que *«la Corporación municipal no se halla exenta de las obligaciones asumidas por dicha Sociedad* privada en la realización de los fines para los que fue constituida por el propio Ayuntamiento, con órganos de dirección y administración del mismo y capital en su totalidad de la Corporación». Se hace responsable, por lo tanto, al Ayuntamiento por los daños y perjuicios ocasionados por la demora en la entrega de las viviendas por el Patronato de la Vivienda de Cers, S.A.

En definitiva, a los Ayuntamientos les alcanza la responsabilidad patrimonial por los actos realizados por las Sociedades Anónimas Municipales por ellas creadas y *encargadas de la gestión de un servicio municipal en régimen de monopolio.*

6. *La Disposición Adicional 6.ª de la LCAP, un grave error de concepto en relación con los artículos 1 y 2 de la misma Ley*

Recordemos que el artículo 1, regula el ámbito de aplicación subjetivo de la ley, ha sido uno de los preceptos más polémicos de ésta desde su primera formulación hasta el debate final en el Senado. La contratación del sector público tiene hoy un alcance muy superior a la definición estricta de las Administraciones Territoriales, y en sus primeras redacciones figuraba una exclusión general de todas aquellas Entidades de Derecho público que estuviesen por ley sujetas al Derecho privado, así como de todas las empresas públicas constituidas en forma de sociedad. Ello fue objeto de una crítica generalizada en los medios universitarios y de opinión, lo que vino a promover en las fuerzas políticas un movimiento de reforma, cristalizado en unas enmiendas de última hora.

Finalmente fue aprobado el texto siguiente:

«3. Deberán asimismo ajustar su actividad contractual a la presente ley los Organismos autónomos en todo caso y las restantes Entidades de Derecho público con personalidad jurídica propia, vinculadas o dependientes de cualquiera de las Administraciones Públicas, siempre que en aquellas se den los siguientes requisitos:

a) Que hayan sido creadas para satisfacer *específicamente* necesidades de interés general que *no tengan carácter industrial o mercantil.*

b) Que se trate de Entidades cuya actividad esté *mayoritariamente financiada* por las Administraciones Públicas u otras Entidades de Derecho público, o bien cuya gestión se halle sometida a un *control por parte de estas últimas, o cuyos órganos* de administración, de dirección o de vigilancia están compuestos por miembros más de la mitad de los cuales sean nombrados por las Administraciones Públicas y otras Entidades de Derecho positivo».

El apartado a) parece excluir de su aplicación únicamente a aquellas empresas públicas que realizan una actividad industrial o mercantil *en el sentido más estricto del término,* es decir, en el sentido de dación y trasformación de bienes del mercado y *en régimen de mercado.* Ello implica que no desarrollan su actividad en régimen de exclusiva, sino en competencia abierta con otros operadores; que no pueden disfrutar de financiación pública en condiciones de desigualdad con los demás; que no ostentan privilegio jurídico o económico alguno (derechos de expropiación, imposición legal de servidumbres a su favor, etc...). En una palabra, tienen que ser entes que realicen *una actividad mercantil o industrial* en régimen de mercado, y que, por tanto, no tengan una finalidad *específicamente de interés general.*

Obsérvese que, de acuerdo con este criterio, lo decisivo no es la «forma jurídica» que revista el ente u organización contratante, sino el contenido o *naturaleza de su actividad,* aunque es claro que el artículo 1.3 se refiere sólo a las «Entidades de Derecho público».

Según el segundo criterio (apartado b), para someter al Derecho administrativo los contratos de los entes públicos, éstos deben estar mayoritariamente *financiados* por las Administraciones Públicas, o que su gestión se halle sometida a *control* por parte de estas últimas, especialmente si sus órganos de administración, dirección o vigilancia están nombrados en su mayoría por la Administración Pública. Con ello no se hace sino incorporar el concepto de «organismo de Derecho público» contenido en los artículos 1.b) de las Directivas 93/36/CEE (de contratos de suministros), 93/37/CEE (de contratos públicos de obras) y 92/50/CEE (de contratos de servicios públicos). En éstas se entiende por «Organismo de Derecho público» lo siguiente:

> «Cualquier organismo creado para satisfacer específicamente necesidades de interés general que *no tengan carácter industrial o mercantil,* dotado de personalidad jurídica y cuya actividad esté mayoritariamente financiada por el Estado, los Entes territoriales u otros organismos de Derecho público, o bien, cuyo órgano de administración, de dirección o de vigilancia esté compuesto por miembros de los cuales más de la mitad sean nombrados por el Estado, los Entes territoriales u otros organismos de Derecho público».

Nótese, de nuevo, que el Derecho europeo hace también caso omiso de las «formas, nombres o identidades» que presentan en cada país los órganos (entes) de contratación. Se atiene a la tipificación de las *realidades* que se describen en las Directivas.

Y esto es lo que viene a ratificar en el artículo 2.1 de la propia LCAP cuando dice:

> «Artículo 2. *Adjudicación de determinados contratos de Derecho privado.*
>
> 1. Las *entidades de Derecho público* no comprendidas en el ámbito definido en el artículo anterior quedarán sujetas a las prescripciones de esta ley relativas a la capacidad de las empresas, publicidad, procedimiento de licitación y formas de adjudicación, respecto de los contratos en los que se concurran los siguientes requisitos:
>
> a) Que se trate de contratos de obras y de contratos de consultoría y asistencia, de servicios y de trabajos específicos y concretos no habituales relacionados con los primeros, siempre que su importe, con exclusión del Impuesto sobre el Valor Añadido, sea igual o superior a 681.655.208 pesetas, si se trata de contratos de obras, o a 27.266.208 pesetas si se trata de cualquier otro contrato de los mencionados.
>
> b) Que la principal fuente de financiación de los contratos proceda de transferencias o aportaciones de capital proveniente directa o indirecta de las Administraciones Públicas».

Obsérvese que este texto prescinde de la naturaleza de los entes, de si tienen o no carácter industrial o mercantil y de si los contratos son públicos o privados (el propio artículo los califica «de Derecho privado»). Lo único que importa es que son «contrato de obras» (u otros vinculados a ellos) y que la financiación es pública. Criterios ambos que se reiteran en el número 2 cuando, como ya se hecho constar, afirma:

> «2. *Quedan sujetos* a las prescripciones a que se refiere el apartado anterior *los contratos* de obras de la clase 50, grupo 502, de la Nomenclatura General de las Actividades Económicas de las Comunidades Europeas (NACE), los de construcción relativos a hospitales, equipamientos deportivos, recreativos o de ocio, edificios escolares o universitarios y a edificios de uso administrativo y los contratos de consultoría y asistencia, de servicios y de trabajos específicos y concretos no habituales que estén relacionados con los contratos de obras mencionados, cuando sean subvencionados directamente por la Administración con más de 50 por 100 de su importe, siempre que éste, con exclusión del Impuesto sobre el Valor Añadido, sea igual o superior a 681.655.208 pesetas, si se trata de contratos de obras, o a 27.266.208, si se trata de cualquier otro contrato de los mencionados».

De acuerdo con todo lo anterior podría concluirse que la LCAP quiso, expresamente, intervenir la tendencia creciente a huir del Derecho público de la contratación y reintegrar a éste toda la contratación de los entes y empresas públicas, *salvo aquéllas que tengan por objeto la producción y comercialización, en régimen de competencia, de bienes y servicios propios del giro y tráfico mercantil.*

Pues bien, la Disposición Adicional 6.ª supone una contradicción con todo lo anterior, excluyendo de la LCAP a las empresas públicas constituidas en forma de sociedad, haciendo de esta «forma jurídica» una especie de salvaguarda defensiva respecto de la aplicación del Derecho público. Es decir, las «Sociedades» quedan por principio excluidas de la LCAP, cualquiera que sea la naturaleza de su actividad (es decir, aunque ésta sea la gestión de obras y servicios públicos). Dice así la citada Disposición Adicional:

> «Las sociedades mercantiles en cuyo *capital sea mayoritaria* la participación directa o indirecta de las Administraciones Públicas o de sus Organismos Autonómicos, o entidades de Derecho público, *se ajustarán en su actividad contractual a los principios de publicidad y concurrencia,* salvo que la naturaleza de la operación a realizar sea incompatible con estos principios».

Tal Disposición, además de estar en contradicción con el resto de la ley y con los criterios que inspiran el Derecho europeo, supone la vuelta a una situación ya superada —la de la Disposición Transitoria 2.ª del RCE—, que había acreditado su inutilidad. En efecto, esa genérica invocación a los «principios» de la contratación pública es en la práctica absolutamente insuficiente, como ha demostrado la experiencia de su aplicación a las sociedades mercantiles en mano pública desde 1975.

Por ello, resulta criticable —más aún: constitucionalmente dudosa— la exclusión de la contratación de estas empresas por razón de su «forma» jurídica societaria, que es algo libremente elegible. Consideramos, por el contrario, que todo contrato que *materialmente* responda a los criterios que definen el contenido de los contratos administrativos típicos —realización de obras públicas, infraestructuras y equipamientos; gestión de servicios públicos; suministros de materiales y equipos, etc...—, así como todos aquellos que presenten una directa vinculación al desenvolvimiento regular de un servicio público, deben ajustarse, en su preparación y adjudicación, a los preceptos de la ley administrativa (y no sólo a sus «principios») con independencia de que quien los suscriba sea un Ente Público o una sociedad mercantil.

7. Quid *de la aplicación del Derecho privado*

A la vista de lo expuesto, podríamos preguntarnos ¿no cabe acaso utilización alguna de las formas y gestiones en régimen de Derecho privado por parte del Estado? Entendemos que hay que responder afirmativamente. La Administración puede utilizar el Derecho privado, pero únicamente cuando actúe en régimen «verdaderamente industrial y mercantil» [artículo 1.3.a)], lo que quiere decir en régimen de mercado libre y abierto a la competencia. Dicho brevemente: cuando no actúe como Administración, sino como comerciante, fabricante o industrial.

Tal era la solución contenida en la enmienda número 258 del PP al artículo 1.3 de la Ley de Contratos para las Administraciones Públicas, cuyo texto era el siguiente:

> «Enmienda número 258 del Partido Popular al artículo 1.3:
>
> 3. Deberán asimismo ajustar su actividad contractual a las prescripciones de la presente ley, los Organismos autónomos en todo caso *y el resto de las Entidades que integren el sector público* conforme a las siguientes reglas:
>
> a) Las *Entidades de Derecho público* que por su normativa propia hayan de ajustar su actuación al Ordenamiento jurídico privado quedarán sometidas a las normas de la presente ley *en lo referente a la preparación y adjudicación* de los contratos.
>
> b) Las *sociedades mercantiles* en cuyo capital sea mayoritaria la participación directa o indirecta de las Administraciones públicas, Organismos autónomos y demás Entidades de Derecho público ajustarán su actuación contractual a los preceptos de la presente ley en lo *relativo a la preparación y adjudicación,* salvo en lo que respecta a los contratos propios de la actividad que define *su giro o tráfico mercantil* y los de comercialización en *régimen de libre competencia de los productos o servicios que constituyen su objeto social.*
>
> c) En todo caso, las entidades comprendidas en los anteriores apartados a) y b) ajustarán su actividad contractual a lo previsto en la presente ley

respecto a los contratos relativos a actividades de promoción, ejecución o comercialización de inmuebles, terrenos o infraestructuras, salvo cuando estas actividades constituyan su objeto social *exclusivo y actúen en régimen de libre competencia*».

La motivación era igualmente expresiva y refleja el giro completo de orientación que el tema había recibido en este grupo parlamentario. Dice así:

> «Extender las garantías públicas que implica la legislación de contratos del Estado al conjunto del sector público en términos razonables, *evitando la huida del Derecho público* que posibilita el proyecto y *que ha sido causa y caldo de corrupción*».

En efecto, es evidente que la contratación, por una Administración, un ente público, una sociedad de suministros públicos, o de consultoría y asistencia técnica y jurídica a las actuaciones de los poderes públicos, no son actividad mercantil sometida al mercado y a la competencia, sino *actividad administrativa,* de esa a la que se refiere el artículo 103.1 de la Constitución, y que, por tanto, no cabe eximirla de la regulación pública, por mucho que el Estado, la Comunidad Autónoma o el Municipio «se vistan» de sociedad anónima. Mas aún, si incluso aquellos sujetos privados que ostentan posiciones de privilegio, monopolio y derechos de exclusiva sobre sectores completos de actividad de *servicio público,* vienen sometidos por la legislación comunitaria (de la CEE) a «un régimen de contratación de Derecho público» en todo lo que significa preparación, publicidad, licitación y adjudicación; si todo ello es así, digo, ¿cómo no van a estarlo esas sociedades instrumentales que *se colocan en el lugar de la Administración para hacer las funciones de ésta?* Esto es algo que parece evidente. Y lo contrario constituye un fraude de Ley.

Ciertamente hay tipos y modalidades de actuación estatal que vienen exigidas por los nuevos fines del Estado prestacional (pensemos, por ejemplo, en la gestión de puertos o aeropuertos, en las actividades de radiodifusión y televisión o en las actividades de promoción del turismo; incluso en las operaciones de privatización de empresas, en la que están embarcados muchos Estados modernos) para las que el Derecho administrativo clásico de la contratación, configurado sobre el patrón de las obras públicas, resulta inadecuado (no se puede gestionar con él). Pero en tales casos lo que habrá que hacer será *reformular ese Derecho administrativo,* aumentando su flexibilidad cuando sea necesario y manteniendo, en todo caso, las exigencias de los artículos 1.9 y 103 de la Constitución: principio de igualdad ante los beneficios y las cargas públicas, objetividad, no discriminación, mérito y capacidad, desconfianza hacia los administradores, control contable y financiero, etc. Y si la «eficacia» puede sufrir con ello, que no lo creo, porque en el medio plazo eficacia y legalidad son complementarias en el Estado, no hay más remedio que aceptar ese *trade off* y resolverlo a favor de la libertad, la justicia y la igualdad.

No podemos extendernos en este momento en consideraciones más amplias sobre este tema, que desbordarían los límites propios de este estudio, pero convendrá concluir afirmando que ello no quiere decir que *toda* la actividad contractual de *todas* las empresas públicas deba someterse a *toda* la legislación administrativa. Como bien ha escrito Sala Arquer, existe un ámbito claro donde esto no es necesario ni posible; el de la producción y la comercialización, en régimen de *libre y auténtica competencia,* de bienes y servicios propios del giro y tráfico mercantil; «el criterio —dice este autor— debe ser el de la posibilidad que exista una actuación sometida a real y efectiva competencia... Mientras las pretendidas empresas públicas desarrollen su actividad en un régimen de monopolio, o en un mercado cerrado, que da lugar a una posición dominante, o mientras la actividad esté financiada básicamente con cargo a fondos públicos, o se trate incluso de ejercicios típicos de autoridad y función pública, como ocurre en algunos casos (Agencia Tributaria, Consejo Económico y Social, Correos, etc.), el recurso a la forma societaria o el sometimiento de esa actividad al Derecho privado no tiene justificación alguna» [9].

Asimismo ya hemos dicho que todo contrato que materialmente responda a criterios que definen el contenido de los *contratos administrativos típicos* —realización de obras públicas, infraestructuras y equipamientos, gestión de servicios públicos—, y que, en general, presente una *directa vinculación al desenvolvimiento regular de un servicio público,* debe ajustarse —se insiste en ello— en su preparación y adjudicación a los preceptos de la ley administrativa (y no sólo a sus «principios»), con independencia de que quien los suscriba sea un Ente público o una sociedad mercantil.

Por tanto, algunas Sociedades en mano pública recientemente creadas, como Improsa, Gisa, Holsa, Consorcio «Pasillo Verde», Sociedad para la Construcción de Prisiones, Sociedades Municipales gestoras de obras y servicios públicos, urbanizadoras, promotoras de viviendas, etc., deben ser reconducidas al Derecho público.

III. El Derecho público, reconstructor y garante del mercado

El Derecho público tiene otra función en relación con el mercado; reconstruirlo allí donde no existe y donde puede llegar a existir a través de la re-

---

[9] Sala Arquer, *Huida al Derecho privado y huida del Derecho,* REDA, n.º 75, 1992, cit., página 412.

gulación de redes e infraestructuras comunes para la prestación de servicios de interés económico general en régimen de competencia.

Hay actividades que no son susceptibles de realización en régimen de libre competencia (no hay libertad de entrada, ni de inversión, ni de contratación). Básicamente, estas actividades se refieren a dos aspectos o fases del negocio: la instalación y gestión de infraestructuras y, por otro lado, los llamados «servicios esenciales». Veamos por separado ambas cosas.

1. *Instalación y gestión de infraestructuras (redes, bases de operación) que no deben ser duplicadas porque presentan características de monopolio natural (al menos en principio)*

Las infraestructuras son necesariamente de uso común, y sobre las mismas los distintos operadores pueden ofrecer servicios singularizados. En el ferrocarril es común el uso de las estaciones y las vías; en el transporte aéreo, de los aeropuertos y servicios aeroportuarios; en la energía eléctrica las redes de alta y media tensión y las instalaciones del despacho central; en las telecomunicaciones, las redes de cable y la red telefónica conmutada; en el petróleo y el gas, los oleoductos y gasoductos, etc. Sobre estas instalaciones los operadores pueden ofrecer variados servicios: distintas modalidades de transporte, distintos horarios y calidades, distintos servicios de telecomunicaciones, distintas modalidades de suministro eléctrico o gasístico (interrumpible o no interrumpible, etc.). Ahora bien, para que ello sea así, el Derecho público debe regular el uso común de esos bienes, cualesquiera que sea su propietario.

La «red» es, en estos sectores, la clave para la existencia de un mercado, es la vía física a través de la cual se materializa y, por ello, su regulación debe reunir algunas características, como las siguientes:

1. En primer lugar, tiene que tener una *gestión autónoma*, empresarial, no burocrática; debe permanecer separada y al margen de los demás negocios.

2. En segundo lugar, hay que diseñar en lo posible un *Estatuto jurídico de las redes* y acceso de terceros, sobre la base de la doctrina de las *essential facilites, common carrier,* o doctrina de la afectación de bienes al uso público.

3. En tercer lugar, hay que resaltar la *ruptura* con el concepto tradicional de *derecho de propiedad*. En la concepción tradicional del Código Civil, la propiedad se configura como el derecho de uso, disfrute y disposición en exclusiva. Por el contrario, en la nueva regulación de servicios públicos para la competencia aparecen las *propiedades afectadas al uso público:* la propiedad se afecta al uso de unos terceros que tienen derecho a confiar en él. De manera que se *se-*

para propiedad y uso y aparece un nuevo tipo de propiedad vinculada por su *destino,* por su uso, y no por su titularidad [10].

2. *Prestaciones de servicio universal. Hacia un nuevo concepto de servicio público*

En la regulación de los servicios en un régimen competitivo hay que distinguir lo que son prestaciones de mercado y prestaciones de «servicio esencial universal». Estas últimas son aquellas modalidades a las que el mercado, por sí solo, no daría respuesta y la autoridad entiende que deben ser cubiertas porque constituyen un estándar mínimo de servicio al que todos tienen derecho. En este caso, la competencia no es posible porque no hay oferta. Y no la hay porque el coste de dichas prestaciones jamás cubriría el precio que por ellas se podría pagar y nadie estaría interesado en concurrir.

En tales casos, la regulación administrativa de nuevo interviene, imponiendo la prestación obligatoria a cualquiera de los operadores del sector. Pero a diferencia de la regulación tradicional, que venía a sustituir al mercado cuando éste no existía, el nuevo modelo de regulación para la competencia busca su reconstrucción mediante la apertura de los servicios y la imposición a sus gestores de algunas obligaciones de hacer. Ahora bien, ello implica un nuevo concepto de servicio público. Frente a la idea tradicional de que todo servicio público era una actividad reservada que otorgaba derechos de exclusiva, hoy las características de éste son las siguientes [11]:

a) La *no calificación como servicio público de una actividad o sector en su conjunto, sino sólo de algunas tareas, misiones, actuaciones concretas* dentro de aquél. En lugar de declarar «servicio público» el correo, las telecomunicaciones, el gas, la electricidad, el transporte o la televisión, lo que hay que hacer es precisar, en cada uno de ellos, cuáles son *las obligaciones o cargas de servicio público,* esto es, de servicio universal, obligatorio, que hay que garantizar, como *misión o tarea de interés general* en cada sector concreto, a cuyo cumplimiento vienen vinculados los operadores que actúen en él. Ello exige justamente la diferenciación de prestaciones: en el transporte será la cobertura de determinadas líneas regula-

---

[10] Sobre estas situaciones de afectación de bienes al servicio público y su naturaleza jurídica (hipoteca tácita legal, derecho real *in faciendo*) me remito a lo que escribí hace ya años en G. ARIÑO ORTIZ, *La afectación de bienes al servicio público,* IEA, Madrid,1972, hoy incorporado a este volumen como Lección 19.ª

[11] Debo decir aquí que he discutido este tema en múltiples ocasiones con los Profesores José Luis MARTÍNEZ LÓPEZ-MUÑIZ y Juan Miguel DE LA CUÉTARA, Catedráticos, respectivamente, de Valladolid y La Laguna, cuyas ideas, con alguna aportación mía, aparecen reflejadas en las consideraciones que siguen. Es justo hacerlo constar.

res (pero no cualquier transporte); en el correo, el servicio básico postal de cartas y certificados con carácter universal (pero no el servicio de paquetería o transporte urgente); en las telecomunicaciones, el servicio básico telefónico con carácter universal (pero no los servicios de valor añadido, la telefonía móvil o las redes locales de cable); en la electricidad, el transporte en alta tensión por la red general peninsular y la distribución universal a todo pequeño consumidor final (pero no la generación eléctrica, ni la venta al por mayor, ni el suministro a grandes consumidores), etc... En cada sector hay que determinar en concreto cuáles son esas obligaciones.

b) El *abandono del concepto de reserva,* con todo el régimen jurídico que este concepto lleva consigo (titularidad de la actividad a favor del Estado, idea de concesión como transferencia de una competencia originariamente administrativa, con rescate en cualquier momento, garantía del equilibrio financiero de la empresa, responsabilidad administrativa, etc...) [12]. En lugar de ello, el concepto de servicio público se acerca más a la idea de actividad reglamentada, propio del mundo anglosajón [13].

c) *Se sustituye el régimen cerrado* y en exclusiva, que caracteriza hasta ahora los servicios públicos, *por un régimen abierto,* en principio, en cuanto a la entrada en el sector, bajo régimen de autorización reglamentada, sometida a una «regulación por causa de servicio público» y la imposición de cargas u obligaciones de servicio, en la medida en que haya que garantizar determinadas *prestaciones al público,* que se impondrán de modo vinculante a todos cuantos actúen en el sector. El incumplimiento de tales obligaciones puede imponerse unilateralmente por la norma reguladora del servicio, o contractualmente, pactándolo en cada caso con los distintos operadores cuando se les otorga la autorización para operar en el sector. Tanto en un caso como en el otro habrá que prever la correspondiente compensación económica, cuando las concretas obligaciones de servicio al público no puedan ser costeadas por sus destinatarios. Como escribe Martínez López-Muñiz, «el sujeto que asume la obligación de llevar a cabo la correspondiente prestación no tiene por qué asumir en justicia su financiación: imponerle una u otra atentaría derechamente contra el principio de igualdad ante las cargas públicas, que es fundamental en un Estado de Derecho y tiene rango constitucional (artículo 31 CE)». Cabrá imponerle la primera, la obligación de realizar la prestación de que se trate, cuando en razón de sus circunstancias —dedicarse a esa actividad en la zona más

---

12 Me remito a lo que escribí en G. ARIÑO, *Economía y Estado,* Madrid, 1993, sobre servicio público y régimen jurídico, en Capítulo X, páginas 315 y siguientes.

13 Sobre la diferencia entre servicio público y actividad reglamentada, hoy, en nuestro Derecho, me remito de nuevo a *Economía y Estado,* cit., páginas 306 y siguientes.

próxima, por ejemplo, tener los medios adecuados para ello, etc.— puede hablarse de una razonable exigibilidad pública —sólo temporal las más de las veces— por no haber otro medio disponible en la sociedad o cuando la generación de éste pudiera comportar excesivos costes o demoras. Pero entonces procede la compensación económica, como exige la doctrina del ejercicio de potestades ablatorias o expropiatorias sobre los particulares.

He aquí algunos elementos definidores del nuevo concepto y la nueva técnica del servicio público que trata de hacer éste compatible con las libertades básicas del Mercado Único Europeo. Porque, en efecto, existía una cierta colisión opositiva entre el antiguo artículo 90 del Tratado y el concepto tradicional de servicio público. Dice el artículo 90 (hoy 86):

> «1. Los Estados miembros no adoptaran ni mantendrán, respecto de las empresas públicas y aquellas empresas a las que concedan derechos especiales o exclusivos, ninguna medida contraria a las normas del presente Tratado, especialmente las previstas en los artículos 7 y 85 a 94, ambos inclusive».

Obviamente, tales empresas eran las de servicio público y las concesionarias de monopolios fiscales que, en principio, infringían numerosas normas del Tratado (entre otras, la prohibición de monopolios industriales y comerciales: artículo 37; la libertad de importación y/o exportación de productos y mercancías: artículo 30; la libertad de establecimiento y la libertad de prestación de servicios dentro de la Comunidad: artículos 52 y 59; las normas sobre competencia: artículos 85 y 86, etc...). Sin que las excepciones a estas libertades del Tratado, contenidas en los artículos 36, 55 y 56 fueran aplicables a la mayoría de los servicios públicos, pues éstas se refieren exclusivamente a conceptos como «orden público, moralidad y seguridad públicas, protección de la salud y vida de las personas», «ejercicio del poder público», «salud pública» y expresiones similares que no resultan de aplicación a la mayoría de los servicios públicos concedidos.

La única excepción que sí debe tomarse en consideración es la contenida en el propio artículo 90.2, que refiriéndose a esas mismas empresas dice lo siguiente:

> «2. Las empresas encargadas de la gestión de servicios de interés económico general o que tengan el carácter de monopolio fiscal quedarán sometidas a las normas del presente Tratado, en especial a las normas sobre la competencia, en la medida en que la aplicación de dichas normas no impida, de hecho o de derecho, el incumplimiento de la misión específica a ellas confiada.
>
> El desarrollo de los intercambios no deberá quedar afectado en forma tal que sea contraria al interés de la Comunidad».

Ahora bien, esta excepción es exigente porque, en primer lugar, cada Estado deberá justificar mediante razones fundadas la necesidad de configurar determinadas actividades en ese régimen de derechos especiales o excluidos (lo que supone que tal decisión deja de ser libre para el legislador nacional o discrecional para la Administración que lo adopte). En segundo lugar, el monopolio, la exclusividad, queda estrictamente limitada a aquellas tareas o misiones específicas para las cuales tal régimen de explotación sea absolutamente indispensable, apreciación que queda también bajo el control, primero, de la Comisión y, después, del Tribunal de Justicia de Luxemburgo.

Debe recordarse, finalmente, que en este punto concreto el Tratado otorga poder normativo a la Comisión en el artículo 90.3 cuando dice:

> «3. La Comisión velará por la aplicación de las disposiciones del presente artículo y, en tanto fuere necesario, dirigirá a los Estados miembros Directivas o decisiones apropiadas».

Ahora bien, no resulta posible, en la mayor parte de los casos, acreditar que dichas exigencias sean necesarias en todo un sector y en el conjunto de sus actividades; así, por ejemplo, en materia de transporte, en el correo, en las telecomunicaciones, en la producción y distribución de carburantes, en la navegación aérea, en la generación y venta de electricidad al por mayor y en la mayor parte de las actividades reservables del artículo 86 de la Ley de Régimen Local: aprovechamiento de residuos, mataderos, mercados y lonjas centrales, transporte público o servicios mortuorios. No resulta posible —digo— demostrar que cualquier apertura a la competencia en estos sectores hace imposible «el cumplimiento de la misión específica» que en ellos se quiere conseguir. Puede ser que la haga algo más difícil para los operadores —y desde luego menos rentable que en régimen de monopolio— pero seguramente más conveniente y más barata para el ciudadano. Y lo que el Tratado dice es justamente eso: que no se puede prohibir la competencia salvo que ésta haga *imposible* el cumplimiento de las tareas de servicio público.

Pues bien, esto no ha podido ser demostrado en gran número de los tradicionales servicios públicos, que, en consecuencia, se han visto obligados a abrirse a la competencia [14].

---

14 G. ARIÑO ORTIZ, *Sobre el significado actual de la noción de servicio público y el Mercado Único Europeo,* Ponencia presentada al Curso sobre «Política Europea de los Servicios Públicos: la ruptura de los monopolios», organizada por el Centro de Estudios Europeos/Universidad de Alcalá) y el Programa de Estudios de Regulación Económica (Universidad Autónoma de Madrid), Madrid-Alcalá, julio de 1995.

IV. Conclusión

En definitiva, y para concluir, entiendo, con un amplio sector de opinión en la doctrina española, que la Constitución de 1978 impone al Estado la salvaguarda en todas sus actuaciones de una serie de valores superiores (libertad, justicia, igualdad, seguridad jurídica, interdicción de la arbitrariedad, responsabilidad, control público) que sólo el Derecho público puede garantizar. Por otro lado, el «sometimiento pleno a la ley y al Derecho» que reclama el artículo 103.1, y el control de la legalidad por Tribunales Contencioso-Administrativos, que exige el artículo 106.1, ambos de la Constitución, sólo puede cumplirse «si la Administración se ajusta al Derecho público en sus actuaciones». La vinculación a esos valores no desaparece, por tanto, ni siquiera cuando en su actuación se adoptan formas organizativas de Derecho privado, porque es lo cierto que tras esas formas sigue habiendo, desde un punto de vista material o sustancial, actuación de los poderes públicos, gestión de patrimonio público, inversión de fondos públicos, en una palabra, «Administración Pública».

Por otro lado, el Derecho público es hoy el Derecho regulador y reconstructor del mercado en toda una serie de campos o sectores en los que la existencia de éste sólo es posible, sólo sobrevive, cuando se inserta en un sistema institucional público, bajo un conjunto de reglas del juego que defienden la competencia en beneficio del ciudadano. Esto es lo que ocurre con los antiguos servicios públicos, la mayoría de los cuales se han visto segmentados o desagregados en una seria de actividades diversas, competitivas, apoyadas en un conjunto de infraestructuras o instalaciones que reúnen las características del monopolio natural. Ésta es una de las grandes tareas del Derecho público de nuestros días, que es el que debe presidir el moderno derecho de la competencia, elaborado hasta ahora por los mercantilistas.

CAPÍTULO III

LA ADMINISTRACIÓN Y SUS PRINCIPIOS DE ORGANIZACIÓN

LECCIÓN 6.ª

HACIA UN NUEVO MODELO DE ESTADO. PERSPECTIVA ACTUAL Y FUTURA DE LA ADMINISTRACIÓN INSTITUCIONAL *

SUMARIO: I. ORIGEN Y CONFIGURACIÓN DE LA ADMINISTRACIÓN ACTUAL.—II. ESTRUCTURA Y TIPOLOGÍA BÁSICA DE LA LLAMADA «ADMINISTRACIÓN INSTITUCIONAL», HASTA 1997: A) *Organismos Autónomos de carácter administrativo.* B) *Organismos Autónomos de carácter comercial, industrial, financiero o análogo.* C) *Entidades de Derecho público que por Ley hayan de ajustar sus actividades al ordenamiento jurídico privado.* D) *Entes Públicos del artículo 6.5 de la LGP.* E) *Consideraciones sobre el régimen jurídico de estos Entes.*—III. RÉGIMEN JURÍDICO BÁSICO DE LOS ORGANISMOS AUTÓNOMOS Y ENTIDADES JURÍDICO-PÚBLICAS EN LA LEY DE ORGANIZACIÓN Y FUNCIONAMIENTO DE LA ADMINISTRACIÓN GENERAL DEL ESTADO: a) *Régimen presupuestario y control financiero.* b) *Régimen jurídico patrimonial.* c) *Personal de los Organismos Autónomos.* d) *Régimen contractual.* e) *Régimen de recursos y control.* f) *A modo de conclusión: la imposible reconducción a la unidad.* g) *La confirmación de todo ello en un supuesto reciente: la creación del Ente Gestor (Administrador) de Infraestructuras Ferroviarias (desde el 2003 ADIF).*—IV. EL FUTURO DE LOS ORGANISMOS AUTÓNOMOS.

I. Origen y configuración de la Administración actual

El presente es... el pasado. Nada sustancial ha cambiado. Y uno y otro no son sino la frustración de un diseño originario —el que inspiraron León Duguit, Maurice Hauriou y D. Antonio Royo Villanova— que nunca se ha visto realizado, a saber: la institucionalización funcional de la Administración, rompiendo el carácter unitario, jerárquico, centralizado y lineal que ha presidido ésta desde la configuración napoleónica.

Recordaré, para empezar, cómo fue el origen de esa Administración institucional, los factores políticos que la hicieron nacer y que resultan hoy, de

* Conferencia pronunciada en las Jornadas Anuales de la Dirección General de Servicio Jurídico del Estado, publicada más tarde, con algunas ampliaciones, en la Revista «Presupuesto y Gasto Público», n.º 20, Ministerio de Hacienda, 1996, páginas 11-28.

nuevo, especialmente interesantes, así como las razones de su frustración histórica, que todavía subsiste en la Ley de Organización y Funcionamiento de la Administración General del Estado (en adelante, LOFAGE). Después diré algunas cosas sobre lo que yo creo que habría que hacer en el marco de una reforma profunda del Estado.

El nacimiento y estructuración de la Administración institucional fue una *necesidad biológica —de crecimiento— del Estado moderno,* y surge coyunturalmente como una engañosa vía media entre la centralización administrativa, que se ha ido intensificando a lo largo del siglo XIX, y una exigente reclamación de devolución de poderes a los entes territoriales naturales, que se levanta a comienzos del XX.

En los albores de este siglo que ahora termina, ante la crisis de una sociedad que está sufriendo las consecuencias de la revolución industrial, el Estado se ve obligado a corregir algunas consecuencias nocivas que el «desorden natural» de la sociedad ha producido. Para ello el viejo Estado liberal se ve obligado a asumir nuevas tareas, que darán lugar al primer movimiento o proceso de creación de «entes especiales», como se les llamará en Francia, encargados de algunas de esas nuevas finalidades, fundamentalmente económicas y sociales. En España, este proceso puede datarse exactamente en el comienzo de siglo [1].

Este proceso de creación de «entes especiales», a los que se asignan finalidades específicas, será calificado por nuestra doctrina como «descentralización por servicios», como un eco de la *«décentralisation par établissements publics»,* que Hauriou había propugnado en Francia en 1895. Es el resultado de un conjunto de factores diversos: políticos, económicos y técnicos que creo pueden ser sintetizados así:

1) Un cambio de 180 grados en la relación Estado-Sociedad que se ha ido operando hacia finales del XX, que se manifiesta en un creciente intervencionismo de aquél, no sólo en el orden jurídico, sino económico, y no sólo como ordenador imparcial, sino con claro designio protagonista y corrector de los desequilibrios sociales.

---

[1] Con la salvedad de la Junta del Canal de Aragón y del Canal de Isabel II, que son bastante anteriores, nuestros primeros entes autónomos, manifestación de esa nueva Administración Institucional son de estos años: así, las Juntas de Obras de Puertos (1899-1901), las Juntas de Canales de riegos y pantanos (1903), el Instituto de Reformas sociales (1903), Consejo de Protección a la Infancia (1904), la llamada Junta de Fomento y mejora de las habitaciones baratas (1911), el Instituto Nacional de Previsión (1908), Consejo Superior de Emigración (1907), Junta Central de Colonización Interior (1907), Junta de Ampliación de Estudios (1907), etc.

2) Una creciente complejidad técnica de las tareas que la Administración asume, y la necesidad de profesionalizar, al margen de la línea política imperante, su dirección y ejecución; ésta no debe verse truncada por los vaivenes de la política [2]. El gran Decano de Toulouse escribía en 1895 un lúcido trabajo, quizás el primero sobre este tema: *La décentralisation par les établissements publics* (en «Revue Politique et Parlamentaire», 2.º año, 1895, Tomo IV, páginas 56 y siguientes). Con anterioridad, aunque menos claramente, en *Étude sur la décentralisation* (en «Repertoire du Droit Administratif», 1892, páginas 5 y siguientes), en el que se puede leer lo siguiente:

> «Cuando un país alcanza un cierto grado de civilización y su Administración un cierto grado de complicación, se impone una organización más desarrollada de los *intereses especiales.* Porque el Gobierno Central y el Gobierno Local se convierten en objetivo de los partidos políticos, ya que éstos siempre tienen por objetivo la conquista del poder. Los servicios generales y los servicios locales sufren en cierta medida de esta lucha de partidos; se producen de vez en cuando cortes bruscos cuando un nuevo partido se pone a la cabeza de los asuntos, es decir, toma la dirección de los servicios. Pues bien, hay servicios particularmente delicados que es deseable poner al abrigo de estas perturbaciones políticas, lo que permite a su personal permanecer estable, se crean tradiciones que no corren el riesgo de quedar interrumpidas, se les permite tener un presupuesto distinto de aquellos que alimentan el conjunto de los servicios generales y locales y escapar así a sus vaivenes. Estos resultados se obtendrán si se ponen a la cabeza de estos servicios *autoridades especiales*».

He aquí una perfecta descripción de algunas razones que explican el nacimiento de esas Administraciones «de los intereses especiales», bajo la competencia de unas Autoridades especiales que nosotros más tarde llamaremos Organismos Autónomos.

3) Pero hubo también otro factor, tanto en Francia como en España (aunque más en España), que fue la necesidad de levantar una bandera frente a una poderosa corriente doctrinal de descentralización territorial que bajo diversas formulaciones, bastante radicales y románticas, propugnaba la revisión del modelo de Administración napoleónica y la devolución a los entes naturales de los poderes políticos de decisión. Son los años en los que surgen en España los nacionalismos.

Conviene quizás recordar, por el interés que tiene en nuestros días, que aquella primera descentralización por servicios fue, tanto en Francia como en

---

[2] HAURIOU, M., *Étude...*, cit., páginas 5 y 6.

España —pero especialmente aquí—, un intento de respuesta a las demandas regionalistas y/o nacionalistas que por entonces renacían con fuerza entre nosotros en Cataluña y el País Vasco (más tarde lo harían en Galicia). Es bien sabido que los finales del siglo pasado fueron años en que cristalizaron fuertes movimientos regionalistas en España, que pretendían una vuelta a las unidades históricas frente al uniformismo borbónico francés y al *desgobierno de Madrid*. La crisis de fin de siglo y el profundo desaliento que trajo consigo el 98 para la sociedad española fue el caldo de cultivo en el que cristalizaron los nacionalismos, vasco, catalán o gallego, que tan importante papel habían de jugar —y están jugando— desde entonces. El fantasma de los nacionalismos ha sido, en el último siglo, entre nosotros motivo de preocupación y bandera política. Fue un movimiento amplio, de corte romántico que alarmó no poco a nuestros políticos y estadistas (*vid*. un agudo juicio de este movimiento nacionalista de fin de siglo en Salvador de Madariaga, *«España»,* Espasa, 1963). Pues bien, frente a los «peligros políticos» que esa radical descentralización llevaba en su seno, D. Antonio Royo Villanova levantó en España, como Hauriou en Francia, la bandera de una «nueva descentralización» en su famoso discurso de apertura del curso académico de 1914 en la Universidad de Valladolid.

«¿Debe desintegrarse la Administración pública —se preguntaba Royo Villanova—, constituyendo con sus despojos un conjunto de Gobiernos locales que resuciten los reinos de Taifas o debe llevarse a la Administración Pública la unidad necesaria para reflejar la conciencia nacional, dejando luego a los servicios públicos toda la libertad conveniente a la fecundidad de su misión como gestores de los intereses sociales?». En la nueva descentralización —sigue diciendo Royo— no se trata de darle a ésta una base geográfica «cambiando de lugar el eje de la acción administrativa, sino que, considerando objetivamente el servicio público, se busca relajar su dependencia respecto del poder central, constituyéndolo con personalidad propia y con cierta autonomía de gestión; todo ello en interés general y con mayor garantía para la eficacia del servicio mismo». Éste es el tercer factor determinante del nacimiento de la Administración institucional.

4) Por último, como cuarto factor determinante del nacimiento de esa nueva administración, es la misma naturaleza empresarial de las actividades que ahora emprende el Estado, la que exige una agilidad financiera, incompatible con los rígidos moldes del derecho presupuestario clásico (principio de especialidad, prohibición de transferencia, etc.).

El molde dogmático que aquellos primeros teorizadores de la descentralización por servicios contemplaban era, sin embargo, muy distinto al que después se adoptó para la Administración institucional. Tanto Hauriou como

Royo imaginaron organizaciones con sustrato social y entidad propia, dotadas de autonomía técnica, basada en algunos casos en un sindicalismo funcionarial, en la reserva de funciones a un determinado Cuerpo o colectivo de servidores públicos, a los que se encomienda, con autonomía en su gestión, la dirección del servicio, aún cuando naturalmente el Estado ejerza sobre esos establecimientos públicos un poder de regulación, de supervisión y control. León Duguit, otro gran teórico de esta concepción institucional de la Administración, en su libro *La transformación del Estado* (2.ª edición española, Madrid, 1921), contemplaba ese mismo modelo cuando escribía: «La forma de descentralización hacia la cual marchamos es completamente diferente. Se realiza poco a poco mediante la *organización corporativa de los funcionarios de un mismo servicio»*..., «adquirirán poco a poco un papel impulsor y de dirección del Servicio Público que se les ha confiado».

Bajo estos planteamientos, era lógica la aspiración a crear personalidades distintas del Estado que encarnaban esa nueva descentralización, no territorial sino funcional. Es así como Hauriou en Francia y Royo en España, con más o menos ingenuidad (¿o astucia?), ofrecieron una fórmula de descentralización por servicios que permitiera hacer frente a las necesidades del momento —la prestación de nuevos servicios, el comienzo del Estado del bienestar— sin el peligro político del socialismo en Francia y el regionalismo en España. Para ello se acudió a un prestigioso concepto: el concepto de personalidad jurídica, construido inicialmente sobre un «molde» dogmático (incorporación de fuerzas sociales, representación de los interesados, autonomía frente al Gobierno, etc.), en el que ciertamente la figura no desencajaba demasiado. Pero dicho «molde» era una utopía. En él creyó Duguit y algunos de sus doctrinarios seguidores, pero las tensiones políticas se impusieron, como en tantas ocasiones, a los moldes dogmáticos; y así, lo que pudieron ser el Instituto Nacional de Previsión, las Confederaciones Hidrográficas, el Instituto de Reformas Sociales, las Universidades (hay un interesantísimo proyecto del Ministro Silió, en los años 20, de «nueva» Universidad), los Patronatos o las Juntas de Obras y Servicios de Puertos devinieron en *meros instrumentos del Estado,* perfectamente insertos e identificados con éste. Los entes autónomos hubieran podido ser configurados, como inicialmente se pensó, bajo un modelo de auténtica descentralización y autonomía, no territorial, sino *social,* sobre un grupo o sector de ciudadanos al cual se le dotase de poder público. Pero esto nunca fue así y *tales entes «posibles» no existieron nunca —ni existen— en nuestro Ordenamiento.* A ellos justamente es a lo que hay que volver como diré al final de mi intervención.

De esta manera, lo que en un principio pretendió ser una técnica de limitación y partición del poder central se convirtió en el más fabuloso instrumento de concentración del poder en manos del Gobierno. Esto podrá gustar o no pero es un hecho. El camino para conseguir tal resultado ha sido la sucesiva creación y ampliación de campos de *«libera administratio»* a favor del Gobierno; pues, en efecto, esa libertad de acción, de la que se quiere dotar a los nuevos entes queda referida, en último término, a favor de las mismas personas y centros que integran la Administración Central, sólo que ahora aparecen vestidos de forma distinta; no se trata de creación de unidades o centros de poder distintos e independientes del Estado (Administración Central), sino más bien de la liberación de una serie de procedimientos, controles y garantías, que acompañan habitualmente a la actuación de éste, mediante la creación de unos entes personificados que permanecen plenamente insertos en el Estado-organización, dirigidos y dominados por las autoridades políticas, pero a los que se les libera del derecho general —a veces incluso del Derecho público en su conjunto— para hacerlas más ágiles, más flexibles, más eficaces. Así se argumenta, pero el resultado es que la «liberación» no se produce a favor de unos entes públicos respecto del Gobierno (Administración Central), sino a favor de éste respecto del Parlamento.

Todo ello fue una gran ficción, un engaño, una gran confusión conceptual. *Ni los entes creados eran verdaderas personas jurídicas, ni la descentralización operada sobre ellas era tal;* ambas categorías, centrales en el mundo del Derecho, eran falseadas. A ello responderá Hauriou: *«¿qué nous importent les confusions de catégories juridiques, pourvu que les affaires se fassent?»*. Terrible afirmación para quien crea en los conceptos jurídicos.

El resultado de esa frustración es conocido: la configuración de una personalidad jurídica parcial, a ciertos efectos, aquellos que la ley y la jurisprudencia han querido reconocerles. Hace ahora 25 años que yo estudié en detalle cuáles eran aquellos aspectos en que era apreciada esa personificación jurídica de los Organismos Autónomos y aquellos en que ha sido denegada la existencia de personalidad distinta y separada del Estado. He releído estos días aquellas páginas y a ellas me remito. Siguen siendo válidas. La LOFAGE no ha cambiado apenas nada, como tendremos ocasión de ver a continuación.

II. Estructura y tipología básica de la llamada «Administración institucional», hasta 1997

La Administración institucional adopta en la nueva Ley de Organización y Funcionamiento de la Administración General del Estado, de 14 de abril de 1997, la denominación de «Organismos públicos» y agrupa bajo ese término a todas las Entidades de Derecho público «dependientes o vinculadas a la Administración General del Estado». Dice así el artículo 1, párrafo 2.º:

«Los Organismos públicos son las Entidades de Derecho público que desarrollan *actividades derivadas* de la propia Administración General del Estado, en calidad de *organizaciones instrumentales* diferenciadas y dependientes de ésta».

— Dos ideas interesantes contiene esta declaración legal:

• Los Organismos públicos desarrollan actividades «derivadas» de la propia Administración General: sus tareas son, obviamente, tareas administrativas; son Administración Pública en sentido objetivo, en cuanto que sus funciones están encomendadas o reservadas al Estado, el cual justamente los crea o constituye para su mejor realización. Así lo dice el artículo 23:

> «Los Organismos Públicos previstos en el Título III de esta Ley tienen por objeto la realización de actividades de ejecución o gestión *tanto administrativas,* de fomento o prestación, *como de contenido económico, reservadas a la Administración General del Estado:* dependen de ésta y se adscriben, directamente o a través de otro Organismo público, al Ministerio competente por razón de la materia, a través del órgano que en cada caso se determine».

• La segunda idea es que se trata de organizaciones «instrumentales», puros mecanismos de gestión de tareas propias de la Administración Central, de la que dependen y a la que se adscriben. No existen, pues, organismos verdaderamente «autónomos», independientes de la organización general del Estado (Gobierno y Departamentos ministeriales). Ésa es la realidad.

Pues bien, en la LOFAGE estos Organismos Públicos se tipifican en dos modelos: Organismos Autónomos y Entidades Públicas Empresariales definidas por la Ley (artículo 43) en los siguientes términos:

— Los *Organismos Autónomos* dependen de un Ministerio, al que corresponde la dirección estratégica, la evaluación y el control de los resultados de su actividad, a través del órgano al que esté adscrito el Organismo.

— Las *Entidades Públicas Empresariales* dependen de un Ministerio o un Organismo Autónomo, correspondiendo las funciones aludidas en el apartado anterior (dirección, evaluación y control) al órgano de adscripción del Ministerio u Organismo. Excepcionalmente, podrán existir entidades públicas empresariales cuyos estatutos les asignen la función de dirigir o coordinar a otros entes de la misma naturaleza.

Resulta patente, en ambos casos, que la dirección, evaluación y control corresponden al órgano (político) de la administración general (esto es, centralizada) del Estado. Desaparece así la doble tipología de Organismos Autónomos (administrativos y comerciales) y de Entidades de Derecho Público (comunes y singulares) que se hallaba contenida, respectivamente, en los artículos 4 y 6 de la LGP [artículos ambos que quedan derogados por la Disposición derogatoria única de la LOFAGE en su apartado f)].

Recordemos que en nuestro derecho anterior había dos modalidades de Organismos Autónomos:

— Organismos Autónomos de carácter administrativo y

— Organismos Autónomos de carácter comercial, industrial, financiero o análogo.

Y también dos tipos de Entidades de Derecho Público, a las que se referían los artículos 6.1.b) y 6.5 de la LGP:

— Entidades de Derecho Público con personalidad jurídica que por Ley hayan de ajustar sus actividades al Ordenamiento jurídico privado.

— Entes singulares del sector público estatal que se rigen por su normativa específica.

Para identificar mejor las características de unos y otros tipos de entes, el mejor camino es comprobar la calificación de algunos (de muchos) de ellos. En los listados que se ofrecen a continuación se contienen una relación y calificación de un gran número de entidades, tal como éstas —salvo error mío— estaban consideradas en el momento de entrada en vigor de la LOFAGE.

A) *Organismos Autónomos de carácter administrativo*

Regulados en el artículo 4.1.a) de la Ley General Presupuestaria, son entes instrumentales cuya finalidad no es la realización y gestión de actividades económicas, sino la prestación de *servicios públicos administrativos* o el cumplimiento de *actividades ordenadoras o coactivas.* Sometidos siempre a un régimen de Derecho público, ordinariamente les resultará de aplicación la Ley de Entidades Estatales Autónomas de 1958 y la Ley General Presupuestaria. Entre ellos y a salvo de cambios recientes podrían citarse los siguientes:

— Biblioteca Nacional.

— Centro de Estudios Constitucionales.

— Centro de Estudios y Experimentación de Obras Públicas.

— Centro de Estudios Judiciales.

— Centro de Investigaciones Sociológicas (CIS).

— Centro de Gestión y Cooperación Tributaria.

— Consejo Superior de Deportes.

— Escuela Nacional de Sanidad.

— Fondo de Garantía Salarial.

— Instituto de la Cinematografía y de las Artes Audiovisuales.

— Instituto de Cooperación Iberoamericana.

— Instituto Hispano-Árabe de Cultura.

— Instituto de la Mujer.

— Instituto Nacional de Administración Pública.

— Instituto Nacional de Fomento de la Economía Social.

— Instituto Nacional del Consumo.

— Instituto Nacional de Empleo.

— Instituto Nacional del Libro Español.

— Instituto Nacional de Reforma y Desarrollo Agrario.

— Instituto Nacional de Seguridad de Higiene en el Trabajo.

— Instituto de la Pequeña y Mediana Empresa Industrial.

— Instituto de Relaciones Agrarias.

— Instituto Social de las Fuerzas Armadas.

— Museo del Ejército.

— Mutualidad General de Funcionarios Civiles del Estado.

— Mutualidad General Judicial.

— Registro de la Propiedad Industrial.

— Servicio de Vigilancia Aduanera.

— Fondo Central de Atenciones Generales del Ministerio de Defensa.

— Centro de Arte Reina Sofía.

Algunos de ellos pueden haber desaparecido o haber sido recalificados, pero dan una idea del tipo de actividad que desarrollaban.

B) *Organismos Autónomos de carácter comercial, industrial, financiero o análogo*

Un segundo círculo de entes públicos instrumentales lo constituían aquellos Organismos Autónomos de carácter comercial, cuyas actividades son también administrativas, por lo que normalmente se han regido por el Derecho administrativo y no por el Derecho privado, pero en muchos casos su desarrollo requiere una cierta *actividad «gerencial» o empresarial* de los medios y fondos necesarios para su desarrollo. Ello exigía una mayor agilidad y flexibilidad en su actuación, lo que llevó a someter, en muchos casos, sus relaciones con terceros (incluidos los usuarios) al ordenamiento jurídico privado, aun cuando se predique de ellos, internamente, un régimen básico general de Derecho público. La distinción principal con los Organismos Autónomos administrativos se encuentra en el régimen presupuestario y de control financiero (frente a lo habitual en éstos, sólo se exige un presupuesto resumen, con créditos estimativos y ampliables) y también en su régimen de contratación y relaciones patrimoniales con terceros (adquisiciones, suministros, arrendamientos, etc.), así como en el régimen de personal, pues se combinaban tanto su carácter funcionarial como laboral. Entre ellos, podrían citarse los siguientes supuestos:

— Boletín Oficial del Estado.

— Centro Español de Meteorología.

— Centro de Investigaciones Energéticas, Medio Ambiente y Tecnológicas.

— Confederaciones Hidrográficas.

— Consejo Superior de Investigaciones Científicas.

— Consorcio de Compensación de Seguros.

— Correos y Telégrafos.

— Escuela de Organización Industrial.

— Entidad Estatal de Seguros Agrarios.

— Fondo de Ordenación y Regulación de Producciones y Precios Agrarios.

— Fondo de Regulación y Organización del Mercado de los Productos de la Pesca y Cultivo Marinos.

— Instituto de Salud Carlos III.

— Instituto de Astrofisica de Canarias.

— Instituto Español de Oceanografia.

— Instituto Geológico y Minero de España.

— Instituto Nacional de las Artes Escénicas y de la Música.

— Instituto Nacional para la Conservación de la Naturaleza.

— Instituto Nacional de Investigaciones Agrarias.

— Instituto Nacional de Técnica Aeroespacial Esteban Terradas.

— Organismo Nacional de Loterías y Apuestas del Estado.

— Parque de Maquinaria.

— Parque Móvil Ministerial.

— Servicio Nacional de Productos Agrarios.

— Trabajos Penitenciarios.

C) *Entidades de Derecho público que por Ley hayan de ajustar sus actividades al ordenamiento jurídico privado*

Eran éstas las llamadas «Sociedades Estatales» del artículo 6.1.b) que la LGP distingue y separa de los Organismos Autónomos. Ahora bien, hay que empezar por decir que dichos Entes no son nada sustancialmente distintos del resto de la Administración institucional, puesto que son personas jurídico-públicas, igual que las demás, creadas por el Estado para la consecución de un fin de interés público que aquél tiene encomendado y, por tanto, cualquiera que sea su régimen jurídico es el propio poder público el que actúa: sus fines son estatales, sus bienes y medios económicos son igualmente estatales, como lo es, en definitiva, la organización por él creada. Todo ello, a pesar de que su actividad y funcionamiento se rija —salvo Ley específica en contrario, por ejemplo, la Ley de Contratos del Sector Público— por el Derecho privado y no por el Ordenamiento jurídico público, y aun esto con ciertas reservas, puesto que, como se verá al estudiar su régimen jurídico, el hecho de formar parte de la Administración, desde una perspectiva funcionarial o material, pero también desde una perspectiva orgánico-subjetiva, hace que el Derecho público se aplique en ciertos aspectos de su funcionamiento interno y de su actividad.

De nuevo, las razones que han motivado la especialidad de estos entes respecto de los Organismos Autónomos son, fundamentalmente, de origen presupuestario: su control se escapa del Parlamento. En efecto, eran entes públicos sujetos al Derecho privado en cuanto «Sociedades estatales» [artículo 6.1.b) de la Ley General Presupuestaria], y si tuviera que elaborar un presupuesto de explotación o capital —por recibir subvenciones corrientes o de capital a cargo de los Presupuestos Generales— éste será igualmente sometido al acuerdo del Gobierno (artículo 90 de la Ley General Presupuestaria). Con ello se sustraía a las Cámaras el control jurídico y político sobre la aprobación de los presupuestos de tales entes públicos que, de este modo, se constituyen en un verdadero instrumento del Gobierno, de quien dependen incluso a efectos económicos y presupuestarios.

Al lado de ello, el Ordenamiento jurídico ha entendido que era preciso dotar a este tipo de *organizaciones o empresas públicas* de una mayor agilidad y flexibilidad para adecuarse al mundo empresarial —mayor incluso que la de los OOAA de carácter comercial— para lo que era imprescindible despojarse de la rigidez y ataduras inherentes a la Administración Pública. No sólo se trataba de someter al Ordenamiento privado las relaciones con los usuarios y las adquisiciones patrimoniales, esto es, el ámbito *ad extra* del ente, sino también su propia organización y ámbito interno. Este tipo de personificaciones públicas debían ser capaces de tomar decisiones y adoptar acuerdos como cualquier otra empresa, lo que implicaba la necesidad de suprimir la aplicación del Derecho público en la esfera interna. A partir de ahí, *su personal se regirá por el Derecho civil o laboral, pero no será funcionario;* no podrán dictar actos administrativos y, consiguientemente, sus acuerdos deberán impugnarse ante la Jurisdicción ordinaria; sus contratos se sometían siempre, y en todos sus aspectos, al Derecho privado (luego las cosas han cambiado: ver la LCSP), y el régimen de las decisiones de sus órganos se sujetará, no a las determinaciones de la Ley de Procedimiento Administrativo sino al más adecuado y flexible régimen de la empresa privada (organización, financiación, disposición sobre su patrimonio, etc.). Entre los supuestos de este tipo de Organismos, podrían citarse los siguientes (aunque algunos hayan cambiado de calificación, pasando al grupo del artículo 6.5 LGP, hayan sido privatizados o hayan desaparecido):

— Paradores de Turismo de España (antigua Administración Turística Española).

— RENFE y FEVE, desde la Ley 16/1987, de 30 de julio.

— Puertos en régimen de estatuto de autonomía, hasta la aprobación de la Ley 27/1992, de 24 de noviembre, que pasó a calificarlos Entes del artículo 6.1.5.

— El Canal de Isabel II.

— Instituto Nacional de Industria (hoy sustituido por SEPI).

— El Instituto Nacional de Hidrocarburos (hoy extinguido, sustituido por SEPI).

— La Sociedad Estatal de Promoción y Equipamiento de Suelo (SEPES).

— Red Técnica Española de Televisión (RETEVISIÓN).

— Sociedad Estatal de Participaciones Industriales (que integra antiguos INI-INH).

— Escuela Oficial de Turismo.

— Fábrica Nacional de Moneda y Timbre.

— Empresa Nacional de Transportes de Viajeros por Carretera (ENATCAR).

— Instituto de Crédito Oficial (ICO).

— Instituto para la Diversificación y Ahorro de la Energía (IDAE).

— Caja Postal de Ahorros.

— Consorcio de Compensación de Seguros.

En todos estos Entes (hoy muchos desaparecidos) destacaba, por un lado, su personalidad jurídico-pública: eran Administración. Por otro, su régimen de empresa mercantil, con plena autonomía de gestión, salvo autorizaciones para determinadas operaciones: son Administración *empresarial.* En tercer lugar, debe subrayarse la completa aplicación del Derecho privado, salvo un determinado núcleo interno de financiación, disposición sobre su patrimonio y control de cuentas, núcleo sometido al Derecho de la Administración.

D) *Entes Públicos del artículo 6.5 de la LGP*

Constituían éstos, finalmente, un conjunto de Entidades a las que se encomendaban también funciones típicamente administrativas, más aún, de ejercicio de competencias públicas; pero para su buen funcionamiento —en especial, para todas sus actividades mediales o de intendencia— o por tratarse de entidades a las que se quiere dotar de una neutralidad e independencia respecto del poder político, se las configura bajo un *estatuto propio y singular* que constituye su derecho propio, con expresa liberación de la normativa general de los Entes públicos, salvo en aquello que esté especialmente previsto para ellos. Su régimen jurídico es una mixtura de Derecho público y privado en función del ejercicio o no de competencias y potestades públicas. Más que Entidades empresariales, se trata de Entidades *funcionalmente separadas del aparato político del Estado* por la peculiaridad de su contenido. Entre ellas podemos citar las siguientes:

— Agencia de protección de datos.

— Agencia Estatal de la Administración Tributaria.

— Agencia Industrial del Estado (desde R.D. Ley 5/1995, de 16 de junio).

— Banco de España.

— Comisión Nacional del Mercado de Valores.

— Consejo de Administración del Patrimonio Nacional.

— Consejo Económico y Social.

— Consejo de Seguridad Nuclear.

— Comisión del Mercado de las Telecomunicaciones.

— Ente Público de Radiotelevisión Española.

— Instituto Cervantes.

— Comisión Nacional de la Energía.

En este grupo se incluían también algunos entes como Aeropuertos Españoles y Navegación Aérea (AENA), Autoridades Portuarias y Puertos del Estado, Consorcio y Compensación de Seguros, Centro para el Desarrollo Tecnológico e Industrial, y otros procedentes del artículo 6.1.b) que pasaron al 6.5 sin mayor motivo. A mi juicio, fue un error esta extensión indebida de supuestos del 6.5.

E) *Consideraciones sobre el régimen jurídico de estos Entes*

Estos cuatro grupos de entidades tienen en común su integración, en última instancia, en el marco de la Administración estatal, mediante una serie de técnicas de reintegración y control a la unidad del Estado. Sin embargo, resulta evidente que, ni son figuras idénticas ni tampoco responden a las mismas exigencias y finalidades, sino que se trata de diferentes modalidades organizativas que se utilizan por el Estado en función del objetivo o finalidad que persiguen. De donde se infiere que *no existe un tipo común* para cada una de estas formas de organización, sino que es necesario analizar y estudiar cada una de las figuras surgidas en este entramado institucional o instrumental del Estado para poder, posteriormente, conocer cuáles son las líneas fundamentales y el régimen jurídico de cada una de ellas [3].

En todos estos casos, aunque con diferente intensidad, la motivación que justificó su creación fue la necesidad de *flexibilizar el régimen presupuestario y operativo* del servicio a prestar, eliminando algunos controles administrativos y financieros de la Administración General del Estado y estableciendo para ellos un nuevo marco normativo, un *derecho singular, hecho a su medida,* que le permitiese afrontar con rapidez y flexibilidad las decisiones económicas y jurídicas propias de su competencia específica o, si se prefiere, de su *«objeto social»*. Téngase en cuenta que las funciones y objetivos que se atribuyen a estas entidades desbordaban el marco tradicional de la Administración Pública para abarcar actividades económicas, producción de bienes o prestación de servicios, a ve-

[3] Éste es el método que propugna el libro de Jiménez de Cisneros anteriormente citado, y que hemos desarrollado en la voz *Organismos Autónomos,* ARIÑO-JIMÉNEZ DE CISNEROS, «Nueva Enciclopedia Jurídica», Tomo XVIII, 1986. Las ventajas de este método analítico y búsqueda de tipos ideales ha sido subrayada por VILLAR PALASÍ, J. L., *Tipología y Derecho estatutario de las entidades instrumentales de las Administraciones Públicas,* cit., Tomo I, páginas 151-184. *Vid.* también MARTÍN RETORTILLO, S., *Las Empresas Públicas: reflexiones del momento presente,* en «Administración Instrumental», cit., Tomo III, páginas 1015 y siguientes, especialmente 1018-1025.

ces en un plano de igualdad con la iniciativa privada, que están muy lejos de lo que son las funciones propias del Estado (funciones de autoridad, ejercicio de la soberanía).

Desde el punto de vista de su régimen jurídico, el fenómeno inicialmente consistió en el paso de un Derecho administrativo general, regulador de la Administración general del Estado, a un *derecho administrativo especial* elaborado para estos entes públicos personificados que se engloban bajo el nombre de Administración institucional y que disponían de una normativa básica común (la LEEA, de 26 de diciembre de 1958, y la LGP, de 4 de enero de 1977, Texto Refundido de 1988 y, en parte, la LPE, de 5 de mayo de 1964, con múltiples reformas y derogaciones en estos últimos años) [4]. Pero tan importante o más que aquél, fue para todos estos entes su *derecho estatutario* propio, plasmado en su ley de creación (todos debían ser creados por Ley) que constituía su «derecho singular o particular». Con el paso del tiempo y la progresiva aparición o transformación de los Organismos Autónomos en entidades del artículo 6 LGP, que enseguida veremos, el derecho común de estos organismos fue siendo progresivamente inaplicado y cobró cada día más importancia el derecho estatutario, propio de cada ente. Obviamente, el derecho del Estado sigue siendo derecho supletorio general de todo lo no previsto en su normativa propia (común o singular).

Pero no acabó ahí el proceso de «liberación» de las formas y los procedimientos. La creación y calificación de estos entes en los últimos años estuvo unida estrechamente a un fenómeno conocido como «la huida al Derecho privado» de las Administraciones Públicas, al que me he referido ampliamente en la lección anterior. Se dio un paso más, consistente en liberar a algunos —a muchos— de estos entes del Derecho público en su conjunto, para someterlos al Derecho privado. La actuación a través de formas privadas (sociedades) o bajo régimen jurídico privado era un fenómeno excepcional en la Administración clásica, pero tras la equívoca formulación de la LGP de 1977, que llamó «Sociedades estatales» a lo que eran «Entes públicos» (nunca he conseguido entender esto) y una desenfrenada tendencia de políticos y administradores a liberarse de los controles y garantías que impone el Derecho público, se produjo, entre 1980 y 1995, una «huida en desbandada» de organismos y entida-

[4] Así, fueron otorgados regímenes especiales a la Gerencia de Infraestructura de la Defensa, en virtud de la Ley 28/1984, de 31 de julio, cuya vigencia fue prorrogada por la Ley 32/1994, de 19 de diciembre, y desarrollada por Real Decreto 2698/1985, de 27 de diciembre; RENFE desde la Ley 16/1987, de 30 de julio, de Ordenación de los Transportes Terrestres; AENA desde el Real Decreto 905/1991, de 14 de junio, que aprobó su Estatuto; las Autoridades Portuarias en virtud de la Ley 27/1992, de 24 de noviembre.

des públicas, a las tranquilas y confortables aguas del Derecho privado, donde uno puede hacer de su capa un sayo. Más de treinta organismos experimentaron entre 1988 y 1992 una transformación de su naturaleza jurídica, siempre en la misma línea: el que era Dirección General pasaba a Organismo Autónomo (administrativo o comercial); el que era organismo autónomo administrativo pasaba a ser de naturaleza comercial o industrial; el que ya era industrial, a ser «Sociedad estatal» o «Ente público singular». Siempre obteniendo mayor libertad de actuación, menor sujeción a la norma, menor control. Véanse como muestra —y no están todos— los cuadros que se consignan a continuación y que dan idea de la amplitud del fenómeno. A estos casos habría que añadir otros muchos (ver cuados en página siguiente).

Sobre este tema, quien les habla se pronunció extensamente en mayo de 1994, hace ahora quince años, en un estudio publicado por la Fundación BBV, en el que se hacía un detallado análisis de las nefastas consecuencias que para la Administración española se habían producido como consecuencia de esta huida en desbandada de Entidades públicas al Derecho privado (Ariño Ortiz, G., y López de Castro, L., *¿Privatizar el Estado? Un retroceso en el camino de la historia,* Fundación BBVA, Madrid, 1994, 73 páginas). Esta crítica fue compartida por otros muchos autores y el grado de descontrol del gasto público y corrupción que alcanzó la Administración española en los primeros años noventa dio lugar a una reacción del legislador, plasmada básicamente en dos leyes: la Ley 13/1995, de 18 de mayo, de Contratos de las Administraciones Públicas, y la Ley 6/1997, de 14 de abril, de Organización y Funcionamiento de la Administración General del Estado (LOFAGE). No puedo entrar aquí en el análisis de la primera. Sólo diré que los artículos 1 y 2 vinieron a reconducir al Derecho público una gran parte de la contratación que había escapado de él, si bien la Disposición Adicional 6.ª todavía abrió un amplio portillo de escape para las Sociedades estatales constituidas en forma jurídico-privada. Ésta será siempre una manifestación de aquella «lucha por el derecho» de que habló Rudolf Ihering. Los Gobiernos seguirán buscando siempre un camino de escape a las sujeciones, garantías y controles que impone el Derecho público (sobre el tema, me remito a mis *Comentarios a la Ley de Contratos,* artículos 1 y 2, Comares, Granada, 2002-2003, Tomo I). Posteriormente, como se sabe, la Ley de Contratos del Sector Público, por exigencias de la Unión Europea, ha venido a reintegrar al ámbito del Derecho público a muchos otros entes que se habían escapado de él.

Los cuadros siguientes son verdaderamente reveladores:

MODIFICACIONES INSTITUCIONALES
EN LA ADMINISTRACIÓN ESPAÑOLA
(tendencias tipo centrífugo)

AÑO	CENTRO GESTOR	SITUACIÓN ANTERIOR	SITUACIÓN ACTUAL
1989	Escuela de Hacienda Pública	Dirección General	OO.AA.AA.
	Instituto de Salud Carlos III	OO.AA.AA.	OO.AA.CC.
	Escuela de Organización Industrial	OO.AA.AA.	OO.AA.CC.
	Centro Nacional de Información Geográfica	Dirección General	OO.AA.CC.
	I.N.I.	OO.AA.CC.	Sociedad Estatal
	Instituto Astrofísico de Canarias	OO.AA.AA.	OO.AA.AA.
	I.N.E.	Dirección General	OO.AA.AA.
	RETEVISIÓN		Sociedad Estatal
1990	Administración Turística Española	OO.AA.CC.	Sociedad Estatal [5]
	Aeropuertos Nacionales	OO.AA.CC.	Ente Público [6]
	Dirección General de Infraestructura de Transportes	Dirección General	Ente Público
	Dirección General de Aviación Civil	Dirección General	Ente Público [7]
	Centro de Arte Reina Sofía	Dirección General	OO.AA.AA.
	Centro de Investigaciones Sociológicas	M.° Subs. y S. Grales.	OO.AA.AA.
	Escuela Nacional de Sanidad	Dirección General	OO.AA.AA.
	Consorcio Compensación de Seguros	OO.AA.CC.	Sociedad Estatal
1991	Biblioteca Nacional	Dirección General	OO.AA.AA.
	Inst. Nal. de Fomento de la Economía Social	Dirección General	OO.AA.AA.
	Correos y Telégrafos	Dirección General	OO.AA.CC.
	Centro Español de Meteorología	OO.AA.AA. (Parcial)	OO.AA.CC.
	Escuela Oficial de Turismo	OO.AA.AA.	Sociedad Estatal
	Agencia Estatal de Admón Tributaria	Varias Direcciones Generales	Ente Público
	Instituto Cervantes	Varias Direcciones Generales	Ente Público
	Caja Postal de Ahorros	OO.AA.CC.	Sociedad Estatal
	Consejo Económico y Social		Ente Público

Fuente: Dirección General de Presupuestos.

5 Con la denominación «Paradores de Turismo de España».

6 Los medios personales y materiales de ambas Direcciones Generales afectados por las transferencias de funciones se integran en el nuevo centro gestor «Aeropuertos Nacionales y Navegación Aérea».

7 Ídem.

RÉGIMEN DE CONTRATACIÓN Y PRESUPUESTOS EN DIVERSAS ENTIDADES

ENTIDAD	NATURALEZA JURÍDICA	RÉGIMEN CONTRATACIÓN	RÉGIMEN PERSONAL	RÉGIMEN PPTARIO.	INTEGRACIÓN P.G.E.
INI	Sdad. Estatal artículo 6.1.b)	Derecho Privado	Derecho laboral	Ppto. Estimativo	No consolidable
RETEVISIÓN	Sdad. Estatal artículo 6.1.b)	Derecho Privado	Derecho laboral	Ppto. Estimativo	No consolidable
Administración Turística Española	Sdad. Estatal artículo 6.1.a)	Derecho Privado	Derecho laboral	Ppto. Estimativo	No consolidable
Aeropuertos Nacionales	Ente Público artículo 6.5	Derecho Privado	Derecho laboral	Ppto. Estimativo	No consolidable
Consorcio Compensación de Seguros	Sdad. Estatal artículo 6.1.b)	Derecho Privado	Derecho laboral	Ppto. Estimativo	No consolidable
Escuela Oficial de Turismo	Sdad. Estatal artículo 6.1.b)	Derecho Privado	Derecho laboral	Ppto. Estimativo	No consolidable
Agencia Estatal de Admón. Tributaria	Sdad. Estatal artículo 6.5	Derecho Privado	Derecho Admvo. laboral	Vinculante a nivel total	Consolidable
Instituto Cervantes	Ente Público artículo 6.5	Derecho Privado	Derecho laboral	Vinculante a nivel total	Consolidable
Caja Postal de Ahorros		Derecho Privado	Derecho laboral	Ppto. Estimativo	No consolidable
Consejo Económico y Social	Ente Público artículo 6.5	Derecho Privado	Derecho laboral	Vinculante a nivel total	Consolidable

III. Régimen jurídico básico de los Organismos Autónomos y Entidades jurídico-públicas en la Ley de Organización y Funcionamiento de la Administración General del Estado

Ante tal estado de cosas, no puede sorprender la aparición de la LOFAGE, con pretensiones globalizadoras de aplicación a todas las Entidades instrumentales del sector público estatal.

Ello queda perfectamente recogido en la Exposición de Motivos de la Ley, apartado I, párrafo 3, en donde se afirma que la dispersión normativa que hoy caracteriza el régimen jurídico de la Administración General del Estado constituye también una circunstancia que el legislador debe ponderar en orden a regular una sola Ley, el régimen, la organización y los criterios de funcionamiento del aparato estatal. De ahí que ahora —dice— «la presente Ley se refiera también a los Organismos Autónomos y entes públicos de contenido económico, en un esfuerzo de simplificación de la normativa reguladora de la Administración General del Estado».

Hay pues una clara pretensión «racionalizadora» de la que se llamaba Administración institucional, denominación que se sustituye ahora por el concepto de «Administración instrumental», menos pretenciosa, distinguiéndose dentro de ésta, como ya se ha dicho, dos tipos de personificaciones. Esta pretensión racionalizadora y globalizante de la LOFAGE ha llevado a subsumir bajo el rótulo de organismos públicos a cualquier entidad del sector estatal dotada de personalidad jurídico-pública, con independencia de cuál sea su régimen de funcionamiento o prestación de sus actividades.

En realidad los artículos 41 y siguientes de la Ley analizada establecen el siguiente cuadro jurídico:

	Tipos	Régimen jurídico
Organismos Públicos	Organismos Autónomos	Derecho público
	Entidades Públicas Empresariales	Derecho privado, salvo ejercicio de potestades públicas y concretos aspectos de su funcionamiento

La diferencia entre Organismos Autónomos y Entidades Públicas Empresariales parece sustentarse en el doble régimen jurídico, al que se acaba de hacer referencia. Sin embargo, por encima de los términos y vocablos utilizados, la terca realidad parece imponerse: seguirá habiendo actividades sujetas al Derecho privado dentro de la Administración General (contratos laborales, contratos privados de la Administración), y seguirá existiendo actividad comercial en algunos Organismos Autónomos, incluso tras la reforma operada por la LOFAGE (BOE, Confederaciones Hidrográficas, Instituto Geográfico y Catastral, Parque Móvil Ministerial, etc.).

La verdadera diferenciación entre Organismos Autónomos y Entidades Públicas Empresariales se encuentra más en sus funciones y régimen jurídico. A las Entidades Públicas Empresariales se les atribuye como actividad típica, la *producción de bienes de interés público susceptibles de contraprestación económica mediante precios,* tarea que, desde luego, no pueden efectuar los Organismos Autónomos, de acuerdo con el principio de especialidad al que están sujetos. De acuerdo con ello, el cuadro de funciones y régimen jurídico respectivo podría ser el siguiente:

	Funciones	Régimen jurídico
Organismos Autónomos	Fomento y prestación de servicios administrativos. Gestión de servicios oficiales	*Derecho público* (artículo 44.1)
Entidades públicas empresariales	Actividades prestacionales Gestión de servicios Producción de bienes de interés público	*Derecho privado,* salvo: • Formación de la voluntad • Potestades administrativas • Régimen presupuestario

Es, pues, la gestión económica pieza clave en la diferenciación de uno y otro tipo de entidades y organizaciones públicas. A su vez, esta genérica y amplísima definición de la actividad del sector público, debe ser tamizada a la vista de las nuevas corrientes que reducen el papel del sector público empresarial del Estado, lo que exige, sin ningún género de dudas, la previa definición de las funciones de la Administración y una nueva reconstrucción de los fines del Estado.

Los cinco órdenes en los que esa transformación del régimen jurídico se manifiesta con mayor intensidad son éstos: régimen presupuestario y de control financiero, régimen de contratación (obras, suministros y contratos de servicios), régimen de personal, régimen de gestión patrimonial y régimen de recursos y control de sus actos. Veámoslos.

a) *Régimen presupuestario y control financiero*

Recordemos que las dos manifestaciones más importantes del régimen especial de las Entidades autónomas eran:

a) Frente al general carácter vinculante de los créditos presupuestarios, los Presupuestos de los OO.AA. comerciales y los de las Sociedades Estatales ofrecen dotaciones ampliables y otras meramente estimativas respecto a los gastos. Estas últimas se referían a las operaciones propias de la actividad de estos Organismos, incluidas en las cuentas de operaciones comerciales; es decir, al núcleo más importante de sus dotaciones presupuestarias (*vid.* artículo 85.2 LGP).

b) Se sustituye, asimismo, el sistema tradicional de control de estos OO.AA., que era la intervención previa, por comprobaciones periódicas o auditorías (*vid.* artículo 100 LGP).

Frente a todo este proceso, la LOFAGE viene a establecer la obligación de adecuar todos los OO.AA., cualquiera que sea su naturaleza, al tipo de Organismo en ella previsto, bajo un régimen jurídico de carácter administrativo [artículo 44.2.a)]. Desaparecen, por tanto, para ellos, las dotaciones meramente estimativas respecto a los gastos, generalizándose el carácter vinculante de los créditos presupuestarios (artículo 50 LOFAGE).

Por el contrario, las Entidades Públicas empresariales se ajustarán a las reglas presupuestarias de los Organismos Autónomos comerciales, en los términos arriba indicados.

Hay que señalar, sin embargo, que la ley analizada no constituye un modelo ni un ejemplo de técnica legislativa rigurosa, puesto que la exigencia de adaptación de cualquier entidad actual a los dos nuevos modelos que prevé la norma analizada obliga a un esfuerzo, con carácter transitorio, de fijación del régimen presupuestario actual, contenido en la Ley General Presupuestaria, a fin de establecer el marco regulador de las nuevas organizaciones (Disposición Transitoria 3.ª).

b) *Régimen jurídico patrimonial*

El artículo 84 de la LPE viene a disponer que:

> «Los bienes inmuebles propiedad de los Organismos Autónomos, integrados por ende en sus respectivos patrimonios, que no sean necesarios para el cumplimiento directo de sus fines, se incorporarán al Patrimonio del Estado. La entrega se hará por conducto del Ministerio al que esté afecto el Organismo».

Ello entrañaba la indisponibilidad de los bienes propios de los OO.AA. con la única salvedad del artículo 85 LPE: sólo podrán ser enajenados por los Organismos Autónomos «los bienes adquiridos por los mismos con el propósito de devolverlos al tráfico jurídico, de acuerdo con sus fines peculiares, así como los adquiridos para garantizar la rentabilidad de las reservas que tengan que constituir en cumplimiento de las disposiciones por que se rigen».

Pues bien, el artículo 48 de la LOFAGE remite con carácter general a la regulación contenida en la Ley de Patrimonio del Estado, con pequeños matices que a continuación se indican:

— La competencia para la afectación o desafectación de bienes se atribuye al Ministerio de quien dependan, respecto de los bienes y derechos patrimoniales propios (artículo 48.2).

— La afectación y desafectación de los bienes adscritos corresponderá al Ministerio de Economía y Hacienda (artículo 48.3).

— Sobre el patrimonio adscrito, el Ministerio de Economía y Hacienda reúne todo tipo de competencias y funciones (artículo 48.1, primer párrafo, y artículo 48.3).

— Respecto del patrimonio propio del Organismo Autónomo, la regla general es que los bienes y derechos, una vez declarados innecesarios por el órgano competente (Organismo), se incorporan al Patrimonio del Estado, salvo que los Estatutos del Organismo Autónomo o la norma de creación de éste hubieren establecido cosa diferente y/o su incorporación al patrimonio de la entidad (artículo 48.1, párrafo 2.º).

— Incluso en este caso, es decir, cuando los bienes se incorporan al patrimonio propio del organismo, la enajenación de bienes inmuebles exige previamente la comunicación al Ministerio de Economía y Hacienda que, en su caso, podrá determinar su incorporación y afectación a cualquier otro servicio de la Administración General del Estado o su adscripción a otros organismos públicos, en los términos y condiciones establecidas en la legislación reguladora del Patrimonio del Estado (artículo 48.1, párrafo 4.º).

— Por lo que se refiere a su régimen económico (artículo 65), debe señalarse que éste constituye uno de los elementos claves para establecer sus diferencias con las Entidades Públicas Empresariales: éstas no tienen consignaciones presupuestarias en los Presupuestos Generales del Estado [artículo 65.1.c)], a diferencia de lo que normalmente ocurrirá con los Organismos Autónomos, dado que el principio general establecido en la vigente legislación es que las Entidades Públicas Empresariales deberán *autofinanciarse,* es decir, deberán cubrir sus gastos con los ingresos que se deriven de sus operaciones y de los productos de su patrimonio, o a través de transferencias corrientes que les atribuyan las Administraciones Públicas.

c) *Personal de los Organismos Autónomos*

El artículo 47 de la LOFAGE, con una redacción poco explícita, viene a manifestar que «el nombramiento de los titulares de los órganos de los Organismos Autónomos se regirá por las normas aplicables a la Administración General del Estado». Y el artículo 12.2.f) de la LOFAGE viene a atribuir al Ministro la competencia para «nombrar y separar a los titulares de los órganos directivos de los Ministerios *y de los organismos públicos dependientes del mismo»*.

El régimen de personal seguirá los términos establecidos para la Administración General del Estado, distinguiéndose entre personal funcionario o laboral (artículo 47.1), y estableciéndose una gran intervención ministerial (Ministerio de Administraciones Públicas) en la política de recursos humanos (artículo 47.4), resultándoles finalmente de aplicación al régimen del personal al servicio de la Administración General del Estado (Ley de Incompatibilidades, Ley de Medidas para la Reforma de la Función Pública, etc.), sin perjuicio de las peculiaridades que en los sistemas de acceso, adscripción y provisión de puestos, y movilidad del personal se establezcan en su propia regulación (artículo 47.3).

En conclusión, no existe una autonomía en los Organismos Autónomos en el plano personal sino que se mantiene la relación de dependencia que configuraba la LEEA.

d) *Régimen contractual*

Los Organismos Autónomos ajustarán su actividad contractual a la Ley de Contratos de las Administraciones Públicas con las excepciones siguientes:

1. Que éstos hayan sido creados para satisfacer necesidades de carácter mercantil o industrial en régimen de auténtica competencia y sometiéndose a las reglas del libre mercado (*vid.* artículo 13 LCAP).

2. Se excluyen de la LCAP según su artículo 3.f) «los contratos de los Organismos Autónomos de las Administraciones Públicas de carácter comercial, industrial, financiero o análogo, si los bienes sobre los que versan han sido adquiridos con el propósito de devolverlos, con o sin transformación, al tráfico jurídico patrimonial, de acuerdo con sus fines peculiares, y siempre que tales organismos actúen en ejercicio de competencias específicas a ellos atribuidas por Ley».

Creemos que sigue siendo de aplicación este último criterio, aun cuando la LOFAGE —como hemos manifestado— no reconoce esa tipología de Organismo Autónomo y no contempla ninguna referencia a esa exclusión, que se refiere a los contratos de suministro de los Organismos Autónomos comerciales, industriales, financieros o análogos. Ello es consecuencia de la remisión, sin más, que la LOFAGE hace a la legislación de contratos. Ésta, como se sabe, ha cambiado recientemente con la LCSP (Ley de Contratos del Sector Público, de 30 de octubre de 2007) en términos que no podemos ahora explicar.

e) *Régimen de recursos y control*

El régimen de control respecto del Departamento al que se adscriben es más bien una manifestación o ejemplo de *tutela material* o relación cuasi jerárquica. En efecto, no sólo es que exista una relación de dependencia o adscripción respecto del Ministerio (artículo 23), y que sea posible —al menos en principio— recurrir ante el Ministerio contra los actos dictados por el Organismo [artículo 12.2.i)] [8], sino que también debe destacarse que la Ley establece unos controles funcionales a favor del Ministerio que alejan a esta figura de la esfera de la autonomía e independencia que formalmente se invoca: la reserva a favor del Departamento del control de eficacia y evaluación de resultados de su actividad (artículo 43.2), la atribución al Departamento de la dirección estratégica del Organismo (artículo 43.2), y la propia relación de instrumentalidad existente entre el Organismo Autónomo y el Ministerio al que está vinculado (artículos 1, párrafo 2.°, y 44.1), aderezado convenientemente con el completo control en los nombramientos y ceses de los órganos de dirección (artículo 46), lleva al resultado, en la práctica, de un sometimiento completo a las decisiones prácticas que adopte el titular del Ministerio, al que le une no sólo un acabado mecanismo de control, sino también la confianza político-administrativa que se requiere para desempeñar los puestos de dirección de este tipo de entidades.

Debe destacarse que, según la Disposición Adicional 15.ª, ponen fin a la vía administrativa los actos emanados de los máximos órganos de dirección unipersonal o colegiados, lo que parece implicar que se suprime la antigua «alzada impropia» (hoy recurso ordinario: artículo 114 LPAC) ante el Ministro del Departamento, que antes existía en todo caso. Hoy el artículo 12 admite este recurso «en su caso».

En cuanto a la revisión de oficio: la Disposición Adicional 16.ª viene a decir que serán competentes para llevar a cabo revisión de oficio de los Organismos Autónomos adscritos a la Administración General del Estado, *los órganos* a los que estén adscritos dichos Organismos, respecto de los actos dictados por el máximo órgano rector de éstos. Lo que quiere decir que estando adscrito, de ordinario, a un Ministerio, la revisión de oficio se realizará por el Departamento Ministerial.

En definitiva, y como conclusión, digamos que los Organismos Autónomos siguen teniendo un grado de autonomía muy limitado y, únicamente, en materia de recursos ha disminuido la dependencia estatal con eliminación del antiguo recurso de alzada impropio.

---

8 Debe destacarse que el precepto citado atribuye la competencia al Ministro para resolver, en su caso, los recursos contra los actos de los Organismos Públicos dependientes del Departamento, pero, más adelante, la propia Ley señala que los actos y resoluciones de los órganos de los Organismos Autónomos son susceptibles de los recursos administrativos previstos en la LRJPAC (artículo 52.1), determinando a continuación que los actos emanados de los órganos de dirección agotan la vía administrativa (Disposición Adicional 15.ª), de donde debe deducirse que, normalmente, no existirá recurso ordinario ante el Ministerio.

f) *A modo de conclusión: la imposible reconducción a la unidad*

Hemos dicho que la LOFAGE fue un intento legal de unificar y racionalizar el régimen jurídico de los Organismos y Entidades públicas de la Administración estatal, con la vana pretensión de someterlos a un régimen general aplicable a todos ellos. Era, en consecuencia, la victoria final del mundo académico y la reconducción a parámetros de unidad y homogeneidad en la actuación del sector público.

Sin embargo, esta optimista y precipitada conclusión debe ser prontamente rechazada, a tenor de los propios términos en que se mueve la LOFAGE. En efecto, tras esta avasalladora conclusión de racionalización y unificación del régimen jurídico, llama la atención la existencia de un amplio espectro de Derecho estatutario o *ius singulare* aplicable a un extenso número de organizaciones jurídico-públicas:

— En primer lugar, las *Entidades Gestoras de la Seguridad Social* son excluidas de la aplicación de la Ley en lo relativo a su régimen de personal, económico-financiero, patrimonial, presupuestario y contable, así como al relativo a la impugnación y revisión de sus actos y resoluciones y a la asistencia jurídica (Disposición Adicional 6.ª).

— También quedan fuera del ámbito de aplicación de la Ley, la *Agencia Estatal de la Administración Tributaria, el Consejo Económico Social y el Instituto Cervantes,* que continuarán rigiéndose por su específica legislación (Disposición Adicional 9.ª).

— Igual suerte corre el Organismo Autónomo *Correos y Telégrafos* que, si bien se convierte en una Entidad Pública Empresarial, sin embargo, en lo relativo a sus funciones, régimen patrimonial y contractual, continuará rigiéndose por lo previsto en su Ley de creación, es decir, por la Ley 31/1990, de 27 de diciembre (Disposición Adicional 11.ª).

— Por último, para completar la larga lista, la Disposición Adicional 10.ª, de un plumazo, exceptúa de la aplicación de esta Ley a los siguientes *Entes públicos del artículo 6.5 de la LGP:* la Comisión Nacional del Mercado de Valores, el Consejo de Seguridad Nuclear, el Ente Público Radio Televisión Española, las Universidades no transferidas, la Agencia de Protección de Datos, el Consorcio de la Zona Especial Canaria, la Comisión del Sistema Eléctrico Nacional (hoy Comisión Nacional de la Energía, CNE) y la Comisión del Mercado de las Telecomunicaciones.

Como se ve, cualquier cosa menos uniformidad y homogeneización. No se trata sólo del número de entidades exceptuadas de la aplicación de esta Ley (más de quince) sino sobre todo de las verdaderas razones y fondo del problema. El legislador se ha dejado llevar de un prurito doctrinal, elaborado en el acomodado y confortable mundo académico, en donde la existencia de un Derecho singular aplicable a cada entidad se ha visto siempre como un conato de eliminación de las técnicas de control y de huida del Derecho administrativo y, por tanto, del principio de legalidad. Ya hemos tratado de acreditar anteriormente como la aparición del *ius singulare,* más que responder al capricho o la arbitrariedad del gestor del Organismo que en su perversidad pretende eliminar cualquier tipo de control garantizándose unas mejores condiciones económicas, retributivas o de funcionamiento, es una verdadera exigencia por la insatisfactoria normativa que regula la actividad de aquellos Organismos públicos que prestan ciertos servicios administrativos o que están encargados de regular y controlar un determinado sector que se considera clave para la actividad económica del país. Por ello, precisamente, es necesario seguir manteniendo su diferenciación del régimen general establecido en la LOFAGE, que resulta así tan insatisfactoria como la legislación que deroga. Constituye una vez más el triunfo del Ministerio de Economía y Hacienda, en sus pretensiones de controlar la organización administrativa, ayudado generosamente por el Ministerio de Administraciones Públicas, en un meritorio trabajo de cómo reducir o eliminar las competencias propias de los Organismos Autónomos y de los Departamentos Ministeriales a los que están adscritos.

g) *La confirmación de todo ello en un supuesto reciente: la creación del Ente Gestor (Administrador) de Infraestructuras Ferroviarias (desde el 2003 ADIF)*

En estricta concordancia con el modelo que acaba de ser descrito, la Ley 13/1996, de 30 de diciembre, de Medidas Fiscales, Administrativas y de Orden Social, que acompaña al Presupuesto de 1997, en su artículo 160, crea un Ente público de los previstos en el artículo 6.5 del texto refundido de la Ley General Presupuestaria denominado «Gestor de Infraestructuras Ferroviarias» (GIF), desde el 2003 ADIF, dotado de personalidad jurídica y plena capacidad para el cumplimiento de sus fines. El citado ente quedará adscrito al Ministerio de Fomento, al que corresponderá el control técnico y de eficacia de gestión. Para el cumplimiento de sus fines, el GIF (ADIF) tendrá un patrimonio propio distinto del patrimonio del Estado. Tales son los términos de la Ley.

Posteriormente, por R.D. 613/1997, de 25 de abril, dictado ya con posterioridad a la LOFAGE (recuérdese que ésta es de 14 de abril), se aprueba el Estatuto del GIF, en el que se viene a configurar —o reconfigurar— por primera vez una de esas Entidades Públicas Empresariales del antiguo artículo 6.5 de la LGP [9], que ha quedado derogado, como vimos, por la Derogatoria única, apartado f) de la LOFAGE. Pues bien, veamos cuáles son los términos en que se diseña este nuevo Ente, que no ofrece apenas novedad alguna.

El GIF, en primer lugar, *no tiene una existencia real e independiente de la Administración Estatal,* ya que, además de otras muchas relaciones de dependencia fáctica que podrían señalarse, en la materia propiamente contractual corresponde a la Administración General del Estado la aprobación y replanteo de los proyectos de construcción de infraestructuras ferroviarias, la potestad expropiatoria en las expropiaciones que hayan de tener lugar para la construcción de las mismas, la potestad de inspección de las obras y otros poderes que conserva el Ministerio de Fomento. Asimismo, sólo puede realizar operaciones de endeudamiento exterior previa autorización del Ministerio de Economía y Hacienda, corresponde al Ministerio de Fomento el control técnico y de eficacia de gestión del GIF, las resoluciones del GIF relativas al canon por utilización de infraestructuras serán susceptibles de recurso ante el Ministro de Fomento. Es obvio, pues, que detrás del GIF no hay otra realidad que la del Estado.

En segundo lugar, respecto a su *estructura orgánica* resulta que el Presidente y los Vocales del Consejo del GIF son nombrados y cesados libremente por el Gobierno (artículos 22 y 27), lo que obviamente mediatiza y determina constantemente su voluntad. No tiene voluntad propia. Sus órganos de Gobierno no los elige libremente el GIF haciendo uso de su potestad auto organizativa, ni son emanación de una realidad de base, social o profesional, sino que son nombrados por la Administración Estatal, a la que están adscritos; no son sino una emanación o continuidad de la voluntad del Estado.

Así pues, el GIF *no tiene una voluntad propia,* distinta e independiente de la del Estado. Su objeto va a ser, según el artículo 161 de la Ley 13/1996, de Medidas Fiscales, «la construcción y, en su caso, la administración de las infraestructuras ferroviarias que *determine el Gobierno a propuesta del Ministerio de Fomento»*. En el mismo sentido, el artículo 4 del Estatuto del GIF dispone que dicho ente público tendrá por objeto:

> «a) La construcción y, en su caso, la administración de las nuevas infraestructuras ferroviarias que sean competencia del Estado *y que expresamente le atribuya el Gobierno, a propuesta del Ministro de Fomento.*

---

[9] El día antes, 24 de abril, se aprobó la Ley de Telecomunicaciones en la que se regula, sorprendentemente, otro ente del artículo 6.5 LGP: la Comisión del Mercado de las Telecomunicaciones (CMT). Pero ésta no tiene carácter empresarial.

b) La administración de las infraestructuras ferroviarias existentes que sean competencia del Estado y *que expresamente le atribuya el Gobierno, a propuesta del Ministro de Fomento*».

Finalmente, el GIF *no constituye un verdadero y pleno sujeto de derecho,* entendido como «centro de imputación final de relaciones jurídicas», sino que es la Administración Estatal la que en última instancia va a responder de las actuaciones del GIF. Y acorde con ello, idéntica es la situación y el régimen de su patrimonio, tanto el que tiene «adscrito» a sus fines como aquel que se califica, teóricamente, como «propio». Veamos esto con algún detalle.

El Estado aporta inicialmente al GIF alrededor de 60.000 millones de pesetas (*vid*. Disposición Adicional 3.ª del Estatuto del GIF) y, además, quedarán adscritos al patrimonio del GIF «los bienes de titularidad estatal cuya adscripción se acuerde a favor del ente de conformidad con lo dispuesto en los artículos 80 y siguientes de la Ley de Patrimonio del Estado», así como «las situaciones jurídicas subjetivas de cualquier índole relacionadas con la infraestructura cuya titularidad correspondiera a RENFE» (Disposición Adicional 2.ª).

Respecto de los bienes adscritos, ya hemos dicho que el artículo 56.3 de la LOFAGE viene a remitirse a la regulación clásica del Patrimonio del Estado, en los siguientes términos:

> «Los bienes y derechos que la Administración General del Estado adscriba a las entidades públicas empresariales conservarán su calificación jurídica originaria y únicamente podrán ser utilizados para el cumplimiento de sus fines. Las entidades públicas empresariales ejercerán cuántos derechos y prerrogativas relativas al dominio público se encuentran legalmente establecidas, a efectos de la conservación, correcta administración y defensa de dichos bienes. La adscripción y reincorporación de los mismos al Patrimonio del Estado será acordada por el Ministerio de Economía y Hacienda, de conformidad con la legislación reguladora del Patrimonio del Estado».

Ciertamente, el artículo 41 del Estatuto reconoce al GIF, además de un patrimonio adscrito, un patrimonio «propio», integrado por el conjunto de los bienes, derechos y obligaciones de los que sea titular. Sin embargo, la realidad es que la parte principal de ese patrimonio, tal como se desprende del propio artículo, procede del Estado, bien a través de aportaciones patrimoniales de éste, bien a través de subvenciones, cánones o dotaciones del Estado que éste le autoriza o le concede a título de préstamo, que se fijarán en los Presupuestos Generales del Estado de cada ejercicio. Asimismo, los recursos financieros procedentes de operaciones de endeudamiento deben, según el artículo 43 del propio Estatuto, ser autorizadas por el Estado (por la vía de las Leyes anuales de presupuestos o autorizaciones específicas del Ministerio de Economía y Hacienda: artículo 43.1 y 2). Todo lo cual significa que la separación entre el patrimonio del GIF y de la Administración estatal es, en gran medida, una ficción, por lo que a su origen y procedencia se refiere.

Es también cierto que al GIF (como antes a RENFE, Correos o el SEPES) se le reconoce «la libre disposición de los bienes y derechos de los que sea titular» (artículo 41.3 del nuevo Estatuto), pero es muy dudoso que esta disposición sea realmente aplicable, después de la LOFAGE, si no se aprueba una norma de adecuación, como rango de Ley, en que se haga constar así expresamente (Disposición Transitoria 3.ª de la LOFAGE).

Nos encontramos, de nuevo, ante uno de esos supuestos en que, como escribió Hauriou, «la personalidad jurídica se reconoce a grupos o entidades cuya organización en persona moral es inexistente» [10], constituyendo meramente una organización funcional a la que la Ley le atribuye tal condición. En estos casos, la personalidad jurídica es puramente táctica, instrumental («Il y a pure creátion légale et fiction», escribió Hauriou), a efectos de creación de un centro específico de intereses como titular de derechos y obligaciones, que en rigor no son propias de ella, sino del Estado o entidad superior que la creó y cuya dirección o gobierno ostenta.

Ciertamente, los entes instrumentales como el GIF actúan, a ciertos efectos, como auténticos sujetos de derecho (no meros órganos): pueden contratar en nombre propio, realizar operaciones financieras, aceptar subvenciones, fondos comunitarios, crear o participar en sociedades, etc., todo ello siempre con las autorizaciones consiguientes. Lo cual confirma que el GIF tiene una serie de «capacidades especiales» que son como elementos parciales de la personalidad, si bien ésta no puede ser predicada plenamente por cuanto aparece incompleta, a falta de una de sus notas esenciales: la responsabilidad propia y separada, distinta de la del Estado. Por consiguiente, si el GIF quebrase o enajenase todo su patrimonio, sería la Administración estatal la que debería responder patrimonialmente por los daños y perjuicios causados por aquél.

IV. El futuro de los Organismos Autónomos

Decíamos al principio que el presentes es ... el pasado, es decir, que casi nada ha cambiado con la LOFAGE. Pero ello no quiere decir que no deba cambiar. Lo que ocurre es que el cambio que la Administración institucional

---

[10] Hauriou, M., *La liberté politique et la responsabilité moral de l'État,* en «Revue Trimestrelle», Tomo II, n.º 22, 1923, página 336.

necesita en España no se puede producir aisladamente, sino en el seno de un profundo cambio en el modelo Estado, que viene exigido por el nuevo tiempo histórico en el que estamos entrando. Un tiempo presidido, de nuevo, como en sus orígenes, por una fuerte tendencia a la descentralización (nacionalismos, regionalismos), por la privatización de actividades y empresas, la liberalización de sectores económicos tradicionalmente monopolizados y en manos del Estado, la internacionalización (globalización) de las economías y la revisión, no en sus fines pero sí en sus medios y modos de presentación, de eso que hemos llamado Estado del Bienestar o Estado Social.

Toda Europa, las dos Américas, del Norte y del Sur, muchos países del área del Pacífico (Australia, Nueva Zelanda y países del Este y Sureste asiático) han diseñado y están poniendo en práctica políticas de carácter neoliberal. También España, desde hace bastante tiempo —y de modo especial desde 1996— está embarcada en esa «nueva política». Pues bien, pienso que el aparato institucional no es algo neutral, sino decisivo. En mi opinión, un Estado liberal no puede alojarse en una Administración napoleónica, porque antes o después (más bien antes que después) morirá asfixiado por ésta. Tal es la experiencia histórica del último siglo en el tema que hoy nos ocupa. Y la cuestión es: ¿cómo debe ser un Estado *interiormente* —en sus estructuras, en sus procedimientos, en su derecho— para que se adecúe y sirva hoy a la idea de la libertad?

El modelo de Administración que hoy existe en España, responde fielmente a este tipo de Estado sacralizado que heredamos de Hegel, de Bismarck, de Napoleón. En la España actual, los esquemas y hábitos administrativos desde los que arrancamos son los diseñados por este último: una Administración rígidamente jerárquica, autoritaria, con afición al secreto y al misterio de sus razones (los viejos *arcana imperii*); una Administración que ha estado —y sigue estando— excesivamente politizada, demasiado sumisa al mando político (al que se suma hoy el mando de partido), con muy estrechas vías de exigir responsabilidad a autoridades y funcionarios, como se ha podido comprobar recientemente; que tiene un sentido iluminista —y exclusivista— de lo que sea el interés público; que se considera siempre en posesión de la verdad y que tiene, en definitiva, muy poco respeto al ciudadano al que dice servir. Nuestra Administración no es, en su estructura básica, en sus procedimientos de actuación, en sus hábitos de trabajo, muy distinta a como era hace cien años. Aquellos intentos de reforma profunda, como fueron el movimiento «institucionalista» de principios de siglo o la reforma de las Autoridades regulatorias, apenas intentada en los últimos años, han sido hasta ahora intentos muy tímidos de cambio.

El escenario ante el que nos encontramos hoy no difiere mucho de aquél que describía Hauriou y contemplábamos al comienzo de estas páginas: una

Administración sobrecargada de tareas —las innumerables tareas del Estado del Bienestar— difíciles de gestionar en muchos casos, como la sanidad, la educación o la atención a los ancianos, con una notoria incapacidad para una gestión eficaz. Y éste es esencialmente el problema: cómo conseguir que los servicios funcionen —los transportes, las escuelas, los hospitales, el suministro de agua, gas y electricidad, los teléfonos, el correo, las universidades, la asistencia a los ancianos, y tantas otras actividades sobre las que descansa la vida de las gentes— *sin crear un inmenso aparato burocrático* que acabe paralizando la acción y asfixiando al ciudadano; se trata también de ver cómo puede ordenarse ese conjunto de actividades básicas para una sociedad —el sistema bancario, la Bolsa y los seguros, el sistema energético, las telecomunicaciones, la política de suelo y vivienda y otros sectores llamados estratégicos— de forma que el *ciudadano vea protegidos sus intereses frente a los grandes operadores* de estos sectores, sin que el poder político ejerza, sobre unos y sobre otros, esa especie de señorío feudal que hoy ostenta.

Pues bien, una nueva Administración institucional reconfigurada tal como quisieron sus fundadores, despolitizada y tecnificada, con estabilidad institucional y continuidad en sus gestores, es el modelo hacia el que hay que caminar. Hacia él conducen también las nuevas corrientes de una más intensa, sistemática e institucionalizada participación ciudadana en las estructuras y procesos de decisión administrativa. El ciudadano no puede ver hoy limitada su intervención en la vida pública al ejercicio ritual del voto cada cierto número de años para elegir de entre unas pocas personas (o listas) que se le ofrecen —y a quienes en la mayoría de los casos ni conoce— un representante en el Parlamento. Esto no es hoy suficiente para asegurar la democracia; el ciudadano debe ser escuchado, no sólo en las grandes y solemnes ocasiones, sino también en la gestión política diaria, cuando el Gobierno-Administración adopta decisiones que directamente le conciernen. Por consiguiente, es preciso desarrollar nuevos procedimientos de representación, a otros niveles distintos del Parlamento y a través de otros cauces distintos a los partidos políticos. Éstos no agotan la representación ciudadana en el proceso político. Junto a la representación ideológica existe hoy la necesidad de articular la representación según los intereses afectados en los procesos de decisión administrativa.

Los procesos en los que esta representación deviene más necesaria no son aquéllos en que la actuación de la Administración es pura actuación reglada, vinculada a la norma, sino en aquéllos en que la Administración actúa con amplios márgenes de discrecionalidad y determinación de una «política» *(policy making),* como ocurre en materia de educación, transportes, sanidad, energía, vivienda, política de suelo, etc. Los sectores en que se hace necesaria la participación son justamente aquéllos en que el nuevo sistema de fines del

Estado Social ha generado un creciente —y judicialmente imparable— poder discrecional. En particular, resulta necesaria en todas aquellas acciones de prestación o favorecimiento en que la Administración actúa como dispensador de la riqueza pública. Pues bien, éste ha sido y seguirá siendo el campo propio de la Administración institucional.

Es preciso racionalizar y «despartidificar» (perdón por la palabreja) la acción de los poderes públicos. Un buen medio para ello es la creación de Instituciones permanentes, con vida propia, y Comisiones Reguladoras independientes. Si se quiere *modernizar* el Estado, el camino es éste: la creación de vida institucional autónoma, protegida por un estatuto jurídico que le dé continuidad, profesionalidad, coherencia y fidelidad a sus propios fines institucionales.

Ello es hoy posible sin atentar al liderazgo político derivado de las urnas. En una sociedad madura, en la que se superaron los grandes enfrentamientos, el Estado asume una serie de funciones que tienen carácter objetivo y que son esencialmente las mismas, cualquiera que sea el gobierno de turno. Funciones para cuyo desempeño hay que crear instituciones *ad hoc,* unas veces gestoras y otras reguladoras, que den estabilidad al ejercicio de la función, por encima del turnismo político. No es propio de un Estado moderno evolucionado, gestor de los intereses colectivos, que cada vez que cambia un gobierno cambien los directores de entidades como el Consejo Superior de Investigaciones Científicas, la Radio Televisión pública, el Museo del Prado, el Teatro Real, el Instituto Nacional de Estadística, el Centro de Investigaciones Sociológicas, la Comisión Nacional del Mercado de Valores, la CSEN, las Confederaciones Hidrográficas, los Puertos y Aeropuertos, los Hospitales del INSALUD y las grandes empresas públicas de interés estratégico, que son las únicas que deben existir.

No digo que algunos cambios hechos recientemente en estas instituciones no debieran hacerse, dada la politización que el PSOE imprimió a todas ellas (y a muchas más). Lo que digo es que el nuevo Gobierno debe reconstruir esas instituciones, dotándolas de vida propia, representativa de los intereses a los que sirven, despolitizándolas, con un estatuto jurídico que las ponga al resguardo de la manipulación política en el futuro. En esas Agencias gestoras de servicios, o en esas Comisiones Reguladoras independientes, las Comunidades Autónomas deben tener presencia y participación en sus nombramientos. Y aquéllos que tengan mayor relevancia deben ser ratificados por el Parlamento, ante el que deben comparecer los candidatos y dar razón de sí mismos. Las fuerzas políticas tienen ahí su función, pero no en el *day to day* de la gestión de los grandes servicios públicos del país. Ésa es la descentralización pendiente. Éste es el modelo de Estado del siglo XXI, antítesis de la Administración unitaria, centralista, napoleónica, jerárquica y activista como ha sido hasta ahora la nuestra.

Se trata de crear entes y organismos de nuevo cuño que asuman estas tareas de ordenación y gestión. Con ello no se atenta en modo alguno, como ya he dicho, al liderazgo político, que, de acuerdo con el artículo 97 de nuestra Constitución, se concentra en el Consejo de Ministros o en los Ministros y allí debe seguir, en todo aquello que constituye las grandes directrices, la programación y dirección de la política interior y exterior. Pero hay otra serie de aspectos, cada día más importantes, que constituyen *la ordinaria administración de la actividad,* de carácter técnico y económico, que exigen una autoridad reguladora dotada al mismo tiempo de *preparación técnica, independencia política y legitimación democrática;* una autoridad que tenga, además, continuidad al frente de esa tarea, pues la mayoría de las veces la ordenación o reestructuración de un sector, para ser eficaz, debe tener una duración mucho más amplia que la del Gobierno de turno.

LECCIÓN 7.ª

SOBRE LA JERARQUÍA Y LA TUTELA COMO VÍAS DE REINTEGRACIÓN A LA UNIDAD DEL ESTADO *

SUMARIO: I. La distinción tradicionalmente formulada.—II. La distinción desde el punto de vista del contenido de los poderes: A) *Control de legalidad y control de oportunidad.* B) *Poder de sustitución de la decisión.* C) *El poder de dirección e instrucción.* D) *El sistema ordinario de alzadas.* E) *Incapacidad para impugnar los actos del superior jerárquico.*

I. La distinción tradicionalmente formulada

La tensión entre unidad y especialidad ha sido destacada como una nota típica de la Administración moderna y su derecho [1]. La multiplicidad de fines y actividades propias de ésta, exige de una parte un carácter policéntrico de su actuación; la necesaria unidad de sentido, por otro lado, que debe presidir la acción del Estado (obedeciendo a un unitario programa de Gobierno) exige que de alguna manera todos estos centros de actuación sean coordinados y reintegrados, estructural o funcionalmente (según los casos), a la unidad de la Administración Pública (estatal, territorial, institucional y corporativa) dentro de lo que las antiguas leyes fundamentales llamaban «el sistema institucional del Estado español» (artículo 2, II LOE) y la Constitución de 1978 consagra en su artículo 137, cuando dice:

> «El Estado se organiza territorialmente en municipios, en provincias y en las Comunidades Autónomas que se constituyan. Todas estas entidades gozan de autonomía para la gestión de sus respectivos intereses».

Esta reintegración puede verse desde un punto de vista estructural (encuadramiento en la organización), jurídico (imputación de la actividad a un único sujeto de derecho, a una única persona jurídica: la Administración del Estado: artículo 1 LRJ) o funcional, esto es en la coordinación de la actividad de todo ente público con la actividad del Estado para el cumplimiento de un único programa de Gobierno, pero permaneciendo todos ellos perfectamente diferenciados en cuanto al logro de sus «respectivos intereses» y con ello en sus derechos y obligaciones, patrimonio, responsabilidad, etc. Vamos a dejar ahora a un lado a las Administraciones Territoriales (Comunidades, Provincias y

---

* Lección dictada en la Facultad de Derecho de la Universidad de Santiago de Compostela, noviembre 1974.

[1] Cfr. Meilán Gil, J. L., *El proceso de definición del Derecho Administrativo,* Alcalá de Henares, 1967.

Municipios) a las que dedicamos la Sección III de este libro, para centrarnos en la vía de reintegración a la unidad de los distintos entes y centros de poder que integran el complejo aparato de la organización central del Estado. Éstas han sido tradicionalmente dos: la jerarquía y la tutela. El concepto de jerarquía se perfilaba así como contraposición al concepto de tutela entendiendo a ambos como técnicas de reintegración a la necesaria unidad de la Administración Pública estatal.

La distinción entre ambas se formulaba sobre la base de la distinción entre órganos y personas, afirmando que jerarquía es la relación de subordinación entre órganos de una misma persona, y tutela el nexo o relación de dependencia entre personas jurídicas distintas. Esto, en el terreno de los principios [2]. Ahora bien, es ésta una forma de definir los conceptos que nos explica cuáles son los términos de la relación, pero no se nos da razón del contenido sustantivo de la relación misma, en que la jerarquía o la tutela consisten.

Por otro lado, el paralelismo entre los binomios órgano-persona de una parte y jerarquía-tutela de otra no coincide exactamente; es exacto en el primero de los términos (la relación de dirección y control entre órganos suele ser jerárquica, de inferior a superior) pero no en el segundo (no toda relación entre personas jurídicas es una relación de tutela). Nuevamente es preciso consignar que detrás de esa calificación de persona jurídica se encuentran realidades muy diferentes, cuya relación con el Estado (con la Administración Central) no puede ser calificada unívocamente como mera «tutela». Garrido Falla ya puso de manifiesto cómo respecto a la administración institucional

---

[2] Así, GARCÍA TREVIJANO, J. A., *Los principios jurídicos de la organización administrativa,* IEP, Madrid, 1957, página 213. Sobre el concepto de jerarquía, *vid.* GASCÓN HERNÁNDEZ, J., *Unidad, competencia y jerarquía como principios de la organización administrativa,* en estudios Gascón y Marín, Madrid, páginas 58-59, en el que se hace un resumen de nuestros clásicos (Colmeiro, Santamaría, Gascón) sobre el concepto de jerarquía, que cristalizará en Santamaría, como *serie de órganos.* Respecto al *concepto de tutela, vid.* GARRIDO FALLA, *La descentralización administrativa.* Serie «Ciencias Jurídicas y Sociales», n.º 14 (Costa Rica, 1967), páginas 88 y siguientes. La *exclusión de dependencia jerárquica entre personas* ha sido afirmada tajantemente por la doctrina. Así BAENA, *Los entes funcionalmente descentralizados y su relación con la Administración Central,* RAP, n.º 44 (1964), página 105: «lo que resulta, indudable es que no puede tratarse de una dependencia jerárquica, ya que entre dos personas jurídicas no puede existir una relación de jerarquía que es privativa de las relaciones entre órganos». En este sentido se manifiesta la doctrina en su gran mayoría: *vid.*, por todos el estudio de VALLINA, *Transferencia de funciones administrativas,* Madrid, 1964, y todas las referencias allí citadas. Por lo demás, *no toda relación entre órganos es jerárquica,* sino que es preciso exista entre ellos identidad de competencia material: con la misma finalidad y para supuestos distintos, se aplica el principio de coordinación, que es, quizá, de los principios claves (con reconocimiento y rango constitucional) de la organización del Estado en derecho español: sobre él, *vid.* ORTIZ DÍAZ, J., *El principio de coordinación de la organización administrativa,* Universidad de Sevilla, 1959.

(organismos autónomos), es preciso reconocer, en la relación de éstos con el Estado, aspectos sometidos a jerarquía [3].

II. La distinción desde el punto de vista del contenido de los poderes

Ello obliga a plantearse el tema de la distinción jerarquía-tutela, no desde el punto de vista formal (consideración formal de los sujetos entre los que se da la relación), sino material (consideración sustantiva del contenido de la relación misma). Esto es, se trata de precisar cuáles son en concreto los «poderes» (y los deberes) que gozan (o padecen) los sujetos en una relación jerárquica y en una relación de tutela [4].

Las notas diferenciales, a las que en este punto pueden llegarse son, a mi juicio, las siguientes [5]:

---

[3] Señala GARRIDO FALLA, cómo en el caso de la Administración Institucional y no obstante la personalidad jurídica de los entes, hay aspectos del nexo que une a los organismos autónomos con el Estado en los que están sometidos a jerarquía, y no a simple tutela (GARRIDO FALLA, *La descentralización,* cit., páginas 88-91). La especialidad de esta relación ha llevado a BAENA a propugnar el abandono de la doctrina de la tutela para estos supuestos, sustituyendo tal concepto por el de «integración y situación pasiva de sometimiento a la Administración del Estado» (páginas 118-119) (BAENA, *Los entes funcionalmente descentralizados,* con referencias a las principales manifestaciones de la doctrina española, francesa e italiana sobre el contenido y técnicas de actuación de la tutela). GARCÍA TREVIJANO, por su parte, escribe que en estos supuestos «la tutela sobre actos y personas es total», y su *única autonomía* es la relativa a la gestión económica diaria, pero sin ningún género de independencia (TREVIJANO, *Tratado de Derecho Administrativo,* tomo II, RDP, Madrid, 1967).

[4] Éste es, por otra parte, el camino realista. Argumentar de otra forma, en base a apodícticos prejuicios dogmáticos conduce a un callejón sin salida. Es frecuente leer, entre nosotros, por ejemplo, que «entre dos personas jurídicas no puede existir una relación de jerarquía» (así, BAENA, *Los entes,* cit., página 105). Esto es una afirmación apriorística (no demostrada), basada en un concepto de persona jurídica, y que se formula sin la previa determinación de que sea, sustantivamente, la relación de jerarquía. Tal planteamiento no tiene salida, como implícitamente reconoce el propio BAENA cuando escribe: «a pesar de que la existencia de la personalidad jurídica excluye la posibilidad de que se dé una relación jerárquica, lo cierto es que en ocasiones parece haberla. Lo que oscurece aún más el sentido de esta dependencia». Una de las salidas que para ello se busca —la personalidad jurídica del órgano— es mucho más contradictoria que aquélla de la que se huye (la jerarquía entre las personas), y la otra —«integración y situación pasiva de sometimiento», con la existencia de una relación de jerarquía entre personas físicas por la técnica de las uniones personales— es caer en una perífrasis (esto es, volver a afirmar lo mismo con distintas palabras) y seguir sin explicar las alzadas, directrices, nombramientos, etc.; cfr. GARRIDO FALLA, *Descentralización,* cit., página 91.

[5] Podría señalarse, además, otras notas de detalle, tales como intervención en nombramientos, posibles suplencias, resolución de conflictos, etc. La verdad es que todos pueden ser reconducidas a alguna de las diferencias esenciales que aquí se establecen. Por lo demás, no es mi intención formular un elenco detallado de los posibles matices diferenciales, sino más bien

A) *Control de legalidad y control de oportunidad*

Como he escrito en otra ocasión, los poderes de control de un órgano sobre otro (o de un ente sobre otro), pueden ser de un doble tipo: a) pueden tener como causa y fin de su actuación el mantenimiento del orden jurídico (control de legalidad, esto es, aquél que tiende exclusivamente asegurar la regularidad jurídica de las decisiones o proyectos de decisión); o bien, b) pueden estar determinados por motivos de orden político o económico, por razones de carácter moral o por criterios técnicos (control de oportunidad, que tiende a conseguir una decisión, no sólo legal, sino la más conveniente a juicio del órgano que controla). Estos dos tipos de potestad son de naturaleza esencialmente diferente: el primero es un poder absolutamente reglado, vinculado al derecho (lo que la doctrina francesa llama un *pouvoir liè,* o una *competence liè*); el segundo es un poder no reglado, discrecional, de valoración política. Obviamente, ésta es una relación que no puede darse entre Administraciones territoriales dotadas de autonomía de gobierno en la persecución de sus propios intereses, salvo en aquellos aspectos que afectan a la unidad de la nación.

Así pues, la tutela tiene como finalidad fundamental asegurar la legalidad de la actuación del ente tutelado [6]. Sólo excepcionalmente, para algunos supuestos tasados —trascendentales e importantes—, se concede al ente tutor un poder de apreciación de la oportunidad y conveniencia de los actos [7]. Facultad que se instrumenta normalmente mediante la coparticipación (autorización, aprobación) en la producción del acto. De ahí que la doctrina señale unánimemente el carácter tasado, limitado, de las facultades de tutela, que nunca se presumen y que deben ser interpretadas restrictivamente [8]. Todo ello a diferencia de lo que ocurre en las relaciones de jerarquía cuyo contenido abraza

---

formular, en sus líneas básicas, lo que entiendo constituyen los caracteres esenciales —y diferenciales— entre jerarquía y tutela. No hay ningún estudio específico y detallado sobre este punto en la doctrina española. Deben verse fundamentalmente los trabajos de GARCÍA TREVIJANO sobre todo sus *Principios jurídicos de la organización administrativa,* IEP, Madrid, 1957, y posteriormente su *Tratado,* cit., tomo II, páginas 415 y siguientes y 445 y siguientes, y *La autonomía municipal: aprobaciones y procedimientos bifásicos en el ordenamiento español,* RDP, tomo 50 (1969), páginas 747-775. También los estudios citados de GARRIDO FALLA, ENTRENA y VALLINA. Afirmaciones incidentales sobre el tema son constantes en la doctrina; pueden encontrarse entre otros en MARTÍN MATEOS, R., *Municipalismo, descentralización y democracia,* REVL, n.º 157 (1968), páginas 58-68; BOQUERA, *Recursos contra decisiones de entidades autárquicas institucionales,* RAP, n.º 18 (1955), página 161; GONZÁLEZ PÉREZ, J., *Los recursos administrativos: «Administración Institucional y recurso contencioso-administrativo»,* RAP, n.º 11 (1953).

6 Por todos, ENTRENA, R., *Curso de Derecho Administrativo,* 3.ª edición, páginas 153-154.

7 MARTÍN MATEO, R., *El horizonte de la descentralización,* en IEAL, Madrid, 1996, páginas 93-94.

8 Entre nosotros, *vid.*, especialmente, GARCÍA TREVIJANO, J. A., *Principios,* cit., página 214.

no sólo la legalidad, sino también la oportunidad, la conveniencia, la adecuación —*hic et nunc*— al interés público, la equidad de la decisión, etc. De ahí que el control jerárquico se extienda a todos los aspectos de la decisión. Es, a la inversa la tutela, un poder incondicionado salvo que la ley lo limite [9]. Tales poderes generales además, se presumen, aunque la Ley no lo diga, pues su existencia es esencial al mecanismo de la Administración y constituye un principio general de derecho público y administrativo [10].

B) *Poder de sustitución de la decisión*

En segundo lugar, como consecuencia de lo anterior, se ha afirmado tradicionalmente, como nota característica y esencia a la jerarquía, que el superior puede sustituir la decisión del inferior, bien en la vía de recurso (en todo caso, salvo que la Ley lo excluya), bien en la vía de instancia avocando así la decisión cuando la ley lo permite, bien finalmente, en la vía de revisión de oficio. A diferencia de esto, los poderes de tutela nunca habilitan para sustituir la decisión del ente tutelado. Lo específico de la tutela es autorizar o no autorizar, aprobar o no aprobar, suspender o no el acto, pero en ningún caso pueden reformarse las decisiones del ente tutelado. La tutela no supone —escribió Hauriou— «un poder de reforma de los actos, que es característico de la relación jerárquica», pues a diferencia de ésta, en la relación de tutela se trata de salvaguardar o garantizar la correcta voluntad del ente descentralizado, pero sin sustituirla por la voluntad del Estado: éste —dice Hauriou— puede anular sus decisiones, pero no puede tomarlas en su lugar [11].

Esta clásica diferenciación, sin embargo, debe ser hoy matizada. Conviene, en efecto, distinguir tres posibles supuestos:

---

[9] VEDEL, G., *Droit Administratif,* París, 1958, página 563.

[10] Puede verse la exposición clásica del principio de jerarquía contenida en GROSHENS, J. C., *Le pouvoir des supérieurs hiérarchiques sur les actes de leur subordonnés,* en «Actualité Juridique» (AJ), 1966, páginas 142-146: *«La présentation classique des pouvoirs du superior hiérarchiques»* con amplias referencias a la formulación de LAFERRIERE, HAURIOU y DUGUIT. GROSHENS somete, sin embargo, a revisión esta formulación clásica e indiscutida, afirmado, a mi juicio con razón, que tales poderes incondicionados tienen dos límites muy importantes: en vía de instancia la asignación legal y objetiva de competencias, que no puede ser invadida: y en vía de recurso o revisión de oficio de la decisión, la reforma o modificación del acto tiene un límite: la declaración de derechos a favor de terceros hecha por el primer acto, que sólo puede verse anulada o abrogada por razones de legalidad, pero que no puede ser revocada por motivos de oportunidad. Así pues, en estos casos (actos de declarativos derechos a favor de terceros), el control y poder jerárquico se ve, de hecho, limitado por un dato externo: los derechos adquiridos: cfr. GROSHENS, J. C., *vid.* lo que se dice más adelante sobre este punto.

[11] HAURIOU, *Étude sur la décentralisation,* París, 1892, páginas 45-46. En contra, GARCÍA TREVIJANO, *Tratado II,* página 2, cit., página.

a) Sustitución de la decisión en vía de instancia: tal poder de sustitución está hoy prácticamente denegado en el ordenamiento. En efecto, conviene recordar que la titularidad de las competencias es siempre una atribución legal y que la división de competencias constituye un sistema objetivo de facultades fijadas por el Ordenamiento, que debe ser respetado a todos los niveles. Tal es el principio enunciado claramente en el artículo 4 de la LPA: «la competencia es irrenunciable y se ejercerá precisamente por los órganos administrativos que la tengan atribuida como propia». Con anterioridad a la LPA, la doctrina había distinguido distintos poderes de sustitución y fiscalización jerárquica según fuera el carácter de la competencia atribuida al órgano; así Serrano Guirado distinguió entre competencia alternativa o concurrente y competencia exclusiva. En el primer caso, los órganos superiores tenían facultad para sustituir de oficio a los inferiores; en el segundo, en cambio, se entendía —escribe Garrido— «que un órgano superior era en principio incompetente para sustituir al inferior en el ejercicio de sus facultades, aunque ello no evite ulteriores recursos jerárquicos» [12]. En definitiva, este planteamiento suponía contemplar el poder jerárquico unas veces prevaleciendo sobre el ordenamiento objetivo de la competencia y otras veces condicionado y sujeto a éste en vía de instancia. Garrido afirma que el modo normal de atribución de competencias en nuestro ordenamiento (estamos en 1956), es el primero (competencia alternativa o concurrente), lo cual significaba que la jerarquía prevalece sobre la competencia atribuida a un órgano sin más precisiones, y que sólo cuando de la Ley se derive el carácter propio y exclusivo de ésta, la sustitución quedaba excluida. La LPA supuso, en este punto, una inversión completa del planteamiento, a partir de 1958. La esfera de atribuciones de cada órgano no puede ser, por tanto, invalidada por el superior jerárquico, ni éste tiene posibilidad de sustituir al inferior en la decisión, pues ello sería infringir el orden objetivo de competencias [13].

---

[12] *Vid.* Garrido Falla, F., *Régimen de impugnación de los actos administrativos,* Madrid, 1956, páginas 63 y siguientes.

[13] Es suficientemente conocida la gran transformación que la Administración actual entraña en este punto, respecto a la clásica Administración del XIX que arranca de la Constitución napoleónica del año VIII, en que el poder de decisión se concentraba en todo caso en la cúspide de la jerarquía (Rivero, *Droit,* página 285) y los agentes subordinados no tenían más misión que «instruir y preparar los asuntos cuya solución estaba reservada a la Administración central», o ejecutar las decisiones (Aucoc, L., *Conferences sur l'administration et le Droit administratif, faites à l'École des Ponts et Chaussees,* 3 vols., tomo I, página 176; este proceso concentrador de las decisiones se produjo como reacción contra las facultades concedidas en 1790 y en la reorganización del año III, y sólo lentamente irá siendo corregido en Francia). La consecuencia de un tal sistema era que en todo momento y *en cualquier estado del procedimiento, el superior podría recabar para sí la decisión.* Esta concepción de la jerarquía —basada en una asignación de competencias que se considera *siempre delegada por el superior jerárquico*— se refleja claramente en nuestra Ley

Únicamente se admite tal poder cuando la Ley expresamente lo prevea («salvo los casos previstos por las leyes»: artículo 4 LPA), pero esto no supone diferencia alguna con la tutela, ya que también en ésta, tal sustitución se produce cuando la ley lo prevé.

De ahí que, como ha señalado García Trevijano, la jerarquía en ningún caso puede verse como una especie de fungibilidad de los órganos, de tal forma que el superior pueda actuar en lugar del inferior. Lo que sí podrá hacer es dirigir, orientar, marcar el sentido en el que éste debe actuar «su» competencia (siempre naturalmente dentro del ámbito de discrecionalidad que la norma permita) según se dice más adelante [14].

---

para el gobierno de las provincias de 2 de abril de 1845, cuyo artículo 6 configura, por ejemplo, al Jefe político como «delegado del poder ejecutivo», asignándole el cometido de «cumplir las leyes y determinaciones del *gobierno, que consiente, y a las veces modifica o revoca sus disposiciones»: vid.* Pedro Gómez de la Serna, *Instituciones de Derecho Administrativo español,* 2 volúmenes, 1843, Apéndice, Madrid, sf., páginas 12-13. Y así se entiende también en nuestra primera doctrina, que ve en ella, justamente, la raíz de la centralización. «La autoridad administrativa —escribe Cárdenas en 1850— "es *retenida en los ministros,* quienes la ejercen parte por sí y parte *por medio de sus agentes, pero respondiendo de todos sus actos*". El ministro no es responsable de ninguna providencia que dicten los tribunales, pero sí lo es de todas las que tomen las autoridades administrativas subordinadas, ya sea por haberse dictado con su aprobación, o ya *por no haber corregido el mal* que causarán y castigado el abuso que su autoridad cometiera. De esta regla vaga y flexible en sus aplicaciones, se deduce la necesidad de la centralización, no sólo como cosa conveniente, sino como equitativa y justa. Si los ministros han de responder de todos los actos de sus subordinados, es indispensable, se dice, que tengan amplias facultades sobre ellos, derecho absoluto para ponerlos y separarlos, la inspección inmediata y constante de todas sus acciones; y en una palabra, que todos los funcionarios de la administración civil se consideren como *meros ejecutores* de las providencias ministeriales *más bien que como partícipes de una autoridad independiente»: vid.* Cárdenas, F., *De la centralización administrativa,* página 209. El problema que esto planteaba —y el que se plantea Cárdenas— es la desmedida extensión que, según este principio de jerarquía alcanza a la responsabilidad ministerial. Problema que soluciona diciendo que no obstante el *amplio poder del superior jerárquico (del ministro) para «reasumir» actos del inferior* que quiera, no debe exigírsele responsabilidad más que respecto de los actos por él ejecutados o de aquéllos que haya sancionado o en los que haya intervenido (ob. cit., página 112). Frente a este sistema, la descentralización radica justamente —dice— en que los diversos funcionarios actúen con *autoridad propia e independiente,* autoridad que *en ningún caso se reconoce a los agentes subordinados de la Administración Central:* «sin renunciar —dice— al auxilio de los agentes subalternos, no hay más remedio que centralizar en los funcionarios superiores todas las facultades resolutivas, encomendando únicamente a sus subordinados los actos de mera ejecución». Se trata, pues de un sistema centralizado y concentrado (páginas 213-214). Hoy el principio de competencia objetiva y específica por razón del grado y la materia establece para cada órgano una esfera de atribuciones propias que ni el mismo superior puede desconocer, en primer lugar porque viene establecida por normas de derecho objetivo, que vinculan a todos los niveles; y en segundo lugar porque el sistema constituye en sí mismo una garantía considerable frente a la arbitrariedad del superior.

[14] Cfr. García Trevijano, *Tratado II,* cit., página 420.

Conviene, sin embargo, notar que cuando la competencia ha sido delegada (la delegación afecta sólo al ejercicio, nunca a la titularidad) puede ser recabada por el superior en cualquier momento la decisión sobre los asuntos, bien en general (revocación de la delegación) bien para un caso concreto (avocación) [15]. Por eso, toda delegación de competencia crea una relación de jerarquía, aun cuando los entes entre los que la delegación se produce se hallen entre sí en una relación general de tutela: casos de la llamada delegación intersubjetiva, como, por ejemplo, la delegación de competencias estatales a las Corporaciones (locales o profesionales) [16].

b) *Sustitución de la decisión en vía de recurso:* el problema aquí es determinar el alcance del poder de modificación y reforma de los actos. Dicho poder de modificación de los actos en el seno de un recurso jerárquico ha sido reconocido como un principio general de derecho público que juega incluso a falta de un texto legal expreso, lo cual no es sino la consecuencia de lo afirmado anteriormente sobre la plenitud de facultades de revisión y control que el superior jerárquico tiene sobre el inferior. Frente a este principio tradicional, Groshens (y en parte Rivero, aunque con matización y sin pronunciarse claramente) [17] ha

---

[15] La distinción en GONZÁLEZ NAVARRO, F., *Transferencia del ejercicio de competencia administrativa,* DA, n.º 135 (1970), páginas 35-88.

[16] Por ello, en estos casos, es normal y lógico el recurso de alzada; así, artículo 76.2 de la Ley especial para el municipio de Madrid (aprobado por Decreto 1674/1963, de 11 de julio): «cuando se trate del ejercicio de facultades delegadas se dará recurso de alzada previamente ante la autoridad u organismo delegante, salvo que le excluyese el acuerdo o norma que establezca la delegación». No ocurre así en los casos de delegación inteorgánica (y es ésta una diferencia importante entre ambos supuestos), ya que en éstos los actos del delegado «se consideran como dictados por la autoridad que haya conferido» (la delegación) (artículo 32.2 LPA), por lo que, lógicamente, el artículo 36.3 LRJ, establece que ponen fin a la vía administrativa». Ya se ve que esto no es argumento en contra de la afirmación contenida en el texto. Por lo demás, no es tampoco impensable la solución contraria: que quepa el recurso de alzada, al menos potestativamente para el interesado, lo cual tiene un argumento nada desdeñable: el que la delegación, que normalmente se produce por orden comunicada, no tiene por qué ser vinculante para terceros por tratarse de disposiciones no publicadas en el «B.O.E.», y si éstos creen que para ellos es una garantía la alzada, tienen derecho a interponerla. Esta cuestión del posible recurso de alzada ante el delegante contra el acto del delegado, se había planteado contrariamente por nuestra doctrina antes de la LPA. SERRANO GUIRADO (*El recurso contencioso-administrativo y el requisito de que la resolución cause estado,* RAP, n.º 10, página 143) y GARCÍA TREVIJANO (*Principios,* cit., páginas 201-202) se inclinaban por la admisión. GARRIDO FALLA *(Régimen de impugnación, loc. cit.)* propagaba la solución negativa. Después de la LPA parece ser que esta última es la solución admisible, salvo que otra cosa se diga expresamente. En cambio, cuando la delegación sea entre la Administración Central y las Corporaciones (locales o profesionales) la solución es exactamente la inversa, como se expresa, además, claramente en el principio general contenido en el artículo 383 de la LRL.

[17] GROSHENS, J. C., ob. cit., páginas 148-150. RIVERO, J., *Remarques à propos du pouvoir hierarchique,* en la misma Revista, páginas 154-155.

afirmado que hoy el poder jerárquico «de droit commun» se reduce a un poder de control de la legalidad del acto a través del recurso, que para ir más allá e imponer su voluntad al inferior en base a apreciaciones de oportunidad o conveniencia es precisa una ley especial que lo autorice, y, por último, que en principio el superior no puede sustituir la voluntad del inferior al resolver el recurso, sino limitarse a anularlo y devolver el asunto a la autoridad competente para que ésta resuelva correctamente; en definitiva, se afirma que la apreciación de la oportunidad y el sentido en que se ejerza la competencia es algo reservado a la potestad discrecional del órgano que la tiene atribuida como propia. Lo cual debe ser respetado al resolver recursos jerárquicos.

Estas afirmaciones, muy discutibles también en Francia, son inaceptables en nuestro Ordenamiento jurídico. Es claro entre nosotros que uno de los efectos de los recursos de alzada es precisamente el llamado *efecto devolutivo de la competencia* (de la competencia total y no de una mera potestad revisora) [18]. En nuestra LPA el principio es claramente expresado en los artículos 124 («la resolución de un recurso confirmará, modificará o revocará...»), y 119 («decidirá cuantas cuestiones plantee el expediente»). Así pues, en nuestro derecho es clara la plena potestad de sustitución de la decisión que el superior jerárquico tiene en vía de recurso. Nuestra jurisprudencia ha reconocido repetidamente lo que llama, no muy técnicamente, «plenitud jurisdiccional administrativa», consustancial a la alzada [19], y ello no sólo en los casos de recursos contra órganos de la Administración Central sino incluso en recursos contra actos de los entes corporativos, cuando éstos ejercen potestades públicas por delegación; en estos casos —relación de jerarquía como hemos dicho, en el seno de una básica relación de tutela— «puede juzgarse por los órganos superiores de cómo haya usado la discrecionalidad» (S. 26-X-1964). La cuestión

---

[18] «El superior —ha escrito García Trevijano— al resolver la alzada, se encuentra exactamente en la misma posición que el inferior al volver a juzgar totalmente sobre todas las cuestiones, hayan sido o no planteadas». En *Principios jurídicos,* cit., página 216. En el mismo sentido, TAMAYO ISASI-ISASMENDI, J. A., *El recurso de alzada en nuestro derecho positivo,* en «Anales de la Universidad Hispalense», Sevilla, 1965.

[19] También nuestro Consejo de Estado —Dict. 16-V-1951. Exp. 7.704— ha dejado sentado que «no es preciso insistir de una manera especial en la congruencia o no de la resolución recurrida con las pretensiones formuladas inicialmente en el expediente. La razón de ello —sigue diciendo— estriba en la propia naturaleza de la jerarquía administrativa, más concretamente de la supremacía jerárquica y de los recursos jerárquicos de alzada, trasladan al superior la facultad de conocer y resolver sobre todas las cuestiones planteadas en el expediente, sean de fondo o de forma». Doctrina que reitera en el Dictamen de 3 de marzo de 1955, afirmando que «los poderes de resolución de alzadas alcanzan en nuestro Derecho la plenitud de facultades, de modo que el superior tiene potestad para examinar todo lo actuado por el inferior jerárquico, comprendiendo tanto los aspectos de legalidad de la resolución recurrida como los de mera oportunidad» (Exp. 15.235).

aboca, sin duda, al tema de la *reformatio in pejus (o in melius)* y a la posibilidad que tiene o no el superior jerárquico de ir más allá del *petitum* contenido en las pretensiones de los interesados. ¿Cuál es, en vía de recurso, el contenido del poder jerárquico y cómo juega aquí el artículo 4 de la LPA? ¿Pueden seguir manteniéndose a la vista de éste las afirmaciones tradicionales? ¿Cómo llegar a una interpretación integradora de los artículos 4 y 93.1, por un lado y 119-124 por otro?

Conviene aquí distinguir dos cuestiones, que aunque están relacionadas constituyen dos problemas diferentes. Primera, el planteamiento de cuestiones nuevas, que no lo hubieran sido en vía de instancia por el interesado y que, por tanto, no se contienen en el expediente. Segunda, el problema de si la Administración puede, en vía de recurso, al jugar sobre la legalidad del acto administrativo impugnado, llegar a una modificación del mismo que sea más onerosa para el particular recurrente que la propia resolución que se impugna (pero nótese bien, que esto no supone «cuestión nueva», sino un nuevo juicio, no «revisor», sino originario y *a radice* sobre un acto o una cuestión ya anteriormente planteada).

Pues bien, la solución es diferente en ambos casos. En el primero, el principio esencial en la materia es el principio de identidad de acto, que la jurisprudencia ha derivado de los artículos 124 y 119 de la LPA, y que tiene como consecuencia que ni el interesado ni la Administración pueden plantear ni resolver, respectivamente, en alzada, cuestiones no planteadas en vía de instancia, a no ser que dichas cuestiones sean de ineludible resolución para el asunto planteado. Así, por ejemplo, la Sentencia de 13 de mayo de 1964 se enfrenta con una alzada, en la que se había anulado al reclamante la calificación provisional de una vivienda de renta limitada del grupo primero, cuando el recurrente lo único que se propuso impugnar fue el primitivo acuerdo en lo referente a la altura y número de plantas del edificio protegible. El Tribunal Supremo argumentará esta resolución de cuestión nueva diciendo que «tal cuestión era de tan vital importancia para enjuiciar la validez jurídica del acuerdo recurrido que el órgano al que competía revisarlo no podía marginarla, sino que estaba obligado a resolverla tanto de conformidad con el artículo 119 LPA, como porque la potestad de anulación en vía de recurso es distinta de la derivada de la revisión de oficio en vía jerárquica» [20].

En cambio, cuando se trate de una cuestión nueva a la que no se vincula necesariamente la resolución del recurso, el Tribunal Supremo afirmará, como

---

[20] Az. 3252. Pte. Sr. D. Justino Merino Velasco.

lo hace en Sentencia de 5 de junio de 1967 [21] que se «trata evidentemente de reclamación nueva que no podía suscitarse en alzada ni ser traída después a esta vía jurisdiccional, sin infringir lo dispuesto en los artículos 37 y 83, apartado c) de la Ley Jurisdiccional, pues la existencia de la jerarquía administrativa, con su consiguiente escalonamiento de órganos, que es base de atribuciones al superior de competencia para revisar la del inferior en trámite de alzada, exige que el acto se mantenga idéntico, a través de las incidencias del expediente, tanto en su contenido como en su congruencia, con la petición que lo motivara, según se desprende de los artículos 113, 122 y 124 de la L. Pro. Adm., en relación con los 81 y 12 de los Estatutos de la Mutualidad, definiéndose con claridad en el 124 el ámbito de la referida competencia revisora al reducirla a las facultades de confirmación, modificación o revocación, sin que, a efectos de que en alzada puedan resolverse cuestiones no deducidas en primera instancia, pueda invocarse el artículo 119 de la L. Pro. Adm., pues lo preceptuado en este sentido de que la autoridad que resuelva el recurso decidirá cuantas cuestiones plantee el expediente, hayan sido o no alegadas por los interesados, oyendo a éstos previamente en este último caso, no ha de entenderse en el sentido de que destruya el principio de la congruencia, extendiendo la facultad resolutiva más allá de lo realmente pedido, sino que ha de entenderse como norma que autoriza a agotar el examen de los temas expresa o implícitamente radicados en ello, por lo que sólo ha de aplicarse a cuestiones que teniendo base en el expediente sean complementarias o interdependientes de lo en él pedido, pues con otra interpretación quedaría desnaturalizado dicho recurso y subvertido el principio general que en materia administrativa enuncia el artículo 4 de la citada Ley Procesal Administrativa». En el mismo sentido, Sentencia de 14-III-1964 (Az. 1725). En el fondo, la situación real respecto a las cuestiones nuevas es: el recurrente no puede aducir en alzada cuestión nueva alguna. Pero la Administración (el superior jerárquico) —y aquí vuelve a aparecer la plenitud de sus poderes de revisión— podrá someter a nuevo enjuiciamiento «cuantas cuestiones plantee el expediente, hayan sido o no alegadas por los interesados» (artículo 119). Lo cual supone un amplio poder de apreciación de cuales sean éstas.

Respecto al tema de la *reformatio in pejus,* no es éste el momento de terciar en una polémica que ha dividido a la doctrina española más reciente y ha situado a los autores en posiciones contrapuestas [22]. Diré únicamente que

---

[21] Az. 3575. Pte. Excmo. Sr. D. José Fernández Hernando.

[22] *Vid.* un buen resumen del estado de la doctrina en la obra de GONZÁLEZ NAVARRO, F., *El procedimiento administrativo español en la doctrina científica,* Madrid, 1972, páginas 463 y siguientes.

para mí sigue siendo convincente lo que escribió Víctor Mendoza, y, antes, Guaita [23], por lo que me limitaré a resumir mi opinión en este punto. Creo que es preciso distinguir dos supuestos y dos posibles causas de la *reformatio,* pues en cada uno de los casos la solución es diferente. Es preciso distinguir, en primer lugar, entre el recurso de alzada y el de reposición; en este último la *refomatio in pejus* no puede jugar, ya que el sentido de este recurso nunca puede ser perjudicial al que —obligatoriamente, como requisito previo al contencioso— lo interpone, sino dar lugar a que la Administración vuelva a estudiar el asunto y, si ha lugar, anule o modifique el acto, cosa que de otra forma no podría hacer, sino que tendría que cuidar al recurso de lesividad [24].

Distinto es el caso de la alzada. El recurso de alzada se basa en el poder jerárquico, como hemos visto, que implica unas facultades totales de revisión de lo actuado por el inferior. De ahí que, en principio la *reformatio in pejus* sea dogmáticamente admisible. Ahora bien, la anulación o modificación del acto puede encontrar su justificación en una razón de ilegalidad de lo actuado por el inferior, o en una razón de inoportunidad, en una apreciación —discrecional— de inconveniencia. En el primer supuesto, la *reformatio in pejus,* no sólo es un «poder» del superior, sino un «deber», ya que este viene exigido por la «realización objetiva del Estado de Derecho»; la justicia administrativa tiene en estos casos —como señala Mendoza— el deber de declarar la ilegalidad del acto y ajustarlo a derecho, perjudique o no directamente los derechos de un particular [25]. Y no es argumento en contra el principio de congruencia, que no tiene en vía administrativa la misma aplicación que en vía jurisdiccional (sea ordinario o contenciosa) [26]. Ahora bien, lo que el superior no puede ha-

---

[23] MENDOZA OLIVÁN, V., *La* reformatio in pejus *en la resolución de los recursos administrativos,* en «Anuales de la Dirección General de lo Contencioso del Estado», tomo III (1966), páginas 5 y siguientes, GUAITA, A., *Incongruencia de los actos...,* NEY.

[24] Así, GARCÍA TREVIJANO, J. A., *Principios,* cit., página 216. La *reformatio in pejus,* señala el mismo autor en otro lugar, se da en vía administrativa, pero no en el recurso de reposición, porque éste constituye una fase no administrativo sino jurisdiccional; en comentario a la Sentencia de 7 de diciembre de 1954, RAP, n.º 16, página 244. Lo mismo hay que decir del recurso extraordinario de revisión, en el que el propio MENDOZA excluye la *reformatio:* ob. cit., páginas 25-26.

[25] MENDOZA OLIVÁN, V., *La* reformateo in pejus *en la resolución de los recursos administrativos,* cit.

[26] Coincido plenamente en este punto con GARCÍA TREVIJANO (comentario a la Sentencia de 7 de diciembre de 1954, RAP, n.º 16, página 244), cuando dice que al presentar un recurso ante un organismo administrativo éste adquiere plenitud de facultades, pudiendo incluso empeorar la situación del administrado, sin que sea obstáculo a ello el principio de congruencia que no juega en estos casos. Este criterio jurisprudencial es reiterado. Así entre otras muchas Sentencia 15 de junio de 1959 (Az. 2409) ponente: Excmo. Sr. D. José María Cordero Torres: «no siendo idéntico el principio de congruencia procesal en el orden gubernativo y en el ju-

cer es reformar *in pejus* el acto (sí puede hacerlo *in melius*), en base a una razón de oportunidad o a una valoración distinta del interés público (por ejemplo, revisiones *in pejus* de justiprecios), que entienda lesionado por el acto del inferior; y ello, porque en estos casos el poder jerárquico se encuentra con el formidable obstáculo de la irrevocabilidad de los derechos declarados a favor de particulares, que es un principio esencial de nuestro ordenamiento jurídico.

¿Qué decir del posible control de legalidad material, a través del fin de la norma de conceptos jurídicos indeterminados, o del control de los hechos determinantes, en base a principios generales? Mi opinión es que esta apreciación de la legalidad material, de fondo, de los actos administrativos, que es propia de la jurisdicción de los Tribunales, no puede ser base de una *reformatio in pejus* en vía administrativa, porque atendería al principio de seguridad jurídica. Como es sabido, el deslinde entre estas técnicas de control de la legalidad material y la apreciación pura y simple de la oportunidad es una tarea delicada que debe reservarse únicamente a los Tribunales.

En resumen: la *reformatio in pejus* cabe en recurso de alzada, por motivos de legalidad formal estricta; no juega, en cambio, en el de reposición, y nunca puede ser acordada en base a poderes de libre apreciación, ni siquiera a una interpretación del fin o contenido de la norma, o de los conceptos jurídicos o hechos determinantes de la legalidad material de los actos.

Éste es, por otra parte el planteamiento que explica por qué la *reformatio in pejus* se ha admitido con carácter general (artículo 20 del Reglamento de 29 de julio de 1934 y artículo 107.4 del Reglamento actual de 26 de noviembre de 1959) en materia económico-administrativa, pues éste es justamente un campo presidido por un criterio estricto de legalidad, en el que los actos son ordinariamente actos legítimos, plenamente determinados por la norma en cuanto a su contenido, y en los que no caben apreciaciones de oportunidad [27].

---

risprudencia, cabe examinar y deducir cualquier extremo, sin tener que sujetarse estrictamente al orden, extensión y alcance de los correspondientes escritos de los interesados».

[27] Cuando corrijo pruebas de este escrito, aparece el número 72 de la RAP (sept.-dic. 1973), en el que se contiene un comentario monográfico de Juan Alfonso SANTAMARÍA bajo el título: «Crisis definitiva de la *reformatio in pejus*» (páginas 129-155). La tesis es que estamos ante una «cuestión de talante, de adhesión o rechazo en base a motivaciones extrajurídicas» (página 140), más que ante una cuestión de razonamiento jurídico formalizado. De ahí que, no obstante los triunfalismos de ambas partes, que tratan de poner de su lado a la jurisprudencia, ésta se haya mostrado hasta el momento vacilante e insegura (páginas 140-141). A continuación, el autor analiza cuatro sentencias (Sentencia de 10-IV-1972, Az. 2237, Sala 4.ª; Sentencia de 22-VI-1972, Az. 3785, Sala 3.ª; Sentencia de 24-I-1973, Az. 135, Sala 5.ª, y Sentencia de 15-II-1973, Az. 489, Sala 5.ª), tras las cuales, según él, y valga la redundancia, el asunto ha quedado «sentenciado». La verdad es que las sentencias son bastante concluyentes en sus considerandos, condenatorios de la *reformatio*. A la vista de lo cual, yo, como jurista, doy la cuestión por

c) *Sustitución en vía de revisión de oficio:* también en este supuesto es clara la diferencia entre la relación de jerarquía y tutela: a la vista de nuestro ordenamiento cabe establecer que el superior jerárquico puede revisar de oficio, en los casos y con las limitaciones que las leyes establecen (artículos 47-48, y artículos 109 y 110 de la LPA), las decisiones tomadas por el inferior; en cambio, el ente tutor no puede anular los actos de tutelado (ni siquiera en los supuestos de nulidad de pleno derecho), sino denunciar su ilegalidad a los jueces, y mientras éstos deciden acordar la suspensión (y ésta, siempre por motivos de legalidad, nunca por razones de oportunidad). Respecto a la amplitud y alcance de estas facultades de anulación o revocación de actos por la propia Administración (en nuestro caso, por el superior jerárquico), constituye un punto todavía no aclarado del todo, de larga tradición y originalidad en nuestro derecho [28]. No podemos entrar ahora *in extenso* en el tema.

---

zanjada. Y como abogado, me felicito de tal solución. Ahora bien, ni en estas Sentencias, ni en el comentario de Santamaría, se dan argumentos convincentes. Más bien al contrario, algunos de los citados (justamente los que no son apriorísticos, sino que pretenden ser lógico-deductivos) resultan a mi juicio erróneos: por ejemplo la afirmación de que en vía de recurso de alzada «son las pretensiones del recurrente las que delimitan las potestades revisoras del órgano *ad quem*» (página 151, *passim*), lo cual se pretende basar en una equiparación del ámbito de la revisión que corresponde a los tribunales contenciosos y a los superiores jerárquicos en vía administrativa (en ambos casos, a su juicio, el ámbito de la revisión está determinado por las pretensiones, por el «suplico del recurso»). Esto es, a mi juicio, inexacto, porque en uno y otro caso los poderes tienen distinto origen y distinto contenido. En el recurso de alzada, el fundamento de los poderes de revisión es justamente el poder jerárquico y su contenido es el de un orden incondicionado de valoración jurídica y política. No así en el contencioso, como es bien sabido.

Realmente, el tema es en el fondo apriorístico. Santamaría nos dice: «no hay que preguntarse *qué es* lo que se discute, sino *en base a que* se discute». Yo corregiría un poco esa afirmación. Lo que hay que preguntar es *¿desde dónde* escribe Vd.? Si escribe *desde el Estado* (desde la defensa de la legalidad y el interés público) la admisión de la *reformatio,* en los términos consignados en el texto, es difícilmente discutible. Si se escribe desde la garantía del particular (digamos sin hipérbole: si se escribe *desde el bufete*) la *«reformatio in pejus* debe ser erradicada de nuestra justicia administrativa». En cualquier caso, en los procedimientos sancionadores no debería aplicarse jamás, aun cuando la normativa lo permita, según aquello que creo recordar decía Carnelutti: sentencia viene de sentir; y al buen juez le angustia sentir cuál es la solución justa del caso y no poderla aplicar.

[28] La gran limitación a estas facultades es la *existencia de actos declarativos de derechos;* ahora bien, nótese que ésta no es una limitación del poder jerárquico (que sigue siendo pleno), sino una limitación externa a él, que viene impuesta por la esfera de derechos reconocidos a los particulares y que se impone a toda la Administración (también al órgano que dictó el acto). Esta *revisión de oficio en vía jerárquica* ha sido reconocida por nuestra jurisprudencia frecuentemente: *vid.* por ejemplo, Sentencia de 13 de mayo de 1964 (Az. 3575): en la que el Tribunal Supremo afirma incidentalmente cómo «la potestad de anulación en vía de recurso es distinta a la de la derivada de la *revisión de oficio en vía jerárquica»,* que reconoce como tal. Es sabido que nuestro Ordenamiento presenta en este punto una singularidad de importancia, pues a diferencia de la solución general en el derecho comparado, francés, alemán o italiano, en que se admi-

Resumiendo, por tanto, esta segunda nota diferencia, puede afirmarse que, en nuestro ordenamiento vigente, el orden objetivo de competencias exige que el órgano que la tiene atribuida como propia se pronuncie en vía de instancia y adopte la decisión. Ahora bien —y aquí radica precisamente la diferencia con la tutela—, una vez adoptada, el superior puede ejercer sobre ella las amplias potestades de revisión y control que el Ordenamiento le confiere y que le permiten sustituir su decisión en vía de recurso o en vía de revisión de oficio. Tales facultades son plenas e incondicionadas respecto al contenido de la decisión, salvo los derechos de tercero que no pueden verse alterados, sino por motivos de ilegalidad. Pero en los actos no declarativos de derechos, los poderes de sustitución de la decisión son plenos, cosa que no ocurre con la tutela.

C) *El poder de dirección e instrucción*

La tercera diferencia entre tutela y jerarquía es que el ente tutor no pueda dar órdenes o directrices vinculantes al ente tutelado; podrá asesorarle, inspeccionarle u orientarle, pero no «ordenarle» [29]; por el contrario, en la relación de jerarquía el superior ostenta un poder de dirección por órdenes vinculantes (ya veremos el sentido y alcance de esta vinculación), con el consiguiente deber de obediencia por el inferior y la posibilidad de exigir a éste una responsa-

---

te la anulación por vicios jurídicos, y se restringe la revocación (por razones de oportunidad) a los casos previstos y con las formalidades exigidas, en derecho español, la Administración no puede anular ni revocar actos declarativos de derechos sino acudiendo al proceso de lesividad. Este es el principio general, que aparece, sin embargo, admitir excepciones ya que tanto en la Ley de la jurisdicción (artículo 28.3) como en la Ley de Procedimiento (artículo 112) se admiten, implícitamente, unas facultades de «anulación» y «revocación» por sí misma. Las primeras son, sin duda, las contenidas en los artículos 109-110 de la LPA, que son carácter tasado y excepcional prevén unos supuestos determinados. Respecto a las facultades de revocación, es éste uno de los puntos más oscuros de nuestro ordenamiento, que encuentra una regulación fragmentaria y «colgada» en el vacío de una inexistente delimitación legal de la figura. La doctrina se ha inclinado, por ello, a dar a estos preceptos una interpretación restrictiva, denegando prácticamente, a la vista de nuestra tradición histórica y de nuestro Ordenamiento vigente, toda posibilidad de revocación o modificación del acto administrativo del inferior, que sea declarativo de derechos: así, GARCÍA TREVIJANO, *Principios,* cit., página 216. Sobre el tema, son fundamentales los trabajos de Guaita (1952), *El recurso de lesividad;* SERRANO GUIRADO (1953), *El recurso contencioso-administrativo y el requisito de que la resolución cause estado...,* RAP, n.° 10, y GARCÍA DE ENTERRÍA, E. (1954), *La configuración del recurso de lesividad,* RAP, n.° 15, especialmente páginas 114-115, 124-130 y 143-147.

[29] *Vid.* VEDEL, G., *Droit Administratif,* cit., página 564: «les organes de la personne publique sous tutelle ont la responsabilité des interéts de celle-ci et ne sont tenus en droit que par les lois et les reglements». De hecho existen también esas Instrucciones dirigidas a las Corporaciones Locales (Groshens, 151), pero no se pueden equiparar, en cuanto a sus efectos, fuerza vinculante, etc.

bilidad disciplinaria por su incumplimiento [30]. Éste proceder de orientar e imprimir una dirección a la actuación del inferior es típico de la jerarquía y no supone un atentado a la atribución legal, objetiva, de la competencia, sino simplemente un poder de llenar el contenido de la misma señalándole al inferior el sentido, la valoración política del interés público, según la cual aquélla debe ser ejercida [31] (siempre naturalmente, dentro del ámbito de actuación —más o menos reglado o discrecional— que la norma permita). El principio está afirmado en nuestra LPA, artículo 7, que dice así: «Los órganos superiores podrán dirigir con carácter general la actividad de los inferiores, mediante instrucciones y circulares» [32]. Poder que se reitera en otros muchos lugares de nuestro Ordenamiento (por ejemplo, artículos 14, I, LRJ: poder de iniciativa, dirección e inspección de los Ministros; artículo 18: poder jerárquico de Subsecretarios y Directores Generales, etc.).

Así, pues, la jerarquía supone la posibilidad de imponer una valoración determinada de interés público, *hic et nunc*. La tutela, no: esa valoración es misión —exclusivamente— del ente tutelado. Como consecuencia de esta nota diferencia cabe establecer otra, derivada de ella: la jerarquía, conlleva también poderes de dar normas internas de organización y procedimiento para la actuación del servicio. En cambio, el órgano o ente tutor no está facultado para dar normas internas de organización; podrá, en su caso, dar normas en virtud de su genérica potestad reglamentaria (si la tiene), pero como se sabe, unas y otras

---

30 Cfr. MARTÍN MATEO, R., *Municipalismo...*, cit., página 59. En la relación de tutela cabe una cierta potestad disciplinaria, pero en medida muy diferente; únicamente en aquellos supuestos «tipificados» podrá exigirse una responsabilidad disciplinaria e imponerse las sanciones consiguientes (suspensiones, etc...): son por tanto supuestos tasados los que justifican tal proceder, y no el deber general de obediencia propio de la jerarquía: cfr. VEDEL, *Droit*, cit., páginas 565-566.

31 LAUBADERE, A. de, *Traité élémentaire de droit admnistratif*, 3.ª edición, tomo I, página 91: el superior jerárquico es «en toute circunstance maître de l'emploi des compétences par le subordonné, du sens dans lequel celui-si les exercera».

32 Sobre el sentido y el importante papel de estas «normas pequeñas», en base a las cuales obran realmente los funcionamientos, ha llamado la atención entre nosotros VILLAR PALASÍ, J. L., *Derecho Administrativo*, Madrid, 1968, páginas 398 y siguientes, «los funcionarios actúan sobre instrucciones y circulares, más que sobre leyes; la reintegración a éstas y la unidad del Ordenamiento se produce en vía judicial: los jueces juzgan sobre las leyes». Sobre el significado técnico de las mismas, GARRIDO FALLA, *Tratado*, 4.ª edición, tomo I, páginas 264-266, ha escrito: «estas instrucciones deben de considerarse como simples directivas de actuación que las autoridades superiores imponen a sus subordinados en virtud de las atribuciones propias de la jerarquía: no son, por ende, una especial manifestación de potestad reglamentaria, sino una lógica consecuencia de la jerarquía...». Sobre la distinción entre el deber funcional y el deber personal de obediencia, *vid*. TREVIJANO, J. A., *Relación orgánica y relación de servicio*, RAP, n.º 13, páginas 53 y siguientes.

son bien diferentes [33]. Es éste un punto interesante, que ayuda a valorar rectamente el alcance y efectos de las órdenes e instrucciones del superior. Pues, en efecto, éstas no vinculan el acto frente a terceros, no lo hace anulable si se incumplen; no son esgrimibles, por la Administración ni por los particulares, ante los jueces, que las ignoran, pero sí vinculan al propio funcionario, en virtud del deber general de obediencia que pesa sobre éste y del que puede derivar una responsabilidad disciplinaria e incluso aplicarse aun cuando su actuación haya sido jurídicamente válida frente a terceros y frente a los jueces [34]. Naturalmente este poder de instrucción tiene un límite —el límite de las leyes y reglamentos— más allá del cual el deber de obediencia desaparece y aparece, en cambio, la responsabilidad de su infracción (no justificable por una orden del superior jerárquico).

D) *El sistema ordinario de alzadas*

En cuarto lugar —y es ésta una diferencia clásica y fundamental— la jerarquía lleva consigo, como ya se ha dicho, un sistema normal y ordinario de alzadas, ante el superior contra las decisiones del inferior (artículo 122, LPA), salvo que la resolución de éste cause estado por determinación legal [35]. Como

---

33 *Vid.* VALLINA, *Transferencia...*, cit., página 48, nota.

34 Cfr. VILLAR PALASÍ, *loc. cit.*: «la orden comunicada no obliga sino al funcionario que la recibe, no afectando a terceros ni siendo por tanto invocable ante los Tribunales». La jurisprudencia ha sido abundante y clara en este punto. Así, en Sentencia de 22 octubre de 1964 se afirma «dicha circular no consta fue publicado en el Boletín Oficial del Estado, y desde luego no se publicó en el de la provincia de Salamanca, por lo que es evidente que tal disposición de carácter general, *válida y operante para la actuación interna del Servicio,* no puede producir efectos jurídicos en perjuicio de los administrados que la ignorasen, a tenor de lo dispuesto en los arts. 46 y 132 de la L. Pro. Adm.» (Az 4723); y en Sentencia de 26 de abril de 1966 (Az. 2326) se precisará el carácter vinculante de estas Instrucciones, que —dice el Tribunal Supremo— «en cuanto contienen *normas de régimen interior par la mejor ordenación o sistematización de esos servicios por su carácter meramente administrativo, eran, sin necesidad de publicación, de ineludible cumplimiento*». En el mismo sentido, Sentencia de 10 de mayo de 1966 (Az. 2501) y Sentencia de 27 de mayo de 1963 (Az. 2725): carecen de eficacia frente a terceros las instrucciones y órdenes internas, tanto si benefician como si perjudican al recurrente: los jueces juzgan exclusivamente sobre leyes y normas publicadas. Por lo demás, el Tribunal Supremo, ha declarado que dichas Instrucciones y Circulares constituyen «un elemento interpretativo de primer orden», pero en ningún caso los Tribunales pueden juzgar en base a ellas (Sentencia 4 de febrero de 1955, Aranzadi 370) porque «carecen de efectos jurídicos de carácter general, en cuanto a terceros afectos por sus preceptos» (Sentencia de 10 de mayo de 1966, Az. 2501). El juicio de los Tribunales se emite exclusivamente sobre las normas legales y reglamentarias existentes en la materia (Sentencia 5 de diciembre de 1953, Az. 425; Sentencia 4 de febrero de 1955, Az. 370, Sentencia 10 de abril de 1967, Az. 1680).

35 La afirmación es general: GARRIDO, BOQUERA, GONZÁLEZ PÉREZ, GARCÍA TREVIJANO, BAENA, *locs. cits.* Tal es también la clara expresión del artículo 122 LAP: *vid.*, por todos, BAENA, *Los entes...*, cit., página 107.

es sabido, el requisito de *«causar estado»* apunta justamente a la no procedencia de recursos jerárquicos contra el acto, pues se considera que éste expresa la definitiva y última voluntad de la Administración sobre el asunto de que se trate. Es, se suele decir, un problema de atribución legal de competencia, que suele llamarse exclusiva (Serrano Guirado, Garrido Falla), rompiendo en este aspecto el principio de jerarquía [36]. Ahora bien, conviene advertir que tanto la «exclusividad de la competencia», como la quiebra de la jerarquía, es relativa, puesto que el superior conserva siempre sus poderes de instrucción e incluso también —como hemos dicho— los de revisión de oficio en los casos tasados que la Ley le admite. Por otro lado, hay que tener en cuenta —y ello es todavía la herencia de un planteamiento histórico de concentración de la competencia— que para que se entienda que un acto causa estado, siempre que no proceda del más alto grado de la jerarquía (Consejo de Ministros, Comisiones Delegadas, Ministros), es preciso que lo establezca expresamente una disposición legal reglamentaria. En otras palabras: el principio general es que la potestad última de decisión se concentra en los órganos que ocupan la cúspide de la jerarquía, salvo que en una disposición legal se establezca expresamente lo contrario.

Esto nos lleva de la mano a otro problema que la doctrina se ha planteado, el problema de si la asignación a un órgano de una competencia por vía de desconcentración excluye el recurso jerárquico de alzada, por tratarse de una asignación de competencia exclusiva [37]. Mi opinión es negativa: toda desconcentración supone el marco de una relación jerárquica, y por tanto existencia de alzadas, salvo que expresamente se excluya por la Ley (es decir, salvo que en ésta se declare que tal acto causa estado). Desconcentración y jerarquía, por tanto, son conceptos que se reclaman mutuamente y elemento esencial de esta segunda es la posible alzada; sin que pueda argumentarse lo contario en base a una pretendida exclusividad de la competencia que la desconcentración atribuye, ya que esta exclusividad es predicable en vía de instancia, pero no en vía de recurso (salvo que éste haya sido excluido expresamente). En resumen: el sistema objetivo de competencias, fijado por el ordenamiento no destruye en absoluto la cuestión de la jerarquía ni prejuzga por tanto la alzada [38].

---

[36] Cfr. GARRIDO FALLA, F., *Régimen de impugnación...*, cit., páginas 57 y siguientes.

[37] *Vid.* VALLINA, J. L., *Transferencia...*, cit., páginas 41 y siguientes.

[38] *Vid.* lo dicho *supra*. En contra, VALLINA VELARDE, J. L., ob. cit., páginas 50-52, quien defiende la existencia de jerarquía, pero la inexistencia de alzadas en los supuestos de competencias desconcentradas. Apurando las consecuencias de este planteamiento, habría que preguntarse: ¿Por qué en las desconcentradas y no en todas las competencias propias de órgano, todas las no recibas por delegación?

Naturalmente, todas estas afirmaciones (desconcentración, jerarquía, competencia exclusiva, etc.) tienen un valor convencional y subsidiario de lo que, en cada caso, diga expresamente la norma. Ahora bien, ocurre que ésta, en muchas ocasiones no dice nada. La interpretación de la doctrina en estos casos, por ejemplo Juan de la Vallina, fue entender que éstas no procedían, en base a la disposición adicional segunda de la LRJ. Ahora bien, a mi juicio, en esta disposición no se dice que la desconcentración deba tener siempre estos efectos, sino que puede tenerlos cuando convenga (y se insiste en que conviene) pero sin que quepa darle al texto el sentido dogmático que Vallina le otorga. Deben ahorrarse alzadas, pero que la norma lo diga. Ante las dudas que el texto ofrecía en este punto se dictó la Orden interpretativa de la Presidencia de 10 de julio de 1961, cuyo artículo segundo, lógicamente, establecía: las resoluciones dictadas por los órganos inferiores en virtud de la desconcentración de funciones prevista en la disposición adicional primera de la Ley de Régimen jurídico, podrán ser objeto de recurso de alzada ante el órgano superior, en los mismos casos y términos que las restantes resoluciones emanadas de la competencia propia del órgano inferior. Podría aducirse en contra de esta tesis la Sentencia de 30 de septiembre de 1965, Sala cuarta, ponente señor Fernández Valladares, en la que al resolver un contrato celebrado para la realización de las obras incluidas en planes provinciales se planteó la cuestión de si contra la decisión de la C.P.S.T. cabía o no alzada. El T.S. afirma que según los D. de 10-X-1958 (artículo 52) y 8-X-1961, sobre dichos organismos recae la misión de coordinar toda la actividad desconcentrada de la Administración Central en la provincia, «carácter desconcentrado de la atribución, el cual hállase presidido en la segunda disposición adicional de la LRJ por el propósito de apurar la vía administrativa». Esta posición, a mi juicio está claramente en contra del principio general de jerarquía que es, hoy por hoy, el que preside nuestro sistema de competencias.

Pues bien, frente a todo este sistema generalizado de alzadas, la tutela no admite, rigurosamente hablando, recursos de alzada ante el ente tutor. Es éste un punto polémico en el que conviene también detenerse un poco porque se ha producido algún equívoco. Porque, en efecto, si toda relación de jerarquía supone recursos de alzada (salvo norma en contrario), debe hacerse ahora la afirmación inversa que también es cierta: toda alzada implica jerarquía (al menos, en la materia concreta a que la alzada se refiere, aun cuando la relación básica general entre uno y otro órgano, o entes, no sea jerárquica).

Se quiere salir al paso, con ello, de un planteamiento relativamente común que consiste en decir: no todo recurso de alzada deriva e implica poder jerárquico, pues hay casos en que éste responde a una relación de supremacía (recursos en determinadas materias ante el Consejo de Ministros contra resoluciones ministeriales) o bien a una relación de jerarquía impropia (recursos contra actos de los Organismos autónomos) o bien en una relación tutela (supuestos de las Corporaciones Locales); en rigor —se dice— no se debe hablar en estos casos de alzadas, sin más, sino de «alzada-súplica» (en el primero) o de «alzadas impropias» (en los otros dos).

En primer lugar, cabe preguntarse en relación con las alzadas impropias, ¿impropias, por qué?, ¿por qué se da sólo en los supuestos previstos en la Ley? Pero eso es algo que no afecta al recurso en sí, a su naturaleza, caracteres, efectos, facultades revisoras, etc., que siguen siendo iguales a las «alzadas propias», sino a la mayor o menor generalidad en su aplicación, que es cosa diferente (ésta, además, es absolutamente general en el caso de los organismos autónomos: artículo 76, LEA). La alzada sería verdaderamente «impropia» si en vez de ostentar en estos casos el superior amplias facultades revisoras (legalidad, oportunidad, nueva resolución, etc...), ésas se limitasen a un control de legalidad, por causas tasadas, a la manera de un juez, y si además sus facultades se limitaran a la anulación del acto, pero sin sustituir la decisión.

En segundo lugar, la llamada «alzada-súplica» supone desfigurar el concepto de supremacía, que es una facultad de directiva, estímulo y control que ejerce un órgano sobre otro, pero sin sometimiento jerárquico (esto es sin posibilidad de revisión de la actuación de éste por aquél); suele decirse —y es cierto— que tal es el caso de la Presidencia del Gobierno sobre los departamentos ministeriales a determinados efectos (artículos 34, 77, 130.2.° de la LPA), o el caso del Consejo de Ministros sobre los Ministros que en nuestro derecho alcanzan la cúspide de la jerarquía [39]. Pues bien, creo que el razonamiento debe ser, más bien el inverso: la supremacía puede dar lugar a denuncias, quejas, peticiones o reclamaciones, pero nunca a recursos de alzada; luego si hay alzada, hay jerarquía. Lo cual es, además, perfectamente coherente con el sentido que preside estos supuestos: sanciones en materia de prensa, sanciones en materia de orden público, reconocimiento de centros de enseñanza, suspensión de permisos de investigación o concesiones de explotación de hidrocarburos, etc.; se trata en todos estos casos de apreciaciones eminentemente discrecionales y de naturaleza política, que sin duda requieren una especial valoración; por esta razón, se establece para ellos una suprema instancia de decisión —jerárquica, naturalmente— que pueda sustituir y reformar las decisiones ministeriales (éstas son la última palabra de la Administración, en otros casos, pero no en estos supuestos especiales). Estos recursos no se producen, pues, en base a una «supremacía» (que nunca autoriza a reformar las decisiones

---

[39] Así, García Trevijano, J. A., *Principios...*, cit., páginas 212-213 y Garrido Falla, F., *Régimen de impugnación...*, cit., página 291. También González Navarro, F., *loc. cit.*

o actuaciones del ente sujeto a ella), sino en base a un auténtico poder jerárquico.

Por supuesto, que sobre convencionalismos terminológicos es vano discutir, pero ocurre que a veces la terminología refleja errores de planteamiento; y el error en este caso consiste en que tanto la jerarquía como la tutela o la supremacía no debe ser predicadas globalmente entre sujetos cuya total actividad queda sometida a un tipo único de relación, sino aislada y singularmente para determinadas materias o relaciones concretas, cualquiera que sea la condición de los sujetos y su régimen básico general. La calificación no puede ser hecha globalmente en base a la condición del sujeto, sino molecularmente, en base a la naturaleza de la relación. Y desde esta perspectiva, el criterio es este: donde hay alzada (poder de modificación, de sustitución de la decisión, por razones de legalidad o de oportunidad, de valoración política, *hic et nunc,* del interés público) hay jerarquía.

E) *Incapacidad para impugnar los actos del superior jerárquico*

Es ésta una diferencia en la que no insistiré, pues ha sido claramente señalada por la doctrina y consagrada en la legislación: en el marco de una relación de jerarquía, el inferior no puede, obviamente, impugnar los actos del superior [artículo 28.4.a) L]: en cambio, los actos dictados por el ente tutor, a través de los cuales se ejerce la tutela, pueden ser impugnados por el ente tutelado [artículo 28.4.a) proposición segunda]. La razón es clara y ha sido señalada por García Trevijano: «los actos dictados por el superior jerárquico no pueden recurrirse por el inferior [este principio se manifiesta expresamente en el artículo 28, párrafo cuarto, apartado a) de la vigente Ley de lo contencioso-administrativo], lo que se deduce claramente al carecer el órgano de derechos a intereses propios y desarrollar tan sólo competencias que constituyen facultades y deberes. En cambio, los actos dictados por el tutor pueden ser recurridos por el ente tutelado, por incidir en su esfera de intereses propios (que, a fin de cuentas, son los intereses ajenos, para cuya satisfacción existe)» [40].

Hasta aquí las cinco notas esenciales que, a mi juicio, expresan la diferencia de contenido sustancial que existe entre tutela y jerarquía. En definitiva, las cinco tienen una base común que es la siguiente: los centros (dejemos a un lado si existe o no formal declaración de personalidad) vinculados por una relación de jerarquía constituyen elementos encuadrados en *una organización unitaria y persiguen los fines de ésta,* comunes a todos ellos. De ahí que se dé en-

[40] García Trevijano, J. A., *Tratado...*, cit., páginas 422-423.

tre ellos una estrecha vinculación o subordinación. La tutela, en cambio, se da entre centros situados en *organizaciones distintas e independientes con fines propios y peculiares de cada una.* En definitiva, como señala Forshoff: «en la relación de jerarquía se controlan intereses propios; en la tutela, intereses ajenos».

Y con ello hemos llegado al nudo de la cuestión, que es el siguiente: en el sistema jurídico vigente, el criterio de distinción entre uno y otro camino de reintegración no es el dato lógico-formal de la personalidad, sino el criterio orgánico-funcional de la competencia y finalidad; es decir su encuadramiento en la organización general del Estado y la gestión de fines estatales, o su existencia social independiente (al margen de la organización estatal) y la gestión o defensa de fines e intereses públicos, que se ostentan como propios.

Si esto es así, resulta plenamente lógico y coherente que la relación que vincula a los organismos autónomos con los Departamentos a los que se vinculan, sea una relación jerárquica, en sentido estricto, y que todo el contenido sustantivo (de potestades y deberes) que integra ésta les sea de aplicación salvo norma expresa en contrario [41].

Tal es la situación, *de lege lata.* Y no podía dejar de ser así porque los citados organismos, ni son autónomos, ni tienen representatividad social alguna, ni son cauce de participación ciudadana, ni nada que se le parezca. Esto es algo que soñaron sus doctrinarios propulsores, pero que se quedó en un bello sueño.

---

[41] Cuando se cierran estas páginas, leo en el último tomo publicado de doctrina legal del Consejo de Estado, el Dictamen de 10 de octubre de 1968 (expediente número 36180), que es un testimonio más de esa dogmática convencional y apriorística sobre la que se ha basado el estudio de los organismos autónomos. El punto discutido es justamente la existencia o no de alzadas, y con ese motivo el dictamen de la mayoría (porque es de señalar que a él se opusieron cuatro consejeros con un voto particular) afirma: «es bien sabido que las *alzadas enlazan solamente órganos de un ente, sometidos y relacionados por un principio de jerarquía,* mientras que la relación intersubjetiva entra en el campo de la tutela a través de otros instrumentos distintos. Por ello, cuando, a pesar de tratarse de personas jurídico-públicas, caben alzadas, hay que estimar que se trata de recursos no totalmente equivalentes a las propiamente tales; y más adelante: "un principio general del Derecho administrativo es el de que *la personalidad jurídica produce la consecuencia de que los actos dictados por los organismos que gozan de ello, a través de sus máximos órganos, causan estado* salvo que se diga expresamente lo contrario, principio de aplicación al presente caso", porque "la alzada es un recurso ordinario que queda enmarcado en las relaciones entre órganos del mismo ente por derivarse de la jerarquía y presumirse cuando se trata de relaciones entre sujetos"». El dictamen —que es un modelo de saber convencional— ensarta los tópicos como Sancho ensartaba sus refranes. Con mejor criterio, a mi juicio, el voto particular subraya la vinculación de los organismos a sus Departamentos, como unidades propias de estos, e interpretando el artículo 76 en sentido «institucional», afirma la generalidad de la alzada, salvo norma expresa en contrario. Éste, por lo demás era el criterio de siempre del Consejo de Estado y es de interés hacer constar que el expediente fue resuelto de conformidad con este voto particular.

¿Pero es todo esto adecuado a una Administración programadora y de gestión? A mi juicio, constituye uno de los mayores contrasentidos de la Administración de nuestros días. El principio jerárquico, con su inagotable contenido de poder, responde a una Administración decimonónica, que está superada. La superación de este régimen en el caso de los organismos autónomos será uno de los objetivos primeros de su régimen futuro. Esto no es algo que puede insertarse en el actual «modelo», sino que exigirá otro planteamiento por completo diferente de la Administración en su conjunto, y desde luego exigiría una decidida voluntad política de devolución del poder a los ciudadanos, de participación real y verdadera de éstos en las tareas del Estado. Pero esto es harina de otro costal.

LECCIÓN 8.ª

NATURALEZA DE LAS CÁMARAS DE COMERCIO. NOTAS A UNA POLÉMICA *

Las Cámaras de Comercio han sido durante años objeto de polémica en torno a su naturaleza y significación [1]. Polémica que está, quizá, detenida, pero no zanjada, sino en espera de su reapertura [2]. Esta polémica, como todas las polémicas de contenido político, se manifiesta con el pie forzado de posiciones previamente adoptadas.

No es éste el planteamiento que aquí interesa, sino más bien el contrario: al margen de la situación española actual, e incluso de la trayectoria concreta de las Cámaras de Comercio españolas de los últimos años (ausencia de representatividad, sentido que sus elementos rectores han querido darles, etc.), se pretende calificar a estos entes, en base a su trayectoria histórica y a su estatuto legal dentro del sistema de los entes públicos, y determinar, como consecuencia, si son o no Administraciones Públicas (en sentido subjetivo). Para ello, bueno será recordar brevemente su origen y trayectoria legislativa.

---

* Ponencia presentada al III Congreso Ítalo-Español de Profesores de Derecho Administrativo, celebrado en Santiago de Compostela, en junio de 1970, publicada también en DA, n.º 135.

[1] La polémica se planteó en el régimen franquista en torno a la integración o no de ellas en la Organización Sindical. Con este motivo las Cámaras hicieron públicas unas notas, sin firma, redactadas a favor de su existencia separada, que divulgaron con carácter de circulación restringida (*Naturaleza y significación de las Cámaras Oficiales de Comercio e Industria,* Madrid, 1963, 54 páginas). El informe, quizá excesivamente determinado por el planteamiento táctico que la ocasión exigía, insistía en su condición de Administración pública, justamente para quitarle todo aire de representación patronal o de Corporación profesional por sectores o grupo de sectores, ya que ello podría desembocar en su integración sindical. Salvo este pie forzado, que les llevará a más de una conclusión equivocada, el informe es un buen análisis del tema, y a él nos referimos en las páginas siguientes.

Unos meses antes y con idéntico tono de afirmación de su «condición administrativa», de estar siempre «al lado de la Administración», de ser «por encima de todo un instrumento, un órgano del Estado», de no ser «instrumento de la lucha de clases», ni cauce de representación patronal, ni «asociación de clase o de sector», sino instrumento «al servicio de los intereses generales», etc., se publicó el libro de Antonio Valcárcel y López de Lemos, *Las Cámaras Oficiales de Comercio, Industria y Navegación de España,* Madrid, 1962, 240 páginas.

[2] Pocos meses después de la polémica anterior volvía a plantearse el tema en la prensa diaria (Madrid, 2 de enero de 1970), en unas contrapuestas declaraciones de Fuentes Irurozqui por un lado (vicesecretario nacional del Ordenación económica) y el conde de Almarz por otro (como presidente de la Cámara Oficial de Comercio de Madrid).

Dejando a un lado nuestras antiguas instituciones comerciales, la primera norma que las implantó en España es, como se sabe, el Real Decreto de 9 de abril de 1886, refrendado por don Eugenio Montero Ríos, en el que se reconoce que la figura fue importada de Francia [3]. Inicialmente su configuración será cercana a la de una asociación, a la que, cuando reúne ciertas condiciones se le reconoce carácter público, representativo de comerciantes e industriales, y entidad asesora del Estado [4]. Pero fueron los decretos de 1901 (21.VI y 13.XII), los que iniciarán el camino de su calificación como «establecimientos públicos» y con ello su proceso de publificación (creación por decreto, atribuciones claramente estatales como determinación de los peritos judiciales, fundación de Bolsas, policía mercantil, ingresos por subvención directa del Estado, etc.; su pertenencia sigue siendo, extrañamente, voluntaria) [5], proceso que culminará en la Ley de 1911 y Real Decreto de 26 de julio de 1929, que aprueba el Reglamento Orgánico. Finalmente, la Orden Ministerial de 8 de julio de 1966 (Az. 1284) vino a modificar algunos artículos de este último.

Como marco y pretendida conclusión derivada de las notas determinantes de su estatuto legal, digamos, *respecto a su naturaleza,* que las propias disposiciones analizadas califican a estos entes de «organismos oficiales» (base 1.ª) «cuerpos consultivos de la Administración pública» (base 2.ª) «corporaciones para la defensa y fomento de sus peculiares intereses cuya representación les corresponde (el comercio, la industria, etc.)» (bases 2.ª, *in fine,* 3.ª y 4.ª), y, sobre todo, la afirmación de que *gozan de la condición de establecimientos públicos* (artículo 1.º Regl.). Todas estas calificaciones, simultáneamente aplicadas a las Cámaras, originan un cierto confusionismo en cuanto a su naturaleza y régimen jurídico, que es preciso desentrañar [6].

---

3 Colección Legislativa, primer semestre 1886, número 123. El decreto se dicta con el fin de «autorizar desde luego, siquiera como ensayo la creación de las expresadas Cámaras por medio de una disposición administrativa más fácil y más prontamente reformable que una ley: reservando el carácter de estabilidad que ésta proporciona para la organización definitiva, que a las Cámaras habrá de darse cuando las lecciones del tiempo y los resultados de este ensayo puedan aprovecharse».

4 «... han de tener —dice la Exposición de Motivos— carácter oficial y sus actos no han de ser meramente privados, y los poderes públicos han de tener que contar con su concurso». Las notas características están muy cerca de la simple asociación, como señala JORDANA: carácter voluntario, autonomía, libertad de fijar cuotas y administrar sus bienes, elección directa de sus cargos etc. (*Ensayo sobre las entidades públicas, representativas y profesionales en el Derecho administrativo español,* en «Estudios de Jornada I», página 235). Ahora bien, las funciones y competencias públicas están presentes desde el primer momento: la función consultiva, citada y la función de policía industrial y mercantil.

5 JORDANA, L., *Ensayo...,* cit., páginas 235-237.

6 Sobre la calificación de «establecimientos públicos», *vid.* la lección siguiente. La expresión «organismo oficial» no tiene ningún sentido jurídico preciso: alude desde luego —y

La doctrina se pronunció por su calificación como Administración Pública [7] lo cual tiene un indudable fundamento en nuestro derecho a la vista de los condicionamientos legales a que están sometidas, de las funciones que cumplen y de las propias calificaciones legales a que se acaba de aludir.

Ahora bien, decir que son Administraciones Públicas (y por tanto que están sujetas a un régimen jurídico de derecho público administrativo no basta. Es preciso distinguir dos aspectos: su aspecto subjetivo, estructural de organización y funcionamiento interno (esto es, su naturaleza y condición *en cuanto sujeto*), y su actividad, su actuación *ad extra,* sus funciones, el régimen jurídico de *sus actos.* El problema está en que estas dos calificaciones (Administración-sujeto y Administración-actividad) no siempre coinciden: no todo sujeto administrativo actúa siempre como «Administración» ni toda acción administrativa es desarrollada siempre por Administraciones-sujetos. Ahora bien, *y esto es lo que importante desde* el punto de vista de su régimen jurídico, ocurre que, en buenos principios, toda Administración-sujeto está sometida en su estructura, organización y funcionamiento interno al derecho administrativo (con sus privilegios *en más y en menos*), aun cuando la actividad a que dicho funcionamiento se encamine sea actividad privada: así, en materia contractual, todo el largo procedimiento de integración de la voluntad y habilitación del gasto es siempre derecho administrativo, aun cuando el contrato sea de derecho privado; en cambio, cuando éste no goza de esta condición de Administración-sujeto, no es aplicable a su estructura, organización y funcionamiento interno del derecho administrativo más que en la medida en que se esté expresamente contenido en su estatuto legal, o sea consecuencia del desempeño de funciones públicas encomendadas al ente, pero no si se encamina a actividades en defensa de sus propios derechos o intereses de carácter privado. Por eso, yerra a mi juicio, el Tribunal Supremo, cuando en la sentencia de 23 de junio de 1965 afirma que «las Cámaras Oficiales Mineras son Corporaciones de Derecho Público, dependientes de la Sección de Asuntos Generales de la

---

no siempre— al carácter público de la entidad, pero sin mayores precisiones. Finalmente, su condición de «cuerpo consultivo» no prejuzga tampoco su naturaleza como sujeto, ya que como tales podían citarse auténticos órganos y entidades separadas (por ejemplo, Sindicatos).

[7] Así GUAITA, A., *Derecho administrativo especial,* Tomo IV, página 152; y, sobre todo, la gran defensa de esta calificación fue formulada en el informe publicado por las Cámaras con ocasión de la polémica a la que al principio nos referíamos, y en el libro de VALCÁRCEL LÓPEZ DE LEMOS, *Las Cámaras Oficiales de Comercio...,* cit., páginas 11 y siguientes. La base de esta defensa es entender la calificación de «establecimientos públicos» según su significación clásica, como «servicios personificados», «corporaciones que forman parte de la Administración pública», «servicio del Estado al que se concede personalidad moral», etc., especialmente en páginas 22-25.

Dirección General de Minas, y como tales Corporaciones de Derecho Público, están sujetas a la ley de Procedimiento Administrativo de 1958».

Éste es, a mi juicio, un error de calificación de la Administración corporativa como Administración-sujeto: las Cámaras son Corporaciones no estatales, y, por tanto, salvo remisión expresa, no es aplicable la LPA, que es un ordenamiento general propio de la Administración-sujeto. Si el Presidente, en ese caso concreto, carecía de facultades para entablar un recurso, no es porque infrinja la LPA, sino porque con arreglo a sus propias normas estatutarias no las tiene. Frente a lo que ocurre con la Administración institucional [8], aquí si cabe hablar de separación de Ordenamientos, separación entre las propias normas estatutarias del ente, o las generales del Estado que regulan aquéllos, y el derecho del Estado como sujeto [9].

Otras consecuencias importantes derivan de su calificación como Administración-sujeto: por ejemplo, el régimen y condición de sus bienes (que estarán o no sometidos a un régimen jurídico distinto en cuanto a enajenaciones, usucapión, posibles embargos o ejecuciones, etc.), así como toda una serie de privilegios e inmunidades que acompañan siempre al sujeto, como tal, no sólo en sus «actuaciones públicas»: tal, por ejemplo, el interdicto administrativo, para recuperar los bienes patrimoniales, propios dentro del plazo de un año, o la vía gubernativa previa a la judicial (prevista precisamente para las actuaciones privadas), o el régimen privilegiado de prescripción de créditos salvo norma en contrario, o régimen privilegiado para retener o recuperar locales arrendados (artículos 114 y 76, LAU, según su condición sea la de arrendatario o arrendador, respectivamente), etc.

Pues bien, refiriéndonos ya las Cámaras de Comercio, conviene matizar esta afirmación común de que las Cámaras son Administración pública, pues contra lo que parece desprenderse de su calificación formal, no lo son, ni les es aplicable, por tanto, el régimen jurídico propio de ésta. Veamos cómo es posible llegar a esta conclusión, no obstante su calificación de «establecimiento público».

En efecto, debe decirse, en primer lugar, respecto a ésta que tal calificación fue en 1901 una auténtica importación en el vacío, que no sólo no suponía en

---

[8] Me remito a un trabajo mío anterior: *Administración institucional: sus fuentes normativas,* ENAP, 1970.

[9] Por lo demás, la posición general del Tribunal Supremo respecto a la aplicación de la LPA a la Administración corporativa es la correcta: esto es, su inaplicación como norma general salvo excepciones por remisión expresa o por vía simplemente analógica: *vid.*, sobre este punto al resumen de las tres posibles tesis (inaplicación, supletoriedad, aplicación directa) que se recogen en GONZÁLEZ NAVARRO, *Procedimientos administrativos especiales, estudio preliminar,* páginas 115-120, con cita de las posturas de ENTRENA y GUAITA.

Francia (ya a finales de siglo) un régimen jurídico homogéneo, sino ni siquiera, en España, régimen jurídico alguno.

No es éste el momento de desarrollar ampliamente la azarosa historia del concepto de *êtablissement public* en Francia. Baste decir: 1) que inicialmente éstos eran en Francia *meros órganos u organizaciones del Estado* que desarrollaban determinadas actividades de un marcado carácter técnico, en régimen de establecimiento; 2) que pronto, sin embargo, se pensó la conveniencia de dotarles de personalidad jurídica con la finalidad, sobre todo, de fomentar así las liberalidades para con ellas; 3) que, más tarde, y tras una larga polémica doctrinal, y jurisprudencial (recuérdese la famosa decisión del Tribunal de conflictos francés, de 9 de diciembre de 1899, sobre la Asociación del Canal de Gignac, resolviendo una discusión entre el Consell d'État y la Cour de Cassation), se amplió el concepto a entidades de tipo asociativo, representativas de intereses sectoriales o territoriales, *en cuanto éstas desarrollaban acción administrativa,* pero sin identificarlas subjetivamente con la Administración ni con los originarios establecimientos públicos; 4) que esta ampliación del concepto (resultado casi ineludible en Francia, de una larga tradición ideológica y jurídica en torno a las personas morales, que no es del caso explicar) ha sido fuente de confusión y objeto de críticas por la mejor doctrina (Hauriou, Dargo, Rivero) que ha llegado a llamar a tales entes, y en concreto las Cámaras de Comercio, *établissements públics aberrants.*

Por lo que se refiere a España, ha recordado Nieto recientemente [10] el nacimiento y progresiva aparición del concepto en nuestra patria, aplicado *exclusivamente* a organizaciones que desarrollan una pura actividad estatal en régimen de dependencia absoluta del Estado, Provincia o Municipio; puede afirmarse que nuestros establecimientos públicos fueron, a lo largo del siglo XIX puras *dependencias gubernativas* que desarrollan actividad estatal en un régimen organizativo y financiero *integrado en el Estado (Provincia o Municipio).*

Pero, sorprendentemente, como una clara importación francesa, según señalo Boquera [11], en 1901 se aplica la calificación de establecimientos públicos a las Cámaras de Comercio, Industria y Navegación. Calificación que no tenía entre nosotros mucho sentido, puesto que, a diferencia de Francia donde, como hemos dicho, una larga tradición ideológica y administrativa imponía esa solución, y para ella se había perfilado jurisprudencialmente un régimen

---

[10] NIETO, A., *Valor actual de los establecimientos públicos,* en «Homenaje a Sayagrués», Tomo IV, páginas 1053 y siguientes.

[11] BOQUERA OLIVER, J. M.ª, *Recursos contra decisiones de entidades autárquicas Institucionales,* RAP, n.º 18 (1955), página 143, nota 46: «se empleó esta expresión porque se copió de la ley francesa de 9 de abril de 1898».

jurídico propio de estos entes, en España tal tradición y tal régimen jurídico era inexistente. Más aún, los hasta entonces calificados como tales, eran algo totalmente diferente. Esta ampliación ha sido fuente de confusiones en la calificación de estos entes públicos, situación que ha llegado a nuestros días.

En resumen: esta ampliación no procedía entre nosotros, ni en nuestro sistema jurídico-institucional se daban las peculiares condiciones que en Francia —con muchas reservas— había dado lugar a ella. Después de los estudios de Nieto y Trevijano, puede afirmarse con este último que tanto en nuestra legislación sectorial del siglo XIX, como en el «Código Civil se habla de los establecimientos públicos en un sentido restringido, entendiéndose por tales aquellas personas jurídico-públicas de tipo funcional y caracterizadas por la reunión de un conjunto de elementos materiales y personales destinados a fines benéficos y culturales fundamentalmente, que eran los únicos existentes en el momento de la promulgación de dicho Cuerpo legal, no pudiendo, por tanto, ampliarse dichos preceptos a las demás entidades a base corporativa» [12]. Concluyendo: no teníamos por qué haber sufrido la confusión que tal calificación unitaria encerraba (era meter en un mismo cajón «seres» muy diferentes). Pero puestos a importar, importamos también las confusiones.

Evidentemente, todas estas apresuradas afirmaciones exigirían un estudio y una demostración mucho más detallada que no pueden ser hechas en esta comunicación, necesariamente breve [13]. Concluyamos, simplemente, respecto a este primer punto, que si equívoca era la denominación de establecimiento público en el primer tercio de este siglo, mucho más lo es hoy, por cuanto, como es sabido, a partir de 1940, sufre una nueva metamorfosis y una nueva crisis, que le hace, por tanto, incapaz para darnos razón de la condición de las Cámaras de Comercio [14].

---

12 García Trevijano, J. A., *Tratado de Derecho Administrativo,* Tomo II, página 317.

13 Me remito a lo que escribí en un posterior trabajo sobre el tema, que hoy se ha incorporado a este volumen como Lección 9.ª

14 Entiende Rivero, *Droit Administratif 4ème edit Paris. Dalloz, 1970,* página 418, que hasta esta fecha el concepto conserva una cierta homogeneidad (persona jurídica pública, que presta en régimen de derecho público un servicio o actividad de interés general); pero que a partir de esta fecha comienza un proceso de desintegración del concepto, al incluir en él realidades que desbordan y rompen el molde clásico: ob. cit., páginas 420 y siguientes. Entre nosotros *vid.* el análisis de Nieto, A., *Valor actual...,* citado, páginas 1061 y siguientes, especialmente páginas 1066-67. Y Villar Palasí, J. L., *La actividad industrial del Estado en el Derecho administrativo,* RAP, n.º 3, páginas 53 y siguientes, especialmente páginas 70-72, donde se pone de manifiesto lo equívoco del término en nuestro Derecho (*vid.* nota 34). Todos ellos son deudores de la obra de Drago, R., *Les crisis de la notion d'establissements publics* con prólogo de M. Waline, París, 1950. Defendió Waline en este prólogo la existencia de un «régimen jurídico específico de los establecimientos públicos»: pero a renglón seguido no puede dejar de reconocer la necesaria tripartición del concepto en otros tantos «tipos» diferentes y preguntarse ¿es lícito conservar el

Quiere significarse con todo ello que, contra lo que se ha defendido [15], dicha expresión legal no autoriza a equiparar a las Cámaras, con las Juntas de Obras de Puerto, o con otros servicios personificados como pueden ser el Canal de Isabel II, el Instituto Nacional de Previsión o un establecimiento público de beneficencia [16]. En otros términos: no se puede mantener, a mi juicio, dentro del sistema de entes públicos que ofrece el Derecho español, que las Cámaras de Comercio sean un servicio público personificado ni un «establecimiento público» auténtico, no obstante su calificación formal como tal.

Las fundamentales diferencias que de ellos les separan son las siguientes:

1. *Su estructura corporativa y representativa de intereses profesionales, económico-sectoriales;* esto es, integrada por elementos privados, que se asocian y reúnen en un *«corpus»* para la defensa y fomento de sus intereses propios.

---

mismo nombre para categorías de entes tan diferentes? Sea de ello lo que fuere (y hay que decir que la doctrina posterior se ha pronunciado por la limitación del concepto a sus supuestos clásicos; así RIVERO en Francia, ob. cit., páginas 421 y 423; o GARCÍA TREVIJANO en España, *Tratado,* II, página 308), lo que importa señalar en este momento es que dicha *calificación no nos aclara mucho respecto a la condición de las Cámaras,* como dice en el texto.

[15] Así en el Informe de las Cámaras, página 11 y en VALCÁRCEL Y LÓPEZ DE LEMOS, *Las Cámaras...,* cit., páginas 14, 15, 22 y siguientes, etc.

[16] Se hace esta equiparación en base al planteamiento, ciertamente poco claro de GASCÓN Y MARÍN, *Tratado de Derecho administrativo,* 13.ª edición, I, páginas 155-160. La unificación de entes dispares bajo el común concepto de «lo corporativo» o de «corporaciones de servicios» fue hasta cierto punto común en la doctrina de los años pasados, y quizá en este uso indebido del concepto de «establecimiento público» se encuentre una de las causas. El hecho es que se agrupaban en un pretendido *genus commune* realidades muy diferentes.

Expresivo de esta concepción dogmática en este texto de Gascón: «Lo corporativo puede encerrarse en la idea de salvaguardia, de defensa de los intereses o derechos de un determinado grupo, intereses comunes derivados de la comunidad de profesión, de la comunidad de vida; puede tener un campo más amplio, no solo de regulación corporativa de una actividad profesional, como los Colegios de Abogados o Médicos, sino de actividad social para el cumplimiento de fines públicos: Corporaciones benéficas o docentes: cabe también que ambas características se reúnan, agrupando a los que actúan en una misma profesión para constituir órgano que sea auxiliar eficaz de la acción administrativa en ciertos fines, en la promoción de ciertos intereses generales, cual las Cámaras de Comercio y Agrícolas o las Comunidades de Labradores; puede, en fin, suscitar el mismo Estado organismos, no a base burocrática, sino corporativa, de elementos representativos de intereses sociales en una cierta esfera y convertir a la Corporación en órgano consultivo del Estado, en elemento de la misma Administración activa, cual el Instituto de Previsión o el de Colonización; puede el Estado crear un servicio descentralizado, personificarlo y dotarle de propio patrimonio o recursos, como el Instituto de Nacional de Previsión o el de la Vivienda». Análogo planteamiento podría encontrarse en Pérez Botija o García Oviedo, quizá el único que acertó a huir de este planteamiento fue Jordana. Más tarde, Garrido (1950) denunció claramente el equívoco, aunque no estamos aún libres del todo de esta visión erróneamente unitaria, como podría demostrarse en algunos ejemplos.

Se ha dicho —siguiendo a Chénot, *Organisation économique de l'État,* París, 1951— que a las Cámaras «no se la podría clasificar entre los órganos de representación de intereses», pues cumplen una misión de fomento y defensa de los «intereses del Comercio, Industria y Navegación», entendidos como «interés general y objetivo»; por tanto —se dice— su representación no es «social, profesional o sindical», sino de carácter técnico (como expertos asesores del Gobierno, y beneficiarios o usuarios de algunos servicios públicos que las Cámaras gestionan: usos y prácticas mercantiles, arbitraje, peritajes y valoraciones, registros y censos de empresas y firmas, etc.). Por todo lo cual —se concluye— las Cámaras tienen un «carácter puramente público..., y limitan su función al servicio público como puros y simples órganos oficiales»; lo que ocurre es que en estos órganos «participan simplemente los interesados» [17].

Ahora bien, esta *«visión»* que aparece quizá muy marcada por el objetivo que persigue, *no se ajusta a la realidad:* no se ajusta en primer lugar, a su origen, como lo demuestra la exposición de motivos de su norma creadora (R. D. de 1886), la cual, al justificarlas, esgrime como argumento que «el Consejo superior y los provinciales de Agricultura, Industria y Comercio, cuyos buenos servicios a la Administración son notorios, tampoco pueden considerarse, así por su organización como por su cometido, como genuina representación de los comerciantes industriales, ni mucho menos dejar satisfechas sus legítimas aspiraciones». El Informe que comentamos hace constar que aquellas Juntas y Consejos «son el precedente inmediato de las Cámaras Oficiales» e insiste en el carácter oficial, de «órgano de acción administrativa y no una asociación profesional» que tales Juntas tenían, pero sus autores *olvidan este detalle:* que los propios redactores de la disposición las rechazan *expresamente como modelo, y no quieren continuarlas, sino sustituirlas* por otras que tengan «la genuina representación de los comerciantes e industriales» de que aquéllas carecen, y que para ello buscan en Francia un modelo y lo encuentran en las Cámaras de Comercio.

Este carácter representativo aparece, además, expresamente recogido en el Decreto-ley de 29 de junio de 1929, cuando dice: «los fines que con tal incorporación se propuso el legislador están bien a la vista en la doble *función* que se atribuye a las Cámaras, como Cuerpos consultivos del Poder Público para el régimen de la economía nacional y como organismos llamados a fomentar los *intereses por ellas representados,* y es evidente que la constitución oficial de tales Corporaciones ha obedecido tanto al deseo de que el régimen del país contase con seguro asesoramiento respecto a vitales problemas como a la pública *conveniencia de concretar y asociar los elementos mercantiles,* industriales y náuticos

---

[17] Todo ello en el Informe..., cit., sobre *Naturaleza y significación...,* páginas 12-14.

en el estudio permanente de sus problemas, estimando que ello equivalía a ponerles en condiciones de prestar aquel asesoramiento y de darles, en fin, un medio cierto de *defender y fomentar sus intereses»*. Y por si quedase alguna duda del carácter de esa representación, la propia exposición dice un poco más adelante: «parece conveniente desarrollar el principio de que... las Cámaras son la *representación integral de las clases,* cuya organización oficial *expresan»,* entendiendo por tal a «las personas jurídicas o naturales que realizan habitualmente y con ánimo profesional actos regidos por el Código de Comercio».

Esta consideración se refleja igualmente en nuestra vigente Ley y Reglamento (base segunda: «los intereses, cuya representación les corresponden»; artículo primero, Reglamento: «tienen ante el Gobierno... la representación de los intereses del comercio, la navegación y la industria») y aparece consagrado expresamente cuando el apartado i) del artículo segundo de la Ley de Cortes recoge justamente a las Cámaras, como entidades de presentación profesional, entre todos los demás Colegios, Asociaciones y Corporaciones de ese carácter. Tal ha sido, además, en nuestro derecho el carácter de entes análogos (como las Cámaras Agrícolas del Real Decreto de 14 de noviembre de 1890 o la Asociación General de Ganaderos), y tal es hoy el carácter de las Cámaras Mineras o de la Cámara Oficial Sindical Agraria (Decreto de 18 de abril de 1947, Orden de 8 de mayo de 1948). Así las entiende Jordana de Pozas [18], como «cuerpos representativos de los comerciantes, industriales y nautas», y, en fin, así la generalidad de la moderna doctrina francesa y española [19].

Por lo demás, la consideración que a veces se ha hecho de que las Cámaras de Comercio, en esta representación, adoptan una posición puramente técnico-consultiva, aséptica a todo interés sectorial o particular y únicamente preocupadas por los «intereses abstractos y generales» que se refieren a toda la comunidad en materia de comercio e industria, es muy discutible, a la vista de todo lo anterior. Pero es que además, aunque así fuese, ello no afectaría para nada al planteamiento que aquí se hace de su naturaleza, pues ello demuestra que es algo muy ajeno a un sindicato (que es lo que se trataba de demostrar en el informe aludido), *pero no que es Administración pública,* análoga a un organismo autónomo o un servicio personificado cono se ha pretendido.

En resumen, la representación de intereses profesionales es una clara idea que vertebra toda su vida y actuación, así se desprende claramente del destino vinculante de sus rentas y patrimonios (artículo 77): las Cámaras deberán

---

[18] *Ensayo...*, cit., páginas 236-237.

[19] RIVERO, *Droit...*, página 420, VILLAR PALASÍ, J. L., *La actividad industrial del Estado,* RAP, n.º 3, página 70.

invertir los sobrantes de la liquidación de los presupuestos en obras o servicios que redunden *en beneficio colectivo de los elementos cuyos intereses representen*.

No es tampoco argumento en contra de este carácter el auto que se cita, de 16 de noviembre de 1905, según el cual «a las Cámaras de Comercio tampoco les corresponde representar intereses particulares de sus socios *porque es otra y más elevada sus misión*, y, por tanto, como el acuerdo impugnado del Tribunal gubernativo versa sobre la cantidad que deben pagar por el impuesto de Consumo los introductores de vinos en Sevilla, es notorio que se trata nada más que del interés de determinados comerciantes como *representación personal* y particular que ni ha sido conferida *ni ha podido conferirse a la Cámara y que ésta no puede invocar por propio derecho* al amparo de disposición alguna de su decreto orgánico». Y no es argumento en contra, porque es claro que lo que el Tribunal Supremo deniega es la actuación a favor de determinados comerciantes, *como representación personal y particular,* pero no niega su carácter de *representación sectorial corporativa,* autónoma, *frente al Estado y desde fuera del Estado.* Una cosa es que las Cámaras no puedan ser utilizadas como instrumento de defensa de intereses personales o de «grupitos» (en perjuicio muchas veces de otros comerciantes también integrados en ellas) y otra muy distinta que se pretenda *integrarlas* en la Administración del Estado como un organismo propio de éste.

Que tal es la naturaleza representativa de las Cámaras de Comercio, y tal el sentir de nuestro Tribunal Supremo respecto a ellas lo confirman otras rotundas declaraciones de éste, como la contenida en la Sentencia de 22 de marzo de 1954, en la que decidiendo justamente sobre su naturaleza para la aplicación a ellas, o no, de un privilegio contenido en la LAU a favor de la Administración Pública, establece que para ello es preciso que «su carácter sea esencialmente público, por predominar en su constitución, organización y fines el interés público sobre el privilegio y tener la representación de los intereses colectivos sobre el privado y tener la representación de los intereses colectivos y generales y no los de determinadas clases sociales, pero las Cámaras de Comercio, Industria y Navegación, no obstante la extensión de los intereses que representan y de hallarse declarado por las leyes y reglamentos que las establecieron y organizaron que se considerarían organismos oficiales, que gozarían de la condición de establecimiento público y que serían cuerpos consultivos de la Administración pública para determinados asuntos, *su carácter fundamental y predominante es el de ser entidades representativas de intereses profesionales o de clase,* y por ello, no pueden ser consideradas como Corporaciones de Derecho público para los efectos excepcionales y privilegiados que se pretenden, mientras no se dicte una disposición que así lo aclare, por lo que procede desestimar el primer motivo del recurso». La claridad y exactitud de esta afirmación no deja lugar a dudas.

En definitiva: las Cámaras nacen y responden a la vida de la sociedad (aunque sea por excitación del Estado e incluso coactivamente), y viven como una entidad distinta y separada de la Administración del Estado, aun cuando éste intervenga intensamente su gestión y les confié funciones públicas.

2. *Su régimen patrimonial.* Como corresponde a su naturaleza, estos entes tienen un patrimonio propio, no integrado en la unidad patrimonial del Estado, aun cuando esté, naturalmente, vinculado en su administración y disposición a los fines específicos de la Corporación (artículos 71 y 77 del reglamento).

3. *Y en general su régimen jurídico como sujeto* (régimen de sus bienes, de su personal, de su funcionamiento interno, régimen de responsabilidad, etc.), no es un régimen jurídico de derecho público sino de derecho privado. Respecto a sus créditos y deudas, conviene distinguir. Después de una larga polémica, en la que no podemos entrar, sobre si el procedimiento para hacer efectivos sus créditos por cuotas debía ser el apremio [20], ha sido éste reconocido en el artículo 69 del reglamento. Ahora bien, conviene señalar que esto no es la regla general, sino la excepción (que encuentra quizá su justificación originaria en el sistema de recaudación) [21], y que por lo tanto, el régimen jurídico general de sus créditos y deudas es el común (sin prelaciones ni inmunidades).

---

[20] Verlo en JORDANA DE POZAS, Luis, *Ensayo...*, cit., páginas 240-241, «Las Cámaras pretendieron que el procedimiento debía ser el de apremio, pero tal pretensión fue desestimada por la Real Orden de 20 de septiembre de 1912, de acuerdo con la Comisión permanente del Consejo de Estado, pues resultaba evidente la improcedencia de lo solicitado».

[21] Artículo 69 del Reglamento: «La cobranza se hará por trimestres, semestres o años, según la importancia de las cuantías de las cuotas, al tiempo de hacerse la recaudación de la contribución del Estado. La recaudación que deba hacerse de los contribuyentes por contribución industrial o por patentes, será llevada a cabo por los recaudadores de Hacienda, los cuales liquidarán directamente con las Cámaras. En todo caso de resistencia al pago de las cuotas para las Cámaras será aplicable a la exacción, cualquiera que sea el tributo sobre el que se haya calculado el recurso legal de aquéllas, el procedimiento de apremio administrativo que será encomendado a los Recaudadores de Hacienda».

En el fondo, la cuota venía a configurarse en la mecánica de su recaudación, como un recargo sobre la contribución, afectado al sostenimiento de las Cámaras, lo cual justificaba este procedimiento de cobro. Posteriormente, el Ministerio de Hacienda, por orden comunicada de 24 de abril de 1951 ha confirmado este régimen, autorizando a las Cámaras para utilizar, por medio de los recaudadores al servicio de la Hacienda, el procedimiento de apremio administrativo contra los deudores morosos, como algo ya independiente de la antigua mecánica de recaudación, lo cual es un claro poder exorbitante, aunque no infrecuente en Derecho español para otros muchos entes que no son Administración pública.

Frente a estas notas, los servicios descentralizados (establecimientos públicos clásicos, organismos autónomos) nacen del Estado (provincia o municipio), que es *su fundador*, no tienen más fines que los estatales (aquéllos que el Estado les encomienda), y sus elementos (personales o reales) se integran por una u otra vía en la unidad estructural y patrimonial del Estado (provincia o municipio). Hay también, por tanto, entre éste y aquéllos una comunicabilidad de responsabilidades, cosa que no ocurre con las Cámaras y demás entes corporativos. En definitiva, su régimen jurídico general es de derecho público: el estatutario, el general de los organismos autónomos, en su caso, y supletoriamente el derecho general del Estado, que no es para éstos un «ordenamiento común».

Concluyamos, pues, que por su naturaleza y significación histórica-política las Cámaras de Comercio, en España son entes públicos extraños a la Administración-sujeto, y no pueden ser equiparados a los establecimientos públicos clásicos ni a los servicios personificados.

No nos resta ahora sino verificar esta conclusión, en detalle, sobre las notas legales definitorias de su naturaleza en nuestro derecho positivo vigente. Suelen aducirse como notas legales que podrían servir de base a su pretendida calificación como Administración Pública las siguientes:

1) *la pertenencia obligatoria al censo electoral* de todos los comerciantes e industriales que reúnan las condiciones reglamentarias, agrupados en las ramas y categorías que se prevén, lo cual implica el consiguiente y obligatorio pago de cuotas;

2) la atribución de *competencias estatales y el principio de especialidad de su actuación:* los artículos 3 y 4 de la Ly de 1911 y los artículos 6, 9 y siguientes del Reglamento recogen las misiones, poderes y facultades que a estos entes se les atribuyen; y en el artículo 66 del Reglamento se precisa: «en ningún caso ni por ninguna causa podrán las Cámaras deliberar y tomar acuerdos sobre asuntos ajenos a los fines de su fundación y a sus atribuciones» (la sanción es nada menos que su disolución);

3) su *carácter de «cuerpos consultivos de la Administración* Pública que deberán ser oídos necesariamente» (artículo 8);

4) la admisión contra sus actos de *recurso contencioso-administrativo,* según se desprende del artículo 87, que dice: «a los efectos contencioso-administrativos a que hubiere lugar, la resolución del Ministerio de Economía Nacional dará fin a la vía gubernativa en las cuestiones reglamentarias de las Cámaras de Comercio, Industria y Navegación»; lo cual, a la vista del artículo primero, apartado c) de la LJ conduce a la conclusión —se dice— que son verdadera Administración Pública;

5) la existencia previa de *alzada contra sus actos:* el párrafo final de la Orden de 16 de diciembre de 1907 (Ministerio de Fomento, G. 23), dictada para aclarar preceptos anteriores reguladores de las Cámaras de Comercio, dispuso que «contra los acuerdos de las Cámaras de Oficiales de Comercio se puede utilizar el recurso de alzada ante el Ministerio de Fomento, en la forma y plazo que previene el reglamento de procedimiento administrativo de este Departamento...» [22];

6) y, *finalmente* en el *régimen de tutela* (e incluso de jerarquía) que sobre ellas se establece, como corresponde a toda Administración descentralizada, que en este caso se concreta en:

a) El poder de dirección de su actividad por el Gobierno: artículo 79.

b) La necesidad de autorizaciones y aprobaciones: artículos 9.2 y 10.3 del Reglamento.

c) El régimen financiero, sometido a estrecho control del Estado: artículos 73, 74 y 75 del Reglamento.

Por último dejemos aquí constancia de una afirmación que se ha hecho alguna vez: la pretendida incapacidad de las Cámaras (como parte del Estado) para impugnar ante la jurisdicción contencioso-administrativa, actos de la Administración que afecten a los intereses por ellas representados.

Esta última afirmación es, a mi juicio, falsa, sin que pueda deducirse una tal conclusión de las sentencias y autos que se citan, en concreto las de 16 de noviembre de 1905 (auto), 16 de junio de 1920 (sentencia) y 21 de noviembre de 1929 (auto), en las que, si se rechazan los recursos de las Cámaras, no es por falta de capacidad (personalidad) de éstas para recurrir, sino por otros motivos distintos (falta de legitimación, inexistencia de un derecho de carácter administrativo lesionado en la terminología de 1894, y carácter personalísimo de las acciones). Ello quiere decir que las Cámaras no están englobadas, a estos efectos, en el párrafo a) del artículo 28, cuarto, de la LJ, sino en el párrafo b): no podrán impugnar en los casos en que actúen como delegados, agentes o mandatarios de la Administración, pero si en todos los demás en que actúen como titulares de intereses corporativos.

Aclarado este último punto y profundizando un poco sobre la superficie de las afirmaciones legales antes reseñadas, conviene precisar cuál es el significado y alcance de cada una de ellas.

---

[22] *Colección Legislativa, 1907,* segundo semestre, n.º 162, página 512: el objetivo principal de la Orden era resolver dudas sobre la inscripción en la matrícula industrial y de comercio y el derecho a ser socio de las Cámaras, pero en un inciso final alude a las alzadas.

En primer lugar, digamos respecto a la pertenencia obligatoria (nota número 1 citada), que ésta constituye, ciertamente, un claro índice de su carácter público; más exactamente, de que no son puras asociaciones privadas. Ahora bien, una cosa es que sean entes públicos y otra muy distinta que constituyan Administración: nuestro ordenamiento conoce varios tipos de entes públicos que no son Administración.

Respecto a la naturaleza de sus funciones y facultades conviene distinguir. En la mayoría de los casos, no *se trata de auténticas competencias,* sino simplemente —como escribió Jordana— «de derechos que igualmente poseería cualquier otra asociación aunque no tuviese el reconocimiento de entidad oficial» [23], y si la ley y el reglamento las enumeran detalladamente, *no es como necesario apoderamiento legal,* sino más sencillamente como medio de fijar su ámbito de actuación lícita, sus finalidades y objetivos (también sus deberes o cargas), cosa común a toda Asociación o Fundación (públicas y privadas), según exige el principio de especialidad. Pues nótese que este principio no es sólo propio de los entes públicos (no territoriales), sino en general, de las personas morales de un cierto tipo (también privadas) [24]. Lo característico de las personas morales es precisamente el ámbito de capacidad (a diferencia de las personas físicas que gozan normalmente de una capacidad limitada de extensión) [25].

Hay ciertamente otras actividades que sí suponen ejercicio de competencias públicas, tales como su función consultiva (con audiencia preceptiva) de la Administración Pública (base segunda y artículo 8 del Reglamento) la función de policía industrial y mercantil que se les encomienda, con el elenco de facultades que supone (artículo 9 del Reglamento, números 4, 5, 6...), el control y certificación de origen de las mercancías, la peritación judicial, el contraste de pesas y medidas, la gestión como auténtica función pública de eventuales registros mercantiles, etc.; todo ello aparte de la facultad de imposición

---

[23] JORDANA, *Ensayo...,* página 235.

[24] Por todos, RIVERO, J., *Droit...,* 42.

[25] En efecto, el fomento de sus intereses sectoriales, la propuesta al Gobierno de reformas, la capacidad de accionar (o denunciar) contra delitos y faltas, la creación de agencias de colocación, la concurrencia de subastas de obras o servicios, la promoción y organización de ferias, la formación de estadísticas, los servicios de información comercial e industrial dirigidos a sus miembros o al Estado (estos últimos son más bien cargas, pues son imperativos), e incluso la creación o subvención de centros de enseñanza (otra cosa será el reconocimiento y valoración de sus títulos), son todas ellas actividades que no necesitan una especial habilitación del Estado (ni normativa ni concesional), sino una mera autorización, en su caso. Pues se trata de actividades y servicios propios y autónomos, no delegados del Estado. Autorización que en estos casos se concede no caso por caso, sino de modo genérico a través de una norma.

de cuotas, que, dada la obligatoriedad de pertenencia al censo de electores, deviene una auténtica potestad impositiva.

Ahora bien, esto son claramente *funciones estatales delegadas* en las Cámaras. Éste es, a mi juicio, el sentido de la base tercera de la ley: que configura estas actividades como auxilio y colaboración con los órganos de la Administración del Estado, que *en todo caso conserva la titularidad de las funciones,* el poder de decisión, y, por tanto, la posibilidad de avocar a sí cualquier asunto. De ahí también las alzadas (naturalmente, sólo en estos campos) ante el Ministerio competente, y la posibilidad de dar éste directrices de gobierno y actuación a las Cámaras (no referidas a sus fines propios, claro está, sino sólo a las funciones delegadas del Estado que ejercen). Todo esto por sí solo no autoriza a convertir a las Cámaras en Administración Pública, pues esta situación es idéntica a la que tienen otras entidades públicas que no son Administración e incluso entidades privadas (grupos de colonización, grupos de exportadores, etc.) y los mismos concesionarios de servicios públicos (que ha sido siempre el ejemplo clásico aunque a estos efectos es menos significativo) [26].

Esta doble condición de las Cámaras (funciones propias y funciones estatales delegadas) se reconoce claramente con referencia a las Cámaras locales en la base cuarta de la ley y artículo sexto del reglamento («gozando de *autonomía en la administración de sus recursos y en la defensa y fomento de sus peculiares intereses,* estarán coordinadas, sin embargo, con las provinciales para el desempeño de las funciones administrativas que a estas Cámaras confíe el Estado»); doble condición, que es común a todas las Corporaciones económico-sectoriales y profesionales de principios del siglo (recuérdese la nítida formulación contenida en el Real Decreto de 30 de agosto de 1917 para la Asociación General de Ganaderos, artículos 3 y 4; o la condición de las Cámaras Agrícolas creadas por el Real Decreto de 14 de noviembre de 1890, y a las que se les encomiendan importantes funciones públicas en los Reales Decretos de 20 de agosto de 1906 y 29 de mayo de 1914) y que hará hablar a la doctrina de la época de su «doble personalidad» [27]. Que este mismo sentido informa la legislación de Cá-

---

[26] El fenómeno de la incorporación a las tareas de la Administración de organizaciones privadas a las que se otorga un trato especial y se adjudican potestades ha sido destacado reiteradamente en nuestros días: por todos MARTÍN MATEO, R., *La sustantividad del Derecho administrativo,* RAP, n.º 53 (1967), páginas 35 y siguientes, especialmente páginas 40-41. Desde la perspectiva contencioso-administrativa y su necesaria ampliación de campo, más recientemente *Informe sobre la Administración y la Jurisdicción* contencioso-administrativa en el anteproyecto de bases para una ley orgánica de la Justicia, Seminario de la Cátedra del profesor GARCÍA DE ENTERRÍA, ponente: señor PARADA VÁZQUEZ, en RAP, n.º 58 (1969), páginas 451 y siguientes, especialmente páginas 468-469.

[27] JORDANA, *Ensayo…,* páginas 238-239.

maras se desprende claramente de las palabras de la exposición de motivos del Real Decreto-Ley de 1929 (26 de julio) más arriba citadas, y de estas otras del mismo texto: «... las Cámaras, como Cuerpos deliberantes, deben gozar de *autonomía para tratar y exponer lo que sea propio de su estudio y acuerdo,* (y) consideradas en su cualidad de *colaboradoras de la Administración...,* etc.».

Es inexacta, por ello, toda asimilación entre las Cámaras de Comercio y el Consejo Nacional de Educación o los Jurados tributarios, como se ha pretendido [28], los cuales son claramente *órganos de la Administración Central* (artículo 147 LGT), si bien se integran en ellos representantes de los sectores afectados (artículo 148 LGT y Decreto de 25 de junio de 1964, artículos 1 a 5), todos nombrados por decreto, y sin ninguna otra finalidad que no sea la meramente técnica y dictaminadora en materias de educación o en materias tributarias, *en el seno del Estado.*

Sentada esta consideración básica, podemos ya determinar cuál es la extensión del recurso contencioso-administrativo que contra ellas se admite, y cuál es su caso la generalidad —o excepcionalidad— de las alzadas contra sus actos. Ni en uno ni en otro caso pueden admitirse con carácter general, sino exclusivamente referidos a aquéllos que dicten en el ejercicio de las competencias delegadas por el Estado, o que expresamente se prevean en sus normas reguladoras. Tal parece, además, el sentido del artículo 87, que al hablar del recurso contencioso lo refiere a «las cuestiones reglamentarias» (es decir, a aquéllas que suponen funciones delegadas del Gobierno, y, como tales, sometidas a las normas administrativas que reglamentan dichas acciones); tal es el sentido en el que hay que entender no obstante su generalidad, la Real Orden de 19 de diciembre de 1907, y así lo confirman las sentencias de 8 de julio de 1913 y 30 de abril de 1958 (se trata, en el primer caso, de la afirmación de la alzada en un caso expresamente previsto en el artículo 40, último párrafo, del Reglamento provisional de 29 de diciembre de 1911 (Alcubilla, Dicc., II, página 914): alzada contra resolución de las Cámaras sobre el resultado de las elecciones, resolviendo las protestas formuladas contra ellas, alzada que se recoge igualmente en el artículo 51, párrafo tercero del vigente reglamento; y en el segundo, de alzada contra un acto de la Secretaría General Técnica del Ministerio de Comercio, que acuerda la nulidad del nombramiento de secretario de

---

[28] *Naturaleza y significación....,* cit., Informe de las Cámaras, página 45. También está desenfocado por esta última «visión» de identificar a las Cámaras con la Administración, el comentario que Antonio VALCÁRCEL y LÓPEZ DE LEMOS, cit., páginas 101-102, hace del decreto-ley del año 29, cuando después de reconocer «la doble función de las Cámaras» (no puede dejar de hacerlo), dice que «su misión primordial no es otra que servir al interés general» y que «el carácter de órganos de la Administración Pública se sobrepone en las Cámaras a toda otra condición» (página 101). No se comprende mucho tal afirmación.

la Cámara de Comercio de S., a instancia de la propia Cámara; nótese que en este segundo caso, más que de una alzada contra acto de la Cámara se trata de alzada contra acto de un órgano administrativo, que, en un procedimiento bifásico, tiene reservada la decisión [29].

Otro tanto cabe decir del poder de intervención y dirección de su actividad que consagra el artículo 79 del Reglamento, a favor del Gobierno con el consiguiente deber de obediencia de las Cámaras (obligación de reunirse, de realizar los estudios que se les encomienden, de evacuar los informes que se les pidan, deber de cumplir las órdenes que reciban respecto a los trabajos o servicios que realizan, etc.). Es obvio que este *auténtico poder jerárquico* no recae sobre las Cámaras como ente (sobre la totalidad de su actividad posible), sino sobre aquellas actividades que constituyen «funciones administrativas». En el decreto-ley del año 29 se establecía efectivamente esa dependencia a *«los efectos de prestar cuantos servicios les encomiende* (la Dirección General del Comercio) con arreglo a *las normas»*. La limitación (el carácter tasado, funcional, parcial) de esa dependencia es claro, y muy distinto a la que es propia de los órganos o servicios descentralizados (con o sin personalidad). La redacción del artículo 79, párrafo tercero, del reglamento vigente no recoge tan claramente ese carácter funcional (referida únicamente a las funciones estatales que ejercita) de la dependencia, pero en una correcta interpretación así hay que entenderlo.

En cuanto a la tutela que sobre ellas ejerce el Estado conviene separar el aspecto sustantivo y financiero. Respecto al primero, las clásicas técnicas de tutela (autorizaciones, aprobaciones) se prevén en el artículo 9, segundo, del reglamento (aprobación para la realización de obras y servicios que estimen necesarios o útiles para los intereses generales de las diversas esferas de la actividad económica que les están confiados) [30]; en el artículo 10, segundo (apro-

[29] No proceden en cambio las alzadas, a mi juicio, contra los actos de nombramiento o separación de sus empleados (salvo norma expresa en contrario de su Reglamento: artículo 62, texto aprobado por orden ministerial de 8 de julio de 1966), o a los actos de creación de establecimientos para la enseñanza, fomento o desarrollo de las actividades mercantiles o industriales (centros de enseñanza, museos, almacenes, etc.), o contra la celebración de exposiciones, o la designación o destitución de agentes aduaneros, y en general en cuantos acuerdos adopten en el cumplimiento de «sus» fines. Por lo demás hay que decir que la admisión expresa de alzada en el Reglamento, aparte del supuesto ya citado, se refiere a materia de elecciones (artículos 40, 51-54), o a la adquisición o pérdida de la condición de miembro (artículo 56), lo cual es absolutamente lógico.

[30] Podrá aludirse a las dudas que la calificación de tales obras y servicios suscita: ¿se trata de obras o servicios públicos, o simples obras y servicios privados de carácter comercial? Quizá ambas responsabilidades son pensables. La aprobación se refiere tanto a obras y servicios comerciales o sociales, pero sin la consideración de obra o de servicio público en el sentido (que son desde luego posibles: por ejemplo, un servicio de publicaciones, o una escuela de idiomas,

bación de convenios para administrar fundaciones); en el artículo 10 tercero (autorización previa para contratar empréstitos), y en el artículo 77 (autorización especial para cambiar de destino sus rentas o bienes). Los casos previstos son ciertamente escasos dentro del conjunto de actividades posibles, y, naturalmente, como corresponde a todo poder de tutela, son tasados. Con ellos se trata de garantizar el cumplimiento de los fines estatuarios.

Respecto a su régimen financiero, éste está sometido a un control de tutela (artículos 73 a 75 del Reglamento) consistente en la aprobación por la Administración de sus presupuestos y cuentas. Ahora bien, conviene señalar que este control es mucho menos estricto que el que corresponde a los entes públicos estatales (organismos autónomos, etc.), e incluso que el de las Corporaciones Locales. Las notas de este régimen son:

1) el *principio de independencia patrimonial y financiera* con relación al Estado: las cuotas legalmente establecidas, así como sus demás ingresos patrimoniales, deben ser en todo caso respetadas (no pueden ser disminuidas, ni derivadas hacia otros fines distintos a los previstos por la propia Corporación; el Estado debe limitarse a aprobarlas o no, lo cual es una diferencia importante con los organismos autónomos y los auténticos establecimientos públicos;

2) la *aprobación o no del presupuesto,* según parece desprenderse del artículo 73, no es un poder discrecional, sino reglado: es un control de legalidad (no oportunidad); y únicamente «deberá negárseles cuando vulneren los preceptos de la ley de bases de este reglamento» según el texto literal del artículo. El sentido de este artículo refleja la gran autonomía de gestión de que gozan las Cámaras, en sus recursos propios (superior incluso a las Corporaciones Locales), lo cual es consecuencia lógica, a mi juicio, de su naturaleza social, corporativa, representativa de intereses. Con una sola condición: que se ajusten a sus fines;

3) carecen, como es lo coherente en un ente extraño al Estado (organización), de Intervención delegada de Hacienda (es este un argumento adicional). Existe una comisión gestora interna, que interviene los ingresos y pagos, y que ejerce el control previo (artículo 74);

4) la *vinculación finalista de sus rentas y patrimonio,* contenida en el artículo 77 del Reglamento: «Las Cámaras deberán intervenir los sobrantes de la li-

o un servicio de traducciones); como a las obras o servicios públicos, por ejemplo, un puerto, que ha sido una obra típica de las Cámaras; aunque pienso que en estos últimos casos se trataría más bien de una figura concesional o delegacional que una simple aprobación. Un argumento para esta interpretación sería el artículo 77: no parece que toda la gama de obras y servicios que se enumeran en esta disposición hayan de tener forzosamente la consideración de «servicios públicos» por el hecho de ser prestados por las Cámaras. Más bien la presunción es la contraria.

quidación de los presupuestos en obras o servicios que redunden en beneficio colectivo de los elementos cuyos intereses representan...»; «en manera alguna podrán invertir las Cámaras en subvenciones o dispendios para otro objeto que el cumplimiento de sus propios fines más de la décima parte de los ingresos procedentes del recurso percibido de sus electores, como no sea con autorización especial acordada en Consejo de Ministros, previa formación de presupuesto extraordinario e informe favorable del Ministerio de Economía Nacional».

Conclusiones

¿Qué conclusión cabe obtener de todo este análisis sobre la cuestión inicialmente planteada: si las Cámaras de Comercio pueden ser o no consideradas como Administración-sujeto?

Las conclusiones son siguientes:

1) Las Cámaras de Comercio *no son entes encuadrados en la organización general del Estado,* sino entes exteriores a él, situados fuera del Estado; no son organismos estatales como puedan serlo los Consejos y Juntas (de Economía Nacional, de Industria, de Obras Públicas o de Transportes) que integran la Administración consultiva del Estado; ello aun cuando desempeñen en ocasiones funciones análogas. En definitiva, *las Cámaras de Comercio no son Administración-sujeto,* aun cuando estén formalmente calificadas como «establecimientos públicos».

Esta expresión, verdadera importación en el vacío como ya he dicho no tiene hoy ningún valor de determinación de un régimen jurídico unitario (ni en Francia ni en España); y si alguno se le quiere buscar entre nosotros es por completo distinto al de las Cámaras de Comercio [31], cuyo régimen jurídico, según se deriva de los textos positivos y de la propia naturaleza corporativa de las Cámaras, no es el la Administración-sujeto ni en materias de organización ni en cuanto a sus bienes, funcionamiento interno, personal, régimen económico financiero y actividad general del ente. Sus actos no gozan del privilegio de ejecutividad, sino en la medida en que supongan *ejercicio de competencias.* La

[31] Esta calificación, en nuestro derecho, ha sido siempre un concepto estricto o restringido referido, cono dice TREVIJANO, «a personas jurídicas que *desarrollan actividades de la Administración territorial* y que se personifican en el momento de la realización del servicio». Su campo especifico de aplicación ha sido —y debe seguir siendo— las actividades benéficas asistenciales y docentes: TREVIJANO, *Tratado,* II, páginas 313, 317. Son, por tanto, puras «formas organizativas» de la Administración pública y pueden ser consideradas plenamente como Administración-sujeto, cosa que no ocurre con las Cámaras, según se dice en el texto.

jurisprudencia ha precisado también que no disfrutarán de los privilegios propios de la Administración-sujeto (apremios, ley de Arrendamientos urbanos y otros) más que la medida en que una ley o norma reglamentaria se les reconozca expresamente (*vid.* Sentencia de 22 de marzo de 1954, citada *supra,* que deniega el privilegio de presunción de necesidad en el desahucio —artículo 76 LAU— y a mayor abundamiento el privilegio de desahucio administrativo, por la inexistencia de una disposición expresa en tal sentido).

2) Las Cámaras de Comercio son, en cambio *entes públicos corporativos,* que es algo totalmente diferente. En efecto, una cosa es el ente estatal (fundacional) con integración de elementos o representantes de la sociedad, que intervienen en su administración (esto querían ser los *«établissements publics»;* lugar de encuentro del Estado y sociedad, mediante la participación de ésta en los centros y *organismos estatales*) y otra el ente social (corporativo), *compuesto por miembros representantes de unos intereses* profesionales o sectoriales, al que se encomiendan *funciones estatales.* No obstante su formal semejanza: ejercicio de competencia o servicios públicos y representación, en ambos, de los administrados, la naturaleza del sujeto es esencialmente distinta.

Ahora bien, acontece que tales entes públicos corporativos reciben del Estado funciones y competencias propias de éste, confinadas en su ejercicio a aquéllas. Si a esta atribución hay que llamarle descentralización o delegación dependerá de la relación —jerárquica o no— a que las Cámaras quedan sometidas. Pero bien entendido que esta atribución de facultades *no transforma la naturaleza del sujeto que la recibe.* Éste sigue siendo una Corporación representativa de intereses económicos-sectoriales, que *podrá ser considerada Administración (en sentido objetivo, de actividad) en tanto en cuanto* cumpla aquellas funciones y *ejercite competencias.*

3) A la vista de nuestro ordenamiento, la *atribución de competencias* a las Cámaras de Comercio por el Estado *se realiza en forma de delegación,* conservando el Estado sobre ellas, en esas materias, un auténtico poder jerárquico (como en toda delegación), que se manifiesta en las facultades de dirección de su actividad y en la admisión de alzadas.

4) Sobre el resto de las actividades posibles de las Cámaras de Comercio, el Estado (es decir, la Administración Central) como único titular originario de la soberanía conserva un *poder de tutela, estricto y limitado* a los supuestos tasados previstos en la ley.

LECCIÓN 9.ª

SOBRE EL CONCEPTO Y SIGNIFICADO INSTITUCIONAL DE LA EXPRESIÓN «ESTABLECIMIENTO PÚBLICO» *

SUMARIO: 1. INTRODUCCIÓN.—2. ORIGEN Y TRAYECTORIA DE LA FIGURA DE *«LES ÉTABLISSEMENTS PUBLICS»* EN FRANCIA.—3. LA REVOLUCIÓN Y EL PRINCIPIO DE SOBERANÍA NACIONAL: SU IMPACTO SOBRE LAS VIEJAS CORPORACIONES DE INTERESES.—4. EL SIGNIFICADO INSTITUCIONAL DE LOS *«ÉTABLISSEMENTS PUBLICS»*. NOTAS DEFINITORIAS.—5. LA CATEGORÍA DE LOS «ESTABLECIMIENTOS PÚBLICOS» EN EL ORDENAMIENTO JURÍDICO ESPAÑOL. VIRTUALIDAD ACTUAL.

1. Introducción

El concepto de *establecimiento público* es uno de esos institutos jurídicos que aparecen aquí y allá en nuestro ordenamiento sin que en la mayoría de los casos se tenga demasiada conciencia de lo que se quiere decir. Más aún, me atrevería a decir que es uno de esos conceptos que ha sembrado el desconcierto entre los autores, a juzgar por las peregrinas opiniones que ilustres juristas (especialmente civilistas) de no hace muchos años han escrito de él. Afortunadamente, en los últimos años, dos profesores de Derecho administrativo, García Trevijano y Alejandro Nieto, se han enfrentado directamente con el tema tratando de precisar el significado y valor que a tal calificación cabe dar en nuestro ordenamiento jurídico [1].

Nieto escribía en 1969 que «es ésta un figura jurídica que en breve espacio de una centuria ha experimentado una evolución completa: nace, se desarrolla, llega su apogeo, entra en crisis, decae y hasta desaparece sin dejar rastro —o, por lo menos, se transforma enteramente— e incluso muestra atisbos de una regeneración». Quisiera en estas páginas contribuir a contar un poco esa azarosa historia del concepto, cosa que prometí hacer en un trabajo mío anterior [2]. Y me permitiría añadir a la breve nota biográfica de la figura que el

---

* Lección dictada en la Escuela Nacional de Administración Pública, Alcalá de Henares, Madrid, septiembre 1973, publicada en Documentación Administrativa, n.º 155, octubre 1973.

1 GARCÍA TREVIJANO, J. A., *Tratado de Derecho administrativo,* tomo II, Madrid, 1967, especialmente páginas 287 y siguientes y 305 y siguientes. Y sobre todo NIETO, A., *Valor actual de los establecimientos públicos,* en «Perspectivas del Derecho público en la segunda mitad del siglo XX», Homenaje al profesor Sayagüés, Madrid, 1969, tomo IV, páginas 1053-1071.

2 ARIÑO ORTIZ, G., *Naturaleza de las Cámaras de Comercio. Notas a una polémica.* Comunicación presentada al III Congreso Ítalo-Español de Profesores de Derecho Administrativo, Santiago de Compostela, junio 1970, publicado luego en «Documentación Administrativa», nú-

profesor Nieto nos hizo, lo siguiente: que sería un gran error permitir su regeneración y que lo mejor que cabe hacer con él es dejarle morir y extender su certificado de defunción.

2. Origen y trayectoria de la figura de *«les établissements publics»* en Francia

La doctrina clásica francesa (Batbié, Aucoc, más tarde Hauriou) venía clasificando la actividad administrativa en tres diferentes tipos o ámbitos de administración, según fuera el sujeto encargado de realizarla; se habla así de administración central, administración local y administración *des intérêts spéciaux* [3]. Fue M. de Gerando, según señala Aucoc [4], quien por primera vez «sistematizó las reglas de la tutela que el Estado ejerce sobre aquellas instituciones (personas civiles) que toman parte en la gestión de los servicios públicos o que trabajan, al lado de la Administración, en tareas útiles (a la colectividad) sin buscar un beneficio». Sobre esta idea simple, la jurisprudencia administrativa del Conseil d'État fue progresivamente reconociendo una serie de entidades que la doctrina agrupó según la conocida distinción entre establecimientos públicos y establecimientos de utilidad pública.

Inicialmente la expresión establecimiento público aludía simplemente al hecho de que determinadas finalidades de un marcado carácter técnico eran prestadas por la Administración (fundamentalmente por los entes locales) en *régimen de establecimiento,* esto es, en unas organizaciones *ad hoc* de elementos personales y reales, aptos para satisfacer dichos fines [5]. Tales organizaciones se encuentran así calificadas, por ejemplo, en el libro del barón De Gerando *Institutes du Droit Administratif français,* publicado en 1828, que llama con ese nombre a los establecimientos de *beneficencia, instrucción y sanidad*. En España, Ortiz de Zúñiga (1842) aplicará esta expresión a «los colegios de humanidades, academias de nobles artes y de bellas letras, escuelas de dibujo, y otras enseñanzas especiales, juntas de comercio u otras corporaciones, bibliotecas públi-

---

mero 135, páginas 11 a 22 (hoy constituye la Lección 8.ª, anterior, de este volumen). Dije allí que «no podía en aquel momento desarrollar la azarosa historia del concepto de *établissement public* en Francia» y que «me remitía a un próximo trabajo sobre el tema». Helo aquí.

3 *Vid.* BATBIÉ, *Traité théorique et pratique de Droit public et Administratif,* París, tomo V, páginas 2 y siguientes. AUCOC, L., *Conférences sur l'Administration et le Droit Administratif,* 3ème ed., tomo I, página 345. HAURIOU, *Étude sur la décentralisation,* París, 1892, página 4.

4 AUCOC, L., *Les établissements publics et la Loi du 4 février 1901,* París, 1901, página 4.

5 Sobre el tema *vid.* GARCÍA TREVIJANO, J. A., *Tratado,* tomo 11, páginas 305 y siguientes. Es interesante, respecto al punto de que se habla, en el texto, la distinción que hace este autor entre órganos-actividad y órganos-establecimiento (*loc. cit.*, página 226).

cas, etc.» [6]. Suele decirse que estos campos son los únicos a los que se aplica en su origen tal calificación. Calificación que supone fundamentalmente una contabilidad especial y una cierta autonomía financiera y patrimonial, autonomía que es más de hecho que jurídica, pues jurídicamente dichas organizaciones no son sino órganos del Estado (o de las colectividades locales), que por sus funciones características no pueden ajustarse por completo a las reglas contables de éste [7]. La entidad de dichos establecimientos es —podríamos decir— la de una *unidad organizativa* [8], que *financieramente se configura como una caja especial* cuya naturaleza y régimen viene más o menos equiparado en Francia a la *Caisse des Dépôts et Consignations,* o la *Caisse des Invalides de la Marine,* típicas cajas especiales *internas* de la Administración [9].

Bien pronto, sin embargo, se pensó la conveniencia de dotar a estos establecimientos, que presentaban unidad de organización técnica y capacidad de actuación propia dentro del ámbito de sus fines, de personalidad civil, con la finalidad, sobre todo, de fomentar así las liberalidades para con ellas (donaciones, legados, limosnas, etc. ...) [10]. Este alcance limitado de los *établissements publics* durará hasta casi el fin de siglo, en que tal calificación se ampliará progresivamente a todas las organizaciones de gestión de los llamados *intérêts spéciaux* y, en general, a todos los entes públicos distintos del Estado y de las Administraciones locales [11]. Todavía en 1867, Batbié recogía entre las personas morales de

---

[6] Ortiz de Zúñiga, M., *Elementos de Derecho administrativo,* Granada, 1842, página 51. Todas estas características que rodean inicialmente a *los establecimientos* quizá explique —si bien no justifique— la sorprendente condición que en algún caso ha exigido la doctrina de que estos establecimientos tengan un edificio».

[7] Así nos dice Gerando: «Les principes qui président à la comptabilité générale ont dú étre et sont, en effet, apliqués a la comptabilité des divers services publics. Mais le caractére particulire de quelques-uns de ces services a rendu nécessaire l'introduction de certaines dispositions spéciales»: *Institutes du Droit Administratif français,* 2.ª edición, París, 1845, tomo IV, página 169. Cito por la 2.ª ed. Publicada en París en 1842.

[8] Cfr. Nieto, A., *Valor actual...,* cit., página 1054.

[9] Gerando, IV, páginas 203, 212 y 215.

[10] García Trevijano, J. A., *Tratado,* II, páginas 305 y 306. Ha sido puesta en duda recientemente esta finalidad que originó su nacimiento, por Nieto, *Valor actual de los establecimientos públicos.* Pero puede confirmarse tal finalidad en Aucoc, L., *Les établissements publics,* cit., página 4: «...le caractère commun d'etre dotés de la personalité civile, du droit d'acquérir soit á titre onéreux soit á titre gratuit et de se créer, par les dons et legs qui vont volontiers aux oeuvres spéciales, un patrimoine propre á l'institution publique ou a l'oeuvre privée, qui les fait vivre ou qui contribue plus ou moins largement á leur entretion et á leur développement». A ella se refiere también la generalidad de la doctrina: *vid.* por todos, para Francia, Tissier, ob. cit., tomo XII, páginas 94-95. Para Alemania, Otto Mayer, *Derecho administrativo alemán,* tomo IV, páginas 264 y siguientes.

[11] Ello dará lugar, como ha sido señalado reiteradamente a la primera crisis del concepto, que empieza a englobar realidades muy dispares *(vid. infra).*

derecho público las *associations syndicales* establecidas al amparo de la Ley de 21 de junio de 1865, y las *sociétés de secours mutuels,* pero calificándolas más bien como *établissements d'utilité publique* [12]. Pocos años después, sin embargo, en las *Conférences de Droit administratif* de Aucoc [13] la categoría del *établissement public* ha extendido su aplicación a otros campos distintos de la sanidad o la educación, como es el de *l'exécution de travaux d'intérêt collectif* [14]. Cita entre ellos, junto a los tradicionales, las Cámaras de Agricultura, las Cámaras de Comercio (que desplegaron una gran actividad en la construcción y explotación de puertos, creación de almacenes de conservación de géneros, etc.). Respecto a las asociaciones sindicales creadas por la autoridad administrativa para la realización de obras de utilidad común, dice que la cuestión es controvertida, pero que a la vista de sus prerrogativas y funciones tales asociaciones son *«des espèces de comunes spéciales, et doivent être considérés comme des établissements publics»* [15]. Asimismo se producirá ese proceso de *personificación jurídica de una serie de servicios u órganos* que constituían meras cajas especiales, caracterizadas solamente por ser *comptabilités spéciales* en De Gerando [16]. Entre ellos, Aucoc recogerá la Caisse des Dépôts et Consignations, la Caisse des Invalides de la Marine, la Caisse des Retraites pour la Vieillesse (creada por la Ley de 18 de junio de 1850), la Caisse d'Assurances en cas de Décès, la Caisse d'Assurances en cas d'Accidents (creada por la Ley de 11 de julio de 1868), y l'Ordre de la Légion d'Honneur [17]. Todos estos entes se encontraban ligados, vinculados, a la Ad-

---

[12] BATBIÉ, A., *Traité...,* cit., tomo V, páginas 321 y siguientes y 330 y siguientes. La conocida distinción entre ambas figuras, de la cual el mismo Batbié es uno de los creadores. Se formula así: l'établissement public se rattache d'une maniére plus ou moins étroite, a l'administration générale, départementale ou communale. L'établissement d'utilité publique au contraire, nait de l'initiative privée et s'administre lui-même, sous le contróle et la surveillance de l'administration. Les hospices et les bureaux de bienfaisance, par example sont des éstablissements publics, tandis que les sociétés de secours mutuels, la société pour l'historie de France, l'association générale des médicins appartiennent á la catégorie des établissements d'utilité publique»; BATBIÉ, *Traité,* tomo V, páginas 3 y 4. Esta distinción fue formulada primero jurisprudencialmente (arret de la Cour de Cassation de 5 marzo 1856, Caisse d'Epagne de Caen), y otros en los que intervino muy directamente el propio Batbié: cfr. Hoy VEDE, *Droit administratif,* París, PUF, 1968, 4ème edit., página 633.

[13] La primera edición es de 1869; la segunda de 1884; cito por esta última.

[14] AUCOC, L., *Conférences,* tomo I, página 350.

[15] «En effet —escribe— non seulement elles sont constituées par des actes de l'administration mais, la majorité a le pouvoir de contraindre la minorité: de plus, elles jouissent, pour l'exécution de leurs travaux et de recouvrement de leurs receties, des mémes privilèges que l'administration. Et ces privilèges se justifient, parce que leur ouvre est une oeuvre d'utilité collective que l'administration, dans la plupart des cas, doit accomplir, si les particulièrs interesés n'en prennent par l'initiative»: AUCOC, *loc. cit.,* página 360.

[16] Véase *Institutes,* IV, páginas 169-170 y 203 y siguientes.

[17] AUOC, L., *Conférences,* cit., tomo I, páginas 360-361.

ministración que ejerce sobre ellos una estrecha tutela (autorización para enajenar, para aceptar legados o herencias, para litigar; aprobación de sus presupuestos, nombramiento de autoridades, etc.). Es justamente esta nota —el encontrarse *«rattachés»* a la Administración General del Estado, como había escrito Batbié— lo que diferenciará también para Aucoc a estos establecimientos de los llamados de «utilidad pública». Los primeros son entes ligados a la Administración (central o local), que tienen naturaleza pública, si bien, se distinguen orgánicamente de aquélla en cuanto gozan de personalidad jurídica propia y tienen un patrimonio separado del general del Estado y afecto al cumplimiento del fin específico que se les encomienda. Los segundos son entes privados a los cuales la Administración ayuda y favorece en atención a los fines de utilidad social que realizan [18].

Fue este punto, de su pertenencia o no a la Administración (su encuadramiento en la organización del Estado), y su participación en la *puissance publique,* el más discutido por la doctrina en Francia. En torno a él se enfrentaron incluso el Conseil d'État y la Cour de Cassation, con motivo de la calificación de una asociación sindical constituida para la promoción de obras de interés colectivo: la Association Syndicale du Canal de Gignac, que dio lugar a la famosa decisión de 9 de diciembre de 1899, en la que el Tribunal de Conflictos les reconoce formalmente su carácter de *établissement public:* La Cour de Cassation —escribe Aucoc— «refusait d'admettre que des associations de propriétaires, même investies de privilèges qui n'appartiennent qu'a l'Administration —droit de contrainte a l'égard de la minorité, droit d'expropriation pour cause d'utilité publique, assimilation de leurs travaux a les travaux publics, recouvrement des taxes dans les mêmes formes que les contributions directes— fussent autre cose que des établissements d'utilité publique. Elle n'y voyait qu'une collection d'intérêts privés et ne pouvait considerer ces associations de propriétaires comme une partie intégrante de l'Administration». Pero el Conseil d'État entendía que al ser instituidas como servidores y partícipes en las tareas de la Administración, confiriéndoles para ello poderes y privilegios especiales, podía calificarles como «establecimientos públicos». El Tribunal de Conflictos confirmó esta última tesis [19].

Así pues, dentro del primer grupo, la doctrina y el derecho francés incluirá uno y otro tipo de entidades (los clásicos establecimientos y las nuevamente creadas, tras la Revolución, asociaciones y corporaciones económicas y profesionales). Puede concluirse, por tanto, que dentro de la categoría de *établisse-*

---

[18] AUCOC, L., *Les établissements...*, cit., páginas 18 y 29.
[19] AUCOC, L., *Les établissements...*, cit., páginas 18 y 29.

ments publics, se vino así a comprender, en Francia, a todos los entes públicos distintos del Estado y las Administraciones Locales [20].

Ahora bien, conviene preguntarse: ¿por qué se produjo esa ampliación del concepto de *établissement public,* aplicándolo a entidades que nada tenían que ver con su primer significado (servicios estatales especiales, de carácter fundacional o institucional)?, ¿por qué se aplica después a las viejas Corporaciones de intereses tales como las cámaras, asociaciones sindicales, agrícolas, etc., que eran algo distinto del Estado y que difícilmente cabía entender como *«rattachés a l'Administration générale»?*

La razón está directamente vinculada a la ideología revolucionaria, que conviene recordar.

3. La Revolución y el principio de soberanía nacional: su impacto sobre las viejas corporaciones de intereses

Son suficientemente conocidas las bases ideológicas que inspiraron la Revolución (principio de la soberanía nacional, única e indivisible; dogma de la *volonté générale,* única fuente del poder y de la ley; principio de igualdad; libertad individual, etc.) sobre las cuales se acelerará el proceso histórico de concentración y absorción del poder en manos de una Administración personificada y actuante desde el centro [21]. Frente a la debilidad real del Estado absoluto, tremendamente fraccionado y limitado en su poder por un conglomerado de entes que ostentan jirones de la soberanía, la Revolución proclamará sobre todo la unidad y la igualdad [22]. Como consecuencia de ello, después de los primeros y románticos sueños descentralizadores, un rápido movimiento de centralización administrativa culminará con Napoleón [23].

---

[20] La verdad es que el concepto de *établissements publics* no obstante el profuso empleo que de tales términos se hace desde la aparición del *Code,* no fue jamás definido por entonces, ni su régimen jurídico claramente perfilado. Fueron declarados tales por la legislación clásica las escuelas normales primarias (Ley 19 de julio de 1891), las Cámaras de Comercio (Ley 9 de abril de 1891, las Universidades (Ley de Presupuestos de 28 de abril de 1893), los Museos Nacionales (Ley 18 de abril de 1895), los Sindicatos de Municipios (Ley 22 de marzo de 1891). El Instituto de Francia y las Academias científicas que lo integran, y muchos otros.

[21] *Vid.* mi artículo *Realidad y dogmática de la descentralización: Notas para la delimitación de un concepto,* en «Estudios Homenaje al profesor López Rodó», y referencias allí contenidas de los autores de la época.

[22] Antes que la libertad, dirá TOCQUEVILLE, la Revolución vino a traer la igualdad para todos los franceses.

[23] La aparentemente paradójica vinculación de libertad e igualdad con la centralización administrativa ha sido explicada entre nosotros por GARCÍA DE ENTERRÍA, E., *Los fundamentos ideológicos del sistema municipal francés,* REVL, n.º 117, páginas 321-330.

Sabido es también que una consecuencia de este planteamiento fue la supresión de los llamados cuerpos intermedios y la vinculación directa y única del individuo con la nación. La Ley Chapelier (17 de junio de 1791), suprime las agrupaciones profesionales diciendo: no hay ya corporaciones en el Estado; no hay más que el interés particular de cada individuo y el interés general; y esta enemiga hacia los *Corps y Communautés* se manifestará incluso en el recelo y desconfianza con que el movimiento codificador mirará a las personas morales, que se traduce en que se desconozca la existencia de las personas jurídicas en los Códigos napoleónicos y se mantenga su destierro de las leyes francesas durante muchos años [24]. Cuando más adelante se admitan, serán sometidas a un estrecho cauce, como consecuencia de ese recelo; en concreto, ello se manifestará en que se negará a las personas jurídicas privadas la capacidad de recibir liberalidades (donaciones o legados). Solamente las personas morales públicas gozan de este derecho, en virtud de un reconocimiento legal (declaración de utilidad pública); y es así como se forzará la necesidad de obtener un reconocimiento como *établissement d'utilité publique* para toda una serie de personas puramente privadas [25].

Pero, como ha escrito entre nosotros Jordana de Pozas «las necesidades a que había respondido la constitución orgánica de la sociedad anterior a la Revolución tenían realidad, y no podían quedar satisfechas con el nuevo régimen de atomismo individual. Y así, apenas se mitigó algún tanto aquel ferviente optimismo en un ideal que, además, contaba en su favor la corrupción a que habían llegado muchas de las entidades autárquicas de la monarquía absoluta, comenzaron a resurgir con distintos nombres los grupos sociales que se pensó extirpar para siempre. Y así el mismo Gobierno —concluye Jordana— volvió a crear en Francia los colegios de abogados y procuradores; las asociaciones de

---

[24] CASTRO, *Formación y deformación del concepto de persona jurídica,* en «Centenario de La Ley del Notariado», Madrid, 1954, páginas 85-67. Y cuando más tarde se admitan, el recuerdo de los *loca pía* y el temor a las manos muertas —dice CASTRO— hará que el Derecho francés se resista a admitir la figura de la fundación; de modo que los particulares no pueden crear obras de beneficencia con posibilidad de permanencia y existencia independiente, a menos de conseguir la consideración de establecimiento de utilidad pública (página 701). Veremos como es aquí donde se encuentra la raíz de la confusión que después ha padecido con los famosos *établissements publics.* Pues, en efecto, hubo que entender esta categoría a entes como las Cámaras o los Colegios Profesionales a los Sindicatos que claramente no eran *privados,* pero tampoco podían considerarse como formando parte de la Administración del Estado. Cfr. JORDANA, ob. cit., página 315.

[25] Un testimonio entre muchos de lo que aquí se dice puede verse en TISSIER cuando escribe: —ainsi une association religieuse politique ou littéraire ressortit nécessairement au droit public et elle ne peut acquérir la personnalité morale qu'en vertu d'une reconnaissance légale. «Dons et Legs», en *Répertoire Béquet,* tomo XII, páginas 94-95.

riego nunca dejaron de existir; los comerciantes se volvieron a reunir en Cámaras, etc.» [26].

Ahora bien, la situación jurídica había cambiado y la Revolución con su ideología centralizadora y unificadora no había pasado en balde. El resultado de *este cambio fue la calificación de estos entes,* en Francia, como *«établissements publics».* ¿Por qué no se los calificó como *d'utilité publique?* Porque éstos eran entes puramente privados, de tipo fundacional. Después de algunas polémicas se optó por llamarlos *établissements publics,* aún a costa de que con este nombre se designaban, por entonces, dos tipos de entes muy diferentes: unos (los originarios) que eran auténticos servicios estatales; y otros, entes representativos de intereses sociales, ajenos y *exteriores al Estado* (fuera de su organización). Todo ello no fue sino la consecuencia de una posición ideológica: la resistencia —en frase de Jordana— a conceder la personalidad jurídica a las colectividades con fines no exclusivamente lucrativos (esto es, aquéllas que no fuesen sociedades).

4. El significado institucional de los *«établissements publics».* Notas definitorias

Debe destacarse que la función que se atribuye a dichos establecimientos públicos es la gestión de servicios que tienden a la satisfacción de intereses generales por vías que *no suponen de ordinario, ejercicio de autoridad* sobre los ciudadanos. Es ésta una nota que ha quedado medio olvidada con el paso del tiempo, pero que refleja a mi juicio cuál es el significado material de estos entes y de la actividad que se les confía, dentro de la clásica distinción entre actos de autoridad y actos de gestión, en que por entonces, se divide la Administración desde el punto de vista objetivo. La acción de la Administración —escribirá, por ejemplo Aucoc— es a la vez una actividad de mando y de policía, en el sentido amplio de la palabra y una obra de gestión de servicios organizados para satisfacer a las necesidades colectivas». La mayoría de estos servicios tienden a satisfacer intereses generales personificados en el Estado, o intereses locales personificados en las colectividades locales, pero junto a ellos hay intereses especiales, cuyos representantes no ejercen autoridad sobre los ciudadanos, pero contribuyen a la satisfacción de necesidades colectivas que están a su cargo y merecen por ello un puesto en las instituciones administrativas [27]. La atención de estos intereses se encomienda a los establecimientos públicos.

---

[26] JORDANA DE POZAS, L., *Ensayo...,* cit., página 209.

[27] AUCOC, L., *Les établissements,* cit., página 12.

El campo de actuación de éstos se encuentra, por decirlo así, a mitad de camino entre lo que es propio del Estado (policía, orden público, seguridad jurídica, en la concepción liberal del siglo XIX) y la tarea libre y creadora de la sociedad (la economía, el comercio, la industria). Ese campo común de actuación lo constituirán inicialmente —ya lo hemos dicho— los servicios asistenciales: la instrucción pública, la beneficencia y asistencia social, la sanidad y la religión. Pero desde finales de siglo asumirán también como tareas el fomento de la agricultura, el comercio, la minería, la vivienda, etc.

Los establecimientos públicos serán en este primer momento, como he escrito en otra ocasión, el lugar de encuentro de Estado y Sociedad, en un sistema que está presidido, por lo demás, por su enfrentamiento. De ahí que en su composición se encuentre siempre una representación de las fuerzas sociales interesadas en el campo de que se trate, incluso en los de carácter fundacional [28]. De ahí también que constituyan una manifestación excepcional (más numerosa en Francia; muy reducida en España) de la acción administrativa, a lo largo del siglo XIX.

La presencia de elementos sociales, de fuerzas ajenas al Estado-organización, y un principio de orden financiero, aconsejarán dotar de autonomía e independencia a estos entes, *sin identificarlos subjetivamente con la Administración centralizada, depositaria general de la «puissance publique»*. Para ello se les reconocerá personalidad jurídica, lo cual les permite constituir su propio patrimonio, recibir donaciones o legados, adquirir o enajenar, actuar en juicio y asumir sus propias obligaciones. Es ésta —la autonomía e independencia patrimonial y financiera— una nota esencial a la construcción jurídica de estos entes [29]. Por lo mismo, *sólo participan de los privilegios e inmunidades propias de la Administración en la medida en que la ley les haya revestido de ellos,* debiendo tal atribución ser interpretada con un criterio restrictivo, estricto, referido únicamente al fin que se les ha confiado. La autoridad, la *puissance,* pertenece únicamente a la administración general orgánica; estos entes no están revestidos, propiamente hablando, de poder público, pues *«ils ont une existente civil distincte»* [30]. A ellos se

---

[28] AUCOC, L., cit., página 17, «et dans la composition du personnel des ces établissements ou l'on voit tantôt des *members* de droit *institués par la loi,* tantôt des *membres nommés par l'administration* supérieure, tantôt des *membres élus par des électeurs spéciaux»*.

[29] AUCOC, L., *Conférences,* tomo I, página 351: es preciso que tengan un régimen económico-financiero independiente del Estado. Por lo cual —escribe— «les établissements d'instruction, d'assistance et outres, ouverts et entretenus aux frais de l'État, des départements et des comunes, *ne sont pas, en général, des établissements publics dans le sens propre du mot»*. Son significativos los ejemplos, pues es justamente en esos campos (enseñanza, asistencia) donde tales entes eran más frecuentes.

[30] AUCOC, L., *Conférences,* I, página 350.

confía la realización de puros actos de gestión, si bien en algunos casos gozan de ciertos privilegios e imponen determinadas cargas porque en su actividad *«toman parte en la administración pública»* [31]. Queda, pues, claro que su calificación como Administración queda referida fundamentalmente a la naturaleza de su actividad [32].

Creo que el dato es interesante: 1) porque explica la progresiva ampliación del concepto a una serie de entes cuya actividad, como ha quedado dicho, *«rentre dans l'ordre de l'Administration»,* y dado que éste es el criterio para calificar a la Administración, no habrá inconveniente en considerarlos como tal, y por tanto, en calificarlos como *établissement public,* y 2) porque demuestra el equívoco que después se ha producido al pretender considerarlos a todos como Administración pública, desde un punto de vista subjetivo (esto es, como Administración-sujeto) argumentando que todo *establecimiento público* era, en principio, Administración, sin caer en la cuenta de que eso puede ser verdad desde el punto de vista de su actividad (si ellos no la hicieran —decía Aucoc— deberá hacerlo el Estado o los entes locales), pero no desde el punto de vista de su condición en cuanto sujetos.

En resumen: el concepto unitario de *établissement public* clásico (dejamos ahora a un lado los industriales y comerciales que surgirán más tarde), que es el que se recibe en España para calificar a las Cámaras de Comercio, se inserta en un concepto de Administración como actividad, y así hay que entender el Decreto de 1901 y el Reglamento de 1929 que califican a éstas como tal. Pero cuando cambiando el sistema conceptual se pretenda calificar a las Cámaras como Administración-sujeto, se dará un paso en falso y se llegará a la conclusión aberrante de equipararlas al Consejo Nacional de Educación, a las Juntas de Obras de Puertos e incluso, si se me apura, al Consejo de Estado [33]. Equiparación que ya había sido negada en la famosa decisión del Tribunal de Conflictos francés que ha quedado reseñada más arriba (Asociación del Canal de Gignac), en la que se decía precisamente: *«le Conseil d'État n'a pas affirmé que des associations faissent partie intégrante de l'Administration».*

Justamente por ello, seguirán dibujándose dentro de esta categoría de *les établissements publics* muchas singularidades (todas las que derivan de la distinta

---

31 AUCOC, L., *Conférences,* I, *ibidem.*

32 Lo cual no quiere decir que muchos de ellos no fuesen también Administración-sujeto. Lo eran la mayoría, pues, como se ha visto en un primer momento, eran puras organizaciones del Estado con personalidad civil distinta. Pero al aplicarse el concepto a realidades asociativas y corporativas, la base común de calificación no será ya la organizativa (encuadramiento orgánico), sino la actividad.

33 *Vid.* ARIÑO ORTIZ, G., *Naturaleza de las Cámaras de Comercio…,* cit., páginas 18 y siguientes.

condición de los sujetos que la ostentan), y por ello no les será fácil a los autores detallar demasiadas reglas o notas comunes aplicables a todos los casos. Se les unificará más por lo que no son, que por lo que son. Tanto respecto a su vinculación orgánica (o a las uniones personales) como respecto a la vinculación financiera al Tesoro, o a su composición y libertad de actuación, hay muchos matices diferenciales. Pero a pesar de ello, por las razones apuntadas, todos estos entes serán calificados unitariamente como *établissements publics.*

Para concluir esta parte de la exposición, y aún a riesgo de que queden ocultas muchas diferencias legales entre ellos, quizá pueden destacarse como notas definitorias de la figura después de la evolución que ha quedado descrita (y antes de su segunda ampliación a los establecimientos intervencionistas económicos), las siguientes [34]:

1) Personalidad jurídico-pública y patrimonio propio distinto del Estado [35].

2) Su carácter finalista y no territorial [36].

---

[34] Dejamos a un lado en esta exposición los establecimientos públicos económicos que han sido motivo de nueva confusión conceptual en la doctrina francesa, porque no es necesario considerar ahora este aspecto de la cuestión.

[35] Nos hemos referido varias veces en lo que va de exposición al tema de la personalidad de estos entes, y hemos procurado hasta ahora huir de una adjetivación (pública o privada) definitiva. Hemos visto cómo AUCOC afirma de ellas que tienen *une existente civil distincte.* Sin embargo, aquí afirmamos claramente su naturaleza pública, que es la calificación que ha recibido después unánimemente por la doctrina (por todos, RIVERO, J., *Droit administratif,* 4.ª ed., París, 1970, páginas 417 y siguientes, especialmente 423-424; y VEDEL, *Droit,* páginas 637-738). Ahora bien, resulta también extraordinariamente revelador, y con muchas consecuencias en las que no podemos entrar ahora, esa inicial calificación de *personalidad civil privada,* en la que se refleja toda una concepción inicial sobre estos entes, que responde a un planteamiento más general sobre la personificación en Derecho público y el principio de unidad de la soberanía propio de la Revolución. De ahí que esta personalidad jurídica fuese calificada en un primer momento con vacilaciones. Y hemos dicho que cuando se formula la distinción entre establecimientos públicos y establecimientos de utilidad pública ésta será justamente una nota esencial de diferenciación. Sin embargo, conviene aclarar que esa declaración de personalidad pública era algo como superpuesto a una previa y básica personalidad general (también civil) que nunca desapareció y que les habilitaba para una amplia gama de actividades comerciales, gestoras, etc., en que la *potestas* del Estado no aparecía. De ahí que se explique su agilidad y posterior adaptabilidad a otras muchas tareas de servicio público e incluso no industriales y comerciales que después recibieron. Esa nota de su personalidad *cuasi privada* ha estado siempre latente detrás de la figura del *établissement public.*

[36] También en un primer momento se calificarán como tales las Comunas y los Departamentos, pero esta confusión será fácil y prontamente eliminada por la especialidad de los fines que caracteriza a los establecimientos públicos: curiosamente la confusión llegaría a SÁNCHEZ ROMÁN, como ha señalado NIETO, *El valor...,* cit., página 1060 y GARCÍA TREVIJANO, *Tratado,* III, páginas 309-310.

3) *La creación por ley* [37] y la atribución por ésta de competencia exclusiva sobre el servicio y de una cierta dosis de *imperium* (una lista tasada de facultades y privilegios).

4) *La independencia (mayor o menor)* de su actuación respecto de la Administración central, en lo que pudiéramos llamar actos de ordinaria administración; la amplitud de ésta varía según las tendencias (más o menos centralizadoras o liberales) de la política, y sobre todo, *según la condición de los sujetos* (mayor autonomía los que tienen base corporativa, menos los entes fundacionales orgánicamente vinculados al Estado o a alguna Administración local).

5) El carácter de *ente integrador* de fuerzas sociales para la realización de determinadas finalidades que requieren una competencia técnica y una dedicación especial: sus órganos de gobierno están compuestos de ordinario por representantes de la Administración y *de la sociedad.* Esta representación social es de distinto grado: en los entes corporativos es una representación natural; en los fundacionales será una representación buscada y nunca verdaderamente conseguida.

6) La existencia de una relación de tutela con el Estado, tanto más intensa cuanto mayor sea la dependencia financiera de éste, y que en todo caso alcanza a los actos graves de disposición sobre sus bienes (enajenación, hipotecas y cargas reales, empréstitos) y a la aprobación de su presupuesto [38].

Queda con ello perfilada la figura del *établissement public* tal como se la encuentra el legislador español cuando dicta el Real Decreto de 21 de junio de 1901 [39], en que por primera vez se declara que las Cámaras «gozarán de la condición de establecimientos públicos». Ahora bien, ¿qué significado tenía esta expresión en nuestro ordenamiento?

5. La categoría de los «establecimientos públicos» en el ordenamiento jurídico español. Virtualidad actual

Ha recordado Nieto el nacimiento y progresiva aparición del concepto de establecimiento público en las leyes de desvinculación de bienes (1820) en las

---

[37] Batbié, *Traité,* tomo V, páginas 2 y 3: «elles son crées soit directement par la loi soit par la Administration procédant en vertu d'une délégation législative». Lo normal era autorizar su creación por ley (la ley reguladora de los servicios públicos de que se tratase) y proceder a ésta en cada caso, por «un décret du chef de l'État»: cfr. Aucoc, L., *Conférences,* tomo I, página 353.

[38] Aucoc, L., *Conférences,* tomo I, página 362.

[39] El decreto aparece refrendado por el Ministro de Agricultura, Industria, Comercio y Obras Públicas, don Miguel Villanueva y Gómez. He consultado el texto recogido en la *Enciclopedia Jurídica Española,* Barcelona, s. f., tomo IV, páginas 814 y siguientes.

ordenanzas generales de montes (1833) y, sobre todo, en la Ley de Beneficencia de 20 de junio de 1849, y en las leyes de Instrucción de 17 de septiembre de 1845 y 9 de septiembre de 1857 [40]. De estas primeras disposiciones, y de algunas posteriores (instrucción de Beneficencia de 1875, Reglamento de Montes de 1865, Código Civil de 1888) deduce un primer concepto de establecimiento público, como organización de carácter permanente, *que desarrolla una actividad estatal* (no particular) en régimen de dependencia del Gobierno; o más sencillamente, como corporación pública dependiente del Gobierno para la realización de fines especiales, singularmente de beneficencia, enseñanza y sanidad [41].

Este es el concepto —mucho más estricto y mucho más *estatalizado* que en Francia— que nuestra legislación ofrece, con anterioridad a 1901. Hasta esta fecha, no se *comprendieron nunca como tales los entes representativos de intereses.* Con este sentido restringido —organizaciones personificadas o no, dependientes del Estado, provincia o municipio, que realizan funciones asistenciales— [42], el concepto no tenía la riqueza ni la variedad de contenido que tuvo en el país vecino. No es de extrañar por ello que nuestra primera doctrina administrativa no prestase apenas atención al tema aunque no desconocía sus posibilidades de ampliación [43] y que la doctrina civil, que se ocupa de él con ocasión de los comentarios al Código Civil, no acertase en absoluto, desde una perspectiva que no es la suya, a perfilar un concepto adecuado [44].

Y es que estos entes, tal como hemos visto que se configuran en Francia (lugar de encuentro de Estado y Sociedad, integración en la Administración de fuerzas sociales, carácter autónomo, gestor y cuasi empresarial en unos ca-

---

[40] NIETO, A., *Valor actual...*, cit., páginas 1054-1056. Antes se había referido a ellas GARCÍA TREVIJANO, J. A., *Tratado,* tomo III, páginas 313-317.

[41] NIETO, A., *Valor actual...*, cit., página 1057.

[42] La personificación de los establecimientos públicos aparece por ejemplo, clara en el artículo 33 del proyecto de Código Civil de GARCÍA GOYENA. También aparece en él referido dicho concepto a puras actividades asistenciales (artículo 608 «establecimientos de hospitalidad, beneficencia e instrucción pública»).

[43] POSADA HERRERA, por ejemplo refiriéndose a esta esfera de actuación por la vía de entes fundacionales o corporativos, escribió: «El tercer organismo de la Administración que da más libre ensanche a la acción individual por medio de las asociaciones (los que en Francia constituían los "intérêts spéciaux") no existe verdaderamente en España. *Solamente* en el orden religioso, y por consecuencia, *en los objetos de beneficencia o de caridad nos ofrece algunos que demuestran lo que podía ser aplicado a otros ramos del servicio público»;* voz «Administración», en el *Diccionario general de política y Administración,* de SUÁREZ, página 94. También ha destacado NIETO, A., en *Valor...*, cit., página 1057, esta falta de atención de la doctrina a estos entes.

[44] GARCÍA TREVIJANO, J. A., *Tratado,* tomo II, páginas 309-311, refiere algunas opiniones verdaderamente peregrinas, de ilustres civilistas (MANRESA, MUCIUS SCAEVOLA, SÁNCHEZ ROMÁN).

sos, corporativo en otros —Cámaras y Sindicatos—, etc.) nunca se dieron en España a lo largo del siglo XIX. Nuestros establecimientos públicos fueron *puras dependencias gubernativas, que desarrollan actividad estatal,* en un régimen organizativo y financiero más o menos integrado en el Estado (más bien más, que menos) y sin que detrás de ellas haya casi nunca intereses profesionales o sociales. Este tipo de Administración —escribía Posada— refiriéndose a la corporativa no existe apenas en España. Y es que, como se ha dicho alguna vez, apenas si existió Estado, ni sociedad. La situación cambiará algo con el siglo.

En efecto, a partir de 1901, el concepto de establecimiento público sufrirá en nuestra patria, como había ocurrido treinta años antes en Francia, un proceso de dilatación, incluyéndose dentro de él entidades u organizaciones representativas de intereses sociales y, en concreto como hemos dicho, las Cámaras de Comercio. Ahora bien, en mi opinión, es éste un concepto que nunca tuvo entre nosotros el arraigo y carta de naturaleza que tuvo en Francia. La calificación de las Cámaras de Comercio, Industria y Navegación como establecimientos públicos fue una clara importación francesa, como puso de manifiesto Boquera y ha recordado Nieto [45]. Calificación que, como ya escribí [46], no tenía entre nosotros mucho sentido, puesto que, a diferencia de Francia donde una larga tradición ideológica y administrativa imponía esa solución y para ella se había perfilado jurisprudencialmente un régimen jurídico propio de estos entes, en España tal tradición y tal régimen jurídico era inexistente [47]. Más aún: los hasta entonces calificados como tales, eran algo totalmente diferente [48]. Esta ampliación ha sido fuente de confusionismo en la calificación de estos entes públicos, situación que ha llegado a nuestros días [49].

---

45 BOQUERA OLIVER, J. M., *Recurso contra decisiones de entidades autárquicas institucionales,* RAP, n.º 18 (1955), página 143, cit. por NIETO, A., *El valor...,* cit., página 1059.

46 *Naturaleza de las Cámaras de Comercio. Notas a una polémica, Documentación Administrativa,* n.º 135, página 3.

47 La calificación no suponía en Francia —como hemos dicho— un régimen jurídico homogéneo, pero en España ni siquiera régimen jurídico alguno, por lo que la importación de la categoría en 1901 aplicada a las Cámaras de Comercio supone una auténtica calificación en el vacío.

48 Ya hemos aludido a las polémicas que en Francia originó esta ampliación, que venía un poco forzada por una larga tradición revolucionaria de recelo y desconfianza hacia los «cuerpos intermedios» (la calificación de *établissements publics* permitía someterlos a un control más estrecho, acorde con la rígida centralización administrativa instaurada y por la reserva de la calificación de *établissements d'utilité public* a entes puramente privados, cosa que evidentemente no eran (fundaciones privadas, pues era el único modo de constituirlas: cfr. CASTRO, ob. cit., página 70). Ahora bien, ninguno de estos condicionamientos sociopolíticos se daba en España, donde «la centralización —escribe JORDANA, *Ensayo...,* cit., página 210— no fue tan intensa, y así quedaron a salvo principios importantísimos como la capacidad de adquirir y poseer de las personas sociales y según más adelante tendremos ocasión de comprobar, muchas de las entida-

(Nota 49 en pág. sig.)

En resumen, esta ampliación del concepto de establecimiento público, producida sobre todo en la doctrina francesa del servicio público [50] sembró la

---

des que existían siguieron viviendo *quizá ignoradas por el Derecho, pero no en oposición con él»*. Nuestras leyes de la primera mitad del XIX no las prohibirá, sino que se limitarán a regular sus adquisiciones «para que el celo y la piedad —escribe GARCÍA GOYENA en relación con la ley de septiembre de 1820— no traspasen los justos límites» (*Concordancias, motivos y comentarios del Código civil español,* artículo 608).

En efecto, durante toda la primera mitad del siglo XIX fueron perfectamente *reconocidos como personas jurídicas distintas a los «establecimientos» (estatales) las asociaciones gremiales, las fundaciones benéficas privadas y las corporaciones económicas o profesionales* (así, en el proyecto de GARCÍA GOYENA de 1851, artículos 22 y 608 («los cuerpos y asociaciones que se comprenden bajo la denominación de manos muertas»), quedando solamente sometidas a la inspección del Gobierno (artículo 17 de la ley de 28 de enero de 1848). Los principios de 1868 no harán sino insistir en esta misma línea (cfr. CASTRO, *Formación...,* cit., página 75). Y esta misma diferencia entre corporaciones y *establecimientos públicos* se recogerá en el Código Civil en los artículos 35, 748 y 994, aún cuando unas y otras se consideren, naturalmente *personas públicas,* distintas a las de *interés público* (que no prejuzgan tal publicidad): en efecto, como ha escrito GARCÍA TREVIJANO: «El Código Civil habla de los establecimientos públicos en los artículos 748 y 994 en un sentido restringido, entendiendo por tales aquellas personas jurídico-públicas de tipo fundacional y caracterizadas por la reunión de un conjunto de elementos materiales y personales destinados a fines benéficos y culturales fundamentalmente, que eran los únicos existentes en el momento de la promulgación de dicho Cuerpo legal, no pudiendo por tanto, ampliarse dichos preceptos a las demás entidades a base corporativa», GARCÍA TREVIJANO, J. A., *Tratado...,* cit., tomo II, página 317. Concluyendo: no teníamos por qué haber sufrido la confusión que tal calificación unitaria encerraba (era meter en un mismo cajón *seres* muy diferentes). Pero puestos a importar, importamos también las confusiones.

[49] En efecto, ha sido quizá éste uno de los factores que contribuyó a la asimilación, en la doctrina de la primera mitad de este siglo, de dos realidades totalmente diferentes (la Administración institucional y la Corporativa) dentro de la genérica denominación de Corporaciones de Servicios». (Así GASCÓN Y MARÍN, GARCÍA OVIEDO, PÉREZ BOTIJA, LÓPEZ RODÓ) o de «Administraciones autonómicas», o de «Administración Institucional» (en un sentido amplio). Evidentemente que se señalaban diferencias entre una y otra, pero el planteamiento dogmático, conceptual (la pretendida creación de un *genus comune*) era equivocado y debía dar lugar —como de hecho dio— a no pocas confusiones. Quizá el único que acertó a huir de este planteamiento fue JORDANA. Más tarde, en 1950, GARRIDO lo denunció claramente, si bien no estamos todavía libres del todo de esta visión erróneamente unitaria, como podría demostrarse con algunos ejemplos que no son del caso. Es preciso decir sin embargo, en defensa de nuestros primeros formuladores de las *cossi detti* administraciones autonómicas que en los primeros momentos los servicios descentralizados y las entidades representativas de intereses están mucho más próximas de lo que hoy se nos aparecen. Pues, en efecto, unos y otros aspiran a ser lugar de encuentro entre Estado y sociedad. Nuestros primeros organismos autónomos presentaban un sentido distinto a los actuales, que poco a poco irán perdiendo, esto es, se irán estatalizando. Ahora bien, no obstante esa semejanza, más aparente que real y poco duradera, su origen, sentido y naturaleza eran muy diferentes.

[50] NIETO, A., *El valor,* cit., página 1061: «se concibe el establecimiento público como un modo de gestionar un servicio público, no a través de la Administración directa del Estado, sino por medio de una persona jurídica distinta. El establecimiento público es, en definitiva, un servicio público personificado».

confusión también entre la doctrina española, que trató de extender el concepto a otros dos grupos de entes (además de los originariamente cubiertos por él):

1) *A entes de base asociativa* para la gestión y defensa de intereses de grupos. A los que se da un reconocimiento público y se les inviste de potestad, a ciertos efectos: cámaras, colegios, etc.

2) *A ciertas empresas creadas «ad hoc»* para la gestión de determinados servicios públicos de naturaleza fiscal, industrial o comercial: algunos monopolios fiscales, líneas férreas estatales, establecimientos nacionales de gas o electricidad, etc.

Con lo cual, en definitiva, venía a abarcar tal concepto —aquí, como en Francia— a todas las entidades o personas jurídico-públicas no territoriales, distintas de la Administración Central del Estado [51].

Es conocida la crisis posterior del concepto y el esfuerzo posterior de la doctrina, tanto en Francia como en España por su depuración y su escisión en tres subtipos: el establecimiento público clásico, el establecimiento público corporativo y el establecimiento público intervencionista. Aunque la verdad es que el problema es más suyo que nuestro, pues nuestro ordenamiento, aunque no libre de equívocos en torno a este concepto, ha prescindido de él en las modernas formulaciones de entes públicos y se ha referido más bien a organismos autónomos, servicios administrativos, corporaciones e instituciones públicas, corporaciones de derecho público (denominación impropiamente empleada en algunos supuestos), empresas nacionales (sociedades anónimas de participación mayoritaria estatal, salvo ley especial), etc., huyendo, con acertada visión, de cerrados dogmatismos, mucho más cuando éstos están en quiebra en sus propios países de origen [52].

Pero en fin, por debajo de convencionalismos terminológicos, es lo cierto que la fenomenología de los entes públicos es común a todos los Estados modernos e idénticos los problemas de su calificación, aun salvadas las diferencias terminológicas. Y que, por otra parte, tal calificación de establecimiento público sigue presente en nuestro ordenamiento, referida a realidades muy dife-

---

[51] Cfr. TREVIJANO, *Tratado,* tomo II, páginas 307-308; VILLAR PALASÍ, J. L., *Apuntes de Derecho administrativo,* Facultad de Derecho, Madrid, 1965-1966, tomo I, páginas 115-116.

[52] Nuestro legislador fue, en efecto eliminando esta expresión de algunas leyes que la recogían: así la Ley de Montes de 24 de mayo de 1863, que la recogía en su artículo 1.º (hoy habla de «Entidades públicas» junto al Estado y los entes locales; y en el artículo 9.º del Reglamento habla de Corporaciones o Entidades de Derecho Público en sustitución de aquella denominación).

rentes [53]. Fundamentalmente, son los artículos 746, 748, 903 y 904 CC, el artículo 489 del Código penal, una serie de disposiciones de carácter sectorial, referidas a los clásicos campos de beneficencia, sanidad y cultura [54], y, sobre todo, el que más confusión ha provocado ha sido sin duda el Reglamento General de las Cámaras de Comercio que las califica con tal denominación.

Pues bien, ¿cómo entender hoy la calificación de *establecimiento público* a la vista de nuestro ordenamiento? La doctrina más reciente entre nosotros propugna la reducción de tal calificación a aquellos entes u organismos concretos (dependientes del Estado, provincia o municipio) que realizan funciones de carácter asistencial o cultural (beneficencia, sanidad, enseñanza), ámbitos que fueron sus primeros campos de aplicación y del que nunca debieron salir [55]. Tal es el sentido que la calificación tiene en el Código Civil y en toda la legislación sectorial que lo emplea, como ha demostrado García Trevijano. En definitiva, se trata siempre de entes personificados integrados en la Administración del Estado, provincia o municipio.

En cuanto a su diferencia de naturaleza en relación con los organismos autónomos, se ha dicho que en aquéllos son más fácilmente identificables unos intereses propios y peculiares distintos de los del Estado, lo cual apoya la atribución a los mismos de personalidad (ya que existe un verdadero *sustratum* que lo justifica). Esta afirmación es discutible [56]. Más bien se trata de una mera

---

[53] En nuestra legislación —escribe VILLAR— «el término establecimiento público se presta a equívocos, toda vez que se admite el vocablo con sentidos totalmente diferentes: así, en los artículos 748, 903 y 904 de Código Civil, parece referirse a organismos paraestatales: el Reglamento de 5 de julio de 1933 lo relaciona con escuelas nocturnas, cinematógrafos, teatros, salas de baile, cafés, hoteles, etc.». En el mismo sentido parece producirse el Código Penal (artículos 246, 492 y 579) y la jurisprudencia emplea también el término con sinónimo de establecimiento de beneficencia (artículo 489). La confusión alcanza incluso a la doctrina (Federico BAUDÍN, ver *Establecimiento público,* en la «Enciclopedia Jurídica Seix», tomo XIV, página 945): VILLAR PALASÍ, J. L., *La actividad industrial del Estado en el Derecho administrativo,* RAP, n.º 3, página 72, por nota.

[54] Cfr. GARCÍA TREVIJANO, *Tratado,* tomo II, páginas 313-317.

[55] GARCÍA TREVIJANO, J. A., *Tratado,* tomo II, página 308: «hoy es preciso restringir nuevamente el concepto reduciéndolo al primitivo». GARRIDO FALLA, por su parte ha delimitado el concepto respecto al de descentralización funcional, señalando que «aquí no se concede la autonomía jurídica a un servicio estatal considerando en toda su amplitud: solamente se personifica un establecimiento que sirve a la realización de ese servicio». La función estatal benéfico-asistencia continúa estando centralizada. Aunque naturalmente nada se opone a que «una vez la función descentralizada actúe a su vez como fundadora de establecimientos públicos», en *Administración indirecta del Estado y descentralización funcional,* Madrid, 1950, página 135.

[56] GARRIDO la recoge siguiendo a MICHOUD (página 135) pero no es este un caso en el que la traslación o importación de calificaciones jurídicas no es correcta, ya que efectivamente en Francia puede ser defendible a la vista de algunos supuestos (como hemos visto). Ahora bien, en España tales entidades no han estado nunca incluidas dentro de la tipología de los es-

diferencia de campos de aplicación, muy determinados para los establecimientos públicos, e indefinido para los organismos autónomos. Pero, como señala Garrido Falla, después de la vieja Ley de Entidades Estatales Autónomas (LEA), «los establecimientos deben ser clasificados en el grupo legal de los organismos autónomos» [57], pues su naturaleza y régimen jurídico de base es, aparte de singularidades estatutarias, perfectamente identificable.

Respecto a los llamados por la doctrina establecimientos públicos intervencionistas o establecimientos públicos de carácter industrial [58], creo que la expresión debe evitarse, justamente por la carga histórica que arrastra, que es siempre causa de confusión. Es además innecesario, pues una de dos: o estos entes, que formalmente caen en el ámbito de la LEA, se ajustan al régimen jurídico-administrativo general en ésta contenido, sin que se entorpezca con ello su adecuado funcionamiento, o, si ello se quiere evitar, lo que hay que hacer es excluirlos del ámbito de aplicación de ésta, como se ha hecho con otros muchos, dictando para ellos su propio estatuto legal, y englobándolos bajo la denominación tradicional de ente público económico o de empresa nacional.

Aclarado y reducido a sus justos límites, la virtualidad calificadora que en nuestro derecho tiene el concepto de establecimiento público es bien escasa. Y quizá fuera lo mejor prescindir de él en el futuro.

---

tablecimientos públicos (salvo, el caso de las Cámaras de Comercio): cfr. GARCÍA TREVIJANO, J. A., *Tratado...*, cit., páginas 313-317: (no puede ampliarse tal calificación en España a entidades de tipo corporativo).

[57] GARRIDO FALLA, F., *Descentralización administrativa,* cit., página 127.

[58] En Francia DRAGO Y RIVERO, J., *Droit,* página 429; en España VILLAR, *La actividad...;* GARRIDO, página 127.

LECCIÓN 10.ª

ADMINISTRACIÓN, DERECHO ADMINISTRATIVO Y SOCIEDADES DE ESTADO *

SUMARIO: 1. EL ESTADO Y «SUS» PERSONAS JURÍDICAS.—2. ADMINISTRACIÓN Y EXPLOTACIONES PÚBLICAS ECONÓMICAS: a) *Organizaciones sin personalidad: patrimonios autónomos.* b) *Entes públicos económicos.* c) *Personificación bajo «formas» jurídico-privadas.*—3. SOBRE EL CONCEPTO Y EL TÉRMINO DE «EMPRESAS PÚBLICAS».—4. SOCIEDADES DE ESTADO: PLANTEAMIENTO DE SU NATURALEZA COMO SUJETO DE DERECHO Y BASES DE SU RÉGIMEN JURÍDICO.—5. ADMINISTRACIÓN, ACTIVIDADES ECONÓMICAS Y SOCIEDADES DE ESTADO: a) *Las sociedades están excluidas del concepto de Administración.* b) *Presencia y ausencia del Derecho público.*—6. MODULACIONES AL RÉGIMEN COMÚN DE LAS SOCIEDADES.: a) *De Derecho administrativo.* b) *De Derecho privado: el* ius privatum singulare. c) *Encuadramiento «patrimonial»: ausencia de privilegios.*—7. AVANCE DE CONCLUSIONES.—8. ALGUNAS CONSECUENCIAS DE LA CALIFICACIÓN JURÍDICA DE LAS SOCIEDADES, EN LA JURISPRUDENCIA DEL TRIBUNAL SUPREMO.

1. El Estado y «sus» personas jurídicas

El cambio de sentido de la acción del Estado que se inicia a comienzos del siglo XX y que alcanza su desarrollo a partir de la primera posguerra (intervencionismo normativo en el mundo económico, quiebra de la autonomía de voluntad contractual, limitaciones a la libre competencia del mercado, gestión económica del Estado, planificación y conformación de la vida social, etc.), necesitaba de unos instrumentos jurídicos que le permitieran actuar y moverse sin las rigideces de la ordinaria máquina administrativa y el régimen de Derecho público.

Uno de esos instrumentos, dotado de un indudable «poder taumatúrgico» [1], era el reconocimiento de personalidad jurídica a algunas organizaciones o centros administrativos creados para el cumplimiento de estas finalidades. Ello no podía ocasionar ningún escrúpulo a los juristas pues por entonces el concepto de persona jurídica ya se había vaciado de los elementos tradicionales que habían presidido los *corpora* y *universitates* medievales (fin supraindividual y pluralidad de miembros) y admite, en su vacío formalismo, cualquier contenido. Es persona jurídica lo que diga el Diario Oficial o lo que conste en

* Lección dictada en la Facultad de Derecho de la Universidad Complutense, Madrid, octubre 1976.

[1] La expresión es de GITRAMA, en el Prólogo a la obra de RUBINO, *Las asociaciones no reconocidas,* cit., por CASTRO en *Formaciones y deformaciones del concepto de persona jurídica,* en «Estudios Jurídicos del Centenario de la Ley del Notariado», Madrid, 1964, página 120.

un Registro. La única nota en que la doctrina siempre insistió fue la independencia del patrimonio y la limitación de responsabilidad. En esta configuración de una persona jurídica influyeron decisivamente la sociedad por acciones y las fundaciones [2].

La masiva creación de «personalidades» en el Estado que a partir de entonces tiene lugar no hará sino confirmar esta concepción formal de las personas jurídicas [3], aunque ello no sin cierta contradicción, pues justamente un gran grupo de personalidades públicas se caracterizará —como he puesto de manifiesto en otra ocasión— por su completa comunicabilidad de patrimonios con el Estado [4]. En efecto, éste utilizará el instrumento de «sus» personalidades por una doble vía:

1) La vía de la *personalidad pública:* organismos autónomos y otros entes fundacionales singulares de Derecho público, reconducibles estructural, funcional y patrimonialmente a la unidad del Estado y sometidas al Derecho público (al menos en su organización; su actividad se declara en ocasiones sujeta al Derecho privado).

2) La vía de las *personas jurídico-privadas:* sociedades de Estado, bien como sociedades de un solo socio, bien participando en ellas junto con capital y socios privados, no reconducibles estructural ni patrimonialmente al Estado, y sometidas plenamente, tanto en su organización como en su actividad, al Derecho privado (salvo expresa derogación) [5].

---

2 CASTRO, ob. cit., páginas 98-206. Me he referido a este proceso de personificación de entes en el seno del Estado en un trabajo anterior: *Administración institucional: origen y personalidad,* RAP, n.º 63, páginas 97 y siguientes y 109 y siguientes. *Vid.* sobre el tema la Lección 6.ª de este libro.

3 Cfr. CASTRO, ob. cit., página 112.

4 ARIÑO ORTIZ, G., *La administración institucional...,* cit., páginas 120 y siguientes, y más ampliamente, con algunas consecuencias jurídicas derivadas de este hecho, en *Sobre la personalidad jurídica en el Derecho público,* ENAP, 1971, 101 páginas. *Vid.* Lección 6.ª de este volumen.

5 Cuando se dice que no son encuadrables «orgánicamente» en el Estado, se alude a que no cabe situarlo en una relación jurídico-pública de tipo orgánico o institucional, lo cual no quiere decir que no sean referibles en último término, patrimonial y financieramente, a éste. Pero esa referibilidad no es tanto una relación orgánica de poder público (jerarquía, tutela, supremacía, etc.), sino más sencillamente una relación de propiedad. Hay, sin embargo, algunos aspectos, que veremos mas adelante, en los que existen relaciones de Derecho público. Por lo demás, hay que decir que, en principio, el Estado no responde ilimitadamente por ellas. Su régimen jurídico es de Derecho privado (civil o mercantil), si bien se trata en ocasiones de un Derecho privado singular, que ha sido calificado como «Derecho privado administrativo» (AUBY, VILLAR PALASÍ), calificación que puede parecer contradictoria, pero que no lo es si se entiende como el Derecho privado (no público, privilegiado, ni exorbitante) únicamente aplicable a los sujetos de la Administración pública. Volveremos más adelante sobre estos puntos. *Vid.,* en este mismo sentido, GARRIDO FALLA, F., *Tratado...,* tomo II, páginas 355-356.

Estas dos vías de personificación jurídica tendrán, así, un sentido profundamente diferente. La segunda dará lugar a auténticas «personalidades», con independencia patrimonial y limitación de responsabilidad. No así las primeras, que serán meros centros estatales con autonomía de gestión. Es ésta, a mi juicio, una diferencia esencial entre ambos tipos de entes [6].

No hace mucho que García Trevijano hablaba de la necesaria concepción unitaria del sector público y de la necesidad de superación de la «forma» (esto es, de la personalidad jurídica), no ya referida a entes fundacionales del Estado, sino incluso a las sociedades del Estado: «no se trata —dice— de una superación genérica y absoluta, sino que... puede pensarse en la superación de una forma jurídica a efectos públicos, por ejemplo, a efectos tributarios, y no a efectos privados; en otras ocasiones puede superarse la forma jurídica *a efectos de deudas, pero no a efectos de créditos»;* y más adelante nos hablará de que, «aún teniendo personalidad jurídica en el momento de su actuación, la pierden y ésta se supera en el momento de su imputación». Por lo que parece propugnar, a efectos de responsabilidad, quiebras, etc., la *unidad de imputación* [7].

Ahora bien, conviene advertir el distinto sentido que tiene el fenómeno en uno y otro caso. La superación de la personalidad en el caso de las sociedades de Estado se inserta, aunque ciertamente con especial significación, en un movimiento general (también en Derecho privado, y en todos los países) de destrucción de la apariencia, de persecución del «empresario oculto» y de prohibición del uso *vicioso* de las formas jurídicas (manejo doloso, en perjuicio de los socios o de terceros, fraude de Ley, etc.); en cambio, la «penetración» y comunicabilidad del Estado con «sus personas públicas» es lo *normal,* no sólo en el uso patológico de éstas, sino también en el uso de buena fe. ¿Es trasladable esta habitual superación de las formas al supuesto del Estado y «sus personas privadas»? Éste es el problema. Mi opinión —quede ahora solamente apuntada— es que los planteamientos no son trasladables sin más, ni siquiera a efectos de responsabilidad. Lo será sólo en la medida en que lo exija, en cada caso, la protección de la confianza y buena fe de terceros (como ocurre también, cada día más, en el sector privado), pero sólo en determinados supuestos y no con el carácter general con que esta comunicabilidad se produce en el caso de los entes públicos del Estado.

---

6 La distinción, sin embargo, se complica, cuando se producen casos de superposición piramidal de uno y otro tipo de personalidades. Tal es el caso del INI, organismo autónomo, que integra un *holding* de empresas de él dependientes.

7 GARCÍA TREVIJANO, J. A., *Concepción unitaria del sector público,* en el volumen colectivo «La Empresa Pública», Studia Albornotiana, 1970, páginas 63 y siguientes.

Por lo demás, en ningún caso es pensable, a mi juicio, que los bienes aportados por el Estado a la sociedad pretendan conservar los privilegios e inmunidades propios del primero respecto a sus bienes. La titularidad de los mismos quedará referida exclusivamente a la sociedad, y como tal sujeto privado, no gozará de privilegios públicos (a diferencia, claramente, de los entes públicos estatales). En cambio, entiendo que, a diferencia también de estos últimos, las sociedades de Estado gozaran del beneficio de la responsabilidad limitada, salvo supuestos excepcionales. Ésta es una de sus notas características esenciales. Más aún: es uno de los objetivos que el Estado o el Municipio pretenden conseguir cuando adoptan para sus actividades industriales o mercantiles la forma societaria, lo cual es perfectamente lícito [8].

Me propongo en esta lección de hoy abordar el estudio de algunos problemas de estas entidades que llevan a cabo, bajo formas privadas, la actividad industrial y comercial del Estado. Y para comenzar veamos brevemente cómo se ha desarrollado históricamente este proceso y sus consecuencias de régimen jurídico.

2. Administración y explotaciones públicas económicas

a) *Organizaciones sin personalidad: patrimonios autónomos*

Inicialmente los entes o explotaciones económicas del Estado son excepcionales [9]. Desde finales del siglo XIX y primeros años del XX, éstas irán apareciendo, y se les caracteriza con trazos definidos y precisos de Derecho público, distintos a las sociedades o empresas de Derecho privado. En efecto, dichos entes —más que entes, organizaciones, pues no están de ordinario personificados— constituían patrimonios organizados dotados de autonomía de gestión y presupuesto propio, pero constituían orgánicamente un centro o unidad más de la organización de Estado; por tanto, gozaban de algunos poderes y privilegios, pero también se encontraban sujetos a las limitaciones y sujeciones propias del Derecho público, fundamentalmente el régimen presupuestario, la indisponibilidad sobre el patrimonio y sus frutos (con la necesidad de consiguientes autorizaciones para enajenar) y la situación del personal en una rela-

[8] No sólo eso, sino que en algunos casos (cfr. VOGEL, K., *Las empresas públicas en la República Federal Alemana,* en «Studia», cit., página 761) la participación en sociedades de responsabilidad ilimitada —sociedad civil, colectiva— está prohibida.

[9] Un buen resumen de la historia anterior al XIX en MEDEL, B., *Notas históricas sobre la empresa pública en España,* en vol. col. «La empresa pública». Y más ampliamente, con gran interés, PÉREZ MORENO, A., *La forma jurídica de las Empresa públicas,* IGO, Sevilla, páginas 13 y siguientes.

ción de empleo público (prohibición de sindicarse, ilicitud de las huelgas, etc.) [10]. Un ejemplo clásico en nuestra patria de estos entes puede ser, ya desde el XIX, la administración de las minas de Almadén, cuya historia legislativa —que no puedo detallar ahora— es altamente expresiva de la evolución: presupuestos, autorizaciones de venta, leyes de garantía sobre los productos, arrendamiento de explotación por ley, etc., etc. [11]. «La doctrina mía autorizada —escribe Giannini—, en el período de tiempo que media entre el antepenúltimo decenio del siglo pasado (XIX) y el primer decenio del presente (XX), estimaba que la actividad económica pública, por su naturaleza y en su caso casi por necesidad, tendía a desarrollarse según formas jurídicas de derecho público» [12]. Esta concepción respondía a una tendencia general a «publificar» de alguna manera todas las acciones en las que interviniese el Estado.

b) *Entes públicos económicos*

Sin embargo, a partir —en nuestra patria— de la guerra civil y con motivo de la creciente intervención y protagonismo del Estado en el campo de la economía, empiezan a dibujarse organizaciones económicas estatales, gestoras de auténticas empresas o explotaciones comerciales, que van escapándose al régimen jurídico y económico general del Estado, y aunque son personificadas *en forma «pública»,* someten gran parte sus relaciones jurídicas *ad extra* al Derecho privado. La razón en que se basaba esta huida del derecho general del Estado y esta sumisión a un Derecho público singular o al puro Derecho privado era que éstos ofrecían cauces más amplios y flexibles de actuación. Tal es el caso de la Comisaría de Abastecimientos, la Renfe, el Instituto Nacional de Industria o el Instituto Nacional de Colonización.

Se estimaba, justificando así las derogaciones al régimen general de Derecho público, que tales entes, gestores de empresa, no podían estar en inferioridad de condiciones de actuación respecto de los empresarios privados con los que tenían que competir [13], cosa que ocurría si se les obligaba a actuar dentro de los cuadros rígidos del Derecho administrativo general del Estado.

Se debilitaron así las normas de control *(ad intra)* de tales entes por parte del Estado (y más concretamente del legislativo, a cuya mirada escapan casi to-

---

[10] Una certera valoración del fenómeno en GIANNINI, M. S., *Corso,* páginas 202-203.

[11] *Vid.* Ley de 23 de diciembre de 1916, R.D., de 25 de junio de 1918, R.O. de 7 de octubre de 1918; R.D. de 15 de marzo de 1921, R.D. de 16 de mayo de 1921, Ley de 28 de enero de 1928, Ley de 16 de septiembre de 1932, etc.

[12] GIANNINI, M. S., *Actividades económicas públicas y formas jurídicas privadas,* páginas 101 y siguientes.

[13] GIANNINI, M. S., *Corso,* páginas 203-204.

talmente) y, por otro lado, *ad extra,* en sus relaciones *erga privatos,* se desprenden de toda acción de *imperium* y se someten en pie de igualdad, a formas de Derecho privado, lo que les permite escapar de las exigencias del régimen financiero público.

Pero aún así, el marco jurídico que ofrecía el Derecho público, especialmente el régimen presupuestario, presentaba serias dificultades para conseguir la agilidad de organización y tesorería que una empresa industrial o comercial exige [14]. De ahí que, llevando a sus últimas consecuencias el proceso de huida del Derecho público, se acuda a la personificación bajo «formas» y régimen de Derecho privado.

c) *Personificación bajo «formas» jurídico-privadas*

Y así, al mismo tiempo que se otorga la personalidad a entes públicos, se crearán entes que adoptan no la «forma» de institución pública (es decir, *corpus* fundado y organizado por el poder público), sino la *forma común de sociedad por acciones,* sometiéndose al régimen jurídico de éstas, si bien estén todas ellas, o la mayoría, en manos del Estado [15]. Estos entes presentarán inicialmente un grave problema de calificación: habrá quien los considere *entes públicos,* a pesar de su estructura de sociedad por acciones, típicamente privada [16]; habrá quien los considere *entes privados,* encargados, por un especial mandato del Estado, de la gestión de intereses públicos en un determinado sector [17]. Sus fines, por otra parte, no son los clásicos administrativos (fiscales o de servicio público), sino que son de otra naturaleza: son fines de ordenación económica, de conformación social, de regulación del mercado, que se realizan además de una forma

---

14 Sobre los sistemas presupuestarios posibles, en el marco del derecho público, y su insuficiencia, *vid.* Mendoza Oliván, V., *La configuración jurídica de la empresa pública,* en vol. col. «La Empresa Pública en España», IEF, Madrid, 1972.

15 El fenómeno —según Broseta— se había iniciado años antes en Alemania con la municipalización del suministro de gas de la ciudad de Könisberg, creando la Städtische Gasbetriebsgesellschaft y se extiende rápidamente a todos los países occidentales: *Las empresas públicas en forma de Sociedad Anónima,* en «Rev. Der. Mercantil», n.º 100, 1966, página 272. Sobre el origen y desarrollo del fenómeno en los países europeos, Martín Retortillo, S., *La empresa pública como alternativa,* «Rev. Der. Mercantil», n.os 105-106, 1967, páginas 54-55.

16 *La actividad industrial del Estado,* RAP, n.º 3, 1950.

17 Giannini, M. S., *Corso,* página 205. En cualquier caso se planteaba el doble problema de si un ente público podía adoptar la estructura de otro tipo de ente que, por su propia constitución y régimen jurídico privado, suponía una quiebra de los clásicos principios establecidos en materia de gasto público, constitucional y legalmente declarados para el Estado con carácter general. *Vid.*, entre nosotros, un testimonio de esa perplejidad inicial de la doctrina en Girón Tena, J., *Las Empresas Públicas,* Arbor, 1949 (hoy recogido en sus *Estudios de Derecho Mercantil*), especialmente páginas 338 y siguientes.

insólita hasta el momento: mediante la producción y *«dación de bienes al mercado»* [18].

La aparición de estos entes económicos, denominados de diversa forma (empresas nacionales, sociedades públicas, accionariado estatal, sociedades de Estado, sociedades municipales, etc.), tuvo lugar inicialmente en el ámbito municipal para la gestión municipalizada de algunos servicios públicos [19], y ocasionó la quiebra de las categorías: por un lado, del concepto de servicio público [20]; por otro, de lo que es una «persona pública» [21].

Veamos, por ello, el problema de su calificación y las consecuencias de régimen jurídico que ésta comporta.

3. Sobre el concepto y el término de «empresas públicas»

En la exposición que vengo haciendo he omitido cuidadosamente hasta ahora la expresión «empresas públicas». La razón es que tal concepto es económico y resulta polivalente; en él se incluyen realidades jurídicas bien diferentes, fundamentalmente estas tres [22]: a) *empresas-órgano,* esto es, encuadradas de modo diferenciado aunque con cierta autonomía funcional en la estructura orgánica del ente administrativo titular de las mismas; son las llamadas por la doctrina alemana y española «empresas propias»; b) *empresas-ente público,* esto es, entes personificados en «formas» de Derecho público, con capacidad jurídica plena y autonomía, pero unidas (sometidas) al Estado, o a otro ente público de cobertura, por una relación de dirección y control; c) *empresas en forma societa-*

---

[18] *Vid.*, sobre esto, VILLAR, que ha acuñado este término en: *La actividad industrial del Estado,* RAP, n.º 3, páginas 54 y siguientes.

[19] GIANNINI, M. S., *Corso,* página 205. *Vid.*, en general, sobre este tema, GARCÍA DE ENTERRÍA, *La actividad industrial y mercantil de los municipios,* RAP, n.º 17, 1955, páginas 99-100, y 120 y siguientes. En nuestra legislación la gestión en forma de empresa privada de servicios y actividades mercantiles e industriales se recogerá en la Ley Municipal de Cataluña de 1934, de donde se pasa a la Ley Municipal General de 1935. La Ley de Régimen Local en su texto refundido por Decreto de 24 de junio de 1955 y el Reglamento de Servicios de las corporaciones locales de 17 de junio de 1955 prevén la constitución de sociedades mercantiles: *vid.* BROSETA, M., *Las empresas públicas en forma de Sociedad Anónima,* cit., páginas 272 y siguientes.

[20] VILLAR PALASÍ, J. L., *La actividad industrial del Estado,* RAP, n.º 3, páginas 60 y siguientes.

[21] GIANNINI, M. S., *Corso,* página 206. LESSONA, S., *Líneas generales sobre la empresa pública,* Studia Albornotiana, tomo I, páginas 180 y siguientes.

[22] Esta trilogía es común en la doctrina: *vid.* MENDOZA, V., *La configuración jurídica de la empresa pública,* en vol. col., IEF, Madrid, 1972. Una descripción más amplia de este cuadro en MIGUEL GARCÍA, P., *El intervencionismo y la empresa pública,* IEA, Madrid, 1974, páginas 284 y siguientes y 324 y siguientes.

ria (jurídico-privada), que son las que aquí nos interesan [23]. A estos tres «tipos» jurídicos se les denomina indistintamente «empresa pública».

Es conocido el doble sentido, estricto (Villar Palasí, García de Enterría) y amplio (Garrido), con que el concepto de «empresa pública» ha sido utilizado en nuestra doctrina. Jurídicamente es un concepto impreciso y poco útil, pues si se pretende construir unitariamente los únicos criterios válidos de unificación son los de su financiación y su control. Ahora bien, estos criterios, que han sido los utilizados [24], no son en absoluto determinantes de un régimen jurídico-sustantivo de Derecho público o de Derecho privado. Y, así, se emplea el término para designar todas aquellas actividades del Estado que, desde un punto de vista económico, pueden calificarse como actividades industriales o mercantiles, gestionadas mediante una organización de carácter empresarial. Tal calificación no tiene valor jurídico. El derecho son «formas», pero formas jurídicas, esto es, tipos estructurales, a los cuales se vincula un régimen jurídico determinado. La calificación de empresa pública, sin más, no nos dice demasiado, pues puede ser una organización en régimen de Derecho público (por ejemplo, una entidad de tipo fundacional y público: organismo autónomo o no), o una organización de régimen de Derecho privado (por ejemplo, una sociedad por acciones, aunque todas las acciones estén en manos del Estado) [25]. No sirve, por tanto, como criterio de calificación.

A estos efectos debe hablarse, en cambio, de *sociedades de Estado* [26], como uno de los «tipos de personas morales que recoge nuestro ordenamiento y

---

[23] *Vid.* un excelente análisis de estos «tipos» en GIANNINI, M. S., *Actividades económicas públicas y formas jurídicas privadas,* cit., páginas 109 y siguientes; también para Alemania, VOGEL, K., *Las empresas públicas en la República Federal Alemana,* en el mismo volumen, páginas 758 y siguientes. Para España, *vid.,* entre otros, BROSETA, M., *Las empresas públicas...,* cit., página 271: «La distinción —escribe— no puede hacerse desde un criterio puramente económico, supuesto que en todas ellas concurre un conjunto de elementos personales y reales debidamente organizados para realizar una actividad económica», esto es, todos ellos son «empresas». Sobre los distintos sentidos de la expresión, MARTÍN RETORTILLO, S., *La empresa pública como alternativa,* cit., páginas 53-54.

[24] Sobre el criterio financiero, recientemente, GARCÍA TREVIJANO, en su trabajo ya citado (*La concepción unitaria del sector público,* cit.), y sobre el dato del control, SOSA WAGNER, F., *Organización y control del sector empresarial público en España,* IEA, Madrid, 1971, especialmente en páginas 77 y siguientes.

[25] Por todos, *vid.* BROSETA, que distingue «dos grandes grupos: las sometidas a un estatuto interno jurídico-público y, por el contrario, las sometidas a un estatuto interno jurídico-privado. Y ello aun cuando ambas categorías sometan su actividad económica externa al Derecho privado, tal como ocurre en nuestro ordenamiento positivo»: *Las empresas públicas...,* cit., página 271. También MEILÁN, J. L., *Empresas públicas y turismo,* ENAP, Madrid, 1967, páginas 28 y siguientes.

[26] La denominación es, por lo demás, común en la doctrina extranjera, cfr. RIVERO, J.,

que, frente a las asociaciones o fundaciones, se caracterizan por la existencia de títulos individualizados de participación en el patrimonio social y por el fin de lucro y devolución del mismo a los socios» [27]. Sociedad que puede ser unipersonal (capital íntegramente en manos del Estado) o de economía mixta (el capital estatal concurre con el capital privado).

4. Sociedades de Estado: planteamiento de su naturaleza como sujeto de Derecho y bases de su régimen jurídico

El problema de calificación de estos entes se centra en que, por su propia estructura (sociedad por acciones), tienen un régimen jurídico específico de Derecho privado, mercantil, que no se puede alterar sin desnaturalizar la figura; y si esta desnaturalización se produce mediante el establecimiento de un régimen jurídico peculiar (lo cual tiene que ser hecho naturalmente por ley) sería necesario preguntarse: ¿sigue siendo «sociedad»? El problema es análogo al que la doctrina se planteó con la figura del contrato.

Ahora bien, no obstante su estructura y forma jurídica, tales sociedades tienen un fin público, colectivo. No son puras empresas privadas de fin lucrativo individual, sino que están presididas en su creación y gestión por un elemento de naturaleza pública, que busca, bien la prestación de una actividad de servicio público, o bien una especial conformación social o económica del sector: el mantenimiento de los precios, la ordenación del mercado, el abastecimiento suficiente. Por ello, los criterios de actuación no son exclusivamente económicos, empresariales (esto es, vistos desde la propia entidad de que se trate), sino que estarán presididos por el objetivo económico-social colectivo (visto desde el punto de vista de la comunidad), que inspiró su creación o constitución. Existe así como un especial mandato, con finalidad vinculante, del Estado hacia la empresa por él creada, en el que ese elemento público se contiene.

5. Administración, actividades económicas y sociedades del Estado

a) *Las sociedades están excluidas del concepto de Administración*

Entiendo que se deben excluir del concepto de Administración (sujeto) todos los entes y empresas del Estado constituidos en forma societaria, aun

---

Droit, página 403, *in fine.* En Italia, GIANNINI, *Corso,* página 205, las llama de accionariado de Estado como una expresión más correcta que la de sociedad pública o semipública.

[27] Cfr. GARCÍA TREVIJANO, J. A., *Tratado de Derecho Administrativo,* tomo II, páginas 293-296.

cuando el único socio o el titular de la mayoría de las acciones sea el Estado. Y ello porque la sociedad, hoy por hoy, constituye una forma jurídica *necesariamente de Derecho privado.* No existen —*lege lata*— sociedades públicas (esto es, sociedades de Derecho público) so pena, repito, de desnaturalizar la figura [28]. Son siempre organizaciones de Derecho privado, civil o mercantil, que están presididas necesariamente por la idea de participación de los socios (participaciones, por supuesto, enajenables, hipotecables, embargables), devolución del beneficio (dividendos) si los hay y liquidación y reparto de sus bienes en caso de disolución. En el fondo, la *sociedad mira siempre a su propio interés (que es el de los socios) y la forma jurídica responde a ello.* Podrá decirse —y es verdad— que bajo «formas» jurídicas distintas se encuentran fenómenos idénticos (por ejemplo, IBERIA —privada— y RENFE —pública—; Administración Turística Española —pública— e INTURSA —privada—, etc.), pero ello no autoriza a identificar sus regímenes jurídicos, que están justamente vinculados a su «forma» [29]. El acierto o no en la elección de ésta es otra cuestión.

---

[28] Como ha señalado la doctrina, «a diferencia de lo que ha sucedido con otras categorías jurídicas que el derecho administrativo ha importado del civil transformándolas en la medida de sus necesidades —es el caso del contrato administrativo, por ejemplo— en el supuesto de la sociedad privada no se ha operado todavía su administrativización en un plan institucional»: De Miguel, P., *El intervencionismo y la empresa pública...*, cit., página 358. *Vid.* también Sosa Wagner, F., *La Organización y el control del sector empresarial público en España,* IEA, Madrid, 1972, páginas 84 y siguientes. De *lege ferenda,* la doctrina española se ha pronunciado alguna vez por la necesaria creación de una especie de nueva sociedad —la sociedad *administrativa*— con un nuevo estatuto jurídico distinto al de las Sociedades Anónimas, *vid.* Pérez Moreno, A., *La forma jurídica de las empresas públicas,* Sevilla, 1969, páginas 271 y siguientes. En el mismo sentido, Broseta, *loc. cit.* Y antes de todos ellos Villar Palasí, que fue, salvo error, quien por primera vez habló del «carácter administrativo de las sociedades anónimas públicas», en *La actividad industrial del Estado,* RAP, n.º 3, 1950, páginas 101 y siguientes. No soy de esa opinión, como se dice en el texto.

[29] García Trevijano ha salido al paso certeramente de una objeción que a esta tesis de la esencialidad de la forma (asociación o fundación) para ser persona pública pudiera hacerse: la extraordinaria semejanza entre una empresa (sociedad) de un solo socio, y un ente empresarial de carácter fundacional. En concreto, la semejanza, por ejemplo, entre IBERIA y RENFE. Merece la pena traer aquí una larga cita de este autor, uno de los grandes juristas españoles de nuestro tiempo, prematuramente fallecido. No obstante la semejanza —dice—, «hay que mantener la separación por las siguientes razones:

a) Porque en el caso de la sociedad puede reconstituirse en cualquier momento la pluralidad de socios, lo que es metafísicamente imposible en la fundación.

b) Porque al adoptar la forma social, los entes públicos, únicos socios, se está sometiendo el ente al derecho privado normal, si bien con ciertas derogaciones derivadas de la falta de socios.

c) Porque es posible utilizar esta fórmula como instrumento de política económica, permitiendo nacionalizar un ente por la simple expropiación de acciones o cuotas, y ello facilita el traspaso patrimonial y deja intacta la estructura, lo que no sucedería si se tratara de una fundación. En efecto, cuando el Estado quiere nacionalizar una industria o un sector y se encuentra

Por ello, la doctrina, con casi absoluta unanimidad, ha aceptado esta conclusión: tales empresas (sociedades) son, económicamente, *de la Administración,* pero no son jurídicamente Administración pública (Garrido Falla) [30]. Conviene, sin embargo, matizar el significado de esta afirmación, pues si no se desentraña su contenido se corre el peligro, como ha dicho Villar Palasí, de ser una «afirmación puramente formal que elimina el problema soslayándolo, pues no se percata de que tales actuaciones *de la Administración* no se realizan a título de dueño, como el capitalista que invierte para obtener un rendimiento, sino como un modo singular de alcanzar un resultado económico que conviene a toda la comunidad, es decir, como una técnica de conformar la sociedad» [31]. Lo cual tiene, entre otras, las siguientes consecuencias:

1.º) Como ha destacado la doctrina y jurisprudencia francesa, las sociedades de Estado se encuentran condicionadas en su actuación por una serie de reglas que limitan la libertad de acción propia de una empresa privada. Así, se exigen autorizaciones para operaciones crediticias, aprobación de sus planes de actuación, elaboración de informes y memorias y otras limitaciones que condicionan grandemente su libertad de acción [32].

---

con sociedades anónimas actuando en el mismo, puede hacer dos cosas: expropiar las acciones manteniendo la estructura social sin que se produzca hacia fuera cambio apreciable, continuando los clientes con sus relaciones inmodificadas y los contratos en ejecución sin cambios; o expropiar la "empresa" (medios materiales ensamblados en la producción) pagando una cantidad a la sociedad acreedora, la cual, una vez disuelta, quizá por carencia de objeto social, dará paso a que los socios perciban, por doble transacción, el dinero abonado. En el primer caso, los acreedores son los socios accionistas que ven expropiado su título; en el segundo, es la sociedad, que incluso podrá vivir como ente de cartera o administración. Al mantener la forma de sociedad durante la etapa de único socio se posibilita también la desnacionalización, que razones de política económica pueden aconsejar, con la simple venta de los títulos en la Bolsa. Si, por el contrario, se hubiera creado una fundación, habría que reconstruir todo el patrimonio y determinar el capital social. Habría, en fin, que transformar, una vez más, la forma jurídica.

d) Hay razones políticas que pueden aconsejar el mantener la forma externa de sociedad. Por ejemplo, a efectos de inversiones en terceros países».

En resumen: tanto para nacionalizar como para privatizar una empresa pública (entendiendo por tal la entrega del capital al sector privado y la supresión de controles excesivos) es mejor tenerla constituida, *ab initio* o por adquisición, en forma de sociedad que no en forma de fundación. *Vid.* su *Tratado...,* cit., página 298. Sobre el paralelismo y diferencias entre ATE y ENTURSA, *vid.* MEILÁN GIL, J. L., *Empresas públicas...,* cit., páginas 135-152.

[30] GARRIDO FALLA, F., *La descentralización administrativa,* Costa Rica, 1967, páginas 28 y siguientes.

[31] VILLAR PALASÍ, J. L., *Derecho Administrativo,* cit., página 56.

[32] Ciertamente, estas limitaciones a su libertad de acción son mayores en Francia que en España: *vid.* RIVERO J., *Droit Administratif,* página 415. Afirma incluso este autor que «la jurisprudence tend à lui dénier le droit, largement utilisé par less entreprises privées, de faire trancher ses litiges, non par le juge, mais par l'arbitre, en concluant des compromis d'arbitrage» (C.E., 13 déc. 1957, *Societé nationale de vente des surplus*). También es cierto que en Francia es

2.º) La actividad de la Administración, en la gestión de sus activos financieros y, en general, en sus actividades económico-patrimoniales, sigue siendo, a diferencia de la actuación de un particular en la disposición de su patrimonio (presidida por el principio de libertad y autonomía de la voluntad, propia del *dominus)*, una gestión subordinada, reglamentada, sujeta a las directrices legales (por ejemplo, la Ley del Plan) y a las restantes habilitaciones legales o gubernamentales previstas en el ordenamiento (LPE, artículos 100 y 103), a los principios constitucionales (por ejemplo, el principio de igualdad) y vinculada, en fin, al interés general que informa en un sentido amplio todo su actuar. Cuestión diferente, que no afecta para nada a los principios, es la dificultad de un control de legalidad sobre la empresa (por ejemplo, respecto de la adecuación de la actividad de ésta a los cuadros legales y a los fines previstos en el ordenamiento), así como a la posible exigencia de responsabilidad (jurídica o política) que quepa exigir de los administradores por la infracción o no cumplimiento de esas directrices legales.

3.º) En tercer lugar, y como consecuencia de lo anterior, ya lo hemos dicho, que la finalidad de dichas empresas no siempre, ni siquiera ordinariamente, es el lucro, sino la finalidad pública de conformación social. Esto es cierto, pero conviene, no obstante, hacer algunas precisiones. Por de pronto, hay que afirmar con García Trevijano que «una cosa es la obtención del lucro y otra la devolución del lucro obtenido (a los fines de interés general)». Pues, en efecto, una cosa «es tener fin de lucro y otra el emplear este lucro obtenido; en el primer supuesto, hay un lucro por el lucro, y en el segundo, un lucro para la utilidad, y si el Estado explota empresas mercantiles obteniendo un ingreso, como éste irá en definitiva a engrosar su presupuesto de ingresos (o disminuirá su presupuesto de gastos financieros), podrá rebajar la presión tributaria sobre los ciudadanos, con lo que resultarán beneficiados. En estos casos, lo que diferencia a la Administración de un particular es que la *devolución del lucro* se dirige a fines de utilidad general» [33]. En segundo lugar, hay que determinar si, legalmente, tal finalidad de lucro está o no prevista para ese ente en concreto. Si éste tiene como finalidad la regulación y ordenación del mercado, y por obtener un lucro incumple aquellos fines, tal actuación será ilegal, pero no por el hecho de pretender un lucro en sí mismo, sino por el incumplimiento del fin previsto.

---

mucho más intenso el régimen jurídico-público de protección de estos entes: existencia de interventores (públicos) que fiscalizan o intervienen los gastos, inembargabilidad de sus fondos y bienes, sumisión a la reglamentación sobre «cumuls», etc. Ninguna de estas notas se da, por lo común, entre nosotros.

[33] García Trevijano, J. A., *Tratado,* tomo II, página 327.

Hay que concluir, por todo lo dicho, que las sociedades del Estado no forman parte —jurídicamente hablando— de la Administración, si bien patrimonial y financieramente ésta ostenta unos títulos de poder sobre ellas, y unos títulos jurídicos que hacen que se proyecten sobre las sociedades, no obstante su naturaleza privada, determinadas reglas de Derecho público. Veamos, pues, hasta qué punto ello es así.

b) *Presencia y ausencia del Derecho público*

Constituye afirmación común que tanto la estructura como la actividad relacional de estos entes que son las sociedades de Estado, se ajustan el Derecho privado y no al Derecho administrativo. Ahora bien, como la doctrina ha precisado, no toda actuación de estas entidades organizadas en régimen de sociedad está sometida al Derecho privado común. Hay siempre aspectos organizativos o funcionales (designación de cargos, ordenación económica interna en cuanto a límites de operaciones, facultades, directivas, etc.) que constituyen Derecho administrativo. Por ejemplo, el Banco de Crédito Industrial, el Banco de Crédito a la Construcción o el Banco Hipotecario (en general, toda la banca pública), en las normas que regulan los poderes del Gobierno respecto a la orientación u ordenación general de su funcionamiento y toma de decisiones, no es Derecho mercantil, sino Derecho administrativo. Será, en cambio, obviamente de Derecho privado toda su actividad *ad extra* de otorgamiento y denegación de créditos [34].

---

[34] Así se deduce claramente de dos Sentencias recaídas sobre uno de ellos: S. de 3 de diciembre de 1969 (Az. 5613, Ponente: Excmo. Señor don Tomás Alonso Pérez) y S. de 16 de diciembre de 1969 (Az. 6038, Ponente: Excmo. Señor don Valentín Silva Melero). Se trataba en ambos casos de una denegación de créditos a la construcción naval, que es recurrida en alzada (!) al ministro de Hacienda. Ante tan sorprendente actuación del peticionario, el Ministerio se limitó a contestar que no había lugar, que la concesión o denegación de créditos eran «facultades propias y exclusivas del Banco». El Tribunal Supremo deniega naturalmente los recursos y recuerda que, según la entonces vigente legislación, el Ministerio «puede cursar instrucciones de carácter general con respecto a las operaciones, pero no las puede cursar para una operación concreta, lo cual se opondría evidentemente a la naturaleza y funciones que (el Banco) tiene atribuidas; que el Banco "puede desenvolverse y producirse, legalmente, por cuenta propia; sin que sobre todos y cada uno de sus actos concretos el Departamento ministerial superior suyo —aquí el Ministerio de Hacienda— deba ni pueda considerarse como un censor de los mismos, con derecho de rectificación —de revocación total o parcial— admitiendo a tal fin recursos de los peticionarios disconformes"; y ello porque "la actuación del Banco en tales asuntos era de Derecho privado y no administrativo". Por el contrario, las normas que regulan el poder público de "directiva" por parte del Ministerio de Hacienda, y sus limitaciones, son Derecho administrativo y no Derecho privado».

De otra parte, aun cuando en las leyes administrativas (Ley de Régimen Local, de Entidades Estatales Autónomas o Ley de creación del INI) se afirme rotundamente que tales sociedades se rigen «por las normas de Derecho mercantil, civil y laboral, salvo lo establecido en disposiciones aplicables a las mismas» (artículo 91 LEA), la doctrina ha señalado la relatividad de esta afirmación ya que, por un lado, aparecen en esas disposiciones especiales muchas derogaciones singulares al régimen general (unipersonalidad, intransmisibilidad de acciones, accionariado preferente, etc.), y, por otro, la misma realidad de las cosas falsea el juego de la mecánica general de la sociedad, aun en los aspectos no derogados (órganos de gobierno social, etc.). A la vista de éstas, la doctrina ha llegado a preguntarse, como antes decía, si puede seguirse llamando a estos entes sociedades anónimas [35]. Por otro lado, en cambio, no pueden olvidarse algunas características derivadas del peculiar «encuadramiento» de estas entidades en el seno del Estado. Peculiar, porque como ya se ha dicho, no estamos aquí ante un «encuadramiento orgánico», sino ante una «vinculación patrimonial»: el Estado (la Administración central o, en su caso, local) interviene y dirige su constitución y actuación no sólo *ope imperii,* sino fundamentalmente *ope propietatis.* Quiérese decir que, además de algunas normas de Derecho público que regulan ciertos aspectos de su incardinación en el Estado y que son de obligado cumplimiento para éste, hay otros —la mayoría— en que la regulación y las facultades de mando y dirección de la Administración sobre ellas no son «públicas», esto es, derivadas de un título normativo de potestad pública: jerarquía, tutela, sino «privadas» (esto es, derivadas del título de propiedad) [36]. Conviene, pues, precisar algo más esa presencia —o ausencia— del Derecho público en el régimen jurídico de las sociedades del Estado.

6. Modulaciones al régimen común de las sociedades

De lo dicho hasta aquí se deduce que las modulaciones pueden ser de dos tipos:

---

[35] BROSETA, M., *Las empresas públicas…,* cit., páginas 276-277. Recoge este autor algunas singularidades de bulto, que alteran en aspectos importantes el régimen jurídico general de las sociedades anónimas, en los casos de economía mixta; y aún es más radical la quiebra del sistema en la sociedad anónima pública unipersonal: cfr. páginas 280 y siguientes. Y en el mismo sentido, la generalidad de la doctrina. *Vid.* particularmente PÉREZ MORENO, A., *La forma jurídica de las empresas públicas,* Sevilla, 1969, páginas 124 y siguientes y referencias allí citadas.

[36] La afirmación es general. *Vid.* VILLAR PALASÍ, J. L., *La actividad…,* cit., página 91; MEILÁN GIL, J. L., *Empresas públicas y turismo,* cit., páginas 32-33.

a) *De Derecho administrativo*

Como ya se ha dicho, hay una serie de aspectos, organizativos y funcionales, que, no obstante la naturaleza privada de estos sujetos, están sometidos a auténticas normas de Derecho público: así, normas sobre su *fundación* (artículo 92 LEA y artículo 5 de la Ley del Plan, texto refundido de 1972), *composición de su Consejo* de Administración (Decreto de 6 de junio de 1968, sobre edad e *incompatibilidades,* Ley de 19 de junio de 1971 sobre crédito oficial, artículo 25, etc.), *control por el Gobierno* (Órdenes de 31 de diciembre de 1965 y 15 de abril de 1970) y por el *Tribunal de Cuentas* del Reino (artículo 93 LEA, artículos 107 y 108 LPE), *adquisición y enajenación de títulos* (artículos 100 y siguientes LPE) [37], régimen de *directivas o informes* previos para determinadas operaciones de inversión o crediticias, régimen especial de *beneficios* (por ejemplo, artículo 25 de la Ley de Crédito Oficial), así como otros aspectos que pueden verse regulados en el Decreto de creación de la sociedad. Algunas de estas notas de su régimen jurídico pueden venir recogidas en sus Estatutos, y otras, no; pero todas son igualmente vinculantes, pues en todos estos aspectos estamos ante un auténtico marco de Derecho público (administrativo), que preside la actuación de estas empresas.

b) *De Derecho privado: el* «ius privatum singulare»

Las singularidades y derogaciones al régimen general de las sociedades anónimas que presentan las empresas nacionales no siempre constituyen Derecho público, sino, como dice Villar Palasí, un auténtico *ius privatum singulare* de la Administración, en tanto en cuanto tales derogaciones son simples «técnicas peculiares más bien que privilegiadas (o exorbitantes) de la Administración» [38]. Un sector de la doctrina considera tales «derogaciones» (por norma o por pacto) como Derecho privado, si bien otro sector cree que como tales situaciones violan frecuentemente preceptos imperativos de Derecho privado, deben ser

---

[37] *Vid.* sobre este punto CLAVERO ARÉVALO, F., *Transmisión de acciones en las empresas públicas,* prólogo a PÉREZ MORENO, A., *La forma jurídica de las empresas públicas,* Sevilla, 1969. Señala Clavero algunas repercusiones que este régimen jurídico administrativo de transmisión de acciones puede tener sobre la legislación mercantil a que se dice estar sujeta. Por ejemplo, quiebra de la regla del artículo 545 del Código de comercio (irreivindicabilidad de acciones adquiridas en Bolsa), en el caso de que no hubiese ley autorizante.

[38] VILLAR PALASÍ, J. L., *Derecho Administrativo...*, cit., página 74: «La actividad de la Administración —escribe Villar— maneja el Derecho privado, pero eso no le transforma a éste en Derecho administrativo. Sólo en cuanto supone una técnica privada, exorbitante, propia y peculiar suya, no compartida, puede la actuación de la Administración quedar englobada en su sentido material».

consideradas —en todo caso— como Derecho público [39]. La cuestión no es, ni mucho menos clara.

El tema se planteó hace un par de años, en España, con una polémica famosa en torno al antiguo artículo 398 del RCE hoy desaparecido (aplicabilidad o no de la Legislación de contratos del Estado, y en concreto de las normas sobre preparación y adjudicación de obras y suministros, a las empresas nacionales). El Ministerio de Hacienda, en sendos informes de la Dirección General del Patrimonio y de la Dirección General de lo Contencioso del Estado, mantuvo la tesis de la existencia de este *ius privatum singulare* (del cual el artículo 398 era un ejemplo), y como tal, aplicable a las empresas nacionales. En contra, el Consejo de Estado, en su Moción de 11 de julio de 1968, afirmaba la naturaleza de Derecho público del citado Reglamento de Contratos del Estado, y como tal, inaplicable a las empresas nacionales, por lo que se propugnaba su reforma.

Sostenía el Ministerio de Hacienda que el citado precepto en modo alguno tenía el significado que el Consejo de Estado le daba (aplicación de las reglas de Derecho público de la contratación a las sociedades), sino que suponía simplemente abrir la posibilidad de ordenación interna de la actividad de las empresas nacionales por su propietario; reglamentación que no constituía «Derecho público», sino privado, porque éste es el modo de ser propio de tales entidades (y ello aun cuando el precepto esté recogido en el RCE) [40]. Las consecuencias de una u otra calificación no eran despreciables, pues, en efecto, de la calificación de tal precepto como «regla de Derecho público» (especialmente su párrafo 2.°, que concreta el 1.°) dependía la existencia de un derecho a su cumplimiento invocable por terceros y apreciable de oficio por los Tribunales, con la consiguiente anulación del contrato en caso de incumplimiento (claro vicio de orden público). Si se trata, en cambio, de una reglamentación interna, de naturaleza privada, tal anulación es impensable, aun cuando quepa, en su caso, exigir la consiguiente responsabilidad de los gestores (Consejero-Delegado, Director-Gerente) por su desordenada y negligente gestión [41]. La Dirección General de lo Contencioso entendió que tal precepto no suponía aplicación del Derecho público, sino reglamentación de la actuación de estos entes en el seno de su marco jurídico-privado, y que, por tanto, los ac-

---

[39] Así, Vogel, K., *Las empresas públicas...*, cit., página 762. Y entre nosotros ésta fue también la opinión de Ballbe, que niega la pertenencia de tales normas al derecho privado: *vid. Derecho Administrativo,* NEJ Seix, tomo 1, página 77. Tal es también la posición de Meilán, J. L., *Empresas públicas...*, cit., página 35.

[40] Dictamen, 25 de enero de 1969.

[41] Dictamen citado.

tos que se prevén en él (elaboración del pliego-tipo) no dejan de estar incluidos en un régimen jurídico de Derecho privado (Derecho privado administrativo, dictado para ellos). He aquí los párrafos del Dictamen en los que se contiene el núcleo de la argumentación:

«El problema estriba en precisar si las normas sobre preparación y adjudicación de los contratos de obras y suministros, cuya observancia se impone a las Empresas Nacionales, son, como afirma la Moción (del Consejo de Estado), "reglas de Derecho público". El primer dato para llegar a esa calificación —la inclusión de dichas reglas en textos legales integrantes del Ordenamiento jurídico-administrativo— tiene un limitado valor, dado que la naturaleza de un concepto o institución jurídica se descubre en función de sus efectos, cualquiera que sea el emplazamiento formal y sistemático que le otorgue el Derecho positivo. La proposición debe por ello contestarse acudiendo a otro criterio, en el que la dogmática de la ciencia del Derecho administrativo ha cargado siempre el acento diferenciador de lo jurídico-público: una regla es de este carácter cuando, disciplinando la actividad de la Administración pública o sus relaciones con otros sujetos de Derecho, atribuye a aquella el poder jurídico de declarar e imponer por sí, frente a terceros, el contenido de sus prescripciones; desde otro punto de vista y en razón del principio del servicio público, al que responde todo el Derecho administrativo, sus normas crean en los administrados un verdadero *derecho a que sean observadas* por la Administración.

Supuesto lo anterior, parece claro que el mandato del artículo 398 del Reglamento de Contratación no publifica las relaciones contractuales de las Empresas Nacionales, que, según afirma el propio precepto, "se rigen por el Derecho privado". Para corroborar dicho aserto, es suficiente considerar que las Empresas Nacionales no son, a estos efectos —aunque lo sean de modo indirecto y desde la perspectiva financiera— Administración pública; que las reglas de preparación y adjudicación de los contratos de obras y suministros que celebren dichas Entidades no disciplinan sus relaciones contractuales con terceros, sino que se limitan a ordenar la actividad de las Empresas Nacionales en la fase precontractual. Y, finalmente, como consecuencia de no revestir esas normas de carácter jurídico-público, que ningún derecho puede ser invocado frente a dichas Empresas o frente a la Administración, en caso de incumplimiento de aquellas normas.

La Dirección General del Patrimonio del Estado afirma, en este sentido, que el pliego de cláusulas que las Empresas Nacionales elaboren en cumplimiento del citado precepto del Reglamente de Contratación tendrá la naturaleza *"de un documento de régimen interior* de cuya ejecución cuidaría, bajo su responsabilidad, el Consejero-Delegado o Director-Gerente, sin que los terceros contratantes, por tanto, tengan derecho alguno a exigir su cumplimiento". Se trata, en efecto, de una *norma de acción*, que no trasciende a las relaciones contractuales con terceros y cuya observancia por parte de las Empresas Nacionales no puede ser exigida por la Administración según los modos del Derecho público, sino según el principio de gobierno derivado de la representación de capital, propio de las Sociedades Anónimas».

Éste era el núcleo fundamental de la argumentación, realmente bien articulada. Recuerda el modelo anglosajón de entender la contratación pública, como se explica más adelante en la Lección 16.ª de este libro. Pero en derecho continental europeo esto es poco mantenible y en los últimos años las Directivas comunitarias han hecho inaplicables tales tesis a la contratación de las empresas públicas. El problema ha quedado definitivamente zanjado en la Ley de Contratos del Sector Público de 2007. En efecto, en derecho anglosajón no existe un cuerpo normativo objetivo de carácter imperativo que vincule a la Administración y sea exigible por terceros, sino sólo directrices, «guidelines» que orienten al órgano de contratación. Este modelo, que en el mundo anglosajón se aplica a toda la contratación del Estado (que se expone ampliamente en la citada Lección 16.ª) quería aplicarlo el Gobierno a las empresas públicas de entonces. Hoy el tema está resuelto, como digo, por el derecho comunitario europeo que, por otras razones, extiende el régimen público de contratación a todo el sector público, aunque con diferente intensidad en su aplicación.

Otras manifestaciones —discutibles igualmente— de este *ius privatum singulare* señaladas por la doctrina serían: la disposición de Ley de Sociedades Anónimas, que autoriza la sociedad de un solo socio a las empresas de la Administración (régimen que luego se ha hecho de aplicación general, pero hace unos años no lo era), el nombramiento de administradores fuera de la Junta, la existencia de acciones preferentes (de voto plural o con poder de veto: acciones de oro), la existencia de posibles derechos de veto y, en general, «las frecuentes y casuísticas derogaciones de la regla de la igualdad o proporcionalidad de derechos en las participaciones» [42]. No me parece, en cambio, que constituya un régimen singular diferenciador el que supone la concesión de determinados beneficios, que a menudo se les otorga y que son los paralelos a los de las empresas de interés nacional (exenciones arancelarias, reducciones fiscales, beneficios de expropiación, etc.) [43].

---

42 VILLAR, *Derecho...*, páginas 74 y siguientes; y más ampliamente, BROSETA, M., ob. cit., páginas 278 y siguientes.

43 *Vid.* ejemplos DE MIGUEL GARCÍA, P., ob. cit., páginas 343 y siguientes.

c) *Encuadramiento «patrimonial»: ausencia de privilegios*

Ya he dicho que, en la práctica, no son grandes las diferencias que separan las sociedades de Estado (Iberia, por ejemplo) de las empresas en forma pública (entes públicos, como RENFE), en cuanto a sus caracteres y actuación jurídica. Giannini, con referencia a fenómeno análogo, ha escrito que aquéllas poseen los mismos caracteres que éstos, *«sólo que escritos en clave privatística»* [44]. Ahora bien, a los efectos dogmáticos y definidores de la Administración pública, y de delimitación del campo de cobertura del Derecho administrativo, conviene recordar igualmente, con el profesor de Roma, que el poder de dirección y control sobre ellos que ostenta el Estado se manifiesta no ya en relaciones y actos administrativos, sino en actos de Derecho privado, es decir, en negocios jurídicos en todo semejantes a los negocios que adoptaría una sociedad privada cabeza de grupo en relación con las sociedades controladas y financiadas por ella. Existen los poderes normales que competen al accionista mayoritario o, en todo caso, dominante, de determinar en la asamblea social, a través de las deliberaciones de ésta, la orientación general de la empresa, del mismo modo que existe el poder de nombramiento y sustitución de los administradores sociales. De hecho pueden existir también tanto poderes de inspección como poderes de sumisión previa de esquemas de negocios privados a la aprobación del accionista dominante o mayoritario [45]. Y así, el Gobierno puede imponer a estas empresas la obligación de alcanzar un volumen mínimo de producción y facturación anual, o el destino forzoso de los productos obtenidos, o unos determinados porcentajes en la distribución de beneficios [46]. *Pero todos éstos no son «poderes públicos»* stricto sensu, *esto es,* imperium, *potestades exorbitantes nacidas en el seno del Derecho público y, por tanto, sometidas a su régimen, sino facultades que provienen de la titularidad de las acciones, de la participación mayoritaria en el capital, en el marco y según las reglas del Derecho privado.*

Es por ello que, en mi opinión, el dato del control (poder de decisión y mando del Estado sobre la empresa) no es suficiente en modo alguno para afirmar su naturaleza y régimen (de Derecho público o de Derecho privado), respecto de sus bienes, su personal, sus procedimientos de actuación, su responsabilidad, etc. [47]. La clave de la cuestión, que se discutía por entonces am-

---

[44] GIANNINI, M. S., *Actividades económicas...,* cit., página 112.

[45] GIANNINI, M. S., *Actividades económicas...,* cit., página 113.

[46] *Vid.* ejemplos en DE MIGUEL GARCÍA, P., *El intervencionismo y la empresa pública,* cit., páginas 343 y siguientes.

[47] Ésta es, a mi juicio, la mayor limitación de este criterio de calificación como «pública» (simple publicidad pasiva, de sumisión ante el ente de cobertura), que utiliza SOSA WAGNER, en *loc. cit.,* páginas 78-79.

pliamente, es en qué medida se produce la comunicabilidad a los patrimonios empresariales de los privilegios y garantías que rodean los bienes del Estado (inembargabilidad, y, en general, inejecutabilidad judicial sobre ellos, etc.) al patrimonio de las empresas públicas. El *quid* de la cuestión está en determinar si la masa de bienes que integran la empresa es propiedad de ésta o del Estado. A mi juicio, es este punto el que separa justamente el régimen de Derecho público y el régimen de «sociedad», pues en éste, como dice Rivero, *«l'entreprise a, sur ces biens, tous les droits de la société privée: elle peut les vendre, les échanger, sous la seule obligation de ne pas diminuir leur valeur globale qui constitue son capital social»*. Nuestro Tribunal Supremo se ha enfrentado en una ocasión con el tema en un supuesto sobre la CAMPSA, que veremos más adelante. Pero creo que es completamente incorrecto revestir a estas empresas, si realmente son tales, de los privilegios e inmunidades del Estado (prelación o procedimientos ejecutivos para el cobro de sus créditos, régimen especial de quiebras —salvo que gestionen un servicio público y entonces es otra la razón—, inembargabilidad, etc.) [48]. En el caso concreto de la quiebra, la doctrina la admite teóricamente, pues es algo que lleva consigo la propia naturaleza del ente, aun cuando esté siempre en manos del Estado la posibilidad de evitarla y de hecho siempre la evita (lo cual es otra cuestión) [49].

7. Avance de conclusiones

Resumiendo y concluyendo, podemos contestar a las cuestiones más arriba planteadas con las siguientes afirmaciones:

1.º) En primer lugar, conviene recordar algo que es importante y que pone de manifiesto la tremenda fuerza condicionante de la organización en el Derecho, a saber: que hay una serie de aspectos *ad intra* en todo ente que se incruste de alguna manera en la organización del Estado (sea público o privado) que son siempre de Derecho público-administrativo: su creación y composición, financiación, orientación general de su actividad, control, etc.; y ello aun cuando la «forma jurídica», su actuación en cada caso y sus relaciones *erga privatos* estén sometidas plenamente a los métodos y reglas del Derecho privado. Dicho con otras palabras: también para las sociedades hay un *marco de Dere-*

---

[48] Rivero, J., *Droit Administratif*, 2ème ed., página 415. Más extensamente, Drago, R., *Le régime des activités commercciales et industrielles des pouvoirs publics,* en vol. col., «Études de Droit Contemporaine», Upsala, 1966, páginas 449 y siguientes. Análogo cuadro es el predicable de las *«Public Corporations»* británicas, *vid.* Robson, W. A., *La Public Corporation en Gran Bretaña»*, RAP, n.º 22, 1957, páginas 114 y siguientes, y más recientemente *Industria nacionalizada y propiedad pública,* Tecnos, Madrid, 1964.

[49] Sosa Wagner, F., *Organización y control...,* cit., página 82.

cho público que afecta a algunos momentos singulares de su nacimiento, organización (la cúspide) y *actividad* (orientación general de sus fines). Tal marco de Derecho público no es sino la consecuencia necesaria de la peculiar condición del sujeto que las crea (el Estado), pero constituye algo marginal externo a la propia sociedad, cuyo régimen jurídico básico sigue siendo privado.

2.º) En segundo lugar, el *fin público remoto,* que preside siempre la constitución de toda sociedad por el Estado, no puede tener reflejo ni repercusión alguna en el régimen jurídico de éstas, salvo las derogaciones singulares que en atención a él se hayan previsto en el Ordenamiento; derogaciones que no «publifican» el régimen de las sociedades, sino que constituyen su *ius privatum singulare* (por ejemplo, su posible derecho peculiar en materia de contratación). El fin no tiene más alcance que aquel que haya sido expresamente incorporado a la Ley o norma creadora del ente. Es algo metajurídico, que cae en el terreno de las motivaciones interiores del sujeto creador (en este caso, el Estado), pero que jurídicamente no tiene virtualidad modificadora del *régimen jurídico que la sociedad ha recibido por la forma adoptada.* Más aún: si dicho régimen jurídico ordinario hiciera imposible el fin de la sociedad (por ejemplo, los riesgos que puede suponer para la consecución del fin público en una sociedad de economía mixta, el principio democrático de participación propio de las sociedades anónimas), lo procedente es la extinción y liquidación de ésta y buscar su realización en forma distinta, no la alteración de aquél, pues ello sería señal indudable de que la «forma» estuvo mal elegida. Ello, tanto a efectos de toma de decisiones como a efectos de quiebras, ejecución de sentencias, realización de créditos, etc. [50].

3.º) El fin público incorporado al ente tendrá un papel preponderante, pero en otro orden: en el orden interno, de gobierno de la sociedad, pues evidentemente el sentido de la acción de tales entes, ha de ser muy distinto del que tendría una paralela sociedad totalmente privada, presidida exclusivamente por la idea de lucro. No quiero decir con ello que las sociedades de Estado no puedan —y aun deban— perseguir el lucro, pero el espíritu de su actuación debe ser distinto [51].

4.º) El fin (objeto social) es, además, el criterio determinante de su *especialidad* y del alcance y extensión de sus actividades. Sabido es que una de las

---

[50] La inadecuación de «formas» y «realidad» ha sido denunciada repetidas veces (*vid.*, por todos, PÉREZ MORENO, A., ob. cit., páginas 40 y siguientes). Creo, con GARCÍA TREVIJANO, en la necesidad de mantener la esencialidad de la forma. Sobre este punto de la posibilidad de acomodación de fines públicos y mecanismos privados, BROSETA, M., *Las empresas públicas...*, cit., páginas 269 y siguientes y 280.

[51] *Vid.*, en este sentido, SOSA WAGNER, F., *Organización y control...*, cit., páginas 82-83.

notas que se afirman como peculiares de las personas morales es el principio de especialidad. Las personas jurídicas no son entes de fines totales y potencialmente ilimitados como las individuales, sino que nacen con una finalidad específica, que se afirma en sus Estatutos o carta fundacional y con ese alcance son reconocidas por el Derecho. Pues bien, en Derecho público ese principio de especialidad es más estricto y vinculante que en Derecho privado, sin posible ampliación de sus actividades. He puesto de manifiesto en otro lugar cuál es el doble alcance del principio de especialidad, estricto en el caso de los organismos autónomos y amplio y flexible en el caso de las Corporaciones (profesionales y económico-sectoriales) [52]. Se trata ahora de preguntarse cuál es el alcance de tal principio en el caso de las sociedades de Estado y sus actividades.

Hay que decir, en primer lugar, que la legitimación de cualquier actividad de una empresa nacional, más o menos indirectamente ligada con su objeto social, supondría un atentado contra el régimen de economía de mercado y el principio de subsidiaridad, que se afirman en nuestras leyes constitucionales [53]. Ni el Gobierno ni, desde luego, la propia empresa pueden actuar aquí con la libertad con que lo haría un particular.

Dos supuestos deben ser planteados a este respecto: el de creación de una nueva empresa y el de expansión de actividades por una ya existente. Respecto al primero, es sabido que su creación debe hacerse por Decreto (acuerdo del Gobierno) que debe ir precedido, en su caso, de la oferta previa a la iniciativa privada, salvo en los casos previstos por la Ley (defensa, situaciones monopolíticas, razones técnicas o de urgencia, insuficiente de la iniciativa privada después de la oferta) en que el Gobierno, motivándolo suficientemente, puede acordarlo así. En los Estatutos se determinará el objeto social, al cual queda vinculada —y limitada— la actividad de la empresa. Respecto al segundo supuesto, la solución es análoga según la Ley del Plan: necesaria aprobación por el Gobierno de la «iniciación de actividades distintas o el establecimiento en otras áreas geográficas de otras plantas industriales por las empresas ya existentes» (artículo 5.º, Ley del Plan).

Así, pues, las empresas nacionales parecen, en teoría, estrictamente vinculadas al fin de su objeto social. Pero la realidad es otra. En primer lugar, porque

---

52 *Vid.* Ariño Ortiz, G., *La administración institucional,* cit., páginas 270 y siguientes.

53 Sobre el tema, *vid.* el análisis constitucional de Gallego Anabitarte, en *Plan y presupuesto como problema jurídico en España,* en vol. col. «Planificación», IEA, 1974, tomo 1, páginas 112 y siguientes. Y las formulaciones de dichos postulados en nuestro Ordenamiento administrativo en Meilán Gil, J. L., *Cuestiones institucionales de las empresas públicas en España,* en «Doc. Económica», IDE, Madrid, 1969, volumen 4, páginas 150 y siguientes.

el fin y objeto de la sociedad está formulado muchas veces con carácter muy amplio, lo cual permite extender la actividad a otras de carácter medial o complementario. En segundo lugar, porque, en definitiva, queda en manos del Gobierno la última palabra, sin posible (o al menos, muy difícil) control judicial de tales decisiones. Y finalmente (y ésta es la razón de las otras dos) porque la dinámica propia del mercado y de la actividad mercantil e industrial requiere cierta libertad de movimiento de las empresas para adaptar o reconvertir sus actividades, si llega el caso, o para iniciar mediante filiales, actividades mediales o complementarias que permita seguir siendo competitiva a la empresa principal [54].

5.º) El fin público incorporado juega, también, otro papel: como elemento determinante de responsabilidad (¿jurídica?, ¿política?), de los gestores, a los que indudablemente hay que exigirles su cumplimiento.

6.º) Finalmente diré que es dudoso para mí si tales empresas o sociedades de Estado deben estar sujetas o no a algunos principios constitucionales, tales como el principio de igualdad, que presiden toda la actuación del Estado y los entes públicos.

Hechas estas afirmaciones, no nos resta ahora sino verificar las consecuencias que de esta calificación —*personas privadas de fines públicos, no Administración*— se derivan, siguiendo para ello algunos pronunciamientos de nuestro Tribunal Supremo.

8. Algunas consecuencias de la calificación jurídica de las sociedades, en la jurisprudencia del Tribunal Supremo

En los últimos años el Tribunal Supremo ha hecho, entre otras, las siguientes declaraciones de régimen jurídico, que confirman esta calificación de las sociedades del Estado:

a) *Inexistencia de incompatibilidades: ni sus cargos son públicos ni sus fondos son fondos públicos*

Por Sentencia de 8 de abril de 1960 [55] se anula un acuerdo de la Diputación de Pontevedra y la sentencia confirmatoria de éste, del Tribunal de instancia, en los que se declaraba la incompatibilidad del actor para simultanear

---

[54] *Vid.* sobre el tema, TIMSIT, G., *La Spécialité des entreprises publiques,* en varios autores, «Études de Droit Public», Cujas, París, 1966.

[55] Az. 1783, Ponente: Excmo. Señor don Francisco Camprubí y Páder.

los cargos de ingeniero de montes de la Diputación y delegado de la Empresa Nacional de Celulosas de Pontevedra, S.A. El Tribunal Supremo afirma que entre ambas funciones no hay incompatibilidad legal, pues no se da aquí ninguna simultaneidad de sueldos, comisiones ni emolumento alguno pagado con «fondos generales» (fondos públicos), ya que la Empresa Nacional de Celulosas «es, indudablemente —dice la sentencia—, una entidad de Derecho privado, sin carácter alguno estatal, comprendida en la definición que la Ley de 26 de diciembre de 1958 las asigna calificando a las Empresas Nacionales de entidades de Derecho privado, creadas para la realización de finalidades predominantemente económicas, sometiéndolas a *normas esencialmente de Derecho privado,* y por todo ello no existe incompatibilidad fundamental para el cargo en sí, que el de ingeniero de la Sociedad o Empresa Nacional de C. *no es un cargo público,* sino exclusivamente particular y privado, no por la retribución, puesto que el referido empleo no se retribuye con fondos generales provinciales, ni municipales».

Todo ello, a diferencia de lo establecido en el régimen jurídico de todos aquellos entes que puedan ser calificados como Administración pública (del Estado o local), según he puesto de manifiesto en otro lugar [56].

b) *Falta de capacidad para impugnar disposiciones de carácter general*

La naturaleza siempre privada de las sociedades de Estado, por amplios e importantes que sean los intereses que representan, las inhabilita para impugnar disposiciones de carácter general, pues éstas, según establece la sentencia de 15 de noviembre de 1960 [57], sólo pueden ser impugnadas por «Entidades, Corporaciones o Instituciones de Derecho público y cuantas Entidades ostentaren la representación o defensa de intereses de carácter general o corporativo, como se enuncia en la Ley de lo Contencioso-Administrativo [artículo 28, apartado *b)*], y el hecho es que la entidad recurrente, "Sociedad Española de Automóviles de Turismo, S.A.", que responde a la sigla SEAT, no es entidad que representa los intereses generales o corporativos de personas físicas o morales, agremiadas o asociadas, sino sus propios intereses, como *ente jurídico mercantil,* y como tal sólo puede impugnar, según dispone el artículo 39, número 3, de dicha Ley de lo Contencioso, las disposiciones de carácter general que hubieran de ser cumplidas por los administrados directamente, sin necesidad de un previo acto de requerimiento o sujeción individual [artículo 28, 1.*b),*

---

56 *Vid.* mi estudio *Sobre la personalidad jurídica...,* cit., páginas 97-100.

57 Az. 3877, Ponente: Excmo. Señor don Sabino Alvarez-Gendín.

LJ], Circunstancia que no concurre en el caso de autos». Se afirma pues, en esta Sentencia, con claridad, su naturaleza privada.

c) *Inexistencia de relación funcionarial con sus empleados*

El Tribunal Supremo declaró, con ocasión de la Sentencia de 11 de mayo de 1964 [58], que no se consideran computables a efectos de clases pasivas los servicios prestados en empresas nacionales (Compañías Nacional de Radiotelegrafía sin Hilos y Transradio Española, S.A.), aun cuando éstas desarrollen un servicio público por cuenta del Estado, pues *no se da en ellas situación o relación funcionarial de sus empleados, sino relación de carácter laboral.* Y ello, ni siquiera en el supuesto, como ocurría en este caso, de que el personal de las citadas compañías que tuviesen la condición de operadores radiotelegrafistas, mecánicos y auxiliares administrativos «fuese incorporado más tarde (como lo fue) a las plantillas activas del Estado y escalafonado, entrando como funcionarios de Estado a prestarle servicios, formando al efecto un escalafón especial». El Tribunal entiende que únicamente son abonables, a efectos de clases pasivas, «los servicios prestados a partir de su incorporación al Estado como funcionario, pero en forma alguna le pueden ser computados lo que pretende que no fueron prestados en ningún Cuerpo del Estado, sin que tampoco pudieran tener consideración de funcionarios públicos los que lo realizaban».

d) *Incomunicabilidad de personal*

En otra Sentencia posterior, de 17 de abril de 1968, el Tribunal Supremo niega la posibilidad de que se pueda conceder la situación de supernumerario a un funcionario que pase a prestar servicios en una empresa nacional; ahora bien, si en un caso concreto se concediese, resultaría obligado reconocer al recurrente los trienios que solicita, por lo que el Tribunal refiere su vinculación al I.N.I. (ente público) y no a la empresa nacional. El supuesto era el siguiente: un ingeniero de caminos fue declarado, con fecha 15 de octubre de 1947, en situación de supernumerario, autorizándosele a prestar servicios en la Empresa Nacional Hidroeléctrica del Ribagorzana, dependiente del I.N.I. Dictada en 1964 la Ley de Funcionarios y en 1965 la Ley de Retribuciones, el Ministerio entendió que tal situación era ilegal a la vista de los artículos 43, 44 y 46 LF y 6.2 LR, y denegó el cómputo de trienios a partir del 6 de mayo (fecha de entrada en vigor de la Ley de Retribuciones, que fue publicada en el BOE del 5). El Tribunal Supremo anula la resolución del subsecretario y declara el de-

---

[58] Az. 3663, Ponente: Excmo. Señor don Francisco Vital y Torres.

recho del actor a que se le reconozcan los trienios solicitados mientras permanezca en su actual situación de supernumerario, aún cuando preste sus servicios en la citada empresa nacional. Esta solución, que resulta *prima facie,* extraña y contraria a la tesis que aquí se postula, viene apoyada, sin embargo, en la siguiente argumentación con que operó el Tribunal: 1) la situación de supernumerario tiene un contenido legal objetivo (artículo 40 LP) que no puede ser disminuido; 2) al actor indudablemente le fue reconocida tal «situación»; 3) el acto administrativo recurrido, al reconocer al actor su situación de supernumerario y negarle el cómputo de trienios, establece en realidad, sin apoyo en precepto legal alguno, dos clases de supernumerarios: supernumerarios con derecho al abono de trienios y supernumerarios sin este derecho; 4) ciertamente, a partir de la LF, sólo puede serle reconocida tal situación a aquellos que se encuentren en los supuestos legales del artículo 46, entre los que no se encuentra incluido el caso de las empresas nacionales; pero ello no es óbice para que se reconozcan los trienios a los que «estén ya» (subrayado del Tribunal) en esa situación, cualquiera que sea el lugar donde presten sus servicios (deniega, así, la posible retroactividad de la norma en este punto), y, por último, 5) entiende que para salvar, formalmente, la ilegalidad puede entenderse que «la situación de supernumerario se le concedió para servir en una entidad dependiente del I.N.I., financiada con cargo a emisión de obligaciones que el Gobierno autoriza a dicho Instituto, que es Organismo autónomo, reconocido como tal en el Decreto de 14 junio 1962, por lo que el caso se encuentra plenamente dentro de los supuestos que el artículo 46 de la Ley articulada de Funcionarios».

Esto último es, evidentemente, una ficción con la que el Tribunal trata de justificar el mantenimiento de unos derechos adquiridos, derivados de una situación ilegalmente reconocida al actor. Lo cual no obsta, dice incidentalmente el Supremo, «para que la Administración pueda en cualquier momento alterar esta situación de conformidad con las circunstancias del caso y la legislación aplicable», ya que, efectivamente, tal situación *«no se concedió nunca para servir a particulares ni a entidades mercantiles privadas».* Es claro, pues, el principio de incomunicabilidad de personal entre la Administración y sus sociedades, a diferencia de lo que es común y habitual entre los sujetos de la Administración Institucional. Principio que ha sido confirmado por el Tribunal Supremo en Sentencia de 15 de marzo de 1961 [59], con estas palabras: «Es pre-

[59] Az. 1008, Ponente: Excmo. Señor don Manuel Cerviá Cebrera. Se trataba del reconocimiento de haber pasivo a un miembro de la Policía Armada que pasó a prestar sus servicios al Banco Hipotecario como vigilante jurado. El Tribunal Supremo lo desestima por entender que ambos tiempos de servicio no son acumulables, y formula con este motivo la distinción que se contiene en el texto.

ciso distinguir, entre aquellos entes nacidos de la propia Administración Estatal, con personalidad jurídica independiente y autonomía administrativa, pero subordinada a intervención y fiscalización directa, de la que deriva un total control de los mismos, viniendo a constituir lo que, en términos generales, se denominan "Organismos autónomos de la Administración del Estado", a que se refiere la Ley del 26 de diciembre de 1958, y otros entes que, aunque nacidos por la propia voluntad o decisión estatal, sin embargo conservan en su actuación, además de su personalidad independiente, una libertad de obrar como cualquier otra sociedad de tipo privado y que, aparte los preceptos que regularon su creación y estructura, así como la designación de algún miembro del Consejo de Administración, no son objeto de otra intervención distinta de las establecidas con carácter general para las demás entidades particulares de la propia naturaleza, careciendo del control directo estatal en su desenvolvimiento y actuación para el cumplimiento de sus fines».

e) *Inaplicación a las sociedades del régimen privilegiado de protección y defensa de los bienes y caudales del Estado*

Esta doctrina ha sido formulada por el Tribunal Supremo (S. de 3 de julio de 1950) y confirmada por el Decreto resolutorio de Competencias, de 21 de febrero de 1963, en relación con el posible embargo o mandamiento de ejecución sobre bienes de las sociedades de Estado (en este caso, CAMPSA). Se afirma que, no obstante la *publicatio* del servicio de petróleos y el carácter indudable de «organismo del Estado» que tiene el Monopolio de Petróleos (artículo 1, Ley de 17 de julio de 1947), CAMPSA, administradora del mismo, es una «compañía que goza de personalidad jurídica independiente y funcionará en régimen de Sociedad Anónima, rigiéndose por sus Estatutos, y en cuanto no esté previsto por disposiciones especiales, por la legislación común».

Por tanto, no es admisible la excepción de falta de personalidad como demandado, identificando a CAMPSA con el Monopolio (ente público) a efectos de la ejecución de una sentencia contra ella, pues «dicha excepción fue definitivamente resuelta en tres de julio de mil novecientos cincuenta por el Tribunal Supremo, en el sentido de no admitirla respecto a la totalidad de las cuestiones sobre las que después se pronunció el Juzgado: y que dicha Entidad, de acuerdo con el párrafo segundo del artículo tercero de la Ley de diecisiete de julio de mil novecientos cuarenta y siete, "gozará de personalidad jurídica independiente y funcionará en régimen de Sociedad Anónima", por todo lo cual es visto que, en esta primera consideración del asunto, *no ha lugar a que juegue el privilegio establecido a favor de los caudales públicos por el artículo quince de la Ley de Administración y Contabilidad del Estado,* sin que pueda admitirse la tesis sostenida por la autoridad requirente de que entre CAMPSA y el Estado existe un pacto que, en el fondo, puede calificarse de "fiducia pública", puesto que, con independencia de que nada autoriza, a la vista de la regulación positiva de CAMPSA contenida en la mencionada Ley de mil novecientos cuarenta y siete, a entender existente tal figura, aunque ello fuera así, de la propia naturaleza de la fiducia se desprende que el titular de los bienes es formalmente el que, como tal, figura a efectos públicos y que, en consecuencia, no puede prevalecerse de la protección que a los bienes estatales puedan otorgar otras disposiciones».

Así pues, se entiende que en modo alguno los bienes de la compañía *strictu sensu,* pueden entenderse amparados por la cláusula privilegiada que protege los bienes del Estado (aun cuando éste ostente una fuerte participación e intervención en aquélla). Consecuencia: la ejecución de sentencias contra ellas corresponde a los Tribunales, no a la Administración.

f) *Inaplicación en general, del derecho de la Administración del Estado*

También en relación con la CAMPSA, el Tribunal Supremo, en Sentencia de 22 de enero de 1968 [60] ha afirmado la inaplicabilidad de la Ley de Procedimiento Administrativo a los expedientes de la citada compañía, con estas palabras: «Que el artículo 1.º de la Ley de Procedimiento Administrativo, en cuanto al ámbito de su aplicación, se refiere a la Administración del Estado, que es quien debe ajustar la actuación a sus prescripciones, con las singularidades que en el artículo se concretan, con lo que debe establecerse la conclusión inicial de que las supuestas infracciones de orden formal fundadas en el incumplimiento de prescripciones de la aludida Ley, tratándose de CAMPSA, adolecen del error de entender aplicable con carácter general la tramitación dispuesta para los expedientes administrativos por la citada Ley de Procedimiento, sin tener en cuenta que se trata de una compañía anónima en la que el Estado ostenta participación e intervención, pero que no es propiamente Órgano de la Administración rigiéndose por sus normas reglamentarias especiales».

A la vista de este criterio, que es el correcto, no dejaba de sorprender el artículo 398 RCE (ya nos hemos referido a él), que sin ninguna base legal y sin demasiado sentido afirmaba la aplicabilidad de la legislación general de contratos del Estado a las empresas nacionales, en sus aspectos procedimentales y

---

[60] Az. 39, Ponente: Excmo. Señor don Valentín Silva Melero.

rituarios. La aparición de este artículo en el RCE dio lugar, como se ha explicado, a una polémica en el seno mismo de la Administración, sobre la que conviene insistir. El Consejo de Estado entendió que tal artículo venía a suponer una extralimitación del ámbito propio de los Reglamentos ejecutivos de las leyes, en los que no se pueden regular materias nuevas que no hayan sido objeto de normación en la ley que desarrolla; y, sobre todo, entendía que tal precepto suponía una contradicción institucional con la naturaleza misma de las empresas nacionales, como sociedades anónimas, para las cuales se establece en el artículo 91 LEA que «se regirán por las normas de derecho mercantil, civil y laboral, salvo lo establecido en este título y disposiciones especiales aplicables a las mismas». Propugnaba, por ello, su derogación. En el fondo, este artículo planteaba en su misma raíz el problema de la calificación de las sociedades de Estado, y la base de su régimen jurídico. Pues, en efecto, según su tenor literal, «las empresas nacionales y los entes públicos que se rigen por el Derecho privado en sus relaciones con terceros, deberán preparar y adjudicar los contratos de obras y suministros que celebren conforme a la legislación de contratos del Estado, salvo que sus normas constitutivas lo prohíban o la naturaleza del tráfico que realizan sea de todo punto incompatible con las reglas de aquélla». De este texto se deriva una primera distinción, que es general en la materia contractual: el régimen jurídico *ad extra* (en sus relaciones con terceros) y el régimen jurídico *ad intra* (proceso de preparación, selección y adjudicación) de la actividad contractual. Sabido es que este último constituye la llamada *zona común de los contratos de la Administración,* que según el artículo 8 del Reglamento se aplicará también a los contratos privados de la Administración; y ello justamente porque tales preceptos procedimentales (actuaciones administrativas preparatorias, procedimiento de habilitación del gasto, expediente de contratación, formas de adjudicación, etc.) *contemplan a la Administración como sujeto,* al margen de la naturaleza de la relación.

Pues bien, resultaba chocante que justamente en esa zona común («preparar y adjudicar los contratos») se sometiese también a las empresas nacionales a las normas de la Administración («conforme a la legislación de contratos del Estado») cuando es clara *su distinta condición en cuanto sujetos.* Un tal planteamiento de base no se justifica por una pretendida uniformidad jurídica del «sector público», pues los distintos operadores económicos que integran éste podrán responder a una cierta *unidad de acción* en el *orden económico-financiero* proyectado por el Estado, *pero en modo alguno parece propugnarse para ellos unidad de régimen jurídico;* tampoco puede aducirse como argumento el indudable fin público que estos entes persiguen, pues, como ya se ha dicho, el fin es algo extrajurídico, que no determina la «forma» y el régimen jurídico» de los entes (un mismo fin puede conseguirse a través de técnicas organizativas y funcionales diversas, y el Derecho es fundamentalmente esto: «formas», «técnicas», «cauces» de actuación; otra cosa es que la técnica esté o no adecuada a los fines).

Así pues, el artículo 398, párrafo 1.º, tal como estaba redactado, suponía una contradicción con la naturaleza misma de las empresas nacionales, en contra de los principios institucionales que presiden el «modo de ser» propio de las sociedades como sujetos privados. Por su parte, el párrafo 2.º de dicho artículo imponía a la empresas nacionales, como una *medida de gobierno y control interno* de las mismas por parte de su propietario (o titular mayoritario: el Estado), el deber de redactar unos «pliegos tipo», inspirados en la medida de lo posible en los principios de garantía, publicidad, eficacia, calidad, etc., que inspiran (y pretenden conseguir) las formas jurídico-públicas y, sobre todo, adaptados al carácter y peculiaridades de funcionamiento de cada una de estas entidades y del sector donde actúan. Ya nos hemos referido a este precepto y a su posible calificación como *ius privatum singulare.* En cuanto tal, un precepto así constituiría un ejemplo de reglamentación interna de las sociedades de Estado, cosa perfectamente lógica —más aún: exigible— en atención a la necesaria garantía de la riqueza nacional y a los principios de buena y ordenada administración que debe presidir siempre la gestión de tales empresas, pues no se olvide que en ningún caso estos entes, ni sus directivos, ni el Gobierno, actúan a *título de dueño* (el único dueño es el pueblo español). Por lo demás, también en el sector privado es éste es sistema habitual de las grandes compañías respecto a sus filiales, secciones o sociedades auxiliares. Ahora bien, esto es algo muy distinto a esa pretendida aplicación a las empresas nacionales de Derecho público de la Administración, pues en ningún caso tales normas de actuación serían «Derecho público», sino puras «instrucciones» internas (dictadas no en base a una relación de poder público —jerarquía, tutela—, sino a una relación de propiedad), su cumplimiento no sería exigible por los particulares, y su infracción podría dar lugar a responsabilidad de los administradores, pero no constituiría un vicio de orden público, causa de nulidad del contrato.

El artículo 398, cuya redacción, especialmente en su párrafo 1.º, se prestaba a confusión fue, como se recordará, reformado en el reciente Reglamento de Contratación del Estado aprobado por Decreto de 25 de noviembre de 1975, cuya Disposición Transitoria segunda decía lo siguiente:

> «Las Empresas nacionales aquellas entidades en las cuales la participación del Estado sea mayoritaria y los entes públicos que se rigen por el Derecho privado en sus relaciones con terceros se sujetarán en materia de contratación de obras y suministros a sus normas administrativas especiales y a las que puedan dictarse sobre régimen jurídico de la Empresa pública, aplicán-

dose en su defecto los principios de la presente legislación, salvo que la naturaleza de la operación a realizar sea incompatible con aquéllos.

En particular procurarán respetar en su actuación, al objeto de conseguir un comportamiento homogéneo en todo el sector público, los siguientes principios:

a) La rigurosa preparación de los proyectos, especificaciones y pliegos de condiciones que sirvan de soporte al contrato, mediante los oportunos asesoramientos técnicos y jurídicos.

b) La celebración de los contratos que estimulen al empresario a un correcto cumplimiento, y que salvaguarden el interés de la entidad en los casos de incumplimiento.

Incumbe a los Consejos de Administración de las indicadas Empresas y Entidades cuidar del cumplimiento de los principios que suscite su aplicación.

Cuando el volumen de contratación lo justifique, los Consejos de Administración deberán aprobar instrucciones y pliegos generales para la contratación de obras y suministros por la Empresa o Entidad, adaptando los principios de la presente legislación al carácter que aquéllas ostentan y a las peculiaridades de su funcionamiento».

El precepto asimila, a estos efectos, empresas nacionales y entes públicos que se rigen por el Derecho privado, remitiendo su regulación a sus normas especiales y «a las que puedan dictarse sobre régimen jurídico de la empresa pública». En su defecto, no prescribe como hacía el artículo 398 la aplicación directa de la normativa estatal, sino sólo la vigencia de «los principios», y en especial los que cita. De esta forma, todo ello quedaba flexibilizado, máxime cuando es el Consejo de Administración de cada Empresa el encargado de hacer esa adaptación «y de interpretar las dudas que suscite su aplicación».

Hoy, finalmente, toda esta materia se ha visto profundamente transformada por el derecho comunitario europeo que ha venido a demandar, por exigencias de un mercado único de la contratación pública en Europa, la superación de las «formas» como criterio de aplicación o no del Derecho público en materia contractual. Sobre este tema me remito a cuanto se dice en la Lección 17.ª

CAPÍTULO IV

ESTADO Y COMUNIDADES AUTÓNOMAS EN LA CONSTITUCIÓN DE 1978

LECCIÓN 11.ª

EL ESTADO DE LAS AUTONOMÍAS. SUS PAREDES MAESTRAS *

SUMARIO: 1. El modelo de Estado, un diseño confuso e inacabado.—2. Principios constitucionales sobre su estructura y funcionamiento.—3. Sistema constitucional de asignación de competencias y poder residual. Naturaleza y posición jurídico-constitucional de los Estatutos de Autonomía.—4. La tesis de las leyes competenciales y sus naufragios.—5. Un esquema de separación, más que de cooperación. Criterios centrales de la distribución de competencias.—6. Bases, normas básicas, legislación básica, un camino de integración nacional.—7. Una cuestión polémica: la exclusividad de las competencias. Y una consecuencia descabellada: la primacía —sólo relativa— del Derecho estatal.—8. Mecanismos de solución de conflictos. Crítica del sistema. La prevalencia del 149.3.—9. Hacia una calificación realista y equilibrada del alcance de la exclusividad. Límites al intento de corrección de una realidad disfuncional.—10. Clasificación y tipología de las competencias atribuidas a las Comunidades Autónomas.—11. Límites a la autonomía y al ejercicio de las competencias por las Comunidades Autónomas: a) *Límites internos, inmanentes al sistema.* b) *Los límites externos al ejercicio de la autonomía.*—12. Control del Estado sobre las Comunidades Autónomas y mecanismos de integración de las Comunidades en el Estado.

1. El modelo de Estado, un diseño confuso e inacabado

Hay que empezar por decir que nuestro Estado es un diseño inacabado y en ello radican (es decir, tienen su raíz) muchos de los abundantes y graves problemas que se han planteado desde la aprobación de la Constitución hasta el día de hoy. Y los que se plantearán en el futuro. Ocurre que junto a la literalidad gramatical de los textos, la interpretación de las cuestiones constitucionales que afectan a la estructura y funcionamiento de un Estado debe basarse en dos cosas: a) una *«idea del Estado»,* esto es, un concepto claro acerca de su

---

* Este texto es la contribución de su autor al libro colectivo «La España de las Autonomías», Madrid, 1985, páginas 279-344.

naturaleza, su estructura, sus líneas maestras; aquellos «límites conceptuales relativos a la naturaleza e índole del Estado» de que hablaba Azaña cuando se discutía el Estatuto Catalán de 1932; b) en segundo lugar, la interpretación constitucional exige una *conciencia clara de cuál es la realidad de las cosas* y ello en un doble sentido: en primer lugar, en cuanto a las exigencias de orden técnico, económico y aun de orden físico, que llevan consigo los distintos sectores o campos objeto de regulación (estamos avocados en algunos casos a una disparatada ordenación de sectores como el transporte, las aguas, la energía o la investigación, si no se reacciona a tiempo); en segundo lugar, por realidad de las cosas entiendo el conjunto de factores sociales, convicciones ideológicas, sentimientos populares e ideas imperantes que presiden en cada momento la vida social y no se pueden desconocer. Estas ideas no son siempre y en todo lugar las mismas, y por ello la interpretación constitucional y estatutaria deberá adaptarse, como un guante a la mano, a esa diferente realidad de cada momento (o de cada lugar). Una Constitución no es un texto petrificado e inmóvil, sino abierto al cambio, sea éste ideológico, social e incluso tecnológico. Los anglosajones, especialmente los norteamericanos, hablan por ello de *«the living Constitution»,* conscientes de que bajo un mismo texto han visto sucederse a lo largo de doscientos años las más profundas transformaciones de los sistemas, técnicas y criterios de Gobierno. Aunque para ello hayan tenido que ir aprobando algunas enmiendas al texto original y el Tribunal Supremo norteamericano le haya hecho decir a la Constitución lo que la realidad de las cosas exigía.

Ocurre que en nuestro país no ha habido, en el proceso autonómico, ni una idea del Estado, ni una conciencia clara de la realidad de las cosas y sus exigencias. En cambio, se cayó en un error frecuente de los Constituyentes: el error de querer preverlo todo, estableciendo (mejor, aspirando a establecer, sin conseguirlo) un sistema cerrado de competencias, basado en unos esquemas fijos, que no resultan nada claros, pero que dan una extraordinaria rigidez al modelo. Es decir, se ha hecho lo contrario de lo que había que hacer [1]; y se ha dejado de hacer algo que es absolutamente necesario a todo Estado autonómico (federal o regional), a saber: asentar unos principios indubitables de primacía, en caso de conflicto de normas, y unos mecanismos rápidos para su resolución. La consecuencia es que cada asunto se convierte en un conflicto. Resulta abrumadora la lista larguísima de los planteados hasta ahora ante el Tribunal Constitucional en los años de funcionamiento del sistema. Y lo que

---

[1] Permítaseme apoyar este juicio con algún testimonio de autoridad: SCHWARTZ, *A Commentary on the Constitution of the United States, vol. 1, Federal and State Powers,* Rothman, 1977, páginas 9-10.

es peor, la inseguridad e incertidumbre que en cada caso tenemos sobre su resultado.

Nuestra Constitución, se ha dicho, no se identifica plenamente con ninguno de los tipos o modelos de Estado hasta ahora conocidos por la doctrina jurídica: Estado unitario, Estado regional y Estado federal. Los líderes políticos que han protagonizado la nueva configuración del Estado se han pronunciado, casi con unanimidad, por una concepción del Estado cerca o próxima al modelo federal, aun cuando púdicamente se disimule en algunos casos esa calificación. Sin embargo, nuestro sistema no puede ser calificado, sin más, como federal, en el estricto sentido que la doctrina del Derecho público da a este concepto, por la simple razón de que las llamadas «nacionalidades y regiones» no tienen *poder originario* (esto es, soberanía, aun cuando sea parcial) ni por tanto *competencia constituyente,* como tienen los Estados miembros de un Estado federal, para darse —o reformar— sus Constituciones. A diferencia de ello, los Estatutos de autonomía no son normas que las Comunidades se den a sí mismas, sino que son normas *del Estado,* que se aprueban por las Cortes Españolas, reconociendo a cada región un ámbito de autonomía (poder limitado). Ello es cierto aun en el supuesto del artículo 151.2 de la Constitución, en el que se establece un procedimiento de elaboración paccionada de los Estatutos, aunque realmente ello no sea un «pacto» (constituyente), sino un procedimiento especial de elaboración. Desde un punto de vista jurídico formal estamos simplemente ante una Ley del Estado, de carácter orgánico, a la que se llega por un procedimiento especial y que por lo mismo está dotada de un procedimiento especial de derogación: sólo puede ser modificada por el concurso de la voluntad del órgano legislativo estatal y la voluntad de la Comunidad Autónoma, salvo que el Tribunal Constitucional la declare, en alguno de sus preceptos, no ajustada a la Constitución.

En segundo lugar, nuestro sistema judicial no tiene nada que ver con el propio de un Estado federal. En éste, como es sabido, existe un doble orden de tribunales: los tribunales de cada Estado (en dos o más niveles, incluyendo en la mayoría de los casos un Tribunal Supremo del Estado-miembro) y los Tribunales federales, distribuidos a lo largo de todo el territorio nacional, también con distintos niveles (por ejemplo en los Estados Unidos, *District Courts, Circuit Courts y Supreme Court*). La separación y reparto de jurisdicción se produce normalmente en función de las materias o cuestiones sometidas a juicio: hay problemas calificados como federales, bien en razón de su objeto, bien en razón de la condición de los litigantes. A diferencia de ello, el artículo 152 CE establece un orden judicial para las Comunidades Autónomas que no *constituye un orden distinto* sino que son meras demarcaciones de Poder Judicial del Estado, que es único, según se desprende de los artículos 117, 122.1 y

149.1.5.ª, en que se consagra la competencia exclusiva del Estado en materia de Justicia. El propio artículo 152 configura el Tribunal regional (inciso final del párrafo segundo) «dentro de la unidad e independencia de éste» (el Poder Judicial del Estado). Constituye éste, justamente, uno de esos aspectos en los que la explicitación de las competencias de la Comunidad no queda remitida al Estatuto, sino a la Ley Orgánica del Poder Judicial, que puede, pues, modificar aquél y reformarlo cuantas veces sea necesario, sin acudir al procedimiento especial de reforma estatutaria. Esto supone el rechazo, en este aspecto, del modelo federal.

Finalmente, hay un tercer aspecto esencial para la construcción de una estructura federal de Estado, y es la existencia de una Segunda Cámara de representación territorial (el Senado norteamericano, el *Bundesrat* alemán). Pues bien, en nuestro país esa Cámara no existe, pues nuestro Senado no tiene ni la composición ni las funciones de garantía del orden institucional que tienen aquéllas.

Ahora bien, si todo ello es cierto, también lo es que en los Estatutos aprobados por la vía del artículo 151 no puede verse una simple norma «otorgada», aprobada por las Cortes y sometida a la soberanía de éstas, sino una norma «pactada» (quizás sería más exacto decir «participada»), que no ha sido elaborada ni discutida de acuerdo con el procedimiento normal de presentación de enmiendas, sino sometida simplemente, tras la discusión con los representantes de la Comunidad, a un voto de ratificación final del Congreso, que tiene un carácter puramente simbólico. De ahí que aun cuando tengan la condición *formal* de Leyes orgánicas, el *valor material* de estos Estatutos sea superior al de las demás Leyes orgánicas, de modo que para su reforma o revisión es preciso obtener el acuerdo de la Comunidad, con voto de referéndum entre sus ciudadanos (artículo 152.2 CE). Ello significa que las Cortes Generales han cedido parte de su poder legislativo supremo (lo cual no es propio de un Estado regional) y que se ha reconocido de algún modo el carácter paccionado (esto es, federal) de esas situaciones. Volveré más adelante sobre este punto.

Hay que reconocer, por lo demás, que esa concepción política «pactista», de origen medieval, que está en el origen de la construcción de la unidad de España, ha sido recordada en la Constitución y sigue siendo reiterada con frecuencia en algunas regiones españolas; la Constitución alude a ella al hablar del «amparo y respeto de los derechos históricos de los territorios forales» aunque luego se diga que ello se hará «en el marco de la Constitución y de los Estatutos de Autonomía». Para los foralistas, la Autonomía «no tiene su fundamento en ninguna concesión otorgada sino en un *pacto de status,* de naturaleza constitucional, imposible de modificar sin su consentimiento»; este régimen político-administrativo y económico fue, según ellos, el fruto de un «pacto de integración» que debe ser respetado porque tiene para estos territorios verdadero carácter de Ley Fundamental Constitucional, que no puede ser ignorada ni siquiera por la propia Constitución española. Recuérdese aquí la polémica que se planteó con los vascos en la discusión del texto constitucional. Unos decían: «fueros y derechos históricos en el marco de la Constitución»; y los vascos respondían: «Constitución en el marco de los derechos históricos y con respeto al fuero». El resultado de la polémica fue la disposición adicional primera de la Constitución antes citada, cuyo texto completo es el siguiente: «la Constitución ampara y *respeta los derechos históricos* de los territorios forales. La actualización general de dicho régimen foral se llevará a cabo, en su caso, en el marco de la Constitución y de los Estatutos de Autonomía», a ella se vino a sumar la disposición adicional del Estatuto Vasco, en la que puede leerse: «la aceptación del régimen de Autonomía que se establece en el presente Estatuto no implica renuncia del Pueblo Vasco a los derechos que como tal le hubieran podido corresponder en virtud de su historia». Así pues, para navarros y vascos existe una especie de «soberanía foral» («el rescoldo que queda del antiguo Reino») que es un poder propio y originario, y que encaja perfectamente dentro del modelo federal del Estado [2].

Ahora bien, hay que preguntarse: ¿es todo ello, hoy, viable y deseable? Como señaló Gil Robles (D. José María) [3] estos derechos históricos son casi siempre «reminiscencias de épocas feudales, incompatibles con el desarrollo de las grandes formaciones unitarias nacionales y con las nuevas estructuras socioeconómicas de los pueblos». Instituciones tales como «la movilización foral», la exención de los derechos de aduanas, el «pase foral», es decir, el control de que las ordenanzas o disposiciones del Rey (hoy diríamos del Gobierno central) no van contra fuero (hoy diríamos: no son antiestatutarias) y los mismísimos «conciertos económicos» (exención del pago de impuestos estatales, que son sustituidos por una aportación global al Tesoro) significan el traslado de facultades medievales que parecen atentar al principio de unidad política y económica que preside hoy la configuración de los Estados modernos (incluso de los Estados federa-

---

[2] Más aún, los teóricos del foralismo entienden que corresponde a las regiones forales el poder residual por lo que «todo lo que no se ha suprimido expresamente (se refiere a la Ley paccionada de 1841) queda en vigor y reservado para Navarra» (Aizpun) y «aquellos nuevos aspectos, surgidos como consecuencia de las transformaciones socioeconómicas, al no estar explícitamente pactados, o son competencias de la Diputación o ha de entenderse que constituyen objeto de nuevos convenios». El modelo, como se ve, no sólo es federal sino de soberanía dual. Tomo esta concepción y citas entrecomilladas de un autor nada sospechoso de separatismos: Del Burgo, Jaime Ignacio, *El Fuero: pasado, presente y futuro,* Eunsa, Pamplona, 1975, Prólogo por Rafael Aizpun Santafé.

[3] *La aventura de las autonomías,* RIALP, Madrid, 1980, páginas 72 y siguientes.

les). Y lo peor de toda esta deformidad histórica es que hoy, algunos, aspiran a que se les reconozca también a ellos un estatus semejante.

En efecto, estos planteamientos, más que federalistas pues el federalismo uniformista les parece poco para ellos, quizás con distintas razones (aunque con idéntico resultado) se dan también en Cataluña [4], tema en el que ahora no podemos detenernos en detalles, pero que en cualquier caso suponen un nuevo paso en la disolución del Estado unitario.

Afortunadamente estos planteamientos no son esgrimidos ni reclamados por las demás regiones españolas que, con todas las tradiciones y peculiaridades que se quiera, no se sienten ni desean ser «partes diferenciadas» de la nación española. Simplemente desean un Estatuto regional para la gestión de sus intereses y un Gobierno descentralizado que acerque el poder al ciudadano.

Ante tan diversa realidad, cabían —y caben— tres posibilidades en la configuración del Estado:

a) Un modelo *federal* generalizado, homogéneo e igualitario, en el que todas las regiones alcancen el mismo nivel de autogobierno, que lógicamente alcanzaría al techo máximo fijado para las así llamadas nacionalidades históricas. Un federalismo moderno, semejante al alemán, con estructuras flexibles y mecanismos de integración, que aseguren la unidad de acción.

b) Un modelo *regional* uniforme, con un amplio (aunque limitado) grado de autogobierno, una profunda descentralización administrativa y una clara y completa supremacía del Gobierno nacional —sus instituciones y sus leyes— sobre los Gobiernos regionales, tal como ocurre, por ejemplo, en el caso de Italia.

c) Un modelo de Estado mixto, con elementos de los dos anteriores, que algunos han llamado *federo-regional,* y que implicaría un desigual grado de

[4] Resulta revelador traer aquí a colación las referencias a este «pacto político» que vascos y catalanes ven en la Constitución y los Estatutos de Autonomía (al menos, en su caso), contenidas en sus alegaciones contra la LOAPA ante el Tribunal Constitucional; en la *ratio legis* del Título VIII los vascos ven las siguientes notas: «Primera, por encima del propio poder constituyente existe y obliga una concreta realidad social; segunda, en el peculiar sistema de transición del Estado centralista al de las autonomías, la presión del factor social determinante por parte de los países Vasco, Catalán y Gallego prima sobre los demás territorios en virtud de una conciencia colectiva más arraigada y de un efecto-rechazo provocado por la situación anterior; tercera, el constituyente ha adoptado el método consensual que califica todo el proceso y que, en consecuencia, ha de ser tenido en cuenta, no sólo en el momento de la instauración, sino también en el de la aplicación». Tanto el Consejo Ejecutivo de la Generalidad como el Gobierno y Parlamento Vasco denuncian que «la LOAPA subvierte el pacto político subyacente a la formulación del principio autonómico de la Constitución y, en especial, en su título VIII».

autogobierno entre las distintas nacionalidades y regiones españolas, en función de los elementos diferenciales de carácter histórico, cultural y sociológico y también en función de las diferentes condiciones y capacidades de unas y otras.

Es claro para mí que nuestra Constitución no quiso diseñar el primero de estos tres modelos (el federal), aunque aceptó, excepcionalmente, algunos elementos de aquél; orientó a nuestras comunidades hacia el segundo (el regional) y, queriendo o sin querer, perfiló un sistema mixto que es quizá, y por extraño que parezca, la vestimenta jurídica que mejor corresponde a esta extraña realidad. Todo ello en medio de una tremenda ambigüedad y confusión terminológica, bajo la que se trató de ocultar las profundas diferencias existentes entre los distintos planteamientos. Los redactores de la Constitución pensaron que en un momento posterior, con más paz y sosiego, podrían resolverse las grandes cuestiones de la construcción del Estado y del modelo de sociedad civil. Sin embargo, es patente que el paso del tiempo no está solucionando las cosas. Más bien al contrario, se está prolongando indefinidamente el período constituyente dando lugar a una continua reapertura del proceso de definición de competencias y a continuadas revisiones estatutarias. Las ambigüedades de la Constitución permanecen y se han reflejado en los Estatutos. Hoy, tras más de treinta años de Constitución y todos los Estatutos de Autonomía aprobados y reformados, sigue imperando la confusión en torno a elementales cuestiones del Estado de las Autonomías. Inicialmente se pensó que era precisa una extraña Ley, llamada Ley Orgánica de Armonización del Proceso Autonómico (LOAPA), de *carácter orgánico* y *armonizador,* que viniese a «interpretar», según decían sus autores, lo establecido en aquellos documentos. No es éste el momento de abordar en detalle la significación y alcance de aquella Ley. Baste decir ahora que su elaboración, pactada por los partidos políticos mayoritarios, levantó una tremenda polémica con muy radicales críticas desde ambos lados (tanto de los centralistas como de los autonomistas). Al final, la Ley fue declarada inconstitucional en una gran parte de sus preceptos, los más significativos. Con lo que se volvía a reabrir la cuestión del modelo autonómico. Así pues, éste es el momento en que no sabemos aún cuál es nuestro modelo de Estado.

2. Principios constitucionales sobre su estructura y funcionamiento

No es mi propósito, porque ha sido ya objeto de muchos estudios, antiguos y recientes [5], entrar en más disquisiciones teóricas sobre la idea federal o

---

[5] Entre los antiguos pero todavía valiosos, *vid.* FERRANDO, Juan, *Teoría y realidad del Estado*

sobre los conceptos de Estado regional, Estado autonómico, Estado integral o como se le quiera llamar. De lo que se trata, en este momento, es de tratar de llegar a algunos principios constitucionales sobre la estructura y el funcionamiento de nuestro Estado, a partir de los cuales puedan resolverse los problemas concretos que en los diferentes sectores de la Administración del Estado se han planteado ya entre nosotros.

La base y fundamento de nuestro orden constitucional es, a mi juicio, la contenida en los artículos 1 y 2 del texto fundamental, que junto con otros preceptos básicos como el artículo 56 (sobre el Rey y la Corona, símbolo de la unidad del Estado), el artículo 66 (sobre las Cortes Generales), el 97 (sobre el Gobierno), el 117 (sobre los Tribunales y la unidad jurisdiccional) y el 137 (sobre la organización territorial) sientan las *líneas maestras* del sistema institucional del Estado. A mi juicio, éstas son las siguientes [6].

1. España se constituye y configura como un Estado Nacional, *único soberano,* común a todas las regiones y pueblos; la nación española es la titular última y única de la soberanía de la que todos los demás grupos e instituciones reciben su reconocimiento y su poder. La nación, tal como se concibe y define en los artículos 1 y 2 de la Constitución, es una Comunidad espiritual, forjada en la historia y con unidad de destino en lo porvenir. A la totalidad de ella y no a cada una de sus partes pertenece la soberanía, que es el poder supremo, originario e incondicionado que ostenta toda comunidad política plena; justamente porque ésta es *una* (única e indisoluble) la soberanía se considera indivisible. El Estado es la personificación de la nación y sus poderes no son sino los poderes que corresponden a ésta, que son ejercidos por sus representantes.

2. Todo ello se plasma jurídicamente en la Constitución, norma suprema que la nación se da a sí misma y que, como ésta, es una y única. La *unidad constitucional* española, que viene desde Cádiz (1812) y que se reitera una vez más en el artículo 2 de la de 1978 («la Constitución se fundamenta en la indisoluble unidad de la nación española...»), significa que no existe *ninguna otra fuente ni origen del poder* que la soberanía nacional, ejercida y plasmada en el Acta constituyente. Ningún otro poder en el interior de una nación tiene ni puede tener un origen distinto, pues ninguna parte de ella puede esgrimir títulos de poder originarios frente a la soberanía nacional, ejercitada en el acto de aprobación de la Constitución. Es ésta una esencial transformación de la estructura

---

Autonómico, CITEP, Madrid, 1981; y ENTRENA CUESTA, Rafael, *Estado regional, Estado autonómico y Estado federal,* en «Estudi Juridic del Estatut d'Autonomia de Catalunya», Barcelona, 1981.

[6] Recojo aquí, más explicitadas, algunas que ya consigné en mi estudio citado en la introducción, y otras nuevas.

del Estado, frente a los antiguos Reinos y a la pluralidad de jurisdicciones del Antiguo Régimen, transformación que se inicia en Europa con la Revolución Francesa y tiene lugar en España, prontamente, en ese momento germinal que fue la Constitución de Cádiz de 1812. De entonces acá, el principio de unidad constitucional ha sido ratificado en múltiples ocasiones y no puede ahora, seriamente, ponerse en tela de juicio.

3. Según este concepto de nación, de soberanía y de Constitución, la única nación políticamente real y existente es la «nación española», referida a la totalidad de sus ciudadanos, a la comunidad en su conjunto. Jurídico-constitucionalmente, una nación de naciones es un imposible y la llamada soberanía foral no existe. Según esta concepción —que se consagra en los preceptos básicos de nuestra Constitución y que se refleja en la estructura del Estado— no es ni siquiera planteable la idea de autodeterminación de una de sus partes, pues es obvio que el hecho mismo de admitir la posibilidad de un plebiscito de separación concede ya el derecho (al menos potencialmente) antes del voto, lo cual contradice esencialmente la unidad de la nación. Asimismo, las decisiones fundamentales que afectan a la vida de la nación (y a cada una de sus partes) se encomiendan al conjunto (y no a cada parte); el *destino común* surge así como la esencia de la unidad, lo cual significa que a un andaluz le interesan y le afectan, como a un catalán, las decisiones fundamentales sobre Cataluña (y a la inversa).

4. El Estado español *es único* (artículo 137 de la CE) y «se organiza territorialmente en municipios, en provincias y en las Comunidades Autónomas que se constituyan». No caben, pues, un Estado catalán ni un Estado vasco, ni un Estado gallego, en sentido propio. Caben, sí, Gobiernos regionales con auténtico poder político, con legitimación directa en la Constitución, con poderes propios otorgados por ésta (no por la ley) y por ello, con una cierta capacidad de afirmación frente al aparato central del Estado, y de negociación con éste, *en el seno de las instituciones estatales.* Todo ello sin llegar al «pactismo» histórico al que antes nos referíamos. No es, pues, una autonomía «otorgada», graciosa, que el Estado pueda revocar o delimitar a su arbitrio. La llamada Ley «paccionada» (Estatuto aprobado por el sistema del artículo 151) *no es un pacto de status* de carácter constitucional, pero tampoco es Ley ordinaria: es una Ley *básica* del más alto rango, concordada mediante un procedimiento especial de elaboración y de reforma, que constituye para las Comunidades Autónomas una *especie de segunda Ley fundamental* (artículo 147.1) pero sigue siendo una *Ley del Estado,* que éste «reconocerá y amparará como parte integrante de su ordenamiento jurídico» (artículo 147), por lo que puede plantearse, eventualmente, su modificación o reforma por razones de alto interés nacional. Esto es así, sencillamente, porque el Estado no puede pactar, de igual a igual, con nin-

guna de las entidades o comunidades *subestatales* que haya en su interior. Alguien le ha aplicado a este Estado aquella calificación paradójica de Konrad Hesse: «Estado federal unitario». Una contradicción, ciertamente, aplicada a una contradictoria realidad.

5. Por ello mismo, al Estado, en sus Instituciones centrales, le corresponde con carácter exclusivo y excluyente (sin posibilidad siquiera de delegación: artículo 150.2 CE) aquellos poderes, atribuciones y facultades que constituyen la *esencia de la soberanía;* y por otro lado, es suya y sólo suya la decisión última en todas aquellas cuestiones que afectan al *interés nacional* en su conjunto y no solamente al interés propio y exclusivo de alguna de sus organizaciones inferiores. Como *poder supremo* de la Comunidad, debería ostentar la supremacía política y normativa, con facultad de resolver de modo inmediato cualquier conflicto que pueda surgir entre él y las demás entidades políticas infraestatales, o de éstas entre sí. El Tribunal Constitucional ha hecho notar en alguna ocasión que «como una consecuencia del principio de unidad y de la supremacía del interés de la nación (la Constitución) contempla la necesidad de que el Estado quede colocado en una posición de superioridad, tal y como establecen diversos preceptos de la Constitución» (Sentencia de 2 de febrero de 1981). Sin embargo, este principio esencial no ha quedado claramente afirmado en la Constitución. En efecto, se contiene en ella una importante excepción a dicho principio, constituida por las que podríamos llamar *materias reservadas* constitucionalmente (o estatutariamente) a las nacionalidades y regiones. Son éstas aquellas competencias que se califican de «exclusivas» y que integran, en sentido estricto, el ámbito de su «autonomía».

6. El concepto de autonomía hace referencia, según ha señalado el Tribunal Constitucional, a «un poder limitado» y «dado que cada organización territorial dotada de autonomía es una parte del todo, en ningún caso el principio de autonomía puede oponerse al de unidad, sino que es precisamente dentro de éste donde alcanza su verdadero sentido, como expresa el artículo 2 de la Constitución» (Sentencia de 2 de febrero de 1981). La «autonomía» de las nacionalidades y regiones es de un orden diferente, cualitativamente superior, a la de los Entes locales. Éstos gozan, desde siempre, de autonomía *administrativa* entendida en el sentido de poderes de decisión, por actos, en el marco de una legalidad dictada por otro, sin que sus decisiones queden sometidas o condicionadas a otra intervención superior en ese ámbito. Las Comunidades Autónomas, por el contrario, gozan también de autonomía *política,* esto es, capacidad de autogobierno, poder de dictarse sus propias normas y criterios de ordenación (de su vida, de sus ciudades, de su riqueza o de sus costumbres), todo ello dentro de los límites constitucional y estatutariamente establecidos para aquéllas (veremos estos límites con detalle más adelante).

7. Tanto en uno como en otro caso, sin embargo, el concepto de autonomía, en sus dos niveles, se caracteriza, con palabras del Tribunal Constitucional, «por el requisito de estar dotado de competencias que reúnan las *notas de exclusividad y de decisoriedad,* pues la autonomía no es sino autodeterminación, determinación libre, en cuanto a la actuación dentro del marco del ordenamiento jurídico» (constitucional y ordinario). La autonomía supone, pues, la *traslación real de una parte del poder* del aparato central del Estado a centros de imputación *independientes* de aquél; en el caso de los Entes locales lo que se transfiere son únicamente «competencias administrativas» (descentralización); en el caso de las Comunidades Autónomas españolas la transferencia alcanza también a *una parte del poder político* que se manifiesta en la atribución del poder legislativo y reglamentario así como en su participación en las decisiones políticas que afectan a cada Comunidad. En cualquier caso para que haya verdadera autonomía, se requieren, a mi juicio, tres condiciones:

a) que la transferencia de poder, político y/o administrativo, se realice a autoridades *no sometidas* jerárquicamente a la organización central del Estado;

b) que la atribución se haga de tal forma que el Ente titular de la potestad pueda *decidir irrevocablemente,* sin que estas decisiones puedan ser enmendadas por el Estado, salvo en supuestos especialísimos y con las debidas garantías (supuesto, por ejemplo, del artículo 155.1 de la CE);

c) que el ejercicio de esas potestades sea *necesario* (esto es, no pueda ser sustituido) e *independiente* (no pueda ser mediatizado jurídicamente).

La única excepción a estas reglas son aquellos casos —tasados— en que exista, constitucional o estatutariamente establecido, un poder de control por el Estado en garantía del interés nacional de España.

8. Tal es el contenido. Veamos ahora el ámbito de la autonomía. Ésta viene delimitada en la Constitución por un criterio central: los respectivos *intereses de cada Comunidad.* El artículo 137 de la Constitución delimita el ámbito de los poderes autónomos «circunscribiéndolos a la gestión de sus respectivos intereses, lo que exige que se dote a cada Ente de todas las competencias propias y exclusivas que sean necesarias para satisfacer el interés respectivo» (Sentencia del Tribunal Constitucional de 2 de febrero de 1981). Naturalmente la dificultad radica en determinar *hasta dónde llegan los «intereses propios»* de cada comunidad y dónde empieza el interés general (esto es, nacional). En una sociedad industrial moderna los intereses aparecen siempre entrelazados y son interdependientes. Se hace incluso difícil concebir unos intereses o un conjunto de acciones que sean verdaderamente *exclusivos,* esto es, que afecten

única y exclusivamente a una zona o un sector de la población sin que tengan repercusión alguna para terceros (para las demás regiones o grupos sociales). Ésta es la razón última que explica una evolución común a todos los federalismos modernos: la progresiva y creciente interpenetración entre los distintos centros de decisión de una nación (y aún de la comunidad internacional) y la necesidad de complementar el esquema de separación que todo federalismo supone, con unos esquemas y mecanismos de cooperación continua entre unos y otros. El viejo federalismo clásico, de soberanía dual, evoluciona cada vez más hacia un federalismo corporativo, que se manifiesta en un *sistema de relaciones intergubernamentales en unidad de soberanía.*

9. Obviamente, pues, esos intereses propios, exclusivos y excluyentes, son inencontrables. De ahí que la atribución de competencias entre los distintos centros (esto es, la distribución del poder) deba hacerse no tanto en función del interés exclusivo, sino del interés *predominante.* De ahí también que, en su gran mayoría, las competencias atribuidas a los distintos niveles de la organización recaigan siempre sobre *materias compartidas y* que en muchos casos esas competencias revistan carácter concurrente o deban ser ejecutadas conjuntamente, coordinadamente, entre los distintos centros de decisión. No se olvide, sin embargo, que para que exista verdadera autonomía la competencia debe ser de *necesario ejercicio* por aquél que la tiene atribuida (no puede ser sustituido), lo cual implica la nota de *exclusividad* en el ejercicio de la misma, aun cuando ésta recaiga sobre un campo de intereses no totalmente exclusivos sino predominantemente suyos. Discrepo en este punto, con el máximo respeto, del planteamiento —incidental— de esta cuestión hecho por el Tribunal Constitucional en su Sentencia de 2 de febrero de 1981.

10. En nuestro sistema autonómico, la apreciación primera de cuáles son los *campos de interés,* o, dentro de un mismo campo, los *niveles de decisión* que corresponden al Estado o a las Comunidades Autónomas fue realizada, con no mucho acierto como veremos, por la propia Constitución en sus artículos 148 y 149. Secundariamente, y con sujeción a éstos y a las líneas maestras del sistema, los Estatutos aprobados para cada Comunidad han venido a precisar y explicitar el contenido de las competencias de cada nivel y el carácter con que éstas se atribuyen a los distintos centros. Finalmente y según la práctica que hasta ahora conocemos, en un tercer momento, las Comisiones Mixtas de transferencia entre el Estado y las Comunidades han venido a precisar la concreta asignación de facultades y funciones que se traspasaban, con los servicios, personal y medios materiales necesarios para prestarlos. Esto ha venido haciendo hasta ahora a través de una serie de Decretos elaborados conjuntamente y asumidos como propios por el Gobierno, que los dictaba en ejecución del Estatuto.

Hasta aquí, en los diez puntos que acaban de ser enumerados, se contienen lo que constituye a mi juicio principios inspiradores y paredes maestras del edificio autonómico español. Con ellas no se ha pretendido dar respuesta concreta a todos los problemas que una transformación semejante del Estado comporta —algo que hay que resolver caso por caso—, pero sí dejar sentadas esas realidades primarias, esas ideas-madre, a partir de las cuales hay que enfocar los problemas que surjan y arbitrar las soluciones. También entiendo que estos principios deben tenerse presentes a la hora de interpretar el Título VIII de la Constitución, que no es una rueda loca, que gire a su aire, sino que debe ser integrado en el conjunto del orden constitucional. Sentado todo esto, es preciso entrar ahora en los concretos problemas jurídicos que se han planteado cuando se ha tratado de articular, en la Constitución y en los Estatutos, el sistema que acaba de ser descrito. Son muchos y muy graves, porque contra lo que parecería razonable esperar —que la articulación del sistema autonómico se ajustara y reflejase los principios estructurales del Estado— ocurre justamente lo contrario, de tal modo que buena parte del contenido del Título VIII y muchas de sus determinaciones concretas no se ajustan, sino que parecen contradecir los principios hasta ahora enunciados, según tendremos ocasión de ver.

3. Sistema constitucional de asignación de competencias y poder residual. Naturaleza y posición jurídico-constitucional de los Estatutos de Autonomía

La ambigüedad *constitucional,* a la que nos referíamos al comienzo de estas páginas, encuentra su expresión más acabada en la peculiar forma de distribuir las competencias entre el Estado y las Comunidades Autónomas y en el modo de atribución de las competencias residuales.

Contra lo que es habitual en el tipo de Estado regional (por ejemplo, artículo 117 de la Constitución italiana), o frente al sistema de las tres listas, materias exclusivas del Estado, materias compartidas (legislación corresponde al Estado y ejecución a las regiones) y materias exclusivas de las Comunidades Autónomas, como era el sistema de la Constitución de 1931, en sus artículos 14, 15 y 16, en la de 1978, no se ha fijado con precisión y claridad la lista de competencias atribuidas a las Comunidades Autónomas, ni se ha dejado firmemente asentado que las no atribuidas a aquéllas corresponderían al Estado, sino que al contrario, en el artículo 148 se ofrece una lista de lo que parece ser el posible *contenido inicial* de las autonomías (que es al mismo tiempo el máximo para las ordinarias, en los cinco primeros años), y en el 149 se delimita un ámbito de materias y facultades *reservadas al Estado,* especificando en su apartado tercero que «las materias no atribuidas expresamente al Estado por esta Constitución podrán corresponder a las Comunidades Autónomas en virtud de sus respectivos Estatutos». Es decir, que la Constitución parece establecer, por un lado, un contenido inicial máximo de las Autonomías ordinarias durante los primeros cinco años (artículo 148.2) y, por otro, un *sistema de límites* al contenido final máximo, de todas las autonomías (artículo 149), tanto para las que siguen las vías de acceso de la Disposición Transitoria 2.ª o la vía del artículo 151.1 (las cuales podrán alcanzar este techo desde el primer momento) como para las demás (que podrán alcanzarlo transcurridos los cinco años). En uno u otro caso, la Constitución remite a lo que se establezca en cada Estatuto dentro del marco establecido en aquélla (artículo 147). Esta formulación supone un inicial reconocimiento del «poder residual» a favor de las Comunidades (todo lo no reservado al Estado), siempre que éstas recaben para sí en sus Estatutos dichos poderes y no invadan el campo del 149.1. Y así ha sido, efectivamente, pues tanto en los Estatutos aprobados hasta ahora como en los actualmente en elaboración, se ha formulado la más formidable y ambiciosa atribución de competencias que imaginarse pueda, a lo cual invitaba la propia mecánica constitucional.

Esto ha llevado a afirmar a uno de los comentaristas que tal estructura de competencias es «típica de los esquemas federales y tiende a configurar las competencias del Estado como competencias de atribución y, correlativamente las de las Comunidades Autónomas como competencia de Derecho común», por lo que «sería forzoso concluir que los poderes comunitarios o regionales estarían dotados de una inicial virtualidad expansiva» [7]. Se ha señalado también que el artículo 149 deja «un campo indefinido de posibles competencias de las C.A. llamadas a incrementarse al correr del tiempo (poderes residuales) entre otras razones porque los avances de la ciencia y el progreso tecnológico pueden abrir nuevos campos hasta hoy insospechados para la acción pública» [8].

---

[7] Así, Fernández Rodríguez, *El sistema de distribución de competencias entre el Estado y las Comunidades Autónomas,* cit., páginas 14 y siguientes. Hay que aclarar aquí que la estructura federal o no de un Estado no depende sólo ni fundamentalmente de la atribución de poder residual, y que en el Derecho comparado se dan estados federales de ambos tipos. Ejemplos de «poderes enumerados» (limitados) para el Gobierno federal son Estados Unidos o Alemania y de «poderes enumerados» para los Estados miembros (y residual en favor del Gobierno federal) es Canadá. Véanse en este sentido las precisiones que ha hecho Gallego Anabitarte en *Derecho Público, Derecho Constitucional, Derecho Administrativo,* páginas 56 y siguientes, Madrid, 1980, en donde se recoge una opinión generalizada en autores como Loewenstein, Karl, *Teoría de la Constitución,* 2.ª ed., Madrid, 1975, páginas 356 y siguientes, o en Schwartz, Bernard, *A Commentary on the Constitution, op. cit.,* páginas 91 y 92.

[8] López Rodó, L., *Las autonomías, encrucijada de España,* Madrid, 1980, página 85.

Pero lo más grave no es eso, lo más grave es que según esta técnica de atribución de competencias el *instrumento decisivo en la configuración de autonomías no es la Constitución, sino los Estatutos* (a los que aquélla se remite); éstos quedan así convertidos en una especie de marco genérico e interpretación auténtica de la Constitución para cada Comunidad, su «norma institucional básica» (artículo 147.1). Si además éstos han surgido como consecuencia de unas negociaciones «para determinar de común acuerdo su formulación definitiva» (artículo 151.2), se comprende la equívoca situación a la que se llega, pues para unos —y es a mi juicio lo correcto— esto sólo será, como ya se ha dicho, un «procedimiento especial» para la elaboración de este tipo de leyes (estatales) orgánicas, pero para otros se tratará de verdaderas leyes paccionadas, de un pacto federativo, que no admite otra derogación que la expresamente prevista en ellas (así, artículos 147.3 y 152.2), lo cual convierte a los Estatutos aprobados por este sistema (vasco, catalán, andaluz y gallego) en una especie de *segunda Ley fundamental* (regional o nacional, de un Estado miembro), con rango *quasi constitucional.* Esto, a mi juicio, es un mal planteamiento, pero no deja de tener su razón y ha dado lugar a graves dificultades a la hora de intentar ajustar el sistema para un funcionamiento eficaz del mismo. Esto explica lo sucedido con la LOAPA, intento bienintencionado de racionalización funcional del Estado, que fue irremediablemente condenado por inconstitucional.

Ya antes de este intento se habían planteado otros problemas. El primer problema que se planteó fue el de la relación de Estatutos *versus* Leyes Orgánicas posteriores. ¿Pueden aquéllos ser derogados por éstas o constituyen una categoría superior? Lopéz Rodó entendió, con acierto, que había que distinguir aquí diversas hipótesis: los Estatutos aprobados por la vía del artículo 143 pueden, en principio, ser derogados, respetando en su caso el procedimiento de reforma establecido en los mismos (artículo 147.3); por el contrario, los aprobados por la vía del 151 no pueden, en principio, verse alterados por ninguna Ley Orgánica posterior, pues lo prohíbe el artículo 152.1.

La única salvedad que hay que hacer a esta determinación competencial de los Estatutos es la de aquellos campos en que la propia Constitución se remite expresamente a una Ley Orgánica con carácter preferente al Estatuto, de tal modo que en estos casos, por ejemplo en materias de seguridad pública, justicia, educación, competencias financieras y otras (artículos 27, 149.1, 29 y 30, artículo 152.1 y artículo 157 CE) si los Estatutos se dictan antes que las Leyes Orgánicas (como así ha ocurrido) pueden ser derogados por lo que en ellas después se establezca. Pero aun este supuesto ha sido discutido, a mi juicio sin fundamento, por los defensores de la superioridad del Estatuto (entendido como «pacto») sobre cualquier otra Ley. Recuérdese que con ocasión de la discusión en el Congreso de la Ley Orgánica de Financiación de las Comunidades Autónomas (precisamente una de esas Leyes Orgánicas expresamente prevista en la Constitución), se produjo una vivísima discusión sobre si dicha Ley debía prevalecer o no sobre los Estatutos y tras algún incidente, se llegó a la siguiente salomónica solución: «las normas de esta Ley serán aplicadas a "todas las Comunidades Autónomas, debiendo interpretarse armónicamente con las normas contenidas en los respectivos Estatutos"». Como certeramente apostilló López Rodó, «ese tanto monta, monta tanto..., es una fórmula más retórica que sustantiva y no servirá para resolver los conflictos». Así ha sido y así sigue siendo, haciéndose imposible hasta ahora el control del gasto en las Comunidades Autónomas, situación denunciada por el Banco de España en fecha reciente (el Gobernador ha pedido una Ley Orgánica que permita al Estado fijar esos límites).

Otros intentos ha habido de reconducción, clarificación, racionalización, o modificación, según se le quiera llamar, del sistema de competencias, motivado por la posición jurídico-constitucional de los Estatutos. Por su interés y significación merecen un análisis por separado.

4. La tesis de las leyes competenciales y sus naufragios

Recordemos brevemente cuándo y por qué surge esta tesis. Tras el Estatuto vasco y el catalán, el partido en el Gobierno y el propio partido socialista se plantean la necesidad de poner un techo (y un freno) al modelo autonómico en aquéllos consagrado, pues entienden que se ha ido más allá de lo deseable y tal planteamiento no puede generalizarse. Se inicia por entonces (otoño de 1979) el primer intento de lo que se llamaría «racionalización de las autonomías», cuyas víctimas —si puede hablarse así— iban a ser Galicia y Andalucía. Este intento fue explicado por el propio Gobierno a los parlamentarios gallegos como una necesidad de encauzar (de embridar) el autonomismo andaluz, justificando su aplicación en el precedente gallego y poniendo, con ambos, un tope a las aspiraciones autonómicas de las demás regiones.

La técnica para la «reconducción» era, junto a una merma de competencias exclusivas, la determinación de que éstas se atendrían en todo caso (Disposición Transitoria 5.ª del Proyecto) «a los criterios que establezcan las Leyes del Estado en relación a las materias recogidas en dichos preceptos...»; dichas leyes «determinarían con respecto a cada materia las competencias del Estado y las de la Comunidad Autónoma, y las facultades que aquél pueda reservarse sobre el ejercicio de éstas». Las materias a que estas «leyes de competencias» podrían afectar eran prácticamente todas, lo cual equivalía, según los gallegos, a «la liquidación de la idea misma del Estatuto de autonomía». El precepto quedaría al final recogido en la Disposición Transitoria 3.ª del primer Proyecto de ley competencial aprobado, cuyo texto era:

> «En aquellas competencias que recaen sobre materias que de acuerdo con lo dispuesto en la Constitución y en el presente Estatuto son objeto también de competencias estatales, se estará a la *delimitación que de éstas hagan las Cortes Generales, mediante ley.* Mientras dicha delimitación no se realice y a reserva de lo que la misma disponga, la Comisión Mixta podrá acordar la determinación de las facultades que corresponden a la Comunidad Autónoma».

La misma idea se había querido ya introducir en el artículo 28 de la Ley Orgánica del Tribunal Constitucional (LOTC), cuyo número 1 venía a decir que para apreciar la conformidad o disconformidad con la Constitución de una Ley de las Comunidades Autónomas, el Tribunal debía considerar,

> «Las *Leyes* que dentro del marco constitucional se hubieran dictado *para delimitar las competencias* del Estado y las diferentes Comunidades Autónomas o para regular o armonizar el ejercicio de las competencias de éstas».

Este precepto, con el que obviamente se pretendía ampliar *el bloque de la constitucionalidad* y abrir la puerta a la delimitación posterior de competencias por la vía de leyes sectoriales del Estado, se formulaba, como no podía ser menos, con una limitación que anulaba su posible virtualidad, pues lógicamente exigía que esas leyes competenciales se dictasen «dentro del marco constitucional», lo cual, dados los términos en que la Constitución y los Estatutos vasco y catalán atribuían las competencias, convertía al precepto en una petición de principio, algo completamente inútil. Quizás por ello, el Tribunal Constitucional no le ha prestado hasta el momento la más mínima atención, muy posiblemente porque es más que dudosa su constitucionalidad, según se deduce de la Sentencia dictada sobre la LOAPA, que enseguida veremos.

Finalmente, cuando de nuevo se intentó con el informe de la Comisión de expertos, reordenar el modelo autonómico, éstos tropezaron con la misma dificultad: la imposibilidad de alterar lo más mínimo, por Ley posterior, los Estatutos aprobados. Se acudió por ello hábilmente a la fórmula de esa singular Ley, orgánica y armonizadora, que se presentaba a sí misma como puramente «interpretativa» de la Constitución. El artículo 4 de la LOAPA venía a reintroducir veladamente el mecanismo de las leyes competenciales, mediante un texto sibilino, aparentemente inocuo, que causaba perplejidad. El texto decía así:

> «Las normas que el Estado dicte en el ejercicio de las competencias que le reconoce el artículo 149.1 de la Constitución, prevalecerán sobre las normas de las Comunidades Autónomas».

La crítica que a este texto se hizo era certera, pues o bien resultaba *inútil,* si se limitaba a repetir lo ya establecido en el artículo 149.3 CE, o bien *inconstitucional,* si pretendía ampliar el sentido y alcance de dicha norma. Para vascos y catalanes esto es justamente lo que hace, ya que —dicen—

> «al omitir la expresión "caso de conflicto" cuando se refiere a los supuestos de aplicación de la prevalencia del derecho estatal, permite entender que la *"intentio legislatoris"* no es otra que la de otorgar a las normas estatales una prevalencia incondicionada sobre las normas que las Comunidades Autónomas puedan dictar al amparo del artículo 149.1 de la Constitución; esto es, que prevalecerá siempre la norma estatal (incluso cuando se trate de competencias exclusivas de las Comunidades Autónomas), aun cuando sobrepase los límites constitucionales o sean de aplicación otros criterios competenciales.
>
> Con ello, en definitiva, viene a ampliarse la competencia estatal, al *remitir al Derecho estatal la concreción del ámbito de autonomía legislativa de las Comunidades Autónomas* en las materias a que hace referencia el artículo 149.1 de la Constitución. El Derecho estatal sólo sería supletorio en las materias del artículo 148.1 de la misma y sería prevalente en todos los recogidos en el artículo 149.1».

Esto, que ciertamente sería lo deseable, es lo que el Tribunal Constitucional anula por inconstitucional, en los términos que enseguida veremos.

El soporte y armazón doctrinal de este triple intento, en los tres casos fallidos, de introducción de unas leyes competenciales, puede verse en un libro aparecido por aquellas fechas, cuyas tesis recogió la Comisión de expertos [9]. La tesis central de ese libro viene a establecer una separación entre dos bloques de competencias regionales, con distinto respaldo constitucional y, en su opinión, distinto régimen jurídico. De una parte el que procede del artículo 148, que constituiría «el ámbito de intereses propios de la Comunidad Autónoma, es decir, constituye el contenido garantizado de la autonomía regional, que por ello mismo no puede ser desconocido ni afectado por el ordenamiento infraconstitucional» (página 103). En este primer bloque —dice— «la concreción tanto de las materias como de las competencias en ellas asumidas, está atribuida al binomio Constitución-Estatutos», sin que el Estado pueda incidir en él con leyes interpuestas entre ambos (salvo que tenga un título específico expresamente previsto y tasado, por ejemplo, el del artículo 150.3: leyes armonizadoras).

Por otro lado está el bloque procedente del artículo 149, en cuanto éste otorgue a las Comunidades una posibilidad competencial. Este conjunto de

[9] PAREJO, Luciano, *La prevalencia del Derecho estatal sobre el regional,* CEC, Madrid, 1981.

materias, sin embargo, pertenece a un orden diferente, pues —se dice— no sólo queda fuera del contenido garantizado constitucionalmente a la autonomía regional, sino que pertenece, por prescripción constitucional, al ámbito de los intereses de la entera comunidad (página 104). Según ello, en este supuesto, «al Estado corresponde la totalidad de las funciones públicas sobre las materias enumeradas» y ello aún cuando el artículo 149 contempla expresamente, en algunos casos, la «compartición en el plano legislativo», pues según esta interpretación «las condiciones y los términos de la misma (quedan remitidos) a la ley estatal» (páginas 100 y 101); de modo que «es dicha legislación (estatal) la que delimita el espacio en que válidamente puede producirse la normación regional». Por ello —concluye— «la concreción del diseño competencial en estas materias aparece confiado al binomio Constitución-Ley estatal. La Ley estatal puede incardinarse directamente al texto fundamental desarrollándolo, precisamente porque se mueve en un espacio plenamente retenido por la soberanía nacional, es decir, en el que no incide la garantía institucional de las autonomías» (página 104). En otras palabras, que en estos campos, entre la Constitución y los Estatutos, se intercalan las leyes delimitadoras dictadas por el Estado.

He aquí, claramente formulado, el soporte doctrinal de la famosa tesis de las leyes competenciales, que primero se quiso introducir en el Estatuto Gallego, que, luego, tuvo su reflejo en el artículo 28.1 de la LOTC y finalmente trató de consagrarse en la LOAPA, siendo anulado por el TC.

Y es que, en efecto, la tesis que ha quedado expuesta, ciertamente brillante y que puede parecer llena de buen sentido, olvida algo que es inesquivable, a saber: que existen unos Estatutos de Autonomía, que son la «norma institucional básica de cada Comunidad» (artículo 147.1), que tienen el carácter *formal* de Ley Orgánica (artículo 81.1), que además tienen, de hecho, un *valor material* superior en cuanto su elaboración (y su reforma) se ha llevado a cabo (y sólo es posible) bajo muy especiales requisitos, por lo que son inmunes a cuantas leyes puedan aprobar las Cortes Españolas (salvo, como ya se ha dicho, las orgánicas expresamente previstas en la Constitución, con virtualidad modificadora de los Estatutos).

Ahora bien, resulta que en los tales Estatutos esa pretendida separación entre dos bloques competenciales no aparece por ningún sitio. En ellos los listados del 148 y 149 han sido incorporados (o tomados como marco) sin ninguna diferenciación. Antes al contrario, los distintos tipos o modalidades de competencias (exclusivas, de desarrollo legislativo, de ejecución, etc.) aparecen integrados por materias y funciones procedentes de ambos artículos de la Constitución, indistintamente. ¿Cómo hacer compatible, entonces, las leyes competenciales con los Estatutos de Autonomía vasco, catalán o gallego? Se dirá que éstos están sometidos a la Constitución. Obviamente. Pero es que la Constitución no dice lo que se le quiere hacer decir. Es sólo una bienintencionada y razonable interpretación doctrinal la que se ha hecho, con el fin de reconducir de alguna manera el texto inmoderado y maximalista de algunos Estatutos. Éstos son —nos guste o no— interpretación oficial y auténtica (salvo que diga otra cosa el Tribunal Constitucional), por lo que ante tal realidad la disyuntiva es clara: si la doctrina de las leyes competenciales (y por tanto el artículo 28 LOTC) es, realmente, lo que dice la Constitución, la conclusión obligada es la declaración de inconstitucionalidad de los Estatutos en aquellos preceptos que la contradigan (lo que se han llamado «excesos semánticos» no serían sólo eso, sino verdaderas inconstitucionalidades); si, por el contrario, ello no es así, y los Estatutos son la norma institucional básica con valor superior a todas las demás normas y presunción de constitucionalidad en todas sus partes, entonces hay que olvidarse del artículo 28 LOTC (sobre el que recaerían, ahora, serias dudas de constitucionalidad) y de las leyes competenciales, como una manifestación más de *wishful thinking* (pensamiento de deseo), tan frecuente en el mundo del derecho. Pues bien, veamos cuál es la sanción definitiva que sobre esta tesis ha recaído, de un modo difícilmente revisable, en la famosa STC de 5 de agosto de 1983, sobre la LOAPA. La condena de las leyes competenciales se formula en los siguientes términos (permítasenos la amplitud de la cita, porque lo merece).

> «Los recurrentes impugnan la constitucionalidad del Proyecto de LOAPA alegando que se trata de una Ley de carácter general que tiene como finalidad aclarar o interpretar las posibles ambigüedades de los Estatutos o delimitar las competencias del poder central y de las nacionalidades y regiones, siendo así que la función interpretadora de la Constitución corresponde, de acuerdo con lo establecido en ella misma y en la LOTC, al Tribunal Constitucional y que no corresponde al Estado dictar leyes que incidan en el ámbito competencial de las Comunidades, interponiéndose entre la Constitución y los Estatutos de Autonomía.
>
> Se impone, por tanto, examinar la capacidad del legislador estatal para dictar normas relativas al ámbito competencial de las Comunidades Autónomas que precisen el alcance de los conceptos jurídicos utilizados en el texto constitucional o integren las determinaciones constitucionales o incidan directamente sobre el sistema de distribución de competencias previsto en la Constitución sin una atribución contenida en la misma de forma expresa.
>
> No cabe duda —y así lo señala el Abogado del Estado— que las Cortes Generales, como titulares "de la potestad legislativa del Estado" (artícu-

lo 66.2 de la Constitución), pueden legislar en principio sobre cualquier materia sin necesidad de poseer un título específico para ello, pero esta potestad tiene sus límites derivados de la propia Constitución, y, en todo caso, lo que las Cortes no pueden hacer es colocarse en el mismo plano del poder constituyente realizando actos propios de éste, salvo en el caso en que la propia Constitución les atribuya alguna función constituyente. La distinción entre poder constituyente y poderes constituidos no opera tan sólo en el momento de establecerse la Constitución; la voluntad y racionalidad del poder constituyente objetivadas en la Constitución no sólo fundan en su origen, sino que fundamentan permanentemente el orden jurídico y estatal y suponen un límite a la potestad del legislador. Al Tribunal Constitucional corresponde, en su función de intérprete supremo de la Constitución (artículo 1 de la LOTC), custodiar la permanente distinción entre la objetivación del poder constituyente y la actuación de los poderes constituidos, los cuales nunca podrán rebasar los límites y las competencias establecidas por aquél. Debemos examinar, por tanto, si en el ejercicio de estas competencias tales límites han sido rebasados en el Proyecto impugnado.

Por lo que se refiere a la delimitación de competencias entre el Estado y las Comunidades Autónomas, de acuerdo con lo que determina el artículo 147.2,d), de la Constitución, son los Estatutos de Autonomía las normas llamadas a fijar "las competencias asumidas dentro del marco establecido en la Constitución", articulándose así el sistema competencial mediante la Constitución y los Estatutos, en los que éstos ocupan una posición jerárquicamente subordinada a aquélla. Sin embargo, de ello no cabe deducir que toda Ley estatal que pretenda delimitar competencias entre el Estado y las Comunidades Autónomas sea inconstitucional por pretender ejercer una función reservada al Estatuto. La reserva que la Constitución hace al Estatuto en esta materia no es total o absoluta; las leyes estatales pueden cumplir en unas ocasiones una función atributiva de competencias —leyes orgánicas de transferencia o delegación— y en otras una función delimitadora de su contenido, como ha reconocido este Tribunal en reiteradas ocasiones. Tal sucede cuando la Constitución remite a una Ley del Estado para precisar el alcance de la competencia que las Comunidades Autónomas pueden asumir, lo que condiciona el alcance de la posible asunción estatutaria de competencias —tal es el caso previsto en el artículo 149.1.29.ª de la Constitución— y lo mismo ocurre cuando los Estatutos cierran el proceso de delimitación competencial remitiendo a las prescripciones de una Ley estatal en cuyo supuesto el reenvío operado atribuye a la Ley estatal la delimitación positiva del contenido de las competencias autonómicas. En tales casos la función de deslinde de competencias que la Ley estatal cumple no se apoya en una atribución general contenida en la Constitución, como ocurre en el caso de los Estatutos, sino en una atribución concreta y específica. Este es el sistema configurado por la Constitución —especialmente en los artículos 147, 148 y 149—, que vincula a todos los poderes públicos de acuerdo con el artículo 9.1 de la misma y que, en consecuencia, constituye un límite para la potestad legislativa de las Cortes Generales. Por ello *el legislador estatal no puede incidir con carácter general en el sistema de delimitación de competencias entre el Estado y las Comunidades Autónomas sin una expresa previsión constitucional o estatutaria*. La Constitución contiene una previsión de este tipo en el artículo 150.3 al regular las leyes de armonización, por lo que las Cortes Generales, en el ejercicio de su función legislativa, podrán dictarlas dentro de los límites del mencionado precepto, al que nos hemos referido en el fundamento tercero de esta Sentencia».

Podríamos decir, resumiendo, que las tesis son: primacía del Estatuto como norma delimitadora y atributiva; prohibición de interpretación general del sistema por ley del Estado; las leyes del Estado sólo pueden deslindar competencias cuando tienen para ello una atribución concreta y específica; de acuerdo con ello, el legislador tampoco puede dictar normas que incidan en el sistema de distribución de competencias, ni siquiera para integrar hipotéticas lagunas de la Constitución.

La doctrina —nos guste o no— no puede ser más clara. Ahora bien, si de lo que se trata es de corregir unos excesos estatutarios indebidamente aprobados, que rompen el sistema consagrado en la Constitución (en los artículos 148 y 149), el camino para traer de nuevo las aguas a sus cauces no es dictar leyes «interpretativas» o «competenciales» sino promover la declaración de inconstitucionalidad de dichos preceptos estatutarios. O bien reformar la Constitución. Esto último no es, quizás, políticamente viable o conveniente y de ahí los caminos indirectos hasta ahora intentados.

La doctrina que inspiró la LOAPA (Muñoz Machado, Parejo) se ha pronunciado, como es lógico, críticamente frente a esta Sentencia, que niega toda función delimitadora de competencias a las normas estatales [9 bis]. Le acusan de haber introducido «un cambio de 180°» en sus criterios anteriores. No es así. Pero aunque lo fuese, bien venido sea, pues sin duda esta última Sentencia se ajusta mucho más a la estructura de competencias consagrada en la Constitución. No caben en ella las leyes competenciales. Y la función delimitadora de las «leyes básicas» no es tal, sino que éstas se encuentran vinculadas y subordinadas a las prescripciones estatutarias, aunque éstas naturalmente se encuen-

---

[9 bis] MUÑOZ MACHADO, S., *La interpretación de la Constitución, la armonización legislativa y otras cuestiones,* REDC, n.º 9, septiembre-diciembre 1983, páginas 117 y siguientes. PAREJO ALFONSO, L., *Algunas reflexiones sobre la Sentencia del T.C. de 5-VIII-1983,* en el mismo lugar, páginas 147 y siguientes.

tran sometidas a los mandatos constitucionales. Y el único árbitro para juzgar de ello es el Tribunal Constitucional, que se convierte así en la pieza básica del sistema.

Por lo demás, la crítica que ambos autores formulan a la doctrina de las «leyes interpretativas» es superflua e innecesaria. Todos sabemos lo que el Tribunal quiso afirmar: «el legislador no puede dictar normas cuyo exclusivo objeto sea precisar el único sentido que deba atribuirse a un determinado concepto o precepto de la Constitución, pues, al reducir las distintas posibilidades o alternativas del texto constitucional a una sola, completa de hecho la obra del poder constituyente y se sitúa funcionalmente en su mismo plano, cruzando al hacerlo la línea divisoria entre el poder constituyente y los poderes constituidos». Muñoz Machado se desgañita en convencernos de que el Tribunal está muy equivocado declarando anticonstitucionales las leyes meramente interpretativas, sin querer reconocer que lo que el Tribunal condena no es, obviamente, toda interpretación, sino «esa» interpretación, que encerraba en el fondo una «modificación» (o si se quiere, una pretensión de interpretación auténtica y única de la CE). Tal era justamente lo que se pretendía —a pesar de lo que ahora se diga— y por tal motivo se la quiso dotar de ese extraño carácter orgánico-armonizador: para evitar cualquier discusión. No lo decía, pero lo quería, como era obvio para todo el que hubiera seguido el proceso de su elaboración. Parejo critica la Sentencia diciendo que ésta «descansa por entero en un juicio de intenciones». Tampoco ello es así, pero aunque lo fuese, no es ciertamente un débil apoyo, pues las «intenciones» (mejor, el fin de la norma) había sido una y otra vez proclamado por sus autores y resultaba obvio para todo el que conociera la génesis y objetivos de la ley.

Como bien señala Cruz Villalón, parece evidente que el legislador orgánico-armonizador trataba de imponer su interpretación de los conceptos constitucionales a las Comunidades Autónomas (especialmente a catalanes y vascos), pues si no, ¿qué sentido tenía ese Título 1 de la Ley? Ahora bien, éste era un planteamiento gravemente erróneo. Era, una vez más, el planteamiento de las leyes competenciales, frente al cual el Tribunal, como señala Cruz Villalón, afirma: «El legislador estatal sólo tiene en esta materia las competencias que expresamente le atribuyan la Constitución y los Estatutos; y si este principio no puede ser obviado pretextando una labor de integración de hipotéticas lagunas (FJ 4 b), tampoco debería poder serlo imponiendo la interpretación considerada correcta de los conceptos que están en la base del sistema de distribución de competencias» (FJ 4 c) [9 ter]. En definitiva, las únicas leyes compe-

[9 ter] CRUZ VILLALÓN, Pedro, *¿Reserva de constitución?*, REDC, n.º 9, 1983, páginas 185 y siguientes.

tenciales posibles son la Constitución y los Estatutos de Autonomía, únicas dos fuentes posibles de competencia.

5. Un esquema de separación, más que de cooperación. Criterios centrales de la distribución de competencias

Todo sistema federal, autonómico o regional, está necesariamente basado, según ya se ha dicho, en un esquema de partición del poder y de su distribución entre los distintos centros de decisión. La transferencia de poder político y administrativo del aparato central del Estado a las nuevas Comunidades Autónomas era absolutamente necesaria y conveniente, si bien esta idea de *separación* debiera haberse complementado, por las razones ya indicadas, con los instrumentos de cooperación y coordinación en la gestión de las tareas públicas. Nuestra Constitución ha insistido una y otra vez en el primer aspecto, ha perfilado, aunque con ambigüedad, la idea de la separación y, por el contrario, resulta extraordinariamente pobre e insuficiente en cuanto a instrumentos de cooperación y dirección.

El esquema de separación de tareas y funciones está basado en una serie de criterios técnicos, en los que se articula el criterio central de los «intereses respectivos», propios y peculiares de cada Comunidad. La Constitución ha intentado, cuando ello parecía posible, una separación material de campos de actuación y cuando no era posible, porque dentro de un mismo campo se atribuían competencias a ambas instancias, se ha procurado separar las atribuciones concretas encomendadas a uno y otro nivel, realizando en muchos casos tal atribución con carácter exclusivo (el tema de la exclusividad será inmediatamente analizado). Veamos los distintos métodos y criterios de atribución:

a) Un primer criterio de atribución de competencias se basa en la trascendencia de la materia y su vinculación directa con la soberanía nacional. Se atribuyen al Estado, en su totalidad, una serie de materias que se juzgan *esenciales a la soberanía y a la unidad* del Estado, y a las Comunidades Autónomas, otra serie de materias que se estiman de *interés propio* y *peculiar de cada Comunidad,* sin una especial trascendencia para el conjunto de la nación. Entre las primeras pueden citarse las contenidas en muchos de los números del artículo 149.1 tales como regulación de las condiciones básicas que garanticen la igualdad de todos los españoles en el ejercicio de los derechos y deberes constitucionales, nacionalidad, inmigración, extranjería, relaciones internacionales, defensa y fuerzas armadas, justicia, régimen aduanero y arancelario, propiedad intelectual e industrial, sistema monetario, régimen de producción, comercio, tenencia y uso de armas y explosivos, pesca marítima, marina mercante, etc.

Entre las segundas, pueden encontrarse las contenidas en una gran parte de los números del artículo 148.1: organización de sus instituciones de autogobierno, funciones de tutela sobre las Corporaciones Locales, puertos y aeropuertos deportivos, pesca lacustre y fluvial, caza (en su ámbito territorial), ferias interiores, artesanía local, turismo (en su ámbito territorial), cultura y lengua de la propia Comunidad, museos, bibliotecas, conservatorios, patrimonio natural y monumental de la Comunidad, urbanismo y vivienda, deporte (en su ámbito), aguas minerales y termales, protección de sus edificios e instalaciones, coordinación de las policías locales, y alguna más.

b) La separación material y la atribución de competencias se articula en otros campos *sobre la base del territorio,* confiando a las Comunidades Autónomas la competencia en una serie de sectores y actividades, siempre que éstas se desarrollen íntegramente en el territorio de una Comunidad, y al Estado cuando esas mismas actividades desbordan o se extienden al territorio de más de una Comunidad. Tal es el caso, por ejemplo, en las materias de ordenación del territorio, ferrocarriles, carreteras, transportes terrestres, aprovechamientos hidráulicos, acuicultura, marisqueo y granjas marinas, instalaciones eléctricas, transporte y suministro de energía y alguna más.

En estas dos primeras modalidades de distribución de competencias (letras a y b), se pretende, pues, una *separación clara de materias que, en su globalidad, quedan atribuidas a una u otra organización del Estado en principio con carácter exclusivo* en ambos casos, si bien hay que hacer constar aquí que es difícilmente pensable en la gran mayoría de ellas que las Comunidades Autónomas puedan actuar incondicionadamente y sin referencia alguna al Estado; por ejemplo, en materias como urbanismo, turismo, transporte, aprovechamientos hidráulicos y otras, las decisiones regionales vendrán básicamente afectadas por el diseño de política nacional que sobre esas mismas materias se adopte por las autoridades centrales y aún por decisiones concretas de éstas que inciden directamente sobre aquéllas y que quedan reservadas al Estado (por ejemplo, localización de aeropuertos, planes de expansión de la red nacional de ferrocarriles, aprovechamiento integral de cuencas hidrográficas, divisas y control de cambios, etc.).

c) Pero hay una tercera modalidad, la de aquellos casos en que una misma actividad o establecimiento, prescindiendo del territorio en que se ubique, puede revestir trascendencia e *interés nacional o simplemente regional,* según la naturaleza, entidad y alcance que la actividad tenga. En tales supuestos, se hace en la Constitución una remisión indeterminada al concepto de interés público al que la obra o el servicio sirvan, según se entienda que éste es general o estrictamente regional. En el primer caso, la competencia se atribuye a los órganos centrales del Estado; en el segundo, a los órganos de las Comunidades

Autónomas; tales son los supuestos de obras públicas, puertos y aeropuertos, parques naturales y en general protección de la naturaleza, propiedad monumental, cultural o artística, etc.

En estos casos el problema se plantea lógicamente en cómo determinar (y a quién se encomienda tal decisión) si una obra o servicio es de interés nacional o solamente regional: ¿cuáles han de ser los criterios de calificación de ese interés público? En principio, parece que hay que reconocerle al Estado la primacía política y jurídica para la adopción de estas decisiones sin perjuicio del posible planteamiento por las Comunidades de una cuestión de competencia ante el Tribunal Constitucional.

d) La cuarta técnica o criterio de distribución de competencias consiste en la distinción entre las *bases, principios esenciales, ordenación general y coordinación de la actividad,* funciones todas ellas que se encomiendan al Estado, y la ordenación detallada o articulada de las mismas materias o campos de actuación, que se encomienda a las Comunidades Autónomas. Este modo de distribuir competencias —legislación básica y legislación de desarrollo— se ha usado ampliamente en los artículos 148, 149 y 150 de la CE, y se ha usado con un notable grado de ambigüedad y confusión, pues efectivamente, en la multitud de ocasiones en que esas expresiones (bases, legislación básica, principios y directrices, ordenación general, coordinación, ley-marco y alguna más) se utilizan en el texto constitucional, no se hace siempre con idéntico alcance. Se trata siempre de configurar un *sistema normativo a dos niveles* pero la relación jurídica de dependencia entre estos dos niveles (el Estado y la Comunidad) es muy diferente según los casos. En efecto, en algunos supuestos se da entre ellos una clara *relación de subordinación* en la materia, porque se trata de campos en que es absolutamente necesaria la unidad de acción (unidad de mercado, unidad de legislación, uniformidad en los criterios); campos en los que asegurar el liderazgo político-administrativo unitario del Estado (por ejemplo, en el sistema financiero o el sistema energético). En estos casos, nos encontramos ante *competencias concurrentes, de distinto rango,* en que el Estado se reserva el poder normativo con todo el alcance y el detalle que estime necesario para el buen funcionamiento de la actividad; las competencias de las Comunidades se reducen al desarrollo legislativo y la ejecución *en los términos que el propio Estado establezca*. Hay, por el contrario, otras situaciones en que también se da ese fenómeno de formación a dos niveles, pero en que la relación entre Estado y Comunidad es una relación de independencia y coordinación (entendida esta última en un sentido estricto y limitado). Son aquellos casos en los que hay reconocida y declarada a favor de la Comunidad Autónoma una competencia «exclusiva», en la materia o en la función, y por tanto una reserva a su favor de poder político-administrativo para la toma de decisiones. En estos supuestos, el Estado tiene limitada su competencia a la formulación de unas bases o directrices que sean realmente tales, pero no puede llevar éstas más allá de lo que razonablemente exijan las condiciones y características de cada actividad o sector. Por su parte, la Comunidad Autónoma puede ignorar aquellas reglamentaciones que vayan más allá de unas «bases».

e) Finalmente, una última técnica de distribución de potestades ha sido la atribución de éstas según su tipo, encomendando *a un nivel la reglamentación y al otro la ejecución*. Así ocurre, por ejemplo, en materia de ordenación laboral, seguridad social, ferias internacionales, patrimonio cultural de titularidad estatal y otras.

Tal es el esquema de separación entre los distintos campos, sectores o poderes de actuación que se desprende del texto constitucional. Como antes se dijo, este esquema no es en sí mismo criticable (tampoco es perfecto); resulta en último término convencional y es opinable la concreta distribución de competencias que en él se contiene. Más criticable resulta la forma de atribución de éstas y la falta de mecanismos de integración y de resolución rápida e indiscutida de los conflictos.

6. Bases, normas básicas, legislación básica, un camino de integración nacional

Conviene, antes de seguir adelante, determinar con la máxima precisión qué se entiende por «bases» (o expresiones análogas), ya que constituye ésta una modalidad de atribución competencial reiteradamente utilizada por la Constitución.

Es hoy opinión unánime que esta expresión constitucional no resulta identificable con las Leyes de Bases del artículo 82 ni tampoco con los contenidos propios de las leyes-marco a que se refiere el artículo 150.1 de la Constitución. Como puede leerse en la Sentencia del Tribunal Constitucional (en adelante STC) «el ejercicio de la competencia estatal para el establecimiento de las bases o de la legislación básica a que se refiere el artículo 149 no requiere, en modo alguno, la promulgación de leyes de bases o de leyes-marco. La noción de bases o de normas básicas ha de ser entendida como *noción material* y, en consecuencia, esos principios o criterios básicos, estén o no formulados como tales, son los que racionalmente se deducen de la legislación vigente». Así pues, se trata de un concepto material que en algunas ocasiones pueden revestir forma de ley pero que en otros casos se manifestarán en forma reglamentaria y aun por medio de instrucciones o resoluciones de carácter ejecutivo. Lo «esencial del concepto de bases —dice otra STC, de 28 de enero de 1982— es su contenido».

Ahora bien, el alcance y extensión de este concepto es diferente en función de la materia de que se trate y de la funcionalidad que, en aquella materia, estén llamadas las bases a desempeñar. Así, por ejemplo, la STC del 16 de noviembre de 1981, sobre Centros de Contratación de Cargas en el transporte de mercancías, nos ofrece una interpretación más bien restrictiva del concepto de «condiciones básicas» recogido en el artículo 149.1, abriendo con ello la posibilidad de formulaciones variadas de la legislación autonómica que desarrollen las condiciones de ejercicio de aquellos derechos y deberes. La Sentencia de 28 de julio de 1981 que reconoce al Estado, al amparo de lo previsto en el artículo 149.1.18.ª, la potestad de fijación de unos principios o criterios básicos en materia de organización y competencia de general aplicación en todo el Estado («las bases de régimen jurídico de las administraciones públicas» de que habla la Constitución), afirmará que:

> «la fijación de estas condiciones básicas no puede implicar en ningún caso el establecimiento de un régimen uniforme para todas las entidades locales de todo el Estado, sino que debe permitir opciones diversas, ya que la potestad normativa de las Comunidades Autónomas no es, en estos supuestos, de carácter reglamentario. En el respeto de esas condiciones básicas, por tanto, las Comunidades Autónomas podrán legislar libremente».

Por el contrario, otra importante Sentencia de 28 de enero de 1982, dictada con ocasión de un decreto del Gobierno Vasco sobre régimen de dependencia y funcionamiento de las Cajas de Ahorro (en relación con otro Real Decreto del Estado sobre coeficientes obligatorios de inversión en fondos públicos: R.D. 2869/1980, de 30 de diciembre) nos ofrece una interpretación del concepto de «bases» *aparentemente* distinta a la anterior.

El Tribunal empieza afirmando que:

> «Dado el carácter fundamental y general de las normas básicas, el instrumento para establecerlas con posterioridad a la Constitución es la Ley. Sin embargo, puede haber algunos supuestos en los que el Gobierno podrá hacer uso de su potestad reglamentaria para regular por Real Decreto, y de modo complementario algunos de los aspectos básicos de una materia determinada».

La tesis de fondo que inspira todas estas sentencias es que se trata de un concepto material: lo esencial del concepto de bases es su contenido, constituido esencialmente por todo aquello que por afectar al «interés nacional» de una determinada materia o campo de actuación, debe quedar definido a nivel nacional, con todo el detalle y concreción que sea necesario. Bases, pues, no son sólo aquellos criterios o principios contenidos en una Ley, sino también aquellas regulaciones reglamentarias que, en la materia o aspecto de que se traten, vengan exigidas por una necesaria uniformidad en todo el territorio nacional para el logro de los fines que en cada campo o materia resultan necesarios. De donde se deduce que hay objetos, aspectos o facetas de una ordenación que son *materialmente básicos,* estén o no en una Ley. Éstos quedan reservados al Estado. Habrá otros, en cambio, organizativos, procedimentales o accesorios, que pueden variar de una región a otra (*vid.* lo que se dice en la lección siguiente sobre la ordenación económica).

Cuando una materia o aspecto sea considerado básico (de acuerdo con el criterio arriba indicado), puede predicarse de ella, en principio, una exigencia de *uniformidad, de unidad,* en todo el territorio nacional, que garantice la *igualdad* de los ciudadanos en cuanto a las condiciones básicas del ejercicio de los derechos, tal como reclama el artículo 149.1.1.ª de la Constitución.

Suele afirmarse por algunos autores que la legislación básica, por definición, «no agota la legislación» de la respectiva materia, sino que prevé una participación ulterior de las Comunidades Autónomas en tal regulación mediante normas «de desarrollo». Esta afirmación es en parte verdadera y en parte errónea. Si con ello se quiere afirmar que la atribución al Estado de las bases de la legislación básica en un campo o materia determinada (Sanidad, Crédito, Banca, Medio Ambiente o Contratación Administrativa) no puede suponer el vaciamiento o la exclusión de *toda* legislación autonómica sobre esas materias *con carácter general,* ello es exacto. Ahora bien, si con ello se quiere decir que en todos y cada uno de los aspectos o facetas materialmente básicas de una regulación ha de corresponder a la Comunidad Autónoma *una parte* de la competencia legislativa, ello es radicalmente falso. En efecto, hay núcleos o aspectos básicos de las regulaciones en que la totalidad de las funciones públicas, la competencia íntegra para su regulación (y aun para su gestión) puede quedar encomendada al Estado, *con exclusión* y *preclusión de toda regulación autonómica.* Son aquellos aspectos en que como consecuencia de la unidad económica, de las exigencias técnicas o la igualdad de derechos de los ciudadanos en todo el territorio nacional, el interés nacional exige una *absoluta* y *completa uniformidad* de regulación. En estos casos, la legislación estatal, toda ella básica, agota la materia en cuanto al fondo. A las Comunidades Autónomas no les queda sino una adecuación orgánica o procedimental complementaria, si es que fuese necesario (en la mayoría de los casos no lo será).

Hasta aquí lo que podríamos llamar la doctrina general sobre las bases. Sin embargo, con referencia especial a la ordenación económica, el Tribunal añade lo siguiente:

«Ahora bien, ciñéndonos, en concreto, a la ordenación de sectores económicos como el crédito, la consecución de aquellos intereses generales perseguidos por la regulación estatal de las bases del crédito exigirá que, atendiendo a circunstancias coyunturales y a objetivos de política monetaria y financiera, el Gobierno de la Nación proceda a la concreción e incluso a la cuantificación de medidas contenidas en la regulación básica del crédito, pues al Gobierno de la Nación le corresponden tanto la dirección de la política financiera nacional y de la política monetaria general (artículo 10.26 EV), en cuanto partes de la política económica general (artículo 97 de la Constitución Española) como la coordinación de las mismas con las que puede tener cada Comunidad en su ámbito respectivo (artículo 45.2 EV)».

La especificación interesante a resaltar aquí es la inclusión dentro del concepto de «regulación básica», en el caso del crédito, de medidas singulares y coyunturales que llegan a la «cuantificación» de operaciones o situaciones concretas. Y así, ampliando esta idea, puede leerse más adelante en la Sentencia:

«Entre la regulación de los aspectos básicos de la actividad de los distintos tipos de intermediarios financieros hay que insertar las normas concernientes al control de la cantidad total de dinero bancario, por su incidencia en la cantidad total de dinero existente en un momento dado en el mercado, así como también aquellas otras que imponen determinadas obligaciones a las entidades financieras privadas (Bancos y Cajas de Ahorro). Entre estas últimas se sitúan las disposiciones consistentes en fijar ciertos porcentajes o coeficientes obligatorios sobre los recursos ajenos depositados en las Cajas que deben invertir éstas en la adquisición de fondos públicos, así como también las que determinan cuáles son los valores públicos cuya adquisición por las Cajas se considera computable para cubrir el citado coeficiente de fondos públicos».

Y la razón que ofrece para ello es la siguiente:

«La simple obligación de que las Cajas de Ahorro dediquen una parte de los recursos ajenos captados por ellas a la suscripción de títulos de fondos públicos sería insuficiente para que tal medida básica pudiera cumplir su función de interés nacional. Como afirma con toda precisión el representante del Gobierno, "la determinación de un orden de preferencia de suscripción de valores computables en el coeficiente de fondos públicos es, junto con la determinación cuantitativa del mismo coeficiente, el elemento esencial de su régimen". En consecuencia, la fijación, con vigencia en todo el ámbito estatal, del mencionado orden de prioridad constituye un aspecto esencial de la ordenación del crédito y, por lo mismo, una medida indudable incluida en la competencia del Estado para establecer las bases (artículo 149.1.11.ª) de tal ordenación. Argumentando "a contrario" cabe decir que si la fijación de ese orden de prioridades constituyera competencia de cada Comunidad, éstas podrían dar preferencia a títulos emitidos por sus respectivos Gobiernos y por las Corporaciones públicas y privadas de la Comunidad para atender y financiar necesidades particulares de cada una de ellas, con lo cual, si pudiera tener carácter preferente el interés propio de cada Comunidad frente al general del conjunto nacional, la finalidad del coeficiente de fondos públicos resultaría de imposible cumplimiento. Con ello se produciría un grave perjuicio a los principios de unidad económica nacional plasmados en los preceptos constitucionales aludidos en el fundamento primero de esta sentencia. En efecto, el carácter unitario del orden económico que la Constitución garantiza se vería fragmentado y se incurriría en el fomento de privilegios económicos, prohibidos por el artículo 138.2 de la Constitución, en favor de aquellas Comunidades de mayor capacidad de ahorro que lo inviertan preferentemente en atención a sus intereses propios, con lo que se quebrantaría también "eo ipso" el principio de subordinación de toda la riqueza del país al "interés general" (artículo 128.1 CE) y se privaría al Estado, que es un Estado social de Derecho (artículo 1.1 CE), de importantes recursos con los que atender con la equidad debida a múltiples necesidades de carácter general».

La cita ha sido larga pero ha merecido la pena. La conclusión es, a mi juicio, ésta: *es básico todo aquello que sea necesario para el cumplimiento de la finalidad que la institución o regulación económica de que se trate, se pretende conseguir.* Si ello se logra con unos simples criterios generales formulados en una Ley, hasta aquí llegan las bases. Pero si es necesario precisar con posterioridad nuevos aspectos, o ejecutar los anteriores de un modo variable, según la coyuntura, incluso cuantificando las operaciones, también eso será regulación básica o corresponderá al Estado. Y la razón que para ello da el Tribunal es que *la protección de los intereses generales —nacionales— que justifican la reserva al Estado de las bases no se vería cumplida si no se le encomienda también su posterior desarrollo, e incluso su misma ejecución en determinados aspectos.*

Contemplando, sin duda, esta sentencia, e insistiendo en la misma idea, García de Enterría escribe certeramente [10]:

> «Por bases o legislación básica no hay que entender simples principios abstractos de una normación de conjunto que corresponde llevar a su término, mediante las correspondientes normas de "desarrollo", a las Comunidades Autónomas, sino un sector material perfectamente delimitado, que es

---

10 García de Enterría, E., *La ejecución autonómica de la legislación del Estado,* Madrid, 1983, páginas 73 y siguientes.

el que toca a los intereses generales nacionales, sector en el cual la normación del Estado puede llegar a los últimos detalles de precisión. Resulta entonces perfectamente imaginable que la gestión de ese sector material determinado pueda ser indisociable de su normación respecto a su atribución al Estado, porque en dicha gestión sea preciso partir, constantemente, de valoraciones generales de los intereses conjuntos nacionales que no es factible entregar a las instancias autonómicas, que lo harían en servicio de sus propios intereses locales, competitivamente con los propios de otras Comunidades Autónomas y fragmentando así una materia de necesaria gestión uniforme. Son supuestos, pues, en que la ejecución comporta normalmente un fuerte ingrediente de poderes discrecionales, cuya aplicación sólo puede efectuarse desde las valoraciones nacionales que son propias de su normación básica».

La Sentencia de 28 de enero de 1982 (Cajas de Ahorro) aplica estos criterios al Decreto del Gobierno Vasco sometido a su consideración y va distinguiendo en sus preceptos aquéllos que son propiamente «desarrollo legislativo» y aquéllos que invaden los aspectos «básicos o esenciales» de la regulación de las Cajas. Entiende que son básicos la regionalización, mayor o menor, de sus inversiones (porque supone la «articulación entre los intereses propios de cada Comunidad y los generales de la Nación que constituye materia básica de la ordenación del crédito), las funciones de información, disciplina e inspección que mantiene sobre las Cajas el Banco de España (por "afectar a la política monetaria" que éste tiene encomendada), la regulación de la distribución de resultados y acumulación de excedentes (por afectar a la solvencia de la entidad y a la estabilidad del sistema financiero, que "debe ser objeto de un tratamiento normativo uniforme"), la autorización previa para el otorgamiento de ciertos créditos, cuando éstos afecten al comercio exterior o a objetivos de política económica general». En cambio, considera no básicos otros aspectos organizativos y procedimentales: así en materia de creación y fusión de Cajas, disolución y liquidación, registro público de todos los miembros de sus órganos de gobierno, convocatoria de asambleas, etc.

Dicho brevemente, y para resumir, hay que afirmar que el concepto de bases no tiene un contenido uniforme sino que en aquél se engloban, según los campos, realidades e instrumentos jurídicos muy diferentes. En la ordenación económica las bases serán muy amplias (y ampliables) en función de las necesidades nacionales y la unidad de mercado, según las exigencias de la coyuntura económica nacional e internacional, de los avances tecnológicos y de otras variables que no se pueden concretar de antemano. Las bases, en estos casos, pueden venir formalizadas e impuestas tanto en leyes del Parlamento, como en Decretos del Consejo de Ministros o en Órdenes Ministeriales, y aun en circulares e instrucciones del Banco de España o de la Dirección General de la Política Financiera. En cambio, en los aspectos organizativos, procedimentales, de regulación interna de la Administración y sus instituciones, las bases serán mucho más estrictas (principios, criterios rectores, condiciones realmente básicas), deberán formalizarse en una Ley y las posibilidades de opción y de diferenciación de cada Comunidad serán mucho mayores. Otro tanto cabría decir del concepto de coordinación o «coordinación general» que aparece a veces en los textos. No podemos detenernos más en este punto. Simplemente concluir que se hará necesario un estudio concreto, sector por sector, para determinar cuáles son, a la vista de la Constitución y los Estatutos de Autonomía, las exigencias y el alcance de cada uno de estos conceptos a la hora de distribuir las facultades y los poderes concretos de decisión entre ambas instancias. Me remito en este punto a lo que se dice en las dos lecciones siguientes.

7. Una cuestión polémica: la exclusividad de las competencias. Y una consecuencia descabellada: la primacía —sólo relativa— del Derecho estatal

Es éste uno de los aspectos más deficientemente regulados de nuestro sistema autonómico. Tanto la Constitución (que dejó la puerta abierta) como los Estatutos (que aprovecharon la ocasión) han configurado una modalidad de atribución de competencias que no resulta adecuada a las exigencias de un Estado moderno. Me refiero al tema de la exclusividad de las competencias. El problema que se plantea es determinar el alcance y extensión con que esta calificación de «exclusivas» debe ser entendida, tema que resulta grave tanto en sí mismo como en sus consecuencias, pues como veremos, sobre él se debería basar justamente la primacía del Derecho estatal.

Resulta que se ha hecho bascular todo el sistema de distribución del poder político-administrativo sobre un concepto o calificación que tiene un contenido equívoco y que aparece, a primera vista, desmentido por la realidad, pues es patente que en la mayoría de los casos las competencias recaen sobre materias compartidas entre ambas instancias. Si atendemos *a la realidad de las cosas,* ninguna de las materias o competencias atribuidas a las Comunidades (salvo alguna anecdótica como la artesanía local o la pesca lacustre) son verdaderamente exclusivas, entendiendo por tal un poder excluyente de cualquier otra autoridad sobre la materia. Si por el contrario atendemos a la *calificación formal expresa,* que se contiene en los Estatutos hasta ahora aprobados, una gran parte de las competencias se atribuye con carácter exclusivo. De nuevo aquí —como con el concepto de «nacionalidades»— el legislador se ha permitido el uso de palabras y expresiones que tienen un significado lógico y un contenido político, y no se pueden manipular alegremente como algo inocuo. Porque, en efecto, puede decirse, y se ha dicho en el Informe de la Comisión de expertos, que tal exclusividad no existe y que tal calificación es sencillamente un exceso semántico. Pero no es un buen sistema de entender las normas la negación, de entrada, de todo significado a las palabras contenidas en las leyes; el intérprete debe tratar de entenderlas (no de derogarlas) respetando, en regulaciones de tan claro contenido político, la finalidad y la voluntad político-institucional que hay detrás de ellas (nos guste o no).

La exclusividad de las competencias resulta criticable, no tanto en sí misma (recuérdese lo dicho más arriba sobre el contenido de la autonomía) sino en cuanto que se ha vinculado a ella la primacía o no del derecho estatal sobre el regional en materias compartidas. Falta en nuestra Constitución un precepto claro y rotundo en el sentido de que, en caso de duda, la competencia del Estado prevalecerá sobre la de las regiones. El texto del artículo 149.3 constituyó una increíble debilidad político-estatal. Hubiese bastado una mirada a los federalismos más ilustres o a los regionalismos más modernos para comprender que tanto en unos como en otros, se ha asentado con el paso del tiempo la primacía, prácticamente absoluta, del derecho de la Federación frente al de los Estados (o del Estado Central frente al de las regiones). Superado el primitivo federalismo de la soberanía dual, se ha consagrado progresivamente por el Tribunal Supremo norteamericano la supremacía de la ley federal en base a la *Supremacy Clause* del artículo VI, párrafo 2.°, de la Constitución y de la doctrina de los *implied powers* consagrada en el artículo 1, sección 8, parágrafo final, tal como una y otra han venido a ser finalmente interpretadas —tras una pugna histórica, todo hay que decirlo— siguiendo la tesis que el Juez Marshall formulara ya, por primera vez, en Gibbons v. Ogden (1824). Otro tanto podría decirse en Alemania, donde el artículo 31 de la Ley Fundamental de Bonn afirma sin condicionamiento alguno: «el derecho federal prima —rompe— el derecho de los Estados». En ambos países existe, pues, una inicial presunción de validez a favor de la Ley Federal (en nuestro caso, estatal), que sólo puede ser destruida *a posteriori* por una declaración de inconstitucionalidad. Esta afirmación falta en nuestro sistema. En los Estados regionales, existentes o en proyecto (caso de Italia o proyecto británico de 1975), la primacía absoluta del derecho estatal es todavía mucho más contundente, pues se prevén unos controles previos sobre la adecuación de la legislación regional a la estatal, que hace difícil que el conflicto llegue efectivamente a plantearse.

Pues bien: frente a esta lección común a todos los sistemas de autonomías político-administrativas, nuestra Constitución establece que «las normas (del Estado) prevalecerán en caso de conflicto sobre las demás Comunidades Autónomas *en todo lo que no esté atribuido a la exclusiva competencia de éstas»* (artículo 149.3). Este último inciso abre una puerta de alcance insospechado al conflicto permanente, pues visto está que ante cualquier conflicto se hará necesario determinar, con carácter previo, algo que ni la Constitución ni los Estatutos dejan claro. Estos últimos, además, han venido a incrementar las dudas al ratificar que «en materias de la competencia *exclusiva* de la Generalidad, el derecho catalán es el aplicable en su territorio, *con preferencia a cualquier* otro» (artículo 26 EC; en el mismo sentido el artículo 38 del Estatuto Gallego).

Ciertamente este resultado no es muy deseable, especialmente si tenemos en cuenta que los mecanismos de solución de conflictos que se prevén en la Constitución no tienen una inmediata operatividad. Tanto las leyes de armonía del artículo 150.3 como las medidas de excepción que prevé el artículo 155, como la impugnación de la norma regional ante el Tribunal Constitucional, con la consecuencia indirecta de la suspensión de la disposición impugnada (artículo 161.2) conducen a la inactividad, lo cual en un «Estado de prestaciones», como el que vivimos, es una solución nefasta [11]. En los dos últimos casos, además, la efectiva primacía y aplicación del derecho estatal hasta tanto se pronuncie el Tribunal será políticamente muy difícil, por la sencilla razón de que en la Administración Civil las competencias de ejecución, es decir, de aplicación de normas, están residenciadas, en su gran mayoría, en la administración regional y es difícilmente pensable que ésta aplique unas normas a las que se opone.

Toda esta cuestión ha levantado una gran polémica, tanto en el terreno político como científico. Los intentos políticos de corrección de tal sistema se han llevado a cabo en varias ocasiones; primero, en la elaboración de la Ley Orgánica del Tribunal Constitucional (LOTC), en los términos ya apuntados; después, y señaladamente, en la elaboración del Estatuto gallego con su famosa transitoria tercera, que al final, después de un curioso proceso de autorrevisión que las Cortes hicieron sobre sí mismas no salió. Finalmente, con la LOAPA en los términos ya examinados. En todos estos intentos se trató de dejar claramente asentado algo que no estaba claro en la Constitución y que no se habían atrevido a imponer en los Estatutos vasco y catalán, a saber: que en la delimitación de las múltiples competencias concurrentes sobre idénticas materias, atribuidas al Estado y a las Comunidades Autónomas, en ambos casos, con

---

[11] Podría argumentarse que a largo plazo y con perspectiva histórica esta objeción es relativa: a la vuelta de 50 ó 100 años, el sistema estará definido y no se producirán tantos conflictos ante el Tribunal Constitucional. Así ha ocurrido en los Estados Unidos, donde entre 1820 y 1940 son cientos los supuestos sobre los que se ve obligado a pronunciarse el Tribunal Supremo. Ahora bien, éste es un pobre consuelo, por dos razones: 1.ª) porque no era necesario volver a andar, a ese paso, un camino ya recorrido por otros; 2.ª) porque la distorsión es menor en un Estado liberal como EEUU, que en un Estado de prestaciones como el nuestro.

carácter exclusivo, se estaría y tendría valor predominante a lo que el Estado determinase mediante ley (o mediante los correspondientes Decretos de ejecución de éstas).

Esta polémica, inacabada, ha tenido también su formulación e inspiración doctrinal, García de Enterría y Muñoz Machado optaron por lo que podríamos llamar una interpretación «libre» de la Constitución y los Estatutos [12], en la que, prescindiendo de las calificaciones expresas, se atienda a la realidad de las cosas; y la realidad es —dicen— que, salvo algunas excepciones, todo son materias compartidas. El argumento reza así: «no hay exclusividad si hay participación de los dos niveles en la regulación y en la gestión de una determinada materia...», y ello «sean cuales sean los términos utilizados por el artículo 149 de la Constitución y por los Estatutos». Competencia exclusiva, para estos autores, la habrá sólo en aquéllas que es «única y excluyente de la competencia del Estado, cualquiera que sea la calificación formal que haya recibido en los Estatutos», conclusión a la que se llega desde dos premisas: a) sólo puede calificarse como exclusiva «cuando el Ente que la ostenta dispone totalmente de la materia de que se trate» o «cuando (tiene) todas las potestades de una determinada calidad», b) fuera de estos dos supuestos, todas las competencias son compartidas. Por tanto, se concluye, basta que la actuación del Estado se haya basado en un precepto constitucional (el 149 o cualquier otro que le habilite para actuar) «para que la materia no pueda considerarse exclusiva de la Comunidad Autónoma, pese a lo que los textos de los Estatutos digan».

Esta interpretación es, sin duda, muy sensata y está acorde con el sentido de los federalismos y regionalismos modernos. Sería muy de desear que la Constitución hubiese consagrado tales principios. Otra cosa diferente es si efectivamente lo ha hecho. Porque no es ésta la única interpretación posible ni esos criterios los únicos para calificar la exclusividad. Tanto antes como después de la Constitución de 1978, se han calificado como exclusivas no sólo competencias que hacían referencia a toda una materia con exclusión de cualquier otro, sino también a determinadas funciones o potestades dentro de un proceso de adopción de decisiones. En este sentido, por ejemplo, Salas se ha pronunciado en relación con los poderes normativos de la Generalidad de Cataluña y lo ha hecho antes con carácter general. Para ese autor «el concepto de competencias exclusivas no es en modo alguno incompatible con el de competencias compartidas o concurrentes» pues lo decisivo, según esta tesis, es que «en la medida en que se haya atribuido a un ente, estén excluidos de su titula-

---

12 Esta interpretación aparece contenida en el volumen colectivo «La distribución de competencias económicas entre el poder central y las autonomías territoriales», IEE, Madrid, 1980, y en otros trabajos de estos autores.

ridad los demás, pero bien entendido que la titularidad en cuestión puede referirse bien a una parcela o sector de la entera materia —distribución horizontal—, bien a una *fase o momento* de un procedimiento (distribución vertical o en clave procedimental)» [13]; en definitiva, exclusividad significaría, como vimos anteriormente, que su ejercicio sea necesario y no pueda ser sustituido. Otro equipo de excelentes juristas ha reconocido que la Constitución «rompe el tradicional principio de la primacía absoluta del derecho del Estado» en todas aquellas materias que sean de la exclusiva competencia de las Comunidades Autónomas, entendiendo, que «en principio los 39 apartados del artículo 10 del Estatuto vasco gozan de tal prioridad *sin perjuicio de ciertas puntualizaciones que directamente remiten a normas estatales...*», subrayado del original). Entienden también que «el Estatuto vasco ha venido a sumar ampliaciones *por razón de la materia* y ampliaciones *por razón de función* si bien en rigor —dicen— no debieron aparecer de suyo en este artículo... (pues) si se comparten sobre una materia ésta no puede tener el carácter de exclusiva» (las últimas cursivas son mías) [14].

Estas y otras ingeniosas interpretaciones podrían aquí formularse y, sin duda, se formularán en los próximos años. Lo que importa, a mi juicio, es investigar cuál sea el sentido político institucional que la Constitución ha querido dar a la distribución del poder político. En segundo lugar, ver si los Estatutos ya aprobados se ajustan o no a aquélla. Si es así, aceptarlos, nos guste o no nos guste; y si no lo es, promover una acción de inconstitucionalidad de los mismos, de modo que quede jurídicamente claro y bien asentado en la conciencia de todos el régimen a seguir. También se puede propugnar lo que uno entiende deseable, estirando en lo los textos y tratando de ver si los contenidos pueden coincidir, pero esto tiene unos límites, más allá de los cuales toda interpretación «libre» de aquéllos no será nunca una solución, sino fuente continua de conflictos. Veremos más adelante lo que entiendo puede ser una interpretación realista y equilibrada de la exclusividad. Pero antes digamos dos palabras sobre los mecanismos de solución de conflictos.

---

[13] Esta tesis fue expuesta por su autor con carácter general en la obra colectiva *Descentralización Administrativa y Organización Política,* tomo II. El tema de las competencias, páginas 310 y siguientes (Alfaguara, Madrid, 1973); con especial referencia al Estado de las Autonomías la reitera en su trabajo *Los poderes normativos de la Generalidad de Cataluña,* en «Rev. de Estudios de la Vida Local», n.º 205, enero-marzo 1980, páginas 16 y siguientes.

[14] MARTÍNEZ ESTERUELAS, Cruz; DÍEZ MORENO, Fernando y SERNA, José, en *Estudios sobre el Estatuto Vasco,* Madrid, 1980, 276 páginas.

8. Mecanismos de solución de conflictos. Crítica del sistema. La prevalencia del 149.3

Hemos dicho ya que la distribución competencial ha resultado ambigua, que la primacía del derecho (y la política) estatal sólo ha quedado relativamente asentada en nuestro sistema autonómico y que los conflictos serán frecuentes. Diré ahora que los mecanismos previos de solución son de un gran coste político y es previsible que operen con poca eficacia, por lo que las cuestiones acabarán siempre —así está ocurriendo— ante el Tribunal Constitucional [15]. Lo cual supone, en el interin, la paralización y la inactividad administrativa.

Los mecanismos de solución (o prevención) de conflictos competenciales son:

a) Las *leyes de armonización* del artículo 150.3 CE, dictadas por el Estado, «que establezcan los principios necesarios para armonizar las disposiciones normativas de las C.A., aún en el caso de materias atribuidas a la competencia de éstas, cuando así lo exija el interés general» (esto es, cuando una determinada materia exija regulación uniforme en todo el territorio nacional). Pero esta necesidad debe ser apreciada por mayoría absoluta de cada Cámara (cualificación mayor incluso que la prevista para las leyes orgánicas: mayoría absoluta sólo del Congreso: artículo 81.2). Ya se comprende que éste es un «mecanismo de utilización excepcional» (Muñoz Machado), lento en su aplicación y en el que no puede pensarse para un uso continuado. Digamos, además, que la posibilidad de utilizar leyes de armonización se ha visto limitada por la STC 76/1933, de 5 de agosto (LOAPA), a aquellos casos en que el legislador no disponga de otros títulos específicos de regulación que sean suficientes para garantizar la armonía exigida por el interés general, lo que confirma el carácter excepcional de este mecanismo.

b) La adopción de *medidas de excepción* del artículo 155.1 CE que impongan el cumplimiento forzoso de las obligaciones que «la Constitución u otras leyes impongan» a la Comunidad (en este caso, el cumplimiento de la ley conflictiva). A estos efectos, dice el artículo 155.2 que «el Gobierno podrá dar instrucciones a todas las autoridades de la C.A.». Fácilmente se comprende que esta segunda solución que supone una situación de conflicto abierto y decla-

---

[15] Según una estadística que se ha publicado recientemente («El País», 9-VII-84), en los últimos dos años y medio (1982-1983-1984) se han producido 161 conflictos ante el Tribunal Constitucional (algo más de cinco al mes), de los cuales 77 han sido iniciados por el Estado y 84 por las Comunidades (es interesante constatar que la gran mayoría de los conflictos son entre el Estado y Cataluña o el País Vasco).

rado entre los dos Gobiernos (nacional y regional), no es muy deseable, ni conduce a solución alguna. El resultado previsible, en el mejor de los casos, sería la inactividad.

c) La tercera vía es la *impugnación de la norma* regional: por el Gobierno ante el Tribunal Constitucional, con la consecuencia indirecta (artículo 161.2) de la suspensión de disposición impugnada, salvo que el Tribunal la ratifique provisionalmente. En tal caso, podría pensarse en la aplicación del derecho del Estado como derecho supletorio general (artículo 149.3, *in fine*) durante la *litispendencia* (con lo que se conseguiría indirectamente el mismo efecto que con la primacía formalmente declarada del derecho estatal y la presunción inicial formalmente declarada del derecho estatal y la presunción inicial de validez a su favor). Pero esto tiene también algunas objeciones. Primero, no es idéntico el supuesto de laguna legal y el de suspensión de una norma existente. Segundo, si el Tribunal ratifica nos encontraríamos con una situación confusísima de actos o procedimientos iniciados bajo una legislación y concluidos bajo otra distinta, con una clara inseguridad jurídica para el tráfico, y tercero, sigue siendo difícilmente pensable en términos político-administrativos la aplicación como supletoria de una legislación rechazada por las autoridades y funcionarios que la tienen que aplicar. El resultado sería el mismo que en el caso anterior: la inactividad, cuando no la abierta rebelión ante lo que, si el conflicto se plantea, se verá por unas celosas nacionalidades y regiones como una invasión de su autonomía.

En resumen, que en los dos últimos casos, la afectiva primacía y aplicación del derecho estatal será políticamente imposible. Y el primero, sólo excepcionalmente puede ser utilizado. He aquí, por tanto, cómo el sistema de distribución de competencias establecido en la Constitución y los mecanismos arbitrados para resolver los conflictos resultan, no obstante, el orgullo con que lo presentan sus padres fundadores, «inútilmente complejo, carente de virtudes técnicas y tan confuso y de tan difícil interpretación» (expresiones todas ellas de Fernández Rodríguez) [16], que va a dar lugar a constantes conflictos en su aplicación [17]. Al no establecer una clara presunción de validez y primacía del Derecho estatal ante cualquier conflicto (y por tanto, una inmediata aplicación de éste en cualquier materia), la cuestión queda remitida en cada caso a un

---

[16] FERNÁNDEZ RODRÍGUEZ, *El sistema de distribución de competencias entre el Estado y las Comunidades Autónomas,* REVL, julio 1979, página 11.

[17] Ello se producirá irremediablemente —dice M. MACHADO— «si no hay un deslinde muy claro y neto entre los campos acotados a la competencia exclusiva de cada ente» (*op. cit.*, página 89). Es patente que ese deslinde no existe, ni a la vista de la Constitución ni de los Estatutos aprobados, que no han aclarado nada, sino que han venido a añadir más conflictividad al tema.

juicio interpretativo previo sobre la primacía de una u otra, lo cual dará lugar, de hecho, a una inaplicación inicial de la norma ajena a aquél que tenga encomendada la ejecución (casi siempre las C.A.). Todo ello, hasta que en su día el juez constitucional se pronuncie [18]. Pero tal sistema es justamente lo contrario de lo conveniente y lo opuesto a la práctica habitual en todos los federalismos (no digamos ya en los regionalismos).

Para paliar, de algún modo, esta deficiente regulación, se ha pretendido entre nosotros que la limitación de la prevalencia al caso de las competencias *no exclusivas* (que se contiene en el 149.3) no debe entenderse como criterio de aplicación inmediata, sino como criterio de fondo, de donde se deduciría que el derecho del Estado prevalecerá, de entrada, en todo caso y sólo más tarde, cuando se dirima la competencia ante los jueces, se aplicará el criterio de la competencia exclusiva. Esta tesis se apoya en otra anterior, formulada por un sector de la doctrina alemana, según la cual toda norma o regla de prevalencia es, al mismo tiempo, norma de atribución de competencia, en cuanto que la afirmación de prevalencia lleva implícita una distribución o asignación de competencia [19]. Esta doctrina entiende que nuestro artículo 149.3 «está en la línea —dice— de la *supremacy clause* norteamericana y de la regla *Bundesrecht bricht Landesreclzt* alemana» (página 91) y que «no es una pura norma de conflicto, formando más bien parte del orden constitucional de reparto del poder normativo, en calidad de límite a la competencia regional». Yo, sinceramente, no lo veo así. Y tampoco creo que una regla de prevalencia sea, al mismo tiempo, norma atributiva de competencia. Conviene, en este orden, resaltar que la funcionalidad operativa de ambos tipos de normas es por completo diferente. En el caso de estas últimas (normas atributivas de competencia), lo que se busca y lo que se contempla es el funcionamiento normal de las instituciones de acuerdo con un «patrón» o modelo de distribución del poder político. En el caso de la norma de conflicto, de lo que se trata es de resolver un supuesto de funcionamiento anormal o patológico del sistema —el conflicto— para el que es preciso encontrar una solución inmediata y eficaz, no paralizante, al margen del cual sea, en su día, la asignación definitiva que de la competencia cuestionada haga el Tribunal competente (en nuestro caso, casi siempre, el Tribunal Constitucional).

La norma de conflicto, por tanto, no pretende cristalizar o atribuir de un modo estable y de futuro una competencia. Ni siquiera entra en el problema.

---

[18] Así lo entiende, por ejemplo, M. MACHADO, con razón: *op. cit.,* página 89.

[19] Así, PAREJO ALFONSO, L., *La prevalencia del derecho estatal sobre el regional,* CEC, Madrid, 1981, criterio éste que se recogió en el Informe de la Comisión de Expertos designada en 1981 y que, como veremos, quiso incorporarse a la LOAPA.

Simplemente establece una presunción *iuris tantum,* que se aplica de modo inmediato y permite el funcionamiento del sistema sin paralizaciones ni perturbaciones. Todo ello sin perjuicio de su posterior revisión por los Tribunales y el restablecimiento por éstos del orden jurídico alterado, si es éste el caso. Pues bien, esto es lo que, lamentablemente y a diferencia del federalismo alemán o norteamericano, no sucede en el nuestro con el artículo 149.3. Y justamente porque no sucede así, se quiso introducir esto en el artículo 4 de la LOAPA, precepto que, de lo contrario, resultaba superfluo. Así lo explicó certeramente el Abogado del Estado en sus alegaciones, según puede leerse en los exponendos de la Sentencia 76/83, tantas veces citada, que dice:

> «Los diversos recursos contra el artículo 4 del proyecto parten —a juicio del Abogado del Estado— de la inexacta premisa de atribuir a dicho artículo un significado y alcance que no tiene, ya que, en realidad *sólo pretende precisar la interpretación que debe darse al artículo 149.3* de la Constitución, *ante el uso abusivo del adjetivo "exclusiva" por los Estatutos* de Autonomía. Se trata de una norma diseñada *para resolver colisiones* de normas y no pretende en modo alguno atribuir al Estado competencias que vayan más allá de lo constitucionalmente señalado. El carácter forzosamente general del artículo 4 no dispensa de examinar cada uno de los casos contenidos en el artículo 149.1 de la Constitución. El artículo en cuestión cumple igualmente una función de *resolución provisional de posibles conflictos,* haciendo que prevalezca la norma estatal en colisión con normas autonómicas en tanto la jurisdicción constitucional no se pronuncie, y ello es una simple consecuencia de la "presunción de constitucionalidad" de la ordenación estatal, presunción que podría quedar desvirtuada tan sólo por el fallo del Tribunal competente. Es preciso tener en cuenta —precisa el Abogado del Estado— que al hablar de prevalencia se hace referencia al bloque del Derecho estatal frente al bloque o conjunto normativo ante el Tribunal Constitucional y ahí es donde puede jugar su papel el principio del artículo 4 del proyecto».

Y éste es el parecer del Tribunal:

> «El artículo 4 *constituye una reformulación de la cláusula de prevalencia* del Derecho estatal contenida en el artículo 149.3 de la Constitución. Estima el Abogado del Estado que las partes recurrentes otorgan a este precepto un significado y alcance que no tiene, ya que, en su opinión, sólo pretende precisar la interpretación que debe darse al mencionado artículo de la Constitución ante "el uso abusivo del adjetivo exclusivo" en los Estatutos de Autonomía. Pero es precisamente *esta finalidad lo que lo convierte en inconstitucional,* por las mismas razones que se han aducido en relación con el artículo anterior. Conclusión que, dado su fundamento, no supone valoración alguna de su contenido material».

Ciertamente, el Tribunal, prudentemente, afirma que ello «no supone valoración alguna del contenido material», pero si éste coincidiese exactamente con el contenido del 149.3, no se alcanza a ver por qué habría de declararlo inconstitucional. Podría ser innecesario, superfluo, pero el Tribunal no debería —ni podría— anularlo. La razón de anularlo es quizás que el fondo de ese texto podía dar lugar —tal era su espíritu y su atención— a una «reformulación» modificativa del principio de prevalencia *relativa* —sólo relativa— del derecho estatal. Era evidente que la intención de sus redactores era justamente la contraria: la prevalencia *absoluta* del Derecho del Estado sobre el de las Comunidades en todo conflicto de normas. Como debería ser. El Tribunal lo sabía muy bien, pues sin duda había seguido con la mayor atención el largo proceso de elaboración de esta norma, las sucesivas redacciones, las duras discusiones en el Congreso y en el Senado, hasta llegar a ese texto final, ingenuo, obvio y aparentemente inofensivo. No le ha valido y ha caído víctima del rigor constitucional.

9. Hacia una calificación realista y equilibrada del alcance de la exclusividad. Límites al intento de corrección de una realidad disfuncional

Se tratará de hacer a continuación una interpretación razonable y equilibrada del tema de las competencias exclusivas, que se ajuste a los principios informadores de la estructura del Estado (antes expuestos) y respete, al mismo tiempo, el sistema de atribución contenido en los textos, tanto en el Título VIII de la Constitución como en los Estatutos de Autonomía aprobados hasta el momento. He aquí algunas precisiones:

a) En primer lugar, no se puede llevar a sus últimos extremos la tesis de reducción estricta del concepto de competencias exclusivas porque de hacerlo así, éstas, sencillamente, desaparecen. Es difícilmente pensable hoy, salvo en aspectos puramente anecdóticos, que en todas, o en casi todas las materias, no tengan que participar de algún modo ambos niveles, en su regulación, en su planificación o en su gestión. Ya nos hemos referido más arriba a esta realidad. Por otro lado, si la función de planificación, mediante ley (artículos 131 y 149.1.13.ª), es ejercida por el Estado y se aplica la tesis maximalista (sólo hay exclusividad cuando se tiene atribuida la *totalidad* de una materia), las competencias exclusivas sencillamente desaparecen. A estos extremos parece llegar Muñoz Machado cuando después de referirse a la inexistencia de límites constitucionales respecto a los sectores o materias a que la planificación puede alcanzar, concluye diciendo que «aún cuando alguna de aquellas cuestiones haya sido atribuida como exclusiva por los Estatutos a las Comunidades Autónomas, el advenimiento ulterior de un plan económico estatal condiciona su ejercicio, que la práctica habrá de operarse como si se tratara de una competencia concurrente, dada la necesidad de respetar los principios establecidos en aquel plan» [20]. Esto supone volatizar de un plumazo las competencias exclusivas, lo cual puede entenderse por algunos como deseable, pero es patente que la letra y el espíritu de la Constitución no responde a ello. El planteamiento aquí debe ser el contrario. Las autonomías —como la libertad de empresa— suponen un límite a la planificación central y no deben sucumbir ante ella, salvo que ésta sea absolutamente necesaria, como ocurre con el agua o la energía, para el buen orden del sector.

b) En segundo lugar, en todos los sectores o materias en que la distribución de competencias se realiza en función de la circunscripción territorial o del interés público al que la actividad sirve (véase lo dicho *supra*), hay que entender que la existencia de una competencia «general» del Estado sobre el sector (por ejemplo, en materia de transporte o de telecomunicaciones) no convierte en concurrente la competencia específica que a la Comunidad Autónoma se le encomienda *en exclusiva* sobre su territorio.

c) En tercer lugar, es cierto que cuando la competencia legislativa principal (para aprobar las bases o principios fundamentales de una ordenación) y la de desarrollo (para aprobar la legislación detallada) se encomienda a dos instancias políticas distintas, como es frecuente en nuestro sistema, *no deberían* calificarse como exclusivas sino como concurrentes. Pero ocurre que no se ha hecho así, sino todo lo contrario. Como se dijo más arriba, el fenómeno de normación a dos niveles se ha configurado de modo diferente según los casos. La calificación jurídica con que se ha regulado no es única sino doble, y ello no ha sido una equivocación sino una voluntad política de hacerlo así. Recuérdese en este punto lo sucedido en el Estatuto gallego. Su artículo 30, paralelo al artículo 12 del catalán, reunía una gran parte de competencias económicas de la Comunidad, pero se diferenciaba de este último en que tales competencias se configuraban en el catalán como *exclusivas* y en el gallego se les calificó inicialmente como competencias de *desarrollo legislativo* y ejecución de la legislación del Estado. Esta innovación fue contestada por los Diputados gallegos y el portavoz del partido del Gobierno dejó bien claro que no se trataba de un error, sino que tal calificación había sido hecha deliberadamente. De ser cierto lo que ahora se pretende (a saber, que la calificación formal de las competencias en los Estatutos es indiferente) ningún sentido tenía introducir esa innovación en el Estatuto gallego y mucho menos toda la operación

[20] MUÑOZ MACHADO, *La distribución...*, cit., página 353.

que se montó después para eliminarla, pues sabido es que tras muchos incidentes, el Estatuto inicialmente aprobado por las Cortes se reformó y este fue justamente uno de los puntos de reforma.

Como las leyes hay que entenderlas tal cual son (y no tal como nos gustaría) y dado que alguna diferencia debe haber entre los distintos tipos de competencias atribuidas a las Comunidades Autónomas (así se desprende al menos de la voluntad política y legislativa que inspiraron los textos), hay que concluir, si yo entiendo bien la cuestión, que se han querido configurar dos supuestos diferenciados:

a) Una competencia *exclusiva* en algunos casos, matizada con remisiones a normas estatales («sin perjuicio de ...» o «de acuerdo con...», que se contienen frecuentemente en los artículos 10 del Estatuto Vasco, 10 y 12 del Estatuto Catalán y concordantes en otros Estatutos).

b) Una competencia *no exclusiva sino concurrente* en otros casos: aquéllos que aparecen calificados en los Estatutos como *de desarrollo legislativo* de la legislación del Estado (tal, por ejemplo, los contenidos en los artículos 11, 18 y 19 del Estatuto Vasco y en los artículos 10, 16 y 17 del Estatuto Catalán).

La más importante consecuencia que quizá se quiere afirmar con ello es la de quién determina hasta dónde deben llegar las bases o principios, y dónde debe empezar la regulación para la Comunidad Autónoma. Si se entiende que la competencia es «concurrente» el Estado puede extender las «bases» de la regulación hasta donde estime conveniente (por ejemplo, puede convertir en bases de la contratación pública a que se refiere el artículo 149.1.18.ª el actual Reglamento de Contratos del Estado en su conjunto); por el contrario, si se entiende que las competencias son «exclusivas» (en cada nivel) la C.A. puede ignorar todo aquello que entienda se excede de unas «bases» razonables y dictar su propia ley (en oposición a la dictada por el Estado) con lo que el asunto quedaría remitido a la decisión del Tribunal Constitucional. Dicho con otras palabras, en estas competencias calificadas como «exclusivas» (a favor de las C.A.), éstas tienen una verdadera «reserva» a su favor y, por tanto, pueden oponerse a las regulaciones del Estado si éste se extralimita en sus atribuciones y pretende regular dichas materias con detalle, en lugar de hacerlo en sus grandes líneas. Pongamos algunos ejemplos: ¿quién fijará los coeficientes de liquidez bancaria o la más o menos rígida regionalización de las inversiones de las Cajas de Ahorro?, ¿quién determinará el régimen de temporalidad de las concesiones hidráulicas para producción de energía eléctrica?, ¿quién regulará los criterios en base a los cuales hay que aprobar las tarifas de los servicios públicos en el ámbito regional?, ¿quién establecerá las condiciones de capacidad o las prohibiciones para ser contratista, o las formalidades y requisitos para la presentación de ofertas? Todas estas cuestiones y otras muchas que se podrían plantear, ¿son básicas o de detalle? Pues bien, en aquellos órdenes en que la competencia de las Comunidades ha sido calificada como exclusiva (y en ese caso están algunas de las cuestiones planteadas) mucho me temo que el Estado no pueda imponer sus criterios a las Comunidades sin que haya que acudir para ello, constantemente, a leyes de armonización o al Tribunal Constitucional. Esto, desde luego, no es deseable (no es buena una situación de conflicto permanente entre el Estado y las Comunidades), pero me parece que resulta una interpretación más ajustada a la letra y el espíritu del texto constitucional y de los Estatutos; lo que se ha querido prevenir con tal calificación —«exclusivas»— es que al amparo de unas bases se vacíe la competencia legislativa de las Comunidades.

La calificación de exclusivas supone también que el Estado no puede actuar en esas materias (las contenidas en el artículo 10 EV y 9 y 12 del EC) por la vía de la Ley *marco* (a que se refiere el artículo 150.1 CE), pues éstas conllevan un sistema posible de controles por parte de las Cortes Generales y en su caso de los Tribunales, que no son admisibles en el ejercicio de poderes legislativos regionales sobre aquellas materias. Por el contrario, en los supuestos de «desarrollo legislativo» lo que se contemplan son justamente leyes marco estatales, como se deduce del artículo 10 EC, inciso primero («en el marco... y en los términos que la misma establezca»).

En mi opinión, esta doble tipología y régimen de las competencias (exclusivas o de desarrollo), con un tratamiento diferenciado, ha sido implícitamente reconocido en la Sentencia sobre la LOAPA. Esta ley ofrecía, en su Título 1, un modelo genérico del sistema autonómico en lo que a competencias se refiere. Era una interpretación uniforme y universal de la asignación de poder político y administrativo, por un lado al Estado, por otro a las Comunidades Autónomas. Y ello, cualquiera que sea la materia a la que esas competencias se refieran. La interpretación se inspiraba en la formulación doctrinal antes aludida, cuyos autores, como es público y notorio, eran también los autores de la Ley.

El Tribunal entiende, por el contrario, en su sentencia, que esa interpretación genérica y universal, de admitirse, supondría una reformulación del sistema y por lo mismo, en cierta medida, una prolongación del proceso constituyente, que está cerrado. Por ello, lo declara inconstitucional casi en su integridad. El Tribunal lo rechaza, porque entiende, muy correctamente, que eso no es lo que dice la Constitución, ni lo que consagran los Estatutos. En aquélla y en éstos *las situaciones jurídicas son muy diferenciadas,* según los sectores o materias a que las competencias se refieren. El Tribunal, seguramente, no rechazaría las soluciones de la LOAPA, que él mismo ha declarado, para algunos sectores, pero no admite esta reformulación general del sistema. La LOAPA estimaba, en efecto, en su artículo 2.º, que la fijación y delimitación de las bases corresponde, incondicionadamente, al legislador estatal. Si la Ley se hubiera limitado a decir que al Estado le corresponde dictar las leyes de bases, ninguna objeción hubiera levantado tal precepto, que por lo demás sería una obviedad. Pero el artículo 2.º de la LOAPA pretendía algo más, a saber: determinar con carácter general, cerrando el paso a cualquier otra interpretación, el contenido y alcance de términos claves del texto constitucional (los términos «bases», «normas básicas», etcétera), lo que implicaba que al Estado se le otorgaba el poder de determinar *en todo caso y como tenga por conveniente cuál es el alcance y extensión de esas bases,* apreciando libremente el interés nacional y las exigencias de uniformidad. Pues bien, tal principio interpretativo, tal concepción del artículo 149 de la Constitución y de las competencias *exclusivas* de las Comunidades Autónomas, era y es inconstitucional, cosa que ya denunciamos algunos hace tiempo.

Así pues, el carácter de exclusividad de las competencias no puede hacerse desaparecer tan fácilmente porque está en la letra y el espíritu de las regulaciones autonómicas, y en la voluntad política de quienes alumbraron el sistema. Ésta es indudable y no creo que pueda ignorarse olímpicamente en la interpretación constitucional. La diferencia entre las competencias exclusivas y las que no lo son consiste en que con las primeras se está atribuyendo una reserva de regulación a favor de la C.A., o lo que es igual, una reserva de participación en el poder político y en la toma de decisiones en el campo de que se trate. Ciertamente lo más grave de esta conclusión es el impacto que ello tiene sobre la prevalencia —sólo relativa— del derecho estatal tal como ha quedado examinado páginas atrás. Pero ello resulta algo inevitable.

10. Clasificación y tipología de las competencias atribuidas a las Comunidades Autónomas

Afirmando lo anterior, estamos en condiciones ya de diseñar un cuadro de los distintos tipos de competencias atribuidas a las Comunidades. Son éstas:

a) *Competencias exclusivas:* según el largo listado que se contiene en los Estatutos (artículos 10 EV, 9 y 11 EC y 27 y 39 EC y concordantes), las Comunidades Autónomas tienen en estos campos potestad de ordenación y gestión «sin perjuicio de» lo dispuesto en la Constitución, «de acuerdo con» las competencias del Estado en la materia de que se trate. Técnicamente ello supone que ostentan *potestad legislativa* sobre las mismas, bien directa y completa, bien en desarrollo de las «bases» o «legislación básica» del Estado en estas materias. Las normas con rango de Ley dictadas por las C.A. en estos campos sólo son controlables por el Tribunal Constitucional [artículo 153.a) de la CE]. Las «bases» en estos supuestos tienen que ser simplemente *bases* y la C.A. puede ignorar y oponerse a las extralimitaciones de las mismas [21]. Obviamente, en estos campos los Gobiernos regionales ostentan también el poder reglamentario y las potestades administrativas de ejecución.

b) *Competencias de desarrollo legislativo* y ejecución de la legislación básica del Estado son las contenidas en los artículos 11, 18 y 19 de EV, los artículos 10, 16 y 17 EC y 28, 33 y 34 EG. En estos campos hay que entender que el Estado promulgará las leyes de base o leyes marco (artículo 150.1), generales para toda la nación o especiales para determinadas Comunidades; los Parlamentos y Gobiernos regionales, sin infringir ni violentar aquéllas, podrán dictar normas legislativas o reglamentarias de desarrollo, con las especialidades que en su caso procedan para sus respectivos territorios. La acción administrativa, en todo caso, corresponderá, en estos campos, a la Administración regional. En ellos, todo conflicto con la legislación del Estado debe ser resuelto a favor de éste, de acuerdo con el principio de jerarquía, pues en ellos, por hipótesis, el Gobierno central tiene una posición de supremacía, a diferencia del supuesto anterior.

Aun cuando nada se opone a que las Comunidades Autónomas ostenten también aquí potestad legislativa delegada (el artículo 150.1 habla, en efecto, de «normas legislativas») para el desarrollo de las leyes estatales, ordinariamente *bastará la actuación por vía reglamentaria,* pues las «bases», en este supuesto, pueden alcanzar cualquier extremo y todo el grado de precisión que el Estado crea conveniente (de hecho, lo alcanzarán). En cualquier caso, sea uno u otro el instrumento utilizado para el «desarrollo legislativo», tales normas de las C.A. son controlables por el Estado, tanto por las Cortes Generales como por los Tribunales (artículo 150.1) e incluso por el Gobierno de la nación cuando así se prevea expresamente [artículos 150.2 y 153.b) CE]. He aquí una importante diferencia con el caso anterior, que no admite más que el control constitucional [22].

---

21 Dicho está con ello que el Estado no puede, en estas materias, legislar por la vía de la Ley marco, con las características y régimen previsto para ella en el artículo 150 CE, conclusión que se desprende, por lo demás, del propio texto del artículo que parece referirse a supuestos de competencia originariamente estatal. Este extremo aparece muchas veces confundido en la doctrina.

22 Se ha planteado en este punto la polémica de si estamos ante auténticas leyes regionales o ante textos articulados de leyes estatales, en virtud de una delegación legislativa hecha a los

c) Competencias de *mera ejecución de la legislación del Estado:* las contenidas, entre otros, en los artículos 12 EV, 11 del EC y 29 EG. Aquí no hay ni poder legislativo ni poder reglamentario, de regulación material del sector de que se trate. Puede haber una potestad interna de organización, de dictar normas organizativas, y sobre todo un poder de dictar actos y celebrar contratos, aprobando para ello —eso sí— las instrucciones y *circulares de servicio* que la C.A. crea conveniente.

Estamos en estos casos ante supuestos de *mera descentralización administrativa,* en los cuales corresponde al poder central la tarea de legislar o reglamentar sustancialmente dichas actividades, encomendándose a las Comunidades la tarea de administrar, esto es, de poner en ejecución aquéllas, prestando directamente a los ciudadanos los servicios y actividades a que se refieran. En el ejercicio de estas actividades las Comunidades Autónomas «deberán sujetarse —dice el artículo 25 del EC— a las normas reglamentarias que en desarrollo de su legislación dicte el Estado» [23]. Es ésta una técnica de transferencia de funciones de gran importancia en nuestros días, pues no puede olvidarse que en ese proceso de sucesiva integración de la norma en que la aplicación del derecho consiste (subsunción de los hechos en el supuesto previsto por la norma), corresponde al órgano que tiene encomendada la función ejecutiva una importante tarea de valoración, especialmente en todos aquellos casos en que se atribuyen a la Administración potestades discrecionales, lo cual es muy frecuente en la moderna Administración económica y de prestación. La doctrina alemana, donde esta modalidad de distribución de competencias es uno de los principios vertebradores del moderno federalismo alemán, ha hablado por ello, con razón, de una verdadera «supremacía administrativa» a favor de

---

órganos territoriales (en lugar de hacerlo al Gobierno Central: artículo 82 CE). Ésta sería, en todo caso, de naturaleza especial (carácter permanente, no se agota por el uso, admitiría la subdelegación del parlamento al Gobierno regional, etc.). Mi opinión es que ordinariamente no será ni lo uno ni lo otro, sino simples normas reglamentarias de la C.A., que serán más que suficientes para operar el desarrollo legislativo. Hay un dato importante que apoya la tesis de que no estamos aquí ante verdaderas leyes y es el previsto control por los Tribunales, ordinarios, sólo posible sobre Reglamentos o sobre los excesos de la articulación o refundición llevada a cabo por la legislación delegada (artículo 82.6 CE). Este control está expresamente previsto en el artículo 150.1, como se dice en el texto. Por lo demás, es evidente en estas materias la subordinación de la Comunidad Autónoma (Asamblea y Gobierno regional) al Estado (Congreso y Gobierno Central), es la existente en toda delegación legislativa o entre el titular de la potestad legislativa y la reglamentaria: *vid.*, sobre el tema, ENTRENA CUESTA, R., *Curso de Derecho Administrativo,* Madrid, 7.ª ed., 1981, páginas 116-117.

23 Sobre el significado de la expresión «legislación», hay ya una doctrina constitucional muy bien perfilada, que expone con toda precisión GARCÍA DE ENTERRÍA, E., en *La ejecución autonómica de la legislación del Estado,* Civitas, Madrid, 1983, páginas 54-63.

los gobiernos regionales (de los Länder), como una característica que se opone a los federalismos de corte clásico, y que aparece recogida de modo general en el artículo 30 de la Ley Fundamental de Bonn («el ejercicio de los poderes públicos y el cumplimiento de las funciones públicas competen a los Länder, en tanto que la presente Ley Fundamental no dicte o admita una disposición en contrario») [24]; se plantea aquí la cuestión de si en España, en estos campos, puede el Estado reservarse la ejecución cuando lo estime conveniente y así lo disponga en su legislación, o si por el contrario ello sólo será procedente cuando los Estatutos de Autonomía lo autoricen expresamente (por ejemplo, en los apartados 7, 8 y 9 del EC), pero no en los demás. Este problema se plantea igualmente en el segundo tipo de competencias anteriormente analizado (el desarrollo legislativo y ejecución); personalmente estimo que sería preferible la primera solución (es decir, que el Estado se reserve la ejecución cuando lo crea necesario), pero es también defendible, a la vista de los textos estatutarios, la solución contraria (que el Estado deba entregar la ejecución a las Comunidades, salvo previsión estatutaria en contrario).

Se plantea igualmente la cuestión de si el Estado puede «dirigir» mediante instrucciones o circulares vinculantes para todas las autonomías, esa ejecución de las materias estatales (de las tareas y materias estatales) que se les encomienda. La cuestión es polémica, pero a mi juicio es indudable que en las leyes estatales reguladoras, tanto si son ordinarias como si son leyes marco, de transferencia o delegación, el Estado puede reservarse esos poderes y autorizar al Gobierno central a que dicte instrucciones o establezca criterios generales que deberán seguir las Comunidades Autónomas en el ejercicio de sus competencias ejecutivas. Hay para ello un argumento nada desdeñable, aparte de la natural vinculación entre la ley y su ejecución, a saber: la uniformidad legislativa y de régimen jurídico, que la Constitución desea al reservar al Estado, no debe romperse en su aplicación mediante interpretaciones dispares —y aun contrarias— por cada Comunidad Autónoma. Sabido es el amplio margen de apreciación que muchas normas dejan al operador jurídico, lo que puede ocasionar verdaderos atentados a la unidad de mercado y a la igualdad ante la

---

[24] Véase sobre el federalismo alemán el excelente trabajo de PAREJO ALFONSO, *Las competencias constitucionales económicas en Alemania Federal,* en volumen colectivo «La distribución de competencias...», *op. cit.*, páginas 151 y siguientes. No he visto, sin embargo, resaltada en este trabajo esa nota de «supremacía administrativa de los Länder», que juzgo muy importante y que describe maravillosamente Nevil JOHNSON en su libro *Government in the Federal Republic of Germany,* 2.ª ed., 1978, páginas 98 y siguientes, Pergamon Press, Londres, 1973. la importancia y significación de esta realidad ha sido también destacada, críticamente, por el colectivo DE BURGOS, Javier, en su penetrante análisis *España por un Estado Federal,* Madrid, 1983, páginas 130 y siguientes.

ley [25]. Todo esto, evidentemente, no es aplicable a las materias o funciones que son objeto de competencia exclusiva, del apartado a) anterior [26].

En este aspecto, la LOAPA sentaba, en su artículo 7, dos criterios muy claros: la sujeción de las Comunidades Autónomas a las normas reglamentarias estatales sobre estas materias y el poder de control del Estado sobre la ejecución. Pero la Sentencia 76/83 vino a anular también, en gran parte, este precepto. A mi juicio, esto fue un error, tanto en la argumentación como en el resultado. En efecto, el texto del artículo 7, en su redacción final, era muy correcto: limitaba su alcance a aquellos supuestos en que corresponde a las C.A. *tan* sólo *la* ejecución. No obstante —dice la sentencia—:

> «cabe hacer al apartado en cuestión la misma objeción que venimos haciendo a los artículos anteriores, pues, en la medida en que en él se determina con carácter general el alcance de la potestad de ejecución de las Comunidades Autónomas, incide en el sistema de distribución competencial».

Este argumento no es, a mi juicio, válido en el supuesto que nos ocupa. Obviamente cuando Constitución y Estatutos hablan de «ejecución» hay que darle a ello un contenido y ello puede hacerse perfectamente en los términos que lo hacía la LOAPA, plenamente coincidente, por lo demás, con lo dispuesto en los Estatutos; por ejemplo, el artículo 25.2 del EC, antes citado, que textualmente afirma:

> «...en el caso de las materias señaladas en el artículo 11 de este Estatuto *(competencias de ejecución)* o *con el mismo carácter* en otros preceptos del mismo, su ejercicio deberá sujetarse a las normas reglamentarias que en desarrollo de su legislación dicte el Estado».

No se entiende por qué el único que puede decir esto sea el Tribunal Constitucional *en cada caso.* La argumentación que, para apoyar su decisión, aduce es igualmente errónea. Frente al argumento certero del Abogado del Estado de que «la uniformidad constitucionalmente pretendida quedaría desvirtuada si el Estado no tuviera la potestad de velar para que no se produzcan diferencias en la ejecución o aplicación del bloque normativo...», el Tribunal afirma:

> «Pero al fijar el contenido y alcance de dicha función es preciso tener presente que la autonomía exige en principio que las actuaciones de la Administración autonómica no sean controladas por la Administración del. Estado, no pudiendo impugnarse la validez y eficacia de dichas actuaciones

---

[25] *Vid.* GARCÍA DE ENTERRÍA, E., *La ejecución autonómica de la legislación del Estado,* Civitas, Madrid, 1983, páginas 39 y siguientes.

[26] *Vid.,* sobre el tema, MUÑOZ MACHADO, S., *La distribución de competencias...,* cit., páginas 363-364. DE BURGOS, Javier, *España por un Estado Federal,* páginas 122-123.

sino a través de los mecanismos constitucionales previstos. Por ello el poder de vigilancia no puede colocar a las Comunidades Autónomas en una situación de dependencia jerárquica respecto de la Administración del Estado, pues, como ha tenido ocasión de señalar este Tribunal, tal situación no resulta compatible con el principio de autonomía y con la esfera competencial que de éste deriva (sentencia 4/1981, de 2 de febrero, y 6/1982, de 22 de febrero)».

A mi juicio, de una cosa no se deriva la otra. Lo que el T.C. le niega al Estado es el control jerárquico *a posteriori,* lo que quiere decir que no cabe establecer un sistema generalizado de alzadas contra sus actos, como corresponde, cabalmente, a un régimen de plena descentralización en estas materias. Pero una cosa es eso y otra admitir un poder reglamentario o un poder de emitir instrucciones o directivas para uniformar y velar por la más correcta ejecución. Es perfectamente compatible la existencia de estos últimos, sin control administrativo ulterior. Debe partirse de la base de que las Comunidades Autónomas adoptan en estas materias la misma posición que las Corporaciones Locales han adoptado tradicionalmente en las tareas públicas que se le encomiendan. Su situación puede ser doble: bien la descentralización, bien la delegación intersubjetiva, según la Ley ordenadora de cada materia configure la relación en ambos, en la que es posible y deseable ese poder de instrucción o directiva. Lo que no proceda, en principio, es el recurso en vía administrativa «ante el Superior». Lo único que procederá es el control del Estado sobre las Comunidades Autónomas en los términos que más adelante se explican (*vid. infra,* n.º 12).

d) Hay un cuarto grupo de competencias regionales, que podríamos llamar distribuidas o *participadas,* y son aquéllas que recaen sobre campos en que se encomienda al Gobierno central y a los Gobiernos regionales distintas funciones, tareas o servicios, que deben ser *actuados conjuntamente.* Tal es el caso en materias de orden público (artículo 17 del EV y artículo 13 del EC), administración de justicia (artículos 13 y 35 del EV y artículos 18 y siguientes del EC), gestión del sector público estatal radicado en el territorio de la Comunidad (artículo 12 del EV y 12 del EC), selección y nombramiento de ciertos funcionarios estatales (con distintos grados de participación según los casos: jueces, secretarios judiciales, notarios, registradores, etc., véase artículo 10, n.º 22 y artículo 35 del EV y artículos 22, 23 y 24 del EC), y otros. Todos estos campos de atribuciones conjuntas tienen una regulación bastante confusa, pero, sin duda, de todos ellos el más importante por su trascendencia es el que hace referencia al orden público. Los números 4 y 29 del artículo 149 declaran como competencia exclusiva del Estado «Defensa y Fuerzas Armadas», y «Seguridad Pública», en este último caso «sin perjuicio de la posibilidad de creación de policías por las Comunidades Autónomas...»; posibilidad que ha sido llevada a efecto por los Estatutos, mediante la creación de Policías autónomas, con una distribución de servicios y mandos entre éstas y las fuerzas de seguridad del Estado. Dejando claro nuestro respeto por tradiciones gloriosas como las de los fusileros de Aragón, los mozos de Escuadra de Cataluña, los miqueletes y miñones de Vascongadas y Valencia y otros cuerpos armados de carácter local existentes entre nosotros, digamos que a todos vino a unificar, en 1844, la creación de la Guardia Civil, y que resulta muy dudoso, precisamente en estos tiempos, volver a situaciones que, en el mejor de los casos, entrañarían una falta de unidad de mando y dirección de las fuerzas de seguridad. La tendencia en países federales, y en el marco internacional, es justamente la contraria [27]. Pero Cataluña y el País Vasco han creado sus propias fuerzas.

e) Junto a estos cuatro tipos de competencias que acaban de ser descritos, hay todavía campos en que la atribución aparece confusísima. Tal sucede, por ejemplo, en materia de educación. En los tres Estatutos aprobados inicialmente (véanse artículos 16 EV, 15 EC y 31 EG), las competencias se formulan de la siguiente manera (con ligerísimas variantes):

> «Es de la competencia plena de... la regulación y administración de la enseñanza en toda su extensión niveles y grados, modalidades y especialidades, en el ámbito de sus competencias, sin perjuicio de lo dispuesto en el art. 27 de la Constitución y leyes orgánicas que, conforme al apartado 1 del art. 81 de la misma lo desarrollen, de las facultades que atribuye al Estado el núm. 30 del apartado 1 del art. 149 de la Constitución y de la alta inspección para su cumplimiento y garantía».

Es decir, que tras una primera afirmación, enfática, solemne, rotunda, de «competencia plena» [28] en materia de enseñanza, viene, como siempre, el «sin perjuicio de», en este caso, los artículos 27 y 149 de la Constitución, así como las leyes orgánicas que el Estado dicte en desarrollo de aquéllos. La Constitución, en dichos artículos, no resuelve el problema de un modo claro (por ello el Estatuto se arranca con aquella solemne declaración); pero ocurre que los Estatutos vuelven a aplazarlo, remitiéndolo a su vez a la Constitución y a futuras leyes orgánicas. Al final, las Autonomías han asumido la educación a todos los niveles, con graves consecuencias y sin que esa alta inspección haya aparecido por ningún lado.

---

[27] Véase la dura crítica al sistema de policías autónomas que hizo Gil Robles, José María, en *La aventura de las Autonomías...*, cit., páginas 97 y siguientes.

[28] Ésta es una nueva calificación, cuyo contenido técnico, por el momento, nadie sabe. Para unos (Salas, *op. cit.*, página 23) «equivale a exclusiva»; para otros (García de Enterría, E., *op. cit.*, página 28) «es deliberadamente distinta del de exclusiva, como es notorio» (pero sin decirnos en qué consiste). En el fondo, como se ha visto después, lo que se quiso fue aplazar el problema.

Otro tema más sorprendente todavía, por lo que al Estatuto Vasco se refiere, es el de las relaciones internacionales. El artículo 149.3 de la Constitución declara de modo indubitable como competencia exclusiva del Estado las «relaciones internacionales»; y el artículo 93 reserva a las Cortes Generales mediante ley orgánica, «autorizar la celebración de tratados por los que se atribuyan a una organización o institución internacional el ejercicio de competencias derivadas de la Constitución» (es de otra fuente). Pues bien, sorprendentemente, el 20.3 del EV afirma lo siguiente: ningún tratado o convenio podrá afectar a las atribuciones y competencias del País Vasco si no es mediante el procedimiento del artículo 152.2 de la Constitución, salvo lo previsto en el artículo 93 de reforma de los Estatutos pactados. Esta formulación, que desafía abiertamente el principio de no contradicción (una cosa no puede ser y no ser al mismo tiempo), da pie para entender (sobre todo si se quiere entender así) que la Comunidad Autónoma de Euskadi ha de dar previamente el *placet,* mediante referéndum, a cualquier tratado internacional que implique una modificación de las competencias que le han sido atribuidas por el Estatuto de Guernica, lo cual obviamente es un contrasentido, pues ello convertiría al País Vasco, ya no en un Estado miembro en una estructura federal, sino en un Estado confederado (con reserva de soberanía) [29].

Dicho todo ello, y establecido el cuadro y tipos de competencias atribuidas a las C.A., procede abordar ahora el estudio de los *límites constitucionales a su ejercicio.* Bien entendido que éstos, aun cuando son muchos y muy importantes, no afectan al cuadro anterior. Es decir, que no se puede, al amparo de los límites, sustraer a las Comunidades las competencias que les han sido concedidas ni cambiar el carácter con que lo han sido (convirtiendo en competencias concurrentes —de desarrollo legislativo— las que son exclusivas).

11. Límites a la autonomía y al ejercicio de las competencias por las Comunidades Autónomas

Conviene entrar ahora en el análisis de esta misma cuestión competencial desde otra perspectiva. En concreto, desde la perspectiva del ejercicio de esas competencias propias y exclusivas de cada Comunidad. Éstas, como hemos di-

---

[29] Sobre el problema, certeramente, BROTONS, R., *La actividad exterior del Estado y las Comunidades Autónomas,* en «Estudio sobre la Constitución Española», páginas 376 y siguientes, Zaragoza, 1979. Muy certeramente también sobre *«El papel de Cataluña en las negociaciones de adhesión a las Comunidades Europeas»,* en el artículo, bajo ese título, de GRANELL, Francesc, en el diario «El País», día 5 de diciembre de 1980. La única explicación que cabe encontrar a esta formulación del Estatuto Vasco es una concepción radical de los «derechos históricos».

cho, son considerables y constituyen un importantísimo haz de facultades que ellas —y sólo ellas— van a poder ejercer.

Ahora bien, este conjunto de competencias no constituye un bloque de poderes y facultades de ejercicio libre e incondicionado por parte de cada Comunidad Autónoma. Por el contrario, del conjunto de principios informadores de la estructura y funcionamiento del Estado, que la Constitución consagra y quedaron expuestos al comienzo de este estudio, se derivan, a la hora de ejercer las competencias, una serie de límites internos, inmanentes al concepto mismo de autonomía, en un Estado unitario. Asimismo, existen unos condicionamientos externos y expresos, que el ordenamiento jurídico pone al ejercicio de aquellos poderes.

a) *Límites internos, inmanentes al sistema*

Entiendo por tal, en primer lugar, aquellos «límites conceptuales relativos a la naturaleza e índole del Estado», de que hablaba Azaña, refiriéndose a la Constitución de 1931; son los que se desprenden del *modelo de Estado,* los principios básicos informadores de su «ser estatal», tal como han quedado expuestos en páginas anteriores: unidad de la nación, unidad del Estado, unidad e indivisibilidad de la soberanía, titularidad del poder supremo político y legislativo, poder general de dirección y coordinación de la política, poder general de ordenación económica, unidad de mercado, principio de solidaridad, prohibición de privilegios, igualdad de todos los ciudadanos en cualquier parte del territorio nacional y otros. Todos estos principios se consagran en distintos preceptos de la Constitución y es claro que deben presidir cualquier duda interpretativa que se presente y cualquier laguna que ofrezcan los textos de cada concreta regulación autonómica. Pues bien, resulta patente que *el ejercicio de sus competencias por las Comunidades Autónomas debe de actuarse conforme a ellos;* sería nulo *y* sin valor cualquier acto (o norma) que supusiera un atentado a los mismos.

Debe observarse que la función y el sentido de estos principios es el de ser criterios interpretativos del sistema de competencias. No suponen la modificación de su titularidad sino la orientación de su ejercicio (por quien la tenga atribuida). No deben entenderse como unos principios atributivos, genérica y abstractamente, de competencia al Estado, en contra del tenor literal de los artículos 148, 149 CE y paralelos de los Estatutos. Estos principios básicos de nuestro orden constitucional deben destacarse, a los efectos que ahora interesan, y son los siguientes:

1) *Principio de solidaridad,* proclamando solemnemente en el artículo 2 y ratificado en los artículos 138, 156 y 158, en todos los cuales se apunta al «es-

tablecimiento de un equilibrio económico adecuado y justo entre las diversas partes del territorio español».

2) *Prohibición de privilegios:* «las diferencias entre los Estatutos de las distintas Comunidades Autónomas no podrán implicar, en ningún caso, privilegios económicos o sociales»: artículo 138.2.

3) *Principio de igualdad* de todos los españoles, el cual, en el orden autonómico se concreta en los artículos 139.1, 149.1.1.ª y 149.1.18.ª, en los siguientes términos:

Artículo 139.1:

> «Todos los españoles tienen los *mismos derechos* y obligaciones en cualquier parte del territorio del Estado».

Artículo 149.1.1.ª:

> «El Estado tiene competencia exclusiva sobre la *regulación de las condiciones básicas que garanticen la igualdad* de todos los españoles en el ejercicio de los derechos y el cumplimiento de los deberes constitucionales».

Artículo 149.1.18.ª:

> «Las bases del régimen jurídico de las Administraciones publicas, ... que en todo caso *garantizarán a los administrados un tratamiento común* ante ellas».

Estos tres principios, sobre los que la Constitución ha sido reiterativa (también se recogen, machaconamente, en los Estatutos de Autonomía, en la LOFCA y en otros textos), constituyen, por un lado, límites inmanentes al ejercicio de las competencias regionales y, por otro lado, título habilitante para que el Estado inicie acciones tendentes a corregir desequilibrios o desigualdades [30]. En particular, conviene insistir en el principio de igualdad (que es unidad) de todos los españoles. Se prescribe toda posible discriminación por razón de vecindad, arraigo o procedencia regional.

El Tribunal Constitucional ha precisado (Sentencia de 16 de noviembre de 1981, ponente Rubio Llorente, sobre Centros de Contratación) el alcance de este principio en términos que merecen ser reproducidos:

> «El primero de tales principios es el de *igualdad en derechos y obligaciones* de todos los españoles en cualquier parte del territorio nacional. Es obvio,

---

[30] En este sentido, Muñoz Machado, S., *Las competencias en materia económica del Estado y de las Comunidades Autónomas,* en vol. colec. «La distribución de competencias...», cit., páginas 356 y siguientes. El autor recuerda a este respecto el principio alemán de la «Bundestreue», o de comportamiento leal de cada Estado-miembro (Land) hacia los demás y hacia la Federación en conjunto, en el ejercicio de sus propias competencias.

sin embargo, que tal principio *no puede ser entendido en modo alguno como una rigurosa y monolítica uniformidad del ordenamiento* de la que resulte que, en igualdad de circunstancias, en cualquier parte del territorio nacional, se tienen los mismos derechos y obligaciones. Esto no ha sido nunca así entre nosotros en el ámbito del derecho privado y, con la reserva ya antes señalada respecto de la igualdad en las condiciones básicas de ejercicio de los derechos y libertades, no es ahora resueltamente así en ningún ámbito, puesto que la potestad legislativa de que las Comunidades Autónomas gozan, hacen potencialmente de *nuestro ordenamiento una estructura compuesta* por obra de la cual *puede ser distinta la posición jurídica* de los ciudadanos en las distintas partes del territorio nacional. Es cierto que esta diversidad se da dentro de la unidad y que, por consiguiente, la potestad legislativa de las Comunidades Autónomas no puede regular *las condiciones básicas* del ejercicio de los derechos o *posiciones jurídicas fundamentales,* que quedan reservadas a la legislación del Estado (artículos 53 y 149.1.1.ª de la Constitución, cuyas normas, además, son las únicas aplicables en las materias sobre las que las Comunidades Autónomas carecen de competencia legislativa. prevalecen en caso de conflicto, y tienen siempre valor supletorio (149.3). En cuanto que la Ley impugnada y, en concreto, los artículos que ahora sometemos a examen no afectan, como veíamos, a ninguna posición jurídica fundamental de los ciudadanos y no establecen discriminación alguna entre los vecinos de los distintos lugares del territorio nacional, no se percibe violación del principio que prohíbe esta discriminación».

Así pues, el principio de igualdad no implica, ni mucho menos, uniformidad, siempre y en todo. Tampoco implica atribuir al Estado «poderes implícitos» de regulación para asegurar esa pretendida igualdad/uniformidad [31]. Significa, simplemente, prohibición de toda regulación autonómica discriminadora y de toda ruptura de la unidad de mercado, mediante la imposición de cargas o beneficios singulares en contra o a favor de unos grupos u otros.

En otra Sentencia anterior (28 de julio de 1981, ponentes: Rubio Llorente, Gómez Ferrer, Escudero) el Tribunal había afirmado, sin embargo, que:

> «El *tratamiento común* a los administrados que preceptúa el artículo 149.1.18.ª ha de entenderse en el Estado social y democrático de Derecho que configura la Constitución (artículo 1.1) con un alcance no meramente formal sino también, del modo que determine la Ley, con *un contenido sustancial* en forma de pautas de prestaciones mínimas que deben proporcionarse a todos los ciudadanos».

---

31 Las interpretaciones formuladas por los defensores de la uniformidad son sin duda exageradas: así, por ejemplo, MUÑOZ MACHADO, S., *loc. cit.,* páginas 360 y siguientes (facultades que atribuye al Estado en materia de urbanismo).

4) Un cuarto principio límite al ejercicio de las competencias por las C.A., es el principio de *libre circulación y establecimiento de personas, bienes y empresas,* que es uno de los aspectos fundamentales de la unidad de mercado. Se consagra tal principio en el artículo 139.2, según el cual:

> «*Ninguna autoridad* podrá adoptar medidas que directa o indirectamente obstaculicen la libertad de circulación y establecimiento de las personas y la libre circulación de bienes en todo el territorio español».

También en este punto se ha pronunciado el Tribunal Constitucional, señalando que no toda regulación económica que adopten las Comunidades puede considerarse un obstáculo, aunque suponga siempre, por hipótesis, una incidencia en el mercado:

> «No toda incidencia es necesariamente un obstáculo. Lo será sin duda cuando intencionalmente persiga la finalidad de obstaculizar la circulación, pero en contra de lo que argumenta la representación del Gobierno vasco, no sólo en ese caso, sino también en aquellos otros en los que las consecuencias objetivas de las medidas adoptadas impliquen el surgimiento de obstáculos que no guardan relación con el fin constitucionalmente lícito que aquéllas persiguen» (Sentencia de 16 de noviembre de 1981, citada).

La apreciación de si una regulación con incidencia en el mercado supone o no un atentado a la libertad y unidad de éste sólo puede hacerse a la vista de cada caso y será en último término el Tribunal el que tenga que decidirlo. La experiencia nos ofrece ya algunos ejemplos que podemos recordar: ¿es o no un obstáculo a la libertad la regulación de las ventas especiales, limitando las rebajas a determinadas épocas del año?; ¿es o no un obstáculo a la libertad de establecimiento de las empresas, la creación de un sistema de registro y clasificación de contratistas propio de la C.A., junto al que existe ya para el Estado? Ambos asuntos se han planteado en Cataluña y en el País Vasco, respectivamente. En cualquier caso, es evidente que este principio (libre establecimiento y circulación de bienes y personas) supone un límite a toda regulación autonómica (aunque no autorice al Estado a sustituir ésta).

5) El quinto límite al ejercicio de las competencias (que no de sustitución en las mismas) es el *poder general de ordenación y planificación económica,* atribuido al Estado en multitud de preceptos de la Constitución y de los Estatutos (artículos 51, 131, 148.1 números 7 y 13; 149.1 números 7, 10, 11, 13, 17, 19, 21, 25, etc., CE; artículo 10 números 9, 11, 25, 26, 27, 28, 30 del EV; otros tantos apartados de los artículos 10 y 12 del EC y artículos 27 y 30 del EG). En todos estos artículos se reservan a los órganos centrales del Estado los poderes de «ordenación general de la economía», de fijación de «objetos de política económica nacional», regulación de «comercio interior y régimen de autori-

zación de productos comerciales», de «planificar la actividad económica general», de «ordenación del sistema monetario» y bases de la ordenación del crédito; y otros semejantes. Estas expresiones constitucionales (y otras análogas contenidas en los Estatutos: por ejemplo, «ordenación de la actividad económica general», «política general de precios», etc.) vienen a reconocer al Gobierno Central, como ya dijimos, un poder de dirección de la política económica y de planificación general de la misma (dentro del modelo económico que la Constitución consagra, naturalmente).

Pues bien, como los propios Estatutos reconocen, el ejercicio de las competencias económicas de los Gobiernos autónomos deberá respetar en todo caso el *marco de medidas y determinaciones que hayan sido válidamente adoptadas por el Gobierno Central*. Resulta una vez más imposible dar aquí, *a priori*, una regla general. Dependerá de cada sector. Pero sí conviene salir al paso de dos excesos. Un exceso, ya denunciado, es pensar que el hecho de que la Administración Central incluya en los planes socioeconómicos de carácter nacional determinadas acciones sobre ámbitos de competencia exclusiva de las Comunidades Autónomas, convierte aquéllas en «concurrentes» y éstas tienen que estar y pasar por lo que el Estado decida. Frente a esta pretensión de Muñoz Machado [32] hay que recordar que nuestro orden constitucional es: planificación (indicativa) en el marco de las autonomías y no autonomías en el marco de la planificación central. La relación entre planificación o autonomías debe precisarse con algún cuidado. Pues, en efecto, no puede entenderse que por ser vinculante para el sector público pueden aprobarse unos planes gubernamentales de actuación para los distintos sectores (vivienda, industria, educación, sanidad, carreteras, etc.) que vinculen a todos los sujetos públicos (Estado, Comunidades, Ayuntamientos, Instituciones y empresas públicas) cualquiera que sea la competencia que cada uno de éstos tenga sobre aquéllos [33]. Esto, como digo, sería vaciar de competencias las autonomías. El pretendido apoyo que esta tesis pudiera encontrar en los términos del artículo 131 CE, no es tal, pues no hay que interpretar el artículo 149 a la luz del 131, sino al revés.

Por el contrario, sería igualmente erróneo afirmar, como otros pretenden, que las atribuciones concedidas al Estado en el 149.1.13.ª («bases y coordinación de la planificación general de la actividad económica») se limitan a establecer «directrices generales» y no medidas concretas. A mi juicio, las competencias de las Comunidades Autónomas, tanto en el orden económico como

---

[32] Muñoz Machado, S., *La distribución...*, cit., páginas 352-356.

[33] Esta interpretación, contenida en De Burgos, Javier, *España por un Estado federal*, páginas 109-111, me parece anticonstitucional, por mucha participación que hayan tenido las Comunidades en la elaboración del plan nacional.

en el orden territorial, deberán estar subordinadas, no sólo a «directrices generales» del Estado sino también a cuantos planes, programas de actuación y decisiones concretas adopte el Estado para cualquier parte del territorio nacional *en materias o campos que son de la competencia irrenunciable de aquél* (por ejemplo, energía, agua, transporte aéreo o ferroviario, banca o seguros, infraestructuras de interés general y otros campos). Naturalmente, convendrá y se deberá oír a las Comunidades afectadas, pero era a mi juicio desacertada esta prescripción del artículo 9.2 de la LOAPA que exigía actuar de común acuerdo y sometía las diferencias a un árbitro [34]. El «común acuerdo» es, sin duda, bueno, pero si no se produce (y para ayudar a que se produzca) hay que dotar al Gobierno de la nación de la posibilidad de imponer su criterio en todos aquellos temas de alcance y trascendencia nacional (que están por encima del interés propio y peculiar de cada región). Es paralizante esa continua apelación al Senado, a las Cortes Generales o al Tribunal Constitucional a la que se pretende acudir. Un Gobierno moderno no puede satisfacer las necesidades cada vez más complejas de una sociedad urbana e industrial en medio de esa constante carrera de obstáculos.

Lo que se acaba de afirmar hace referencia al ámbito de las competencias estatales que se ejercen sobre el territorio de una Comunidad Autónoma, o bien al supuesto de conflicto entre decisiones estatales y regionales que colisionan en un mismo territorio (pensemos, por ejemplo, a la hora de elaborar un Plan Director Territorial de Coordinación), ejerciéndose en cada nivel sus *propias* competencias. La primacía del Gobierno Central es, para mí, absolutamente necesaria y era muy correcto el modo en que estaba tratado este proceso (el de la ordenación del territorio) en el artículo 9.1 de la LOAPA: subordinación de los PDT regionales a los esquemas, directrices y bases establecidas en el Plan nacional, y a las decisiones que el Estado adopte en el ejercicio de «sus» competencias. En cambio, sería un atentado a la autonomía entender que en todo caso la planificación central, imperativa para el sector público, lo es también para las Comunidades Autónomas *en aquellos campos y decisiones que pertenecen a la exclusiva competencia de éstas.* Hasta ahí no puede llegar la planificación, y si lo hace sería con el mismo carácter, indicativo, que tiene para el sector privado.

Fue, a mi juicio, un error la anulación también de este precepto de la LOAPA por el Tribunal Constitucional. El juicio puramente formal que hace respecto al apartado 1.º del artículo 9 ha sido un escapismo, un no querer

---

[34] Primero fue el Senado, en una de las primeras redacciones de la LOAPA. Después fue el Consejo a que se refiere el artículo 131.2 CE. Finalmente, el Tribunal Constitucional anuló el artículo en su integridad.

entrar en el fondo del problema. Máxime cuando el 9.1 no era un precepto genérico de delimitación competencial (como el 2 ó el 4) sino que se pronunciaba y expresamente sobre un sector especialmente conflictivo —la ordenación del territorio y el aprovechamiento de recursos naturales— en términos perfectamente acordes con la Constitución. ¿Es que acaso esto no era fijar bases de ordenación de la economía en dos sectores o materias concretas, cosa que el propio Tribunal admite en sus Fundamentos? No es correcto despachar este precepto con una simple condena formal «con independencia de que su contenido resulte o no conforme a la Constitución», como dice la Sentencia.

Respecto al apartado 2, que era a mi juicio perfectamente respetuoso con la autonomía, el Tribunal entiende que hay en él dos vicios:

a) que coloca el precepto en un plano distinto al de la colaboración y coordinación, cual es otorgar a otro órgano facultades decisorias; y

b) que ello supone un mecanismo para la resolución de conflictos competenciales no previsto constitucionalmente.

Disiento profundamente de ambas razones, de la primera porque no hay coordinación posible si no hay decisión posible. La coordinación es un aspecto de la función directiva, sólo que articulada sin mandato jerárquico. Lo contrario lleva a la inacción y a la esterilidad, como la ciencia de la organización ha demostrado hace tiempo. De la segunda razón disiento porque si está prevista constitucionalmente la coordinación encomendada al Estado, ¿por qué no ha de ser legítima una Ley del Estado, del máximo rango, que establece los medios, los procedimientos y los instrumentos para llevar a cabo esa función? ¿Es que tendrá que coordinar también, en exclusiva, el Tribunal Constitucional? Es absurdo.

Digamos finalmente que tan importante como este problema del impacto de la planificación estatal en la acción regional lo es el del papel que se reconoce a las Regiones en la definición de la política económica estatal, esto es, la participación de aquéllas en la elaboración del Plan («los proyectos de planificación», de que habla el artículo 131.2 CE). Se ha dicho con razón que el Estado de las Autonomías no supone «tan sólo un poder (de éstas) de autogobierno y ordenación de intereses propios, sino que suponen también una nueva forma de ordenar y conformar los intereses generales del Estado» [35]. Esta participación está todavía pendiente de articularse.

Por lo demás, y para concluir este punto, repitamos una vez más que de la misma manera que el artículo 131 hay que entenderlo en el marco de los

35 Tornos, J., *op. cit.*, REDA, n.º 21, página 227.

principios fundamentales de ordenación del modelo económico (derecho de propiedad, libertad de empresa, economía de mercado y libre competencia, etc.), la planificación no puede desconocer, ni tampoco infringir o violentar los principios inspiradores de la estructura del Estado (artículo 2 y Título VIII de la CE). El artículo 131 no es, por tanto, un instrumento de centralización. En rigor, dice relación única y exclusivamente al modelo económico (no al modelo territorial), por lo que debe ser entendido en el marco de este último. Y es que en el fondo, todo Estado federal (o autonómico) excluye la planificación [36]; y viceversa: una planificación amplia y vinculante (y en general, una intervención intensa en la economía) acaba con cualquier federalismo. El ejemplo estadounidense del *New Deal,* con lo que supuso de atentado al sistema federal, constituye un buen ejemplo de ello.

b) *Los límites externos al ejercicio de la autonomía*

Junto a los que acaban de ser expuestos (límites internos, inmanentes al sistema constitucional), existen también otros límites al ejercicio de las competencias autonómicas, que podíamos considerar externos, y que están expresamente previstos para materias y casos singulares en el Ordenamiento.

En primer lugar, el límite territorial: obviamente sus normas y actos sólo tienen vigencia y efectividad dentro del territorio de la Comunidad que los dicte, sin que pueda pretenderse su aplicación fuera de aquélla. El tema de la posible extraterritorialidad de la legislación autonómica, que la haría nula, ha sido objeto de interesantes pronunciamientos en estos años, en los que no puedo entrar por las dimensiones que ya ha alcanzado este artículo.

En segundo lugar, los límites materiales de funciones y competencias que se establezcan en los Decretos de transferencias, con la reserva de atribuciones que el Estado haga para sí mismo, en virtud de sus poderes de coordinación, alta inspección, programación, homologación de estándares técnicos, registro nacional y otras.

En tercer lugar, las delimitaciones sucesivas que el Estado lleve a cabo por Ley Orgánica, cuantas veces sea necesario, en todas aquellas materias en las que la Constitución se remite expresamente a una Ley Orgánica, de aplicación preferente al Estatuto *(vid. supra).*

Finalmente, como instrumento de corrección y sujeción de las competencias autonómicas a unas pautas comunes, tenemos un instrumento fundamen-

---

[36] En esto tiene razón Roca Junyent cuando dice que el modelo liberal en lo económico está vinculado al modelo territorial.

tal de limitación externa de las competencias: *las leyes de armonización,* a las que ya hemos aludido, con las que se pretende condicionar u orientar en un determinado sentido el ejercicio de la competencia, aunque ésta sea exclusiva, atribuida a una Comunidad Autónoma. La doctrina y la jurisprudencia ha señalado unánimemente el carácter *excepcional* de estas leyes armonizadoras, que son diferentes a las famosas leyes-cornisa italianas (leyes de principios, a las que ha de ajustarse el ejercicio de *toda* potestad legislativa regional), pues en nuestro caso estas leyes sólo proceden «cuando así lo exija el interés general», en los términos que ya vimos. Sobre la naturaleza, alcance y límites de este instrumento de reintegración a la unidad hay interesantes consideraciones, tanto en las alegaciones de las partes como en los Fundamentos de la Sentencia sobre la LOAPA. No puedo extenderme ahora en ellas. Diré únicamente que tampoco se entiende muy bien la anulación del artículo 5 de aquel texto legal. ¿Por qué no puede el legislador regular el procedimiento y condiciones de la armonización con estricto respeto —como así lo hacía— al artículo 150.3 CE? No había ahí ningún *novum* jurídico, ni se ejercía poder constituyente alguno. En cualquier caso, debe señalarse, una vez más, que tales instrumentos no pueden alterar el cuadro estatutario de competencias, sino solamente «interpretar» su alcance, «orientar» el sentido de su ejercicio, marcar, en definitiva, unas pautas o criterios de actuación comunes a todas las Comunidades Autónomas.

Claro está que un uso abusivo o desconsiderado de este instrumento de corrección del funcionamiento del sistema puede acabar con éste, por lo que el Estado deberá mostrarse prudente y mesurado en su utilización.

12. Control del Estado sobre las Comunidades Autónomas y mecanismos de integración de las Comunidades en el Estado

En un estado moderno, con un régimen general de materias compartidas y competencias concurrentes (aunque sean *exclusivas* de cada nivel), en un Estado de prestaciones, presidido por un alto nivel de intervención pública y de servicios a los ciudadanos, resulta sencillamente imposible una separación clara y rotunda entre los distintos ámbitos o niveles de gobierno. Las decisiones de uno afectarán al otro, porque esos ámbitos de los «respectivos intereses», a que alude el artículo 137 C.E., no son aislables sino, como hemos dicho, interdependientes.

Esta realidad es patente. Pero nuestra Constitución, tan reglamentista en otros campos, no ha acertado a perfilar un cuadro de mecanismos institucionales capaces de conseguir la necesaria articulación entre las diferentes piezas de este complejo mecanismo que es el Estado español llamado de las Autonomías. Tampoco los Estatutos ofrecen nada nuevo en este orden, sino que por el contrario insisten en esa idea, casi obsesiva, de separación y deslinde, aun cuando no pueden dejar de reflejar la realidad de esa deseable *unidad de la acción estatal* (entendida esta última palabra en su sentido más amplio, integrador tanto de las instituciones centrales como regionales). De ahí las abundantes referencias, en los Estatutos, a las determinaciones y actuaciones centrales (con los «de acuerdo con» y «sin perjuicio de», tan frecuentes en sus textos). Pero en lugar de instrumentar unos mecanismos, una red de canales de conexión y de colaboración entre los distintos niveles de gobierno —cada uno depende del otro para lograr sus objetivos— los Estatutos se limitan, como la Constitución, a afirmar este buen deseo, sin decirnos cómo conseguir esa realidad (en lugar de ir al conflicto permanente, que es lo que viene ocurriendo).

Ciertamente en la Constitución se prevén algunos instrumentos de participación, pero más que esto, se dibuja un sistema de controles del Estado sobre las Comunidades Autónomas [37]. He aquí algunos de los medios de control constitucionalmente previstos (dejo a un lado la intervención de los órganos centrales del Estado en el proceso de elaboración de los Estatutos):

a) *control judicial* (constitucional u ordinario) sobre leyes, normas o actos de las Comunidades, en materia de su propia competencia, artículo 153.a) y c), con efecto suspensivo de las leyes (artículo 161 LOTC);

b) *control económico financiero, a posteriori,* por el Tribunal de Cuentas [artículo 153.d)];

c) *control del Gobierno* sobre el ejercicio de funciones delegadas, previo dictamen del Consejo de Estado [artículo 153.h), en relación con el artículo 150.2, *in fine* y artículo 156.2];

d) *control de las Cortes* y/o de los Tribunales, sobre las normas legislativas y reglamentarias dictadas por las Comunidades Autónomas en materia de Ley marco (artículo 150.1 CE);

e) *medidas excepcionales* de control del Gobierno Central sobre las Comunidades en el caso de que éstas no cumplieren las obligaciones que la Constitución u otras Leyes le impongan o actuare de forma que atente gravemente al interés general de España; estas medidas sólo podrán ser tomadas con la aprobación de la mayoría absoluta del Senado (artículo 155.1 CE);

---

[37] Sobre este tema *vid.* SOSA WAGNER, F., *El control de las Comunidades Autónomas por el Estado en la Constitución española,* DA, n.º 182, abril-junio 1979, páginas 149 y siguientes; y el reciente libro de TOLIVAR ALAS, L., *El control del Estado sobre las Comunidades Autónomas,* IEAL, Madrid, 1981.

f) creación y presencia de *órganos estatales de coordinación y control en la Región:* Delegado del Gobierno y otros (artículo 154 CE);

g) *potestades de planificación, coordinación y alta inspección* que en diversos preceptos de la Constitución y los Estatutos se reconocen al Estado (por ejemplo, en materia de educación, sanidad, investigación científica y otros) con creación en algún caso de órganos mixtos para la realización de estas actividades (por ejemplo, Junta de Seguridad, para la coordinación entre la policía autónoma y los cuerpos y fuerzas de seguridad del Estado: artículo 17.4 del Estatuto Vasco y concordante del catalán).

Éstas son, en esencia, las facultades y poderes de control del Estado sobre las Comunidades Autónomas, un control básicamente judicialista y escasamente existente en el orden político administrativo. Las facultades del Estado son, en este orden, exiguas en relación con las propias de un Estado regional clásico; en el italiano, por ejemplo, el poder central goza de amplios medios de control: 1) control de legitimidad atribuido al Gobierno sobre las leyes aprobadas por el órgano legislativo regional, con reenvío para nuevo examen por éste; si las leyes se vuelven a aprobar sin variaciones y por mayoría absoluta, el Gobierno puede plantear su legitimidad ante el Tribunal Constitucional; y 2) el control de mérito por parte de las Cámaras legislativas nacionales. Esto en cuanto se refiere a las leyes. Si se trata de normas o actos que no tienen rango de ley, el control es mucho más estrecho todavía y se lleva a cabo por una Comisión de control, órgano del ejecutivo estatal integrado por funcionarios estatales y presidido por el Comisario del Gobierno (*vid.* sobre el tema en Italia los dos trabajos citados en la última nota).

Frente a esto, la realidad española es ciertamente respetuosa hasta el máximo con la actuación de las Comunidades. Nuestro sistema está más cerca del instaurado por la Constitución de 1931 y, en el fondo, de un modelo federal de Estado (por ejemplo, el alemán). Las líneas básicas de nuestro sistema pueden resumirse así:

a) En *áreas de competencias propias,* casi siempre concurrentes con las del Estado (son la gran mayoría): no hay relación jerárquica, ni control de tutela *strictu sensu;* por tanto, no hay un poder general de instrucción ni un sistema generalizado de alzadas, ni potestad de suspensión o revisión de oficio de los actos. Hay, sí, «dirección» y «planeamiento» de las grandes líneas y principios de las políticas a realizar (en el sentido que los anglosajones dan a la palabra *policy*) [38].

---

[38] Cuando se habla aquí de competencia concurrente quiere indicarse que recae sobre materias compartidas (por eso son la mayoría) sin prejuzgar el carácter, exclusivo o no, con que

b) *Áreas de competencias delegadas:* se trata aquí de materias o potestades de titularidad estatal que se transfieren o delegan a las Comunidades Autónomas bien con carácter general (por la vía de las leyes marco o de las leyes de delegación en los términos del artículo 150 CE) bien en su ejecución por parte de la Comunidad. En el primer caso, el Estado encomienda a la Comunidad determinadas funciones o competencias propias de aquél, estableciendo al mismo tiempo, según se desprende de dicho artículo, las modalidades y formas de control que estime conveniente. En el segundo caso, recordemos que en todos aquellos campos que en la Comunidad tiene encomendada solamente la ejecución de la legislación estatal, ésta debe realizarse, según reconocen los propios Estatutos, «sujetándose a las normas reglamentarias que en desarrollo de su legislación dicte el Estado» (artículo 25 EC).

Pues bien, la cuestión es ésta: ¿puede el Estado, en estos casos, someter a algún tipo de tutela las normas o actos que dicte la C.A. en lugar suyo? ¿Sería posible atribuir al Delegado de Gobierno un poder de tutela (poder de vetar acuerdos, de suspender una norma, de aprobación previa de ciertos planes) en tales campos de actuación? Entiendo que en estos casos las Comunidades actúan como agentes del Estado y por tanto sometidos, en principio, al poder de instrucción de éste [39]. Ahora bien, hay que distinguir los diferentes supuestos en que esa transferencia o delegación se produce:

— Supuesto 1.º): el *control sobre el desarrollo de las leyes marco:* este desarrollo implica o puede implicar el ejercicio por las Comunidades de potestades legislativas *(vid. supra)* y, por tanto, no puede corresponder al Delegado del Gobierno, ni al Gobierno mismo de la nación sino tan sólo a los Tribunales y/o a las Cortes Generales (así, expresamente, el 150.1).

— Supuesto 2.º): *control sobre la delegación de facultades mediante Ley orgánica:* ésta ha de prever «las formas de control que se reserve el Estado», y entre ellas es desde luego pensable el control del Gobierno y su Delegado a través de algunas de las modalidades tradicionales en nuestro derecho (autorizaciones o aprobaciones previas, facultad de suspensión de actos o normas, poder de veto, reenvío para nuevo examen, etc.). En cualquier caso, deberán ser siempre expresamente establecidas en la Ley orgánica de delegación, y no parece que ninguna de ellas, si se establece, pueda viciar a aquélla de inconstitucionalidad.

---

tal competencia aparezca atribuida en los Estatutos. *Vid.* lo dicho *supra* sobre este punto. Se trata en todo de competencias propias, esto es, de titularidad regional, a diferencia de las que integran el apartado siguiente.

[39] En contra de esta tesis, con argumentos muy dignos de consideración, GARCÍA DE ENTERRÍA, E., *La ejecución autonómica...*, cit., páginas 48 y 49.

— Supuesto 3.º): *control sobre la ejecución (delegada) de normas o servicios estatales:* ya hemos dicho que las Comunidades están sometidas, en estos casos, a las normas reglamentarias del Estado; es perfectamente admisible una tutela sobre los actos y acuerdos de las Comunidades en *garantía de la legalidad,* y aún en garantía de la oportunidad, cuando los criterios de valoración hayan sido previamente «normativizados» mediante la aprobación de estándares legales; ello es perfectamente correcto, pues nos encontramos en tales casos ante supuestos de descentralización puramente administrativa, y tal es el régimen jurídico normal aplicable a estos fenómenos [40]. Esto no quiere decir que el poder de las Comunidades en estas áreas sea pequeño, pues éstas tendrán una gran influencia en las mismas: toda la que se deriva, en un Estado gestor, de la toma de decisiones concretas, de la interpretación de los muchos aspectos discrecionales, del mando sobre los medios e instrumentos técnicos y financieros para la realización de los programas, y del dominio y control de la información. Todo aquél que reconozca la Administración sabe el enorme alcance e influencia que reside en el «poder burocrático».

c) Hay finalmente unas pocas áreas (más anecdóticas que sustanciales) en las que las Comunidades Autónomas son las únicas protagonistas: materias muy locales, no compartidas con nadie y en que, como es lógico, tienen competencia exclusiva. Aquí su autonomía es completa, aun cuando, incluso en estos casos, será muy conveniente para ellas el mantener frecuentes relaciones de cooperación con los servicios paralelos del Estado y de otras Comunidades.

Tal es el cuadro, verdaderamente esquemático, de relaciones de dirección y control del Estado sobre las Comunidades, a las que únicamente hay que añadir la previsión del artículo 4 de la LOAPA (uno de los pocos preceptos no anulados del Título I), según el cual el Gobierno, y en su caso las Cortes Generales, podrá recabar la información que precise sobre las actividades de las Comunidades Autónomas en ejercicio de sus propias competencias.

Pero si esquemático y más bien insuficiente es este cuadro, mucho más lo es la otra cara de la moneda, esto es, la integración y participación de las Comunidades Autónomas en los procesos de decisión atribuidos a los órganos centrales del Estado, con la posibilidad de que aquéllas dejen oír su voz, y en su caso su veto, a las decisiones estatales que les afecten decisivamente. Este lado del problema ha sido completamente ignorado por la Constitución y casi completamente por los Estatutos aprobados hasta ahora. Lo único previsto en este orden es:

---

[40] Sobre el contenido técnico-jurídico de la descentralización administrativa, permítaseme remitirme a un viejo trabajo mío, *Descentralización y Planificación,* IEAL, Madrid, 1972, páginas 67 y siguientes.

1) La exigua presencia de las Comunidades Autónomas, en cuanto tales, en el Senado de la nación, según los términos previstos en el artículo 69.5 de la Constitución (un Senador por Comunidad y otro más por cada millón de habitantes de su respectivo territorio).

2) La iniciativa legislativa que a las Comunidades se reconoce en el artículo 87.2 de la Constitución, según la cual pueden presentar proyectos o proposiciones de ley, delegando ante la Cámara un máximo de tres miembros encargados de su defensa. La eficacia de esta vía ha sido muy escasa en otros países (por ejemplo, Italia), pues tales iniciativas sólo prosperan cuando coinciden con las del propio Gobierno Central y en los términos que éste cree conveniente.

3) Participación en los proyectos de planificación del Estado, en los términos del artículo 131.2; posibilidad ésta interesante, pero de relativa eficacia si la previsión o propuesta de la Comunidad no tiene después ninguna posibilidad institucional de hacerla valer a través de la presencia de las regiones en los órganos centrales de elaboración y aprobación final del Plan.

4) Presencia y participación de las autoridades regionales en el sector público estatal a través de su incorporación a los consejos de administración o a los órganos directivos de las empresas públicas situadas en su territorio (artículo 12.8 del Estatuto Catalán y concordantes del Vasco y del Gallego).

5) Finalmente, un instrumento, más que de participación de reacción, es la posibilidad de impugnar ante el Tribunal Constitucional las normas del Estado, con la particularidad de que en este caso no hay efecto suspensivo de las mismas (artículo 162 LOTC).

Para terminar con este aspecto hay que decir que junto a estos mecanismos de integración expresamente previstos podría exigirse también, al amparo de lo previsto con carácter general en el artículo 103.1 y 105 CE, la audiencia preceptiva de las Comunidades en cuantos planes y decisiones les afecte. Por supuesto que caben también relaciones de cooperación apoyadas sobre contactos informales de amistad o de afinidad política entre las autoridades de uno y otro nivel, pero es un mal sistema dejar a la buena voluntad de los políticos y administradores la correcta solución de los asuntos públicos, pues aparte de que unos y otros defienden siempre un sistema de intereses en conflicto, hay que pensar que es perfectamente posible la presencia de partidos políticos de signo opuesto en uno y otro nivel.

De ahí que con buen criterio y unánime alabanza, la LOAPA previese en su artículo 8 las Conferencias Sectoriales de Consejeros y/o Ministros del ramo, con el fin de intercambiar puntos de vista y examinar en común los problemas de cada sector. El mecanismo viene ya funcionando en muchos campos con notable éxito.

Hasta aquí lo que entiendo son las paredes maestras del sistema autonómico. Otros muchos aspectos de detalle (y no tan de detalle) podrían analizarse, pero no resulta ya posible, dadas las dimensiones y el destino de este trabajo.

LECCIÓN 12.ª

AUTONOMÍA POLÍTICA Y MODELO ECONÓMICO *

SUMARIO: I. INTRODUCCIÓN Y PLANTEAMIENTO DEL PROBLEMA.—II. MODELO ECONÓMICO Y AUTONOMÍA POLÍTICA: PRINCIPIOS GENERALES: 1. *Principio de unicidad del orden económico.* 2. *La dirección de la política económica. Bases, ordenación y coordinación de la actividad económica general.* 3. *Conclusión primera.*—III. LIBERALIZACIONES Y RESERVAS, COMPETENCIA ESTATAL.—IV. LOS MERCADOS DE VALORES Y EL SISTEMA FINANCIERO.—V. EL SISTEMA DE TRANSPORTES.—VI. ENERGÍA: GAS Y ELECTRICIDAD.—VII. SUELO Y ORDENACIÓN URBANA.—VIII. FARMACIAS, ITV'S, HORARIOS COMERCIALES.—IX. CONCLUSIÓN.

I. Introducción y planteamiento del problema

La liberalización de actividades económicas, especialmente de algunos sectores estratégicos y de servicios tradicionalmente vinculados —al menos en Europa— al poder público constituye uno de los signos de nuestro tiempo. Desde Canadá a Tierra de Fuego, desde Escocia a Turquía, en los pequeños y grandes países del Pacífico (singularmente, Corea, Taiwán, Singapur, Nueva Zelanda o Australia) una ola de privatización y liberalización —esto es, de apertura a la competencia y el mercado— ha recorrido el mundo, pasando por encima de culturas, gobiernos e ideologías. La Unión Europea ha impulsado —ha exigido en muchos campos— la implantación de este modelo: libertad de establecimiento y prestación de servicios, libre circulación de capitales y de inversión, prohibición de ayudas públicas, libre movimiento de productos y mercancías, prohibición de monopolios y derechos de exclusiva, en y entre los países de la Unión Europea. Siempre con lentitud, con períodos de transición, pero de modo inexorable, el proceso de liberalización y apertura a la competencia en todos los sectores ha ido avanzando en los últimos treinta años.

El Gobierno español —ya lo inició el PSOE, pero sobre todo lo ha impulsado el Gobierno Aznar— ha hecho, desde 1996, una apuesta fuerte por esa liberalización de actividades, que va más allá de los mínimos exigidos por la Comunidad. En estos momentos, muy probablemente, España se sitúa, con Gran Bretaña y Alemania, entre los países más liberalizados de Europa.

Esta política se ha plasmado ya en un conjunto de leyes básicas, aprobadas en estos años, como son: la Ley del Sector Eléctrico, la Ley General de Teleco-

* Trabajo preparado a petición del Profesor Joaquín Tornos para su publicación por el Instituto de Derecho Público, Barcelona, en su Informe Anual sobre Comunidades Autónomas, correspondiente al año 2000.

municaciones, la Ley de Hidrocarburos, la Ley del Servicio Postal, la Ley de Aguas y otras. A todas ellas se vinieron a sumar en junio de 2000 cinco Decretos-Leyes que dieron nuevos pasos en los sectores regulados por las leyes anteriores y modificaron, en otros, las reglas en las que habían vivido hasta ahora. Tal es el caso del suelo urbano, el comercio, las farmacias y los libreros, los notarios y registradores, los agentes de la propiedad inmobiliaria, la inspección técnica de vehículos (I.T.V.) y otras actividades que han visto como su ejercicio se abría a una mayor competencia, favoreciendo la entrada de nuevos operadores y liberalizando (o flexibilizando) las condiciones en que se ofrecían los bienes y servicios (en cuanto a emplazamientos, horarios, precios, autorizaciones y permisos, etc.).

De este modo, el ambiguo modelo económico constitucional —eso que se llamó en 1978 la Constitución Económica, tan ambivalente— se ha ido definiendo progresivamente en estos años, desplazando a un segundo plano, cuando no a su casi completa extinción, algunos conceptos que inicialmente parecían constituir parámetros fundamentales de nuestro orden socio-económico: planificación, empresa pública (iniciativa pública), reservas al sector público, ayudas públicas, etc. Incluso el propio concepto de «servicio público», que vertebraba de arriba abajo nuestro ordenamiento jurídico-público, ha sido objeto —no sólo en España, si no en todos los países de nuestra cultura— de una profunda revisión, obligado, como estaba, a romper el monopolio y abrir a terceros unos pretendidos derechos de exclusiva, que ya no tenían apoyo legal.

Pues bien, se trata de ver hoy en qué medida ese cambio de modelo, que afecta a tantas actividades económicas, se proyecta —es decir, se impone— en las Comunidades Autónomas, en un Estado compuesto de corte tan peculiar como es, desde 1978, el Estado español. Porque, obviamente, muchas de las actividades que acaban de ser citadas, por no decir todas, constituyen materias compartidas entre el Gobierno Central y las Comunidades Autónomas en las que concurren, en diverso grado, competencias estatales y autonómicas. La cuestión a la que hay que responder es ésta: ¿en qué medida las opciones ejercidas por el poder central sobre el modelo institucional de la economía —esto es, sobre el grado y modalidades de intervención en los diferentes sectores de ésta— debe vincular a las Comunidades Autónomas, las cuales podrán desarrollar o regular aspectos organizativos y procedimentales, pero respetando siempre la definición del modelo y los principios básicos aprobados por el poder central.

Para responder a esta pregunta, vamos, en primer lugar, a formular algunas consideraciones generales que entendemos constituyen la doctrina hoy imperante, con respaldo del Tribunal Constitucional, para después analizar algunos sectores —transportes, mercado de valores, energía, suelo urbano, comercio e inspección técnica de vehículos— en los que esta doctrina ha cristalizado [1].

II. Modelo económico y autonomía política: principios generales

Hay que aceptar de entrada un principio muy simple, a saber: que una descentralización del poder político conlleva necesariamente una cierta descentralización del poder de ordenación económica y, por tanto, una cierta diversidad (falta de uniformidad) en la regulación del comercio, de la agricultura, el turismo o el transporte. Todo ello debe, sin embargo, instrumentarse sin merma de la solidaridad entre las regiones y de la necesaria unidad económica. Ahora bien, tales *exigencias de unidad son distintas* según los sectores y los procesos económicos de que se trate. Parece razonable pensar que las comunicaciones, el sistema eléctrico o el sistema financiero conllevan, por su propia naturaleza económica o por el actual desarrollo de la técnica, un mercado nacional único y uniforme (la aspiración, hoy, es un mercado europeo). En cambio, la vivienda, el suelo urbano, el turismo, la artesanía o la cultura constituyen, desde el punto de vista económico, mercados más «localizados» y susceptibles de tratamiento diferente. El transporte reúne ambas dimensiones: hay un transporte interno, regional o local, y un transporte de ámbito nacional o europeo, con marcos territoriales de actuación diferente. Esto parece claro.

Un segundo principio, que impera en cualquier Estado descentralizado, es el siguiente: toda actividad, producto o servicio que pueda ser realizado en buenas condiciones técnicas y económicas por una comunidad subestatal debe ser encomendado a ésta. Por el contrario, toda aquella actividad o empresa que requiera para su correcta funcionalidad económica o para su adecuada prestación social, por exigencias de la técnica de que actualmente se dispone o por cualquier otra razón, un ámbito de actuación o un mercado nacional, debe ser encomendado en su ordenación y/o gestión al Estado, sin perjuicio de que éste cuente con los gobiernos subestatales y ofrezca a éstos una representación o participación en los órganos o entes rectores de aquella actividad. Esto parece razonable.

De ambas consideraciones se deriva una misma conclusión: no pueden darse reglas generales aplicables a todos los sectores, en cuanto al grado de

---

[1] Una primera respuesta a esta problemática es la que escribí, hace 15 años, en mi trabajo *El Estado de las Autonomías. Sus paredes maestras,* en el libro colectivo «La España de las Autonomías», Espasa-Calpe, Madrid, 1985 (hoy incorporado a este libro de «Lecciones» con el número 11. Este segundo trabajo, que integra la Lección 12.ª, es un desarrollo de aquél, especialmente de sus epígrafes 9, 10 y 11).

unidad/uniformidad de la regulación económica. El criterio básico y fundamental de interpretación, que está en la base de todas las especificaciones contenidas en los artículos 148 y 149 de la Constitución, es el del interés predominante: el «interés nacional» o el interés estrictamente «regional» de cada Comunidad, con una prioridad competencial, en caso de duda, a favor del primero. Este principio informa el contenido de los artículos 2 y 137 de nuestra Constitución: la unidad de la nación española, compatible con la autonomía de las Comunidades «para la gestión de sus respectivos intereses».

Una tercera consideración —a la que ya hemos hecho referencia en el capítulo anterior— es la siguiente: más que en la literalidad de los textos, la interpretación de aquellas cuestiones constitucionales que afectan a la estructura y funcionamiento del Estado debe basarse en dos factores: a) *una Idea de Estado,* esto es, de aquellos límites conceptuales relativos a la naturaleza e índole del Estado, de sus líneas maestras y sus elementos definitorios: unidad de soberanía, la realidad histórica y política que lo define; b) en segundo lugar, la interpretación constitucional exige una conciencia clara de la *realidad de las cosas,* en particular, de las exigencias de orden físico, técnico y económico que lleva consigo cada sector o campo de actuación, así como del conjunto de factores sociales, convicciones ideológicas y sentimientos populares que presiden cada momento histórico. Una Constitución —si quiere perdurar— no tiene que ser un texto petrificado, sino abierto al cambio, lo que quiere decir que su interpretación, más que literal o vinculada a la voluntad del constituyente, tiene que ser una *interpretación institucional,* acorde con la evolución histórica de los tiempos y también con los principios que definen las necesidades de cada momento.

Pues bien, acorde con los tiempos, la distribución de competencias, en el orden económico, entre el Estado y las Comunidades Autónomas debe responder a las siguientes reglas y principios:

1. *Principio de unicidad del orden económico*

Ello significa identidad de modelo económico e institucional en todo el Estado; existencia de unos principios básicos de ordenación que han de aplicarse con carácter unitario en todo el territorio nacional. No puede cada Comunidad Autónoma establecer un diferente sistema de intervenciones en la economía. No se puede someter en una Comunidad Autónoma a régimen de intervención lo que en el ámbito nacional se encuentre liberalizado (ni viceversa), ni se pueden introducir en cada comunidad nuevas categorías o técnicas de intervención que vayan más allá de las establecidas con carácter nacional (véase sentencia del Tribunal Constitucional 53/1984, de 3 de mayo, sobre regulación del transporte por carretera de ámbito nacional). En este orden de consideraciones, resulta importante destacar que un elemento definidor de ese modelo de orden económico viene dado por el artículo 38 de la Constitución española, que reconoce «la libertad de empresa en el marco de la economía de mercado», en los términos en que libertad, propiedad y mercado hayan sido definidas, en cada sector, por Ley nacional (artículo 53 CE, artículo 128 CE). En este punto, no podemos dejar de hacer aquí una referencia al artículo 149.1.1.ª, que encomienda al Estado como competencia exclusiva «la regulación de las *condiciones básicas* que garanticen la igualdad de todos los españoles en el ejercicio de los derechos en el cumplimiento de los deberes constitucionales», expresión ésta que parece exigir una posición básica común en el ejercicio de los derechos económicos y sociales (propiedad, libertad de empresa, derecho al trabajo, pensiones, vivienda, acceso a los recursos naturales, etc.). Volveremos sobre este punto.

2. *La dirección de la política económica. Bases, ordenación y coordinación de la actividad económica general*

En diversos preceptos, tanto de la Constitución como de los Estatutos de Autonomía y en una constante y reiterada jurisprudencia constitucional se reconoce al Estado (mejor, a la organización central del Estado) la competencia general para fijar la política económica en cada momento. Esto se hace, de una parte, mediante la solemne declaración contenida en el artículo 97 de la Constitución Española (que atribuye al gobierno de la nación «la dirección de la política interior y exterior» y, por tanto, el liderazgo político-administrativo del Estado), y, de otra parte, mediante reiteradas declaraciones contenidas en la Constitución, en las que se encomiendan al Estado tales poderes con carácter general. Así, en el artículo 131 de la Constitución Española (poder de «planificar la actividad económica general»), en el artículo 148, números 7 y 13 (en los que se reconoce la reserva al Estado de «la ordenación general de la economía», y de «determinación y fijación de objetivos a la política económica nacional»).

Todo ello se confirma mediante la reserva al Estado, como competencia exclusiva, de la regulación de los *grandes parámetros o instrumentos de toda política económica,* a saber: política monetaria y crediticia, política fiscal, política de precios y rentas, política laboral (incluido el régimen de seguridad y asistencia social) y sector exterior (régimen arancelario, comercio exterior, divisas, cambios y convertibilidad).

Finalmente, hay que recordar los poderes de *planificación general* de la economía, que establecen los artículos 131 y 149.13 con bastante amplitud. Por tanto, puede concluirse que el Estado, en nuestro sistema autonómico, conserva en el orden de la política económica un poder de dirección, que se corresponde con la unidad de la nación y con el liderazgo político-administrativo que le asigna el artículo 97 de la Constitución.

Es obvio que este poder de dirección tiene que tener un *impacto* decisivo *sobre esos largos listados de competencias sectoriales* que de una manera genérica y en abstracto se contienen en los Estatutos a favor de las Comunidades Autónomas. Pensemos, por ejemplo, en las consecuencias de una política de precios (competencia del Estado) sobre los poderes de ordenación de los gobiernos regionales en materia de agricultura, transporte o comercio. Ahora bien, hay que valorar con equilibrio y ponderación el impacto de ese poder de dirección sobre el sistema de competencias. Frente a una postura doctrinal que ha defendido el carácter concurrente, de hecho, de todas las competencias autonómicas en materia económica [2], creemos que se debe estar en cada caso al tenor de las normas y, como hemos explicado *in extenso* en otra ocasión [3], se

---

[2] En efecto, habría una primera solución que consiste en decir: «El poder de dirección supone reconocer una potestad de incidir en una pluralidad de sectores concretos, de ámbitos materiales conceptualmente diversos, por lo que la técnica de distribuir las competencias por sectores independientes debe reconducirse en todo momento al respecto de este principio de reserva al Estado de los medios de la política económica; ello exigirá (incluso) reconocer al Estado un poder de incidencia directa en cuestiones puntuales» (en todas aquellas cuestiones o aspectos que afecten a la política económica), y supone, por consiguiente, la mutación de naturaleza de todas las competencias regionales en materia económica, que serán siempre *concurrentes* con las del Estado, cualquiera que sea la calificación que hayan recibido en los Estatutos. Ninguna de las competencias económicas podría, según esto, considerarse «exclusiva» ni aplicarse el régimen de éstas en los supuestos de conflicto normativo con el Estado. En una palabra: en los sectores económicos, la prevalencia del Decreto estatal sería absoluta. Ello no «supone la desaparición de los ámbitos materiales reconocidos a la Comunidad Autónoma, pero sí modular el modo de ejercitarse estas competencias y el grado de poder sobre los diversos sectores de actuación». Esta posición es quizá mayoritaria en la doctrina española, que quiere así reconducir a la unidad un esquema constitucional presidido más por la idea de separación que de cooperación, pero yo tengo mis reservas respecto a ella, como ha quedado explicado en la lección anterior (*vid.* epígrafes 9 a 11 de la misma). Sobre esta cuestión, *vid.* entre otros, J. TORNOS, *La intervención de las Comunidades Autónomas en la economía,* REDA, n.º 21, 1979, páginas 221 y siguientes; del mismo autor, *El proceso de distribución de las competencias económicas y la necesaria unidad de la política económica,* REDA, n.º 29, 1981, páginas 319 y siguientes, y en general el volumen colectivo (varios autores), dirigido por GARCÍA DE ENTERRÍA y titulado «La distribución de las competencias económicas entre el poder central y las autonomías territoriales en el Derecho comparado y en la Constitución Española», Madrid, 1980, *in toto. Los textos entrecomillados pertenecen al primero de los autores citado.*

[3] Me remito a cuanto escribí, hace ya años, en *El Estado de las Autonomías: realidad política e interpretación jurídica,* en vol. colectivo «La España de las Autonomías», Espasa-Calpe, Madrid, 1981, Vol. I, páginas 11 y siguientes. Y con SALA ARQUER, *La Bolsa Española: marco institucional,* Madrid, 1987, especialmente, páginas 109-152. El primero de estos trabajos está incorporado al presente volumen como Lección 11.ª

debe advertir que los principios de unidad de mercado y de unidad de dirección la política económica tienen diferentes manifestaciones: en algunos casos mediante la atribución exclusiva y *excluyente* al Estado de determinados sectores e instrumentos; en otros, mediante la facultad de poder fijar las bases, directrices o criterios de actuación, o «las bases y coordinación» (expresión esta última que sin duda encierra una clara *vis directiva*), y en otros casos ni siquiera se otorga expresamente al Estado esta función (por ejemplo, en transportes terrestres), sin que ello signifique que ese poder de dirección no tenga en estos últimos reflejo alguno, ya que, en todo caso, el principio de unidad de la política económica o el principio de unidad de mercado serán, cuando menos, límites internos al ejercicio de las competencias (por quien las tenga atribuidas); límites inmanentes al sistema, que jugarán con distinta intensidad según el grado de unidad (y de uniformidad) que requiera cada sector económico.

3. *Conclusión primera*

A la vista de lo escrito hasta aquí, podemos formular una primera conclusión: el grado de unidad/uniformidad en la ordenación económica es *variable según los sectores.* Hay sectores que, por afectar globalmente a los intereses nacionales en su conjunto, exigen unidad en la decisión y uniformidad en la aplicación. Son aquéllos cuyas determinaciones trascienden con mucho los límites regionales y alcanzan y se proyectan, por su misma naturaleza, al resto de la nación. El sistema financiero constituye, sin duda, uno de ellos (otro sería, como ya he dicho, el sistema energético o las infraestructuras y servicios de telecomunicación). Hay otros sectores que tendrán indudablemente su impacto en la economía nacional, pero que, de un modo directo, afectan exclusiva o predominantemente a los intereses regionales (urbanismo, turismo, cultura, transporte urbano, etc.). En los primeros, las competencias del Estado tienen una *vis expansiva,* y sus decisiones pueden llegar a los aspectos más concretos y detallados de la ordenación. En los segundos, han de respetarse también aquellas condiciones básicas que garanticen la igualdad de los españoles en el ejercicio de sus derechos constitucionales así como las determinaciones básicas de la política económica nacional, legítimamente acordadas por el Estado (planificación económica, política de precios y rentas, política fiscal y presupuestaria, seguridad y salud pública, etc.).

En todo caso, ninguna ordenación autonómica podrá suponer una violación o limitación al principio de unidad de mercado. Ninguna autoridad puede adoptar medidas que directa o indirectamente obstaculicen la libre circulación de bienes, capitales, personas o servicios de todo orden, en el territorio español. El TC ha perfilado el contenido de este principio afirmando en

STC 64/1990, de 5 de abril, que «la efectiva unicidad del orden económico nacional requiere la existencia de un mercado único» y la unidad de mercado descansa, a su vez, como han señalado las SSTC 96/1984, F. 3, y 88/1986, F. 6, «sobre dos supuestos irreductibles, la libre circulación de bienes y personas por todo el territorio español (como dice la STC 88/1996, *la libertad de circulación sin traba por todo el territorio nacional de bienes, capitales, servicios y mano de obra*), que ninguna autoridad podrá obstaculizar directa o indirectamente (artículo 139.2 CE), y la igualdad de las condiciones básicas de ejercicio de la actividad económica (artículos 139.1 y 149.1.1.° CE), sin los cuales no es posible alcanzar en el mercado nacional el grado de integración que su carácter unitario impone».

III. Liberalizaciones y reservas, competencia estatal

Es claro para mí que un parámetro esencial del modelo de ordenación de cualquier actividad económica es el ejercicio posible, en ella, de la libertad de empresa (artículo 38 CE), o, por el contrario, su negación, mediante la reserva por ley al sector público de aquellos «derechos o servicios esenciales» (artículo 128 CE). Hemos asistido en estos años a un amplio proceso de privatización de actividades (más importante, sin duda, que la privatización de empresas) y ello ha afectado total o parcialmente a multitud de sectores: al petróleo y sus derivados, el gas, la electricidad, las telecomunicaciones en todas sus manifestaciones, el servicio postal, el transporte marítimo y aéreo (curiosamente, el transporte terrestre, urbano e interurbano, apenas ha sufrido alteraciones en su régimen jurídico), la radiodifusión y televisión, así como otras actividades hasta ahora reservadas a la titularidad pública (servicios funerarios, inspección técnica de vehículos y alguna más). Por el contrario, hemos asistido también a la «nacionalización» de algún recurso natural —singularmente, el agua— declarada dominio público estatal, por Ley de 2 de agosto de 1985, calificación que ha respetado la nueva Ley de Aguas de 1999, aunque abriendo la posibilidad de comerciar con ella.

A mi juicio, tal proceso ha supuesto, en todos los casos, una nueva determinación de las condiciones básicas de ejercicio de unas actividades económicas, lo cual forma parte de ese *modelo económico unitario* que debe ser respetado. La unidad del orden económico implica, como ya se ha dicho, la igualdad de todos los españoles en las condiciones básicas de ejercicio de la actividad económica, que el Tribunal Constitucional ha venido reconociendo cada vez con mayor alcance (*vid.* la considerable evolución que hay entre la STC 87/1985, una de las primeras que se refiere a este precepto, y la STC 61/1997, una de las últimas, en la que por primera vez se concibe el artículo 149.1.1.ª como un título competencial autónomo). Se ha planteado alguna vez, en este orden, el tema de la competencia de las CC.AA. para declarar reservas de bienes o servicios en el territorio de su circunscripción. La doctrina se pronunció desde el principio en contra de esta posibilidad en base fundamentalmente al principio de igualdad (artículos 14, 139.1 y 149.1.1.ª, de los cuales se deriva esta realidad fundamental: «Todos los españoles tienen los mismos derechos y obligaciones en cualquier parte del territorio del estado») y a la interpretación estricta que la palabra Ley (como Ley votada en Cortes Generales) tiene siempre a lo largo del texto constitucional. Los Estatutos de Autonomía vienen a confirmar esta tesis al configurar dicha competencia, no como exclusiva ni propia de las Comunidades, sino como competencia, en su caso, de desarrollo legislativo y ejecución de la legislación básica del Estado (así, artículo 11 del Estatuto Vasco y artículo 10 del Estatuto Catalán), lo que implica que la decisión de reservar al Estado un sector y el régimen de la misma corresponderá en todo caso a las Cortes Generales.

Por la misma razón, a la inversa, la liberalización —en el sentido de despublificación— de un sector de la economía nacional o de una concreta actividad, por ley de Cortes Generales, debe ser respetada y aceptada por las CC.AA. y ello aunque se trate de materias o campos en los que éstas puedan gozar de títulos competenciales específicos (por ejemplo, farmacias, servicios funerarios o inspección técnica de vehículos). La configuración jurídica que de estas actividades ha hecho el Estado, como «actividades privadas de interés público», por tanto reguladas, pero no reservadas a la Administración, como ocurría hasta ahora con dos de ellas, es algo que debe ser respetado por los Gobiernos regionales, que no pueden configurarlas, aunque tengan competencias sobre ellas, como «servicio público concesional». Esto es, entre otras cosas, lo que se quiere decir cuando se proclama por el Tribunal Constitucional «la unidad del orden económico nacional» reiteradamente afirmada en SSTC 1/1982, 29/1986, 186/1998, 64/1990 y 133/1997. Ello no significa absoluta y total uniformidad en las regulaciones concretas de todos estos sectores. En la medida en que se haya reconocido a las CC.AA. una competencia específica sobre la legislación de desarrollo y ejecución en estos sectores, cada una de ellas podrán regular y supervisar tales actividades de acuerdo con su criterio y organización, pero respetando siempre las líneas maestras del modelo y la igualdad básica de todos los españoles.

Dicho todo lo cual, debemos ahora verificar la aplicación de tales principios sobre algunos sectores especialmente significativos y problemáticos, como han sido hasta ahora los mercados de valores, el transporte, la energía y otros.

IV. Los mercados de valores y el sistema financiero

Si proyectamos la doctrina expuesta hasta aquí sobre los mercados institucionalizados de valores (Bolsas y Bolsines) y aceptamos la realidad y significación económica de los actuales mercados de capitales (que no son sino una parte del sistema financiero en su conjunto) fácilmente apreciaremos la incoherencia del modelo de distribución de competencias inicialmente previsto en este punto por la literalidad de los textos, lo cual ha tenido que ser corregido por una interpretación inteligente y creadora del Tribunal Constitucional, basada, como se apuntaba más arriba, en *criterios institucionales.*

En efecto, sorprendentemente, los mercados de valores y las Bolsas no son citados en la Constitución, que se olvidó de ellos. Se refieren, en cambio, a éstas los Estatutos catalán y vasco, que naturalmente asignan la competencia a la Comunidad Autónoma. Pues bien, frente a semejante modelo competencial, que es contrario a *la realidad de las cosas* —los mercados de valores son cada vez más globales y menos locales—, el Tribunal en su STC 133/1997, de 16 de julio, acude a un método de interpretación material e institucional (no literal) y afirma la conveniencia de distinguir en el término «mercado» un doble sentido: de una parte, un sentido abstracto y funcional, según el cual hay que entender el mercado de valores como conjunto de operaciones de financiación por medio de valores negociables, así como las instituciones y agentes a través de los cuales se realizan dichas operaciones, todo lo cual constituye, sin duda alguna, una parte del sistema financiero; de otra, puede entenderse la expresión «mercado» en un sentido concreto y físico como «centro de contratación» o «establecimiento público», ubicado en un territorio determinado, en el que se ejerce o practica un tipo de mercado secundario de valores. Es a esto último, según el Tribunal, a lo que se refiere el artículo 10.29 del Estatuto del País Vasco y el artículo 9.20 del Estatuto de Cataluña. Con este artificio conceptual, lo que el Tribunal quiere es reintegrar estas actividades a la unidad que hoy demandan los mercados de valores —no ya unidad nacional, sino europea y aún mundial— corrigiendo una regulación constitucional y autonómica completamente desacertada.

El Tribunal concluye así, muy certeramente, que la Ley de Mercado de Valores en su conjunto y la gran mayoría de los preceptos impugnados respetan el bloque constitucional de reparto de competencias, pues los títulos competenciales del Estado, sobre la legislación mercantil —de regulación jurídico-privada de las operaciones bursátiles— (artículo 149.1.6.ª), sobre bases de la ordenación del crédito (artículo 149.1.11.ª) y sobre bases de coordinación de la planificación general de la economía (artículo 149.1.13.ª), unidos a la Constitución económica y en particular al principio de unidad de mercado, otorgan al Estado la competencia sobre los mercados financieros y limitan en gran medida el ejercicio de competencias autonómicas en la materia. El Tribunal reitera su doctrina sobre el concepto de «bases» en las que incluye también las competencias ejecutivas, cuyo ejercicio unitario sea necesario para preservar la unidad de mercado y salvaguardar, en nuestro caso, la estabilidad del sistema financiero, la protección de inversores, la transparencia en el mercado, la unidad de éste y la solvencia de los agentes, entre otras finalidades. Finalmente, el TC insiste en que la fijación de dichas bases puede ser realizada por reglamento, e incluso por circular de la Comisión Nacional del Mercado de Valores, cuando así lo exija el carácter cambiante o coyuntural de la medida. Pero el Tribunal no quiere vaciar completamente las competencias atribuidas por los Estatutos a las Comunidades Autónomas en materia de «establecimiento y ordenación de bolsas y otros centros de contratación de valores, en conformidad con la legislación mercantil» y, para ello, siempre con el límite de las competencias estatales antes dichas, reconoce a éstas tanto la potestad de establecimiento como la potestad de ordenación de dichos centros, potestades ambas de organización y procedimientos, no de regulación sustancial.

Análogo esquema es el que el TC diseñó en su día para las Cajas de Ahorro, en su STC 1/1982, de 28 de enero, en la que desarrolló ampliamente por primera vez, su conocida doctrina sobre el alcance de las «bases» o «regulación básica» en una determinada materia. La conclusión es ésta: *básico es todo aquello que sea necesario para el cumplimiento de la finalidad que con la institución o regulación económica de que se trate, se pretende conseguir.* Aplicando tal doctrina entiende que son aspectos básicos de la regulación de las Cajas —y por tanto, competencia estatal— la regionalización, mayor o menor, de sus inversiones (porque supone la «articulación entre los intereses propios de cada Comunidad y los generales de la Nación..., que constituye materia básica de la ordenación del crédito...»), las funciones de información, disciplina e inspección que mantiene sobre las cajas al Banco de España (por «afectar a la política monetaria» que éste tienen encomendadas), la regulación de la distribución de resultados y acumulación de excedentes (por afectar a la solvencia de la entidad y a la estabilidad del sistema financiero, que «debe ser objeto de un tratamiento normativo uniforme»), la autorización previa para el otorgamiento de ciertos créditos, cuando éstos afecten al comercio exterior o a objetivos de política económica general. En cambio, *considera, de nuevo, no básicos otros aspectos organizativos y procedimentales:* así en materia de creación y fusión de cajas, disolución y liquidación, registro público de todos los miembros de sus órganos de gobierno, convocatoria de asambleas, etc. Idénticos razonamientos encontraríamos en la STA 96/1984, de 19 de octubre, sobre autorización para la emisión de obligaciones y su negociación en el mercado. Resulta, por el contrario, confusa y equívoca, a mi juicio, la STC 208/1999, de 11 de noviembre, sobre las competencias estatales y autonómicas en materia de defensa de la competencia, tema en el que ahora no podemos entrar.

V. El sistema de transportes

Como es sabido, en la Constitución española las competencias en materia de transportes responden al *principio de territorialidad*. Por otro lado, no se recoge en ningún momento, respecto de la materia de transportes, que el Estado tenga atribuida la «legislación básica», las «bases de su régimen jurídico», la «planificación y coordinación» o cualquier otro título semejante que permitiera la formulación de una política común y de un régimen jurídico aplicable para todas las Comunidades Autónomas. Ello podía implicar la existencia de 17 sistemas territoriales de transporte, con una ordenación propia de cada uno de ellos, lo cual era un disparate desde el punto de vista económico y funcional. La Ley 16/1987, de 30 de julio (LOTT) trató de corregir tal situación, pero fue objeto de impugnación por la Generalitat de Cataluña, dando lugar a la STC 118/1996.

Era ésta una ocasión espléndida para que el Tribunal, atendiendo a la naturaleza de las cosas y a los títulos competenciales derivados de la unidad de mercado, hubiera formulado una doctrina coherente e integradora, acorde con la unidad del sistema de transporte que requiere toda economía desarrollada. Pero en lugar de hacerlo así, la gran novedad de esta sentencia es la formulación por parte del TC de una nueva tesis, reduccionista, sobre el alcance de la supletoriedad del Derecho estatal (artículo 149.3) en materias de competencia compartida, tesis sobre la que discrepó —lúcida y brillantemente— el voto particular del Magistrado Jiménez de Parga. Por otra parte, el TC ratifica y precisa —más bien, radicaliza— su postura sobre el criterio de territorialidad como elemento clave, casi único, para definir el reparto de competencias entre Estado y CC.AA. en materia de transporte, a la vez que analiza en qué medida, según el bloque de constitucionalidad, otros títulos competenciales otorgan competencia al Estado, aun cuando se trate de transporte intracomunitario. Estimo muy equivocada, en su conjunto, la doctrina contenida en esta Sentencia y voy a explicar por qué.

A mi juicio, la afirmación según la cual «para dictar cualesquiera normas precisa el Estado de un título competencial específico que las justifique», es un grave error en un Estado como el español que es —no se olvide— un *Estado unitario,* por muy descentralizado que esté. El Estado, titular de la soberanía, una e indivisible, no necesita título específico para dictar cualquier norma de ordenación de la vida nacional y tal es el sentido del artículo 149.3 de la Constitución. Las normas dictadas por el Estado para la regulación de un sector no pueden alterar el cuadro de competencias establecido en la Constitución y los Estatutos (únicas fuentes directas de títulos competenciales) y las normas estatales se aplicarán o no con carácter prioritario, en función de la exclusividad de las competencias (*vid.* sobre ello lo explicado en la lección anterior, epígrafes 9 a 11. Por ello mismo, en nuestra opinión, aunque la supletoriedad no sea —en sí misma— un título competencial, la norma del artículo 149.3 de la CE tiene gran importancia en el Estado de las Autonomías. Por el contrario, la tesis defendida por el Pleno supone —como señala Jiménez de Parga en el voto particular— «la desfiguración del Estado de las autonomías y la apertura a la implantación de un modelo federal. A diferencia del modelo federal (en el que el ordenamiento como un todo completo resulta de la conjunción de varios sistemas normativos incompletos), el modelo autonómico parte de la generalidad de un sistema (el estatal) y la particularidad de cada uno de los autonómicos en los campos propios de su competencia. Si en el modelo federal la conjunción entre los distintos sistemas se verifica a partir del criterio de la validez (la norma de un sistema es válida en la medida en que se ciña al ámbito de competencias atribuido al sistema del que forma parte), en el modelo autonómico la conjunción se lleva a cabo con arreglo a dos criterios: a) la validez (con normas autonómicas constreñidas a un ámbito competencial limitado), y b) la aplicación (con normas estatales aplicables como subsidiarias allí donde la competencia normativa corresponda a una Comunidad Autónoma, pero ésta no haya dictado norma alguna)». En último término, concluye certeramente el voto particular, no debe olvidarse que el artículo 149.3 atribuye al derecho del Estado carácter supletorio «en todo caso», esto es, también cuando todas las Comunidades han asumido competencias en una determinada materia, pero se dan los requisitos competenciales a favor del Estado. Esto es así de claro y no se alcanza a comprender como el TC ha podido llegar a la conclusión contraria.

Junto al posicionamiento del TC en materia de supletoriedad del ordenamiento estatal, la Sentencia supone también una aplicación radical del principio de territorialidad lo que conduce a la inconstitucionalidad de múltiples preceptos de la LOTT, porque afectan al transporte intracomunitario (artículos 9, 16.1, 36.5, 155.2) y a la constitucionalidad de otros, sólo si se interpretan referidos a transportes supracomunitarios. Finalmente, acepta la constitucionalidad de otros porque, aun afectando a transportes intracomunitarios, se basan en otros títulos competenciales como los siguientes: artículo 149.1.1.ª (condiciones básicas que garanticen la igualdad de los españoles), 149.1.6.ª (legislación mercantil y procesal), 149.1.13.ª (planificación económica), 149.1.16.ª (bases y coordinación general de la sanidad), 149.1.18.ª (legislación básica sobre contratos y concesiones administrativas), 149.1.23.ª (legislación básica sobre medio ambiente), artículo 149.1.24.ª (obras públicas de interés general), y 149.1.29.ª (seguridad pública). Por el contrario, no considera aplicable la atribución competencial del artículo 149.1.30.ª (títulos académicos y profesionales).

Asimismo, en el transporte ferroviario intracomunitario se aceptan otros títulos competenciales del Estado, basados en la calidad, seguridad y homogeneidad de las instalaciones. Finalmente, en cuanto a la aplicación del principio de unidad del orden económico a este sector, el TC lo consagra teóricamente, pero sólo en el terreno de los principios (declara constitucionales los artículos 3 y 4 de la LOTT, así como el apartado 1.º del artículo 12 que consagra la «economía de mercado» como marco de actuación de los servicios y actividades del transporte) aunque apenas extrae consecuencias de tal declaración. Asimismo, admite en teoría la existencia de un «sistema común de transporte» y una «política nacional del transporte», pero sólo acepta la coordinación voluntaria como medio para alcanzarla, sin sacar, en este campo, las consecuencias que los principios generales antes enunciados (unidad económica, dirección de la política económica, etc.) permitirían.

A mi juicio, estamos ante una sentencia equivocada, que desconoce la problemática sectorial de los transportes y resulta gravemente lesiva para la eficiencia y funcionalidad del sector, elemento clave de la economía nacional. Se trata de una aplicación literalista del bloque de constitucionalidad (en particular de los artículos 149.1.21.ª y 148.1.5.ª) que el TC no ha sabido adaptar a la realidad del sector. Desde luego, el error de partida residió en el constituyente, que omitió otorgar al Estado competencias para establecer «las bases y coordinación de la política de transportes» como hizo en otros muchos sectores. No deja de ser chocante que cuando el Tratado de Roma había hecho de ésta una de las tres políticas comunes de la Unión Europea, la Constitución española se olvide, literalmente, de ella. Pero la misión del TC es precisamente ésa: interpretar los preceptos constitucionales de forma que se adapten a la realidad de cada sector en cada momento histórico. Eso es lo que Charles Beard llamó *«the living Constitution»,* que se defendía al comienzo de estas páginas.

VI. Energía: gas y electricidad

La Constitución establece en este campo una distribución de competencia más lógica, aunque, de nuevo, simplistamente basada sobre un criterio territorial. Así, el Estado ostenta la competencia exclusiva para autorizar instalaciones eléctricas «cuando su aprovechamiento *afecte* a otra Comunidad o el transporte de energía salga de su ámbito territorial» y asimismo para aprobar y sentar «las bases del régimen minero y energético» (artículo 149.1.22.ª y 25.ª). Obviamente, ello se complementa con su competencia para establecer «las bases y coordinación de la planificación general de la actividad económica», de la cual forma parte esencial la «planificación energética». Los Estatutos de Autonomía, por su parte, atribuyeron la competencia a las CC.AA. en los demás casos (que la energía no salga de su territorio ni *afecte* a las demás).

El Tribunal Constitucional ha vinculado el concepto de «afectación» al hecho de que la instalación esté inserta en la Red General Peninsular o que la generación, transporte o transformación están directamente programados por REE (antes REDESA) o quede integrada dentro de la explotación unificada que caracterizaba, hasta 1998, el sistema eléctrico. En cuanto a la extensión de las «bases» éstas han sido concebidas por el TC con bastante amplitud, al amparo de la competencia exclusiva sobre «planificación de la actividad económica» (en este caso, planificación eléctrica) y el poder de «ordenación general de la economía» reconocido tanto en la CE (artículos 148 y 149) como en los Estatutos. La razón de ello es obvia: técnica y económicamente el sistema eléctrico español es una unidad, cuya definición y dirección corresponde al Estado, dejando escaso margen a la potestad normativa de la CC.AA., que se limitarán a la autorización y vigilancia (ambas, con carácter reglado) de las instalaciones.

La Ley 54/1997, de 27 de noviembre, del Sector Eléctrico, ha supuesto, como es bien sabido, un cambio de 180 grados en el modelo de regulación sectorial, que ha quedado liberalizado y que integra, obviamente, esas «bases del régimen energético» a que se refiere el artículo 149.1.25.ª CE. Esta Ley tiene carácter básico, salvo en las referencias a los procedimientos administrativos, que se regularán por la Administración competente, según la decisión de que se trate. Es obvio que la amplia liberalización del sector forma parte de ese orden económico unitario, que vincula a todas las Administraciones Públicas, cuya definición corresponde al Estado. Este ostenta, además las competencias derivadas de otros títulos como son la legislación básica sobre concesiones (artículo 149.1.18.ª), la ordenación y concesión de recursos y aprovechamientos hidráulicos en las cuencas intercomunitarias (artículo 149.1.22.ª), la planificación y realización de obras públicas de interés general (artículo 149.1.24.ª) y la legislación básica sobre protección del medio ambiente (artículo 149.1.23.ª).

Otro tanto cabe decir sobre el régimen competencial en materia de gas. Como es bien sabido, en este sector, la Ley de Hidrocarburos primero (Ley 34/1998) y el D. Ley 6/2000 después (artículo 7) han venido a suponer un cambio completo de su régimen jurídico respecto a lo previsto en la Ley 10/1987, de 15 de junio, de disposiciones básicas en materia de combustibles gaseosos. Es obvio también que las nuevas disposiciones legales sientan las bases del régimen energético en este subsector y son de obligada aceptación por las CC.AA., que podrán desarrollar o ejecutar sus preceptos en el ámbito de sus competencias específicas. Aunque referida a la Ley 10/1987, el Tribunal Constitucional ha dictado recientemente su STC 223/2000, de 21 de septiembre, en la que se especifican cuál es el alcance de las competencias estatales y autonómicas sobre este campo. De nuevo, con los mismos planteamientos y argumentos que en el sector eléctrico el TC establece como indubitables los poderes del Estado para definir el modelo de regulación, con una considerable «limitación de la intervención de los poderes públicos... el impulso liberalizador de la actividad y la supresión (en el futuro) de la obligatoriedad de distribución a domicilio». En cuanto a la regulación objeto del conflicto (en concreto, el R.D. 1085/1992, por el que se aprobaba el Reglamento de distribución de GLP), el TC centra la cuestión, una vez más, en si los preceptos impugnados pueden incluirse o no entre «las bases del régimen energético» (artículo 149.1.25.ª) o «las bases y ordenación de la actividad económica general» (artículo 149.1.13.ª). El Tribunal destaca la importancia que en estos sectores estratégicos tiene «la planificación económica», que alcanza aquí una interpretación extensiva, reitera su doctrina sobre las bases (también de interpretación extensiva en la medida necesaria «para garantizar la consecución de la finalidad objetiva») y recuerda que el Estado detenta la competencia siempre que la regulación (y su aplicación) «requiera un grado de homogeneidad que sólo puede garantizar su atribución a un solo titular, que forzosamente debe ser el Estado... o cuando haya que integrar intereses contrapuestos de varias Comunidades Autónomas». En aplicación de esta doctrina entiende que los preceptos relativos a las existencias mínimas de seguridad (artículos 9 y 13 del R.D. 1085/1992) son «medidas de ordenación de la planificación energética»; que los artículos 3 y 38 (información sobre planes de aprovisionamiento y consumo) son parte del régimen básico energético y por tanto no invaden las competencias de la Generalidad; y que por el contrario, el artículo 15, el 42.1 y la Disposición Transitoria 2.ª sí la invaden y deben ser anulados.

Digamos, antes de concluir este punto, que hay dos aspectos en los que se han producido unas ciertas disfunciones entre la competencia atribuida a las Comunidades Autónomas por razones «territoriales» y las consecuencias económicas que éstas tienen sobre el sistema nacional. Se trata de la regulación sobre las redes de distribución y sobre los parques de energías renovables (eólicos o solares), cuya planificación, instalación y mantenimiento se encomienda a la Comunidad, pero cuya financiación (mejora de las redes locales de distribución en baja, primas y subvenciones a las renovables) se proyecta luego sobre el conjunto del sistema, dando lugar a un encarecimiento de las energías para el conjunto de la nación. Es evidente que, en estos casos, hay que someter las decisiones de las Comunidades Autónomas a una aprobación posterior del Estado, si aquéllas quieren participar en la financiación que éste les pueda otorgar (de lo contrario deberán asumir por ellas mismas el mayor coste que generan con sus decisiones).

VII. Suelo y ordenación urbana

La evolución de la legislación urbanística en los últimos años, en España, ha sido verdaderamente desconcertante. Como se recordará, la STC 61/1997 sobre el texto refundido de la Ley del Suelo de 1992, declaró inconstitucional una gran parte de ésta al entender que todo ello era materia de la competencia exclusiva de las CC.AA. y que el Estado no tiene título alguno para dictar normas con carácter supletorio en aquellos sectores o materias sobre los que no tiene competencia específica. Posteriormente, la Ley 6/1998, entre otros temas, calificó como «básica» la definición de los distintos tipos de suelo (urbano, urbanizable y no urbanizable) como algo vinculado al artículo 149.1.1.ª, en cuanto que clasificar y definir las categorías generales de suelo en el territorio nacional es una de esas condiciones básicas que garantizan la igualdad de todos los españoles en el ejercicio del derecho de propiedad. Finalmente, el RDL 4/2000 ha definido un nuevo concepto de propiedad urbanística, rechazando la antigua «concepción estatutaria» (según la cual todo aprovechamiento urbanístico es algo añadido que da —o quita— el Plan) y ha afirmado que todo propietario de suelo tiene derecho a urbanizar y edificar, porque ello es, en principio, parte esencial de su derecho de propiedad, salvo que se trate de suelo de especial protección, cuya calificación deberá ser motivada y en su caso indemnizada. Naturalmente el uso y aprovechamiento deberá hacerse en las condiciones que fije el Plan General (o normas subsidiarias) y según las determinaciones e instrucciones que establezca el Ayuntamiento. Pero en principio, tiene derecho a urbanizar y edificar. Se acabó el arbitrismo de las recalificaciones de suelo.

Con ello se pretendía corregir las rigideces del mercado provocadas por la falta de suelo, con las graves repercusiones que ello generaba en el precio de la vivienda. Se reducían los elementos discrecionales de las Administraciones Públicas para la declaración de suelo urbanizable y se habilitaba a la iniciativa privada para que pueda proponer un proyecto de delimitación o hacer una propuesta de planeamiento. Pues bien, cualquiera que sea el juicio que se tenga sobre la actual dispersión normativa de que adolece el urbanismo español

—el derecho urbanístico estatal, propiamente, no existe— parece claro que esta nueva definición del derecho de propiedad sobre el suelo constituye una de esas condiciones básicas del artículo 149.1.1.ª, cuya fijación corresponde al Estado; de modo que las leyes que aprueben las CC.AA. deberán eliminar de su repertorio aquel suelo no urbanizable común, que se consideraba, sin más, «inadecuado para un desarrollo urbano» y deberá motivar las reservas de especial protección que establezca, reduciéndose considerablemente el ámbito de la discrecionalidad administrativa en la calificación del suelo, que tanto se prestaba al arbitrismo y a la corrupción. La modificación, en este sentido, de las diferentes Leyes autonómicas y la subsiguiente revisión de los Planes Generales o Normas Subsidiarias es algo a lo que vienen ahora obligadas tanto las CC.AA. como los Municipios, bien entendido que el cuadro de derechos y deberes de los propietarios contenidos en el RDL 4/2000, como lo que se contenían en la Ley 6/1998, resultará aplicable de manera inmediata y así deben acordarlo los jueces si llega ante ellos cualquier asunto que lo requiera. Porque no estamos aquí ante una supuesta normativa básica incompleta, que requiera de desarrollos posteriores para que pueda producir efectos, sino que la norma del Real Decreto Ley es completa e inmediatamente aplicable y obliga tanto a los particulares como a las Administraciones competentes que la tienen que hacer cumplir.

Es este otro supuesto en el que un modelo de ordenación de la propiedad urbana contenido en una Ley estatal resulta de aplicación directa y de eficacia inmediata en las Comunidades Autónomas, aun cuando se refiera a materias que son competencia de éstas. Y si surgen conflictos entre ambas —entre la norma estatal que impone unas condiciones básicas de ejercicio de los derechos de propiedad y las normas autonómicas que han de aplicarlas— hay que afirmar el principio de prevalencia del derecho estatal (artículo 149.3 CE). Análogas consideraciones serían aplicables, como muy bien ha señalado Díaz Lema, a las disposiciones que sientan las condiciones básicas del derecho a la salud, el derecho a la vivienda, el sistema de pensiones (público, privado o mixto), la configuración jurídica del agua o de las costas y las reglas sobre contaminación o emisiones a la atmósfera [4].

VIII. Farmacias, ITV's, horarios comerciales

Otros tres sectores donde se ha planteado recientemente el tema de la liberalización y autonomías han sido estos tres:

---

[4] Díaz Lema, J. M., *Las condiciones básicas de la propiedad y la legislación urbanística,* en «Cuadernos de Derecho Público», n.º 8, 1999, páginas 51 y siguientes.

a) *Farmacias.* El modelo de oficina de farmacia en España ha sido tradicionalmente el de empresa privada de interés público en la que, por su vinculación al sistema de salud, se exigía, por un lado, una determinada titulación académica para ejercicio de la profesión (para el acto de dispensación del medicamento) y por otro, se regulaba administrativamente la actividad: su establecimiento y su funcionamiento (planificación, población mínima, distancias entre farmacias, horarios de apertura, servicios de guardia, presencia del farmacéutico, stocks de productos, márgenes comerciales, etc.). Pues bien, con ocasión de la Ley 16/1997, de Regulación de servicios de las Oficinas de Farmacia (de 25 de abril), que reconoció a las CC.AA. amplias competencias de regulación de las farmacias, algunos Gobiernos autonómicos pretendieron configurar jurídicamente a éstas bajo un modelo de ordenación distinto al contenido en la Ley 16/1997 que venía a ratificar lo establecido previamente en la Ley de Sanidad y en la Ley del Medicamento. En Extremadura, en Castilla-La Mancha y parcialmente en Galicia, se aprobaron leyes autonómicas en las que se las configuraba bajo el modelo clásico del «servicio público» (incluso más: en algunos aspectos como una especie de función pública retribuida por arancel, análoga a la fe pública de notarios y registradores). Según ello las farmacias no serían ya, en el futuro, «propiedad» de los farmacéuticos —y por tanto no podrían ser objeto de venta o traspaso— sino que serían una especie de «concesión» o «plaza», cuya titularidad corresponde a la Administración y cuyo ejercicio se otorgaría o delegaría en el farmacéutico mediante el consiguiente nombramiento por concurso público. Este modelo de regulación se diseñaba al amparo de una vergonzante Ley (la 16/1997, citada), que no había declarado básicos algunos preceptos configuradores de la oficina de farmacia y parecía abrir la puerta a una diversidad de modelos, distintos al consagrado en la Ley General de Sanidad, en la Ley del Medicamento y en la Ley de Colegios Profesionales. Al amparo de éstas se había constituido la profesión farmacéutica en los términos que todos conocemos.

La situación cuando estas líneas se escriben es que las leyes extremeña, manchega y galaica han sido llevadas, por el Gobierno y por los farmacéuticos, ante el Tribunal Constitucional, que se espera las declare nulas e inconstitucionales en este punto. Las razones son las mismas que se han explicado hasta aquí: todo modelo de ordenación económica que suponga la publificación o privatización (liberalización) de una actividad debe ser aprobado por Ley de Cortes, aun cuando la actividad sea de competencia autonómica.

b) *Inspección Técnica de Vehículos (ITV's).* El RDL 7/2000 contiene una nueva regulación de la actividad de ITV tendente a liberalizar esta actividad, abriendo el sector a la competencia. Para ello, sustituye el anterior sistema de concesiones, con derechos de exclusiva sobre determinadas áreas territoriales, por un sistema de autorizaciones regladas que cualquiera tiene derecho a obtener, siempre que cumpla con los requisitos técnicos que a estos efectos se establezcan. Este es el espíritu de la norma: que aumente el número de operadores, se promueva competencia entre ellos y se abarate el servicio a los ciudadanos.

Ahora bien, ocurre que la gestión de esta actividad fue objeto de transferencia, del Estado a las CC.AA. desde 1979, conservando aquél la regulación de las condiciones técnicas de ejercicio de esa actividad. En base a ellos y por razones de homogeneidad en todo el territorio nacional, exigidas por la común seguridad vial, se dicta el R.D. 1987/1985, de 24 de diciembre, en el que se fijan las normas básicas de instalación y las características de las inspecciones, remitiendo a las CC.AA. su ejecución y la organización de los servicios. Pues bien, en estos momentos se haya planteada ante el Tribunal Constitucional —como en las farmacias— la cuestión de si, después de transferir la materia y dejando a salvo los aspectos de seguridad vial, puede o no el Estado mantener esos poderes de configuración legal del conjunto de la actividad —como servicio público concesional o como actividad reglamentada— e imponerlo a las Autonomías. En principio, las mismas razones que han apoyado los análisis anteriores —en particular, en este caso, las bases y coordinación de la planificación general de la actividad económica, a que se refiere la Ley de Industria de 1992 y las condiciones básicas de la seguridad vial— podrían otorgar al Estado esos poderes de configuración jurídica de las ITV's (no entramos ahora en la dimensión ablatoria de derechos que esta norma pueda tener respecto de aquéllos que adquirieron en fecha reciente estaciones de ITV, pagando por ellos altos precios justamente por las condiciones cuasi-monopólicas que ostentaban y que ahora se vean sometidas a un régimen de competencia, en principio ilimitada). Pero aunque así no fuese, volveríamos a encontrarnos ante un supuesto del artículo 149.1.1.ª y de unicidad del orden económico que garantiza la igualdad de los españoles en el ejercicio de las actividades económicas.

c) *Horarios comerciales.* Como es bien conocido, a lo largo de estos últimos años hemos asistido a una progresiva liberalización de los horarios comerciales y, en general, de la apertura de centros y establecimientos en días festivos, también progresivamente flexibilizada. La última disposición al respecto ha sido el RDL 6/2000 que establece una serie creciente de días (festivos) de apertura, comenzando en los 9 del año 2001 y terminando en los 12 de 2004. Asimismo se establece un incremento de horas de libre apertura, de las 72 actuales a las 90, que las CC.AA. deberán incrementar. Pues bien, ocurre aquí también que las CC.AA. tienen asumida la competencia en materia de comercio interior, en el marco de la legislación básica estatal de ordenación económica. Y la cuestión es: ¿cuál es el límite de los poderes estatales en la ordenación de los horarios y días comerciales?, ¿qué está reservado a la competencia autonómica?

Sobre ello, como es sabido, recayó ya la STC 225/1993 [5] en la que el Tribunal entendió como título competencial prevalente el artículo 149.1.13.ª afirmando en esencia lo siguiente: la libertad de horarios tiene como fin el fomento de la actividad económica, la reestructuración del mercado de distribución y aumento del empleo; para lograr tal fin se precisa actuar unitariamente en todo el territorio nacional, sin que quepa oponer el interés de una Comunidad Autónoma para proteger un determinado tipo de establecimientos. Así pues, el interés predominante aquí es el primero, lo que otorga prevalencia al título competencial del Estado (artículo 149.1.13.ª) frente al de las CC.AA. (comercio interior). Estamos ante una norma que pretende modificar el *modelo de mercado* de distribución hasta ahora existente, en defensa de los consumidores (artículo 51 CE) y también en aplicación de la libertad de empresa (artículo 38 CE). De nuevo, el principio de unicidad del orden económico se nos aparece aquí como el fundamento de una competencia estatal de regulación nacional básica de la economía, en cuyo marco —y no en otro— deben las CC.AA. ejercer sus competencias específicas.

IX. Conclusión

De la misma forma que la caída del Antiguo Régimen y el triunfo de la revolución liberal acabó con una sociedad estamental y parcelada, abriendo y unificando los mercados nacionales, así, el proceso de liberalización de los últimos años, impuesto en buena medida por la Unión Europea, ha venido a homogeneizar el modelo económico hoy vigente en toda Europa y a enmarcar el ejercicio de las competencias de regulación económica, tanto del Estado como de las CC.AA., dentro de unos límites que ni uno ni otras deben traspasar. En el caso del Estado, los límites que le imponen los Tratados de la U.E. y las Directivas comunitarias; y en el caso de las CC.AA. los límites del modelo económico de ordenación configurado a nivel estatal para cada materia o sector de actividad.

No somos aún muy conscientes de la profundidad del cambio al que estamos asistiendo, con consecuencias todavía por descubrir. La cultura empresarial y profesional de nuestro país está cambiando a marchas forzadas y a muchos nos cuesta aceptar el cambio. Como he escrito alguna vez, España es un país que, como otros, viene de una etapa histórica caracterizada por un intervencionismo asfixiante del Estado, por una economía cerrada y una sociedad bloqueada, con múltiples estamentos y organizaciones corporativas, que tenían

---

[5] A la que siguieron luego, en ese mismo año, la 227, 228, 264 y 284, reiterando la misma doctrina.

como finalidad fundamental protegerse a sí mismos. La energía, la banca, los seguros, los mercados financieros (Bolsa y bolsines), el sistema de transportes (terrestres, marítimos y aéreos), las telecomunicaciones, la minería, la construcción naval y tantos otros sectores permanecían hasta hace pocos años bajo control público, muchos en régimen de monopolio y otros con derechos de exclusiva sobre todo o parte del territorio o de la población. La exclusiva se extendía, en variadas modalidades, a otras muchas actividades o profesiones organizadas corporativamente y amparadas en un régimen de aranceles o precios mínimos establecidos (arquitectos, notarios, agentes de la propiedad inmobiliaria, tasadores, registradores, gasolineras, farmacias, centrales lecheras, libreros y otros). Todos gozaban de un mercado cautivo —el mercado español— que se repartían amigablemente en régimen de *numerus clausus.* Todo ello se desarrollaba con notables ineficiencias y altos costes, que se repercutían en los precios de los servicios prestados, bajo una regulación «protectora» de los que estaban dentro del sistema.

Pues bien, ese mundo se ha acabado. Un nuevo modelo de ordenación económica, abierto, competitivo, desregulado, se está imponiendo progresivamente en todos los sectores, que ven caer una tras otra las barreras que les protegían. Los derechos de exclusiva, las barreras de entrada, los mercados reservados, los monopolios, las ayudas de Estado, los precios regulados (o recomendados: honorarios profesionales) van desapareciendo en las empresas y en las profesiones. La mayoría —por no decir todas— de las nuevas reglas del juego, en las que se plasma ese proceso de liberalización y privatización de actividades se enmarcan dentro de los títulos competenciales que reconocen al estado el poder de «ordenación general de la economía» (artículo 148.1.7.ª), de «dirección de la política económica nacional» (artículo 148.1.13.ª), de la fijación de las «bases y coordinación de la planificación general de la actividad económica» (artículo 149.1.13.ª) y, sobre todo de «regulación de las condiciones básicas que garanticen la igualdad de todos los españoles en el ejercicio de los derechos y en el cumplimiento de los deberes constitucionales» (artículo 149.1.1.ª). Entre estos últimos hay que señalar, muy destacadamente, el derecho de propiedad, el derecho de libertad de empresa, el derecho al trabajo y a la libre elección de profesión y oficio, el derecho a una vivienda digna, a una pensión mínima, a un medio ambiente limpio, etc. Pues bien, las Comunidades Autónomas deberán ajustarse, en el ejercicio de sus competencias propias, a los principios de ordenación económica que sobre todos estos aspectos fija el Estado. En ello consiste el principio de unicidad del orden económico y unidad de mercado, que constituye límites inmanentes a las competencias exclusivas de las Comunidades Autónomas. Todo ello, en los términos que han quedado expuestos en estas páginas.

LECCIÓN 13.ª

LA DISTRIBUCIÓN DE COMPETENCIAS ENTRE EL ESTADO Y LAS COMUNIDADES AUTÓNOMAS SOBRE CAJAS DE AHORRO *

SUMARIO: 1. PLANTEAMIENTO DEL PROBLEMA. LA REGULACIÓN DUAL Y EL PROBLEMA DE LAS COMPETENCIAS SOBRE LAS CAJAS.—2. LA REALIDAD ACTUAL DE LAS CAJAS DE AHORRO EN ESPAÑA Y SU EVOLUCIÓN FUTURA.—3. LA COMPETENCIA DEL ESTADO Y DE LAS COMUNIDADES AUTÓNOMAS, A LA LUZ DE LA CONSTITUCIÓN Y LA JURISPRUDENCIA CONSTITUCIONAL.—4. COMPETENCIAS DEL ESTADO Y DE LAS COMUNIDADES, SEGÚN LOS ESTATUTOS Y LEYES AUTONÓMICAS: A) *Sentido y alcance de la «exclusividad» de la competencia.* B) *Análisis de funciones y títulos competenciales: a)* Creación y registro, fusión, revocación de la autorización, extinción y liquidación de Cajas. *b)* Configuración institucional. Regulación de órganos de gobierno, acceso y permanencia en los mismos. *c)* Dirección y control de gestión. *d)* Disciplina, supervisión, inspección y control.—5. COMPETENCIAS DEL ESTADO Y LAS COMUNIDADES AUTÓNOMAS QUE SE DERIVAN DEL REAL DECRETO-LEY 11/2010 Y NORMAS DE ADAPTACIÓN APROBADAS POR ÉSTAS: A) *Disposición Final Primera. Problemática de la competencia sobre «legislación mercantil».* B) *Régimen de las cuotas participativas.* C) *La competencia en materia de fusiones. Nueva Disposición Adicional Sexta.* D) *La autorización autonómica para incorporarse a un SIP.* E) *Las normas de adaptación.* 6. COMUNIDADES AUTÓNOMAS Y OBRA SOCIAL.

1. Planteamiento del problema. La regulación dual y el problema de las competencias sobre las Cajas

La dualidad regulatoria y la doble dependencia de las Cajas —del Estado y de las Comunidades Autónomas— es un tema que viene de lejos. Se planteó ya, en los conflictos de los años treinta, entre la Constitución de 1931 y los Estatutos catalán y vasco, que trataron de asumir competencias en este campo. Volvió a surgir el tema en los debates de la Constitución de 1978, que fue muy poco precisa en esta materia (en realidad, guardó silencio, ni siquiera las citó, por lo que hay que acudir al artículo 149.1.11.ª y 13.ª). Ante el silencio de la Constitución, los Estatutos de Autonomía, empezando por el vasco y el catalán, las reivindicaron como «competencia exclusiva», junto a otras instituciones de «crédito corporativo, público y territorial», en el marco de los artículos 38, 131 y los citados números del 149 de la Constitución (*vid.* artículo 10.26 del EPV y artículo 12 del E.C., en sus primeras formulaciones). Más tarde se intentó diseñar una articulación de competencias en la LORCA, pero

* Primera versión en Revista «El Cronista del Estado Social y Democrático de Derecho», n.º 10, Iustel, páginas 12-23.

la jurisprudencia del Tribunal Constitucional, ante el que se plantearon numerosos conflictos, fue restrictiva con el Estado y generosa con las CC.AA. (así lo demandaban los Estatutos de Autonomía vigentes) con lo que se vino a consolidar la posición de los Gobiernos regionales en materia de Cajas; finalmente, los nuevos Estatutos aprobados en los últimos años, después del de Cataluña, han venido a extender al máximo la presencia del poder regional en las Cajas, generando un marco de duplicidades competenciales entre ambas autoridades —la estatal y la autonómica— que genera continuas dudas e incertidumbres en el comportamiento de estas entidades (hemos asistido en los últimos tiempos a más de un espectáculo al respecto). Finalmente, el reparto de competencias —y con él, el conflicto— ha cobrado toda su gravedad con el proceso de fusiones impuesto por la grave crisis económica y financiera que también ha afectado a las Cajas, como tendremos ocasión de ver. Es ésta una de las cuestiones centrales que hay que replantearse si se quiere abordar, seriamente y de verdad, la reforma de las Cajas.

La percepción que se tiene desde fuera —y la que las propias Cajas tienen— es que hasta la crisis financiera de 2008 el Estado estaba en retirada y las CC.AA. avanzaban en su dominio sobre las Cajas [1]. Tímidamente y con carácter coyuntural, sin atreverse a abordar el problema en su fondo, el Real Decreto-ley 9/2009, de 26 de junio, parece que quiso iniciar el camino de retorno al Estado de algunas competencias de las que nunca debió ser privado; aunque la gestación de este Decreto-ley y las polémicas surgidas en torno a él han venido a confirmar una posición resignada y connivente que en los últimos tiempos el Estado adopta siempre ante los «señores autonómicos». Finalmente el Real Decreto-ley 11/2010 ha llevado a cabo una gran reforma de las Cajas y con ella —esperemos— del sistema de distribución de competencias sobre ellas.

---

[1] Un testimonio elocuente de ello son los textos refundidos de las Leyes de Cajas de Cataluña o Galicia, aprobadas, respectivamente, en 2008 (13 marzo) y 2009 (30 diciembre) en los que se llevan a cabo el más amplio despliegue de potestades, no sólo sobre la actividad benéfico-social de las Cajas como fundaciones, sino también sobre la actividad financiera de las mismas como entidades de crédito. Después de reivindicar la competencia «exclusiva» sobre las mismas, la Exposición de Motivos de la Ley gallega nos ofrece una descripción de su idea sobre las Cajas, con estas palabras: «La crisis financiera actual está dejando sentir su huella en la financiación del tejido empresarial vinculado a los sectores productivos estratégicos de nuestra economía. Las cajas de ahorros, más allá de su carácter de entidades que se dedican a los servicios financieros, tienen una vocación social y una vinculación con el territorio en el que se asientan, debido a su naturaleza fundacional, y son un instrumento fundamental en la financiación de la economía gallega. Esta función ha de servir para contribuir a mejorar el nivel socioeconómico de Galicia, que deviene más necesaria en una situación como la actual, de recesión económica y de dificultades financieras». Es patente su visión de las Cajas como instrumento de una política de desarrollo regional que se refleja a lo largo de todo el articulado.

Los conflictos surgidos en estos veinticinco años entre ambas jurisdicciones han sido, como digo, continuos: cerca de 20 Sentencias del Tribunal Constitucional y algunas más del Tribunal Supremo. En teoría, las materias atribuidas a una y otra autoridad parecían claras: al Estado (Banco de España) le correspondían las Cajas en cuanto entidades de crédito, con competencia sobre su actividad financiera y de inversión, especialmente en lo que afecta a su solvencia y estabilidad; a las Comunidades Autónomas, le corresponderían aquellos aspectos de organización, procedimientos, protección de los consumidores y gestión de actividades sociales, en las que los gobiernos regionales tienen mucho que decir.

Pero lo cierto es que la estructura organizativa de una Caja y sus procedimientos de actuación tienen consecuencias ineludibles sobre su actividad financiera y crediticia; y, asimismo, las actividades crediticias y la forma en que se toman las decisiones en este campo es algo que inexorablemente tendrá sus efectos sobre el territorio y la sociedad en los que se asienta. Por ello, era inevitable que el Estado quisiera entrar en temas organizativos y de control, y que las Autoridades regionales, de cada Comunidad Autónoma, quisieran participar en la que llamaban «orientación» de las actividades crediticias de las Cajas, reivindicando un papel decisivo en la determinación de los excedentes empresariales y la dotación y contenido de la obra social. El Tribunal Constitucional, como veremos enseguida, ha tenido que reconocer, por ello, las incursiones de uno en el campo propio del otro, estableciendo competencias compartidas en varios aspectos. En verdad, se ha ido mucho más allá de lo debido en esa tarea de «orientación». Muchas CC.AA. han asumido poderes de autorización previa de grandes inversiones, de créditos importantes, de emisión de títulos, distribución de excedentes o procesos de fusiones y adquisiciones, facultades todas ellas que, de corresponder a alguien (lo que ya de por sí es discutible; no se ve por qué una entidad que se dice «privada» tiene que pedir autorización para tantas cosas en el marco de la libertad de empresa) deberían corresponder al Banco de España, en cuanto sean actuaciones que pueden afectar a la solvencia de las entidades, materia ésta que es competencia exclusiva del Estado. Volveremos enseguida sobre ello.

Desde 1982, las Sentencias se han sucedido, año tras año, resolviendo los continuos problemas que las Cajas ofrecían. Las Comunidades Autónomas impugnaban las Leyes estatales y el Estado impugnaba las Leyes autonómicas. El Tribunal, en largos pronunciamientos (*vid.*, por ejemplo, el amplio y diversificado contenido de las sentencias 48 y 49/1988, de 22 de marzo), ha ido diseccionando los artículos de las sucesivas leyes, declarando —o no— el carácter básico y constitucional de sus preceptos, a veces con unas argumentaciones que tanto podrían demostrar una cosa como su contraria. Ha tratado de hacer un reparto equilibrado de poderes, pero a veces con poco criterio económico-financiero; en mi opinión, algunos pronunciamientos, a la vista de lo sucedido, deberían ser repensados.

Como es sabido, la competencia de las Comunidades Autónomas no se deriva directamente de la Constitución Española, sino de los Estatutos de Autonomía que, ante el silencio de aquélla, asumieron competencias, muchas veces con carácter exclusivo, sobre entidades de crédito tradicionalmente de base territorial como eran las Cajas de Ahorro y las cooperativas de crédito. Los Estatutos abrían la vía a leyes que retenían a favor de las Comunidades Autónomas gran número de facultades sobre las Cajas, ampliando servicios y tareas tradicionalmente ejercidas por el Banco de España y el Ministerio de Economía y Hacienda. En efecto, como consecuencia de esa asunción estatutaria de competencias, todas las CC.AA. tienen hoy una Ley de Cajas de Ahorro específica. Son las siguientes [2].

Leyes de Cajas de Ahorro de las Comunidades Autónomas
(hasta el año 2008) [3]

COMUNIDAD AUTÓNOMA	LEY DE CAJAS
Andalucía	— Ley 15/1999, de 16 de diciembre, de Cajas de Ahorro.
Aragón	— Ley 1/1991, de 4 de enero, de Regulación de las Cajas de Ahorro de Aragón.
Asturias	— Ley 2/2000, de 23 de junio, de Regulación de las Cajas de Ahorro del Principado de Asturias.
Canarias	— Ley 13/1990, de 26 de julio, de Cajas de Ahorro.
Cantabria	— Ley 4/2002, de 24 de julio, de Cajas de Ahorro de Cantabria.
Castilla-La Mancha	— Ley 4/1997, de 10 de julio, de Cajas de Ahorro.

[2] Tomo este cuadro de BERGES, ONTIVEROS y VALERO, *Pasado, presente y futuro...*, cit., páginas 121 y 122.

[3] Con posterioridad se han aprobado leyes nuevas como el Texto Refundido de la Ley Gallega, de diciembre de 2009; numerosos preceptos complementarios y en los últimos meses las leyes de adaptación al nuevo régimen instaurado por el Decreto-ley estatal 11/2010. A todo ello nos referiremos más adelante.

COMUNIDAD AUTÓNOMA	LEY DE CAJAS
Castilla y León	— Decreto Legislativo 1/2005, de 21 de julio, por el que se aprueba el Texto Refundido de la Ley de Cajas de Ahorro de Castilla y León.
Cataluña	— Decreto Legislativo 1/2008, de 11 de marzo, por el que se aprueba el Texto Refundido de la Ley de Cajas de Ahorro de Cataluña.
Extremadura	— Ley 8/1994, de 23 de diciembre, de Normas Reguladoras de Cajas de Ahorro.
Galicia	— Decreto Legislativo 1/2005, de 10 de marzo, por el que se aprueba el Texto Refundido de las Leyes 7/1985, de 17 de julio, y 4/1996, de 31 de mayo, de Cajas de Ahorro de Galicia.
Madrid	— Ley 4/2003, de 11 de marzo, de Cajas de Ahorro de la Comunidad de Madrid.
Murcia	— Ley 3/1998, de 1 de junio, de normas reguladoras de Cajas de Ahorro.
País Vasco	— Ley 3/1991, de 8 de noviembre, de Cajas de Ahorro de la Comunidad Autónoma de Euskadi.
C. Valenciana	— Decreto Legislativo 1/1997, de 23 de julio, por el que se aprueba el Texto Refundido de normas reguladoras de Cajas de Ahorro de la Comunidad Valenciana.
Navarra	— Ley Foral 7/1987, de 21 de abril, de órganos rectores de las Cajas de Ahorro.
Baleares (esta C.A. carece de Ley pero dispone de una abundante normativa de desarrollo y ejecución de la LORCA)	— Decreto 99/1993, de 29 de julio, por el que se regula la duración del mandato de los órganos rectores. — Decreto 33/1990, relativo a Cajas de Ahorro, infracciones y sanción inspectora. — Decreto 92/1989, de 19 de octubre, de regulación de órganos rectores de las Cajas de Ahorro con domicilio social en Baleares. — Decreto 43/1986, de 15 de mayo, de regulación de los órganos gestores y control de gestión. — Decreto 6/1984, de 24 de enero, de régimen de dependencia orgánica y funcional de las Cajas de Ahorro.
La Rioja	— Ley 6/2004, de 18 de octubre, de Cajas de Ahorro de La Rioja.

Ante semejante cuadro, tres buenos conocedores del mundo financiero, con experiencia política acreditada (Luis de Guindos, Martínez Pujalte y Jordi Sevilla) concluyen lo siguiente: «Uno de los puntos más relevantes a tener en cuenta en la reforma propuesta es la eliminación de duplicidades supervisoras. Las tareas de supervisión deben recaer inexcusablemente en el Banco de España y en la Comisión Nacional del Mercado de Valores, según proceda. Por otra parte, aquellas Comunidades Autónomas donde las Cajas tengan presencia, podrán participar en la elección de los órganos de gobierno, garantizando la no interferencia política en la "Cuenta de Pérdidas y Ganancias"» [4]. He aquí un objetivo deseable —la reintegración al Estado de algunas competencias que han sido invadidas por las Comunidades Autónomas—, nada fácil de alcanzar, sin embargo, después de la trayectoria seguida por las Leyes y la Jurisprudencia Constitucional en estos últimos veinte años. Es algo solicitado por la gran mayoría de los analistas [5] y a ello ha querido servir también el Decreto-ley 11/2010, de 9 de julio, publicado en el Boletín Oficial del Estado el día 13.

2. La realidad actual de las Cajas de Ahorro en España y su evolución futura

Antes de entrar en el análisis del marco competencial, conviene hacer una breve consideración sobre la actual realidad, en España, de las Cajas de Ahorro. Éstas han experimentado en los últimos 18 meses un proceso de concentración que ha venido a reducir su número y aumentar su tamaño en términos considerables; proceso que quizás no ha terminado todavía. Las entidades resultantes desbordan hoy, con mucho, los límites regionales y territoriales en los que tradicionalmente concentraban su actividad; tanto aquéllas integradas en Sistemas Institucionales de Protección (SIP's), todos ellos intercomunitarios, como aquéllas que han sido objeto de fusión plena en el marco de una Comunidad Autónoma (cajas catalanas y gallegas) o aquéllas que, por el momento, permanecen al margen de estos procesos, pero tienen suficiente dimensión y presencia en los mercados. El resultado es que, con alguna excepción poco significativa, las Cajas han dejado de ser «locales» y se han convertido en «nacionales» extendiendo, la inmensa mayoría, su red de oficinas y su actividad por toda España, con un modelo de banca universal. Este es un primer dato

---

[4] *Vid.* DE GUINDOS, L., PUJALTE, M. y SEVILLA, J., en *Pasado, presente y futuro...*, cit., Capítulo VI, Conclusiones, página 218.

[5] *Vid.*, por ejemplo, junto a los citados en la nota anterior, SALA ARQUER, J. M., en *Fusiones de las Cajas de Ahorro y crisis financiera: los poderes de supervisión de los organismos reguladores*, Córdoba, 2010.

del que hay que partir, que diferencia la realidad española de la alemana [6]. A medida que cristalicen los procesos de fusión veremos surgir entidades de crédito con un volumen de actividad y una extensión territorial y empresarial de alcance verdaderamente nacional (o multinacional), que se manifestará en el número de oficinas establecidas y volumen de depósitos captados fuera de la Comunidad en la que tenía originariamente establecido su domicilio social. Hasta ahora, los dos ejemplos más significativos de esta realidad eran La Caixa, con cerca de 5.000 oficinas abiertas, de las que más del 60% están ubicadas fuera de Cataluña; y Caja Madrid, con 2.000 oficinas, de las que más del 50% están localizadas fuera de la Comunidad Autónoma de Madrid. Ambas, especialmente la segunda, verán aumentado su tamaño tras las fusiones y a ellas se unirán otras cuando culminen los procesos de concentración en marcha. No va a tener mucho sentido, entonces, que la Caixa dependa de la Generalitat de Cataluña, Caja Madrid y el nuevo SIP que preside, de la Comunidad de Madrid, o el nuevo SIP de Banca Cívica-Caja Sol del gobierno de Navarra o de Andalucía.

Resulta hoy patente que los términos en los que fue concebida la vigente Ley de Cajas de Ahorro (agosto de 1985, aún con las modificaciones introducidas en noviembre de 2002) no responden a esta realidad. Se plantea por ello la conveniencia de una reforma del régimen legal por la que se recupere con todo su alcance la competencia del Estado sobre aquellas Cajas cuya actividad financiera y de inversión desbordan con mucho los límites territoriales tradicionales, sin perjuicio de respetar la competencia de las Comunidades Autónomas en aquellos aspectos de organización, procedimientos y Obra Social de las Cajas que están más vinculados a las peculiaridades y necesidades de los territorios en que actúa, en proporción a la presencia que cada uno de ellos tenga en el capital y actividad de la entidad (Caja, SIP o entidad bancaria a través de la cual actúe).

Al margen de fórmulas jurídicas, en las que enseguida entraremos, es ésta una realidad económica y política de la que hay que partir y a la que el nuevo Decreto-ley 11/2010 ha querido dar cauce para su desarrollo.

Teniendo ello en cuenta, a continuación se tratará, en primer lugar, de analizar las bases en que descansa el sistema constitucional de reparto de competencias entre el Estado y las Comunidades Autónomas, tal como la doctrina

---

[6] En Alemania, como es sabido, las Cajas de Ahorro tienen naturaleza pública y están vinculadas al Municipio o *Land* del que dependen y la regla general es la prohibición de sucursales fuera del mismo: *vid.* FUERTES, M., *Las Cajas de Ahorro locales en Alemania,* RAP, n.º 161, 2003.

y jurisprudencia constitucional lo han entendido hasta ahora. A continuación veremos si la articulación de competencias diseñadas en los Estatutos de Autonomía y las leyes autonómicas se ajusta —o desborda— al sistema constitucional. Finalmente estudiaremos en qué términos, tras el Real Decreto-ley 11/2010, de 9 de julio, que ha venido a reformar radicalmente el régimen jurídico de las Cajas e introduce reformas en el sistema competencial, deben éstas incorporarse a leyes de adaptación, que las CC.AA. deben aprobar tras el citado Decreto-ley.

3. La competencia del Estado y de las Comunidades Autónomas, a la luz de la Constitución y la jurisprudencia constitucional

Brevemente formuladas, las tesis fundamentales del Estado Autonómico, sobre las que existe una cierta *communis opinio* o consenso doctrinal y jurisprudencial, son las siguientes:

1.ª) La CE configura a España como un *Estado unitario* (no federal ni confederal), aunque políticamente descentralizado *(Estado Autonómico)*, en el que se establece un orden económico inspirado en los principios de *unidad de mercado* (artículo 139.2), *unidad de dirección* de la política económica (artículo 97) y *unicidad del orden económico* (es decir, modelo económico único instaurado por los artículos 30 a 38 y 39 a 52).

2.ª) Este modelo se construye sobre un sistema de distribución de competencias entre el Estado (Gobierno-Administración Central) y las Comunidades Autónomas, en el que el grado de unidad/uniformidad en la ordenación económica es *variable según los sectores.* Hay sectores que, por afectar globalmente a los intereses nacionales en su conjunto, exigen unidad en la decisión y uniformidad en la aplicación. Son aquéllos cuyas determinaciones trascienden con mucho los límites regionales y alcanzan y se proyectan, por su misma naturaleza, al resto de la nación. El sistema financiero constituye, sin duda, uno de ellos.

3.ª) De ahí que la atribución competencial contenida en la Constitución en los artículos 149.1.11.ª y 13.ª («bases de la ordenación del crédito, banca y seguros» y «bases y coordinación de la planificación general de la actividad económica») sean determinaciones constitucionales que exigen un entendimiento integrador, orgánico, institucional, y no puramente gramatical. Así, el «crédito» o mercado crediticio viene constituido por aquella *parte del mercado financiero* (esto es, de la oferta y/o demanda de fondos prestables) cuyas operaciones se instrumentan mediante la *técnica directa de transferencia de sumas de dinero* de una entidad prestamista (Bancos, cajas u otros intermediarios financieros) a empresas y particulares que lo solicitan (pólizas de préstamos o créditos, descuento de efectos, etc.). Junto al mercado de crédito se encuentra el mercado de capitales o de títulos valores, que, aunque teórica y funcionalmente distinguible, constituya una unidad económica con el anterior, por lo que bajo el concepto constitucional de «crédito» deben entenderse ambos, es decir, la totalidad del sistema financiero, que debe quedar sometido a una *dirección unitaria*.

4.ª) En este sentido amplio, orgánico, institucional, el artículo 149.1.11.ª atribuye al Estado las bases de ordenación del total sistema financiero, tanto en su *estructura* (determinación de las instituciones y mercados que deban configurar el sistema, creación o admisión de nuevos intermediarios, tipología de éstos, etc.) como en su *funcionamiento* (diseño de las actuaciones posibles, delimitación de espacios en los que opere cada agente, sistema de garantías para el logro de la mayor seguridad y solvencia de las instituciones, información y protección al inversor, etc.). En todos estos aspectos, el grado de unidad/uniformidad exigible es máximo por tratarse de un mercado nacional que reúne —y es deseable que así sea— el máximo grado de integración.

5.ª) Así lo ha entendido siempre el Tribunal Constitucional, a través de una abundante y reiterada jurisprudencia en la que, como es bien sabido, ha definido la noción de «bases» o «legislación básica» como un concepto material, no vinculado a una forma jurídica determinada, sino marcado por su contenido: es básico todo aquello que, por afectar al «interés nacional» de una determinada materia o campo de actuación, debe quedar definido a nivel nacional, con todo el detalle y concreción que sean necesarios para cumplir los fines de la ordenación de que se trate. Bases, por tanto, no son sólo los criterios o principios contenidos en una ley, sino también, aquellos desarrollos reglamentarios, o incluso actuaciones ejecutivas, que se consideran necesarias para el cumplimiento de la finalidad que con la institución o regulación económica de que se trate se pretende conseguir.

6.ª) La atribución al Estado de las bases o legislación básica en una determinada materia —en este caso, el crédito y la banca— no puede, ciertamente, suponer el vaciamiento o la exclusión de toda legislación autonómica sobre esas materias con carácter general. A los Gobiernos regionales les corresponderá siempre algún papel, de desarrollo legislativo y ejecución en ese campo. Pero puede haber núcleos o aspectos básicos de las regulaciones en que la totalidad de las funciones públicas, es decir, la competencia íntegra para su regulación (y aun para su gestión), puede quedar encomendada al Estado, *con exclusión y preclusión de toda regulación autonómica*. Son aquellos aspectos en que, como consecuencia de la unidad económica, de las exigencias técnicas o de la igualdad de los derechos de los ciudadanos en todo el territorio nacional, el interés nacional exige una *absoluta y completa uniformidad* de regulación. Con toda claridad lo formula el TC en los siguientes términos:

> «Ciñéndonos, en concreto, a la ordenación de sectores económicos como el crédito, la consecución de aquellos intereses generales perseguidos por la regulación estatal de las bases del crédito exigirá que, atendiendo a circunstancias coyunturales y a objetivos de política monetaria y financiera, el gobierno de la nación proceda a la concreción e *incluso a la cuantificación* de medidas contenidas en la regulación básica del crédito, pues *al gobierno de la nación le corresponden tanto la dirección de la política financiera* nacional y de la política monetaria general, en cuanto partes de la política económica general (artículo 97 CE), como la coordinación de las mismas con las que pueda tener cada Comunidad en su ámbito respectivo» (STC 1/1982, de 28 de enero de 1982: competencia sobre las Cajas de Ahorro).

Es básico por tanto —repito— todo aquello que sea necesario para el cumplimiento de la finalidad. Si ello se logra con la formulación de unos criterios generales en una Ley, hasta aquí llegan las bases. Pero si es necesario precisar con posterioridad nuevos aspectos o ejecutar los anteriores de un modo variable, según la coyuntura, incluso cuantificando las operaciones, también eso será regulación básica y corresponderá al Estado.

7.ª) El ámbito de ordenación del crédito y la banca presenta características propias que exigen visión global y al mismo tiempo inmediatez; se trata de actuaciones que en ocasiones comportan un amplio margen de discrecionalidad, que exigen un juicio técnico, por lo que para la estabilidad del sistema financiero español en su conjunto «debe estimarse razonable y coherente que la realización de este *juicio técnico se encomiende a un órgano único»* (STC 235/1999). Esta discrecionalidad técnica que el regulador tiene en el momento de la aplicación de la norma, lejos de ser un factor negativo, constituye, en materia económica y financiera, una indudable ventaja, pues permite la consistencia en los comportamientos para el logro de determinados objetivos económicos que pueden variar según el tiempo y las circunstancias (muchas veces no previsibles). Dicha discrecionalidad técnica no debilita, sino que fortalece, la seguridad jurídica protegida por el artículo 9.3 CE y es conforme con el principio de regulación prudencial del sistema financiero.

8.ª) Las regulaciones y medidas ejecutivas tendentes a salvaguardar *la solvencia de las entidades de crédito ha sido considerada en todo caso materia básica* por el Tribunal Constitucional; entre los aspectos y medidas regulatorias que están vinculadas directamente a la solvencia y por tanto son competencia del Estado pueden enumerarse, sin pretensión alguna de exhaustividad, las siguientes (algunos supuestos no tienen hoy existencia legal, pero la han tenido en el pasado y pueden tenerla en el futuro) [7]:

a) control e inspección por el Banco de España de todos los establecimientos financieros de crédito y su inscripción en el Registro creado al efecto;

b) la autorización previa para su creación; así como cualquier operación de concentración, fusión y/o consolidación de balances entre Cajas; intervención, revocación de la autorización, disolución y liquidación, cuando proceda;

c) la fijación de los coeficientes obligatorios de inversión en fondos públicos o en activos calificados, así como la determinación de los valores cuya adquisición se considere computable;

d) la regulación de operaciones que puedan suponer o afectar al control de la cantidad de dinero bancario por su incidencia en la cantidad total de dinero existente en el mercado;

e) la determinación de un orden de preferencia en la suscripción de valores computables o en el coeficiente de fondos públicos;

f) la estimación y aprobación de excedentes, distribución de resultados y acumulación de reservas o dotaciones;

g) la fijación de un coeficiente de préstamos de regulación especial;

h) la regulación de la contabilidad o la apreciación en ella de irregularidades que impidan conocer la situación patrimonial o financiera de la entidad;

i) la apreciación del incumplimiento de los límites de riesgos u otras limitaciones cuantitativas al volumen de determinadas operaciones, y el incumplimiento de las normas sobre información contable y financiera;

j) el cumplimiento de los coeficientes de caja, del coeficiente de recursos propios o de las reservas obligatorias y provisiones para insolvencias;

k) fijación de niveles mínimos de recursos propios en relación con las inversiones realizadas y los riesgos asumidos, así como los límites a las inversiones en inmuebles y otros activos en función de aquellos recursos propios.

---

[7] Esta relación de competencias estatales está contenida en las Sentencias siguientes: SSTC 1/1982; 48/1988; 49/1988; 135/1992; 96/1996; 235/1999, o las más recientes SSTC 291/2005 y 201/2006; en ellas se declaran básicas y por tanto competencia del Estado las potestades y actuaciones que se citan en el texto. Doctrina toda ella ratificada por el Tribunal Supremo en varias Sentencias, la más reciente de las cuales es la STS de 4 de mayo de 2010 (Ponente, Excmo. Sr. Espín Templado), cuyos textos se transcriben en nota siguiente.

Todos estos aspectos —y otros que podrían añadirse— que afectan a la solvencia de las entidades de crédito —por tanto, a las Cajas— deben ser considerados *básicos* y, en consecuencia, deben ser atribuidos a la competencia *exclusiva y preclusiva* del Estado a través del Banco de España que es el instrumento operativo del Gobierno para la regulación financiera [8]. Cualquier régimen legal de las Cajas, ya sea norma estatal o autonómica, debe preservar la sola y exclusiva competencia del Banco de España sobre la regulación y supervisión macro y microprudencial de la solvencia de cualesquiera entidades de crédito. Es de subrayar que entre tales competencias se debería encontrar sin la menor sombra de duda la aprobación de cualquier operación de fusión entre Cajas.

9.ª) Estas potestades son asignadas al Estado sin perjuicio de las competencias que, en otros órdenes, tengan atribuidas las Comunidades Autónomas y lo que resulte de los convenios entre éstas y el Banco de España, a los que se

[8] Se podría llevar a cabo una formulación más detallada de estos aspectos, con trascripción de los textos literales de las sentencias citadas en la nota anterior, en las que estas competencias se atribuyen al Estado, pero no es necesario; se han enumerado aquí para dar una cabal idea del alcance que la regulación «básica» de las Cajas de Ahorro puede llegar a alcanzar. Y aunque resulta reiterativo, me parece conveniente traer aquí el texto de la muy reciente Sentencia del Tribunal Supremo, de 4 de mayo de 2010, en la que resumiendo la doctrina del Tribunal Constitucional citada en la nota anterior concluye que corresponde al Estado —cito textualmente— «fijar los coeficientes obligatorios de inversión en activos calificados, y la determinación de los valores públicos cuya adquisición se considere computable (STC 5.10.92); las disposiciones consistentes en fijar ciertos porcentajes o coeficientes obligatorios sobre los recursos ajenos depositados en las Cajas que deben invertir éstas en la adquisición de fondos públicos, el control de la cantidad de dinero bancario por su incidencia en la cantidad total de dinero existente (STC 28.1.82); la determinación de un orden de preferencia de suscripción de valores computables en el coeficiente de fondos públicos; la distribución de resultados y acumulación de excedentes; el coeficiente de préstamos de regulación especial (STC 28.1.82); carecer de contabilidad o llevarla con irregularidades que impidan conocer la situación patrimonial o financiera de la entidad; el incumplimiento de los límites de riesgos u otras limitaciones cuantitativas al volumen de determinadas operaciones, y el incumplimiento de las normas sobre información contable y financiera; la preservación de la solvencia de las entidades de crédito, el incumplimiento de los coeficientes de caja, el coeficiente de recursos propios o de las reservas obligatorias y previsiones para insolvencias (STC 30.5.96); la salvaguarda de los niveles mínimos de recursos propios en relación con las inversiones realizadas y los riesgos asumidos, así como la intangibilidad de los límites máximos a las inversiones en inmuebles y otros activos en función de aquellos recursos propios (STC 5.10.92)». Y más adelante reitera: «es competencia exclusiva del Estado el control y supervisión de la solvencia de una entidad de crédito cuando se refiere a las condiciones de solvencia y cumplimiento de las normas de control y disciplina que deben observar las Entidades de Depósito, por venir referidas a mantenimiento del nivel de recursos mínimos exigidos, la cobertura del coeficiente de recursos propios, la dotación de las provisiones para insolvencias, o el cumplimiento de los límites de la concentración de riesgos; y cuando sea preciso un margen de apreciación que requiera un juicio técnico para tratar de determinar la incidencia de una determinada situación sobre la solvencia de una entidad de crédito, y sobre la estabilidad del sistema crediticio y financiero en su conjunto».

refiere, entre otros, la Disposición Adicional Primera, apartado 3 de la Ley 31/1985, de 2 de agosto, sobre Órganos Rectores de las Cajas de Ahorro. En caso de conflicto en el ejercicio de dichas competencias, es claro para mí que debe prevalecer la competencia estatal, que hay que entender directamente atribuida por la Constitución bajo el concepto de «bases». Juega aquí la *pre-emption doctrine,* y ello aunque en los Estatutos de Autonomía esté calificada la competencia autonómica como «exclusiva», tal como se explicará más adelante.

10.ª) La Ley 13/1994 vino a introducir en la LDIEC un precepto adicional según el cual se asigna al Ministerio de Economía y Hacienda la potestad de autorizar la creación de todas las entidades de crédito, previo informe del Banco de España. Se atribuye al Banco de España el control y la inspección de las entidades, así como la gestión de los registros, sin perjuicio de las competencias de las Comunidades Autónomas. El precepto dice así:

> «En todo caso, la inscripción en los correspondientes registros del Banco de España y, cuando proceda, de la CA competente, será indispensable para que las entidades a que se refiere este artículo puedan desarrollar su actividad».

Este precepto fue impugnado por las Comunidades Autónomas del País Vasco y Cataluña, pero el TC salvó la constitucionalidad del mismo interpretado como *registro declarativo (no constitutivo) y reglado,* porque no cabe denegarlo si el peticionario cumple con la normativa estatal. El transcurso del plazo para la inscripción conlleva, además, una resolución favorable. Se justifica todo ello en la *necesidad de centralizar en el Banco de España la información necesaria* acerca de todas las entidades de crédito que intervienen en el sistema financiero.

Hasta aquí lo que podíamos llamar competencias básicas del Estado sobre el sistema financiero y sus instituciones.

11.ª) En cambio, el Tribunal Constitucional considera no básicos *aspectos organizativos y procedimentales* que, por no afectar a los intereses generales de la nación ni a la unidad del sistema financiero, se atribuyen a la competencia de las Comunidades Autónomas, admitiendo una posible diferenciación entre ellas. Debe observarse, no obstante, que tampoco en este orden deja de haber un *común denominador que todas las Autonomías deben respetar porque afecta a esa identidad institucional* que deben tener las Cajas en todas las regiones españolas. El Tribunal Constitucional lo ha expresado con estas palabras:

> «Si bien es cierto que *las bases* de ordenación del crédito están fundamentalmente referidas a la actividad crediticia, *afectan también a la estructura y*

> *organización* de las Cajas de Ahorro en cuanto fijan los elementos configuradores de las mismas frente a los demás intermediarios financieros, o en cuanto la estructura y organización de las Cajas repercuten directamente en dicha actividad. El carácter específico de las Cajas de Ahorro frente al resto de los intermediarios financieros se refleja no sólo en su actividad como entidades de crédito que han de cumplir una función social, sino también en su configuración, y *es al Estado a quien corresponde garantizar en ambas dimensiones esa especificidad, como parte de la competencia sobre las bases* de la ordenación de la actividad económica en general y del crédito en particular. El marco estatal básico relativo a la configuración de las referidas Entidades *no puede concretarse de tal modo que de hecho conduzca a la uniformidad organizativa* de las Cajas de Ahorro, impidiendo a las Comunidades Autónomas tener presente *en su desarrollo las características peculiares de sus respectivos territorios.* Y no pueden considerarse incluidas en dicho marco aquellas normas que no resulten justificadas por el objetivo de garantizar los principios básicos que informan el modelo organizativo diseñado por el legislador estatal (STC 48/88, F.J. 3.º)».

La doctrina sentada en esta Sentencia (y en otras posteriores) es clara: por una parte afirma la competencia del Estado en la configuración de las Cajas y, por otra, la limita a un modelo que no conduce necesariamente a la uniformidad. Se trata, por consiguiente, de fijar un modelo participativo común, que debe respetar el *«racional equilibrio» entre los distintos grupos que constituyen el respaldo social de la Caja.*

Y es que no puede separarse del todo organización y actividad. Como dice también la STC 49/881, no es pensable

> «...una separación radical entre la competencia para dictar normas básicas relativas a la organización y la competencia para dictar ese mismo tipo de normas respecto a la actividad externa de las Cajas. Una organización existe para realizar una determinada actividad. Su finalidad principal es determinar, configurar y coordinar los centros de decisión que permiten esa actividad. No es, pues, indiferente a la realización de ésta la forma en que aquéllos se regulan. Por otra parte, es necesario identificar la peculiar entidad de crédito que son las Cajas y distinguirlas de los demás intermediarios financieros; y para lograrlo en todo el territorio nacional, las características correspondientes han de ser fijadas con carácter general por el Estado. Por ello, es competencia del Estado velar porque en la organización de las Cajas esté presente la pluralidad de intereses públicos a las que atienden, de donde se deduce que las "bases de la ordenación del crédito" deben comprender también normas organizativas de las entidades cuyo objeto principal son las operaciones de crédito, y es evidente que, en la actualidad, las Cajas son fundamentalmente entidades de crédito» (F. n.º 2).

12.ª) No es, en cambio, según el Tribunal Constitucional, criterio válido por sí mismo, para la delimitación de competencias sobre las Cajas, el doble punto de conexión del territorio y el domicilio social. La STC 49/1988 declaró inconstitucional el apartado 2.º del número 1 de la Disposición Adicional Primera de la LORCA por cuanto confería al Estado competencia sobre las actividades de las Cajas realizadas fuera del ámbito territorial de la Comunidad. Respecto a este apartado 2 de la Disposición Adicional Primera, la STC 49/1988 se pronunciaba en los siguientes términos:

> «Partiendo de la doctrina reiteradamente sentada por este Tribunal de que la atribución de competencias sólo puede llevarse a cabo por la Constitución y por los Estatutos y no por otras leyes (salvo cuando la Constitución o los mismos Estatutos remitan a éstas), resulta que "la Disposición Adicional primera establece como criterios para la delimitación de competencias respecto a las actividades de las Cajas, el *doble punto de conexión del territorio y del domicilio social*". Las Comunidades sólo tendrán la competencia sobre disciplina, inspección y sanción respecto a las actividades que se desarrollen en su territorio y sean realizadas por Cajas que en él tengan su domicilio social. Respecto al criterio territorial nada hay que objetar. Que las competencias de las Comunidades se circunscriben a su ámbito territorial ha sido afirmado por este Tribunal repetidas veces, aunque con la salvedad de que ello no impide que el ejercicio de las competencias de una Comunidad pueda tener repercusiones de hecho fuera de la misma. Sentado esto, *debe considerarse inconstitucional el apartado segundo del número uno de esta disposición adicional, por cuanto confiere al Estado competencias sobre las actividades de las Cajas realizadas fuera del ámbito territorial de la Comunidad Autónoma donde aquéllas tengan su domicilio social. Estas actividades estarán sometidas a la competencia de la Comunidad en que se realicen,* conforme a las normas que en cada caso configuren esa competencia. Por las mismas razones debe considerarse inconstitucional el inciso con "domicilio social" en el número dos de la Disposición Adicional aquí examinada. Podría pensarse que este sistema puede conducir a resultados perturbadores en la práctica. Es de advertir, sin embargo, que *el Estado puede dictar normas básicas que en esos casos, aseguren la buena ordenación del crédito en todo el territorio nacional*».

Es decir, se niega al Estado competencia sobre las actividades «extraterritoriales» de una Caja, declarándolas bajo la jurisdicción de aquella Comunidad Autónoma en que se realicen, pero consciente de la ruptura de la unidad de mercado que ello puede suponer («resultados perturbadores», dice), recuerda al Estado su competencia para dictar «normas básicas», si el caso lo requiere, para «la buena ordenación del crédito en todo el territorio nacional» (veremos enseguida la importancia de esta afirmación).

13.ª) Acorde con este criterio (que es discutible, por cierto, pero que es el que es) el Tribunal declara igualmente inconstitucional el párrafo 2.º de la Disposición Final 5.ª, que contenía un precepto por el cual se atribuía al Estado la totalidad de las competencias sobre aquellas Cajas de Ahorro cuyo volumen de depósitos fueran captados en más de un 50% fuera del territorio de la Comunidad donde la Caja tuviera su domicilio social. Sobre ese texto, ambas sentencias —la 48/1988 y la 49/1988— reiteran la misma doctrina: sólo la Constitución y los Estatutos pueden asignar competencias y ese precepto no encuentra apoyo en ninguna de ambas normas. La Sentencia 49/1988 lo declara inconstitucional, por entender, de nuevo, que es «norma atributiva de competencia que no resulta ni de la Constitución ni de los Estatutos». El Tribunal reconoce que, como argumenta el Abogado del Estado,

> «Podría alegarse, y así lo hace el Letrado del Estado, que una Caja que capta fuera de su Comunidad más de la mitad de su pasivo desborda el ámbito de interés que justifica la asunción de competencias por su parte. Pero el interés en sí, como se ha dicho, no es un título para adjudicar competencias ni para limitarlas, salvo en los casos que la Constitución o los mismos Estatutos lo señalen. Así, por ejemplo, respecto a la competencia sobre fundaciones que aparece limitada en el Estatuto Catalán (artículo 9.24) a las que desarrollen principalmente sus funciones en Cataluña, o en el Gallego (artículo 27.26), a las de interés gallego. Una limitación análoga (sin embargo) no aparece en los Estatutos respecto a las Cajas de Ahorro y no puede considerarse sin más como implícita. *Otra cosa es que el Estado pueda dictar normas básicas respecto a las Cajas que se encuentren en la situación prevista en el precepto impugnado, normas en las que podrá tenerse en cuenta el interés de las diversas Comunidades en que la Caja capte su pasivo, o cualquiera otra circunstancia que salvaguarde el interés general y la solidaridad de las diversas Comunidades afectadas. Pero el orden competencial respecto a la organización y a la actividad rigen también aquí con carácter general sin que resulte necesario recordar una vez más este orden competencial. Por ello este párrafo, debe calificarse de inconstitucionalidad»*.

De nuevo el Tribunal ratifica su criterio competencial rígido (sólo la Constitución o los Estatutos son normas atributivas de competencia) pero remite a los poderes del Estado (dictar normas básicas) para corregir las disfunciones que pueda generar esa competencia segmentada.

Sin entrar ahora en las razones —a mi juicio muchas— que puedan justificar la atribución al Estado de competencia sobre las Cajas por razón de la extraterritorialidad de sus actividades —si se prefiere, por razón del interés general, nacional, que está implicado en esas actividades—, el Tribunal, en ambos casos, entendió que la LORCA pretendía constituirse en norma atributiva de competencia al margen de lo que establecen *la Constitución y los Estatutos de autonomía, únicas normas —repito— que pueden generar títulos competenciales sustantivos*; y ni aquélla ni éstos han entendido que la territorialidad de las operaciones o la procedencia del pasivo sean títulos atributivos de competencia para el Estado. Por tanto, no puede el Estado, por una Ley ordinaria, autoasignársela (ésta es una tesis —insistimos en ello— más que discutible, pero hoy por hoy es así).

14.ª) Lo que el Estado puede hacer —como le recuerda el Tribunal en ambas sentencias— es dictar normas «básicas» que en esos casos, como en otros, aseguren la buena ordenación del crédito. Y en base a ellas, cuando se produzca una situación de «nacionalización» de una entidad, es decir, de conversión de ésta en Caja de ámbito nacional, cuya actividad desborda con mucho los límites territoriales, autonómicos, de aquella entidad, *el Estado debe dictar normas básicas* que salvaguarden el interés general y aseguren la solidaridad de las diversas Comunidades afectadas.

Para finalizar esta larga exposición de la doctrina constitucional, permítasenos unas consideraciones finales sobre las circunstancias actuales por las que atraviesa el sistema financiero, que obligan a reforzar las competencias de los órganos reguladores, tanto a nivel nacional como internacional. Las entidades financieras, por su propia naturaleza y finalidad, deben estar sometidas en momentos de crisis a un régimen más intenso de supervisión por parte de reguladores internacionales. Ello es así por cuanto estas entidades captan recursos financieros en un mercado global, cuyos operadores carecen en muchos casos de los conocimientos necesarios para evaluar apropiadamente la solvencia y los riesgos del sistema en su conjunto. Esta «asimetría informativa», sumada a la complejidad que en la actualidad han adquirido ciertas operaciones financieras han tenido una especial relevancia en la última crisis y han provocado la quiebra de entidades financieras de alta reputación en el mercado. En este contexto, la regulación macroprudencial de los sistemas de pago y crédito se vuelve crucial. Es obvio que los efectos de la crisis, para bien y para mal, trascienden al ámbito geográfico de una Comunidad Autónoma y de un país. Por ello, los cambios normativos que sean necesarios, tanto para los Bancos como para las Cajas, se justifican en la necesidad de asegurar el ejercicio de esa supervisión macro y microprudencial de la solvencia de entidades de crédito, que desborda incluso la capacidad de juicio de los Bancos Centrales de cada país, mucho más, por tanto, de las Consejerías de Economía y Hacienda de una Comunidad Autónoma.

Hasta aquí lo que, a nuestro juicio, constituyen bases constitucionales sólidas, sobre las que se debe fundamentar tanto la legislación autonómica como una reforma posible de la LORCA. La dualidad competencial que en España existe sobre las Cajas de Ahorros, puede ser una virtud en cuanto respeta las particularidades regionales, consustanciales a éstas; pero también una fuente de conflictos por las distintas interpretaciones que caben en torno a las competencias que corresponden al gobierno central y a los gobiernos regionales. La cuestión que ahora hay que plantearse es la siguiente: ¿responde a estos principios —y a estos límites— la actual distribución de competencias entre el Estado y las Comunidades Autónomas? Esto es lo que trataremos de examinar a continuación.

4. Competencias del Estado y de las Comunidades, según los Estatutos y Leyes Autonómicas

A) *Sentido y alcance de la «exclusividad» de la competencia*

Vistas las bases constitucionales en las que se debe asentar el sistema de competencias sobre las Cajas de Ahorro, veamos cómo ha quedado éste plasmado en los Estatutos de Autonomía y Leyes autonómicas.

Como ya se ha dicho, ante el silencio de la Constitución en la materia, los Estatutos de Autonomía incluyeron las Cajas de Ahorro como competencia «exclusiva» de los Gobiernos regionales, en el marco —eso sí— de los artículos 38 (libertad de empresa), 131 (planificación de la actividad económica general), 149.1.11.ª (bases de la ordenación del crédito, banca y seguros) y 149.1.13.ª (bases y coordinación de la planificación general de la actividad económica).

Ante tal planteamiento, lo primero es intentar aclarar el alcance y sentido que tiene ese calificativo de «exclusivas». La Comisión de expertos que alumbró en su día la LOAPA (Ley Orgánica de Armonización del Proceso Autonómico, de 30 de junio de 1982) ya denunció que tal exclusividad no era real, en cuanto ninguna de las competencias atribuidas a las CC.AA. entraña un poder excluyente de cualquier otra autoridad sobre aquellas materias. Se trataría, sin más, de un exceso semántico. Ahora bien, no es buen sistema de entender las normas la negación, de entrada, de todo significado a las palabras contenidas en las leyes. Pues, en efecto, resulta que unos párrafos más adelante, en el mismo artículo 149.3, se lee lo siguiente:

> «3. Las materias no atribuidas expresamente al Estado por esta Constitución podrán corresponder a las Comunidades Autónomas, en virtud de sus respectivos Estatutos. La competencia sobre las materias que no se hayan asumido por los Estados de Autonomía corresponderá al Estado, cuyas normas prevalecerán, en caso de conflicto, sobre las de las Comunidades Autó-

nomas *en todo lo que no esté atribuido a la exclusiva competencia de éstas.* El derecho estatal será, en todo caso, supletorio del derecho de las Comunidades Autónomas».

Tal es exactamente lo que ocurrió con las Cajas de Ahorro: la Constitución las ignoró, los Estatutos las asumieron y además las declararon en gran parte de competencia exclusiva. Pero el penúltimo inciso de este texto abre una puerta de alcance insospechado al conflicto permanente, como efectivamente ha ocurrido.

Sobre este tema, se han formulado dos tesis: 1.ª) la de quienes piensan que no hay exclusividad —y por tanto no es de aplicación la regla del 149.3, sean cuales sean los términos utilizados por los Estatutos—, cuando sobre unas mismas «materias» (que es el término utilizado por la Constitución) concurren Estado y Comunidad en su regulación y/o gestión; 2.ª) la de quienes entienden que las competencias no se refieren sólo a «materias» completas, sino a «funciones o potestades» dentro de un proceso de adopción de decisiones en una misma materia; según esto, es posible la existencia de competencias (es decir, funciones) «exclusivas» en el marco de una materia compartida; y por tanto, cuando eso se da, como ocurre en las Cajas, es de aplicación el artículo 149.3, lo que remite cada conflicto de normas al Tribunal Constitucional.

Esta segunda interpretación es la que, de hecho, se ha impuesto en la práctica. Y es la que ha dado lugar a un sinfín de pronunciamientos del Tribunal Constitucional sobre la materia, contenidos en las más de veinte sentencias (y otras cuantas del Tribunal Supremo) recaídas sobre las Cajas en los últimos 25 años. Ante la falta en nuestra Constitución de un precepto claro y rotundo en el sentido de que, en caso de conflicto, la competencia del Estado prevalecerá sobre la de las regiones, lo ocurrido en España ha sido el conflicto permanente en materia de Cajas de Ahorro (y en otras), con impugnaciones sucesivas de leyes autonómicas por el Estado y también a la recíproca: impugnaciones continuas (o amenazas continuas de impugnación) de normas estatales por las Comunidades [9]. Al no establecer una clara presunción de validez y primacía del Derecho estatal ante cualquier conflicto (y por tanto, una inmediata aplicación de éste en cualquier materia), la cuestión queda remitida en cada caso a un

---

[9] Esto ya lo advirtieron una y otra vez los primeros comentadores de la Constitución y en especial los autores de la LOAPA (así, Tomás Ramón FERNÁNDEZ, Santiago MUÑOZ MACHADO, Luciano PAREJO ALFONSO y yo mismo, que no intervine en aquella Ley). *Vid.* mi estudio *El Estado de las Autonomías. Una interpretación jurídica,* publicado el año 1985 en el libro colectivo «La España de las Autonomías», Espasa-Calpe, Madrid, en el que se citan las obras de estos y otros autores que dieron la voz de alarma sobre este peligroso sistema de atribución de competencias.

juicio interpretativo previo, casi siempre del Tribunal Constitucional, sobre la primacía de una u otra, lo cual da lugar, de hecho, a la inaplicación inicial de la norma que sea ajena a aquél que tenga encomendada la ejecución (casi siempre las CC.AA.), hasta que en su día el juez constitucional se pronuncie [10]. Pero tal sistema es justamente lo contrario de lo conveniente y lo opuesto a la práctica habitual en todos los federalismos (no digamos ya en los regionalismos). Recordemos aquí la *Supremacy Clause* norteamericana (artículo VI, párrafo 2.°, y artículo I, Sección 8, párrafo final de su Constitución) y la regla *Bundesrecht bricht Landesrecht* de la Ley Fundamental de Bonn. Frente a tan sabias reglas, nuestro Tribunal Constitucional, en la Sentencia 76/83 que condenó la LOAPA, declaró inconstitucional el artículo 4 de ésta, en el que se trataba justamente de precisar la interpretación que debía darse al artículo 149.3, ante el uso abusivo del adjetivo «exclusiva» que hacían los Estatutos de Autonomía. Para ello, se articulaba en dicha Ley una resolución provisional de los posibles conflictos, haciendo que prevaleciese, inicialmente al menos, la norma estatal en colisión con normas autonómicas. Pues bien, esa reformulación de la cláusula de prevalencia —dice el Tribunal— es lo que la convierte en inconstitucional, porque pretende afirmar una prevalencia absoluta del Derecho del Estado, frente a lo que es, en la Constitución, una prevalencia relativa (sólo en lo que no sea competencia «exclusiva»).

No puedo extenderme ahora en una explicación detallada y justificada de en qué ha quedado el alcance real de esa «exclusividad» declarada en los Estatutos de Autonomía, pero sí diré que, en mi opinión, hay que diferenciar dos supuestos:

a) Una competencia *exclusiva* en algunos casos, matizada con remisiones a normas estatales («sin perjuicio de...» o «de acuerdo con...», que se contienen frecuentemente en los textos estatutarios).

b) Una competencia *concurrente* (aunque a veces se llama exclusiva) en otros casos: aquéllos que aparecen calificadas en los Estatutos como *de desarrollo legislativo* de la legislación del Estado o de normas dictadas *en el marco de las «bases»* que apruebe el Estado.

El problema es que en ocasiones una misma competencia recibe ambas calificaciones en una misma norma [11].

---

10 Así lo entiende, por ejemplo M. Machado, con razón: ob. cit., página 89.

11 Por ejemplo, en el primer Estatuto catalán el artículo 10 calificaba como competencia de «desarrollo legislativo y ejecución... la ordenación del crédito, banca y seguros»; y el artículo 12 decía que «de acuerdo con las bases...» corresponde a la Generalidad la competencia exclusiva en *«Instituciones de crédito corporativo, público y territorial y cajas de ahorros»*. Es dificil, en estos términos, decidir donde está la competencia para regular la actividad crediticia de las Cajas.

La más importante consecuencia que se quiere afirmar con esta diferenciación es la de quien determina hasta dónde deben llegar las bases o principios y dónde debe empezar la regulación para la Comunidad Autónoma. Si se entiende que la competencia es «concurrente» el Estado puede extender las «bases» de la regulación hasta donde estime conveniente (por ejemplo, puede convertir en bases de la contratación pública, a que se refiere el artículo 149.1.18.ª de la Constitución, la actual Ley y Reglamento de Contratos del Sector Público en su totalidad); por el contrario, si se entiende que las competencias son «exclusivas» (en cada nivel) la C.A. puede ignorar todo aquello que entienda se excede de unas «bases» razonables y dictar su propia ley (en oposición a la dictada por el Estado) con lo que el asunto quedará remitido a la decisión del Tribunal Constitucional. Ello significa que en aquellos aspectos en que la competencia de las Comunidades ha sido calificada como «exclusiva» (y en ese caso están algunas de las cuestiones referidas a las Cajas) es muy de temer que el Estado no pueda imponer sus criterios a las Comunidades, sin que haya que acudir constantemente al Tribunal Constitucional.

Recuérdese que la LOAPA pretendía en su artículo 2.º que la fijación y delimitación de las bases correspondiese incondicionalmente al legislador estatal, lo que significaba otorgarle el poder de determinar en todo caso y como tenga por conveniente cuál es el alcance y extensión de esas bases, apreciando libremente el interés nacional y las exigencias de uniformidad. El Tribunal, que seguramente no rechazaría esta solución para algunos casos o sectores, no la admite, sin embargo, con carácter general, porque entiende que no es eso lo que dice la Constitución, ni lo que consagran los Estatutos. En aquélla y en éstos las situaciones jurídicas están diferenciadas según los actores o materias a que las competencias se refieren. La diferencia entre las competencias «exclusivas» y las que no lo son consiste en que con las primeras se está atribuyendo una reserva de regulación a favor de la C.A., o lo que es igual, una reserva de participación en el poder político y en la toma de decisiones en el campo de que se trate. Ciertamente lo más grave de esta conclusión es el impacto que ello tiene sobre la prevalencia —sólo relativa— del derecho estatal, como ha quedado dicho. Una situación indeseable, pero inevitable.

Dicho todo lo cual sobre el alcance que tiene el calificativo de «exclusivas», podemos entrar ya en el análisis de las principales competencias que, por lo común, han sido asumidas hasta ahora por las CC.AA. en materia de Cajas de Ahorro. Aunque sea generalizando un poco, los Estatutos y Leyes Autonómicas podrían resumirse en los términos que se exponen a continuación.

B) *Análisis de funciones y títulos competenciales*

a) *Creación y registro, fusión, revocación de la autorización, extinción y liquidación de Cajas*

Ésta es la primera competencia que las CC.AA. reivindican para sí: la de dar existencia o hacer desaparecer una Caja de Ahorros. En la mayoría de sus leyes se consagra la competencia para autorizar la creación de Cajas de Ahorro; ello supone competencia para otorgar licencias, aprobar sus Estatutos y supervisar las condiciones en las que desarrolla su actividad, cumpliendo en todo momento las condiciones que exigen para ello las normas estatales. Asimismo, las modificaciones de los Estatutos y demás reglas de funcionamiento interno de las Cajas deben ser aprobadas por la Consejería autonómica. Sobre todas estas actuaciones se requiere, como es lógico, Informe previo del Banco de España, que aunque en las normas autonómicas no está calificado como vinculante, de hecho lo es.

No hay que olvidar, en este orden, los poderes de intervención y liquidación directa de Cajas de que goza de forma autónoma e independiente el Banco de España en aquellos casos en que las entidades no cumplan los requisitos y reglas de solvencia, pues éstas tienen siempre carácter básico y quedan bajo su jurisdicción. Asimismo, la formalización de su existencia exige para el ejercicio válido de la actividad, la inscripción de la entidad tanto en el Registro de entidades del crédito del Banco de España como en el Registro autonómico. Hay, sin embargo, una diferencia entre ambos; el artículo 43 bis de la LDIEB, introducido por la Ley 13/1994, distingue: la inscripción en el Banco de España «será indispensable para que las entidades puedan desarrollar sus actividades»; la inscripción de la C.A. sólo «cuando proceda». Sobre este punto se ha pronunciado recientemente el TC en Auto de 30 de julio de 2010 sobre la Ley Gallega de 2009 afirmando que el carácter *constitutivo* de la inscripción en el Registro autonómico no es mantenible si ello puede entrañar un acto de obstrucción a lo decidido por el Banco de España, lo que significa que la Caja podría actuar sin él [12].

La revocación de la licencia y la intervención y liquidación de la entidad puede ser acordada igualmente por la C.A. cuando la viabilidad y estabilidad de la entidad estén en riesgo (carezca de fondos propios, no ofrezca garantía de poder cumplir sus obligaciones, etc.), con informe previo, como he dicho,

---

[12] El artículo 23 de esta Ley gallega decía: «En todo caso, la inscripción en este registro tiene carácter constitutivo, de modo que los nombramientos, reelecciones y ceses no tendrán eficacia vinculante y ejecutiva hasta la comunicación a la entidad de la inscripción de aquéllos».

del Banco de España, que tendría carácter obstativo (si dice que no debe continuar, hay que liquidarla; si dice que puede continuar, la Comunidad Autónoma decidirá si continúa o no).

En cuanto al régimen de fusiones y demás modalidades de concentración o agrupación de Cajas, me remito a lo que se dice más adelante en otro lugar de este estudio, aunque conviene dejar aquí constancia de que la competencia de las CC.AA. en esta materia se ha mantenido por el TC en su reciente sentencia sobre el Estatuto catalán, de 28 de junio de 2010, siempre que en dicha operación de fusión (o no fusión) no se afecte a las bases relativas a la organización de las Cajas o a la solvencia de las entidades afectadas; lo que vuelve a abrir la cuestión de la discrecionalidad autonómica sobre esta decisión.

b) *Configuración institucional. Regulación de órganos de gobierno, acceso y permanencia en los mismos*

Ya se ha dicho que el TC ha declarado como algo básico el establecimiento en este orden de un común denominador que todas las autonomías deben respetar en cuanto a identidad institucional de las Cajas; común denominador que está basado en un «racional equilibrio» entre los distintos grupos que constituyen la base social de la entidad, pero que no implica uniformidad absoluta en su composición.

Ello supone que el Estado establece los órganos de gobierno de las Cajas, aprueba un marco para su composición y funciones, determina los grupos que deben estar representados y unos porcentajes básicos de representación que son a modo de referencias para las CC.AA.; pero éstas conservan la competencia para fijar, en ese marco, la representación exacta de los diferentes grupos, incrementando o reduciendo su presencia dentro de unos márgenes razonables. Las CC.AA. pueden también dar entrada a otros intereses sociales e incluir algún grupo adicional a los determinados por el Estado, siempre que el modelo de éste no sea alterado significativamente. En cualquier caso, el Estado puede exigir que el porcentaje de representación sea el mismo en los distintos órganos y que, en éstos, no se sobrepasen determinados límites de representación del sector público (el 50%, el 40% o algún otro). Estamos, pues, como es obvio, ante una competencia compartida.

En cuanto al proceso electoral, a través del cual se integran los órganos de gobierno, el Estado puede determinar con carácter general los requisitos de elegibilidad y condiciones de capacidad de sus miembros, sus incompatibilidades, límites a la duración del mandato y posible revocación del mismo. Puede exigir asimismo que el procedimiento de elección garantice el sistema representativo, de modo que éste no pueda ser falseado o manipulado. Pero la plasmación concreta del proceso electoral, la fijación de la documentación básica del mismo, las garantías y controles de su ejecución así como los aspectos materiales y temporales de su realización son competencia de las CC.AA., los cuales pueden también añadir nuevas condiciones de capacidad, elegibilidad o incompatibilidad, siempre que no sean discriminatorias o excluyentes. Finalmente, en cuanto a la duración del mandato y reelección de los miembros, el TC ha establecido que la determinación exacta de ambas circunstancias debe quedar al criterio de cada C.A., dentro de las franjas o límites que pueda establecer el Estado. De nuevo, una competencia compartida.

c) *Dirección y control de gestión*

El control sobre la actividad de las Cajas es algo que ha estado siempre presente en estas entidades y ni el Decreto de Liberalización de Fuente Quintana (1977), que las equiparó casi completamente a los bancos, ni la Directiva Europea de Servicios 2006/123 CE, han conseguido liberarles de la continua intervención de los poderes públicos —hoy autonómicos— sobre ellas. Mientras en la actual regulación bancaria de ámbito estatal basta con comunicar al Banco de España con relativa periodicidad la marcha de las operaciones, lo que permite un control *ex post* de la actividad, en la regulación autonómica sobre las Cajas son frecuentes las exigencias de autorización previa para un gran número de decisiones, que van desde la apertura de oficinas al control de las inversiones o de los grandes créditos. Leyendo las leyes autonómicas de Cajas de Ahorro tiene uno a veces la impresión de que no se encuentra ante entidades privadas —como se las califica habitualmente— sino ante empresas públicas o entidades pertenecientes a un holding público (como eran el antiguo INI o el INH) que impartían directrices de gestión e imponían a las empresas del grupo la autorización de determinadas operaciones. Tal aparenta ser la relación entre las Consejerías de Economía (o Instituto de Finanzas autonómicas) y las Cajas domiciliadas en sus territorios. Tal relación de supervisión o tutela tiene, entre otras, las siguientes manifestaciones:

a. Criterios y control sobre las inversiones

La Ley de Cajas de Madrid, la Ley catalana, la Ley gallega de 2009 y el D. 240/2003 del Gobierno Vasco contienen normas según las cuales la inversión en participaciones empresariales de las Cajas que impliquen la toma de control de éstas en aquéllas, o que represente más de un 5% del capital de la Caja o un 2% de los activos del grupo consolidable, deben ser autorizadas por los gobiernos autonómicos, incluso cuando no se asuma el control de la empresa. La Xunta de Galicia y el Departamento de Hacienda y Finanzas de Euskadi tienen competencia para seleccionar los activos en los que las Cajas pueden invertir. El artículo 65 de la Ley gallega dice así:

> «La consejería competente en materia de política financiera establecerá, en función de los recursos propios o totales de la caja de ahorros o en relación con una cantidad o porcentaje determinado, la necesidad de autorización previa para las inversiones directas o indirectas, en cualquier clase de activos —materiales, inmateriales, monetarios o financieros—, así como para la concentración de riesgos, de forma directa o indirecta, en una persona o grupo, sin perjuicio de la normativa aplicable».

En los mismos términos, el Gobierno de Euskadi puede obligar a las Cajas a requerir su autorización antes de invertir en activos inmobiliarios o financieros, o para otorgar grandes préstamos o cuando los créditos concedidos a una persona vayan a ser incrementados de manera que se produzca una concentración del crédito.

En análogos términos se pronuncia la Ley catalana, aunque a la hora de determinar los activos en los que las Cajas pueden invertir añade: «dentro del marco básico estatal»; pero añade también que los límites y coeficientes impuestos, tanto de activos como de recursos propios serán los establecidos por la Generalidad, cuyo Departamento de Economía y Finanzas otorgará o denegará las autorizaciones. Hay que anotar, sin embargo, que el Decreto Vasco 240/2003 fue objeto de un recurso de nulidad interpuesto por la Caja de Ahorros de Vitoria y Álava contra algunos de sus preceptos, que se tramitó primero ante el Tribunal Superior de Justicia (Sentencia de instancia de 18 de mayo de 2005) y posteriormente en casación ante el Tribunal Supremo (Sentencia de 19 de enero de 2010). Como consecuencia de ambas sentencias, el control de inversiones y la toma de participación en el capital de otras entidades han quedado limitadas a aquellos supuestos en los que, en función de sus recursos propios, la inversión pudiera suponer un riesgo para la estabilidad de la Caja, que es lo que decía la Ley de Cajas vasca. Pero nótese bien que esta anulación del Decreto por parte de los Tribunales (el Supremo ratifica lo dicho por el Tribunal de instancia) no está fundamentada en falta de competencia autonómica sobre la materia, sino en un vicio de legalidad del Decreto, que como norma reglamentaria ha ido más allá de lo que la Ley de Cajas Vasca permite. No estamos, pues, ante un vicio competencial, sino ante una falta de cobertura legal.

b. Determinación de excedentes y distribución de beneficios

Sabido es que el Banco de España tiene competencia para supervisar la cuantía real de los excedentes de cualquier entidad de crédito y prevenir la distribución de beneficios cuando los fondos propios no lo permitan por encontrarse por debajo del porcentaje mínimo exigido. La distribución de beneficios es normalmente autorizada por la banca central en todos los países. En el caso de las Cajas, a esta potestad de control se une la regulación que exige dedicar al menos el 50% de los beneficios a reservas, porcentaje que el Banco de España puede autorizar que se reduzca (y se incrementen los fondos destinados a la Obra Social) siempre que los fondos propios superen en más de un tercio el mínimo exigido.

Pues bien, sobre este cuadro incide la competencia de las Comunidades Autónomas en la materia, que está calificada en los Estatutos como «compartida» y que alcanza a «la regulación de la distribución de los excedentes», lo que implica obviamente su previa fijación (*vid.* como ejemplo, artículo 120 del Estatuto Catalán-2006). En otras leyes autonómicas se contiene igualmente una referencia a la regulación de la distribución de beneficios como competencia propia de la Consejería de Economía y Hacienda, en el marco de las reglas y criterios que fije el Estado, con cierta discrecionalidad para autorizar el uso y distribución de los mismos, así como para establecer directrices y prioridades en los destinos de la Obra Social. Y la cuestión que hay que plantearse es: ¿cómo se debe articular el ejercicio de ambas competencias, del Banco de España y de la Comunidad Autónoma?

Es claro que el buen orden y la estabilidad del sistema financiero exige contar con una regulación básica y uniforme que controle la existencia en todas las entidades financieras de fondos propios en porcentaje suficiente, que aseguren la solvencia y liquidez de dichas entidades, la dotación de las provisiones exigibles y demás reglas y estándares mínimos que establezca la regulación europea y nacional. Ésta es tarea del Banco de España, como instancia operativa del Gobierno de la nación en materia financiera. Ahora bien, ello no excluye, *per se*, el ejercicio de toda otra competencia en cuanto a la asignación de fondos a las finalidades sociales o culturales de las Cajas, por ese carácter mixto, financiero-social-territorial, de estas entidades. Tal argumentación ha sido utilizada en numerosas ocasiones por las CC.AA. en defensa de su coparticipación en la asignación de fondos disponibles en estas instituciones. No se pone en duda el carácter previo y preeminente de la intervención del Banco de España, en cuanto pueda afectar a la exigencia de fondos propios y medidas adicionales de solvencia que condicionan la distribución de resultados, pero una vez esto acordado —dicen— cabe reconocer un papel complementario a los Gobiernos regionales.

Tal ha sido el sentido en el que se ha pronunciado el TC en su Sentencia de 28 de junio de 2010 sobre el Estatuto Catalán de 2006, en los siguientes términos:

> «La demanda se opone al artículo 120.2 EAC, que prevé la competencia compartida de la Generalitat sobre la actividad financiera en las cajas de ahorro porque incluye en todo caso la regulación de la distribución de los excedentes y de la obra social de las cajas, con igual argumento que dirige al apartado 1 del precepto. La impugnación debe ser rechazada por las razones anteriores, puesto que el precepto estatutario impugnado formaliza la competencia autonómica como "competencia compartida" y ello, de acuerdo con nuestro enjuiciamiento del artículo 111 EAC (fundamento jurídico 60), significa que este tipo de competencia se configura y ejerce "en el marco de las bases que dicte el Estado"».

Ahora bien, esta dualidad de competencia, Estado-Comunidad, en materia de excedentes y beneficios supone obviamente una actuación verdaderamente invasiva sobre la economía de las Cajas de Ahorro y plantea una cuestión adicional: ¿dónde queda la libertad de empresa y la autonomía empresarial? Si estos poderes de intervención reconocidos a las CC.AA. se unen a la presencia de fuerzas políticas en sus órganos de gobierno, las Cajas dejan realmente de ser entidades privadas y se convierten, de hecho, en instrumentos del sector público económico, una especie de banca pública o social, más que comercial, de carácter territorial. Y es que, a pesar de todos los esfuerzos del legislador, es difícil que las Cajas pierdan esa doble alma que les acompaña desde su nacimiento: la de ser entidades de crédito y, al mismo tiempo, entidades de utilidad pública o social, vinculadas a un territorio.

c. Grandes créditos y concentración de riesgos

Las CC.AA. han reivindicado también su competencia para el seguimiento de la concentración de riesgos en las Cajas y la autorización de grandes créditos que pudieran suponer una excesiva concentración de activos en pocas personas o empresas. La Ley vasca establece que el Departamento de Hacienda y Finanzas tiene competencias para clasificar o seleccionar los activos en los que las Cajas pueden invertir. El Gobierno de Euskadi puede obligar a las Cajas a requerir su autorización antes de invertir en activos inmobiliarios o financieros, o para otorgar grandes préstamos o cuando los créditos concedidos a una persona vayan a ser incrementados de manera que se produzca una concentración del crédito. Las autorizaciones son otorgadas por el Departamento de Hacienda y Finanzas.

Y la Ley catalana (Texto Refundido de 11 de marzo de 2008) hace otro tanto, cuando prescribe en su artículo 44:

> «El Gobierno de la Generalidad de Cataluña, con carácter general puede someter a autorización previa las inversiones de las Cajas de Ahorros en inmuebles, acciones, participaciones u otros activos materiales, la concesión de grandes créditos o la concentración de riesgos en una persona o grupo».

La autorización se debe otorgar o denegar en relación con una cantidad determinada o con el volumen de recursos propios, parámetros ambos que serán fijados por la Generalidad.

Como es sabido, dentro de los poderes del Banco de España está también el control de concentración de riesgos, en los términos de la regulación bancaria general (Ley 13/1985, sobre Coeficientes de Inversión, Recursos propios y obligaciones de información de los intermediarios financieros; Ley 26/1988, de Disciplina e Intervención de las Entidades de Crédito; Ley 13/1996, de Autonomía del Banco de España y demás normas de ordenación y disciplina, incluidas las Circulares aprobadas por el Banco de España). A la vista de este ordenamiento, resulta innecesaria la duplicidad de reglas establecidas por las CC.AA. (artículo 47 LDIEC y artículo 2 del R.D. Legislativo 1298/1986).

d. Aprobación de dietas y retribuciones y operaciones vinculadas

En la mayoría de las CC.AA. está sometida a autorización la concesión de créditos, avales o garantías a vocales del Consejo de Administración o familiares de éstos o sociedades en las que estas personas participen mayoritariamente, excepto cuando se trate de adquisición de vivienda con garantía real suficiente; asimismo deben ser autorizadas las compraventas o negocios de cualquier tipo entre las Cajas y las personas o sociedades indicadas. También es habitual —y normal— que la C.A. (Departamento de Economía) fije (o apruebe) las dietas y retribuciones de Consejeros y Comisionados, que de otro modo quedan sin control (el que puede ejercer la Asamblea General no es suficiente); en la C.A. de Madrid la regla es que los miembros de los órganos de gobierno no pueden recibir remuneración más allá de las compensaciones para gastos relativos a su asistencia a reuniones de los órganos de gobierno.

e. Emisión de cuotas participativas, deuda subordinada y valores en general, así como criterios de retribución

Ha sido regla general hasta ahora que la emisión de valores en general sea una operación que requiere autorización previa de la C.A., que debía aprobar las condiciones de emisión [13]. El Estatuto Catalán 2006 se refiere expresamen-

---

13 *Vid.*, por ejemplo, Ley de Cajas gallega (texto de 20 de diciembre de 2009), artícu-

te a ello afirmando: «la Generalitat efectuará el seguimiento del proceso de emisión y distribución de cuotas participativas, exceptuando los aspectos relativos al régimen de ofertas públicas de venta o suscripción de valores y admisión a negociación, a la estabilidad financiera y a la solvencia».

En medio de la confusión que arroja el término «seguimiento», parece claro que la decisión de la emisión o no de cuotas queda reservada a la C.A., sin perjuicio de que las condiciones y reglas de la oferta y su admisión a cotización quedan remitidas a la aprobación por la CNMV y, en lo que hace referencia a la estabilidad financiera y a la solvencia, al Banco de España.

Este régimen, sin embargo, ha quedado derogado por el nuevo Decreto-ley 11/2010, en los términos que veremos más adelante.

f. Normas sobre contabilidad, auditoría e informes de buen gobierno de las entidades

En cuanto a normas de contabilidad, la STC 96/1996 ya explicó que los modelos de contabilidad a que deben sujetarse las Cajas de Ahorro y las cooperativas de crédito son los que fije el Banco de España de acuerdo con las normas que dicte el Ministerio de Economía. Así se prescribe en el artículo 48 de la LDIEC, que dice así:

> «Se faculta al Ministro de Economía y Hacienda para establecer y modificar las normas de contabilidad y los modelos a que deberá sujetarse el balance y la cuenta de resultados de las entidades de crédito, así como los balances y cuentas de resultados consolidados previstos en la Ley 13/1985, de 25 de mayo, disponiendo la frecuencia y el detalle con que los correspondientes datos deberán ser suministrados a las autoridades administrativas encargadas de su control».

El Tribunal Supremo, por su parte, ha ratificado esta exigencia de uniformidad, afirmando:

> «Ninguna duda cabe —dice también la Sentencia de 4 de mayo de 2010— de que esas determinaciones necesariamente han de gozar del mismo carácter básico que corresponde a las normas que imponen las obligaciones de carácter contable de las entidades de crédito, pues son esenciales para procurar una información fiable sobre la verdadera situación económica, financiera y patrimonial de las empresas, con el fin de asegurar el correcto funcionamiento del sistema financiero».

---

lo 18.4 bis: «El órgano competente para acordar la emisión de cuotas participativas es la asamblea general. El acuerdo de emisión debe ser autorizado por la consejería competente en materia de política financiera».

En cuanto a la obligación de remitir a los Gobiernos autonómicos los informes de auditoría y demás información sobre la actividad y gestión de la Caja, que ésta tiene la obligación de remitir al Banco de España, es una cuestión debatida, pues depende de cuál sea el contenido de esta información. Por un lado, es evidente que no debe hacer pública la información reservada o confidencial que afecte a sus operaciones y clientes (enviarla a la Administración autonómica es hacerla pública). Tampoco debe remitir datos o situaciones que puedan reflejar de manera directa situaciones o amenazas de insolvencia o inestabilidad, pues ello, en las Cajas y en cualquier entidad financiera, equivale a provocarla; información que sí debe obrar, en cambio, en el Banco de España, único competente para tratar estas situaciones. Con esas limitaciones y reservas, es admisible que las Consejerías de Economía y Hacienda de las Comunidades Autónomas requieran —y reciban— información sobre la actividad y gestión de las Cajas domiciliadas en su territorio.

En particular, las Cajas deben elaborar y remitir un informe de buen gobierno corporativo que, en el caso de entidades que hayan emitido títulos cotizables, deberá hacerse público. Estos informes suelen abordar temas como los siguientes: la estructura de gobierno y administración de la Caja, las operaciones vinculadas e intragrupo, el sistema de control de riesgos, el funcionamiento de los órganos de gobierno, créditos o anticipos otorgados a las Administraciones Públicas y a las fuerzas políticas y aquellos otros contenidos adicionales que la Administración pueda entender necesarios (siempre con las limitaciones antes reseñadas).

Junto a estos informes, los Gobiernos regionales suelen pedir que se notifiquen a la Consejería de Economía los cambios que se produzcan en el estatus de los miembros del Consejo de Administración y de la Comisión de Control, así como la sustitución de los Directores Generales. Todos estos cambios deben registrarse en el *Registro de Altos Cargos de las Cajas de Ahorro con domicilio en la Comunidad*. Asimismo, las Cajas deben informar a las Consejerías de las aperturas (siempre que no se haya exigido autorización previa), traslados de domicilio y cierres de sucursales.

d) *Disciplina, supervisión, inspección y control*

Es éste un conjunto de potestades y competencias públicas que ha suscitado en estos años multitud de problemas, pues sobre ellas se plasmaba con mayor frecuencia la dualidad de poderes, del Estado y de las Comunidades Autónomas, sobre las Cajas de Ahorro. Por ello, conviene abordar el tema con detenimiento para deslindar en lo posible unas de otras.

En primer lugar, una distinción terminológica y conceptual: cuando hablamos de «disciplina» nos estamos refiriendo a una función normativa, reguladora, de ordenación; establecer disciplina sobre las Cajas no es parte de la función ejecutiva, como lo es la inspección o la sanción, sino que implica la regulación de los deberes de las entidades de crédito impuestas por normas de obligado cumplimiento. Y tales tareas de ordenación de la actividad crediticia corresponden básicamente al Estado y al Banco de España, este último mediante circulares que son normas de ordenación.

Por otro lado, los términos «supervisión», «dirección» y «control», frecuentemente utilizados por las normas, no tienen un contenido preciso, son polivalentes: puede suponer emitir normas (circulares, instrucciones, *soft law*), dictar actos o llevar a cabo actuaciones materiales de investigación, observación o información. Otro tanto ocurre con el término «seguimiento» que ha aparecido recientemente en las normas (p.e., el Estatuto Catalán de 2006) y puede significar cualquier cosa.

Ocurre que la regulación financiera, desde la Constitución y los Estatutos de Autonomía hasta la Ley de Disciplina e Intervención, Ley de Autonomía del Banco de España, Ley de Órganos Rectores de las Cajas de Ahorro, Ley Financiera, etc., utilizan con frecuencia, indiscriminadamente, todos estos términos y es preciso descubrir cuál es el alcance de cada uno de ellos, si queremos alguna vez clarificar las competencias que otorgan a cada una de las Administraciones Públicas.

Ya hemos señalado la insuficiente previsión constitucional sobre las Cajas y la asunción de competencias que los Estatutos y las leyes autonómicas hicieron sobre ellas, bien con el carácter de «exclusivas» (sobre las «instituciones de crédito corporativo, público y territorial y Cajas de Ahorro en el marco de las bases...»), bien con el carácter de «desarrollo legislativo y ejecución en su territorio» (de las bases de ordenación del «crédito, banca y seguros»). Junto a esos textos, la Ley 31/1985 (de Órganos Rectores de las Cajas), en su Disposición Adicional 1.ª, y la Ley de Disciplina e Intervención (LDIEC) en su artículo 43 bis (introducido por la Ley 13/1994) establecen un sistema de competencias compartidas en cuanto a las *«funciones de disciplina, inspección y sanción»*, en los siguientes términos:

a) al Estado-Banco de España: en las materias de su competencia, de política monetaria, financiera, de solvencia y seguridad [14];

---

[14] Recuérdese que la Disposición Adicional 1.ª de la LORCA, en su apartado 2, confería también al Estado competencia sobre las actividades de las Cajas realizadas fuera del ámbito territorial de la Comunidad, pero el TC en su Sentencia 49/1988 declaró ese apartado inconstitucional: *vid.* lo dicho *supra* sobre este punto: epígrafe 3, n.º 12.

b) a las Comunidades Autónomas: en las materias de su competencia (sin decir cuáles son éstas) y en su propio territorio (no en los demás).

A este esquema, un tanto simplón, porque no se nos dice cuáles son, en concreto, las competencias materiales, sustantivas, sobre las que cada Administración ejerce esas «funciones», la LDIEC, en su artículo 43 bis, vino a añadir la siguiente regla:

> «Corresponderá al Banco de España *el control e inspección de las entidades*, extendiéndose esta competencia a cualquier oficina o centro dentro o fuera del territorio nacional y, en la medida en que en el cumplimiento de las funciones encomendadas al Banco de España lo exija, a las sociedades que se integren en el grupo de la afectada. También le corresponderá la supervisión de los grupos consolidables de entidades de crédito, según lo previsto en la Ley 13/1992, de 1 de junio, sobre Recursos propios y supervisión en base consolidada de Entidades Financieras».

Pero tras establecer esta competencia, el apartado 8 de este mismo artículo recuerda de nuevo que ello,

> «se entiende *sin perjuicio* de las competencias que tengan atribuidas las Comunidades Autónomas y de lo que resulte de los convenios entre el Banco de España y las Comunidades Autónomas a que se refiere la Disposición Adicional primera, apartado 3 de la Ley 31/1985, de 2 de agosto, sobre Órganos Rectores de las Cajas de Ahorro».

Asimismo, el artículo 1 de la Ley 13/1994, de 1 de junio, de Autonomía del Banco de España, redactado por Ley 12/1998, de 28 de abril, que la modifica, en su artículo 7.6 establece que:

> *«El Banco de España deberá supervisar*, conforme a las disposiciones vigentes, la *solvencia, actuación y cumplimiento de la normativa específica* de las entidades de crédito y de cualesquiera otras entidades y mercados financieros cuya supervisión le haya sido atribuida, *sin perjuicio de la función de supervisión prudencial llevada a cabo por las CC.AA. en el ámbito de sus competencias* y de la cooperación de éstas con el Banco en el ejercicio de tales competencias autonómicas de supervisión».

Como con cierta ironía comenta Sala Arquer, son tal vez demasiados *«sin perjuicio»* los que se contienen en estos artículos para que ambos preceptos impliquen por sí mismos una solución clara al problema de la dualidad normativa. Ha tenido, por ello, que venir a aclararlos la jurisprudencia en dos Sentencias que vale la pena analizar. La primera es la Sentencia 96/1996, de 30 de mayo, del Tribunal Constitucional, en la que, resolviendo recursos interpuestos por el Gobierno Vasco y la Generalidad de Cataluña, se confirmó la constitucionalidad de los artículos 42 y 43 bis de la citada LDIEC, reiterando que las potestades de supervisión del Banco de España no vulneran el orden constitucional de distribución de competencias. De esta Sentencia se deducen tres conclusiones importantes, a saber: 1.ª) es el Estado quien debe definir lo que es «básico» para el funcionamiento del sistema financiero y con ello el alcance de su competencia; 2.ª) los poderes de supervisión, control y sanción del Banco de España/Ministerio de Economía sobre las Cajas son necesaria consecuencia instrumental de las competencias del Estado en materia de transparencia y solvencia de las entidades de crédito; y 3.ª) ello no impide el ejercicio por las Comunidades Autónomas de las potestades que les correspondan, con deseables fórmulas de colaboración; en supuestos de conflicto sobre este punto prevalecerán las decisiones del Estado.

La segunda Sentencia es una muy reciente del Tribunal Supremo, de 4 de mayo de 2010, en la que se ventilaba el alcance de las competencias de disciplina, inspección y sanción, del Estado y de las Comunidades Autónomas sobre las Cajas de Ahorro. Es una sentencia de gran interés que conviene analizar con cierto detenimiento.

Esta Sentencia venía a revisar, en casación, el conflicto surgido entre el Banco de España y el Gobierno Vasco; que había sido objeto ya de un pronunciamiento en primera instancia por parte del Tribunal Superior de Justicia del País Vasco, decisión que el Supremo viene a confirmar casi en su integridad. El contencioso trae su origen de un recurso interpuesto por el Banco de España contra el requerimiento formulado a la Kutxa (Caja de Ahorros de Guipúzcoa) por la Consejería de Hacienda y Finanzas del Gobierno Vasco exigiéndole determinados comportamientos. El Banco consideró que dicho requerimiento invadía sus competencias y exigió su revocación, cosa a la que el Gobierno Vasco se negó, dando lugar al recurso contencioso-administrativo. La Sentencia de instancia, de 17 de mayo de 2007, es muy ilustrativa porque recoge con cierta extensión los argumentos del Banco (demandante) y de la Comunidad Vasca (demandada). El Banco recuerda la normativa constitucional y estatutaria, reitera una vez más la doctrina ya consagrada sobre «las bases» y, junto a todo ello, formula algunas tesis interesantes como las siguientes:

a) El ámbito de ordenación del crédito y la banca presenta características propias que exigen inmediatez, se trata de actuaciones que en ocasiones comportan un amplio *margen de discrecionalidad y exigen un juicio técnico*, por lo que para la estabilidad del sistema financiero español en su conjunto «debe estimarse razonable y coherente que la realización de este juicio técnico se encomiende a un órgano único» (STC 235/1999).

b) *No puede existir concurrencia de competencias supervisoras sobre el mismo ámbito.* Si el Estado tiene competencia para supervisar y dirigir la actividad crediticia de las cajas de ahorro, esta competencia la ostenta porque forma parte del contenido de sus competencias exclusivas sobre la ordenación del crédito y la banca; no es posible la concurrencia de intervención de distintas Administraciones, salvo que tengan distintos objetos jurídicos, y que el ejercicio de las competencias autonómicas no interfieran o perturben el ejercicio de las estatales.

c) Se consideran *básicas las facultades de supervisión y dirección referidas a la solvencia y estabilidad* de las Cajas, lo que lleva consigo la de aquellos aspectos instrumentales para hacer efectivas dichas potestades, como son la llevanza de una contabilidad adecuada y el cumplimiento de las normas sobre información obligatoria.

d) Las *competencias de las CC.AA. sólo pueden entenderse* y sólo alcanzan a aquellas materias o *aspectos que las «bases» hayan dejado a su cuidado*, no a aquéllos que queden integrados en la competencia del Estado. Por tanto, el Gobierno Vasco incurrió en un exceso competencial al supervisar la Caja de Ahorros, en relación con determinados aspectos referidos a la solvencia de la entidad en lo relativo a: 1) el mantenimiento del nivel de recursos propios mínimos exigidos; 2) la cobertura del coeficiente de recursos propios; 3) la dotación de las provisiones para insolvencias; y 4) el cumplimiento de los límites a la concentración de riesgos, tal como concreta la STC 96/1996, de 30 de mayo.

Por su parte, el Gobierno Vasco recuerda los preceptos del Estatuto (ya citados) y niega que el Banco pueda incluir en «las bases» cualquier función ejecutiva que tenga por objeto la preservación de la solvencia y estabilidad. Cree que es posible una actividad concurrente en las funciones de supervisión y dirección de las Cajas (no alude, en cambio, a la disciplina u ordenación de su actividad) y trata de apoyar todo ello en la jurisprudencia constitucional, que cita en abundancia (S. 49/1988; S. 96/1996; S. 235/1999 y otras) así como en su propia normativa autonómica.

Tales son los términos en que el conflicto quedó planteado. Pues bien, el Tribunal de instancia (TSJ del País Vasco) recoge en sus considerandos la doctrina general ya expuesta (alcance de las bases, competencia dual, constitucionalidad de los artículos 42 y 43 de la LDIEC, y otras consideraciones) para concluir afirmando que:

a) La «base» de la «ordenación del crédito» incluye aspectos puramente ejecutivos cuando se «encuentren afectados directamente intereses supraautonómicos, que trascienden del caso particular o cuando el acto de ejecución comporte, por necesidad intrínseca de la materia, márgenes tan amplios de discrecionalidad que sólo pueda ser adoptado por instancias que no tengan a su cuidado intereses peculiares distintos a los puramente generales».

b) La potestad de controlar o verificar si se cumplen las disposiciones vigentes es inherente a la competencia de ejecución y no vulnera el bloque de la constitucionalidad si su ejercicio no impide o dificulta el ejercicio de sus competencias por parte del otro poder público (STC 134/1992, fundamento jurídico 3.º). Se reconoce la tarea principal, protagonista, del Banco de España en esta materia, «sin perjuicio de la función de supervisión prudencial llevada a cabo por las Comunidades Autónomas en el ámbito de sus competencias y de la cooperación de éstas con el Banco en el ejercicio de tales competencias autonómicas de supervisión» (aunque seguimos sin saber cuáles son éstas).

c) Los fundamentos en los que el Gobierno Vasco sustenta su propia competencia (unos principios genéricos que inspiran las funciones de protectorado y control público de las Cajas) son, a juicio del Tribunal, insuficientes para legitimar las competencias de inspección en los mismos términos que corresponden al Banco de España. Es —dice la Sentencia— una argumentación voluntarista, basada en una presunción indemostrada.

d) Debe compartirse, por tanto, el planteamiento impugnativo realizado por el Banco de España en cuanto hace referencia a su competencia exclusiva en cuanto a la solvencia, que requiere un juicio técnico y de impacto sobre el sistema crediticio y financiero reservado al Banco.

e) Por tanto, el cumplimiento del coeficiente de caja, las cuestiones de liquidez y volúmenes mínimos de tesorería, el cumplimiento de la normativa contable, los modelos de contabilidad y cuantas materias afectan a la situación económica y financiera de la entidad son competencia del Estado-Banco de España y «se mediatizaría la efectividad de esta competencia si tuviera que ejercerse sobre un instrumento previamente fiscalizado, y en su caso, modificado por otra Administración que interviniera con la misma finalidad».

Estima, en conclusión, la Sala que «las funciones de vigilancia, inspección y control no pueden separarse de las competencias sustantivas de ordenación del crédito a las que sirven». Y un poco más adelante añade: «no es posible la concurrencia de competencias supervisoras sobre el mismo ámbito sustantivo».

Contra esta sentencia apeló en casación el Gobierno Vasco ante el Tribunal Supremo reiterando y precisando más sus argumentos, tal como se desprende de la Sentencia de 4 de mayo de 2010. En ella, el Tribunal, aceptando los razonamientos del TSJ, añade algunos más que conviene reseñar. En primer lugar, recuerda la jurisprudencia constitucional recaída en la materia y reitera:

> «A la vista de la jurisprudencia constitucional recaída sobre el tema litigioso hemos de confirmar las conclusiones a las que llega la Sala de instancia en relación con la competencia controvertida. En efecto, no cabe duda de que dicha jurisprudencia ha determinado que la ordenación y disciplina, así como la inspección y sanción de las entidades de crédito, incluso en la vertiente de ejecución, esto es, la vigilancia del cumplimiento de las normas de ordenación y la adopción de medidas concretas al objeto de garantizar la solvencia y buen funcionamiento del sistema financiero y que han de ser atendidas por las referidas entidades cuando son requeridas para ello, pertenece al Estado, en concreto al Gobierno y al Banco de España en el marco de sus respectivas competencias, en la medida en que dichas facultades, inclusive las de naturaleza ejecutiva, deben reputarse como bases de la ordenación del crédito, competencia exclusiva del Estado según lo dispuesto por el artículo 149.1.11.ª de la Constitución».

El Gobierno vasco aceptaba esta doctrina, pero entendía que la competencia del Estado no podía abarcar todo lo relativo a las funciones de disciplina, inspección y sanción de las entidades de crédito, sino que éstas en cuanto *«funciones ejecutivas»* sólo le correspondían en aquellos supuestos que *«tengan incidencia directa y significativa sobre la actividad económica y crediticia general, pues solo entonces tienen* —dice— *carácter básico»*; es decir, sólo en esos casos puede entenderse que tales «funciones ejecutivas» (de disciplina y control) *«constituyen bases de la ordenación del crédito o bases de la planificación general de la actividad económica»* (artículo 149.1.11.ª y 13.ª CE). Pues bien, frente a esta tesis, el Tribunal Supremo razona así:

> «En efecto, en contra de lo que contiene el Gobierno vasco, la competencia en la materia que corresponde al Banco de España, según hemos visto, se refiere a la supervisión de las entidades de crédito en cuanto a su propia solvencia y seguridad, y *no se encuentra limitada a los hechos o circunstancias que por su gravedad o importancia afecten de manera directa al conjunto del sistema financiero.* El citado Departamento del Gobierno vasco parece entender que la competencia del Estado en la materia se restringe a los hechos que afectan a la seguridad y solvencia del propio sistema financiero y crediticio en su conjunto, cuando lo cierto es que corresponde al Banco de España la supervisión de tales riesgos en relación con cualquier entidad, con independencia de su trascendencia, puesto que es la solvencia y seguridad del conjunto de las instituciones financieras lo que garantiza el buen funcionamiento del propio sistema financiero nacional y lo que a tal efecto se atribuye por la Constitución al Estado, incluso en los aspectos ejecutivos de que se trata en el presente litigio».

En cuanto al alcance sustantivo de la competencia de uno y otro (Estado y Comunidad Autónoma), el Tribunal afirma:

> «En defecto de convenio entre el Banco de España y la Comunidad Autónoma del País Vasco, en materia de solvencia y seguridad de las cajas de ahorro, al Banco de España *le corresponden en su integridad las funciones de inspección, disciplina y sanción*, y al Gobierno vasco, con respeto de dichas competencias estatales, la de vigilar el cumplimiento por parte de dichas entidades de las normas de ordenación y disciplina».

Esto supone, sigue diciendo más adelante, que

> «*Cualquier decisión* sobre el cumplimiento de las referidas normas de ordenación y disciplina, así como la aprobación de *instrucciones de actuación* mediante los correspondientes requerimientos, corresponden sin duda al Banco de España. A la Comunidad Autónoma le correspondería, por su parte, la supervisión de la actuación de las cajas de ahorro, lo que implica la facultad de recabar la información necesaria para valorar dicha actuación, incluso en materia de solvencia y seguridad, pero *defiriendo al Banco de España la decisión* sobre el cumplimiento o incumplimiento de las referidas normas por parte de las cajas de ahorros y, desde luego, la formulación de los requerimientos de actuación que fuesen pertinentes para asegurar la solvencia y seguridad crediticias de dichas instituciones. A lo sumo, podría entenderse comprendida dentro de esa función de supervisión *la formulación de valoraciones y recomendaciones prudenciales* sobre el cumplimiento de las referidas normas, pero sin llegar a juicios técnicos sobre su cumplimiento y, menos aún, a formular requerimientos de actuación. Ahora bien, dentro del deber de colaboración entre Administraciones Públicas, en caso de considerar precisos tales requerimientos, procedería poner en conocimiento del Banco de España los datos obtenidos y su valoración para que el supervisor adoptase las decisiones oportunas».

Parece claro que el Tribunal Supremo concibe las competencias de las CC.AA., en esta materia, como la propia de una *entidad colaboradora, instructora, consultiva o informadora del Banco de España*, que es quien debe asumir las decisiones finales en materia de disciplina, inspección y sanción de cualquier entidad de crédito, también de las Cajas. A él corresponde en exclusiva el control y supervisión de cualquier aspecto que pueda afectar a la solvencia de una entidad, cuando sea preciso un margen de apreciación que requiera un juicio técnico para tratar de determinar la incidencia de una determinada situación sobre la solvencia de una entidad de crédito, y sobre la estabilidad del sistema crediticio y financiera en su conjunto. Ese juicio técnico queda siempre reservado al Banco de España.

Para cerrar el razonamiento que con toda lógica se contiene en esta importante sentencia, el Tribunal Supremo concluye:

«No es posible la concurrencia de competencias supervisoras sobre el mismo ámbito sustantivo. Se comparte la argumentación sostenida por la parte recurrente, puesto que es quien ostenta la competencia exclusiva sustantiva quien ejerce la función inspectora, y, como se indica en el escrito de demanda, el ejercicio de la función inspectora sobre ámbitos reservados en exclusiva al Estado supone una injerencia en el ámbito de esta competencia, y perturba y mediatiza su ejercicio».

Después de ambas sentencias, es clara la posición principal y preeminente que el Banco de España ostenta en la materia y el papel coadyuvante que corresponde a las Comunidades Autónomas en este orden.

5. Competencias del Estado y las Comunidades Autónomas que se derivan del Real Decreto-ley 11/2010 y normas de adaptación aprobadas por éstas

Hasta aquí el mapa competencial que se ha venido utilizando en nuestro país. Lo que ahora debemos preguntarnos es en qué medida, el Real Decreto-ley 11/2010, de 9 de julio, *de órganos de gobierno y otros aspectos del régimen jurídico de las Cajas de Ahorro* ha venido a modificarlo, para finalmente analizar cómo lo están adaptando las diferentes Comunidades Autónomas (en virtud de la Disposición Transitoria del Real Decreto-ley, deben hacerlo obligatoriamente en el plazo de seis meses).

A) *Disposición Final Primera. Problemática de la competencia sobre «legislación mercantil»*

Esta Disposición Final enumera los *«títulos competenciales»* (ése es su título), en los que se basa el Estado para dictar el citado Real Decreto así como el carácter básico o no básico que revisten las normas que el mismo contiene. Dice así el texto de la misma:

> «A excepción del título V, el presente Real Decreto-Ley se dicta de conformidad con lo previsto en el artículo 149.1.6.ª, 11.ª y 13.ª de la Constitución española que atribuye al Estado la competencia sobre "legislación mercantil, bases de la ordenación del crédito, banca y seguros y bases y coordinación de la planificación general de la actividad económica", respectivamente.
>
> El Título V se dicta al amparo de lo dispuesto en el artículo 149.1.14.ª de la Constitución española que atribuye al Estado la competencia exclusiva sobre Hacienda General y Deuda del Estado».

Ya nos hemos referido páginas atrás a los títulos competenciales contenidos en los apartados 11.ª y 13.ª del artículo 149.1. Pero en esta disposición aparece un título nuevo: el derivado del artículo 149.1.6.ª de la Constitución española: competencia exclusiva del Estado sobre la «legislación mercantil».

La Disposición que en este apartado se analiza contiene tres apartados. Los dos últimos tienen como objeto determinar qué preceptos del Real Decreto-ley no tienen carácter básico, los que hacen referencia al número de miembros de la Asamblea General, al número mínimo y máximo del Consejo de Administración y a la edad de jubilación del Director General. Estos tres aspectos ya tenían este carácter —no básico— en la LORCA. A éstos se añaden otros dos, relacionados con la constitución y el funcionamiento de la Asamblea General y con la existencia y composición de la Comisión de Obra Social. Aspectos todos ellos que tienen un carácter orgánico y procedimental que ha sido siempre el campo de juego de las Comunidades Autónomas. Siendo esto así, la lógica consecuencia es que todo lo demás es «básico».

Dejando a un lado la competencia exclusiva sobre la Hacienda General, que, por cierto, tan sólo se menciona en relación con el Título V del Real Decreto-ley, debemos ahora referirnos al alcance de esa expresión «legislación mercantil» y su impacto sobre la organización y actividad de las Cajas. Debemos recordar, a estos efectos, algunos pronunciamientos del TC en supuestos análogos.

El primero de ellos es el contenido en la STC 72/1983, de 29 de julio, que consideraba constitucional el artículo del Estatuto Vasco que establecía la competencia exclusiva del País Vasco en *materia de cooperativas «conforme a la legislación general en materia mercantil»*. El primer párrafo del FJ 3 de esta Sentencia expresa el razonamiento anterior de la siguiente manera:

> «3. Las partes centran el debate de la competencia legislativa del País Vasco en la consideración del denominado derecho cooperativo como una parte o no del derecho mercantil. La trascendencia que otorgan a esta configuración se explica fácilmente porque la Constitución establece que *el Estado tiene competencia exclusiva en materia de legislación mercantil* (artículo 149.1.6.ª) y el Estatuto atribuye competencia exclusiva al País Vasco en materia de cooperativas "conforme a la legislación general en materia mercantil" (artículo 10.23), por lo que si la regulación sobre cooperativas hubiera de calificarse de mercantil —como sostiene el Abogado del Estado— la conclusión a la que habríamos de llegar sería la de que la competencia legislativa en materia de cooperativas no corresponde a la Comunidad Autónoma. Pues bien, la competencia exclusiva de la Comunidad en materia de cooperativas, en los términos antes expuestos, se encuentra establecida en el artículo 10 del Estatuto, que, por contraposición a lo dispuesto en los artícu-

los 11 y 12, comprende normalmente competencias legislativas y de ejecución, ya que el 11 se refiere al desarrollo legislativo y a la ejecución, y el 12, sólo a la ejecución. Sin pretender ahora sentar afirmaciones de carácter general, dado que sólo el análisis de cada caso concreto nos permitirá llegar a la conclusión adecuada, sí podemos afirmar que en principio no es admisible una interpretación que conduzca a variar de contenido la competencia legislativa de la Comunidad en materia de cooperativas, que hay que entender le viene atribuida por el artículo 10.23 del Estatuto. En efecto, si la regulación de las cooperativas hubiera de calificarse de mercantil y si, por ello, hubiera de sostener la conclusión de que la Comunidad no tiene competencia legislativa en la materia, habría de afirmarse simultáneamente que la inclusión de la competencia en el artículo 10 del Estatuto no era correcta, ya que corresponde a las incluidas en el 11 ó 12. Por ello, ha de afirmarse que el mencionado artículo 10.23 atribuye a la Comunidad Autónoma competencia para regular por Ley las cooperativas, con el alcance territorial que luego se verá».

En otro apartado de la Sentencia, el TC agrega:

> «Por otra parte, la competencia legislativa de la Comunidad en materia de cooperativas ha de ejercerse, de acuerdo con el artículo 10.23 del Estatuto, "conforme a la legislación general de carácter mercantil", expresión que ha de interpretarse en el sentido de que habrá de respetar tal legislación en cuanto sea aplicable a las cooperativas, como sucede en aquellos aspectos en que la legislación general de cooperativas remite a la legislación mercantil o también cuando contiene preceptos mercantiles, como acontece en algún caso según veremos más adelante».

Es éste un supuesto en el que la disyuntiva se establece en los mismos términos en que se podría establecer con las Cajas de Ahorro. El Tribunal, sin formular doctrina ni argumento alguno opta por dar valor a lo establecido en el artículo 10.23, sin plantearse siquiera su adecuación o no a la Constitución. En paralelo, su posición podría ser la misma si ante él se plantease la disyuntiva de si las Cajas son o no sociedades mercantiles especiales, a la vista de la regulación que en el Decreto-ley se contiene sobre las cuotas participativas y su asimilación a las acciones (debe recordarse aquí que a efectos penales sí que están asimiladas: *vid.* artículo 297 del Código Penal: *«...se entiende por sociedad toda cooperativa, Caja de Ahorros, mutua, entidad financiera o de crédito, fundación, sociedad mercantil o cualquier otra entidad de análoga naturaleza que para el cumplimiento de sus fines participe de modo permanente en el mercado»*).

La segunda Sentencia de interés es la STC 86/1989, de 11 de mayo, que en su FJ 3, estableció, en relación con las *Mutualidades de Previsión Social*, la siguiente doctrina:

«El Estado posee, en virtud de lo dispuesto en el artículo 149.1.6.ª C.E., competencia exclusiva en materia de legislación mercantil. Si bien en ninguno de los dos recursos se discute la misma en términos generales, el Gobierno Vasco plantea su no operatividad respecto al mutualismo de previsión no integrado en la Seguridad Social. Sin embargo, ambos Estatutos contemplan expresamente la legislación mercantil como límite en dicha materia (artículos 10.23 EAPV y 9.21 EAC), sin que las razones esgrimidas por dicho Gobierno puedan prevalecer sobre una expresa previsión estatutaria. Ciertamente, y como indica el representante del Gobierno Vasco, no es la legislación mercantil un título para fijar bases sobre mutualidades, pero también es evidente que las Comunidades Autónomas deberán respetar esa legislación en su integridad en la medida en que sea aplicable al mutualismo de previsión social».

De nuevo, la Sentencia deja claro que la legislación mercantil no es legislación básica estatal sino exclusiva del Estado, lo que significa que las CC.AA. deberán ajustar la regulación de las instituciones que les corresponda «conforme a la legislación general en materia mercantil», expresión cuyo significado se extrae, asimismo, del FJ 3 de la STC 72/1983, de 29 de julio, sobre cooperativas.

Aplicado a las Cajas de Ahorro, la conformidad respecto de la legislación mercantil debe darse cuando la normativa sobre Cajas de Ahorro remita a ella o cuando contenga preceptos mercantiles. Así, el Real Decreto-ley 11/2010 remite a la legislación mercantil en preceptos como el segundo párrafo del apartado tres del artículo dos *in fine*, cuyo texto literal dice así:

«Estará prohibida la adquisición originaria de cuotas participativas por parte de la Caja o su grupo económico. No obstante, sí se podrá realizar una adquisición derivativa, siempre que el valor nominal de las cuotas que obren en poder de la entidad o su grupo económico no exceda del 5 % de las cuotas totales en circulación. En caso de superar dicho límite, la Caja deberá proceder a la enajenación o amortización del exceso en el plazo máximo de tres meses aplicando en lo restante lo establecido en el artículo 76 del Texto Refundido de la Ley de Sociedades Anónimas aprobado por el Real Decreto Legislativo 1564/1989, de 22 de diciembre».

Preceptos como el anterior, en su primer párrafo, podrían considerarse, ciertamente, preceptos mercantiles, pero como ha quedado claro en la Jurisprudencia analizada, de ahí no puede deducirse, de modo general, que la competencia del Estado en materia de Cajas de Ahorro se pueda basar en la competencia sobre la legislación mercantil.

Ahora bien, de nuevo tenemos que preguntarnos: ¿qué significa «legislación mercantil»? ¿Puede incluirse en ella toda ordenación de los mercados y sus instituciones (las Bolsas, las Cámaras de Comercio, las organizaciones empresariales o cualquier otra?); ¿o, por el contrario, con ella sólo podemos referirnos a la regulación jurídico-privada del tráfico mercantil? Esta es una gran cuestión, a la que da respuesta, al menos en parte, la STC 133/1997, de 16 de julio, con los siguientes pronunciamientos:

> «La Constitución (artículo 149.1.6.ª) ha reservado al Estado la competencia exclusiva sobre legislación mercantil. La uniformidad en la regulación jurídico-privada del tráfico mercantil es una consecuencia ineludible del principio de unidad de mercado. Respecto del contenido de dicha competencia, este Tribunal ha manifestado que, *en todo caso, incluye la regulación de las relaciones jurídico-privadas de los empresarios mercantiles o comerciantes* en cuanto tales (STC 37/1981, Fundamento jurídico 3.º) y, respecto de su alcance, hemos declarado en nuestra STC 14/1986, que en las sociedades, como la nuestra, que siguen el modelo de la economía de mercado, la *actividad mercantil aparece disciplinada por un conjunto de normas en donde se mezclan de manera inextricable el Derecho público y el privado,* dentro del cual hay que situar, sin duda, al Derecho mercantil, *siendo oscilantes* los criterios para trazar *los límites entre la legislación mercantil y la correspondiente a otras ramas del Derecho.* En congruencia con ello —concluíamos entonces— parece obligado admitir que, en principio, y en lo que hace relación con este título competencial, sólo las reglas de Derecho privado quedarán comprendidas en la reserva al Estado de la legislación mercantil, teniendo las de Derecho público regímenes diferenciados, de modo que en cada supuesto será menester situar la institución de que se trate, tesis que abona también el hecho de la *asunción por parte de algunas Comunidades Autónomas de competencias legislativas en materias claramente encuadrables dentro de la materia mercantil,* por lo que en no pocas ocasiones será preciso acudir también a otras determinaciones de las que establece el artículo 149.1 CE (STC 14/1986, Fundamento jurídico 7.º)».

El Tribunal parece distinguir lo que llama «materia mercantil», entendida como todo aquello que hace referencia a los mercados, que están regulados por un conjunto de normas en donde se mezclan el derecho público y el privado, y lo que es «legislación mercantil» en cuanto tal. Sólo en este segundo sentido se considera la legislación mercantil como competencia exclusiva del Estado. A estos efectos, el Tribunal Constitucional proporciona, a continuación, algunos rasgos identificativos. Dice así:

> «Este criterio es el que recientemente hemos seguido también en la STC 37/1997, en la que, *distinguiendo lo que es regulación de relaciones contractuales inter privatos y lo que atañe a la intervención de los poderes públicos* en esas relaciones contractuales, se encuadra las primeras en el título competencial del artículo 149.1.6.ª en tanto que el encuadramiento de la segunda lo será en función de la calificación a otorgar a la institución de que se trate».

Dicho con otras palabras, la regulación de las relaciones contractuales *inter privatos* es, en efecto, Legislación (y Derecho) Mercantil, sobre la que el Estado tiene la competencia exclusiva del artículo 146.1.6.ª En cambio, la intervención u ordenación de esas relaciones, de esos campos de actuación, por los poderes públicos es Derecho público-administrativo, cuya atribución competencial hay que buscarla en otros apartados del artículo 149.1 (en general, de la Constitución) en función de la materia de que se trate (la energía, el transporte, el comercio interior, el dominio público, las concesiones, las obras públicas o la ordenación del crédito y las Bolsas de valores). El Tribunal Constitucional desarrolla este planteamiento en otras Sentencias, como la STC 37/1997, de 27 de febrero, que en su FJ 2.º, establece lo siguiente:

> «En efecto, desde la sentencia citada el Tribunal ha delimitado el alcance de la legislación contractual, civil y mercantil, en relación con otras materias competenciales como el comercio interior, la defensa de consumidores y usuarios (SSTC 71/1982, 88/1986 y 61/1991), los Centros de Contratación de Mercancías (STC 37/1981), la ordenación de los seguros (STC 86/1989) y las cooperativas (STC 72/1983). El punto de partida argumental de todas las resoluciones ha sido siempre el de la distinción cuidadosa entre, de un lado, lo que es regulación de las relaciones inter privatos y, de otro lado, la regulación de la intervención de los poderes públicos en estas relaciones contractuales —mediante, por ejemplo, actividades de policía administrativa (STC 71/1982, fundamento jurídico 16) o de establecimiento de servicios de vigilancia, inspección o régimen disciplinario (STC 62/1991, fundamento jurídico 4.º)—. El primer tipo de regulaciones se ha encuadrado en la materia de legislación civil o mercantil —afirmando que *"sólo las reglas de Derecho Privado quedarán comprendidas en la reserva al Estado de la legislación mercantil"* (SSTC 37/1981 y 14/1986) e incluyendo en ellas el establecimiento de las condiciones generales de contratación, las modalidades de contratos (STC 71/1982), la delimitación de su contenido típico (STC 37/1981), de los derechos y obligaciones en el marco de relaciones contractuales privadas (SSTC 88/1986 y 62/1991), la forma en la que nacen y se extinguen los derechos y las obligaciones de los empresarios (SSTC 37/1981, 88/1986) o las condiciones de validez de los contratos privados (STC 62/1991)—, en tanto que las actividades públicas del segundo grupo se han incluido en las materias de comercio, defensa de los consumidores, seguros o cooperativas».

Dicho todo esto, hay que añadir ahora que el Real Decreto-ley 11/2010 no contiene regulación alguna de las relaciones *inter privatos.* No existe regulación alguna sobre la actividad externa de las Cajas de Ahorro; y la regulación que se hace sobre las cuotas participativas o sobre los SIP no puede sino considerarse Derecho Administrativo, sin perjuicio de la sujeción a las normas del derecho mercantil (del derecho de sociedades o de títulos valores), cuando las normas del Decreto-ley se remitan a él. Puede traerse en apoyo de esta tesis la STC 14/1986, de 31 de enero, que en su FJ 9, respecto de las *sociedades públicas especiales*, dispuso que:

> «Como conclusión de todo ello hay que decir que la regulación que de las sociedades públicas especiales se realiza en la Ley impugnada posee un notorio carácter público, en cuanto rectora de la actuación de entes de tal naturaleza merced a la creación de una forma societaria atípica, como instrumento de acción administrativa, lo que en esencia no es otra cosa que incidir en el régimen jurídico de las Administraciones públicas, lo que está reservado en exclusividad al Estado —en cuanto al establecimiento de sus bases— en el artículo 149.1.18.ª de la C.E., sin duda con la finalidad de posibilitar el mantenimiento de un tratamiento uniforme de las instituciones esenciales atinentes a las Públicas Administraciones y de que el régimen jurídico de las autonómicas no discrepe del referente al Estado, y sin que, finalmente, surjan dudas en cuanto a que nos hallamos ante un supuesto al que conviene la precitada normativa constitucional, porque si existe alguna institución cuyo encuadramiento pueda realizarse del modo más absoluto dentro de la amplia rúbrica "régimen jurídico de las Administraciones Públicas", ésta es precisamente la personificación de tales Administraciones para su constitución, funcionamiento y actuación en cualquiera de sus posibilidades legales, una de ellas la que aquí se contempla».

Análogamente —podría decirse en relación con las Cajas de Ahorro— la competencia para regular materias como las contenidas en el Real Decreto-ley, anteriormente estudiadas, no deriva, por tanto, del artículo 149.1.6.ª, sino del artículo 149.1.11.ª y 13.ª, en los términos ya estudiados; y en todo caso, del artículo 149.1.18.ª, que establece la competencia exclusiva del Estado sobre las *bases del régimen jurídico de las Administraciones Públicas.* Esta interpretación llevaría a legitimar que todo el Real Decreto-ley es básico, salvo lo expresamente excepcionado por él.

La cuestión que puede resultar más polémica es la competencia autonómica —si es que hay alguna— sobre la regulación de los SIP, de los bancos filiales o de las cuotas participativas, que son las grandes novedades del Decreto-ley (artículo 2, artículo 3, 18, artículo 4, artículo 5). Parece claro que la regulación de las cuotas, aun cuando se asimilen a las acciones de una sociedad anónima, a la que expresamente se remiten como legislación de aplicación supletoria (así, el nuevo artículo 25 bis), no es «legislación mercantil» en sentido constitucional. Otro tanto hay que decir de los SIP, cuya regulación básica —la contenida en el artículo 4— no es tampoco legislación mercantil, aun cuando el último inciso del artículo califique la «entidad central» de los mismos como «sociedad anónima» y deba sujetarse a la ley de sociedades de capital a partir de su constitución, con las especialidades y exigencias que el propio artículo les impone. Y análogas consideraciones habría que hacer respecto al artículo 5 del Real Decreto-ley (ejercicio indirecto de la actividad financiera de las Cajas de Ahorro).

La regulación que el Real Decreto-ley hace de estas tres materias no es «legislación mercantil», ni puede encontrar en el artículo 149.1.6.ª base competencial. Para argumentar tal conclusión se puede traer a colación el siguiente razonamiento que el Tribunal Constitucional hace respecto del Sistema Nacional de Compensación Electrónica en la STC 37/1997, de 27 de febrero:

> «En suma, aun reiterando las dificultades que entraña la delimitación entre la materia de legislación mercantil y las demás materias que también inciden en la regulación de las relaciones mercantiles, puede afirmarse que, en cuanto a su encuadramiento competencial, en el artículo objeto de conflicto, en la medida en que se limita a crear un sistema público de compensación, sin introducir innovación alguna en el instituto privado de la compensación, prima el aspecto de la regulación de la intervención de los poderes públicos en las relaciones interbancarias, sobre lo que son los efectos indirectos que esta creación pueda tener en las relaciones inter privatos, que directamente no se regula[...]. Por ello, como queda dicho, los preceptos objeto del presente conflicto de competencias deben entenderse integrados en la materia competencial de ordenación del crédito y la banca».

El mismo razonamiento es esgrimible para legitimar la competencia del Estado en estas regulaciones de las Cajas y sus entidades instrumentales, sean SIPs o bancos filiales, sin perjuicio de los efectos que la creación de estos bancos pueda tener en su regulación posterior, una vez creados, y en sus relaciones con los clientes y accionistas (sean éstos Cajas o inversores privados); *a todos se les aplicará el derecho de sociedades y la regulación bancaria general.*

Tanto los SIP como los bancos filiales han de ser controlados por las Cajas de Ahorro, como establece el artículo 5, números 3 y 4, del nuevo Real Decreto-ley. Ahora bien, éste no regula la actividad y funcionamiento interno del SIP bancario; sólo establece algunos requisitos *sine qua non*, de carácter imperativo, respecto de los que no cabe pacto en contrario. Estas normas no son regulaciones *ad extra, inter privatos*; es decir, no son derecho mercantil (legislación mercantil) sino derecho administrativo constituyente de la sociedad, aún cuando en un momento posterior su funcionamiento se ajuste a la legislación mercantil. Es exactamente lo que dispone la STC 37/1997, de 27 de febrero, respecto de los sistemas de compensación:

«En este precepto no se regula la relación de compensación inter privatos, sino que tiene como único objeto la creación de un organismo a través del cual las entidades de crédito van a poder llevar a cabo la compensación siguiendo, por supuesto, lo establecido en la legislación mercantil vigente».

En cualquier caso, como sobre la actividad bancaria la competencia es exclusiva del Estado, la creación de los SIP ha venido, ciertamente, a restar influencia a las Comunidades Autónomas sobre la actividad posterior de estas entidades de crédito.

B) *Régimen de las cuotas participativas*

Las cuotas eran unas figuras ya existentes, pero muy mal reguladas, como tuvimos ocasión de poner de manifiesto en ocasión anterior [15].

El Real Decreto-ley 11/2010 ha supuesto en este punto una regulación completamente nueva, acorde con la petición unánime de reforma que se había hecho sobre ellas. La transformación de su régimen jurídico tenía dos objetivos fundamentales: 1) hacerlas más atractivas a los inversores (también a los emisores, que fueron siempre muy reticentes respecto a ellas), y 2) capitalizar las Cajas abriendo una vía de recursos propios de máxima calidad. A través de ellas se consiguen, si todo va bien, varias cosas: en primer lugar, presencia de inversores privados en el capital, con acceso a los órganos de gobierno en su condición de «propietarios», lo que supondrá una gran transformación de estas entidades; en segundo lugar, salida a los mercados y valoración de estos títulos —y de la Caja— por los mercados financieros en los que hay obligación de cotizar cuando la emisión es al público en general, con todo lo que ello supone de exigencia y control de la institución; en tercer lugar, las cuotas obligarán a una profesionalización de la gestión, que se verá así liberada —al menos en parte— de presiones políticas (la presencia de políticos en los Consejos se verá reducida en la medida en que las cuotas alcancen mayor presencia —hasta el 50%— en el patrimonio de las Cajas).

Para que todo ello sea así, la Ley establece tres requisitos que afectan esencialmente a los poderes de supervisión y control de las CC.AA. sobre las Cajas, a saber:

a) reconocimiento de derechos políticos a los cuotapartícipes, lo que equivale a una «privatización» y despolitización de estas entidades,

---

[15] *Vid.* nuestro libro *La necesaria reforma de las Cajas de Ahorro,* Cuadernos Civitas, Thomson Reuters, Madrid, 2010, páginas 121 y siguientes.

b) libertad de emisión de cuotas, sin que deba mediar autorización administrativa previa, como era hasta ahora norma general en muchas CC.AA. [*vid.* lo dicho *supra,* n.º 4, parágrafo B), letra e')]; y

c) la retribución de las cuotas no podrá estar sujeta a ninguna autorización administrativa previa, salvo la que pueda corresponder al Banco de España en el ejercicio de sus funciones. Recuérdese que hasta ahora esta retribución estaba sometida a ciertas limitaciones y debía en muchos casos, ser autorizada por la Comunidad Autónoma. Frente a ello, el nuevo régimen queda establecido en los siguientes términos:

> «La retribución anual de las cuotas y su distribución deberá ser aprobada por la Asamblea General, quien tendrá en cuenta el coeficiente de solvencia de la Caja a la hora de realizar tal distribución. Sin perjuicio de las atribuciones del Banco de España, dicha distribución no requerirá ninguna autorización administrativa en el ámbito de la ordenación del crédito».

A todo ello hay que añadir que a los cuotapartícipes se les reconoce una cierta prioridad en el acceso a los órganos de gobierno, al establecerse en el nuevo artículo 25 bis (de la Ley de Cajas), introducido por el artículo 3 del Decreto-ley 11/2010, que

> «Los porcentajes de representación por grupos (es decir, impositores, empleados, fundadores, representantes de las Administraciones Públicas y entidades sociales, tal como los reconfigura el artículo 3.2 del R.D. Ley) deberán cumplirse respecto de los derechos de voto resultantes, *una vez deducidos del total los que hayan de corresponder a los cuotapartícipes*».

Los derechos de representación de los cuotapartícipes se corresponderán con la proporción que el volumen de cuotas de circulación suponga respecto del patrimonio neto total de las Cajas (incluidas, claro está, las propias cuotas) hasta el límite del 50%. Ello quiere decir que todos los demás grupos verán reducida su participación en los órganos de gobierno en esa misma proporción.

C) *La competencia en materia de fusiones. Nueva Disposición Adicional Sexta*

El Prof. Sala Arquer ha estudiado este tema con extensión y acierto [16]. Realmente, lo primero que habría que plantearse es por qué las CC.AA. han retenido hasta ahora la competencia para otorgar una autorización previa para

---

[16] Sala Arquer, J. M., *Fusiones de Cajas de Ahorro y crisis financiera: los poderes de supervisión de los organismos reguladores,* Ponencia presentada en el IX Congreso Hispano-Luso de Derecho Administrativo, Córdoba, noviembre de 2010.

cualquier operación de fusión o concentración de Cajas. Lo más lógico hubiera sido que ello fuese competencia básica del Estado, pues es evidente que afecta a la estructura misma del sistema financiero, y desborda los límites territoriales de una Comunidad Autónoma, especialmente en fusiones intercomunitarias. Pero el hecho es que tanto los Estatutos como las leyes autonómicas se han reservado esta función, también en este último supuesto, ejerciendo en muchos casos un poder de veto [17]. El Estado consintió tal régimen y el Tribunal Constitucional aceptó esa atribución de competencia, afirmando —eso sí— que «ha de considerarse *básico* el preceptivo informe del Banco de España», como parte de la ordenación del crédito respecto a la específica solvencia de la entidad resultante.

La cuestión que se plantea, sin embargo, es si tal informe, además de preceptivo, es vinculante o es simplemente el ejercicio de una función asesora, que puede ser desoída por la Comunidad. Ello, a su vez, se conecta con otra cuestión fundamental: el carácter discrecional o reglado de la autorización que otorgan las CC.AA. Hasta ahora, la opinión más compartida —nos dice Sala— era que «el binomio informe (del Banco de España)-autorización (de la Comunidad Autónoma) conllevaba si no una absoluta discrecionalidad, sí un amplio margen de apreciación sobre la conveniencia de la fusión [18]». En cuanto a la dependencia de la Comunidad Autónoma respecto del Banco de España se entendía que el informe de éste tenía carácter obstativo (no estrictamente vinculante), lo que significa que, si es negativo, la Comunidad Autónoma no puede autorizar la fusión y queda vinculada por aquél, pero si es positivo, puede no autorizarla, aunque haya sido aprobada por el Banco de España, ya que la autorización autonómica no es un acto de mera verificación de unos requisitos objetivos, sino que permite una apreciación discrecional de la conveniencia y oportunidad de la operación para la Comunidad Autónoma de

---

[17] Recordemos aquí la Disposición Adicional 5.ª de la LORCA, añadida por la Ley 44/2002, de 22 de noviembre, en virtud de la cual «Cuando se produzca una fusión entre Cajas de Ahorros que tengan sus sedes sociales situadas en diferentes Comunidades Autónomas, la autorización para la misma habrá de acordarse conjuntamente por los Gobiernos de las Comunidades Autónomas afectadas», lo que quiere decir que cualquiera de ellas puede vetar la operación de fusión, como efectivamente ha ocurrido.

[18] Para SANTAMARÍA PASTOR, «es inevitable, de puro realista, reconocer un amplio margen de apreciación al Banco de España y al Ministerio (o Consejería de la Comunidad Autónoma) competente en el momento de valorar la fusión» (SANTAMARÍA PASTOR, *Concentración del sistema financiero y competencias autonómicas: el problema de las fusiones de cajas de ahorros,* «Cuadernos de Información Económica», n.º 27, 1997, página 82). En el mismo sentido, señalaba Cañabate Pozo que «no se puede negar un margen de apreciación de las autoridades públicas respecto de la conveniencia o no de una operación de fusión, que tampoco puede llevar a admitir la discrecionalidad absoluta» (CAÑABATE POZO, ob. cit., página 356). Tomo ambas citas de SALA ARQUER, J. M., ob. cit., página 14, a quien sigo en este punto.

que se trate. Tal es el sentido de la mayoría de las leyes autonómicas y la práctica seguida hasta el momento [19].

Pues bien, sobre este régimen ha venido a incidir el nuevo Decreto-ley 11/2010 que ha añadido la siguiente disposición adicional:

> «Las fusiones entre Cajas estarán sometidas al procedimiento de autorización previsto en la normativa autonómica de desarrollo. La denegación de la autorización *sólo* podrá producirse mediante resolución motivada cuando la entidad resultante pudiera incumplir cualquiera de los requisitos objetivos previstos en la citada normativa».

En esta disposición se ha querido ver la conversión de la antigua decisión discrecional en un acto reglado, sometido a criterios objetivos perfectamente constatables —y controlables— por la jurisdicción contencioso-administrativa [20]. Pero el asunto no está tan claro. De nuevo en este momento el Estado podía —y debería haberlo hecho— haber modificado la legislación básica sobre las Cajas, recabando para sí la competencia sobre fusiones, especialmente las de carácter interautonómico (o las intraautonómicas que diesen lugar a una entidad significativa). Pero no ha querido hacerlo, porque no se ha querido enfrentar claramente con los «señores autonómicos». Ha preferido acudir a esta fórmula de los «requisitos objetivos», en la que se trate simplemente de la constatación de los mismos, es decir, un simple acto de verificación, que se refleje en una «resolución motivada». Éste es el planteamiento que se ha hecho en la nueva disposición adicional. Pero con ello no se asegura nada, pues la definición de esos requisitos queda entregada a la normativa autonómica y ésta puede formularse por las CC.AA. de tal manera que la apreciación de si ese requisito se cumple o no se cumple quede en sus manos. Tal como hace hoy, por ejemplo, el artículo 3 de la Ley de Andalucía cuando dice: «contribuir al desarrollo social y económico de Andalucía hasta garantizar su estabilidad y seguridad, así como la mejora permanente de su solvencia y competitividad». ¿Cómo valorar «objetivamente» este requisito?

Ciertamente, la exigencia de que la normativa autonómica prevea «requisitos objetivos», puede atar algo más la decisión de la Comunidad; y puede permitir que el informe preceptivo del Banco de España, además de a los aspectos relacionados con la solvencia y viabilidad, se extienda también a los

---

[19] Obviamente, la posibilidad de intervención de la Comunidad Autónoma en un proceso de fusión no se limita a la autorización sino que puede ejercerse antes, internamente, en la toma de decisión por la Caja, dada la influencia que aquélla suele tener en los órganos de gobierno de ésta por la vía de los partidos políticos y entidades representativas que tienen su asiento en ella (en la Asamblea, el Consejo y la Comisión de Control).

[20] Así, por ejemplo, SALA ARQUER en su trabajo *Fusiones...,* cit., páginas 18 y 19.

«requisitos», poniendo de manifiesto el estricto cumplimiento de los mismos, de modo que la decisión final de la Comunidad Autónoma difícilmente pueda separarse, con una motivación razonada, de lo dictaminado por el Banco. El control judicial sobre esta decisión sería muy viable, porque el ámbito de la discrecionalidad se estrecharía más, haciendo del informe del Banco de España un parecer vinculante en la práctica. Pero, en todo caso, hubiera sido mejor, en mi opinión, haber regulado de una manera más valiente y clara los procesos de fusión, tal como lo hizo el Real Decreto-ley 9/2009, de 26 de junio, de reestructuración bancaria, cuando en su artículo 8 estableció:

> «La aprobación por el Banco de España del plan previsto en el artículo 7 anterior determinará que las concretas operaciones de fusión de entidades de crédito, ya sea por absorción o mediante la creación de una nueva entidad de crédito, o de escisión o cesión global o parcial de activos y pasivos que se contengan en el mismo, así como las eventuales adquisiciones de participaciones significativas que resulten de su ejecución y las modificaciones estatutarias que, en su caso, se produzcan como consecuencia de dichas operaciones *no requieran ninguna autorización administrativa ulterior* en el ámbito de la ordenación del crédito y la banca, salvo aquellas exigidas por la legislación en materia de competencia».

Como certeramente anota Sala Arquer, ello hubiera supuesto la supresión de las autorizaciones autonómicas previstas en el caso de fusiones entre Cajas, cuando la operación forme parte de un proceso de reestructuración del sector, aunque no sea en supuestos de crisis.

D) *La autorización autonómica para incorporarse a un SIP*

Dos palabras, finalmente, sobre la pretendida autorización autonómica para integrarse en un SIP. Como ya se ha dicho, los procesos de fusión han estado sometidos hasta ahora, porque así se establecía en los Estatutos de Autonomía y en leyes autonómicas, a autorización previa de las Comunidades Autónomas; lo deseable por muchas razones era promover fusiones intercomunitarias, siempre que fuera posible pero la realidad era que los Gobiernos autonómicos vetaban las fusiones entre cajas de distintas comunidades y los titulares de los Consejos de administración de las cajas se resistían a perder el control de las mismas, entrando en una fusión en la que pudieran ser absorbidas por otra.

Ocurre que en la normativa autonómica no se contemplaban, junto a la fusión plena, otras fórmulas posibles de unión entre Cajas como las que fueron diseñadas por el legislador estatal para fortalecer la solvencia y liquidez de éstas en momentos como los que atravesábamos. Para ello se diseñaron los Sistemas Institucionales de Protección (SIP's), en los que se han embarcado veintidós de las 45 Cajas que existían en 2008 [21]. Dicha fórmula permitía, por un lado, escapar al veto autonómico, ya que no estaba prevista en sus leyes y, por otro, vencer las resistencias de los Consejos, pues los SIP's permitían mantener abiertas las cajas en cada Comunidad, ya que se fusionan sólo parcialmente, de modo que la marca, la red comercial, los órganos de gobierno y los cargos directivos se mantienen (al menos, en un primer momento).

Ante esta vía nueva, no contemplada por las CC.AA., algunas se apresuraron a modificar sus leyes de Cajas, con objeto de incluir también la exigencia de previa autorización para su integración en un SIP; tal fue el caso de Madrid (artículo 14 bis de la Ley de Cajas madrileña), Cataluña (artículo 9.2), Andalucía (artículo 70.3), Castilla y León (artículo 21) o Galicia (artículo 35.3). Pero en el caso de esta última el Gobierno se plantó e interpuso un recurso de inconstitucionalidad contra ella, uno de cuyos artículos impugnados fue justamente el que se refería a los SIP's. La ley gallega establecía en el nuevo artículo 35.3 del texto refundido, aprobado según el artículo 2.13 de la Ley 14/2009, lo siguiente:

> «En el *caso de sistemas institucionales de protección*, previstos por la normativa de recursos propios, o figura análoga que se pudiese crear, la *necesaria autorización previa* de la consejería competente en materia de política financiera considerará, entre otras, adicionalmente a lo previsto en el párrafo anterior, las consecuencias que pudiesen derivarse de la operación para el *cumplimiento de la finalidad financiera y social de la entidad en Galicia.* Una vez en funcionamiento, será obligatoria la remisión a la citada consejería de la misma información consolidada o agregada que deba remitirse al Banco de España».

Este planteamiento fue, como digo, impugnado por el Estado y, en aplicación del artículo 161.2 CE, éste y otros preceptos quedaron suspendidos. El Gobierno entendía que dicha autorización autonómica se superponía a la del Banco de España, lo cual suponía una reducción posible de las posibilidades de integración de las Cajas de Ahorro gallegas, en contra de la apreciación del Banco en cuanto a la garantía de solvencia, que podía verse así perturbada o retrasada.

Pues bien, aunque se trate de un pronunciamiento que no decide el fondo de la cuestión, porque ha sido emitido en el ámbito de un incidente cautelar, el texto del Auto dictado por el Tribunal Constitucional con fecha 30 de junio de 2010 es suficientemente expresivo. Comienza afirmando con carácter

---

[21] Son 22 Cajas ó 24 según se computen o no las uniones anteriores de Cajas que llevaron a cabo fusiones o absorciones plenas y después la entidad fusionada se integra en un SIP (caso de Cajastur, que absorbe CMM y Cajasol que incorporó a Caja de Guadalajara).

general que en el supuesto de que los recursos propios de una Caja resulten insuficientes, cualquier autorización previa «pudiera impedir el despliegue de las medidas necesarias en relación con la garantía y el buen funcionamiento del sistema financiero»... y «es necesario asegurar que las medidas preventivas y de saneamientos sean puestas en marcha del modo y en el plazo más perentorio posible». Para el caso concreto de los SIP's el Tribunal coincide con la Abogacía del Estado en que tales autorizaciones autonómicas previas reducirían las posibilidades de integrarse en un sistema institucional de protección (SIP) de las cajas domiciliadas en Galicia, con grave perjuicio para la credibilidad en la solvencia y liquidez de las mismas, habida cuenta la finalidad que el referido SIP persigue; entiende el Tribunal que la autorización autonómica, además de superponerse a la autorización que corresponde otorgar al Banco de España, *«introduce un criterio que desnaturaliza notablemente el SIP»* (recuérdese que este criterio es su posible impacto en la economía y en la sociedad gallega) como acuerdo económico de garantía de la solvencia de la entidad de crédito. Añade el Tribunal que «los criterios normativos que determinan la autorización no cubren por sí solos la finalidad de garantía de la solvencia, estabilidad y liquidez de las entidades financieras que son propias de los SIP», lo cual va «más allá del ámbito territorial de la Comunidad». En vista de todo lo cual, decide mantener la suspensión, que había sido impugnada por el Gobierno gallego.

A la vista de semejante Auto, puede concluirse sin temor a errar que las autorizaciones autonómicas para integrarse en un SIP, que otras leyes autonómicas también prevén, serían declaradas igualmente contrarias a la Constitución, por infringir lo establecido en el artículo 4 del Real Decreto-ley 11/2010; en efecto, éste ha venido a modificar lo previsto en la Ley 13/1985 (normativa de recursos propios y obligaciones de información) cuyo artículo 8.3, letra d), regula los sistemas institucionales de protección y en él *se encomienda al Banco de España sin intervención de ninguna otra autoridad, la comprobación de los requisitos necesarios para la integración o el abandono de un SIP.* Queda pues eliminada esta intervención autonómica.

Éstas son, a mi juicio, las principales reformas que en materia de competencia entraña el reciente Decreto-ley de Cajas, respecto a la situación anterior.

No nos queda ahora, para finalizar, sino repasar en qué medida las leyes autonómicas de adaptación de sus normas al Decreto-ley han sido dictadas y si son o no respetuosas con éste. Hasta el momento en que estas líneas se escriben, sólo tres Comunidades han elaborado tales leyes; dos de ellas —Cataluña y Castilla y León— están ya aprobadas y una tercera —la C.A. de Madrid— se encuentra en trámite de aprobación. En espera de que las demás culminen esta tarea, analizaremos sucintamente las hoy existentes.

E) *Las normas de adaptación*

i) *Decreto-ley 5/2010, de 3 de agosto, de la Generalidad de Cataluña*

Los artículos fundamentales de la Ley de Adaptación de las Cajas de Ahorros de Cataluña, que inciden sobre la distribución de competencias entre el Estado y las CC.AA., tal como ha quedado establecida páginas atrás, son los siguientes:

a) El artículo 1.2.º3, que dice así:

> «La *participación de una caja en un sistema institucional de protección*, así como *el ejercicio indirecto* de su objeto propio como entidad de crédito mediante una entidad bancaria, a la cual se aporta todo el negocio financiero, *deben ser aprobados por el consejero de Economía y Finanzas* y requieren la incorporación en los estatutos de las condiciones básicas de la participación o del ejercicio indirecto».

b) El nuevo artículo 9 ter, número 3, que dice así:

> «3. Las transformaciones de cajas de ahorros en *fundaciones especiales tienen que ser autorizadas* por el Gobierno de la Generalidad».

c) El nuevo artículo 11.3, que reitera:

> «Igualmente, tienen que constar los acuerdos del Gobierno de la Generalidad y del Departamento de Economía y Finanzas referentes a la modificación de estatutos, a *los cambios de organización institucional*, a las transformaciones en fundación especial, a las absorciones o las fusiones, a la disolución y a la liquidación».

El resto de los títulos se limitan a recoger, a veces literalmente, preceptos del Decreto-ley estatal 11/2010 o desarrollan aspectos complementarios de éste en materia electoral, de composición de las Comisiones y/o funcionamiento de los órganos de gobierno de la entidad. Aspectos todos ellos que entran dentro del ámbito de sus competencias y funciones.

Pero lo más inquietante de esta normativa catalana de adaptación no es lo que dice, sino lo que no dice. No se citan siquiera los artículos 42, 43, 44, 46, 50, 51, 56 y 59 del Texto Refundido de la Ley de Cajas de Cataluña, de 11 de marzo de 2008, en los que se consagran los amplios poderes de intervención del poder político catalán (la Generalitat) sobre las Cajas: control sobre altos cargos, fijación de coeficientes en inversiones computables, régimen de autorización de inversiones, grandes créditos o concentración de riesgos en relación con volumen de recursos propios, poder de planificación de obras sociales, directamente o a través de la Federación Catalana de Cajas, regulación de la distribución de excedentes y aprobación de los acuerdos de la Asamblea General relativos a este extremo; y para concluir, poder sancionador si incumplen las disposiciones dictadas en los aspectos anteriores, que pueden llegar a la suspensión de los órganos de gobierno o la inhabilitación de las personas para el ejercicio de sus cargos. Remito al lector a los artículos citados de la Ley Catalana de Cajas de Ahorros, de 11 de marzo de 2008 (Texto Refundido).

Obviamente, después de todo lo dicho en páginas anteriores, no hay mucho más que decir. Sólo concluir afirmando, en mi opinión, la inconstitucionalidad de la mayoría de estas disposiciones, que atentan contra las bases de ordenación del crédito, en los términos que han sido explicados.

ii) *Decreto-ley 2/2010, de 2 de septiembre, de Castilla y León*

Esta norma se arranca con una larga Exposición de Motivos en la que formula con claridad la posición de esta C.A. en materia de competencias sobre Cajas. Sus tesis pueden resumirse así:

> — «la presente norma se dicta en ejercicio de una *competencia exclusiva* estatutariamente atribuida y para el cumplimiento de *objetivos de política económica* que el Estatuto de Autonomía impone a la Comunidad Autónoma».
>
> — «se establece un garantista régimen de mayorías para la aprobación por las Cajas de Ahorros de sus diferentes alternativas de *reestructuración institucional* con el fin de asegurar el necesario consenso de los diferentes grupos de interés ante medidas que transforman sustancialmente la estructura de las correspondientes entidades. En relación con estos procesos, se regula también la *intervención supervisora de la Comunidad Autónoma, que tiene competencia exclusiva* en materia de Cajas de Ahorros»;

ello con el fin de asegurar que los referidos procesos de reestructuración institucional se lleven a cabo

> «sin afectar negativamente a la importante contribución al *desarrollo económico y social de la región* que realizan las Cajas de Ahorros».
>
> — «la autorización de tales *operaciones de fusión* y la regulación de sus inmediatas consecuencias está *fuera del ámbito de las bases* de la materia y cae de lleno entre las materias competencia de la Comunidad Autónoma».

Como se ve, la Comunidad Autónoma reafirma en su Ley de Adaptación algunos de los poderes o competencias llamadas «exclusivas» ostentadas hasta este momento, asumiendo también poderes de ordenación de la «política económica» regional, a la que vincula a las Cajas. Ya han quedado explicadas páginas atrás los estrictos límites que estos «poderes» tienen a nivel autonómico [22].

Por otro lado, la Comunidad no renuncia a intervenir también en el ejercicio indirecto (es decir, a través de un banco filial) de la actividad financiera. Así, en la modificación del artículo 4, después de recoger las dos vías de transformación en banco, establece:

> «En los supuestos descritos en los párrafos anteriores, la Caja deberá incorporar a sus estatutos las condiciones básicas del ejercicio indirecto de su actividad financiera».

Hay que recordar aquí que corresponde a la Junta de Castilla y León la aprobación de los Estatutos (artículo 8), así como su modificación (artículo 13), lo que permitirá llevar ante la Junta esas condiciones básicas del ejercicio de la actividad bancaria de las Cajas. Puede, por ejemplo, imponer condiciones retributivas, o autorizaciones previas para el otorgamiento de créditos a Consejeros y directivos y otras operaciones vinculadas (artículos 33 y 80 de la Ley de Cajas de Castilla y León). También puede imponer en los Estatutos condiciones especiales de información e inspección sobre las entidades bancarias en las que tenga una participación de control (tal como autoriza el nuevo artículo 82). Asimismo, reitera los preceptos de la Ley Catalana en la modificación del artículo 21, cuyo título se amplía *(«Cesión global del activo y pasivo, escisión, adhesión a sistemas institucionales de protección y ejercicio indirecto de la actividad financiera»)* y añade un número 3 que dice así:

> «...corresponde a la Junta de Castilla y León, a propuesta de la citada Consejería, *autorizar a una Caja de Ahorros el ejercicio indirecto* de su objeto propio como entidad de crédito mediante una entidad bancaria, a la cual se aporta todo el negocio financiero».

Finalmente, incorpora un nuevo artículo 21 bis, cuyo número 3, establece:

> «Las transformaciones de Cajas de Ahorros con domicilio social en Castilla y León en *fundaciones especiales deberán ser autorizadas* por la Junta de Castilla y León, a propuesta de la Consejería competente en materia de Cajas de Ahorros».

De gran importancia resulta igualmente, a mi juicio, la reserva a favor de la Junta de la facultad de concretar los criterios de aptitud y capacidad para ser

---

[22] Sobre estos límites, con carácter general, ver mi trabajo *Liberalización y Autonomías,* elaborado para el Instituto de Derecho Público de Cataluña y publicado en el Informe 2000, páginas 700-717, Barcelona, 2001.

Consejero de Administración establecidos en el nuevo artículo 57 y, sobre todo, la competencia para «establecer el procedimiento para su verificación», lo que equivale a otorgarle la decisión final de aprobación o desaprobación de un candidato; ello se asegura en el número 3 del citado nuevo artículo 57, en el que se preceptúa:

> «Mediante Decreto de la Junta de Castilla y León, a propuesta de la Consejería competente en materia de Cajas de Ahorros, podrá regularse la presentación de candidaturas, las propuestas y la designación de los miembros del Consejo de Administración a los efectos de asegurar el cumplimiento de los requisitos de conocimientos y experiencia previstos en el presente artículo».

De este modo, la composición de los órganos de Gobierno de las Cajas castellanas —y con ello la de los futuros bancos— queda condicionado por ese filtrado de nombres que la Junta retiene en sus manos.

6. Comunidades Autónomas y Obra Social

Ya hemos dicho que las Cajas nacieron y han sido siempre consideradas como entidades privadas de utilidad pública o social, vinculadas a un territorio, en el que nacen y sobre el que básicamente actúan. Esta doble dimensión ha caracterizado a estas entidades hasta fechas recientes: por un lado, son entidades de crédito y deben funcionar como tales, sometidas a las exigencias de solvencia, liquidez y rentabilidad que se exige a todas las entidades financieras; por otro, son instituciones de carácter fundacional cuyos beneficios disponibles se devuelven a la sociedad que las alumbró en la llamada «Obra Social», que es, según ellas mismas proclaman, «el alma de las Cajas».

La dimensión pública, de utilidad social, de las Cajas ha tenido también, en su trayectoria histórica, otras manifestaciones como son el establecimiento para ellas de algunos coeficientes de inversión, sectoriales o territoriales, como ocurrió en el pasado; ha sido práctica habitual financiar actividades locales que se considerasen estratégicas o prioritarias para el territorio en el que se asientan, lo que se justifica diciendo que en definitiva vienen a satisfacer necesidades de sus propios impositores, algo característico de una entidad hasta cierto punto mutualista. Finalmente, ha sido tradicional la financiación de corporaciones locales (Ayuntamientos, Diputaciones, hoy Comunidades Autónomas) cuyos representantes se integran en sus órganos de Gobierno y, aunque la ley dice que, una vez integrados, sus miembros velarán exclusivamente por los intereses y el buen gobierno de la Caja, es lógico que la cercanía de fines y funciones entre ellos facilite la financiación de aquéllas.

Pues bien, bajo este planteamiento, resulta lógico y natural que los Gobiernos territoriales —hoy sobre todo las Comunidades Autónomas— reivindiquen para sí el protagonismo en la aplicación y destino de los fondos de la Obra Social, reconociendo en sus leyes la potestad de «supervisar las inversiones, orientando en materia de obra benéfico-social las principales necesidades y prioridades», así como «promover las relaciones de las Cajas con las instituciones públicas a efectos de creación y mantenimiento de obras de carácter benéfico-social y cultural» (Ley de Cajas de Euskadi, 3/1991, modificada por Ley 3/2003, en su artículo 3).

La cuestión, sin embargo, está en determinar si los poderes de «protectorado» y tutela que las Comunidades Autónomas o las Diputaciones se reservan, sobre las actividades en que se plasma la Obra Social, deben llegar a determinar, en concreto, las que hay que emprender o si, por el contrario, se trata sólo de unas facultades de «orientación» sobre las necesidades y prioridades de la región sin limitar el margen de elección de las propias Cajas. Se trata de decidir si las obras benéfico-sociales van a venir o no predeterminadas y programadas por las Autoridades políticas territoriales. La Jurisprudencia del TS se ha tenido que ocupar también en alguna ocasión de este tema, en la ya citada impugnación del Decreto 240/2003 del Gobierno de Euskadi, declarando la nulidad de su artículo 17, que permitía la predeterminación de las actividades que debían hacer las Cajas vascas en su obra social. De nuevo el Tribunal se pronuncia, anulando el precepto reglamentario, pero no por falta de competencia de la Comunidad Autónoma —tema en el que no entra—, sino por falta de cobertura legal del Decreto (que va más allá de lo previsto por la Ley 3/1991). En cambio el Tribunal entendió procedente la limitación por la Autoridad autonómica del remanente anual de la Obra Social, o lo que es lo mismo, confirmó la obligación que tiene el Patronato de hacer realidad los compromisos asumidos, invirtiendo los fondos previstos para ello, dando competencia al Gobierno autonómico para que regule esta obligación.

La presencia de las CC.AA. como autoridad de tutela y control de la Obra Social ha sido, en general, reconocida y admitida por todos, pero la cuestión se ha complicado a medida que las Cajas han ido extendiendo su actividad más allá del territorio en el que tiene su domicilio social, fenómeno éste que, tras los procesos de concentración de los últimos meses alcanzará pronto a la totalidad del sector (antes esta situación era sólo propia de dos o tres entidades: La Caixa, Caja Madrid, Bancaja y poco más). Ello exigirá que a medida que se extiende su negocio, y con ello la captación de pasivo, se extienda también a todos los territorios la obra social, lo que exigirá una recomposición de la Comisión y el Patronato que se ocupen de ésta, dando entrada en ellos a los diversos territorios en que actúe la Caja expandida, esto es, el banco cabecera del SIP del que forma parte o el banco filial que creen para desarrollar una actividad financiera de ámbito nacional.

Otras muchas cosas podrían decirse en relación con este tema, por ejemplo, en materia de inspección y sanciones, de procesos electorales, de coeficientes de inversión o de gobierno corporativo; pero las dimensiones que ha alcanzado ya este papel aconseja cerrarlo aquí.

CAPÍTULO V

SOBRE LOS CONTRATOS EN DERECHO PÚBLICO

LECCIÓN 14.ª

SISTEMAS DE CONTRATACIÓN PÚBLICA EN DERECHO EUROPEO. MODELO FRANCO-ESPAÑOL DE CONTRATO ADMINISTRATIVO Y LEGISLACIÓN ESPAÑOLA EN LA MATERIA *

1. Introducción

En diversas ocasiones, a lo largo de mi vida, me he ocupado de esta difícil institución jurídica que son los contratos del Estado. En estas «lecciones» que ahora doy a la imprenta se incluyen cinco trabajos sobre el tema, distintos a las obras mayores que hace años escribí sobre esta materia [1]. El primero de ellos es esta exposición sobre los sistemas europeos de contratación, en especial el modelo franco-español, en los que se aprecia la indomable realidad de esa figura que llamamos «contrato administrativo», que se resiste a su inserción en el marco del derecho privado, rompiéndolo por todas sus costuras. Así ha ocurrido, como se verá, tanto en el sistema anglosajón como en el germánico.

---

* Prólogo a la obra colectiva de ARIÑO Y ASOCIADOS, «Comentarios a la Ley de Contratos de las Administraciones Públicas», 3 tomos, Madrid, 2002.

[1] Las principales son *Teoría del Equivalente Económico en los Contratos Administrativos,* Instituto de Estudios Administrativos, Madrid, 1968, 428 páginas, que fue mi tesis doctoral; *La reforma de la Ley de Contratos del Estado,* Unión Editorial, Madrid, 1984, 198 páginas y, junto a otros compañeros del bufete, nuestros *Comentarios a la Ley de Contratos de las Administraciones Públicas,* 3 tomos, Madrid, 2002.

La tradición jurídica europea configura inicialmente la contratación del Estado como materia civil. Pero pronto se advirtió que los contratos del Gobierno, en muchos casos, no podían ser ordenados por las mismas reglas que regulan los contratos entre los individuos (al menos sin falsear éstas). Algunos países, como Francia y España, por circunstancias históricas y políticas que luego explicaré [2], dieron nacimiento, desde el primer tercio del siglo XIX, a determinadas *regulaciones especiales* para un determinado tipo de contratos que revestían un especial interés público; y atribuyeron éstos, igualmente, a una jurisdicción especial, distinta de los Tribunales civiles ordinarios. Otros, en cambio, como Gran Bretaña y Alemania, por razones distintas en cada caso, mantuvieron la contratación del Estado como materia civil, sometida, teóricamente, al derecho común y atribuida a los Tribunales ordinarios (los únicos existentes en el caso inglés). Ahora bien, la realidad y las exigencias de la contratación pública han acabado por imponerse a los planteamientos teórico-dogmáticos y hoy es patente la aproximación de los distintos sistemas.

La primera cuestión que debemos por ello plantearnos es ésta: ¿debe haber o no un Derecho público de contratación?, ¿debe construirse o no una doctrina del «contrato administrativo»?; ¿hay o no diferencias sustantivas, de fondo, en el haz de obligaciones y derechos en que todo contrato consiste, que justifiquen la afirmación de unos principios propios y específicos?; ¿qué es lo más conveniente?, ¿qué es lo más justo? En definitiva, se trata de ver cuáles son los pros y los contras, tanto desde el punto de vista de la efectividad gubernamental como de la garantía del ciudadano, que se derivan de una concepción *privatista o común,* frente a una concepción *publicista y especial* —sustantiva— de los contratos del Estado. El tema tiene carácter de test, no sólo respecto del contrato administrativo, sino también respecto de la construcción del Derecho administrativo en su conjunto, frente al Derecho privado común.

Nadie piense que estas cuestiones son puramente académicas, sino que tienen consecuencias sociales y económicas importantísimas. Podríamos afirmar, ciertamente, que habrá que estar a lo que diga la Ley y que, después de ésta, la cuestión está saldada. Pero entonces habría que preguntarse: ¿y qué debe decir la Ley? Pues, obviamente, el jurista debe aspirar a ser, en alguna medida, legislador y no simple «legista». Para responder a estas preguntas conviene hacer una breve exposición de los grandes sistemas de contratación del Estado, actualmente existentes en el mundo occidental.

---

[2] Fueron ya expuestas en mi Estudio-Prólogo *De nuevo sobre el Contrato Administrativo,* al libro de SÁNCHEZ ISAAC, *Estudios prácticos de contratación local,* Civitas, Madrid, 1982.

2. Sistema anglosajón

El derecho inglés ha permanecido teóricamente fiel, hasta ahora, al modelo del *Common Law.* Los contratos de la Corona se someten —dice la teoría— a las normas del derecho común, con algunas peculiaridades derivadas de especiales condiciones del sujeto, las *Royal prerrogatives,* que han configurado tradicionalmente el estatuto jurídico de la Corona. No son tanto normas contractuales especiales, sino más bien privilegios posicionales de la Corona, que pueden afectar indirectamente las relaciones de un contratista con el Gobierno. Por ejemplo, el poder de proteger la salud y el orden público *(police power),* el poder (y deber) de adoptar medidas de *public policy,* el privilegio de inejecutabilidad contra la Corona *(excecution of judgement against the Crown is not permited),* la prohibición de dictar contra ella mandamientos de hacer *(specific performance orders and injonctions are not obtainable against the Crown),* y otras.

Todas estas particularidades, aun tomadas en su conjunto, afirmará la doctrina tradicional, «no puede decirse que afecten sustancialmente a la regla de la aplicabilidad a los contratos del Gobierno del derecho general de contratos» [3]. Éstos siguen sometidos al derecho común, con «especialidades». Sigue siendo sorprendente en el sistema británico la casi completa ausencia de normas de Derecho en la contratación pública. Las reglas y procedimientos bajo los cuales se celebran y ejecutan los contratos del Estado no son, en rigor, normas jurídicas (Derecho objetivo), ni otorgan derechos a los ciudadanos, sino que son *«internal departamental instructions»,* puras instrucciones de servicio de orden interno, que no son publicadas con carácter general [4].

Sobre el sistema anglosajón (inglés y norteamericano) no voy a decir más en este momento, sino que me remito a la amplia exposición que sobre él se contiene en la lección siguiente. Sólo añadiré ahora que tal planteamiento no podía subsistir en una Administración en la que, justamente a partir de esta época (años 40), y de forma creciente, la parte más sustanciosa del Presupuesto Nacional *(the big money)* se maneja a través de contratos. Frente a los abusos de todo tipo a que el sistema se prestaba (favoritismos políticos en el otorgamiento de contratos, en pago de apoyos electorales; inseguridad para los fondos públicos en la negociación de los precios; desigualdad de trato —unos recibían los favores y otros los rigores—; confusión en cuanto al régimen jurídico, etc.), tanto el Congreso en los Estados Unidos como los Tribunales se plantearon la

---

[3] TURPIN, C. C., *The London Transcript. A Comparativa Look at Public Contracting in the United States and the United Kingdom,* London and Chicago, 1971. Del mismo autor, anteriormente, *Government Contracts,* London, 1968.

[4] TURPIN, C. C., ob. cit., págs. 12-13, *Since these rules have not the status of rules of law they cannot be relied upon as conferring legal rights.*

necesidad de someter estas actividades a normas de Derecho público. La historia de esta evolución está contada en la lección siguiente y a ella me remito [5].

3. El modelo germánico de contratos públicos

El sistema de contratación pública existente en Alemania y demás países de su entorno cultural (Austria, Suiza, etc.), ofrece algunas características diferenciales que es preciso resaltar. Digamos ante todo que el derecho y la doctrina alemana, tan brillante y convincente en otros campos, ofrece en éste una pobre impresión. Cuando se lee el clásico libro de Fleiner (1933), la novena edición de Forsthoff (1968), o los trabajos monográficos de Appelt (1959) y Bullinger (1962) [6], queda sin duda una sensación insatisfactoria. Allí no se contiene ninguna explicación seria del tema, sino más bien una serie de afirmaciones dogmáticas en las que resuenan todavía las enseñanzas de Otto Mayer y la vieja teoría del Fisco.

En su famoso trabajo «Sobre la teoría del contrato jurídico público» (1888), el eminente jurista alemán había afirmado que el centro de la vida administrativa es el acto y éste es siempre unilateral, como manifestación de la autoridad del Estado, de su poder y de sus prerrogativas. El Estado manda siempre unilateralmente. Y el contrato entre éste y los particulares, con la radical situación de desigualdad entre ambos, no tiene acomodo posible en el derecho público. Por tanto, cuando el Estado contrate, lo hará siempre como lo haría cualquier particular, sometido al derecho privado. Esta concepción dualista de los ordenamientos se mantiene todavía hoy en Alemania, aunque con algunas grietas, sobre todo desde la Ley de Procedimiento Administrativo de 22 de mayo de 1976, que da una cierta base legal a la figura del contrato público (arts. 54 a 62). Pero los supuestos a los que se aplica la figura no son los mismos que en derecho español o francés, sino contratos que dicen relación al ejercicio (pactado) de potestades, con contraprestaciones. Los contratos de contenido económico-patrimonial, de gestión de actividades, de obra o servicios, seguirán siendo de naturaleza privada. Conclusión ésta que se veía facilitada por la vieja teoría del Fisco y el desdoblamiento de personalidad que, a efectos de responsabilidad pecuniaria, era tradicional en Alemania.

---

[5] Ariño, Gaspar, *Contrato del Estado y Common Law,* Prólogo al libro de Monedero Gil, *Doctrina del Contrato del Estado,* IEF, Madrid, hoy íntegramente de la Lección 15.ª

[6] Fleiner, F., *Instituciones de Derecho Administrativo,* Trad. de la 8.ª ed. alemana, Labor, Madrid, 1933, págs. 39 y ss., 167 y ss. *passim;* Forsthoff, E., *Traité de Droit Administratif Allemand,* Trad. francesa de M. Fromont, Bruxelles, 1969, págs. 414 y ss.; Appelt, E., *Der verwaltungsrechtliche Vertrag,* ADR, 1957, Bd. 84, H 3; Bullinger, M., *Vertrag und Verwaltungskt,* Kohlhammer Verlag, Stuttgart, 1962, págs. 256 y ss.

«Existe viva disputa —escribe Fleiner—, sobre si la forma de contrato puede emplearse también para la regulación de las relaciones jurídicas entre el Estado soberano y sus súbditos. La opinión común ve en el contrato una forma del Derecho privado; preténdese que el contrato constituye un "título de derecho privado", y es posible solamente entre iguales, y que una igualdad no existe jamás entre el soberano y el súbdito. Puede hablarse solamente del contrato si la voluntad de cada una de las partes posee la misma fuerza jurídica para la formación de una relación jurídica, y, como hemos comprobado en el párrafo 4, esto no ocurre generalmente en las relaciones de Derecho público, porque están reguladas unilateralmente por la voluntad del Estado» [7].

Ésta ha sido —y sigue siendo— la doctrina común que admite solamente la existencia de «contratos públicos» *(Offentilich-rechtlichen Verträge)*, entre personas o entidades administrativas, situadas en pie de igualdad, que acuden a esta figura para la regulación de sus relaciones y ordenación de tareas comunes (son los llamados «contratos de coordinación»). La organización descentralizada de la Administración alemana, con una multitud de entidades territoriales y/o instituciones dotadas de autonomía, encuentra en el contrato (acuerdo, convenio, concierto), un instrumento de coordinación para la acción conjunta, entre los que cabe citar: *acuerdos entre Administraciones* para instalación de escuelas, para construcción de grandes infraestructuras de servicios comunes, para la conservación de caminos vecinales o de cursos de agua, para la gestión de un hospital, etc.

Junto a éstos, se admite también la figura del contrato público para determinadas operaciones que, con carácter excepcional, pueden tener lugar *entre la Administración y los particulares sobre materias típicas del derecho público,* como por ejemplo *contratos de expropiación* (nuestros convenios expropiatorios), por los que la Administración y afectados fijan de común acuerdo la indemnización; *contratos fiscales,* por los que una Administración Municipal pacta la renta de un impuesto o de una tasa con los sectores afectados; *contratos sobre las condiciones de urbanización* de un área determinada, *contratos de subvención* y/o fomento de la producción [8]. Ahora bien, la doctrina ha mostrado sus reservas frente a este tipo de contratos por cuanto mediante ellos se introduce el reino de la desigualdad en materias que deben estar reguladas por normas generales y no sin-

---

[7] FLEINER, Fritz, *Instituciones...,* cit., págs. 168-169.

[8] *Vid.* sobre el tema, SOMMERMAN, Karl-Peter, *Autorité et Contrat dans la Administration moderne en Allemagne,* Annuaire Europeen de A.P., Marseille, XX, 1997, págs. 19 y ss. Los contratos sólo son administrativos en Alemania cuando su objeto afecta a relaciones de sujeción propias del derecho público, que podrían ser objeto de tratamiento por acto administrativo, pero que la Administración, con autorización legal, prefiere llegar a un acuerdo.

gulares (que es lo que el contrato supone en cada caso). En España, como es sabido, tales campos están vedados a la contratación, porque no se puede contratar sobre potestades públicas [9].

Por el contrario, los que en Francia y en España se califican como contratos administrativos, son en Alemania, o bien *actos necesitados de aceptación* (esto es, del consentimiento del particular), como condición previa de validez y/o eficacia, o bien *contratos civiles* propios del Fisco, de la Administración Fiscal *(Fiskalische Verwaltung)* y no de la Administración como Poder. Así son calificados, entre otros, los contratos de suministro de electricidad en un Municipio, de transporte público, contrato de obras, contratos de suministros, contratos de alquiler y/o compra de inmuebles. La Jurisprudencia ha afirmado reiteradamente que todos ellos, incluso cuando dan lugar a una situación de monopolio o implican una ocupación del dominio público (caso del suministro de electricidad o del transporte urbano), siguen siendo relaciones de derecho privado, se someten, en principio, a las normas del derecho civil o mercantil y son competencia de los Tribunales ordinarios [10].

Ahora bien, *también aquí, como en Gran Bretaña, este esquema dogmático se encuentra traicionado en la realidad*. Pues en efecto, resulta que las disposiciones del Código Civil, teóricamente aplicables, son sustituidas, al amparo de la libertad de pactos, por largas y detalladas reglamentaciones que la Administración aprueba para regular sus contratos. Existen unos Pliegos o Cuadernos de Con diciones Generales para los contratos de obras y servicios *(Verdindungsordnung für Bauleistunger —V.O.B.— y Verdindugsordnung für Leistunger —V.O.L.—)*, en los que se establecen los procedimientos de adjudicación y las reglas de ejecución del contrato; ahora bien, éstas se califican por la doctrina, no como normas jurídicas de las que se deriven derechos públicos-subjetivos para los particulares interesados, que no pueden exigir su cumplimiento, sino como meras *circulares o instrucciones internas* cuya aplicación queda a la libre apreciación del órgano contratante. Todo esto es un eufemismo y aunque no desconozco las consecuencias jurídicas que de dicha calificación se derivan, entiendo que ello es un signo de inmadurez del derecho administrativo alemán en este campo. Esta situación —común también al mundo anglosajón— no es, después de todo, sino la que atravesó el derecho español anterior al Decreto de Bravo

[9] Todos o la mayoría de estos convenios (expropiatorios, urbanísticos, fiscales, acciones concertadas o subvenciones con cargas modales) se encuentran en nuestro derecho expresamente excluidos de la Ley de Contratos, bien porque no lo son, bien porque se trata de convenios o conciertos con una regulación sectorial específica.

[10] *Vid.*, al respecto, FLEINER, F., *Instituciones...*, cit., págs. 39 y ss. También FLAMME, A., *Traité...*, Tomo I, págs. 75 y ss.

Murillo de 27 de febrero de 1852. Por ello, ha podido escribir Flamme, con acierto, que «en materia de contratos administrativos el derecho alemán no ha hecho más que comenzar su evolución» [11]. Poco a poco, aunque no sin cierta reluctancia, la doctrina jurídica alemana, tan decisiva en ese país para la configuración del orden jurídico, va admitiendo la existencia de contratos administrativos al modo francés, aunque sea con carácter de excepción, para p.e. la gestión de determinados servicios públicos, la ordenación y fomento de la economía desde el Estado (subvenciones, conciertos económicos, etc.), y otros campos, en los que el Estado aparece en posición dominante [12].

4. El modelo francés y español del contrato administrativo

El camino seguido por el derecho francés, español y de otros países latinos de Europa y América (Portugal, Bélgica, Argentina, Brasil y otros), ha sido completamente distinto. En ellos se ha elaborado doctrinal y jurisprudencialmente una categoría jurídica específica, la del «contrato administrativo», que, respondiendo naturalmente al esquema milenario de este supra-concepto, se inspira en principios diferentes, tiene una regulación propia, un derecho objetivo de la contratación pública, y se atribuye al conocimiento de los Tribunales contencioso-administrativos.

Ha sido ésta, básicamente, una creación jurisprudencial en la que el Consejo de Estado francés ha desempeñado un papel singular. También existe en España una larga tradición, por desgracia no conocida ni siquiera por los propios españoles, que hemos vivido con éste y otros campos «colonizados» por lo francés o por lo alemán, sin conocer los continuos y ricos pronunciamientos del Consejo Real, del Consejo de Estado y del Tribunal Supremo; esta tradición es la que permitió la cristalización de un cuerpo normativo general (Ley y el Reglamento de Contratos del Estado, 1965 a 1975), de gran calidad, que no tiene nada que envidiar a las demás regulaciones europeas. Los Dictámenes del Consejo de Estado español y de la Junta Consultiva de Contratación, han contribuido en estos últimos años a crear un cuerpo de doctrina de gran valor para esa reconstrucción de la figura del contrato en el derecho público, que tan difícil se le ha hecho a anglosajones y germánicos.

Ahora bien —podemos preguntarnos—, ¿de dónde viene esa originalidad del Derecho Administrativo en materia contractual?, ¿cuál es la raíz, la causa

---

[11] FLAMME, M. A., *Traité des Marchés Publics,* Tome premier, Bruxelles, 1969, pág. 78.

[12] *Vid.,* al respecto, LANGROD, G., *Administrative Contracts,* en «The American Journal of Comparative Law», 1965, Vol. IV, págs. 35 y ss.

última de esa sustantividad de la figura contractual en Derecho Administrativo? Para ver la razón última de las instituciones, su íntima naturaleza, nada mejor que contemplarlas en el instante mismo de su nacimiento. Éste tiene lugar casi simultáneamente, en Francia y en España, en los años inmediatamente posteriores a la Revolución. Conviene recordar que en España nunca tuvo efectiva realidad la teoría del Fisco, entendido éste como una persona privada distinta y separada del Monarca. En España el Fisco fue siempre «el Real Fisco» y es dable comprobar, según hemos visto al comienzo de este libro, la imputación de los contratos a la persona del Príncipe (no al Fisco), si bien en aquél se reconozca una doble personalidad y se atribuyan los contratos, en principio, a su persona privada, aunque esta última revestida de no pocos privilegios.

Pero serán, tanto en Francia como en España las transformaciones que trae consigo la Revolución y las circunstancias históricas posteriores las que darán lugar al surgimiento de unos especiales actos de gestión (esto es, contratos) en los cuales la Administración aparece revestida de autoridad, de poder. Como es sabido, los supuestos iniciales de contratos administrativos —frente a la calificación tradicional de éstos como materia privada— fueron la venta de los bienes declarados «nacionales» (bienes procedentes de la desamortización en España, bienes del clero y de los emigrados en Francia), los contratos de suministros al ejército (guerras napoleónicas, guerras carlistas), y también, desde el primer momento, los contratos de obra pública, como una herencia de las viejas jurisdicciones especiales, que tanto en Francia como en España habían reservado estos contratos a Tribunales privativos. Cuando más tarde se inicie la construcción de las grandes obras y servicios públicos (mediados del siglo XIX) se acudirá igualmente a la vía contractual, pero conservando igualmente en el seno del contrato un *resto de «autoridad»*, de tal modo que tales contratos se diferenciaban, en cuanto a su contenido, de los normales contratos —civiles— que la Administración celebraba en la gestión de sus bienes y derechos.

La historia del contrato administrativo en torno a las figuras de las obras públicas y los suministros ha sido contada en muchas ocasiones, pero es menos conocida la formulación y la razón de ser de esa atribución al orden administrativo de las ventas de bienes nacionales, y es este supuesto el más revelador, quizás, de los tres. Por ello vamos a detenernos un momento sobre él, tanto en Francia como en España.

En el *Repertoire de Jurisprudence Merlin,* en la voz «Bienes Nacionales», se contiene un largo análisis de este primer supuesto de administrativización de un contrato, con ocasión del arrêt du 16 pluviose an 11 en el asunto Samuel Leboucq *versus* Jean Baptiste Monville. No podemos aquí detallar el supuesto y su planteamiento en casación ante las tres secciones del tribunal de casación. Baste decir que se trataba de la adquisición por Mr. Leboucq de un bien nacional procedente de un emigrado, el cual anteriormente había cedido una parte de él a Mr. Monville. El bien (un mercado) fue vendido por la Administración central del departamento de la «Charente inférieure», a Leboucq y el Tribunal —civil— de Poitiers había anulado la venta reconociendo la anterior propiedad de Monville. Pues bien, en sus conclusiones, Merlin escribirá: «El Tribunal de apelación de Poitiers era incompetente, lo era absolutamente, lo era *"ratione materiae"*; y por tanto, era su deber enviar dc oficio la causa ante la autoridad administrativa» [13].

El testimonio de los autores de la época sobre el sentido y razón de ser de esta atribución jurisdiccional es unánime: el Barón de Gerando escribirá que: *cette attribution en a pour cause des hautes considerations politiques, et pour motif l'intérêt de la paix publique* [14]. Laferrière, F., nos dirá que «las cuestiones relativas a los bienes nacionales, vendidos públicamente en virtud de las leyes revolucionarias fueron atribuidos a la jurisdicción por razones derivadas "de las circunstancias políticas de la revolución de 1789"....; es una competencia —escribe— determinada por *el interés político y nacional* que demanda, como una necesidad, el mantenimiento de las adjudicaciones hechas en nombre de las leyes de la época, y como garantía, la intervención especial de la autoridad administrativa para la completa seguridad de los adjudicatarios» [15]. Y Maurice Hauriou recordará, muchos años después, con su fina percepción, este *sentido político* que tuvo la atribución de tales ventas y otros contratos análogos a la jurisdicción contencioso-administrativa. Ello dio lugar a duras críticas formuladas contra el mismísimo Consejo de Estado por ilustres juristas: se veía en el Consejo de Estado —escribe Hauriou— «un cuerpo político y, en los primeros años de la restauración, fue éste un pretexto para los ataques violentos

---

13 MERLIN, M., *Recueil Alphabétique des questions de droit,* 4.ª ed., Tomo II, S.V. *Biens Nationaux,* pág. 36, puede leerse: «¿Era pues, a la autoridad administrativa a quién pertenecía desde el principio, el conocimiento de los conflictos suscitados entre Leboucq et Monville? Sí. Y la razón de ello es bien simple... si la Administración Central ha vendido a SAMUEL LEBOUCQ... éste ha devenido por este solo hecho propietario inconmovible incluso de la porción de aquella adquisición que Monville había previamente adquirido, salvo el recurso de éste contra el Tesoro Público para repetir el precio. Tal es lo que resulta del art. 94 del Acta Constitucional del año VIII y lo que ya había dejado establecido el art. 2 de la Ley de 24 de primario del año VI». Por ello el Tribunal anula el juicio emitido por el Tribunal de Apelación de Poitiers, que era un Tribunal Civil y remite a las partes ante un Tribunal administrativo.

14 GERANDO, B. DE, *Institutes du Droit Administratif Français,* 2ème ed., 1842, Tomo III, pág. 240.

15 LAFERRIERE, M. F., *Cours de Droit Public et Administratif,* 5ème ed., Paris, 1860, pág. 542. La primera edición es de 1839.

contra su jurisdicción. Y es que muchos de los asuntos de los que se habían encargado presentaban en efecto un carácter político, al mismo tiempo que jurídico: tal fue el caso de los pleitos relativos a los bienes nacionales...; más tarde, lo referente a los suministros hechos durante la ocupación militar de 1814 y 1815, y lo referente a la reintegración de los emigrados en los bienes no vendidos... cosas todas ellas que irritaban y apasionaban en diversos sentidos a los numerosos intereses» [16].

Berthelemy, finalmente, explicó como nadie ese sentido tremendamente político que tuvo la configuración jurídica de la venta de bienes nacionales (lo cual puede resultar un tanto ilógico para el no iniciado). Dice así:

> «Bajo la Revolución se produjo un gran número de ventas de inmuebles demaniales. Estos inmuebles habían sido incorporados al dominio (público) por una medida política. Eran principalmente los bienes del clero, de los conventos y de los emigrados. Razones diversas apartaban a los posibles adquirentes y degradaban los precios: primero, el temor de la contra-revolución y la reversión posible de los bienes a sus primitivos dueños; después, para los adversarios del nuevo régimen, la repugnancia a hacerse cómplices de lo que se consideraba un latrocinio público; finalmente, la incertidumbre respecto de los efectos jurídicos de la confiscación operada: tal medida podía anular el derecho de propiedad de un emigrado al que se pretendía castigar por su huida, pero ¿sería válida en cuanto a los derechos reales que pudieran surgir sobre aquél, bien en provecho de los no emigrados (o de terceros)?». Pues bien —concluye el autor—, «se pensó evitar todas estas dificultades decidiendo que las adjudicaciones de bienes nacionales hechas por la Administración tendrían un efecto excepcional y que transmitirían los bienes libres de todas sus cargas, dejando a salvo los derechos de posibles titulares indebidamente desconocidos, a hacerse indemnizar por el Estado. Así, las ventas de bienes nacionales devienen *actos de autoridad»* [17] (esto es, se «administrativizan»).

En análogos términos se planteará la desamortización y venta de bienes nacionales en España. No es preciso insistir ahora en la importancia económica y política que revistió el proceso de desamortización de los bienes situados en «manos muertas». La incorporación de estos bienes a la nación se justificaba no sólo por razones fiscales, sino, sobre todo, por motivos de fomento y desarrollo de la riqueza nacional. Entre la copiosa historia de la legislación desamortizadora, la que más nos interesa en este momento son los Decretos de

---

16 HAURIOU, M., *De la formation du Droit Administratif Français depuis l'an VIII,* Paris-Nanzy, 1893, pág. 8.

17 BERTHÉLEMY, H., *Traité Elémentaire de Droit Administratif,* 13ème ed., Paris, 1933, pág. 597.

Mendizábal de 1836, la Ley de Administración y Contabilidad de 1850 y la Real Orden de 29 de septiembre de 1852, éstas dos últimas de Bravo Murillo, en las que se configura jurídicamente la venta de los bienes nacionales. Ésta se justifica, por el Decreto de 19 de febrero de 1836 en:

«La necesidad y conveniencia de *disminuir la deuda pública* consolidada y de entregar al interés individual la masa de bienes raíces que han venido a ser propiedad de la Nación, a fin de que la agricultura y el comercio saquen de ellos las ventajas que no podrían conseguirse por entero en su actual estado, o que se demorarían con notable detrimento de *la riqueza nacional* otro tanto tiempo como se tardara en proceder a su venta».

Por su parte, la Ley de Administración y Contabilidad de 1850 establecerá en su art. 10, que:

«*Corresponderán al orden administrativo* la venta y administración de los bienes nacionales y fincas del Estado; las contiendas que sobre incidencias de subastas o arrendamientos de bienes nacionales ocurrieren entre el Estado y los particulares que con él contraten, se ventilarán ante los Consejos provinciales y el Consejo Real, en su caso respectivo, si no hubieren podido terminarse gubernativamente con mutuo asentimiento. Las cuestiones sobre dominio o propiedad cuando lleguen al Estado de contenciosas pasarán a los Tribunales de justicia a quienes corresponda».

Este régimen contencioso no dejaba de resultar sorprendente tratándose como se trataba en definitiva de contratos patrimoniales, materia civil, que correspondían por tanto a los Tribunales Ordinarios. Por ello, quizás, una Real Orden de 20 de septiembre de 1852, tratará de justificar esta excepción con estas palabras:

«La propiedad está puesta por las leyes bajo el amparo de los Tribunales inamovibles, y no pueden corresponder por lo tanto las cuestiones que origine a los administrativos que son por su índole amovibles y más dependientes del poder ejecutivo.

Según este principio, los Tribunales comunes y no los administrativos deben conocer de las demandas sobre bienes y fincas del Estado, y sobre los contratos relativos a su disfrute. Sin embargo, *por razones políticas de importancia* ha modificado este principio la Ley de contabilidad de la Hacienda Pública de 20 de febrero de 1850, declarando en su art. 10 que *corresponde al orden administrativo la venta y administración de los bienes nacionales;* y disponiendo en tal virtud que las contiendas que ocurrieren sobre incidencias de subastas o de arrendamientos de bienes nacionales entre el Estado y los particulares que con él contratasen, se ventilen ante los Consejos provinciales, y el Real en su caso. De consiguiente, corresponden a lo contencioso-administrativo los negocios o demandas que versen sobre la validez, inteligencia y cumplimiento de las subastas y arrendamientos de bienes nacionales, y actos que deriven de ellas, hasta que el comprador o adjudicatario de la finca sea puesto en pacífica posesión de ella. Más las acciones de dominio o cualesquiera otras que se funden en títulos anteriores o posteriores *independientes de la subasta o arrendamiento,* serán siempre de la competencia de los Tribunales ordinarios» [18].

La doctrina de la época entendió, como es lógico, que tal atribución tenía un *carácter excepcional y de pura conveniencia política, y que se infringía con ello todos los buenos principios.* Así el gran jurista D. Pedro Gómez de la Serna escribió que tal atribución sólo obedece a «razones de conveniencia pública, y digámoslo así, por excepción, porque atendida su naturaleza, deberían ser de la competencia de los tribunales de justicia, puesto que se trata de cuestiones que por su índole son de derecho civil, y que en su mayor parte se decidiesen con arreglo a sus principios» [19]. Acorde con la concepción imperante en la época, Gómez de la Serna entiende, además, que «ni directa ni indirectamente se quiso que ni aún en ellas se dejarán a un lado las reglas del derecho civil respecto a la fuerza, valor y efectos de los contratos: se dio a la Administración la facultad de entender en estas cuestiones, pero no de juzgarlas con reglas diferentes a las establecidas para las demás enajenaciones, sino solamente en la parte que las disposiciones administrativos especiales así lo ordenan» [20].

Esta «visión» civilista de las ventas de bienes nacionales fue en cambio certeramente matizada por Eleuterio Delgado, jurista de fino olfato, que, como Abogado del Estado que era, vivía muy de cerca los problemas de la Administración. Entiende éste que el Estado en la venta de estos bienes no obra como simple «persona jurídica» en la gestión de su patrimonio, sino que en la desamortización «el Estado aparece *como poder* encargado de realizar el derecho, librando a dichos bienes de las trabas a que venían sujetos, remitiéndolos a la circulación y prestando un *servicio público*»; la desamortización —dice— quedó decretada «por causa de utilidad pública, es decir, apareció *el Estado en virtud de*

[18] Correspondiendo a este texto de la Exposición de Motivos, el art. 1 del Real Decreto disponía: «corresponden al conocimiento de los Consejos provinciales, y del Real en su caso, las cuestiones contenciosas relativas a la validez, inteligencia y cumplimiento de los arriendos y subastas de los bienes nacionales y actos posesorios que de ellas se deriven, hasta que el comprador o adjudicatario sea puesto en posesión pacífica de ellos; y al de los juzgados y Tribunales de justicia competente, las que versen sobre el dominio de los mismos bienes, y cualesquiera otros derechos que se funden títulos anteriores y posteriores a la subasta, o sean independientes de ella».

[19] GÓMEZ DE LA SERNA, Pedro, *Ley Hipotecaria comentada y concordada,* Madrid, 1862, Tomo I, pág. 272.

[20] GÓMEZ DE LA SERNA, *Ley Hipotecaria...*, cit., pág. 273.

su alta representación, realizando un servicio general»; por ello, «es la Administración la que, dados los fines que se persiguen en este punto, había de estar encargada de realizarlos, dotada para ello del poder ejecutivo que le es inherente» [21]. Y más adelante añade:

> «Olvidan este carácter del Estado al cumplir y realizar por causa de utilidad pública la desamortización, los que fijándose única y exclusivamente en que aparece como *dueño de bienes* procedentes de ella, sólo ven su personalidad jurídica y su carácter de dueño de estos bienes»; y yerran los que estiman que «únicamente por una excepción de los rectos principios, pueden pertenecer al orden administrativo la venta y administración de bienes desamortizados y propiedades del Estado», pues *«la competencia de la Administración se funda,* no solamente en la conveniencia de facilitar la enajenación de los bienes desamortizados, sino también *en que este acto constituye un servicio público* que hace aparecer a la Administración en él como *poder;* asimismo descansa en la *especialidad de la legislación desamortizadora* y en que la Administración es la que únicamente puede conocer las condiciones, límite y extensión del contrato que preparó y llevó a cabo» [22].

Delgado reconoce, por tanto, el carácter normal (no excepcional) de la competencia administrativa; en segundo lugar, la especialidad de su regulación de fondo, que se manifiesta en múltiples puntos de su régimen jurídico (régimen de lesión, error, retractos, etc.), si bien sigue entendiendo —porque otra cosa era impensable entonces— que no obstante ello se trata de «cuestiones de derecho civil».

Tal es la historia del primero de los contratos administrativos, que se califica estrictamente como tal. Análoga significación presentan los primeros contratos de suministros al ejército francés cuando éste, en defensa de la Revolución, se ve obligado a luchar contra las invasiones extranjeras. En estas circunstancias —escribe Laferrière— «los contratos de subsistencias y de suministros para los ejércitos tomaron una importancia tal que *les hicieron asimilarse a los actos de administración* escapando al conocimiento de los Tribunales» [23]. Con su estilo descriptivo y brillante, Cormenin había escrito en 1830 «el servicio de la guerra, de la marina y del interior se vería entorpecido por las infinitas circunvoluciones del procedimiento judicial. La jurisdicción administrativa le imprimirá una acción más rápida; los conflictos se zanjan en lugar

21 DELGADO, E., *Apuntes de Derecho Económico del Estado,* Madrid, 1882, págs. 47-48.

22 DELGADO, E., *Apuntes...,* cit. pág. 52. En el mismo sentido, *La Hacienda Pública y el Derecho,* RGLJ, Tomo LXIV, págs. 393-394.

23 LAFERRIÈRE, E., *Traité de la jurisdiction administrative et des recours contentieux,* Paris, 2ème ed., 1896, Tomo I, pág. 201: *vid.* allí el texto de les arrêts del Directorio, de 8 y 9 fructidor an VI y 17 Vendémiaire an VII en los que se opera esta atribución de jurisdicción.

de desanudarlos; era preferible pagar caro, incluso muy caro, pero ser servido; a los suministradores, como a los soldados se les conducía al redoble del tambor» [24].

También en España y por las mismas razones (especiales y urgentes necesidades de un ejército en guerra permanente desde 1808), el contrato de suministros al ejército se configurará según reglas especiales y con jurisdicción especial (primero juzgados privativos y más tarde jurisdicción contencioso-administrativa, desde la creación de ésta: 1845) [25].

Si he traído aquí el recuerdo del origen administrativo en Francia y en España es para tratar de descubrir las *razones por las que surge la figura*. Se ha dicho que su *origen es puramente procesal,* consecuencia de un criterio puramente pragmático de división del trabajo y de oportunismo político, esto es, un cri-

---

[24] Cit. por LAFERRIÈRE, *loc. cit.*

[25] Puede citarse a este respecto la Real Orden de 3 de agosto de 1831, cuyo tenor era el siguiente: según sentencia «He dado cuenta al Rey, nuestro Señor del expediente y se ha servido S.M. mandar que la Chancillería de Valladolid se inhiba de conocer en los autos que con el indicado motivo se ha suscitado entre los pueblos de Corcos y Santovenia, pasándole al Intendente que corresponde: que Santovenia y los treinta y tres mil quinientos reales que reclama *deben quedar sujetos a la resolución que S.M. tenga a bien acordar en dicho expediente general, absteniéndose por consiguiente todos los tribunales de entender en repartos de suministros,* sus anexidades, conexidades, y cuanto tenga o pueda tener interés la Real Hacienda»; y la Real Orden de 8 de octubre del mismo año, decía así: «He dado cuenta al Rey nuestro señor de una nueva instancia en que los concejales que fueron de la villa de Haro en el año mil ochocientos veinte y ocho manifiestan que no obstante lo dispuesto en Real orden que comuniqué a V.E. en catorce de noviembre de mil ochocientos treinta, se siguen contra ellos los procedimientos por parte de la Chancillería de Valladolid, habiéndose vendido sus bienes propio para reintegrar de los suministros que en el año de mil ochocientos trece hizo Mauricio Aguirre a las tropas del ejército: y enterado S.M., teniendo presente que los bienes de los referidos concejales en ningún caso pueden responder del enunciado crédito, se ha servido mandar: que si las providencias de la Chancillería de Valladolid contra los concejales que fueron de la villa de Haro en mil ochocientos veinte y ocho, *no dimanan de algún otro contrato privado* o causa en que ni la Real Hacienda ni el pueble tengan interés, se les devuelvan desde luego libres y sin costas los bienes que se les han vendido, sin volverlos a molestar por esta causa, ni tampoco a ningún otro pueblo; *teniendo entendido el referido Tribunal que mientras en esta materia de suministro se versen intereses de la Real Hacienda o del público, está inhibido de todo conocimiento y sólo podrá tenerlo en los negocios de esta clase cuando se trate del interés privado de las partes».* Finalmente, en Sentencia de 14 de noviembre de 1849, en apelación sobre la reclamación al Ayuntamiento de Bilbao de una cantidad procedente de suministros y servicios prestados durante la guerra de la Independencia, con el 4% de interés anual, el Consejo Real declaró nulo todo lo actuado por haber recaído sentencia firme en el pleito dictado por una de las Salas del Tribunal Supremo de Justicia confirmando otra que dio el extinguido Consejo de Castilla, y por aplicación de las RR.OO. de 15 de octubre de 1826, 3 de agosto de 1831 y 1 y 8 de octubre de 1831, por las que se dispuso que *«todos los Tribunales se abstuvieran de conocer en los pleitos originados por el cobro de las cantidades invertidas en suministros para las tropas».*

terio puramente empírico y adjetivo que luego se sustantiviza, de modo que lo que empezó siendo una pura diferencia de fuero da lugar después a diferencias de fondo. Ésta fue la tesis de Parada, formulada en 1963 [26], que resultaba certera pero insuficiente, pues realmente con ella no se nos explicaba nada, antes al contrario se desemboca en una posición según la cual el contrato administrativo no existe como figura diferenciada. Para llegar al fondo del asunto lo que había que preguntarse es: *¿y por qué esa diferencia de fuero?*. Si se tratase simplemente de esto —un fuero distinto por razón del sujeto—, ¿para qué la distinción entre contratos administrativos y contratos privados de la Administración, unos y otros celebrados por el mismo sujeto? En definitiva, ¿qué es lo que había detrás de aquellas relaciones contractuales para que se atribuyeran a una jurisdicción especial y se las regulase con reglas especiales?

Tal es la cuestión a la que había que responder. Porque conviene recordar a este respecto que en ningún momento se configuró entre nosotros una *pura* jurisdicción subjetiva —un fuero de la Administración— cualquiera que fuese el objeto de sus relaciones. Alguna vez se ha pretendido ver tal fuero administrativo, encomendado al Consejo Real, en el art. 1 del Reglamento de 30 de diciembre de 1846 en el que se decía que correspondía a dicho Consejo conocer en primera y única instancia «de las demandas contenciosas sobre el cumplimiento, inteligencia, rescisión y efectos de los remates y contratos celebrados directamente por el Gobierno o por las Direcciones Generales de los diferentes ramos de la Administración Civil». García de Enterría quiso ver en este precepto un criterio orgánico que determinaría un verdadero fuero administrativo *ratione personae* [27]. Esta apreciación es errónea, como lo demuestra, entre otras, la decisión del Consejo Real de 9 de mayo de 1849 [28] en la que éste afirmará que «no le corresponde el conocimiento de la demanda en primer y única instancia con arreglo al citado párrafo de su Reglamento (el que acaba de ser trascrito) pues aunque dicho párrafo no expresa que los contratos que menciona *sean para servicios y obras públicas, esta circunstancia debe reputarse sobreentendida en su disposición»*. En el asunto de que se trataba (aprovechamiento de hornos y escombros de las fábricas del Estado) el Consejo anula la Sentencia del Provincial de Almería y ordena se pase lo actuado al Juzgado de Primera Instancia.

La realidad *en España fue que, después de unos primeros momentos de judicialismo a ultranza* (consecuencia de los principios constitucionales de 1812), se

---

[26] PARADA VÁZQUEZ, J. R., *Los orígenes del contrato administrativo en el derecho español,* Sevilla, 1963.

[27] GARCÍA DE ENTERRÍA, E., *La figura del contrato administrativo,* RAP, n.º 41, 1963, pág. 102.

[28] Colección Legislativa, año 1849, Tomo 47, n.º 13.

afirmará, desde 1845, la existencia de una jurisdicción especial «para toda especie de servicios y obras públicas». ¿Qué es lo que había detrás de aquellas relaciones contractuales? *Afirmémoslo ya: lo que había, según declara expresamente la Orden de 1852,* antes citada, es *una especial importancia política para la vida del Estado y de la sociedad, lo cual exigía una protección especial* de aquellas operaciones (venta de bienes nacionales, suministros al ejército, obras públicas, servicios públicos) que no podían verse frustradas o puestas en peligro por las rigideces y el sistema de garantía que ofrecía el Derecho común.

La venta de bienes desamortizados, que en sí misma era una pura compraventa de Derecho civil, se declara contrato administrativo porque el Estado no quiere ver sometidas dichas ventas a los riesgos que podrían derivar de la aplicación de una normativa estricta, como era el derecho civil, en cuanto a la validez y estabilidad de las mismas. Es decir, la operación desamortizadora era una operación de tal importancia política, tal como se veía en los comienzos del XIX, que en ningún caso el Estado quiso que pudiera resultar frustrada por una aplicación estricta de un derecho que exigía una serie de justificaciones del título de adquisición, de inscripciones registrales, de determinación exacta de las medidas de las fincas, que establecía un régimen de retractos, de error, de lesión, etc.; la aplicación —digo— de todos estos criterios jurídico-tradicionales a las ventas de bienes nacionales, y más aún, el juicio de esas ventas, encomendado a unos tribunales habituados a juzgar con arreglo a ellos (e integrados, sobre todo en Francia, por elementos del Antiguo Régimen [29]: recuérdese el recelo frente a los Parlamentos judiciales que habían sido una fuerza poderosa frente al Rey) llevará a declararlos pertenecientes al orden administrativo. Llevará también a establecer una serie de singularidades de régimen jurídico, tendentes todas a darle estabilidad y firmeza a las ventas: así, la inaplicación de la doctrina de los cuerpos ciertos, del régimen de lesión, de la doctrina general de los vicios del consentimiento (salvo supuestos flagrantes: p.e., venta de una finca por otra), del régimen de retractos, la drástica reducción de los plazos para reclamar contra las ventas, etc. [30]. Cierto que, en este momento, todos estos puntos se ven como excepciones al derecho común básico regulador de la materia, y ello no podía ser de otro modo, pero lo que aquí se pretende señalar es que *estos contratos* —y el caso de los bienes nacionales es significativo— *no constituyen una simple relación de justicia conmutativa entre partes* sino que por encima y antes que eso, el Estado persigue un *fin colectivo, de fomento de la riqueza nacional, de justicia distributiva, de saneamiento financiero de la Hacienda.* Y estos fines, que son los primarios no pueden verse burlados por

---

[29] Este dato, que señaló CORMENÍN, lo recuerda VILLAR PALASÍ, en *Lecciones...*, cit., pág. 8.

[30] Cfr. DELGADO, E., *La Hacienda Pública y el Derecho...*, cit., pág. 395.

minucias legales. Pues nótese un dato y es que estas ventas no eran abonables en el acto sino a lo largo de varios años (en el Decreto de Mendizábal de 1836 se prevé un plazo de 16 años: arts. 13 y 14). El Estado tenía interés en asegurar el ingreso de fondos en la Hacienda, de los ingresos derivados de estas ventas. La impugnación de cualquier venta suponía la paralización de los pagos. La impugnación con arreglo a los módulos de derecho civil y el juicio ante un tribunal de la invalidez de una posible venta, suponía, evidentemente, un riesgo para la estabilidad de las ventas, y lo que es más importante, un riesgo para la garantía de los ingresos en el Tesoro.

¿Podría deducirse de este ejemplo histórico, que se prolonga hasta bien entrado este siglo (la Instrucción para la venta de las propiedades y derechos del Estado de 1903 los considera todavía contratos administrativos), que la enajenación de bienes inmuebles, es, por naturaleza, un contrato administrativo? Es obvio que no. Hoy la Ley de Contratos de las Administraciones Públicas califica como contratos privados las ventas de dichos bienes (art. 5.3). El mismo tipo, la misma naturaleza del contrato tenía la venta de bienes desamortizados, que la venta, hoy, de una finca del antiguo ICONA. En cambio, años más tarde —en los cuarenta y cincuenta de este siglo— serían declarados contratos administrativos reiteradamente por el Tribunal Supremo las compras o ventas de bienes muebles (café, aceite, carnes, bidones vacíos, etc.) llevadas a cabo por la Comisaría de Abastecimientos y Transportes [31]. ¿Por qué? Porque en esos años era una finalidad política de importancia esencial para la vida de la colectividad *los abastecimientos nacionales,* y éstos han sido rodeados, por ello, de una *especial protección*. Hoy, con toda probabilidad, si el Estado llevase a cabo estos actos de comercio lo haría a través de una sociedad instrumental o un ente público comercial e industrial y los contratos tendrían carácter mercantil [*vid*. art. 3.f) de la Ley].

Análogas consideraciones podrían hacerse respecto a los contratos de suministros al ejército. El Estado en estos casos —decía Cormenin— somete a los contratistas, como a sus soldados, al ritmo de los tambores, y se reserva la resolución de los conflictos de intereses que se puedan plantear con ocasión de ellos. Hoy, estos contratos sólo tendrán la condición de administrativos si tienen la consideración técnica de «suministros», pero no si se trata de compras

---

[31] GUAITA, A., *Derecho administrativo especial,* Tomo III, pág. 73: «el Tribunal Supremo —escribe— ha entendido invariablemente que los concertados por la Comisaría General de Abastecimientos al comprar artículos alimenticios son contratos administrativos porque tienen por objeto un servicio público, y lo mismo cuando la Comisaría, por ejemplo, vende bidones vacíos procedentes de importación de aceite, para con el producto de la venta poder aminorar el precio del aceite que luego ella ofrecerá al mercado nacional: ss. de 12 de junio de 1959, 2 de marzo de 1960 y 24 de marzo, 7 de abril y 22 de octubre de 1962».

o servicios ocasionales. (Por cierto que la nueva ley excluye de su ámbito «los contratos y convenios efectuados en virtud de un acuerdo internacional relacionado con el estacionamiento de tropas: art. 3.1.h»).

Quiere todo ello decir que en las distintas épocas, en los distintos momentos históricos, la satisfacción de determinadas necesidades públicas se logrará mediante la técnica contractual y ésta será calificada como administrativa o como civil, según la importancia política del sector, de la operación o actividad de que se trate. La Administración, con eso, pretende organizar la pronta y eficaz realización de las tareas. ¿Qué es, en definitiva, la cláusula de «obras y servicios públicos» del siglo XIX sino el paradigma que se establece para determinar el interés político preferente —y la especial protección que merecen— tales actividades, que caracterizarán desde 1845 a la Administración de los moderados?

Baste lo dicho hasta aquí para concluir que el contrato administrativo *no es una naturaleza esencial,* sino una categorización o calificación jurídica circunstancial. Es inútil, por tanto, pretender determinar la esencia del contrato administrativo en abstracto. La calificación jurídica de un contrato será variable en su extensión y cambiará con el tiempo, pues estará vinculada al entorno ideológico político del momento. Aquellas prestaciones u operaciones jurídicas de tipo contractual que tienen una importancia preponderante para el interés público en un momento dado (el abastecimiento nacional, la vivienda, o la investigación científica) serán calificadas como administrativas. *El contrato administrativo no es una esencia, sino una «existencia» histórico-jurídica.* Por ello, se les rodeará de un régimen jurídico especial que garantice con mayor fuerza la pronta y eficaz realización de esos fines concretos. Este régimen se caracteriza por una mayor elasticidad interna, por una especial protección del fin público que se busca (que pasa por encima de la estricta relación bilateral), por una mayor capacidad de decisión para una de las partes —que asume la potestad de dirección— a lo largo de la vida del contrato, por una mayor estabilidad y continuidad de la relación en cuanto tal y finalmente por una mayor protección de la institución frente a terceros.

Estas consideraciones eran perfectamente aplicables, más aún, eran la única forma de entender la serie de artículos que tanto en las leyes jurisdiccionales como en las leyes de contratos han intentado definir, a lo largo de nuestra historia, *la naturaleza del contrato administrativo* (en concreto, los arts. 4 LCE y arts. 6, 7 y 8 del viejo RCE, vigentes hasta hoy como veremos, que se entienden muy bien a la luz de estas consideraciones).

El hecho es que la tesis de la sustantividad del contrato administrativo con relación al civil se vio consagrada en España desde el mismo momento en que cristalizó entre nosotros *un verdadero derecho objetivo,* inspirador y regulador de la contratación en su fondo material, cosa que se inició con la Ley de Bases de Contratos del Estado de 1963.

5. Legislación española en materia de contratación administrativa

A) *Legislación histórica: normas procedimentales y rituarias, falta de un derecho objetivo de la contratación pública*

La legislación española en materia de contratos públicos tiene una larga historia y está centrada, sobre todo, en el contrato de obras y en el de gestión de servicios públicos, que en múltiples ocasiones iban de la mano (concesiones de obra y servicio, tan numerosas y variadas en nuestra segunda mitad del siglo XIX). La concesión de obra, como tal, aparece ya en 1845 (Instrucción de dicho año) y se mantiene en la Ley General de Obras Públicas de 1877, pero luego queda absorbida por la concesión de servicios y desaparece prácticamente de nuestro ordenamiento hasta la Ley 13/2003 de concesiones de obra, como se explica en otra Lección.

Haciendo aquí una simple enumeración de las normas más significativas de nuestra historia, por lo que a la contratación del Estado se refiere (podría hacerse una relación parecida para la contratación local) deben citarse las siguientes:

— Pliego de Condiciones Generales para los contratos de obras públicas, aprobado por Real Orden de 14 de abril de 1836.

— Instrucción para promover y ejecutar las obras públicas, aprobada por R.D. de 10 de octubre de 1845.

— Pliego de condiciones para los contratos de obras, aprobado por R.D. de 18 de marzo de 1846.

— Real Decreto de Bravo Murillo, de 27 de febrero de 1852, estableciendo reglas para la celebración de toda clase de contratos sobre servicios públicos.

— Pliego de Condiciones Generales para las contratas de obras públicas, aprobado por R.D. de 10 de julio de 1861.

— Pliego de Condiciones Generales para la contratación de obras públicas, aprobado por R.D. de 11 de junio de 1886 (de Montero Ríos).

— Pliego de Condiciones Generales, aprobado por R.D. de 7 de diciembre de 1900 (de Sánchez Toca).

— Pliego de Condiciones Generales para la contratación de obras públicas, aprobado por R.D. de 13 de marzo de 1903 (de González Castejón).

— Leyes de Administración y Contabilidad de 1911, especialmente Capítulo V («De los contratos para la ejecución de las obras y servicios públicos»), modificada luego por Ley de 20 de diciembre de 1952.

Toda esta abundante normativa, dictada a lo largo de más de un siglo no constituyó en ningún momento un verdadero derecho objetivo de la contratación administrativa, inspirador y regulador de ésta en su fondo material. Eran, más bien, *normas procedimentales y rituarias,* preocupadas exclusivamente de un aspecto de la garantía: el que se centra en la elección y adjudicación de los contratos a un precio lo más bajo posible. Los sucesivos pliegos de condiciones, y en especial el *Pliego de 1903,* supletorio de todos los demás, no llegaban a cubrir este vacío normativo por cuanto aún reconociendo su condición de normas (no meras cláusulas contractuales), como el Tribunal Supremo declaró en multitud de sentencias, *no tenían el valor de cuerpo normativo general,* de auténtico derecho común de la contratación administrativa. Lo cual implicaba dos consecuencias importantes: primera, que no tenían —por tratarse de derecho singular— virtualidad expansiva, con capacidad autointegradora; y segunda, que en ningún caso suponían derecho vinculante para la propia Administración, que podía (al amparo del principio de autonomía de la voluntad) desconocerlos en el clausulado interno de cada contrato. Una voz se alzó —ya en el siglo XIX— contra esta situación, claramente atentatoria contra el principio de legalidad. Fue la de Eleuterio Delgado, contestando a una crítica que le había hecho Torres Muñoz a su libro *Contratos Administrativos.* En una nota publicada en la «Revista General de Legislación y Jurisprudencia» (Tomo LXIV), afirma: «El Poder legislativo debe trazar reglas a la Administración que deslinden sus derechos y atribuciones, y marquen sus deberes. Estas reglas deben encaminarse a garantizar los intereses colectivos y asegurar el bien público, objeto de la Administración. Esto supuesto, como aquellos derechos y atribuciones, entre ellos el Poder Ejecutivo de que se halla dotada, no se le conceden para bien particular, ha de conservarlos por mandato de la Ley, lo mismo cuando realiza por sí el servicio que cuando se vale de otras personas y acude al contrato. De aquí la necesidad de salvar en él, por disposición de la ley, sus atributos y derechos: de aquí la imposibilidad de traspasar la ley administrativa que protege aquellos, y limita las facultades de la Administración; de aquí la necesidad de respetar aquélla, no pudiendo celebrar un contrato con la libertad que concede la ley común a los demás contratantes».

Esta falta de derecho objetivo, de normas delimitadoras de la naturaleza del contrato administrativo fue suplida en buena parte por una abundante serie de decisiones de jurisprudencia administrativa que van reconociendo, aislada y a veces contradictoriamente, la especialidad de dichos contratos. Siempre, sin embargo, con el carácter de excepción al derecho común, que es el derecho básico normador de la materia. Pero en medio de esta legislación rituaria, procedimental y de derecho dispositivo, debe citarse aquí un verdadero monumento legislativo, que nunca alcanzó a tener vigencia, pero que es una pieza maestra de nuestra historia legal. Existe en nuestra patria un precedente olvidado de la contratación administrativa, que no ha sido hasta ahora puesto de manifiesto y que tiene a mi juicio grandísimo interés [32]. Se trata del Proyecto de Ley presentado a las Cortes con fecha 15 de noviembre de 1900, por el Presidente del Consejo de Ministros, Marcelo de Azcárraga. Este texto, aunque no constituyó en ningún momento derecho vigente, es claro testimonio de una época en la que se empieza a vislumbrar la especial naturaleza de la figura. El tratarse de un proyecto de ley con pretensiones de regulación total obligó a abordar el tema frontalmente y en conjunto, y a tomar postura sobre la concepción dogmática de la institución. Veamos en qué términos lo hace, dejando hablar al propio documento. Empieza su Exposición de Motivos afirmando «la imperiosa necesidad de decidir las dudas que acerca de la naturaleza y especial carácter de dichos contratos se han producido por una jurisprudencia casuística y contradictoria». Consciente de que constituye el quicio de la institución, la aborda como «la primera y más importante de las cuestiones», en estos términos:

> «sin que sea dable poner en tela de juicio que *los contratos en general son de naturaleza esencialmente civil,* por cuanto en derecho común es la base fundamental de la cual reciben toda su fuerza y vigor las relaciones contractuales, como instituciones jurídicas, y a cuyas disposiciones es forzoso atenerse para regular los efectos de los mismos en lo que de esencial tienen los recíprocos derechos y obligaciones que de ellos se derivan, tampoco es posible desconocer que *la limitada y peculiar capacidad que el Estado tiene* como prototipo de las personas jurídicas, y la necesidad ineludible que es lógica consecuencia de esa misma especial capacidad de hallarse representado para realizar sus fines por organismos y funcionarios que, en garantía de los intereses públicos, han de *tener previa y perfectamente definidos sus deberes y trazada su esfera de acción para que sean válidas las obligaciones* en tal representación que contraigan, lo cual constituye una nota característica de la especialidad de los contratos que la Administración celebra».

---

[32] Me he referido ya a él en mi libro *Teoría del equivalente económico en los contratos administrativos,* Instituto de Estudios Administrativos, Madrid, 1968, 428 páginas. Lo estudio allí únicamente en el aspecto que entonces interesaba: el régimen económico del contrato.

El texto es revelador: en la primera parte de él se manifiesta el peso de una tradición, que se remonta al derecho regio [33] y que afirma la naturaleza privada de la materia. En la segunda, se refleja la especial condición del sujeto que supone la Administración, con su minusvalente capacidad por un lado (la vieja equiparación al menor de edad) [34] que da lugar a la pugna legalidad-autonomía de la voluntad que preside el contrato administrativo, y con una cierta situación de privilegio, por otro, en atención a los fines que ostenta: los intereses públicos. Los funcionarios han de tener por ello previa y perfectamente trazada su esfera de acción para que sean válidas las obligaciones que contraigan. Este principio, en su doble aspecto sustantivo y financiero dejará su huella en la regulación del fondo de los contratos. Sin embargo, hasta este momento no se acaban de sacar las consecuencias que tales condicionamientos conllevan. Se afirma únicamente, fiel a la mentalidad de la época, la especialidad o singularidad del contrato por razón del sujeto, más que por razón de la materia, sin advertir el impacto que sobre el fondo del contrato produce ese régimen peculiar del sujeto y sin calibrar que, cualesquiera que fuesen las condiciones del sujeto, los contratos sobre determinadas finalidades estarían siempre revestidos de un régimen jurídico peculiar. Por ello, se afirmará en el art. 51 que «en todo lo que especialmente no se determine en la presente Ley, los efectos que

---

[33] ALFARO, F., *Tractatus de Oficio fiscalis, que fiscalibus privilegiis,* Madrid, 1604. He usado la edición de 1780, págs. 252 y 253. La vieja ficción de la doble persona del Príncipe es afirmada para explicar la obligatoriedad de los contratos que éste realiza: «*legistae igitur in ea sunt sententia, ut efficaciter Principem obligari teneant, tunc quasi exuit personam Principis et privati personam induit*». La afirmación es común en todos los autores de la época.

[34] La equiparación al menor aparece expresamente formulada en la Exposición de Motivos de la Ley: «como consecuencia de la limitada capacidad que el menor de edad y la mujer casada tienen, se determinan diferencias esenciales en cuanto a la forma, solemnidades y efectos de los contratos en que aquellos intervienen... así, el Derecho administrativo debe regular los que la Administración celebra». Es interesante recoger igualmente la *aequiparatio iuris* que también el proyecto recogía entre la Administración y el comerciante, que ha sido repristinida en nuestros días por GARCÍA DE ENTERRÍA en su intento de delimitación del contrato administrativo a través de la expresión «giro y tráfico»; *vid.* el sugestivo artículo que publicó en el n.º 41 de la «Revista de Administración Pública», con el título *La figura del contrato administrativo.* Estas son las palabras del texto de 1900: «del propio modo que el Derecho mercantil establece otras (diferencias) atendiendo a la calidad de las personas y al objeto sobre que los contratos versan, el Derecho administrativo...». Esta concepción —que ha sido resucitada hoy— tiene una piedra angular: la especial condición del sujeto; en el fondo, la consideración del Derecho administrativo en frase de GARCÍA DE ENTERRÍA —como derecho propio de las Administraciones públicas en cuanto sujetos, que imprime a las instituciones una modulación especial conforme a las exigencias de desenvolvimiento de tales sujetos particulares—. Mi opinión es que detrás del contrato administrativo hay desde luego mucho más que la mera especialidad de un sujeto. No es un criterio puramente subjetivo, orgánico, sino objetivo y material, finalista, vinculado a la naturaleza de la actividad, el que confiere al contrato administrativo su propia sustantividad. Me remito a lo que se dice más adelante en el texto.

han de producir los contratos administrativos, serán los que con arreglo a la naturaleza de cada contrato se hallen establecidos por derecho común». Por lo demás, en los arts. 1 y 2 se califica la naturaleza administrativa de los contratos en atención a la clásica fórmula «obras y servicios públicos», entendida ésta en un sentido amplio («satisfacer una necesidad o realizar un fin público general, provincial o local»).

Esta misma concepción quedaría formalmente consagrada en la ley pocos años más tarde, con motivo de la Ley de la Administración y Contabilidad de 1911, cuyo art. 65 establecía: «las disposiciones y normas del derecho común serán aplicables como derecho supletorio para resolver las cuestiones a que pueda dar lugar la interpretación y cumplimiento de los contratos administrativos que no puedan ser decididas por aplicación directa de los preceptos del presente capítulo y de las disposiciones complementarias de la contratación administrativa». La expresión literal de este artículo era contundente y exigía una consecuencia que ya se contenía implícitamente en el Proyecto Azcárraga y que la doctrina señaló: la prohibición de interpretación y aplicación analógica de los preceptos administrativos, por vía de extensión integradora en los casos de laguna legal.

B) *Legislación: la configuración en España de un derecho objetivo material de la contratación pública*

La gran reforma, una reforma creadora, a partir de la cual se constituye en España el derecho público de la contratación, es decir, la configuración de un cuerpo normativo general de las obligaciones y contratos administrativos, es la llevada a cabo por la Ley de Bases de Contratos del Estado, de 28 de diciembre de 1963, el Texto Articulado de la Ley de Contratos del Estado de 8 de abril de 1965 y el Reglamento General de Contratación de 28 de diciembre de 1967. Estas tres normas constituyen, en mi opinión, un marco legislativo, del que los españoles podemos sentirnos orgullosos. En 1973 y 1975, la Ley y el Reglamento fueron reformados en algunos extremos, mejorando algunos aspectos de la regulación, pero la gran tarea legisladora había sido llevada a cabo en los sesenta [35].

En efecto, la Ley de 1965 vino a cortar en gran medida con la situación anterior y ello en un doble sentido:

---

[35] Justo es citar aquí a dos grandes Abogados del Estado que fueron los autores (promotores y/o redactadores) de esta legislación: D. Cruz MARTÍNEZ ESTERUELAS y D. José Ignacio MONEDERO GIL, dignos continuadores de D. Eleuterio DELGADO (1882), uno de los creadores de la figura, también Abogado del Estado de los primeros tiempos.

a) En cuanto *aspira a ser una regulación total* de los contratos del Estado: «Aparece así la presente ley —se lee en la Exposición de Motivos— como Derecho general supletorio que completará los aludidos Derechos especiales, sin alterar las peculiaridades administrativas que ostentan. De este modo, aun cuando la materia regulada en la ley afecte a los contratos de obras, servicios y suministros, los más frecuentes, los principios y reglas básicas cardinales de la reforma reciben una virtualidad expansiva que dará unidad y cohesión a todos los negocios del Estado». Como veremos, la realidad no responde del todo a semejantes pretensiones programáticas, ya que frente a la compleja y variada contratación del Estado de nuestros días, su objeto directo siguen siendo los tres contratos típicos: obras, servicios y suministros. Pero fiel a este propósito, la Ley no se limita a aspectos marginales sino que afronta los problemas de fondo, marcando en muchos de ellos criterios propios, frente a la contratación civil.

b) En segundo lugar, en cuanto *no se limita a aspectos formales, procedimentales o rituarios,* sino que afronta también los temas de fondo, marcando criterios propios de la contratación administrativa frente a la civil: la aparente similitud formal entre el antiguo art. 10 (luego art. 4) de la ley y el 1255 del C.c. es sólo eso, aparente, pues responden a principios inspiradores diferentes (legalidad v. autonomía de la voluntad), el equilibrio entre prerrogativas y garantías, la equivalencia material de las prestaciones (frente al equilibrio sinalagmático civil) y la recuperación de la idea del «justo precio», los criterios de interpretación, la mora, el régimen de prescripción o compensación de créditos, etc., responden en ambos ordenamientos a principios diferentes.

Con ello el ordenamiento jurídico español se posicionó definitivamente, hasta hoy, frente a la vieja tesis de que la contratación era materia sustancialmente civil, privada, a la que se aplican en principio las regulaciones materiales, de fondo, del Derecho privado común, sólo que con algunas especialidades o singularidades («modulaciones») derivadas de la especial condición del sujeto: el Estado. Esta tesis se ha mantenido hasta fecha reciente por un sector de la doctrina. Una de sus últimas formulaciones se resume en las siguientes afirmaciones [36]:

---

[36] El portavoz más caracterizado de estas tesis fue García de Enterría, que la formuló por primera vez en 1963, en *La figura del contrato administrativo,* RAP, n.º 41 (diez años antes en cambio, en 1953, había defendido lo contrario: en *Dos regulaciones orgánicas de la contratación administrativa,* RAP, n.º 10). También Parada Vázquez fue un severo crítico de la Ley de 1965: *vid.* su estudio *La nueva Ley de Contratos del Estado,* RAP, n.º 47, 1965. Y las críticas han sido mantenidas posteriormente, al menos por García de Enterría, en su *Curso de Derecho Administrativo,* varias ediciones. La edición consultada es la 4.ª (1983), págs. 627 y ss.

— En su origen, la distinción contratos administrativos-contratos privados «juega exclusivamente en el plano procesal y carece de toda trascendencia en el plano material o sustantivo»; se trata de una atribución jurisdiccional «por razones pragmáticas de simple utilidad (no por razones dogmáticas)».

— La pretendida construcción del contrato administrativo como una figura autónoma es, según esta tesis, un subproducto innecesario y artificioso de lo anterior, un error provocado por la importación francesa de la doctrina del servicio público.

— Las llamadas «cláusulas o poderes exorbitantes» —dicen— o bien constituyen situaciones a las que se podría llegar perfectamente en un contrato privado por vía de pacto entre las partes, o bien son poderes extracontractuales que derivan de la posición jurídica general de la Administración.

— El contenido obligacional del contrato —añaden— no es, ni es deseable que sea, una regulación sustantiva de Derecho administrativo material, sino que debe quedar remitido al Derecho común; que ello es posible lo prueba el hecho de que «otros derechos han encuadrado pacíficamente el grueso de la contratación de los Entes públicos en las regulaciones comunes del Derecho privado, encomendadas al juicio de los Tribunales ordinarios».

— Lo único que hay en definitiva son «modulaciones o variantes que introduce la presencia subjetiva de la Administración», con diferente intensidad según el tipo de contrato, pero que en ningún caso suponen una diferencia de naturaleza.

— Ha sido un error, concluyen, la entronización, en la Ley de Contratos del Estado, de la tesis del contrato administrativo, que se manifiesta en la extensión y complitud de su regulación y en el régimen de fuentes normativas aplicables a éstos.

Después de lo que llevamos dicho en esta Lección (y de lo que se dirá en la siguiente), no parece que sea necesario dar respuesta detallada a estas afirmaciones. Recordaré únicamente que hay en ellas, de entrada, un error histórico: no es cierto, como hemos visto, que en las primeras regulaciones de la jurisdicción contenciosa se atribuya a ésta el conocimiento de *todos* los contratos del Estado, ni que la distinción entre ellos juegue exclusivamente en el plano procesal. Tampoco es cierto, históricamente, que nuestros Tribunales hayan construido la doctrina del contrato administrativo por influencia de Duguit, Jeze o Fernández de Velasco, sino que desde mucho antes nuestros Tribunales habían formulado una doctrina bastante coherente del régimen jurídico de los contratos de «obras y servicios públicos», como entonces se llamaban, y esto es algo que quedó cumplidamente demostrado en la tesis doctoral de José María de Solas, publicada en 1990. En ella se ha realizado, por primera vez en España, un exhaustivo análisis de toda la jurisprudencia española del siglo XIX en la materia [37].

Pero dejando a un lado errores históricos y entrando en la argumentación doctrinal y comparada que se aduce, ésta es, a mi juicio, igualmente errónea al afirmar que a soluciones idénticas a las del contrato administrativo se puede llegar en un contrato privado por vías de pacto. Frente a ello hay que recordar, como ya hemos visto que:

1. Lo que caracteriza un sistema de contratación, esto es, lo que constituye el derecho material, no es el clausulado de un contrato, sino las normas aplicables ante el silencio de las partes; y es obvio que tales situaciones de prerrogativas no existen en un contrato privado.

2. Si se intentase reconocer tales poderes a una de las partes en un contrato civil, las cláusulas podrían ser válidas en algunos casos (por ejemplo, derecho de desistimiento unilateral aceptado por la otra parte, con un régimen de indemnización pactado), pero en otros casos serían nulas de pleno derecho por infringir el art. 1256 del Código Civil (el cumplimiento de un contrato no puede quedar al arbitrio de una sola de las partes), y las normas de orden público (art. 1255); en cambio, en el contrato público, no sólo tales cláusulas son perfectamente válidas, sino que además, aunque no se incluya, tales poderes y prerrogativas existen siempre *ex lege* (justamente porque el derecho objetivo de la contratación es distinto), y lo que resulta muy discutible es la validez de una cláusula en contrario.

Finalmente, y tras lo que ha quedado escrito en páginas anteriores, no parece pueda afirmarse que la contratación de los entes públicos se haya encuadrado «pacíficamente», en ningún país, en el derecho privado. Antes bien, de la experiencia anglosajona o germánica se deduce:

1. El contrato privado nunca ha sido marco adecuado para las relaciones del Estado. En algunos supuestos de contenido estrictamente patrimonial (y no en todos), o en anteriores estadios de primitivismo de la Administración y del Derecho público, se ha podido pensar en la directa aplicabilidad de aquel modelo. Pero en una sociedad evolucionada y en una Administración que asume de alguna manera su liderazgo y lo ejerce en gran medida mediante una contratación masiva, es imposible seguir manteniendo como base del sistema los principios y reglas del contrato privado. El caso inglés o alemán son un buen testimonio.

---

[37] DE SOLAS RAFECAS, *Contratos Administrativos y contratos privados de la Administración,* Tecnos, Madrid, 1990.

2. Incluso en aquellos países que lo proclamaron como dogma, la mera remisión de los contratos del Estado al Derecho común se ha demostrado absolutamente insuficiente, una situación utópica e irreal, que ellos mismos han falseado constantemente con multitud de excepciones.

3. Desde el punto de vista de una construcción jurídica racional y progresiva, tanto para el bien público como para la seguridad y garantía del ciudadano, el contrato del Estado se debe construir —o mejor, reconstruir—, sobre sus propias bases de Derecho público, que no es sólo un Derecho de dominación, sino de liberación y de garantía.

4. La experiencia histórica y comparada demuestra que es mucho peor, y mucho más indefensa, la condición del contratista en los países del *Common Law,* en los que no existe un Derecho administrativo de la contratación, que en aquellos como el nuestro en que éste existe; que es mucho más generoso con el contratista el derecho público que el derecho privado, por la sencilla razón de que aquél está presidido por el principio de igualdad ante las cargas públicas, que en nuestro ordenamiento es la clave para entender el régimen de indemnizaciones, y aún de riesgos y de equivalencia material de las prestaciones en el contrato administrativo, frente a la puramente abstracta y sinalagmática del contrato civil.

5. No se acierta a comprender, por ello, cuál es la utilidad de propugnar a estas alturas esa «unidad de la contratación»; por el contrario, mantener la figura del contrato administrativo es jurídicamente lo progresivo, en el sentido literal del término, esto es, supone un progreso en la consecución de un más alto grado de justicia y seguridad para el ciudadano (en nuestro caso, el contratista), sin merma de la efectividad de un buen Gobierno, que es también justicia para la colectividad de los ciudadanos (éstos pagan los impuestos y tienen derecho a recibir el mejor servicio).

Así pues, la entronización de la tesis del contrato administrativo en el derecho positivo español no fue un error, sino un acierto. Y por ello, las recientes formulaciones de la Ley de Contratos de las Administraciones Públicas, aprobadas en España (en 1995 y en 1999), la ha ratificado en sus arts. 1, 4, 5, 7 y 8, así como, en general, en el resto del articulado (*vid.* el Texto Refundido de 16 de junio de 2000). También se han visto ratificadas en la reciente Ley de Contratos del Sector Público (LCSP) de 2007, como se explica en la Lección 17.ª

6. El Derecho Administrativo como derecho común

Pero lo más importante de esta tesis sobre el contrato administrativo es que ello lleva también consigo una consecuencia muy importante: la calificación del Derecho Administrativo como Derecho común de la contratación —y de la Administración— pública, con capacidad de autointegración a través de la analogía y de sus propios principios informadores, en los casos de laguna legal. Frente al art. 65 de la LACHP de 1911, antes citado, la regulación actual de los contratos públicos establece para los contratos de naturaleza administrativa el siguiente orden de prelación de fuentes:

— Primero, las normas administrativas especiales establecidas para los contratos nominados en la propia Ley.

— Para los demás contratos de naturaleza administrativa, sus normas peculiares y en su defecto, por analogía, las disposiciones de la ley y el reglamento vigente en la materia (antes la LCAP, hoy la LCSP) que funcionan como cuerpo normativo general de toda la contratación del Estado no expresamente excluida de su ámbito (negocios excluidos, hoy art. 4 de la LCSP).

— En tercer lugar, supletoriamente y antes de acudir al derecho común, se aplicarán las restantes normas del derecho administrativo.

— Finalmente, en defecto de este último, serán de aplicación las normas del derecho privado, civil, mercantil o laboral, según proceda.

Con ello, quedaba consagrada una vieja aspiración que había sido demandada muchas veces por la doctrina científica: la autonomía del derecho administrativo con relación al derecho civil, aunque se reconozca a éste «en la génesis del derecho administrativo y de sus instituciones» [38].

No nos resta ahora sino resaltar cómo el Derecho administrativo, que era en su origen el derecho de un sujeto especial —la Administración Pública—, titular del Poder Ejecutivo, fue progresivamente construyendo sus propias reglas en toda una serie de campos (fundamentalmente patrimonio, contratación y personal) acudiendo a categorías del derecho común pero adaptándola a sus propias necesidades. Todas ellas recibirán su propia y genuina configuración en el moderno Derecho administrativo a medida que éste se vaya elaborando desde sus propios presupuestos. Así ocurrirá con la relación funcionarial, construida inicialmente sobre el contrato de servicios, con la doctrina del acto administrativo, construida sobre el concepto de negocio jurídico; la delegación, vista inicialmente desde la figura civil del mandato; o la responsabilidad, basada al principio en el 1.902 del Código Civil. De manera muy particular, ello ocurrió con el contrato administrativo, tema sobre el que tenemos en nuestro Derecho el testimonio incontestable, ya citado, del Proyecto de Ley

---

[38] Así reza el título del libro —un clásico— de Sebastián Martín-Retortillo, Instituto García Oviedo, Sevilla, 1960, especialmente en págs. 21-100.

de Marcelo de Azcárraga del año 1900. También se dio el mismo fenómeno con el uso táctico de la personalidad jurídica, que inspiró las primeras manifestaciones de la descentralización funcional. En todos estos campos, por debajo de un común esquema formal (de lo que a veces se ha llamado el «supra-concepto»), corren en el Derecho civil y administrativo, energías y líneas de fuerza diferentes. No hay aquí un mero prurito de autonomía, sino la realidad de un régimen jurídico distinto (y en ello consiste la sustantividad de las figuras). Sustantividad que no la hace irreductible al cuadro conceptual del Derecho civil sobre cuyo suelo han crecido, pero sí les da soluciones propias y peculiares a muchos de sus problemas. Porque sólo desde los principios específicos del derecho público podrán resolverse con acierto las cuestiones que el contrato administrativo, la personalidad jurídica o la responsabilidad del Estado plantean. Y es justamente por ello por lo que el Derecho administrativo se ha configurado en los últimos lustros como un *Derecho común* —tan común como el Civil— con capacidad de autointegración a través de la analogía y de sus propios principios generales [39]. Pues bien, fue nuestra primera Ley de Contratos del Estado la que vino a consagrar legalmente esta realidad frente al antiguo art. 65 de la Ley de Administración y Contabilidad de la Hacienda Pública y el art. 16 del Código Civil.

[39] Sobre este tema, ya en 1952, D. Manuel CLAVERO escribió palabras definitivas. *Vid.* su trabajo *Consecuencias de la concepción del Derecho Administrativo como ordenamiento común y normal*, en «Revista General de Legislación y Jurisprudencia», Tomo XXIV, 1952, págs. 544 y ss.

LECCIÓN 15.ª
EL ENIGMA DEL CONTRATO ADMINISTRATIVO *

SUMARIO: 1. INTRODUCCIÓN.—2. CONTRATO Y PODER POLÍTICO.—3. CONTRATO Y ACTO ADMINISTRATIVO: DIFERENTE JUEGO DEL PRINCIPIO DE LEGALIDAD.—4. CONTRATOS ADMINISTRATIVOS Y CONTRATOS PRIVADOS DE LA ADMINISTRACIÓN: A) *La Administración como sujeto.* B) *Actividad administrativa y actividad privada de la Administración. La figura del contrato administrativo.*—5. LA TIPIFICACIÓN LEGAL.—6. EL SENTIDO Y RAZÓN DE SER DE ESTA FIGURA.

1. Introducción

Esta lección lleva por título «El enigma del contrato administrativo». Dice el Diccionario de la Lengua Española que enigma es aquel «dicho o cosa que no se alcanza a comprender o que difícilmente puede entenderse o interpretarse». Algo de esto ocurre sin duda con el contrato administrativo. Es un concepto que ha dado lugar a continuas polémicas doctrinarias, a miles de páginas escritas desde hace más de un siglo, a una jurisprudencia masiva, a veces confusa y contradictoria, y a continuas reglamentaciones de leyes y decretos, que se suceden año tras año en todos aquellos países en que ha sido aceptada esta figura. Sin duda algo enigmático y contradictorio, encierra una institución jurídica que ha necesitado tantas explicaciones.

Pero no han corrido mejor suerte aquellos países como Alemania, Gran Bretaña, Italia o Estados Unidos, en los que no se reconoce esta figura. En ellos, los contratos del Estado se declaran sujetos al derecho común, civil o comercial, como cualesquiera otros negocios entre particulares, pero ello no es nunca así; esto es sólo en teoría. En la práctica, los contratos del Estado en esos países están llenos de peculiaridades, de excepciones al derecho común, bien por la vía del clausulado contractual (que incorpora multitud de singularidades) bien por la proyección sobre el contrato de un conjunto de privilegios subjetivos que acompañan siempre al Estado y que le sitúan en una cierta posición de inmunidad frente al contratista.

Así pues, el enigma, seguramente, no está en el concepto de contrato administrativo, sino en el concepto de contrato estatal o «contrato de Estado», pues parece en principio incompatible la idea de contrato (es decir, de relación bilateral vinculante, libremente acordada, en un plano de igualdad) con la

* Discurso de recepción del autor en la Academia Nacional de Derecho y Ciencias Sociales de Buenos Aires; publicado luego en la «Revista de Administración Pública», n.º 172, Madrid, 2007.

idea de poder público (esto es, titular o partícipe de la soberanía, que puede hacer valer unilateralmente su poder en cualquier momento a través de una Ley, Decreto o acto de Gobierno).

Y es que, efectivamente, como escribió el gran Otto Mayer hace más de un siglo, «El Estado manda siempre unilateralmente...; y el contrato no tiene acomodo posible en el derecho público...». Para los herederos del viejo y gran maestro, la razón era clara: «puede hablarse solamente de contrato —escribirá Fleiner— si la voluntad de cada una de las partes de una relación jurídica posee la misma fuerza; ahora bien, esa igualdad no existe jamás entre el soberano y el súbdito» [1]. El contrato del Estado constituye, por tanto, una imposibilidad lógica [2].

Ante tal incompatibilidad conceptual, pero también ante la realidad evidente, desde hace siglos, de que el Estado (y antes el Rey) celebra contratos para cubrir sus necesidades y las de su pueblo, los juristas hemos tenido que buscar una explicación. Unos dijeron: cuando los poderes públicos contratan, lo hacen como si fueran personas jurídicas y se someten al derecho privado. Otros entendieron que la presencia del soberano en la relación transformaba la naturaleza y estructura de ésta, dando lugar a un nuevo instituto jurídico al que llamaron «contrato administrativo». Éste pretendía reconstruir sobre nuevas bases una figura milenaria, alterada por la presencia del poder público.

Ahora bien, tanto en un caso como en otro, el enigma sigue ahí. Porque hay que preguntarse: ¿es realmente posible ese desdoblamiento de la personalidad jurídica del Estado (o del Príncipe) de modo que éste se despoje de su poder cuando contrata? La experiencia nos dice que ello nunca ha sido así, aunque los juristas lo hayamos predicado una y otra vez. Desde la otra posición, esa reconstrucción de la figura que llamamos «contrato administrativo», ¿es realmente contrato?, ¿no deberíamos llamarle de otra manera (convenio, concierto, acuerdo, acto bilateral necesitado de aceptación)?, o quizás «contreto», para evitar debates inútiles, como en alguna ocasión sugirió, no sin ironía, Eduardo García de Enterría, recordando a don Miguel de Unamuno (que llamaba «nívolas» a sus novelas porque éstas no se adaptaban a los esquemas clásicos).

Ante este tema central del Derecho Administrativo, quisiera ofrecer hoy aquí, modestamente, algunas claves de comprensión de esta figura que nos puedan ayudar a desvelar un poco el enigma.

---

[1] FLEINER, Fritz, *Instituciones de Derecho Administrativo,* 8.ª edición alemana, trad. de Labor, Madrid, 1933, páginas 168-169.

[2] *Vid.* MEILÁN GIL, J. L., *Para una reconstrucción dogmática de los contratos administrativos,* en Anuario Facultad de Derecho de La Coruña, 2005, páginas 508-509.

2. Contrato y poder político

La primera de estas claves, de la que hay que partir, es la relación entre contrato y poder político. Ya he dicho que en principio la idea de contrato parece incompatible con el poder soberano del Estado. La cuestión que aquí se plantea es la siguiente: ¿puede una nueva Ley, dictada por un Parlamento soberano, cambiar los términos pactados por el Estado en un contrato? Ésta es una cuestión bien actual en la Argentina, que se remonta siglos atrás y que se ha planteado en todo tiempo [3]. Para responder a esta cuestión debemos recordar que la más gloriosa tradición jurídica que el mundo ha conocido desde Roma afirmará sin la más mínima sombra de duda la fuerza vinculante de los contratos en los que entra el soberano. Hay un texto admirable de Vázquez de Menchaca —finales del siglo XVI— recogido en sus *Controversias Fundamentales* (Libro I, Capítulo 1.º), que es a mi juicio un monumento jurídico no superado hasta hoy y bien puede servir de umbral a estas consideraciones; es un testimonio que ya me permití traer a colación en un trabajo anterior, escrito en honor de un gran jurista argentino como fue Marienhoff [4]. Dice así:

> «Es cierto en primer lugar lo que afirman nuestros doctores: que el Príncipe, en los contratos con sus súbditos, queda ligado por obligación natural. En segundo lugar, es también muy cierto que el Príncipe, *aún con la plenitud de su poder, no puede violar el contrato.* Aún por la sola razón de que *el Príncipe está sujeto a las leyes positivas* de su nación o pueblo (como extensamente hemos ya expuesto); ni por la consecución y disfrute del cargo de príncipe deja de ser uno de los ciudadanos y como tal *en sus contratos usa del derecho particular*».

---

[3] La tensión entre poder y contrato aparecerá a lo largo de la historia en formas y supuestos de muy diferente guisa: las mercedes enriqueñas, las capitulaciones colombinas, las concesiones de tierras y lugares, las ventas de oficios públicos, los arrendamientos de impuestos, las ventas de bienes nacionales, las *land grants* de la colonización americana, las grandes concesiones de obras y servicios públicos, las modernas técnicas de acción por concierto entre la Administración y las empresas (contratos de programa, acción concertada, concesiones urbanísticas), o los contratos de investigación y desarrollo tan frecuentes e importantes hoy en los Estados más avanzados. Todas estas actuaciones de los poderes públicos, desarrolladas a lo largo de los último cinco siglos —que se dice pronto— son manifestaciones de un mismo fenómeno. Todas *se han vestido de contrato,* o al menos así lo intentaron, no sin discusión, algunos de sus protagonistas. En sus luchas con el Poder —el Poder Real de los siglos pasados o el Poder Administrativo del Estado moderno— creyeron encontrar en el contrato la más solemne y sagrada garantía en la protección de sus derechos. Sobre algunos de estos supuestos *vid.* el excelente trabajo de MEILÁN GIL, *La actuación contractual de la Administración Pública española. Una perspectiva histórica,* RAP, n.º 99, 1982, páginas 7 y siguientes.

[4] *Vid.* mi trabajo en J. C. CASSAGNE (Director), *Derecho Administrativo,* obra colectiva en homenaje al Profesor Miguel S. Marienhoff, Abeledo-Perrot, Buenos Aires, 1998, especialmente páginas 867 y siguientes.

He aquí formulada la tesis de que el Príncipe está atado por sus contratos, igual que por sus leyes (el contrato no es otra cosa que una ley singular entre las partes: *contractus lex)*. Por eso, el gran jurista de Valladolid añade:

> «Ni hace al caso lo que se afirma en el Digesto y en otras disposiciones antes alegadas "que el príncipe no está sujeto a leyes" *(legibus solutus)*, porque o bien es esto un derecho privativo del príncipe romano solamente, y no de los restantes príncipes del orbe que no le reconocen como superior, de quienes ya hemos tratado, o aún el mismo príncipe romano está *sometido a leyes mientras no hayan sido cambiadas o suprimidas por él.* Y en este sentido afirmamos que está libre de leyes *(legibus solutus)*, en cuanto que puede suprimirlas para bien de la república».

Menchaca reconoce en otro lugar anterior (Libro I, Capítulo 1.º),

> «Que los Príncipes no están ligados por las leyes, se ha de entender sólo en asuntos insignificantes... como en lo que se refiere a formalidades y prácticas de los juicios, contratos y últimas voluntades, de las que puede prescindir el Príncipe...; pero están *obligados al cumplimiento de lo sustancial* de los contratos expresos o tácitos, particulares o generales de la nación entera».

Y para concluir, sentencia lo siguiente:

> «Lo que es digno, no sólo de llamar nuestra atención, sino de causar admiración, es que la obligación que el contrato produce en el Príncipe sea tan eficaz, que las *convenciones hechas con él,* o con cualquier persona revestida de la facultad de dar leyes, *tengan fuerza de ley,* y puedan alegarse en juicio como leyes y deban observarse por todos aquéllos a quienes obligan las leyes del Príncipe».

Menchaca no inventa esta doctrina. Se limita a recoger, con nuevo rigor, a finales del siglo XVI, la opinión común de los glosadores y postglosadores. Es un símbolo de los grandes juristas de nuestro siglo de oro. Unos años más tarde (1612), Suárez escribiría en su *Tractatus de Legibus ac Deo Legislatore:*

> «Porque el Príncipe está obligado a cumplir los pactos —aún los hechos con los súbditos suyos—, dado que esta obligación nace de la justicia natural, la cual obliga también al Príncipe, como es evidente... Pero el Príncipe, *por una necesidad pública o por una causa urgente, puede rescindir el contrato,* aunque no puede, en justicia, privar completamente al súbdito de lo suyo sin *una compensación,* pues esto no es necesario para el bien común».

Es ésta una doctrina plenamente actual, que nos resulta familiar a muchos de los presentes: por una necesidad pública o por una causa urgente se puede rescindir (por tanto, también renegociar) un contrato, pero no se puede privar al súbdito de los derechos derivados de aquél, porque éstos son algo «suyo» (es decir, de su propiedad) y deberá ser compensado.

He traído aquí estos viejos textos porque la Europa de hoy es la heredera de tales doctrinas y, en verdad, con ellos está dicho casi todo: la aplicación de la doctrina del *contractus lex* (con todo lo que ello supone de *excepción al principio de legalidad,* tema que veremos más adelante), la vinculatoriedad del contrato, la posibilidad de modificarlo o rescindirlo, pero siempre con indemnización, la apreciación en el Príncipe de una doble personalidad, y tantos otros principios básicos siguen vigentes hoy en Europa, cualquiera que sea el sistema jurídico imperante.

De esta herencia común se deriva, quizás..., la fundamental identidad de los problemas y soluciones que la contratación pública presenta en todos los países, por debajo de las formales —más aparentes que reales— diferencias de sistemas jurídicos. La existencia de una doble persona en el Príncipe, como la de una doble condición jurídica del Estado en cuanto sujeto de Derecho, se perpetuará a lo largo de los siglos en muy diversos sistemas jurídicos: teoría del Fisco en Alemania, doctrinas de los «actos de autoridad» y «actos de gestión» en Francia, actuación del Estado como Poder o como persona jurídica en España, distinción entre *«propietary capacity* y *governmental capacity»* en los países del *Common Law.*

Es muy notable constatar la tradición jurídica común que en esta materia se aprecia, más allá de los diferentes sistemas latino, anglosajón o germánico. Casi como un eco del *Tractatus de Legibus* que acaba de ser citado, Alexander Hamilton, el gran jurista de la Revolución Americana, autor de una gran parte de los *«Federalist Papers»,* dirigía al Senado de los Estados Unidos, el 20 de enero de 1795, el siguiente texto:

> «Cuando un Gobierno entra en un contrato con un individuo, depone, por lo que al contrato se refiere, su autoridad constitucional y cambia su carácter de legislador por el de persona moral *(moral agent),* con los mismos derechos y obligaciones que cualquier individuo. Sus promesas deben, en justicia, ser exceptuadas de su poder para dictar normas».

A continuación, como valorando, con un contrapunto, lo que acaba de escribir, concluye así:

> «Es imposible, teóricamente, reconciliar la idea de una promesa que obliga, con la existencia de un poder de hacer leyes que pueden variar el efecto de aquella promesa».

He aquí, proclamada ya por Hamilton, la contradicción luego denunciada por Otto Mayer. Ante ella, tanto la doctrina jurídica como la Constitución americana se pronunció en la famosa *contract clause,* en los mismos términos:

«No State shall... pass any... Law impairing the obligation of contracts...».

Pero la contradicción tampoco se saldó con tan solemne mandato constitucional. Tal prohibición de obstaculizar o menoscabar las obligaciones derivadas de los contratos fue, en efecto, limitada por la jurisprudencia posterior en base al «poder de policía» *(police power)* que también la Constitución y las leyes encomendaban a los Estados. En base a él se entendió que la protección y salvaguarda de intereses vitales de la comunidad podía legitimar una legislación limitativa de las obligaciones derivadas del contrato [5] (lo mismo que había dicho Suárez). Lo malo es que el *«police power»* se fue ampliando con el paso del tiempo.

Así pues, contestando a la pregunta más arriba formulada (¿puede una nueva Ley cambiar los términos del contrato?) la respuesta sería ésta: el Estado, en buen derecho, no puede alterar los términos pactados en un contrato. Lo que sí podrá es expropiar, por Ley, los derechos emergentes del mismo, que tienen la misma garantía constitucional que la propiedad porque son derechos de propiedad, de los que no pueden ser privados sus titulares sino por causa de utilidad pública y previa indemnización. Los contratos del Estado serán, por consiguiente, modificables en su contenido por una ley posterior que declare la utilidad pública de esa modificación, pero sus titulares deberán ser indemnizados. Ésta ha sido la solución formulada en la Argentina por el Profesor Cassagne, que muy certeramente ha escrito: «de lo que se trata no es de la intangibilidad de los contratos, sino de los derechos patrimoniales que surgen de ellos, en la medida en que se encuentran amparados por garantías constitucionales» [6]. De esta forma, se mantiene la soberanía del legislador, que es premisa indiscutible de un Estado democrático, pero acompañada de la responsabilidad patrimonial por su actuación, esa que llamamos responsabilidad *ex facto legis.* He aquí una primera clave para entender el enigma.

3. Contrato y acto administrativo: diferente juego del principio de legalidad

La segunda clave es el análisis del contrato en relación con el acto. Ambos son, en un Estado de Derecho, dos modalidades de ejecución de la norma para la realización de los fines del Estado. De ordinario, la Administración, titular

---

[5] H. H. LIEBHAFSKY, *American Government and Business,* New York, 1971, páginas 111 y siguientes.

[6] *Vid.* sobre el tema los precisos términos en los que formula esta doctrina en su estudio *La estabilidad de los derechos patrimoniales emergentes de los contratos de concesión y/o licencia de servicios públicos,* en volumen colectivo (con el Prof. Ariño), «Servicios públicos, regulación y renegociación», Lexis-Nexis, Buenos Aires, 2004.

subordinado del poder, actúa mediante actos y procedimientos unilaterales: ordena, autoriza, prohíbe, manda o sanciona, nombra o cesa, expropia, regula y arbitra diferencias, imponiendo soluciones a los conflictos entre particulares. En todos estos supuestos actúa como poder y ejerce su autoridad. Pero en otras ocasiones, un Estado social sobre el que descansa el bienestar de los ciudadanos, la «procura de su existencia» que decía Forsthoff, necesita contar con el concurso de la iniciativa privada para la provisión de bienes y servicios, para sí o para los ciudadanos. Entonces acude al contrato. Son técnicas a veces intercambiables. La relación de empleo público se puede configurar como acto de nombramiento o como contrato de empleo; la subvención puede verse como una donación modal —acto unilateral— o como contrato de servicios; la adquisición de un bien puede llevarse a cabo mediante acto unilateral —expropiación— o por compraventa; y la construcción de una obra o prestación de un servicio puede llevarse a cabo por contrato o por ejecución directa con medios propios o empresas públicas. La elección de una u otra modalidad de realización de los fines del Estado estará en función de la mayor eficacia y la capacidad de cada Estado. En principio, la actuación unilateral parece más ventajosa que la vinculación del contrato, pero ello exige un Estado fuerte, dotado de capacidad de actuación, de una burocracia sólida y de medios económicos suficientes (como eran Alemania o Gran Bretaña a finales del XIX, donde el contrato público nunca llegó a cristalizar). Por el contrario, un Estado débil y una Administración endeudada tendrá que acudir al contrato para la realización de esas obras y servicios (como le ocurrió a España y en parte a Francia en los siglos XIX y XX) [7]. También los Estados Unidos —que han abominado siempre de las empresas públicas— han gestionado los servicios públicos a través de empresas privadas y para ello han tenido que acudir a una figura de contrato progresivamente publificada, como puse de manifiesto hace años.

En cualquier caso, la Administración actúa siempre, en un Estado de Derecho, a través de actos administrativos que están tipificados en la ley y los reglamentos. El *mismo contrato llega a través de un largo procedimiento que está integrado de actos* administrativos sucesivos (iniciación del expediente de contratación, aprobación del pliego de cláusulas, fiscalización de la existencia de crédito presupuestario y autorización del gasto, aprobación del proyecto de la obra o servicio y supervisión del mismo, convocatoria de licitación, publicación de ésta en los plazos establecidos, constitución de la Mesa de Contratación o Jurado de valoración de las ofertas, acto de apertura de plicas) hasta llegar al acto de adjudicación, que, de ordinario, perfecciona el contrato.

---

[7] MEILÁN GIL, J. L., ofrece esta interesante explicación histórica de la elección del acto o del contrato como modos de actuación del Estado (2005, páginas 510-511).

Esta realidad ha llevado a algunos a pensar que los contratos públicos no surgen de un auténtico consentimiento o acuerdo entre las partes, sino de la voluntad unilateral de la Administración en el ejercicio de una potestad pública, que requiere —eso sí— la previa aceptación o disponibilidad del particular que haya de quedar vinculado por aquel acto. Esta tesis, mantenida por Martínez López-Muñiz y sus discípulos, podría resumirse así: «el contrato público no es sino un acto administrativo *unilateral en su emisión* (a), necesitado de previa aceptación (b) y *contractual en sus efectos* (c)» [8]. Extraña criatura la de un acto que tiene efectos de contrato (una especie de carne que se convierte en pescado; o a la inversa). Ello tendría como consecuencia la aplicación a los contratos del régimen jurídico de los actos, en particular en lo que se refiere al principio de legalidad y al régimen de invalidez y anulación del contrato que sería sin más la pura traslación del régimen del acto de adjudicación [9]. Todo esto es, a mi juicio, un error y voy a explicar por qué.

En principio, es muy cierto que el modo de expresión ordinario de la Administración Pública es el acto administrativo. Puede hacerlo también a través de normas o de actuaciones materiales, pero el centro lo ocupa el acto, que es ejecución de la norma y título legitimador de la actuación material. Es lógico, por tanto, que en todo lo que podemos llamar la «génesis» del contrato o contrato *in fieri* la Administración manifieste su voluntad mediante actos sucesivos que están sometidos, como todos los actos, a la normativa dictada al efecto (ley, reglamentos y pliegos generales de la contratación, si los hay). En los ordenamientos jurídicos maduros la contratación pública está presidida, en efecto, por un *derecho objetivo* de carácter vinculante que la Administración no puede desconocer. La voluntad de la Administración, frente a la radical libertad (autonomía de la voluntad) que preside la contratación civil, es una voluntad vinculada, de contenido «típico». El principio de legalidad juega en la gestación del contrato el mismo papel que en cualquier otro acto: las normas de contratación son para el órgano contratante normas de *ius cogens,* a diferencia de las normas del Código Civil que son para las partes derecho dispositivo. Eso es así *hasta que se produce el encuentro de voluntades* entre Administración y

---

[8] *Vid.* J. L. Martínez López-Muñiz, *Naturaleza de los contratos públicos a la luz del Derecho español (su fundamento y sus consecuencias),* en volumen colectivo en homenaje al Profesor Miguel S. Marienhoff, *Derecho Administrativo,* Abeledo-Perrot, Buenos Aires, 1998. Y también B. F. Macera, *De nuevo sobre la* quaestio disputata *de la naturaleza de los contratos públicos en el derecho español,* en revista «Derecho Administrativo», n.º 43, 2003, Lexis-Nexis, Buenos Aires. Finalmente, Víctor Baca, *La invalidez de los contratos públicos,* Tesis Doctoral, Valladolid, 2005, *in totum.*

[9] López-Muñiz entiende que el complejo tratamiento que ha tenido siempre el tema de la invalidez de los contratos públicos podría limitarse a esto: «los contratos serán inválidos cuando lo sea el acto de adjudicación por el que se perfeccionan».

contratista y se perfecciona el contrato, cosa que ocurre en el momento de la adjudicación y la firma del instrumento contractual.

Ahora bien, una vez formalizado el contrato, cualesquiera que sean los términos del mismo, éste se convierte en la norma primera a aplicar a esa relación. El acuerdo de voluntades, tal como quedó plasmado en el contrato, es el que determina el contenido obligacional, porque en eso consiste esencialmente la esencia de todo contrato: en la fuerza del *contractus-lex*. *«Los contratos tienen fuerza de ley entre las partes contratantes y deben cumplirse al tenor de los mismos»,* dice el artículo 1.091 del Código Civil español. Por tanto, ésta será la primera norma aplicable a la relación, con preferencia incluso al derecho objetivo, mientras el contrato no sea declarado nulo por un juez o anulado de oficio por la Administración (esto último sólo en los casos de nulidad de pleno derecho). Aquí es donde la concepción del contrato administrativo como prolongación del acto administrativo unilateral incurre en el error. Esa es una diferencia esencial entre el acto y el contrato. El principio de legalidad tiene un distinto juego en ambos. En todo el proceso de formación del contrato *(contractus in fieri)* resulta plenamente aplicable el régimen de los actos (vinculación positiva de la Administración a la ley, del acto a la norma); pero una vez que se ha producido el acuerdo de voluntades y ha nacido el contrato, éste tiene prevalencia sobre las normas legales; contempla una situación jurídica final, consolidada en la que las partes tienen derecho a confiar (principio de seguridad jurídica). Sin ello, no hay contrato sino otra cosa (acto necesitado de aceptación, concierto, acto condición o como se le quiera llamar).

Naturalmente, la Administración deberá tratar de asegurar la legalidad de lo pactado estableciendo al efecto las formalidades y controles que sean necesarios. Pero sí, pese a ello, *se produce la inclusión de cláusulas ilegales* —y les puedo asegurar a ustedes que esto a veces ocurre—, *ello no excusa a la Administración del deber de cumplimiento* (o de indemnizar daños y perjuicios en caso de incumplimiento). La Ley de Contratos (artículo 4) viene a confirmar esta tesis cuando después de decir que la Administración podrá *«concertar los contratos, pactos y condiciones que tenga por conveniente, siempre que no sean contrarios al interés público, al ordenamiento jurídico y a los principios de buena administración»*, añade con toda rotundidad: *«y deberá cumplirlos al tenor de los mismos...»,* lo que significa, como apunta Víctor Mendoza (principal autor de la Ley), que en este punto los contratos administrativos son «igual, o mejor dicho, *casi igual* (no puede olvidarse la referencia a las prerrogativas, aplicables especialmente a la contratación administrativa) que los contratos que celebran los particulares para los que el principio del cumplimiento de lo pactado es una regla de oro labrada en la esencia misma de la institución contractual, desde el Digesto hasta nuestros días». Por ello, los contratos que celebra la

Administración son verdaderos contratos y le crean un compromiso de inexcusable cumplimiento [10].

La única excepción al *contractus lex* y al régimen de cláusulas ilegales está en los supuestos de *nulidad de pleno derecho* de los actos administrativos generadores del contrato, respecto de los cuales la Administración podrá, bien anularlos de oficio con la consiguiente declaración de nulidad del contrato, bien tener por no puestas aquellas cláusulas que sean motivo de nulidad, por ejemplo, una cláusula que otorgase al contratista una exención fiscal; pero si una cláusula otorga un interés de demora superior al legal o aumenta el plazo posible de suspensión del contrato, eso será lo que se aplique aunque la ley diga lo contrario (artículos 62 y 63 LCAP, en relación con los artículos 62 y 63 de la Ley 30/1992, LRJ-PAC).

Ésta es la fundamental diferencia que existe entre el régimen jurídico del acto y del contrato, en cuanto al principio de legalidad. De ahí la importancia de la calificación de algunas relaciones jurídicas como el empleo público, la acción concertada, las subvenciones modales, las concesiones de uso del dominio público y otras relaciones bilaterales (muchas de ellas, medidas de fomento o de promoción industrial) en las que también se dan obligaciones recíprocas, pero que no son contratos, porque una no es la contraprestación o causa de la otra («se entiende por causa, para cada parte contratante, la prestación o promesa de una cosa o servicio por la otra parte...»: artículo 1.274 C.C.). En todos estos casos de relaciones bilaterales no contractuales, las obligaciones no son, en rigor, recíprocamente exigibles, como causa la una de la otra. La exigibilidad estará en función, en cada caso, de lo que diga la ley y no de lo que diga el acto de nombramiento, el acta de concierto o la concesión de uso del dominio; en estos casos no hay verdadero acuerdo de voluntades recíprocas, sino acto unilateral, regido exclusivamente por la norma, aunque para su eficacia esté necesitado de aceptación. Si el obligado no cumple con sus deberes, se podrá revocar la subvención, se podrá sancionar al funcionario o declarar la caducidad de la concesión, pero no habrá en rigor exigibilidad de cumplimiento de una obligación contractual, ni de daños y perjuicios por su incumplimiento.

Conviene, entonces, sentar un criterio de distinción para identificar la naturaleza de una relación y calificarla como acto administrativo bilateral o como contrato, porque de ello derivarán consecuencias tan importantes como

---

[10] MENDOZA OLIVÁN, Víctor, *La reforma de la Ley de Contratos,* Alicante, 1973, página 169. En el mismo sentido, MONEDERO GIL, J. I., *Doctrina del contrato del Estado,* IEF, Madrid, 1977, que escribe: «la *lex contractus* no puede ser infringida por la Administración so pretexto de advertir *a posteriori* una ilegalidad en el contrato celebrado».

las que hemos destacado. La doctrina jurídico-administrativa, tanto en Argentina como en España, ha vinculado la existencia de contrato al grado de participación del administrado en la etapa de formación del acuerdo, de modo que éste exprese, sin la más mínima duda, la voluntad de ambas partes [11]. Así lo entienden Rodolfo Barra y Meilán Gil. Este último lo expone así: «Cuando la voluntad de las partes es un elemento esencial para la determinación del supuesto de hecho previsto en la norma, o lo que es igual, cuando la concreción de la norma exige *esencialmente* la voluntad de la Administración y del particular, en este caso estamos ante un contrato. En cambio, cuando el supuesto de hecho que constituye el contenido del acto está totalmente predeterminado en la norma y lo único que requiere para la aplicación singular es la *mera aceptación* del destinatario, estamos ante un acto o negocio de naturaleza no contractual. En el primero, la voluntad de la Administración y del particular contribuyen a la formación del contenido del negocio: ambas constituyen junto con la voluntad de la otra parte el núcleo mismo, indivisible, del ente jurídico que llamamos contrato. En el segundo caso, la voluntad del particular se yuxtapone al acto de la Administración: no es un átomo, por así decir, del contenido del acto que está completo y perfecto por determinación de la ley. En el primer caso —contrato— la voluntad del particular es condición de existencia y validez; en el segundo es mera condición de eficacia» [12].

Para la determinación de la naturaleza en cada caso, habrá que estar, pues, a estos dos criterios: 1) al grado de determinación legal con que queda prefijado el supuesto de hecho y el papel que se le hace desempeñar a la voluntad de las partes en uno u otro caso; y 2) a la independiente exigibilidad, o, por el con-

---

[11] Así lo entiende, en Argentina, Rodolfo C. BARRA, *Los actos administrativos contractuales,* Ed. Depalma, Buenos Aires, 1989, páginas 68 y siguientes. Y a una conclusión análoga llega MEILÁN GIL, J. L., en Madrid, *La actuación administrativa por vía de acto y de contrato,* Lección magistral, no publicado, 1968, edición mimeo.

[12] Esta distinción recuerda la vieja distinción romana entre el «contrato» y la doble y recíproca *stipulatio.* La estructura de la estipulación era justamente la de un mero acto de adhesión al estipulante que fijaba el objeto y modalidades de la obligación, por lo que aunque el acto mismo sea convencional, la obligación es unilateral y abstracta. La causa de la *stipulatio* puede estar en un convenio anterior o en cualquier otra finalidad que con ella se pretenda conseguir, pero queda fuera del negocio; cabe, por ello, la doble y recíproca estipulación entre partes, es decir, la conexión de dos estipulaciones interdependientes sin que la una sea «causa» de la otra, lo cual lleva consigo una consecuencia importante: la exigibilidad independiente de las obligaciones, sin perjuicio de la posterior demanda de responsabilidad en el caso de incumplimiento de cada una de ellas. La aplicación de este «esquema» a los negocios jurídico-administrativos no contractuales puede resultar, a mi entender, muy fecunda en consecuencias. Sobre la distinta estructura de *stipulatio* y *contractus* en derecho romano, *vid.* Álvaro D'ORS, *Elementos de Derecho Romano,* Pamplona, 1961. Y más modernamente su excelente *Derecho Privado Romano,* Ediciones Universidad de Navarra, Pamplona, 1968, páginas 397 y siguientes y 426 y siguientes.

trario, a la mutua *dependencia causal* con que ambas prestaciones se configuran en la relación.

Hay autores que, siguiendo la doctrina alemana, entienden que lo esencial para que estemos ante un contrato es la igualdad básica de posiciones de ambas partes. «Para que la existencia —escribe Martínez López-Muñiz— de un acuerdo de voluntades de dos o más sujetos, para constituir una relación jurídica de obligaciones y derechos recíprocos entre ellos, dé nacimiento *per se ipsum,* como tal acuerdo, como tal consentimiento de voluntades concordes, a esa relación jurídica, será necesario que todas esas voluntades vengan a originar o perfeccionar el acto jurídico constitutivo (o meramente declarativo) correspondiente, en condiciones de esencial igualdad jurídica, de modo que pueda predicarse a la vez y conjuntamente de todos sus sujetos, sus auténticos coautores».

Esta tesis me parece muy poco convincente. En primer lugar porque esa «esencial igualdad jurídica» no se sabe muy bien en qué consiste y es difícil de medir. La desigual posición en contratos privados también es frecuentísima —bancos, seguros, acceso a redes, y otros muchos supuestos— y nadie pone en duda la existencia de contratos por este motivo, en ocasiones puros «contratos de adhesión» supervisados por el regulador. Por otro lado, las voluntades de ambas partes tienen, en el caso de los contratos administrativos, idéntica relevancia para hacer surgir el contrato. Y justamente en derecho público los «privilegios» en más de la Administración (de interpretar, suspender, rescindir, modificar el contrato) se ven compensados por las obligaciones y cargas que el ordenamiento jurídico impone a sus actuaciones (equivalente económico, obligación de compensar), de modo que el contrato recupera la igualdad de posiciones de las partes, no en la dirección y control del contrato, que corresponderá siempre a la Administración, pero sí en el orden económico (justo precio y deber de compensar) que es lo que al particular le interesa. La desigual situación que se produce como consecuencia de las prerrogativas que ostenta la Administración para organizar los servicios públicos se ve corregida, compensada, por las obligaciones que pesan sobre ella y en ello consiste justamente una de las peculiaridades del contrato administrativo: en la reconstrucción de la igualdad contractual por la vía económica. Por lo demás, lo fundamental en todo proceso de contratación no es la igualdad, sino la libertad de las partes para entrar en él, que es total para el contratista. Por todo ello, hay que concluir, como afirmaba Fernando Garrido, en la «indudable posibilidad teórica del contrato administrativo» [13].

Hasta aquí la segunda clave de comprensión del enigma.

---

[13] F. Garrido Falla, *Tratado de Derecho Administrativo,* 8.ª edición, tomo II, páginas 36-37.

4. Contratos administrativos y contratos privados de la Administración

A) *La Administración como sujeto*

La tercera clave es la distinción entre un grupo de contrato del Estado a los que llamamos administrativos y otros que se consideran privados. ¿Tiene sentido esta distinción? ¿Hay algo que lo justifique? ¿Cuáles son sus efectos? ¿Acaso no es el mismo sujeto que contrata? Estas son algunas preguntas a las que hay que responder y a las que ya nos hemos referido en la lección anterior, que aquí resumiremos.

Empecemos por esta última. En efecto, ese sujeto que llamamos Administración es siempre el mismo y su actuación estará siempre presidida por un conjunto de normas que configuran su estatuto jurídico. Ahora bien, el concepto de Administración Pública tiene dos aspectos: un aspecto subjetivo, estructural, de organización y funcionamiento interno (esto es, su naturaleza y condición en cuanto sujeto); y otro que es su actividad, su actuación *ad extra,* sus funciones, el régimen jurídico de sus actos. El problema está en que estas dos calificaciones (Administración-sujeto y Administración-actividad) no siempre coinciden: no todo sujeto administrativo actúa siempre como «Administración», ni toda acción administrativa es desarrollada siempre por Administraciones-sujetos. Lo importante desde el punto de vista de su régimen jurídico es que toda Administración-sujeto está sometida, en cuanto tal, al Derecho Administrativo, aun cuando la actividad a que dicho funcionamiento se encamine sea actividad privada; por ello, en materia contractual, todo el largo procedimiento de integración de la voluntad y habilitación del gasto es siempre derecho administrativo, aun cuando el contrato sea de derecho privado; en cambio, cuando el ente no goza de esta condición de Administración-sujeto, no es aplicable a su estructura, organización y funcionamiento interno el derecho administrativo, aunque éste pueda ser aplicable a su actividad, si ésta afecta a los intereses públicos o tiene una dimensión pública, como ocurre hoy en el derecho europeo con los contratos subvencionados o con los contratos de los llamados sectores excluidos (agua, gas, electricidad, transportes y servicios postales) en los que las empresas son titulares de derechos especiales o exclusivos y, sean públicas o privadas, quedan sometidas a procedimientos de licitación de derecho público. De esta forma, el Derecho Administrativo, que será siempre el derecho de la Administración como sujeto, no es sólo eso, no es sólo un derecho estamental, propio de unos sujetos llamados Administraciones Públicas, sino que es también el derecho de los intereses públicos o colectivos, allí donde se encuentren (en mano pública o en mano privada).

Ello significa, en materia contractual, que el Derecho Administrativo se aplica, como he dicho, al íntegro proceso de gestación de cualquier contrato del Estado constituyendo eso que llamamos «zona común» de la contratación; esto sentado, debemos explicar a continuación por qué unos contratos se someten luego al derecho común (civil, mercantil o laboral) y para otros se ha diseñado un régimen especial de derecho público, lleno de particularidades.

B) *Actividad administrativa y actividad privada de la Administración. La figura del contrato administrativo*

La contratación fue siempre considerada, según hemos visto en la lección anterior, materia privada, encomendada en unos países a esa persona jurídica ficticia, como era el Fisco en Alemania, o asignada a la persona privada del Príncipe, a quien se le atribuía una doble personalidad tal como quedó explicado al comienzo de estas páginas. Las primeras sistematizaciones francesas del derecho administrativo (Vivien, Cormenin, de Gerando) se hicieron justamente sobre la distinción entre *actos de autoridad* (administrativos) y *actos de gestión* (actividad privada). Fue en los años inmediatamente posteriores a la Revolución, cuando surgen simultáneamente, en Francia y en España, unos especiales «actos de gestión» (es decir, contratos) en los que la Administración aparece revestida de autoridad, de un poder no controlable por los jueces ordinarios. Éstos eran básicamente tres contratos: la venta de bienes nacionales, los suministros al ejército y la construcción de obras públicas (la mayor parte de ellas, en ese momento, militares), tres operaciones que iban a dar nacimiento al contrato administrativo. Ahora bien, ¿cuál era la causa de su originalidad?

Para ver la razón última de las instituciones, su íntima naturaleza, nada mejor que contemplarlas en el instante mismo de su nacimiento. Yo he explicado antes de ahora [14] las circunstancias que rodearon estas operaciones que acompañaron, en Francia, a la Revolución y las guerras napoleónicas y, en España, a los procesos de desamortización y las guerras carlistas. No voy a repetir ahora lo allí escrito, pero sí quiero recordar algunas conclusiones.

La primera es que las *razones por las que surge la figura no son, como se creyó inicialmente, puramente procesales,* consecuencia de un criterio pragmático de división

---

[14] Lo hice en mi contribución al libro homenaje a Marienhoff y lo reiteré en un Estudio Introductorio a nuestros Comentarios a la Ley de Contratos. Quien quiera una explicación detallada puede encontrarla en ARIÑO Y ASOCIADOS, *Comentarios a la Ley de Contratos de las Administraciones Públicas,* Comares, Granada, 3 Tomos, 2002 a 2005, especialmente Estudio Introductorio, páginas 1 a 45. Y también en lección anterior.

del trabajo y de oportunismo político, que luego se sustantiviza, de modo que lo que empezó siendo una pura diferencia de fuero da lugar después a diferencias de fondo. Ésta fue la tesis de Parada, formulada en 1963 [15], que resultaba parcialmente verdadera, pero insuficiente. Para llegar al fondo del asunto lo que había que preguntarse es: *¿y por qué esa diferencia de fuero?* Si se tratase simplemente de esto —un fuero distinto por razón del sujeto—, ¿para qué la distinción entre contratos administrativos y contratos privados de la Administración, unos y otros celebrados por el mismo sujeto? Había que preguntarse qué es lo que había detrás de aquellas relaciones contractuales para que se atribuyeran a una jurisdicción especial y se las regulase con reglas especiales.

Lo que había —segunda conclusión— era *una especial importancia política para la vida del Estado y de la sociedad, que exigía una protección especial* de algunas operaciones contractuales, que no podían verse frustradas o puestas en peligro por las rigideces y el sistema de garantía que ofrecía el Derecho común. En Francia, la venta de bienes de los emigrados quería, como escribe Meilán, asegurar —hacer irreversible— la revolución [16]; en España, la venta de bienes desamortizados, que en sí misma era una pura compraventa de Derecho civil, se declara contrato administrativo porque la operación desamortizadora era una operación de tal importancia política, que en ningún caso el Estado quiso que pudiera resultar frustrada por una aplicación estricta de un derecho que exigía justificaciones del título de adquisición, inscripciones registrales, de determinación exacta de las medidas de las fincas, régimen de retractos, etc. *Estos contratos —se escribe por entonces— no constituyen una simple relación de justicia conmutativa entre partes* sino que por encima y antes que eso, el Estado persigue un *fin colectivo, de fomento de la riqueza nacional, de justicia distributiva, de saneamiento financiero de la Hacienda.* Obviamente, de ello no puede deducirse que la enajenación de bienes inmuebles por el Estado es, por naturaleza, un contrato administrativo. Hoy la Ley de Contratos de las Administraciones Públicas califica como contratos privados las ventas de bienes inmuebles (artículo 5.3).

Otro tanto ocurrió con los suministros al ejército o con las obras públicas, militares y civiles, aunque predominaban por entonces las primeras, que asumió el poder público. Eran demasiado importantes en esos momentos para poder verse interrumpidas por los jueces ordinarios.

Quiere ello decir que en las distintas épocas, en los distintos momentos históricos, la satisfacción de determinadas necesidades públicas se logrará me-

---

[15] PARADA VÁZQUEZ, J. R., *Los orígenes del contrato administrativo en el derecho español,* Sevilla, 1963.

[16] MEILÁN GIL, J. L. (2005: 513).

diante la técnica contractual y ésta será calificada como administrativa o como civil, según la importancia política del sector, la operación o actividad de que se trate y la especial protección que éstas demanden. Desde mediados del siglo XIX el paradigma del interés público y de la acción de los Gobiernos serán las obras y servicios públicos. Y la cláusula de «obras y servicios» será una nota definidora del contrato administrativo desde el último tercio del siglo hasta nuestros días (al tiempo que la venta de bienes nacionales dejaba de serlo).

Baste lo dicho hasta aquí para afirmar —tercera conclusión— que el contrato administrativo *no posee una naturaleza fija o inmutable,* sino una categorización o calificación jurídica dinámica. Es inútil, por tanto, pretender determinar la esencia del contrato administrativo en abstracto. La calificación jurídica de un contrato será variable en su extensión y cambiará con el tiempo, pues estará vinculada al entorno ideológico y político del momento. Aquellas prestaciones u operaciones jurídicas de tipo contractual que tienen una importancia preponderante para el interés público en un momento dado (el abastecimiento nacional, la vivienda, la educación o la investigación científica, como ocurría en España en los años 50 y 60) hizo que algunos contratos fueran calificados como administrativos. Y es que e*l contrato administrativo no posee una naturaleza inmutable, no es una «esencia», sino una «existencia» histórico-jurídica.* Por ello, se le rodeará de un régimen jurídico especial que garantice con mayor fuerza la pronta y eficaz realización de esos fines concretos. Este régimen se caracteriza por una mayor elasticidad interna, por una especial protección del fin público que se busca (que pasa por encima de la estricta relación bilateral), por una mayor capacidad de decisión para una de las partes —que asume la potestad de dirección— a lo largo de la vida del contrato, por una mayor estabilidad y continuidad de la relación en cuanto tal y finalmente por una mayor protección de la institución frente a terceros.

Esta es la tercera clave de comprensión del enigma.

5. La tipificación legal

Dicho lo anterior, el paso siguiente consiste en ver cómo puede ello trasladarse al derecho positivo, tipificando en él, en lo posible, el contrato administrativo. Ha sido éste un problema secular en los ordenamientos jurídicos que aceptaron la figura. Dejando a un lado el *criterio subjetivo,* porque la presencia de la Administración no basta para calificar un contrato como administrativo, y el *criterio jurisdiccional,* pues la jurisdicción aplicable no es causa, sino consecuencia de su naturaleza, los dos criterios que tradicionalmente se han utilizado en las leyes para la calificación de un contrato como administrativo han sido éstos:

1) la *cláusula de «obras y servicios públicos»*: se califican como tales aquéllos que tienen por objeto el servicio público y/o las infraestructuras (obras) necesarias para su prestación (artículo 3 de la Ley Jurisdiccional de 1956);

2) la *presencia de «cláusulas exorbitantes»* al derecho común, que en la mayor parte de los casos serían ilícitas en un contrato privado (potestad de interpretación o resolución unilateral, *ius variandi,* inaplicación de la *exceptio inadinpleti contractus,* todas ellas incompatibles con el artículo 1256 del Código Civil: «la validez y el cumplimiento de los contratos no pueden dejarse al arbitrio de uno de los contratantes»).

Ambos criterios resultaban, sin embargo, imprecisos e insuficientes. El primero por la indefinición tradicional del servicio público como objeto de referencia. El segundo porque, de nuevo, es confundir causa con efecto: un contrato no es administrativo por incorporar cláusulas exorbitantes, sino que incorpora válidamente éstas por ser administrativo. Y además resultan aplicables, aun cuando no estén expresamente previstas en el Pliego de Condiciones, pues se entienden implícitas en todo contrato administrativo.

En definitiva, de lo que se trataba a la hora de definir legalmente la figura era de encontrar un criterio que permitiese identificar, junto a aquéllos que la ley definiese expresamente como tales *(contratos nominados o típicos),* cuáles eran aquellos otros que eran *administrativos por naturaleza.* En 1963, la doctrina española (García de Enterría) formuló la tesis del «giro o tráfico de la Administración» como criterio de identificación; dos años más tarde Villar Palasí precisó que «no son las funciones de la Administración (en su conjunto) las que determinan el carácter administrativo de una relación contractual, sino las finalidades específicas *de cada órgano* (en concreto), lo que, al ser realizadas a través de un contrato, le da a éste carácter administrativo». Para la mejor consecución de esos fines específicos —y no de otros— el Ordenamiento reviste a ese órgano de los medios jurídicos convenientes (inmunidades, prerrogativas, privilegios) de los que se encuentra siempre investido a la hora de actuar en el ámbito de su *competencia específica,* tanto si lo hace por vía de acto como si lo hace por vía de contrato. Es justamente para la consecución de esos fines —y no otros— que se le concede al órgano una protección jurídica especial.

Recogiendo estas ideas, la primera legislación española de contratos del Estado (Ley de 1965 y Reglamentos de 1967) abandonó la tradicional expresión («que tuvieren por finalidad obras y servicios públicos de toda especie») y destacó dos ideas para su calificación (artículo 8 del Reglamento):

1) que la prestación que se haya comprometido a entregar el particular esté *directamente vinculada* a las necesidades de un servicio público que requiera precisamente de aquélla para su *desenvolvimiento regular;* y

2) que se haga *precisa una especial tutela del interés público* durante el desarrollo de contrato. Negativamente, se formula la misma idea en el artículo 11 del mismo Reglamento al definir los contratos civiles de la Administración como aquéllos «en los que no concurren circunstancias que hagan preciso el ejercicio de las prerrogativas administrativas».

Unos años más tarde la reforma de esta ley, en 1973, formuló con mayor claridad ambos criterios en un nuevo artículo 4 que disponía:

> «El régimen jurídico de los contratos que celebre la Administración se ajustará a las siguientes reglas:
>
> 1.ª Los contratos cuyo objeto directo sea la ejecución de obras y la gestión de servicios públicos del Estado, así como la prestación de suministros al mismo, tienen el carácter de administrativos y su preparación, adjudicación, efectos y extinción se regirán por la presente Ley y sus disposiciones reglamentarias y, supletoriamente por las restantes normas de Derecho administrativo. En defecto de este último serán de aplicación las normas de Derecho Privado.
>
> 2.ª Los contratos distintos de los anteriores, como los de contenido patrimonial, de préstamo, depósito, transporte, arrendamiento, sociedad y cualesquiera otros, que tengan carácter administrativo, por declararlo así una Ley, por su directa vinculación al desenvolvimiento regular de un servicio público o por revestir características intrínsecas que hagan precisa una especial tutela del interés público para el desarrollo del contrato, se regirán, en cuanto a su preparación, adjudicación, efectos y extinción, por sus normas administrativas especiales, en su defecto, y por analogía, por las disposiciones de la presente Ley relativas a los contratos de obras, gestión de servicios y suministros y, finalmente, por las demás normas del Derecho administrativo. En defecto de este último, serán de aplicación las normas del Derecho Privado».

Según esta legislación, se declaraban tres contratos típicos, nominados en la Ley (obra pública, gestión de servicios públicos y suministros). Y respecto a los demás se establecían tres criterios de calificación:

a) Que así lo declare expresamente una Ley.

b) Que esté directamente vinculado al desenvolvimiento regular de un servicio público.

c) Que revista características intrínsecas que hagan precisa una especial tutela del interés público para el desarrollo del contrato.

Llegamos así, finalmente, a la formulación actual, que a mi me parece bastante lograda si se interpreta y entiende a la luz de la historia que acaba de ser contada. Dice así el actual artículo 5 de la Ley:

«1. Los contratos que celebre la Administración tendrán carácter administrativo o carácter privado.

2. Son contratos administrativos:

a) Aquellos cuyo objeto directo, conjunta o separadamente, sea la ejecución de obras, la gestión de servicios públicos y la realización de suministros, los de consultoría y asistencia o de servicios, excepto los contratos comprendidos en la categoría 6 del artículo 206 referente a contratos de seguros y bancarios y de inversiones y, de los comprendidos en la categoría 26 del mismo artículo, los contratos que tengan por objeto la creación e interpretación artística y literaria y los de espectáculos.

b) Los de objeto distinto a los anteriormente expresados, pero que tengan *naturaleza administrativa especial por resultar vinculados al giro o tráfico específico de la Administración contratante,* por satisfacer de forma directa o inmediata una *finalidad pública de la específica competencia de aquélla* o por declararlo así una ley.

c) Los restantes contratos celebrados por la Administración tendrán la consideración de contratos privados y, en particular, los contratos de compraventa, donación, permuta, arrendamiento y demás negocios jurídicos análogos sobre bienes inmuebles, propiedades incorporales y valores negociables, así como los contratos comprendidos en la categoría 6 del artículo 206 referente a contratos de seguros y bancarios y de inversiones y, de los comprendidos en la categoría 26 del mismo artículo, los contratos que tengan por objeto la creación e interpretación artística y literaria y los espectáculos».

Como fácilmente se aprecia en el texto del artículo, resuenan en él las posiciones doctrinarias de antaño. La expresa referencia a «una finalidad pública de la específica competencia» de la Administración contratante resulta un criterio bastante preciso de identificación [17], si bien es de lamentar que haya desaparecido de este último texto aquella referencia a «una especial tutela del interés público» que es, sin duda, alma y razón de ser del contrato público. Es justamente la existencia de un *interés público prevalente,* que el ordenamiento jurídico encomienda a cada órgano o entidad, el que requiere de una protección especial.

---

[17] No ocurría lo mismo con la expresión «giro o tráfico de la Administración», así, en general, pues éste puede ser muy variado según los distintos ramos de la misma; tampoco era muy precisa la expresión «servicio público», pues su contenido es multívoco. Como decía Villar Palasí, ambas expresiones, que tanta fortuna tuvieron, era como meter el criterio en un cajón y dejarse la llave dentro. Quizás por ello en el nuevo texto se precisa más y se habla del giro o tráfico, no en general, sino «específico de la Administración contratante», lo que equivale a la «competencia específica».

No nos queda sino preguntarnos, para concluir, si debemos seguir manteniendo esta distinción o por el contrario, como ha defendido en la Argentina un destacado jurista [18], después de tan larga historia debemos constatar honestamente «la peligrosidad e inutilidad de una teoría del contrato administrativo» y, en consecuencia, abandonarla. Veámoslo.

6. El sentido y razón de ser de esta figura

La doctrina se ha planteado una y otra vez si esta distinción entre contratos administrativos y contratos privados de la Administración tiene verdadero sentido, es útil como instrumento de realización de la justicia, contribuye a una más eficiente prestación de los servicios públicos o, por el contrario, es un prurito cientifista que hemos inventado los administrativistas franceses, españoles y latinoamericanos. Yo me lo he preguntado más de una vez y, después de bastantes años de estudiar este tema, en España y en otros países, he llegado sinceramente a la conclusión de que tal distinción tiene mucho sentido. Y ello porque no es mejor la condición de los contratistas allí donde el contrato administrativo no existe, ni la Administración alcanza a servir mejor a los intereses generales por la vía del derecho común, civil y mercantil. De forma que, dados los presupuestos políticos y fácticos que acompañan siempre a la Administración y la difícil coexistencia entre el poder y el contrato, lo mejor es intentar reconstruir este instituto jurídico secular sobre nuevas bases.

Hace ya muchos años escribí que en Derecho Administrativo se conservará el esquema formal de unas figuras que como el contrato, el dominio o la personalidad son categorías jurídicas generales aunque hayan sido elaboradas desde el Derecho civil; pero por debajo de ese común esquema formal, corren en ambos campos —civil y administrativo— energías y líneas de fuerzas diferentes [19]. Cierto que el contrato administrativo ha recibido sus elementos esenciales, su estructura, su esquema formal, del Derecho privado (común) pero cierto también que su régimen jurídico —su fondo— está hecho de particularismo.

---

[18] Hector A. Mairal, *De la peligrosidad o inutilidad de una teoría general del contrato administrativo,* El Derecho, 1998, páginas 655-700.

[19] Respecto al contrato, traté de marcar las diferencias, hace ya muchos años, en mi *Teoría del equivalente económico en los contratos administrativos,* IEA, Madrid 1968, páginas 209-211, y también, lo que escribí en el estudio-prólogo al libro de Monedero Gil, *Doctrina del contrato del Estado.* Sobre la personalidad jurídica, *vid.* mi pequeño libro *Sobre la personalidad jurídica en el Derecho público,* INAP, 1971, 101 páginas. Finalmente —y pido perdón por tanta autocita—, en cuanto al dominio, *vid.* las consideraciones hechas en mi estudio *La afectación de bienes al servicio público,* Madrid, 1973.

El contrato administrativo está presidido por una idea de «justo precio» (frente al civil, en el que la idea de equivalencia de prestaciones está ausente, después de la codificación); su interpretación no es voluntarista (la intención de las partes) sino legal y teleológica (el fin del contrato, al mejor servicio del público; en todo contrato administrativo hay un tercero oculto que es el público); el *pacta sunt servanda* tiene un alcance distinto en ambos derechos, por las necesidades de modificación y cambios que con frecuencia aparecen en los contratos públicos, muchos de ellos de larga duración; el régimen de prescripción o compensación de créditos es también distinto al civil por exigencias del principio de legalidad presupuestaria y de seguridad de la Hacienda Pública; la cláusula *rebus sic stantibus,* de aplicación excepcionalísima en derecho civil o mercantil, debe ser habitual en los contratos administrativos para lograr un reparto equitativo de los riesgos (porque esto es lo más conveniente para el interés público). Y así podríamos seguir, marcando diferencias fundamentales entre ambos derechos.

No es, por tanto, un ingenioso prurito de autonomía, sino que es, sobre todo, la realidad de un régimen jurídico de efectos en Derecho positivo, distinto al civil, lo que apoya la afirmación de *sustantividad* de la figura. Sustantividad que no le hace irreductible, ciertamente, al cuadro contractual tradicional del Derecho civil sobre cuyo suelo ha crecido, pero sí les da soluciones propias y peculiares a muchos de sus problemas. Ésta es la cuarta clave de comprensión de la figura.

Para un jurista, el contrato administrativo es un desafío permanente. Porque requiere una continua construcción jurídica, tanto legal como jurisprudencial. En ordenamientos jurídicos maduros se ha alcanzado ya un cierto grado de precisión, tanto en lo que se refiere a la definición de esta figura como al haz de obligaciones y derechos que nacen de la misma, logrando una seguridad jurídica mayor que la que ambas partes alcanzan en el mundo anglosajón o germánico. Pero, obviamente, problemas nuevos surgen cada día y ello reclama una tensión constante del jurista, que no puede pedirle al Derecho mayor certeza, sino que debe hacer realidad aquél *ars boni et aequi* con el que Celso definía al Derecho. El *ars* consistirá precisamente en el logro de esa especial armonía que el Derecho está llamado a crear entre el bien de la totalidad y el bien de cada uno. Armonía, que no es algo dado sino algo que hay que hacer y rehacer porque ambos polos están en permanente tensión.

LECCIÓN 16.ª

CONTRATO DEL ESTADO Y *COMMON LAW.* ENSEÑANZAS SOBRE LA NECESARIA SUSTANTIVIDAD DEL CONTRATO ADMINISTRATIVO *

SUMARIO: 1. Prólogo para un gran jurista.—2. El contrato público en el derecho inglés.—3. El contrato público en el derecho norteamericano.—4. La tradición jurídica del *Common Law.*—5. Las primeras regulaciones contractuales. Su alcance.—6. Hacia la progresiva publificación de los contratos de la Administración en los Estados Unidos.—7. Enseñanzas de esta historia.— 8. *Common Law,* privilegios del Estado y protección del contratista.—9. La *«contract clause»* frente al *«police power»* y el poder de alterar el contrato.—10. La doctrina del acto de soberanía y sus límites.—11. Prerrogativas contractuales, convertidas en potestades legales.—12. Régimen de compensaciones e indemnizaciones.—13. Recapitulación y conclusiones. Enseñanzas a extraer.

1. Prólogo para un gran jurista

El autor de este libro ha tenido conmigo la deferencia de pedirme un prólogo para su obra. El único título que ostento para ello es quizás las muchas horas que he dedicado a discutir con él su contenido, cuando esta tesis doctoral, que yo oficialmente dirigía, estaba en curso de elaboración. Digo «oficialmente», porque dirigir a José Ignacio Monedero un trabajo sobre los contratos del Estado es como vender miel a un colmenero. Durante muchos años ha trabajado este tema como nadie, en nuestro país; fruto de sus ideas y de su experiencia han sido, en gran medida, los textos legislativos que presiden hoy (1976) la contratación administrativa en España. La Junta Consultiva de Contratación nació y se desarrolló bajo su dirección, y sus cientos de Dictámenes, que constituyen hoy un material de primera magnitud para el estudio de estos temas, son, en muchos casos, obra suya. Sus conocimientos doctrinales y su sólida formación de gran jurista —de raza le viene al galgo— quedan acreditados en esta obra, no sólo en lo que a Derecho administrativo se refiere, sino también en Derecho civil y en el Derecho de la Hacienda Pública, que ha sabido integrar como admirable justeza y equilibrio en este libro. La comprensión de la figura del contrato del Estado se apoya por igual en las tres disciplinas.

Nadie se extrañará, por ello, si digo que en esta ocasión, al recorrer con el doctorando el obligado proceso de trabajo académico que una tesis doctoral re-

---

* Prólogo al libro de José Ignacio Monedero Gil, *Doctrina del Contrato del Estado,* publicado en el Instituto de Estudios Fiscales, Madrid, 1977.

quiere, he aprendido más de lo que he enseñado. Y no es que yo no sepa algo de estas cuestiones. A su estudio he dedicado, también yo, bastantes años, y a ellas vuelvo una y otra vez, porque en ellas se encierran algunos de los grandes problemas del Derecho público de todos los tiempos. La tensión entre *«Poder»* y *«Contrato»* aparecerá a lo largo de la historia en formas y supuestos de muy diferente guisa: las mercedes enriqueñas, las capitulaciones colombinas, las concesiones de tierras y lugares, las ventas de *oficios públicos,* los arrendamientos de impuestos, las ventas de bienes nacionales, las *land grants* de la colonización americana, las grandes concesiones de obras y servicios públicos, las modernas técnicas de acción por concierto en Francia o en España (contratos de programa, acción concertada, concesiones urbanísticas) o los *«Research and Development Contracts»* o los *«Policy advise Contracts»,* tan frecuentes e importantes en la Administración norteamericana, son «todas ellas» manifestaciones de un mismo fenómeno.

Todas estas actuaciones, algunas antiguas y otras muy recientes, *se han vestido* de contrato, o al menos así lo intentaron, no sin discusión de algunos de sus protagonistas. En sus luchas con el Poder —el Poder Real de los siglos pasados o el Poder Administrativo del Estado moderno— creyeron encontrar en el contrato la más solemne y sagrada garantía en la protección de sus derechos.

Basta una mirada a esa polifacética realidad para darse cuenta de que el contrato presenta en el Derecho administrativo el carácter de tema central, básico y siempre inacabado. Tomar postura respecto a él, exige tomar postura respecto a muchas cosas. Los profesores universitarios hemos tenido que prestar por ello, antes o después, nuestro tributo al tema, aunque algunas veces, esto se ha hecho en un tono teórico y doctrinal excesivo, sin enfrentarse realmente con los problemas. Es muy de celebrar por ello que un hombre como José Ignacio Monedero, que ha vivido de cerca estos problemas, nos ofrezca hoy su visión, sumándose así a una gloriosa tradición española, que se remonta a los grandes estudios de Vázquez de Menchaca, Suárez o Las Casas —recuérdese sus grandes discusiones con los juristas del Imperio sobre los *iura quaesita* frente a la *plenitudo potestatis*— pasando por las obras de Arriaga y Delgado (por cierto, dos ilustres Abogados del Estado, colegas del autor de este libro), Fernández de Velasco o Albi, y llega a nuestros días.

Escribo estas líneas cuando estoy muy lejos, física y sicológicamente, de ese mundo jurídico, y dedicado fundamentalmente a otros menesteres [1]. Pero por una de aquellas casualidades que con frecuencia ocurren a un asiduo lector

[1] Al releer este texto hoy (año 2010) para su publicación en este libro, no puedo dejar de formular un emocionado recuerdo a la figura de José Ignacio Monedero, que nos dejó poco después, en plena madurez.

(busca una pieza y encuentra otras), tropecé recientemente con unas palabras que Alexander Hamilton, el gran jurista de los *Federalist Papers,* dirigía al Senado de los Estados Unidos el 20 de enero de 1795. Dice así:

> «Cuando un Gobierno entra en un contrato con un individuo, depone, por lo que al contrato se refiere, su autoridad constitucional y cambia su carácter de legislador por el de persona moral *(moral agent),* con los mismos derechos y obligaciones que cualquier individuo. Sus promesas deben, en justicia, ser exceptuadas de su poder para dictar normas».

A continuación, como valorando, con un contrapunto, lo que acaba de escribir, concluye así:

> «Es imposible, teóricamente, reconciliar la idea de una promesa que obliga, con la existencia de un poder de hacer leyes que pueden variar el efecto de aquella promesa».

Al leerlas, recordé —y busqué— unas palabras de Suárez que yo había visto, tiempo atrás, en su *Tractatus de Legibus ac Deo Legislatore* (1612), que dicen así:

> «Porque el Príncipe está obligado a cumplir los pactos —aún los hechos con los súbditos suyos— dado que esta obligación nace de la justicia natural, la cual obliga también el Príncipe, como es evidente... Pero el Príncipe, por una necesidad pública o por una causa urgente, puede rescindir el contrato, aunque no puede, en justicia, privar completamente al súbdito de lo suyo sin una compensación, pues esto no es necesario para el bien común».

Y, a continuación, como Hamilton, recuerda que es imposible privar al Príncipe del poder de legislar, y dice:

> «Las enajenaciones de jurisdicción soberana son imposibles, el Príncipe no puede verse privado de ella con relación a sus súbditos, por lo que hay que entender que no son donación, sino sólo una comisión o delegación de la jurisdicción, que siempre puede revocarse».

En ambos textos se aprecia un problema común básico: la tensión entre las exigencias de la justicia y la realidad, indeclinable, del poder. La historia de los contratos públicos es la historia de los intentos por armonizar ambas realidades. Desde muy pronto se acudirá, como explicación a la existencia de una doble condición en el Príncipe, que corresponda a esa doble realidad. Otro gran jurista español, contemporáneo de Suárez, más legista y más técnico que éste, tratará de explicar la contradicción entre poder y contrato y escribirá:

> *«Legistae igitur in ea sunt sentencia, ut efficaciter Principen obligari teneant, tunc quasi exuir personam Principis et privati personan induit»* (Franciscus Alfaro, *Tractatus de Oficio Fiscales deque Fiscalibus Privilegiis,* Madrid, 1604).

La existencia de una doble persona en el Príncipe, como la de una doble condición jurídica del Estado en cuanto sujeto de Derecho, se perpetuará a lo largo de los siglos en muy diversos sistemas jurídicos: teoría del Fisco en Alemania, doctrina de los *actos de autoridad y actos de gestión* en Francia, doctrina de los actos de autoridad y actos de gestión en Francia, actuación del Estado como Poder o como persona jurídica en España, distinción entre *propietary capacity* y *governmental capacity* en los países del *Common Law.*

He traído estos textos a colación, porque, al plantearme qué podía decir yo, desde aquí, como introducción al libro de Monedero, pensé en la fundamental identidad de los testimonios que acaban de ser citados y en la fundamental identidad de los problemas —y las soluciones— que la contratación pública presenta en todos los países por debajo de las formales —más aparentes que reales— diferencias entre los sistemas jurídicos. Pensé en el interés que podría tener para el Derecho español el dirigir una mirada al sistema conceptual y legal que preside la contratación del Estado en el mundo anglosajón en el que yo en ese momento me encontraba. Algunas veces se han expuesto las líneas generales de diferenciación del sistema jurídico del *Common Law* con el de los, así llamados, países de *régimen administrativo,* pero nunca se ha hecho —que yo sepa— entre nosotros, un estudio comparado en este campo, quizás por entender que las diferencias son tales que no hay en ello mayor utilidad. Conclusión errónea, como se verá.

Me pareció, además, indicado, pues para bien o para mal, el autor de esta tesis doctoral ha sido protagonista principal del proceso legislativo que, iniciado en 1963 con la Ley de Bases del Contrato del Estado, ha venido a culminar en 1976 con la publicación del nuevo Texto de Reglamento General. Ley y Reglamento que tienen pretensiones de verdadero Código general de los contratos del Estado, y vienen a consagrar de modo definitivo la *tesis de la sustantividad del contrato administrativo* con relación al civil, o lo que es lo mismo, suponen la existencia de un Derecho Administrativo de la contratación, con principios propios y específicos, distintos del Derecho civil.

Esta tesis y su consagración legal, ha sido objeto de crítica por un sector de la doctrina española, que ha mantenido en los últimos años la tesis de la unidad (o identidad) de la contratación pública y privada [2]. Según estos autores,

---

[2] El portavoz más caracterizado es GARCÍA DE ENTERRÍA, que la formuló en *La figura del contrato administrativo,* RAP, n.º 41, 1963, y la ha reiterado después en su *Curso de Derecho Administrativo,* tomo I, Madrid, 1974. A ella apuntó, antes, PARADA VÁZQUEZ, en su tesis doctoral *Los Orígenes del Contrato Administrativo,* en el «Derecho Español», Sevilla, 1963. Ha habido después otros pronunciamientos sobre la cuestión cuya cita me es imposible, pues cuando escribo estas páginas no tengo a mi alcance estos materiales. Pido disculpas por la omisión.

que vuelven así a viejas posiciones, la contratación es materia sustancialmente civil, privada, a la que se aplican en principio las regulaciones materiales, de fondo, del Derecho privado común, sólo que con algunas especialidades o singularidades («modulaciones» las llaman ahora) derivadas de la especial condición del sujeto: el Estado. La consideración del contrato administrativo como una figura distinta y separada del contrato privado, con propia sustantividad y con un sistema de principios propios y específicos, ha sido —dicen— un error de visión, pues se han creído ver diferencias de fondo donde originariamente sólo había una partición jurisdiccional, arbitraria y convencional, a la que se sumó después un privilegio posicional del sujeto (el Estado), que proyecta sobre el contrato una serie de potestades extracontractuales, propias de su condición. Esto es todo.

Pues bien, tales tesis fueron ignoradas por el legislador de 1965 y también, aunque hayan cambiado algunas expresiones del texto legal, por el de 1973, lo cual dio lugar a severas críticas de la Ley por parte de estos autores [3], y les ha hecho hablar de un existente «divorcio entre la doctrina y el legislador» [4].

Se ha citado el ejemplo de sistemas que, sin necesidad de tal «invento», conservando el contrato en el marco del Derecho común e introduciendo en él algunas «modulaciones» han encontrado un cauce jurídico adecuado para la adquisición de bienes y servicios, para la realización de toda clase de actividades y la promoción del bienestar general. Supuesto paradigmático de ello es, sin duda, el de los países anglosajones y su sistema del *Common Law.*

Veamos si ello es cierto, y si hay algo que aprender de la experiencia anglosajona en este campo.

2. El contrato público en el derecho inglés

El Derecho inglés ha permanecido teóricamente fiel, hasta ahora, al modelo del *Common Law.* Los contratos de la Corona se someten a las normas del Derecho común, con algunas particularidades derivadas de especiales *«Statutes»* o de seculares *«Royal prerrogatives»,* que han configurado tradicionalmente el estatuto jurídico de la Corona. No son tanto normas contractuales especiales, sino más bien privilegios de la Corona que pueden afectar indirectamente

[3] PARADA VÁZQUEZ, *La nueva Ley de Contratos del Estado,* RAP, n.º 47, 1965.

[4] En GARCÍA DE ENTERRÍA, *Curso...,* cit., página 461. Resulta quizás exagerada la identificación «en exclusiva» de la doctrina con su propia posición personal, que no es en absoluto la única entre los autores españoles. *Vid.,* modestamente, otra opinión en mi libro *Teoría del Equivalente Económico en los Contratos Administrativos,* 428 páginas, Madrid, 1968, especialmente capítulos VII y VIII.

las relaciones de un contratista con el Gobierno. Por ejemplo, el poder de proteger la salud y el orden público *(police power),* el poder (y deber) de adoptar medidas de *«public policy»,* el privilegio de inejecutabilidad contra la Corona *(execution of judgement against the Crown is not permited)* la prohibición de dictar contra ella mandamientos de hacer *(specific perforance order and injuctions are not obtainable against the Crown),* etc. Todas estas particularidades, aún tomadas en su conjunto, afirmará la doctrina, «no puede decirse que afecten sustancialmente a la regla de la aplicabilidad a los contratos del Gobierno del Derecho general de contratos» [5].

Sigue siendo para mí una sorprendente realidad del sistema británico la casi completa ausencia de normas de Derecho en la contratación pública. Las reglas y procedimientos bajo los cuales se celebran y ejecutan los contratos del Estado no son, en rigor, normas jurídicas (Derecho objetivo), ni otorgan derechos a los ciudadanos, sino que son *«internal departamental instructions»,* puras instrucciones de servicio de orden interno, que no son publicadas con carácter general [6].

La jurisdicción competente es, por supuesto, la de los Tribunales ordinarios (*High Court of Justice or County Courts,* según los casos), salvo que las partes hayan sometido sus diferencias a un sistema de arbitraje que, contra lo que es común en el Derecho público de muchos países (incluido USA), se admite en Gran Bretaña para saldar los conflictos de la Corona.

Ahora bien, esta extravagante situación es lo que podíamos llamar el planteamiento «teórico», de religioso respecto a la tradición jurídica recibida. Pero la realidad de las cosas es diferente. En efecto, ante la inexistencia de un Derecho específico de la contratación pública, y la inadecuación en muchos aspectos del Derecho común, han tenido que encontrar una salida. En palabras del propio Turpin, la realidad es que «el Derecho general de contratos, sólo muy subsidiariamente se aplica a los contratos del Gobierno británico, por la sencilla razón de que el Derecho primariamente aplicable a ellos es el que el propio contrato establece en un detallado texto que el Gobierno aprueba y que existe especialmente para los contratos de suministros y obras públicas». Por lo demás, concluye, «es realmente excepcional que un Tribunal tenga ocasión de aplicar las reglas del Derecho común a un contrato del Gobierno, pues las disputas se resuelven normalmente sin acudir al litigio». Se prevén ordinariamente sistemas de arbitraje y, en 1968, fue creado un órgano especial arbitral,

---

5 Colin C. Turpin, *The London Transcript. A Comparative Look at Public Contracting in the United Status and the United Kingdom,* London and Chicago, 1971.

6 Colin C. Turpin, ob cit., páginas 12-13, *«Since these rules have not the status of rules of law the cannot be releed upon as confering legal rigths».*

de carácter cuasi judicial, que es el *Review Board of Government Contracts,* de carácter independiente, con sus miembros nombrados en parte por el Gobierno y en parte por la Confederation of British Industry. Este organismo decide preceptivamente —y definitivamente— sobre todos los conflictos que versen sobre alteración de la equivalencia de las prestaciones (que como es natural, son la mayoría). Tiene, además, otras funciones consultivas. Sus decisiones se publican anualmente y constituyen un cuerpo de doctrina jurídica.

¿Y cuál es el Derecho realmente aplicado, cuáles las cláusulas, condiciones y reglas concretas que se establecen por vía contractual? Pues las de siempre: cláusulas en las que se establecen amplios poderes de *control de la Administración sobre la empresa* (poder para despedir y aceptar empleados: cláusula 36; poder de pagar directamente a subcontratistas y acreedores: cl. 27; poder sancionador sin recurso previo a los Tribunales: cl. 36; poder modificar, suspender o terminar el contrato en cualquier momento, sin atentar a los derechos del contratista: cl. 44; los criterios de la compensación se expresan así: *«sums properly expended»* y expresiones semejantes, pero que dejan bastante en el aire la cuestión de los derechos del contratista); poder de *interpretación y privilegio de decisión unilateral* [7].

A la vista de ellas, ¿puede decirse que los contratos de la Corona son realmente contratos privados como cualquier otro? He aquí la respuesta que daba un «barrister» inglés en 1971 [8]:

> «Hasta este momento, los contratos del Gobierno no han sido clasificados expresamente por los Tribunales como una categoría aparte de los contratos privados, pero la realidad de los casos indica que, o bien nos encontramos ante un fenómeno que no es contrato en absoluto, o, si es contrato, éste impone deberes al ciudadano, pero no le da derecho...; si hay contrato, éste está sometido verdaderamente a limitaciones definitivas».

Muchas de las limitaciones y mecanismos de revisión de los contratos del Gobierno en Gran Bretaña, resultarían inadmisibles en un *Common Law Contract* que fuese realmente tal. En cambio, no sorprenderían, como dijo Mit-

---

[7] Este último no se afirma con carácter general, pero se reconoce en muchos aspectos concretos del contrato, en cuyas cláusulas se dice: «cualquier decisión de la autoridad contratante referente a este punto será final y definitiva» (lo que supone que debe ser obedecida y puesta en práctica inmediatamente sin perjuicio de la impugnación posterior). Todas las cláusulas que se citan en el texto están tomadas del Pliego de Condiciones de Obras Públicas (United Kingdom General Government Contracts for Building and Civil Engineering Works. General Conditions, 1971).

[8] C. SEEPERSAD, *Contractual Liability of the Crown,* «New Law Journal», 1971, páginas 65 y siguientes.

chell, «a un jurista francés educado en la más pura tradición del contrato administrativo».

Por lo demás, hay que decir que hasta 1954 no había en la bibliografía jurídica inglesa ninguna monografía importante que tratase este importante sector del actuar público. Ese año se publicará en la London School of Economics and Political Science el libro de Mitchell *(«The Contracts of Public Authorities. A Comparative Study»)* en el que el propio autor nos dice lo difícil que le ha sido «descubrir y afirmar con precisión cuáles son las reglas de Derecho aplicables a los contratos de los Entes públicos» (no se ve cuál pudo ser la dificultad si éstas eran las reglas del Derecho común, sin más). De entonces acá, la única monografía que conozco sobre el tema es la de Turpin (*«Government Contracts»,* London, 1968).

3. El contrato público en el derecho norteamericano

¿Cuál es la situación en los Estados Unidos? La evolución de la contratación pública en este país, resulta, a mi juicio, muy aleccionadora.

Conviene en primer lugar tomar conciencia de cuál es la realidad. En los últimos 25 años el volumen de la contratación del Gobierno Federal en los Estados Unidos ha sido, sin exageración, verdaderamente astronómico. Aunque es difícil dar cifras, puede afirmarse sin temor a errar que, cientos y cientos de miles de millones de dólares (a razón de sesenta mil millones anuales, término medio, según he leído en alguna ocasión) se han gastado en ese país en programas federales, estatales o locales, de todo tipo: obras públicas, vivienda, educación, inversiones y compras militares sin precedente, investigación y programas especiales y prestación de todo tipo de servicios, que alcanzan sus cotas más altas con la prosperidad general de los años sesenta y el sueño de la *Great Society.*

Todas estas actividades se han llevado a cabo, ordinariamente, con fondos federales, pero a través de Entidades interpuestas: los Estados, las Ciudades o los *County;* Universidades y Centros de Investigación; Instituciones públicas y *«non profit Corporations»;* las grandes Empresas del país; y, por supuesto, una legión de pequeños y no tan pequeños empresarios, suministradores de toda clase de bienes y servicios. Muchas de estas operaciones se han formalizado jurídicamente a través de los conocidos genéricamente como *Government contractus* [9].

---

[9] La relación, a veces, es trilateral: Gobierno Federal-Estado miembro-Contratista; el Derecho aplicable puede ser en unos casos el U.S. Code y en otros el Derecho de cada Estado

La cuestión que surge inmediatamente es la siguiente: de acuerdo con el modelo de *Common Law* que se nos ha contado, el contrato de Derecho común (y sus modulaciones) ha sido marco jurídico adecuado e instrumento legal suficiente para llevar a cabo tales programas de actuación gubernamentales. No ha habido necesidad de crear esa figura jurídica aberrante que llamamos «contrato administrativo», ni un Derecho propio de la contratación del Estado con pretensiones de autonomía frente al tronco básico del Derecho común.

Si así fuese, habría que poner en serias dudas toda la justificación teórico-dogmática en que se apoya la doctrina del contrato administrativo, y habría que preguntarse si toda la tremenda labor de estos años en España, que ha cristalizado en un cuerpo legal de gran envergadura, no ha sido hasta cierto punto inútil. En definitiva, toda la tesis del contrato administrativo, su sustantividad, y la exigencia de unos principios propios que algunos han (o hemos) creído ver, no serían sino el producto de un arrastre histórico, contingente y convencional, en absoluto una exigencia constante de la naturaleza y funciones del Estado. Por el contrario, si el *Common Law* se hubiese mostrado incapaz de encauzar adecuadamente tan intensa y extensa acción del Estado, será interesante analizar cuál ha sido el impacto de una masiva contratación pública sobre un sistema jurídico en el que no hay, como categoría y concepto jurídico independiente, una teoría del «contrato público»; será interesante ver cuáles son los «arreglos» que se han hecho en el contrato privado, las peculiaridades que se han introducido en él, cuándo es el Estado quien contrata, y cuál es su resultado.

Pues bien, para empezar hay que constatar un hecho: la situación verdaderamente paradójica en que se encuentra el estudio de los contratos del Estado en los Estados Unidos. A la vista del volumen e importancia de la contratación pública, uno esperaría encontrar en la doctrina jurídica norteamericana abundantes estudios sobre esta institución. No es así. Aparte de las referencias muy escasas que puedan hallarse en tratados y manuales de Derecho común (*Contracts Law, Torts, Commercial Law, Equity*, etc.) [10], es inútil buscar estudios monográficos o extensos análisis del tema entre la obra científica de los grandes profesores americanos de Derecho público (constitucional o administrati-

---

(normalmente cuando el Gobierno Federal financia, impone sus regulaciones, sus modelos, etc., aunque el gestor del programa, y, por tanto, la «parte» en el contrato, sea un Estado: así, por ejemplo, en los programas de Autopistas). Ninguna de estas circunstancias altera la naturaleza del problema que se plantea a continuación en el texto.

[10] Lo más completo en este orden es J. WILLINSTON, *Law of Contracts,* Boston, 1945, vol. 9, chapter 12: «Government Contracts».

vo). K. C. Davis, Louis Jaffe o Walter Gellhorn, por citar a quienes son hoy quizás los más distinguidos profesores de Derecho Administrativo, apenas si han dedicado atención al tema de los contratos públicos.

Walter Gellhorn (Columbia University) en su *Administrative Law. Cases and Coments,* sexta edición, 1974, se referirá únicamente de pasada a los contratos públicos, como un fenómeno creciente de nuestros días al estudiar las Agencias y sus procedimientos de actuación (páginas 44, 51, 52) o los aludirá simplemente como un supuesto de limitaciones del control judicial (página 222) o de técnica de intervención gubernamental sobre las empresas privadas (páginas 634, 635). Pero esto es todo. *En ningún momento se plantea un estudio jurídico-sustantivo de la institución en Derecho Público.* Otro tanto ocurre en Louis Jaffe (Harvard University), *Administrative Law. Cases and Materials,* tercera edición, 1968: el concepto *«Government Contract Law»,* para quién ésta es una actitud conscientemente asumida porque entiende que «éste no es un tema central en el ejercicio del Poder» y su control, que es el objeto de la disciplina [11]. Finalmente K. C. Davis (University of Chicago), que es, sin duda, el que más atención ha dedicado de los tres, despacha el tema con unas pocas páginas en su ambicioso *Administrative Law Treatise,* 1958, cuatro volúmenes, si bien, posteriormente, ha dedicado a él un interesante estudio, en el que trata fundamentalmente cuestiones procesales, no sustantivas [12]. Tampoco en las Universidades ni en las Revistas jurídicas, el tema ha recibido hasta ahora especial atención [13]. La situación es, como se ve, sorprendente: una impresionante actividad contractual del Estado, tan intensa y extensa que algunos estudiosos de la Administración norteamericana han calificado a ésta como *«Administration by Contract»* (*vid.* Arthur S. Millar, New York University Law Review, 1971), o han hablado de *«Regulation through Contracts»* (Paul Ana, *The Business Lawyer,* 1965). Los problemas jurídicos planteados han sido importantes, y Abogados y Jueces, en el foro, han tenido que enfrentarse con ellos. Sin embargo, he aquí

---

[11] *Vid.* L. Jaffe, *Research and Reform in English Administrative Law,* en «Public Law Journal», 1968, páginas 119 y siguientes.

[12] K. C. Davis, *The Administrative Procedure Act applies to Boards of Contracts Appeals,* en «Public Contracts Appeals», en «Public Contract Law Journal», 1967, páginas 3 y siguientes.

[13] En los cursos sobre *«Contracts»* se explica el Derecho común en la materia, pero rara vez se hace alusión a las peculiaridades del contrato del Estado. En algunas *Law School* se ofrece, de tanto en tanto, algún curso optativo en *«Government Contracts»,* pero son las menos y pasan años sin que se vuelva a ofrecer. Sólo George Washington University mantiene desde hace años un programa especial dedicado al tema (la razón es obvia: exigencias del foro, en Washington). Digamos, finalmente, que sólo en 1967 se inició la publicación de una revista especializada dedicada al tema —*Public Contract Law Journal*— mantenida, y ello no deja de ser interesante, por los Abogados y profesionales del Derecho *(American Bar Association),* no por los profesores.

que los profesores de Derecho Administrativo se han quedado al margen del tema, ¿por qué?

La explicación está en la misma raíz del planteamiento y concepción del *Common Law,* y es ésta: simplemente porque los contratos nada tienen que ver con el Derecho administrativo, ni siquiera cuando son contratos del Gobierno [14].

4. La tradición jurídica del *Common Law*

En efecto, la tradición jurídica del *Common Law* era en este punto la siguiente: la contratación del Estado es una actividad de carácter privado, puramente doméstica, de análoga naturaleza a la que desarrolla un particular en la gestión de su patrimonio. En el mundo del *Common Law,* escribirá Roscoe Pound, las transacciones entre Autoridades públicas y personas privadas quedan sometidas a la Ley común y ésta vincula a los dos por igual, tal como es administrada por los Tribunales ordinarios. *The public officer and the public authority are in no superior position as such* [15].

La razón de fondo para ello era ésta: los contratos, por definición, no son instrumento del ejercicio unilateral del poder, que se imponga coactivamente al ciudadano; son actos de gestión patrimonial que el Gobierno, como administrador y gestor de la riqueza pública está genéricamente autorizado a realizar. Todo ello bajo la vigilancia y control del Parlamento (o el Congreso), que ocupa en estos casos la posición del *dominus* respecto al *gestor.* Ningún riesgo político hay en ello, pues el Legislativo ejerce un estricto control sobre los programas de gobierno a través de los diferentes Bills, a través de la aprobación del Presupuesto anual, y a través de las singulares y aisladas «Appropriations» en cada caso (aprobación parlamentaria del gasto y pago). La conclusión es: ni el Gobierno tiene que estar revestido de privilegios y potestades especiales en el contrato, ni tampoco hay que limitar su libertad de acción contractual con innecesarias reglamentaciones.

---

[14] Esto, en parte, es consecuencia del propio planteamiento del Derecho administrativo en estos países, muy limitado científicamente hablando. Existe hoy entre la generación más joven de profesores, un consensus generalizado (consensus que se extiende a Gran Bretaña) en reconocer la estrechez de miras con que ha sido construido el Derecho administrativo hasta este momento en el mundo anglosajón. Éste se ha limitado, como el propio Davis reconoce *(Administrative Law, Introduction),* a lo que constituye sólo un diez o veinte por ciento de su contenido: *rule-rnaking, formal adjudication* y *judicial control.* Esto ha sido pernicioso, pues es obvio que los problemas no se acaban ahí. Ante el fracaso del mundo académico, el Derecho administrativo se ha construido parcial y fragmentariamente (por supuesto, extra-académicamente) por los distintos sectores profesionales.

[15] R. POUND, *The Rule of Law and The Modern Social Welfare State,* «Vanderbilt Law Review», vol. 7 (1953), páginas 11 y siguientes.

Desde estas premisas, no es de extrañar que todavía en 1940, el Tribunal Supremo Norteamericano haga esta declaración:

> «Como individuos y empresas privadas, el Gobierno goza de la libre autoridad para procurarse los bienes que necesita, para decidir con quién va a contratar y para fijar los términos y condiciones de la relación...» «Pero como tiene que actuar por necesidad a través de agentes, puede el Gobierno, con objeto de mantener su propia casa en orden *(for the purpose of keeping its own house in order),* sentar algunas directrices *(guideposts),* a través de las cuales deban aquéllos proceder, y crean obligaciones sólo respecto del Gobierno...».

El texto no tiene desperdicio, para darse cuenta de la realidad del sistema:

— el Gobierno goza de la misma libertad que cualquier privado, tanto para elegir a sus contratistas como para fijar el contenido contractual;

— como tiene que actuar a través de «agentes», puede dictar algunas reglas, pero éstas no son derecho público (esto es, normas jurídicas de obligatorio cumplimiento), sino puras instrucciones de servicio, reglas internas, con objeto de mantener la casa en orden;

— tales reglas no crean derecho alguno en los ciudadanos, ni éstos pueden exigir su cumplimiento; por tanto, se pueden desconocer sin que ello afecte a la validez del contrato (habrá, eventualmente, una responsabilidad del funcionario respecto a su superior, pero nada más);

— si no se incluyen en el contrato es como si no existieran, pues no son normas, derecho objetivo, de obligado cumplimiento, sino puras *«guideposts»,* orientaciones para el funcionario en la redacción del pliego contractual;

— todo ello explica que cuando en 1946 se apruebe la *Administrative Procedure Act (APA),* ésta se declara inaplicable a la materia contractual (a la elaboración de los pliegos y demás regulaciones, a la solución de los conflictos administrativos que surjan en los contratos, etc.: Sec. 4, a).

Éste era un planteamiento verdaderamente primitivo, que recuerda y se asimila, en parte, a nuestra situación anterior al Decreto Bravo Murillo (1852), y que, como es natural, se prestaba a toda clase de abusos. El *Common Law* ofrecía poca protección frente a ellos, a través de las viejas reglas de la equiparación al menor de edad, rescisión por fraude o lesión, etc. (me referiré a algunas de ellas más adelante). Pero ésta ha sido la realidad hasta fecha muy reciente, por mucho que ello pueda sorprender [16]. Era el resultado lógico de

---

[16] Hay que decir, en honor a la verdad, que esta situación quedaba paliada por la existencia de Pliegos de condiciones tipo *(standards terms),* que, desde 1926, serán aprobados por una

considerar al *Estado como un sujeto privado* cuando contrata (pues no ejerce «poder») y la *contratación como materia privada,* sometida al mismo derecho que los particulares [17].

Tal planteamiento no podía subsistir en una Administración en la que, justamente a partir de esta época (años 40), y de forma creciente, la parte más sustanciosa del Presupuesto Nacional —*the big money*— se maneja a través de contratos. Frente a los abusos de todo tipo a que el sistema se prestaba (favoritismos políticos en el otorgamiento de contratos, en pago de apoyos electorales; inseguridad para los fondos públicos en la negociación de los precios; desigualdad de trato —unos recibían los favores y otros los rigores—; confusión en cuanto al régimen jurídico, etc.) [18], tanto el Congreso como los Tribunales se plantearon la necesidad de someter estas actividades a normas de Derecho público.

5. Las primeras regulaciones contractuales. Su alcance

En 1947 se aprobará la *Armed Services Procurement Act* (Ley de Contratos para las Fuerzas Armadas), en la que esa pretendida libertad de acción del Gobierno va a ser tajantemente limitada; en el Report justificativo de la Ley se afirmará la necesidad de imponer obligatoriamente un método de publicidad y concurrencia, «de actuar siempre a través de *competitive biding,* eliminar abusos, asegurar al Gobierno un precio justo y razonable, y permitir a los diversos empresarios igual oportunidad para competir y participar en los negocios con el Gobierno». De entonces acá, el Ministerio de Defensa ha ido promulgando, como legislación delegada, unas detalladas *Armed Services Procurement Regulations* (ASPR), que se aplican a todos los Departamentos militares, de las que se hacen sucesivas y periódicas revisiones.

Comisión Interdepartamental, y por la utilización frecuente de pública concurrencia para la adjudicación. Pero —insisto— la utilización de tales «standards» no es materia de legalidad.

[17] Es interesante destacar cómo dicho planteamiento coincide exactamente con el que el artículo 398 del Reglamento General de Contratos del Estado (Texto de 1968) preveía para las Empresas Nacionales (sujetos privados que actúan en el marco jurídico privado) para las que se trataba de construir un *ius privatum singulare* (*vid.* sobre ello lo que se dice en la Lección 10.ª, epígrafe 6). Hoy, con ligeras variantes, esto se ha convertido en la Disposición Transitoria 2.ª En el fondo, la concepción del *Common Law,* llevada a sus últimas consecuencias, *convierte al Estado en una inmensa empresa nacional. en todas sus actuaciones patrimoniales.*

[18] Puede verse una descripción del cuadro en *Studies of the Defense Contracting Process,* by Summer MARCUS, en «Law and Contemporary Problems», volumen 29 (1964), páginas 19 y siguientes. Y también en Arthur S. MILLER and Theodore PIERSON, *Observations on the Consistency of Procurement Policies with the Governmental Policies,* en la misma revista, páginas 277 y siguientes.

En 1949 se aprobará la *Federal Property and Administrative Services Act,* que es como una Ley de contratos para la Administración no militar, en la que se regulan los contratos civiles. Esta Ley ha sido desarrollada progresivamente en las *Federal Procurement Regulations* (FPR), a veces denominadas *«Civilian Procurement Regulations»,* porque regulan sobre todo las actividades contractuales de los Departamentos y Agencias no militares. Las FPR han sido desarrolladas a su vez por otras disposiciones en algunos casos (así, las *General Services Procurement Regulations para la General Services Administration*), y algunas Agencias han dictado por su parte sus normas peculiares para determinados sectores. Así, por ejemplo, la NASA ha dictado sus propias *Procurement Regulations,* y otro tanto ha hecho la *«Atomic Energy Commission».*

El resultado de estos últimos veinte años ha sido la existencia de un cuerpo de regulaciones de los contratos del Estado, que alcanza no sé cuantos miles de páginas y pies de altura (los americanos son muy aficionados a estos cálculos), que constituye el terror de los abogados jóvenes y da sustanciosos ingresos a los bufetes de Washington especializados en la materia (que son los que han elaborado el Derecho público de la contratación en los Estados Unidos).

¿Y cuál es hoy el alcance y significado de esta compleja legislación? Una serie de decisiones del Tribunal Supremo han venido a precisarlo. No podemos entrar en un análisis detallado de las mismas. Me referiré solamente a algunas de las más importantes, y puede anticiparse que el cuadro que ha quedado descrito ha venido a transformar completamente los *«Government Contracts»* y ha hecho de ellos una institución que se aleja cada día más y más de los contratos de Derecho común.

En 1963, el Tribunal Supremo, en *Paul v. United States* (371 U.S., 245), afirmará rotundamente que las regulaciones dictadas para los contratos, tal como la *Armed Services Procurement Act.*, constituyen un *«unqualified command»,* y que sus preceptos «tienen, por supuesto, *fuerza de Ley».* Con ello se afirma el carácter de *ius cogens:* derecho objetivo que vincula al Gobierno en su actuación (no meras *«guideposts»* para uso interno de los funcionarios). Su incumplimiento, como ocurrió en este caso, hace nulo el contrato.

El carácter de Derecho público que reciben hoy las *procurement regulations* (normas que se imponen con carácter coactivo a las partes), no se refiere sólo a las regulaciones del procedimiento de generación y adjudicación del contrato, sino al propio clausulado y contenido de la relación. Tal es el significado de otra importante decisión —*G. L. Christian and Associated v. United States* (377 U.S.)— que el Tribunal Supremo emitió al año siguiente (1964). En un contrato de suministros al Ejército lo que él declarará privilegio de rescisión unilateral *(termination for convenient clause)* constituye parte sustantiva del contrato, aun cuando no haya sido consignada expresamente en él, porque su aplicación viene exigida por la reglamentación del mismo, y ésta tiene, desde luego, «fuerza de Ley». El Tribunal citará en su apoyo un caso anterior —*Federal Crop Insurance v. Merrill* (332 U.S.)— en que el Tribunal había anulado un contrato de seguro entre un organismo autónomo del Gobierno Federal (La Federal Crop. lnsurance Corp.) y un agricultor, por no ajustarse el contrato a la reglamentación de este tipo de seguros sobre las cosechas.

El *«Christian Case»* levantó un escándalo entre los juristas, pues resultaba obviamente un atentado a los principios del *Common Law.* Se le calificó de *«surprise bordering in disequilibrium»* [19], de decisión salomónica «propia del Coliseo romano» [20]. Sin embargo, ahí está, sin que nadie haya argumentado seriamente contra ella [21]. Antes al contrario, Davis, en su bien articulada defensa de la aplicación del APA (Ley de Procedimiento) a los *Board of Contracts Appeals* [22] ha propugnado su interpretación extensiva, y la aplicación del mismo criterio a la *«Standard Disputes Clause»,* que no es otra cosa que el privilegio de la Administración de decidir unilateralmente y ejecutoriamente cuantas disputas surjan en la ejecución del contrato; todo ello sin perjuicio de que el contratista impugne, *a posteriori,* tal decisión ante los Tribunales o reclame por ella una justa compensación [23]. Nótese que con ello se está apuntando a la cristalización de un Derecho sustantivo de la contratación del Estado, que se aparta considerablemente del viejo *Common Law* y de la consideración del contrato como una pura relación de Derecho privado. Al igual que ocurrió en España a partir de 1963 (Ley de Bases), lo que inicialmente fueron «especialidades» de los contratos del Estado, introducidas por pacto entre las partes a través del clausulado, se van convirtiendo, también en los Estados Unidos, en derecho objetivo, unas veces consagrado por «Statutes» y otras declarado por los Jueces [24].

---

[19] Así, Harold LEVENTHAL, *Public Contracts and Administrative Law,* «ABA Journal», 1966, página 35.

[20] Marshal J. DOKE, *Contract Domain, Remedies and Special Problems,* «Public C. Law Journal», 1967, páginas 12 y siguientes.

[21] Y es que, como hace notar LEVENTHAL (*loc. cit.,* página 37), «el shock se produce más en el terreno de la teoría que en la injusticia de los hechos».

[22] K. C. DAVIS, *The Administrative Procedure Act* ..., cit., páginas 6 y siguientes.

[23] K. C. DAVIS, ob. cit., página 8: «the reasoning is at least equally applicable to the standard disputes clause». Davis es, a mi juicio, el profesor de más penetrante visión en problemas de Derecho administrativo sustantivo, y el más abierto, por otro lado, a la construcción de un Derecho administrativo que vaya más allá de los estrictos límites procedimentales y judiciales en que el mundo anglosajón se ha movido hasta el momento. Su ambicioso *Administrative Law Treatise* es el intento más serio y omnicomprensivo hasta el momento.

[24] Esto es bastante sorprendente y no me hubiera atrevido a escribirlo si no hubiera leído en DAVIS lo siguiente: «the disputes clause, originally a product of the contracting arrange-

Debe advertirse que con estas decisiones judiciales, no sólo se está reconociendo a la Administración unos «privilegios naturales» en el seno del contrato, tanto si las partes los prevén como si no (privilegio de interpretación unilateral, de rescisión unilateral y de decisión ejecutiva), sino que esto se hace excluyendo toda posible aplicación a estos casos de la doctrina del incumplimiento de contrato *(Breach of Contract)*, que queda expresamente excluida con notables repercusiones a la hora de determinar el alcance de la compensación. Todo ello es más un proceso en marcha que un resultado logrado, pero la tendencia es patente, y a ello ha contribuido no poco el progresivo fortalecimiento y desarrollo de los *Board of Contracf Appeal*, a los que debemos hacer ahora una referencia.

Los *«Board of Contracts Appeals»* constituyen, desde la *«Wunderlich Act»* (1954), tal como fue interpretada en el *«Bianchi Case»* (1963) y en *Utah-Construction v. United States* (1966), verdaderos Tribunales Administrativos especiales, cuyas decisiones sólo admiten una limitada revisión por los *Tribunales ordinarios.* La existencia de los «Board» arranca de los años 40, y es interesante observar la evolución que han experimentado, tema en el que ahora no podemos detenernos [25], pero que puede ser resumida diciendo que en los últimos veinte años han pasado de ser una especie de oficina administrativa de reclamaciones de los contratistas, a ser unos órganos cuasi jurisdiccionales que actúan, con palabras del Tribunal Supremo, *«in judicial capacity».* Su actuación ha experimentado en los últimos años una progresiva formalización y procesalización (audiencias públicas, procedimiento contradictorio, aplicación de la APA y en algunos aspectos de las *«Federal Rules of Civil Procedure»,* se pide para ellos el *«Subpoena power»,* etc.). Sus decisiones, que son definitivas en la mayoría de los casos, se publican y constituyen un cuerpo de doctrina que se cita en los libros y en las argumentaciones ante los Tribunales. En palabras de uno de los más destacados juristas americanos en «Publics Contracts Law», Donald Frenzen, la doctrina de los *Board* «ha establecido las bases para el posterior desarrollo de un Derecho sustantivo de la contratación del Estado que se aparta del Derecho común de los contratos» [26].

---

ments, gradually became *a product of the law,* the standars clauses are a part of the contract whether or not the parties remember to put it there», en un nuevo y polémico artículo titulado *Mr. Cuneo's Exposed Heel,* «Public C. Law», 1968, página 39.

[25] Volveré en otra ocasión sobre esta realidad de los Board, que tanto en los Estados Unidos como en Gran Bretaña («The Review Board for Government Contracts», en este caso) me parecen una experiencia interesante.

[26] En *Some Thoughts on the Boards of Contracts Appeals,* «Public Contract Law Journal», 1970, vol. 3.°

6. Hacia la progresiva publificación de los contratos de la Administración en los Estados Unidos

Esta inadecuación del *Common Law* a la contratación pública y esta realidad de los contratos del Estado como algo profundamente distinto de la contratación privada, es algo que se proclama hoy por unos y por otros, aunque no siempre se tomó conciencia de la extensión y exigencias del fenómeno. El jurista anglosajón es, además, poco aficionado a las teorizaciones y a los sistemas, y, por tanto, tampoco se ha tomado la molestia de plantearse dogmáticamente el tema. Lo cual no deja de producir algunas sorpresas a los propios juristas, cuando el Tribunal Supremo extrae algunas consecuencias de los nuevos planteamientos, que son lógicas y hubieran sido previsibles para toda persona acostumbrada a razonar en Derecho público. En medio del «shock» general, el *«Christian-case»,* el *«Bianchi-case»,* el *«Utah Construction-case»,* y algunas regulaciones estatutarias han abierto lo que se ha llamado por algún autor «la nueva era» en la contratación del Estado.

Pero esto, después de todo, no era algo insospechado. En 1951, Friedman había hablado en Gran Bretaña de la necesidad de «reconocer abiertamente y dar apropiada regulación a los contratos públicos» [27]. Y otro tanto, aunque con más moderación, había hecho Roscoe Pound en los Estados Unidos, al comentar el libro de Friedman; se preguntará si «a la vista del desarrollo del Estado de los Servicios públicos, no habrá necesidad de abandonar la fundamental y tradicional doctrina anglo-americana de remitir todas las controversias a la Ley común, tal como es ésta aplicada en los tribunales ordinarios»; y aunque no se siente muy inclinado a aceptar tal solución *(«we have —dice— no ethos of administrative adjudication»),* no puede dejar de reconocer que «el Derecho público controla, de una manera creciente, la función cuasi legislativa del contrato» [28]. Antes que ellos, Félix Frankfurter, profesor de Derecho constitucional en Harvard, y uno de los más destacados «Justices» de este país (1939-1962), había recordado en el *«Merril/case»* que *«men must turn square corners* cuando contratan con el Gobierno», significando con ello que no deben atenerse sólo al texto escrito del contrato y descansar sobre el *pacta sunt servanda,* porque éste encuentra en estos casos, multitud de quiebras [29]. Otro colega suyo —Jus-

---

[27] Wolfang FRIEDMAN, *Law and Social Change in Contemporary Britain,* London, 1951.

[28] Roscoe POUND, *The Rule of Law and the Modern Social Welfare State,* «Vanderbilt Law Review», vol. 7 (1953), páginas 1 y siguientes, y con un planteamiento más general en «Jurisprudence», tomo V, páginas 222 y siguientes.

[29] Expresando la misma idea, VOM BAUR escribirá más tarde que «public contractors have to have eyes in the back of their heads», en *Differences between Commercial Contacts and Goverment Contractus,* «Public C. Law Journal», 1968.

tice Douglas— se preguntará en 1967 «si no ha llegado el momento de considerar los contratos del Gobierno como "públicos por naturaleza" ("dissent opinion en Becker v. Philco Co., 1967")». Y a partir de esta fecha, desde las páginas de la «Public Contract Law Journal», repetidas veces se ha abogado por un nuevo y distinto «approach» a los contratos del Estado, especialmente aquéllos que implican una relación continuada y una clientela más o menos permanente entre Estado y contratistas, (pues) la aplicación a éstos de los principios tradicionales en la materia puede muy bien llevarlos a resultados incorrectos [30].

No estamos, pues, ante un fenómeno pasajero, sino ante un proceso inexorable: la progresiva publificación, en su naturaleza y en su regulación específica, de los contratos del Estado en un país que tradicionalmente pertenece al mundo del *Common Law.* Nótese que esta evolución se ha producido —podríamos decir— a pesar de los pesares. A pesar de la fuerza mítica de los principios del *Common Law,* en los que el mundo anglosajón ha creído tener siempre la mejor garantía de sus derechos y libertades; a pesar de la *«Contract clause of the Constitution»* (a la que me referiré enseguida); a pesar de la repulsión innata del jurista anglosajón a construir una doctrina del contrato público; a pesar del abandono del tema por parte de los Profesores, que son siempre los *«faisseurs de systemes»;* y *«last but not least»* —a pesar de los muchos intereses en juego que salen perdiendo con el cambio [31].

Todo ello, sin embargo, no autoriza a decir —sería simplista por mi parte— que en los Estados Unidos exista hoy un Derecho y una doctrina dogmáticamente articulada sobre los contratos públicos, ni que el Tribunal Supremo norteamericano haya desarrollado una construcción jurisprudencial semejante a la elaborada en Francia por el «Conseil d'État», pero sí que ha sentado las bases de su construcción, y que ello supone un notable cambio sobre los planteamientos tradicionales, todavía imperantes en cierta medida en Gran Bretaña. Por lo demás, que no exista todavía un cuerpo de doctrina coherente no es motivo de elogio, sino de crítica. La confusa situación actual no es ningún logro, sino más bien un fracaso, y así ha sido reconocido por los propios interesados. *«The legal profession»* —ha escrito recientemente Davis— ha fracasado en su mayoría en la vital tarea de adjudicar los contratos del Estado y de determinar su contenido [32].

---

[30] D. Frenzen, *Contracts Appeals...,* cit., páginas 53 y siguientes.

[31] *Vid.* el significado político en B. Wright, *The Contract Clause.*

[32] K. C. Davis, *Administrative Law,* cit., página 7. En el mismo sentido, D. Frenzen, *The Administrative Contract in the United States,* «The George Washington Law Review», vol. 37 (1968), páginas 270 y siguientes.

7. Enseñanzas de esta historia

¿Cuáles son las enseñanzas de esta historia? La enseñanza es múltiple. A la vista de ella podemos formular las siguientes conclusiones (provisionales):

Primera. El contrato privado nunca ha sido marco adecuado para las relaciones del Estado. En algunos supuestos de contenido estrictamente patrimonial (y no en todos), o en anteriores estadios de primitivismo de la Administración y del Derecho público, se ha podido pensar en la directa aplicabilidad de aquel modelo. Pero en una sociedad evolucionada y en una Administración que asume de alguna manera su liderazgo, y lo ejerce en gran medida mediante una contratación masiva, es imposible seguir manteniendo como base del sistema los principios y reglas del contrato privado. Y el caso americano es un buen testimonio.

Segunda. Incluso en aquellos países que lo proclamaron como dogma, la mera remisión de los contratos del Estado al Derecho común se ha demostrado absolutamente insuficiente, una situación utópica e irreal, que ellos mismos han falseado constantemente con multitud de excepciones (como veremos enseguida).

Tercera. Desde el punto de vista de una construcción jurídica racional y progresiva, tanto para el bien público como para la seguridad y garantía del ciudadano, el contrato del Estado se debe construir —o mejor, reconstruir— sobre sus propias bases de Derecho público, que no es sólo un Derecho de dominación, sino de liberación y de garantía.

Cuarta. La experiencia histórica y comparada demuestra que es mucho peor, y mucho más indefensa, la condición del contratista en los países del *Common Law,* en los que no existe un Derecho administrativo de la contratación, que en aquéllos como el nuestro en que éste existe.

En lo que resta de este estudio, intentaré demostrar estas afirmaciones.

Para ello será conveniente analizar cuál ha sido realmente en estos países el régimen jurídico de los contratos públicos y el grado de protección del contratista.

8. *Common Law,* privilegios del Estado y protección del contratista

La protección al contratista se dice basar en la estricta aplicación al Estado, cuando contrata, de los mismos principios y reglas de Derecho común que gobiernan las relaciones entre particulares, sin prerrogativas ni privilegios en el seno del contrato. Ésta es la afirmación tópica que aparece en los primeros estudios sobre la materia [33] y que se proclama como principio general en la jurisprudencia. Una y otra vez se citará el *«Cooke v. United States»* (1875), que afirmó:

> «Si el Gobierno de los Estados Unidos desciende de su posición de soberanía y entra en el terreno del comercio, se somete con ello a las mismas leyes que gobiernan las relaciones entre individuos».

El principio se reitera medio siglo después en el que es todavía uno de los más importantes casos en la materia contractual, aunque con una ligera matización. Dice así el *«Lynch v. United States»* (1934):

> «Cuando los Estados Unidos entran en relaciones contractuales, sus derechos y deberes se gobiernan *generalmente* (cursiva mía: ésta es la matización) por la misma ley aplicable a los individuos privados».

Es justamente en esta aplicación del Derecho común y en la sumisión a los mismos Tribunales que juzgan los conflictos entre particulares, donde se cree radica la mayor protección del ciudadano (en este caso, del contratista) frente a un sistema como el francés en que el artificioso invento de un «contrato administrativo» *(una «contradictio in terminis»)* parece justificar cualquier desafuero. En concreto, un poder cuasi ilimitado de modificación de lo pactado (o de incumplimiento puro y simple), que hace quebrar el principio esencial de igualdad de las partes y desnaturaliza la figura.

Ahora bien, si se analiza el régimen jurídico *real* de los contratos del Gobierno, se ve que la realidad está muy lejos —y lo está cada día más— de ese paradigma. En primer lugar, hay que hacer referencia a una serie de peculiaridades que derivan de la propia estructura orgánico-constitucional del Estado, que se proyecta lógicamente sobre todas sus actuaciones (también las contractuales). Así, la necesaria autoridad para contratar, que tiene que estar reconocida por el Ordenamiento (competencia) y que en el mundo anglosajón se exige con carácter específico para cada clase de operaciones; el contratista contrata a su riesgo y no puede descansar en la apariencia; si contrata con quien no tiene autoridad, el contrato es *ultra vires* y nulo, sin que de él pueda derivarse Derecho alguno (existe una acción por daños contra el funcionario, pero no hay responsabilidad de la Administración) [34]. Esto es una limitación

---

[33] *Vid.*, por ejemplo, R. P. SHEALEY, *The law of Government Contracts,* New York, 1919; o James F. DONNELLEY, *A Treatise on the Law of Public Contracts,* Lettle Brown, Boston, 1922.

[34] Se discute incluso la posible acción por enriquecimiento injusto del Estado, en el caso de que se hayan prestado de hecho algunos servicios como consecuencia de un contrato nulo. En ningún caso hay acción por daños contra el Estado: *vid.* SHEALEY, ob. cit., páginas 7 y siguientes y DONNELLY, ob. cit., páginas 145 y siguientes.

de la Administración (no un privilegio), pero entraña un riesgo para el contratista. En este mismo orden, la existencia del contrato está condicionada a la existencia de fondos presupuestarios, y el cumplimiento y pago del mismo, sujeto a las inspecciones y controles del «Comptroller General» y de la «General Accounting Office», sin que, en caso de demora, haya derecho al pago de intereses [34 bis]. En éstos y otros aspectos semejantes, ninguna diferencia hay, como es lógico, entre los sistemas de *Common Law* o de *«contract administratif»*.

En segundo lugar, no hay que olvidar (y a veces se olvida) que el propio *Common Law* acepta, no sin reluctancia, toda una serie de reglas especiales, que, procedentes del Derecho intermedio, han pervivido más o menos a la sombra (de un modo vergonzante), y que tienen una diaria aplicación por los Tribunales. Se dice que son «excepciones» al modelo común, pero por su extensión y número constituyen un elemento nada despreciable. He aquí algunas:

— régimen especial de *rescisión por fraude o lesión;* la fijación de un precio ostensiblemente superior al del mercado es motivo de rescisión (lo que no ocurre en absoluto entre particulares). La razón que se aduce para ello por los Tribunales es la vieja equiparación al menor de edad [35];

— la regla de *no compensación, contra el Estado,* de créditos y deudas; frente a lo que es común en el derecho civil, la jurisprudencia afirmará como «historical rule» que *«there is no set-off or counterclaim against the State»,* lo cual ha sido objeto de crítica por la doctrina, pero ahí está [36];

— según el *Common Law* no se aplican al Estado los *criterios de caducidad o prescripción* extintiva por el no uso de su derecho. La «laches doctrine» hace referencia, en el *Common Law,* a una serie de supuestos de mora o negligencia en el ejercicio de un derecho, de caducidad por renuncia implícita de una acción, de pérdida del derecho o la acción por el transcurso del tiempo y la pre-

---

[34 bis] Ningún derecho se deriva de un contrato para el que no haya sido aprobada previamente la correspondiente «appropriation»: *vid.* James F. Donnelly, *Treatrise...*, cit., páginas 8, 84, 85, 128, etc. En contra, Mitchel, ob. cit., página 76.

[35] *Vid.* Shealey, ob. cit., páginas 5, 6. Así, en *Garman v. United States* (1899), la Court of Claims afirmará: «Esta Corte ha contemplado siempre al Gobierno como equiparado de alguna manera al menor, y sus funcionarios y autoridades son considerados como sus guardianes, y nunca se ha considerado válido un contrato cuando ha aparecido que el contratista, por uno u otro medio, ha sorprendido la buena fe de los guardianes». Es interesante destacar que esta vieja regla, hoy abrogada entre nosotros, todavía conserva vigencia en el mundo anglosajón. *Vid.*, sobre ella, entre nosotros, las referencias contenidas en mi estudio anterior: *El contrato administrativo en el derecho español,* RISA, 1968, n.os 1-2, página 75.

[36] *Vid.* Roscoe Pound, *A survey of public interests,* «Harvard Law Review», volumen 58, páginas 911 y siguientes.

sunción de su renuncia, etc. Pues bien, la jurisprudencia, desde *Unites States v. Kirpatrick* (1828), afirmará una y otra vez que *«the laches doctrine does not apply against the State»:* en orden a prevenir serios ataques a los intereses públicos, que se pueden siempre producir como consecuencia de los descuidos de sus servidores, tal doctrina no impide el ejercicio de acciones por el Gobierno, en cualquier tiempo, para proteger los derechos públicos; entre otras consecuencias, se aplica a los contratos del Estado el criterio de la mora *ex re* (sin necesidad de interpelación); el Estado no puede ser excepcionado, ni hecho responsable por la apariencia creada por la negligencia de sus funcionarios *(the Government cannot be estopped),* etc. [37];

— finalmente, se reconoce también la prelación de créditos a favor del Estado *(priority of due to the Crown or the State).*

Y así se podían consignar algunos privilegios más: inexistencia de obligaciones de *facere,* prohibición de ejecuciones contra el Estado, etc. [38].

Además de la serie de prerrogativas y privilegios consignados hasta aquí —lo que Holmes eufemísticamente llamaba «peculiares derechos y preferencias debidas al soberano»—, no puede olvidarse, para situar las cosas en la adecuada perspectiva histórica, que en el mundo anglosajón, a pesar de las solemnes proclamas del *rule of Law,* ha sido siempre muy difícil llevar al Estado ante los Tribunales. El principio general era que «el Estado no puede ser demandado sin su consentimiento»; y tal regla no es algo puramente histórico, sino que ha estado en vigor hasta casi nuestros días. Hasta 1855, en que se creó la *Court of Claims,* el Gobierno Federal en los Estados Unidos no podía ser llevado ante los Tribunales directamente, y otro tanto ha ocurrido hasta fecha reciente con los Estados. Y en Inglaterra y sus dominios se requería, formalmente al menos, un *fiat* de la Corona para que ésta pueda ser demandada. Se dirá que esto era una pura formalidad y que éste siempre se concedía, pero no deja de ser un poder discrecional incontrolable (piénsese en el caso de los no nacionales que contratan con el Gobierno británico) [39]. El hecho es que hasta mediados del

[37] Sobre el concepto de «Laches», *vid. Black Law Dictionnary,* 4.ª edición, 1016. La prerrogativa del Estado se afirma con carácter general en POUND, ob. cit., páginas 923 y 924. Se ha querido introducir algunas excepciones a la excepción y declarar aplicable al Estado el mismo derecho de los particulares cuando —y ello no deja de ser interesante— el Estado actúa «in a propietary capacity» o cuando no hay en juego ningún interés público en sentido estricto, así en *Note,* en «Harvard Law Review», n.º 51, 1938, página 237. Finalmente, sobre la no aplicabilidad de la doctrina del estoppel a la acción del Estado en general y su crítica, *vid.* K. C. DAVIS, *Administrative Law,* cit., páginas 292 y siguientes.

[38] *Vid.* otras a las que hace referencia J. MITCHELL, ob. cit., páginas 8 a 11, 25, 26, 153 *passim.* No se admiten «injunctions» contra la Administración (página 156).

[39] *Vid.* Roscoe POUND, *A survey...,* cit., páginas 918 y siguientes.

siglo pasado, la única solución que encontraba el contratista agraviado era acudir al legislativo en solicitud de una ley especial que restaurase la posible injusticia [40]. Hoy la firma de un contrato lleva implícito el consentimiento para ser demandado.

Y entramos con ello en el análisis de lo que —se dice— constituye la neta superioridad del *Common Law:* el respeto a la intangibilidad de lo pactado, el *«pacta sunt servanda»* y la inexistencia de todo poder de modificación unilateral, que es, en el contrato administrativo, la exorbitancia por excelencia. Veamos si esto es verdad.

9. La *«contract clause»* frente al *«police power»* y el poder de alterar el contrato

En los Estados Unidos, la protección del *«pacta sunt servanda»,* esencia misma del contrato, era, teóricamente, máxima. Además de la que derivaba de la estricta aplicación del Derecho común a los contratos del Estado, éstos se encontraban protegidos por la propia Constitución. Varias provisiones constitucionales consagran los derechos individuales, y, entre ellos, expresamente, los derivados de un contrato. Así, el artículo 1, Sec. 10, cláusula 1.ª, dispone:

> «No State shall pass any ... Law impairing the obligation of Contracts».

Ésta es la llamada «Contract Clause». La expresión «impair the obligation of contracts» significa, en palabras del Tribunal Supremo, «debilitar, disminuir, reducir la obligación o el poder de obligar, o hacer más difícil su cumplimiento, o menos valioso en cualquier aspecto, o alterarlo de cualquier otra manera, en sus cualidades legales, por cambio de los términos o estipulaciones o de los remedios jurídicos y procesales para su obligado cumplimiento» («Black's Law Dictionnary») [41]. La «Contract Clause» prohíbe cualquier acción de los Estados, incluso por Ley, que afecte de esta manera a los contratos, tanto los celebrados entre particulares como sobre todo, aquéllos en los que el propio Estado sea parte. Es sobre estos últimos sobre los que la «Contract Clause» ha ejercido un mayor impacto.

Esta cláusula se refería únicamente a los Estados, no al Gobierno Federal [42], pero pronto se vio completada, y ampliada a este último, con las

---

[40] *Vid.* Ralph C. NASH y John CIBINIC, *Federal Procurement Law,* George Washington University, 1966, páginas 96 y siguientes.

[41] Más sencillamente, HAMILTON había escrito: «The must the equivalent to saying no state shall passa law revoling, invalidating or altering a contract», citado por WRIGHT, *loc. cit.*

[42] Explicar su origen y la razón de ello no hace al caso en este momento. Puede verse, si

Enmiendas 5.ª y 14.ª a la Constitución, que dicen así, en la parte que aquí nos interesa:

> «Ninguna persona será privada de la vida, libertad o propiedad sin el debido proceso legal ("due process of law"); ni será tomada propiedad alguna sin justa compensación» (Enmienda V, *in fine*).
>
> «Ningún Estado aprobará o aplicará ley alguna que reduzca los privilegios o inmunidades de los ciudadanos de los Estados Unidos...; ni denegará a nadie, en su jurisdicción, igual protección ante la ley ...» (Enmienda 14, Sec. 1.ª).

Ambas normas constitucionales constituían un sólido fundamento para la protección de los derechos derivados de un contrato, tanto si éste era celebrado con el Gobierno Federal como con los Estados [43]. La santidad del contrato se afirma incluso frente a la Ley, que puede ser atacada ante los Tribunales por anticonstitucional (y lo ha sido, con éxito, en muchas ocasiones).

Conceptos tan absolutos como *«impairing the obligation of contracts»* o *«property rights»* ofrecían sólida base para combatir cualquier intervención del Gobierno sobre los contratos. Además, en sus primeras aplicaciones todavía fue ampliada la *«contract clause»* haciéndola extensiva a supuestos no claramente contractuales (por ejemplo, *«land grants» o «corporate charters»*). Ésta fue en gran parte, la obra de Chief Justice John Marshall, y del propio Alexander Hamilton, a quien aquél seguía en este punto. Dos de sus decisiones son famosas en este tema: *Fletcher v. Peck* (1810) en el que la *«contract clause»* se declara aplicable a las *«grants»* o concesiones de tierras hechas por el legislativo del Estado de Georgia, que no puede después revocarlas; y el *Darmouth College v. Woodward* (1819), en que se declara que la *«corporate charter»* otorgada a una Universidad es un contrato que vincula al Legislativo de New Hampshire, el cual no puede después modificarla.

En el primer caso se trataba de una concesión de tierras que, al parecer con excesiva liberalidad [44], el legislativo de Georgia, por un precio ridículo,

---

se desea, en Benjamin F. WRIGHT, *The Contract Clause of the Constitution,* Harvard University Press, 1938; y en Charles A. BERAD, *Economic Interpretation of the Constitution,* New York, 1913.

[43] Aunque la *«contract clause»* no resultaba aplicable al Gobierno Federal, al mismo resultado se llegaba, por éste, a través de la Enmienda 5.ª, pues es obvio que el contrato era el primero y el más solemne título de propiedad. Por ello, aun cuando los supuestos varíen, los principios aplicados en uno y otro caso son exactamente los mismos. En *United Status v. Central Pacific Railrad Co.* (118 U.S.) se dirá: «Contratos válidos son propiedad, tanto si el obligado es un individuo, un municipio, un Estado o los Estados Unidos. Por tanto, derechos contra los Estados Unidos que derivan de un contrato con el Gobierno están bajo la protección de la Enmienda 5.ª».

[44] Había mediado, según Robert L. Hale, un extenso soborno entre algunos parlamenta-

había hecho a favor de sus beneficiarios, y un Gobierno posterior (con un nuevo legislativo) trató de revocar por considerarlas lesivas y fraudulentas. Marshall, sin entrar a juzgar la posible colusión, razonará: primero, que la *«contract clause»* es aplicable a los contratos públicos en que un Estado es parte, pues «las palabras de la Constitución no distinguen y son aplicables a toda clase de contratos»; y segundo, que «cuando una Ley es por naturaleza un contrato, derechos adquiridos se derivan del contrato *(absolute rights have vested under the contract)* y una nueva Ley no puede desconocerlos» [45].

El segundo supuesto se trataba de la modificación de los Estatutos de constitución de un College, que habían sido otorgados por la Corona británica antes de la independencia. Por razones de control político de la institución, el legislativo de New Hampshire pretendió alterar el estatus jurídico de la Universidad, contenido en la «Charter of Incorporation». Marshall declarará tal Ley nula y sin valor, y argumentará así:

— Primero, que el College es una institución privada.

— Segundo, que en su día se solicitó de la corona una «Charter» para la creación del College, como una institución literaria, declarando que habían sido hechas importantes aportaciones económicas con este objeto, que serían entregadas a la Institución tan pronto fuese creada.

— Tercero, que una vez constituido el College, con arreglo a esas bases, fueron aportados los bienes, a lo cual se sumaron también algunas concesiones de tierra por la Corona.

— Cuarto, que tal transacción reúne todas las características de un contrato, completo y legítimo.

— Que, por tanto, modificarlo unilateralmente por el legislativo de New Hampshire, supondría una violación del acuerdo y un fraude a los donantes, violando con ello la Constitución de los Estados Unidos.

---

rios, que favoreció la concesión. Una cierta indignación popular por el hecho trajo como consecuencia un nuevo legislativo en 1796, que anuló las concesiones hechas el año anterior. Tanto el otorgamiento como su anulación habían sido aprobados por Ley del Estado de Georgia, y la primera había sido ya ejecutada, y algunas parcelas revendidas a terceros compradores. *Vid.* ampliamente las circunstancias del caso, y la opinión de Marshall, en Robert L. Hale, *The Supreme Court and the Contract Clause,* en «Harvard Law Review», vol. 57, 1944, páginas 628 y siguientes.

[45] Hamilton había escrito: «Toda grant» o concesión de uno a otro, tanto si el concedente es un Estado o un individuo es *virtualmente un contrato,* que el concesionario tiene derecho a conservar y gozar de ella, contra el concedente o sus representantes... Por tanto, la revocación de ella por el legislativo del Estado de Georgia debe ser considerada contraria a la Constitución de los Estados Unidos y nula: opinión emitida el 25 de marzo de 1796, citada por Wright, página 22.

Marshall reconocerá que quizás este particular supuesto no fue contemplado por los redactores de la Constitución, pero ello no es argumento en contra, pues ciertamente —dice— tampoco fue excluido, y entra más en el espíritu de la Cláusula en su contrario. Por lo demás reconoce que el Parlamento inglés hubiera podido anular la «Charter», pero «la perfidia de tal acción hubiese sido universalmente reconocida» [46].

Sirvan estos dos supuestos, entre otros que podrían ser citados [47], para poner de manifiesto la imponente tradición jurídica norteamericana en el respeto a la santidad de los contratos y a los «vested rights».

Sin embargo, pronto se iban a producir correcciones a tan absoluto planteamiento del Juez Marshall. Sencillamente porque el mantenimiento de tales principios hamiltonianos era inviable en un gobierno racional, si es que no hacían imposible —dada su rigidez— todo gobierno. Por ello, desde el primer momento se buscaron soluciones que, también con apoyo constitucional, permitieran la reordenación o adaptación de situaciones contractuales a las nuevas exigencias sociales [48].

El campo de batalla iban a ser sobre todo las *«public utilities»* que se desarrollan con gran profusión en la segunda mitad del siglo XIX. En efecto, la importancia del *«Darmouth College case»* podía ser tremenda (y lo fue) en la interpretación de las *«Charters»* otorgadas a las compañías de servicios públicos *(Public Utilities Corporations),* ya que, de aceptar la aplicabilidad a ellas de la *Contract clause,* resultarían intangibles, como tales situaciones contractuales. Esto era inaceptable para los Estados y las ciudades (titulares, normalmente, de los contratos) y convenía encontrar un remedio a esta situación.

La primera corrección arranca de la propia decisión del Darmouth College, pues en ésta se reconocía que el poder de revocación o de modificación del contrato, podía ser legítimo si en un aspecto o supuesto concreto se había hecho reserva de él a favor del Estado, y así se había pactado en el documento concesional o contractual. Pues bien, cláusulas de reserva se empezaron a in-

---

46 Amplia y detallada relación de ambos supuestos en WRIGHT, ob. cit., páginas 21 y siguientes.

47 Estos precedentes impulsaron a muchos a calificar como contratos otros casos de *grants, charters* o incluso *licenses,* cuya naturaleza contractual era muy discutible. Se trataba con ello, como dice Wright, de «vestirlos con el manto de la protección constitucional». El Tribunal Supremo decidió caso por caso sobre la naturaleza de la relación, en una interesante tipología que puede verse en WRIGHT, ob. cit., páginas 155-160.

48 Mitchell ha escrito que la historia de esta cuestión en América es la historia de una sucesiva y continua retirada de las posiciones adoptadas por MARSHALL, en *The Contracts...,* cit., página 84.

cluir en las *charter* o *franchises* hasta que tal cláusula se convirtió en habitual. En muchos casos fue incluida en «Statutes» e incluso en la Constitución de los Estados (es el llamado *«reserved power»*). Con ello, sin embargo, los problemas no desaparecían, pues lógicamente, tales poderes no podían consagrarse con carácter general y absoluto, ya que ello equivaldría a derogar la Constitución Federal. Por tanto, el Tribunal Supremo continuó juzgando la validez de tales cláusulas, matizándolas con los siguientes juicios:

— Que el ejercicio del *reserved power* no podía suponer un ataque a los derechos esenciales e inalienables del contrato (al corazón del mismo), aunque sí podían introducir alteraciones en las circunstancias o elementos accesorios de su ejecución (*Pennsylvania College case,* 1872).

— Que la modificación tiene que estar dirigida al mejor cumplimiento del propósito inicial de la concesión (*Millar v. State,* 1873).

— Que sea razonable y coherente con el objetivo y propósito del acta de incorporación (*Shields v. Ohio,* 1877).

Y así, otras afirmaciones semejantes. Todas ellas pueden resumirse diciendo que el Tribunal Supremo siguió protegiendo los *«vested property rights of the Corporation»*. Naturalmente, lo difícil era determinar cuándo hay un *«vested right»,* apreciación que el Tribunal se reserva en cada caso. Tal juicio ha variado al compás de la historia y la tendencia ha sido disminuir progresivamente el alcance de los «vested rights», convirtiéndolos en un derecho de compensación económica [49].

La segunda corrección fue afirmar el principio de interpretación estricta del acuerdo, pacto o concesión *(rule of strict construction),* en el sentido de que toda concesión o estatuto otorgado por la Administración debe ser interpretado en sus estrictos términos, no supone nunca derecho de exclusiva —salvo que ésta se mencione expresamente— y no puede impedir el ejercicio de otras facultades o competencias administrativas que no hayan sido expresamente mencionadas [50]. El principio se afirmará por vez primera en *Charles River Bridge v. Warren Bridge* (1837). El supuesto era éste: titularidad de un pontazgo sobre un río, con cobro de una tarifa, que no puede precluir el poder del Estado para construir nuevos pasos u otorgar nuevas concesiones, aun cuando, naturalmente, éstas influyan sensiblemente en los ingresos del primero. El Tribunal reconoce tal poder sin que proceda compensación. Y la razón que da

---

[49] *Vid.* una excelente exposición del *reserved power* en WRIGHT, ob. cit., páginas 168 y siguientes. También MITCHELL, ob. cit., páginas 84 y siguientes.

[50] Caso de que se hubiese concedido expresamente la exclusiva, ésta se reconocerá, pero sometida al *«police power» (vid. infra).*

para ello, es que las concesiones para operar una *«public utility»* no pueden convertirse en obstáculos para el buen gobierno, para el desarrollo y el progreso de las comunicaciones, para el mejor servicio al público. Medio siglo más tarde la regla de la *«strict construction»* seguirá afirmándose más o menos en los mismos términos: las concesiones deben ser interpretadas «a favor del público» y nunca debe presumirse que la Administración *«has devested itself of its powers»* (Justice Harlan, en *Knoxville Water Co. v. Knoxville,* 1900) [51].

El mismo criterio se reiteró en otros campos: así, en líneas de navegación fluvial, ferrocarriles y tranvías, transportes, alumbrado público, suministro de gas [52]. Ésta fue una importante corrección a la desmesurada aplicación de la *«Contract Clause».* Corrección que se vio completada años después por la declaración, en casos muy semejantes a los anteriores, de que determinadas relaciones (o determinados aspectos de la relación) no tienen naturaleza contractual, sino que son materias sometidas a la legislación general y no han podido ser pacto con pretensiones de intangibilidad [53]. Se alude así a lo que en nuestro derecho se llamarán aspectos reglamentarios de la concesión (y en definitiva, a la difícil distinción acto-contrato).

Por lo demás, se reconocerá que en todo momento el Estado puede hacer uso de su derecho de *«eminent domaine»* (potestad expropiatoria) y de que sólo en ciertos casos y de modo limitado puede ser enajenada por contrato la potestad fiscal *(«power of taxation»)* [54].

Finalmente —y ésta es la gran limitación genérica que engloba a las demás— el Tribunal Supremo, desde 1873 aproximadamente, afirmará que hay una serie de potestades y derechos de jurisdicción que nunca se pueden entender afectados por los contratos, porque son esenciales a la misma existencia

---

[51] WRIGHT, ob. cit, páginas 64-65. Si bien en algunos casos en que el monopolio estaba expresamente otorgado, el Tribunal lo reconoció anulando nuevas concesiones, *vid.* FREUND, *Police Power,* cit., páginas 700-701.

[52] *Vid.* detalle de supuestos y decisiones en WRIGHT, ob. cit., páginas 162 y siguientes.

[53] «What is claimed to be a contract —se dirá en *Pennsylvania Railroad v. Millar,* 1889— is not an agreement between parties but a matter of general law», lo cual se aplicará a: la localización de un College, la alteración del régimen jurídico de las tierras colindantes con un ferrocarril, el régimen de uso de las riberas de los Grandes Lagos, supuestos todos ellos en que el cambio afectaba a derechos de anteriores concesionarios. *Vid.* supuestos en WRIGHT, *loc. cit.,* páginas 155-160.

[54] Cit. por HALE, ob. cit., página 655. La doctrina se reiterará, más explícitamente formulada en *Stone v. Mississipi* (1880), donde se califica al *police power* como «el poder de gobierno en sí mismo confiado por el pueblo a los gobernantes, sin que éstos puedan impedir su ejercicio a los que les suceda mediante un contrato anterior». En la exposición que sigue, dejo a un lado el impacto del *police power* sobre contratos anteriores entre particulares; sobre este punto, *vid.* Ernst PREUND, *Police Power,* Chicago, 1904, páginas 582 y siguientes.

política del Estado: todos los derechos —se dirá— hay que entenderlos sujetos al *«police power of the State»*. El conflicto entre poder y contrato se centrará por ello desde entonces en el análisis y extensión de este llamado *«police power»* en el que se resumen y concentran las facultades y poderes esenciales del Estado. La historia de este conflicto ha sido alguna vez resumida así: «el crecimiento constante del concepto de *police power,* el esfuerzo por evitar las consecuencias del Darmouth College case, y el declinar de la *Contract Clause* y su sustitución por el *"due process"*, que ofrece un marco más flexible de actuación para el Estado» [55].

El *«police power»* es la versión americana del privilegio de «executive action» *(executive necessity)* en Gran Bretaña [56]. Y así como nadie ha sabido nunca lo que significa este último, tampoco está muy claro cuál es el alcance y límites del primero. El *«police power»* se presenta como título que justifica cualquier intervención del Estado sobre los contratos, aun cuando ello implique el quebrantamiento de sus obligaciones. Podría hacerse aquí una relación *in extenso* de los muchos intentos de delimitación, pero quizás no vale la pena en este momento [57]. Baste decir, para nuestro razonamiento, que Freund lo vio como «el poder de promover el bienestar público *("public welfare")* limitando y regulando el uso de la libertad y de la propiedad» y añadió que «éste no era una cantidad fija, sino la expresión de las condiciones políticas, económicas y sociales; por lo que en la medida en que éstas varíen, el poder de policía continuará siendo elástico». El problema es determinar qué es *«public welfare»*. Para Freund, éste incluye intereses sociales y económicos; los primeros son los tradicionales campos del *«police power»* (paz y seguridad, orden público, salud,

[55] WRIGHT, ibídem, páginas 91-92.

[56] En el *Amphitrite case* (*Amphitrite v. The King,* 1921) los Tribunales ingleses afirmaron estas palabras mágicas, que consagraron el privilegio: «La Corona no puede por un contrato ver bloqueada (hampered) su libertad de acción en materias que afectan al bienestar del Estado». De nuevo aparece aquí *the public welfare of the State.* A partir de ahí se construyó el principio de «executive action» sin que hasta ahora nadie haya podido dar una satisfactoria explicación del mismo. Véase el infructuoso intento de MITCHEL, J., en *«Contracts...»*, cit., páginas 52 y siguientes. En 1960 se ha vuelto a afirmar en esta forma: «the Crown cannot by contract fetter is right to legislate» *(Crown v. Page). Vid.* SEEPERSAD, «Contractual Libaility of the Crown», citado, página 65. El problema es doble: 1) ¿se refiere sólo a situaciones de seguridad y orden público, o también a situaciones de conveniencia, *public welfare,* interés público y social en general?; y 2) si procede o no compensación y el *quantum*.

[57] Además del libro clásico de Ernst FREUND, *The Police Power,* Chicago, 1904, que es un exhaustivo estudio de 800 páginas, puede citarse un extraordinario artículo de Ray A. BROWN, en «Harvard Law Review», n.º 40, 1927, bajo el título *Due Process, Police Power and the Supreme Court.* También el estudio ya citado de HALE, *The Supreme Court and the Contract Clause;* y, finalmente, el muy reciente libro de O. KRAINES, *The World and Ideas of Ernst Freund. The Search for General Principles of Legislation and Administrative Law,* University of Alabama Press, 1974.

moral pública, etc.), los segundos (promoción y distribución de la riqueza) son el nuevo campo de aplicación; crecimiento que ha sido consecuencia del proceso de industrialización y urbanización de la Sociedad [58].

Ray A. Brown terminará su trabajo diciendo que «las opiniones del Tribunal Supremo sobre (el equilibrio) *due process of law-police power* más bien han confundido que aclarado el tema». Mitchell, en relación con los contratos, dirá que el *«police power»* como título de intervención es «amplio y mudable», y que, sin duda, éste tenderá a ser ampliado «en la medida en que se otorga a la Administración una discreción cada día más amplia en la decisión de lo que es necesario para el bienestar de la comunidad» [59]. A la vista de éstas y otras afirmaciones, creo puede suscribirse, sin temor, el juicio que, en su comentario del *Munn v. Illinois,* hizo Holmes:

> «Es una gran verdad que el "police power" está siempre abierto a la sospecha de ser una frase conveniente para justificar actos que no pueden ser justificados por la letra de la Constitución, pero que, sin embargo, se consideran necesarios» [60].

Por ello, el gran jurista americano negará que pueda darse una definición del mismo capaz de decirnos de antemano cuáles son sus límites.

Ahora bien, si ello es así, ¿qué queda de la protección de la «Contract clause» y de la pomposamente afirmada *santidad del contrato?* Ésta es una gran *«crux iuris»* del jurista anglosajón. Pues, en efecto, dados estos planteamientos, y ante la ausencia de un derecho objetivo, de carácter sustantivo, que establezca principios claros y conocidos, todo queda al arbitrio de los Tribunales en cada caso. Con arreglo a qué criterios puedan éstos juzgar, es algo que nadie ha podido nunca decir con certeza.

Se han realizado intentos varios de explicación y conjugación del *«police power»* y el contrato. Así, se ha tratado de establecer una distinción entre el alcance del *«police power»* en el ejercicio de la policía general (actividad de regulación en general de la industria o el comercio) y su ejercicio en las relaciones contractuales de las que el Estado es parte [61]; otras veces se ha intentado, también en el mundo anglosajón, la distinción entre contratos hechos *«in a governmental capacity»* de aquellos otros realizados *«in a propietary capacity»* (lo cual, obviamente, es un paralelo de nuestra distinción entre contratos administrati-

---

[58] E. Freund, *loc. cit.,* en nota anterior.

[59] Brown, *loc. cit.,* en nota anterior; Mitchell, ob. cit., páginas 86-87.

[60] Justice O. W. Colmes, *Comment on Munn v. Illinois,* «American Law Review», 1879, páginas 854-855.

[61] J. Mitchell, ob. cit., páginas 91 y 55.

vos y contratos privados de la Administración), los primeros serían aquéllos que recaen sobre objetos que están dentro del campo de aplicación del *«police power»* (fundamentalmente, servicios públicos: sanidad, transporte, suministros de energía, comunicaciones, servicios municipales de abastecimientos, etc.) y por ello quedarían sometidos a éste; los segundos serían aquéllos en que sólo intereses patrimoniales y financieros del Estado están en juego y serían por tanto inatacables, pues a ellos se extendería la más completa protección de la *«Contract clause»* [62]. Naturalmente, lo difícil aquí es marcar la línea de separación, cosa en la que tampoco los anglosajones han tenido mucho éxito [63].

Una tercera vía de explicación es la distinción entre el ejercicio del *«police power»* para proteger el bienestar de la comunidad en su conjunto (incluido el bienestar económico) que justificaría la intervención sobre el contrato, y su ejercicio por razones de mera conveniencia económica (esto es, financiera: conseguir un ahorro) de la Corporación contratante, sea ésta el Estado o un ente local, lo cual no justificaría interferencia alguna sobre el contrato [64]. De acuerdo con ello, el *objetivo y fin* de la intervención es lo que hará ésta legítima o ilegítima. No es tanto la naturaleza del contrato —se dirá—, sino la naturaleza de la intervención lo que puede o no justificarla. Pero, de nuevo aquí, la distinción no es clara en los supuestos concretos, pues ocurre que, en muchos casos, las eventuales «deseconomías» del Estado afectarán a la larga al bienestar de los ciudadanos, bien mediante una mayor presión fiscal o bien mediante la pérdida de otros servicios o beneficios que el Estado podría ofrecer con ese dinero. ¿Dónde acaba el interés financiero del Estado y dónde empieza el interés de la comunidad?

Concluyamos este largo apartado diciendo que, tras cientos de casos, y muchos intentos teóricos de limitación del *«police power»*, éste puede justificar

---

[62] Esta distinción arranca del mismísimo *Stone v. Mississipi* (citado *supra*), en que Justice Waite escribió: «The contracts which the Constitution protects are tose that relate to property rights, not governmental...». El fundamento de esta tesis es que las potestades no son enajenables —*the police power cannot e contracted away*—: *vid.* Ernst FREUND, *The Police Power,* cit., páginas 20, 362, 588, *passim*. También se ha planteado la cuestión de si realmente tal contrato existe o es desde el primer momento *ultra vires* y nulo. MITCHELL se inclina por la primera solución, que es ciertamente la única realista: ob. cit., páginas 103 y siguientes. De hecho, los llamados por nosotros servicios públicos, prestados bajo una relación contractual, son los afectados por el *«police power»* en la gran mayoría de los casos. *Vid.* supuestos en HALE, ob. cit., páginas 660 y siguientes.

[63] *Vid.* sobre el tema, en general, Delmar W. DODDRIDGE, *Distinction between Government and Propietary Functions of Municipal Corporations,* en «Michigan Law Review», vol. 23, páginas 325 y siguientes. También DAVIS, K. C., en *Administrative Law Treatise, «West Publishing»,* Saint Paul, 1958, páginas 459 y siguientes.

[64] J. MITCHELL, *Contracts...,* cit., páginas 95-96.

cualquier intervención sobre los contratos, si ésta se considera necesaria para un mejor gobierno de los asuntos públicos (lo que los anglosajones llaman *«the principle of governmental effectiveness»*). Ello supone que la rotundamente afirmada como característica del *Common Law,* constitucionalmente sancionada por la *«Contract clase»,* debe ser aceptada con algunas reservas.

10. La doctrina del acto de soberanía y sus límites

En esta misma línea, de ver la realidad de las cosas, debe hacerse ahora una referencia a la llamada doctrina del «acto de soberanía» o de los *«paramount powers».* Junto a la doctrina general del *«police power»,* la jurisprudencia norteamericana ha aludido en más de una ocasión a la posibilidad de que la Administración (el Gobierno) interfiera o quebrante un contrato en virtud de sus *«paramount powers»* (curiosa expresión que recuerda incluso terminológicamente, la *plenitudo potestatis* del Derecho regio) o de su actuación como soberano *(act as a sovereign)* [65].

En la exposición de esta doctrina hay que hacer una distinción previa entre dos temas que, aunque relacionados, son diferentes. Me refiero a la distinción entre la doctrina de la *sovereign inmunity* y la doctrina del *sovereing act.* La primera hace referencia a un viejo privilegio del Derecho inglés, al que ya me he referido, según el cual, ninguna acción es admisible contra la Corona (contra el Estado), salvo que ésta, por norma especial o por declaración expresa en ese caso, haya dado su consentimiento para ser demandada o de alguna otra manera haya renunciado a su inmunidad. Esta doctrina, que fue trasplantada a los Estados Unidos, hizo que en los primeros años cualquier contratista agraviado, que buscase una restauración de su derecho, tuviera que acudir al Congreso para que éste otorgase una Ley singular *(private Bill).* Esta doctrina estuvo vigente hasta 1855, en que fue establecida la *«Court of Claims»,* con la función inicialmente consultiva de oír los casos y hacer recomendaciones al Congreso para que éste adoptase la decisión final en las reclamaciones de los contratistas. Tras unos años de experimentación, en que se comprobó la innecesariedad de la segunda instancia (que se limitaba simplemente a ratificar) en 1863 se revistió a la *«Court of Claims»,* del poder de emitir un juicio final y definitivo por reclamaciones contra el Gobierno de los Estados Unidos. Finalmente, en 1887, se aprobó por el Congreso la llamada *«Tucker Act»,* en la que se afirma con carácter general la competencia del Tribunal para juzgar cualquier reclamación contra los Estados Unidos fundada en la Constitución o en

---

[65] *Vid.* sobre el tema, G. Calabresi, *Retroactivity: Paramount Powers and Contractual Changes,* «Yale Law Journal», vol. 71 (1962), páginas 1191 y siguientes.

cualquier Ley del Congreso, o regulación emitida por el ejecutivo, *«o fundada en un contrato con los Estados Unidos, expreso o implícito...»*.

Sobre esta base, el Tribunal Supremo afirmó en *Lynch v. United States* (1934) que la existencia de un contrato (al amparo de la *«War Risk Insurance Act»*), suponía una abrogación del privilegio de *«sovereign inmunity»* por el Gobierno y la posibilidad de una posterior acción contra él, pues «la firma de un contrato lleva consigo siempre el consentimiento para ser demandado ante los Tribunales». Con ello, puede concluirse que, con relación a los contratos, tal privilegio es inexistente.

Ahora bien, la derogación de tal doctrina, no supone la inexistencia de *«sovereign acts»*. El Estado podrá ser siempre demandado ante los Tribunales, pero no será siempre declarado responsable. No lo será cuando haya intervenido en el contrato en virtud de sus poderes soberanos *(sovereign acto doctrine)*, cosa que el propio *Lynch v. United States* reconoce diciendo:

> «*The due process clause* prohíbe a los Estados Unidos anular o desconocer sus contratos, salvo que la intervención se base en *the federal police power or some other paramount power*».

La formulación más importante de esta doctrina está contenida en *Horowitz v. United States* (1935), en que se afirma:

> «Ha sido reiteradamente afirmado por la Court of Claims que los Estados Unidos, cuando son demandados como contratantes, no pueden ser declarados responsables por una obstrucción al cumplimiento del contrato que derive de sus actos públicos y generales *como soberano*».

Más adelante, hablará el Tribunal de los dos caracteres que el Gobierno posee, como «parte contratante» o como «soberano», y de que cuando es demandado por actos realizados en su primera condición, no puede ser tenido por responsable por actos realizados en la segunda, ya que no hay entonces incumplimiento de contrato sino ejercicio de soberanía. Y ello, tanto si los actos han sido llevados a cabo por el legislativo como por el ejecutivo. Lo único que se requiere es que estos actos sean «públicos y generales», esto es «que no vayan dirigidos especialmente a alterar, modificar, impedir o violar ningún contrato en particular»... «aunque dichos actos, dictados con vistas al bienestar general, puedan producir daño a algún contratista...». En tales casos «no hay responsabilidad alguna de los Estados Unidos y nada gana el contratista con traerlo ante los Tribunales». (Todo ello según el propio texto de la Sentencia).

Es interesante consignar la clarísima aceptación que ello supone de la doctrina de la doble personalidad y de esa retrógrada y primitiva solución (que se remonta al Derecho intermedio) de «incomunicar» las dos personalidades (la persona del Príncipe y la persona del privado) haciéndolo irresponsable por la primera y no por la segunda. Aparte de la dificultad de decidir —éste es otro de los «misterios» de la jusrisprudencia anglosajona— cuándo el Gobierno actúa como parte en el contrato y cuándo como soberano, cosa que no es, ni mucho menos, clara, y que hace que la espada de la soberanía esté siempre pendiente sobre la cabeza del contratista [66]. La importancia de la distinción está, naturalmente, en la exigencia o no de responsabilidad (e indemnización) por el incumplimiento o alteración del contrato, lo cual ha sido algo bastante arbitrario hasta el momento. Así, el Gobierno se ha declarado *irresponsable* por actos como los siguientes (que ocasionaron perjuicio al contratista):

— Variación de los aranceles.

— Establecimiento de un orden de prioridad en el suministro de materiales de construcción.

— Orden de operaciones militares que encarecieron el incumplimiento del contrato.

— Calificación —*a posteriori*— de materiales o patentes como «secreto» que impide su comercialización.

— Modificación de las reglas de aparcamiento de un aeropuerto, que perjudica al concesionario de un parking público anteriormente otorgado.

— Disminución legal de la duración de la jornada laboral.

En cambio se ha entendido que el Gobierno actuaba *«in a contractual capacity»* y se le ha exigido indemnización por actos como los siguientes:

— Aumento legal de salarios.

— Denegación de licencia de exportación por razones de Estado.

— Prohibición —*a posteriori*— de *stripmining* (extracción de mineral a cielo abierto, sin reposición de tierras en la superficie) en una concesión minera, por exigencias de protección del medio ambiente.

---

[66] La distinción se ha intentado sobre la base, ya aludida, de diferenciar actuaciones *«in a governmental capacity»* y actuaciones *«in its purely contractual capacity»*, pero esto, como bien se ve, son puras palabras, que nadie acierta a descifrar. Otras veces se alude a la circunstancia de si el acto del gobierno tiene un efecto directo o indirecto sobre el contrato o a si el acto es dictado por la misma autoridad que contrató o por otra distinta. En alguna ocasión se ha denegado tal calificación, por entender que ésta era caprichosa e injustificada (así, en *Millar v. United States*), aun cuando ésta fue alegada por el Gobierno. La importancia de la distinción está, naturalmente, en el *otorgamiento o no de indemnización*. Los casos resueltos hasta ahora igual podían haberse resuelto en sentido contrario: *vid*. lo que se dice en el texto. Sobre este tema, NASH and CIBINIC, *Federal Procurement Law*, Washington, 1966, páginas 96 y siguientes, chapter IV, *in totum*, donde se recogen los casos citados.

— Exigencias de nuevas condiciones de seguridad en la construcción de un puerto.

La solución, en estas dos series de casos, hubiera podido ser perfectamente la inversa, por la misma razón.

Como conclusión de este análisis sobre el poder de alterar los contratos, puede afirmarse que la única *ratio iuris* afirmada reiteradamente y que tiene un valor indiscutido es ésta: el Tribunal Supremo ha rechazado siempre cualquier intervención o modificación del contrato basada exclusivamente en razones patrimoniales o financieras («Congress is without power to reduce expenditures by abrogating contractual obligations», afirmó Justice Brandeis en *Lynch v. United States*). No puede alterar los contratos simplemente por un beneficio económico, aunque éste sea importante. En cambio, se aceptan como válidas aquellas medidas o actos dictados como consecuencia de *la política general del Gobierno* en un sector determinado. Respecto al reconocimiento o no de indemnización, y los criterios para determinar su cuantía, no hay tampoco un criterio seguro, como veremos enseguida. Antes, sin embargo, convendrá hacer una referencia a otra fuente de privilegios de la Administración, que sitúan a ésta en una posición de neta superioridad y que derivan del propio derecho contractual.

11. Prerrogativas contractuales, convertidas en potestades legales

El cuarto grupo de prerrogativas (o «especialidades» como se quiera llamar) que acompañan a los contratos del Estado en los países del *Common Law,* lo constituyen aquéllas que derivan del propio derecho contractual. Inicialmente, éstas se consagraron, como hemos dicho, a través del propio clausulado de los contratos, pero, ya hemos visto en la primera parte de este estudio que éstas son hoy Derecho objetivo, normas jurídicas. Constituyen, por tanto, derechos *ex lege* (esto es, potestades), no sólo derechos derivados *ex contractu* [67]. Suponen la existencia de un diferente Derecho material aplicable al contrato del Estado. Las tres potestades (o derechos) contractuales fundamentales son: poder de interpretación unilateral, de modificación interna del mismo, y de rescisión unilateral. Los tres se reconocen normativos en la contratación de los Estados Unidos, en los mismos términos, más o menos, que en el Derecho continental [68].

---

[67] Recuérdese la distinción entre *ius* y *potestas,* a la que me he referido extensamente en otra ocasión al analizar, en Derecho español, el contenido de la *potestas variandi* (convencionalmente llamada en la doctrina *ius variandi*): *vid.,* mi libro *«Teoría del Equivalente Económico en los Contratos Administrativos»,* Madrid, 1968, páginas 220 y siguientes.

[68] Éste es el resultado final de una evolución que se caracteriza por el paso de una preten-

En efecto, el poder de decisión unilateral (y ejecutiva) en la interpretación del contrato se reconoce en los siguientes términos (General Provisión n. 12 ASPR, 7-103.12):

> «Salvo que el propio contrato disponga otra cosa, toda disputa o desacuerdo que surja en el cumplimiento del contrato será resulta por la autoridad administrativa encargada del mismo, que emitirá su decisión por escrito y la comunicará al contratista. Esta decisión será definitiva y firme *(final and conclusive),* salvo que sea impugnada en el plazo de 30 días...» [69].

No nos interesa en este momento seguir el proceso de estas impugnaciones, que son decididas, con carácter definitivo casi siempre, por los *Board of Contracts Appeals* [70], sino resaltar que, según los términos legales:

> «Pendiente la resolución definitiva del recurso, el contratista deberá proceder diligentemente en el cumplimiento del contrato, en los términos que le hayan sido ordenados por la autoridad administrativa» [71].

Tales son los términos de la llamada *«Disputes Clause»*, que consagra, según se ve, en los mismos términos que nuestra Ley de Contratos, un derecho de interpretación unilateral del contrato a favor de la Administración, reafirmando al mismo tiempo el carácter ejecutorio de tal decisión. Debe hacerse constar igualmente que, para impugnar estas decisiones, el contratista no puede

---

dida situación de igualdad de las partes, que la doctrina del *Common Law* parecía exigir, a una situación de predominancia de la Administración, que la naturaleza de la relación y la inexorable realidad de las cosas ha impuesto. *Vid.* algunas características de la primitiva concepción del contrato del Estado en SHEALLEY, *The Law of Government Contracts,* cit. páginas 58-59 (reconocimiento de un *ius variandi,* sobre la base del mutuo acuerdo de las partes), páginas 80-85 (interpretación del contrato según las reglas y procedimientos del Derecho común), páginas 120-128, especialmente 127 (inexistencia del derecho de rescisión unilateral por el Gobierno; el desistimiento lleva consigo indemnización por el beneficio dejado de obtener en la totalidad del contrato), etc. También DONNELLY, ob. cit., páginas 252 y siguientes. Por supuesto, en ausencia de cláusula, la Administración carece de todo poder para modificar, suspender o rescindir el contrato.

[69] Este privilegio de decisión unilateral y ejecutiva fue afirmado por vez primera en el *Wunderlich Case* (*United States v. Wunderlich,* 1951) y tanto sorprendió (e irritó) que el Congreso intentó anular tal doctrina, introduciendo una cláusula en la *Defense Appropiation Act* de 1952, pero ha seguido imperando en los contratos, porque es una necesidad.

[70] *Vid.* lo dicho *supra* sobre ellos, y la limitada revisión judicial sobre sus decisiones.

[71] *Vid.* en relación con este privilegio, el tema de las llamadas *«constructive change orders»* que es el tema de las obligaciones inherentes: aquéllas que aun sin estar expresamente previstas se derivan como necesaria exigencia del perfecto cumplimiento de la obligación principal, lo cual puede suponer prestaciones adicionales, que simplemente se imponen por vía de interpretación; ésta es una importante diferencia con los contratos privados. *Vid.* F. T. VOM BAUR, *Differences between comercial Contracts and Government Contracts,* en «Public Contract Law Journal», 1969, páginas 11 y 12.

acudir directamente a la *«Court of Claims»* sin agotar la vía administrativa *(exhaustion of administrative remedies)* [72] y que si deja transcurrir el plazo de 30 días sin recurrir, la decisión deviene firme e impugnable. No acierto yo a ver aquí cuál es la especialidad del *Common Law* en este punto, como tampoco en el que vamos a ver a continuación.

La potestad de ordenar los cambios que estime convenientes en la ejecución del contrato (potestad de modificación interna del mismo) [73] es lo que constituye la llamada *«Changes Clause»* aprobada en ASPR 7-103.2, General Provisión n. 2, en los siguientes términos:

> «La autoridad administrativa puede, en cualquier momento, por una orden escrita, introducir cambios, en el marco el objetivo final del contrato *(within the general scope of the contract)»*.

Dentro de estos límites [74], los cambios se imponen como obligatorios para el contratista, otorgándole por ellos una compensación por el mayor coste (o una reducción, si el coste es menor; la expresión legal es *«equitable adjustment»*). Si ambas partes no llegan a un acuerdo respecto a ella, se procederá de acuerdo con el procedimiento de la *«dispute clause»*, que acaba de ser expuesto, haciéndose constar que en cualquier caso el contratista deberá proceder de acuerdo con el cambio que se le ha ordenado. El texto de la norma es el siguiente:

> «En el caso de que no lleguen a un acuerdo sobre el equitativo ajuste del contrato, nos encontramos ante una disputa concerniente a una cuestión de hecho, con el significado que esto tiene en la cláusula titulada "Disputas". Sin embargo, nada excusará al contratista de su deber de proceder en el contrato de acuerdo con el cambio».

Si se niega a ello, el contrato será rescindido por incumplimiento culpable [75].

Debe hacerse notar la importancia de la calificación de esta cuestión como *«question of fact»* pues ello supone nada más y nada menos que la exclusión de

---

[72] *Vid.* W. H. Riemer, *Handbook of Government Contracts Administration,* Prentice Hall N.J., 1968, páginas 644 y siguientes.

[73] Recuérdese la diferencia entre ésta y los poderes externos (*police power, sovereign acts,* etc.) de alteración del contrato que han sido analizados *supra*. La diferenciación es importante a efectos de indemnización, cómo se verá más adelante.

[74] Exactamente los mismos que en nuestra LCE. *Vid.* lo que escribí en mi libro *Teoría del Equivalente...,* cit., páginas 229 y siguientes, y Vom Baur, T., ob. cit., página 10.

[75] *Vid.* W. H. Riener, *Handbook of Government Contracts...,* cit., páginas 620-621, «Since the termination for the fault Government has the right to make changes... if a contractor refuses to perfom, he is subject to».

toda posible revisión judicial (por la *«Court of Claims»*) sobre la decisión adoptada por los *Board of Contracts Appeals* (Tribunales especiales de carácter administrativo).

A mi juicio, la validez de tales cláusulas en el modelo de contrato privado según el *Common Law* sería cuestionable por falta de sinalagma; de igualdad *(lack of mutuality)* [76].

Veamos finalmente el derecho (poder) de rescisión unilateral *(Termination for conveniente clause)*. Este derecho se consagra en las *Armed Services Procurement Regulations* (ASPR), Sec. 8-701, como el derecho del Gobierno a terminar un contrato, según su conveniencia, cuando hayan cambiado las circunstancias que motivaron su celebración. Los supuestos pueden ser muy variados (terminación total, terminación parcial, aplazamiento temporal, aplazamiento indefinido, etc.) y cada uno de ellos plantea complicadas operaciones de liquidación del contrato (inventario de bienes, mediciones, asignación de acopios, relaciones con contratistas y proveedores y responsabilidad por órdenes cursadas con anterioridad, indemnizaciones laborales, etc.), todas las cuales se reflejan en la complicadísima reglamentación contenida en la Sección 8 citada. No podemos, ni tendría sentido, entrar en el análisis de esta reglamentación, que no tiene para nosotros mayor interés [77]. Lo único que conviene decir aquí es que:

1) El contrato puede declararse por terminado en cualquier momento *sin que ello suponga incumplimiento (breach of contract),* ni haya por tanto el deber de pagar daños y perjuicios.

2) Se abonará en todo caso el trabajo realizado, los gastos adicionales por terminación anticipada que se hayan podido ocasionar por este motivo, y el beneficio que corresponda a aquél; pero en ningún caso se abonará el beneficio esperado en la parte dejada de realizar.

Tales son, en esquema, los términos de la solución norteamericana a los supuestos de rescisión unilateral. Podríamos también referirnos a otros supuestos de derechos privilegiados de la Administración en el contrato (p.e., dere-

---

76 Por ello, sólo en términos muy restrictivos se admitió inicialmente tal poder de modificación: siempre por pacto expreso, sólo para introducir cambios de detalle, en algunos casos con el consentimiento del contratista para la fijación del nuevo precio (lo cual, como es sabido, hace que los cambios sean buen negocio), etc. Y, por supuesto, todo ello sobre la base de que no existe una potestad administrativa para que los entes públicos puedan modificar sus contratos: éstos sólo podrán serlo en las mismas condiciones que se exigen en el caso de las personas privadas». *Vid.* J. DONNELLY, *A Treatise...,* cit., páginas 258-259. Pues bien, desde este planteamiento a la situación actual se ha recorrido un largo camino. Sobre la validez de una cláusula semejante en un contrato privado, según el *Common Law,* VOM BAUR no la cree posible: *loc. cit.,* página 10.

77 Puede verse una detallada exposición en RIENER, *Handbook...,* cit. páginas 472-551.

cho de suspensión del contrato, control sobre la propia organización empresarial del contratista, con poder de la Autoridad administrativa para dirigir la marcha de los trabajos, contratar o despedir personal, establecer horarios o controles de efectividad, etc.), pero no es necesario [78].

He aquí el cuadro completo de las facultades del Gobierno para modificar o alterar sus contratos, según el régimen del *Common Law.* Compendio y resumen de todas ellas es sencillamente éste: *el Gobierno tiene siempre el poder de alterar sus contratos cuando ello sea necesario* para el buen gobierno de la colectividad. Tal es en definitiva el contenido de la *executive necessity doctrine* del Derecho inglés o del principio de *governmental efectiveness* de la jurisprudencia norteamericana. La realidad final del régimen jurídico es que unas veces como consecuencia de la estructura orgánica del Estado, otras a través de privilegios tradicionales del Fisco, otras mediante el reconocimiento de una variada serie de títulos de poder (*reserved powers, police power, sovereign acts,* etc.) y finalmente otras a través de cláusulas contractuales especiales, el haz de obligaciones y derechos de un contrato del Gobierno de los Estados Unidos *nada tiene que ver en la mayoría de los casos con el modelo típico del contrato privado.* Se podrá decir, naturalmente, que todas estas especialidades, aunque se cuenten por docenas, no son más que «excepciones» (o si se quiere «modulaciones») a un régimen común. Esto es un eufemismo. Y además oculta la realidad, creo que tal eufemismo resulta perjudicial y jurídicamente regresivo (como veremos más adelante).

Concluyamos, pues, este punto diciendo que: ni la *Contract Clause* de la Constitución, ni la doctrina y los dogmas del *Common Law contract,* ni la inexistencia de Tribunales especiales para juzgar a la Administración, ni la reluctancia de la doctrina para construir una figura distinta, han podido impedir que la realidad de los contratos públicos se imponga —e imponga sus exigencias— en las actuaciones del Gobierno.

12. Régimen de compensaciones e indemnizaciones

A la vista de ello, y para completar el análisis del sistema, es preciso referirse ahora al tema de la justa compensación, pues ello nos dará una cabal idea de cuál es realmente la condición del contratista. La cuestión es: ¿en cuáles, de todos estos casos, reconoce el *Common Law* al contratista una compensación? ¿En qué cuantía?

---

[78] *Vid.* constantes referencias a ellos en VOM BAUR, *loc. cit., passim.* Puede resumirse así: «En teoría, el contratista no es un agente del Gobierno y puede llevar a cabo el trabajo a su manera, pero en la práctica the Government Officials boss the contractor all over the lot».

Teóricamente, siempre que el gobierno altera sus contratos desconoce derechos adquiridos (equiparados a la propiedad) y debe soportar, por tanto, la obligación de compensar. Tal es el principio general afirmado en la Enmienda V a la Constitución. Pero esto no es, ni mucho menos, así en la realidad. Hay que distinguir tres supuestos:

— Supuestos que suponen el ejercicio del *eminent domaine* en el seno de una relación contractual, esto es expropiación *(taking of property).*

— Supuestos que suponen el ejercicio del *policy power* (o título similar), bien por vía reglamentaria o por vía singular, y que suponen una alteración externa del contrato.

— Supuestos que suponen el ejercicio de poderes contractuales y llevan consigo la alteración interna del contrato (modificación, suspensión, terminación anticipada, etc.).

Pues bien, el régimen de indemnización o compensación por los cambios es diferente en uno y otro caso:

— En el primer supuesto, se reconoce «justa compensación» siempre que haya habido privación directa de bienes de los que la Administración ha dispuesto.

— Por el contrario, en aquellas alteraciones que se producen como consecuencia del *police power* (y éstas son la mayoría) la regla general es la no compensación; no sólo se afirma aquí la clásica distinción entre limitación a la propiedad (no indemnizable) y expropiación, sino que se va más allá, afirmando el sacrificio puro y simple de una situación contractual (derechos adquiridos, propiedad) cuando ello es consecuencia de un *«sovereign act»* (ni en el *Amphitrite Case* inglés ni en el *Horowitz Case* americano se reconoció derecho a compensación), o del ejercicio del poder de regulación u ordenación de los intereses colectivos que corresponde al Gobierno. La distinción entre *«regulation»* y *«taking»* no ha podido ser establecida con certeza por la jurisprudencia norteamericana —ni por ninguna otra, dicho sea de paso—, y, de esta forma, el tajante mandato constitucional de la Enmienda V ha quedado muy rebajado (al igual que ocurrió con la *Contract Clause*) por el creciente poder de intervención de la Administración moderna. Y algo que es peor, la decisión de abonar o no indemnización no ha respondido a un criterio fijo, sino que ha sido muchas veces arbitraria [79]. El principio general es la no compensación.

---

[79] La distinción se ha intentado establecer muchas veces en multitud de formas, afirmadas ocasionalmente, en cada caso, que no vale la pena reproducir aquí. La conclusión de Mitchell (ob. cit., páginas 107 y siguientes), donde pueden verse algunos intentos, es ésta: «no certain

— Finalmente, para el tercer supuesto se reconoce también compensación, pero hay que tener en cuenta que no estamos aquí ante un supuesto —ilícito— de incumplimiento de contrato *(breach of contract)* y por tanto la compensación no tiene por qué ser idéntica a la que corresponde por daños y perjuicios *(damages for breach);* de hecho, el alcance y cuantía de la compensación por alteración del contrato *ha sido siempre inferior a la que correspondería por incumplimiento en el derecho común;* el criterio ha sido compensar al contratista por el *mayor gasto* o por lo costes adicionales del cambio o de la terminación anticipada (incluido un razonable beneficio en la parte del contrato realizada, pero se ha denegado siempre el abono de los beneficios esperados (según la formulación inicial del contrato) y no realizados (justamente por el cambio introducido en él) [80]. El régimen en estos casos es semejante al nuestro, con la diferencia de que después de la LCE se reconoce claramente el *lucrum cessans.*

No tiene mucho sentido exponer aquí una detallada casuística de los múltiples problemas contables, financieros y de medición material que llevan consigo estos supuestos de alteraciones del contrato [81]. Baste lo dicho para concluir que *si se comparan tales criterios, aquí enunciados, con los propios del contrato administrativo, se verá que estos últimos son en definitiva, más generosos con el contratista,* pues en ellos preside un principio cardinal de Derecho público que, salvo error mío, no ha sido nunca considerado en este campo por los países del *Common Law.* Me refiero al principio de *igualdad ante las cargas públicas,* que en nuestro ordenamiento es la clave para entender el régimen de indemnizaciones (y aún de riesgos y de equivalencia material de las prestaciones en el contrato administrativo) tal como creo haber demostrado en otro lugar. Ello justifica el régimen de compensación —más beneficioso para el contratista— en los supuestos de *factum principis* y *potestas variandi,* tal como estos han sido tipificados en nuestro ordenamiento [82].

---

guide can be octained». *Vid.*, como prueba de esto, lo dicho *supra* respecto a *sovereign acts* y referencias allí citadas.

[80] El Tribunal Supremo norteamericano, al rechazar una demanda por beneficio no realizado, afirmará: «El demandante confunde la cuantía de los daños por incumplimiento con la regla de la justa compensación por la legítima acción de privación de propiedad. Para fijar esta compensación, el Tribunal debe considerar el valor del contrato en el momento de su cancelación, no lo que hubiera éste podido suponer de beneficio para la Compañía, si hubiera sido completado en su ejecución»: *Russell Motor Car Co. V. United States* (1923), citado Mitchell, ob. cit., página 158.

[81] *Vid.* una pormenorizada exposición en W. H. Riemer, *Handbook...*, cit., páginas 630 y siguientes. Y también R. Wiensshienk, y F. Feldman, *The Current Challenge of Military Contracts Terminatio,* en «Harvard Law Review», n.º 166, 1953, páginas 47 y siguientes.

[82] *Vid.* mi libro *Teoría del Equivalente...*, cit. especialmente el capítulo IX: Principio del equivalente económico (páginas 241 y siguientes).

13. Recapitulación y conclusiones. Enseñanzas a extraer

Llegados a este punto, se impone recapitular lo dicho hasta aquí y reconstruir el hilo de nuestra argumentación. Puede formularse así: no obstante la proclamada aplicación del Derecho común a los contratos del Estado en el mundo anglosajón (que se aduce, a veces, como prueba de la artificiosidad de la construcción del contrato administrativo, o si se quiere de una teoría del contrato público), la realidad es que éstos se hallan sometidos a un régimen jurídico de Derecho público, que se ha ido elaborando progresivamente y que se aparta del modelo del *Common Law*. Este régimen jurídico, que recorre el contrato desde su nacimiento a su extinción, está hecho de privilegios y sujeciones, unas veces en más y otras en menos; esto es, de Derecho administrativo. Tales singularidades derivan en unos casos del régimen jurídico del sujeto que llamamos Estado, en otros de la especial consideración y protección que el Derecho le ha prestado siempre como titular de un interés superior (el interés público) y, en definitiva, del hecho obvio de que ese mismo sujeto que pacta, tiene siempre en su mano el poder —inalienable— de jurisdicción y mando. Estos hechos, que Suárez y Hamilton señalaban en las palabras con las que se abrían estas páginas, introducen en el contrato tales distorsiones, que se hace imposible mantener la figura dentro de las reglas y el molde con que fue diseñada por el Derecho privado. Algunos sistemas jurídicos han intentado por ello *reconstruir* ésta desde los propios —y nuevos— supuestos del Derecho público, tratando de introducir en su esquema secular las nuevas líneas e ideas-fuerza que presiden la figura en este campo: un nuevo sentido de la igualdad, de la equivalencia, de las prestaciones, de la interpretación, de la intangibilidad de lo pactado, de la causa, del binomio antagonismo/colaboración, del justo precio, etc. Otros sistemas, por el contrario, han tratado de mantener los contratos del Estado y demás Entes públicos en las regulaciones comunes del Derecho privado, introduciendo simplemente en él algunas «especialidades».

La realidad de estos últimos demuestra que ello es imposible, y que, no obstante las solemnes afirmaciones de principio, *el régimen jurídico es sustancialmente diferente en uno y otro caso.* Seguir afirmando que el Derecho común es la base de los contratos del Estado es utopía; decir, además, que es lo deseable por razones de garantía del ciudadano, es ignorancia. Porque lo cierto es que todos los dogmas contractuales privados no han conseguido evitar que el Poder, cuando lo ha creído necesario, haya invadido los contratos y haya desconocido o alterado los derechos que otorgó. Pero así como los juristas (administradores o jueces) han sido hábiles en escapar a las perniciosas consecuencias del *Common Law* para el interés público, falseando completamente el modelo, no han sido tan hábiles para ofrecer un remedio al contratista entrampado, pues no han sabido elaborar, como necesario contrapunto, los mecanismos de compensación y defensa del contratista con la precisión y justeza con que lo han hecho el Derecho francés o español. No acierto a comprender, por tanto, cuál es la utilidad de seguir manteniendo esa «unidad de la contratación», ni que «progreso hay en esa privatización de los contratos del Estado».

Esto no es sólo una opinión mía, sino una realidad en la que han coincidido juristas de uno y otro sistema. Mitchell concluirá el análisis de la experiencia americana diciendo que «incluso cuando garantías constitucionales fueron establecidas y es patente una decidida voluntad para mantener la santidad de los contratos, *las necesidades del Gobierno prevalecerán...»;* y el hecho de considerar estos contratos como de la misma naturaleza que los celebrados entre particulares, resultará paradójicamente duro para el contratista, pues se le exigirá el cumplimiento puntual sin ofrecerle un remedio para muchas situaciones de incumplimiento o alteración por parte de la Administración [83]. «Esta dificultad —concluye— podría ser superada considerando los contratos de los Entes públicos como *sui generis,* en cuyo caso, adecuada compensación podría concederse». Aboga, por ello, por la extensión a los países del *Common Law* de reglas similares a las establecidas por el Derecho francés.

Desde el otro lado, un comparativista como Langrod ha escrito:

> «En contra de los que es opinión común entre aquéllos que observan los sistemas del *common law* desde fuera, estos sistemas han reconocido la necesidad de una Administración eficaz..., pero no la adecuada protección de un individuo que es parte en un contrato administrativo...»
>
> «Ha sido en Francia, a través del *regime administratif,* más que en los países anglosajones, donde se han encontrado los medios de proteger a aquellos individuos que contratan con el Estado» [84].

Finalmente, podemos citar el testimonio de un autor americano, Frezen, que, sin ningún propósito comparativista, ha tratado de sugerir simplemente cómo podría ser un tipo de contrato administrativo en el Derecho norteamericano. Su tesis es que un tal tipo de contrato es preferible y más beneficioso

---

[83] «Los ordinarios remedios por incumplimiento —escribe— no son aplicables en estos casos»; no es razonable «exigirle al contratista una obediencia no compensada, cuando en muchos casos está llevando a cabo actividades en beneficio de la colectividad, actividades que de otro modo debería realizar la Administración»; «pero en tanto estos contratos con autoridades públicas (que al mismo tiempo tienen poderes de ordenación) sean considerados como contratos privados, tales iniquidades son inevitables»: ob. cit., páginas 162 y siguientes.

[84] Georges LANDROD, *Administrative Contracts A comparative Study,* en «The American Journal of Comparative Law», vol. 4, 1955, página 334.

para el contratista que la pretendida salvaguarda del Derecho privado; para ello, compara someramente el distinto tratamiento de las alteraciones del contrato en ambos casos. En el segundo (modelo de contrato privado) el incumplimiento como consecuencia de un «acto soberano» no es calificado como tal ni da lugar a compensación (más aún, si el contratista, a su vez, incumple, será condenado por daños), y tal fue la solución en *Horowitz v. United States* (y en otros muchos casos), aun cuando en algunos se haya concedido una compensación, sin que haya ningún criterio fijo en la materia. En cambio, un contrato administrativo reconocería que las circunstancias han cambiado y otorgaría indemnización —dice— «tanto si el cambio es debido a una decisión tomada *en su condición de soberano,* como si obedece a una *necesidad comercial...»* (redonda del original) [85].

Frente a la instintiva repulsión del jurista anglosajón hacia la construcción de un «contrato administrativo» y los peligros que, sin duda, ello puede llevar consigo [86], Frenzen afirmará que *«más grandes peligros se encierran* en el sistema actual *de simple aplicación de los principios del Derecho privado (con excepciones ad hoc) a relaciones que son públicas por naturaleza».* Y los peligros radican en que no obstante la pretendida aplicación de los principios del contrato privado, la realidad de las cosas es muy diferente, y el poder de la Administración se manifiesta por la vía de hecho, cuando ello es necesario y —lo que es peor— «de una manera inconsciente», sin precisos límites y sin mecanismos compensadores (pág. 274). Por otro lado —sigue diciendo—, es de temer, ante la falta de una adecuada doctrina del contrato público, la expansión inconfesada de éste y sus prerrogativas a situaciones puramente privadas y de carácter comercial en que la Administración interviene y que no requieren ninguna protección o régimen especial. La falta de una adecuada tipificación del contrato público y la inexistencia de adecuada regulación de los poderes extraordinarios de la Administración hace así más arbitraria la situación (pág. 292).

Basten estos testimonios para concluir que el fenómeno no ha pasado desapercibido a los propios anglosajones y que todo aquel que analice seriamente la realidad y no se limite a «teorizar» en defensa de no se sabe que «unidad de contratación», podrá comprobar la falsedad del *Common Law contract* cuando éste se quiere aplicar a las relaciones entre el Estado y sus contratistas. Es clara para mí la conveniencia de construir una doctrina de los contratos públi-

---

85 D. Frenzen, *The Administrative Contract in the United States,* «Georges Washington Law Review», vol. 37, 1968, página 285.

86 «El contrato ha estado siempre asociado con una sociedad libre, en cambio el *status* está asociado con un estado de convivencia primitivo y menos progresivo», y el contrato administrativo asimila la situación del contratista a una situación hasta cierto punto estatutaria (con un *status* cuya modificación queda fuera de su alcance): Frenzen, ob. cit., páginas 290-291.

cos desde los propios supuestos del Derecho Público. Limitarse a lo que han hecho los anglosajones, como algunos propugnan ahora entre nosotros, es regresivo, pues ello supondría simplemente «una típica labor de parcheo legal de excepciones y salvedades sobre un modelo de teoría del contrato que es inadecuado» (Frezen). Algo claramente insatisfactorio, porque sus resultados también lo son [87].

Hay que salir al paso, antes de terminar, de algunas objeciones formuladas contra esta tesis. Para minimizar las diferencias, patentes, entre el contrato público y el contrato privado, o para disminuir su profunda significación, se ha dicho a veces que a idénticas soluciones se puede llegar en un contrato privado, por vía de pacto entre las partes, que es en definitiva el origen de todos estos poderes de la Administración en el seno del contrato; que el margen dispositivo de la regulación civil permitiría diseñar una relación de este tipo, si ello fuese necesario. Esta argumentación es doblemente errónea.

1) Porque lo que caracteriza un sistema de contratación, esto es, lo que constituye *el derecho material,* no es el clausulado de un contrato, sino las normas aplicables ante el silencio de las partes; y es obvio que tales situaciones de prerrogativas no existen en un contrato privado;

2) porque si se intentase reconocer tales poderes a una de las partes en un contrato civil, las cláusulas podrían ser válidas en algunos casos (por ejemplo, derecho de desistimiento unilateral aceptado por la otra parte, con un régimen de indemnización pactado), pero en otros casos serían nulas de pleno derecho por infringir el artículo 1.256 del Código Civil (el cumplimiento de un contrato no puede quedar al arbitrio de una sola de las partes) y las normas de orden público (artículo 1.255); en cambio, en el contrato público, no sólo tales cláusulas son perfectamente válidas, sino que además, aunque no se incluyan, tales poderes y prerrogativas existen siempre *ex lege* (justamente porque el derecho objetivo de la contratación es distinto), y lo que resulta muy discutible es la validez de una cláusula en contrario [88].

---

[87] La *Contract clause* será una y otra vez burlada; la Constitución exigirá *«just compensation»,* pero fuera del caso del *«eminent domaine»* nadie sabe si podrá conseguir o no una indemnización. «La suerte del contratista —concluye Mitchell con cierto humor— *appears to be an un happy one...».* «Su contrato está siempre expuesto a ser desconocido o incumplido, pero la Ley no le da una guía para saber cuándo esto puede suceder (entre otras cosas, porque no existe, añado yo). Si de hecho sucede, tiene pocas probabilidades de obtener una compensación... El *Common Law* ha reconocido mejor las necesidades del Gobierno que los derechos de sus contratantes...», ob. cit., página 163.

[88] A mi juicio, si se prevé una cláusula en contrario, y el contrato se perfecciona en estos términos, éste será el régimen aplicable (en virtud del *contractus lex* y del principio de seguridad jurídica, que distorsiona así el normal juego del principio de legalidad; ésta es una importante

Otras veces se habla de que todas estas diferencias no son algo que derive del contrato en sí, esto es, de una diferente naturaleza de éste, sino de la especial condición del sujeto que contrata, el Estado; y así se habla de «simples modulaciones o variantes que introduce la presencia subjetiva de la Administración», o del «privilegio posicional» de ésta en el contrato, que es reflejo de su privilegio general de autotutela; y se dice que ello realmente es «extracontractual», que «deja absolutamente intactas las reglas de fondo que definen los contenidos obligacionales del contrato», etc. [89].

Todo ello son expresiones eufemísticas (palabras que ocultan la realidad) y encierran un error. La realidad es que el fondo obligacional del contrato administrativo no es en modo alguno idéntico al del contrato privado, si por fondo obligacional entendemos el *haz de obligaciones y derechos* en que la relación consiste; esta diferencia no deriva sólo del sujeto que contrata (aunque también esto incluye), sino, sobre todo, de la *diferente finalidad y propósito* de su actuación (esto es, de la diferente naturaleza de su actividad) que se dirige de un modo directo e inmediato al interés público; ello explica, por cierto, que un mismo sujeto, con idénticos privilegios posicionales y demás eufemismos, contrate con contenidos obligacionales distintos: contrato administrativo, contrato privado de la Administración; y que su posición jurídica —no la extracontractual, sino la contractual— sea distinta según los casos, siendo idéntico —siempre— el estatuto subjetivo de la Entidad. Pero es que, además, dicho contenido obligacional no es algo libremente pactado, sino coactivamente impuesto a las partes por un derecho objetivo, que es justamente el derecho que regula la organización y las actividades del Estado y demás Entes públicos, esto es, el Derecho administrativo. Decir, como se ha dicho, que «el fondo obligacional del contrato... no es, puede decirse que nunca, una regulación de Derecho administrativo material», es algo que no se tiene en pie, salvo que por arte de magia se haga desaparecer la Ley y el Reglamento de Contratos del Estado, y otras muchas disposiciones especiales que regulan contratos singulares (no sólo en aspectos procedimentales, sino sustantivos). Ello es cierto, no sólo en los países de régimen administrativo, sino también, en una medida creciente, en países que dicen no tener Derecho administrativo contractual.

La evolución experimentada en los últimos años en los Estados Unidos es, a mi juicio, una prueba evidente de la unidad existente —y deseable— entre

---

diferencia entre el contrato y el acto). Pero justamente para evitar la aparición de tales cláusulas *contra legem* se prevén en el proceso de generación del contrato *(contratus in fieri)* una serie de procedimientos de control y de garantía de la legalidad. Y aún después de aprobado el contrato, tales cláusulas son impugnables y anulables, bien en supuestos de nulidad de pleno derecho, bien en vía de lesividad.

[89] Las expresiones están tomadas de GARCÍA DE ENTERRÍA, *Curso,* páginas 460 y siguientes.

estos cuatro elementos: 1) especial condición del *sujeto público* Estado (en sus distintos niveles y personificaciones); 2) especiales *fines y propósitos de su actuación* (interés público, bienestar general); 3) especial naturaleza de la relación jurídica contractual (consecuencia de las dos anteriores), y 4) deseable existencia de un *Derecho objetivo especial* de la contratación pública diferente del Derecho común.

Nuestro sistema de contratación refleja dicha correlación. Como es sabido, la Ley y el Reglamento de Contratos del Estado ha constituido en nuestro Ordenamiento Jurídico un profundo cambio de planteamientos respecto a la situación anterior [90]. Frente a la consideración tradicional de la contratación del Estado como materia civil (con algunas peculiaridades exigidas por la presencia de un sujeto especial: la Administración), la Ley de Contratos hace de éstos una actividad tan *«administrativa» como pueda ser dictar un reglamento o emitir una licencia,* no sólo en su preparación y adjudicación, sino también —como regla general— en su contenido y ejecución (basta recorrer la jurisprudencia de los últimos años para darse cuenta de hasta qué punto juega la presunción del carácter administrativo del contrato). Frente a una regulación de los contratos del Estado puramente formal (Ley de Administración y contabilidad) y de carácter excepcional, a la que se negaba toda capacidad de autointegración (recuérdese la prohibición de interpretación y aplicación analógica de los preceptos administrativos: artículo 65 de la LACHP), la *Ley y Reglamento de contratos del Estado se presentan como un verdadero Derecho público común,* que recoge «los principios y reglas básicas»... «que reciben una virtualidad expansiva» (Exposición de Motivos). Frente a la inexistencia de un Derecho objetivo, material, de la contratación pública, cuyo fondo quedaba remitido al Derecho común, la nueva legislación de 1965-1968 (modificada después ligeramente, pero sin alterar las líneas maestras del sistema) se presenta con el carácter de cuerpo normativo general, como un nuevo código de las obligaciones y contratos administrativos, que afronta los problemas de fondo (modificación y ejecución del contrato, equivalente económico, interposición, mora, validez, o invalidez, extinción, etc.) y que afirma en muchos casos principios propios de la contratación administrativa frente a la civil. En una palabra, la legislación española consagra sin vacilaciones la *tesis del contrato administrativo,* cancelando una polémica y cerrando una etapa de inmadurez de nuestro Derecho administrativo [91].

---

[90] *Vid.* cuanto se dice sobre ello en la Lección 14.ª anterior, especialmente en el epígrafe 5.b) y en el 6.

[91] Sobre el alcance y significado del cambio, me remito a un trabajo mío anterior: *El contrato administrativo en el Derecho Español,* RISA, n.os 1-2, 1968, páginas 73 y siguientes, donde se desarrollan *in extenso* estas afirmaciones. Sobre el tema de la sustantividad del contrato adminis-

Todo esto es jurídicamente lo progresivo, en el sentido literal del término, esto es, *supone un progreso* en la consecución de un más alto grado de justicia y seguridad para el ciudadano (en nuestro caso el contratista), sin merma de la efectividad de un buen gobierno, que es también justicia (para la colectividad de los ciudadanos, que pagan los impuestos y tienen derecho a recibir el mejor servicio). Que ello es así lo prueba la insatisfactoria experiencia, que ha quedado descrita, del mundo anglosajón. La remisión del contrato del Estado a las regulaciones del Derecho privado nunca ha sido pacífica, sino llena de contradicciones. El modelo del *Common Law* era un callejón sin salida. *Executive necessity, reserved power, police power, Paramount Powers, sovereign inmunity, public policy reuqriments, governmental effectiveness,* etc. Han sido una serie de expresiones mágicas que el mundo anglosajón ha inventado (o simplemente heredado de los tiempos de un Derecho público primitivo [92]), para poner remedio a lo imposible. Lo imposible es la sumisión del Estado al Derecho común, la utopía diceyana. La visión del Derecho administrativo como un derecho de privilegio y de prerrogativa, odioso en una Sociedad libre, ha sido un grave error de perspectiva en el que han incurrido los anglosajones hasta fecha bien reciente. Pues si bien es cierto que éste ha sido uno de los componentes esenciales (aquél que proporciona títulos de poder, en defensa del bien público) también lo es que, en su desarrollo moderno, el Derecho administrativo (en nuestro caso el contrato administrativo) no ha venido a imponer nuevas cargas, sino a ofrecer nuevas garantías. Las cargas existen igualmente (y con menos garantías o sin ellas) en los países del *Common Law* donde tal tipo de contrato se supone no existe. El resultado es: mayor inseguridad, confusión en cuanto al régimen jurídico, menor responsabilidad de la Administración.

La inexistencia, justamente hasta fecha reciente, de un Derecho administrativo de la contratación ha hecho que no se pueda prever cuál va a ser el resultado que salga de la «High Court of Justice of Her Majesty» o de la «Federal Supreme Court». Ya aunque muchas veces resuelvan con justicia, un tal sistema es pernicioso tanto para el ciudadano como para el Estado. Es por ello quizás que, refiriéndose a este tema, un prestigioso Juez de la *Court of Appeal* (District of Columbia) ha escrito hace poco algo que habrá hecho removerse a Dicey en su tumba:

---

trativo y sus principios informadores, *vid.* mi *Teoría General...*, cit., páginas 208 y siguientes. *Vid.* también cuanto se dice en la Lección 14.ª, anterior, de este libro, epígrafes 5 y 6.

[92] El primitivismo del derecho público de la contratación en los países del *Common Law* se manifiesta en esa tendencia a utilizar «fórmulas mágicas» (cuyos límites nadie conoce), en lugar de construir categorías jurídicas. Fórmulas que muchas veces se identifican con las viejas expresiones del derecho regio: *ius eminens plenitudo potestatis, ius formatum* o *ius nondum formatum, necessitas publica*. Realmente, el planteamiento del *Common Law* no ha variado en su raiz.

«Administrative law represents effort of a democratic society to preserve liberty» [93].

Pues bien, volviendo a nuestro país, creo que hay que felicitarse de que el legislador en 1965 no prestase mucha atención al «proceso de revisión conceptual» que por entonces algunos intentaban y que quizás lo procedente para éstos sea «revisar la revisión» no sólo porque éste es el Derecho positivo español, sino porque éste es, sin duda, el que debía ser. El autor del libro al que este estudio-prólogo acompaña es el responsable de ello en gran medida, como decía al principio de estas páginas. El lector encontrará en él una explicación de muchas de las cuestiones básicas y de las concepciones de fondo que presiden nuestro sistema. Tengo para mí que éste es uno de los más logrados intentos de ordenación jurídica de los Contratos del Estado (al menos de los que yo conozco), y creo que es un índice del grado de madurez que tiene hoy nuestro Derecho administrativo.

[93] Judge LEVENTHAL, *Public Contracts and Administrative Law,* «ABA Journal», 1966.

LECCIÓN 17.ª

LA NUEVA LEY DE CONTRATOS DEL SECTOR PÚBLICO. PRINCIPIOS INFORMADORES *

SUMARIO: 1. Consideraciones generales sobre el significado y alcance de esta ley.—2. La nueva definición del ámbito subjetivo de aplicación de la Ley: A) *La tradicional legislación española: la LCAP.* B) *Las Directivas de la UE.* C) *Concepto de «entidad adjudicadora» según la normativa comunitaria y reforma de la LCAP.* D) *La nueva legislación española: LCSP.* E) *El ámbito objetivo de la ley: negocios excluidos y tipología de contratos públicos.*

El presente estudio tiene tres partes. Una primera consistente en algunas consideraciones generales sobre la nueva Ley de Contratos del Sector Público. Una segunda sobre la nueva definición del ámbito subjetivo de aplicación de la ley. Finalmente, la tercera versará sobre los tipos de contratos que en él se configuran y su régimen jurídico.

1. Consideraciones generales sobre el significado y alcance de esta ley

Lo primero que hay que recordar es la madurez del ordenamiento jurídico español en materia de contratación administrativa (Real Decreto Legislativo 2/2000, de 14 de junio, Texto Refundido de la Ley y Reglamento General aprobado por R.D. 1098/2001, de 12 de octubre), al que vino a incorporarse luego la Ley 13/2003, de 23 de mayo, reguladora del contrato de concesión de obras públicas, que se integró como Título V de la primera. Era un ordenamiento jurídico coherente y bien articulado, fruto de muchos años de historia y de una larga tradición jurídica.

Junto a ello, debe constatarse también una especie de «legislación motorizada» que nuestro país padece últimamente en materia contractual. La Comisión europea es una máquina de emitir Directivas que se alimenta a sí misma. Las últimas, 2004/17 y 2004/18, ambas de 31 de marzo, y su obligada transposición al derecho español, han sido el principal motivo aducido para la última reforma que cristalizó en la Ley 30/2007, de 30 de octubre.

---

* Lección dictada por el autor en el Seminario Internacional sobre contratación pública convocado por la Universidad de los Andes (Colombia), celebrado en Cartagena de Indias en septiembre-octubre de 2008.

Había también otras razones que podíamos llamar internas o «nacionales», para completar o mejorar la gestión contractual llevada hasta este momento. A tal efecto, se constituyó en el año 2003 una Comisión de Expertos para el estudio y mejora de la gestión contractual, que emitió su informe en marzo del año siguiente (2004). En él se hacían constar algunas reformas deseables, más puntuales que estructurales. Básicamente, éstas eran: mejor delimitación del ámbito subjetivo, introducción de nuevas tecnologías, mejora en la transparencia de los procedimientos de selección, exigencias derivadas del derecho de la competencia en sectores liberalizados y algunos problemas específicos de la contratación local.

A cubrir estas exigencias venían en gran parte las Directivas 17 y 18 de 2004, que son las que han justificado la nueva Ley de Contratos del Sector Público (LCSP). Debe advertirse, sin embargo, que el alcance de la regulación europea en materia de contratación es limitado. A la Unión Europea le interesa más bien poco el derecho de la contratación que tenga cada país. Su objetivo único es garantizar el mercado único europeo de la contratación pública, porque en él se plasma y se realizan la *libre circulación de capitales, la libertad de establecimiento y la libre prestación de servicios,* tres principios básicos de la UE. La Comisión quiere que todos los operadores interesados puedan participar en pie de igualdad y sin discriminaciones en esa inmensa tarta que es el sector de la contratación pública en Europa (1.500 millardos —miles de millones— de Euros, el 16,3% del PIB europeo). Hay aquí un poco de *utopía:* se pretende que los adjudicatarios finales sean tanto nacionales como extranjeros...; eso es desconocer una realidad: que la contratación es muy «local», para lo cual hay que constituir filiales o alianzas estratégicas en cada país, si realmente se quiere actuar en él. Pero ello no es fácil.

En cualquier caso, como sus objetivos son muy definidos y concretos, las materias a las que afecta el derecho comunitario son sólo unas pocas, aquéllas que hacen relación a la unidad de mercado y sus garantías, básicamente cuatro: 1) definición del *ámbito subjetivo:* ¿quiénes deben someterse a la Ley de Contratos?; 2) sistemas de *preparación, selección* y adjudicación de los contratos, con introducción de nuevas tecnologías y algún nuevo sistema de adjudicación para casos singulares; 3) definición del *ámbito objetivo:* contratos tipo, contratos incluidos y excluidos en la armonización comunitaria, delimitación de «sectores especiales», a los que alcanza el derecho público en algunos aspectos de la contratación, aunque los contratistas sean empresas privadas; y 4) *control rápido* de las decisiones que garantice el fiel cumplimiento de las normas anteriores, esto es, recursos y medidas cautelares contra los actos del proceso de selección (actos preparatorios y acto de adjudicación) que hagan fiable éste. Tales son los principales propósitos del derecho comunitario. No es poco, pero todavía no hemos entrado en el contrato.

Así pues, para nada afectan las Directivas al modelo de regulación del fondo del contrato, a la sustantividad jurídica propia de esta figura que llamamos «contrato administrativo» o «contrato del Estado», que sigue siendo, en cada Estado miembro, lo que era antes de la Unión Europea. Esto es lógico por dos motivos:

1) Porque la CE no es un Estado federal. Es sólo un mercado único.

2) Porque los sistemas de contratación en Europa son tres: el anglosajón, el germano y el franco-español. Y el derecho europeo no quiere unificarlos en absoluto, sino sencillamente abrir el acceso a ellos de todos los operadores.

La nueva Ley —que ahora no se llama de las Administraciones Públicas, sino del Sector Público, incluyendo en éste todos los *«entes adjudicadores»*— trata de aunar dos objetivos que tienen distinto alcance y contenido. Por un lado, trata de regular la actividad contractual del sector público, a fin de garantizar la libertad e igualdad de acceso a las licitaciones en toda la extensión de aquél, de acuerdo con las exigencias del ordenamiento jurídico comunitario (Directivas 17 y 18 de 2004). Por otro lado, regula el régimen jurídico de los contratos de las Administraciones Públicas, en particular el régimen jurídico de los contratos administrativos (*vid.* artículo 1 de la Ley), que son una peculiaridad del derecho español, pero que son sólo una parte de aquéllos.

En cuanto al primer objetivo, el Proyecto de Ley lleva a cabo una completa revisión del ámbito subjetivo de aplicación del derecho público de la contratación en su fase de licitación y adjudicación, que amplía considerablemente, tanto por razones comunitarias como nacionales (lo veremos más adelante con algún detalle); reformula también, siguiendo las pautas de la Directiva 18/2004, los procedimientos de licitación y sistemas de adjudicación, en los que introduce bastantes novedades, como son el diálogo competitivo, la subasta electrónica, los acuerdos marcos, sistemas dinámicos de adquisición, centrales de compras e introducción de medios electrónicos en toda la tramitación del contrato (en los sistemas de publicidad, en la presentación de las ofertas, en la acreditación y clasificación de los contratistas y en los registros públicos). Todo ello permite mejorar la gestión: reducir los plazos, disminuir los costes y hacer la contratación más eficaz; también introduce un nuevo sistema de recurso *ad hoc,* presentado en lo posible ante un Tribunal Administrativo independiente que garantice el respeto a las reglas.

En materia jurisdiccional, encomienda al orden contencioso-administrativo las cuestiones litigiosas que surjan en relación con los contratos administrativos en su totalidad y las que se susciten en relación con la preparación y adjudicación de los contratos privados de la Administración, así como también de los contratos armonizados (incluidos los subvencionados) cualquiera que sea el ente del sector público que los realice; remite, en cambio, al orden civil la sustanciación de las cuestiones relacionadas con los contratos de los entes del sector público que no sean Administraciones, no sólo en cuanto a los efectos, cumplimientos y extinción del contrato (que es puro derecho privado) sino también en cuanto a su preparación y adjudicación (que es derecho público: la LCSP) siempre que no se trate de contratos armonizados (artículo 13.2). Nos vamos a encontrar así con jueces y procesos civiles que aplican el derecho público.

En cuanto al segundo objetivo —régimen jurídico de los contratos de la Administración— la reforma es más bien escasa. La nueva Ley respeta la regulación y la figura del *contrato administrativo,* extendiendo su régimen a tres nuevos tipos de contratos nominados (artículos 13, 17 y 19): contratos subvencionados, contratos de obras que celebren los concesionarios y contratos de colaboración, que viene a unirse a los tradicionales contratos típicos, si bien en algunos casos la extensión de este régimen jurídico puede no afectar al fondo del contrato ni a la jurisdicción competente, sino que se ciñe al acceso a las licitaciones (así, en los contratos de obra que celebren los concesionarios de obras y servicios públicos).

En definitiva, el contrato administrativo, en cuanto a su contenido, efectos y extinción sigue siendo en la nueva ley el mismo que era en la antigua, con la misma regulación tradicional, en algunos aspectos empeorada, pero sustancialmente mantenida. Se ha empeorado, por ejemplo, con la omisión del «deberá cumplirlos a tenor de los mismos» que se contiene en el artículo 4 de la vigente ley y se ha suprimido en el nuevo artículo 25 (aunque se ha recogido luego en el 193, referido sólo a los contratos administrativos; ¿por qué no mantenerlo en el artículo 25, referido a todos los contratos del sector público?); o en la equívoca referencia al «precio general de mercado» del artículo 75, frente a lo que con toda claridad prescribe el artículo 14.1 de la Ley actual (que «el precio de los contratos sea el adecuado al mercado»); o en la no menos equívoca referencia a los dos criterios en que se basarán las adjudicaciones «la oferta económicamente más ventajosa» o «el precio más bajo», distinción un tanto artificial y equívoca, que es lo que dice el artículo 53.1 de la Directiva 2004/18, frente a la dicción más clara y precisa que utilizaba nuestra vieja ley respecto a los criterios de adjudicación del concurso y la subasta, que se recogen en el artículo 74 de la vieja LCAP (subasta: a quien «oferte el precio más bajo»; concurso: «la proposición más ventajosa en su conjunto»). Igualmente, era a mi juicio más certera, equilibrada y prudente la regulación de la revisión de precios en los artículos 103 y siguientes de la vigente Ley que la prevista en los artículos 77 y siguientes del nuevo Proyecto (aquélla preveía la revisión *ex lege,* cómputo de la mano de obra y otras diferencias).

La reforma hubiera podido consistir en la pura transposición de la Directiva 2004/18 y la modificación consiguiente de unos pocos artículos de la ley vigente, tan reciente, pero en lugar de eso el nuevo texto constituye una reforma global y en toda regla, no sólo de los aspectos a los que afectan las Directivas Comunitarias y aquellos extremos puntuales que habían sido destacados por la Comisión de Expertos como posibles mejoras de la gestión contractual, sino que implica una reforma del conjunto del sistema y, sobre todo, de la total estructura de una ley que había sido reformada hace sólo cinco años y que todos pensábamos sería de larga vigencia. La nueva Ley ha venido a complicar el trabajo, tanto de las Administraciones Públicas y entes paraestatales, como de los contratistas y operadores jurídicos; en mi opinión, se hubiera debido hacer de forma más sencilla y sin tanta pretensión transformadora.

En la Exposición de Motivos del proyecto, se nos dice que esta norma, «adoptando un planteamiento de reforma global, introduce modificaciones en diversos ámbitos de la legislación, en respuesta a las peticiones formuladas desde múltiples instancias (administrativas, académicas, sociales y empresariales)». Con ello, los autores de la ley tratan de justificar el alcance de la reforma, aunque no se sabe muy bien cuáles han sido esas «instancias» (que yo sepa nadie en el mundo jurídico o empresarial solicitaba tal reforma «global»).

La nueva Ley es una regulación detalladísima en la que se van diseccionando las distintas modalidades, tipologías y variantes de sujetos y tipos de contratación, estableciendo un régimen peculiar para cada grupo de ellos, a lo largo de 309 artículos, 33 disposiciones adicionales, 7 transitorias, 12 disposiciones finales y una derogatoria, lo que hace un total de 362 preceptos, con innumerables remisiones entre ellos. La abundancia de remisiones y la propia dispersión de los preceptos reguladores de cada contrato —que aparecen a lo largo del texto distribuidos por fases y tipos contractuales— complicará extraordinariamente la normal intelección (y aplicación) de esta Ley, tanto a los contratistas como a las Administraciones Públicas.

En cualquier caso, el nuevo planteamiento de la Ley se orienta, como ya he dicho, en dos líneas principales:

a) Ampliar el ámbito subjetivo al conjunto del sector público y precisar en cada caso el régimen jurídico que está sometido cada ente.

b) Identificar qué ámbitos de actuación, en cuanto a entidades, tipos de contratos y aspectos de la actuación, vienen condicionados por las prescripciones del derecho comunitario y deben ser «armonizados», y qué otros se someten sin más a normas del derecho nacional de los contratos públicos.

Se da así en la ley un doble enfoque: por un lado, definición del total ámbito subjetivo a que se aplica —aunque en distinto grado— el derecho público de la contratación; por otro, diferenciación de diversos regímenes contractuales (unos armonizados y otros no) en base a un criterio funcional (tipos de contratos y aspectos regulados por el derecho europeo). Con el primer enfoque se pretende diseñar un estatuto contractual para cada grupo de sujetos que integran el sector público (administraciones públicas, organismos y entidades de derecho público, sociedades mercantiles públicas, consorcios, fundaciones y otros poderes adjudicadores; y sociedades o entidades que no tienen tal condición). Mediante el segundo, se instaura el concepto de «contratos sujetos a una regulación armonizada», separándolos de aquéllos que no lo están, buscando con ello una identificación funcional precisa de tipos de contratos y aspectos contractuales que están sometidos a regulaciones europeas. Tal es el sentido —y el contenido— de tres artículos fundamentales de la Ley: el 3 (ámbito subjetivo), el 13 (contratos armonizados) y el 19 y 20 (contratos administrativos y contratos privados del sector público), a los que habría que añadir el artículo 21 sobre la jurisdicción competente en cada caso. De todos ellos daremos amplia referencia en las páginas que siguen.

La Ley constituye, sin duda, un ambicioso intento, que entrañaba grandes dificultades, como lo prueba el hecho de que el anteproyecto pasase por siete versiones sucesivas, a lo largo de casi un año, en el que sus redactores han tratado de dar respuesta a las múltiples observaciones y críticas que les iban haciendo los otros Ministerios y otras instituciones públicas y privadas, con la sorprendente ausencia de la Junta Consultiva de Contratación, a la que se ha mantenido al margen de este proceso, lo que dio lugar a una severa crítica del Consejo de Estado. El esfuerzo es indudable.

No lo es tanto el éxito del resultado, que es mejorable en muchos aspectos, como se verá en las consideraciones que siguen. El Dictamen del Consejo de Estado sobre el Proyecto de Ley enviado a las Cortes fue bastante crítico con el texto, no sólo en aspectos puntuales o en puntos concretos del mismo, sino en su planteamiento general. Señala el Consejo en primer lugar la dificultad de reunir en un solo texto una regulación sustancial y en profundidad del contrato administrativo (que es lo que ha sido siempre el derecho español en la materia) con una regulación general del acceso a la contratación del sector público en su conjunto (que es lo único que el derecho europeo pretende: conseguir el mercado único de los contratos públicos).

Critica también el Consejo la estructura de la ley, que trocea la regulación de los contratos por frases o bloques de materias, de modo que se dificulta considerablemente al operador jurídico el análisis del régimen completo de un contrato típico (obliga a recorrer prácticamente todos los libros de la ley para cada contrato), lo que resulta especialmente significativo en el contrato de colaboración entre el sector público y el privado, como más adelante veremos.

Por todo ello, llega a «sugerir la conveniencia de un replanteamiento de la estructura misma del anteproyecto», es decir, «una reelaboración de la ley» (para la cual ofreció algunas directrices), que ganaría en claridad y facilitaría su utilización por todos los operadores jurídicos. El gobierno no hizo mucho caso de esta sugerencia.

Con todo, hay campos en los que sin duda el nuevo texto supone una mejora y un avance sobre el anterior. Veámoslos.

2. La nueva definición del ámbito subjetivo de aplicación de la Ley

A) *La tradicional legislación española: la LCAP*

El cambio fundamental podría resumirse así: de la Administración como sujeto, a la Administración como función *(es decir tarea de gestión de intereses generales)*. En efecto, el viejo artículo 1 de la LCE se refiere únicamente a «los contratos que celebren las Administraciones Públicas», entendiendo por tales las tres Administraciones orgánicas y territoriales (Estado, CC.AA. y Administración Local) y otros organismos públicos; la aplicación del derecho público se hacía depender de que el sujeto fuera de naturaleza pública (entidad de derecho público que estuviera sujeta a un estatuto de derecho público y no de derecho privado). En este mismo sentido el artículo 2 cuando trataba de ampliar el ámbito de ampliación se refería exclusivamente a «entidades de derecho público» no comprendidas en el ámbito definido en el artículo anterior» (es decir, otros «entes públicos»).

Finalmente, la Disposición adicional 6.ª bajo el título «Principios de contratación en el sector público» se refería a las sociedades mercantiles y otras formas jurídico-privadas a las que exoneraba de sujeción a la Ley de Contratos (sólo debían respetar sus principios, si el objeto del contrato lo permitía).

B) *Las Directivas de la UE*

Frente a la legislación tradicional, el derecho europeo introduce el concepto de «poder adjudicador» (Directiva 18/2004) en el que se engloban no sólo todos los poderes del Estado, sino también cuantas entidades lleven a cabo tareas públicas o gestionen fondos públicos. En los artículos 1.9, 3 y 8, de la misma se someten a las reglas de la contratación pública todos los órganos del Estado, todas las Administraciones territoriales, todos los organismos, todos los contratos que gestionen intereses generales, los que dispongan de fondos públicos, cualquiera que sea la naturaleza de sus gestores siempre *que no actúen en el mercado en régimen competitivo* (cfr. también el artículo 2 de la Directiva 17/2004, sobre contratación en sectores especiales).

El derecho europeo adopta así un criterio funcional, no formal: las reglas de la contratación pública se aplicarán a cualesquiera organismos públicos, fundaciones, sociedades anónimas, consorcios, asociaciones o cualquier otra entidad del tipo que sea, que lleve a cabo actividades que supongan «Administración», es decir «tareas administrativas» (satisfacción de necesidades de interés general) a las que se hayan aplicado fondos públicos. Quedan igualmente sujetos al derecho público quienes ejerzan actividades que supongan derechos especiales o exclusivos, sean personas públicas o empresas privadas: Directiva 17/2004, artículo 2 (sectores especiales).

C) *Concepto de «entidad adjudicadora» según la normativa comunitaria y reforma de la LCAP*

Las Directivas comunitarias sobre contratación pública hacen así caso omiso de las «formas», nombres o identidades de los órganos de contratación; atienden únicamente a la tipificación de las realidades que se describen en las directivas. Lo fundamental es si la entidad adjudicadora, independientemente de la forma pública o privada de la que se revista, realiza una función o tarea pública (de interés general) o una actividad meramente mercantil o industrial.

Siguiendo este criterio, la jurisprudencia del Tribunal de Justicia de la Unión Europea ha entendido siempre el concepto de «poder adjudicador» en un sentido amplio y lo ha delimitado atendiendo más al aspecto funcional o material del mismo que el estrictamente formal. Entre las sentencias del Tribunal de Justicia, merece la pena destacar la ya vieja decisión de 20 de septiembre de 1988, *asunto Gebroeders Beetjes, B.U./Países Bajos* [1] en la cual se planteó si la Directiva debía aplicarse a la adjudicación de contratos de obras públicas de un organismo, formalmente independiente de la Administración, como era la Comisión de Concentración Parcelaria. El Tribunal de Justicia entendió que el concepto de Estado debía recibir una interpretación funcional, y por consiguiente:

---

[1] En el mismo sentido, Sentencia del Tribunal de Justicia de las Comunidades Europeas de 26 de abril de 1994 (Comisión contra Italia, asunto 292/1991).

«un organismo cuya composición y funciones... están previstos por la ley, y que depende de los poderes públicos tanto por la designación de sus miembros como por la garantía de las obligaciones derivadas de sus actos, como por la financiación de los contratos públicos que está encargada de adjudicar, debe considerarse comprendido en el Estado..., aunque formalmente no constituya una parte integrante de aquél».

Más recientemente, el Tribunal de Justicia reiteró su doctrina en dos sentencias contra España por su interpretación restrictiva del concepto de entidad adjudicadora que dejaba extra muros entidades de Derecho privado que, sin embargo, cumplían los tres requisitos establecidos en las Directivas sobre contratos de servicios, suministros y obras, a saber:

— Haber sido creadas para satisfacer específicamente necesidades de interés general, que no sean de carácter industrial o mercantil.

— Tener personalidad jurídica propia.

— Estar financiadas mayoritariamente, por el Estado, las entidades territoriales u otros organismos de Derecho público; o su gestión esté sujeta a un control por parte de estos organismos; o tenga un órgano de administración, de dirección o de supervisión más de la mitad de cuyos miembros son nombrados por el Estado, por las entidades territoriales o por otros organismos de Derecho público.

En la primera sentencia, de 15 de mayo de 2003, el Tribunal declara que España ha incumplido las obligaciones que le incumben, porque dentro del concepto de poder adjudicador deben incluirse las *sociedades de derecho privado que cumplan los requisitos del artículo 1 de las directivas comunitarias sobre contratación pública* antes enumeradas. Entiende que el concepto de «organismo de Derecho Público» debe interpretarse en sentido amplio. Considera que la forma de constitución de la entidad es «indiferente», de tal manera que el estatuto de derecho privado de una entidad no constituye un criterio que pueda excluir su calificación como entidad adjudicadora, por el mero hecho de que con arreglo al derecho nacional, su forma y régimen jurídico respondan al Derecho privado (sociedades estatales, fundaciones, etc.).

En idéntico sentido, otra sentencia de 16 de octubre de 2003 considera que la licitación relativa a la ejecución de las obras del Centro Penitenciario Experimental de Segovia, convocado por la Sociedad Estatal de Infraestructuras y equipamientos Penitenciarios, S.A. (SIEPSA) debe someterse a las Directivas Comunitarias sobre contratación pública, porque la mencionada sociedad estatal responde a la definición de entidad adjudicadora del artículo 1 letra b) de la Directiva 93/37/CEE (entonces vigente) sobre contratos públicos de obras. El Tribunal recuerda que:

i) *Ha sido creada por entidades públicas.*

En efecto, SIEPSA ha sido creada mediante acuerdo del Consejo de Ministros de 21 de febrero de 1992, bajo la forma de sociedad mercantil.

ii) *Ha sido constituida para satisfacer necesidades de interés general.*

SIEPSA se creó específicamente para satisfacer una necesidad de interés general que no tiene carácter mercantil o industrial, a saber, para contribuir a la aplicación de la política penitenciaria del Estado, mediante la gestión de programas y actuaciones previstas en el Plan de Centros Penitenciarios aprobado por el Consejo de Ministros.

iii) *Su actividad está casi absolutamente financiada por las Administraciones Públicas.*

A principios del año 2000, su capital ascendía a 85.622.000.000 de pesetas íntegramente suscrito y desembolsado por el Estado español como accionista único.

iv) *Finalmente, su gestión está absolutamente sometida al control de las Administraciones Públicas.*

La sociedad está dirigida y representada por un Consejo de Administración. Los ocho miembros de dicho Consejo son designados a propuesta de los Ministerios de Justicia, de Economía y de Hacienda. El Consejo de Administración nombra a su Presidente, eligiéndolo entre los Consejeros propuestos por el Ministerio de Justicia.

En definitiva, se cumplían todos los requisitos que establece el artículo 1 de la Directiva de obras para considerar a SIEPSA como entidad adjudicadora que debía someter sus licitaciones públicas —cuando superen el umbral comunitario— a las prescripciones contenidas en el articulado de la Ley de Contratos de las Administraciones Públicas, entonces vigente.

La jurisprudencia comunitaria ha precisado además otras cuestiones, como las siguientes:

1) La clave para determinar si hay o no actividad mercantil es si actúa en situación de competencia efectiva (es decir, en un verdadero mercado), si hay o no ánimo de lucro, si se asumen riesgos propios.

2) Los entes adjudicadores pueden desempeñar también funciones o tareas comerciales, como por ejemplo la imprenta estatal austríaca o el BOE. No por ello deja de ser «poder adjudicador», si ejercen «tareas administrativas» o «derechos de exclusiva».

3) La personalidad jurídica puede ser pública o privada: la forma jurídica es indiferente. Por ejemplo, una sociedad anónima constructora de viviendas de protección oficial o constructora de infraestructuras penitenciarias será siempre función o tarea administrativa.

4) El estatuto general de derecho privado, al que puede estar sometido el ente contratante en otros aspectos, no constituye un criterio definitorio a efectos contractuales.

La contradicción existente entre la LCAP y el derecho comunitario europeo llevó a que el Real Decreto-ley 5/2005, de 11 de marzo, modificase ya el artículo 2.1 del TRLCAP (antes citado) y sometiera a las normas de la misma sobre capacidad, publicidad, procedimientos de licitación y formas de adjudicación no sólo a las «Entidades de derecho público» —que es lo que decía inicialmente el texto legal— sino también a los contratos que celebrasen las sociedades de derecho privado [2].

También se sometieron a la Ley de Contratos de las Administraciones Públicas, *las fundaciones del sector público,* siempre que concurra alguno de los requisitos contenidos en el párrafo b) del apartado 3 del artículo 1 del TRLCAP, quedando sujetas a las prescripciones de esta ley relativas a la capacidad de las empresas, publicidad, procedimientos de licitación y formas de adjudicación. No obstante, resulta criticable que siguieran sin someterse a la Ley fundaciones privadas (mixtas) creadas por entidades públicas y privadas que se constituían para satisfacer necesidades de interés general (por ejemplo, ferias, exposiciones, palacios de congresos u otras) siendo su actividad mayoritariamente financiada por las Administraciones Públicas y su gestión sometida al control de estas últimas, que nombran a sus directivos. El Tribunal Supremo, erróneamente las seguía considerando contrataciones privadas (caso, por ejemplo, de la Fundación Semana Verde de Galicia) y hacía necesaria una reforma a fondo en esta materia, que pusiera claridad y coherencia en ella. Es lo que hace la nueva LCSP.

---

[2] El artículo 34 del Real Decreto-ley 5/2005 modifica el apartado 1 del artículo 2 dándole la siguiente redacción: «1. Las entidades de derecho público no comprendidas en el ámbito definido en el artículo anterior y *las sociedades de derecho privado* creadas para satisfacer específicamente necesidades de interés general que no tengan carácter industrial o mercantil, siempre que, además, concurra alguno de los requisitos contenidos en el párrafo b) del apartado 3 del artículo anterior quedarán sujetas a las prescripciones de esta Ley relativas a la capacidad de las empresas, publicidad, procedimientos de licitación y formas de adjudicación para los contratos de obras, suministros, consultoría y asistencia y servicios de cuantía igual o superior, con exclusión del Impuesto sobre el Valor Añadido, a 5.278.227 euros (equivalente a 5.000.000 de derechos especiales de giro), si se trata de contratos de obras, o a 211.129 euros (equivalentes a 200.000 derechos especiales de giro), si se trata de cualquier otro contrato de los mencionados».

D) *La nueva legislación española: LCSP*

La nueva Ley de Contratos del Sector Público ha venido a ampliar —y a precisar— el ámbito subjetivo de aplicación de la legislación de contratos públicos, que se extiende ahora a todos los entes que formen parte del llamado «sector público». A los efectos de esta Ley —leemos en el artículo 3.1—:

«...*forman parte del sector público* los siguientes entes, organismos y entidades:

a) La Administración General del Estado, las Administraciones de las Comunidades Autónomas y las Entidades que integran la Administración Local.

b) Las entidades gestoras y los servicios comunes de la Seguridad Social.

c) Los organismos autónomos, las entidades públicas empresariales, las Universidades Públicas, las Agencias Estatales y cualesquiera entidades de derecho público con personalidad jurídica propia vinculadas a un sujeto que pertenezca al sector público o dependientes del mismo, incluyendo aquéllas que, con independencia funcional o con una especial autonomía reconocida por la Ley, tengan atribuidas funciones de regulación o control de carácter externo sobre un determinado sector o actividad.

d) Las sociedades mercantiles en cuyo capital social la participación, directa o indirecta, de entidades de las mencionadas letras a) a f) del presente apartado sean superior al 50 por ciento.

e) Los consorcios dotados de personalidad jurídica propia a los que se refieren el artículo 6.5 de la Ley 30/1992, de 26 de noviembre, de Régimen Jurídico de las Administraciones Públicas y del Procedimiento Administrativo Común, y la legislación de régimen local.

f) Las fundaciones que se constituyan con una aportación mayoritaria, directa o indirecta, de una o varias entidades integradas en el sector público, o cuyo patrimonio fundacional, con un carácter de permanencia, está formado en más de un 50 por ciento por bienes o derechos aportados o cedidos por las referidas entidades.

g) Las Mutuas de Accidentes de Trabajo y Enfermedades Profesionales de la Seguridad Social.

h) Cualesquiera entes, organismos o entidades con personalidad jurídica propia, que hayan sido creados específicamente para satisfacer necesidades de interés general que no tengan carácter industrial o mercantil, siempre que uno o varios sujetos pertenecientes al sector público financien mayoritariamente su actividad, controlen su gestión, o nombren a más de la mitad de los miembros de su órgano de administración, dirección o vigilancia.

i) Las asociaciones constituidas por los entes, organismos y entidades mencionados en las letras anteriores...».

Constituye ésta una enumeración indiferenciada de todos los entes y sujetos a los que se aplica la Ley, sin calificarlos ni conceptualizarlos en categorías separadas (encontramos en esa relación Administraciones Públicas, entidades de la Seguridad Social, organismos autónomos, entes públicos singulares como las Universidades, fundaciones, consorcios, sociedades de capital público, mutuas y, como cláusula de cierre, «cualesquiera entes, organismos o entidades (de cualquier tipología o forma jurídica) «que hayan sido creados específicamente para satisfacer necesidades de interés general...».

Ahora bien, si seguimos leyendo el artículo 1 nos encontramos a continuación con el número 2 del mismo que trata de diferenciar, de entre todos los entes que acaba de enumerar, cuáles son «Administración Pública». Esta calificación es muy importante porque de ella dependerá el carácter «administrativo» o privado de los contratos y con ello su régimen jurídico (léase el comienzo del texto de los artículos 19 y 20) así como la jurisdicción competente (artículo 21).

A estos efectos, el artículo 1.2 dice lo siguiente:

«Dentro del sector público, y a los efectos de esta Ley, *tendrán la consideración de Administraciones Públicas* los siguientes entes, organismos y entidades:

a) Los mencionados en las letras a) y b) del apartado anterior (es decir, Administraciones orgánicas territoriales).

b) Los Organismos autónomos.

c) Las Universidades Públicas.

d) Las entidades de derecho público que, con independencia funcional o con una especial autonomía reconocida por la Ley, tengan atribuidas funciones de regulación o control de carácter externo sobre un determinado sector o actividad, y

e) Las entidades de derecho público vinculadas a una o varias Administraciones Públicas o dependientes de las mismas que cumplan alguna de las características siguientes:

1.º) que su actividad principal no consista en la producción en régimen de mercado de bienes y servicios destinados al consumo individual o colectivo, o que efectúen operaciones de redistribución de la renta y de la riqueza nacional, en todo caso sin ánimo de lucro, o

2.º) que no se financien mayoritariamente con ingresos, cualquiera que sea su naturaleza, obtenidos como contrapartida a la entrega de bienes o a la prestación de servicios.

No obstante, no tendrán la consideración de Administraciones Públicas las entidades públicas empresariales estatales y los organismos asimilados dependientes de las Comunidades Autónomas y Entidades locales».

Y aquí empiezan a surgir las dudas y los problemas. Porque, en efecto, el texto del número 2 enumera algunos entes contenidos en el número anterior, pero silencia otros (en concreto, no cita las sociedades mercantiles, los consorcios, las fundaciones y las mutuas). ¿Qué pasa con ellos, son o no Administración Pública a los efectos de la Ley? Para contestar a esta pregunta debemos observar varias cosas:

1) En primer lugar, que todos los entes calificados expresamente como Administración son *entidades de derecho público,* es decir, están constituidas en forma jurídico-pública. No hay, pues, «Administración Pública» en formas jurídico-privadas (sociedades, asociaciones de base privada como Cámaras, Colegios u otras Corporaciones o Sindicatos); este es un primer dato.

2) En segundo lugar, la ley nos dice que no hay tampoco «Administración Pública» en régimen de mercado competitivo y cuando se llevan a cabo actuaciones con ánimo de lucro; efectivamente, la letra e) nos dice que no lo serán aquellas entidades públicas que, aún siendo tales (es decir, teniendo carácter público), actúen produciendo bienes y/o servicios en régimen de mercado, con ánimo de lucro, o se financien mayoritariamente con ingresos comerciales (el texto legal no está muy bien escrito, pero ésta es —creo— la idea); es un segundo criterio definitorio.

3) En tercer lugar, el último párrafo de este número 2 nos dice que no serán Administraciones Públicas las «entidades públicas empresariales» (EPE) y aquí debemos preguntarnos: ¿cuáles son éstas?

Para identificar las EPE's debemos acudir a dos normas de nuestro Ordenamiento jurídico que se refieren a ellas, a saber, la Ley General Presupuestaria de 26 de noviembre de 2003 y la Ley de Organización y Funcionamiento de la Administración General del Estado (LOFAGE), de 14 de abril de 1997. En la LOFAGE, las EPE's se incluyen dentro del concepto genérico de «Organismos Públicos», que en principio forman parte de la Administración pues la Ley los define como *«Entidades de Derecho Público que desarrollan actividades derivadas de la propia Administración General del Estado, en calidad de organizaciones instrumentales diferenciadas y dependientes de ésta»* (artículo 1, párrafo 2.º). Según este criterio general deberían formar parte de la Administración. Sin embargo, cuando el Título III de esa misma Ley clasifica y regula estos organismos, en los que se plasma la llamada «descentralización funcional», los divide en tres tipos (artículo 43):

a) organismos autónomos

b) entidades públicas empresariales

c) agencias estatales.

Los primeros son claramente Administración y se rigen plenamente por el derecho público. También las agencias, aunque éstas se regirán en primer lugar «por su normativa específica y supletoriamente por la LOFAGE». Pero las entidades públicas empresariales parece que tienen una naturaleza peculiar y un régimen mixto público-privado. En efecto, el artículo 53 ratifica su naturaleza de «organismo público» (es decir, entes constituidos en forma jurídico-pública), pero a los que se encomienda, más que el ejercicio de potestades, *«la realización de actividades prestacionales, la gestión de servicios o la producción de bienes de interés público susceptibles de contraprestación»*. Pues bien, «en consideración a la naturaleza de sus actividades» se admiten algunas peculiaridades en su régimen jurídico, en los términos contenidos en los artículos 53 a 60 de esta Ley (*vid.* lo que dice el artículo 44). Y así, «las entidades públicas empresariales —nos aclara el n.º 2 del artículo 53— *se rigen por el Derecho privado,* excepto en la formación de la voluntad de sus órganos, en el ejercicio de las potestades administrativas que tengan atribuidas y en aquellos aspectos específicamente regulados para las mismas en esta Ley, en sus Estatutos y en la legislación presupuestaria». En cuanto al régimen de contratación de estas entidades, la LOFAGE remite a lo que diga la legislación de contratos (artículo 57: «La contratación de las entidades públicas empresariales se rige por las previsiones contenidas al respecto en la legislación de contratos de las Administraciones Públicas»).

Nos encontramos, pues, en el caso de las entidades públicas empresariales ante «entes públicos» (no privados) como los que se describen desde la letra a) hasta la e) en el número 2 del artículo 3 de la nueva LCSP, pero a los que ésta les niega la calificación de «Administración». ¿Por qué? No sabemos exactamente. Quizás tuvo su influencia la consideración que de estas entidades hizo la LGP de 2003, que, como se recordará, distinguía en el sector público tres segmentos: sector público administrativo, sector público empresarial y sector público fundacional. En esta ley las «entidades públicas empresariales», que la LOFAGE había definido como «organismos públicos» las incluía la LGP en el segundo segmento (no en el primero), es decir, en el empresarial, junto a las sociedades mercantiles y aquellos entes públicos singulares o consorcios públicos cuya actividad consistiese en la «producción de bienes o servicios destinados al consumo en régimen de mercado», financiados con «ingresos comerciales» y realizados con ánimo de lucro. No obstante, ésta no era una calificación unívoca; en la LGP estos entes podían incluirse alternativamente en el «sector público administrativo» o en el «sector público empresarial», en función de la naturaleza y condiciones en las que desarrollaban su actividad.

La nueva LCSP se ha identificado al parecer con la LGP y las ha concebido más como «empresas» comerciales que como «Administración». Pero debe observarse que tratándose como se tratan de «entes públicos», este último parágrafo del número 2 del artículo 3 (que las excluye del concepto de Administración) está en contradicción con lo que la propia Ley acaba de decir en el párrafo anterior [letra e)], pues, en efecto, en este último a los entes públicos se les considera Administración o no en función de las condiciones —de mercado o no, comerciales o no— en las que actúan: si actúan en régimen de mercado, se financian básicamente con sus productos y tiene afán de lucro, no son Administración; *a sensu contrario* en el caso inverso, serían consideradas Administración Pública. ¿Por qué, entonces, a continuación se niega tal condición a las «entidades públicas empresariales» en todo caso? Hay aquí una contradicción difícil de salvar.

Dicho todo lo anterior, queda por decidir cuál es la naturaleza de algunos entes citados en el número 1 y no calificados expresamente como Administración en el número 2 ni denegada tampoco su calificación como tal. En concreto, las *sociedades* de capital público en más de un 50%, los *consorcios* constituidos como consecuencia de convenios de colaboración inter-administrativos, las *fundaciones* con una aportación mayoritaria del sector público (más del 50% de su patrimonio fundacional) y las *mutuas* de accidentes de trabajo o enfermedades profesionales. La Ley no contiene un pronunciamiento expreso en relación con estos entes, por lo que habrá que aplicarles los criterios que inspiran las otras calificaciones. De dónde se deduce, en mi opinión, lo siguiente:

1) Hemos dicho que no hay Administraciones Públicas en formas privadas; luego las *sociedades* de capital público en ningún caso serán Administración.

2) Los *consorcios* interadministrativos del artículo 6.5 de la Ley 30/1992 o del artículo 87 de la Ley de Bases de Régimen Local, son, en principio, por su condición subjetiva, Administración Pública. Pero podría aplicarse también a ellos el criterio de si sus actividades se llevan a cabo o no en régimen de mercado, con ingresos básicamente comerciales y espíritu de lucro, incluyéndolos en el sector público administrativo o empresarial según los casos, tal como hizo la LGP 47/2003, de 26 de noviembre, en su artículo 3 (verlo). Ahora bien, en el caso de que las Administraciones decidan constituir una sociedad mercantil en lugar de un consorcio, para el desarrollo de la actividad concertada —posibilidad que la ley les brinda— aquélla no tendrá nunca la consideración de Administración.

3) En cuanto a las *fundaciones,* habrá que estar, según se desprende del propio texto, al origen de su capital o patrimonio (en más del 50%) y al control de su gestión (composición de su patronato y designación de gerente o director general) para determinar si son consideradas o no como Administración (*vid.* a este respecto los artículos 44 a 46 de la Ley 50/2002, de 26 de diciembre, de Fundaciones). Si éstos proceden de una Administración Pública (o de varias) la Fundación también lo será.

4) Finalmente las *mutuas,* como asociaciones de base privada que son, aunque desempeñen tareas públicas por delegación de la Seguridad Social, en ningún caso pueden ser consideradas Administración desde un punto de vista subjetivo.

Hasta aquí, la delimitación de lo que es y no es Administración Pública. Pero con ello no esta dicho todo. El propio artículo 3, en su número 3 sigue definiendo el «sector público» y así, después de identificar las Administraciones Públicas (a las que la Ley someterá a un régimen más estricto) el artículo define quiénes deben, no obstante, ser considerados «poderes adjudicadores», a los que se aplicará igualmente la Ley de contratos del sector público en la forma y con el alcance en ella prevista para este tipo de sujetos. Dice así el texto legal:

> «Se *considerarán poderes adjudicadores* los siguientes entes, organismos y entidades:
>
> a) Las Administraciones Públicas.
>
> b) Todos los demás entes, organismos o entidades con personalidad jurídica propia distintos de los expresados en la letra a) que hayan sido creados específicamente para satisfacer necesidades de interés general que no tengan carácter industrial o mercantil, siempre que uno o varios sujetos que deban considerarse poder adjudicador de acuerdo con los criterios de este apartado 3 financien mayoritariamente su actividad, controlen su gestión, o nombren a más de la mitad de los miembros de su órgano de administración, dirección o vigilancia.
>
> c) Las asociaciones constituidas por los entes, organismos y entidades mencionados en las letras anteriores».

Hay que hacer también aquí algunas observaciones. En primer lugar, debe subrayarse que la ley habla de «entes, organismos o entidades», pero omite el calificativo de «públicos» o «de derecho público», lo que obviamente supone que bajo esas genéricas expresiones se engloban tanto personas públicas como privadas (por tanto, también sociedades públicas, estatales o locales, constituidas en forma mercantil) siempre que hayan sido creadas con el fin de realizar tareas o funciones propias de la Administración («satisfacer necesidades de interés general, que no tengan carácter industrial o mercantil») estén financiadas básicamente con fondos públicos y los poderes públicos controlen su gestión. Así, pues, a efectos de su calificación como poderes (o entidades) adjudicadores, la ley, como las Directivas europeas y siguiendo la jurisprudencia del Tribunal de Justicia (*vid.* lo dicho *supra*), prescinde de las formas jurídicas y atiende a la naturaleza de las actividades que realizan.

En cuanto al régimen jurídico que preside la contratación de estos entes, las diferencias con las Administraciones Públicas son considerables, como se deduce de los artículos 19.2 y 20.2, en cuanto a sus efectos, interpretación y extinción; pero no parecen muy importantes en cuanto al régimen de preparación y adjudicación de los contratos, que es muy parecido, tal como se deduce de los artículos 22 al 31 (disposiciones generales, libertad de pactos, contenido mínimo, perfección invalidez, etc.) 37 al 39 (recurso especial en materia de contratación y arbitraje) Título II (partes en el contrato), Título III, Cap. I (objeto y precio), Título IV (garantías), etc. Todos estos preceptos se refieren a la contratación del sector público (no sólo de las Administraciones Públicas) y hay que entender que tienen una aplicación extensiva a todos los entes previstos en el artículo 3.3 («poderes adjudicadores»), si bien en cuanto a la aplicación de derecho supletorio las diferencias subsistirán, pues a los contratos privados, como son siempre los celebrados por los poderes adjudicadores (artículo 20.1), supletoriamente se le aplicarán —dice la Ley— «las restantes normas de derecho administrativo o, en su caso, las normas de derecho privado, según corresponda por razón del sujeto o entidad contratante» (artículo 20.2). ¿Qué quiere decir esto? Pues que entre los poderes adjudicadores puede haber sujetos «públicos» y «privados», con regímenes subjetivos diferentes.

La diferencia de régimen jurídico será, también, fundamental en cuanto a la calificación del contrato —como administrativo o como privado, con distintos regímenes en cuanto al fondo— y en cuanto a la jurisdicción competente. En efecto, en cuanto al fondo —a sus efectos y extinción— estos contratos (del sector público) se regirán por el derecho privado, como dice el artículo 20.2, inciso final; en cambio, los de la Administración Pública se regirán por el derecho administrativo, en los términos del artículo 19.2. Por lo que se refiere a la jurisdicción competente, se lee en el artículo 21, lo siguiente:

> «1. El orden jurisdiccional contencioso-administrativo será el competente para resolver las cuestiones litigiosas relativas a la preparación, adjudicación, efectos, cumplimiento y extinción de los contratos administrativos. Igualmente corresponderá a este orden jurisdiccional el conocimiento de las

cuestiones que se susciten en relación con la preparación y adjudicación de los contratos privados de las Administraciones Públicas *y de los contratos sujetos a regulación armonizada, incluidos los contratos subvencionados a que se refiere el artículo 17.*

2. El orden jurisdiccional civil será el competente para resolver las controversias que surjan entre las partes en relación con los efectos, cumplimiento y extinción de los contratos privados. Este orden jurisdiccional será igualmente competente para conocer de cuantas cuestiones litigiosas afecten a la preparación y adjudicación de los contratos privados que se celebren por los entes y entidades sometidos a esta Ley que no tengan el carácter de Administración Pública, siempre que estos contratos no estén sujetos a una regulación armonizada».

A la vista de este texto hay que hacer también algunas consideraciones:

1.º) En primer lugar, hay que decir que la jurisdicción contencioso-administrativa sigue siendo la única competente para juzgar al sujeto «Administración» y en cambio no lo es —lo es la civil— para juzgar «a los entes y entidades sometidas a esta Ley que no tengan el carácter de Administración Pública» (es decir, a los demás «poderes adjudicadores»), cuyos contratos son privados y van en su totalidad a la jurisdicción civil, aun cuando en su preparación y adjudicación estén sometidos como hemos visto al derecho público de la contratación (LCSP y Reglamentos de desarrollo). Hay aquí, pues, una diferente atribución competencial en función de la naturaleza del sujeto (no de la actividad). Los contratos de la Administración Pública van siempre y en su totalidad a la jurisdicción contencioso-administrativa aunque algunos puedan ser privados y «en cuanto a sus efectos y extinción se regirán por el derecho privado» (artículo 20.2, inciso final). Los contratos de los «poderes adjudicadores» van siempre a la jurisdicción civil aunque en su preparación y adjudicación se regirán por el derecho público (artículo 20.2, inciso primero). Tenemos así Tribunales contencioso-administrativos que aplicarán el derecho civil (lo que es normal) y jueces civiles que aplicarán el derecho administrativo de la contratación (lo que no es tan normal).

Este régimen de asignación jurisdiccional de carácter subjetivo tiene, sin embargo, una excepción: los *contratos sujetos a legislación armonizada,* que, tanto si son concertados por Administraciones Públicas (y con contratos administrativos) como si lo son por poderes adjudicadores (y son contratos privados) se atribuyen siempre, en su control judicial, a la jurisdicción contenciosa. No se entiende muy bien por qué este régimen distinto para los contratos sujetos a regulación armonizada. Tratando de ver la razón de ser de tal régimen podemos considerar que dichos contratos, tal como se configuran en el artículo 13 de la ley, son sólo los típicos o nominados siempre que alcancen unas determinadas cuantías (las que se especifican en los artículos 14 a 16). Estos contratos —se lee en el artículo 13— son los de «colaboración entre el sector público y el sector privado, en todo caso, y los contratos de obras, los de concesión de obras públicas, los de suministro, y los de servicios comprendidos en las categorías 1 a 16 del anexo II, cuyo valor estimado, calculado conforme a las reglas que se establecen en el artículo 76, sea igual o superior a las cuantías que se indican en los artículos siguientes, siempre que la entidad contratante tenga el carácter de poder adjudicador. Tendrán también la consideración de contratos sujetos a una regulación armonizada los contratos subvencionados por estas entidades a los que se refiere el artículo 17». El legislador ha querido quizás garantizar en estos contratos, que son los más habituales y los regulados con detalle por la Unión Europea, el respeto más estricto a sus reglas, confiando su supervisión a los tribunales especializados en contratación pública.

Con lo dicho hasta aquí podemos dar por cerrada esta primera aproximación a lo que constituye una de las aportaciones más significativas de la nueva Ley de Contratos del Sector Público: la nueva delimitación del ámbito subjetivo. Veamos a continuación el otro gran tema de la Ley.

E) *El ámbito objetivo de la ley: negocios excluidos y tipología de contratos públicos*

Este es el segundo gran tema que merece tratamiento separado, pues aunque esencialmente se mantienen las líneas inspiradoras de la contratación administrativa en España, ésta se acompaña de algunas novedades que conviene reseñar, en particular la incorporación a la tipología de contratos administrativos nominados de una nueva figura: el contrato de colaboración público-privada, eso que se viene llamando PPP (en inglés *Public-Private Partnership*) o CPP (en castellano, *Colaboración Público-Privada*). Aquí no todo es mejora, como veremos en la lección siguiente.

A) Tipos de contratos configurados en la Ley:

a) *Contratos y negocios excluidos:* son los previstos en el artículo 4. Un batiburrillo donde hay de todo; como un mercadillo negocial.

b) *Contratos típicos o nominados y su régimen:* artículos 5 a 11. Son los de siempre, a los que se añade el contrato de colaboración público-privada. Son, todos ellos, contratos administrativos armonizados.

c) *Restantes contratos* del sector público y su régimen: artículo 5.2: «según las normas de derecho administrativo o de derecho privado que les sean de aplicación», lo que nos remite a la *distinción entre contrato administrativo y contratos privados de la Administración,* que se perfila en los artículos 19 y 20.

d) *Contratos sujetos a regulación armonizada* y contratos no armonizados: son contratos armonizados aquéllos que están sujetos a una regulación armonizada, acorde con lo previsto en las normas europeas (obsérvese que el contrato de gestión de servicios públicos no está entre ellos). *Vid.* artículos 13 a 17.

El artículo 13 ofrece un triple factor de identificación de los «armonizados», con carácter acumulativo: 1) tipos nominados de contratos; 2) entidad contratante que sea «poder adjudicador» y 3) valor estimado que supere el umbral comunitario establecido para cada «tipo». O bien, que se trate de 4) contratos de colaboración en todo caso y contratos subvencionados en más de un 50% de su importe.

No tendrán en cambio consideración de contratos armonizados los siguientes (art. 13, 2):

a. Los que tengan por objeto la compra, el desarrollo o la coproducción de programas destinados a la radiodifusión, por parte de los organismos de radiofusión, así como los relativos al tiempo de radiofusión.

b. Los de investigación y desarrollo remunerados íntegramente por el órgano de contratación, siempre que sus resultados no se reserven para su utilización exclusiva por éste en el ejercicio de su actividad propia.

c. Los incluidos dentro del ámbito definido por el artículo 296 del Tratado Constitutivo de la Comunidad Europea que se concluyan en el sector de la defensa.

d. Los declarados secretos o reservados, o aquéllos cuya ejecución deba ir acompañada de medidas de seguridad especiales conforme a la legislación vigente, o en los que lo exija la protección de intereses esenciales para la seguridad del Estado.

e. Aquéllos cuyo objeto principal sea permitir a los órganos de contratación la puesta a disposición o la explotación de redes públicas de telecomunicaciones o el suministro al público de uno o más servicios de telecomunicaciones.

Los artículos 14 a 17 establecen los umbrales económicos mínimos que deben alcanzar los contratos (en su cuantía) para ser incluidos bajo el concepto de «armonizados» y sometidos a esta Ley.

e) *Contratos administrativos y su régimen jurídico.* Las directivas no entran en la distinción entre contratos administrativos y contratos privados de la Administración, que queda recogida en los mismos términos que antes en los artículos 19, 20 y 21 de la nueva Ley (verlos).

— Típicos o nominados: artículo 19.1.a).

— Contratos administrativos por naturaleza: artículo 19.1.b).

— Régimen jurídico: artículo 19.2.

f) *Contratos privados de la Administración y su régimen jurídico:* son los previstos en el artículo 20 (verlo).

g) Finalmente, tenemos los llamados «sectores especiales» (antes llamados «sectores excluidos») cuyos contratos quedan igualmente sometidos a las reglas del derecho público en su preparación y adjudicación, aun cuando los contratantes sean empresas privadas. Están regulados en la Directiva 17/2004 y Proyecto de Ley sobre procedimientos de contratación en ellos: artículo 2 de la Directiva y artículo 1; artículos 3.2.c), 4 y 14 del Proyecto.

La consideración que nos merece este fenómeno de los «contratos especiales» es la que en su día formulamos en el «Epílogo» a nuestro Comentario al artículo 1.º de la Ley de Contratos de las Administraciones Públicas (LCAP), especialmente en las páginas 85 y 86 del primer tomo de esa obra [3]. Esta Directiva y la paralela Ley española suponen, frente a la tan criticada «huida de las Administraciones al Derecho Privado», la vuelta al Derecho Público de todo lo que suponga gestión de interés colectivos o ejercicio de potestades administrativas. El Derecho Administrativo no es ya un *derecho estamental.*

Hasta aquí, una breve síntesis de los principios inspiradores de la nueva Ley 30/2007. Pero la «legislación motorizada» ha seguido hasta el día de hoy (mayo de 2011). Con posterioridad a su publicación en el BOE, la LCSP ha sido modificada varias veces, primero por la Ley 34/2010, de 5 de agosto, en la que se introduce el recurso especial en el proceso de selección de contratistas y unos meses después la Ley 2/2011, de 4 de marzo, de Economía Sostenible. Ha habido también otras reformas puntuales. No podemos entrar ahora en el análisis de todas ellas.

---

[3] *Vid.* Ariño y Asociados, *Comentarios a la Ley de Contratos de las Administraciones Públicas,* Editorial Comares, 2002, 3 tomos, especialmente Tomo I, *«El sistema contractual Administrativo».*

LECCIÓN 18.ª

EL CONTRATO DE COLABORACIÓN PÚBLICO-PRIVADA *

SUMARIO: 1. ORIGEN Y RAZÓN DE SER. NUEVA DIMENSIÓN DE LO PÚBLICO.—2. TAREAS Y OBJETIVOS DE LA ASOCIACIÓN PÚBLICO-PRIVADA (PPP).—3. LA FORMULACIÓN JURÍDICA DE ESTA «ASOCIACIÓN».—4. FINANCIACIÓN, RETRIBUCIÓN DEL CONTRATISTA Y ASIGNACIÓN DE RIESGOS.—5. EL CAMINO HACIA EL PPP: PREPARACIÓN Y ADJUDICACIÓN DE ESTOS CONTRATOS. LA EVALUACIÓN PREVIA.—6. EL «DIÁLOGO COMPETITIVO» COMO FORMA DE ADJUDICACIÓN.—7. EL INTENTO, FRUSTRADO DE TIPIFICACIÓN LEGAL DEL CONTRATO CPP EN LA LCSP. LA FALTA DE UN RÉGIMEN JURÍDICO.—8. RESUMEN Y CONCLUSIÓN: TEORÍA DEL ENVOLTORIO.

1. Origen y razón de ser. Nueva dimensión de lo público

El tema objeto de esta lección es todavía un tema *in fieri,* que se está haciendo, en el que ni la doctrina jurídica ni la legislación han precisado todavía su contenido y su régimen jurídico.

Suele decirse que, con antecedentes en los Estados Unidos (años 70), eso que conocemos como *Public Private Partnership* (PPP) se instauró en Europa, en el Reino Unido, durante los Gobiernos de Margaret Thatcher, como una tercera vía entre nacionalización y privatizaciones, en forma de colaboración contractual o institucional entre los sectores público y privado, actuando ambos conjuntamente para conseguir algo que sería imposible conseguir por separado. Tras la crisis de la empresa pública, que se desencadena a finales de los años setenta, después de medio siglo de experiencias negativas en todo el mundo, se extiende desde la teoría económica la convicción de que el sector privado utiliza mejor los recursos económicos y es más eficiente que el sector público en la gestión empresarial. Una ola de privatizaciones se propaga en todos los países, tanto industrializados (Europa) como de economías en desarrollo (Iberoamérica) en los años 80 y 90.

Hasta entonces —es decir, hasta hace pocos años—, las grandes infraestructuras y servicios, que son el armazón de los Estados modernos —a saber, redes de comunicaciones y transportes, obras hidráulicas, redes energéticas, infraestructuras viales, sistemas de abastecimiento de agua, puertos y aeropuertos, etc.— fueron sectores asumidos por el Estado, porque sobre ellos descansa

* Lección dictada inicialmente en la Universidad de los Andes, Bogotá, en la VI Jornadas Internacionales sobre Contratación Pública, Colombia, 2008. Posteriormente reelaborada para el Curso de Formación Continua del Ayuntamiento de Almería, España, en octubre de 2010.

la vida de los ciudadanos y la productividad y el desarrollo de las economías nacionales. Estos sectores eran como el símbolo de la soberanía, respondían en muchos casos a una planificación nacional, constituían casi siempre dominio público sometido a un régimen de especial protección, requerían grandes inversiones y presentaban economías de escala, lo que llevaba en muchos casos a calificarlos de «monopolios naturales». Tal ocurría con carreteras, ferrocarriles, puertos y aeropuertos, redes telefónicas o redes eléctricas, el correo o el transporte urbano. Por estas razones (y otras) el Estado había hecho suyas estas actividades, las declaraba reservadas al sector público calificándolas de *«servicio público»* (la actividad) o de *«dominio público»* (los bienes y recursos en los que aquélla se apoyaba) estableciendo un régimen jurídico exorbitante (*res extracomercium,* financiación pública, *contrato administrativo de obra pública* o de gestión de servicio público), asumiendo directamente su gestión en algunas de ellas (constitución de empresas públicas, con exclusión del capital privado).

Este régimen no se extendió sólo a las obras públicas y servicios de contenido económico, sino también a los servicios sociales (educación, sanidad, pensiones y protección social) que fueron progresivamente «publificados», integrándose en los presupuestos generales del Estado; sus profesionales (médicos, profesores, etc.) se convirtieron en funcionarios, financiándose su actividad con fondos públicos recaudados vía impuestos y, muy secundariamente, con tasas, precios públicos y otras exacciones parafiscales. En definitiva, a lo largo de todo el siglo XX el Estado se fue haciendo presente en una gran parte de las actividades económicas y sociales.

Pues bien, este modelo de ordenación económica y de financiación y prestación de obras y servicios está hoy en revisión (por no decir en crisis). Por razones que no es del caso explicar aquí, las necesidades de infraestructuras en todos los países, pero especialmente en algunos como España y en economías emergentes como las iberoamericanas o las de Europa del Este, requieren un esfuerzo financiero y de inversiones que la Hacienda Pública es incapaz de atender. El crecimiento del gasto social en los Estados modernos hace a éstos progresivamente incapaces de hacer frente a tales inversiones con ahorro público [1].

[1] En el presupuesto del año 2009, por ejemplo, el gasto social (pensiones, desempleo, sanidad, educación, vivienda, otras prestaciones y servicios sociales y gestión y administración de la seguridad social) crece casi un 10% respecto al año anterior y absorbe el 52,8% del gasto público, en detrimento de otras áreas de inversión como defensa, agricultura o infraestructuras (que se reducen un 10% respecto a 2008). En el caso de los Ayuntamientos, la financiación siempre ha sido escasa y demasiado vinculada al suelo, la construcción y la vivienda, que hoy, como es bien sabido, se encuentran en una profunda crisis. Muchos Ayuntamientos, especialmente en áreas de fuerte promoción inmobiliaria en años pasados, pueden encontrarse en los próximos

En Europa, además, la adopción de una moneda única por los Estados, obligó a éstos a mantener unos límites máximos de déficit público y de deuda pública, de modo que todos han tenido que acudir al sector privado para mantener un nivel deseable de inversiones en infraestructuras y servicios; fue la denominada política de la *«Private Finance Iniciative (PFI)»* que se extendió rápidamente. Inicialmente se acudió a fórmulas llamadas de ingeniería presupuestaria, admitidas por Eurostat para el cómputo de la deuda; se articularon mecanismos de «financiación diferida» que se limitaban a desplazar hacia el futuro el gasto público. Pero ello no basta hoy y es preciso atender a las necesidades de infraestructuras y servicios con inversión privada (o, si se quiere, añadir ésta a la pública). Para ello hay que buscar el dinero donde realmente está: en las instituciones financieras, en los mercados capitales, en el ahorro privado [2]. Sólo por esta vía pueden anticiparse los recursos suficientes para hacer frente a la construcción y/o explotación de las infraestructuras que se necesitan. El empresario que asume la construcción de una obra carece casi siempre de recursos propios para hacer frente a su financiación y necesita acudir al mercado de capitales para anticipar los recursos necesarios; ahora bien, ese mercado únicamente reaccionará ante una perspectiva razonable de seguridad que no siempre proporcionaba el viejo Ordenamiento jurídico de la gestión y explotación de las obras públicas en la clásica Ley de Contratos del Estado.

Esta situación es la que ha llevado a buscar nuevas fórmulas de financiación y gestión de infraestructuras y servicios, que permitan la participación de la iniciativa privada en estas tareas. Ello exigía la elaboración de un nuevo marco legal que viniese a reconducir a un solo texto el conjunto de normas sectoriales. Y esto es lo que vino a suponer en España *la Ley 13/2003, de 23 de mayo* (BOE número 124), llamada *Ley de Concesión* de obras públicas, que inicialmente se llamó de «financiación y gestión de infraestructuras». La concesión de obra y/o servicio ha sido en España la primera forma de «colaboración público-privada», que está bastante bien elaborada y tiene una larga historia en nuestro derecho. La Ley de Concesiones fue incorporada luego como Título V a la Ley General de Contratos. A la Ley de Concesiones vino a sumarse unos meses más tarde la nueva Ley del Patrimonio de las Administraciones, Ley 33/2003, de 3 de noviembre. Ambas vinieron a suponer un cambio profundo en el régimen de las infraestructuras, especialmente en lo que se refiere a la financiación y gestión privada de las mismas. Tras ella, en el año

---

con grandes dificultades no sólo para financiar obras y servicios sino para pagar sus servicios. Se ha calculado una disminución de ingresos de casi 10.000 millones en los Municipios españoles por merma de tasas de ejecución de obras y de cesión de terrenos.

[2] Se calcula un 20% de inversión privada en cualquier plan nacional de infraestructuras.

2007 el Gobierno llevó a cabo la reforma general de los contratos públicos que hemos visto en la lección anterior, mediante la Ley de Contratos del Sector Público, en cuyo marco se define una nueva modalidad o tipo de contrato llamado de «Colaboración Público-Privada», que es la versión española de esa «nueva» forma de contratación denominada PPP *(Public-Private Partnership)*, cuya traducción correcta a nuestro idioma debería ser, en rigor, *«Asociación Público-Privada»*. Ello no obstante, los autores españoles utilizan el vocablo *«participación»* para conservar la inicial «P» en nuestra expresión equivalente *(participación público-privada)* del mismo modo que hacen los franceses con la palabra *«partenariat»* o los portugueses y brasileños con *«parceria»*. La legislación, en cambio, ha adoptado la denominación de «Colaboración Público Privada» (CPP).

Algunos artículos clave en los que se manifiesta el cambio de sistema son los artículos 97, 98 y 99 de la Ley de Patrimonio (LPAP), los artículos 253 a 260 de la Ley de Contratos de las Administraciones Públicas (LCAP) y finalmente los artículos 236 a 241 de la Ley de Contratos del Sector Público (LCSP), cuya lectura les recomiendo (aquí nos referiremos a ellos más adelante). Estas normas suponen un completo rediseño de la concesión, especialmente en lo que hace referencia a los mecanismos de financiación, que se refleja en algunos párrafos de la Exposición de Motivos de la Ley 13/2003, incorporada luego a la LCAP, que en su apartado II, parágrafo último, dice así:

> «Las características configuradoras de la institución concesional se completan con la diversificación de las fuentes de financiación, a fin de hacerla más atractiva para el capital privado, introduciendo un régimen regulador llamado a evitar la congelación de la inversión que se realice. Así, la concesión como bien jurídico, se integrará plenamente en el tráfico mercantil desde el momento de la perfección del contrato, pudiendo ser objeto de cesión e hipoteca. En orden, asimismo, a permitir la diversificación del esfuerzo inversor, la ley facilita la apertura de la sociedad concesionaria al mercado de capitales, no sólo, lógicamente mediante los medios convencionales, esto es, la financiación por entidades de crédito o la emisión de obligaciones, bonos u otros títulos semejantes, incluso con la posibilidad de contar con el aval público si los intereses generales así lo aconsejaran, sino a través de la titulización de los derechos de crédito vinculados a la explotación de la obra, titulización que podrá referirse, en su caso, a los que correspondan a las zonas complementarias de la concesión de carácter comercial. La presencia del capital privado se asegura mediante un sólido repertorio de garantías para los posibles acreedores hipotecarios y poseedores de títulos».

A la vista de los tres textos legales citados, en los que cristaliza una larga tradición en materia contractual, podríamos preguntarnos: si contábamos ya con figuras contractuales bien definidas, ¿para qué hacía falta una nueva, llamada «contrato de colaboración público-privada»?

2. Tareas y objetivos de la asociación público-privada (PPP)

La mejor manera de entender una institución jurídica es saber a qué sirve, cuál es la realidad que hay detrás de ella. Pues bien, sin pretensión alguna de exhaustividad, a título puramente ilustrativo, digamos que los contratos de PPP (asociación/colaboración público privada) pueden dirigirse a objetivos como los siguientes:

— Construcción y explotación de nuevas y complejas infraestructuras de transporte como puertos, aeropuertos o centros intercambiadores de transporte, que requieren importantísimas inversiones a largo plazo.

— Grandes instalaciones hospitalarias con toda clase de prestaciones en su seno.

— Proyectos ferroviarios de alta velocidad con acceso al centro de las ciudades y conexión con otros medios de transporte.

— Ciudades universitarias con unidades residenciales, aularios, laboratorios, instalaciones deportivas y servicios varios para los estudiantes.

— Proyectos de investigación, desarrollo e innovación (I+D+i) en determinados sectores de actividad.

— Diseño, instalación, mantenimiento y gestión de un sistema completo de comunicaciones informáticas o de telecomunicaciones avanzadas para una Administración Pública (policía y seguridad nacional, sistema nacional de salud, administración de las obras públicas y medio ambiente o cualquier otra).

— Proyectos de rehabilitación urbana en el interior de las ciudades, con múltiples acciones interrelacionadas en su seno y participación de varias Administraciones.

— Desarrollo e implementación de un plan de transporte urbano integral, en el que se estructuran los distintos modos (cercanías, transporte de superficie y transporte subterráneo) con explotación conjunta en régimen de consorcio.

— Construcción de un sistema integrado de abastecimiento y depuración de aguas para una gran ciudad, con aguas superficiales, subterráneas y en su caso desaladas a las que tenga acceso la conurbación.

Son tareas todas ellas cuya complejidad técnica y jurídica deriva del número de intereses afectados (son muchas veces contratos «multiparte», no puras relaciones bilaterales) que exigen *una regulación y una organización «ad hoc»*. Algunas de estas tareas, hasta el momento, habían sido asumidas, por partes o piezas separadas, por las distintas Administraciones Públicas (el Estado, la Provincia, el Municipio, según los casos) que realizaban proyectos singulares (una autopista, una presa, una línea de metro o una línea de autobuses) cada uno de los cuales venía a satisfacer una necesidad concreta. Hoy, los medios técnicos disponibles y la capacidad del mundo empresarial permiten abordar tareas integradas como las descritas, que resultaban impensables hace veinte o treinta años. Para ello se requiere poner en común capacidades diversas: potestades públicas, ingeniería constructiva, recursos financieros, capacidad de gestión, diseño y mantenimiento de instalaciones complejas, etc.; y para ello es para lo que surge la «asociación público privada». A la *Administración le corresponderá* identificar las necesidades y tareas de interés colectivo (la *definición de objetivos* es algo que corresponderá siempre al poder político) y a la parte privada le corresponderá la aportación de medios (financieros, técnicos, empresariales) para hacerlos realidad.

De modo que podemos resumir los ejes de esta asociación diciendo que:

1) la Administración fijará las necesidades colectivas que quiere satisfacer, con la mejor definición que sea posible hacer de las mismas; esto es algo que corresponderá siempre a la Autoridad pública;

2) la parte privada, juntamente con la Administración, contribuirá a definir el proyecto o proyectos de ingeniería que mejor satisfagan esas necesidades, la organización necesaria para servirlo, la construcción y financiación del mismo y su gestión posterior durante el tiempo que sea necesario (para eso está el «diálogo competitivo», que veremos después);

3) ambos fijarán con precisión las obligaciones, tareas y responsabilidades que asume cada parte, elaborarán y pactarán las condiciones necesarias para la rentabilización y recuperación de la inversión, con aportación posible por la Administración de bienes de dominio público y otras instalaciones o recursos; se establecerá también una asunción compartida de los riesgos que la operación conlleve y finalmente se fijarán las formas de retribución (pública o privada) correspondientes a las prestaciones que obtiene. Una dimensión importante de la retribución es el plazo, que habrá que ajustar a la naturaleza y volumen de la inversión y a las exigencias de amortización, física o tecnológica, de las instalaciones, pues es evidente que la vida útil de éstas estará en función de la innovación y actualización que requieran (en los equipos médicos o militares esto es fundamental).

Ésta es, en esquema, la estructura negocial de una Asociación Público-Privada (PPP), en la que ambas partes hacen aportaciones al proyecto común y asumen equilibradamente los riesgos (y beneficios) del mismo. Es decir se hacen socios *(partners)*. Ahora bien, ¿cómo se formaliza todo esto?

3. La formalización jurídica de esta «asociación»

La formalización jurídica de esta asociación tiene dos caminos:

1) El primero consiste en la creación de una auténtica sociedad mercantil, creada para el desarrollo de la empresa común. Esto es lo que en Europa se conoce como PPP institucional y lleva a la creación de empresas mixtas, o de capital mixto, público y privado, que se alzan como alternativa a la clásica «empresa pública» 100% estatal (provincial o local) y a la gestión indirecta, por concesión, de los servicios públicos. No hay aquí ninguna novedad. La empresa mixta ha sido una forma tradicional de gestión de servicios públicos, y la adición de la expresión «PPP» sólo apunta a la existencia de un nuevo espíritu, abierto a la gestión en común de «servicios de interés económico y general», y a una mayor flexibilidad en los pactos a establecer entre los socios (flexibilidad que ya apuntaba en el tradicional principio de libertad de pactos en la contratación pública). No podemos detenernos aquí en una explicación detallada de las reglas que gobiernan la empresa mixta. Sólo haré un par de observaciones sobre ella. Con la empresa mixta se trata de obtener que la *iniciativa privada aporte ayuda financiera, experiencia industrial y eficacia gerencial* a un servicio público, sin que la Administración pierda por ello *presencia* en la dirección y gestión de aquél. Por tanto, para configurar un PPP institucional, vía empresa mixta, lo decisivo no es el porcentaje de participación que tenga la Administración, sino el hecho de que participe en la gestión de la misma. Ahora bien, es de esencia a esta forma de colaboración que los poderes gerenciales de la sociedad estén en manos del socio privado de la empresa (esto es justo lo que se pretende conseguir) y por ello el artículo 106.1 del RSCL dice:

> «En la constitución o Estatutos de Empresas mixtas podrá establecerse que el número de votos de la Corporación en los órganos de gobierno y administración sea inferior a la proporción del capital con que participare en la Empresa, salvo en los cinco años anteriores al término de la misma, en que deberá ser igual o superior».

Por tanto, las participaciones deberán ser normalmente equilibradas.

2) El segundo camino es la contratación ordinaria, sin creación de una nueva personalidad jurídica. Mediante contrato, se fijan los objetivos, las aportaciones y las responsabilidades de las partes y se comienza la elaboración y/o ejecución del proyecto a cuyo servicio se ha erigido la PPP. Ahora bien, este contrato no es fácilmente tipificable por la extraordinaria variedad que puede

tener su objeto, pues puede conducir a tipos muy distintos de relación, como veremos con detalle más adelante.

Ya hemos visto que el antecedente, en España, de esta modalidad de contratación lo encontramos en la vieja figura de la concesión de obra o servicio público que se remonta a mediados del siglo XIX (Instrucción Española de Obras Públicas de 10 de enero de 1845). Pero estos «tipos» tradicionales de contratos —rígidamente formulados— no resultaban marco jurídico adecuado para abordar proyectos complejos e integrales, de difícil definición previa y resultado difuso o incierto, como los que acaban de ser enumerados hace un momento. Éstos exigen una arquitectura contractual flexible que rompe los moldes contenidos en la ley para construcción de una obra o la gestión de un servicio concreto.

Aquí debemos salir al paso de una dificultad metodológica que esta nueva figura presenta y que está vinculada a las distintas culturas jurídicas en las que se ha elaborado el contrato de PPP/APP/CPP. En el ordenamiento jurídico originario, en el que esta figura nace, que es el anglosajón, el contrato administrativo «típico» (esto es, tipificado en una ley) no existe. En el mundo anglosajón no hay una ley de contratos en la que se prevean los distintos «tipos» de relación y se establezca un derecho objetivo de la contratación al que se tiene que someter —principio de legalidad— cada una de las actuaciones singulares, es decir, cada contrato. Y aunque en los últimos años se ha venido reconociendo en el derecho anglosajón una cierta especificidad de los contratos públicos, sigue sin existir hoy una ley que tipifique y regule, con carácter general e imperativo, las actuaciones contractuales, de modo que cada Administración contratante goza de una considerable libertad para fijar el contenido de la relación (aunque no es extraño que para grandes actuaciones o programas se apruebe en cada caso una Ley *ad hoc* que las regule, como ocurrió en las grandes operaciones privatizadoras del Reino Unido) [3]. En ese entorno, los

[3] Hasta 1947, en los Estados Unidos, las normas de contratación no eran derecho objetivo, de obligado cumplimiento, sino puras *«guideposts»*, orientaciones para el funcionario en la redacción del pliego contractual. El Tribunal Supremo entendía que «Como los individuos y empresas privadas, el Gobierno goza de la libre autoridad para procurarse los bienes que necesita, para decidir con quién va a contratar y para fijar los términos y condiciones de la relación...». «Pero como tiene que actuar por necesidad a través de agentes, puede el Gobierno, con objeto de mantener su propia casa en orden *(for the purpose of keeping its own house in order)*, sentar algunas directrices *(guideposts)*, a través de las cuales deban aquéllos proceder, y crean obligaciones sólo respecto del Gobierno...». A partir de 1947 se han ido aprobando regulaciones especiales para los contratos de defensa, de la administración patrimonial civil, para la NASA o para otras entidades que vinculan a los funcionarios de las Agencias, pero sigue sin existir una legislación general de contratos. *Vid.* sobre ello, ampliamente, lo que se dice en lección anterior.

contratos PPP nacen como una figura negocial abierta, que hay que perfilar en cada caso. Es obvio que dependiendo de cuál sea la naturaleza del objeto y su funcionalidad, la fórmula utilizada puede ser una u otra: la *llamada BOT (Build-Operate-Transfer)* es decir COT en castellano (Construir-Operar y Trans ferir) *es la vieja concesión* utilizada habitualmente para autopistas, puentes, puertos y aeropuertos o servicios de abastecimiento de agua; o bien puede ser la *LDO (Lease-Develop-Operate),* es decir ADO en castellano (Alquilar-Desarrollar-Operar) que equivale a nuestro *viejo arrendamiento de obra y servicio,* por el cual el empresario privado se hace cargo de unas instalaciones ya existentes que él se compromete a desarrollar y ampliar, reconociéndole la Administración los derechos de explotación del servicio por una serie de años; fórmula utilizada en ocasiones para la mejora y gestión del sistema de alcantarillado y plantas de depuración de aguas, para el mantenimiento y mejora de plazas de toros o teatros municipales, etc. Otras veces se acude a *fórmulas de concesión y gestión compartida* (BOJ, *Build and Operate Jointly*), en supuestos de prisiones, centros hospitalarios o instalaciones académicas, en los que el empresario privado construye, instala los equipos de apoyo y mantiene el buen funcionamiento de lo construido y parte de sus equipamientos, asumiendo la Administración la prestación directa de los servicios (médico-farmacéuticos, de control y seguridad de las prisiones, de enseñanza y demás actuaciones educativas, etc.). En definitiva, las modalidades y los contenidos contractuales pueden ser variados: tantos como objetos posibles de contratación. Es obvio que la diversidad posible de su objeto exige en estos contratos una gran flexibilidad en la definición de las condiciones que acompañan a cada contrato; las obligaciones y derechos que nacen de éste deberán perfilarse en larguísimos pliegos de condiciones pactadas *«ad casum»*. En todos ellos —y ésta es la clave— hay que estructurar un sistema de financiación seguro y una asignación de riesgos basada en la eficiencia económica de la operación. Financiación y eficiencia es lo que buscan los PPP's. Ahora bien, ¿cómo funcionará aquí el principio de legalidad, la relación Ley-cláusulas contractuales? Éste es un problema que habrá que abordar para el contrato CPP, pues éste no tiene por el momento un régimen jurídico definido, como veremos enseguida.

4. Financiación, retribución del contratista y asignación de riesgos

Este es el elemento clave de todo contrato de colaboración público-privada. Se requiere, de entrada, un marco financiero adecuado para *atraer la inversión privada*, lo cual exige un sistema de retribución del contratista-colaborador bien estructurado, previsto en el contrato y con respaldo en la ley.

Naturalmente, esto exige un país —y un Gobierno— que cumpla los contratos y respete la ley, con garantía de protección judicial.

En cuanto a las modalidades posibles de financiación y retribución del contratista, ya hemos dicho que en las concesiones modernas que diseña la Ley 13/2003, éstas pueden ser variadas, públicas, privadas y casi siempre mixtas. Los artículos 236 y 237 de la Ley española, LCSP, abre un abanico de vías de financiación cuando establecen:

> «1. Las obras públicas objeto de concesión serán financiadas, total o parcialmente, por el concesionario que, en todo caso, asumirá el riesgo en función de la inversión realizada.
>
> 2. Cuando existan razones de rentabilidad económica o social, o concurran singulares exigencias derivadas del fin público o interés general de la obra objeto de concesión, la Administración podrá también aportar recursos públicos para su financiación, que adoptará la forma de financiación conjunta de la obra, mediante subvenciones o préstamos reintegrables, con o sin interés, de acuerdo con lo establecido en el artículo 223 y en esta sección, y de conformidad con las previsiones del correspondiente pliego de cláusulas administrativas particulares, debiendo respetarse en todo caso el principio de asunción de riesgo por el concesionario.
>
> 3. La construcción de la obra pública objeto de concesión podrá asimismo ser financiada con aportaciones de otras Administraciones Públicas distintas a la concedente, en los términos que se contengan en el correspondiente convenio, y con la financiación que pueda provenir de otros organismos nacionales o internacionales».

Y el artículo 237.1 prevé la posible aportación pública a la financiación de la obra cuando afirma:

> «1. Las Administraciones Públicas podrán contribuir a la financiación de la obra mediante aportaciones que serán realizadas durante la fase de ejecución de las obras, tal como dispone el artículo 223 de esta Ley, una vez concluidas éstas o al término de la concesión, y cuyo importe será fijado en los pliegos de condiciones correspondientes o por los licitadores en sus ofertas cuando así se establezca en dichos pliegos. En los dos últimos supuestos, resultará de aplicación la normativa sobre contratos de obra bajo la modalidad de abono total, salvo en la posibilidad de fraccionar el abono».

En cuanto a los sistemas de retribución al contratista, ésta puede consistir en cánones o peajes abonados por la Administración por el uso de las obras y equipos o instalaciones realizadas por el contratista; o en tarifas abonadas por los usuarios. Pueden consistir también en subvenciones o ayudas a la construcción, en cesión de bienes públicos o en dotaciones de capital y/o concesión de créditos participativos; pueden suponer una garantía de ingresos mínimos, que la Autoridad pública asegura en alguna de sus formas. Una fuente importante de retribución en las grandes infraestructuras (puertos, aeropuertos, autovías, ferrocarriles) es la concesión de zonas complementarias de explotación comercial en régimen de exclusiva. En la última ley española de concesiones, en su artículo 231, puede leerse lo siguiente:

> «1. Atendiendo a su finalidad, las obras públicas podrán incluir, además de las superficies que sean precisas según su naturaleza, otras zonas o terrenos para la ejecución de actividades complementarias, comerciales o industriales que sean necesarias o convenientes por la utilidad que prestan a los usuarios de las obras y que sean susceptibles de un aprovechamiento económico diferenciado, tales como establecimientos de hostelería, estaciones de servicio, zonas de ocio, estacionamientos, locales comerciales y otros susceptibles de explotación.
>
> 2. Estas actividades complementarias se implantarán de conformidad con lo establecido en los pliegos generales o particulares que rijan la concesión y, en su caso, con lo determinado en la legislación o el planeamiento urbanísimo que resulte de aplicación.
>
> 3. Las correspondientes zonas o espacios quedarán sujetos al principio de unidad de gestión y control de la Administración Pública concedente y serán explotados conjuntamente con la obra por el concesionario, directamente o a través de terceros, en los términos establecidos en el oportuno pliego de la concesión».

Ello significa que dentro de la concesión de obra pública se incluyan instalaciones de diversa naturaleza con la finalidad de hacer viable la explotación de aquélla. De forma congruente con esta idea, la explotación de la *«Zona complementaria»* queda ligada a la concesión de tal forma que los derechos sobre la misma se extinguen cuando ésta finaliza por la causa que sea. Respecto de la retribución en especie (dentro de las modalidades de retribución mixta), la nueva ley española contiene otro precepto, el artículo 237.2, que dice así:

> «2. Las aportaciones públicas a que se refiere el apartado anterior podrán consistir en aportaciones no dinerarias del órgano de contratación o de cualquier otra Administración con la que exista convenio al efecto, de acuerdo con la valoración de las mismas que se contenga en el pliego de cláusulas administrativas particulares. Los bienes inmuebles que se entreguen al concesionario se integrarán en el patrimonio afecto a la concesión, destinándose al uso previsto en el proyecto de la obra, y revertirán a la Administración en el momento de su extinción, debiendo respetarse en todo caso lo dispuesto en los planes de ordenación urbanística o sectorial que les afecten».

El sistema de financiación está vinculado, lógicamente, a la configuración del contrato. Éste puede suponer un servicio «al público» —que pagará por él— o construir y gestionar una infraestructura «para la Administración» (la Universidad, la Seguridad Social o los Ejércitos) con pagos periódicos de éstas durante varios años. Soluciones variadas son aplicables a los contratos de colaboración. Obviamente, aquellos supuestos de retribución que consisten en abonos fijos de cánones, peajes o tarifas reconocidas en el contrato, estos ingresos podrán ser objeto de titulización, con emisión de bonos, obligaciones u otros medios de acceso al mercado de capitales. En todo caso es ésta una materia que exige un diseño riguroso y preciso por parte de una entidad financiera, cuya mediación casi siempre acompaña a estas operaciones de inversión. En algunos casos, pueden ajustarse al modelo de *«Project Finance»,* según el cual la financiación se obtiene básicamente con los flujos garantizados de caja que la infraestructura genera y los activos que genera la operación para el contratista (si es que los hay).

Pero tan importante o más que la financiación es la asignación de riesgos. Respecto a ella, lo primero que hay que decir es que ni este contrato ni ningún otro puede suponer una garantía de rentabilidad (ni de ingresos mínimos) para el contratista. El socio privado debe asumir los riesgos que son propios de todo empresario. Resultan aplicables al contrato CPP las siguientes palabras que se contienen en la Exposición de Motivos de la ley española de concesiones:

> «Reviste importancia capital, para que la concesión de la obra pública conserve sus señas de identidad y pueda ser reconocida como tal, que el concesionario asuma el riesgo de su construcción, conservación y explotación. Evidentemente, en un contrato de larga duración por naturaleza, la asunción del riesgo, ante la imposibilidad de predecir con un margen razonable de error el futuro, no puede transformar el contrato en un negocio aleatorio por lo que en coherencia se impone moderar adecuadamente los límites del riesgo, si se quieren atraer la participación del capital y la iniciativa privadas en inversiones cuyo volumen exige el esfuerzo compartido de los sectores público y privado. Debe destacarse, sin embargo, que la asunción de riesgo en "proporción sustancial" por el concesionario resulta determinante para que el contrato de concesión merezca tal calificación».

Pues bien, es preciso en estos contratos determinar con precisión esos riesgos y establecer una asignación equilibrada de los mismos, basada en el principio de eficiencia económica (obtener el máximo fruto de los recursos utilizados). Los expertos suelen distinguir tres tipos de riesgos y algunos criterios de asignación, como son los siguientes:

1) *Riesgos de construcción,* entre los que se incluyen los de proyecto, disconformidades técnicas, incrementos de costes y daños o destrucciones por

acontecimientos externos; son los riesgos que se incluían en el clásico contrato de obra, que en principio recaían sobre el contratista (principio de riesgo y ventura) aunque con importantes limitaciones (reformados, revisión de precios, fuerza mayor).

2) *Riesgos de disponibilidad,* que supone la asunción de un nivel de cumplimiento de las prestaciones comprometidas en volumen y calidad preestablecida, vinculando los pagos a esos niveles de cumplimiento y reduciéndolos en caso contrario, pudiendo llegar a la resolución del contrato. Es éste un riesgo que debe asumir también el contratista.

3) *Riesgos comerciales o de demanda,* que son aquéllos vinculados a la variación de esta última respecto a la prevista en el contrato, siempre que ésta sea *exógena a las partes,* no derivada del comportamiento o de las actuaciones de una de ellas; el riesgo de demanda puede proceder de cambios en el ciclo económico, una grave alteración de precios del combustible, nuevas tendencias en el mercado, obsolescencia tecnológica o cualquier otra causa. Este tipo de riesgo, que en muchos casos se podría encuadrar dentro del tradicionalmente llamado «riesgo imprevisible», suele distribuirse entre las partes, en función de su causa y su cuantía.

4) *Riesgos derivados de cambios en las políticas públicas o en el marco legal.* Estos riesgos son imputables a la Administración y deben ser asumidos por ésta. El contratista tiene derecho al mantenimiento y la estabilidad de las condiciones pactadas (o implícitas) en el desarrollo del contrato. Son los supuestos tradicionalmente conocidos en la contratación administrativa como *«factum principis»* o *«ius variandi»,* de los que siempre ha respondido la Administración.

5) *Riesgos derivados de la fuerza mayor (act of God).* Corresponden a la Administración.

Éstas son sólo algunas líneas vertebradoras, que habrá que precisar con mayor detalle en cada contrato.

Hasta aquí lo que creo constituye uno de los puntos neurálgicos de todo contrato de colaboración público-privada: la asignación de financiación y riesgos. Debemos examinar a continuación cómo se llega a él y cuál puede ser su régimen jurídico de base en lo no expresamente previsto por las partes.

5. El camino hacia el PPP: preparación y adjudicación de estos contratos. La evaluación previa

Hemos visto ya que esta modalidad contractual está presidida por dos ideas: la idea de «complejidad» como nota distintiva de las prestaciones que se contratan y la idea de «actuación global» (o integrada). La primera de ellas se reitera en la Exposición de Motivos de la Ley española cuando en su apartado 5, se dice:

> «La Ley viene, finalmente, a tipificar normativamente los contratos de colaboración entre el sector público y el sector privado, como nuevas figuras contractuales que podrán utilizarse para la obtención de *prestaciones complejas o afectadas de una cierta indeterminación inicial*».

A la misma conclusión se aboca cuando vemos que el artículo 118 prescribe, con carácter previo a la iniciación del expediente de contratación, la elaboración de un documento de evaluación en el que se justifique la «complejidad del contrato, habida cuenta de la cual, *no se está en condiciones de definir su contenido*».

Es ésta una realidad condicionante del proceso de gestación de estos contratos, respecto de los cuales la Administración debe, antes que nada, justificar su necesidad, es decir, acreditar que su objetivo no se puede lograr a través de ninguna otra modalidad contractual. La doctrina ha destacado [4] que este contrato exige una evaluación previa de su necesidad: la Administración debe acreditar la conveniencia de satisfacer determinadas necesidades públicas, justificar que carece de capacidad de definir los medios técnicos necesarios, así como los mecanismos jurídicos y financieros para llevar a cabo el contrato; debe hacer un análisis comparativo con otras posibles formas de obtención del objetivo, justificando que la forma de colaboración maximiza el valor por unidad de gasto. A partir de esta evaluación se elaborará un programa funcional, en los términos que recoge la ley.

Vale la pena transcribir aquí en su integridad el texto de los artículos 118 y 119 de la LCSP, que regulan esta materia en los siguientes términos:

> «Artículo 118. *Evaluación previa.*
>
> 1. Con carácter previo a la iniciación de un expediente de contrato de colaboración entre el sector público y el sector privado, la Administración contratante deberá elaborar un documento de evaluación en que se ponga de manifiesto que, habida cuenta de la complejidad del contrato, la Administración no está en condiciones de definir, con carácter previo a la licitación, los medios técnicos necesarios para alcanzar los objetivos proyectados o de establecer los mecanismos jurídicos y financieros para llevar a cabo el contrato, y se efectúe un análisis comparativo con formas alternativas de contratación que justifiquen en términos de obtención de mayor valor por

[4] F. J. Serrano Núñez, *La colaboración público-privada (C.P.P.) y el desarrollo tecnológico*, en «Anales de Mecánica y Electricidad», ICAI, Madrid, octubre de 2007, páginas 3 y siguientes.

precio, de coste global, de eficacia o de imputación de riesgos, los motivos de carácter jurídico, económico, administrativo y financiero que recomienden la adopción de esa fórmula de contratación.

2. La evaluación a que se refiere el apartado anterior podrá justificar la elección de esta fórmula de contratación en la concurrencia de razones de urgencia no imputables a la Administración contratante que aconsejen utilizar el contrato de colaboración entre el sector público y el sector privado para atender las necesidades públicas. En este supuesto la evaluación se realizará de forma sucinta.

3. La evaluación será realizada por un órgano colegiado donde se integren expertos con cualificación suficiente en la materia sobre la que verse el contrato».

«Artículo 119. *Programa funcional.*

El órgano de contratación, a la vista de los resultados de la evaluación a que se refiere el artículo anterior, elaborará un programa funcional que contendrá los elementos básicos que informarán el diálogo con los contratistas y que se incluirá en el documento descriptivo del contrato. Particularmente, se identificará en el programa funcional la naturaleza y dimensión de las necesidades a satisfacer, los elementos jurídicos, técnicos o económicos mínimos que deben incluir necesariamente las ofertas para ser admitidas al diálogo competitivo, y los criterios de adjudicación del contrato».

Como hemos dicho, el contrato CPP se reserva para objetos o fines en los que no le es posible a la Administración definir con precisión su contenido por tratarse de una actuación global e integrada (es decir, que incorpora tareas múltiples). Ello implica que el contratista es llamado a participar en el diseño y elaboración del contrato, lo que significa que el contratista-colaborador asume funciones que de ordinario corresponden a la Administración. Ésta se limita a hacerle presente su «necesidad pública» y se compromete a abonarle el precio o compensación que resulte de la definición de las tareas a la que finalmente se llegue. Si tal es el planteamiento, resulta lógico que el sistema de adjudicación de este tipo de contrato no sea el concurso ordinario de las obras y servicios públicos, sino esa moderna forma de adjudicación llamada «Diálogo competitivo», nuevo sistema introducido en el derecho europeo por la Directiva 2004/18/CE, que pasamos brevemente a exponer.

6. El «diálogo competitivo» como forma de adjudicación

Frente al tradicional unilateralismo —y hermetismo— en la preparación del contrato, se trata ahora de articular, desde el primer momento, un diálogo entre la Administración y los posibles contratistas, a través del cual queden definidos los múltiples aspectos del contrato: proyecto y prescripciones técnicas, virtualidades o capacidades que se quieren adquirir, mecanismos posibles de financiación, formas y plazos de pago. En muchos casos, puede ocurrir que la Administración no sepa de antemano cuál es la mejor solución técnica para conseguir los fines que pretende, especialmente en los contratos complejos de obras, servicios y suministros con nuevas tecnologías; resulta necesario, entonces, una discusión de las condiciones de ejecución del contrato y un diálogo entre la Administración contratante y los licitadores.

Una vez elegidas las soluciones más adecuadas y cuando el órgano de contratación entienda que ha llegado a la solución óptima en todos los aspectos, se inicia una segunda fase, en la que se invita a los licitadores admitidos —todos los que participaron en el diálogo— a que presenten su oferta final basada en la solución previamente definida. En esta licitación participan tanto los que aportaron las soluciones técnicas seleccionadas como los que no acertaron en sus propuestas.

Finalmente, la Administración adjudicará el contrato a la oferta económicamente más ventajosa, no sólo por razón del precio, sino en su conjunto, pudiendo ser reembolsados por sus trabajos aquellos licitadores que contribuyeron al diseño del contrato y no han resultado adjudicatarios del mismo. Vale la pena también en este punto transcribir los textos de la Directiva 2004/18/CE, del Parlamento Europeo y del Consejo, que perfila con precisión este sistema de adjudicación en los términos siguientes:

> «1. El diálogo competitivo es un procedimiento en el que todo operador económico puede solicitar su participación y en el que el poder adjudicador dirige un diálogo con los candidatos admitidos a fin de desarrollar una o varias soluciones susceptibles de satisfacer sus necesidades, soluciones que servirán de base para que los candidatos elegidos presenten una oferta.
>
> A efectos del recurso al procedimiento mencionado en el párrafo primero, un contrato público se considerará "particularmente complejo" cuando el poder adjudicador:
>
> — no se encuentre objetivamente capacitado para definir los medios técnicos, con arreglo a las letras b), c) ó d) del apartado 3 del artículo 23, aptos para satisfacer sus necesidades u objetivos y/o
>
> — no se encuentre objetivamente capacitado para determinar la cobertura jurídica o financiera de un proyecto.
>
> 2. Los poderes adjudicadores publicarán un anuncio de licitación en el que darán a conocer sus necesidades y requisitos, que definirán en dicho anuncio o en un documento descriptivo.

3. Los poderes adjudicadores llevarán a cabo, con los candidatos seleccionados de conformidad con las disposiciones de los artículos 44 a 52, un diálogo cuyo objetivo será determinar y definir los medios adecuados para satisfacer lo mejor posible sus necesidades. En el transcurso de dicho diálogo, podrán debatir todos los aspectos del contrato con los candidatos seleccionados.

Durante el diálogo, los poderes adjudicadores darán un trato igual a todos los licitadores. En particular no facilitarán, de forma discriminatoria, información que pueda dar ventajas a determinados licitadores, con respecto al resto.

Los poderes adjudicadores no podrán revelar a los demás participantes las soluciones propuestas por un participante u otros datos confidenciales que éste les comunique sin previo acuerdo de éste.

4. Los poderes adjudicadores podrán establecer que el procedimiento se desarrolle en fases sucesivas a fin de reducir el número de soluciones que han de examinarse durante la fase del diálogo, aplicando los criterios de adjudicación indicados en el anuncio de licitación o en el documento descriptivo. En el anuncio de licitación o en el documento descriptivo se indicará si se va a hacer uso de esta facultad.

5. El poder adjudicador proseguirá este diálogo hasta que esté en condiciones de determinar, después de compararlas si es preciso, las soluciones que puedan responder a sus necesidades.

6. Tras haber declarado cerrado el diálogo y haber informado de ello a todos los participantes, los poderes adjudicadores les invitarán a que presenten su oferta final, basada en la solución o soluciones presentadas y especificadas durante la fase de diálogo. Dichas ofertas deberán incluir todos los elementos requeridos y necesarios para la realización del proyecto.

A petición del poder adjudicador, dichas ofertas podrán aclararse y precisarse. No obstante, estas precisiones, aclaraciones o elementos complementarios no podrán modificar elementos fundamentales de la oferta o de la licitación, cuya variación pueda falsear la competencia o tener un efecto discriminatorio.

7. Los poderes adjudicadores evaluarán las ofertas presentadas por los licitadores en función de los criterios de adjudicación establecidos en el anuncio de licitación o en el documento descriptivo y seleccionarán la oferta económicamente más ventajosa de acuerdo con el artículo 53.

A petición del poder adjudicador, el licitador cuya oferta se considere económicamente más ventajosa podrá verse obligado a aclarar aspectos de su oferta o confirmar los compromisos que en ella figuran, siempre que ello no modifique elementos sustanciales de la oferta o de la licitación ni falsee la competencia o tenga un efecto discriminatorio.

8. Los poderes adjudicadores podrán prever premios y pagos para los participantes en el diálogo».

Tal y como se ve en el texto citado, este procedimiento de adjudicación consta de dos fases claramente diferenciadas: la de diálogo, cuya finalidad consiste en precisar o determinar el contrato que ha de celebrar el *«poder adjudicador»;* y la licitación, en la que todos intervinientes en la primera fase son invitados por la Administración a que presenten sus ofertas finales, basadas *«en la solución o soluciones presentadas y especificadas durante la fase de diálogo»;* finalmente la Administración adjudica el contrato a la más ventajosa o conveniente para el interés público. Ello significa que este nuevo procedimiento de adjudicación, además de tener la finalidad que naturalmente corresponde a todo procedimiento de adjudicación, cumple una segunda finalidad, de carácter previo y condicionante de la anterior, consistente en configurar el contrato que ha de celebrar el *«poder adjudicador»,* algo que nunca ha formado parte de los procedimientos de selección hasta ahora existentes. Conforme a la legislación hasta ahora vigente, la finalidad que en el *«diálogo competitivo»* persigue la fase de diálogo era conseguida por la Administración mediante la celebración de un contrato independiente, de consultoría y asistencia, previo al de ejecución de la solución técnica obtenida con el mismo. Precisamente por ello es por lo que el artículo 29.8 de la Directiva 2004/18/CE establece que *«los poderes adjudicadores podrán prever premios y pagos para los participantes en el diálogo».*

Por tanto, puede afirmarse que mediante el empleo del *«diálogo competitivo»* se acumulan en un único contrato los objetivos que tradicionalmente han dado lugar a dos contratos distintos. Ello supone un ahorro de tiempo y de dinero para la Administración (se lleva a cabo sólo un expediente de contratación y un procedimiento de adjudicación, en el que los *«premios y pagos a los participantes en el diálogo»* serán siempre inferiores al precio de un contrato de consultoría independiente). Implica también que sólo pueden concurrir al *«diálogo competitivo»* aquellos empresarios capacitados, no sólo para ofrecer a la Administración la solución a adoptar, que sería lo típico del contrato de consultoría y asistencia, sino también para ejecutarla. Con lo cual las empresas que sean meramente consultoras o meramente ejecutoras de proyectos nunca podrán tener acceso a los contratos que se celebren por este procedimiento de adjudicación. Sólo podrán acudir a los mismos las empresas que cuenten con los medios precisos para llevar a cabo ambos objetivos, es decir, que sean capaces de asumir y realizar la solución que ellas mismas propongan a la Administración. Y ello, naturalmente, resulta especialmente trascendente a la hora de precisar el sentido que tiene este novedoso procedimiento de adjudicación, así como su empleo por las Administraciones Públicas.

7. El intento, frustrado de tipificación legal del contrato CPP en la LCSP. La falta de un régimen jurídico

Ahora bien, ¿cuál es el régimen jurídico de estos contrato? ¿Cómo se han tipificado en la LCSP? La nueva Ley española ha tratado de configurar esta modalidad contractual del PPP como un nuevo tipo de contrato «nominado», es decir, identificado y tipificado en la norma con un régimen legal específico (como hasta ahora lo eran el contrato de obra, la concesión de obra y servicio, el contrato de suministro, el arrendamiento o el concierto). Pero esta tipificación no ha sido posible y, por tanto, ha sido igualmente imposible la definición de un régimen jurídico de fondo, que, en lo no previsto válidamente en el Pliego, regule las obligaciones y derechos de las partes, algo que tampoco existe. Estamos ante un modelo de actuación contractual que es indefinible, por la extraordinaria variedad de supuestos que puede albergar en su seno.

En efecto, cuando uno recorre el articulado de la ley que se refiere a este contrato, se encuentra con que en él se describen las características de las tareas a que se aplica esta figura, las condiciones que debe reunir el supuesto de hecho, la política contractual a seguir, los procedimientos de adjudicación a aplicar, el carácter subsidiario de esta modalidad (en defecto de otros contratos típicos preferentes, que se utilizarán siempre que sea posible) y así otros elementos descriptivos del mismo. Pero no se ve por ningún lado el régimen jurídico de fondo que preside estos contratos (cosa que sí contiene la Ley para los demás contratos típicos o nominados). Así se aprecia en el artículo 11 de la Ley, que dice así (la cursiva es mía):

> «1. Son contratos de colaboración entre el sector público y el sector privado aquéllos en que una Administración Pública encarga a una entidad de derecho privado, por un período determinado en función de la duración de la amortización de las inversiones o de las fórmulas de financiación que se prevean, la realización de una *actuación global e integrada* que, *además de la financiación* de inversiones inmateriales, de obras o de suministros necesarios para el cumplimiento de determinados objetivos de servicio público o relacionados con actuaciones de interés general, comprenda alguna de las siguientes prestaciones:
>
> a) La construcción, instalación o transformación de obras, equipos, sistemas y productos o bienes *complejos,* así como su mantenimiento, actualización o renovación, su explotación o su gestión.

b) La gestión integral del mantenimiento de instalaciones *complejas.*

c) La fabricación de bienes y la prestación de servicios que incorporen *tecnología* específicamente desarrollada con el propósito de aportar *soluciones más avanzadas* y económicamente más ventajosas que las existentes en el mercado.

d) Otras prestaciones de servicios ligadas al desarrollo por la Administración del servicio público o actuación de interés general que le haya sido encomendado.

2. El contratista colaborador de la Administración puede asumir, en los términos previstos en el contrato, la dirección de las obras que sean necesarias, así como realizar, total o parcialmente, los proyectos para su ejecución y contratar los servicios prestados.

3. La contraprestación a percibir por el contratista colaborador consistirá en un precio que se satisfará durante toda la duración del contrato, y que podrá estar vinculado al cumplimiento de determinados objetivos de rendimiento».

Ya hemos dicho que las dos ideas que presiden —y justifican— esta modalidad de contrato son su gran complejidad y la idea de actuación global o integrada. A la misma conclusión se aboca cuando vemos que el artículo 118, antes trascrito, prescribe, con carácter previo a la iniciación del expediente de contratación, la elaboración de un documento de evaluación en el que se justifique la «complejidad del contrato, habida cuenta de la cual no se está en condiciones de definir su contenido». En cuanto lo de «actuación global e integrada», parece querer decir que el contratista asume toda la responsabilidad de proyectos, ejecución, dirección y control de las obras y prestaciones, con subcontratación de cuanto necesite (no hay en este caso límite alguno), con lo que parece que el contratista-colaborador asume funciones que de ordinario corresponden a la Administración (p.e., la elaboración del proyecto y definición del servicio). Ésta se limita en este caso a hacerle presente su «necesidad pública» y abonarle periódicamente el precio pactado «durante toda la duración del contrato». Pero nada se dice de su régimen jurídico.

Esta indefinición de la Ley (intento frustrado de tipificación) resulta inevitable por la amplitud y variedad de objetos que contiene y la multiplicidad de posibles tareas a realizar por el contratista colaborador, a saber: obras, suministros, fabricación, mantenimiento, diseño y proyección de servicios, financiación necesaria, así como «otras prestaciones de servicios ligadas al desarrollo por la Administración del servicio público o actuación de interés general...». ¡Ahí es nada! Resulta imposible en tales condiciones definir un régimen jurídico unitario —y en eso consiste una tipificación legal— para tal conjunto de actividades. El artículo se limita a decir que el contrato tendrá *un plazo,* que describe como «un período indeterminado en función de las inversiones»; (otro artículo nos aclarará más adelante que ¡entre 20 y 40 años!, según los casos) y *un precio* (tampoco nos dice en qué consiste). El resto de artículos que a lo largo de la ley se refieren a esta figura no nos aclara demasiado: así, el 120 especifica los aspectos que deberán ser previstos en el clausulado del contrato, sin imponer demasiadas soluciones ni criterios sobre ellos, lo que deja de nuevo en blanco la regulación de fondo en lo no pactado expresamente; el 164.3 se refiere al procedimiento de adjudicación, ya explicado; y el 199 en el marco de una referencia genérica al principio de riesgo y ventura, establece que en esta materia se estará «a lo pactado en las cláusulas de reparto de riesgo que se incluyan en los contratos de colaboración entre el sector público y el sector privado (pactos o cláusulas en los que se articule el reparto de riesgos)». Y eso es todo.

Pero hay dos preceptos que nos revelan la clave de la cuestión: el artículo 289 y el apartado letra m) del artículo 120, que dicen así:

> «Artículo 289. *Régimen jurídico.*
>
> Los contratos de colaboración entre el sector público y el sector privado *se regirán* por las normas generales contenidas en el título I del presente libro y *por las especiales correspondientes al contrato típico cuyo objeto se corresponda con la prestación principal* de aquél, identificada conforme a lo dispuesto en el artículo 120.a), en lo que no se opongan a su naturaleza, funcionalidad y contenido peculiar conforme al artículo 11.
>
> Estas normas delimitarán los deberes y derechos de las partes y las prerrogativas de la Administración».
>
> «Artículo 120. *Clausulado del contrato.*
>
> ...
>
> m) Referencia a las condiciones generales y, cuando sea procedente, a *las especiales que sean pertinentes en función de la naturaleza de las prestaciones principales,* que la ley establece respecto a las prerrogativas de la administración y a la ejecución, modificación y extinción de los contratos».

Ambos preceptos remiten la fijación de su régimen jurídico por referencia a aquel contrato típico (contrato de obra, concesión de obra, fabricación, gestión de servicio, suministro, contrato de servicios, concierto o cualquier otro) cuyo objeto se corresponda con la *«prestación principal».* Dado que el contrato de colaboración admite distintas prestaciones y que en un mismo contrato pueden englobarse varias de ellas de distinto tipo (por ejemplo, diseño, fabricación, mantenimiento y gestión de instalaciones o equipos, construcción y explotación de una obra, fabricación con suministro periódico de unos bienes o construcción y explotación conjunta de una determinada infraestructura), el operador jurídico —la Administración, el contratista o el Juez— deberá identificar en cada contrato cual es la prestación principal y como ha sido ésta configurada en el Pliego de Condiciones. A la vista de ello deberá elegir el «tipo» legal de contrato que más se ajusta a dicha prestación y ése será el que determine el régimen legal de fondo aplicable a ese contrato de colaboración (en lo no previsto expresamente por las partes, claro es).

La doctrina se ha preguntado si dado el tipo de tareas y objetivos del contrato CPP no podríamos considerar la concesión como el marco jurídico básico, genérico, del mismo, configurando aquél como una especie de «concesión evolucionada», a la que se asimilaría. A esta cuestión hay que responder negativamente porque el CPP, por hipótesis, es de contenido variable y por lo mismo resulta intipificable (dentro de él caben muchas cosas). Ciertamente, en la medida en que el principal objeto o prestación de muchos CPP puede ser la construcción, instalación y/o explotación de una obra con o sin prestación directa posterior de un servicio al público (o a la Administración), el régimen jurídico de fondo aplicable a esos CPP será el concesional (de obra o de servicio, con o sin obra previa). Pero en otros casos ello no será así; la prestación contratada será distinta y habrá que identificar la prestación principal y el tipo de contrato al que se asimila. En cualquier caso, sin embargo, tendríamos que preguntarnos: ¿por qué en lugar de configurar y tramitar un CPP en la forma explicada, no se ha acudido directamente a la concesión, el arrendamiento o el concierto, en función de cuál sea su prestación principal, con las especialidades que procedan? Estas figuras están tipificadas en la ley, sobre ellas tenemos larga experiencia y hasta el momento ha funcionado bastante bien, tanto en la Administración estatal como en la Administración provincial o municipal. De ser así, el PPP, más que un avance constituiría un retroceso.

Según los defensores de esta figura, la razón que viene a justificar de los CPP es que los contratos «típicos» (tipificados rígidamente en la Ley) no resultan suficientemente abiertos y flexibles para englobar proyectos complejos en los que se combinen múltiples prestaciones, algunas de las cuales pueden ser ajenas al «tipo» legal o concesional; por ejemplo, el ordenamiento jurídico puede excluir de la concesión de obra la prestación posterior del servicio al ciudadano; o el suministro en exclusiva, una vez que la obra ha sido concluida (separación de infraestructuras y servicios). En tal caso, la aplicación del «tipo» legal sería imposible y quedaría justificada la instrumentación de una CPP, incorporando en un solo contrato todas las prestaciones. En estos casos, no obstante, parece razonable pensar, como escribe Villar Ezcurra, que a la prestación básica de «construcción y explotación de la obra o instalación de que se trate (una autovía, una red ferroviaria, una presa o una planta de desalación de agua) deberíamos aplicarle como régimen jurídico básico el de la concesión de obra y a las prestaciones subsiguientes (el abastecimiento de agua, el transporte ferroviario o el suministro de energía eléctrica) el régimen jurídico que corresponda» [5].

Estos contratos CPP plantean, así, toda la problemática de los contratos mixtos, para los cuales el antiguo artículo 6 de la LCAP y el actual artículo 12 de la LCSP consagraban el criterio siguiente: *«Cuando un contrato administrativo contenga prestaciones correspondientes a otro u otros administrativos de distinta clase se atenderá, para su calificación y aplicación de las normas que lo regulen, al carácter de la prestación que tenga más importancia desde el punto de vista económico»* (artículo 6); la nueva Ley reitera el criterio, pero referido sólo a «las normas que deban observarse *en su adjudicación»*, lo que deja fuera el régimen jurídico de fondo del contrato. El criterio parece claro, pero no lo es tanto, pues por definición, si el contrato consiste en la construcción y posterior explotación de una obra o servicio, ambas actividades tienen que ser económicamente equivalentes: son la prestación y contraprestación, cuyo valor tenderá a igualarse.

La nueva ley española de contratos ha querido huir de la figura del contrato mixto y diferenciar claramente la concesión de obra de la concesión de servicio (de gestión de un servicio público), recuperando la primera en cuanto tal, pues casi había desaparecido de nuestro ordenamiento, absorbida por la de servicio público. Recordemos que las leyes sectoriales —de agua, de transporte, de gas y electricidad, de autopistas o de telecomunicaciones— habían diseñado una concesión mixta de obra y servicio público, que formaban siempre una *unidad funcional,* de proyecto y actividad, que hacía desaparecer la obra como tal (era sólo el presupuesto necesario del servicio). Frente a esa configuración legal, que preside todavía nuestra legislación local, la nueva LCSP ha querido dejar clara la diferencia entre las concesiones de obra y las de servicio público, abriendo la posibilidad de romper esa «unidad funcional»; en las primeras se trata de explotar las obras *que sean necesarias* para la prestación de un servicio público, pero esa explotación no constituye la prestación directa del servicio. Este aspecto es claramente apreciable en el caso de los ferrocarriles: una cosa es la construcción y explotación de la infraestructura (cobrando a los prestadores del transporte mediante peajes) y otra muy diferente la prestación, al público del propio servicio de transporte mediante los equipos móviles. Así

---

[5] *Vid.* J. L. VILLAR EZCURRA, *El marco contractual adecuado para las concesiones de servicios urbanos de metro, metro ligero, tranvías y trenes ligeros,* en «Revista de Obras Públicas» (ROP), n.º 3, páginas 57-66.

pues, estaremos en presencia de una concesión de obra (no de servicio) cuando se construya una infraestructura ferroviaria (o de otro tipo) y no se preste el posterior servicio de transporte (o del tipo que sea) sino que el concesionario se limite a explotar la infraestructura cobrando peajes a quienes presten el servicio. De idéntica forma sucede cuando se construye *un hospital, una residencia, un puerto, una cárcel* o cualquier otra infraestructura.

La diferencia legal entre ambos contratos se expresa en la nueva ley del siguiente modo:

a) Concesión de obra: artículo 7.1:

> «La concesión de obras públicas es un contrato que tiene por objeto *la realización por el concesionario de algunas de las prestaciones a que se refiere el artículo 6* (es decir, la construcción de obras) incluidas las de restauración y reparación de construcciones existentes, así como la conservación y mantenimiento de los elementos construidos, y en el que *la contraprestación a favor de aquél consiste, o bien únicamente en el derecho a explotar la obra, o bien en dicho derecho acompañado del de percibir un precio»*.

b) Concesión de servicios: artículo 8.1:

> «El contrato de gestión de servicios públicos es aquél en cuya virtud una Administración Pública encomienda a una persona, natural o jurídica, *la gestión de un servicio cuya prestación ha sido asumida como propia de su competencia por la Administración encomendante»*.

El texto marca la diferencia entre ambas concesiones: en la primera (concesión de obra) el concesionario no presta servicio «al público» directamente, sino que explotan la obra cobrando un peaje al prestador de aquél, que actúa como intermediario entre la obra y el servicio. Este intermediario puede ser otro concesionario (ésta vez de servicio sin obra) o simplemente la Administración que asume directamente la prestación, en el supuesto de actividades públicas o sociales (prisiones, universidades, hospitales).

Ciertamente, la ley admite que el segundo tipo concesional —la concesión de servicio— lleve consigo la realización de obra previa. Así se desprende de los artículos 254 y 255 de la LCSP, lo que constituye un resto o herencia de la vieja ley en la nueva. El problema puede surgir a la hora de determinar si en estos casos nos encontramos ante un contrato único, en el que el servicio absorbe a la obra y se aplica exclusivamente el régimen jurídico de éste (es decir, del contrato de gestión de servicios) o si por el contrario estamos ante un contrato mixto, en el que se fusionan dos prestaciones, pero aplicando a cada una de ellas su régimen propio y específico, como parece desprenderse de los artículos 25.2 y 99.2 de la LCSP que dicen así:

«Artículo 25.2.

Sólo podrán fusionarse prestaciones correspondientes a diferentes contratos en un contrato mixto cuando esas prestaciones se encuentren directamente vinculadas entre sí y mantengan relaciones de complementariedad que exijan su consideración y tratamiento como una unidad funcional dirigida a la satisfacción de una determinada necesidad a la consecución de un fin institucional propio del ente, organismo o entidad contratante».

No caben mixturas artificiales, sólo aquéllas de las que pueda predicarse una «unidad funcional». Pero el artículo 99.2 añade lo siguiente:

«En los pliegos de cláusulas administrativas particulares se incluirán los pactos y condiciones definidores de los derechos y obligaciones de las partes del contrato y las demás menciones requeridas por esta Ley y sus normas de desarrollo. *En el caso de contratos mixtos, se detallará el régimen jurídico aplicable a sus efectos, cumplimiento y extinción, atendiendo a las normas aplicables a las diferentes prestaciones fusionadas en ellos»*.

Es decir, que a cada una de las prestaciones del contrato mixto se le aplicarán las normas que corresponden a ese «tipo contractual» (el contrato de obra o la gestión de servicios), reflejando en los Pliegos la regulación legal correspondiente a cada uno de los contratos que se fusionan.

¿Cuál puede ser entonces el criterio para definir si estamos ante un contrato unitario (con unidad de régimen jurídico) o ante un contrato mixto (con duplicidad de régimen jurídico)?. A mi juicio —siguiendo al Profesor Villar—, un buen criterio sería el de la entidad e importancia de la obra a realizar. Escribe el citado profesor:

«En las concesiones de servicio público con realización de obra ésta no puede consistir en la totalidad de la infraestructura que soporta el servicio público porque en tales casos la regulación de las concesiones de obra pública parece mucho más adecuada (en la medida en que existe una regulación de la fase relativa a la construcción de la obra que no existe en la gestión de servicios públicos). ¿Cómo establecer, entonces, la frontera entre una clase y otra de contratos? A nuestro juicio, y a expensas de un análisis mucho más detenido de la cuestión, sería necesario diferenciar los supuestos en los que la obra a realizar por el concesionario implica toda la infraestructura del servicio de aquellos otros en que hay una infraestructura preexistente que sólo tiene que ser completada por el concesionario (como sucede, muy frecuentemente, en el suministro de agua a poblaciones). En este último caso —cuando el peso económico de la obra a realizar no afecta a toda la infraestructura del servicio— sería aplicable el contrato de gestión de servicios públicos, mientras que en los supuestos como el que ahora nos ocupa, la figura adecuada sería el contrato mixto de concesión de obra pública y de servicio público» [6].

8. Resumen y conclusión. Teoría del «envoltorio»

Era necesario explicar todo lo anterior para volver a plantear la cuestión de si el contrato CPP —que será casi siempre un contrato mixto, con diferentes prestaciones— viene a constituir, en verdad, una nueva figura, un nuevo tipo o modalidad contractual, tal como la ley parece entenderlo o si por el contrario es un puro *«nomen iuris»*, detrás del cual se ocultan otras figuras jurídicas, básicamente la concesión con prestaciones complementarias. Es decir, nada nuevo [7].

La doctrina española, en general, se ha mostrado muy crítica con ese nuevo tipo de contrato, o mejor dicho, con la forma en que la LCSP ha querido configurarlo. Los economistas y analistas financieros —servicios de estudios de los bancos— son más benévolos [8]. En mi opinión, detrás de esta figura hay desde luego un nuevo diseño, valioso, aunque difícil de instrumentar, de política contractual, que se refleja en la descripción antes vista del artículo 11. Pero no hay, en rigor un nuevo «tipo jurídico» sino que el CPP es un «envoltorio» —como lo ha calificado José Luis Villar— en el que caben distintos tipos de contratos. «Nuestro país —escribe— no necesitaba para nada la implantación de los denominados contratos PPP porque esto ya se encontraba reconocido en las formas contractuales existentes en el TRLCAP». Estas formas eran básicamente la concesión, la empresa mixta y el concierto. Todas las características o modalidades de PPP podían englobarse en alguna de esas formas, junto al arrendamiento operativo. ¿Para qué crear una nueva forma, qué es imposible definir, porque en realidad se trata de un mero envoltorio, dentro del cual pueden aparecer distintas figuras con distinto régimen jurídico? Tal es la crítica, sin duda certera, que le formula el Profesor Villar.

---

[6] J. L. Villar Ezcurra, *El marco contractual adecuado para las concesiones de servicios urbanos de Metro, Metro ligero, tranvías y trenes ligeros*, en «Revista de Obras Públicas», n.º 3, 2008, páginas 57-66.

[7] El Profesor Villar Ezcurra se ha mostrado muy crítico con los contratos CPP y también el gran jurista español Felipe Castresana, que lo ha estudiado detenidamente. *Vid.*, del primero su trabajo *El marco contractual adecuado*, cit., páginas 63-66. Del segundo, el libro colectivo sobre el tema editado por Simmons and Simmons, *PPP, Development and Opportunities in Spain*, Chapter 24, páginas 495-524.

[8] *Vid.* entre otros el largo y cuidado trabajo de Adolfo Fuertes Fernández en *Fundamentos de la Colaboración Público-Privada para dotación de infraestructuras y servicios,* REDETI, n.º 29, 2007, páginas 37-125.

Pero ello no nos debe llevar a condenar completamente el intento, que ha venido a abrir un nuevo cauce a proyectos difíciles de encajar, por su complejidad y su dificultad, en los «tipos» tradicionales de contratos, tal como hemos explicado páginas atrás. Ante las dificultades de la Administración para definir —y sobre todo para financiar— grandes proyectos de transformación y mejora de los servicios, de reestructuración territorial o urbana, o de infraestructuras del transporte, esta nueva figura puede suponer una posibilidad abierta para cortar el traje a la medida, lo que explica la utilización del «Diálogo competitivo» para su adjudicación.

Ahora bien, tampoco podemos ignorar el peligro que ello encierra, que es la libertad excesiva que otorga a las Administraciones públicas en su diseño, lo cual se pone de manifiesto con la simple lectura del artículo 120 de la LCSP, en donde se contiene una relación pormenorizada de los aspectos y extremos a prever en sus cláusulas en régimen casi total de libertad de pactos. Al amparo de ésta, pueden regularse en el contrato cualesquiera riesgos y remuneraciones, lo que genera para la Administración unos niveles de incertidumbre poco recomendables.

Estas son, hoy por hoy, las consideraciones que podemos formular desde España a la figura de la *Public Private Partnership.*

CAPÍTULO VI
BIENES PÚBLICOS Y SERVICIOS PÚBLICOS

LECCIÓN 19.ª
EL SERVICIO PÚBLICO COMO ALTERNATIVA *

SUMARIO: 1. PLANTEAMIENTO DEL PROBLEMA: ¿PROPIEDAD O DIRECCIÓN?—2. REVISIÓN DEL PROPIO CONCEPTO Y MEDIDA DE LA EMPRESA PÚBLICA: ¿CABEN EMPRESAS PÚBLICAS EN MANO PRIVADA?—3. MODALIDADES Y TIPOS DE ACTUACIÓN DEL ESTADO.—4. EL CONCEPTO DE SERVICIO PÚBLICO.—5. BASES DEL RÉGIMEN JURÍDICO DEL SERVICIO PÚBLICO. *STATUS* JURÍDICO GENERAL.—6. SERVICIO PÚBLICO (EN GESTIÓN PRIVADA) *VERSUS* EMPRESA PÚBLICA. VENTAJAS E INCONVENIENTES. CONCLUSIÓN.—7. LAS DIFICULTADES DE REGULACIÓN Y CONTROL DE LA EMPRESA PRIVADA: LA EXPERIENCIA HISTÓRICA Y SUS REMEDIOS.

> «No es la propiedad de los medios de producción lo que le conviene al Estado asumir. Si el Estado es capaz de determinar el monto global de recursos destinados a aumentar estos medios y la tasa básica de remuneración de quienes los poseen, habrá realizado todo lo que le corresponde. En cualquier caso, las necesarias medidas de socialización pueden ser introducidas gradualmente y sin ruptura con las tradiciones generales de la sociedad».
>
> John MEYNARD KEYNES: *General Theory of Employment, Interest and Money*, Harcourt Edition, Chicago, 1964, página 378.

1. Planteamiento del problema: ¿propiedad o dirección?

Toda intervención del Estado sobre la vida y el cuerpo social tiene como justificación y está siempre orientada hacia la consecución de determinadas finalidades de interés general. La utilidad pública, el interés público, cuya consecución se encomienda al Estado, es siempre su fin último. Ahora bien, ello se

---

* Artículo publicado en la «Revista Española de Derecho Administrativo» (REDA), Madrid, octubre 1979. Se parafrasea en su título el que Sebastián MARTÍN-RETORTILLO utilizó para un trabajo suyo («La Empresa Pública como alternativa», en *Studia Albornotiana,* 1970, volumen I, páginas 879-905), y me he permitido hacerlo así porque se refleja en él muy bien la tesis que, en contra de lo sugerido por aquel trabajo, se defiende en éste: servicio público *versus* empresa pública, con clara preferencia, a mi juicio, del primero sobre la segunda, si conseguimos dotar a aquél de un estatuto jurídico adecuado. ¡Ah, y aplicarlo!

puede lograr de distintos modos, y ante la Administración se ofrecen un amplio espectro de técnicas de intervención que van desde la pura reglamentación externa por razones de seguridad o salubridad, a la asunción por el Estado —en exclusiva o no— de determinadas actividades como propias, bien declarándolas como reservadas al sector público (y excluyendo de ellas a los particulares), bien concurriendo a ellas mediante la iniciativa empresarial pública, al lado de empresas privadas (artículo 128 de la Constitución).

La primera de estas dos modalidades —asunción en exclusiva por el Estado— se ha operado tradicionalmente entre nosotros a través de la declaración de una actividad como servicio público, con las consecuencias que luego veremos. La segunda ha constituido un proceso relativamente reciente, en que el Estado ha ido progresivamente haciéndose cargo de ciertas producciones de bienes mediante actividades de gestión económica. Debe destacarse que así como en las primeras (actividades de servicio público) el Estado no ha sido siempre el gestor directo, en las segundas ésta corre siempre, por hipótesis, a cargo del Estado. Ejemplo de las primeras son: los transportes, los grandes suministros (agua, gas, electricidad), las comunicaciones (telégrafos o telefónicas), etc.; ejemplo de las segundas, la actividad industrial del Estado en la producción y dación al mercado de acero, papel, carbón, barcos o automóviles.

El advenimiento del Estado-providencia ha llevado consigo el aseguramiento por el Estado de determinadas prestaciones garantizadoras de un mínimo vital a los ciudadanos. Este fin, dice Forsthoff, podía alcanzarse por dos vías, a través del estricto control del Estado sobre las prestaciones efectuadas por empresas privadas, o bien por la creación de empresas pertenecientes a la Administración o colocadas bajo su control [1]; la primera vía fue la escogida a menudo en Europa hasta las grandes nacionalizaciones de los años cuarenta, y es todavía la imperante en los Estados Unidos o Canadá; la segunda se fue progresivamente ampliando e imponiendo en Europa a partir de los años cuarenta del pasado siglo, si bien hemos llegado a un punto en el que se ha iniciado un proceso de signo inverso.

¿Cuáles son los pros y los contras de cada un de estas opciones? Ésta es una gran cuestión que no se puede responder genéricamente, sino en base a los análisis económicos, técnicos y sociales de cada actividad o servicio en concreto, y en función de las posibilidades, aptitud y grado de eficiencia en la Administración de cada país. Sin embargo, sí pueden tratar de hacerse algunas consideraciones que ayuden a valorar exactamente los términos de la compa-

---

[1] FORSTHOFF, Ernst, *Traité de Droit Administratif Allemand,* trad. francesa de la 9.ª edición alemana, Bruxelles, 1969, página 738.

ración. Forsthoff escribió también: «parece absolutamente evidente que el Estado tiene *fatalmente* la necesidad de tener entre sus manos una parte esencial de las instalaciones necesarias para la satisfacción de las necesidades vitales de la población» [2]. Se apunta con ello a la conveniencia, no sólo de asegurar el control y la prestación adecuada a la sociedad de tales bienes o servicios, sino de ostentar la titularidad pública —la propiedad por el Estado— de los medios de producción necesarios para ello. Entiendo que debe ser corregida esta afirmación.

En primer lugar, debe tenerse en cuenta que a medida que se ha ido ampliando el contenido de ese mínimo vital de prestaciones (hoy fácilmente alcanza a vivienda, salud, educación y cultura, alimentación, abastecimientos esenciales, agua, energía, telecomunicaciones, transporte y otros) la pretensión de que el Estado sea el titular de los medios de producción necesarios para satisfacer todos estos objetivos, nos llevaría a un sector público de dimensiones incalculables. En segundo lugar, como ha señalado entre nosotros García Pelayo, «el Estado social no se centra tanto en la titularidad formal de los medios de producción, cuanto en la distribución de lo producido», lo cual no es sino la manifestación en este campo de la distinta relación de dependencia que se produce en nuestros días entre titularidad (propiedad) y gestión (dirección). Ésta es la importante y no aquélla [3]. Finalmente, conviene recordar igualmente la no por repetida menos cierta realidad de la incapacidad administrativa para una eficiente gestión; aun cuando se han hecho en esto considerables progresos (no precisamente en España, que tiene quizás la Administración más poblada y paralizante de la Europa moderna), sigue siendo un hecho indiscutible que la burocracia y el espíritu burocrático que es consustancial a la dirección legalista y formalizada del Estado (necesaria, por lo demás) resulta bastante incompatible con una gestión empresarial eficiente y capaz.

Por lo demás, tampoco tiene ya la propiedad privada esa significación política de discriminación y explotación de unos sobre otros. Porque hoy, la estructura del capitalismo moderno es muy distinta a la de antaño; no tiene mucho sentido seguir pensando en las nacionalizaciones o estatalizaciones como solución «liberadora» de los oprimidos trabajadores. Como certeramente recuerda García Pelayo, siguiendo a Drucker, «a los obreros y empleados les es indiferente que su situación sea consecuencia de la autoridad que da la propiedad privada, de la autoridad públicamente investida o de la *operacional authority.* El conflicto se plantea con "los de arriba", cualquiera que sea la ra-

[2] Ibídem.

[3] García Pelayo, M., *Las transformaciones del Estado contemporáneo,* Alianza Editorial, Madrid, 1977, página 31.

zón por la que estén arriba y en términos de su situación en la empresa y no en términos del *status* jurídico de la empresa. Y, finalmente, la popularización del capital, es decir, la inversión del pequeño ahorro en acciones empresariales, es un dato también a considerar, que altera los términos en que podría plantearse en otro tiempo el problema de la nacionalización» [4].

Así pues, en base a todo ello, y a más de treinta años de experiencia de nacionalizaciones y gestión pública, no muy brillante por lo general, creo que hay que plantearse esa tendencia de los últimos años que ha sido considerada como irremediable («tiene *fatalmente* la necesidad», escribe Forsthoff) y que, sin embargo, no tiene por qué serlo.

El objetivo primario, esencial, reconocido unánimemente, es el control y dirección de aquellas actividades esenciales a la colectividad, de tal forma que éstas se presten en las condiciones económicas y con la extensión adecuadas a ese fin asumido hoy por la legalidad de los Estados modernos: asegurar el mínimo vital a sus ciudadanos. La «propiedad pública» es uno de los modos de asegurar esto, pero no el único. La evolución y la experiencia histórica demuestra la intercambiabilidad, a estos efectos, de las técnicas del servicio público y la empresa pública. Un análisis jurídico de estos dos procedimientos demuestra que el control y dirección de los servicios y de las actividades económicas esenciales para la sociedad, que constituyen hoy objetivo primario y deber irrenunciable de los Estados modernos, puede conseguirse a través de mecanismos de regulación y gestión que no requieren en todo caso la «propiedad pública» de los medios de producción. El estatuto jurídico del servicio público, renovado y modernizado en algunos aspectos, constituye una alternativa válida y en muchos casos preferente al régimen de empresa de propiedad pública [5]. Es preciso distinguir tres elementos cuya titularidad no tiene por

---

[4] En este sentido —escribe el autor— «merece la pena mencionarse que según P. F. DRUCKER los trabajadores de las empresas americanas poseen, a través de sus instituciones de jubilación, por lo menos el 25 por 100 del capital accionario de los Estados Unidos, a lo que hay que añadir un 10 por 100 poseído por otras especies de trabajadores, de donde resulta que los asalariados americanos poseen más de un tercio del capital de su país, cifra que se elevará al 50 por 100 o el 60 por 100 en 1985 a más tardar, y en lo que DRUCKER ve un camino imprevisto e invisible hacia el socialismo, si por éste se entiende "la propiedad de los medios de producción por los trabajadores" (DRUCKER, *The Unseen Revolution. How Pension Fund Socialism Came to America,* New York, 1976, página 1). Por su parte, la Federación Sindical de Alemania Occidental es propietaria de distintas grandes empresas. En consecuencia, en algunos países puede percibirse la tendencia a la formación de algo que podría ser denominado como "complejo obrero-capitalista", pero nada más que en algunos países». Todo ello en GARCÍA PELAYO, ob. cit., página 32, texto y nota.

[5] Dejo a un lado en este momento aquellos campos de empresa pública que responden a objetivos económicos de equilibrio o reestructuración sectorial de la economía, o de promo-

qué coincidir: propiedad, gestión y dirección (control). En la moderna sociedad industrial y urbana —a la luz de los principios de la economía de mercado— corresponde al Estado en algunos sectores el último de ellos, y sólo cuando sea necesario debe asumir los dos primeros. En definitiva, la opción no debe ser nunca una decisión apriorística y dogmática, sino que debe estar en función de factores de muy diverso orden, y entre ellos, fundamentalmente, la capacidad financiera del Estado (sin llevar la presión fiscal a límites intolerables) y la capacidad de gestión de la Administración.

2. Revisión del propio concepto y medida de la empresa pública: ¿caben empresas públicas en mano privada?

Dejando ahora a un lado otros posibles condicionamientos, el problema consiste en decidir si por empresa pública debemos entender solamente aquéllas que están vinculadas al Estado por vía patrimonial *(criterio de la propiedad)* o si también deben considerarse tales aquéllas en las que el Estado interviene *decisivamente* en los procesos de adopción de decisiones y planes empresariales, aun cuando no sea su propietario *(criterio del control).*

El criterio tradicional de calificación ha sido entre nosotros el primero, tanto en la doctrina (*empresas de la Administración,* se decía) como en la legislación, que consideraba tales a aquéllas en las que la Administración ostenta la titularidad de sus acciones en mayor o menor medida [6]. Sin embargo, los más recientes pronunciamientos doctrinales se han mostrado cada vez más partidarios de caracterizar éstas no sólo según el criterio de su propiedad, sino también, y sobre todo, según la medida de la intervención, financiación y control por el Estado, siempre que ésta constituya una verdadera dirección o poder efectivo de la Administración sobre la sociedad. Así, Mendoza Oliván escribió que «este segundo elemento, la dirección, ostenta primacía sobre el primero, la titularidad, en el sentido de que, cualquiera que sea la extensión de la titularidad, basta con que exista, aun mínimamente, si va acompañada del poder de dirección, para que la empresa pueda afirmarse que es pública» [7]. Se afirma

---

ción de la producción, o intervenciones antimonopolistas, a las que no es aplicable el análisis que sigue, porque en ningún caso responden a la filosofía y régimen del servicio público.

[6] Véase, por todos Albiñana García-Quintana, C., *El concepto de empresa pública en las cuentas económicas de 1966,* en «La Empresa Pública en España», IEF, Madrid, 1972, páginas 13 y siguientes. En el mismo sentido, de Miguel García, P., *El intervencionismo y la empresa pública,* IEA, Alcalá de Henares, 1974, páginas 280 y siguientes. Éste también es el criterio afirmado en nuestras Leyes y en las Cuentas de las Administraciones Públicas (1966), Cuentas de las Empresas Públicas (1970) y Cuentas de las Instituciones Financieras Públicas (1977) publicadas por el Ministerio de Hacienda.

[7] «No considero decisivo, añade, ni el dato de la personalidad jurídica de la empresa ni el

con ello el criterio del control, si bien se vincula al presupuesto previo de la propiedad (aunque sea «mínimamente»).

Por su parte, las Cuentas de las Empresas Públicas de 1966, publicadas por el Ministerio de Hacienda en 1970, formulaban alternativamente como elemento diferencial de la empresa pública, uno de estos dos: a) que sean propiedad total o principal de los poderes públicos; b) que estén bajo el efectivo control de los mismos. Y César Albiñana, comentando esta delimitación, escribirá lo siguiente:

> «Este control constituye un elemento definitorio de las empresas públicas distinto del que corresponde a su propiedad...; parece obligado asignar al control un contenido distinto del que deriva de la titularidad dominical (total o mayoritaria) de las respectivas empresas» [8].

Parecía deducirse de su texto que el control podía funcionar como criterio autónomo. Sin embargo, cuando las Cuentas y Albiñana se plantean las modalidades de ese control, se referirán siempre a sociedades en las que existe *también* titularidad (propiedad) aun cuando ésta sea minoritaria [9].

Finalmente, por no alargar más las citas, Pedro Schwartz o Álvaro Muñoz en ocasiones diferentes [10] se refieren también a ambos criterios, señalando Muñoz la habitual concurrencia de los dos aspectos —titularidad y control— en la realidad; y García Echevarría ha puntualizado que «la empresa pública no debe definirse solamente por el criterio de la propiedad, pues éste puede ser incluso secundario, sino más bien por el grado de intervención del sector público en los procesos de configuración de decisiones y planificación empresarial» [11].

---

régimen jurídico (de Derecho público o de Derecho privado) a que ajuste su actuación, ni el mecanismo (ya sea de Derecho privado o de Derecho público), en virtud del cual la titularidad pública comporta la efectiva dirección de la empresa ni, finalmente, el carácter directo o indirecto con que la titularidad y la dirección se ostentan»: MENDOZA, Víctor, *La configuración jurídica de la empresa pública,* XIX Semana de Estudios de Derecho Financiero, Madrid, 1971.

[8] *Loc. cit.* en nota *supra.*

[9] César ALBIÑANA ratifica plenamente esta postura en su estudio *Empresa pública y servicio público,* cit., página 496, «la propiedad pública —dice— ha de estar presente en la empresa pública».

[10] Pedro SCHWARTZ, *La Empresa Pública en España,* «Anales del CEEP», 1978, páginas 2 y 3 («propiedad mayoritaria de los poderes públicos o que está bajo control efectivo de los mismos»). Álvaro MUÑOZ, *El crédito como medio de financiación de la empresa,* en Ciclo de Conferencias sobre «Ordenación Jurídica del Crédito», organizadas por la Dirección General de lo Contencioso, IEF, 1978.

[11] ECHEVARRÍA, Santiago, *Economía Social de Mercado: Papel de la actividad privada y pública,* Madrid, 1978.

Pues bien, entiendo que se puede dar un paso más y preguntarse hasta qué punto ese control puede existir y calificar a una empresa como pública sin titularidad ni propiedad alguna sobre ellas por parte del Estado. La doctrina anglosajona más reciente coincide en afirmar que de los tres criterios posibles de calificación de una empresa como pública (propiedad, financiación y control), los dos últimos son los que cada día cobran más importancia, a la vista de una situación en la que «muchas empresas que teórica y jurídicamente *parecen privadas* son de hecho organizaciones dependientes del Gobierno, de quien reciben, casi en exclusiva, financiación, subsidios, contratos y encargos de los que viven»; y aún más decisivo es el criterio de la directa intervención del Gobierno en la dirección de la empresa, que convierta a ésta en una «empresa pública» cuando alcanza una cierta intensidad [12]. En Alemania, Klaus Vogel se ha planteado claramente la existencia de «empresas públicas en mano privada», refiriéndolas concretamente a una serie de supuestos en los que existe «un vínculo jurídico público, en pro de la satisfacción de necesidades públicas», que obliga al empresario a un deber de prestación, a un deber de explotación en condiciones técnicas y económicas sometidas a vigilancia estatal permanente (cita como ejemplos el gas, la electricidad y los transportes). «Sin embargo —dice—, la recepción y elaboración jurídico-administrativa de estos fenómenos en Alemania se encuentra aún en sus comienzos» [13].

El supuesto en España es claro: las empresas concesionarias de servicios públicos estrictamente tales, como las eléctricas, concesionarias de autopistas, de transportes regulares o de abastecimiento de agua, están mucho más cerca del *status* y funcionamiento del sector público que del sector privado; la Administración ostenta unas facultades de dirección y control que en nada se diferencian de las que ostenta sobre «sus» empresas (naturalmente, salvo el poder de enajenarlas). Se dirá que, con todo, hay un elemento diferencial importante, siempre presente, que es la motivación o no del beneficio. Pero éste es un elemento no siempre diferenciador, porque es hoy opinión común que también la empresa pública debe perseguirlo (aunque sin pretender maximizarlo). Por su parte, obviamente, las empresas de capital privado bajo control estatal tienen un derecho a obtener una rentabilidad normal, que el Estado no puede desconocer, pero tampoco tienen la posibilidad legal de maximizar sus beneficios, y en esto consiste justamente una parte importante del control. En efecto, de acuerdo con el Derecho español, el Estado debe respetar su derecho a ob-

---

[12] Véase sobre el tema MILLER Y FERRARA, *Public and Private Enterprise in the United States: co-existence in an unsteady equilibrium;* en volumen colectivo, FRIEDMAN, W., *Public and Private Enterprise in Mixed Economies,* New York, 1972, páginas 191 y siguientes.

[13] VOGEL, Klaus, *Las empresas públicas en la República Federal Alemana,* cit., página 767.

tener «un normal beneficio industrial», o una «rentabilidad normal», según rezan las expresiones legales, pero no debe permitir un beneficio inmoderado en las empresas de servicios públicos.

Así pues, y en conclusión, la tesis es: si lo definitivo para la calificación funcional de una empresa como «pública» (o como perteneciente al sector público) es el control efectivo del Estado sobre sus decisiones, tan pública resulta una empresa concesionaria de servicios públicos en manos privadas, como una empresa de propiedad pública. Y, por tanto, hay que dar entrada en el concepto y régimen de las empresas públicas a aquéllas que reúnan tal carácter [14].

No se ventila aquí solamente un bizantinismo conceptual. Se trata más bien de afirmar que en la consecución de aquellos objetivos de política económico-social, el Estado no está «fatalmente» llamado a un protagonismo empresarial (como decía Forsthoff), sino que caben otras fórmulas, imaginativas y creadoras, diseñadas sobre el viejo «patrón» del servicio público. Tratar de demostrar estas tesis exige algunas precisiones sobre el concepto y régimen del servicio público, para hacer seguidamente un análisis comparativo entre ventajas e inconvenientes de ambas fórmulas para el cumplimiento de aquellas tareas de prestación social, cuya responsabilidad asumen hoy los Estados modernos.

Para empezar hay que situar el servicio público en el cuadro general de las modalidades de actuación del Estado.

3. Modalidades y tipos de actuación del Estado

Convencionalmente podemos clasificar los siguientes tipos:

a) *Acción reguladora e imperativa:* es ésta una actividad fundamentalmente jurídica, hecha de normas o de actos de imperio que se imponen coactivamente a los ciudadanos, sometiendo su vida y su actividad, fundamentalmente libre, a una serie de limitaciones, de condicionamientos o cargas, necesarias para una ordenada convivencia; esta actividad incluye tanto la acción legislativa como la reglamentaria, con toda su secuela de aplicación limitadora y coactiva, como son las órdenes, autorizaciones, licencias, permisos, prohibiciones, actividad certificante registral, gestión de impuestos, actividades de recaudación, y toda la acción complementaria que éstas llevan consigo. Esta es la actividad clásica y esencial del Estado. A una gran parte de ella se le conoce en el orden administrativo como *actividad de policía.*

---

[14] En contra, expresamente, de MIGUEL GARCÍA, P., ob. cit., página 191.

b) *Acción de fomento,* de estímulo, de presión, desde fuera y de modo no coactivo, sobre las fuerzas sociales, para imprimir un determinado sentido a la actuación de éstas; esta acción se desarrolla por cauces jurídicos naturalmente (siempre el Estado actúa a través del Derecho), pero no tiene fundamentalmente carácter jurídico, sino económico. El Estado actúa mediante estímulos económicos, de modo no coactivo, sobre las fuerzas sociales, para imprimir en ellas un determinado sentido. Ejemplos típicos son las subvenciones, las exenciones fiscales, los créditos, los beneficios de asociación o de concentración, etc. En todas estas actividades el Estado normalmente *no manda sino que ofrece,* y necesita de la colaboración del particular, de la aceptación del particular para que se lleven a cabo.

Tanto en uno como en otro caso, de estos dos primeros tipos de actividad, el Estado se queda fuera de la actividad, el Estado regula esa actividad o influye sobre esa actividad, pero manteniéndose fuera de ella.

c) *Acción de prestación* positiva de bienes o servicios; estas actividades se configuran como actividades de las cuales es titular la Administración, esto es, que están asumidas por ésta como propias y son prestadas al público bien directamente, bien por delegación (concesión, arrendamiento, concierto o cualquier otra forma de gestión del servicio). Tampoco estas actividades se imponen coactivamente (al menos en teoría), sino que se ofrecen, pero la diferencia con las anteriores, consiste en que la Administración *actúa aquí como protagonista* y responsable de la acción, como titular de la misma (y no sólo como apoyo a actividades de terceros). Son actividades públicas en sentido propio (aun cuando no supongan ejercicio de autoridad) en el sentido de que la Administración aparece como su *titular en exclusiva,* y sólo mediante concesión pueden los particulares actuar en estos campos. A este grupo pertenecen todos los grandes servicios públicos (transporte, grandes suministros, comunicaciones, etc.) y la mayoría de los servicios sociales (seguridad social, sanidad y educación en una gran medida, etc.).

d) *Acción de producción* de bienes; son actividades en que el Estado actúa como un agente más del mercado *sin reserva de titularidad,* en la producción o comercialización de bienes. Estas actividades integran lo que la doctrina jurídico-administrativa ha denominado «gestión económica», realizada normalmente en régimen jurídico-privado y bajo formas jurídico-privadas. La diferencia fundamental con las actividades de prestación es que aquí no hay en rigor prestación de un servicio *al público,* sino «dación de bienes al mercado» (Villar Palasí) con un objetivo de ordenación o reestructuración económica global.

e) *Acción de planificación y programación;* en este tipo o modalidad de actuación el Estado pretende prever, conformar y racionalizar de modo conjunto y sistemático, tanto la acción del Estado como la de la iniciativa privada (con diferente grado de vinculación en cada caso), con el fin de atender en cada sector (educación, vivienda, transportes, infraestructura urbana, etc.) a las necesidades previsibles a plazo medio. El plan es un intento sistemático de conformación social que integra de algún modo las modalidades anteriores.

Pues bien, las actividades de prestación y las actividades de producción son las que han dado lugar a empresas públicas. Las primeras (actividades de prestación) son las clasificadas jurídicamente en algunos supuestos como «servicios públicos». Veamos qué significa esto.

4. El concepto de servicio público

El concepto de servicio público es un concepto equívoco, polivalente. Es un invento de principios del siglo XIX, elaborado doctrinalmente por el Derecho francés que lo ha venido ampliando progresivamente hasta dar lugar a un cajón de sastre en el que cabe —como dijo Vallina— lo que en cada momento quiere el Conseil d'État. Nuestra doctrina ha bebido abundantemente de la francesa, habiendo llegado con ello a un parecido grado de confusión. Con objeto de llegar aquí a conclusiones más o menos realistas (y nada polémicas) lo que se ha hecho es acudir a nuestro Ordenamiento jurídico vigente, a la vista del cual puede afirmarse que no existe un concepto legal unitario de «servicio público». En nuestras leyes vigentes hay fundamentalmente cuatro enfoques o modos de utilizar esta expresión:

a) En primer lugar, *en la legislación financiera:* Es servicio público según esta perspectiva, cualquier actividad estatal que implique gastos públicos; este concepto de servicio público (un concepto orgánico) se encuentra, por ejemplo, en la Ley de Administración y Contabilidad de la Hacienda Pública (artículo 39) o en la Ley de Entidades Estatales Autónomas (artículos 1.°, 2.° y 3.°), o en las Leyes de Tasas y Precios Públicos, en las Leyes de Presupuestos o en el Decreto de Ordenación de Pagos. No es éste un sentido válido para calificar la «actividad».

b) Una segunda acepción se contiene *en la legislación general, civil, penal, mercantil o procesal;* el servicio público aparece concebido, en el Código Civil, o en los artículos 222 y 249 del Código Penal, como actividades o situaciones que merecen una especial protección (para «la prestación de todo género de servicios públicos o de reconocida e inaplazable necesidad» dice el C.P., entre cuyas actividades cita «los caminos de hierro, las líneas telegráficas o telefónicas, las comunicaciones o la correspondencia»; habla en otro momento de los «servicios eléctricos o de telecomunicaciones»). Para todas estas actividades se establece una protección especial. Asimismo, en el Código de Comercio, al regular las «compañías de ferrocarriles y demás obras públicas» (artículos 184 y siguientes) se establecen reglas especiales para la constitución y funcionamiento de éstas, con medidas de especial protección (por ejemplo, prohibición de ejecuciones contra los bienes que formen parte del camino o de la obra: artículo 190). Se prevé, igualmente —artículos 930 a 941—, un régimen especial de quiebras y suspensiones de pagos para todas «las compañías y empresas de ferrocarriles y demás obras de servicio público general». Es ésta, como se ve, una *concepción sustantiva y material del servicio público,* completamente distinta a la del apartado anterior.

c) En tercer lugar, en la *legislación administrativa general* (Ley de Jurisdicción Contenciosa, Ley de Contratos del Estado, Ley de Expropiación Forzosa, Ley de Régimen Jurídico de la Administración del Estado, etc.) el concepto es ambivalente: unas veces se alude al sentido orgánico-financiero y otras veces al sentido objetivo-funcional. En muchas de esas expresiones legales [15] el término servicio público es un *«modo de decir», expresándose con él cualquier actividad administrativa* que suponga el ejercicio de competencias específicas para la consecución de los fines peculiares que la Administración tiene hoy confiados. En la legislación de Contratos del Estado (artículos 197 y 198 RCE) se alude a dos notas interesantes para la calificación de una actividad como servicio público: primera, la declaración de la asunción de tal actividad, de tal servicio, como propio del Estado; segunda, el carácter, el contenido económico, de aquellos servicios que puedan ser contratados, que no impliquen el ejercicio de poderes soberanos. Finalmente, el artículo 199 recoge también dos notas que han sido tradicionales en nuestro Derecho: la no concesión de exclusiva (prohibición de monopolio de hecho), salvo ley especial, y el carácter temporal, no indefinido, que revisten siempre las concesiones de servicio público. Veremos estas notas con detalle más adelante.

d) Finalmente, *la legislación sectorial,* esto es, la legislación reguladora de los distintos sectores de actividad (transportes, abastecimientos, comunicaciones, enseñanza, energía, etc.), sectores todos ellos en los que se ha materializado la construcción de servicios públicos concretos (ferrocarriles; transportes por carretera; abastecimientos de agua, gas, electricidad; teléfonos; autopistas). La legislación especial de estas actividades contiene en muchos casos una expresa declaración de la misma como servicio público y establece un régimen jurídico de intervención y control que es típico de los servicios públicos y que veremos más adelante [16].

---

[15] Por ejemplo, artículo 3 LJC, artículo 40 LRJ, artículo 121 LEF, artículo 4 LCE, etc.

[16] Junto a estas declaraciones específicas y permanentes ha habido en algunas ocasiones

En conclusión, puede afirmarse que hay fundamentalmente *dos sentidos* de esta expresión: un sentido *orgánico* (a él se alude cuando se habla de «los servicios», de «las necesidades del servicio», de «los objetos que no sean de servicio público», etc.); en este sentido, se identifica con el Estado, sus organismos y entidades, sus unidades administrativas, *el sujeto que actúa,* cualquiera que sea su actuación. En otro sentido, el servicio público se refiere a un *conjunto de actividades* que reúnen unas características singulares que las hace especialmente dignas de protección, regulación y dirección, cualquiera que sea el sujeto que las preste.

Es este segundo sentido el que aquí nos interesa (el primero viene simplemente a identificar servicio público y Administración pública en sentido subjetivo); y las notas o características tipificadotas de dichas actividades, a la vista de lo dicho hasta aquí, podemos resumirlas así: primera, se trata de una actividad *estatal,* esto es, asumida en su titularidad por el Estado; segunda, se trata de una actividad *destinada al público,* a la utilidad de los ciudadanos; tercera, se trata de una actividad de *reconocida necesidad,* indispensable para la vida social (lo cual es distinto a decir que sea actividad necesaria para la vida del Estado; para la vida del Estado no es necesaria), y cuarta, se trata de una actividad cuya gestión *no supone el ejercicio de poderes soberanos.*

Veamos ahora cuáles son las bases de régimen jurídico de estas actividades, y en qué medida es éste un modelo apto para tareas de asistencia vital.

5. Bases del régimen jurídico del servicio público. *Status* jurídico general

No se trata de exponer aquí polémicas doctrinales, sino de recoger simplemente las conclusiones a las que cabe llegar, a la vista de nuestro Ordenamiento jurídico, de nuestra constante jurisprudencia y de las afirmaciones, prácticamente unánimes, de la mejor doctrina española hasta el momento.

Es de advertir que esta construcción jurídica del servicio público ha sido realizada en España sobre el supuesto y la legislación de los ferrocarriles, de donde se ha extendido después a otros sectores. Pero hoy puede afirmarse sin lugar a dudas la existencia de un régimen jurídico básico común a todas aque-

---

una utilización puramente táctica, coyuntural del concepto de servicio público, que ha sido utilizado para conseguir finalidades concretas (prohibir la inversión extranjera, ordenar el cultivo de un producto determinado, asegurar la recogida de las cosechas, prohibir la huelga, etc.); este manejo táctico del concepto no tiene interés a efectos de construcción dogmática o de integración de laguna legal. Véase sobre el tema mi Prelección «Concepto de servicio público...», en *Programa de Derecho Administrativo,* 3.ª ed., páginas 34 y 35.

llas actividades calificadas legalmente como tal, que hasta hace poco eran algunas como las siguientes: los transportes regulares, terrestres, marítimos y aéreos, tanto urbanos como interurbanos; las comunicaciones telegráficas y telefónicas; los grandes suministros de agua, gas y electricidad; las autopistas y carreteras de peaje; distribución y suministro de carburantes; las empresas de radio y televisión, parkings públicos, y otros muchos en el ámbito municipal (limpieza y recogida de basuras, mataderos, taxis, etc.). Pues bien, veamos algunas de sus líneas maestras que particularmente nos interesan.

1) Se califican técnicamente con «servicios públicos» un conjunto de actividades que, a la vista de la evolución y circunstancias de la vida de la sociedad, han devenido *indispensables y esenciales para la comunidad,* de tal manera que ésta se apoya necesariamente en ellos para su supervivencia y funcionamiento como tal. La determinación de cuáles sean en concreto estas actividades es una *cuestión histórica y contingente,* pero en cualquier caso, la apreciación de cuando una necesidad se ha colectivizado y constituye una «necesidad pública indispensable», corresponde al Estado. Esta declaración formal de servicio público, por sus transcendentales efectos (que ya veremos), debe ser adoptada *mediante Ley formal* (del Parlamento), que declare *servicio público* un sector de actividad determinado (artículo 128 de la Constitución de 1978).

2) Toda declaración de servicio público significa que tal actividad queda desde ese momento incorporada al quehacer del Estado y excluida de la esfera de acción libre de los particulares. Es lo que se ha llamado *exclusividad regalística o titularidad pública* sobre la actividad en que el servicio público consiste. Por su particular vinculación al interés público (al bien de la colectividad) se entenderán tales sectores como reservados, encomendados, en principio, a los poderes públicos, que ejercerán sobre ellos una dirección unitaria y exclusiva. Nótese que tales actividades no eran, en principio, estatales (no son aquéllas en que se encarna la soberanía: defensa, justicia, hacienda, etc.), sino otras de contenido económico que originariamente no suponen ejercicio coactivo de autoridad, sino actividades de prestación de bienestar social. Son, finalmente, sectores de actividad con una *vocación natural al monopolio,* y que se prestan de hecho (aun cuando en teoría se diga lo contrario) en régimen de monopolio. Justamente porque en ellas no hay «mercado», el Estado ejercerá sobre ellas un severo control.

Los preceptos de nuestro ordenamiento en que esta idea central de la configuración jurídica del servicio público se manifiesta son muchos. Citemos, entre otros, los siguientes:

— Artículo 197 RCE: «antes de proceder a la contratación de la gestión de un servicio público deberá hallarse promulgado el régimen jurídico básico del mismo, que atribuya las competencias administrativas» que determine el alcance de las prestaciones a favor de los administrados y que *declare expresamente que la actividad de que se trata queda asumida por el Estado* como propia del mismo» (artículo 197).

— Artículo 298 RCE: «el Estado podrá gestionar indirectamente, mediante contrato, todos los servicios de su competencia siempre que tengan un *contenido económico* que los haga susceptibles de exploración por empresarios particulares mientras *no impliquen el ejercicio de poderes soberanos».*

En el mismo sentido el artículo 4 Reglamento de Bienes de las Corporaciones Locales concibe el «servicio público» como aquellas actividades o funciones *cuya titularidad corresponde al Municipio o a la Provincia.*

— Artículo 126.1 RSCL: «en la ordenación jurídica de la concesión se tendrá como principio básico que el servicio concedido *seguirá ostentando* en todo momento *la calificación de servicio público de la Corporación Local»,* queriendo significar con ello que no estamos aquí ante una empresa privada sometida por su importancia para el interés público a un intenso control, sino algo más.

— Artículo 3 LA: «el servicio prestado por el concesionario constituye una *actividad propia del Estado,* que aquel gestiona en su nombre y temporalmente bajo la inspección y vigilancia de la Administración» [17].

Así ha sido declarado también, reiteradamente, por la jurisprudencia. Entre muchas, recordemos aquí algunas sentencias:

— Que «la concesión es resolución de la Administración, por lo que ésta unilateralmente otorga a una empresa individual o colectiva la explotación... o la realización de un servicio de sus *propios fines»* (S. de 20 de junio de 1951). En el mismo sentido, Sentencia de 19 de noviembre de 1956: «que el servicio público supone una atención de la Administración hacia el interés público en beneficio de los administrados, y si bien dicha Administración *asume la titularidad de la actividad* en su conjunto, es indudable que en gran número de casos..., tal titularidad la desplaza a favor de personas individuales o jurídicas. *Generalmente por razones de tipo económico...»* (S. de 26 de octubre de 1967).

El Tribunal supremo se ha referido alguna vez a lo que constituye «la médula misma del servicio público que es esa nota tan singular, tan definitiva, tan distinta, tan genuinamente propia de aquél que es la declaración de necesidad y conveniencia pública y el *derecho excluyente en su prestación»* (S. de 11 de octubre de 1968).

---

[17] Ley de Autopistas de 10 de mayo de 1972.

3) La tercera afirmación fundamental es que, una vez declarados servicios públicos, *solamente previa concesión* queda abierto tal campo de actuación a los particulares, los cuales —concesionarios— se convierten así en gestores de una actividad originaria y primariamente estatal (esto es, la titularidad sobre la misma sigue conservándola el Estado). La *titularidad estatal* del servicio público y la necesidad de concesión se refrenda legislativamente desde la primera Ley de Ferrocarriles de 1855, al afirmar en su artículo 6.º: «Los particulares o Compañías no podrán construir línea alguna, bien sea de servicio general, bien sea de servicio particular, si no han obtenido *previamente la concesión* de ella». Esta declaración se complementaba en el artículo 40 (54 de la Ley de 1877), en el que se consagraba la discrecionalidad administrativa para otorgarlo o no en concesión, al afirmar: «la explotación de los ferrocarriles del Estado se hará *por el Gobierno o por Empresas* que contraten este servicio en pública subasta *según sea más conveniente a los intereses públicos»*. Y todo ello se completaba con la libre facultad de la Administración, reconocida desde el primer momento, de rescatar el servicio a voluntad, pues como escribirá Costa, «se otorgan siempre *a carta de gracia»* [18], facultad que ha sido declarada constantemente por la jurisprudencia (S. de 2 de marzo de 1904, 14 de marzo de 1921 y 5 de marzo de 1943).

Nuestro Tribunal Supremo afirmará que:

> «El otorgar la construcción y explotación de los ferrocarriles no fue sino una *subrogación* lo que la Administración realizó al cesionario para que éste, por ella, realizase el bien común» (S. de 15 de noviembre de 1956).

Y más adelante define así la concesión:

> «Por ella, la Administración transfiere o cede al *concesionario una esfera de actuación originariamente administrativa,* sin que en ninguno de ambos casos (dominio o servicio público) lleguen a transferirse totalmente las facultades de la Administración, de tal modo que ésta mantiene sobre el dominio y el servicio públicos concedidos, *que siguen siendo públicos, su propia titularidad constitutiva e inderogable»* (S. de 19 de noviembre de 1956).

De ahí que el concesionario ostente por ello, como delegado de la Administración, determinadas prerrogativas típicamente públicas; entre otros ejemplos, podrían citarse el artículo 29 de la Ley de Autopistas, en el que se establece que, en ausencia de la Guardia Civil, «el personal encargado de la vigilancia de la autopista tendrá carácter de autoridad y podrá adoptar las disposiciones necesarias en orden a la regulación del tráfico con el carácter de

---

[18] COSTA, J., *Los Tranvías y los Ómnibus,* RGLJ, tomo LXI, página 215.

mandato, formulando, en su caso, las denuncias procedentes conforme al régimen establecido en el Código de la Circulación». Así lo confirmaban también los artículos 203 RCE y 130 RSCL.

— Artículo 203: «en la concesión administrativa de servicios podrá delegar el órgano de la Administración facultades de policía en el empresario».

— Artículo 130: «Si la Corporación otorgase al concesionario la utilización de la vía de apremio... determinará si la substanciación del procedimiento ejecutivo ha de estar a cargo de los agentes ejecutivos de la Corporación o si comprende la posibilidad de que el concesionario proponga agentes ejecutivos particulares».

Entre los privilegios o prerrogativas clásicos, de que disfruta, deben citarse, además, el derecho de ocupación del dominio público necesario para el establecimiento y prestación del servicio (así, artículos 94 LOP, 31 LF, RSCL, 128.3.3.º, etc.), el beneficio de la expropiación forzosa y la imposición de servidumbres en su favor, e incluso, según el citado artículo 128, el desahucio administrativo.

Finalmente, debe destacarse en torno a este punto que la apreciación de si tal actividad debe o no ser llevada a cabo en régimen de concesión (o debe asumirse en gestión directa) corresponde exclusivamente a la Administración, es siempre discrecional (por ello, también toda concesión es discrecional), y debe ser llevada a cabo por un *procedimiento formal* en el que se haga constar la declaración de necesidad y se provea a su satisfacción, directamente o por *concesionario interpuesto.*

4) Cuarto principio: la dirección unitaria que toda actividad declarada servicio público requiere se consigue conservando el Estado, cuando tal actividad es concedida, unos *poderes internos* de dirección, modalización y control sobre las formas y medios de llevar a cabo la prestación y aun sobre la propia organización misma que la realiza; esto es, la Administración sigue siendo titular y por ello sigue teniendo *la dirección y responsabilidad* de la prestación, aun cuando unas veces ésta sea llevada a cabo por organización propia y otras por delegación o concesionario interpuesto; de ahí que conserve el poder de ordenar, de alterar unilateralmente las condiciones de prestación. La postura del concesionario —escribe Albi— «es de completa subordinación: ejerce funciones delegadas (artículo 126.3) y en el desarrollo del servicio recibe órdenes de obligado cumplimiento (artículos 127.1.2.º; 128.1.1.º y 3.º, y 133.1). En la concesión lo esencial no es el concesionario ni los intereses del mismo; éstos quedan en situación secundaria; el servicio es lo único fundamental; la concesión es siempre un servicio público de la Corporación, no del concesionario

(artículo 126.1, del Reglamento). El único derecho del concesionario se traduce en la posibilidad de obtener una indemnización» [19]. Entre otras muchas consecuencias esto entraña la obligación de adaptar el servicio a los progresos técnicos que sean indicados [20]. Esta potestad de modalización y control sobre el servicio se halla ampliamente reconocida en el Reglamento de Servicios de las Corporaciones Locales, como hemos visto, pero también en la Ley y Reglamento de Contratos del Estado (artículos 200, 221, etc.), en la legislación sectorial de transportes (Ley y Reglamento de Transportes mecánicos por carretera de 1947 y 1949), gas (Reglamento y 1973), electricidad (Reglamento de Verificaciones de 1954), autopistas (Ley de 1973), etc.

Nuestro Consejo de Estado, en su Dictamen núm. 6.683, de 14 de noviembre de 1950, afirmará que:

> «Por negocio de concesión la Administración transfiere a un particular una esfera de actuación en cualquiera de estos órdenes, pero en todo caso esta transferencia es parcial, comprende una tasa limitada de facultades y en modo alguno una propiedad plena, pues dominio público y servicio público siguen siendo tales tras la concesión y, por ende, referibles a la Administración, que... por el hecho simple de esta titularidad constante e inderogable, *mantiene en la situación facultades de imperio»*.

Entre otras facultades de imperio destaca, por su trascendencia para el concesionario, *la potestad tarifaria*. La justificación de esta potestad tarifaria unilateral se ha buscado por autores en la protección del usuario; en la necesidad de regular y limitar los precios de los monopolios, que colocan al gestor del servicio en una posición de superioridad; en la contrapartida de las subvenciones, beneficios y ayudas que el Estado otorga a los concesionarios de servicios públicos, y en otras cuantas razones más, que explican desde distintos ángulos esta situación. La realidad fundamental y radical que justifica esta potestad tarifaria es sencillamente ésta: *la titularidad de la Administración sobre el servicio,* que conserva siempre, aunque lo haya concedido, y que conlleva un amplísimo poder de reglamentación del mismo («los poderes de policía necesarios para asegurar la buena marcha del servicio», de que habla el artículo 65 LCE), del que la potestad tarifaria es una parte.

La jurisprudencia ha reafirmado reiteradamente estos poderes. Entre otros testimonios puede ser citado aquí el contenido de la Sentencia de 21 de febrero de 1969 (Az. 544), en los siguientes términos:

---

[19] ALBI, F., *Tratado de los Modos de Gestión de las Corporaciones Locales,* Madrid, 1960, página 536.

[20] Véase MEILÁN, J. L., *La cláusula de progreso de los servicios públicos,* IEA, 1968.

«La concesión implica sustancialmente una transferencia de facultades de la Administración a un particular, pero tal transferencia es por naturaleza limitada; el servicio público sigue siendo tal y referible por consiguiente a la Administración que mantiene en él facultades de imperio, por lo que toda concesión implica un doble carácter; es, a la vez, un derecho que su titular puede ejercitar en su propio interés particular, y una fundación que se le confía para realizar una obra o prestar un servicio de interés general. La Administración, pues, puede variar las condiciones concesionales salvando el interés del concesionario mediante el restablecimiento de un nuevo equilibrio financiero, pues la teoría de la concesión la presiden dos ideas: la primera, que aunque sea concedido el servicio, seguirá siendo un servicio público, por lo que la actividad de la Empresa concesionaria se halla sometida a la Administración Pública y a normas especiales emanadas de la misma; la segunda, es que los concesionarios no son en realidad titulares de un derecho, sino simplemente beneficiarios de un procedimiento legal para que puedan instalarse o desarrollarse determinadas actividades que los intereses generales requieren, siendo a estos intereses a los que en realidad se trata de proteger por encima de cualquier interés privado en los particulares a quienes se les encomienda la gestión. En consecuencia, la Administración siempre retiene íntegramente el ejercicio de sus potestades; de ahí que puedan enunciarse como leyes que presiden a toda concesión, las de la mutabilidad, la de la continuidad o regularidad y la de la igualdad. Por virtud de la primera, la Administración podrá disponer, como podría hacerlo si gestionase directamente el servicio, las modificaciones que aconseje el interés público; por la segunda, la empresa que tenga a su cargo un servicio público, no puede suspender ni reducir la prestación sin el consentimiento de la Administración; por la tercera, de las leyes o principios enunciados todos los usuarios son considerados iguales para el disfrute de la prestación del servicio público».

5) La quinta nota esencial al servicio público es la necesaria *continuidad y regularidad en su prestación*. Justamente como consecuencia de ese carácter imprescindible para la vida social, que es propio de las actividades de servicio público, se deriva esta característica típica de los servicios públicos, causa *determinante de muchas de sus peculiaridades de régimen jurídico.* Entre otras, citemos ahora el régimen de protección especial de sus bienes *afectos* con múltiples manifestaciones [21], la prohibición o especial regulación de sus huelgas (que se han manifestado en toda su normativa especial en días pasados), la especial protección penal (artículo 222 del Código) y de la Ley de Orden Público [ar-

---

[21] Véase sobre el tema ampliamente ARIÑO ORTIZ, *La afectación de bienes al servicio público,* Madrid, 1972, que se contiene en la lección siguiente.

tículo 2.ºb)]; un régimen especial de *quiebras y suspensiones de pagos* (Ley de 12 de noviembre de 1869, Código de Comercio, artículos 930 y siguientes y legislación complementaria), así como el régimen de intervención o incautación temporal de la Compañía cuando ésta atraviese por una situación de incapacidad para prestar el servicio en las condiciones mínimamente exigibles, tal como ha ocurrido recientemente en el Metropolitano de Madrid.

Todo ello significa que aquellas empresas que tengan encomendada la gestión de un servicio público, no pueden suspender su actividad, ni reducirla, ni alterar el plan de prestación establecido, sin el consentimiento de la autoridad administrativa. Y ello, aun en el supuesto de que se produzcan circunstancias sobrevenidas que hagan aquélla más difícil o más onerosa. El RSCL expresamente consigna esta obligación en su artículo 128.1, con las siguientes palabras:

> «Prestar el servicio de modo dispuesto en la concesión y ordenado posteriormente por la Corporación concedente incluso en el caso de que circunstancias sobrevenidas e imprevisibles ocasionaren una subversión en la economía de la concesión, y sin más interrupciones que las que se habrían producido en el supuesto de gestión directa municipal o provincial».

La referencias en nuestra legislación de servicios públicos a este principio son abundantes: Ley de Obras Públicas, artículo 87; Ley de Ferrocarriles, artículo 53; Código de Comercio, artículo 931; Ley de Quiebras y Suspensiones de Pagos de Ferrocarriles, 12 de noviembre de 1869; artículo 3.º y, en general, en toda normativa sobre caducidad de concesiones [22].

6) Como sexta nota esencial, lógica y necesaria consecuencia del planteamiento consagrado en los anteriores, debe aludirse a la *responsabilidad*. Se ha dicho, con acierto, que si el servicio público constituye una actividad cuya titularidad y dirección asume *la Administración, ésta debe asumir también su responsabilidad*. Tanto respecto al concesionario, que aparece en todo momento como un gestor subordinado, como respecto a terceros. En cuanto al primer aspecto, su responsabilidad (contractual) se manifiesta en la *obligación de asegurar en todo momento el equilibrio económico de la concesión,* principio unánimemente reconocido hoy por la legislación, jurisprudencia y doctrina de nuestro país. Pero otro tanto ocurre respecto de la responsabilidad (extracontractual) por daños a terceros producidos por la gestión del servicio. Los pliegos de condiciones de corte clásico solían contener una cláusula en la que decía:

---

22 Puede verse sobre el tema SALA ARQUER, J. Miguel, *El principio de continuidad de los servicios públicos. Sus orígenes en Derecho español,* Alcalá de Henares, 1977.

> «El concesionario será responsable de todos los daños, averías y perjuicios que se causen a las personas y a las cosas durante la construcción y explotación del servicio».

Sin embargo, hoy, a la vista —entre otros— de los artículos 121.2 LEF, 72 LCE, 19 Ley de Autopistas y 40 LRJ, es preciso llegar a la conclusión contraria, y afirmar la *responsabilidad solidaria de la Administración,* y aún exclusiva en determinados casos; que no es preciso ahora enumerar. Y es que, en definitiva, el servicio es «actividad pública, con todas sus consecuencias» [23]. Todo ello ha venido a alterar profundamente la significación económica de la concesión: inicialmente quiso ser un desplazamiento del riesgo y la responsabilidad sobre la empresa; hoy ambos han sido asumidos, compartidos, por el Estado. Con lo que viene a difuminarse una de las diferencias fundamentales tradicionalmente afirmadas entre servicio público y empresa pública: el régimen de financiación [24]. El servicio público industrial o comercial —como la empresa propiedad del Estado— se financia por precios, y su déficit (cuando aquéllos con «políticos») los asume (o al menos, los comparte) la Administración, tanto si el servicio está integrado como si está concedido.

7) Finalmente, digamos, para completar el cuadro, que estas actividades se encuentran sometidas a una rigurosa reglamentación en multitud de aspectos, a través de los cuales se trata de asegurar la vinculación de las mismas a los intereses colectivos, al interés público, al que se hallan especialísimamente afectos. Tal, por ejemplo, un *régimen especial de inversiones extranjeras,* excluidas desde 1921 por encima de un cierto porcentaje, y actualmente por el artículo 2.º del Decreto-ley de 27 de julio de 1959; un régimen *especial de incompatibilidades* de autoridades y funcionarios, según Decreto-ley de 13 de mayo de 1955; un *régimen especial de movilización o militarización* de sus empleados y trabajadores (Ley 50/1969 y Decreto-ley de 22 de mayo de 1975). Y como colofón y resumen de esta situación debe recordarse la potestad general de la Administración para intervenir, sin previa habilitación por Ley formal, en la dirección de la empresa, incluso de un modo permanente, mediante el nombramiento de un Delegado del Gobierno, cosa que se puede hacer por Decreto.

---

[23] Véase sobre este tema certeramente, GONZÁLEZ NAVARRO, F., *Responsabilidad de la Administración por daños causados a terceros por el empresario de un servicio público,* «Revista de Derecho Administrativo y fiscal», n.os 44-45, 1976, páginas 215 y siguientes, cuyas tesis han sido aceptadas por Sentencia de la Audiencia Territorial de Oviedo de 18 de marzo de 1976, comentada por Raúl BOCANEGRA en Civitas n.º 18.

[24] Sobre el planteamiento tradicional de la distinción, véase ALBIÑANA, C., *Empresa pública y servicio público...,* cit., páginas 481 y 484 y siguientes.

6. Servicio público (en gestión privada) *versus* empresa pública. Ventajas e inconvenientes. Conclusión

¿Cuál es la conclusión que cabe extraer del cuadro que acaba de ser expuesto? Sencillamente ésta: que el Estado ejerce sobre estas actividades gestionadas por empresas privadas un poder de dirección y control igual o mayor al que ejerce sobre sus propias empresas, por lo que podría afirmarse sin eufemismo que estas empresas de servicios públicos, tanto si están en mano pública como si están en mano privada, constituyen de hecho una parte de lo que hoy se denomina «sector público». Lo característico de este grupo de actividades rigurosamente públicas es que a la Administración le es posible en estos casos delegar su gestión en empresas privadas, ya que la iniciativa privada siempre ha acudido a ellas (a diferencia de otras empresas económicas de que el Estado se ha tenido que hacer cargo por falta de iniciativa privada). Pero *su poder de dirección y mando sobre ellas es exactamente el mismo.*

Un ejemplo de cuanto aquí se dice nos viene dado por la no lejana nacionalización de la Compañía Transmediterránea, que como se recordará fue adquirida hace poco por el Estado en el 93,16 por 100 de sus acciones. Decretado el rescate del servicio por Real Decreto de 28 de octubre de 1977, y adquirida la mayoría del capital, se dictó el Real Decreto de 8 de julio de 1978, aprobando el nuevo contrato que regula las relaciones entre la nueva compañía estatal y el Estado. Pues bien, todas, absolutamente todas las facultades de tutela y control que el Ministerio de Transportes se reserva (Bases 5.ª, 6.ª, 23, etc.), las ostentaría igualmente si en lugar de tratarse de una empresa de propiedad pública se tratase de una concesionaria privada, con idéntico régimen de tarifas y equilibrio financiero del contrato (Base 25) [25].

Es en este último aspecto —el régimen económico financiero del contrato— donde podrían establecerse algunas diferencias entre la gestión pública o la gestión privada, pero tales diferencias son más aparentes que reales. En efecto, en el servicio público gestionado por concesión, el problema económico central es la devolución o recuperación por el concesionario de la inversión realizada con un beneficio normal, lo cual entraña unas exigencias de equili-

[25] Naturalmente, lo que el Estado no tendría serían poderes de «disposición» sobe el patrimonio de una Compañía privada (salvo la facultad de rescate) y otros poderes y facultades de manipulación sobre aquélla. Pero éstos, en un sistema de dirección racional de las empresas públicas, tampoco debe ejercerlas sobre éstas, cuya autonomía debe respetar. De otro modo se desnaturaliza por completo la vida auténticamente empresarial. Así parece haberlo entendido la propia Administración, que tanto en este supuesto como en RENFE ha elaborado sendos «Contratos Programa» que salvaguarden efectivamente la buena marcha de estas empresas.

brio financiero y rentabilidad que aparentemente no se da en la empresa en mano pública. Se dice aparentemente porque tras la experiencia de muchos años de gestión de servicios, la opinión unánime es que la única manera de mantener un nivel adecuado de prestación y buen servicio es mantenerlos económicamente equilibrados como empresa, sin hacer a través de ellos beneficencia pública. Las nefastas experiencias del Metropolitano de Barcelona, RENFE o la EMT madrileña, todas ellas empresas públicas, son peores todavía que la del Metropolitano de Madrid, empresa privada en pérdidas forzosas por la Administración durante los últimos años.

Un criterio elemental de buena administración (que es, además, en las concesiones un principio de justicia) exige clarificar al máximo las cuentas de estas empresas y proveer en una y otra forma (tarifas suficientes o subvención compensadora) a cubrir los costos totales de las compañías (incluyendo amortización y reservas para reposición), sean estas públicas o privadas. Ello se ha formalizado incluso, recientemente, en los llamados Contratos de Programa, el último de los cuales ha sido aprobado para RENFE y viene a consagrar unos criterios de gestión de esta empresa pública que serían plenamente aplicables a un concesionario privado. La única diferencia entre ambas sería la necesaria existencia en esta última de un normal beneficio industrial con el que remunerar al capital privado invertido, cosa de la que en principio se puede prescindir (pero que también sería muy de desear) con el capital público.

Ahora bien, este «coste» adicional de la gestión privada viene más que compensado por dos ventajas sustanciales: a) descargar el erario público de las fuertes inversiones iniciales que se sufragan en estos casos con capital privado, (y es sabido el enorme peso que el capital fijo tiene en esta clase de explotaciones); y b) liberar el aparato estatal de la carga burocrática que la gestión directa de tales servicios por el Estado conlleva, lo cual es una carga financiera adicional innecesaria. Veamos a continuación con más detalle las ventajas e inconvenientes que se aducen para una y otra opción.

Es opinión común que las empresas privadas de servicios públicos ofrecen, respecto a las públicas, ciertas ventajas. Entre ellas se suelen señalar como fundamentales las siguientes: una más alta productividad, motivada por la búsqueda y el espíritu creador del empresario privado; la mejora del sector, en su estructura y eficiencia, y una mejor asignación de recursos [26].

---

[26] Véase, ampliamente, JANÉ SOLÁ, J., *La empresa de servicios públicos: ¿pública o privada?,* en el volumen colectivo «Empresa pública *versus* empresa privada en Economías en proceso de desarrollo», Dopesa, Barcelona, 1973, páginas 261 y siguientes. El profesor JANÉ se refiere también a otros factores a los que no aludo en el texto porque me parecen muy secundarios o simplemente inciertos; ejemplo de primer tipo son los que llama «tendencia al equilibrio oferta-de-

A estas ventajas hay que añadir las dos ya apuntadas, muy importantes en países como el nuestro: liberar al erario público de las inversiones iniciales y descargar a la Administración burocracia innecesaria. Todas ellas me parecen, efectivamente, indiscutibles y responden a la general superioridad de la empresa privada respecto de la pública, como organización productiva.

A ellas, sin embargo, se oponen —según la doctrina—, algunos inconvenientes entre los que suelen citarse como más destacados, los siguientes:

a) Tendencia a establecer un sistema de precios privados, superiores a los públicos.

b) Desconocimiento de los costes indirectos (costes sociales) y creación de externalidades negativas (contaminación, desforestación, ruidos, etc.).

c) Descapitalización del servicio en los años finales, como consecuencia del acercamiento del plazo de reversión.

d) Insuficiencia de producción, reduciendo el servicio en los sectores o zonas menos remuneradores (líneas de poco tráfico).

e) Peligro de connivencia entre reguladores y regulados; es lo que los americanos llaman *«captura del regulador»* y *«revolving door»:* los directivos pasan de la Administración a las compañías, y viceversa, y los controladores acaban siendo los controlados.

Ahora bien, si reflexionamos un poco sobre algunas de las notas del régimen jurídico de los servicios públicos que han quedado expuestas más arriba, comprobaremos que dichos inconvenientes no son insuperables, sino corregibles todos ellos, con la aplicación rigurosa del estatuto del servicio público previsto en nuestro derecho positivo. Veámoslo [27].

a) El sistema de precios privados no existe en absoluto en un servicio público; dejando a un lado la polémica de si las tarifas son precios o tasas [28] que veremos más adelante, lo cierto es que se encuentran sometidas al más estricto control público como saben muy bien las compañías, que se ven obligadas a presentar periódicas justificaciones de sus aumentos. No cabe, en este punto, escapismo alguno, y la realidad demuestra que esta cuestión de las tari-

---

manda» o «libertad»; ejemplo del segundo, «la adaptación al gusto de los consumidores», que en una empresa monopolista, como aquí se trata, me parece una ficción.

[27] Las consideraciones que se van a hacer a continuación podían ser apoyadas por multitud de preceptos y decisiones ratificadoras del Tribunal Supremo. Se prescinde ahora de su cita detallada para aligerar la lectura.

[28] Véase en GARCÍA DE ENTERRÍA, E., *Sobre la naturaleza de la tasa y las tarifas de los servicios públicos,* RAP, n.º 12, 1953, páginas 29 y siguientes.

fas en una economía inflacionista como la que hemos vivido ha sido precisamente el talón de Aquiles de las empresas (eléctricas, telefónica, concesionarias de autopistas o empresas de transportes) que se han visto sometidas a tensiones financieras y a dificultades crecientes de tesorería justamente por estar insertas en un sistema de precios que no tiene nada de privado [29].

b) Respecto al desconocimiento de los costes indirectos y la creación de externalidades negativas, no es una objeción específica de este tipo de empresas, sino de las empresas industriales en general, tanto privadas como públicas. Entre estas últimas, contamos en España con supuestos de escándalo como el de la Empresa Nacional de Celulosas en la ría de Pontevedra, que ha dado lugar a una famosa Sentencia del Tribunal Supremo. Pero se da, además, la circunstancia de que justamente en las empresas de servicio público, la Administración goza de excepcionales poderes de control, no sólo en el procedimiento de concesión (aprobación del proyecto, replanteo, planos de obras, etc.), sino a todo lo largo de la vida de la concesión, en que puede imponer a su titular toda clase de modificaciones técnicas y de cualquier otro orden respecto a las condiciones de prestación. Así pues, en manos de la Administración queda el hacerle computar los costes indirectos que procedan, y evitar así externalidades negativas.

c) Descapitalización del servicio: ésta ha sido, ciertamente, característica frecuente de los servicios concedidos, en los últimos años de la concesión; la causa determinante de ello ha sido el régimen tradicional de reversión gratuita imperante en nuestro Derecho público decimonónico [30]. Respecto a ello, sin embargo, hay que decir que: 1) tal régimen ha sido eliminado de nuestro Derecho en las modernas concesiones, tales como las de suministro de gas, electricidad, teléfonos o transportes urbanos, por lo que no hay razón *alguna* para dejar de renovar la infraestructura del servicio cuando se produzca su desgaste (máxime si como ocurre en muchos de ellos no hay un plazo fatal de reversión) por cuanto en caso de rescate se pagará por ella su justo precio; y 2) la Administración puede adoptar medidas de garantía de una buena conservación de la empresa, que van desde el nombramiento de un Delegado del Go-

---

[29] Me remito sobre ello, ampliamente, a mi libro *Las tarifas de los servicios públicos,* Sevilla, 1976, y a mi artículo *El Control de los Precios y la Justa Remuneración de la Inversión,* en el volumen colectivo «El Accionariado Popular en la España actual», Madrid, ASEPA, 1979, páginas 46 y siguientes.

[30] Ésta es una crítica que se ha hecho frecuentemente a los servicios públicos en mano privada: Véase ROBSON, W., *La eficacia de la empresa pública como una función del desarrollo social y económico,* en «IV Semana Económica Internacional», Barcelona, 1973, páginas 23 y siguientes, especialmente página 49.

bierno, hasta la intervención de sus cuentas e ingresos en los cinco o diez años anteriores a la finalización del plazo.

d) Respecto a la extensión y generalidad con que el servicio debe ser prestado, constituye igualmente una obligación estricta de los concesionarios la prestación del mismo con la extensión, frecuencia y características que la Administración le ordene; es la manifestación típica del poder de dirección y modalización del servicio, reconocida unánimemente por la legislación y la jurisprudencia: la Administración puede ordenar la ampliación del servicio a nuevas zonas o la intensificación del mismo, con la obligación del concesionario de adquirir incluso nuevos equipos o nuevo material móvil, que haga posible su prestación con la generalidad que en cada caso parezca necesario; quiérese decir con ello que el *quantum* de producción en estas empresas no queda en manos de la Compañía, ni siquiera responde a la demanda real, sino a la estimada por la Administración. De ahí la necesidad de que el servicio esté sobreequipado, tener una reserva de capacidad no empleada, para atender a los eventuales consumidores. No es éste, tampoco, un obstáculo insuperable de la gestión privada.

e) Finalmente, el quinto y último obstáculo tiene efectivamente una importancia y una realidad innegable: el peligro de colusión o chalaneo entre reguladores y regulados. Ha sido ésta una crítica formulada sobre todo por la doctrina administrativa norteamericana en relación con las *Independent Regulatory Agencies,* que muchas veces resultaban demasiado sensibles a las necesidades de las Compañías y muy poco a las del simple ciudadano, consumidor o usuario de los servicios públicos. El remedio frente a este peligro, que es una prostitución del sistema, no está en acabar con él, sino en introducir en su funcionamiento algunos mecanismos de garantía, fundamentalmente estos dos: a) una amplia legitimación para participar en los procesos de decisión a todos los afectados, tanto personas como asociaciones, de forma que éstos sean públicos y abiertos y puedan reflejarse en ellos las posibles desviaciones; b) un control judicial, en garantía de ambas partes (empresa y usuarios).

Sin embargo, hemos de decir también que en un sistema político administrativo como el español, el peligro que aquí se apunta es mucho más remoto. Más bien, el peligro es el contrario, según creo haber puesto de manifiesto en un estudio mío anterior: el peligro de la politización de las decisiones en materia de precios y tarifas, con fines electoralistas y de opinión y a costa de la economía de las empresas. Esta ha sido la realidad de España en los últimos años [31].

---

[31] Véase ARIÑO ORTIZ, G., *El control de los precios y la justa remuneración de la inversión,* en «El accionariado popular en la España actual», Madrid, 1979, páginas 60 y siguientes.

Así pues, ninguno de los inconvenientes aducidos del servicio público en mano privada es insuperable. Planteemos ahora la opción desde la empresa pública. Inversamente a lo dicho hasta aquí, se afirma que ésta tiene las siguientes ventajas: a) permite la acumulación de capital y la fácil recaudación, en ocasiones, de impuestos encubiertos; b) crea economías externas y asume los costes sociales; c) opera, mediante una política de precios bonificados, una redistribución de rentas a favor de los económicamente débiles; d) constituyen un instrumento de control directo de la economía por el Estado y de movilización de los sectores básicos (entre los que se cuentan ordinariamente los servicios públicos) para el logro de los objetivos nacionales [31 bis]. Veamos una por una estas presuntas ventajas:

a) La recaudación de imposición encubierta y la acumulación del capital necesario para ciertas empresas constituye ciertamente una justificación de la gestión pública de ciertas actividades que han sido configuradas como monopolios fiscales (en España, tabacos, carburantes, loterías y algún otro). Estas actividades, más que servicios públicos son eso: monopolios fiscales. Su finalidad fundamental no es tanto el suministro al público cuanto la recaudación de ingresos (prueba de ello es que el suministro está ordinariamente concedido: gasolineras o expendedurías de tabacos). En algunos casos puede estar justificado, pero en general la imposición encubierta a través de las tarifas de los servicios públicos es uno de los sistemas más regresivos que cabe imaginar, y ha sido unánimemente criticado por la doctrina. Así pues, no se puede decir que sea ésta una «ventaja» digna de consideración.

b) La creación de economías externas y la plena absorción de los costes sociales que el servicio pueda entrañar constituye ciertamente un elemento muy importante a tomar en cuenta a la hora de decidir uno y otro sistema de gestión. Sin embargo, ello tiene un límite y es justamente el hecho de una financiación tolerable de tales costes con cargo a fondos generales (pues si se hace un cargo a tarifas, ninguna ventaja ofrece respecto al sistema concesional). La financiación con cargo al presupuesto tiene —digo— un límite y los economistas y directivos del sector público han puesto de manifiesto recientemente los inconvenientes de utilizar las empresas públicas como mecanismo deflactor de la economía, por el fácil sistema de asumir costes y no reflejarlos en sus precios, generando con ello enormes déficits. Respecto a la absorción de costes sociales, ya hemos dicho que ello es muy deseable, pero que las empresas públicas no se han distinguido especialmente por ello. El tono general ha sido tanto en las públicas como en las privadas, de completo

---

[31 bis] Recogida por Jané Solá, ob. cit., páginas 261 y siguientes.

descuido en este punto (polución, conservación del medio ambiente, daños a terceros, etc.).

c) La función redistributiva de rentas es ciertamente muy propia de todo servicio público, pero no es privativa de las empresas en mano pública, sino igualmente conseguible por la vía de la empresa privada, siempre que esa redistribución no se haga recaer exclusivamente sobre los accionistas o titulares del servicio; la Administración puede y debe establecer para algunos servicios un sistema de precios políticos, de protección de ciertos sectores sociales o ciertas zonas geográficas, pero deberá en todo caso —tanto si la empresa es pública como si es privada— reajustar el equilibrio financiero de la empresa con cargo a fondos generales, en aplicación del principio de igualdad de cargas.

d) Finalmente, respecto a la última de sus ventajas (permitir más fácilmente un control directo de la economía por el Estado), lo que está por demostrar, justamente, es que ello sea una ventaja.

Así pues, y en conclusión, pienso que no se debe identificar necesariamente servicio público con gestión pública. Que en muchos casos las ventajas de las empresas privadas de servicio público son superiores a sus riesgos. Esta conclusión no es ni mucho menos de general aceptación. Más bien al contrario. Un autor de tanta autoridad como Robson, ha escrito lo siguiente: «la experiencia general sobre servicios públicos dirigidos por compañías comerciales no es satisfactoria». Sin embargo, las razones que da ello no son muy convincentes [32]. Por otro lado, la experiencia de servicios públicos dirigidos por Compañías *no comerciales* (esto es, por Organismos públicos o empresas del Estado), es todavía peor (al menos en España) y de ello son buena prueba algunos servicios municipalizados, que desde luego no resultan más económicos para el Estado. Éste tiene unas posibilidades de dirección y control de las empresas de servicios públicos (privadas) que son idénticas a las que la Administración tiene sobre sus propias empresas. Naturalmente, lo que hace falta es ponerlas en práctica, cosa que no siempre se ha hecho. Por ello, antes de concluir, hemos de responder a esta pregunta: ¿tales posibilidades teóricas, son realmente practicables?

---

[32] Véase ROBSON, W., *La eficacia de la Empresa Pública,* «IV Semana Internacional Mundo», Barcelona, 1973, páginas 25, 38 y 39.

7. Las dificultades de regulación y control de la empresa privada: la experiencia histórica y sus remedios

La verdad es que hay en ello una mala experiencia histórica: la de los ferrocarriles. Su historia, tanto legal como económica, ha sido reconstruida con bastante fidelidad [33] y su resumen puede ser el de la explotación sin contemplaciones, mientras estas empresas fueron un suculento negocio, y su abandono por los grupos capitalistas cuando empezó a dejar de serlo. En la primera etapa fueron explotados (casi extorsionados) los pueblos y provincias españolas, a favor y en apoyo del ferrocarril; en la última, fueron expoliados los pequeños ahorradores que habían puesto su dinero en acciones y obligaciones que no tuvieron más remedio que canjear, al precio que les quisieron dar, por deuda amortizable. En esta experiencia, juega mucho la triste realidad de una España atrasada, caciquil y en desorden permanente. También, un mecanismo legal —la reversión gratuita— que hacía muy difícil un «buen final» de las concesiones.

Por el contrario, tenemos también una experiencia feliz: el servicio eléctrico nacional. Su historia completa está por hacer, pero la instrumentación jurídica moderna con la que se ha configurado el sector, así como el dinamismo económico de que ha dado cumplidas muestras, constituyen un ejemplo de buen servicio que resiste la comparación con los países más adelantados del mundo, y mejora en casi todos los casos a aquéllos en que el sector ha sido nacionalizado. El mecanismo legal de la reversión gratuita —verdadero absurdo económico— no existe en este caso.

Las dificultades fundamentales que se plantean en la gestión privada de servicios públicos son aquéllas que hacen referencia al cálculo de las tarifas y a la precisa determinación del equilibrio económico de la explotación. Ésta es, realmente, la clave de la cuestión y sólo un correcto tratamiento de ella puede hacer viable el sistema que aquí se propone. Pues bien, en este punto, los principios están claros, pero su concreta aplicación a cada empresa plantea problemas hasta ahora mal solucionados.

En efecto, los principios son éstos:

Primero: El poder de fijación de precios y tarifas, como parte del poder de ordenación de la vida económica, está universalmente reconocido, tiene natu-

---

[33] Véase recientemente una obra importante: ARTOLA, M., y otros, *Los ferrocarriles en España, 1844-1943,* Servicio de Estudios, Banco de España, Madrid, 1978, dos tomos. Y, antes, entre la abundante literatura existente, véase CASARES, A., *Estudio histórico-económico de las construcciones ferroviarias españolas,* IDE, Madrid, 1973, y, sobre todo, F. WAIS, *Historia de los ferrocarriles españoles,* Madrid, 1974.

raleza discrecional y está en función de la política económica general, aprobada por el Gobierno o por el Parlamento. Tal poder se ejerce habitualmente por el Gobierno.

Segundo: Tal poder no es un poder arbitrario, ni inmune al control judicial, ni exento de responsabilidad. Tanto respecto de los precios de mercado como respecto de las tarifas de los servicios, y no obstante su diferente naturaleza jurídica, deben afirmarse legalmente unos criterios, standards o bases para su determinación y revisión, con arreglo a los cuales deben resolver los órganos competentes. Si el Gobierno, después, actúa desoyendo las propuestas y razones de los órganos técnicos, debe responder. Esta responsabilidad resulta hoy difícilmente exigible en la tasación de precios de productos, pero es clara en el caso de los servicios públicos.

Tercero: En concreto, en el caso de los servicios públicos, debe afirmarse que nuestra legislación consagra y reconoce el principio de equilibrio financiero de la explotación (cobertura suficiente y beneficio controlado), que obliga a la Administración a garantizar en todo momento la justa remuneración a la inversión.

A la claridad de estos principios, sin embargo, le ha faltado hasta ahora la instrumentación jurídica, contable y financiera necesaria para hacerlos realidad, esto es, para medir con exactitud y justeza el grado de insuficiencia de una tarifa o la medida del desequilibrio de una empresa concesionaria. Para poder llegar a conclusiones fundadas en este campo es preciso disponer de una contabilidad normalizada para el sector (cosa que ya está en marcha en muchos de los sectores claves), es preciso desarrollar una teoría económica del sector público hasta ahora muy poco elaborada, es preciso establecer unos *standard o ratios* de costes que permita llevar a cabo análisis comparativos y obtener conclusiones.

Todo ello no es algo imposible; se consigue con técnica e información. Con tales instrumentos, podrían resolverse problemas que han sido hasta ahora considerados insolubles y que han puesto en entredicho la viabilidad del modelo. No pueden ignorarse ciertamente algunas preguntas que se hacía Jané Solá en su estudio citado: «¿hasta qué punto no se estará subvencionando falsamente, esto es, pagando la ineficacia y la irracionalidad económicas? ¿Quién asegura cuál es el nivel de productividad adecuada de unas unidades de producción que no tienen competencia? ¿Cuáles son los criterios contables de registro correctos? ¿Cómo se tienen en cuenta los innegables costes y beneficios sociales del servicio, tan difíciles de cuantificar? ¿Hasta qué punto el servicio de que se trate está generando economías externas al resto de sectores? ¿De dónde se deben obtener los fondos de la subvención? ¿Es legítimo utilizar los servicios públicos como medio de redistribución de la renta, en cuyo caso cómo se valora esta categoría social absolutamente de extramercado?». Cuestiones todas ellas de difícil respuesta, ciertamente a la hora de regular o controlar a empresas privadas de gestión en el actual estado de cosas. Pero *también cuestiones difíciles de resolver en el caso de encomendar la gestión a empresas de propiedad pública,* pues como el propio Jané señalaba, «con la estatalización del servicio no se resuelve por arte de encanto toda esta problemática». Simplemente se ocultan las pérdidas más fácilmente y viene luego el Presupuesto del Estado en su función de papel secante que absorbe los déficits de las Compañías, cualesquiera que estos sean [34].

Ciertamente, para que lo que aquí se propone funcione con corrección, es preciso afinar los instrumentos de Gobierno y Administración. Pero si éstos no existen, el descalabro de la «gestión pública» será todavía mayor.

[34] Ejemplo clásico: la RENFE, véase crítica del sistema en García de Enterría, *Estudio para el proyecto de Estatuto de RENFE,* RAP, n.º 46, 1956, páginas 431 y siguientes.

LECCIÓN 20.ª

LA AFECTACIÓN DE BIENES AL SERVICIO PÚBLICO *

SUMARIO: I. INTRODUCCIÓN Y *STATUS QUAESTIONIS*: 1. *La doble perspectiva del Derecho.* 2. *La pugna de títulos, públicos y privados.* 3. *El concepto de afectación:* status quaestionis.—II. EL TRASFONDO HISTÓRICO Y DOGMÁTICO DEL CONCEPTO: 1. *La doctrina del* domaine public. 2. *Las* öffentliche sache. 3. *Origen e historia del concepto: la construcción romana y canónica.*—III. ANÁLISIS DE SU NATURALEZA Y CALIFICACIÓN JURÍDICA: 1. *Afectación y escala de intervención administrativa.* 2. *Naturaleza y requisitos del acto de afectación.* 3. *Contenido y calificación jurídico-dogmática de la afectación de bienes.*—IV. SISTEMA DE EFECTOS: ASPECTOS DESTACADOS: 1. *Tres supuestos significativos en el origen de la Administración moderna.* 2. *Afectación v.* ius disponendi *del propietario.* 3. *Poderes de vigilancia y control de ordenación de la Administración sobre bienes afectos.* 4. *Inembargabilidad de los bienes afectos.* 5. *Afectación y tercerías de dominio: las afectaciones* a non domino.—V. CONCLUSIÓN.

I. Introducción y *status quaestionis*

1. *La doble perspectiva del Derecho*

Huius studii duae sunt positiones, publicum et privatum. Con estas palabras de Ulpiano [1] podríamos quizá comenzar la lección de hoy. Porque efectivamente hay dos modos de acercarse al Derecho en cuanto ordenador de la vida en sociedad, dos perspectivas, dos enfoques diferentes. El Derecho puede ser visto como aquel *suum cuique tribuendi* en el que el *suum* es visto desde el individuo singular, desde la persona individual como centro de intereses que el Derecho ampara. Pero también hay otra visión de la justicia que es la visión de lo colectivo, la necesaria protección y defensa del orden y el bien de la comunidad como conjunto.

Es una eterna afirmación la de que el bien de la comunidad es primario y superior al bien individual. Pero es también una afirmación de difícil concreción y de todavía más difícil realización, porque está sembrada de conflictos entre utilidad pública y utilidad privada.

Esta pugna entre intereses públicos y privados es la historia y la trama del derecho administrativo, y en general, del Derecho todo. Se ha destacado algu-

---

* Éste es el texto de lo que antiguamente se llamaba «lección magistral» en las oposiciones a Cátedra del viejo sistema de acceso a la Universidad, bastante más serio y consistente que el actual. Fue dictada por su autor en las celebradas para la Cátedra de Valencia en el otoño de 1971. Publicada después en la ENAP en la colección *«Conferencias y Documentos»,* en mayo de 1973.

[1] D., *De iustitia,* 1, 2.

na vez que en la famosa definición de Celso —*ius est ars boni et aequi*— se apunta justamente a esta distinción entre los derechos e intereses de los ciudadanos *(aequum)* y el bien público *(bonum);* el *ars* consistirá precisamente en la consecución de esa especial armonía que el Derecho está llamado a crear entre el bien de la totalidad y el bien de cada uno [2]. Armonía que no es algo dado sino algo que hay que hacer y rehacer porque ambos polos están en permanente tensión. Para conseguirlo, justamente, el Derecho se configura como un *ars,* como una *techné,* una técnica, o mejor, una serie de técnicas con las cuales se opera sobre las conductas de los hombres imponiéndoles determinadas rectificaciones.

Esta naturaleza del Derecho —como *techné*— recibirá sin embargo un sentido distinto según se contemple o persiga la consecución del *aequum* (esto es, el interés legítimo de las personas singulares) o el *bonum* (el interés superior de la comunidad). El Derecho privado y el Derecho público surgen así como dos modos distintos, dos caminos diferentes de realizar la Justicia. Cada uno genera sus propios títulos que en ocasiones se oponen: propiedad frente a expropiación o impuestos, libertad frente a sujeción o limitaciones de policía, derechos adquiridos frente a revocación, o finalmente, como estudiaremos aquí, titularidad *versus* afectación. Teóricamente, la Administración en cuanto gestora de los intereses colectivos otorga a sus títulos una plusvalencia sobre los títulos de los privados; y, por ello, en principio, se impone. Ahora bien, el Derecho vendrá justamente, a través del control judicial, a restaurar un siempre posible abuso o arbitrariedad en esa interpretación de lo que es el interés colectivo (el *bonum commune*) o en los medios empleados para conseguirlo.

2. *La pugna de títulos, públicos y privados*

El tema de hoy es un ejemplo altamente expresivo de esa pugna de títulos, públicos y privados, en la defensa y gestión de intereses. Se trata de determinar en qué consiste y cuáles son los efectos que produce en el marco jurídico de una titularidad y régimen jurídico de Derecho privado, la afectación de unos bienes a un servicio público.

De una parte, el título de intervención administrativa, que es el servicio público; de otra, la existencia de derechos reales y de crédito de los particulares y, fundamentalmente, el derecho de propiedad. Pues, en efecto, los problemas más graves de los bienes afectos al servicio público y su régimen jurídico

[2] Villar Palasí, J. L., *La armonía de intereses públicos y privados,* «Atlántida», n.º 8 (1-64), páginas 196 y siguientes. No entro ahora en la exactitud de este contenido de la definición de Celso.

se plantean, no en relación con bienes cuya titularidad corresponda al Estado (bienes de dominio público, destinados a un servicio público), sino con los bienes de propiedad privada (del concesionario o de un tercero) que han sido incorporados o afectados a la realización de una obra o a la gestión de un servicio.

La concesión y gestión de un servicio público lleva consigo ordinariamente (ferrocarriles, gas, teléfonos, transportes regulares por carretera, transportes marítimos, etc.) la organización de una empresa prestadora, integrada por un complejo organizativo de bienes, medios y derechos. Muchos de estos bienes son claramente, por su titularidad, bienes privados, de la empresa concesionaria o de terceros.

Los problemas que en relación con el régimen jurídico de estos bienes se plantean son abundantes:

— Un primer aspecto es en qué medida quedan alteradas las facultades del *dominus,* en qué medida conserva éste sobre ellos el *ius disponendi.*

— Otras veces los problemas surgen porque la afectación pública se produce por quien no es su dueño, y el caso es frecuente en los contratos de ventas a plazos con pacto de reserva de dominio, o en los contratos de alquiler o arrendamiento de maquinarias; asimismo, son frecuentes los subcontratos de acopios o suministros de materiales realizados por terceros. En todos estos casos, el problema se plantea con la falta de pago por el concesionario, que provocará una situación de tensión entre los legítimos títulos privados *(inter partes)* y el título administrativo de la afectación de tales bienes que hará en muchos casos inviable la ejecución de aquéllos.

— Resulta igualmente problemática la ejecución de créditos sobre tales bienes, por privilegiados y ejecutivos que sean sus títulos: por ejemplo, en el caso del servicio público de comunicaciones marítimas, la aplicabilidad a los buques de los artículos 580 y 584 del Código de Comercio, en los que se prevé el embargo y venta por incumplimiento de obligaciones a los que aquéllos se encuentran especialmente afectos (derechos de pilotaje, sueldos de capitán, etc.).

Este haz de cuestiones —y muchas más que podrían pensarse— entrañan, con matices y modulaciones distintas en cada caso, un problema de fondo común a todos ellos, y es éste: cuál es el alcance y consecuencias jurídicas que produce la afectación de bienes privados a la prestación de una finalidad de interés común (obra pública, servicio público). O si se quiere, qué valor tienen, frente a la llamada «afectación», que se produce muchas veces en el Derecho público con mínimas formalidades y solemnidades (pensemos en lo que supone una simple certificación de un ingeniero o una declaración de equipo), las más solemnes y graves garantías que pueden darse en el Derecho difícil respecto al derecho de propiedad u otros derechos reales amparados por la protección registral.

Nos enfrentamos a un problema que no es, a la postre, sino testimonio de un fenómeno más general y de frecuente planteamiento en nuestros días: la pugna de títulos civiles y administrativos. En estos casos la solución depende de un concepto clave —el concepto de afectación—, que no facilita las cosas por cuanto se trata de uno de esos conceptos de goma deficientemente estudiado tanto en la doctrina civil (los llamados patrimonios de afectación, *Zweckvermögen*) como administrativa.

3. *El concepto de afectación:* **status quaestionis**

En efecto, un tanto sorprendentemente, es éste un concepto con escasa y dispersa normativa legal, y con no menos escasa elaboración doctrinal. García Trevijano afirmó que era un concepto «casi huérfano de regulación legal»; Garrido dirá que su regulación es «dispersa y fragmentaria». Doctrinalmente, el concepto ha sido estudiado, pero sólo desde una perspectiva muy concreta: desde la perspectiva del dominio público, como un elemento de éste, añadido y siempre acompañado de otro elemento que considera esencial para la existencia de aquél: la titularidad sobre los bienes. La mejor doctrina española en la materia ha estudiado la afectación *desde el Estado,* como elemento determinante del dominio público, al estudiar su inalienabilidad, su titularidad o su posible usucapión; pero la afectación no ha sido vista *desde el ciudadano* —concesionario o no— cuyos bienes sean destinados temporal o permanentemente a una obra o servicio público. El estudio de la afectación se ha abordado siempre coincidiendo con la titularidad, pero no en sí mismo, como factor autónomo determinante de un régimen jurídico, esto es, analizando cuáles son las consecuencias de la afectación cuando no hay titularidad, o mejor cuando se trata de una titularidad privada [3]. Desde esta perspectiva, que es la que aquí se

[3] Dicho con otras palabras: el tema de la titularidad sin afectación ha sido estudiado y resuelto en la doctrina del patrimonio privado de la Administración; el concepto de afectación y sus efectos, también, cuando ésta va unida a la titularidad pública. No así el tema de la afectación sin titularidad (pública), que constituye aún hoy, un tema en blanco, una verdadera laguna legal y doctrinal, lo cual se manifiesta sobre todo en el punto que ahora nos interesa: la afectación de bienes (privados) al servicio público. Tal planteamiento tiene, por lo demás, una explicación sencilla: así lo exigía nuestro Derecho positivo. Los textos legales que forzaban a ese estudio de la afectación desde la titularidad eran los artículos 339 y 341 C. c., el artículo 5.º RBCL y los artículos 1.º y 58 LPE.

adopta, el tratamiento doctrinal es casi inexistente, y la verdad es que hoy es éste el enfoque que plantea más problemas.

Hace años, Ballbé aludió al problema aunque sin entrar en él [4] y, salvo error mío, con posterioridad únicamente García Trevijano ha estudiado la posible disociación entre ambos elementos configuradores del régimen del dominio [5]. Disociación que se contempla fundamentalmente por este autor, no tanto respecto del binomio Administración-particular, sino sobre todo de lo que llama afectaciones externas entre entes públicos: bienes de un ente que son destinados a una función o servicio público de otro (Estado-Corporaciones locales y viceversa) [6].

Pero aunque éste sea su planteamiento fundamental, García Trevijano aludirá también a dos supuestos de posible escisión entre ambos elementos en los que la titularidad permanece privada: la cesión, *ex lege* o mediante contrato, del uso de bienes privados para la explotación de servicios públicos, y el supuesto de cooperación particular a la construcción de edificios escolares, en los términos que preveía la Ley de 22 de diciembre de 1953. Este segundo supuesto, confusísimo, aparecía sometido a una legislación contradictoria y poco clara (Ley de 1953, Orden de 23 de julio de 1955 y Decreto de 5 de febrero de 1959) de la que no era fácil obtener ideas claras; el autor entiende que en los términos de la Ley de 1953 (artículo 19) la titularidad pertenece en todo momento al particular [7], el cual «está vinculado a mantener la afectación»;

---

[4] BALLBÉ, M., *Dominio Público,* NEJ, tomo VII, página 775: alude certeramente a los supuestos de afectación de bienes privados como productora de una especie de *iura in re aliena,* pero no entra en el tema.

[5] GARCÍA TREVIJANO, J. A., *Titularidad y afectación demanial en el ordenamiento jurídico español,* RAP, n.º 29, 1959, páginas 11-57. Recientemente también se ha referido al tema Lorenzo MARTÍN RETORTILLO en una nota de Jurisprudencia en la que recoge y comenta el Decreto resolutorio de competencia de 18 de marzo de 1970 (BOE de 7 de abril). El valor de este trabajo es desigual: apunta a problemas de gran interés (que en ocasiones deja sin resolver) y denuncia con razón la penuria de estudios analíticos sobre el servicio público. Es justo destacar la sensibilidad de algunos comentarios, si bien hay que decir igualmente que en ningún momento se intenta siquiera la construcción dogmática de la afectación, que es, sin lugar a dudas, la clave de los problemas de inembargabilidad de los bienes que se plantean en las resoluciones de conflictos (*vid.* RAP, n.º 63 [1970], páginas 197 y siguientes). En esta nota se cita ampliamente un trabajo de Sebastián MARTÍN RETORTILLO, que, al parecer, se refiere también a este tema, y que se dice en vías de redacción. Hasta ahora —que yo sepa— no ha sido publicado.

[6] El tipo de supuestos que GARCÍA TREVIJANO estudia son algunos como los siguientes: bienes municipales afectos a un servicio público estatal; titularidad (provisional) del Instituto Nacional de Colonización y afectación municipal; sucesión en la titularidad; sistemas de cooperación provincial y afectación de ingresos, etc.

[7] Argumento: artículo 19: «Si por cualquier circunstancia, que fuera caso fortuito o de fuerza mayor, y antes de transcurrir el plazo de veinte años, el edificio construido dejase de cumplir sus fines docentes, quedarán obligados los promotores de la construcción al reintegro

pero entiende que tal vinculación es una «carga» de la cual el particular puede librarse —esto es, provocar la desafectación— aceptando la sanción (devolución de beneficios recibidos, directos e indirectos) y aceptación de un derecho de compra o adquisición expropiatoria por parte del Estado [8]. Respecto del primer supuesto —cesión por contrato, o *ex lege,* de bienes— García Trevijano entiende que «aunque a veces la idea de afectación impone especialidades en su régimen jurídico, mientras no se diga lo contrario, el propietario no tiene obligación de mantener la cosa afectada al fin público, pudiendo, en consecuencia, ejecutar las acciones procedentes para recupera los bienes».

Ambas soluciones, y especialmente la segunda, formulada con carácter más general, deben, a mi juicio, ser revisadas, pues las transformaciones y consecuencias que la afectación a un servicio público origina en el régimen jurídico de los bienes, al margen de quién sea su titular, son de primer orden. Como veremos, y por mucho que ello pueda sorprender, ante una afectación pública válidamente realizada ceden los más fundamentados y solemnes títulos privados [9].

Hechas estas consideraciones iniciales sobre el problema y el *status quaestionis* podemos ya entrar en su exposición, que dividiré en tres partes:

1) el trasfondo histórico y dogmático del concepto;

---

total de las cantidades recibidas en concepto de subvención para la edificación y del importe de los beneficios fiscales a que se refiere el párrafo anterior (toda clase de impuestos que graven la adquisición de solares y actos que se otorguen para la construcción), reservándose el Estado, además, el derecho de tanteo sobre los inmuebles. Se entenderá constituida hipoteca legar a favor del Estado».

[8] Este régimen de la Ley, sin embargo, fue alterado por la Orden de 23 de julio de 1955, según la cual «los edificios construidos por particulares quedarán afectados a la enseñanza sin que puedan destinarse a otro fin sin la previa autorización del Ministerio de Educación Nacional cuando hubiera recibido para la construcción o sostenimiento subvenciones de organismos públicos». La idea de afectación —dice García Trevijano— predomina sobre la titularidad. La verdad es que la titularidad en estos supuestos no siempre es clara. No se sabe quién ayuda a quién —concluye.

[9] En el fondo, lo que lleva quizá al autor a sentar estas conclusiones es su resistencia a otorgar carácter demanial a tales bienes «a no ser —como escribe en otro lugar— que desfigurando totalmente la idea del dominio público se llegase a admitir que está presidido únicamente por la idea de afectación y, consiguientemente, puede estar en manos de particulares». A mi juicio —dice— esto es excesivo, al menos en el momento presente. Es esta visión desde la teoría del dominio público la que lleva a una disyuntiva falsa: o dominio público o propiedad privada, sin más. Idéntico planteamiento disyuntivo, sin resolver, en L. Martín Retortillo, ob. cit., página 212, por nota. Veremos a lo largo de estas páginas la necesaria revisión de un tal planteamiento. Justo es, sin embargo, reconocer que en este problema, como en otros muchos campos de nuestro Derecho público, García Trevijano ha sido un pionero de nuestra disciplina, y que este trabajo suyo que vengo comentando es uno de los más ricos y sugerentes de nuestra bibliografía jurídico-administrativa.

2) el análisis de su naturaleza y calificación jurídica actual;

3) el sistema de efectos en algunos aspectos más destacados.

II. El trasfondo histórico y dogmático del concepto

Para empezar, es bueno preguntarse el por qué de este abandono doctrinal y legal del concepto desde la perspectiva de la titularidad privada: ¿cuál es la razón de que en Derecho administrativo el concepto de afectación o destino de un bien haya sido siempre estudiado como un elemento complementario, unido a la titularidad, a efectos de configuración de un régimen jurídico?

Porque, efectivamente, no ha sido algo casual. La razón ha sido que el derecho patrimonial administrativo ha estado construido según las pautas del Derecho privado, apoyándose, como éste, para la construcción del dominio público, en el «derecho de las cosas», sobre el concepto de *propiedad*. En Derecho privado, la propiedad y la autonomía de la voluntad serán los pilares básicos. En cambio, la idea de destino, de destinación de las cosas como elemento configurador del régimen jurídico, aparecerá en algún supuesto, pero será lógicamente en el derecho liberal burgués un elemento excepcional, marginal, oscurecido, frente al eje del sistema que es la titularidad de los bienes y el poder de voluntad incondicionado sobre ellos que posee su titular (artículo 348 del Código civil). El Derecho privado es un derecho de libertad, y por ello serán siempre excepcionales, anormales, los destinos vinculantes (*vid.* más adelante, nota 13).

Pues bien, una vez más el Derecho administrativo acudirá a estos moldes para construir su derecho patrimonial. El resultado será la doctrina del *domaine public.*

1. *La doctrina del* domaine public

La *construcción del dominio* en el Derecho administrativo francés se basa esencialmente, como digo, sobre la idea de propiedad. Las cosas se calificarán primariamente por su titular, y la titularidad de las cosas públicas será referida al Estado. No es preciso recordar que históricamente no siempre había sido así: inicialmente el poder de los Príncipes sobre las «cosas públicas» no será un poder de «propiedad» sino un *poder de vigilancia,* en garantía de la *pax publica.* Otto Mayer explicó este proceso de afirmación de los derechos de supremacía del Príncipe sobre las cosas comunes, que se irá intensificando hasta que con la formación del Estado moderno se afirme la propiedad de éstas a favor del Estado. Entre nosotros, Fernández de Velasco resaltó la tradición anterior al

Código civil, que definía el dominio público por su destino, no por su titularidad. Es de grandísimo interés la explicación que de ello nos dio el viejo maestro [10].

Sin embargo, el Código civil, no sin incurrir en una cierta contradicción, adoptará como criterio inicial de distinción de los bienes el de «las personas a que pertenecen» (rúbrica del Capítulo III, Título 1.º, lib. 2.º). Este criterio será el criterio central y único del proyecto de 1851. Es cierto que sobre él se superpone después la idea de destino o afectación, tal como aparece en los artículos 338 y 339 del Código civil (y esto es lo que dará lugar a la contradicción entre la rúbrica del capítulo y el contenido). Pero en el conjunto del sistema este criterio es sólo una matización del anterior: el requisito de la *propiedad del Estado* sigue siendo el fundamental y *sine qua non* para la calificación de las cosas públicas [11].

---

[10] «En el Derecho romano —escribe— la diferenciación no es subjetiva, sino objetiva, de destino o fin: *quae publico usu destinata sunt...*, y lo propio se observa en la legislación que se hallaba vigente al tiempo de publicarse el Código». En la 1.ª edición de Alcubilla, anterior al Código Civil, el concepto se recogía con estos términos: *bienes públicos de la nación;* en la 6.ª edición (1914), posterior, ya se dice: *bienes del Estado o de la nación.* Y todavía en COLMEIRO el elemento esencial de configuración de estos bienes es su destino: pertenecen al dominio eminente, se derivan del derecho de soberanía y comprenden todas las cosas que no son propiedad de los individuos ni de las Corporaciones. La Administración dicta reglas acerca de su aprovechamiento para que ningún interés individual perjudique al uso público a que la Ley los destina; y todavía más: «aplicando una cosa cualquiera a un servicio público, entra por esto solo en el dominio público». Resumiendo —concluye FERNÁNDEZ DE VELASCO—, «*su destino o fin caracteriza estos bienes, y en razón del mismo se atribuyen al Estado,* y, por lo tanto, la clasificación del Código, sobre inexacta, no se halla en la tradición del Derecho español. ¿De dónde procede? Del Derecho francés. Incorporado el sistema al proyecto que la Comisión remitió al Gobierno en 8 de mayo de 1851, y siendo éste el modelo del vigente, de acuerdo con lo ordenado en la base primera de la Ley de 11 de mayo de 1888, el plan fue el del Código de Napoleón». «Todo proviene —dice más adelante— del Derecho francés, en el que se había perdido casi por completo la teoría romana de las cosas públicas, que se confunden, ya con el patrimonio del rey, ya con el patrimonio de la Corona, el cual, con la revolución, se convierte en dominio nacional»; todo ello según FERNÁNDEZ DE VELASCO, R., *Sobre la incorporación al Código Civil español de la noción de dominio público,* en «Revista Fac. Derecho de Madrid», 1942, páginas 113 y siguientes.

[11] FERNÁNDEZ VELASCO señaló también certeramente este equívoco que se produjo en la incorporación al Código Civil de la noción de dominio público (estudio citado en nota anterior, páginas 113 y siguientes). En efecto, el dominio público se concibe como una *propiedad especial que pertenece al Estado* (sea o no de modo privativo). A la vista de los artículos 339 y 340 —decía don Recaredo—, puede concluirse que: a) todos los bienes de dominio público pertenecen al Estado, sean o no privativos; b) el Estado tiene también bienes de propiedad privada. Cierto que «el sujeto a quien se atribuyen no es suficiente ni necesario siquiera para calificar los bienes, contra lo que teníamos anunciado; afirmación ésta que corrobora el artículo 341, en el que se nos enseña que, subsistiendo el sujeto (el Estado) y permaneciendo la cosa, si ésta deja de estar destinada al uso general o a las necesidades de la defensa del territorio, pasan del dominio público a los bienes de propiedad del Estado. En cualquier caso es patente que el dominio

La idea del «destino de las cosas» volverá así a jugar y de modo fundamental, pero siempre como elemento *vinculado a la titularidad,* para configurar dentro del conjunto de bienes que son propiedad del Estado a un grupo especial de ellos: el dominio público (y su régimen jurídico), que en ningún caso se admitirá para bienes *en manos privadas.* En resumen, puede afirmarse con toda seguridad que el *sistema conceptual de la demanialidad (de la «publicatio» de las cosas) se ha basado siempre, en Francia y en España, sobre la piedra angular de la propiedad o titularidad del Estado y no sobre el destino de las cosas mismas.*

Ahora bien, ¿es acertado en Derecho público este planteamiento del derecho patrimonial? No es éste el momento de abordar este tema en su conjunto, pero sí puede recordarse que acaso en Derecho público sea más importante la «función», esto es, la idea del destino y el fin de las cosas, que su titularidad formal; y ello por una razón simple vinculada al sentido mismo del Derecho administrativo como Derecho para la ordenación de intereses colectivos: la referencia al sujeto «Estado» de las cosas no es tanto «patrimonial», sino de «potestad» sobre ellas. Villar Palasí ha resaltado la trampa conceptual en que el dominio público se ha movido durante tantos años: «la idea del *demanio* —ha escrito— viene siendo enfocada desde esta coseidad, sin parar mientes, absurdamente, en que es sólo una técnica funcional y no una cosa». «El dominio público nació más bien y pervive hoy —añade— con un sentido plenamente funcional: construir un título de intervención administrativa plena». Y es que, en efecto, la Administración no pretende hoy acumular *propiedades* según el viejo sentido regaliano, sino más bien conquistar o conseguir *potestades* [12].

---

público se concibió siempre entre nosotros como una "propiedad": como una "pertenencia". (MANRESA) como una "propiedad nacional que pertenece al Estado", como "representante jurídico de la sociedad"». FERNÁNDEZ VELASCO reaccionó ya contra esta concepción, señalando con MANRESA la «función de policía social y administrativa, ya de seguridad, ya de servicio general»; pero la generalidad de los comentadores del Código identificará dominio público con propiedad, como «institución que así vive en el orden público como en el orden privado», por lo que «a dicha categoría se circunscribe el concepto del dominio» (público), concluyendo que «ha querido el Código decir pública lo que designa con el nombre de dominio público». (*Vid.* testimonios en ob. cit., páginas 117 y siguientes). Así se deduce también de la exposición de motivos con que la Comisión justificaba la reforma en los siguientes términos: «ha parecido oportuno a la Sección definir estos bienes, teniendo en cuenta su destino más bien que su denominación y sus analogías, señalando después tan sólo como ejemplos los que antes aparecían como reguladores exclusivos de la clasificación. El Estado posee bienes destinados al uso común y bienes que, sin ser de uso común, están destinados a algún servicio público. Unos y otros son bienes de dominio público y se distinguen de los patrimoniales en que, si bien éstos *pertenecen* también al Estado, carecen de aquellas circunstancias. Igual distinción se observa en los bienes de los pueblos y provincias, sin más diferencia que la de su propiedad a las *provincias* o a los pueblos»; cit. por FERNÁNDEZ VELASCO, ob. cit., página 124.

[12] VILLAR PALASÍ, J. L., *Derecho…*, página 32.

Por lo tanto, más que insistir en la titularidad patrimonialista del demanio, cosificándolo como «propiedad pública» referida al sujeto Estado, lo que hoy interesaría quizá es destacar la «funcionalidad» de los bienes, su aplicación al logro de intereses colectivos, de aquel *bonum* de Celso. Si se hubiese partido de esta base, la «visión» del concepto de afectación y del régimen jurídico de los bienes de servicio público hubiese recibido una nueva luz, pues ello hubiera permitido construir autónomamente el concepto de afectación y el concepto de «cosa pública».

En efecto, desde este enfoque ninguna dificultad hay para afirmar al mismo tiempo la titularidad privada de una cosa y el carácter público de ésta; esto es, ningún obstáculo hay para la *titularidad civil de cosas públicas.* Con ello no se afirma la posibilidad de dominio público en manos privadas, sino que se afirma la existencia de otro modo de *publicatio* de las cosas, que se produce no por el dato de su titularidad, sino por el dato de su *funcionalidad* o, si se prefiere, por el hecho de su afectación a un servicio público. *Afectación* que funcionaría, no como título de propiedad sino como título (único) de potestad sobre ellas [13].

2. *Las* öffentliche sache

Éste es justamente el sentido de la concepción todavía imperante en la doctrina alemana actual que, después de la frustrada construcción de Otto Mayer, abandonará la tesis de la «propiedad pública» (determinada esencialmente por su afectación). En la doctrina alemana de las cosas públicas *(öffentli-*

---

[13] En el fondo, esta primacía de «funcionalidad» sobre «titularidad» se inscribe en un proceso más general que es común también al Derecho privado. Como consecuencia de una serie de factores económicos y sociales (concentraciones de capital, tecnificación de las empresas, complejidad creciente de las relaciones económicas, etc.) en nuestra actual sociedad lo importante no es la titularidad formal de los bienes, sino el poder de uso y disposición sobre los mismos. No es la estática del Derecho o de los bienes lo que interesa, sino la dinámica de los mismos: el uso, la creación de valor; en definitiva, el poder que proporciona la gestión que con frecuencia no está en manos de los propietarios sino de los «administradores». De otra parte, el fenómeno de la socialización ha producido una serie de «vinculaciones», de «afectaciones», de «determinaciones» del contenido de los derechos, que alejan a éstos, y en especial al Derecho de propiedad, de aquel «absoluto señorío» (*ius utendi et abutendi,* artículo 544 del *Code: «La proprieté est le droit de jouir er disponer des choses de la maniere la plus absolue, pourvu qu'on n'en fasse pas un usage prohibit par les lois ou par les règlements»)* que era propio del siglo pasado. En casi idénticos términos el artículo 448 de nuestro Código Civil: *«La propiedad es el derecho de gozar y disponer de una cosa sin más limitaciones que las establecidas en las leyes».* Este concepto es hoy algo superado con el amplio proceso de limitaciones y condicionamientos que se ha producido en los últimos años, *vid.* sobre el tema, DÍEZ-PICAZO: *Introducción al Derecho patrimonial civil,* páginas 42 y siguientes.

che sache) se admite sin dificultad la posible titularidad privada de éstas [14]. Si bien se piensa, esta concepción es más coherente con el actual sistema de fines y actividades del Estado, que le lleva a utilizar en gran medida *bienes ajenos* para la realización de tareas que tiene *asumidas como propias* [15]. Bienes que estarán sometidos a un régimen jurídico mixto en el que se entrecruzan títulos públicos (la vinculación al servicio, que está sometida al Derecho público) y privados (el régimen jurídico general del bien, en lo que no interfiera tal situación).

La razón de esta construcción alemana será una vez más la herencia (y presencia) en este país de la doctrina del Fisco. En efecto, como es bien conocido, en el Derecho administrativo alemán la propiedad del Estado era materia privada como norma general. Por ello la *publicatio* de las cosas en Alemania fue necesario configurarla no sobre la titularidad, sino sobre el destino. Y en esa elaboración doctrinal se llegó lógicamente a la conclusión de que lo importante y definitivo en la calificación no era el titular, sino las *cosas mismas* y su función. El razonamiento era el siguiente: ¿por qué no han de poder configurarse como «cosas públicas» las cosas de los privados cuando estén destinadas a un fin de servicio o utilidad pública y en cambio sí las del Estado, siendo así que la relación de titularidad de unas y otro tiene en el fondo la misma naturaleza: una relación de propiedad sometida al Derecho privado? Es la presencia viva y actuante de la doctrina del Fisco, como titular (privado) de todas las relaciones patrimoniales del Estado, la que permite formular esta pregunta, que resulta en cambio incongruente en un país como Francia o España. Va a ser justamente esta peculiaridad del Derecho público alemán, a raíz de su construcción de las «cosas públicas», la que permitirá la elaboración de un concepto preciso de «afectación» *(Widmung),* que es la clave del sistema.

Ahora bien, esto no era, desde luego, ningún invento. Una larga tradición jurídica, de siglos, yace tras este planteamiento.

3. *Origen e historia del concepto: la construcción romana y canónica*

El concepto de destino, afectación o destinación es un concepto viejo en el Derecho. El Derecho romano, sobre todo del Bajo Imperio, conoció de ello interesantes manifestaciones. El Bajo Imperio nos ofrece un panorama que, en

---

[14] Por todos, FORSTHOFF, E., *Tratado de Derecho Administrativo,* IEP, 1958, páginas 482 y siguientes, especialmente páginas 448-491.

[15] FORSTHOFF, ob. cit., página 479: «La Administración unas veces utiliza bienes ajenos como sustrato material de sus propias actividades (edificios, maquinaria, etc.), pero lo más frecuente es que utilice a una empresa como tal, esto es, como conjunto de medios reales y personales que pone al servicio de su tarea de asistencia vital, asignándoles determinadas prestaciones (transportes, abastecimientos, suministro de energía, etc.)».

muchos aspectos, recuerda el actual: «la imposibilidad de atender al gigantismo de las necesidades públicas —ha recordado recientemente Murga [16] —obliga a los emperadores a una cierta dejación de funciones en manos de personas e instituciones no públicas». Muchas de estas actividades serán asumidas por la Iglesia que empieza a recibir unas masas de bienes destinadas *ad pias causas,* respecto de las cuales los obispos no son sino *nudi ministri*. Entre estas tareas públicas que asume la Iglesia está en primer lugar la función benéfica, pero no sólo ésta, sino también a veces tareas de abastecimiento de productos (trigo, aceite, etc.), que se distribuyen por precio. Ahora bien, los bienes que integraban estos patrimonios se hallaban un tanto indefensos y con poca garantía, pues no eran *res publicae,* ni *res divini iuris* (salvo aquéllos de que sea titular la Iglesia), por lo que «podían ser cedidos, transmitidos, vendidos o malversados». Se hacía necesario dar estabilidad a estos bienes y asegurar su destino colectivo; y el camino será unas veces dotar de una cierta consideración sacralizada a estos patrimonios privados que cumplen una utilidad social y que sufren por ello una cierta «congelación»; ello se conseguía mediante una norma legal que los declara inalienables e inmunes.

Ocurría que tal solución era en ocasiones excesiva y los efectos de congelación de los bienes a que daba lugar resultaba perjudicial, pues producía, como dice Murga, unos *patrimonios divinamente petrificados.* Se llegará por eso, sobre todo en Oriente (escuelas de Derecho de Alejandría y Constantinopla), a una solución intermedia que ajuste la realidad de tales bienes al servicio social y colectivo que vienen realizando. Se trata de asegurar estos fines, y por ello se admitirá su venta con una serie de requisitos *ad cautelam* y un sistema de nulidad-sanción (C. 1, 2, 14 y 17) [17]. Este régimen de admisión condicionada de las ventas, con una serie de requisitos *ad cautelam,* constituirá un grado intermedio entre las *res divini iuris* (incomercialibilidad absoluta) y las cosas privadas (de libre comerciabilidad), que será justamente, como se verá más adelante, el régimen actual típico de los bienes afectos.

Pero será en Derecho canónico donde se recojan y elaboren esas técnicas y soluciones jurídicas que el Derecho romano bajo-imperial arbitró para la protección de estos patrimonios afectados a la utilidad social. En especial, el

---

[16] MURGA GENER, J. L., *La extracomercialidad de los bienes afectados a un destino colectivo en el Bajo Imperio Romano,* comunicación presentada al II Symposium de Historia de la Administración, edic. ciclostilada, página I; «la consecuencia de esta situación que se describe en el texto fue la difícil distinción entre lo público y lo privado, ya que la sociedad, al atenderse a sí misma, da necesariamente forma iusprivatística a unos servicios que por sus características escaparían lógicamente del Derecho privado». Es ésta una característica muy actual.

[17] *Vid.* más ampliamente todo este tema en MURGA GENER, J. L., *La venta de las «res divini iuris» en el Derecho Romano Tardío,* Santiago de Compostela, 1971, páginas 19 y siguientes.

Derecho canónico elaborará el concepto de destino o afectación de bienes a través de la *deputatio ad cultum,* concepto clave sobre el que reposarán en Derecho canónico planteamientos muy importantes [18]. El paralelismo ha sido señalado en más de una ocasión. Recordaré aquí las tres razones de esta elaboración canónica:

1) *una razón política:* el problema de las inmunidades a lo largo de la polémica «Sacerdocio-Reino»; las inmunidades se irán construyendo precisamente en torno al *destino* espiritual de los bienes y derechos de la Iglesia. Y en base a él se argumentará también la liberación de cargas y gravámenes cuando tales bienes pasan al dominio de ésta. Es precisamente este destino el que, según los canonistas, los excluye del poder real y los somete al poder espiritual y temporal del Pontífice. También sobre este elemento de la *consecratio* o *benedictio* se pretenderá argumentar su liberación de cargas y gravámenes;

2) *una razón jurídica:* la dificultad de encontrar titulares jurídicos aptos para su patrimonio (la Iglesia no se fía de sus eclesiásticos); la titularidad de estos bienes era un problema y para evitar la disponibilidad sobre ellos de sus administradores se acudirá inicialmente a las ficciones de una titularidad atribuida a Cristo, a la Virgen María, a los santos o a los pobres. Esta inestable situación jurídica forzará la construcción de un concepto de patrimonio en el que la nota fundamental no sea la titularidad, sino el destino, la finalidad de los bienes. Ésta era el quicio de la estabilidad patrimonial que la Iglesia quería conseguir;

3) *una razón histórica:* el enfeudamiento patrimonial de la Iglesia durante toda la Edad Media, que se apoyará patrimonialmente sobre los señores feudales; es así como surge el tema de las Iglesias propias, es decir, iglesias de propiedad privada que no obstante ello, están «afectadas» al culto divino, que han estudiado ampliamente entre nosotros García Gallo y Torres López [19].

El resultado en el orden jurídico de todos estos factores será el establecimiento de un régimen especial para todos aquellos bienes que a través de la

---

[18] La bibliografía sobre el tema es abundante: sobre las exenciones de los bienes eclesiásticos, *vid.* GONZÁLEZ RUIZ, M., *El patrimonio eclesiástico,* Salamanca, 1950, en el que se recoge un resumen de la cuestión en SUÁREZ; en concreto, si los bienes temporales, al pasar al dominio de la Iglesia, continúan con sus gravámenes o *ipso facto* quedan libres de éstos. Sobre el problema de los patrimonios separados y la titularidad de los bienes correspondientes, *vid.,* CORDONELLI, M., *Destinazione di patrimonio e soggettivita giuridica nel diritto canonico,* Milano, 1964. Para una visión histórica y actual del esquema que encuadra a los bienes eclesiásticos, *vid.* REINA, V., *El sistema beneficial,* Pamplona, 1966, páginas 155-190; de esta misma obra, para lo referente al culto como *fin del patrimonio,* y problemas jurídicos que entraña, páginas 282 y 298.

[19] Además de los conocidos estudios históricos de GARCÍA GALLO y TORRES LÓPEZ, un planteamiento actual en GARCÍA BARBERENA, T., *Las iglesias de propiedad privada y el artículo IV del Concordato,* «Anuario de Derecho Civil», 1965, páginas 823 y siguientes.

consecratio o *benedictio* se hallan especialmente ordenados de forma directa a la participación en los altos fines de naturaleza espiritual que la Iglesia tiene encomendados. Su vinculación a estos fines —*salus animarum, suprema lex*— impondrá a dichos bienes un régimen jurídico especial, cualquiera que sea su titular, en atención a la *virtus peculiaris* que la consagración y la dedicación les procura a favor de la comunidad [20]. El profesor García Trevijano recordó entre nosotros el reflejo actual en el *Codex* de toda esta construcción, y en Alemania ha sido justamente Forsthoff, ha dedicado un trabajo al régimen de estas *res sacrae*. Muestra en él como la protección que la afectación extiende sobre las *res sacrae* es amplia e intensa, para que de ninguna forma pueda sufrir perturbación el destino prescrito [21].

No hace falta, al menos por ahora, extenderse más sobre este punto. Si he traído aquí toda esta formulación es porque va a ser justamente en esta gloriosa tradición jurídica romano-canónica en la que hay que insertar el concepto y la técnica jurídico-administrativa actual de la afectación de bienes al servicio público.

III. Análisis de su naturaleza y calificación jurídica

Una vez señalado el legado histórico y dogmático que ha acompañado y condicionado la elaboración del concepto de «afectación» puede ya iniciarse el análisis de su naturaleza y calificación jurídica actual.

Las cuestiones fundamentales a que hay que responder en este punto son tres:

1.ª) Significado y alcance de la afectación en el cuadro de limitaciones, servidumbres y cargas sobre bienes y derechos privados por razón de obras o servicios públicos.

2.ª) Naturaleza y modalidades del acto de afectación.

3.ª) Calificación dogmática de la afectación.

1. *Afectación y escala de intervención administrativa*

No puedo extenderme en el análisis del primer punto. Diré únicamente la conclusión a la que he llegado, y ésta es que en la escala de intervención administrativa sobre los bienes y derechos privados que suele establecerse (determi-

---

[20] *Vid.* MORONI, L., *Deputatio ad cultum,* cit.

[21] Cfr. FORSTHOFF, E., ob. cit. página 497.

nación del contenido normal de los derechos, limitaciones, servidumbres, obligaciones positivas de hacer, expropiación plena, requisa) nos encontramos con que la afectación se inserta entre los deberes de *facere* o *praestare,* es una vinculación de contenido positivo que tiene además naturaleza no sólo de obligación, sino de *sujeción* (es el grado más intenso de vinculación: *un* no *poder dejar de acatar la actuación ajena,* semejante en este sentido a la expropiación). Y ello porque, como veremos a continuación, la afectación no es sólo una obligación personal del dueño o una «carga», sino una auténtica *vinculación real* (de la cosa).

2. *Naturaleza y requisitos del acto de afectación*

La elaboración jurídico-administrativa moderna del concepto de afectación se ha realizado, como hemos dicho, desde la perspectiva del demanio, al objeto de distinguir el dominio público de los demás bienes del Estado. Según nos cuenta Laferrière, la formulación del artículo 539 del Código de Napoleón había originado una cierta confusión entre los autores al calificar como de dominio público los bienes vacantes y sin dueño y los de las personas que mueren sin heredero; esto había sido un error de última redacción en la que las palabras *appartiennent à la Nation* fueron sustituidas por *appartiennent au domaine public,* error en cuyas causas no es preciso ahora entrar. El hecho es que, después de esta primera etapa de confusión, parece que arranca de Proudhon (en su *Traité du Domaine public*) la distinción entre el *domaine public* y el *domaine de l'État,* distinción que fue formulada justamente sobre el concepto de *afectación: le domaine public ambrasse tous les fonds qui, sans appartenir a personne, ont été «consacrés» au service public de la société* (la terminología es significativa: *consecratio, dicatio*).

Desde el primer momento se planteará la cuestión de cómo se produce esa *consecratio,* cuáles han de ser los requisitos y naturaleza de un tal acto. Y será el propio Proudhon, el que, recogiendo una tradición secular, afirma que *«l'affectation d'un fonds à un service public est "un fait extérieur": si ce fait cesse complètement,* si, *par exemple, l'assiette d'une ancienne route est cultivée comme un champ pendant plus de trente années depuis la cessation du service public, il n'y a plus l'affectation réelle à l'usage de tous»; «il n'est pus besoin de déclaration expresse à cet égard».* Es la *destination* lo que le confiere la condición de *domaine public,* no su naturaleza; *la forme* —escribe Laferrière— *fait ici la réalité; «forma dat esse rei»* decían los clásicos. Por ello —concluye con Proudhon— *affectation d'un fonds an service public peut être abolie expressément ou «tacitement»* [22].

---

[22] Todo ello según LAFERRIÈRE, F., *Cours de Droit Public et Administratif,* 5ème edit, París,

Ese criterio fue afirmado también por Otto Mayer y recordado entre nosotros hace años por García de Enterría como «doctrina que en todas partes es general» [23]. En nuestro Derecho, además, las palabras mismas del artículo 341 («cuando dejen de estar destinados...») que parecen referirse precisamente a un simple resultado de hecho, aunque no se excluye por supuesto una posible «determinación formal» [24]. Estas conclusiones, con alguna excepción aislada, han sido unánimemente aceptadas por la doctrina que admite la afectación y desafectación tácita de los bienes al uso o servicio público como una cuestión puramente fáctica [25]. Ello, visto desde el ángulo exclusivo de los bienes de dominio público (titularidad siempre pública) y referido al supuesto contemplado fundamentalmente por la doctrina (el de la usucapión), era una solución que se imponía.

Ahora bien ¿es trasladable una tal solución al caso que nos ocupa?, ¿es admisible una pura y simple afectación fáctica, como puro hecho, en el supuesto de bienes cuya titularidad no es pública sino privada, esto es, en el supuesto de bienes privados en un servicio público? La gravedad de las consecuencias de una tal situación exige someter a revisión, en estos supuestos, la naturaleza y requisitos del acto de afectación.

Conviene recordar, en primer lugar, que la Ley del Patrimonio del Estado ha pretendido, no sin cierto optimismo, reaccionar contra esa larga tradición de afectación y desafectación tácita, exigiendo orden expresa y forma solemne mediante la redacción de la correspondiente «acta» tanto para un caso como para otro (artículos 113 y ss. LPE). La doctrina ha criticado esta «irrealista y quimérica» solución (González Berenguer) para los supuestos de usucapión, y ello no deja de ser cierto en estos casos [26]. Sin embargo, pienso que una tal so-

---

1860, páginas 548 y siguientes. Naturalmente que cabía también la afectación por vía legal, o por acto expreso (y puede recordarse, por ejemplo, en la legislación forestal la tradicional afectación especial de bosques y maderas a los servicios de la Marina, lo cual suponía el derecho de este Departamento a elegir y señalar los árboles que en las adjudicaciones habrían de ser destinados a este servicio), pero esto no ha sido nunca esencial.

[23] García de Enterría, E., *Dos estudios sobre la usucapión en Derecho administrativo,* Madrid, 1955, página 124: «Estos efectos imputables a la afectación o desafectación de las cosas respecto a la utilidad pública —escribe— parecen, en efecto, lo suficientemente graves e importantes como para merecer la exigencia de pronunciamientos expresos y solemnes, para imponer, en fin, la específica garantía de una acto formal; sin embargo, y pese a intentos concretos, esto no ha ocurrido en época ni ordenamiento alguno. Nunca un Derecho ha podido exigir el empleo de fórmulas sacramentales para entender cumplidos los presupuestos esenciales de la afectación o la desafectación».

[24] García de Enterría, E., *loc. cit.,* página 125.

[25] Por todos, últimamente, González Berenguer, J. L., *Sobre la crisis del concepto de dominio público,* RAP, n.º 56, 1968, páginas 191 y siguientes, especialmente 194-195.

[26] Por lo demás, a la vista de nuestro Derecho positivo podría afirmarse, quizá, que con

lución —es decir, acto expreso de afectación— puede ser interesante a otros efectos (por ejemplo, para determinar el régimen jurídico de enajenaciones o aprovechamientos) y, desde luego, constituye un criterio legal a tener en cuenta en el supuesto que nos ocupa, pues parece lógico pensar que si una tal manifestación solemne de voluntad es conveniente a los efectos de establecer claridad y seguridad en sus propios bienes, no lo será menos en el caso de unos bienes privados sobre los cuales, sin que tenga conciencia de ello, puede verse privado su titular de un ámbito considerable de sus facultades.

Por otro lado, si se repasa la legislación sectorial se observará que nuestro Derecho prevé ordinariamente un acto formal de afectación, una verdadera «acta» de adscripción o reconocimiento en muchos sectores. Así, en ferrocarriles, los artículos 23 y 24 del Reglamento de 24 de mayo de 1878 prevén la formación de «un estado descriptivo de las estaciones, puentes y demás obras de fábrica y edificios que se hubieren construido» (artículo 23) y «un acta de reconocimiento de las obras y material del camino», que deberá redactarse antes de ponerle en explotación (artículo 24). Asimismo no hay que olvidar que constituye igualmente una declaración formal de afectación los *equipos de material móvil* que se contienen o fijan en las condiciones particulares de las concesiones. A través de todos estos documentos, ciertamente no muy solemnes (son declaraciones firmadas por ingenieros, de la Administración o del concesionario) se produce una verdadera *declaración formal de afectación de listas de bienes* que tienen además una importancia trascendental, tanto por lo que se refiere al régimen jurídico de éstos durante la concesión, como también en cuanto a índice delimitador del alcance de la reversión gratuita en cuanto a los bienes, en los términos del artículo 35 del Reglamento, que se remite a estos documentos para fijarlo.

Análogo criterio se afirma en la Ley de 14 de junio de 1909 sobre comunicaciones marítimas, cuyo artículo 17 prevé en sus bases la confección de una *relación de buques afectos,* «propiedad de españoles y abanderados y matriculados en España», con declaración de sus condiciones, estado, etc., y con obligación de reponer el que fuese excluido; y éste parece ser también el criterio de la

---

carácter general el supuesto normal es la afectación expresa a través de un acto formal y solemne (artículo 116, 1.º LPE y artículo 8.º RBCL), si bien cabe la afectación implícita cuando se trate de adquisiciones de bienes a través de una expropiación, siempre vinculada a un fin (artículo 119 LPE) o a través de una compraventa o suministro de bienes muebles por un servicio (artículo 92 LPE), e incluso puramente fáctica, mediante el transcurso del tiempo (artículo 8.º, 4.º, RBCL). Respecto a la afectación por simples actuaciones materiales, no está prevista en la Ley, pero es admitida, como se ha dicho, en general por la doctrina: *vid.*, por todos, GARRIDO FALLA, F., *Tratado...*, cit., páginas 449 y 450: «Lo importante —dice— es el hecho real de la afectación, y ésta puede estar probada mediante otras fórmulas también concluyentes».

Ley de 12 de mayo de 1956, de Protección a la Flota Mercante Española, por remisión del artículo 22 al contrato de los servicios públicos de línea regular, pues en éstos se acompaña siempre una *hoja de equipo*. Es el caso, por ejemplo, del contrato con la Transmediterránea, aprobado por Decreto de 22 de febrero de 1952 (Az. 382), que establece en su artículo 16 que «el concesionario presentará el plan inicial de explotación de los buques que ha de aportar al servicio, ya sean de su exclusiva propiedad o arrendados», y más adelante se establece que «por decisión del Estado y oyendo a la Compañía concesionaria se determinarán los buques propiedad de la misma que, incluidos en el plan inicial de explotación, han de adscribirse totalmente al contrato, eligiendo entre aquéllos los que por su edad, estado de conservación y características reúnan las condiciones satisfactorias y durante un período de tiempo razonablemente largo en relación con la duración del mismo. Los restantes, o sea aquellos que por su edad, estado y características no se considere reúnen dichas condiciones, prestarán servicios con carácter provisional en tanto sea posible y hasta que sean sustituidos por los que hayan de reemplazarlos, incorporándose al contrato en régimen transitorio, pero en iguales condiciones que los demás adscritos totalmente, hasta que sean separados por decisión adoptada por la Subsecretaría de la Marina Mercante, previos los informes reglamentarios que procedan, oída la Compañía concesionaria». Se prevé también en el contrato la existencia de una serie de buques en reserva, cuya afectación se producirá en este caso con su «puesta en servicio» (artículo 16, párr. 8): «además de los buques necesarios para el mantenimiento y explotación normal de los servicios el concesionario deberá disponer de un número prudencial de buques de reserva de características similares a aquéllos, los cuales deberán encontrarse en situación que permitan su utilización en caso de que por accidente u otras causas resultase necesario».

Otro tanto ocurre en el servicio público de suministro de gas. El artículo 13 del Reglamento de 27 de enero de 1956 parece aludir a una mera incorporación fáctica como criterio de afectación al aludir simplemente a las «obras hechas, materiales acopiados y maquinaria en almacén o instalada» para la delimitación de los bienes concesionales en los supuestos de caducidad; sin embargo, el artículo 6.º, al remitirse a la Orden ministerial de 12 de septiembre de 1939 (Az. Dic. 10663), norma 2.ª, 2.º, apartado 5 (que prescribe una «relación total de la maquinaria empleada en la industria y valoración de aquélla, separando en caso de ampliación la existente de la solicitada») fuerza a una *declaración de instalaciones y equipo* que constituye, de rechazo, una *verdadera declaración formal de afectación*. Tal solución se confirma en las disposiciones adicionales del Reglamento, que exige a las compañías de abastecimiento de gas existentes la presentación de una documentación en la que se acrediten los elementos de la explotación, contadores, instalaciones, etc., cuando esta declaración no conste con anterioridad.

Finalmente, en los servicios de transporte por carretera la solución es clara: el solicitante deberá hacer constar en la petición, según el artículo 10, párrafo 6, del Reglamento, una descripción del *«material móvil de servicio y de reserva* que haya de quedar afecto a la concesión, especificando su número y características» (*Reglamento de Ordenación,* de 9 de diciembre de 1949). E igualmente el artículo 61 supone la existencia de un acto formal de afectación cuando prescribe que «los vehículos que, en el número y con las características señaladas en las condiciones de una concesión de servicio regular, estén adscritos a ella de un modo expreso, y los que posteriormente se adscriban por orden de la Dirección General, para servir las ampliaciones o intensificaciones de servicios acordadas por el Ministerio de Obras Públicas».

De toda esta normativa puede concluirse que el acto de afectación, en el supuesto que examinamos, *no puede ser un puro hecho exterior, sino que exige siempre una declaración, un acto de voluntad más o menos formal.* No es admisible la concepción tradicional del acto de afectación tal como venía siendo aceptada por la doctrina desde la perspectiva exclusiva del dominio público y de la adquisición por usucapión. Se impone, en mi opinión, una nueva formulación para los supuestos de hecho que aquí se contemplan.

A estos efectos, empecemos por recordar brevemente la formulación de Otto Mayer, que aunque recogió la doctrina francesa, la matizó en este punto. Para Mayer la afectación es esencialmente un hecho: es la «puesta en función» [27]. Ahora bien, dice, para que este hecho pueda determinar un régimen jurídico se requieren dos condiciones:

a) Una declaración de voluntad por parte de su dueño (declaración de voluntad que no tendrá afecto alguno si la cosa no está efectivamente a su disposición, si él no es de hecho su dueño).

b) La efectiva puesta en servicio o entrada en funciones: «la cosa —dice— se hará pública no en virtud de esta declaración de apertura, sino *por el hecho de haber comenzado el servicio* (cursiva del original)» [28].

Según esto, cabrían varias modalidades de afectación: cabrá una afectación natural, una afectación tácita o una afectación solemne y expresa [29]. Ahora bien,

---

[27] MAYER, Otto, *Derecho Administrativo Alemán,* cit., página 139.

[28] Ob. cit., páginas 140, 142.

[29] *Vid.* MAYER, Otto, ob. cit., página 145. «La voluntad puede manifestarse no sólo mediante un acto formal o hasta solemne —que se designa preferentemente con la palabra "afec-

¿qué sentido tiene entonces esa necesidad de que exista al menos una voluntad declarativa de la afectación, cualquiera que sea la forma en que lo haga? Sencillamente, evitar impensadas afectaciones a *non domino* que de otro modo podrían producirse anárquicamente [30]. Ésta es una primera salvaguarda o cautela.

Pero interesa detenerse un poco más en la formulación de la doctrina de las «cosas públicas», a la que ya me he referido, y a la luz de ella estudiar la naturaleza del acto de afectación. Fleiner ya afirmó que «a no ser que la misma naturaleza haya dado a una cosa el carácter de pública, sólo se puede imprimir carácter público a las cosas por un acto administrativo del órgano público competente, e igualmente sólo por un acto análogo puede privársela de tal carácter»; y que normalmente para afectar una cosa a un fin público es preciso tener poder de disposición sobre ella; pero —dice— «no por carecer de esta facultad hay que suponer que tal destinación sea nula», pues en el fondo la afectación no es tanto un acto de disposición del propietario cuanto «una consecuencia del Poder soberano», ya que aunque normalmente las cosas públicas pertenecen a una persona pública (Estado o Municipio), «también pueden pertenecer a un particular» [31]. Es ésta una apreciación importante pues se establece con ella una disociación entre titularidad y afectación, con la consecuencia necesaria, aunque no la formula expresamente, de que para que ésta se produzca es necesario un acto formal [32].

Pero es quizá en Forsthoff donde puede encontrarse un análisis más preciso del concepto. En los casos más simples (coincidencia de titularidad y destino a un fin público) no hay problema: el acto de afectación puede consistir simplemente en su puesta en servicio para tal fin (como un acto tácito). Pero cuando el propietario y el ente u órgano que declara la afectación no coinci-

tación”—, sino también de manera tácita mediante las disposiciones tomadas con relación a la cosa; por último, para las cosas públicas *naturales* esta voluntad constituye hasta un accesorio de los hechos materiales a los cuales está ligada» (cursiva del original).

30 «El hecho material de la utilidad pública es tan esencial que no existe cosa pública antes del momento en que ese hecho exista. Este hecho debe basarse al mismo tiempo sobre la voluntad del sujeto de Administración pública que dispone la cosa». MAYER, Otto, ob. cit., página 145.

31 Todo ello según FLEINER, F., *Instituciones de Derecho Administrativo,* Madrid, 1933, páginas 285 y siguientes.

32 Por ello, también, no se puede desafectar una cosa pública de un fin público en virtud de un negocio de Derecho privado. Por lo tanto, es jurídicamente posible establecer derechos reales sobre una cosa pública en favor de un tercero, pero *sólo en cuanto el ejercicio de estos derechos sea compatible en su totalidad con el cumplimiento del fin público* a que se halla afectada la cosa. De igual modo, los derechos reales sobre la cosa que han nacido con anterioridad a su destino público pueden seguir ejercitándose en la inteligencia de que con ello no se merme el uso público»: FLEINER, *Instituciones...*, páginas 288-289.

den, entonces «no es adecuado —dice Forsthoff— considerar la afectación como un puro hecho, según pretendía Otto Mayer» [33]. Porque, en efecto, dadas las importantes consecuencias que la afectación supone en el régimen jurídico de las cosas (según veremos más adelante), para producir la afectación debe ostentarse *un poder de disposición* sobre ellas. Por eso cuando la Administración no es propietaria se hace necesario que de alguna forma reciba tal poder. Lo ordinario será que tal apoderamiento se produzca mediante el consentimiento del propietario, consentimiento que, de alguna forma, debe manifestarse, aunque sea solamente por *facta concludentia*. Es discutible, sin embargo —y Forsthoff no lo aclara— si debe ser éste un consentimiento pleno o basta simplemente el conocimiento del hecho, aunque no sea consciente de todas las obligaciones que implica. La importancia de una u otra postura radica en admitir o no, como hemos dicho, las *afectaciones a non domino* según las condiciones generales de este tipo de transmisiones en Derecho común respecto a bienes muebles. Veremos este punto más adelante.

A la vista de todo lo dicho, debemos concluir ratificando la *inadmisibilidad de las afectaciones puramente fácticas,* de la afectación como un puro hecho, si no se acredita, aunque sea a través de la vía de los *facta concludentia,* un consentimiento presunto de su titular [34].

Ahora bien, una vez esto afirmado, conviene preguntarse si, *ex propia natura,* la afectación de bienes a un servicio público es sólo una declaración o exige también una ejecución; esto es, si para que la afectación se produzca se exige *también* el hecho de la incorporación física a la obra o el servicio (así lo entendía Otto Mayer cuando hablaba de la «puesta en servicio») o basta la mera declaración. Nuestra jurisprudencia se ha enfrentado en alguna ocasión con el problema, llegando, a mi juicio, a una acertada formulación.

Así, en un primer Real Decreto de Competencias, de 11 de abril de 1881 [35]. Se trataba de la ejecución de una letra de cambio, dada en pago, de

---

33 Estos casos no son tan excepcionales como quería Mayer. Constituye un fenómeno especialmente frecuente en la destinación de objetos o inmuebles a fines de culto: en *Tratado...,* cit., página 493, por nota.

34 Por eso, concluye FORSTHOFF, «si el poder de disposición del propietario se halla limitado por derechos reales de terceros, que se oponen a la adscripción a un fin como cosa pública (verbigracia, la servidumbre inmobiliaria o el usufructo, en cambio no la hipoteca), se requerirá también la conformidad del titular de esos derechos»: *Tratado...*, cit., página 496. Conviene hacer notar que no todo derecho real sobre la cosa se opone a la afectación (ni, por tanto, será necesario el consentimiento de su titular para que ésta se produzca). Sólo aquéllos que hagan imposible tal destinación. Esto depende, en cada caso, del contenido de la afectación y del derecho real de que se trate.

35 *Colección Legislativa,* 1881, primer sem., núm. 9.

7,144 traviesas que tenían que ser destinadas a la construcción del ferrocarril de Ponferrada a La Coruña y no habían sido aún instaladas, aunque sí estaban depositadas en la Sección de Sarriá a Lugo. Se trataba de saber si estaban o no afectas al mismo. La Administración estimaba que sí, primero porque para su compra se había concedido una subvención, y segundo porque entendía que formaban parte del material de la concesión. La autoridad judicial estimaba que la Ley de 1869 sobre quiebras, en la que se apoyaba su inembargabilidad, no tenía aplicación, pues dicha Ley se refería al material fijo y móvil «destinado al movimiento de la línea», y, por lo tanto, el precepto legal se refería exclusivamente al material que se halla en explotación, y de ningún modo a los materiales que aún no estuvieses incorporados. La solución de este caso fue entender que las traviesas no se hallaban todavía fijas en la línea, por lo que no se podían considerar «vinculadas» e inembargables. Así pues, se aceptó como requisito de la «afectación» el de su incorporación física al servicio. Y como no lo estaban, se atribuye la competencia a la autoridad judicial [36].

Unos años después, sin embargo, el Tribunal Supremo estimará que no es necesaria la incorporación física. Lo importante es —dice— su «incorporación jurídica» (y en eso consiste esencialmente la afectación), de la cual aquélla será en muchos casos su índice revelador, y en otros obligada consecuencia. Tal fue el criterio sentado en *Sentencia de 6 de mayo de 1911* [37], en caso idéntico al anterior. Se trataba de un supuesto de caducidad de una concesión de ferrocarriles en el que era preciso *determinar la afectación o no al servicio de 2,888 raíles de acero.* Los titulares de la concesión argumentaban que tales carriles no estaban *incorporados* (no estaban utilizándose ni habían sido acopiados en ella); pero el Tribunal Supremo argumentará, en contra, que «los carriles, siquiera no estuviesen colocados en la línea, *basta que hayan sido incorporados con exención de derechos y destinados al ferrocarril* en construcción», para que se consideren afectos al mismo. La argumentación es clara: entiende que la afectación se ha producido, porque *aun cuando no se haya realizado su incorporación física, se ha producido ya una incorporación jurídica,* esto es, una vinculación jurídica de tales bienes al servicio como consecuencia de la

---

[36] Nótese que, entre otras importantes consecuencias que lleva consigo la apreciación o no de afectación, una es ésta: la atribución de la competencia a la jurisdicción contencioso-administrativa o a los Tribunales ordinarios; si hay afectación, estamos ante cuestiones de prestación de servicio público, y corresponde la competencia a la Administración, y en revisión, a lo contencioso; si se entiende que no hay afectación, estamos ante una cuestión de reivindicación, *inter partes,* de bienes privados, que, como es lógico, corresponderá a los Tribunales ordinarios. No puedo entrar ahora en un análisis más detallado de este punto, pero éste es, en esencia, el planteamiento.

[37] *Colección Legislativa,* primer sem., mayo 1911, núm. 55.

franquicia arancelaria con que han sido incorporados, que hace ilegal y nula cualquier otra destinación.

Es éste un criterio que será también afirmado en otros supuestos de beneficios o ayudas financieras concedidos al concesionario o contratista para adquisición de material o bienes de equipo: así se ha declarado en los casos de certificaciones a cuenta o de subvenciones o anticipos, en los que se afirmará el derecho de retención y aplicación de los acopios, maquinaria o medios auxiliares a la obra o el servicio para el que fueron certificados. En todos estos casos, la adjudicación de beneficios fiscales o financieros *no da lugar simplemente a un derecho de crédito preferente,* sino a un auténtico derecho real de afectación, esto es, no se trata sólo de una «obligación» del concesionario que éste deberá abonar en su día o de una «carga» de la que puede liberarse devolviendo su importe, sino que se trata de un acto de destinación jurídica de la cosa misma, aunque no se haya formalizado una declaración expresa de la afectación ni se haya producido aún su incorporación física. Es acertada, a mi juicio, esta solución.

Concluyamos: la afectación de bienes privados al servicio público en nuestro Derecho requerirá un *acto de «incorporación jurídica»* que tiene como presupuesto el consentimiento, expreso o presunto, del titular del bien afectado. No es suficiente, ni necesaria la *incorporación física* para que la afectación se produzca. Será, en muchos casos, índice revelador de ésta y en otros consecuencia necesaria exigible, pero el acto material de su puesta en servicio *exige siempre un título jurídico* (no es un puro acto material de ejecución, que sería irregular e ilegítimo sin aquél). En realidad, la «puesta en servicio» no es, como quería Otto Mayer, la «esencia» de la afectación, sino su «consecuencia»; consecuencia que es, naturalmente, el resultado que se busca y que, una vez obtenido, se protegerá frente a cualesquiera otros títulos jurídicos.

Entre otras consecuencias, una muy importante que se deriva de esta concepción del «acto de afectación» es la delimitación de los bienes revertibles. La reversión alcanza a la totalidad de los elementos que contribuyen a garantizar la continuidad en la prestación de un servicio público y nuestro Tribunal Supremo ha venido a reiterar dicho criterio, extrayendo de él una consecuencia a la hora de precisar el alcance de la reversión: ésta —dice, en Sentencia de 22 de diciembre de 1954 (Az. 3150)— alcanzará no sólo a los bienes o «elementos que vitalizaban la concesión por encontrarse ya en curso de empleo utilitario» (bienes revertibles por adscripción), sino también a los que «ya estuvieren dispuestos para su empleo (bienes revertibles por destino)», aun cuando de hecho no hayan empezado a ser utilizados.

3. *Contenido y calificación jurídico-dogmática de la afectación de bienes*

Vistos los dos problemas que acaban de ser analizados, nos queda un tercero: el de su naturaleza jurídica. ¿En qué consiste jurídicamente ese poder de la Administración sobre los bienes afectos? Aquí hay que precisar varias cosas. Y ello debe hacerse a la vista de algunos supuestos con los que se ha enfrentado nuestra jurisprudencia de conflictos. Una calificación dogmática sólo es válida en la medida en que responda a un régimen de efectos en nuestro Derecho positivo. Pues bien, recordemos algunas soluciones dadas a casos conflictivos.

El primer caso, recogido en el Real Decreto de Competencias de 4 de junio de 1885 [38], se refiere al servicio de limpieza y dragado del puerto de Santander. A él estaban afectos una draga y dos gánguiles contra los que el juez dicta providencia de embargo por falta de pago de unas letras que el concesionario del servicio (comprador) había entregado al vendedor. El gobernador requirió de inhibición al Juzgado, el cual se declaró competente por entender que el embargo no afectaba al principio tradicional de indivisibilidad e intransferibilidad de las concesiones, como tales, sino pura y simplemente a la enajenación de unos bienes de dominio particular de los que se vale el contratista. El dictamen del Consejo de Estado y el Decreto resuelven la competencia a favor de la Administración afirmando la inembargabilidad de tales bienes.

Tiene interés el caso porque se da la circunstancia de que sobre la draga y los gánguiles se había constituido ya con anterioridad una hipoteca a favor de la Junta del Puerto, en garantía y fianza del contrato, hasta el importe de 66.000 pesetas (una cantidad importante para la época). Pues bien, es de destacar en la argumentación del Consejo de Estado, que éste no se apoya en la posible tercería de mejor derecho que tenía la Junta, en virtud de su hipoteca anterior. La razón de ello es obvia: su tercería de mejor derecho únicamente le facultaba para realizar la fianza hasta el límite de las 66.000 pesetas que cubría la primera hipoteca, pero implicaba en cualquier caso la venta del tren de limpia con la forzosa consecuencia de su separación de la obra; y esto es justamente lo que se trata de evitar, pues la *afectación* de los medios auxiliares *estriba precisamente en la puesta en uso y aplicación de los bienes al fin público al que han sido destinados* (y no en la realización en metálico de la cantidad en que consista una fianza contractual).

Pocos años después se producía otra importante decisión para nuestro tema [39]. Se trataba de un contrato de gestión del servicio de basuras entre el

---

[38] *Gaceta,* de 20 de julio.

[39] RDC de 23 de agosto de 1890, *Gaceta,* de 4 de noviembre.

Ayuntamiento de Cartagena y el contratista, don Juan Jiménez Salinas. En el propio contrato se declaraba que el *material que éste emplease se declaraba afecto al servicio.* Como consecuencia de un juicio ejecutivo por deuda anterior, se despachó contra él mandamiento de ejecución, embargándole los aparatos, efectos y caballerías que constituían el equipo de limpieza. Entablada cuestión de competencia se aduce:

a) Por la autoridad gubernativa: que las deudas particulares no pueden ejecutarse con atentado a la *continuidad y regularidad de un servicio público tan esencial, cuyo entorpecimiento podía afectar a la salud pública;* que se ejecuten otros bienes, si ha lugar. Ésta es la «visión administrativa» del problema.

b) Por la autoridad judicial: se formula una argumentación en la que se aprecia de modo paradigmático la «visión civil» del problema. En efecto, se dirá que no puede admitirse en Derecho la afectación de unos bienes a una responsabilidad sin título expreso (de prenda o hipoteca) que así lo acredite, pues *la simple puesta en servicio no crea relación alguna de derecho capaz de alumbrar un título que paralice una ejecución o un embargo;* se insistirá en que las hipotecas tácitas hacía años que habían sido suprimidas y no podía, por tanto, admitirse esa afectación sin título expreso. ¡Qué cosa más razonable y ortodoxa esta argumentación desde un punto de vista jurídico-común!

Sin embargo, de nuevo, la competencia es resuelta a favor de la Administración. Lo cual *venía a suponer el reconocimiento de la afectación de los bienes* (que se declaraba en el contrato) como hecho que implica por sí misma una *relación jurídica en garantía de un fin,* sin necesidad de estar expresamente declarada. En el fondo suponía un mecanismo análogo a las antiguas hipotecas tácitas encaminadas ahora, no a la realización de un crédito o de una responsabilidad patrimonial, sino al cumplimiento y ejecución de un servicio.

Finalmente, un tercer supuesto, interesantísimo, es el Real Decreto de Competencias de 31 de octubre de 1910 [40], referido al servicio de transporte de carnes de Madrid desde el matadero a las expendedurías. El servicio fue adjudicado a don Juan Grau Llopis; éste, al otorgar la escritura, acepta la adjudicación del servicio, pero por acta notarial posterior, hace constar que obró «por cuenta y en exclusivo interés de la Compañía de Omnibus y Tranvías, domiciliada en Barcelona, titulada "la Catalana", de la que era director, y a quien pertenecían todos los coches y demás accesorios destinados a la prestación del servicio». Tal Compañía fue declarada por el Juzgado en estado de quiebra por auto de 5 de febrero de 1909, y declarado el embargo de todos sus bienes. El Juzgado procedió a trabar formal embargo en los coches automóvi-

---

[40] *Gaceta,* de 4 de noviembre.

les y demás efectos. El gobernador civil de Madrid «requirió entonces de inhibición al Juzgado, alegando que de otro modo se interrumpiría el servicio público municipal de transportes de carnes de la villa». El Juzgado, con un planteamiento análogo al anterior, mantuvo su competencia.

Pues bien, el Real Decreto de Competencia argumenta así:

1) que se trata de unos coches-automóviles y otros bienes «destinados y afectos al servicio público municipal de transporte de carnes»;

2) que tales coches serán en su día objeto de reversión y la Administración tiene el deber de velar sobre ellos, e incluso la facultad de incautarse de ellos en el caso de incumplimiento del servicio;

3) que la manifestación posterior a la adjudicación, sobre la titularidad de los coches, no afecta para nada a la cuestión, «ni desvirtúa las obligaciones mutuas que el contrato puedan derivarse, toda vez que *tal manifestación* sobre la titularidad de los bienes *hecha sin conocimiento de la Corporación contratante, así como toda transferencia que se hubiere realizado, sin que precediese la aprobación de aquella, son ineficaces en Derecho, por lo que la Administración se refiere».*

Por todo lo cual, decide la competencia a favor de la Administración.

A la vista de estas tres decisiones creo puede concluirse que lo que se afirma una y otra vez es: 1.º) el derecho de aplicación de unos bienes a una finalidad —la obra o el servicio público— a la que han sido afectados, y 2.º), se afirma que tal vinculación es una vinculación real, que se dirige a la cosa misma y que se mantiene, frente a cualquier título civil, en atención a la necesaria continuidad de los servicios públicos. Al margen, por tanto, de quien sea su propietario [41]. Ahora bien ¿qué es esto sino *un derecho real, in re aliena*, que se dirige directamente a la cosa y es esgrimible *erga omnes,* incluido su propietario? He aquí una primera conclusión.

Respecto a su contenido, digamos por de pronto que el derecho real de afectación no es un simple derecho de retención. Implica ciertamente la retención de la cosa, pero es más que el derecho de retención civil, que autoriza únicamente a continuar la detentación, pero no a usar ni a realizar su valor.

No es tampoco un derecho real de garantía al modo civil, esto es, un derecho de realización del valor en garantía de un crédito. El derecho de afectación está constituido en función de una obligación de *facere:* frente al *genus* de la prenda, no es un derecho de realización de valor, sino de realización de activi-

---

[41] Tal es el contenido de los *iura en re aliena:* DÍEZ-PICAZO, L., *Fundamentos...,* cit., página 64.

dad. Y es que la fuerte protección que el Derecho administrativo concede está orientada, no hacia la garantía de unos ingresos fiscales, sino hacia el aseguramiento de una actividad esencial e imprescindible para la colectividad social; esto es, la afectación está concebida en garantía de la sociedad, no del erario.

Así pues, la afectación es la vinculación real y finalista de unos bienes a un servicio público cualquiera que sea el titular de aquéllos. Pero no es, tampoco, una servidumbre *(servitus in faciendo consistere nequi)* ni un simple derecho de uso. ¿Cuál es, entonces, la naturaleza de este derecho real de afectación? Si hubiera de calificársele en la dogmática general del Derecho, la calificación que quizá más se ajusta a su naturaleza es la de los tan debatidos *derechos reales in faciendo,* esto es, aquéllos en los que el sujeto pasivo viene obligado como propietario o poseedor de una cosa a la realización con ella de una prestación positiva. Calificación que viene a confirmar la antes expuesta en la escala de los grados de intervención en la propiedad, pues la carga real que la afectación entraña no consiste sólo en un *no facere* ni en un *pati,* sino precisamente en un *facere.*

Este derecho real tiene además un contenido específico y concreto, esto es, se halla referido a una concreta y determinada actuación singular, lo cual quiere decir que los bienes se encuentran «afectados» no a la utilidad pública o al servicio público en general, sino a *tal* obra o servicio en concreto, y, por tanto, no pueden ser separados de ella sin autorización, ni siquiera para aplicarlas a otras obras o servicios públicos [42]. La afectación no es, en general, al «interés público», sino a *tal tarea o realización.*

Afirmemos, pues, que estamos ante un derecho real *in re aliena,* de contenido positivo, específico y concreto, que puede ser calificado como *in faciendo.*

IV. Sistema de efectos: aspectos destacados

1. *Tres supuestos significativos en el origen de la Administración moderna*

No nos resta, ahora, sino realizar un rápido recorrido por el sistema de efectos de la afectación en algunos aspectos fundamentales del régimen jurídico de estos bienes y verificar así la procedencia o improcedencia de la calificación dogmática que se propone.

Es interesante, con carácter previo, recordar algunas de sus primeras manifestaciones históricas, entre las cuales destacan tres:

---

[42] En contra, y, a mi juicio, sin razón, VILLAR Y ROMERO, J. M., *Procedencia del interdicto de recobrar contra la Administración, caso de incautarse ésta de los medios auxiliares de una obra pública,* «Rev. Der. Priv.», página 976.

— La devolución de bienes a los emigrados de la Revolución.

— Las obras públicas.

— Los bienes afectos a los servicios de las tropas.

Resulta significativo el paralelismo entre estos supuestos de «afectaciones» de bienes al servicio público y los que configuraron en su origen el contrato administrativo. La coincidencia no es casual: estamos asistiendo al nacimiento del Derecho administrativo moderno, y éste se manifiesta con unidad de sentido en los mismos campos.

Puede leerse en Gerando cómo cuando en la Restauración, por Ley de 5 de diciembre de 1814, se anularon las confiscaciones y se acordó la devolución a los emigrados de los bienes que les habían sido confiscados durante la Revolución, se dispondrá en los artículos 7.º y 8.º de la citada disposición que se exceptúan de tal devolución: 1) *los bienes afectados a un servicio público, mientras se juzgue necesario mantener tal destinación,* y 2) los bienes cedidos a favor de los *servicios asistenciales* (hospitales, casas de caridad y demás establecimientos benéficos).

Unos años después, en 1825, una nueva disposición dispondrá que se conceda una indemnización a los emigrados titulares de tales bienes [43]. De este primer supuesto pueden retenerse dos consideraciones sobre esta legislación: primera, que en la retención de los bienes afectos no se prejuzgan cuestiones de titularidad sobre los mismos, y segunda, que en todo caso se acuerda una indemnización.

Un segundo supuesto de afectación se declarará también desde el primer momento a favor de las obras públicas. Desde los primeros pliegos de condiciones aprobados por Instrucción de 30 de julio de 1811 y 9 de mayo de 1812 se afirmará que «el contratista no podrá utilizar los materiales extraídos de una cantera en un objeto distinto a aquel para el que fue concedido el derecho de explotación de aquélla» (artículo 9.º Reglamento de 15 de agosto de 1833), y asimismo que, una vez hayan sido reconocidos y declarados de recibo (acto de afectación), el empresario no podrá vender ni emplear en otro objeto distinto al de su adjudicación los materiales que haya acopiado, aun cuando hayan sido pagados por él a sus propietarios y aun cuando se trate de excedentes, hasta que la obra no haya sido terminada (artículo 19 de la Instrucción de 9 de mayo de 1812) [44].

---

[43] Todo ello según Gerando, *Institutes du Droit Administratif français,* 2.ª ed., París, 1842, tomo I, páginas 216-218, y tomo III, páginas 182, 184, 191, 193.

[44] Gerando, B., *Institutes…,* tomo IV, páginas 550 y 562.

El tercer campo será el ramo de la guerra y, entre otros supuestos que podrían recordarse, quizá el más significativo es el de los muebles y efectos del llamado servicio de «camas militares», que se encargaba de proporcionar al ejército los elementos necesarios para su descanso, tanto en tiempo de paz, como, sobre todo, en campaña [45]. En todos estos casos, el empresario, que sigue siendo el propietario de todo el equipo, no podrá introducir ningún cambio en la composición y destino de tales bienes, no podrá retirarlos del servicio, ni alquilarlos, ni prestarlos, sino con la autorización del ministro de la Guerra [46]. *Le movilier du service des lits miliaires ne peut ètre «affecté» qu'à l'usage des troupes, des officiers sans troupe et employés militares ressortissant au département de la guerre* [47]. Se afirma así expresamente, respecto de estos bienes, la pérdida del *ius disponendi* que corresponde al propietario. Más aún: si esa enajenación o separación llegara a producirse, la Administración militar dispondrá del derecho de persecución y recuperación de oficio de los bienes, que se formulará así como principio general de los bienes afectos al servicio público [48].

He aquí tres formulaciones de las consecuencias y efectos de la destinación de unos bienes privados a un servicio público, que se producirán en el origen mismo de la Administración moderna y cuyo significado es patente. Pues, en efecto, puede concluirse que desde el primer momento se afirman como fundamentales efectos de la afectación los siguientes:

1) La inamovilidad de los bienes respecto del servicio.

2) La pérdida por su propietario del *ius disponendi:* prohibición de cesiones, enajenaciones, arrendamientos, etc.

3) La obligación de conservación y mantenimiento en buen estado, bajo las órdenes de la Administración.

---

[45] No era el único supuesto. Otro tanto ocurrirá con «les forges et les fondenes de la guerren, a los cuales se les rodea de una serie de garantías tendentes a asegurar "la bonne et réguliere confection des objets fabriqués"; e idéntico régimen de protección recaerá sobre los edificios alquilados como cuarteles para las tropas, que serán considerados como "edificios militares" (con todos sus privilegios e inmunidades) mientras sean ocupados por el ejército»; todo ello según GERANDO, B., *Institutes...*, cit., tomo V, *passim.*

[46] Artículos 13 y 18 del Reglamento de 29 de octubre de 1841, cit. por GERANDO, ob. cit., tomo V, páginas 88-89.

[47] GERANDO, ob. cit., tomo V, página 93. Se dice igualmente que *les troupes ne prevent se servir d'aucun effet de literie ors des locaux affectés a leur casernement; elles ne prevent, dans aucum cas, et sous aucum prétexte, les employer a un usage autre que celui aquel ils sont «destinés»:* ob. cit., página 94.

[48] GERANDO, B., *Institutes...*, cit., tomo V, página 100: *le droit de suite* —puede leerse— *qu'exerce le governement sur les effets afectes an service public, et distraits de leur destination par abus, fraude ou autrement, est'etendu à toutes les parties du movilier de l'entrepreneur, et sur sa reclamation, les fontionnaires de l'intendence militaire inteviennet pour le fair rentrer en possession de ses effets.*

4) La acción de oficio para que la Administración recupere la posesión perdida sobre ellos, y esto, aun sin la voluntad de su dueño, y cualquiera que sea el título por el que se separó (venta, arrendamiento, ejecuciones, etc.).

5) Como consecuencia, se afirmará la inembargabilidad de tales bienes; inembargabilidad que será expresamente afirmada desde la Ley de 24 de julio de 1793 para los bienes efectos al servicio de Correos: *«les paresments, ainsi que les cheveaux, provisions, utensiles et equipages destines an service de la poste, ne pourront être saisis sous aucun pretexte»* (artículo 76).

Todo ello suponía, dicho brevemente, la afirmación del principio de intangibilidad de los bienes afectos como exigencia y garantía necesaria de la continuidad del servicio. Son justamente estos dos principios los que apoyarán una conclusión, a primera vista sorprendente: la plusvalecencia del título administrativo de la afectación, que formalmente se constituía por un simple recibo firmado por un funcionario de la Intendencia Militar, sobre los más solemnes y formales títulos jurídico-privados.

2. *Afectación v.* **ius disponendi** *del propietario*

El análisis singular de algunos aspectos del régimen jurídico de estos bienes en el derecho positivo español no hará sino confirmar cuanto llevamos dicho.

El primer problema se centra en la determinación de hasta qué punto la afectación de un bien al servicio público supone la pérdida del *ius disponendi* para su propietario. Acabamos de ver cómo éste era uno de los efectos típicos de la afectación en los supuestos de origen. Pues bien, si hoy repasamos la legislación sectorial sobre servicios públicos, nos encontraremos con que los artículos 10 y 18 del Reglamento del Servicio Público de Gas (Decreto de 27 de enero de 1956) exigen tal autorización para la enajenación de obras e instalaciones; con que el artículo 50 del Reglamento de Ordenación de Transportes por Carreteras (Decreto de 9 de diciembre de 1949) establece que «los vehículos adscritos a los servicios regulares no podrán ser enajenados, sustituidos ni retirados de la explotación sin autorización expresa de la Dirección General»; con que el artículo 7.° del Decreto de 22 de enero de 1952 (contrato con la Transmediterránea) exige, como ya se dijo, expresa autorización de la Subsecretaría de la Marina Mercante para la enajenación de «los barcos y demás elementos que constituyen el material auxiliar necesario»: tampoco podrá gravarlos, obligarlos ni darlos en garantía, «y en tal estado de irresponsabilidad deberá conservarlos por todo el tiempo de duración del contrato» [49]. Y

---

[49] Podrían citarse otros preceptos. Así, el artículo 72 de este mismo Decreto insiste en que

con carácter general, aunque con incorrecta formulación, por limitada, el artículo 128 del RSCL prohíbe al concesionario «enajenar *bienes afectos* a la concesión que hubiere de revertir en la entidad concedente, ni gravarlos, salvo autorización expresa de la Corporación». La incorrección está en limitar los efectos de la afectación al hecho de la futura reversión, pues —insisto— la afectación no tiene como fin la protección de la titularidad de un patrimonio (actual o futuro), sino la *funcionalidad* del mismo. Y a estos efectos, la reversión es irrelevante.

Vemos, pues, cómo la afectación de un bien al servicio público supone, en nuestro derecho, la pérdida, en principio, de la *libre* disposición sobre él por parte del propietario, sin que se altere por ello la naturaleza del bien, que sigue siendo privado. Ahora bien, podría preguntarse: ¿supone realmente la pérdida del *ius disponendi* en el orden civil? Para contestar a esta pregunta es preciso formularse otra, a saber: ¿qué consecuencias tendrá un acto de disposición sobre los bienes realizados sin autorización? A mi juicio, conviene distinguir dos planos: el de la *titularidad de los derechos en el orden civil* (o, si se quiere, el de la validez de la transmisión *inter partes*) y el de su *ejecución* o *repercusión en el orden administrativo.* Entiendo que en el orden civil, *inter partes,* la transmisión será perfectamente válida (argumento: sentencia de 26 de mayo de 1964, Az. 2.771: admite incluso validez civil de un contrato de transmisión del título concesional, si la concesión no se declara caducada, y sólo resolución por falta de objeto si se declarase extinguida; ahora bien, aquí estamos ante un objeto perfectamente claro, lícito y existente). Y ello porque la titularidad del bien sigue siendo puramente privada y sigue correspondiendo al gestor del servicio (o a terceros, en su caso), que no pierde por ello la *facultad jurídica* de disposición que le corresponde como tal (el *ius disponendi*); la enajenación de un bien afectado no encuentra en principio obstáculos teóricos para su validez, siempre que se respete (como en todos los casos de *iura in re aliena*) la carga de la afectación. Lo que el tercer adquirente no podrá pretender es dar al bien un destino patrimonial y funcional distinto del que tiene, esto es, no podrá ignorar la vinculación —el deber de *facere*— a que el bien está afecto, de modo que la entrega o la ejecución de la carga real constituida no será posible si ello ha

---

«los buques propiedad del concesionario, adscritos total o transitoriamente al contrato, quedarán esencialmente obligados y afectos al cumplimiento del mismo, sin que en ningún caso ni por ningún concepto pueda aquel hacerles responsables de ninguna obligación...». Igualmente, en el servicio telefónico la base 9.ª del contrato aprobado por Decreto de 31 de octubre de 1946 exige también la previa aprobación por el delegado del Gobierno para transferir, arrendar, disponer, hipotecar, gravar y dar en prenda bienes muebles, o inmuebles, y propiedades o derechos que le correspondan, y esto aun para los bienes no afectos, siempre que lo pudiera afectar al principio de unidad de empresa. El sentido de todos estos preceptos es patente.

de suponer la interrupción del deber de prestación. Por ello, frente a cualquier pretensión reinvindicatoria del mismo será oponible por la Administración su *ius possidendi* [50].

Ello nos indica que la afectación, más que al plano de la titularidad de los derechos, afecta al ejercicio de los mismos en la realidad, enervando toda acción que pueda, de hecho, y cualquiera que sea su fundamento jurídico, entorpecer o interrumpir la afectación y aplicación real de los bienes a la obra o el servicio de que se trate. Justamente por ello no admite ejecuciones y embargos (lo veremos más adelante), aunque sí admita transmisiones, otros actos de disposición jurídica como constitución de garantías y cargas reales a favor de terceros, e incluso juicios declarativos del derecho (a reserva siempre de una ejecución aplazada) [51].

En definitiva, puede concluirse que tales cosas públicas por afectación son susceptibles de comercio jurídico, pueden ser cedidas, admiten cargas reales y, en general, están dentro del tráfico jurídico. El único y gran límite a éste es el que deriva precisamente de su afectación o destinación que impide cualquier acción física o material sobre ellas que pueda contradecirla: de modo que la entrega o la ejecución de la carga real constituida no será posible si ello ha de suponer la interrupción del deber de prestación, y ello porque la *vinculación jurídica de la cosa a una finalidad pública tiene una primacía absoluta sobre cualquier situación jurídica privada.*

Un supuesto expresivo de esta situación de nuestro Derecho son los bienes de la Compañía Telefónica, según estudió entre nosotros Vallina Velarde [52]. En

---

[50] No sólo un *ius possessionis* sino un auténtico *ius possidendi* derivado del derecho real de afectación. Digamos que también en esto coinciden embargo y afectación. Como ha destacado la doctrina procesalista la enajenación de un bien embargado no es nula ni anulable, pero si inoponible al acreedor embargante: *vid.* GUASP, J., *Derecho procesal...*, cit., tomo 1, página 438. En este sentido se manifestó también FLEINER, F., *Instituciones...*, cit., páginas 288-289.

[51] Esto ya fue puesto de manifiesto por Otto MAYER, que escribió: «la afectación no extingue las cargas preexistentes; y hasta *es posible —por lo menos teóricamente— la creación de nuevas cargas* en el caso de que la cosa pública se haya constituido, en virtud de una simple servidumbre o de una simple posesión, sobre la propiedad civil perteneciente a un tercero; este tercero podrá constituir hipotecas, servidumbres, etc., sobre esta propiedad, *sin perjuicio, desde luego, del derecho de la cosa pública,* cuya desaparición será lo único que dará a esos derechos civiles su pleno efecto. Hasta ese momento, los derechos deberán contentarse con lo que les deja el interés público predominante, para el cual se tiene la posesión de la cosa», MAYER, Otto, *Derecho Administrativo...*, cit., página 161. Éste es también el parecer de FORSTHOFF: «son admisibles las cargas reales a favor de tercero, las cuales pueden ser válidas incluso cuando contradicen su adscripción a una finalidad pública y sólo su ejercicio será obstaculizado por ésta»: *Tratado...*, página 490, y FLEINER, F., *Instituciones...*, cit., página 289.

[52] VALLINA VELARDE, J. L., *Régimen Jurídico-administrativo del Servicio Público Telefónica,* IEA, Madrid, 1971, especialmente páginas 90 y siguientes.

efecto, la doctrina ha reiterado unánimemente que se trata de bienes privados afectos a un servicio público [53]. Pues bien, en la base 9.ª del Decreto de 31 de octubre de 1946 (Contrato con la antigua CTNE), y el artículo 49 del Reglamento, se faculta a la Compañía Telefónica para «hipotecar, gravar y dar en prenda las propiedades o derechos que le correspondan, sin otra restricción que el derecho de incautación por el Estado, especificado en la base 23 de este contrato; entendiéndose que en todas las obligaciones hipotecarias la Compañía establecerá las condiciones necesarias para *evitar la subdivisión de la concesión y para que las personalidades sucesoras cumplan todas las obligaciones de este contrato.* El Estado otorgará, a petición de la Compañía, los documentos que fueran necesarios para el establecimiento y libre ejercicio de los derechos que le confieren a la Compañía por esta base» [54]. En cualquier caso, la base 9.ª exige para la disposición sobre los bienes, tanto si éstos son bienes afectos como si no lo son, la aprobación del delegado del Gobierno, medida cautelar que, a mi juicio, *no condicionaría la validez del negocio,* aunque sí podría dar lugar a sanciones.

3. *Poderes de vigilancia y control de ordenación de la Administración sobre bienes afectos*

Es el envés de la situación anterior.

Como consecuencia de la afectación, la Administración adquiere una potestad, un poder (un derecho real) de actuación sobre los bienes: puede ordenar su aplicación a la obra, las medidas necesarias para su conservación y uso en condiciones, su reparación o renovación, etc. Lo cual no es sino una manifestación concreta de la potestad modalizadora general que el Estado, como titular de la actividad, conserva sobre el servicio. La Administración no sólo retiene un poder de autorización general sobre cualquier acto jurídico que afecte a la concesión del servicio o a los bienes que lo integran, sino que ade-

---

53 García Trevijano, J. A., *Titularidad y afectación…,* cit., páginas 54-55; a la misma conclusión había llegado López Rodó, L., en sus notas a Caetano, M., *Tratado elemental de Derecho administrativo,* Santiago de Compostela, 1946, página 230; conclusión a la que se suma Vallina Velarde, J. L., en su monografía, *Régimen jurídico-administrativo del servicio público telefónico,* IEA, Madrid, 1971, páginas 92 y siguientes: «a la naturaleza jurídica de dichos bienes puede ser satisfactoriamente explicada como bienes privados sometidos a una vinculación para asegurar la unidad de empresa y garantizar la continuidad en la prestación del servicio».

54 En la primera parte de esta base se autoriza a la Compañía «para transferir, arrendar o disponer de todas o de cualquier parte de las propiedades, de los bienes muebles o inmuebles y de los derechos reales que haya adquirido según la ley y las condiciones de este contrato, y que no estén afectos o sean de utilidad a la prestación del servicio público». *Vid.* el texto en Vallina, ob. cit., página 185, anexo I.

más ostenta todas las facultades necesarias para asegurar las *condiciones fácticas de la cosa,* de forma que se mantenga en todo caso la destinación y uso actual.

Por el contrario, el propietario, como ya se ha dicho, no puede alterar las condiciones fácticas de la cosa, pues aunque le corresponda su titularidad y mantenga sobre ella los poderes jurídicos, no puede ejercerlos en contra de su destinación actual al servicio público que se trate. Dicho con otras palabras, esto significa que los poderes de *actuación física* sobre las cosas «afectas» no corresponden al titular de las mismas, sino a la Administración, *titular del servicio.* Éste es el sentido, por ejemplo, del artículo 61 del Reglamento de Ordenación de transportes terrestres, en el que se establece que «los vehículos estarán *inseparablemente afectos* a la explotación del servicio *y no podrán retirarse* de la misma sin autorización de la Dirección General...; ésta podrá autorizar que los vehículos adscritos a una concesión, sin dejar de estar afectos a la misma, se utilicen para intensificar servicios en otras concesiones del mismo titular». En el mismo sentido, artículos 7.º, 16, 17 y 23 del Decreto de 22 de febrero de 1952 sobre la Transmediterránea.

Así lo ha entendido también nuestro Tribunal Supremo, que en sentencia de 19 de diciembre de 1962 afirma la obligación que pesa sobre el concesionario de proponer a la Administración, para que sea aprobada por ésta, cualquier modificación que desee hacer en la adscripción de material (ello al margen de cuál sea el régimen reversional). Obligación que responde —dice el Supremo— «a la función de policía (sobre el servicio) que la Administración compete», según resulta de la Ley y el Reglamento de Ferrocarriles, *«controlando, en pro del mejor servicio, el material disponible en cada momento en las respectivas explotaciones»* [55].

4. *Inembargabilidad de los bienes afectos*

Es éste, quizá, uno de los aspectos más significativos de la afectación, pues nos permitirá, más que ningún otro, ahondar en su significado jurídico. El embargo es, como se sabe, la traba y afectación de unos bienes llevadas a cabo en

[55] Con ello el Tribunal Supremo no hace sino ratificar una jurisprudencia tradicional en nuestra patria, de la que es testimonio, entre otras, la *sentencia* de 4 de diciembre de 1871 (*Gaceta* de 10 de enero de 1872), recaída en el servicio de vapores-correos trasatlánticos entre Península y las islas de Puerto Rico y Cuba. La sentencia afirma que «corresponde siempre al Gobierno apreciar la oportunidad de que un contratista de correos marítimos presente a reconocimiento los vapores que se obligó a tener», y reconoce a la administración un poder para examinar «no sólo los casos de los buques, su arboladura, las velas, las máquinas, las cámaras, los pertrechos de todas clases, los instrumentos y las cartas de navegación, sino además reconocer el armamento, hacer las pruebas de marcha en alta mar, etc.».

un proceso de ejecución en garantía de un crédito a cuya satisfacción quedan los bienes vinculados. La doctrina procesalista ha discutido si el embargo de bienes crea o no un derecho real de realización de valor a favor del acreedor embargante sobre las cosas embargadas. Así lo entiende, por ejemplo, Guasp y en general los civilistas, que ven en el embargo una especie de hipoteca judicial que por ello se anota preventivamente en el Registro, o bien una prenda judicial como fue en su origen [56]. Sin entrar ahora en esta polémica, es claro que con el embargo se establece «una afectación real», una sujeción de los bienes a los resultados de la acción ejercitada por el acreedor, que adquiere un poder directo sobre la cosa gravada.

Justamente por ello es coherente y lógico que los bienes de servicio público sean inembargables, pues no puede pesar sobre ellos una afección real de garantía, ya que están afectos con carácter previo al cumplimiento de un fin público de interés general, incompatible con afectaciones posteriores. La afectación, como derecho real, según es nota característica de éstos, excluye otros de la misma naturaleza y contenido opuesto sobre el mismo objeto.

Y así, la inembargabilidad será afirmada desde el primer momento para los bienes afectos al servicio público. Lo fue en Francia, como ya se ha dicho, en 1793, para el servicio de Correos, y la doctrina la reclamará, desde su aparición, para los ferrocarriles [57]; después ha sido afirmado unánimemente en todos los demás sectores (desde los transportes terrestres a las aeronaves). En derecho español son igualmente reiterados los testimonios en que ello se manifiesta. Bastará citar tres preceptos de nuestro ordenamiento que, aunque referidos fundamentalmente al supuesto de los ferrocarriles, han sido entendidos siempre por la jurisprudencia y la doctrina con carácter extensivo, esto es, aplicables a las obras y servicios públicos en general. Me refiero, en primer lugar, a la vieja Ley de Quiebras de las Compañías de Ferrocarriles, de 12 de noviembre de 1869, cuyo artículo 3 dice:

> «Por ninguna acción judicial ni administrativa podrá interrumpirse el servicio de explotación de vías férreas. En consecuencia, *no podrá despacharse ni trabarse ejecución* en las vías férreas abiertas al servicio público ni en sus estaciones, almacenes, terrenos, obras y edificios que a ellos correspondan, o que sean

---

[56] Por todos, recientemente, DÍEZ PICAZO, *Lecciones,* tomo III, página 309, siguiendo a GUASP, J., *Derecho procesal civil,* Madrid, 1968, tomo I, páginas 418 y siguientes. En contra, CARRERAS, J., *El embargo de bienes,* Barcelona, 1957, páginas 114 y siguientes.

[57] En 1846, DUMESNIL, comentando la inembargabilidad del servicio de Correos, escribía: «une semblable prohibition devrait être étendue actuellement aux sommes, machines, instruments et approvisionnements de toute nature destinés au service des chemins de fer, soit que ces voies de communication soient exploitées par l'État o par des Compagnies concessionnaires»: *Traite de la législation spéciale du Trésor Public en matière contentieuse,* París, 1846.

necesarios para su uso, ni en las locomotoras, carriles, vagones y demás efectos del material fijo y móvil destinados al movimiento de la línea».

En segundo lugar, el artículo 1.448 de la Ley de Enjuiciamiento Civil, que prohíbe el embargo casi en idénticos términos. Y, finalmente, el artículo 931 del Código de Comercio, cuyo tenor literal excluye los embargos: «Por ninguna acción judicial ni administrativa podrá interrumpirse el servicio de explotación de ferrocarriles ni de ninguna otra obra pública».

La legislación sectorial y nuestra tradición jurisprudencial vienen a confirmar el principio de inembargabilidad de los bienes afectos al servicio público, por lo que *puede afirmarse* dicha nota *aun a falta de texto expreso* [58]. Y es que en definitiva, los bienes afectos son inembargables por la sencilla razón de que la afectación es ya en sí misma un *a modo de embargo tácito preventivo* anterior, en garantía, no de un crédito, sino de una actividad. Un nuevo embargo de realización de valor es imposible porque *no es posible el reembargo de fines opuestos,* aunque sea admisible, como ha señalado la doctrina procesal (Guasp) en los casos de embargo de la misma naturaleza.

Todo ello es absolutamente lógico y coherente con la naturaleza de la afectación, que como queda dicho se incluye en el *genus commune* de los derechos reales de garantía; sólo que en el caso de la afectación no se garantiza, como ya he dicho, un crédito, un valor dinerario, sino una actividad, para cuya realización se quiere asegurar la incorporación y aplicación del bien a una organización que tiende a conseguirla. La afectación tiene, como dice Forsthoff, «un efecto principalmente preventivo», que trata de asegurar la adscripción a un fin contra toda intervención perturbadora [59].

Sabido es que el embargo, en cuanto instrumento de garantía de la realización de un valor, mediante la enajenación de la cosa, ha de recaer sobre un

---

58 Debe hacerse notar que aquí no estamos ante bienes del Estado, sino ante bienes privados. Se ha producido en este punto —como en otros campos— un desplazamiento del fundamento del privilegio, un proceso de objetivación de éste, desde la condición del sujeto (privilegios del Príncipe o del Fisco, después del Estado) a la naturaleza de la función (bienes, fondos o derechos *al servicio de fines públicos*). *Vid.* sobre este proceso mi anterior trabajo, *Inembargabilidad de fondos públicos,* en «Rev. Der. Priv.», 1970, páginas 755 y siguientes, y lo que se dice más adelante en el texto.

59 FORSTHOFF, E., *Tratado...,* cit., página 497. En nuestro viejo Derecho de los servicios públicos esta adscripción será siempre garantizada frente a terceros con declaraciones como la siguiente: «los buques destinados a este servicio quedarán especialmente obligados y afectos al cumplimiento del presente contrato, sin que en ningún caso ni por ningún concepto se admita la preferencia de ninguna otra obligación ni crédito» (Pliego de Condiciones del Servicio de Vapores-correos entre la Península y las islas de Puerto Rico y de Cuba: *Gaceta* de 11 de octubre de 1866).

objeto que permita esa realización por su carácter patrimonial y enajenable [60]. El embargo se orienta así hacia la separación de un bien del ámbito de señorío en el que aparece inserto, para la realización de su valor. De ahí que no puedan ser objeto de embargo bienes previamente afectados a un fin público que resulta incompatible con la finalidad del embargo procesal (realización del valor) [61]. Ni viceversa: no pueden afectarse bienes embargados, como nuestra jurisprudencia desde antiguo ha señalado [62].

Ambas afectaciones, como verdaderos derechos reales de contenido opuesto, se excluyen entre sí. Lo único que es pensable, y que podría cuestionarse sobre los bienes afectos a un servicio público, es un embargo preventivo *sine die executionis,* es decir, sujeto a la condición suspensiva de la previa desafectación de la misma forma que cabe gravarlos, con prenda e hipoteca (y ordinariamente lo están), si bien tales derechos reales de garantía son *inejecutables* sin la previa desafectación. Únicamente en este sentido —que es casi un contrasentido— resultaría admisible. Y tal es, a mi juicio, la única interpretación posible de algún precepto en el que el embargo se admite, como por ejemplo en el artículo 132 de la Ley de Navegación Aérea de 21 de julio de 1960, en el que se dice: «el embargo de aeronaves pertenecientes a empresas de tráfico aéreo no producirá la interrupción del servicio público a que está destinadas».

La razón de esta inembargabilidad es, con toda evidencia, la necesaria continuidad del servicio público [63]. De donde se derivan tres consecuencias:

---

[60] De ahí que el *orden legal* en la realización de la traba —artículo 1.447 LEC— se base como criterio fundamental en la mayor o menor facilidad aparente en la ulterior realización de los bienes que se embargan: GUASP, J., *Derecho procesal...*, cit., página 425.

[61] No es posible el reembargo de fines opuestos, aunque sea admisible en los casos de embargo de la misma naturaleza (realización del valor): cfr. sobre este último, GUASP, J., *Derecho procesal...*, tomo I, páginas 438-439.

[62] Sentencia de 4 de octubre de 1869: se trataba de una pretensión del contratista de que se le abonara como certificación de acopios unos materiales acumulados en una obra pública, que habían sido embargados a instancia de un acreedor. El Consejo Provincial había sentenciado que los acopios debían ser pagados, si estaban a pie de obra, cualquiera que fuese su situación jurídico-privada, pero el Tribunal Supremo rectificó el criterio afirmando que «los materiales judicialmente embargados antes de ser recibidos no deben abonarse hasta que sea alzada esa interdicción, puesto que aun cuando por aquel mero acto no queden los contratistas privados del dominio de lo que les pertenezca, carecen por su virtud de la libre disposición de lo que no *siendo aplicable a las obras,* no puede por lo mismo admitirse ni ser satisfecho». Por todo ello, condena al Ayuntamiento al pago de las tres cuartas partes de los materiales reunidos, «pero no de los embargados hasta tanto queden libres y a disposición del contratista *para su inmediato empleo».*

[63] Por todos, entre los administrativistas, L. MARTÍN RETORTILLO, nota cit., *passim.* También la doctrina procesalista: p. e., expresamente, CARRERAS, J., *El embargo de bienes,* cit., página 182: «la necesidad pública de mantener en funcionamiento los servicios, que no sólo afecta a la em-

1.ª El régimen de inembargabilidad de los bienes afectos tiene un sentido profundamente diferente al privilegio general de inembargabilidad de los bienes y derechos del Estado. No es una inmunidad subjetiva, con una finalidad patrimonial, sino que tiene una «ratio» diferente: no trata de proteger al erario (ni mucho menos al concesionario), sino a toda la sociedad. De ahí que cuando esta finalidad de garantía de una actividad no está presente (por ejemplo, porque el servicio ha cesado de prestarse) la afectación no tiene eficacia paralizante del embargo judicial. Como ya he dicho, la afectación es un derecho real que mira y protege, sobre todo, estados de hecho (el funcionamiento regular y continuo del servicio público), y cuando éste no existe, no hay razón para no embargar, pues —repito— el privilegio no es subjetivo, sino funcional. Por ello, nada tiene de sorprendente la decisión de conflictos de 18 de marzo de 1970, comentada por Martín Retortillo, en la que se autoriza a la Magistratura de Trabajo de Vigo a proceder a la ejecución del embargo de una serie de bienes afectos al servicio público para el pago de salarios a unos obreros. La razón es obvia: la línea estaba paralizada con carácter definitivo, no había servicio en marcha que proteger ni el embargo afectaba a la continuidad de éste. Los bienes —aducirá la Magistratura— «están paralizados, por lo que no están de hecho dedicados al servicio público, que no sufre menoscabo alguno» [64].

---

presa ejecutada sino a la economía nacional, obliga a establecer modificaciones en materia de la embargabilidad de bienes».

64 M. Retortillo *(loc. cit.)* parece ver en esta decisión un criterio revolucionario cuando escribe: «Muchos de los grandes teóricos de la noción de servicio público se hubieran llevado una gran sorpresa de conocer este caso». Y más adelante: «a la vista de este fallo... susceptible de tener gran repercusión en cuanto se institucionalice la doctrina en él contenida...». Mi opinión es que el fallo es plenamente ortodoxo con la mejor doctrina del servicio público, y que ninguna sorpresa produce si se tiene una idea exacta de lo que es la afectación, y del sentido de la inembargabilidad de los bienes afectos: se limita a autorizar el embargo de unos bienes pertenecientes a un concesionario de tranvías, por la sencilla razón de que el servicio está paralizado, y no con una interrupción ocasional, sino permanente. Por ello, el Ministerio Fiscal argumentará certeramente que la prohibición del artículo 1.448 LEC, así como el artículo 3.º de la Ley de 1869, no consagran un privilegio subjetivo, «que impida en todo caso ejecutar una sentencia contra este tipo de empresas», sino que «tratan sólo de evitar que servicio público pueda verse perturbado», pero es un hecho notorio —señalaba— que «Tranvías de Mondariz a Vigo, S. A., había cesado en su actividad con anterioridad a los procedimientos que originan esta cuestión», por lo que ninguna razón había para oponerse al embargo. No era argumento sólido, por otro lado, para oponer al embargo el interés patrimonial de la Administración a la futura y próxima reversión de los bienes, pues cualquiera que sea la solución técnica que se dé al problema de la situación jurídica de la Administración en relación con los bienes que deben revertir a su favor (titularidad expectante, *ius an rem,* nuda propiedad, etcétera), es claro que un interés puramente patrimonial de la Administración nunca puede detener un embargo de bienes de servicio público (es el bien de la colectividad lo que se protege, no el interés patrimonial del Estado). Y a la inversa: a efectos de inembargabilidad la propiedad de los bienes conce-

2.ª Que la inembargabilidad se limita a aquellos bienes o fondos que sean necesarios para el funcionamiento del servicio, y no a otros bienes que puedan integrar el patrimonio de la compañía, o a los rendimientos sobrantes de la explotación [65-66].

---

sionales es indiferente (sean de la Administración, del concesionario o de un tercero ajeno al negocio), pues la *ratio* de la inembargabilidad no es la titularidad, sino una vinculación real y fáctica de los mismos a la actividad, de modo que constituyan el soporte físico de ésta. Por lo demás, como es sabido, la doctrina se inclina actualmente a configurar los bienes concesionales (salvo los de dominio público, naturalmente), como bienes que son «lisa y llanamente propiedad de la Compañía concesionaria» (M. RETORTILLO, *loc. cit.*, página 271). Aunque en esto conviene precisar, pues una cosa es que se reconozca la propiedad privada de los bienes afectos, y otra que se niegue, como hace algún autor (GARRIDO FALLA, F., *Tratado,* II, página 373) la existencia de un derecho real de la Administración sobre los bienes revertibles, llegando así a la conclusión de que no se observa un poder inmediato de la Administración sobre tales bienes, «por lo que si el concesionario —dice— los enajenase sin el correspondiente permiso de la Administración, no podría perseguir la cosa en manos de tercero». Ésta es una conclusión equivocada, a mi juicio. Por supuesto que hay un derecho de persecución (aunque normalmente será sustituido por el previo derecho de retención), pero, nótese bien, éste no se refiere a bienes revertibles (como un medio de conservación y defensa del patrimonio), sino a bienes afectos (como medio de garantizar la prestación), sean o no revertibles en su día. Dicho con otras palabras: ninguna relevancia tiene a estos efectos el derecho expectante de la Administración a los bienes revertibles, en cuanto al interés económico-patrimonial de la Administración respecto a ellos. Ninguna prioridad ostenta ésta frente a derechos de crédito anteriores si el servicio cesa. El poder —y deber— de la Administración radica en la defensa del servicio, y ahí si que es inatacable por títulos privados. Pero si la propia Administración entiende que no es ya de interés público el mantenimiento de éste, constituiría un auténtico fraude de acreedores declarar la caducidad y entender que, dado que se había consolidado a favor de la Administración la titularidad de todos los bienes adscritos a la concesión, éstos resultaban inatacables en virtud de los privilegios e inmunidades que la LAGHP y la LPE establecen a favor del Estado.

[65] COLMEIRO, M., *Derecho Administrativo español,* 4.ª edición, 1876, tomo II, página 87, recoge este criterio, que se contiene en la Ley de 12 de noviembre de 1869, artículos 5.º y 6.º: «por ninguna acción judicial ni providencia administrativa puede interrumpirse el servicio de explotación de las vías férreas. Así pues, no es lícito despachar ni trabar ejecución en las abiertas al servicio público, ni en sus estaciones, almacenes, talleres, terrenos, obras y edificios que les correspondan y sean necesarios para su uso, ni en las locomotoras, carriles, vagones y demás efectos del material fijo y móvil destinado al movimiento de la línea. En el mismo sentido, Sentencias de 15 de abril de 1896 y 30 de marzo de 1898». La doctrina hipotecaria entendió, por lo demás, que si llegara a decretarse un embargo semejante, el Registrador no vendría obligado a extender la correspondiente anotación preventiva, pues tal embargo sería nulo: ESCOSURA, *Comentarios,* tomo II, página 440. Naturalmente, este régimen de protección de los bienes efectos puede dar lugar en ocasiones a auténticos fraudes de acreedores, mediante la previa venta de los demás bienes del concesionario a terceros adquirentes de buena fe, a los que no puede alcanzar la acción pauliana: cfr. DÍEZ PICAZO, L., *Lecciones...*, cit., tomo II, páginas 338 y siguientes.

[66] La jurisprudencia ha tratado de precisar el alcance y ámbito de esa inembargabilidad: así en Sentencia de 15 de abril de 1896 establece que «atendidos los terminantes preceptos de los artículos 3.º y 5.º de la ley de 1869 y el artículo 1448 de la de Enjuiciamiento Civil, se establece que no cabe dudar que el espíritu que las informa es el de. impedir la paralización del movi-

3.ª En los casos de quiebra o concurso, los elementos individuales aisladamente no son embargables, pero ¿cabría, como en alguna ocasión se ha apuntado, «una traba general e ideal de toda la obra o el servicio, y sin interrumpirlo, proceder a su enajenación en bloque»? [67]. Mi opinión es que la traba, en principio, cabría, pero sólo con autorización de la Administración sería realizable, pues de lo contrario supondría una posible transferencia de la concesión sin aprobación del Gobierno, cosa que está prohibida. En alguna ocasión el Consejo de Estado dictaminó en este sentido afirmando que la titularidad de obras y bienes concesionales corresponde a la Administración, siendo el concesionario un mero usufructuario, y que por tanto no son embargables; no siéndolo tampoco el derecho de concesión, ni parcialmente, porque ello iría contra el principio de unidad de la concesión («las concesiones de obras públicas no son divisibles, cualquiera que sea el motivo que haya precedido a su otorgamiento, no pudiendo admitirse el principio de que en una misma concesión haya personalidades distintas»), ni globalmente, porque son intransferibles sin aprobación del Gobierno. Tal es la solución que se recoge en la Real Orden de 16 de septiembre de 1879 (*Gaceta* de 6 de octubre).

---

miento en las vías férreas, y, por consiguiente, la prohibición de ser embargadas alcanza a la unidad o conjunto de la vía, *sin limitarla al* trozo o *sección abierta* al público, con exclusión del que se está construyendo, porque, además de no hallarse tal distinción en la ley, al establecerla sería ir contra su espíritu y objeto»; respecto al ulterior de su carácter necesario, la Sentencia de 30 de marzo de 1898 estableció que la determinación de si unos bienes forman o no parte del camino, o son o no necesarios al movimiento y explotación del mismo es una *cuestión de hecho* a apreciar en cada caso por el juez. Ésta es también la verdadera razón de que en el RD de conflictos de 2 de agosto de 1914 (cit. por M. Retortillo, *loc. cit.*, página 208) se entendiese perfectamente legal el embargo de una finca rústica a una Compañía de ferrocarriles, y ello no tanto porque la Compañía no tuviese terminada la construcción de la línea ni abierta ésta al servicio público (*vid.* Sentencia de 5 de abril de 1895, que acabo de citar), sino sobre todo porque *se trataba de un bien no afecto* al servicio y la prohibición de embargo no puede considerarse extensiva a aquellos otros bienes que no son necesarios al movimiento y explotación del camino», según el texto del propio Decreto. *Vid.*, si se desea, el supuesto de hecho en M. Retortillo, *loc. cit.*, y se comprobará que en nada afectaba dicho embargo al principio de continuidad del servicio público, pues se trataba pura y simplemente del embargo de una finca de la Compañía en la que no se apoyaba directamente la prestación de aquél. En cambio no sería, a mi juicio, razón bastante para proceder a un embargo el hecho de que el servicio no haya empezado a funcionar, si las obras de su instalación y puesta en marcha hubiesen continuado, pues el principio de continuidad hay que entenderlo vigente y operante desde el momento que se inician las obras de instalación (no sólo desde el momento en que comience su efectiva prestación). Argumento: artículo 931 C. de C., citado *supra*, y la máxima interpretación jurisprudencial respecto al régimen de protección de toda obra pública.

[67] Así Carreras, J., *El embargo de bienes*, cit., página 184.

5. *Afectación y tercerías de dominio: las afectaciones* a non domino

Para calibrar el efecto y consecuencia de la afectación frente a posibles tercerías de dominio sobre los bienes, conviene partir justamente de esa consideración de la afectación como un modo de *embargo tácito preventivo,* según se acaba de exponer. Si se ve así, se adopta la perspectiva adecuada para enfocar este problema porque, en efecto, como ocurre en el embargo, el bien afecto no requiere pertenecer al ámbito de la titularidad dominical del contratista o gestor de la obra o el servicio, sino que basta se halle incorporado a lo que podemos llamar, en frase acuñada de Guasp, *el ámbito de su señorío físico,* esto es, al ámbito de los bienes físicamente sujetos a su acción. Para embargar un bien, basta, en principio, que «aparezca de hecho sujeto a la esfera de acción de su voluntad, fácticamente sometido a la misma» [68].

El problema se plantea, sin embargo, respecto a algunas posibles afectaciones en las que se dé una absoluta falta de pertenencia del bien al contratista o concesionario, y con ello una afectación absolutamente *a non domino.* ¿Son posibles, y en qué medida, las afectaciones *a non domino*? La conclusión a la que he llegado a este respecto es que para que se opere válidamente la afectación *basta que el bien esté en el ámbito de la pertenencia útil del contratista o concesionario,* bajo cualquier título, ya sea como dueño, arrendador, depositario, comodatario o simple concesionario por motivo de confianza; se trata simplemente de que por cualquier motivo el bien se halla *incorporado a su señorío físico* y que tal incorporación *no sea ilegítima* (pérdida, hurto u otra «privación ilegal», de las que habla el artículo 464 C.c., entendida ésta en su sentido estricto).

Esto quiere decir que caben perfectamente, en el servicio público, *afectaciones a non domino,* siempre que el *verus dominus* haya podido al menos tener conocimiento de ella y el bien no estuviese ilegítimamente en el ámbito del señorío físico del gestor del servicio. Si ello es así, el acto de afectación será válido. Si no, sería un acto *ultra vires y nulo.* El problema se inserta, en principio, en el marco general, más amplio, de las *transmisiones a non domino,* planteadas en nuestro derecho en torno al artículo 464 del C.c., que, como se sabe, tiene una larga historia [69]. Y es sabido también que en nuestro derecho el problema

---

[68] GUASP, J., *Derecho Procesal Civil,* tomo I, página 431: «Los bienes que el deudor físicamente señorea —dice GUASP— son embargables *prima facie*». Y, por tanto —añado yo—, susceptibles de afectación.

[69] Este artículo fue recibido de la famosa regla del *Code,* «en fait de meubles, la possesion vaut titre»; alrededor de él se ha producido una abundante literatura. En realidad, el texto de nuestro artículo 464 («la posesión de los bienes muebles, adquirida de buena fe, equivale al título») proporciona una estrecha base de apoyo para las transmisiones *a non domino,* por lo cual nuestro Tribunal Supremo se ha opuesto sistemáticamente a ellas. Hay que reconocer, sin em-

de las adquisiciones a *non domino* y en consecuencia la posible reivindicablidad por el *verus dominus* ha sido entendida en la jurisprudencia del Tribunal Supremo con un criterio romanista por el cual el concepto de privación ilegal a que se refiere el artículo 464 del C.c. tiene un sentido amplio: no sólo acto ilícito en el momento de la desposesión del dueño, sino también acto ilegal cuando se dispone de la cosa ajena más allá de la razonable voluntad de su dueño. Éste es el criterio prevalente en Derecho privado [70].

Pues bien, entiendo que en Derecho público, por motivos específicos de exigencias del interés general, la interpretación debe ser la contraria: sentido estricto de la «privación ilegal» como acto ilícito (robo, estafa, apropiación indebida, etc.). Y, por tanto, *la afectación a non domino es relativamente amplia.* Ello, porque en derecho público las cosas no se plantean sólo como una tensión entre protección de la propiedad y seguridad del tráfico jurídico, tal como ocurre en derecho privado. Junto a estas dos ideas-fuerza, en nuestro caso pesa de modo definitivo, una vez más, la necesidad de asegurar la prestación regular y continua del servicio, que impone con mayor fuerza la protección de la apariencia, o si se quiere de lo fáctico, del hecho frente al derecho. El derecho público viene a prestar así una protección preferente a los estados posesorios, cuando éstos han sido determinantes de una afectación.

En los casos más frecuentes de afectación *a non domino* (ventas a plazos con pacto de reserva de dominio, subcontratos, arrendamiento de maquinaria o equipo, o simple préstamo de uso) la apariencia de titularidad y poder de disposición a favor del contratista es perfectamente legítima y suficiente para una válida afectación. Una vez ésta producida, se mantendrá frente a cualquier reivindicación del propietario y cualesquiera que sean las cláusulas o condiciones que, *inter partes,* hayan sido pactadas (reserva de dominio en las ventas a plazos, cláusulas de rescisión por falta de pago, etc.). En efecto, es frecuente en los contratos de arrendamiento de maquinaria o medios auxiliares, una cláusula que diga: el contrato se resolverá y la maquinaria será retirada en caso de falta de pago. En mi opinión, el derecho público ignora el contenido de tales títulos privados. O si se prefiere, la Administración goza siempre de mejor derecho, si hay afectación válida. El único límite es la desposesión ilegítima del

---

bargo, que la idea básica de tales transmisiones es perfectamente válida; es ésta: «si uno ha confiado voluntariamente un bien mueble a otra persona ha hecho posible el poder de hecho que ésta ejercita frente al tercero y ha hecho posible al mismo tiempo la confianza (buena fe) del tercero, por lo cual debe soportar las consecuencias». DÍEZ PICAZO, L., *Lecciones...,* cit., tomo II, página 153.

[70] *Vid.* un estudio interesante del tema en PÉREZ SERRANO, N., *Dictámenes,* tomo II, páginas 300, 302 y 303, y también la obra ya citada de DÍEZ PICAZO, L., *Lecciones...,* cit., tomo III, páginas 153 y siguientes.

dueño, y así se preveía en la Ley de 21 de mayo de 1934, en ratificación del Convenio de Roma de ese año, sobre inembargabilidad de aeronaves, cuyo artículo 3.º decía: «las disposiciones del presente artículo (exención de embargos) no se aplicará al embargo preventivo ejercido por el propietario desposeído de su aeronave *por un acto ilícito*».

De ahí que una *tercería de dominio* difícilmente prosperará frente a una afectación pública válidamente constituida. Podrá llegarse a una declaración del derecho, del derecho de propiedad y en su caso de la procedente indemnización, a favor del *verus dominus,* pero no procederá la ejecución contra el servicio de una tal declaración [71]. El tema tiene importancia también en materia de

[71] Precisamente, una tercería de dominio se planteó también en el caso —ya citado— de los «Tranvías de Mondariz a Vigo» al ser embargados una serie de vehículos pertenecientes a otra compañía. La tercería prosperó y el embargo fue levantado, pero esto no dice nada en contra de lo que se mantiene en el texto, pues si el embargo fue levantado, lo fue justamente porque se encaminaba a la protección de un interés patrimonial privado (el de los obreros del concesionario), que será todo lo protegible que se quiera, pero que en modo alguno puede satisfacerse a cargo de los bienes de un tercero. Tal tercería de dominio jamás hubiera progresado frente a una afectación válida de tales bienes a un servicio en funcionamiento. Aquí radica justamente una diferencia esencial entre el embargo privado (llamésmosle así, aun cuando el embargo sea siempre un acto público judicial), y la afectación de un bien al servicio público. Pues, en efecto, en el primero el titular del dominio puede reclamar contra él y conseguir, si acredita su derecho, que se alce la traba, pues el propietario es siempre preferido a cualquier acreedor por privilegiado que sea. Tal es la función y el contenido de lo que se conoce con el nombre de tercería de dominio. En cambio, una tercería de dominio difícilmente prosperará frente a una *afectación pública* en el orden de la ejecución de los derechos, aunque éstos, y en concreto el derecho de propiedad, fuese reconocido a favor del *verus dominus.* He aquí la tremenda fuerza jurídica, el máximo grado de protección que recibe la afectación de bienes al servicio público. Baste recordar que las antiguas hipotecas tácitas cedían incluso ante las tercerías de dominio pues como decían nuestros clásicos «las cosas que se reclaman a título de dominio deben ser entregadas, desde luego, sin que ningún derecho puedan alegar sobre ellas los acreedores del concurso, por antiguos y privilegiados que sean»; así, ESCRICHE, *Diccionario...*, tomo II, páginas 353-354. Sabido es igualmente que una tercería de dominio paraliza el procedimiento ejecutivo de apremio para el cobro de deudas tributarias, quedando a resultas de lo que se determine por los Tribunales competentes: artículo 9.º LACHP. Las tercerías de dominio representan, así, el máximo instrumento de defensa frente a créditos de la Hacienda, que, por excepción, quedan paralizados. Pues bien, no así la afectación, pues ésta constituye, como se ha dicho, un derecho *real* de aplicación *(in faciendo)* que actúa sobre la cosa y que ha de ser respetado, sin que ello suponga, naturalmente, desconocer la titularidad dominical (no es una expropiación). Ello da lugar, obviamente, a afectaciones *a non domino,* como se dice en el texto. Por supuesto que estas situaciones —verdaderamente anómalas— no son deseables y el derecho administrativo tratará de evitarlas en muchos casos, exigiendo una declaración de propiedad sobre los bienes a los contratistas o concesionarios (así, artículo 49 del Regl. de Transportes por Carretera, artículo 17 de la Ley de 14 de junio de 1909 sobre comunicaciones marítimas, artículo 7.º del D. de 2 de febrero de 1952 sobre la Transmediterránea, artículo 7.º del D. de 29 de diciembre de 1960 sobre la Transatlántica, etc.) o exigiendo un aval bancario que asegure el pago de la totalidad del precio en las ventas a plazos. Pero el hecho es que en otros casos, como

quiebras de los servicios públicos, en cuyos procesos la jurisprudencia ha reiterado que no cabe esgrimir tercerías de dominio (así, S. de 6 de mayo de 1911, entre otras). Es éste un gran tema que nos llevaría muy lejos.

V. Conclusión

Y aquí quisiera terminar. Quedan recogidas, creo, las líneas básicas para la configuración dogmática de la afectación de bienes al servicio público y enunciadas algunas consecuencias de su régimen jurídico. Podríamos decir que, en el fondo, la afectación no es sino la manifestación de una idea permanente a lo largo de la historia como elemento determinante del régimen jurídico de los bienes: la *dicatio* romana, la *deputatio* canónica y la *afectación* administrativa apuntan a un fenómeno común: el destino de unos bienes a fines que se conciben como trascendentes y superiores a los meramente individuales y determinan un especial régimen jurídico, una especial protección; fines de culto, fines del alma o fines de servicio público, que es, en la mística del siglo XIX, el alma y el soporte de la vida en sociedad.

Es significativo, en este sentido, comparar el paralelo régimen de inembargabilidad del artículo 1.449 LEC (el lecho cotidiano, las ropas, el mobiliario imprescindible, los útiles necesarios para el trabajo) y el que se establece para los bienes afectos al servicio. En uno y otro caso, la razón es que se trata de aquellos bienes sobre los que se apoya de un modo directo e inmediato la vida, de forma que su privación, aunque fuese momentánea, pondría en peligro la vida, del individuo en un caso, de la sociedad organizada en otro.

De ahí también que la afectación encuentre su campo específico de aplicación y eficacia no tanto a nivel de las declaraciones de derecho sino sobre todo en el plano de su ejecución. La *afectación* —repitámoslo— *no prejuzga titularidades sino que mira a los estados posesorios y a la utilización efectiva de la cosa* en actividades que no pueden ser interrumpidas; todo ello, obviamente, sin perjuicio de la posterior y completa reparación de daños a cargo de quien proceda. De ahí, por último, la inatacabilidad del *status* público de los bienes afectos por títulos ejecutivos de derecho privado, por fundamentados y solemnes que éstos sean: ni el propietario, ni el acreedor hipotecario, ni el titular de un crédito ejecutivo podrán triunfar frente a una afectación válidamente consumada; la misma sentencia judicial declarativa de la propiedad de la cosa en

---

los sistemas de arrendamiento de maquinaria o equipo, el hecho de la actuación por persona interpuesta o simplemente las ventas posteriores de bienes afectados, dan lugar a verdaderas afectaciones a *non domino* y a pretendidas tercerías de dominio, que no prosperarán.

juicio *inter partes* no podrá ordenar que cese la posesión y aplicación de la cosa al servicio. Todos estos títulos civiles se enfrentan con un título público: el derecho real de afectación nacido de un acto administrativo (expreso o presunto) al amparo de la *publicatio* contendida en la norma. Y el *acto administrativo de afectación tendrá siempre en el orden ejecutivo una plusvalencia sobre cualquier título civil, por formal y solemne que sea* [72].

¿Es ésta una solución odiosa? Personalmente creo que no. Han pasado los tiempos de la sacralización de la propiedad, con todas sus míticas secuelas individualistas. En cualquier caso es una solución necesaria. En ella se manifiesta en toda su fuerza esa pugna de títulos a que nos referíamos al principio, y en el fondo el distinto modo de razonar del Derecho público y el Derecho privado. Lo justo, permanente norte del jurista, tiene en estos supuestos un sentido diferente según se mire desde los legítimos derechos individuales o desde el punto de vista colectivo.

Verdaderamente, *huius studii duae sunt positiones.*

---

[72] La razón es que unos y otros títulos se mueven en órdenes diferentes: los títulos privados contemplan un problema de titularidad individual; el título público, es un problema de destinación de los bienes a las necesidades colectivas, inaplazables en que, por hipótesis, el servicio público consiste. Además, hay un factor técnico-jurídico de incomunicabilidad de títulos públicos y privados, al que ha aludido la doctrina: ningún título civil puede privar a una cosa del carácter de «cosa pública» afirmó ya Otto MAYER; carácter que —siempre que haya sido válidamente constituido como tal— conservará en virtud de la simple posesión administrativa, sin que una tal situación pueda ser destruida ni siquiera por sentencia judicial, porque estamos —decía el viejo y gran maestro— ante una «posesión de policía» sobre la cual los jueces no pueden dictar mandamientos ejecutivos: *vid.* MAYER, O., *Derecho Administrativo Alemán,* tomo III, página 173, *passim.*

LECCIÓN 21.ª
SERVICIO PÚBLICO Y CONTROL JUDICIAL: EL CASO DE LAS TARIFAS *

SUMARIO: 1. Sometimiento pleno de la Administración al Derecho.—2. El servicio público como actividad esencial y su régimen jurídico.—3. Afectación de bienes al servicio público.—4. Tarifas, sometimiento a derecho y justiciabilidad: a) *La tarifa y su sometimiento a Derecho.* b) *La justiciabilidad de las tarifas.* c) *Limitaciones fácticas: dificultades de prueba y análisis del ente regulador.*—5. Límites al control judicial de las tarifas de los servicios públicos, debido a su naturaleza mixta.—6. Ámbito de revisibilidad de la tarifa por los jueces.—7. Procedimiento para la revisión tarifaria: prueba pericial e ilegitimidad de adopción de medidas cautelares.—8. Dos casos recientes: la revisión de las tarifas de telefonía fija en Brasil y el reajuste tarifario de la autopista de Ontario.—9. Adecuación dimensional.—10. Política y Derecho: límites a la responsabilidad patrimonial por la actuación del Gobierno.

El tema de las tarifas del servicio público tiene para mí especial significado. Hace ahora 30 años publiqué, en el viejo Instituto García Oviedo de la Universidad de Sevilla, un pequeño libro titulado *«Las tarifas de los servicios públicos: poder tarifario, poder de tasación y control judicial»*. Había sido, en su origen, la «lección magistral» (así se llamaba, un tanto pretenciosamente, el tercer ejercicio de las antiguas oposiciones a cátedra) que pronuncié en abril de 1972 con ocasión de mis segundas oposiciones, que venturosamente gané. Por ello, el tema suscita en mí —pido perdón por esta referencia personal— viejas resonancias.

Tiene también —creo yo— especial importancia para este foro de juristas y reguladores iberoamericanos, dada la polémica que siempre rodea y rodeará la cuestión de los precios y tarifas de los servicios públicos. Es éste un tema de gran impacto político, porque afecta sensiblemente a los bolsillos del ciudadano; al mismo tiempo, de gran contenido económico para las empresas de servicios y de no menor alcance jurídico, porque no pertenece al campo de la discrecionalidad y oportunidad propias de la política, sino que está sometido a unas reglas de derecho y a un criterio de justicia que deben ser respetados.

En cuestión tan delicada, el control judicial es un tema clave que requiere un tratamiento cuidadoso para no pasarse ni por un lado ni por otro. En consecuencia, el mensaje central de este estudio consta de dos afirmaciones.

---

* Lección dictada orginariamente en el Congreso de Juristas Hispanoargentinos que se celebró en Salta (Argentina) en mayo-junio de 2004; publicada después en el libro conjunto con el Profesor Juan Carlos Cassagne, *Servicios Públicos. Regulación y renegociación,* Buenos Aires, 2005.

1. Las tarifas de los servicios públicos son revisables por los jueces.

2. Dicha justiciabilidad tiene límites fácticos, sustantivos, procesales e institucionales.

Ambas afirmaciones están profundamente arraigadas en principios constitucionales comunes a los Estados modernos y en los pilares del Estado de derecho, al consagrar el imperio de la ley, la separación de poderes, el control judicial por Tribunales independientes y otros principios fundamentales de todos los Estados modernos como la seguridad jurídica y la responsabilidad patrimonial del Estado.

1. Sometimiento pleno de la Administración al Derecho

El tema del control judicial de las tarifas de los servicios públicos debe partir de una exigencia constitucional: el sometimiento *pleno* de la Administración al Derecho. El Estado de Derecho supone que no hay zonas exentas al Derecho: la Administración debe ajustar su actuación en todas sus manifestaciones al ordenamiento jurídico. Así lo establece el artículo 103.1 de la Constitución española al exigir que la Administración Pública sirva «con objetividad los intereses generales (...) *con sometimiento pleno a la ley y al Derecho*». La plenitud del control jurídico sobre la Administración se refiere a toda su actuación [1] y a todo el Derecho, incluyendo los principios generales del derecho, y por supuesto, el cumplimiento de los contratos. Ya no hay «actos políticos», actos exentos del control judicial, sino que administradores y autoridades, cualesquiera que sean, deberán ajustarse a la normativa vigente y al consiguiente control judicial mediante tribunales independientes, punto clave en el principio de separación de poderes. Ello viene consagrado en el artículo 106.1 de la Constitución española que dice «Los Tribunales controlan la potestad reglamentaria y la legalidad de la actuación administrativa, así como el sometimiento de ésta a los fines que la justifican». Y la Ley de la Jurisdicción Contencioso Administrativa, en su nuevo artículo 2 extiende el control judicial a «los actos del Gobierno..., cualquiera que sea la naturaleza de dichos actos» [2].

---

[1] *Vid.* en la Ley española de la Jurisdicción Contencioso-Administrativa de 1998, artículos 1-2 sobre la extensión de la jurisdicción contencioso-administrativa y artículos 25 a 30 sobre el objeto del proceso contencioso-administrativo, en el que se puede impugnar todo tipo de actuación de la Administración: actos expresos y presuntos, normas, actuación material e incluso inactividad.

[2] Con la Ley de Jurisdicción Contencioso-Administrativa española de 1998 se elimina plenamente el vetusto concepto de «acto político» exento de control judicial. Así en su artículo 2 se establece: «el orden jurisdiccional de lo contencioso-administrativo conocerá de las cuestiones que se susciten en relación con: a) La protección jurisdiccional de los derechos fun-

Todo ello es aplicable, lógicamente, al ámbito de los servicios públicos.

2. El servicio público como actividad esencial y su régimen jurídico

Los servicios públicos no son actividades inherentes a la soberanía, sino que son actividades de mera utilidad, de prestación al público. Han formado parte hasta la fecha reciente del quehacer del Estado (*publicatio* de recursos y servicios, declarando por ley la reserva de titularidad: artículo 128 CE) y hoy están siendo privatizados, sin que por ello dejen de ser una responsabilidad de los poderes públicos, porque sobre ellos descansa la vida del ciudadano.

Los servicios públicos son y han sido siempre *actividades esenciales* para la vida de la sociedad. Exigen continuidad, regularidad y seguridad en su prestación, pues nuestra vida —repito— descansa sobre ellos. Es responsabilidad del Gobierno que éstos funcionen adecuadamente: que sean servicios seguros, prestados con regularidad, universales, de calidad [3].

Esta garantía de los servicios públicos informa y se extiende a todo el régimen jurídico de los mismos, incluido el ámbito y efectos del control judicial. Por ello, aunque el juez puede revisar las decisiones que el Gobierno tome sobre los servicios, lo que no puede es poner en peligro el buen funcionamiento del sistema con decisiones judiciales ejecutivas.

Desde antiguo, el régimen jurídico de los bienes y derechos sobre los que descansa el servicio público (los ferrocarriles, el correo, el abastecimiento de agua o el suministro eléctrico) se ha rodeado de garantías para preservar el buen funcionamiento de los mismos, incluso frente a derechos de terceros. En particular, la continuidad y la regularidad del servicio, han sido determinantes de muchas de sus peculiaridades de régimen jurídico: de un régimen de pro-

---

damentales, los elementos reglados y la determinación de las indemnizaciones que fueran procedentes, todo ello en relación con los *actos del Gobierno o de los Consejos de Gobierno de las Comunidades Autónomas, cualquiera que fuera la naturaleza de dichos actos»*. Con ello se consagra el control judicial de los actos de gobierno del Gobierno en los tres aspectos citados, junto al pleno control judicial de los actos administrativos del Gobierno.

[3] Incluso con la transformación del concepto de servico público y la liberalización de su régimen jurídico, que hoy vivimos en muchos Estados —con el abandono de la nota de titularidad pública sobre el servicio— se mantiene la calificación de servicio esencial (o de servicio económico de interés general) y se identifican algunas prestaciones de servicio público (o servicio universal) cuyo suministro es garantizado por el Estado en condiciones adecuadas de seguridad, continuidad, calidad y tarifas (o precios razonables). Sobre el tema me remito a las lecciones 17.ª y siguientes de la obra dirigida por mí, *Principios de Derecho Público Económico,* 3.ª ed., Comares, Granada, 2004.

tección especial de los bienes afectos, con múltiples manifestaciones, de una especial regulación de las huelgas (para garantía de los servicios mínimos), un régimen especial de quiebras y suspensiones de pagos, de intervención o incautación temporal de la compañía para prestar el servicio en las condiciones mínimamente exigibles, etc. Todo ello para garantizar que la empresa presta con regularidad el servicio público, como obligación esencial del gestor, incluso frente a circunstancias sobrevenidas que puedan dificultarlo [4].

3. Afectación de bienes al servicio público

Un supuesto paradigmático de cuanto digo es el régimen de afectación de bienes a los servicios públicos, que estudié hace años [5]. La afectación es una relación directa entre el bien y el servicio que ningún título jurídico —ni siquiera el derecho de propiedad— puede alterar: son bienes inejecutables, inembargables, inseparables del servicio al que están afectos. Como explicaba entonces, la afectación de bienes al servicio público tiene una naturaleza singular: es un *derecho real,* que se dirige a la cosa misma y que se mantiene, frente a cualquier título civil y al margen de quien sea su dueño, con una *vinculación finalista,* la necesaria continuidad de un servicio público concreto.

Ya en el siglo XIX se afirmaron como principales efectos de la afectación los siguientes: 1) inamovilidad de los bienes respecto del servicio, 2) pérdida del *ius disponendi* por su propietario, 3) obligación de conservación y mantenimiento en buen estado, bajo órdenes de la Administración, 4) acción de oficio para que la Administración recupere la posesión perdida sobre ellos, incluso sin la voluntad de su dueño y cualquiera que sea el título por el que se separó, incluida la venta, 5) inejecutabilidad e inembargabilidad de tales bienes. Todo ello en garantía de la necesaria continuidad del servicio.

Este principio justifica un resultado a primera vista sorprendente: la primacía del título administrativo de afectación, que formalmente podría ser un simple recibo firmado por un funcionario, respecto de los más solemnes títulos jurídico-privados; hasta la escritura notarial inscrita en un Registro públi-

---

[4] *Vid.* dicha obligación en el artículo 128.1 del Reglamento de Servicios de las Corporaciones Locales (RSCL) de 1955. Asimismo el régimen de los nuevos servicios públicos liberalizados tiene elementos de protección especial de derecho público, si bien se concreta en mayor medida el objeto de la protección, al coexistir actividades liberalizadas y actividades reguladas. Ahora bien, en la medida que el correcto funcionamiento de las actividades liberalizadas afecta a la prestación de los servicios esenciales también a las primeras se les rodea de ciertas garantías de Derecho Público.

[5] Gaspar ARIÑO ORTIZ, *La afectación de bienes al servicio público,* 1973. Recogido en este volumen, en la Lección anterior, n.º 20.

co queda ineficaz ante una declaración de un ingeniero que dice que el bien pertenece al equipamiento del servicio. Desde antiguo la jurisprudencia reconoce la procedencia de los requerimientos administrativos que exigen la inhibición del juez, porque ni el dueño puede llevarse el bien afecto al servicio. Y es que, a la postre, cuando la vida de la sociedad reposa en estructuras y bienes esenciales, los títulos formales (de propiedad, de crédito, hipotecas...) deben ceder ante las exigencias de la vida. Pues bien, algo similar sucede con las tarifas de los servicios públicos, como vamos a ver.

4. Tarifas, sometimiento a derecho y justiciabilidad

a) *La tarifa y su sometimiento a Derecho*

En principio la tarifa es un precio público, es decir, un justiprecio por la prestación del servicio público. La aprobación de una tarifa es un *acto jurídico,* de carácter normativo, que dicta el Gobierno (o el regulador independiente en su caso) y que debe someterse al Derecho: debe cumplir unos requisitos, una metodología, unos principios de suficiencia, eficiencia y objetividad; y debe basarse en un cálculo de costes auditados y aprobados por el regulador.

A este respecto se plantean sin duda múltiples cuestiones controvertidas: ¿cuáles son los costes reales de cada servicio?, ¿cómo lograr una contabilidad analítica de explotación de las empresas, normalizada y aprobada por el regulador?, ¿qué metodología tarifaria es más adecuada para garantizar los principios de suficiencia, eficiencia y objetividad en cada servicio público?; y una cuestión de orden institucional, fundamental: ¿quién debe fijar las tarifas, el Gobierno o un regulador independiente? Sobre estas cuestiones, que exceden el objeto de esta ponencia y que he analizado *in extenso* en diversas ocasiones [6], se pueden defender diversas opciones, pero lo que resulta indiscutible es la necesidad de que la fijación de las tarifas se someta a derecho: a los requisitos y procedimientos establecidos en la ley, en las disposiciones reglamentarias y/o en el propio contrato concesional [7]. De esta forma se ha consagrado desde

---

[6] *Vid.* entre otros, con expresa referencia a la problemática pendiente en el régimen de tarifas de los nuevos servicios públicos, GASPAR ARIÑO *et al., Principios de Derecho Público Económico,* 3.ª ed., Comares, Granada, 2004, páginas 565 y siguientes. También en Varios Autores, *Precios y tarifas en sectores regulados,* Comares, Granada, 2001, en especial su introducción «Sobre la naturaleza de la tarifa y su posible control judicial», donde expongo muchas de las consideraciones de esta ponencia.

[7] Por el contrario, las lagunas normativas sobre el régimen tarifario constituyen una patología que causa grave daño a la seguridad jurídica (afectando a los inversores, y por tanto a los incentivos a la ampliación y mejora de los servicios) y deja la puerta abierta a la manipulación política de las tarifas. Aunque también hay que señalar, después de años de experiencia en este

hace tiempo el derecho del gestor del servicio público a la revisión periódica de las tarifas [8], según unos procedimientos preestablecidos.

b) *La justiciabilidad de las tarifas*

Ahora bien, ¿qué sucede si una reclamación tarifaria, de la empresa o de los usuarios, llega ante un juez?, ¿puede éste revisarla? En la medida que se somete al Derecho y es acto jurídico —ya lo hemos dicho— la tarifa es revisable por los jueces. Una vez que se acepta el sometimiento a derecho de las tarifas (al igual que el resto de la Administración), la consecuencia es obvia: hay que reafirmar la justiciabilidad de la potestad tarifaria. El problema es fijar sus posibilidades reales, su alcance y sus límites.

Para afrontar este tema, no tengo más remedio que volver a mi pequeño libro de hace treinta años. Decía entonces que, aun cuando el Tribunal Supremo, después de 1956 (Ley de la Jurisdicción Contencioso-administrativa) [9], entró en numerosas ocasiones a juzgar sobre el desequilibrio financiero de concesiones de servicio, ocasionado casi siempre por una congelación injustificada de tarifas (así, con frecuencia, en el transporte urbano o en el abastecimiento de agua; sectores en los que los Tribunales han revisado las tarifas más de una vez), no se ha atrevido casi nunca a revisar los precios (u ordenar la revisión tarifaria) de los grandes servicios públicos: tarifas eléctricas, gasistas, telefónicas o ferroviarias. Aun cuando desde el principio declaró que «en ningún momento puede una fijación de tarifas ser equiparada a los actos políticos» (STS de 29 de octubre de 1959, Az. 4042) y admitió, teóricamente, su posible revisión jurisdiccional, sin embargo sólo muy excepcionalmente ha entrado en el fondo, confirmando casi siempre el pronunciamiento previo de

---

país y otros, que por mucho que se regule el sistema de tarifas y los crierios de formación de éstas, si no se modifica el aparato institucional encargado de su aprobación, seguirán manipulándose, lo que ratifica la necesidad de que la fijación de tarifas sea encomendada a órganos reguladores independientes, como he defendidio más de una vez. *Vid.* por ejemplo, *Economía y Estado,* Cap. XI «Regulación económica y Administración jurídica. La necesaria reforma institucional», Marcial Pons, Madrid, 1993.

[8] En el régimen de los contratos de gestión de servicios públicos, desde que el principio de cobertura suficiente sustituyó al principio de riesgo y ventura, se ha consagrado un derecho *ex lege* o *ex contractu* a la revisión periódica de las tarifas. *Vid. Las tarifas de los servicios públicos,* cit., páginas 112-118. En Derecho español, dicho derecho del gestor de un servicio público viene recogido en la normativa general de contratación (RDLeg. 2/2000), en el régimen local (RSCL) y en la legislación sectorial.

[9] Antes de 1956 se negaba la revisabilidad de las tarifas con dos tipos de argumentos: alegando su carácter de acto político o de soberanía, o su carácter de acto discrecional no revisable judicialmente según la anterior LJCA.

la Administración competente. En la mayor parte de los casos, el Tribunal Supremo español —único competente para juzgar decisiones del Consejo de Ministros— denegaba la revisión por no aparecer probada su necesidad o porque la tarifa se encontraba respaldada por un Decreto-Ley, considerado entonces acto político de orden público económico (eran los Decretos-Leyes de ordenación económica de fin de año, en los que se fijaban tarifas y precios regulados, sin distinguir actividades de servicio público y actividades reglamentadas).

Tras la Constitución española de 1978, las razones de todo tipo para sostener la *revisabilidad judicial del poder tarifario* del Gobierno se reafirmaron. Parecería que al igual que ocurre con un justiprecio expropiatorio, en el que el juez puede revisar el valor de mercado fijado para los bienes expropiados, también el juez podría revisar una tarifa aprobada en base al cálculo de unos costes y de una metodología prevista en las normas. Sin embargo, los pronunciamientos judiciales sobre las tarifas en España no han variado, que yo sepa. Y es que la gran objeción con que se encuentran los jueces ante cualquier eventual revisión de tarifas son, por un lado, las *dificultades de prueba,* la inexistencia en muchos casos de una contabilidad de costes normalizada; y, por otro, la trascendencia política —de oportunidad— de la decisión, con un impacto difícil de medir sobre la economía nacional y sobre la sociedad, que los jueces no se atreven a modificar. La realidad es que las tarifas se apoyan tanto o más en estimaciones que en cálculos y datos ciertos, y ello hace que a un jurista —aunque sea un gran juez— le resulte muy difícil valorar su impacto y por lo que no se atreven a entrar en una versión cuantitativa. Los jueces afirman el derecho con claridad; lo que ocurre es que, en el fondo, no entienden los hechos y por tanto deniegan [10].

---

[10] Quiero recordar aquí, de nuevo el testimonio vivo de un gran maestro, D. Nicolás Pérez Serrano, a quien en cierta ocasión llegó solicitud de Dictamen sobre un tema de tarifas y, después de formular ante su cliente los razonamientos que su gran sabiduría de jurista le dictaba, le manifestó también, honradamente, su experiencia de Abogado, con estas palabras: todas estas normas en las que de entrada se pone por delante la planificación, la racionalización, la existencia de un orden armónico e interdependiente de factores económicos, «impresionan —decía— a los Magistrados, porque éstos no dominan la entraña técnica e industrial del problema, y porque, además de ser consumidores y de participar, por tanto, de cierta prevención contra la oligarquía de las grandes empresas, suelen sentir explicable timidez ante cuestiones que afectan a la alta política del Gobierno, con la que éste va procurando, con medidas sucesivas y coordinadas, rectificar yerros pasados y garantizar un porvenir sin sobresaltos». Y no es para menos —añadía el ilustre jurista— «dada la complicación extraordinaria con que se manifiesta la normación dictada en materia de tarifas, donde abundan las fórmulas matemáticas abigarradas y confusas, que desconciertan al profano y frenan cualquier impulso de rectificación». PÉREZ SERRANO, N., *Dictámenes,* vol. II, páginas 367 y siguientes. Citado en *Las Tarifas...*, cit., páginas 168 y 169.

c) *Limitaciones fácticas: dificultades de prueba y análisis del ente regulador*

Ciertamente el Derecho de los servicios públicos se ha perfeccionado considerablemente en los últimos años, pero las dificultades técnicas del juicio económico de un Tribunal subsisten y los sistemas probatorios de nuestras leyes procesales no son los adecuados para estos casos. La única forma de que un juez pueda emitir un juicio fundado sobre la elevación (o no) de una tarifa o sobre la procedencia (o improcedencia) de una subvención compensadora de su insuficiencia, es que cuando el asunto llegue hasta él, se encuentren incorporados al expediente análisis económicos fiables, objetivos, neutrales, elaborados, tras las alegaciones de las partes, por un Ente regulador o Tribunal administrativo independiente, que informe preceptivamente con carácter previo sobre él. El control judicial de esa inextinguible discrecionalidad técnica que acompaña a los juicios económicos debe venir apoyado por unos análisis cuasi judiciales hechos por un Ente competente para ello (competente en el doble sentido: con autoridad para ello y con conocimiento técnico de los problemas). Tal cosa sucede en algunas decisiones que llegan al Consejo de Ministros con informe preceptivo previo de la Comisión Nacional de la Competencia o de la Comisión Nacional de la Energía. Pero en otros muchos casos, esto no sucede. Y aún en aquéllos, el Gobierno mantiene siempre la facultad de seguir el dictamen o apartarse de él con una motivación suficiente.

Resumamos, por tanto, lo dicho hasta aquí reafirmando la indudable justiciabilidad de las tarifas de los servicios públicos, a la vez que señalando las tremendas dificultades técnicas involucradas en dicho enjuiciamiento, que han hecho hasta ahora utópico e irreal el control judicial (al menos en España). Pues bien, ¿cómo salir de esta aporía?

5. Límites al control judicial de las tarifas de los servicios públicos, debido a su naturaleza mixta

Lo primero que debemos constatar es que la revisibilidad de las tarifas por un juez tiene límites jurídicos de gran relevancia: aunque las normas legales y contractuales recojan el derecho del concesionario a las revisiones tarifarias periódicas según los procedimientos establecidos, un juez no puede —ni debe— sustituir al Gobierno en el acto de aprobación de una tarifa. No puede cambiar una tarifa por otra [11]. La razón es la *doble vertiente que toda tarifa ofre-*

[11] Si como consecuencia del análisis económico de los costes y pruebas realizadas, el juez entiende que la tarifa de un determinado servicio debe ser un 10% superior podrá declarar la no conformidad a derecho y adoptar las medidas necesarias para corregir la insuficiencia, pero no podrá cambiar la tarifa. Volveré sobre este punto más adelante.

ce, en cuanto que es, por un lado, acto de satisfacción de un derecho patrimonial (de la empresa y/o de los usuarios); pero, por otro lado, en cuanto es medida de conformación social y económica de la realidad. Ambas dimensiones están insertas, por su propia naturaleza, en toda tarifa de servicio público.

La fijación de un justiprecio en un procedimiento expropiatorio es algo que afecta únicamente a su titular (y a la Hacienda Pública) y, por tanto, tras un proceso judicial debidamente instruido, el juicio objetivo de la Administración puede ser sustituido por el de un juez. El «justiprecio» es un concepto jurídico indeterminado, pero determinable en su cuantía, primero por la Administración y después por el juez. En la fijación del justiprecio aquélla es controlable y sustituible por el juez, porque hay una «unidad de solución justa», que afecta únicamente a los derechos subjetivos de un ciudadano, el expropiado.

Por el contrario, en la tarifa hay una pluralidad de afectados, acorde con su naturaleza. Por un lado, la aprobación de una tarifa *afecta directamente* a los *gestores del servicio* público, ya que constituye la retribución por la prestación de dichos servicios, garantizada en el *contrato* de gestión o en su caso en la *regulación* (si aquél no existe formalmente aunque sí implícitamente). Los gestores del servicio son aquí —podríamos decir— los expropiados y por ello podemos decir con todo rigor, que en esa primera vertiente de su naturaleza, la tarifa ofrece el mismo carácter de *justiprecio* público por la prestación de un servicio, en el seno de una relación contractual equivalente al derecho de propiedad.

Pero la tarifa *afecta también a muchas* otras personas y al sistema económico y social en su conjunto, es decir, a toda la sociedad; a los ciudadanos de a pié cuyo bienestar depende de la prestación continua y de la calidad de los servicios públicos, a las empresas que utilizan entre sus *inputs* servicios esenciales como la energía, el transporte o las telecomunicaciones, cuya variación de precios tiene efectos multiplicadores de gran relevancia en la competitividad de la economía. Las tarifas de los servicios esenciales impactan así en todo el orden económico nacional y, por ello, en esta segunda vertiente de su naturaleza, las tarifas no son actos de fijación de un justiprecio, sino auténticas *medidas de orden económico,* actos de Gobierno, cuya aprobación en los grandes servicios públicos nacionales corresponde a éste y únicamente a éste (artículo 97 de la CE: «El Gobierno dirige la política interior y exterior...») [12].

---

[12] La naturaleza mixta de las tarifas de los servicios públicos, trasladada al nuevo régimen jurídico de los servicios públicos liberalizados se predica únicamente de las tarifas de los servicios esenciales a consumidores finales (sean cautivos o hayan optado por no ejercer su derecho a acudir al mercado). Por el contrario, las tarifas de acceso a las instalaciones esenciales, en con-

El impacto de las tarifas sobre ciudadanos, empresas y la economía en general, implica que la vida de las gentes puede quedar gravemente perturbada por las alteraciones tarifarias, aunque no sean justas desde la perspectiva de la relación contractual del gestor del servicio y el Estado. Así, la tarifa puede contener subvenciones cruzadas, lo que contradice la naturaleza de la tarifa como precio, pero permite la redistribución de los costes del servicio entre barrios de mayor o menor nivel de renta; o entre diferentes consumos para favorecer a determinadas industrias intensivas en dichos servicios esenciales; o, en fin para gestionar la demanda (tarifas por bloques, a precios progresivamente crecientes), castigando los consumos excesivos (por ejemplo de agua o electricidad). Todos estos objetivos —y otros muchos— pueden estar vinculados a una determinada estructura tarifaria.

Quiere ello decir que en toda tarifa hay implícita una *medida de Gobierno* y los jueces no pueden interferir con el Gobierno legítimo, al que le corresponde la dirección política y la acción gubernativa, con liderazgo para velar por el bienestar de los ciudadanos. Los jueces deberán en estos casos extremar su *prudencia iuris,* ya que la justicia o injusticia de las medidas tarifarias muchas veces no pueden ser vistas a escala individual sino colectiva, no sea que el remedio (el control) sea peor que la enfermedad [13]. Estos límites al control judicial son inherentes al principio de separación de poderes, y se reflejan asimismo en el artículo 71.2 de la Ley Española de la Jurisdicción Contencioso-Administrativa que establece: «Los órganos jurisdiccionales no podrán determinar la forma en que han de quedar redactados los preceptos de una disposición general en

traprestación por la obligación de acceso de terceros a las redes o de interconexión, que se impone a los operadores establecidos, constituyen un justiprecio en sentido estricto, plenamente justiciable. Así, lo he señalado recientemente en otro lugar: «Especial consideración merece la tarificación por el uso de eso que se llaman instalaciones esenciales *(«essential facilities»).* Se da esta situación en todos aquellos campos en que los nuevos entrantes *(newcomers)* necesitan, para entrar en el mercado, hacer uso de redes o instalaciones existentes, propiedad de un tercero (el operador establecido o *incumbent*). Son los precios de acceso a la red eléctrica o gasista, los precios de interconexión o alquiler de circuitos, el acceso al bucle local o el pago por el uso de plantas de regasificación, entre otros supuestos. En tales casos, nos encontramos, literalmente, ante una expropiación de uso (el uso de la red o la instalación) a favor de un beneficiario (el nuevo entrante) y por tanto, la naturaleza de la tarifa es, rigurosamente, la de un justiprecio expropiatorio. Toda tarifa es en el fondo un «justo precio», pero en estos supuestos la identidad de razón jurídica es completa y ningún otro criterio de política general o sectorial puede justificar un planteamiento diferente», *vid.* Gaspar Ariño, Estudio introductorio al libro, ya citado, *Tarifas y precios en sectores regulados,* 2001, página XV.

[13] *Vid. Las tarifas...* cit., páginas 166-173. Como advertía entonces, los jueces deben manejarse con cuidado para no caer en la tentación de corregir las decisiones económicas del Gobierno, ya que el Gobierno de los jueces es siempre peor que el Gobierno de los políticos. Volveré sobre este punto fundamental al final de esta ponencia.

sustitución de los que anularen *ni podrán determinar el contenido discrecional de los actos anulados»*. Esta última afirmación es de gran alcance.

Así pues y concluyendo, al Gobierno corresponde el ejercicio de la potestad tarifaria que es irrenunciable [14]. Forma parte del poder normativo reglamentario y de la dirección de la política interior que la Constitución atribuye al Gobierno. (Artículo 97: «el Gobierno dirige la política interior y exterior..., ejerce la función ejecutiva y la potestad reglamentaria de acuerdo con la Constitución y las leyes»). Posteriormente, las leyes pueden atribuir ámbitos de la potestad tarifaria a reguladores sectoriales independientes, que en definitiva son Administración Pública institucional. La atribución de la potestad tarifaria a un órgano u otro del complejo Gobierno-Administración es otra cuestión, muy relevante, pero que no nos debe distraer de la que ahora nos ocupa: no es competencia de los jueces la fijación de las tarifas, sustituyendo a la decisión de los órganos que tengan dicha competencia legalmente atribuida (sea el Gobierno, sea el regulador sectorial).

6. Ámbito de revisibilidad de la tarifa por los jueces

Si todo ello es así, es decir, si las tarifas son actos jurídicos judicialmente controlables, pero los jueces no pueden fijar la tarifa que consideren conforme a derecho ¿en qué se traduce la revisibilidad y el control judicial de las tarifas por los jueces? Dicho con otras palabras: ¿cuál es el juicio posible de un tribunal en la cuestión tarifaria? La respuesta es ésta: se traduce en la tutela judicial de los derechos económicos de los gestores (o de los usuarios) del servicio público. El juez puede apreciar —y medir— el grado de insuficiencia (o de ex-

---

[14] Conviene recordar que tampoco caben derogaciones singulares de las disposiciones administrativas de carácter general, ni pueden ser objeto de arbitraje. Como señala Urrutigoity en cuanto al carácter irrenunciable de la potestad tarifaria, en la Cuarta Conferencia Nacional de Abogados explicó Villegas Basavilbaso: «Es inalienable el poder de la autoridad pública para adaptar la tarifa a las necesidades del servicio público. El poder concedente no puede legítimamente renunciar al derecho de adaptar la tarifa a las exigencias del interés colectivo, entregando al concesionario una atribución inalienable. Si la administración pública debiera abstenerse de la modificación de la tarifa, manteniéndola *nec varietur,* no obstante las circunstancias que reclaman su alteración, se habría desnaturalizado el fin de esta institución, poniendo en grave peligro el interés público; pues no puede ignorarse la función capital que desempeña la tarifa en la prosperidad económica. Casi siempre, se ha dicho, la tarifa está íntimamente vinculada a la solución de un problema social» («J.A.», 61-113, n.º IV-2. Ver también el n.º IV-6). Se trata de una aplicación de los principios generales de la competencia (cfr.: Jorge H. SARMIENTO GARCÍA, *Acto administrativo,* en autores varios, «Nociones de derecho administrativo». Mza., 1993, página 44; en la misma obra colectiva, César Mosso GIANNINI, *Organización administrativa,* páginas 17 y 18; José R. DROMI, *El acto administrativo,* Madrid, 1985, página 38, cit. en URRUTIGOITY, *Los Servicios Públicos,* página 82).

ceso) de las tarifas aprobadas y puede ordenar la aplicación de las medidas correctoras necesarias para restaurar el equilibrio económico del contrato, en defensa del interés privado y de la justicia interpartes. El poder revisor de los jueces se ejerce así *sobre el equilibrio económico del servicio* (aspecto *contractual* de la tarifa) pero no sobre la medida en sí misma —la cuantía de la tarifa o su estructura— que no puede revisar (aspecto *político* de la tarifa).

Los fundamentos de estas afirmaciones entroncan, de nuevo, con la naturaleza mixta de la tarifa, ya comentada, y la naturaleza de los derechos económicos del gestor del servicio público. Decía anteriormente que la tarifa tiene una naturaleza mixta: justiprecio como contraprestación a un gestor por la prestación de un servicio, y medida de gobierno de orden económico que afecta al conjunto de los ciudadanos y usuarios de dicho servicio esencial. Pues bien, la revisabilidad de la tarifa opera en la primera vertiente, la tarifa como contraprestación a un gestor por la realización de actividades de servicio público. Ello quiere decir que *no hay un derecho subjetivo a la revisión numérica, cuantitativa, de las tarifas;* por el contrario, el derecho subjetivo se refiere únicamente al mantenimiento del equilibrio económico del contrato (vía tarifa o vía compensaciones de cualquier otro tipo (por ejemplo subvenciones, exenciones fiscales, prórroga del plazo de explotación). Esta tesis debe ser afirmada incluso en aquellos servicios en los que la regulación o el pliego concesional establecen pactos o cláusulas de descomposición paramétrica de la tarifa, con fórmulas aprobadas para el cálculo de la revisión. Debemos preguntarnos: ¿estas fórmulas operarán automáticamente (esto es, la Administración se deberá limitar a reconocer u homologar los resultados que arrojen), o por el contrario, la Administración ostentará siempre un poder incondicionado de congelación de tarifas, no obstante cualquier alteración? Y, como consecuencia, ¿en qué medida los jueces podrán entrar a revisar tales acuerdos? Atendiendo al sentido literal de las normas, podría parecer que la revisión es un auténtico derecho subjetivo otorgado al concesionario y que el Estado debe limitarse a reconocer de un modo automático cuando entran en juego, con exactitud, los índices y fórmulas matemáticas previstas. Y que si no lo hace así, los jueces podrían acordarlo en una auténtica sentencia de condena.

Sin embargo, dicha apariencia no se corresponde con la realidad. Ya he dicho que no hay un derecho subjetivo a la revisión o ajuste automático de la tarifa, lo que se fundamenta en que el poder tarifario es una potestad o poder irrenunciable del Gobierno (o ente regulador), tanto por vía normativa como contractual. No hay derecho subjetivo a cierta tarifa, a su ajuste automático, al no ejercicio del poder tarifario más allá de ciertos términos predeterminados. *El único derecho subjetivo del prestador del servicio es al mantenimiento de la ecuación económica del contrato, un derecho a que se respete la intangibilidad de la remuneración de su inversión y el servicio prestado, no al precio, tasa o tarifa a percibir de los usuarios.* Y en este punto, no son equiparables el contrato de obra, donde la aplicación automática de fórmulas polinómicas es posible, y el contrato de servicio público, donde no lo es [15], que si esa remuneración no es asegurada vía tarifas, deberá compensarse vía subvención o indemnización por la administración [16].

Este derecho económico fundamental del concesionario al mantenimiento del equilibrio económico del contrato se ha consagrado plenamente en la legislación española de régimen local (artículos 126.2, 127, 129 RSCL) y en la reciente normativa sobre los contratos de las Administraciones Públicas (artículos 162 y 163 RDLeg. 2/2000) y las contraprestaciones económicas del contratista gestor de un servicio público [17], así como en el nuevo artículo 248

---

[15] Sobre la distinción entre precio (valor en numerario de la contraprestación) y remuneración (valor real, material o efectivo de dicha contraprestación, que se plasma en un momento dado y consiste en el valor comparativo del adjudicatario en un proceso de comparación de ofertas) en el contrato de obra pública, ver Rodolfo C. BARRA, *Contrato de obra pública,* Ds. As., 1988, n.º 166, páginas 876 y 877. Aunque las consideraciones que allí vierte son valederas —*mutatis mutandi*— también para el contrato de concesión de servicio público. *Vid.* URRUTIGOITY, cit., página 85. Sin embargo, existen diferencias entre uno y otro contrato: «Digamos en primer lugar que la situación no es idéntica en los contratos de obra y la gestión de servicios, porque en los contratos de obra el resultado de tales fórmulas no es, en definitiva, más que el reconocimiento de una indemnización (aumento del precio de la obra) sin repercusiones directas sobre el nivel de precios en otros sectores. En cambio, en las tarifas, el aumento de éstas por fórmula automática (en función del aumento de los costos de producción) repercute inmediatamente en los precios de otros muchos sectores, lo cual supondría la invasión de unos poderes de dirección económica que pertenecen al gobierno y que no pueden ser corregidos por los jueces. La función de éstos, como se dice más adelante, será de distinto tipo (...). En resumen: evolución tecnológica, largos plazos de amortización y cambiante estructura del consumo hacen de difícil aplicación al sector de la energía las fórmulas polinómicas y los sistemas de primas o compensaciones, que exigen una constante readaptación (...). En otras palabras, las descomposiciones paramétricas y fórmulas polinómicas serán útiles y eficaces si dichas fórmulas tienen una duración relativamente corta, y son adaptadas a la estructura de los costos a medida que éstos varían (también a medio o corto plazo) [...]. Puede concluirse, por tanto, en relación con este punto, que los sistemas de fórmulas polinómicas de revisión automática son menos definitivos en materia de tarifas de los servicios públicos que en los contratos de obras, aunque siguen siendo de gran utilidad» (ARIÑO, *Las tarifas...*, ob. cit., páginas 163-165).

[16] *Las tarifas...*, ob. cit., páginas 119-121.

[17] El artículo 162 RDLeg. 2/2000, de 16 de junio, de Contratos de las Administraciones públicas señala que «El contratista tiene derecho a las contraprestaciones económicas previstas en el contrato y a la revisión de las mismas, en su caso, en los términos que el propio contrato establezca». Pero el siguiente artículo 163 sobre modificación y sus efectos establece el posible reajuste de las tarifas por razones de interés público en los siguientes términos: «1. La Administración podrá modificar, por razones de interés público, las características del servicio contratado y las tarifas que han de ser abonadas por los usuarios. 2. Cuando las modificaciones afecten al régimen financiero del contrato, la Administración deberá compensar al contratista de ma-

sobre el mantenimiento del equilibrio económico en el contrato de concesión de obra pública. De esta forma, aunque se afirme la potestad discrecional de modificar las tarifas por razones de orden público (artículos 127.1 RSCL, 162.1 RDLeg. 2/2000), en paralelo se consagra el deber de «mantener el equilibrio financiero, para lo cual compensará económicamente al concesionario... (o) revisará las tarifas y subvención».

Como ya he señalado, esta necesaria compensación es esencialmente reglada y exigible judicialmente, pues se trata en el fondo de restaurar una lesión producida, como ocurre en toda privación singular o alteración de una situación jurídicamente protegida; al arbitrio de la Administración quedarán las modalidades que aquélla pueda revestir, con algunas limitaciones establecidas en la propia Ley. Y es que la discrecionalidad alcanza a la «forma de retribución del concesionario» (artículo 127 RSCL) pero no al *quantum* de la misma, que es determinable por los jueces, a falta de acuerdo entre las partes.

Así pues, el juez podrá entrar a decidir:

1) sobre el mantenimiento o quebrantamiento de la ecuación financiera;

2) sobre la existencia o no de daño o lesión económica, como consecuencia del ejercicio de la potestad financiera;

3) sobre el *quantum* de la compensación debida.

No podrá pronunciarse, en cambio, sobre las modalidades de llevar ésta a cabo: aumento de las tarifas, subvenciones, exenciones, ampliación de plazos o de mercados, realización de determinadas inversiones a cargo del Estado en el servicio de que se trate, o cualquier otra.

La contabilidad normalizada, las tablas de costes, los «standards», el sistema de fórmulas polinómicas serán para el juez, como ya he dicho, no un mecanismo de determinación automática, obligada, de una tarifa que aquél pretenda imponer a la Administración, sino *un instrumento de determinación del grado de insuficiencia de la tarifa,* que permita calcular *a posteriori,* de un modo racional y científico, el montante de la subvención compensatoria. Evidentemente, todo esto exigirá una competencia técnica de que los jueces hoy carecen (aquí habría que aludir al cada día más frecuente problema del dictamen técnico y la vinculación del juez a él) pues de lo que se trata no es de aclarar la norma o principio de justicia, sino de explicarle al juzgador el «supuesto de hecho», en cuya compleja valoración éste es muchas veces incapaz de entrar.

---

nera que se mantenga el equilibrio de los supuestos económicos que fueron considerados como básicos en la adjudicación del contrato».

En definitiva, el principal derecho económico del contratista gestor de un servicio público es el mantenimiento del equilibrio económico financiero del contrato. Y no es poco [18]. Este derecho es plenamente exigible ante los tribunales. Si tras un proceso judicial, se demuestra que una tarifa es insuficiente para cubrir los costes del servicio, el juez puede declarar la insuficiencia y ordenar una compensación o subvención que restaure el equilibrio económico de la concesión; y en sentido inverso, el juez podría declarar el exceso de la tarifa y ordenar la devolución de las cantidades indebidamente ingresadas [19]. Pero no puede «tocar» la tarifa: ni sustituir la decisión del Gobierno tras su anulación, ni mucho menos suspenderla cautelarmente.

7. Procedimiento para la revisión tarifaria: prueba pericial e ilegitimidad de adopción de medidas cautelares

Una vez afirmada la revisibilidad de la tarifa y sus límites, hay que señalar a continuación las garantías del proceso judicial para su revisión.

He dicho que la tarifa se puede revisar en la medida que afecte al equilibrio económico del contrato. Pero dicha revisión debe efectuarse tras el desarrollo de todo el proceso judicial: los pronunciamientos judiciales sobre las ta-

---

[18] A este respecto conviene señalar que el ámbito de este derecho económico fundamental del concesionario va más allá de las revisiones periódicas de tarifas y de la necesaria compensación de las modificaciones tarifarias por razones de interés público. También abarca el reequilibrio económico de la concesión cuando éste se rompe por otras causas como puede ser fuerza mayor, *factum principis* y circunstancias sobrevenidas e imprevisibles en el momento de la conclusión del contrato. Así, artículo 127.2.2.ºb) RSCL sobre revisión de tarifas y subvención cuando, aun sin mediar modificaciones en el servicio, circunstancias sobrevenidas e imprevisibles determinaren, en cualquier sentido, la ruptura de la economía de la concesión. Por otro lado, conviene recordar que la jurisprudencia en la aplicación de la teoría del riesgo imprevisible como causa para el reestablecimiento del equilibrio económico ha sido muy restrictiva: el riesgo ha de ser realmente imprevisible y los perjuicios derivados de hechos independientes de la gestión de las partes, el restablecimiento del equilibrio opera en ambos sentidos y se aplica el principio de sacrificio compartido (coparticipación de ambas partes en los perjuicios derivados del cambio de circunstancias). Sobre el tema, *vid.* G. Ariño, *La teoría del equivalente económico en los contratos administrativos,* Madrid, 1968.

[19] Los usuarios también pueden pretender la revisión de la justicia y razonabilidad de las tarifas. Cfr. Grecco, *Potestad…,* cit., página 511. En páginas 493 y 494 reseña la evolución en el derecho norteamericano, distinguiendo tres etapas: 1.ª) imposibilidad de revisar tarifas establecidas legislativamente; 2.ª) admisión de la revisibilidad de la razonabilidad de la tarifa, con fundamento en la garantía de la propiedad; 3.ª) admisión de revisión de la suficiencia tarifaria, y no sólo de su razonabilidad. En sentido concordante, se pronuncia Kaufman sobre el cambio de criterio contrario de la Corte nacional (caso «Ventafrida c. Cía. Unión Telefónica»), por otro favorable a la revisión, tanto en beneficio de los usuarios como de los servicios (Kaufman, *Tarifas...*, ob. cit., páginas 926 y 927). Citados por J. Urrutigoity, cit., página 91.

rifas deben realizarse mediante sentencia que se pronuncie sobre las cuestiones controvertidas, una vez tramitado todo el proceso: tras el análisis fundado de la contabilidad de costes presentada, el desarrollo de la prueba pericial y una vez oídas las partes. En este proceso de revisión judicial, la naturaleza mixta de las tarifas impone también ciertas peculiaridades:

1.ª) Ya hemos comentado las grandes dificultades técnicas que entraña el análisis de los hechos para el pronunciamiento sobre la suficiencia (o no) de una tarifa. Ante estas dificultades y la práctica habitual, desestimatoria, de la insuficiencia de la tarifa, conviene hacer una doble advertencia:

a) Es imprescindible llevar a cabo en sede judicial una amplia prueba pericial, que contribuya al esclarecimiento de los hechos económico-financiero; que se aporten, si es necesario, informes de peritos independientes, y especialmente los análisis cuasijudiciales que realice el regulador sectorial, siempre que la composición de éste garantice la cualificación profesional de sus miembros y su independencia (tanto de las empresas como del poder político).

b) Es igualmente necesario reforzar la formación económica y regulatoria de los jueces para que puedan valorar la prueba pericial aportada o instruida de oficio, y para realizar todos los análisis económicos que sean necesarios [20]. El conocimiento de las cuestiones tarifarias debe reservarse a una Sección especializada dentro de las Salas de lo Contencioso-administrativo (Cámaras de Apelación, Audiencia Nacional o Tribunal Supremo).

2.ª) Si la revisión tarifaria no puede alcanzar a fijar una nueva tarifa, sino sólo afectar al plano del equilibrio económico del concesionario, tras la tramitación de todo el proceso judicial, resulta evidente que *la tarifa no puede ser objeto de medidas cautelares;* si en la sentencia el juez no tiene competencia para anular y fijar otra tarifa, menos aún podrá el juez adoptar de forma sumaria una medida cautelar de suspensión, *inaudita parte,* de la tarifa aprobada por el Gobierno. Esto es algo completamente improcedente.

En la LJCA española una medida cautelar podrá denegarse cuando «de ésta pudiera seguirse perturbación grave de los intereses generales o de tercero, que el Juez o Tribunal ponderará de forma circunstanciada» (artículo 130.2 LJCA). Pero es que en el caso de una suspensión cautelar de la tarifa de un servicio público, dicha suspensión interfiere directamente en la función de gobierno y

---

[20] En este sentido cabe señalar el reciente convenio suscrito entre el Tribunal de Defensa de la Competencia y el Consejo General de Poder Judicial para la formación de jueces y magistrados sobre Derecho de Defensa de la Competencia, ante la reciente modificación de la normativa comunitaria que exige su aplicación directa por los jueces nacionales (descentralización del sistema de aplicación de las normas de competencia, Reglamento 1/2003).

como tal, excede la competencia de jueces y tribunales. Por lo demás, el carácter preliminar de dicha medida contradice los necesarios análisis que sólo serán apreciables tras la completa tramitación del proceso judicial con todas sus garantías. De forma similar, en un proceso expropiatorio es revisable el justiprecio, pero no es revisable por los jueces si concurre o no la «utilidad pública», únicamente apreciable por la autoridad política. Y menos aún sería revisable sumariamente a través de una medida cautelar de suspensión.

8. Dos casos recientes: la revisión de las tarifas de telefonía fija en Brasil y el reajuste tarifario de la autopista de Ontario

La polémica sobre las tarifas de los servicios públicos y el control judicial se ilustra con el caso reciente de la revisión judicial de las tarifas telefónicas brasileñas [21]. En Brasil, el órgano regulador de las telecomunicaciones, ANATEL, tiene encomendada la fijación de las tarifas de los servicios telefónicos. Los contratos de concesión del servicio telefónico fijo establecen que la empresa concesionaria tiene derecho a solicitar el reajuste tarifario, como mínimo anualmente, según la normativa vigente de las tarifas básicas de los servicios local y de larga distancia. Así, las tarifas se reajustan mediante la aplicación de una fórmula *(price cap),* uno de cuyos parámetros es la IGP-DI *(Indice Geral de Preços-Disponibilidade Interna),* un índice de precios mayoristas.

En aplicación de dichas previsiones la revisión de la tarifa por ANATEL en telefonía fija para 2003, se tradujo en un incremento medio del 28% [22]. El Gobierno lógicamente preocupado por lo que consideraba excesivo incremento en dichas tarifas, inspiró una impugnación judicial de las mismas [23].

---

[21] *Vid.* FOLHA DE S. PAULO, 6 de julio de 2004.

[22] La situación económica y la fluctuación del dólar hicieron que el IGP-DI desde el último ajuste tarifario (2002, junio) se situara en torno al 31-32% (junio 2003).

[23] El reajuste tarifario provocó una fuerte reacción por parte del Ministerio de Comunicaciones que lo consideró excesivo y comenzó una maniobra frente a la opinión pública para tratar de parar el mismo. Como consecuencia de ello el secretario de Justicia del Estado de Río de Janeiro presentó un recurso de liminar para suspender el reajuste en dicho Estado. El juez concedió la liminar y el reajuste quedó en suspenso. Acciones similares por parte del PROCON (Asociación del defensa del consumidor) y de otros agentes ocurrieron en varios estados, incluso en São Paulo, obteniendo liminares que prohibieron el reajuste, algunas con carácter federal. Telemar, Telefónica y Brasil Telecom, recurrieron las liminares alegando conflicto de competencias. El Superior Tribunal de Justicia (STJ) requirió a todos los juzgados que le enviasen la documentación, dado que algunas sentencias no coincidían (por ejemplo, el juez del Estado de Ceara no prohibió el reajuste sino que lo situó en un valor próximo al IPCA en lugar del IGP-DI, que es el que figura en el contrato). El presidente del STJ decidió que las acciones colectivas serían concentradas en la 2.ª Vara federal de Fortaleza cuyo juez podría tomar decisiones aplicables a todo el país.

Tras los pronunciamientos discrepantes de diversos jueces, estatales y federales, el juez federal designado dictó *medida cautelar de suspensión* del incremento del 28%, al entender que el índice de precios al consumo aplicable a la revisión no era el aplicado por ANATEL (y previsto en el contrato) sino otro, el IPCA *(Indice de Preços ao Consumidor Amplo)* [24]. En consecuencia el juez rebajó el reajuste tarifario medio del 28 al 17%.

Tras la impugnación de esta medida cautelar, la sentencia del Tribunal Supremo de 1 de julio de 2004 contiene un pronunciamiento claro y de gran interés. Señala el TS que para la aplicación del contrato hay que *cumplir el contrato* y la normativa. Según ambas fuentes, el órgano competente para fijar las tarifas es ANATEL y no el Juez; y además el índice de precios al consumo a aplicar es el previsto en el contrato, por lo cual reestableció el IGP-DI como indexador de las tarifas de telefonía fija para el año 2003, sin carácter retroactivo.

Como la sentencia no tiene efectos automáticos retroactivos, para su cumplimiento el Gobierno y las compañías han debido negociar la aplicación del incremento del 10% adicional de reajuste de 2003 de forma gradual y por etapas, ya que se une al nuevo reajuste tarifario de 2004 [25]. El objetivo del Gobierno fue y sigue siendo intentar reducir el impacto del incremento tarifario sobre el consumidor y sobre la inflación. Sin duda, son buenas razones. Pero éstas deben seguir los cauces jurídicos: aplicar el contrato (o renegociarlo) y el Derecho, no inducir a un juez a que sustituya al órgano regulador.

En definitiva, tres enseñanzas se derivan de este caso: primera, los contratos hay que cumplirlos; segunda, si por circunstancias sociales hay que aplazar o escalonar o modular el cumplimiento del contrato, se debe renegociar con las compañías, pero de ningún modo se puede imponer por el juez; tercero, las medidas cautelares aplicadas por todo tipo de jueces crean inseguridad jurídica, incoherencia, y al final, posponen y agravan el necesario ajuste tarifario.

Un caso igualmente instructivo es la reciente impugnación por el Gobierno de Ontario del *reajuste tarifario realizado por la empresa concesionaria de la autopista 407 ETR de Toronto.* En el contrato se preveía la *libertad tarifaria,* sometida a simple comunicación de precios con 28 días de antelación (siempre que el

---

[24] El juez de la 2.ª Vara federal del Distrito federal determinó por medio de otra liminar que las tarifas de telefonía fuesen reajustadas por el IPCA. Ante la tentativa de las operadoras fijas de aplicar un reajuste liberal para todas las tarifas en función del IPCA, el juez especificó que se debería aplicar el descuento establecido por el factor de productividad.

[25] El 29 de junio ANATEL anunció el reajuste tarifario de 2004 en base al IGP-DI y los factores de productividad, lo que en la cesta local ha dado lugar a un reajuste medio de 6,89%. Junto al aumento adicional pendiente de 2003, el reajuste tarifario medio asciende al 17%.

tráfico no bajara de un determinado nivel). El aumento del peaje del 8% en febrero de 2004 no fue aceptado por el nuevo Gobierno de Ontario, el cual alegó que el contrato exigía la previa aprobación de dichas tarifas por el Gobierno. La controversia fue sometida a un árbitro independiente designado por las partes, el cual acaba de fallar a favor de la empresa concesionaria. El Gobierno ha anunciado su decisión de apelar a la *Superior Court of Ontario.* Sin embargo, el contrato debe cumplirse en los términos pactados y no cabe *a posteriori* la alegación del interés público para incumplir una de las condiciones esenciales del contrato. En caso de cambio de circunstancias, hay siempre que intentar la búsqueda de otras vías para solucionar las discrepancias. Así, como parte del acuerdo original, el Ministerio está legalmente autorizado a renegociar cada cinco años alguno de los términos del contrato, proceso que el Gobierno ya ha solicitado a la concesionaria. Si la negociación pudiera afectar al régimen de precios, en el fondo podría ser una nueva modalidad del régimen tarifario RPI-X cada 5 años. Ciertamente, la libertad tarifaria en las autopistas de peajes es una excepción en la práctica internacional [26], pero si así se acuerda en el contrato, hay que respetarla, y acudir a las vías previstas de reajuste y renegociación del mismo.

Son, como digo, dos supuestos instructivos.

9. Adecuación dimensional

La última enseñanza del caso de las tarifas telefónicas en Brasil enlaza con el desquiciamiento del sistema político que origina el control difuso de la constitucionalidad, existente en varios países iberoamericanos. Dicho sistema de control de constitucionalidad violenta gravemente la división de poderes, pues carece de la necesaria «adecuación dimensional» entre la autoridad política que toma una decisión y el juez que la juzga.

En principio, en todo sistema procesal bien ordenado el control de decisiones por un juez tiene que ajustarse siempre a la competencia y dimensión de la autoridad que dictó el acto revisable. En el caso español, cualquier juez no puede revisar cualquier decisión del Gobierno o de un órgano de la Administración. La atribución de competencias entre los órganos de la jurisdicción contencioso-administrativa, artículos 8-12 LJCA, consagra esta adecua-

[26] La legislación sobre concesiones de obra pública usualmente establece que las tarifas que paguen los usuarios sean fijadas por la Administración con revisión periódica según un procedimiento establecido, junto con otros medios de retribución en su caso y la garantía de equilibrio económico financiero del contrato (*vid.* por ejemplo, artículos 220, 246 y 248 RDLeg. 2/2000 sobre contratos de la Administración pública en España).

ción dimensional. Así, el control de las decisiones del Consejo de Ministros se atribuyen al Tribunal Supremo, el control de la mayor parte de las decisiones de los Ministros a la Audiencia Nacional, y las de los Gobiernos regionales a los Tribunales Superiores de Justicia de cada territorio.

Frente a esta adecuación dimensional, que es práctica común, hay que denunciar las graves incertidumbres e incoherencias que introduce el control difuso de constitucionalidad de algunos Estados en los que cualquier juez puede suspender la aplicación de una norma cuando estima que es inconstitucional. No se explica, en buen Derecho, cómo un juez de cualquier jurisdicción pueda cuestionar la constitucionalidad de cualquier medida del Poder Ejecutivo —incluido el propio Presidente de la Nación— cuándo éstas afectan a la integridad de la nación (p.e., procesos de privatización) o al orden económico (p.e., medidas de emergencia o tarifas de servicios públicos). Esto se torna más grave aun cuando, en circunstancias de emergencia como las que ha atravesado la Argentina, ha resultado imprescindible adoptar medidas extraordinarias como las que se han adoptado en los últimos años. Que cualquier Juez pueda paralizar, mediante cautelares, cualquier decisión del Presidente de la Nación es algo desconocido en el derecho público occidental tal como éste ha sido entendido y aplicado desde su creación en el sistema republicano más sólido del mundo, el norteamericano. Al respecto, sería bueno recordar las palabras de Montesquieu: «De los tres poderes... el del juzgar es, en cierto modo, mudo. No quedan más que dos, que necesitan un poder regulador para atemperarlos» («Del Espíritu de las Leyes», XI, 6).

10. Política y Derecho: límites a la responsabilidad patrimonial por la actuación del Gobierno

Unas palabras finales sobre la frontera entre política y Derecho. Ante la vertiente de las tarifas como medida de gobierno hay que tener en cuenta que hay facetas de las medidas de gobierno que son incontrolables por los jueces, incluso aunque atenten al derecho de propiedad. La división de poderes nos lleva a la frontera entre la política y el derecho. El Estado de Derecho es un sistema completo y cerrado, pero los jueces no pueden sustituir al Gobierno: hay decisiones políticas cuyo control es político y quedan fuera del Derecho, salvo la necesaria compensación de las lesiones patrimoniales que sean injustas y *singulares.*

Así, el principio de responsabilidad patrimonial de los poderes públicos tiene como límite objetivo la no reparación de las lesiones patrimoniales que se impongan de forma generalizada sobre los ciudadanos, como consecuencia de medidas del gobierno o del legislador. Por ejemplo, entre las medidas de gobierno que históricamente causaron daños generalizados a muchos ciudadanos podemos destacar la abolición del patrón oro en los Estados Unidos o la «pesificación» (conversión de dólares a pesos) en la Argentina.

Recordemos aquí que el Tribunal Supremo norteamericano, en el caso Perry («Perry *vs.* US. —294 US 330—»), tuvo que aceptar la ruptura del «patrón oro» por una razón muy simple: la imposibilidad de pagar. También los jueces argentinos se vieron enfrentados, con la pesificación y la derogación de la convertibilidad, al dilema de ponderar entre el derecho de propiedad individual (de quien depositó dólares y le devuelven un tercio de su valor) y el derecho de millones de ciudadanos, que pueden verse afectados con la quiebra del sistema financiero. Se trata de una decisión que requiere de una solución posibilista y de «equidad», no de estricta justicia.

En este sentido, frente a la clara intromisión en la política que constituyó la Sentencia de la Corte Suprema de justicia argentina de 5 de marzo de 2003 al declarar la inconstitucionalidad de la pesificación [27], una interpretación más acorde con las circunstancias debería haber sido la de considerar la «pesificación» como una carga o gravamen de ámbito y aplicación general, no compensable (como no lo son las cargas fiscales), justificada por la situación de emergencia que vivió aquel país y que nadie puede poner en duda. En estas situaciones, el mantenimiento del orden público económico y de la estabilidad del sistema, en el que se apoyan todos los derechos, impone soluciones

---

[27] Como señalé entonces «Los diseñadores y primeros intérpretes de la Constitución norteamericana, de la cual Argentina es tributaria, tuvieron muy en cuenta dicho peligro (activismo judicial), al otorgar al Gobierno Federal plenos poderes para fijar los impuestos, declarar la guerra, controlar el comercio interestatal, preservar la unidad nacional y garantizar los poderes del Presidente. La Corte Suprema de Justicia argentina (que es también Tribunal Constitucional) no parece haber seguido el mismo criterio al declarar la inconstitucionalidad de la «pesificación» (fin de la convertibilidad de 1$ = 1USD). Esta decisión del más alto órgano judicial argentino puede sentar un peligroso precedente que podría extenderse a todos aquéllos que reclamen la devolución de sus depósitos en dólares atrapados en el «corralón» (prohibición del retiro de los depósitos) hasta ahora existente. Un masivo reclamo de depósitos «redolarizados», a partir de esta sentencia, podría poner en quiebra el sistema bancario en su conjunto y minar los esfuerzos que el Gobierno está haciendo por reconstruir la estabilidad económica del país. El sector bancario ya ha advertido que no está en condiciones de hacer frente a esta carga, si el Estado no asume el pago de la diferencia entre el valor de cambio al tipo oficial y el del mercado libre. A pesar de que la misma Corte y distintos funcionarios del actual gobierno se han encargado de aclarar que este fallo tiene un efecto singular y que no es extendible a todo el conjunto de ahorradores, resulta difícil imaginar cómo se podrá detener el alud de reclamaciones que se va a producir por parte de éstos». *Vid. Jueces del Gobierno o Gobierno de los Jueces,* «Expansión», 12 de marzo de 2003.

también de emergencia. *Salus populi, suprema lex,* dice la vieja máxima, que ha tenido que ser aplicada más de una vez.

En definitiva, no interesa ni a los jueces ni a la ciudadanía «hacer justicia aunque perezca el Estado». Lo que importa es «hacer justicia para que el Estado no perezca» [28]. Hay que recordar la frontera entre la Política y el Derecho que subyace en la frase tan acertada del gran maestro Garrigues: «El Derecho está hecho para la vida y la realidad, no la vida y la realidad para el Derecho».

[28] Como señalaba Herrero de Miñón, «ni la justicia es ciega, ni quienes la administran pueden ser miopes... La independencia judicial no quiere decir que la justicia sea algo ajeno al Cuerpo estatal. Su razón no puede ser indiferente a la Razón del Estado y menos aún, ser una razón mecánica movida por la genialidad individual». Con estas reflexiones de filosofía política sobre la justicia y su papel, denunciaba ciertos pronunciamientos judiciales —puntuales— pero peligrosos en cuanto se extralimitaban de la función judicial (inoportuna exhumación del caso Lasa y Zabala, la imprudente inculpación de Pinochet y los torturadores argentinos, la planteada imputación de Felipe González al caso GAL). *Vid.* M. HERRERO DE MIÑÓN, *Pronunciamientos o independencia,* «El País», 27 de noviembre de 1999.

LECCIÓN 22.ª

SOBRE EL SIGNIFICADO ACTUAL DE LA NOCIÓN DE SERVICIO PÚBLICO Y SU RÉGIMEN JURÍDICO *

SUMARIO: I. PRESENTACIÓN.—II. EL CAMBIO DE UN MODELO DE ESTADO.—III. PRINCIPIOS INSPIRADORES DEL NUEVO MODELO DE SERVICIOS PÚBLICOS COMPETITIVOS: 1. *Desintegración vertical del sector y separación de actividades.* 2. *Régimen jurídico de las actividades competitivas.* 3. *Régimen jurídico de las actividades no competitivas.*—IV. ALGUNAS CARACTERÍSTICAS JURÍDICAS DEL SISTEMA DE REGULACIÓN PARA LA COMPETENCIA: 1. *Un nuevo tipo de procedimiento.* 2. *Hacia un nuevo tipo de acto administrativo.* 3. *La revisión judicial del ente regulador es posible pero limitada.* 4. *Legalidad y discrecionalidad. Estabilidad de las reglas y flexibilidad. Dos difíciles equilibrios.*

I. Presentación

A principios de los años 90 se planteó una apasionada polémica en los medios intelectuales y políticos de toda Europa sobre el concepto de servicio público europeo y su régimen jurídico futuro.

El tenor literal y, sobre todo, la filosofía de fondo que inspiran muchas decisiones de la Comisión Europea sobre el mercado interior en una serie de sectores que eran hasta ahora el paradigma de los grandes servicios públicos (el correo, los teléfonos, los suministros de gas y electricidad, el transporte aéreo, los abastecimientos de agua y otros) pusieron en tela de juicio ese viejo y sacralizado concepto del «servicio público» que un día aspiró a ser el eje central del Derecho administrativo. Para unos, los principios de base del servicio público debían ser preservados a toda costa. Para otros, debían ser corregidos o, al menos, reformulados, abandonando el estatismo que aquél encerraba. En cualquier caso, las cosas habían de cambiar si se querían respetar algunos de los principios esenciales en que se basaba el mercado único europeo. Y ésta era la cuestión: ¿se trata sólo de un cambio en el ámbito o dimensión territorial —a escala europea— de los servicios públicos o, por el contrario, estábamos ante un cambio de fondo, esencial, jurídico y políti-

* El presente estudio fue preparado en una primera versión para el Libro en memoria de Alfredo SÁNCHEZ BELLA. Tuvo origen en la ponencia presentada por su autor en el seminario *«Regulación de los servicios públicos privatizados»* (Buenos Aires, 5 al 7 de septiembre de 1995) y fue completado después con las aportaciones realizadas en numerosas sesiones de trabajo del Programa de Estudios de Regulación Económica *(PERE)* de la Universidad Autónoma de Madrid. Finalmente fue incorporado al libro colectivo, «El Nuevo Servicio Público», con los trabajos de J. L. MARTÍNEZ LÓPEZ-MUÑIZ y J. M. DE LA CUÉTARA, Madrid, 1998. Su texto forma una unidad con la lección siguiente, que viene a completar ésta.

co, del modelo de regulación que ha presidido hasta ahora el servicio público?

A esta cuestión se intenta responder en las páginas que siguen.

II. El cambio de un modelo de Estado

El Derecho público —especialmente el Derecho administrativo sólo se entiende a la vista de la sociedad sobre la que se proyecte. Sin el conocimiento de ésta, sin tomar conciencia de cuáles son las ideas que presiden la vida social y política en cada momento histórico, no se entienden bien los conceptos jurídicos ni las leyes que imperan en ese momento. Se habla de ello ampliamente en la Lección primera de este libro.

La idea del servicio público es un buen ejemplo de ello. Inicialmente fue un concepto sociopolítico, algo así como la transposición liberal del «servicio al Rey», que surge justamente bajo una determinada concepción del dualismo Estado-Sociedad, propio de la Revolución Francesa. Es sabido que el Derecho administrativo moderno heredó en buena parte técnicas jurídicas procedentes del Antiguo Régimen, pero no es éste el caso del servicio público, que es una técnica institucional, finalista, no puramente instrumental, impensable fuera del contexto político-social y de una cierta idea del Estado que arranca de la Revolución.

Suele citarse un texto de J. J. Rousseau en, el cual la expresión *service public* aparece como referida a todas aquellas materias que constituyen *asuntos colectivos* de los ciudadanos. En Rousseau el concepto de servicio público evidentemente no es un concepto jurídico, es un concepto político que abarca cualquier actividad estatal, incluido el ejército o la hacienda; el concepto aparece como todo aquello que dice en relación a los intereses colectivos del Estado y, por tanto, algo que «atañe personalmente a todos los que integran la nación, algo que se contrapone a asuntos privados». El servicio público —escribe Meilán— «sucede al servicio al Rey, porque se ha operado una sustitución en la titularidad de la soberanía». Ahora bien, este concepto tiene también otra dimensión: se trata de actividades destinadas al servicio del público, esto es, acciones a través de las cuales se asegura a los ciudadanos la satisfacción de una necesidad sin que cada ciudadano tenga que atender personalmente al cuidado de ella. Esta significación está también en el texto de Rousseau, en el que se dice que a medida que el Estado se organiza, los asuntos públicos empiezan a prevalecer y a invadir el dominio privado; que hay incluso muchos más asuntos públicos que asuntos privados, porque la suma de felicidad que proporciona a cada ciudadano la gestión de lo público es superior a la suma de felicidad que cada uno se puede proporcionar a sí mismo. En la medida en que el Estado ofrece servicios, bienestar a los ciudadanos, cada ciudadano se desentiende de muchos de sus asuntos privados, de los que inicialmente constituían tareas privadas [1]. Esa *idea expansiva del Estado,* que está en la esencia del servicio público, se aprecia ya nítidamente en este texto.

La Ilustración, que fue la madre de la Revolución Francesa, trajo por otro lado el gran descubrimiento de la libertad, el descubrimiento de los derechos del hombre, de un ámbito privado que es previo y superior al Estado y que se estructura con la definición de unas libertades políticas que tienen por objeto garantizar el ámbito de autonomía del individuo. Junto a ello, el otro gran descubrimiento fue el de la igualdad radical de los hombres, con la ruptura consiguiente de la sociedad estamental, jerarquizada, corporativa, del Antiguo Régimen. Se configuran así dos ámbitos separados —Estado y Sociedad— cuya relación queda articulada a través de la representación igualitaria de la sociedad en el Parlamento.

Es también sabido que el planteamiento revolucionario condujo a la desaparición de los cuerpos intermedios y a la prohibición legal para la creación y el reconocimiento de nuevas entidades o agrupaciones que pudieran interponerse entre el individuo y el Estado. Los prejuicios anti-gremiales derivados del individualismo liberal («la fuente de todo mal —dice Turgot— está en la facultad de asociarse en gremios que se otorga a los artesanos de un mismo oficio») cristalizan en la Revolución Francesa con la prohibición de todas las organizaciones intermedias. La Ley Le Chapelier de 14 y 17 de junio de 1791 declara:

> «Il n'y a plus de corporations dans l'État; *il n'y a plus que l'intérêt particulier de chaque individué et l'intérêt général.* Il n'est permis a personne d'inspirer aux citoyens un intérêt intermédiaire, de les séparer de la chose publique par un esprit de corporation».

Con ello, estaban sentadas las bases sociopolíticas para el surgimiento de *la idea del servicio público,* tal como esta institución ha llegado a nuestros días. Paradójicamente, los propósitos de los ilustrados franceses, que trataban de acotar estrechamente la acción del Estado y preservar su libertad, contribuyeron a

[1] He aquí el texto literal: «Sitôt que le service public cesse d'être le principale affaire des citoyens, et qu'ils aiment mieux servir de leur bourse que de leur personne, l'État est déjà prés de sa ruine ... Mieux l'État est constitué, plus les affaires publiques l'emportent sur les privées, dans l'esprit des citoyens. Il y a même beaucoup moins d'affaires privées, parce que la somme du bonheur commun fournissant une portion plus considérable et celui de chaque individu, il lui en reste moins et chercher dans les soins particuliers» *(Du contrat social,* página 301). Cit. por J. MEILÁN GIL, *La cláusula* de *progreso en los servicios públicos,* IEA, Madrid, 1968, páginas 11 y 12.

acelerar el proceso histórico de concentración y absorción del poder en manos de una Administración personificada y progresivamente centralizadora. El individuo se quedó solo, como un elemento indiferenciado frente al Estado que se vio obligado a asumir como tareas propias algunas que antes estaban desarrolladas por la sociedad, orgánicamente estructurada. Esas tareas nuevas del Estado darán lugar al «servicio público». Por ello, he dicho «paradójicamente», porque la preocupación de la burguesía liberal por acotar la esfera de acción estatal, limitando teóricamente la misión del Estado, irá acompañada en la práctica por una progresiva asunción de actividades que hasta entonces no se habían considerado «estatales», sino que estaban asumidas por los Gremios, la Iglesia (en todas sus múltiples personificaciones), las Fundaciones, las Corporaciones, las Universidades y otros Entes representativos del cuerpo social.

Hasta mediados del siglo XIX todo lo que hoy llamamos servicios públicos sociales (la educación en todos sus niveles, la sanidad, la beneficencia, la asistencia social, el arte y la cultura, etc.) eran actividades no asumidas por el Estado sino por la sociedad (aunque reguladas por aquél). Cuando, como consecuencia del individualismo liberal, se produce una progresiva desvertebración social y cuando políticamente se queda el individuo solo frente al Estado, éste se encuentra en la necesidad de asumir muchas de esas tareas, que han sido abandonadas por sus antiguos gestores, y de declarar que tales actividades le son propias.

Con el progreso técnico y la primera Revolución industrial surgen los primeros servicios públicos de carácter económico que llegan a nuestros días. Los ferrocarriles, el gas, la electricidad, el teléfono, los transportes por carretera, suponen nuevas actividades para cuya ordenada prestación no basta la vieja acción de policía, ni tampoco la pura medida de fomento. Este tipo de actividades exigía una positiva intervención estatal, asumiendo la dirección de las mismas, proyectando y planificando su establecimiento y su prestación. Inicialmente, muchas de esas actividades no se veían como susceptibles de prestación en régimen de competencia, sino que eran actividades con una cierta vocación al monopolio, con una cierta exigencia de unidad organizativa y con vocación de exclusividad. Ciertamente, los dogmas liberales eran un obstáculo de primer orden para que el Estado asumiese directamente tales responsabilidades (su función era más bien garantizar el libre y espontáneo desenvolvimiento de la iniciativa privada). La tensión entre la urgencia de satisfacer las nuevas necesidades públicas —exigencias de una sociedad progresivamente urbana e industrial— y las concepciones ideológicas imperantes, de signo liberal, será resuelta mediante un mecanismo genial: *la concesión administrativa.*

En la concesión, el Estado encontrará una fórmula que le permitirá hacer compatible una y otra postura; de una parte, se entenderá que el Estado es el titular de dichas actividades, el *dominus* de los servicios públicos; de otra, se entenderá que el Estado no debe gestionarlos directamente y acudirá a la concesión como fórmula puente que le permita dirigir sin gestionar. La concesión se configurará así como una transferencia de funciones y tareas cuya titularidad corresponde primariamente al Estado; actividades que no eran intrínsecamente públicas, que no formaban parte de los fines históricos del Estado, de sus fines esenciales, pero que quedaban «publificadas». Lo que la Administración cede en la concesión no es la titularidad de la actividad, sino su ejercicio.

Inicialmente esta reserva de titularidad a favor del Estado se justificará mediante la consideración de que para prestar estas tareas es preciso utilizar, con carácter privativo, el dominio público, sin que en un primer momento se piense en su *publicatio* directa. Pero a medida que las ideas liberales fueron perdiendo vigencia social y el intervencionismo estatal se desarrolló, a partir de la Primera Guerra Mundial, se fue configurando progresivamente un concepto de servicio público que implicaba *la reserva de actividad;* en cuanto tal, a favor del Estado (o de otra Administración pública) desde el momento mismo de su declaración como servicio público. Desde ese instante la actividad dejaba de ser privada para convertirse en una tarea pública.

El acto de declaración de una actividad o un sector como «público», como servicio público, es lo que Villar Palasí llamó *publicatio,* «acto de *publicatio*», y significa que tal actividad queda incorporada al quehacer del Estado y excluida de la esfera de actuación de los particulares sin previa concesión. Concesión que tendrá, pues, un carácter constitutivo, en el sentido de que supone la transferencia a aquéllos de unas facultades o poderes de actuación que antes no tenían. La titularidad de la actividad o función en que el servicio público consiste corresponde primariamente al Estado, a la Administración, una vez que ha producido su *publicatio.* Esto, naturalmente, sólo puede llevarse a cabo por ley formal, pues implica la negación de una de las libertades económicas más reiteradas en el siglo XIX —la libertad de industria y también en el nuestro: la libertad de empresa (artículo 38 CE).

En este contexto histórico —ideológico, político, cultural— es donde surge el concepto técnico-jurídico del «servicio público», tal como éste ha llegado hasta nosotros y se encuentra hoy solemnemente proclamado en el artículo 128 de la Constitución Española:

> «Mediante ley se podrá reservar al sector público recursos o servicios esenciales, especialmente en caso de monopolio...».

Esta breve exposición histórica podría y debería ampliarse con otras muchas consideraciones sobre lo que fue la gran revolución económica y social de los últimos ciento cincuenta años, que ha dado lugar a un desarrollo sin precedentes de la humanidad: sucesivas revoluciones industriales y tecnológicas, procesos de igualación social, educación generalizada, atención sanitaria prácticamente universalizada y un progreso sostenido de la libertad que ha acreditado su inmensa capacidad creadora.

A todo ello sirvió el «servicio público»: al paso de una sociedad desequilibrada, rural, ineducada, sin salud, sin transportes, sin comunicaciones, a una sociedad con mayores grados de instrucción, más civilizada, más igualitaria, más próspera, con mayor esperanza de vida y tantas cosas más. Ese servicio público, estatalizado y monopólico fue un instrumento de progreso y también de socialización, especialmente en los Estados pobres a los que permitió mejorar la situación de todos. Pero su ciclo ha terminado. Cumplió su misión y hoy —como dice José Luis Villar— hay que hacerle un digno entierro. Es inútil empeñarse en embalsamarlo, como intentan los franceses, por si de esta forma pudiéramos mantenerlo vivo. La situación hoy es otra, casi la inversa. Son los hechos los que mandan, más que la ideología o la política, y hoy han cambiado radicalmente los presupuestos económicos y sociales —también los políticos y culturales— sobre los cuales esta institución nació y se desarrolló felizmente.

Por una serie de circunstancias que no es éste el momento de explicar, pero a las que me he referido ampliamente en otras ocasiones [2], hoy existe en el mundo entero una convicción generalizada: el Estado se ha hecho demasiado grande y su incapacidad es notoria; la ineficiencia económica del sector público es alarmante, la calidad de los servicios mínima y el ciudadano es hoy un ciudadano cautivo cuya vida y hacienda ha entregado a un monstruo que devora a sus propios hijos.

Hoy existe en grandes zonas del mundo (desarrollado y en vías de desarrollo) la conciencia generalizada de que hay que devolverle al ciudadano y a la sociedad su protagonismo, su iniciativa y, en el fondo, su libertad: la libertad de elegir. La palabra clave es hoy ésta: privatización, que esencialmente significa no la venta de empresas públicas, sino la devolución de actividades a la iniciativa social. Es decir, exactamente lo contrario de lo que dice el artículo 128 de la Constitución. El triunfo del neoliberalismo (de eso que se llama desregulación o neorregulación), tanto en países del Este como del Oeste, en la Europa del norte y del sur, en las dos Américas o en el Sureste asiático, no es seguramente fruto de una batalla ideológica, sino más bien la consecuencia de cam-

---

[2] *Vid.* sobre todo mi libro *Economía* y *Estado. Crisis y Reforma del Sector Público,* especialmente partes Primera y Segunda (Capítulos I a VII).

bios profundos en el proceso económico-social definido por hechos como los siguientes: la nueva sociedad de la información, la apertura de la economía mundial, la reducción de las distancias, el transporte fácil, la innovación tecnológica y la sofisticación de los servicios, la educación y la sanidad generalizadas (al menos en sus niveles básicos), la exigencia de una atención diferenciada y personalizada, la práctica desaparición de la sociedad rural, aislada, que ha quedado reducida a cifras escasísimas (incluso el mundo agrícola es hoy más urbano e industrial que rural). Y otros factores que podrían ser considerados.

La consecuencia de todo ello es que el viejo concepto de servicio público —monopólico, igualitario, de mínimos, uniforme— ya no viene a llenar las necesidades y las preferencias de la población a la que dice servir. Hoy hay que abrir camino a nuevas realidades, más competitivas, diferenciadas, innovadoras, que son las que la nueva realidad social demanda; hay que desideologizar la política económica, hay que mejorar los servicios y las prestaciones. Y todo ello sin perder lo ya conseguido, que es, básicamente, la existencia de un *servicio universal* a todos los ciudadanos en sus niveles básicos. Ello exige un nuevo concepto de servicio público y un nuevo modelo de regulación económica, en los términos que más adelante se expondrán [3].

Junto a este profundo cambio en el modelo de Estado hay una circunstancia más próxima e inmediata que ha provocado la necesaria revisión del concepto de servicio público en el ámbito español y europeo. Ésta no es otra que la integración de los países en el ámbito de un mercado único —la Unión Europea— presidido por cuatro libertades: libertad de comercio de productos y mercancías, libertad de movimiento de capitales, libertad laboral y libertad de establecimiento y prestación de servicios en el marco de la Comunidad. Ello suponía, obviamente, la ruptura de los monopolios que no estuviesen

[3] Es éste un trágico destino de la ciencia del Derecho administrativo. Cuando creíamos tener, finalmente, definido y configurado el concepto de «servicio público», cambia radicalmente el marco sociopolítico a que aquél respondía y hay que volver a empezar. Y es que sus conceptos son un subproducto de la política y de las concepciones imperantes en la vida social; son, por ello, cambiantes, mudables, inciertos y hay que revisarlos una y otra vez. El Derecho administrativo y sus normas no pueden elaborarse, como el Derecho civil, con un sistema cerrado de conceptos, de contenido racional y permanente, pues su mismo objeto —la Administración y sus instituciones— son esencialmente contingentes y, por tanto, en alguna medida «irracionales». Irracionales desde el punto de vista de la lógica formal, pero no desde el punto de vista de la experiencia y la constatación histórica, que es una a modo de lógica material sobre la que esencialmente se basa el Derecho público. Por ello decía el juez Holmes que en las Ciencias Sociales y en el Derecho público una página de historia vale más que un volumen de lógica. ¡Qué gran verdad...! Sobre estas características del Derecho público, constitucional y administrativo, *vid.* lo que se dice en la Lección 1.ª de este libro *(Prelección sobre el Estado..., in totum).*

vinculados a una misión de interés general que requiera esencialmente la exclusividad como medio para conseguirla, o a un sector excepcionado. Y así algunas de las regulaciones de los grandes servicios públicos han tenido que ser adaptadas a la CEE, como efectivamente ha ocurrido en múltiples sectores que en seguida veremos. Paralelamente, la crisis financiera del Estado, consecuencia de un desbocado gasto social, con un galopante endeudamiento público, estaba dando lugar a un profundo desorden en las economías occidentales: a elevados tipos de interés, tensiones inflacionarias, crecimiento continuo de los intereses de la deuda, efecto expulsión de la inversión privada y otros. Todo ello condujo a la necesidad de modificar ciertos aspectos del Estado social considerados hasta entonces como intangibles, lo que aparecía cada día de forma más nítida.

Todas estas circunstancias, que se daban con carácter coincidente en muchos países de nuestro entorno llevaron a éstos, desde finales de los ochenta (en Gran Bretaña diez años antes), a un amplio proceso de privatización, por un lado, y liberalización por otro, de algunos de los principales sectores de la economía que hasta ahora se encontraban sometidos a una planificación y gestión estatalizada, casi siempre monopólica.

Tal es el caso de los sectores energéticos (petróleo, gas, electricidad); transportes (especialmente marítimo, aéreo y ferroviario, así como el transporte urbano); telecomunicaciones en todas sus formas, incluidas la radiodifusión y televisión; abastecimiento de agua; suelo y servicios urbanos; industria y comercio farmacéutico; y también, todavía, el sector bancario y crediticio y los mercados financieros. Por variadas razones, se ha llegado al convencimiento de que una actuación excesiva del Estado, por la vía de la planificación y la gestión directa es, en el momento presente, un factor distorsionador del crecimiento de la actividad económica.

III. Principios inspiradores del nuevo modelo de servicios públicos competitivos

Hasta ahora no han sido formulados todavía —que yo sepa— principios intersectoriales, comunes a todos los grandes servicios públicos en los que el cambio del modelo de regulación se manifieste. El cambio esencialmente consiste en el paso de un sistema de titularidad pública sobre la actividad, concesiones cerradas, derechos de exclusiva, obligación de suministro, precios administrativamente fijados, carácter temporal (con reversión/rescate en todo caso) y regulación total de la actividad, hasta el más mínimo detalle; el paso de todo eso —digo— a un sistema abierto, presidido por la libertad de empresa, esto es, libertad de entrada (previa autorización reglada), con determinadas obligaciones o cargas de «servicio universal», pero con libertad de precios y modalidades de prestación, con libertad de inversión y amortización y, en definitiva, en régimen de competencia abierta, como cualquier otra actividad comercial o industrial, en la que hay que luchar por el cliente (sin mercados reservados ni ciudadanos cautivos). Por supuesto, en este segundo modelo no hay reserva de titularidad a favor del Estado sobre la actividad de que se trate.

Hasta ahora (1995), no han sido formulados, como digo, principios intersectoriales, válidos internacionalmente, comunes a todos los servicios e inspiradores de la nueva regulación. Pues bien, aunque sea con toda modestia, a continuación vamos a tratar de identificar algunos de estos principios o presupuestos sobre los que descansa el nuevo orden de los servicios públicos competitivos.

1. *Desintegración vertical del sector y separación de actividades*

Una de las pre-condiciones o presupuestos previos para la reconstrucción de la competencia en los servicios es la desintegración vertical de actividades, —competitivas y no competitivas— en el seno de cada sector. Para conseguir la transparencia y la dualidad de régimen jurídico (mercado o regulación) es imprescindible una desintegración vertical *(unbundling)* de las distintas fases o segmentos del negocio de que se trate, en los que casi siempre es posible distinguir las infraestructuras (comunes) y los servicios (singularizados) prestados por distintos operadores en competencia.

En unos casos esto ha sido más fácil que en otros. Así, la liberalización de los viejos monopolios del petróleo y sus derivados no ha sido muy complicada, porque era perfectamente separable el negocio de la refinería, el sistema de almacenaje y transporte (ya sea de petróleo o de sus derivados) y las redes o puntos de comercialización en un territorio común. Y es que los monopolios en este sector tenían una razón básicamente fiscal, más que industrial. Otro tanto podríamos decir del transporte aéreo, donde son perfectamente separables, por una parte, las flotas, los servicios y las rutas, y por otra, las necesarias infraestructuras terrestres y servicios comunes a las diferentes compañías (aeropuertos, terminales, servicios de *handling,* centros de control de tráfico aéreo, etc.). Igualmente, en el transporte ferroviario es perfectamente articulable —si hay tráfico— que trenes de diversas compañías puedan circular por las mismas vías y utilizar las mismas estaciones y servicios, con todos los intervalos o garantías que la seguridad requiera.

Más difícil, pero técnicamente posible, es la instrumentación del uso común de las redes de gas o de las redes de telecomunicaciones, cuya utilización conjunta es posible organizar a medida que se introducen mejoras técnicas en los sistemas de control de entrada, manejo de la presión o instalación de redes inteligentes que van dando acceso a las distintas transmisiones con algunos segundos o fracciones de segundo de espera. Finalmente, la separación de actividades y el acceso y uso en común de las redes también ha llegado al sector eléctrico, el más resistente al cambio por diferentes razones que no es del caso explicar ahora. Esto no ha sido, ciertamente, fácil ni está consolidado, al menos en Europa. No obstante, a la vista de la experiencia ya existente en algunos países, puede afirmarse con fundamento que con la separación del régimen jurídico de las actividades en el sector eléctrico se obtienen claras ventajas en términos de eficiencia.

Así pues, la separación de actividades es un principio que se refleja en toda la estructura del nuevo modelo de regulación para la competencia. Los dos grandes objetivos de la separación son éstos: 1) la distinción entre actividades potencialmente competitivas y no competitivas, con aplicación de un régimen jurídico distinto a unas y otras, como veremos a continuación; y 2) la transparencia informativa, que es *conditio sine qua non* para una correcta regulación, con eliminación de subvenciones cruzadas entre los distintos servicios.

2. *Régimen jurídico de las actividades competitivas*

El régimen jurídico de estas actividades está presidido, básicamente, por cuatro libertades:

A) *Libertad de entrada*

Frente al régimen tradicional de los derechos de exclusiva en la prestación de servicios, el nuevo modelo se basa en la apertura del sector a la iniciativa privada (libertad de entrada) y pluralidad de ofertas en los servicios. Cualquier operador que reúna los requisitos necesarios tendrá derecho a construir, explotar, comprar y/o vender las instalaciones necesarias para la actividad de que se trate. Naturalmente, será requisito para ello la obtención de una autorización administrativa, pero ésta tendrá carácter reglado y se limitará al control de las condiciones técnicas, económicas, profesionales, etc., que el ordenamiento fije. Ciertamente, en tales condiciones puede producirse alguna concentración empresarial que quedará sometida, en todo caso, a las leyes antitrust y a las reglas de la competencia leal, no manipulada por operadores dominantes.

B) *Libre acceso al mercado, esto es, a la red, a las infraestructuras: doctrina de las «essential facilities»*

Para que el mercado exista es preciso reconocer a todos los operadores el libre acceso al mismo y a aquellas instalaciones o infraestructuras sobre las que la prestación de los servicios descansa. Sabido es que la mayoría de los servicios públicos están de un modo u otro ligados a redes físicas o infraestructuras sobre las que aquéllos descansan: redes eléctricas, oleoductos y gasoductos, redes ferroviarias, estaciones y aeropuertos, redes de telecomunicación (por cables o por ondas), redes de abastecimiento de agua, redes de autopistas, etc.

Estas instalaciones reúnen casi siempre las características de un monopolio natural, entendiendo por tal aquella situación en que *una sola empresa* puede producir el *output* deseado a menor coste que cualquier combinación de dos o más empresas. Pues bien, hay que reconocerle a los operadores el derecho de acceso a las redes que es el derecho de *acceso al mercado.* La efectividad de dicho acceso determinará la competencia real en la oferta de servicios. Por ello, la asignación de los derechos de acceso y sus condiciones han de quedar definidos con toda precisión en la regulación. Se pueden dejar a la negociación bilateral algunos extremos (por ejemplo, fijación del peaje por pacto entre las partes), pero si el acuerdo no llega deben establecerse reglas claras y una decisión rápida y ejecutiva que obligue a todos.

De ahí que un elemento clave del nuevo modelo de regulación para la competencia sea la aprobación del Estatuto jurídico de las redes, esto es, de las condiciones para ejercer el acceso en términos objetivos, no discriminatorios, con fijación de un canon por su uso y determinación exacta de las razones que pudieran justificar una denegación de acceso (recuérdese que un canon excesivo es equivalente a una denegación).

A estas exigencias responde la doctrina jurídica norteamericana de las *essential facilities* y la doctrina económica del TPA *(Third Party Access).* En Estados Unidos la doctrina de las *essential facilities* fue inicialmente desarrollada en el Derecho *Antitrust* y ha servido después para introducir el ATR mayorista (versión española del TPA) en determinados casos por la FERC *(Federal Energy Regulatory Commission).* La idea del *libre acceso a las redes* para instrumentar una cierta competencia en los sectores regulados ha sido un *approach* común en varios sectores (gas, telecomunicaciones, transporte aéreo, ferrocarriles, electricidad, etc.) y ha encontrado un apoyo legal indudable en la vieja doctrina de las *essential facilities* (EF), construida por la jurisprudencia para otros fines. Ambas doctrinas, una económica (TPA) y otra jurídica (EF), han venido finalmente a coincidir en defensa de una competencia viable. El último paso en este orden es el régimen de *common carrier* (CC) que hoy se propugna para algunas redes. Así, el criterio de la FERC para desregular las tarifas del comercio mayorista y permitir la fijación de precios por el mercado ha sido verificar si existe o no un *workable competitive market,* en el que se garantice el acceso a la transmisión [4].

C) *Libertad de contratación y formación competitiva de los precios*

Ésta es la tercera libertad reconocida a las empresas gestoras de servicios competitivos: la libertad para operar bajo principios comerciales, sólo sujetas a aquellos límites o restricciones generales aplicables por igual a todas las empresas de mercado. Libertad para comprar y vender sus productos o servicios, libertad de importación y exportación, libertad para extender sus actividades a nuevas áreas o sectores conexos (diversificación empresarial) y, sobre todo, libertad de fijación de precios a sus clientes allí donde haya suficiente competencia y éstos puedan optar entre varias ofertas.

La formación competitiva de precios es siempre mejor y más de fiar que la fijación de tarifas en base al cálculo de costes marginales que pueda realizar la autoridad regulatoria. Por tanto, la función principal del regulador será velar por el respeto de las reglas del juego en la formación competitiva de precios y actuar contra prácticas restrictivas de la competencia. Los resultados de los precios libres, al menos en algunas fases o modalidades de mercado (mercado al por mayor o a plazo) son la mejor guía para los precios regulados al consumidor final. Ello no es incompatible con reglas de formación de precios en *un pool* de electricidad.

Esta libertad de contratación no es incompatible con una explotación unificada del sector cuando ésta sea conveniente por razones de optimización global, tal como ocurre, por ejemplo, en los sectores eléctricos de una cierta dimensión, con multitud de operadores y centrales de generación. La existencia de un despacho central y la puesta en funcionamiento de las plantas de generación según costes marginales crecientes es algo conveniente para todos, pero ello no impide la libertad de contratación entre los operadores (productores y distribuidores), si bien en estos casos los contratos no suponen necesa-

[4] *Vid. Competition and regulation in the supply of electricity in the US and the UK,* Leon A. Allen, International Bar Association, octubre de 1989. Sobre la doctrina de las *essential facilities, vid.* Reinier H. J. H. Lock, *Atitrust and Regulatory Issues in a competitive electric industry,* en «Utilities Policy», volumen 1, n.º 3 (abril de 1991), páginas 222, 228, 229, *passim.* Del mismo autor, *Ownership and control of transmission facilities and Antitrust Law: the US experience,* en «Utilities Law Review», volumen 2, n.º 1 (1991), páginas 21-24. Y sobre todo, Frank A. Edgar, *The Essential Facilities Doctrine and Public Utilities,* «Idaho Law Review», *in totum.*

riamente transferencias físicas de energía, sino una reasignación de riesgos entre los agentes.

D) *Libertad de inversión*

Finalmente, libertad de inversión. Frente al modelo tradicional de regulación de los servicios públicos, basado en una planificación central vinculante de inversiones, únicas que podían repercutirse en las tarifas y cuya rentabilidad quedaba garantizada, el nuevo modelo de regulación de los servicios competitivos conlleva plena libertad para diseñar o realizar inversiones cuya rentabilidad quedará al riesgo y ventura del inversor. Ni se limitan beneficios, ni pérdidas. La única limitación posible sería aquélla que pudiera suponer un encarecimiento del sistema en su conjunto, como ocurriría por ejemplo en el supuesto, bastante impensable, de duplicación de redes cuando exista capacidad disponible en las ya construidas. La libertad de inversión sin garantía de recuperación, como ocurría antes, tiene un peligro, a saber: la insuficiencia de inversión.

3. *Régimen jurídico de las actividades no competitivas*

Pero hay otras actividades que, tras la separación o desintegración vertical, no resultan susceptibles de realización en régimen de competencia. Básicamente estas actividades se refieren a dos aspectos o fases del negocio: la instalación y gestión de infraestructuras y los llamados «servicios universales». Veamos por separado ambas cosas.

A) *Instalación y gestión de infraestructuras*

Ya hemos dicho que la separación de infraestructuras y servicios es más fácil en unos casos que en otros. Las infraestructuras son necesariamente de uso común y sobre las mismas los distintos operadores pueden ofrecer servicios singularizados. En el ferrocarril es común el uso de las estaciones y las vías; en el transporte aéreo, de los aeropuertos y los servicios aeroportuarios; en la energía eléctrica, las redes de alta y media tensión y las instalaciones del despacho central; en las telecomunicaciones, las redes de cable y la red telefónica conmutada; en el petróleo y gas, los oleoductos y gasoductos, etc.; y sobre ellas, los operadores ofrecen variados servicios: distintas modalidades de transporte, distintos horarios y calidades, distintos servicios de telecomunicación, distintas modalidades de suministro eléctrico o gasístico (servicio horario, interrumpible o no interrumpible, servicio combinado de gas y electricidad, etc.). Como ya hemos dicho, la «red» es la clave del mercado, es la vía física a través de la cual éste se materializa, y por ello su regulación debe reunir algunas características, como las siguientes:

1) En primer lugar, tiene que tener una *gestión autónoma,* empresarial no burocrática; para ello debe permanecer al margen de los demás negocios. La no separación de la red ha perjudicado la competencia (caso de la electricidad en Chile o en Alemania, donde los grandes productores son también propietarios de la transmisión; el mercado puede verse fácilmente falseado). Littlechild, regulador británico y uno de los creadores del modelo en el Reino Unido, ha anunciado que está considerando incluso exigir a las distribuidoras la separación entre el suministro y la explotación de redes de distribución, debido a la relación entre propiedad de infraestructuras y competencia. Al final, se ha exigido un gestor independiente de los cambios de suministrador solicitado por los clientes.

2) En segundo lugar, ya hemos dicho que hay que diseñar, en lo posible, un *Estatuto jurídico de las redes* y acceso de terceros. El acceso de terceros a las redes ha ido apareciendo en las diferentes regulaciones sectoriales con diversas formas. Ya hemos dicho que es necesario concretar sus términos, condiciones, fijación de precio, etc.

3) En tercer lugar, hay que resaltar la *ruptura* con el concepto tradicional de *derecho de propiedad.* En la concepción tradicional del Código Civil, la propiedad se configura como el derecho de uso, disfrute y disposición en exclusiva. Por el contrario, en la nueva regulación de servicios públicos para la competencia aparecen las *propiedades afectas al uso público:* la propiedad se afecta al uso de otros operadores que tienen derecho a confiar en él. De manera que se *separa propiedad* y *uso* y aparece *un* nuevo tipo de propiedad vinculada por su *destino,* por su uso y no por su titularidad [5].

B) *Prestaciones de servicio universal. Hacia un nuevo concepto de servicio público*

En la regulación de los servicios en régimen competitivo hay que distinguir lo que son prestaciones de mercado y las prestaciones de «servicio esencial universal». Estas últimas son aquellas modalidades a las que el mercado, por sí solo, no daría respuesta porque tales prestaciones no son rentables, pero la autoridad entiende que deben ser cubiertas, porque constituyen un estándar mínimo de servicio al que todos tienen derecho. En este caso, la competencia no es posible porque no hay oferta. Y no la hay porque el coste de dichas

---

[5] Sobre estas situaciones de afectación de bienes al servicio público y su naturaleza jurídica (hipoteca tácita legal, derecho real *in faciendo*) me remito a lo que escribí hace ya años en G. ARIÑO ORTIZ, *La afectación de bienes al servicio público,* IEA, Madrid, 1992, hoy incorporado a este volumen (*supra,* Lección 20.ª).

prestaciones jamás cubriría el precio que por ellas se podría pagar y nadie estaría interesado en concurrir. En tales casos la regulación de nuevo interviene, imponiendo la prestación obligatoria a cualquiera de los operadores del sector. Es justamente este planteamiento el que ha venido a suponer una transformación radical del concepto de servicio público, al que ya hemos hecho referencia pero en la que ahora vamos a insistir.

De acuerdo con lo dicho hasta aquí, podemos concluir que la apertura de los servicios a la competencia y a las leyes de mercado (frente a la idea tradicional de que todo servicio público, como actividad reservada, otorgaba derechos de exclusiva) se caracteriza básicamente por las siguientes notas [6]:

a) La *no calificación como servicio público de una actividad o sector en su conjunto, sino sólo de algunas tareas, misiones, actuaciones concretas* dentro de aquél. En lugar de declarar «servicio público» el correo, las telecomunicaciones, el gas, la electricidad, el transporte o la televisión lo que hay que hacer es precisar, en cada uno de ellos, cuáles son *las obligaciones o cargas de servicio público,* esto es, de servicio universal, obligatorio, que hay que garantizar, como *misión o tarea de interés general* en cada sector concreto, a cuyo cumplimiento vienen vinculados los operadores que actúen en él. Ello exige justamente la diferenciación de prestaciones: en el transporte será la cobertura de determinadas líneas regulares (pero no cualquier transporte); en el correo el servicio básico postal de cartas y certificados con carácter universal (pero no el servicio de paquetería o transporte urgente); en las telecomunicaciones, el servicio básico telefónico con carácter universal (pero no los servicios de valor añadido, la telefonía móvil o los servicios de banda ancha); en la electricidad, el transporte en alta tensión por la red general peninsular y la distribución universal a todo pequeño consumidor final (pero no la generación eléctrica, ni la venta al por mayor, ni el suministro a grandes consumidores). En cada sector hay que determinar en concreto cuáles son esas obligaciones.

b) El *abandono del concepto de reserva,* con todo el régimen jurídico que este concepto lleva consigo (titularidad de la actividad a favor del Estado, idea de concesión como transferencia de una competencia originariamente administrativa, con rescate en cualquier momento, garantía del equilibrio financiero de la empresa, responsabilidad administrativa, etc.) [7]. En lugar de ello, el

---

[6] Debo decir aquí que he discutido este tema en múltiples ocasiones con los Profesores José Luis MARTÍNEZ LÓPEZ-MUÑIZ y Juan Miguel DE LA CUÉTARA, Catedráticos, respectivamente, de Valladolid y La Laguna, cuyas ideas, con alguna aportación mía, aparecen reflejadas en las consideraciones que siguen. Es justo hacerlo constar.

[7] Me remito a lo que escribí en G. ARIÑO, *Economía y Estado,* Madrid, 1993, sobre servicio público y régimen jurídico, en Capítulo X, páginas 315 y siguientes.

concepto actual de servicio público se acerca más a la idea de actividad reglamentada, propio del mundo anglosajón [8].

c) *Se sustituye el régimen cerrado y* en exclusiva, que caracteriza hasta ahora los servicios públicos, *por un régimen abierto,* en principio, en cuanto a la entrada en el sector, bajo un régimen de autorización reglamentada, sometida a una «regulación por causa de servicio público» y a la imposición de cargas u obligaciones de servicio, en la medida en que haya que garantizar determinadas *prestaciones al público,* que se impondrán de modo vinculante a todos cuantos actúen en el sector. El cumplimiento de tales obligaciones puede imponerse unilateralmente por la norma reguladora del servicio, o contractualmente, pactándolo en cada caso con los distintos operadores cuando se les otorga la autorización para operar en el sector. Tanto en un caso como en otro, habrá que prever la correspondiente compensación económica cuando las concretas obligaciones de servicio al público no puedan ser costeadas por sus destinatarios. Como escribe Martínez López-Muñiz «El sujeto que asume la obligación de llevar a cabo la correspondiente prestación no tiene por qué asumir en justicia su financiación: imponerle una y otra atentaría derechamente contra el principio de igualdad ante las cargas públicas, que es fundamental en un Estado de Derecho y tiene rango constitucional (artículo 31 CE)». Cabrá imponerle la primera, la obligación de realizar la prestación de que se trate, cuando en razón de sus circunstancias —dedicarse a esa actividad en la zona más próxima, por ejemplo; tener los medios adecuados para ello, etc.— pueda hablarse de una razonable exigibilidad pública —sólo temporal las más de las veces— por no haber otro medio disponible en la sociedad o cuando la generación de éste pudiera comportar excesivos costes o demoras. Pero entonces la imposición de tal sacrificio individualizado requerirá la adecuada y justa compensación económica, como exige la doctrina del ejercicio de potestades ablatorias o expropiatorias sobre los particulares.

IV. Algunas características jurídicas del sistema de regulación para la competencia

1. *Un nuevo tipo de procedimiento*

La regulación económica requiere ante todo procedimientos ágiles de actuación no excesivamente formalizados, aunque con requisitos o exigencias mínimas en garantía de los afectados, que se sustancien a ser posible en tiem-

---

[8] Sobre la diferencia entre servicio público y actividad reglamentada, hoy, en nuestro Derecho, me remito también de nuevo a *Economía y Estado,* cit., páginas 306 y siguientes.

pos cortos. Hay que aligerar y agilizar los procedimientos que se tramitan ante los órganos reguladores, que no deben actuar excesivamente jurisdiccionalizados.

Se constata en este punto una cierta diferencia entre el método de las Comisiones reguladoras independientes norteamericanas y el procedimiento del órgano regulador (unipersonal) inglés. El primero es un proceso excesivamente formal y sobrecargado, lento y largo; es ciertamente un proceso abierto a la participación pública con audiencias sistemáticas y con grandes facilidades para la intervención en él de los grupos de intereses *(lobbying);* es también un procedimiento contradictorio y combativo del que con frecuencia se derivan apelaciones ante los Tribunales. Por el contrario, en Gran Bretaña el regulador actúa en un procedimiento ligero, no burocrático, no excesivamente abierto (no es público, no hay *public hearings*) y las decisiones no están excesivamente motivadas; quizá por ello y por su carácter un tanto esotérico las apelaciones ante los Tribunales frente a sus peticiones han sido hasta ahora escasas.

En mi opinión, ni uno ni otro son un modelo a imitar. El procedimiento ante un ente regulador debe ser ante todo transparente, informal, abierto a la información del público, con decisión final suficientemente motivada. Hoy no queda claro cómo los reguladores valoran la evidencia empírica o los argumentos jurídicos o económicos en los cuales basan sus decisiones. Entiendo que el sistema inglés resulta excesivamente cerrado y pretoriano. Las audiencias públicas, ordenadamente articuladas, con tiempos limitados y transcripción escrita de las mismas, resultan muy útiles como medio de enriquecer la información pública y la información al público. También constituyen un valioso elemento para una eventual revisión judicial *a posteriori*.

Por lo demás, la función del regulador no es tanto «imponerse» a los regulados, sino convencer, persuadir, llevar a las partes a una terminación convencional, en la medida de lo posible. Como ya hemos dicho, no hay en muchas de las cuestiones que se plantean ante el regulador una única solución «justa», sino que casi siempre hay que articular una composición de intereses contrapuestos, una transacción, un arbitraje. Lo deseable es que la decisión sea, en principio, aceptada por las partes, lo cual se verá facilitado cuando la autoridad reguladora, con el paso del tiempo, logre la madurez y experiencia necesarias para cumplir su misión, esto es, cuando se gane el respeto de los operadores del sistema y, además de la competencia legal goce de la *auctoritas* material sobre los mismos.

La moderna Ley de Procedimiento Administrativo española prevé expresamente este modo de terminación convencional de los procedimientos administrativos en la siguiente forma (artículo 88):

«Las Administraciones Públicas podrán celebrar acuerdos, pactos, convenios o contratos con personas tanto de derecho público como privado, siempre que no sean contrarios al Ordenamiento Jurídico ni versen sobre materias no susceptibles de transacción y tengan por objeto satisfacer el interés público que tiene encomendado, con el alcance, efectos y régimen jurídico específico que en cada caso prevea la disposición que lo regule, pudiendo tales actos tener la consideración *finalizadores* de los *procedimientos administrativos* o insertarse en los mismos con carácter previo vinculante o no a la resolución que les ponga fin».

Ha sido ésta una importación de la Ley de Procedimiento Administrativo alemana, que prevé la posibilidad de terminar cualquier procedimiento administrativo mediante convenio, ya que se entiende que la autoridad puede, en vez de dictar un acto coactivo, concertar un convenio con aquella persona a la que de otro modo dirigiría el acto. En España tenemos algunas figuras similares en los convenios expropiatorios, los conciertos fiscales o los antiguos convenios de precios con los sectores en los que existía un régimen de precios intervenidos. Pues bien, nada obsta, sino todo lo contrario, a que en los procesos de regulación (fijación de precios o tarifas, asignación de derechos de acceso a las redes, establecimiento de cuotas de conexión, órdenes de ampliación del servicio, etc.) el regulador trate, antes que nada, de llegar a un acuerdo con la empresa interesada, o mejor, con las partes interesadas, pues la mayoría de las veces se trata de procedimientos triangulares en los que el conflicto se plantea bilateralmente ante la Administración.

Esto, que es todavía una excepción en el procedimiento ordinario, debía ser la regla en los procedimientos de regulación económica. De esta forma se evitarían muchas impugnaciones o apelaciones judiciales, tan largas y costosas y, de ordinario, tan poco esclarecedoras en este tipo de asuntos.

2. *Hacia un nuevo tipo de acto administrativo*

Ya hemos dicho que la regulación económica contiene reglas y principios, pero de ordinario no define soluciones precisas y cerradas a los múltiples conflictos que la realidad ofrece. Dicho de otro modo, las decisiones del ente regulador no revisten las características de los actos administrativos clásicos, caracterizados por lo que se llama su «tipicidad», esto es, la vinculación estricta del contenido del acto a lo previsto por la norma en la que ese supuesto de hecho se contempla (plena subsunción del acto en la norma).

Ya hemos dicho también que, frente a ello, en la regulación económica aunque se aplique el principio de norma previa existe un margen de discrecionalidad económica y técnica. El ente regulador tiene que ponderar en muchos casos los diferentes factores (técnicos, económicos, sociales, medioambientales, etc.) que entran en juego en toda decisión reguladora, con un impacto directo en el régimen económico de los servicios públicos. La apreciación y valoración de estos factores no es algo que pueda preverse con detalle en una norma escrita, aunque ciertamente una de las tareas fundamentales del ente regulador ha de consistir en la redacción y aprobación de normas reglamentarias a través de las cuales se vayan desarrollando y concretando cada vez más los principios contenidos en las leyes. Esto es algo que han hecho ejemplarmente algunas comisiones reguladoras norteamericanas como la FERC o la FCC.

Pero, en todo caso, el acto administrativo del ente regulador tendrá siempre una capacidad creadora, un ámbito de flexibilidad del que no gozan habitualmente las decisiones de la Administración ordinaria. Justamente por ello es especialmente exigible una amplia motivación de los mismos. La decisión debe ser especialmente transparente y argumentada. Sólo así es pensable su revisión judicial.

3. *La revisión judicial del ente regulador es posible pero limitada* [9]

Ya hemos dicho que el carácter independiente y regulador de la autoridad encargada de estas tareas se refleja también en el carácter cuasi jurisdiccional de sus decisiones. Con razón los primeros analistas norteamericanos de las Comisiones reguladoras, que iniciaron su andadura en el primer tercio de este siglo, mostraban su perplejidad ante la naturaleza singular de estos Entes, que, en un país presidido por la más estricta división de poderes, reunían las características de un órgano legislativo (regulador, reglamentario), *ejecutivo* (adopción de decisiones en las que se determinaba la política a seguir) y *judicial* (ad judicaba derechos e imponía deberes o sanciones a la manera de un Tribunal, con un procedimiento previo, con audiencias, testigos y alegaciones).

Ahora bien, las autoridades reguladoras, en todo caso, son autoridades subordinadas (a la ley, a la dirección política, que tiene el poder de configurarlas y reglamentarlas, y, desde luego, a los jueces), y por ello es claro que sus decisiones deben ser revisables por la instancia judicial competente, sin recurso previo en la vía administrativa, pues ésta es una *conditio sine qua non* de su independencia. Ahora bien, ¿qué es lo que un juez puede revisar de la decisión

---

[9] Sobre este tema y como ampliación de cuanto aquí se dice, puede verse mi artículo *El control judicial de las entidades reguladoras. La necesaria expansión del Estado de Derecho,* RAP, n.º 182, 2010, páginas 9-37. Hoy incorporado a este libro como Lección 32.ª

adoptada por un ente regulador? ¿Cuál es el objeto posible de su juicio? De nuevo surge aquí la significación política y de gobierno que tales actos de regulación conllevan.

En primer lugar hay que decir que en muchos casos las decisiones de un verdadero regulador y árbitro en un sector económico son inapelables, porque *ya han sido ejecutadas* y han de ser aceptadas por los operadores de forma inmediata, sin perjuicio de la posterior revisión judicial. Así ocurre, por ejemplo, con una orden de acceso a la red o con una decisión imponiendo la obligación de suministro o con el acto de aprobación de una tarifa (también ocurre con el acto de intervención de un Banco o con la orden de cierre de una instalación).

En todos estos casos, que son la mayoría, el juez no podrá ya modificar la decisión concreta, en sí misma, de la autoridad reguladora, sino únicamente pronunciarse y corregir su actuación en una doble dimensión:

a) En primer lugar, al juez le corresponde corregir a la autoridad reguladora en cuanto a los presupuestos o criterios en que se basa su actuación, modificando para el futuro alguno o algunos de los criterios de interpretación y de regulación adoptados por el ente. Difícilmente se podrán reponer las situaciones a su origen, pero el ente regulador no podrá volver a actuar de la misma manera en el futuro (y si lo hiciera, sería legítima la desobediencia frente a el).

b) En segundo lugar, el juez se podrá pronunciar sobre las consecuencias lesivas de la decisión, de forma que el Estado haga frente a los perjuicios patrimoniales que se hayan derivado de las decisiones del ente regulador. El ejemplo típico es el de las revisiones tarifarias. Es claro que las tarifas deben ser suficientes para cubrir los costes del servicio, y que cualquier insuficiencia tarifaria que quede acreditada ante los jueces puede ser revisada por éstos. Pero no serían ciertamente modificables por los jueces las tarifas en sí mismas, porque la fijación de tarifas sigue siendo un acto indeterminable jurídicamente (quiero decir, de imposible previsión o determinación para el futuro, por una norma escrita o por una sentencia). Y es que, en último término, la aprobación de un precio o tarifa es un acto esencialmente político y lo exigible jurídicamente en la gestión de los servicios públicos no son los términos tarifarios de la relación inversión/rentabilidad, sino *la relación misma*. Por tanto, si la tarifa no la cubre deberá compensarse económicamente al gestor del servicio con una indemnización o subvención. A ello sí que alcanza la decisión judicial. En definitiva, pues, el juez podrá entrar a decidir: sobre el mantenimiento o quebrantamiento del equilibrio financiero del servicio, sobre la existencia o no de daño o lesión antijurídica como consecuencia de la actuación del ente regulador y sobre el *quantum* de la compensación que se deba abonar al interesado. Pero no podrá revisar el acto en sí mismo: ni aumentar la tarifa, ni ordenar la realización de determinada inversión, ni la ampliación de la red, ni cualquiera otra decisión adoptada por el ente regulador.

Naturalmente estos pronunciamientos exigen una competencia técnica de la que los jueces hoy, en general, carecen. Por ello hay que prever una Sala de revisión judicial de los entes reguladores que sea especialmente apta y técnicamente capaz (en su caso, convenientemente asistida) para la realización de estas tareas. Piénsese que de lo que se trata casi siempre no es de aclarar la norma o principio de justicia, sino de que el juzgador entienda cuál es el supuesto de hecho en cuya compleja valoración hoy es incapaz de entrar. Hay que preparar los Tribunales para las tareas que de ellos exigen, pues de lo contrario, aun cuando admitan las demandas, serán incapaces de dar una solución.

4. *Legalidad y discrecionalidad. Estabilidad de las reglas y flexibilidad. Dos difíciles equilibrios*

En distintos momentos hemos aludido con anterioridad al difícil equilibrio entre legalidad y discrecionalidad que la regulación económica conlleva. Es el mismo equilibrio inestable que, en la regulación para la competencia, se produce entre estabilidad y flexibilidad de las reglas. La estabilidad es un valor fundamental, pues sólo ella genera credibilidad en el sistema, y ésta resulta imprescindible para generar confianza en los mercados de valores, para dar seguridad y liquidez a los títulos de las empresas privatizadas.

Pero, por otro lado, se ha de huir de las regulaciones rígidas, que corren siempre el riesgo de quedar obsoletas, como ha ocurrido frecuentemente en el pasado. La estabilidad no es un valor absoluto, porque ninguna regulación es un estadio final, sino un proceso que ha de ajustarse al cambio: al cambio de las condiciones tecnológicas, al cambio de los mercados internacionales, al cambio social. Por ello, hay que ir adaptándola siempre a las circunstancias y ello requiere flexibilidad.

Ahora bien, cuando se vulneren derechos o expectativas legítimas de los distintos operadores como consecuencia de un cambio en la regulación que se creía estable y en la que se tenía derecho a confiar, las necesarias reformas o alteraciones se habrán de acompañar de la adecuada compensación económica. El ejemplo clásico que aquí podría ponerse es el de las centrales nucleares y su eventual moratoria o cierre. Esta doctrina de las *posiciones jurídicas en las que el ciudadano tiene derecho a confiar,* recientemente elaborada por la jurisprudencia alemana, resulta de especial aplicación a los sectores regulados y viene a constituir el necesario contrapunto de la flexibilidad exigible en estos campos. Es un tema que habrá que elaborar en el futuro.

Pues bien, en este proceso de progresiva adaptación de la regulación a su entorno el ente regulador desempeña un papel fundamental, tan importante o más que la definición del marco regulador en sí mismo. Ya nos hemos referido a la necesaria convergencia entre régimen legal y práctica regulatoria.

Ahora bien, ello no quiere decir que no deba llevarse a cabo un gran esfuerzo en el proceso de definición conceptual de las normas reguladoras. Justamente la complejidad y variedad de situaciones exige una definición precisa de los conceptos clave en que la regulación se basa. Ello es especialmente necesario en materia de tarifas y en la determinación de las obligaciones del concesionario o gestor: determinación de la inversión base computable, sistemas o métodos de actualización, cómputo de las amortizaciones, fijación de la tasa de retorno, asignación de derechos de acceso, definición de la capacidad disponible, método para el cálculo del peaje o canon de uso y otros mil aspectos de este tipo. Los criterios y los conceptos clave no se deben dejar nunca a la negociación, el pacto o la transacción, ni entre las compañías ni entre éstas y el regulador. La transacción o el arbitraje podrán versar sobre la aplicación de los conceptos, pero no sobre los conceptos mismos.

LECCIÓN 23.ª

LA LIBERALIZACIÓN DE LOS SERVICIOS PÚBLICOS EN EUROPA. HACIA UN NUEVO MODELO DE REGULACIÓN PARA LA COMPETENCIA *

SUMARIO: 1. LA PRIVATIZACIÓN, UN *TOURNANT DE L'HISTOIRE*.—2. CAUSAS DETERMINANTES DEL CAMBIO: 2.1. *La crisis de la empresa pública*. 2.2. *La crisis del servicio público tradicional*.—3. TRES TIPOS DE REGULACIÓN (Y DE ACTIVIDAD).—4. EL NUEVO SENTIDO DE LA REGULACIÓN. ALGUNAS CARACTERÍSTICAS GENERALES: 4.1. *Un modelo de regulación para la competencia*. 4.2. *No es una opción entre regulación perfecta y competencia perfecta*. 4.3. *La competencia es lo prioritario, la regulación es el medio imprescindible para aquélla*. 4.4. *Tan importante como el régimen legal, teórico, es la práctica regulatoria*. 4.5. *Hay que evitar el llamado «riesgo de la regulación»*.—5. ACTIVIDADES COMERCIALES Y CARGAS DE SERVICIO PÚBLICO.—6. EL NUEVO CONCEPTO DE «SERVICIO ECONÓMICO DE INTERÉS GENERAL» EN LA UNIÓN EUROPEA.—7. LA FORMULACIÓN DEL SERVICIO UNIVERSAL EN LAS TELECOMUNICACIONES.—8. RÉGIMEN DE LOS PRECIOS.—9. LAS EMPRESAS DE SERVICIO PÚBLICO SON PARTE DEL SISTEMA ESTATAL DE PRESTACIONES, NO SON EL ENEMIGO A BATIR.—10. FINAL.

1. La privatización, un *tournant de l'histoire*

El término «privatización» ha sido en estos años una palabra mágica que encarnaba en sí misma una transformación profunda en el modelo de Estado. Ha significado un verdadero *tournant de l'historie,* como una nueva encrucijada histórica, caracterizada por la liberalización de actividades, la apertura de fronteras, la supresión de monopolios y la privatización de tareas y empresas públicas. Después de más de medio siglo de expansión del Estado, éste ha empezado a retirarse de la actividad económica, para concentrarse en lo que son sus funciones soberanas. *Este cambio de modelo,* que se inicia a finales de los ochenta en el Reino Unido, no es propio de un país o de un Gobierno concreto. Es universal, es un proceso de biología histórica, que está teniendo importantes manifestaciones tanto en Europa como en Iberoamérica, e implica esencialmente un cambio de tareas —de *roles*— entre el Estado y la Sociedad. De economías cerradas, presididas por una empresa pública protegida y una empresa

* Este texto fue originariamente el de unas conferencias impartidas en Mendoza (Argentina), Lima y Bogotá en jornadas y seminarios varios, a los que el autor fue convocado entre los años 1992 y 1995. Una parte de este trabajo apareció en el libro colectivo «El nuevo Servicio Público», Madrid, 1997 (recogida en este volumen como Lección 22.ª). El texto que aquí se ofrece es un desarrollo y reelaboración del anterior, con el que hoy forma una unidad. Finalmente, se publicó esta última versión en el libro ARIÑO-CASSAGNE, *Servicios Públicos. Regulación y Renegociación,* Editorial Lexis-Nexis, Buenos Aires, 2005.

privada subsidiada, se ha pasado a economías de iniciativa privada y de mercado libre, abiertas progresivamente a la inversión y a la competencia internacional. La globalización no es un eslogan, sino una realidad.

Estos procesos de liberalización e internacionalización de las economías no han alcanzado sólo a la industria o la agricultura, sino también a los grandes servicios públicos y a sectores antiguamente calificados de estratégicos: las telecomunicaciones, el petróleo y sus derivados, las carreteras y ferrocarriles, las líneas aéreas, la energía eléctrica, el gas, los abastecimientos de agua a poblaciones, los transportes y sus infraestructuras (puertos y aeropuertos) así como otras actividades de este tipo. Junto a los procesos de privatización de actividades y empresas, se llevó a cabo en todos los países un cambio profundo, sustantivo, en el marco regulador de las actividades privatizadas, que constituían hasta ahora —y siguen siendo— los grandes servicios públicos de un país. En todos ellos la privatización ha tenido que ir acompañada de un nuevo marco de actuación, un nuevo modelo jurídico —de regulación—, que haga posible la competencia entre los operadores.

Esta vía encontró amplio campo de aplicación también en Latinoamérica. Entre las dificultades y problemas con que se encontraron a finales de los 80 muchos países latinoamericanos en su pretensión de lograr un desarrollo real y estable de sus economías, los analistas coincidieron en destacar la necesidad de privatizar las empresas públicas y de liberalizar el sector servicios, muy en particular algunos de los grandes servicios públicos, cuyo impacto sobre el sistema industrial y comercial del país era muy considerable.

Sobre este proceso se centró no sólo el «Consenso de Washington», sino múltiples informes de las más diversas fuentes: desde el Adam Smith Institute inglés al American Enterprise Institute americano, la Brookings Institution, la Comisión de Desregulación alemana (ésa que se llamó la «Comisión de Sabios») o el Tribunal de Defensa de la Competencia español [1] que, todavía bajo mandato socialista, vino a romper, con valentía y con acierto, una inercia histórica de siglos de la economía española. En un trabajo de gran interés, Enrique Fuentes Quintana ha hablado de una vieja querella entre «el modelo castizo y el modelo de economía abierta». El modelo castizo —al que, según Fuentes, ha respondido la economía española (y de otros muchos países) en el último siglo, hasta nuestra integración europea— se ha caracterizado, junto a

---

[1] Dos son los Informes elaborados hasta ahora por el TDC: el primero con el dieciochesco título de *«Remedios políticos que pueden favorecer la libre competencia en los servicios y atajar el daño causado por los monopolios»*, Madrid, 1993; el segundo, bajo el título *«La competencia en España: balance y nuevas propuestas»*, Madrid, 1995.

otras notas como el proteccionismo arancelario, una política presupuestaria laxa, un déficit público permanente y un mercado de trabajo rígido, por una regulación discrecional de los mercados de servicios, contraria a la libertad y a la competencia.

En esta línea de pensamiento, la Comunidad Europea impuso la liberalización progresiva de las economías de los Estados miembros, que pronto alcanzó una plenitud aceptable en los mercados de bienes *comercializables* y también en los servicios comercializables, como el mercado de capitales, pero mostró mucha mayor resistencia a liberalizar y abrir a la competencia, interior y exterior, los llamados *servicios no comercializables,* como los anteriormente citados. La apertura a la competencia de esos sectores regulados, tradicionalmente denominados «servicios públicos», con el significado que más adelante se dirá, exigía una reforma en profundidad de los marcos regulatorios en los que desde su nacimiento habían vivido. Y ello no era fácil, por muchas razones.

En primer lugar, porque éstos no son sectores en los que, removidas las limitaciones, el mercado funcione espontáneamente. Al contrario, en ellos el mercado sólo funciona en el marco de un sistema jurídico-institucional adecuado que más adelante se explicitará. En segundo lugar, porque la regulación bajo la que estos servicios nacieron, estaba orientada en buena parte a ofrecer protección y seguridad a las inversiones —muy importantes, a veces— en las que esas actividades se apoyan, lo que había dado lugar a intereses muy fuertes y a grupos sociales muy cohesionados que se habían ido formando en torno a ellos con gran capacidad de resistencia al cambio. En tercer lugar, algunos de estos sectores (la energía, el transporte, las comunicaciones, el suelo, etc...) estaban «ocupados» ampliamente (cuando no totalmente) por el sector público, que disfrutó de sustanciosos monopolios, generadores de rentas y de poder político (también de poder sindical). Todo ello les hizo especialmente resistentes al cambio. Pero la Comisión Europea fue muy tenaz: insistió una y otra vez en propuestas de directivas que al final fueron aceptadas por los Gobiernos (siempre con la resistencia francesa).

2. Causas determinantes del cambio

El origen ideológico-político de este profundo cambio que el Estado experimentará en el mundo occidental desde mediados de los ochenta se remonta a veinte años atrás, a los años sesenta, en los que algunos economistas de Chicago (hoy casi todos premios Nobel) y algunos politólogos de la Escuela de Virginia sometieron a una crítica sistemática la fe en el Estado, como encarnación de la idea moral y la justicia, que arrastrábamos en el mundo desde

Hegel y Napoleón. Frente al protagonismo del Estado, se proclamó el mercado y el ejercicio de la libertad individual. Frente a la planificación estatal, se argumentó que la única forma de saber lo que satisface las necesidades de los ciudadanos es permitir que éstos ejerzan su libertad, devolviéndoles la capacidad de elegir. En este contexto filosófico-político es donde debe enmarcarse el fenómeno privatizador, que es algo más que vender empresas públicas; supone, como ya he dicho, un replantamiento de las tareas públicas: la retirada del Estado de una serie de actividades y servicios que progresivamente habían ido incorporándose al ámbito de su acción, sin ser propias de éste.

La crisis del modelo se manifestó en dos realidades que hasta entonces venían siendo un paradigma del viejo Estado: 1) *la empresa pública* como instrumento de gestión de la economía; y 2) *el servicio público* tradicional, como actividad reservada al Estado, con gestión pública o privada pero siempre monopólica, según el modelo del *cost plus.* Ambas realidades fueron objeto de críticas muy severas, tanto de los juristas como, sobre todo, de los economistas.

2.1. *La crisis de la empresa pública*

Las tradicionales justificaciones de la gestión empresarial pública se habían demostrado falaces: ni los monopolios en la provisión de ciertos servicios públicos son tan «naturales» (son más bien «legales»), ni la empresa pública ha resultado ser la mejor forma para corregir los fallos del mercado (existen mecanismos más eficaces de fomento, de regulación, fiscales o arancelarios) ni ha servido para promover la competencia (más bien al contrario, donde entraba la empresa pública se falseaba la competencia), ni ha sido instrumento de redistribución de rentas (más bien ha creado en su entorno grupos privilegiados de «buscadores de rentas» que viven a su sombra) ni, en fin, ha desarrollado con eficiencia finalidades de protección de empleo, desarrollo regional o promoción de la industria. De todo ello puede haber excepciones, pero la regla general —como la historia ha demostrado— es la que se acaba de decir. Esto todavía se ve en aquellos países de Europa que, como Francia, mantienen un amplio sector público en los grandes servicios (energía, telecomunicaciones, transporte) en los que la competencia es imposible, falseando una y otra vez las reglas del mercado interior. Y es igualmente cierto, por ello, como he escrito alguna vez, que el viejo artículo 222 (actual 295) del Tratado de la Unión Europea («no se prejuzga en modo alguno el régimen de la propiedad en los Estados miembros») constituye hoy un gran problema para el futuro de la Unión. La libre circulación de capitales, la libertad de establecimiento y el mercado de empresas no puede funcionar con un poderoso sector empresarial público en cada país.

Por lo demás, la empresa pública ha acreditado algunos vicios *inmanentes* a la institución (algo no circunstancial y por tanto le acompañarán siempre), como son: la indefinición y falta de objetivos claros (a veces no existen y otras resultan contradictorios), la inevitable politización de su entorno (fines, gentes, nombramientos), la movilidad e insuficiente profesionalidad de sus dirigentes, la descapitalización y alto endeudamiento en que frecuentemente incurren, la ocupación y el poder sindical que se genera en ellas con graves disfunciones en su gestión, la inflación de plantillas que inevitablemente le acompaña y, finalmente, la inmortalidad de que están revestidas: ni quiebran, ni se liquidan jamás. Todos estos vicios se perpetúan de un gobierno a otro, de un régimen político a otro y de un país a otro. La evidencia empírica recogida en toda Europa en más de medio siglo demuestra que la empresa pública es más ineficiente que la privada cuando se trata de sectores competitivos.

2.2. *La crisis del servicio público tradicional*

Recordemos, brevemente, las notas que definían el servicio público tradicional. Se trataba de actividades «esenciales» (Constitución española, artículo 128.1) que venían a satisfacer necesidades indispensables de los ciudadanos y tenían carácter estratégico para la economía y la sociedad (seguridad nacional, productividad de la economía, infraestructuras básicas). Actividades que, al mismo tiempo, presentaban, por sus grandes economías de escala, tendencias monopolísticas (u oligopolísticas). Por estas y otras razones, el Estado las fue progresivamente publificando, declarándolas «servicio público», reservadas al Estado (o a otra Administración Pública) y excepcionando en ellas la «libertad de empresa» (libertad de entrada para la iniciativa privada). Se entenderá que el Estado es el titular de dichas actividades, el *dominus* de los servicios públicos; quizás en algún caso no pueda gestionarlos directamente y acudirá entonces a la concesión como fórmula puente que le permita dirigir sin gestionar; en la mayoría, sin embargo, asumirá la gestión directa mediante empresa pública y además de «nacionalizar» la actividad, se nacionalizarán las empresas. La «concesión» se configurará, por ello, en la doctrina tradicional como una «transferencia de funciones y tareas cuya titularidad corresponde primariamente al Estado»; estas actividades no eran intrínsecamente públicas, no eran actividad soberana, no formaban parte de los fines históricos del Estado, de sus fines esenciales, pero habían quedado «publificadas». Por ello, lo que la Administración cede en la concesión no es la titularidad de la actividad, sino su ejercicio.

No es éste el momento de explicar largamente las críticas que este modelo recibió en los años sesenta y setenta. Desde la perspectiva económica, se subrayó siempre su ineficiencia, tanto si la gestión era pública como si era privada.

Toda gestión monopólica, basada en derechos de exclusiva, con un poder de modalización y control por la Administración (que al final es quien decide todo) da lugar a situaciones muy parecidas a las que acompañan a la empresa pública, a saber:

a) *Sobreinversión,* derivada de una planificación vinculante en la que nadie quiere correr riesgos. Además, todo «irá a tarifas». Paga el consumidor. ¿Para qué quedarse corto?

b) Aumento inexorable de costes, que nadie sabe exactamente cuáles son, o mejor dicho, cuáles deberían ser, porque por muchos esfuerzos que se han intentado desarrollar, los *«costes estándares»,* objetivos, depurados y ajustados, son inencontrables. Nunca se supo, en el viejo servicio público, cuáles debían ser los costes «razonables», ni la tasa de retorno procedente, ni la inversión *used and useful.* Fijar tarifas en ese contexto era siempre un chalaneo, revestido —más o menos— de «razones». La experiencia enseña que los precios, al final, acababan subiendo, año tras año. Porque el sistema era esencialmente inflacionista.

c) Mixtura de criterios políticos y económicos en la dirección y gestión del servicio, lo que resulta inevitable, dados los objetivos perfectamente antitéticos del titular y el gestor del servicio (el primero quiere satisfacer las necesidades del usuario y servir al interés general; el segundo quiere ganar dinero, como cualquier empresario); los problemas de agencia, aquí como en la empresa pública, se incrementan al máximo, con toda la carga de ineficiencia empresarial que ello implica.

d) Finalmente y como conclusión (aunque se podrían decir otras muchas cosas) añadiremos que en la vieja empresa de servicio público la responsabilidad sobre la misma no recae sobre el empresario, sino que se desplaza al Estado, que es justamente lo que pasa en la empresa pública y es la causa fundamental de sus ineficiencias. Y es que entre ésta y la empresa regulada del viejo «servicio público», las diferencias no son grandes.

No bastaba, por ello, «privatizar» (en el sentido de enajenar) las empresas. Había que cambiar también el modelo de regulación, pasando de un sistema cerrado, monopólico, de planificación vinculante, explotación centralizada y remuneración en base a costes, a un modelo de «regulación para la competencia», abierto, sin derechos de exclusiva, con planificación empresarial, explotación descentralizada con acceso a redes comunes y remuneración en base a precios. Precisando un poco más las cosas, diremos que el cambio esencialmente consiste en el *paso de un sistema de titularidad pública* sobre la actividad, *concesiones cerradas, derechos de exclusiva, obligación de suministro,* precios administrativamente fijados, *carácter temporal* (con reversión/rescate en todo caso) y regulación total de la actividad, hasta el más mínimo detalle, *a un sistema abierto, presidido por la libertad de empresa,* esto es, libertad de entrada (previa autorización reglada), con determinadas obligaciones o cargas de «servicio universal», pero con libertad de precios y modalidades de prestación, con libertad de inversión y amortización y, en definitiva, en régimen de competencia abierta, como en cualquier otra actividad comercial o industrial, en la que hay que luchar por el cliente (ya no hay mercados reservados ni ciudadanos cautivos). Por supuesto, en este segundo modelo no hay reserva de titularidad a favor del Estado sobre la actividad de que se trate. El artículo 128 de la Constitución Española, tan reciente, es un precepto en gran parte obsoleto.

Las consecuencias que todo ello tiene en el régimen jurídico de las actividades de servicio público (hoy «servicios económicos de interés general»: artículo 86, antes 90, del Tratado de la Unión Europea) son innumerables y a lo largo de las páginas que siguen se analizarán muchas de ellas. La fundamental es que éstas han dejado de ser «actividad estatal»; que por tanto para acceder a ellas no es necesaria «concesión» alguna (en el sentido de «delegación» de un quehacer público) sino que basta una licencia (o autorización), de carácter reglado (no discrecional) acompañada si se quiere de cargas u obligaciones de servicio, pero que no entraña temporalidad (ni reversión al Estado de sus activos) ni revocabilidad (rescate), ni intervención sobre la actividad, ni *ius variandi,* ni poder de modalización interna del servicio.

Ello no quiere decir que estemos ante una actividad «libre», como cualquier otra actividad industrial o comercial. Las actividades de interés económico general siguen siendo «esenciales» para el individuo y la sociedad; siguen presentando las mismas características que tenían (tendencias monopolistas, infraestructuras de red, barreras de entrada, etc...) y justamente por ello son y seguirán siendo siempre «actividades reguladas». Pero la regulación, ahora, no viene a sustituir al mercado sino a hacerlo posible, a recrearlo. Es una «regulación para la competencia».

Llegados a este punto, permítasele a un jurista hacer algunas distinciones.

3. Tres tipos de regulación (y de actividad)

Antes de seguir adelante, debemos, desde una perspectiva jurídica, hacer algunas precisiones respecto al tipo de actividad y al tipo de regulación (o desregulación) de las que hablamos. En sus análisis, los economistas suelen referirse, en general, al «sector servicios» o a los «mercados de servicios» (por contraposición a la agricultura y la industria), como si éstos fueran una unidad, incluyendo en ellos las actividades anteriormente citadas y otras como la educación, la sanidad, los servicios sociales, recreativos o culturales y otras muchas [2]. Ahora bien, es evidente que, desde un punto de vista jurídico y regulatorio, unas y otras son realidades muy distintas y deben ser objeto de tratamiento diferente. La desregulación no significa lo mismo en los distintos campos, ni puede ser aplicada uniformemente como un bálsamo de Fierabrás. Es preciso preguntarse: ¿de qué desregulación estamos hablando?, ¿cómo hay que llevarla a cabo?, ¿basta simplemente con derogar las normas intervencionistas y que cada uno haga lo que quiera? Obviamente no. Para muchas de las actividades que llamamos «servicios», la regulación no va a desaparecer —simplemente va a cambiar— porque, sin ella, las cosas irían todavía peor que cuando eran monopólicas y estaban en mano pública.

Así pues, permítasele a un jurista hacer algunas distinciones. Para empezar, hay que diferenciar tres tipos de regulación:

a) *Regulación básica y general, pública y privada, de la vida social y económica:* es aquélla que está integrada por el Código Civil, el Código Penal, el Código de Comercio, las leyes mercantiles, fiscales y laborales, las normas procesales, etc. Constituye el marco jurídico general de los intercambios, imprescindible para la existencia de la libertad. Sin leyes no hay seguridad, y sin un marco legal que imponga el respeto a la propiedad privada y el cumplimiento de los contratos, tal como fueron pactados, no puede subsistir ni el mercado ni la libertad. Ello implica también un sistema judicial, capaz de hacer efectivos los derechos.

b) *En segundo lugar, está la regulación administrativa general, de policía y buen gobierno:* ésta se compone de una serie de normas externas a la actividad misma objeto de regulación, mediante las cuales se trata de limitar el ejercicio de los derechos para adecuar su actuación a los intereses públicos de carácter general: protección de la seguridad, de la salud pública, del medio ambiente, del orden público y de las condiciones de la vida urbana. Con ella se trata de limitar los efectos lesivos que para los terceros pudieran derivarse de una actividad privada, por muy legítima que ésta sea, pero *sin que la regulación pretenda configurar en modo alguno la actividad misma* (su extensión, modalidades, mercados, zonas de actuación, dimensión, precios de sus productos o servicios, etc.). El mecanismo tipo de esta regulación es la simple autorización, la licencia, el permiso, de carácter reglado y no discrecional.

---

[2] *Vid.*, por ejemplo, los análisis, interesantes sin duda, que nos ofrecen José A. MARTÍNEZ SERRANO y Joaquina PATRICIO TORREGROSA en *La desregulación de los servicios,* Universidad de Valencia, 1995, páginas 61 y siguientes. El mismo planteamiento en CUADRADO ROURA y DEL RÍO, *Los servicios en España,* Pirámide, Madrid, 1993, o SÁEZ, F. y otros, *Los servicios en España: situación y tendencias,* FEDEA, Madrid, 1993.

c) Finalmente tenemos la *regulación económica stricto sensu:* aquélla que penetra y configura determinadas actividades que tienen particular relevancia o trascendencia en la vida social. En todos los países, la legislación ha separado un conjunto de actividades que con el nombre de servicios públicos, actividades reglamentadas, actividades de interés general u otra calificación similar, se hallan especialmente *disciplinadas* y sometidas al poder público, cuando no nacionalizadas y gestionadas por el propio Estado. Son empresas y actividades sujetas a detalladas regulaciones, no sólo en su marco externo, como las anteriores, sino *en la propia vida interna de la empresa,* cuyos aspectos técnicos, financieros, comerciales o contables, el *quantum* y el modo de su actividad, están también sometidas a normas y directrices especiales (dimensión y recursos mínimos, volumen de producción, zonas de mercado, precios, calidades, constitución de *stocks* de garantía, etc.) que la Administración dicta para ellas. En estos casos la regulación no sólo limita o condiciona externamente el ejercicio de la actividad, sino que configura internamente a ésta.

Conviene volver a hacer aquí alguna precisión terminológica, pues aunque sea una cuestión semántica, juristas y economistas empleamos a veces las mismas palabras con alcance diferente. Así, dentro de las actividades que los economistas califican como «servicios», las hay de muy distinto tipo desde el punto de vista jurídico. Importa mucho distinguir lo que son actividades «libres», sometidas únicamente a la regulación general, privada y pública, antes citada, y lo que son actividades «disciplinadas», sometidas a un cierto grado, mayor o menor, de *regulación económica*. En todo momento a lo largo de la historia se ha reconocido la existencia de ciertas actividades que tienen un cierto *carácter «público» cualquiera que sea el sujeto y el modo de su gestión*. Criterios concretos que puedan ayudar a esta calificación pueden ser los siguientes: la condición de monopolio natural, el carácter indispensable del bien o servicio, el reconocimiento o disfrute de ciertos privilegios públicos (por ejemplo, expropiación, utilización especial y privativa de las calles y las vías públicas, privilegios fiscales, etc...), el tratarse de actividades ofrecidas y abiertas al público de manera oficial y formal, la exigencia previa de un título administrativo específico (*charter, franchise,* concesión, etc.) y otros semejantes [3]. Sin pretensión alguna de exhaustividad, podemos citar entre estas actividades «públicas» (las viejas *public callings*) algunas como las siguientes: el transporte regular en todas sus modalidades, las comunicaciones telegráficas y telefónicas, la radio y la televisión en todas sus formas (ondas, cable, satélites), el sector eléctrico, los abastecimientos

---

[3] *Vid*. un minucioso análisis en HALL, Ford P., *The concept of a Business affected with a Public Interest,* Bloomington, Indiana, 1970, 159 páginas. Para España, ARIÑO ORTIZ, G., *Economía y Estado,* cit., páginas 264 y siguientes.

de agua, la industria y el suministro de gas, la actividad de promoción de vivienda (especialmente la creación de suelo público y la promoción de vivienda protegida), las actividades que marcan las condiciones indispensables de la vida urbana (desde el servicio de recogida de basuras hasta el sistema de parkings), la educación, las actividades asistenciales y de sanidad y otras. Sobre todas ellas descansa de un modo particular la vida social, y por ello requieren un *marco estricto de reglas* —una regulación— que guíe y encuadre la relación entre ellas y el ciudadano. El mecanismo o instrumento típico de esta regulación eran la llamada «autorización conformadora» o la «concesión administrativa».

Ahora bien, es evidente que muchos de los llamados genéricamente, por los economistas, «servicios» nada tienen que ver con todo esto: el comercio, por ejemplo, sea del simple tendero o de la gran superficie, la actividad hotelera o los negocios de restauración, los cines o establecimiento recreativos, el deporte y el ejercicio de las profesiones no colegiadas, son actividades perfectamente «libres», en las que la regulación debe ser mínima (simple policía administrativa) y de interpretación restrictiva. En cambio, hay un segundo grupo de actividades, que los juristas hemos solido llamar «disciplinadas» o «reguladas» en que la vinculación de las mismas a unas determinadas finalidades de servicio público (de interés público o de interés económico general, como se le quiera llamar) confiere una virtualidad expansiva a la regulación administrativa sobre ellas, con genéricos apoderamientos legales a favor de la Administración y una tendencia a la interpretación extensiva de las limitaciones.

En este segundo grupo de actividades, sometidas a regulación económica, habría todavía que hacer, en el caso español, una importante distinción entre aquéllas que han sido formalmente declaradas «servicio público» y aquéllas otras que se califican como actividades reglamentadas o actividades de interés público (servicios públicos virtuales o impropios), porque el régimen jurídico de unas y otras presenta todavía algunas notas diferenciales importantes. A los efectos de este estudio no parece necesario extenderse en esa explicación [4].

4. El nuevo sentido de la regulación. Algunas características generales

Ya hemos dicho que la regulación hace siempre su aparición ante la inexistencia, fracasos o fallos del mercado. Cuando éste funciona, no hay mejor regulación: determina cantidades, asigna precios, impone calidades, premia o

---

[4] Puede verse ampliamente expuesta en mi libro *Economía y Estado,* cit., especialmente Capítulo IX, páginas 306 y siguientes.

expulsa del mercado a quienes a él concurren y el Estado lo único que tiene que hacer es mantener el orden y la seguridad, hacer que se cumplan los contratos y —en algunos mercados asimétricos— proteger al consumidor. Así, pues, la regulación —en especial, la regulación económica— es por definición un sustitutivo o complemento del mercado. Por lo mismo, las características que debe reunir están orientadas a obtener los efectos beneficiosos y estimulantes que aquél produce: debe definir pautas de comportamiento, transmitir señales y mensajes que faciliten la orientación de los agentes y el cumplimiento de los objetivos políticos que se busquen, exigir estándares de calidad y seguridad y, en la medida que sea necesario, fijar los precios.

4.1. *Un modelo de regulación para la competencia*

En el modelo clásico de regulación que ha presidido hasta ahora los grandes servicios públicos (agua, gas, electricidad, teléfonos, transporte urbano, etc.) el regulador venía a sustituir al mercado y asumía la mayoría de las decisiones: la planificación, la inversión a realizar, la financiación, el régimen contable, los precios de todo tipo, la optimización y dirección de la explotación y, en fin, hasta las más pequeñas decisiones empresariales quedaban determinadas, condicionadas o simplemente ordenadas por la Autoridad. En España tuvimos de ello una experiencia completa en los cincuenta años pasados (1940-1990). Por el contrario, en un sistema descentralizado y abierto, como el europeo (y por tanto el español desde 1996) la regulación cobra otro sentido: no tiene como objetivo central el «control» —del sistema y sus operadores— sino que, por el contrario, trata de re-crear el mercado, promover la competencia allí donde esto sea posible y dejar hacer a éste. Sólo cuando no exista o la competencia sea insuficiente, el regulador vendrá a proteger los intereses de los usuarios —seguridad, calidad, fijación de precios del servicio— allí donde éste mantenga las características de un monopolio natural o haya surgido una posición dominante estable y duradera *(significant market power, SPM).*

En lugar de esa obsesiva idea del control *a posteriori* de los costes, a efectos de su reconocimiento o no en tarifa, una regulación conforme al mercado tratará de ofrecer incentivos que empujen a las empresas a operar más eficientemente, bajando precios, incrementando las prestaciones y obteniendo así una mayor cuota de mercado y un mayor beneficio. El objetivo de la regulación no es tanto controlar a las empresas, cuanto proteger a la sociedad en aquellas actividades que resultan esenciales para su vida y su bienestar. Por tanto, los aspectos fundamentales a los que se tiene que orientar son dos: garantizar la prestación (presente y futura) del servicio de que se trate, y establecer los niveles adecuados en la relación calidad-precio, según el grado de desarrollo y las prioridades que cada sociedad quiera establecer. En la medida en que, para obtener estos fines, sea necesario e imprescindible intervenir en la actividad y en las decisiones empresariales, estará justificada la regulación.

Por lo demás, un sistema abierto y competitivo, que es el que se vislumbra como probable modelo acorde con el mercado, permitirá ir reduciendo el papel de la regulación, a medida que vaya creciendo el del mercado. Más aún, la existencia de éste en algunos aspectos ayudará a resolver algunos problemas clásicos de la vieja regulación, hasta ahora muy mal resueltos; por ejemplo, la determinación de precios y los criterios de retribución a las empresas: en la medida en que el mercado los fije espontáneamente en determinadas fases del proceso, será más fácil fijarlos de una manera objetiva en las restantes (aquéllas en que subsista el monopolio), de acuerdo con el valor y calidad del producto que se ofrece, en lugar de hacerlo según un discutible cómputo de costes, que quedan siempre en manos del regulador y son fuente de arbitrariedades. Dicho en otros términos, en la fijación de precios, al exigir la separación entre las actividades con características de monopolio natural y las actividades potencialmente competitivas, en la forma que más adelante se expondrá, se impide que el poder de mercado en las primeras distorsione la competencia en las segundas. Y viceversa: al promover el mercado en determinadas fases o segmentos de la actividad de que se trate y alumbrar en ellos unos precios «libres» se hace más fácil la fijación correcta de precios «administrados» en aquellas otras que se mantengan en régimen de monopolio.

4.2. *No es una opción entre regulación perfecta y competencia perfecta*

En efecto, la energía, el transporte, las telecomunicaciones o el sistema financiero estarán siempre regulados. La importancia social de tales actividades, la asimetría de posiciones entre empresas y usuarios, la dificultad de crear un mercado abierto y transparente, las limitaciones técnicas, y otros factores, así lo exigen. Pero la regulación, tal como hasta ahora la conocemos, ha acreditado igualmente sus incapacidades y sus fracasos. Por tanto, la búsqueda del mejor medio para alcanzar el objetivo de la eficiencia económica y el buen servicio al ciudadano no se plantea como un dilema entre competencia perfecta, que es imposible, *versus* regulación perfecta, igualmente inalcanzable. La reforma ha de consistir precisamente en esto: en introducir una mayor competencia en aquellos aspectos o actividades en que ésta sea posible y en revisar o reformar el sentido de la regulación orientándola a la re-creación del mercado.

Competencia y regulación no son antitéticas como lo demuestra la experiencia británica o norteamericana. Alan Jowett ha analizado dicha dicotomía en el caso británico, destacando las semejanzas crecientes de los enfoques desarrollados en la regulación de Estados Unidos y Gran Bretaña. En su opinión, a pesar del título de su artículo, *«Competition v. Regulation»,* no existe oposición intrínseca entre ambos conceptos por dos razones: en primer lugar, porque la competencia desbocada no es deseable; y en segundo lugar, porque en Gran Bretaña, la privatización de las *«utilities»* se ha acompañado de un marco regulador específico para promover la competencia y para garantizar las misiones de servicio público de estas actividades [5].

El juego de competencia y regulación exige como condición inexcusable la transparencia en el funcionamiento empresarial, lo que a su vez reclama un cuidadoso deslinde y separación de las diversas actividades en que el sector consiste, de tal manera que se eviten los subsidios cruzados de una a otra y se proporcione a directivos, accionistas y regulador la información correcta sobre cada una para la toma de decisiones. Volveremos inmediatamente sobre este punto.

4.3. *La competencia es lo prioritario, la regulación es el medio imprescindible para aquélla*

En el difícil equilibrio entre mercado y regulación, la competencia es el objetivo prioritario y la regulación es el instrumento necesario para defender la competencia (para crearla cuando aquélla no existe) o para sustituirla cuando sea imposible su creación porque existan elementos de monopolio natural.

El mercado tiene muchas ventajas, pero para que éste exista y funcione con corrección, es preciso en muchos casos que el Estado cree un sistema jurídico-institucional adecuado. Los campos en los que se desarrollaron con preferencia las empresas públicas (las *«utilities»* anteriormente citadas y otros sectores como la banca, bolsa, seguros, explotación de recursos naturales, etc...) no son mercados perfectos, sino todo lo contrario; exigen para entrar grandes inversiones, la oferta y la demanda son rígidas, la información es muy desigual y, en definitiva, la competencia es escasa y son fáciles de articular organizaciones monopólicas y oligopólicas, claramente dañinas para el conjunto de la sociedad. Sólo cuando el Estado asume sus funciones de creación de un marco institucional que impone limitaciones y deberes de hacer a aquéllos que actúan en estos sectores, puede originarse un mercado, imperfecto si se quiere, pero más eficiente que la gestión pública monopólica hasta ahora existente. Por tanto, el remedio no está en acabar con ellos, que es lo que hace la regula-

---

[5] *Vid.* JOWETT, Alan, *Competition vs. Regulation,* Herbert Smith Exchange House, London, April, 1994.

ción administrativa al viejo estilo, sino en defenderlos y protegerlos frente a sus transgresores.

Así pues, la regulación siempre será necesaria pero debe ser sólo la imprescindible, decreciente, subsidiaria y complementaria del mercado [6]. La regulación promueve el mercado, lo reconstruye donde ello es posible, lo defiende, pero no lo sustituye. La peor tentación del regulador es convertirse en «un gestor en la sombra» [7].

Dicho lo anterior, conviene insistir en que la regulación no va a desaparecer. Como toda restricción o limitación a la libertad de actuación o disposición por los particulares, será siempre necesaria cuando la actividad de un individuo invade los derechos o intereses legítimos de los demás que necesitan ser protegidos. También se justifica cuando hay intereses públicos, comunes, superiores, que no pueden verse satisfechos por la actuación del mercado: son bienes extra-mercado.

En el Informe de la «Comisión de Desregulación», nombrada en 1990 en la República Federal Alemana [8], se contiene algunas observaciones interesantes con las que coincido plenamente. Según éste, se aprecian en los Gobiernos occidentales de estos años, entre otras, las siguientes tendencias:

a) «Una tendencia a *sobre regular* —regular en exceso— y una tendencia a que las regulaciones obsoletas pervivan, por los intereses que siempre surgen a su amparo.

b) Se comprueba que la regulación de la economía se autoalimenta *(is self-inflating)* al querer corregir sus múltiples efectos negativos por nuevas regulaciones».

Estas tendencias se basan, a su vez, en una compleja trama de intereses que se ocultan tras toda regulación: intereses de los políticos, de los burócratas y de los grupos que crecen a su amparo. Los *políticos,* que no sólo buscan el bien común sino también sus propios intereses, encuentran en la regulación una fuente de poder, de influencia sobre los regulados, entre los que rápidamente

---

6 En los cuatro años de vigencia del nuevo modelo inglés se ha hecho evidente la necesidad de nuevas medidas reguladoras con el objeto de promover la competencia y así lograr los beneficios esperados por la privatización. Pero el regulador ha lanzado este mensaje de esperanza a la industria: «Where competition flourishes the need for regulatory intervention is minimal», la regulación será decreciente a medida que se fortalezca el mercado.

7 *Vid. Regulación del sector eléctrico: objetivos y principios,* por Martha O. HESSE, en el n.º 4 de la «Revista del Instituto de Estudios Económicos», página 221.

8 Deregulation Commission, *Opening of Markets and Competition,* versión inglesa del texto original, Bundesministerium für Wirstchaft, Bonn, 1991.

surgen amigos y protegidos, sin que el político asuma más que un mínimo coste (la regulación no cuesta dinero: paga el público). Estos amigos hacen donaciones, extienden su influencia, y tienen un poder de información que el político agradece.

También *la burocracia* tiene sus propios intereses: aumentar su presupuesto, ampliar su competencia, conseguir poder y prestigio a través de las regulaciones que ellos tienen que diseñar, supervisar y ejecutar. Muchas veces los burócratas acaban siendo «capturados» por los regulados y, pasado un tiempo, dejan la Administración y trabajan para ellos *(«the revolving door»).*

Finalmente, los *grupos de intereses* que se organizan en torno a la regulación de los grandes sectores son, por la naturaleza de éstos y los inmensos recursos que mueven, muy poderosos y los medios que despliegan para obtener regulaciones favorables son de lo más variado. Frente a estas poderosas y bien trabadas organizaciones, el público permanece ajeno, lejos de los centros de decisión, desorganizado, aunque al final será él quien pague la factura.

Estas conclusiones de la Comisión alemana de desregulación son coincidentes con las formuladas en otros países, fundamentalmente en los Estados Unidos y en Gran Bretaña y también con las que formuló en España, hace ya años, el Tribunal de Defensa de la Competencia [9].

En el fondo, hay una realidad y es que los Gobiernos suelen tener poca confianza en el mercado y en la competencia (que ellos no dominan) y mucha vanidad y un cierto espíritu mesiánico en sí mismos. Y cuanto menos ilustrados son, su desconfianza es mayor. Hace algún tiempo leía yo el testimonio de un Concejal de una gran ciudad española que, refiriéndose a la organización y gestión de los servicios funerarios, decía: «en aquello que es básico para la sociedad, no debe hablarse nunca de liberalización ni de competencia». Ésta es ciertamente una mentalidad simplista, pero bastante común; de hecho, es la que inspiró durante mucho tiempo la conceptuación como servicio público (con reserva al Estado) de aquellas actividades esenciales o indispensables para la vida social. Pero la experiencia de muchos años —en nuestro país y en otros— es justamente la contraria: la proliferación de reglamentaciones y la explotación en régimen de monopolio es casi siempre causa determinante de altos precios y mal servicio.

---

[9] *Vid.* Tribunal de Defensa de la Competencia, *Remedios políticos que pueden favorecer la libre competencia en los servicios y atajar el daño causado por los monopolios,* Madrid, mayo de 1993.

4.4. *Tan importante como el régimen legal, teórico, es la práctica regulatoria*

En la moderna regulación de los servicios públicos hay que distinguir dos cosas, ambas importantísimas: el régimen legal, teórico, y la práctica regulatoria. El régimen o esquema regulatorio, definidor de los derechos y deberes de los operadores —autoridades, concesionarios y gestores, usuarios— es fundamental. Debe ser claro, estable, equilibrado; debe contener reglas y principios creíbles que inspiren confianza a los operadores; pero, por su propia naturaleza, no definen con precisión *soluciones cerradas* a los múltiples conflictos que la realidad ofrece, sino que han de formular criterios flexibles de actuación, en función de los objetivos —estos sí, firmemente asentados— y de las circunstancias del momento. Así, la apreciación o no de si existe poder de mercado *(market power)* en una determinada área de actuación, o de si hay o no capacidad disponible en la red para el acceso de terceros, o la cuantía y condiciones de los aportes financieros exigibles a aquellos usuarios que requieren nuevas conexiones en el servicio o un aumento sustancial de potencia, o la apreciación del canon de peaje exigible para la interconexión y el transporte de energía (o de señales) por la red, son todos ellos problemas que los reguladores han de resolver, pero que no pueden ser predeterminados *ex ante* en los textos legales. Hay que dejarlos —en alguna medida— al juicio discrecional y técnico (es decir, con discrecionalidad técnica, por tanto controlable) de los órganos competentes, lo que implica que *tan importantes como las regulaciones son los reguladores* encargados de su aplicación. Tan importante como el diseño de la norma es la formación, la calidad, y la ejemplaridad de los hombres y mujeres a quienes se confía esa tarea.

4.5. *Hay que evitar el llamado «riesgo de la regulación»*

El riesgo de la regulación no es otro que el riesgo de la discrecionalidad, la arbitrariedad, la parcialidad o la falta de credibilidad del regulador. Hemos defendido en numerosas ocasiones la conveniencia de independizar al regulador del poder político, para evitar que éste caiga en la tentación de utilizar los sectores regulados como instrumentos para la obtención de fines políticos, legítimos si se quiere, pero ajenos al servicio y que deben obtenerse a través de medios más transparentes y legalmente aprobados. Pero la figura del regulador independiente no está tampoco exenta de riesgos —el llamado riesgo de la regulación— frente al cual el legislador debe precaverse.

Para ello, es fundamental que en el ejercicio de la actividad reguladora se cumplan también los requisitos generalmente exigidos para toda la actividad administrativa: toda regulación debe ser elaborada con carácter general, objetivo y global, como es propio de toda norma; no debe admitir dispensas ni tratamientos singulares (inderogabilidad singular de las normas) ni alteración arbitraria y ocasional de las reglas de juego. Éstas deben ser claras y estables, bien determinadas, no discrecionales, de forma que las empresas puedan diseñar sus propias políticas de actuación, a la vista de ellas.

Es importante insistir en la necesidad de *transparencia y estabilidad en las reglas* en el modelo de regulación para la competencia; que exista seguridad jurídica en cuanto a su aplicación y que las conductas produzcan efectos previsibles. Este requisito podría traducirse en un rasgo fundamental del regulador, no cuantificable, pero muy importante: la *credibilidad*. Ésta es muy exigente y con facilidad puede perderse, como ha ocurrido recientemente en Gran Bretaña, donde ha quedado en entredicho con la reciente decisión del regulador eléctrico, Littlechild, de reabrir el proceso de revisión de precios a distribuidores, cuando se suponía que tendría una vigencia de 5 años (nos referimos más adelante con mayor amplitud a este hecho).

En definitiva, la gran cuestión que en este terreno se plantea no es otra que el desarrollo de la potestad reglamentaria y la aplicación —en lo posible— del principio de la norma previa al ente regulador, de modo que quede limitada la discrecionalidad técnica de sus juicios. Ello es especialmente necesario en materia de tarifas, mediante la aprobación de un marco estable en el que se fijen las reglas y criterios de cálculo de los costes, de modo que las decisiones del regulador vengan enmarcadas en unos parámetros y conceptos bien definidos.

5. Actividades comerciales y cargas de servicio público

Hemos visto en la lección anterior los principios inspiradores del nuevo régimen de los servicios públicos competitivos, distinguiendo en ellos lo que son actividades «libres» y lo que son actividades «reguladas», de prestación obligada. Es por ello que bajo el nuevo régimen jurídico de los «servicios de interés económico general», al prestador de los mismos no se le puede pedir cualquier servicio que se considere socialmente deseable; ni creer que las prestaciones deben ser mantenidas en todo caso por el operador del servicio, bajo cualquier circunstancia (p.e., prohibiendo la interrupción del servicio aún mediando falta de pago u obligando a prestarlo a precios deficitarios sin derecho a compensación alguna). Estas obligaciones podrían ser impuestas en el antiguo régimen de servicio público en que la Administración conservaba una potestad doméstica que le permitía modalizar en cada momento el alcance de la prestación, asumiendo el pago de su coste. Hoy ello no es así. El poder de imponer cargas u obligaciones de servicio se limita a las previstas en cada caso por la ley (o el título administrativo: concesión, licencia o como se llame). En lo no previsto, *no hay poder unilateral de modalización* (como ocurría en el servicio público tradicional). Las prestaciones nuevas que la Administración requiera deberán ser «negociadas», pactadas con el operador [10].

En el nuevo régimen de servicio público no hay *tampoco garantía de equilibrio financiero* a favor del gestor del mismo y por tanto éste tiene que medir sus inversiones y sus gastos. Hay que superar en este punto la inercia del pasado, que puede llevar a la Administración a practicar una política regulatoria impropia, haciendo recaer sobre la empresa gestora del servicio cualquier tipo de prestación, como sucedía anteriormente, cuando el principio del equivalente económico le garantizaba su retribución. *No se deben mezclar los dos modelos: el concesional y el modelo de libertad de empresa.* O bien se establece un sistema liberal de prestación de servicio, en el que todo operador con licencia es libre de prestarlos en régimen de mercado, pactando las condiciones con sus clientes, cobrando lo que le permita el mercado (en la medida que exista competencia efectiva) y asumiendo el riesgo de ganar o perder, sin que el Estado intervenga salvo en situaciones excepcionales, o bien se vuelve a un sistema cerrado de concesiones y privilegios en el que la injerencia del Estado es constante, pero en el que éste asume también el riesgo y responde en todo momento del equilibrio financiero de la concesión. La confusión de ambos sistemas —liberal y concesional— es el peor de los mundos, no sólo para el empresario (que nunca sabe donde está) sino también para el usuario (que recibirá cada vez peor servicio).

Se han de distinguir, por ello, claramente, en las actividades de las empresas, dos tipos o modalidades:

a) *Actividades reguladas,* obligaciones o cargas de servicio público: son actividades subsidiadas, a precios tasados con compensación adicional; de ellas responde el Estado.

b) *Actividades comerciales* competitivas: sometidas a un régimen de precios de mercado, libremente pactados por las partes; el riesgo y/o la ventura corresponde al empresario.

Las primeras se asemejan a la antigua concesión (régimen contractual), las segundas son libres, no reguladas (régimen policial y sumisión al derecho general de la competencia).

---

[10] Justamente por ello, el régimen jurídico de las obligaciones y cargas de servicio público es el de la Ley de Contratos de las Administraciones Públicas: cfr. Ley General de Telecomunicaciones de 1998 y de 2003.

6. El nuevo concepto de «servicio económico de interés general» en la Unión Europea

Es éste un concepto en el que se trata de plasmar *la nueva técnica del servicio público, que trata de hacer éste compatible con las libertades básicas del Mercado Único Europeo.* Porque en efecto existía una cierta colisión opositiva entre el artículo 86 (antiguo artículo 90) y el concepto tradicional de servicio público. Dice este precepto:

> «1. Los Estados miembros no adoptarán ni mantendrán, respecto de las empresas públicas y aquellas empresas a las que concedan derechos especiales o exclusivos, ninguna medida contraria a las normas del presente Tratado, especialmente las previstas en los artículos 7 y 85 a 94, ambos inclusive».

Obviamente, tales empresas eran las de servicio público y las concesionarias de monopolios fiscales que, en principio, infringían numerosas normas del Tratado (entre otras, la prohibición de monopolios industriales y comerciales: artículo 37; la libertad de importación y/o exportación de productos y mercancías: artículo 30; la libertad de establecimiento y la libertad de prestación de servicios dentro de la Comunidad: artículos 52 y 59; las normas sobre competencia: artículos 85 y 86, etc.., etc...). Sin que las excepciones a estas libertades del Tratado, contenidas en los artículos 36, 55 y 56 fueran aplicables a la mayoría de los servicios públicos, pues éstas se refieren exclusivamente a conceptos como «orden público, moralidad y seguridad públicas, protección de la salud y vida de las personas», «ejercicio del poder público», «salud pública» y expresiones similares que no resultan de aplicación a la mayoría de los servicios públicos concedidos.

La única excepción que sí debe tomarse en consideración es la contenida en el propio artículo 90.2, que refiriéndose a esas mismas empresas dice lo siguiente:

> «2. Las empresas encargadas de la gestión de servicios de interés económico general o que tengan el carácter de monopolio fiscal quedarán sometidas a las normas del presente Tratado, en especial, a las normas sobre la competencia, en la medida en que la aplicación de dichas normas no impida, de hecho o de derecho, el cumplimiento de la misión específica a ellas confiada. El desarrollo de los intercambios no deberá quedar afectado en forma tal que sea contraria al interés de la Comunidad».

Ahora bien, esta excepción es exigente, porque, en primer lugar, cada Estado deberá justificar mediante razones fundadas la necesidad de configurar determinadas actividades en ese régimen de derechos especiales o exclusivos (lo que supone que tal decisión deja de ser libre para el legislador nacional y discrecional para la Administración que la adopte). En segundo lugar, el monopolio, la exclusividad, queda estrictamente limitada a aquellas tareas o misiones específicas para las cuales tal régimen de explotación sea absolutamente indispensable, apreciación que queda también bajo el control, primero, de la Comisión y después del Tribunal de Justicia de Luxemburgo. Debe recordarse finalmente que, en este punto concreto, el Tratado otorga poder normativo a la Comisión en el artículo 90.3, cuando dice:

> «3. La Comisión velará por la aplicación de las disposiciones del presente artículo y, en tanto fuere necesario, dirigirá a los Estados miembros directivas o decisiones apropiadas».

Bajo tales exigencias no resulta posible, en la mayor parte de los casos, acreditar que en todo un sector y en el conjunto de sus actividades cualquier apertura a la competencia hace imposible el logro de la «misión específica» a ellos confiada. Así, por ejemplo, en materia de transporte, en el correo, en las telecomunicaciones, en la producción y distribución de carburantes, en la navegación aérea, en la generación y venta de electricidad al por mayor, y en la mayor parte de las actividades reservables del artículo 86 de la Ley de Régimen Local (por ejemplo, aprovechamiento de residuos, mataderos, mercados y lonjas centrales, transporte público o servicios mortuorios) no resulta posible —digo— demostrar que la apertura a la competencia en estos sectores hace imposible «el cumplimiento de la misión específica» que en ellos se quiere conseguir. Puede ser que la haga algo más difícil para los operadores —y desde luego, menos rentable que en régimen de monopolio— pero seguramente más conveniente y más barata para el ciudadano. Y lo que el Tratado dice es justamente eso: que no se puede prohibir la competencia, salvo que ésta haga imposible el cumplimiento de las tareas de servicio público. En consecuencia, se han visto obligados a abrirse a la competencia.

Así lo ha decidido la Comisión —o el Tribunal de Justicia— en sucesivas decisiones referidas al campo de las telecomunicaciones, el correo, los transportes marítimos, o la televisión. El tenor común en todos estos casos ha sido la *apertura parcial del servicio a la competencia* en algunas de las prestaciones específicas en que el monopolio no se estimó justificado. En mi conocimiento, las decisiones que abrieron este camino en la Unión Europea e impusieron la concurrencia en los servicios fueron la Sentencia del Tribunal de Justicia de 19 de mayo de 1993, *Asunto Paul Corbeau,* sobre el monopolio postal belga, y la Sentencia recaída en 1994 en el *Asunto Almelo* (Case C-393/92) sobre el suministro de electricidad a un determinado territorio. En el primero de estos supuestos, se planteaba la posibilidad de que una empresa privada prestase un servicio «especial» en la ciudad de Lieja y sus zonas limítrofes, de recogida de correo a domicilio y entrega urgente a sus destinatarios. La decisión del Tribunal se resume en este texto:

> «La exclusión de la concurrencia no se justifica, sin embargo, cuando de lo que se trata es de prestar servicios específicos, disociables del servicio de interés general, que responden a necesidades particulares de determinados operadores económicos y que exigen ciertas prestaciones suplementarias que el servicio postal básico no ofrece...; y en la medida en que estos servicios, por su naturaleza y las condiciones en que se ofrecen no ponen en cuestión el equilibrio económico del servicio de interés económico general asumido por el titular del derecho exclusivo, no se pueden prohibir».

En el segundo, después de recordar que la competencia puede verse limitada en la medida que ello sea necesario para garantizar un suministro de electricidad suficiente, seguro y a un precio razonable a todas las pequeñas localidades de la región (entre ellas, Almelo), entiende que corresponde a la Autoridad y a los Tribunales nacionales apreciar si, para cumplir con esa misión, es necesaria —o no— la prohibición de importación de energía que había sido impuesta al distribuidor local de Almelo. En este caso, se entendió que no lo era.

Ciertamente, el equilibrio económico del servicio básico, universal, podría garantizarse mejor si, al mismo tiempo, se prohíbe la concurrencia en otros servicios o actividades rentables en los que el titular del monopolio pudiera encontrar ingresos complementarios para financiar cómodamente aquél. Es el habitual supuesto de los subsidios cruzados que han sido una y otra vez utilizados en el servicio público tradicional. Pero ése no es el único medio de obtener la compensación económica que asegure el equilibrio financiero del servicio básico. Y en todo caso no parece conveniente ni proporcionada una medida tan radical como la negación de toda posible concurrencia en cualquier actividad del sector como medio para mantener el equilibrio financiero. Caben otras alternativas como las cuotas de conexión, los cánones de coincidencia o la pura y simple subvención procedente de un recargo sobre los ingresos recaudados por todos los operadores en las actividades comerciales competitivas.

Esta técnica de distinguir entre servicios u obligaciones básicas, normalmente prestados con carácter universal a todos los ciudadanos o cobertura de servicios mínimos, que asegure las necesidades de lugares o grupos aislados (que constituyen las típicas cargas u obligaciones de servicio público) y el resto de las prestaciones o actividades complementarias, en las que la concurrencia es posible, ha sido ya desarrollada por el Derecho Comunitario en varios campos. El profesor Martínez López-Muñiz lo ha expuesto en un muy interesante trabajo publicado hace pocos años [11]. En él se recogen, como ejemplo, la reglamentación del transporte marítimo (Reglamento CEE 3577/92, de 7 de diciembre), en el que se dispone que los Estados miembros «podrán celebrar contratos de servicio público o imponer obligaciones de servicio público a las compañías marítimas que efectúen servicios regulares con destino u origen en islas, como condición para la prestación de servicios de cabotaje». Con este contrato se trata de asegurar al público, por parte de los Estados miembros, unos servicios de transporte suficientes, a precios y condiciones especificados que cumplan con continuidad, regularidad, capacidad y calidad este fin económico de interés general. Puede ocurrir —y será lo normal— (así lo prevé el artículo 2.4 del citado Reglamento) que las obligaciones de servicio público, que asume el armador, no las asumiría o no lo haría en la misma medida si considerara sólo su propio interés comercial, pero las acepta bien porque obtiene en el conjunto de sus actividades una forma de compensación, bien porque recibe un subsidio proporcionado para su cumplimiento. En definitiva, se trata, en estos casos, de un contrato por el que se comprometen una serie de prestaciones de una empresa en beneficio de terceros y para cuya satisfacción se deben instrumentar, porque se entiende que son de interés público, la adecuada financiación. Y a ello se refiere, justamente, el artículo 77 del Tratado, que declara compatible con él, en el caso de los transportes «las ayudas que correspondan al reembolso de determinadas obligaciones inherentes a la noción de servicio público». Si esto se establece para los transportes, otro tanto cabría hacer para el servicio básico del correo, el teléfono o el suministro de gas.

También se da una solución análoga en el sector del gas, en las relaciones entre ENAGAS (compañía que tiene la responsabilidad del abastecimiento nacional y la red básica de transporte) y las compañías distribuidoras en España. A la vista de los artículos 1 y 2 de la Ley del Gas de 1987 (hoy derogada, pero para el caso es lo mismo), y del artículo 3 del Reglamento, parece indiscutible que, dentro de las obligaciones de servicio público encomendadas a ENAGAS, estaba —y está— la garantía de suministro a las empresas distribuidoras y a algunos usuarios industriales directos, así como la gestión de la Red Nacional de Gasoductos (RNG), que haga posible el transporte, tanto de los propios productos (gas) del concesionario, como —hipotéticamente— de cualquier otro importador que tenga título para ello. Tal obligación impone a ENAGAS una serie de actividades que son necesarias para el cumplimiento

[11] El trabajo al que me refiero fue objeto de presentación por su autor en la Universidad Austral de Buenos Aires, con ocasión de las Primera Jornadas Internacionales sobre *«El derecho de la post-privatización en Argentina»*, septiembre de 1993. Cito por la versión mecanográfica que allí se repartió, con el título *La regulación económica en España,* 74 páginas.

de la misma, señaladamente la adquisición o producción de gas en medida suficiente para asegurar el abastecimiento del mercado nacional. Ésta es una obligación implícita en la gestión del servicio público que tiene encomendado.

Ocurre, sin embargo, que esta actividad (de producción/importación), por exigencias del derecho comunitario, no la tiene ENAGAS *en exclusiva,* en régimen de monopolio, sino en régimen de mercado, de modo que puede ser desarrollada también por otros posibles operadores que importen o produzcan gas y tengan clientes a quien venderlo. Ahora bien, ello no libera a ENAGAS del cumplimiento de la «misión de interés económico general» (esto es, el abastecimiento nacional) que tiene encomendada; y el cumplimiento de esa misión puede exigirle, en garantía de la continuidad y regularidad del servicio, la adquisición de volúmenes de gas que luego no sean vendidos; pero si ello ocurre, ENAGAS tiene derecho a mantener el equilibrio económico del servicio, proyectando sobre el conjunto de los usuarios —también los que compren gas a terceros, si es que esto se produce— los riesgos y los costes de sus reservas no empleadas, siempre que las adquisiciones se hicieran en una medida prudente. Tales son las condiciones habituales de prestación de un servicio público *en régimen concurrencial,* en tanto en cuanto uno de los operadores —en este caso ENAGAS— tenga la obligación de garantizar el *servicio universal.* El coste de esta garantía debe recaer sobre todos los operadores (no sólo sobre ENAGAS) y sobre todos los usuarios (no sólo sobre los compradores a ENAGAS).

Ésta es hoy una regla general de los servicios públicos, tal como éstos se están configurando en el derecho comunitario europeo. Es la única manera de hacer compatible la responsabilidad del servicio universal que corresponde a cada Estado miembro, con la extensión que éste deba tener en cada caso, y el régimen competitivo y concurrencial que exige el mercado único europeo.

7. La formulación del servicio universal en las telecomunicaciones

El sector de las telecomunicaciones es, quizás, en el que se recoge una de las formulaciones más completas del nuevo concepto de servicio público en cuanto «servicio universal» en un entorno competitivo. Es el contenido en la Resolución del Consejo de la Unión Europea de 7 de febrero de 1994 (94/C 48/01) relativa a los principios del servicio universal en dicho sector.

En esta Resolución se reconoce que «el objetivo principal de la política comunitaria es la liberalización de todos los servicios públicos de telefonía vocal y el mantenimiento, al mismo tiempo, del servicio universal». La Resolución pretende justamente determinar los principales elementos que constituyen el servicio universal a escala comunitaria y aportar orientaciones acerca de los principios que deben aplicarse a la financiación del mismo. La Resolución distingue entre aquellas prestaciones que previsiblemente se realicen con arreglo a una base comercial, sin necesidad de intervención, y aquellas otras que no parece puedan presentar interés comercial alguno y que no obstante cada autoridad nacional (es decir, cada Estado miembro) considere que es un estándar básico de bienestar que debe ser ofrecido a todos los ciudadanos. Para ello establece que cuando «debido a obligaciones de servicio universal, el servicio básico de telefonía vocal sólo pueda suministrarse con pérdidas o en condiciones de coste que se aleje de las normas comerciales habituales, este servicio podrá financiarse, con la aprobación de las autoridades nacionales, mediante transferencias internas, cuotas de acceso u otros mecanismos que tengan debidamente en cuenta los principios de transparencia, no discriminación y proporcionalidad».

Así, el Consejo entiende que las autoridades nacionales, dentro de los límites impuestos por la legislación comunitaria, son las competentes para determinar cuáles son las obligaciones de servicio universal, de acuerdo con las condiciones específicas de cada país. Es, por tanto, obvio que la noción de servicio universal evolucionará al ritmo del progreso técnico y el desarrollo económico de cada país.

Las características con las que la Unión Europea configura dicho servicio son las siguientes:

> «a) dicho servicio debe basarse en los principios de universalidad, igualdad y continuidad a fin de permitir el acceso a un conjunto mínimo de servicios definidos de una calidad determinada, y la prestación de dichos servicios a todos los usuarios, independientemente de su situación geográfica y, a la vista de las condiciones nacionales concretas, a un precio asequible;
>
> b) para establecer un marco normativo y equitativo en toda la Comunidad que tenga en cuenta las características específicas nacionales relativas a la normativa y al mercado, se requieren principios comunes en materia de prestación de un servicio universal;
>
> c) debe ser posible asegurar una prestación especial y específica del servicio universal por razones sociales;
>
> d) a fin de fomentar servicios de telecomunicación que abarquen toda la Comunidad, es preciso establecer una interconexión entre las redes públicas y, en el futuro entorno competitivo, garantizar la interconexión entre las redes de los distintos operadores a nivel nacional y comunitario;

e) cuando, debido a obligaciones de servicio universal, el servicio básico de telefonía vocal sólo pueda suministrarse con pérdidas o en condiciones de coste que se alejen de las normas comerciales habituales, este servicio pueda financiarse, si está justificado y supeditado a la aprobación de las autoridades reglamentarias nacionales, mediante transferencias internas, cuotas de acceso u otros mecanismos que tengan debidamente en cuenta los principios de transparencia, no discriminación y proporcionalidad, garantizando siempre el respeto de las normas de competencia para aportar una contribución justa a la carga que representa de un servicio universal;

f) en la persecución del objetivo de mantenimiento y desarrollo de un servicio de telecomunicaciones universal se tendrán en cuenta las condiciones específicas de las regiones periféricas, provistas de redes menos desarrolladas y de redes muy pequeñas, así como el papel que puede desempeñar el marco comunitario de apoyo, habida cuenta de las prioridades establecidas a nivel nacional;

g) la noción de servicio universal debe evolucionar al ritmo del progreso técnico, del desarrollo del mercado y de los cambios en las necesidades de los usuarios».

Como se desprende de este texto, estamos ante un servicio de mínimos (no de máximos), que puede evolucionar (mejorar) con el tiempo, que variará de país a país, en función del nivel económico, técnico y de desarrollo que cada uno haya alcanzado. Un servicio que alcance a todos, independientemente de su situación, y a un precio asequible. En definitiva, estamos ante una técnica bien construida que trata de ofrecer mejores soluciones a los problemas de la sociedad actual que las que se han obtenido con el régimen clásico de los servicios monopolizados. Una técnica, además, que, como dice el Profesor López Múñiz, «obtiene el bien común con la menor restricción posible de la libertad y bajo imperativos de proporcionalidad, sin necesidad de convertir al poder público en protagonista único o exclusivo de múltiples actividades económicas de gran importancia social en la actualidad» [12].

8. Régimen de los precios

El tema de los precios o tarifas de los servicios públicos ha sido el tema polémico por excelencia, tanto en el antiguo como en el nuevo servicio público. Ya nos hemos referido a él (*supra* Lección 21.ª), pero conviene decir algo más. En el viejo modelo de regulación, la batalla fundamental entre regu-

---

12 MARTÍNEZ LÓPEZ-MÚÑIZ, J. L., *El derecho de la post-privatización...*, cit., página 67.

lador y regulados se producía cada cierto tiempo en este campo. La Administración, en general, estaba mal equipada para discutir con las compañías sobre las tarifas: casi siempre le faltaba información y, en ocasiones, capacidad de análisis. Pero disponía de un medio efectivo —y ciertamente contundente— en épocas inflacionistas como las que hemos vivido en el pasado, para imponer su ley: la congelación de tarifas o una revisión más o menos apriorística, dos, tres o cuatro puntos por debajo de la inflación.

El aspecto más llamativo que presentaba esta materia en años pasados no es que las tarifas fueran más o menos suficientes —unas veces resultan escasas y otras excesivas—, sino el contraste permanente entre teoría y práctica, entre lo que se decía y lo que, luego, efectivamente se hacía. En pocos temas como en éste, ha existido unanimidad mayor por lo que a los principios y a la teoría se refiere. *En teoría,* todos estábamos de acuerdo en la necesidad de mantener el equilibrio financiero de las empresas, todos propugnábamos un sistema de tarifas que cubran los costes reales del servicio. *En teoría,* nadie en su sano juicio discute que hay que evitar la manipulación de las relaciones económicas mediante un falseamiento de los precios.

Pero una cosa es predicar y otra dar trigo, que se dice por Castilla. Frente a las continuas proclamaciones y otras tantas formulaciones legales, lo cierto es que la realidad iba muchas veces por otros caminos. Las decisiones concretas de autorizar revisiones de tarifas se veían frecuentemente bloqueadas, o sólo parcialmente aceptadas, cuando la realidad política o social parecía no aconsejar tal ajuste.

Esta patente contradicción entre «teoría» y realidad tiene una fácil explicación: una subida de tarifas es siempre una medida impopular. La experiencia confirma, en efecto, este principio: *no hay poder político, sea del signo que sea, que escape a la tentación de fijar «precios políticos», aplazando la solución del problema de fondo a un momento posterior.* Pero ese momento posterior nunca llega: siempre hay algún objetivo a corto plazo —la lucha contra la inflación, la política social contra la pobreza, unas elecciones próximas— que se impone de modo prioritario. Y la revisión de las tarifas se aplaza una y otra vez, mientras el sector se va deteriorando hasta que ya no se puede más porque se pone en riesgo la continuidad del servicio. Al final, ese proceso de degradación, en una lucha imposible contra los costes, lleva a la asfixia a las empresas. Se produce así lo que el Consejo de Estado español, utilizando una expresión del Tribunal Internacional de La Haya, ha denominado *«creeping confiscation»* (*«to creep»* es, literalmente, reptar o gatear). De no producirse una revisión de tarifas periódica, que mantenga el *status quo* de la concesión y el equivalente económico «existirá —dice el Consejo de Estado— lo que en términos expresivos suele denominarse "confiscación camuflada"... (dic. n.º 41.971, de 1 de marzo de 1978). Un caso llamativo de *creeping confiscation,* corregida luego por los Tribunales, fue el del Metropolitano de Madrid, arruinado por un tratamiento tarifario discriminatorio y expropiado posteriormente a un precio que fue luego triplicado por los Tribunales» [13]. Y otro caso parecido ha sido el del sector eléctrico en la primera década del 2000 (2002 a 2010), años en los que se ha generado un «déficit de tarifa» que alcanza los 20.000 millones de euros.

La cuestión de fondo que el tema tarifario plantea es la siguiente: ¿deben los órganos de decisión en estas materias dejarse llevar por la «oportunidad política»?; y si lo hacen, ¿quién paga el gasto? Llegados aquí, conviene matizar. En primer lugar, nadie discute que, en momentos determinados, el Gobierno pueda estimar que la lucha contra la pobreza o el paro sea un objetivo nacional absolutamente prioritario, como puede serlo el orden público o la lucha contra la droga. Tampoco se niega que, para lograr este objetivo, el gobierno pueda *excepcionalmente,* acudir, por ejemplo, a una congelación de los precios de la energía eléctrica o del transporte urbano. Ahora bien, en tales casos, hay que dejar claro que no se trata sólo de un problema de política económica, sino también de un problema de reconocimiento o denegación de derechos subjetivos: el derecho de propiedad, el cumplimiento de los contratos y el reconocimiento del derecho a obtener un normal beneficio industrial, declarado en nuestras leyes. Por ello, el Gobierno, en tales supuestos, debe asumir su responsabilidad —y responder de ello— *compensando económica o financieramente* a aquellas empresas sobre las cuales haga recaer en esos momentos la carga del servicio o de una determinada política social. Dejando claro que lo *normal* es la fijación de precios reales y lo excepcional su manipulación.

La experiencia enseña, sin embargo, que la manipulación sin compensación es el sistema normal y lo seguirá siendo mientras las competencias en la materia sigan atribuidas a órganos completamente subordinados al mando político. Todos aquéllos que hayan tenido experiencia de la actuación de estos órganos podrán atestiguar hasta qué punto se mezclan en ellos los juicios razonados con las consignas y directrices políticas. Por tanto, una primera con-

---

[13] Fue ésta una experiencia flagrante: el Metropolitano de Madrid, S.A., una compañía que funcionó durante 60 años razonablemente bien, sufrió en la transición política española una congelación tarifaria que duró tres años. La consecuencia fue la degradación del servicio, que obligó a su nacionalización. El Estado ofreció entonces por las acciones del Metro un precio que el Tribunal Supremo luego triplicó, en base al reconocimiento de un crédito contra el Estado que viniese a restaurar el desequilibrio financiero generado por la congelación de tarifas. El autor de estas líneas actuó como Abogado de los accionistas ante los Tribunales. Las inversiones que ha exigido después su recuperación han sido muy cuantiosas. Es el precio de la «paz social» que entonces (1976 a 1979) se quiso comprar.

clusión es ésta: por mucho que se «regule» el sistema de tarifas y los criterios de formación de éstas, si no se modifica el aparato institucional encargado de su aprobación, éstas seguirán manipulándose, lo que viene a exigir una reforma institucional profunda de la Administración reguladora [14].

Dicho todo lo anterior, conviene volver a insistir en que los precios de las prestaciones y servicios en el nuevo modelo de regulación serán, en unos casos, precios de mercado y, en otros, precios regulados, según exista o no competencia efectiva en aquella fase de la actividad de que se trate. En la medida en que el mercado los fije espontáneamente, será innecesario regularlos; y en todo caso, la regulación se verá facilitada por la existencia de un precio de mercado en alguna fase o segmento de la actividad.

Siempre es más fiable un precio de mercado, si existe una mínima competencia, que un precio fijado por la autoridad reguladora. El gran fracaso de la regulación tradicional ha estado justamente en este punto, porque aún cuando los criterios de determinación de las tarifas fueron perfilados con bastante precisión, sobre todo en los Estados Unidos, resultó siempre extraordinariamente difícil la determinación de los costes reales de las empresas y, más difícil todavía, la fijación de los que hubieran debido ser. La falta de información fiable y la ausencia de criterios definitivos sobre cuál es «la inversión prudente» *«used and useful»* o la razonable *«rate-of-return»* han sido limitaciones que han acompañado siempre a los procesos de decisión tanto de las Comisiones reguladoras como del Tribunal Supremo norteamericano. En otros países, ya hemos dicho que la manipulación política de los precios hacía inútil toda regulación jurídica de las tarifas (y también toda impugnación ante los Tribunales).

Por otro lado, la imposibilidad de controlar los subsidios cruzados y la dificultad de incentivar la eficiencia en un modelo en el que el gestor parecía tener sus costes cubiertos, cualesquiera que éstos fuesen, es lo que a la postre provocó la crisis del sistema. Porque el objetivo básico de toda regulación es justamente el de introducir incentivos a la eficiencia en la actuación de los regulados, para lo cual es imprescindible disponer de una información precisa y completa. Y esto es algo que ha sido siempre muy difícil para el regulador, en parte por la complejidad de la misma y en parte por la sistemática ocultación de información por parte del regulado.

La fijación de precios de los servicios y prestaciones reguladas entraña una importantísima decisión que es la asignación de un reparto justo de rentas entre consumidores y accionistas, tarea no sólo muy difícil técnicamente sino en

---

[14] *Vid.* Ariño Ortiz, G., *Regulación Económica y Administración Jurídica. La necesaria reforma institucional,* en «Estudios homenaje al Prof. Clavero Arévalo», Civitas, Madrid, 1992.

la que el regulador casi siempre será impopular. Ésta es una razón más a favor de la separación entre regulación y política, a favor de la independencia del regulador, siempre que éste sea creíble, transparente en sus procesos y razonado en sus decisiones, que deben ser ampliamente motivadas, incorporando a ellas no sólo la información de la empresa sino también la información del público y del entorno.

Resulta interesante recordar en este campo la experiencia inglesa. En Reino Unido el modelo de regulación elegido para las *«utilities»* privatizadas se basó en el control de precios a través de la fórmula RPI-X, con revisiones periódicas basadas en el Índice de Precios al Consumo *(Retail Price Index),* menos el factor de mejora de eficiencia (X), previsible en los próximos años.

Este método, frente al sistema del *cost plus* hasta ahora aplicado a las *utilities,* tiene dos grandes ventajas:

1. *Estabilidad e independencia* política, ya que la fórmula estará vigente durante un tiempo razonable (cuatro, cinco años, según los sectores). Ello logra la credibilidad de la regulación, que viene a ser como un contrato *ex ante,* incentiva la inversión y se minimizan las presiones de los votantes.

2. *Incentivos a la eficiencia,* ya que el control actúa sobre precios y no sobre beneficios. Durante el período de cinco años las nuevas ganancias de eficiencia pueden ser asumidas por la empresa: es un gran incentivo para reducir costes.

En cada revisión, las ganancias de eficiencia son trasladadas al consumidor, a través de una nueva determinación del factor X. Pero para que el sistema produzca sus frutos hay que cumplir estas dos condiciones:

1.ª) Revisión de la regulación en los plazos establecidos no antes.

2.ª) Determinación razonable del factor X de forma que refleje las potenciales y presentes ganancias de eficiencia en las empresas, lo que es siempre un juicio difícil, que debe ser pactado y motivado; no puede ser impuesto unilateralmente.

Ciertamente la instrumentación práctica de estas ideas básicas no es nada sencilla pero debe intentarse con honestidad y buena fe, con espíritu de colaboración. La *práctica* de este sistema en alguna ocasión ha puesto en tela de juicio la independencia, credibilidad y eficiencia del regulador. Fue el caso de la distribución eléctrica en Gran Bretaña, que conviene recordar.

En agosto de 1994, el regulador eléctrico británico Littlechild decidió la nueva fórmula de precios a la que deberían someterse las empresas distribuidoras de electricidad durante cinco años. Dicha decisión fue precedida por un largo proceso de análisis para la determinación del factor X. A pesar de las declaraciones hechas por Littlechild en ese momento («que había sido duro con las "utilities"»), tanto las empresas (que aumentaron su cotización en Bolsa) como los analistas, valoraron dicha decisión como «buena» para las «utilities». Pero en todo caso había que respetar las reglas del juego pues dicha decisión tendría una vigencia de cinco años. Sin embargo, el 8 de marzo siguiente (1995), contra todos los pronósticos, Littlechild realiza una declaración que conmociona a los inversores y al Gobierno: reabre el proceso de revisión de precios de distribución de la electricidad que iba a entrar en vigor el 1 de abril.

Ciertamente, el procedimiento se encontraba todavía abierto, esto es en el período de consulta a su propuesta de control de precios, en el cual ha de considerar objeciones; y según el regulador, habían surgido nuevas evidencias desde agosto pasado, a saber:

1. La *información* entonces utilizada sobre costes y futuras ganancias de eficiencia no fue la adecuada, como lo reflejan los movimientos bursátiles desde entonces y sobre todo la defensa de las distribuidoras frente a una OPA hostil de la que había sido objeto. Northern Electric había ofrecido pagos especiales a los accionistas y predicciones sobre dividendos crecientes cuyo sentido era divergente de la información suministrada al regulador sobre costes, beneficios y posibles ganancias de eficiencia.

2. Existía una gran *preocupación social,* según la cual el control de precios había favorecido más a las empresas (altos salarios a sus ejecutivos, cotizaciones bursátiles, beneficios y dividendos) que a los consumidores (reducciones en precios reales pero limitadas).

En base a estos razonamientos —sin duda lógicos— y respondiendo a las nuevas circunstancias, Littlechild anuncia la reapertura del proceso de revisión de precios. Esto se produce el 7 de marzo, un día antes del cierre de la toma de decisión de los accionistas de Northerm Electric sobre la OPA hostil, pero también un día después de la privatización del resto de las acciones del duopolio generador, sin que los nuevos inversores tuvieran noticia del cambio en la regulación. Pues bien, la *reacción* a la decisión del regulador fue la indignación generalizada entre los inversores e incluso la perplejidad de los mercados, al ver al regulador saltarse lo que parecían las reglas del juego. Incluso el Gobierno se sintió abochornado. Las cotizaciones de las empresas distribuidoras, por supuesto, se vieron gravemente afectadas a la baja por el anuncio del regulador.

Si tuviésemos que valorar esta decisión del regulador inglés, en la que se reabre un proceso de revisión de precios que habían sido ya acordados, mi juicio sería completamente negativo. Y ello porque al margen de cual sea la corrección de los cálculos realizados, se veía gravemente afectada la *credibilidad* del sistema; y es más importante defender el sistema —las instituciones— que los precios por cinco años. El derrumbamiento de las acciones refleja la desconfianza generada entre los inversores: no es una regulación estable, el pacto no se ha respetado durante el tiempo establecido. Es verdad que la reapertura se ha producido antes de la entrada en vigor del nuevo control y durante un período de consulta, pero todo el mundo creía (inversores, empresa, mercados) que el pacto ya se había cerrado. Era una actuación del regulador imprevisible y si esto se santifica habrá que incorporar una prima por el riesgo de la regulación, que puede ser tan dañino como las pasadas interferencias políticas.

En segundo lugar, si se acepta tal comportamiento (revisión incontrolable del factor de productividad) hay que señalar el acercamiento del sistema, en la práctica, a la antigua regulación de beneficios. Esta regulación del viejo sistema no incentivaba —y ésta ha sido su principal crítica— la reducción de costes, porque cuando ésta se producía, actuaba el control sobre beneficios y se reducían los precios cada año. Por el contrario, la regulación de precios RPI-X se basaba en un contrato *ex ante,* que tiene en cuenta entonces la tasa de rentabilidad. Debido a la duración determinada de dicho contrato —un tiempo suficiente para mejorar la productividad— la empresa tratará de reducir costes en mayor medida de lo previsto por el regulador y para ello, muy probablemente, aumentará sus inversiones y mejorará sus procesos. Es decir, la empresa, para obtener beneficios extraordinarios, tendrá que lograr mayor productividad que la pactada (mayores *ratios* de eficiencia) mostrando así el «error» del regulador. Pero éste corregirá la situación en la próxima revisión. Tal es justamente la mejor prueba de que el *sistema funciona*. Ha incentivado la reducción de costes, y a los cinco años podrán trasladarse dichas ganancias de eficiencia al consumidor. Ahora bien, si el regulador rompe el pacto antes de tiempo, desaparecen los incentivos a la reducción de costes y a la inversión, que surgían precisamente por la existencia de un período fijo entre revisiones. Si el regulador revisa la regulación debido a los «impresionantes» beneficios de las empresas reguladas, está desembocando claramente en una regulación basada en el control de beneficios. Surgen entonces, de nuevo, los problemas típicos: cuál es la tasa de rentabilidad razonable, cómo incentivar la reducción de costes, etc... Hemos venido a caer en el viejo sistema.

En tercer lugar, hay que subrayar de nuevo el problema clásico de la regulación: la situación de *información* asimétrica entre el regulador y las empresas. El regulador ha de determinar el coeficiente X de ganancias de eficiencia, pero no conoce realmente los costes de las empresas. En el momento de la revisión, éstas tienen incentivos para exagerar los costes y minimizar las ganancias de eficiencia. Y viceversa: el regulador puede intentar aumentar el factor de productividad más allá de lo razonable (y de lo posible). En estas situaciones de graves diferencias toda decisión unilateral es perversa. Hay que negociar de buena fe, con espíritu —insisto— de cooperación y si no se llega a un acuerdo, se podría pensar en una solución arbitral a la que se acuda *ex ante,* en lugar de ir, *a posteriori,* a los Tribunales.

Finalmente, hay que subrayar la difícil *independencia* del regulador. Si bien en el momento de la revisión favoreció —sin saberlo— a las empresas, al sentir la preocupación social y al dejarse influir por la presión popular surgida desde entonces, corre el riesgo contrario: la *«captura» política* por el pueblo.

En este incidente del regulador británico se refleja la difícil interacción entre el carácter *estable* y el carácter *flexible* de la *regulación*. Littlechild alegaba que la regulación debía ser flexible, adaptándose a las nuevas circunstancias. En nuestra opinión, la flexibilidad de la regulación es otra cosa: se refiere a la adaptación a nuevas circunstancias, con la oportuna compensación económica a los inversores, si se vulnera la confianza legítima en una regulación estable (nos referiremos a ello más adelante). La flexibilidad no tiene nada que ver con la inestabilidad y la continua revisión de lo acordado. Por el contrario, la periodicidad en la revisión del control de precios nos parece una regla del juego entre regulador y regulado que ha de caracterizarse por su estabilidad y no por su flexibilidad. Ésta es una conclusión importante: hay que distinguir reglas flexibles y reglas estables. Por ello, si esta decisión de reabrir el proceso tarifario se configura como *excepcional* podría admitirse; pero si, por el contrario, se justifica simplemente por las nuevas circunstancias, puede constituir un grave precedente que socave totalmente la confianza en la regulación de las industrias privatizadas. Si el inventor de esta fórmula no la respeta, ¿quién lo hará?

Todo ello nos conduce a una conclusión final: cualquiera que sea el sistema tarifario que se adopte, la fijación de precios administrativos es siempre una operación difícil e insegura. Por ello, hay que promover la competencia efectiva entre operadores de modo que la determinación administrativa de los precios sea cada vez menos necesaria.

9. Las empresas de servicio público son parte del sistema estatal de prestaciones, no son el enemigo a batir

Unas palabras finales sobre la función social, en cierto sentido pública, de las empresas prestadoras de servicio. Es preciso introducir en el nuevo modelo de regulación un cierto cambio en la relación entre regulador y regulado. El éxito de la regulación no consiste en controlar los beneficios de las empresas y abaratar los precios al consumidor. Esto es algo importante pero no es todo. Es preciso igualmente asegurar la inversión continuada, lo que requiere, a su vez, incentivos y garantía para la misma, de modo que se pueda mantener en todo momento un servicio de calidad, acorde con los tiempos y progresivamente mejorado.

Debe quedar claramente asentado en el ánimo del regulador que las empresas privatizadas, gestoras hoy de un servicio de interés general, no son el «enemigo» a batir, sino que son empresas de *interés público* que *forman parte del sistema estatal de prestaciones* (no, en cambio, del sistema político). La actitud del regulador y del juez hacia ellas ha de tener en cuenta esa dimensión pública y han de velar igualmente, tanto por su austeridad y moderación en la retribución de directivos y accionistas, como por su fortaleza y buena cotización en el mercado, pues si no pueden hacer frente a la inversión, progresivamente se perderá calidad de servicio y sufrirá la población (también la productividad de la nación).

Ya hemos dicho que toda regulación económica tiene elementos de discrecionalidad en su aplicación y que los problemas que el regulador aborda no tienen una única solución justa, prevista en la norma, sino que responden a opciones y apreciaciones que hay que hacer en cada momento sobre cuál sea el interés público prevalente. Es necesario, por ello, un clima de colaboración y de diálogo entre el regulador y las empresas reguladas; un diálogo, no secreto, sino abierto al público, en el que se debe tener en cuenta esa dimensión pública de la empresa, que no es solamente un negocio privado. En muchas ocasiones la independencia del regulador es justamente la del árbitro que tiene que estar alejado por igual, tanto del interés a corto plazo de la empresa (la cuenta de resultados anual), como de los políticos (el resultado de las próximas elecciones).

10. Final

Tales son, en mi opinión, algunas características y algunos de los principios que informan el nuevo modelo de regulación para la competencia, tal como están siendo aplicados en algunos países que iniciaron hace años la reforma en profundidad de las viejas empresas de servicio público. Tal es el caso de Gran Bretaña, Holanda, Chile, Nueva Zelanda, España o Canadá; también, desde luego, Estados Unidos, donde estas ideas se generaron. La Unión Europea ha impulsado con éxito desigual, según los sectores, estos planteamientos, tan necesarios en la Europa de los 25.

CAPÍTULO VII
EL AGUA Y SU RÉGIMEN JURÍDICO

LECCIÓN 24.ª
EL AGUA, ELEMENTO ESENCIAL DE CONVIVENCIA *

Es un honor para mí escribir un prólogo a este libro sobre Derecho de Aguas, elaborado en la Fundación Marcelino Botín por algunos de los mejores conocedores de la realidad hidráulica española. Pero no es, desde luego, tarea fácil. Limitarse a aprovechar la ocasión, que los prólogos propician, para comentar problemas de actualidad (el Plan Hidrológico, los mercados de agua, las infraestructuras hidráulicas) sería volver, una vez más, a lo que han sido ya temas muy debatidos en estos últimos años. Sin embargo me parece de interés ofrecer una reflexión sobre el valor y el sentido del agua como un elemento esencial de convivencia.

El agua es quizás la necesidad humana más perentoria y al mismo tiempo más fácil de apreciar. Cierto que necesitamos muchas otras cosas físicas —calor, cobijo, alimento— y espirituales —religión, cultura, sensación de pertenencia a una comunidad: familia, trabajo, patria— pero el agua es algo especial, tangible y su necesidad no sólo es fácil de sentir, sino también de cuantificar. Hay agua abundante y agua escasa y en cualquier momento podemos ver y comparar la que tenemos nosotros con la que tienen otros. Durante milenios la cuestión estuvo arbitrada por la madre Naturaleza. El agua era una *«bendición del cielo»* que éste repartía desigualmente y a su capricho. Poco podía hacer el hombre al respecto, aunque ese «poco», en los países áridos y con el transcurso del tiempo, ha llegado a lograr milagros. De este modo, impulsados por la necesidad de asegurar el acceso a este elemento esencial para la vida, se han ido construyendo a lo largo de los siglos canales, acueductos, embalses, pozos, aljibes, cisternas, norias y artefactos, cuya finalidad era obtener, transportar y almacenar el agua. En un proceso paralelo, los regadíos se han ido depurando, siempre de la mano de países áridos —bien lo sabe el levante español desde los tiempos de la dominación árabe— hasta los últimos avances en cultivos bajo invernadero, con sistemas de microaspersión o riego por goteo controlados por ordenador, o cultivos hidropónicos sobre suelo artificial. En algunas de es-

* Prólogo al libro *Régimen Jurídico de las aguas subterráneas,* de Silvia DEL SAZ, J. M.ª FORNÉS y Ramón LLAMAS, Fundación M. Botín, Madrid, 2001.

tas zonas áridas se utilizan ya aguas salobres y marinas desalinizadas por procedimientos industriales. Desde el año 2002 está en funcionamiento, en España, una gran planta de desalinización de agua de mar con destino a los invernaderos de Almería. La capacidad de esta planta (algo más de 40 millones de metros cúbicos) es casi la mitad del volumen que está previsto lleve el trasvase del Ebro a Almería, si es que alguna vez llega. Todo ello es conocido y sólo lo traía aquí para destacar ahora una cosa: han sido los que tenían poca agua quienes han desarrollado mejores técnicas de construcción de obras hidráulicas, de aprovechamiento de los caudales y también, mejor legislación y mejores sistemas de atribución de derechos sobre el agua. Porque en cuestiones hidrológicas, tan importantes como las obras son los «derechos» y un conjunto de creencias compartidas que hace que se respeten éstos.

La capacidad del hombre de actuar sobre la Naturaleza —para bien y para mal— ha aumentado inconmensurablemente en los últimos tiempos. Lógicamente, los hombres se han agrupado en estructuras comunitarias cada vez mejor estructuradas, con las que han sido capaces de ir solventando los problemas hidráulicos a medida que se iban presentando. Una vez más, las poblaciones asentadas en terrenos de escasa pluviometría han sido pioneras en este campo, puesto que, desde siempre, las aguas son organizadas en común en los países áridos. Ello no quiere decir que se usen necesariamente fórmulas colectivistas para su gestión; todo lo contrario, a mayor escasez de agua, más clara es la necesidad de asignar derechos individuales, ejercidos —eso sí— sobre unas obras e instalaciones comunes, según un orden de usos y prioridades, previamente acordados.

En España, las Islas Canarias son un claro ejemplo de ello, con su sistema de adulamiento y heredamientos. En la *«puesta en común»* de las comunidades canarias se incorporan básicamente tres cosas: una es la obra (la mina, la galería, el pozo); otra es el reparto de los derechos y las responsabilidades individuales (las *«participaciones»* de las comunidades); y otra, inmaterial pero importantísima, es la confiabilidad del sistema de transacciones establecido sobre tales derechos (bolsas de aguas, intermediarios y comercializadores, registros de contratos, arrendamiento o venta de caudales, etc.). Cuando el sistema funciona bien, se genera automáticamente una fructífera relación entre la titularidad (los comuneros que han invertido en la obra y se reparten el agua) y el aprovechamiento de los caudales (los partícipes, los usuarios y los intermediarios) y el mercado del agua que opera de forma sana y eficiente, compitiendo unos por obtener el agua y otros por los caudales obtenidos. Esto vale tanto para las comunidades de aguas privadas canarias, como para las comunidades de regantes levantinas o para las comunidades de usuarios de aguas subterráneas, mínimamente definidas y estructuradas.

Cada vez más, a escala mundial, se comprueba que la gestión de los acuíferos requiere una actuación colectiva, pero ello no supone necesariamente la declaración del agua subterránea como dominio público, según proponen algunos autores. Entre ellos, quizás el más conocido es Garrett Hardin, por su famoso artículo *La tragedia de los Comunes,* en el que sostiene que la actuación individual privada es incapaz de salvaguardar un recurso de modo sostenible o duradero. Porque si la gestión tiene que ser colectiva, no es menos cierto que los derechos de aprovechamiento son siempre individuales. La historia y las recientes investigaciones sobre la gestión colectiva de recursos demuestran la compatibilidad de ambas cosas. Baste recordar en nuestro país, la experiencia del Tribunal de las Aguas de Valencia o la administración y gestión de los bosques comunales o leer escritos de Elinor y Vincent Ostrom, recientemente laureados con el Nobel por sus estudios de *«Institucional Analysis».*

Ocurre, sin embargo que las lecciones de los territorios áridos no se aprenden bien en los húmedos. El valor del agua es diferente, la percepción social de sus problemas también lo es y el apego al agua se muestra de otro modo. En los territorios húmedos, con grandes corrientes de agua, la titularidad de las mismas derivó naturalmente hacia la comunidad política, ante la evidencia de que nadie puede poseer un auténtico río por sí mismo. El concepto de dominio público de corte tradicional así lo refleja. Los ríos, el *«acqua profluens»,* eran calificados en el Derecho romano como *«res publica», «res communis omnium»,* una cosa perteneciente al *«populus»,* al pueblo romano. En los territorios húmedos, el problema no es el carácter demanial de las aguas, sino la capacidad del Estado de *«moverla»* para hacerla llegar a las escasas manchas secas que puedan existir en su ámbito jurisdiccional; pero la organización de su reparto ya no resulta tan preocupante, puesto que nunca ha sido un problema repartir la abundancia. Además, dando el agua gratis o a un precio irrisorio, el problema es menor: ningún agricultor se va a quejar de que le den agua en tales condiciones. Al menos, así era hasta hace unas décadas, aunque —todo hay que decirlo— la mentalidad generada a lo largo de tantos siglos pervive todavía hoy.

España tiene territorios de ambos tipos —áridos y húmedos— y de ahí nace su conocida esquizofrenia hidráulica. Hay defensores de las grandes obras públicas, proveedores de caudales, planificadores, visionarios; y hay amigos de las pequeñas obras comunitarias, administradores de caudales menores, gestores de transacciones, apegados a derechos concretos. El problema es que esa pretendida titularidad pública, estatal, de todos, con que se configuran las grandes corrientes de agua (los grandes ríos) no es fácilmente aceptable para aquéllos que las tienen cerca —los ribereños— que ante las grandes obras de construcción se consideran los perdedores en el gran tablero de la política hidráulica, los damnificados —real o imaginariamente— porque *«les quitan su agua»*. La España húmeda todavía no ha aprendido de la España seca que hacer la obra es sólo una parte del problema; lo más difícil es atribuir derechos y garantizar la equidad y fiabilidad de las transacciones. Esta nueva dicotomía entre un *«nosotros»*, que comprende a los que tienen y distribuyen el agua y son beneficiados por la distribución, y un *«ellos»*, que son todos los demás, es altamente peligrosa. Los primeros jamás podrán acreditar la justicia de su distribución ante los segundos.

Posiblemente el principal obstáculo actual, casi un auténtico cáncer de la política hidrológica española (y de otros muchos países) son las denominadas *subvenciones perversas,* que son aquéllas que perjudican a la economía y al medio ambiente. Quizás por ello, la Directiva del marco del Agua de la Unión Europea exige ir hacia la recuperación integral de los costes de las obras y actividades necesarias para proporcionar agua a una zona. Este principio del «usuario paga» ha encontrado una fuerte resistencia en nuestro país, todavía anclado en las ideas de Joaquín Costa, para quien las grandes obras hidráulicas debían ser subvencionadas con dinero público. Son las numerosas obras declaradas de interés general que figuran en el anexo II de la Ley del Plan Hidrológico Nacional. Estas ideas están todavía profundamente arraigadas en amplios sectores de la sociedad española y serán necesarios años de campañas educativas para eliminar los viejos paradigmas —eso que Ramón Llamas denomina «hidromitos»— que tanto obstaculizan la implantación de una política moderna del agua en España.

A pesar de todo, la política hidráulica se ha hecho pública —estatal y, últimamente, autonómica—, es decir, dominada por las estructuras políticas ordinarias. Las comunidades espontáneas a que antes me refería parecen tener un cierto límite en su dimensión (unas vegas interconectadas, un sistema de valles enlazados, un mismo acuífero, una pequeña cuenca bien delimitada), pero por encima de esos límites, cuando las aguas afectan a grandes espacios, la complejidad de los derechos que habrían de organizarse se torna excesiva. Resulta necesaria entonces la ordenación y gestión pública de los recursos y surgen así las *«Confederaciones Hidrográficas»* y los *«Organismos de Cuenca»*, generados sobre los grandes ríos españoles, más como unidades administrativas que comunidades operativas, en las cuales el Estado es el principal referente (hoy en conflicto con las Comunidades Autónomas).

Pero después de una ya larga experiencia de adjudicación pública de los derechos a través de la planificación y concesiones de aprovechamiento con destinos vinculados, son hoy muchas las voces que piden al Estado que se autoricen las transacciones y se *«ponga un precio»* al agua para solucionar el tradicional derroche de este recurso; por el contrario, esta asignación por el mercado y mediante precio resulta para otros una profanación de algo sagrado. El legislador, perplejo, se resiste a ello, salvo excepciones. Precio tiene —y elevado— el agua de consumo urbano, pero para usos agrícolas (el 80 % del consumo) podemos encontrar precios que van desde 1 hasta 50 pesetas por metro cúbico, siempre vinculados a las obras de captación y conducción de los caudales hasta las tierras de regadío. Esta situación indica que no hay un precio real. Por otro lado, las vinculaciones del agua, cada día más exigentes, a finalidades no económicas, como la conservación del medio natural, la defensa de la vida biológica, la belleza del paisaje, la paz y el solaz de las gentes, serán algo cada día mas valorado y querido por los ciudadanos e impedirán por muchos años una consideración economicista del agua. Quienes crean que poniendo precio al agua se soluciona todo, se equivocan. Las decisiones fundamentales sobre el agua, como las decisiones fundamentales de nuestra vida, nunca son económicas, pero ello no quiere decir que el mercado, (esto es, la adjudicación de derechos sobre el agua y su transmisión libre mediante precio), no pueda funcionar para gestionar mejor aquellos caudales que no estén afectos, reservados, a finalidades de orden superior. Garantizados el abastecimiento a poblaciones, los caudales ecológicos, la defensa de la naturaleza y otros fines de esta naturaleza, el mercado es el mejor camino, tanto para la lucha contra el derroche como para la puesta en valor del recurso.

Hay dos niveles para hacer funcionar un mercado, ambos necesitados de la construcción de un nuevo concepto de la titularidad sobre las aguas. El primero es el de los pequeños espacios (pequeños a escala nacional) de una subcuenca, un acuífero, una vertiente, en los cuales puede repetirse, con los conocimientos actuales, lo que tradicionalmente se conseguía por los usuarios de una misma acequia, un mismo canal, un mismo regadío, a saber: que todos sean conscientes de la necesidad de repartir unos derechos de uso limitados. Los usuarios de un mismo acuífero pueden ser vagamente conscientes de la sobreexplotación que entre todos están produciendo; lo que a veces no son capaces de visualizar es una forma de reparto que, en justicia, permita las extracciones suficientes e impida la sobreexplotación. No pueden imaginar esta fórmula porque no se sienten miembros de ninguna comunidad real. En algunos pequeños acuíferos, como el bajo Maresme o el delta del Llobregat, se han formado estas comunidades hace ya bastantes años y funcionan de modo muy eficaz. Sin embargo en los grandes acuíferos declarados legalmente sobreexplotados, como el famoso acuífero de la Mancha Occidental, el funcionamiento de estas comunidades está muy lejos de ser adecuado. De hecho, en la mayor parte de los acuíferos declarados legalmente sobreexplotados las Confederaciones Hidrográficas no han conseguido establecer comunidades de usuarios, aunque lo exige la legislación vigente. Parece claro que estas comunidades deben nacer de abajo a arriba y no pueden funcionar por una imposición legislativa. Se trata de convencer y no de vencer. Dado que la comunidad se genera para el reparto de unos derechos, búsquese la fórmula de atribución de tales derechos y lo demás —incluido el precio del agua— vendrá por sí solo. Los conocimientos actuales sobre la recarga de los acuíferos y el ciclo del agua permiten establecer bases sólidas para que la conciencia de estas comunidades empiece a formarse. Es un proceso de convicción lento y no se conseguirá por Decreto; pero la lentitud es soportable, habida cuenta de la importancia del premio: unos derechos sólidos, fiables, fácilmente transmisibles.

El segundo de los niveles indicados es el de los grandes flujos de agua implicados en los trasvases. Aquí lo que hace falta es la conciencia de formar otro tipo de comunidad, la de los pueblos civilizados, respetuosos del medio ambiente, pero capaces de mejorarlo. Se puede tratar de una comunidad nacional o supranacional, alguna actualmente en formación, de perfiles todavía vagos. Todos conocemos experiencias de explotación intensiva de las aguas de un río, con cuantiosas derivaciones de caudales de unos territorios a otros. No cabe duda de que hay que tener muy buenas razones para hacer eso, pero, si se dan tales razones (preservando humedales y otras zonas de valor ecológico en su recorrido) puede y debe hacerse.

No cabe duda también de que, sobre esta cuestión, todos los ciudadanos miembros de una comunidad pueden y deben dar su veredicto, no siendo éste un tema exclusivo de los ribereños del agua. Los grandes trasvases, obras de *«cirugía mayor»* en el ciclo hidrológico natural, deben ser cuidadosamente sopesados y, aunque es posible plantear estas obras como una cuestión económica, no puede ser sólo económica, ni del mismo tipo que la que se da en el nivel inferior antes comentado. Los distintos titulares de aguas de un valle, por ejemplo, pueden acordar las transacciones entre ellos como acuerdos entre iguales, que conducen a la optimización de los recursos. Pero los habitantes de territorios húmedos no pueden decir lo mismo respecto a los de territorios secos, por la sencilla razón de que estos últimos no están en nivel de igualdad con los primeros. Es indudable que, si hay canales de transporte, podrían comprar el agua, como se ha planteado en Cataluña con el agua del Ródano, o en EE.UU, con aguas canadienses; al fin y al cabo, el dinero es un gran argumento y vence muchas voluntades. Pero también es indudable que en el seno de una comunidad política formalizada (estatal o supraestatal) es legítimo acudir a una decisión política bien fundada y razonablemente explicitada para acordar una redistribución de caudales sobrantes, como se ha planteado con los trasvases españoles. El problema, claro es, reside en identificar y cuantificar éstos.

Es una gran verdad que el mundo dispone de agua dulce en cantidad suficiente para todos y que el problema es gestionarla adecuadamente. La estructuración de comunidades cada vez más amplias, eficientes y con ágiles sistemas de transacciones interiores y exteriores será una gran ayuda para esta gestión. La competencia por la máxima eficiencia respecto a otras comunidades o por la rentabilización de los caudales disponibles dentro de cada una de ellas es positiva. Basado en estas premisas y con todas las limitaciones antedichas, el mercado del agua puede funcionar eficientemente como medio de construcción de una nueva comunidad de bienes y de intereses.

Siempre es peligroso romper el sentido y cohesión de una comunidad de pueblos, zonas o territorios llamados a compartir unos recursos comunes. El horror que hemos vivido estos días, de destrucción de las torres gemelas de Nueva York, ha demostrado hasta donde puede llegar la radicalización de un *«nosotros»* y un *«ellos»* construido sobre el fanatismo. Adviértase que ese *«nosotros»* —el de los terroristas— ni es un Estado, ni una confesión religiosa, ni siquiera un bloque ideológico; es, sencillamente, el resultado de un proceso de autoidentificación por relación a un enemigo, que en este caso es el conjunto de países civilizados, personificado en el más poderoso. Sin querer decir que en cuestiones del agua pueda llegarse a semejante barbarie, parece razonable recordar que estos procesos de *«autoidentificación por relación a un contrario»* también se dan en el sector y que están soterrados bajo ese grito —*¡que nos quitan el agua!*— tan oído en los últimos tiempos. Si se desencadenan tales procesos de enfrentamientos territoriales, ni la planificación hidrológica, ni el mercado del agua, ni ningún tipo de compensaciones resultan ya un remedio eficaz, pues se pone en quiebra la base misma de todos ellos: la convivencia de una comunidad nacional, con unas bases de entendimiento compartidas. Tengan cuidado, pues, quienes promueven tal dialéctica: en el delicado tejido de la civilización, destruir es fácil; construir requiere siglos.

Al final, lo que importa, de verdad, es la convivencia. Algún lector puede sentirse decepcionado al ver que sólo me pronuncio en favor de unas «comunidades» de las que digo que deben tener reglas claras de atribución de derechos y de transacciones sobre ellos, sin entrar en el debate de si lo que tenemos en España es un auténtico mercado del agua —que no lo es— o si tal o cual trasvase está justificado o no. Entiendo que este lugar no es propio para tomar partido, sino para reflexionar sobre los fundamentos, sobre lo subyacente, lo que hay detrás de esos fenómenos sociales, de reivindicación y de protesta, que hemos visto repetirse en Aragón o en Castilla-La Mancha en los últimos años.

Este libro recoge las ponencias de un seminario organizado por la Fundación Marcelino Botín. Centrado sobre los aspectos jurídicos de las aguas subterráneas, ha sido realmente un encuentro enriquecedor, de cuyos frutos se hace ahora partícipe a todos los interesados. Bastaría recordar la personalidad del Director de este seminario, mi viejo y admirado amigo Ramón Llamas, para garantizar, sin más, su rigor y su calidad.

Quisiera decir unas palabras finales sobre la Fundación que lo auspicia. En todas sus acciones está presente el espíritu desinteresado que caracteriza a las verdaderas fundaciones, tanto si afronta los grandes problemas ambientales, cual es el caso que nos ocupa, como si trata de ayudar al entorno cántabro donde tienen sus raíces los fundadores. Sin pretender resultar laudatorio, quiero proclamar mi reconocida fe en las fundaciones para expresar ahora mi satisfacción y orgullo personal por haber podido colaborar, con este modesto prólogo, a las nobles tareas que viene promoviendo.

LECCIÓN 25.ª

LA REGULACIÓN DEL AGUA EN ESPAÑA: HISTORIA Y ACTUALIDAD *

SUMARIO: 1. INTRODUCCIÓN.—2. HISTORIA DE LA REGULACIÓN DEL AGUA EN ESPAÑA: TRES ETAPAS.—3. EL NUEVO MODELO DE «REGULACIÓN PARA LA COMPETENCIA» EN EL SECTOR DEL AGUA.

1. Introducción

La regulación del agua es un área del derecho público que, junto a otros sectores —electricidad, gas, telecomunicaciones, infraestructuras, transportes—, está siendo objeto, en España, de una transformación legislativa profunda. Esta reforma en materia hidráulica se plasma con la aprobación de la Ley 46/1999, de 13 de diciembre, de reforma de la Ley de Aguas de 1985, de cuyas novedades, la que más polémica ha suscitado entre los especialistas ha sido, quizás, la creación del llamado «mercado del agua», largamente reclamado en algunos medios y cautelosamente aceptado por otros.

Ante esta situación de cambio en la normativa del sector hidráulico, es conveniente reflexionar de dónde venimos y a dónde vamos en el mundo de la regulación del agua. Nos encontramos ante una materia en la que España tiene una larga tradición. Si en algo ha sido nuestro país un ejemplo estudiado e imitado por numerosas legislaciones extrajeras, ha sido en el sector hidráulico, donde nuestras viejas y venerables instituciones han constituido un verdadero monumento jurídico, cuya pervivencia es la mejor garantía de su bondad [1].

Pero ni siquiera estas instituciones han conseguido sobrevivir en estos tiempos de cambio y de mudanza. Y es que en los últimos cien años han cambiado muchos parámetros de la vida social: la revolución económica experimentada a lo largo de este tiempo, la revolución tecnológica y, sobre todo, la profunda transformación que los nuevos hábitos de la vida urbana e industrial han supuesto para el conjunto de la sociedad habían ido resquebrajando el

---

* Trabajo publicado originariamente en la revista del Instituto de Estudios Económicos, número monográfico sobre *La Economía del Agua en España,* Madrid, n.º 1/2002.

1 Cfr. ARIÑO ORTIZ, G., con la colaboración de SASTRE BECEIRO, Mónica, en «Lección vigésimo primera. Regulación del Agua», en el libro *Principios de Derecho Público Económico,* 12.ª edición, Granada, 2001, páginas 800 y siguientes.

edificio magnífico de nuestra vieja Ley de Aguas de 1879. En 1985 se quiso iniciar una nueva etapa. Pero muchos de aquellos viejos principios tenían valor permanente, porque responden a la naturaleza de los hombres. En mi opinión, algunos efectos perversos a los que dio lugar la Ley de 1985 se debieron al abandono de esos principios de la vieja Ley de Aguas de 1879. La Ley de 1999 pretendió rectificar dicho modelo introduciendo el contrato de cesión de derechos de aprovechamiento del agua, pero se quedó a mitad de camino, debido a la cantidad de límites que puso a lo que llamó, ficticiamente, «mercado del agua». Éste, de hecho, no existe hasta ahora (lo que sí existe, naturalmente, es el «mercado negro»).

2. Historia de la regulación del agua en España: tres etapas

En el péndulo de la historia de la regulación del agua en España podemos distinguir, así, tres etapas, protagonizadas respectivamente por las tres leyes de Aguas: de 1879, de 1985 y la de 1999. Veamos lo que cada una de ellas supone [2].

A) *La primera etapa viene caracterizada por el enfoque liberal de la Ley de Aguas de 1879.* En efecto, la tradición legislativa española en materia de aguas fue siempre la propia de un país con escasez, en el que se otorgaron a la Administración amplísimas competencias, conforme a las instituciones del Reino de Aragón, en las que se inspiraron siempre nuestras leyes de aguas. Pero hay que decir, a reglón seguido, que nuestra legislación fue también, al mismo tiempo, liberal: fomentó la iniciativa individual y respetó los derechos de apropiación, que son, a mi juicio, garantía de progreso y riqueza. Por ejemplo, en la vieja Ley de 1879, eran de propiedad privada, entre otras, las aguas pluviales y las de manantiales y arroyos, en los términos de los artículos 1 y 5 de la Ley de 1879 y 408 C.C.; los propietarios de los fundos podían hacer obras de embalse, almacenamiento o conducción de las mismas dentro de su propiedad y, asimismo, las aguas subterráneas pertenecían siempre «en plena propiedad» a quien las alumbraba, tanto si era terreno propio como en terreno público (en este caso, previa concesión demanial).

Otras manifestaciones de esta filosofía que inspiraba nuestra vieja Ley de Aguas eran el principio de libre iniciativa privada en el régimen concesional (principio de la concesión rogada), la prescripción adquisitiva de derechos y aprovechamientos, el fomento de la iniciativa privada para la realización de

---

[2] Sobre todo ello, ampliamente, G. Ariño y M. Sastre en el libro *Leyes de Aguas y Política hidráulica,* Ed. Comares, Granada, 1999.

obras públicas y la asignación de aguas superficiales mediante *concesiones en cartera,* ante la previsión de necesidades futuras en los servicios públicos, especialmente en el abastecimiento de agua a poblaciones y los saltos de energía eléctrica. Y así, otras que podrían citarse.

Todo esto eran llamadas a la sociedad desde el Estado, para actuar en este campo, que se acompañaban de un conjunto de mecanismos jurídicos mediante los que se otorgaban «derechos sobre el agua» a diferentes titulares, a los que se permitía realizar transacciones y disponer del recurso. El criterio inspirador de este modelo era el mercado.

B) *La segunda etapa viene marcada por la Ley de Aguas de 1985,* que frente a la Ley de Aguas de 1879 —Ley de fomento y libertad— introducía un grado importante de intervencionismo. La Ley de Aguas de 1985 tenía aspectos positivos con respecto a la legislación anterior como son: la proclamación de los principios de defensa del recurso y del medio ambiente; la unidad de gestión y descentralización; el establecimiento de un sistema completo de protección de la calidad del agua mediante la prohibición de los vertidos sin previa autorización, otorgando a la Administración facultades coercitivas y sancionadoras, a través de la implantación del denominado «canon de vertido». No obstante, hay que denunciar graves vicios o desaciertos en la Ley de 1985, como son, en mi opinión, los siguientes:

a') *La declaración de dominio público de las aguas subterráneas.*

Ésta era, sin duda, la declaración clave de la Ley, tanto en el aspecto sustantivo (derechos sobre el agua) como competencial (potestades de ordenación y gestión del recurso). Los grandes cursos de aguas superficiales siempre habían sido dominio público, pero no así las aguas subterráneas. La demanialización de éstas ha traído más inconvenientes que ventajas. La Administración ha sido incapaz de controlarlas y sigue sin conocer aceptablemente bien cuáles son éstas, ni su uso actual. Los antiguos titulares y hoy eventuales beneficiarios han temido verse privados de sus derechos. Las consecuencias han sido: prácticas ilegales, sobreexplotación de acuíferos y mercado negro. La Ley 10/2001, de 5 de julio, del Plan Hidrológico Nacional, trató de poner fin a esta situación otorgando a los titulares de aprovechamientos de aguas privadas un plazo improrrogable de tres meses, contados a partir de la entrada en vigor del PHN, para solicitar su inclusión en el Catálogo de Aguas de la cuenca. Transcurrido este plazo (venció el 26 de octubre de 2001) sin haberse cumplido este mandato, no se reconocería ningún aprovechamiento de aguas calificadas como privadas sino mediante resolución judicial firme (Disposición Transitoria Segunda). ¿Qué operatividad ha tenido todo ello? No se sabe muy bien.

b') *El establecimiento de una planificación vinculante en la asignación de los usos del agua, que a partir de 1985 serían administrativamente acordados.*

Éste ha sido el segundo elemento perturbador, tal como fue concebido. Ya en el Prólogo de la Ley se advertía que «los Planes Hidrológicos de cuenca y el Plan Hidrológico Nacional... serán la base de toda actuación de la Administración Hidráulica en materia de aguas, de elección entre las diferentes alternativas de posibles obras hidráulicas, de asignación y reservas de recursos, de posibilidad de concesiones». Nadie discute la conveniencia de una cierta planificación, estratégica e informativa (*vid.* lo que se dice más adelante sobre ello) pero que no sea determinante de todos los derechos, los cuales no deben quedar congelados en virtud de no se sabe qué sabiduría infinita que se le supone al Plan. Un grave error. Planificación y dominio público generaron un sistema perfectamente rígido de asignación de derechos y usos del agua. La iniciativa privada queda, de hecho, abolida, marginada, salvo la que se desarrolla al margen de la Ley (los alumbramientos ilegales y el mercado negro del agua).

c') *Sustitución de la iniciativa privada que hacía posible la Ley de Aguas de 1879 por la iniciativa pública.*

Éste es el tercer efecto perverso que vino a traer la Ley de Aguas de 1985: vino a cerrar cualquier posibilidad de mercados de agua, que, aunque limitadamente, como ya se ha dicho, existían en la Ley de 1879. Ésta es la consecuencia más importante de la declaración de dominio público y de una planificación vinculante. Ambas han traído como consecuencia una ausencia de incentivos a la iniciativa privada, y de incentivos al ahorro y gestión racional del agua. Los usuarios agrícolas e industriales soportan una fracción mínima del coste del agua; los abastecimientos de poblaciones algo más, pero no todo. Los agricultores no tienen incentivo alguno para el ahorro, en primer lugar, por el bajo precio del agua y, en segundo lugar, porque aunque ahorren no le pueden sacar ninguna utilidad a la misma. Al contrario, corren el peligro de que le reduzcan los caudales no utilizados. ¿Para qué ahorrar? ¿Para qué cambiar entonces de sistemas de riego o de cultivos?

d') *El principio de gratuidad del uso del agua junto al carácter de dominio público de todas las aguas y la planificación hidrológica exhaustiva.*

El cuarto elemento fundamental de la legislación de aguas de 1985 que generó —y continúa generando— graves efectos económicos es que el uso del agua es gratis. En efecto, los artículos 104 y siguientes de la Ley de Aguas distinguen tres tipos de cánones:

— Canon por *ocupación del dominio público,* es decir, por ocupación, utilización o aprovechamiento de los cauces de las corrientes naturales, lechos de lagos y lagunas, y embalses superficiales en cauces públicos (artículo 104) [3].

— Canon de *control de vertidos* (artículo 105) como medio de protección y mejora del medio receptor de cada cuenca hidrográfica.

— Canon *de regulación* (artículo 106), que es el que se aplica a los beneficiarios por obras de regulación (presas, embalses, canales) y se destina a compensar dicha aportación pública además de atender a los gastos de explotación y conservación de obras. Junto a este canon, la tarifa de utilización del agua (artículo 106.2) es la que abonan los beneficiados por obras específicas distintas de la regulación que son financiadas íntegramente por el Estado.

Ahora bien, ninguno de estos cánones incide en la utilización misma del recurso, que es gratis, pese al evidente valor económico del agua.

C) *La tercera etapa de nuestra historia se inicia con la Ley 46/1999, de reforma de la Ley de Aguas de 1985 (hoy ambas recogidas en el texto refundido de la Ley de Aguas de 20 de julio de 2001).* Al principio, pareció que se iba realmente a reformar la Ley del 85, pero por razones para mí inexplicables, seguramente políticas (las críticas previsibles de la oposición y la no buena recepción de una reforma en profundidad por algunos sectores), la reforma se diluyó en un proyecto aguado y vergonzante. El alcance de la modificación de la Ley de 1999, sobre las insuficiencias que se detectaron en el modelo tradicional, ha sido mínimo. Puede resumirse así:

a') *Mantenimiento de la planificación vinculante y exhaustiva.*

Inexplicablemente, se mantiene en la nueva ley la concepción de la planificación hidrológica contenida en la Ley de Aguas de 2 de agosto de 1985, es decir, una planificación como pivote de toda la política hidráulica, de carácter omnisciente, totalizante, central y vinculante, pese a que en todos estos años, más de 15, desde la entrada en vigor de aquella Ley, se ha demostrado su inoperatividad. Esta concepción omnisciente y totalizadora de la planificación supuso que desde que se inició la preparación de la documentación básica de los Planes de cuenca, hasta que finalmente fueron aprobados por el Consejo de Ministros, mediante el Real Decreto de 24 de julio de 1998, transcurrieran diez años, lo que exige una continua actualización de los datos de partida. La difícil tarea de elaborar tal tipo de planes viene acreditada por el hecho de que pese a tratarse de la pieza clave del sistema, durante quince años hemos estado sin plan (y no ha pasado nada especialmente grave). Finalmente, el 5 de julio de 2001 se aprobó por las Cortes el Plan Hidrológico Nacional. La historia de

[3] Artículo redactado de conformidad con la Ley 46/1999, de 13 de diciembre.

la planificación hidráulica española recuerda aquella vieja historia que se cuenta de los planes soviéticos, cuyo Director-Jefe decía: si tuviéramos mejores equipos humanos, ordenadores diez veces más potentes, estadísticas más seguras y largos y nuevos sistemas operativos, quizás dentro de un año o dos podríamos saber lo que tenemos que hacer pasado mañana.

La única modificación que introduce es al apartado 4 del artículo 38 de la Ley de Aguas (hoy recogido en el artículo 40.4 del Texto Refundido de la Ley de 20 de julio de 2001 —en adelante TRLA—).

> «Artículo 40.4. Los planes hidrológicos se elaborarán en coordinación con las diferentes planificaciones sectoriales que les afecten, tanto respecto a los usos del agua como a los del suelo, y especialmente con lo establecido en la planificación de regadíos y otros usos agrarios».

Esta variación no ha venido sino a resaltar la necesaria coordinación de los planes hidrológicos con todas las planificaciones sectoriales, y de forma especial con la planificación urbanística y agraria, por su especial vinculación con la planificación hidrológica. Ahora bien, esto es una utopía y no es extraño que se tarde 10 años en elaborar semejante Plan. En 1999 se perdió una ocasión óptima para disminuir la excesiva dependencia en la regulación de las aguas respecto de una planificación hidrológica utópica e irrealizable. Hubiera sido deseable introducir una planificación más dinámica y flexible que la contenida en la Ley de Aguas de 1985 y recuperar la iniciativa privada y la concesión «rogada».

b’) *Cambios en el régimen económico-financiero.*

Es éste el campo en el que la Ley de 1999 incorpora algunas modificaciones más importantes, como son las siguientes:

a) Posibilidad de transferir la gestión y recaudación de cánones y tarifas desde las Confederaciones Hidrográficas a la Administración tributaria del Estado. El importe de la recaudación será puesto a disposición de la Confederación Hidrográfica correspondiente. Así puede que alguna vez los cánones se cobren.

b) El artículo 112 del TRLA consagra la naturaleza jurídica del *canon de ocupación* como tasa. Frente a la base imponible del canon (el valor del bien utilizado, teniendo en cuenta el rendimiento que reporte), la ley determina la base imponible de la exacción en función de los siguientes parámetros:

— ocupación de terrenos de dominio público: por el valor del terreno ocupado, tomando como referencia el valor del mercado de los terrenos continuos,

— utilización del dominio público hidráulico: por el valor de dicha utilización o del beneficio obtenido con la misma,

— aprovechamiento de bienes de dominio público hidráulico: por el valor de los materiales consumidos o la utilidad que reporte dicho aprovechamiento.

c) El *canon de control de vertidos* se cobrará por *todos* los vertidos, aunque se realicen sin autorización administrativa, debiendo el organismo de cuenca liquidar el canon por los ejercicios no prescritos en el que conste se ha producido el vertido sin autorización (artículo 113 TRLA), con independencia de la sanción que corresponda por el daño causado a la calidad de las aguas [artículo 105.1.a) TRLA]. El canon de control de vertidos ha entrado en vigor el 1 de enero de 2002.

d) *El canon de regulación y tarifa de utilización* se equiparan, de forma que se aplicará en ambos casos a las obras financiadas total o parcialmente por el Estado y se prevé un mecanismo corrector que incentiva el ahorro del agua (artículo 114.6 TRLA).

El tipo de gravamen aumenta: del 4% del antiguo artículo 104 de la Ley de Aguas de 1985 al 5% en los casos a) y b), pero sobretodo en el nuevo supuesto c) se aplica un tipo de gravamen del 100%, sobre el aprovechamiento de bienes del dominio público. En relación con estos tributos, es de señalar que la Ley 46/1999, de reforma de la Ley de Aguas, establece como medida complementaria, derivada del período de sequía comprendido entre 1992 y 1995, la indemnización a los titulares de explotaciones agrarias afectados por la sequía, en las que se hayan producido reducciones de más de 50% en las dotaciones de agua habitualmente disponible para regadíos, que hubieran tenido que satisfacer el canon de regulación y la tarifa de utilización del agua. La cuantía de la indemnización estará en función del importe de las cuotas y recargos satisfechos en el ejercicio 1995 y anteriores.

c') *Un mercado vergonzante del agua.*

Entre las novedades que introdujo la Ley de Aguas de 1999, la más llamativa quiso ser la introducción del nuevo contrato de cesión de derechos al uso del agua, regulado en el artículo 61 bis de la Ley 46/1999 (hoy recogido en el artículo 67 del RD Legislativo 1/2001, de 20 de julio, por el que se aprueba el Texto Refundido de la Ley de Aguas). En concreto, su Exposición de motivos se expresaba en los siguientes términos:

> «En este sentido, la experiencia de la intensísima sequía padecida por nuestro país en los primeros años de la década final de este siglo, impone la búsqueda de soluciones alternativas, que, con independencia de la mejor

reasignación de los recursos disponibles, a través de mecanismos de planificación, permitan de un lado, incrementar la producción de agua mediante la utilización de nuevas tecnologías, otorgando rango legal al régimen jurídico de los procedimientos de desalación o reutilización; *de otro potenciar la eficiencia en el empleo del agua para lo que es necesario la requerida flexibilización del actual régimen concesional a través de la introducción del nuevo contrato de cesión de derechos al uso del agua, que permitiría optimizar socialmente los usos de un recurso tan escaso* y, por último, introducir políticas de ahorro de dicho recurso, bien estableciendo la obligación general de medir los consumos de agua mediante sistemas homologados de control o por medio de la fijación de consumos de referencia para regadíos».

Pero, a continuación, el artículo 61 bis de la Ley 46/1999 estableció tal cantidad de límites al mercado del agua, que hasta ahora no ha tenido apenas existencia (han existido y se han desarrollado, como ya se ha dicho, los mercados negros de agua, en Levante y Murcia). En cambio, el mercado institucionalizado en Canarias, donde éste es posible por tener una legislación hidráulica propia y peculiar, funciona satisfactoriamente. Y es que los límites que establece el texto refundido de la Ley de Aguas al contrato de cesión de derechos de aprovechamiento sobre el agua son, en mi opinión, una locura: límites al destino, límites cuantitativos, formales, temporales, límites al precio, físicos, etc., lo que impide de *facto* la puesta en práctica de dicho mecanismo. Se trata de un mercado del agua que sufre todo tipo de restricciones, por lo que en la práctica resultará ficticio. Difícilmente surgirá de estas previsiones un precio real del agua, según su valor económico, que facilite la eficiente utilización de este recurso esencial. Por todo ello, debemos concluir que el alcance potencial de la reforma proyectada sobre la eficiencia es muy limitado, ya que no se modifican los principios básicos del modelo regulado (planificación vinculante, dominio público y asignación rígida de derechos de aprovechamiento) en los cuales radican los desincentivos a la toma de decisiones eficientes de producción y de consumo. Para este viaje, no hacían falta alforjas.

3. El nuevo modelo de «regulación para la competencia» en el sector del agua [4]

Frente al modelo regulado y monopólico de la gestión del agua, que acabamos de describir, en los últimos años, a nivel internacional (en reformas normativas y en congresos internacionales), se ha venido resaltando la necesi-

---

[4] Cfr. ob. cit., Ariño, G. y Sastre, M., *Principios de Derecho público económico,* Lección vigésimo primera, Ed. Comares, 2.ª edición, 2001, páginas 826 y siguientes.

dad de tener en cuenta el valor económico del agua para conseguir una asignación más eficaz de dicho recurso natural. Hay bastante unanimidad al afirmar que la *reforma* de la regulación del sector del agua debe plantearse de forma *global,* teniendo en cuenta los diversos aspectos implicados. Ante el problema de la escasez de agua deben plantearse soluciones integrales, que exigen un tratamiento complejo e interdisciplinar, ya que la mayor eficiencia de los usos del agua que hoy se reclama no es sólo económica, sino ecológica, cultural y social, lo cual sólo se conseguirá combinando fórmulas de diversa naturaleza [5]:

a) En primer lugar, las *reformas técnicas* que habría que introducir serían —entre otras— las siguientes:

— *Diversificar las fuentes* con las que se satisfacen las demandas para garantizar los suministros aun en épocas de sequía, combinando aguas superficiales y subterráneas, depuradas (para segundos usos) y desaladas (para ciertos usos).

— *Mejorar las redes* de distribución urbana y de regadíos. Las pérdidas de aguas por fugas en las redes de abastecimiento a las ciudades españolas oscilan entre el 25 y el 50% del recurso transportado, lo cual es una barbaridad. Según un estudio exhaustivo publicado por el Instituto Nacional de Estadística (INE), a finales de 1999, se asegura que de los 225 litros bombeados diariamente por las distribuidoras en cada hogar, se consumen 159 litros y se derrocha o pierden por las conducciones 41 litros.

Con respecto a la agricultura, se hace igualmente precisa la rehabilitación y modernización de las conducciones debido a las enormes pérdidas que se experimentan en ellas, que oscilan desde un 80% en instalaciones antiguas de riego por gravedad hasta un 5% en riegos localizados.

— *Uso compartido,* como ya se ha dicho, de aguas superficiales y subterráneas, utilizando estas últimas preferentemente en épocas de sequía. Así, por ejemplo, en la Comunidad de Madrid, se utiliza el acuífero detrítico terciario en períodos de sequía, en la última (marzo 1999-abril 2000) proporcionó 63 millones de metros cúbicos [6].

— *Recarga artificial de acuíferos:* los hidrogeólogos valencianos Melchor Senet y Juan Grima han propuesto el estudio de varias actuaciones de recarga artificial de acuíferos en la cuenca del Júcar, con las que se podría almacenar como mínimo 57 Hm^3 cada año, utilizando los acuíferos como «embalses sub-

---

[5] Cfr. ARIÑO ORTIZ, G., *Regulación y gestión del agua en España. Problemas Pendientes,* FER, «Working Paper», n.º 19, Madrid, 1996.

[6] Cfr. Diario «El País», de 5 de diciembre de 1999.

terráneos». Según el Instituto Tecnológico Geominero esta técnica se podría emplear en las zonas de Plana Oropesa-Torreblanca, Plana de Castellón, Plana de Sagunto, Plana de Gandía-Denia, etc. Las ventajas de la recarga artificial son importantes ya que reduciría la salinización y el contenido de nitratos en los acuíferos, además de suponer un bajo coste económico, pues al tener un destacado interés medioambiental, estaría en gran parte financiada por la Unión Europea [7].

— *Depuración y reutilización* de aguas residuales para regar jardines, parques temáticos, etc. La Directiva 91/271/CEE sobre depuración de aguas residuales urbanas ha sido traspuesta en el Real Decreto Ley 11/1995 y cuya ejecución en la práctica se está realizando a través del Plan Nacional de Saneamiento y Depuración de 28 de abril de 1995 (que cubre el período de 1995 a 2005 inclusive), así como los correspondientes planes de saneamiento de las Comunidades Autónomas. Aunque el logro de los objetivos de calidad fijados en el citado Plan Nacional de Saneamiento sigue siendo una asignatura pendiente, lo cierto es que se está avanzando en su consecución. Así, se ha pasado de un tratamiento adecuado de los vertidos para el 40,6% de la población española en 1995 a un 50,7% en 1998.

b) En segundo lugar, *reformas económicas* [8]. Dentro de las medidas económicas a introducir para mejorar la gestión del agua merece la pena destacar:

— Introducir un «canon por el consumo del agua» cuya causa legitimadora sería el uso y disfrute del agua. Este canon podría variar en función del volumen, la calidad y el destino del agua, del carácter consuntivo o no del uso, de la obtención de rentas con las mismas (como ocurre en el caso de las centrales hidroeléctricas o de los usos turísticos) y otros factores semejantes.

— Otra de las medidas que habría que tomar para mejorar la gestión del agua es *acabar con las «subvenciones perversas»* que según el Profesor Myers [9] son aquéllas que están mal distribuidas y que son despilfarradas. En concreto, en la agricultura se tiende a conceder una subvención tras otra, de las más diferentes clases, para fomentar con ellas cultivos que son grandes consumidores de agua y tienen escaso valor.

— Implantación del *principio de recuperación de los costes* establecidos en el artículo 9 de la Directiva 2000/60/CEE por la que se establece un marco de ac-

---

[7] Cfr. Prensa «Levante-El mercantil Valenciano», de fecha 21 de marzo de 2001.

[8] Cfr. Sastre Beceiro, Mónica, *Precios y tarifas del agua en España,* en el libro «Precios y tarifas en sectores regulados», Ed. Comares, 2001, páginas 158 y siguientes.

[9] Cfr. Myers, Norman, *Perverse subsidies. Their nature, scale and impacts,* International Institute of Sustainable Development. Winnipeg, Canadá, 210 páginas.

tuación en la política del agua que obliga a los Estados miembros a tener en cuenta el principio de recuperación de los costes de los servicios relacionados con el agua, incluidos los costes medioambientales y los relativos a los recursos.

Todas estas medidas implican que hay que medir los consumos y pagar por los recursos consumidos (o utilizados), con fijación de consumos de referencia y elevación progresiva del precio a medida que se aumente el consumo más allá de determinados niveles (tarifa progresiva), ya que el establecimiento de tarifas excesivamente reducidas que no premien el ahorro del agua lleva a un despilfarro del recurso.

c) Finalmente, *medidas jurídicas.* Dentro de las reformas jurídicas que habría que introducir, las más significativas serían:

1.ª) *Cambio en el sentido de la planificación hidrológica* [10].

Frente al modelo de planificación tradicional basado en una planificación central, globalizante, vinculante, determinante de todos los derechos y asignaciones de caudales de agua a través del Plan, como se prevé en el actual TRLA, se debe rectificar y dar un nuevo sentido a la planificación hidrológica si se quiere realizar una gestión eficiente de las aguas. El nuevo modelo de planificación tendría las características que se exponen a continuación.

En primer lugar, la planificación hidrológica, más que vinculante, tiene que ser estratégica e informativa, que ofrezca una visión general de la oferta y la demanda de agua actuales y de su evolución, previsible en la medida que ello sea posible. Este nuevo modelo de planificación es el que se está imponiendo en otros sectores económicos tradicionalmente sometidos a plan como: en el sector eléctrico en el que la Ley 54/1997, de 27 de noviembre, ha implantado un modelo de planificación indicativa debido al fracaso que experimentó la planificación central vinculante de los años 80 y la LOSEN de 1994. Otro tanto ocurre en el sector de las telecomunicaciones, en el que, frente al carácter omnicomprensivo del Plan Nacional de Telecomunicaciones de 1992, en la Ley General de Telecomunicaciones 11/1998, de 24 de abril, solamente se utiliza el concepto básico de planificación para la adjudicación de derechos en ámbitos reservados al dominio público como son el aspecto radioeléctrico y el espacio público de numeración.

En segundo lugar, el plan no debe concebirse como un «dicktat», impuesto a todos, en base a sus pretendidas «virtudes» técnicas porque el plan no es exclusivamente un estudio técnico, sino un *pacto social* que requiere un debate

---

[10] Sastre Beceiro, M., Tesis Doctoral, *El agua en España: entre la planificación y el mercado,* Madrid, 2001, páginas 561 y siguientes.

social y una pedagogía capaz de convencer. No se trata de establecer únicamente aquello técnicamente deseable (algo además nada claro, pues depende de que se ponga el acento en los aspectos ambientales, económicos o sociales del plan). Y la mejor manera de que el plan no sea un «diktat» es que sea un plan participativo. Tras la conferencia de Río de Janeiro de 1992, es indiscutible que la política ambiental tiene que ser una política participativa y así queda plasmado en documentos como la declaración de Río y la Agenda 21. Esto ha sido recogido en el Convenido de Aarhus sobre el «Acceso a la información y participación pública en la toma de decisiones ambientales», de las Naciones Unidas de 1998, donde se pone en énfasis que la participación del público debe estar al inicio del procedimiento planificador [11]. En concordancia con ello, el artículo 14 de la Directiva Marco del Agua establece que los Estados Miembros fomentarán la participación activa de todas las partes interesadas en la elaboración, revisión y actualización de los planes hidrológicos de cuenca.

En tercer lugar, no se debe concentrar el Plan Hidrológico Nacional en el tema de los trasvases. Éstos no deben monopolizar el debate, como ha venido ocurriendo hasta el momento; son sólo una pequeña parte de la política hidráulica (representan el 1% de los caudales disponibles y apenas el 3% de los caudales utilizados en España).

En cuarto lugar, los planes hidrológicos deben someterse a evaluación, de impacto ambiental en su conjunto, globalmente, tal y como dispone la Directiva 2001/42/CEE, del Parlamento Europeo y del Consejo de 27 de junio de 2001, relativa a la evaluación de los efectos de determinados planes y programas en el medio ambiente.

2.ª) *Mejor regulación de los derechos de apropiación y un reconocimiento de los derechos sobre las aguas privadas en el momento presente.*

Junto a la nueva regulación de la planificación, hay que restaurar un sistema de apropiación que permita las transacciones y la más eficiente asignación de los recursos disponibles. En efecto, hoy no se conocen los derechos sobre el agua, por lo cual habría que dar un impulso en la actualización del Catálogo de aguas subterráneas, después de unos años en el que el Programa ARICA (Actualización de Registros y Catálogos de Aprovechamientos) ha estado un tanto ralentizado. Asimismo, habría que agilizar la tramitación de los expedientes de inscripción de derechos de aprovechamiento temporales sobre las aguas subterráneas en el catálogo, contratando a más personal técnico, otor-

[11] Cfr. Mónica SASTRE, Ana BARREIRA y Ramón LLAMAS, *La Política europea sobre el agua,* «Revista de Ingeniería del Agua», volumen 7, n.º 4, diciembre 2000.

gando medios económicos para ello e imponiendo, si fuera preciso, sanciones a los funcionarios responsables de la tardanza. Es cierto que muchos derechos sobre las aguas privadas no se han inscrito ni catalogado, porque los particulares prefieren estar al margen de la ley, ante las exigentes limitaciones y condiciones que se establecen a los propietarios de las aguas subterráneas. Cualquier mínima modificación en el régimen del aprovechamiento de las aguas subterráneas puede llevar a una *«conversio tituli»* del derecho de aprovechamiento en una concesión administrativa, con la pérdida de la naturaleza privada de las aguas y su inclusión dentro del dominio público hidráulico. Esto hay que cambiarlo.

3.ª) *Hacia un modelo entre regulación y mercado.*

Frente al modelo tradicional basado en la gestión pública, se entiende que se logra una mejor ordenación de los escasos recursos hídricos mediante un modelo que combine mercado y regulación: con establecimiento de un sistema de reservas de caudales para fines prioritarios como abastecimiento a poblaciones o la protección de humedales y zonas de alto valor ecológico, fijación de límites a la actuación y a la propiedad privada (incluida la expropiación y requisa de caudales por razones de urgencia), imposición de deberes de hacer a los titulares de las infraestructuras, los predios o el recurso de que se trate, y así otras medidas semejantes legitimadas siempre por la Ley, con remisión a los planes que en cada caso se aprueben (Planes de Urbanismo, Planes Energéticos, Plan Técnico de Comunicaciones o Plan Hidrológico), a los cuales habrán de ajustarse las licencias que se otorguen. De esta forma se garantiza siempre la atención prioritaria a las necesidades públicas, sin tener para ello que estatalizar la gestión del agua, ni congelar sus usos, incentivando con ello el despilfarro. En definitiva, el éxito de un tal modelo de actuación dependerá en gran parte de lograr el equilibrio entre regulación y mercado. El primer instrumento de regulación, después de la Ley, es el Plan, siempre que éste sea formulado con la flexibilidad suficiente para no ahogar la iniciativa empresarial privada. Asimismo, está bien un cierto control de la explotación para evitar la sobreexplotación de los acuíferos, a ser posible a través de procesos de autorregulación por Comunidades de Usuarios o Consorcios; en casos de oligopolio o especulación, es admisible incluso una vigilancia y control de precios. Pero fuera de estos casos, un tanto patológicos, el mejor medio de aumentar la oferta y ajustar a ella de demanda mediante los precios, es el mercado.

LECCIÓN 26.ª

LOS MERCADOS DEL AGUA EN ESPAÑA: UNA PROPUESTA DE REFORMA DE LA LEY DE AGUAS *

SUMARIO: 1. INTRODUCCIÓN.—2. EL PRECIO DEL AGUA.—3. EL MERCADO DEL AGUA.—4. INTRODUCCIÓN DEL MERCADO EN ESPAÑA: NECESARIAS REFORMAS.—5. CONCLUSIÓN.

RESUMEN: *El presente artículo analiza las posibilidades de un potencial mercado del agua en España ante la perspectiva de la reforma de la actual Ley de Aguas. En la introducción se comenta la situación derivada de la aplicación de la Ley de Aguas de 1985, vigente en la actualidad, caracterizadas por una tendencia a la intervención pública en la asignación y los usos del agua. Su aplicación ha implicado* de facto *la pérdida de los mecanismos del mercado al provocar una desconexión entre la oferta y la demanda del recurso, siendo factores agravantes la irregular distribución del agua en España y la escasa pluviometría acaecida en los últimos años. Se presentan las experiencias de California (EEUU), Chile y Australia en cuanto al funcionamiento del mercado del agua, así como las peculiaridades de la administración del agua en las Islas Canarias. A la vista de lo expuesto, se propone la implantación en España de un modelo de mercado del agua basado en los derechos de aprovechamiento del recurso, que sin perder el carácter de bien de dominio público, posibilitaría la mejor asignación de los recursos a nivel nacional, el fomento del ahorro de agua y la adecuación realista del precio del agua a la oferta y la demanda.*

1. Introducción

La actual Ley de Aguas de 1985, vino a sustituir la iniciativa privada y la posibilidad de un mercado de agua, que hacía posible la Ley de 1879, por la iniciativa pública y la planificación vinculante en la asignación y los usos del agua, que a partir de ese año serían administrativamente acordados. Ésta ha sido la consecuencia más importante de la declaración de dominio público sobre todas las aguas, contenida en la ley. Cambio que no es puramente académico o conceptual, sino que tiene una gran significación en el modo de atender a las necesidades hidráulicas de nuestro país. Mercado y gestión de dominio público son dos sistemas hasta cierto punto contrapuestos.

* Artículo elaborado con la colaboración de Mónica SASTRE BECEIRO, publicado originariamente en «Revista de Ingeniería del Agua», Universidad Politécnica de Valencia, volumen 4, n.º 1 (1997).

El dominio público ha sido siempre *res extra commercium* y sólo mediante costosos procedimientos burocráticos (autorización administrativa, cambio de las condiciones de la concesión, información pública, etc.) es posible transmitir derechos de aprovechamiento y organizar un mercado sobre los mismos. Considerar el agua como dominio público, y crear un régimen de precariedad de todos los derechos sobre la misma, era y sigue siendo una alternativa arriesgada, pues supone hacer recaer sobre la Administración Pública, sobre la burocracia, toda la responsabilidad de la gestión. El particular ha quedado, tras ello, en una situación de completa subordinación y la iniciativa privada no ha seguido acudiendo, como lo había hecho hasta 1985, a esa actividad. Cuando lo ha hecho, ha sido en régimen de economía sumergida, de mercado negro, que se ha desarrollado ampliamente en las zonas con escasez de agua.

El abandono del mercado fue, a mi juicio, un error, un grave error. El exceso de reglamentación y el vaciamiento de los derechos privados sobre las aguas (ni siquiera la concesión queda vinculada al alumbramiento) ha determinado en gran parte el abandono de estas tareas por los particulares (salvo aquéllos —insisto— que han hecho los alumbramientos furtivamente y sin declarar, que han sido cientos). La Administración, por su parte, ha sido incapaz de hacer frente a las responsabilidades que sobre ella se hicieron recaer: durante quince años, ni fue capaz de planificar, ni ha sido capaz de controlar y registrar los derechos concesionales (los expedientes se apilan en las Confederaciones) ni, mucho menos, ha podido asumir las tareas de gestión de nuevos suministros. Y, ante la escasa pluviometría de años pasados, nos hemos visto, diez años después de la ley, en el verano de 1995, sin Plan Hidrológico, sin inversión pública suficiente, sin inversión privada y, a la postre, sin agua. El cielo —nunca mejor dicho— vino a finales de ese año a remediar la pavorosa escasez que padecíamos con abundancia de lluvias en los últimos doce meses, pero en un país como el nuestro esas situaciones de escasez que padecíamos se repetirán antes o después y es preciso, ahora que hay tiempo, poner remedio a ellas.

Hay que rectificar ese modelo de regulación basado en un modelo de planificación global vinculante, que se ha demostrado imposible, y en una determinación administrativa, casi arbitraria, de cuál tiene que ser el destino de cada metro cúbico de agua. Esto es irreal. Bien está una cierta planificación de los usos, según unas necesidades estimadas que figuren, con flexibilidad, en un orientativo Plan; bien está el control de la explotación de los acuíferos, a ser posible a través de procesos de autorregulación por Comunidades de usuarios o Consorcios que haga imposible su degradación; en casos de oligopolio, grave escasez o especulación, es admisible también un control de precios del agua; finalmente es obvio que el Estado, por razones ecológicas, medioambientales o de abastecimiento y atención de poblaciones, puede acordar cuantas reservas de caudales estime necesarias para atender tales necesidades (u otras). Pero salvados estos fines de carácter preferente, el mejor medio de asignar derechos sobre el agua, de aumentar la oferta y ajustar a ella la demanda mediante los precios, es el mercado [1].

2. El precio del agua [2]

El problema de la escasez de agua se debe de afrontar, no sólo desde la oferta, como se ha venido haciendo en España a lo largo de los últimos tiempos, sino también desde la demanda. Como en todos los sectores económicos, existe una relación directa entre la curva de precios y la curva de demanda de agua, y allí donde el mercado ha funcionado, como ocurre en otros países (y también en el nuestro, en Canarias), se demuestra que el consumo de agua baja a medida que aumenta el precio (cambian los cultivos, se evitan las pérdidas en las conducciones, mejoran las técnicas de riego, etc.) y la demanda aumenta a medida que crece la renta y la población.

En algunos estudios llevados a cabo en los países más desarrollados (p.e. Australia, USA, Canadá), que han sido recogidos por Josep Lluis Jové, Director General d'Aigües de Barcelona [3], se demuestra el efecto de la elasticidad de la demanda del agua cuando se experimenta una subida de los precios, en los siguientes términos:

- *Consumo doméstico*:

La demanda es bastante inelástica, pero con todo puede reducirse considerablemente si se dan alzas considerables del precio (también si se adoptan medidas drásticas en épocas de gran escasez sin que se produzcan graves quiebras del bienestar).

- *Consumo industrial*:

La elasticidad es superior; es decir, con un aumento del precio del agua y del coste de depuración, se reduce el consumo industrial a favor del reciclaje.

---

[1] *Vid.* Gaspar Ariño Ortiz en la conferencia sobre *Balance de la Ley de Aguas, diez años después. Perspectivas y necesidades de reforma,* recogida en el libro «1.ª Conferencia Internacional sobre los problemas del agua» (IBERDROLA Instituto Tecnológico, Valencia, 1995).

[2] Sobre este tema, *vid.* Gaspar Ariño Ortiz, «Working Paper», n.º 19, *Regulación y gestión del agua en España. Problemas pendientes,* Programa de Estudios de Regulación Económica, Madrid, febrero de 1996.

[3] *Vid.* Josep Lluis Jové, Director General d'Aigües de Barcelona, *Finançament de les grans infraestructures del cicle integral de l'aigua,* en la «Economía del Agua», Editorial AGBAR (Sociedad General de Aguas de Barcelona, S.A.), mayo de 1993, páginas 304 y 305.

• *Consumo agrícola*:

Contra lo que se suele decir, es un consumo muy elástico; se ha comprobado que un aumento del precio del 50% reduce el consumo agrícola del agua hasta un 75%.

En España, al igual que en California y Australia, los usos agrícolas representan el 80% del agua, por tanto, pequeñas variaciones en el precio del agua pueden liberar grandes cantidades de ésta, permitiendo que se asigne a otros usos donde el agua es pagada a precios más altos y tiene un rendimiento mayor. Los primeros beneficiarios de esto son los agricultores, que obtienen, vendiendo agua sobrante, unas buenas rentas, sin merma sustancial de sus cosechas.

Los usuarios agrícolas o industriales españoles contribuyen sólo en una muy pequeña parte (un 10% de los gastos por ellos ocasionados) a financiar los costes en que se incurre para hacerles llegar el agua. El abastecimiento urbano está incrementando sus precios progresivamente, pero aún así no cubre, completamente, los costes del recurso. El recurso del agua es un bien de primera necesidad, pero no es de ninguna manera un «bien público» en el sentido económico del término. Sin embargo, el agua se gestiona prácticamente como si lo fuera, ya que su producción se financia fundamentalmente vía impuestos (en un 90%) y sólo una pequeña parte proviene de los consumidores sin que haya, además, una distribución equitativa entre éstos, según el volumen de su consumo.

Un estudio publicado por el MOPT [4] muestra que el precio medio del agua en España, al que ésta se vende, era en 1992 el siguiente:

Uso	Pts./m^3	Diferencias con el precio medio del agua doméstica
Agua doméstica (ciudades de más de 20.000 habitantes)	105	0%
Agua industrial	108	5%
Regadío	1	–99%
Regadíos en Francia	36	–65%

[4] Fuente: MOPT, *Informe sobre la planificación hidrológica para el Consejo Nacional del Agua* (1992).

Este cuadro muestra los precios que se utilizan en la planificación del agua. El precio del agua de abastecimiento a poblaciones presenta variaciones considerables de una región a otra que poco tienen que ver con el grado de escasez del agua en las mismas [5]. Otro estudio elaborado por el MOPTMA en 1995 reveló la paradoja de que los residentes de varias ciudades españolas con restricciones de agua (Jaén, Toledo, Ciudad Real...) pagaban por ella un precio mucho más bajo que otras como Barcelona o Madrid, que disponen de agua, pero reflejan en el precio el coste de saneamiento y depuración [6]. El consumo apenas repercute en los bolsillos de las primeras [7].

La mejoría que se derivaría de un consumo más racional del agua en la agricultura se basaría, entre otros, en los siguientes factores:

1.º) Conservación del agua, que hoy en día no se hace, debido al bajo precio que se paga por ella.

2.º) Cambio de destinos y/o productos, por aquéllos que no necesitan tanta agua o que tienen un valor de mercado más elevado.

3.º) Pasar, cuando sea conveniente, del regadío al secano, vendiendo agua para otros usos, sin mermas de la renta agraria.

En este sentido, un documento del Círculo de Empresarios de 1996 recuerda la necesidad de reconsiderar el uso agrario del agua a la vista de los acuerdos UE y las considerables posibilidades de ahorro, y afirma que *«el precio del agua debería reflejar su escasez relativa y los costes de captación, depuración y distribución (...). El incentivo del ahorro puede completarse con tarifas múltiples según el nivel de consumo»*. En consecuencia, propone que las prioridades deben ser (por este orden): *«el ahorro, el reciclado y la reutilización, la desalación y, sólo en último lugar, los trasvases»* [8].

En definitiva, se trata de aplicar el «principio de que el usuario paga» *(user-pays-principle)* como medio de racionalizar la demanda de agua, lo cual

---

[5] Josep LLUIS JOVÉ, Director General d'Aigües de Barcelona, *Finançament de les grans infraestructures del cicle integral de l'aigua,* en «La Economía del agua», Editorial AGBAR, mayo de 1993, página 306.

[6] En efecto, según el estudio del MOPTMA, mientras en Barcelona el precio del agua se eleva hasta 211 pts./m^3 y en Madrid 120 pts./m^3, rebasando el precio medio que se sitúa en 117 pts./m^3, en ciudades donde hay escasas reservas de agua disponibles como Ciudad Real, el precio del agua sólo es de 54,8 pts./m^3 o como Jaén, donde únicamente se paga el agua a 38,8 pts./m^3.

[7] Eso ya fue criticado en el «Working Paper», n.º 19, *Regulación y gestión del agua en España. Problemas pendientes,* por Gaspar ARIÑO ORTIZ, Programa de Estudios de Regulación Económica, Madrid, febrero de 1996, página 10.

[8] *Vid.* Círculo de Empresarios, *Política y economía del agua en España.* Autores: Víctor PÉREZ-DÍAZ, Josu MEZO y Berta ÁLVAREZ-MIRANDA, 1996, página 54.

llevaría a que los usuarios estudiasen a partir de ahora posibles alternativas de ahorro y reutilización [9]. Para ello, habría que poner un precio real al agua, lo que entraña un cambio profundo en nuestra legislación que se basa justamente en lo contrario: en el principio de gratuidad del agua para todos los usos.

En efecto, los artículos 104 y siguientes de la Ley de Aguas distinguen tres tipos de cánones:

- *Canon de ocupación del dominio público,* es decir, por ocupación o utilización de los cauces de las corrientes naturales, lechos de lagos y lagunas, y embalses superficiales en cauces públicos.

- *Canon de vertido* (artículo 105) como medio de protección y mejora del medio receptor de cada cuenca hidrográfica.

- *Canon de regulación* (artículo 106), que es el que se aplica a los beneficiados por obras de regulación (presas, embalses, canales) y se destina a compensar dicha aportación pública además de atender a los gastos de explotación y conservación de las obras.

Ninguno de estos cánones incide, como se ve, en la utilización misma del recurso, que sigue siendo gratis. Pues bien, se trataría de añadir un «canon por el consumo de agua» cuya causa legitimadora sería el uso y disfrute del agua. Este canon podría variar en función del volumen, la calidad y el destino del agua; y de la obtención de rentas con la misma (como ocurre en el caso de las centrales hidroeléctricas o de los usos turísticos).

Pero, además de establecer un precio inicial por el consumo del agua, lo que sin duda promovería el ahorro de la misma (cuanto menos se gasta, menos se paga) un segundo mecanismo para favorecer un uso más racional del recurso, consistiría, como señalan algunos autores [10], en *«permitir que el agua a la que se tiene derecho y no es utilizada pueda ser vendida a otros usuarios o a la propia Administración del agua logrando así una renta (cuanto más se ahorra, más se ingresa)».*

3. El mercado del agua

Los índices de consumo y la demanda de agua han crecido profundamente durante las dos últimas décadas. Paralelamente, los mecanismos para aumentar el suministro de agua en países áridos han empezado a ser cada vez más costosos y restrictivos. A su vez, el aumento de los costes ha hecho que, en muchos

---

[9] Cfr. citado en la nota anterior, páginas 92 y siguientes.

[10] Cfr. PÉREZ DÍAZ, MEZO, etc., *Política y economía...*, cit., página 105.

países, se haya pasado de una política de construcción continua de nuevas estructuras (embalses, canales, etc.), a una reasignación de los usos, pasando de los menos útiles a otros más rentables. Hoy en día al aumento de los costes de ingeniería civil, se han sumado los costes medioambientales que supone la explotación del agua, lo cual ha aumentado la dificultad de aumentar continuamente la oferta con nuevos embalses y nuevos suministros.

Pues bien, la creación de un mercado del agua ofrece la posibilidad de otorgar una equitativa y eficiente compensación a aquellos usuarios del agua que están dispuestos a cambiar el uso a que ésta se destinaba inicialmente. En relación con el mercado del agua debe destacarse algo que es esencial: la necesidad de garantizar la voluntad libre del usuario individual para decidir si vende o no, ya que la experiencia enseña que la reasignación del agua por decisión pública (requisas, trasvases y otras medidas autoritariamente acordadas) es ineficaz, muy costosa políticamente y fuertemente resistida por la población. En definitiva, lo más importante de la constitución de un mercado del agua, es que el valor económico del agua y el destino de la misma se determine descentralizadamente, en función de la oferta y demanda, que reflejan las preferencias individuales y no en función de unas pretendidas estimaciones del interés público, basadas en decisiones políticas. Los trasvases tienen un significado completamente distinto en un modelo y en otro: en el primero, responden a transacciones económicas libremente acordadas en el mercado; en el segundo son fruto de las conveniencias electorales de los partidos en el mercado político. El primero es, desde luego, mucho más de fiar que el segundo.

Por lo demás, como ya se ha dicho, la existencia de un precio real del agua impuesto por el mercado, proporciona un incentivo para un uso eficiente de la misma y una mayor conservación de este escaso recurso natural. No obstante, debido a los posibles perjuicios que en las regiones exportadoras podría ocasionar la venta incontrolada del agua, se impone establecer ciertos límites al mercado del agua.

Veamos algunas experiencias al respecto en distintos países del mundo.

A) *Experiencias extranjeras*

i) *California*

Históricamente, los californianos han sabido hacer frente con éxito a los desequilibrios de espacio y tiempo, de oferta y demanda de agua que caracteriza a este Estado de la Unión, tan similar, geográfica y climáticamente, a España (con un norte húmedo y un sur muy seco, con ciclos de gran pluviosidad y otros de gran sequedad, con una gran capacidad y riqueza de acuíferos subterráneos, donde se pueden almacenar grandes cantidades de agua con carácter interanual, todo ello muy semejante a España). Pues bien, a través de un sistema de control de acuíferos (explotación y recarga), en estaciones, lugares y años húmedos y transportarla a estaciones, años y lugares secos, se ha conseguido en California una asignación del recurso a aquellos destinos (lugares, usuarios, etc.), donde éste puede ser mejor utilizado, obteniendo así, para todos, las rentas más altas posibles.

Entre los varios proyectos de explotación del sistema de modo unitario, que se han aprobado a lo largo del tiempo, merece la pena destacar el «California State Water Project», construido entre 1960 y 1970 que lleva agua del norte al sur para ser utilizada por los agricultores en el Valle de San Joaquín y por los usuarios urbanos en el Área Metropolitana de Los Ángeles-San Diego.

La extensa red de proyectos que se han realizado ha servido para construir una red hidráulica que une a todas las regiones de California. Hoy es posible transferir agua de cualquier localidad a otra. Estas redes hidráulicas construidas por el Estado con ayuda de los fondos públicos son fundamentales para el desarrollo eficaz de los mercados del agua; sin ellas, el agua no puede ser transportada entre regiones de forma barata. Esta capacidad para transportar el agua entre regiones de forma económica es precondición necesaria para el establecimiento de un «mercado del agua» (como más adelante mencionaremos, eso falta en España) [11].

Pero si bien en las etapas iniciales de explotación del agua los desequilibrios espaciales y temporales se solucionaban con un complejo sistema de presas y canales que llevaban agua del norte al sur y la almacenaban durante los años húmedos para utilizarla en los secos, el incremento de los costes y las razones medioambientales pusieron un límite a esa continuada expansión del suministro que tuvo lugar hasta 1975. A partir de esta fecha no hubo más remedio que acudir también a medidas incentivadoras del ahorro y la reutilización del recurso.

Como ha destacado el Prof. Dr. Henry J. Vaux, *«la sequía que azotó a California durante los años 1987 a 1992 fue la más seria que se había experimentado en el tiempo hidrológico conocido, situación que, por lo demás, se acentuó en 1991 cuando pareció que no habría suficiente agua para cubrir los usos más necesarios»*. En respuesta a estas circunstancias, el Estado creó el llamado «Banco del Agua», para solu-

---

[11] Sobre el mercado del agua en California, ver Dr. Henry J. Vaux, Associate Vice-president of Division of Agriculture and Natural Resources, University of California, USA, *Economics and markets for water,* «Conferencia Internacional sobre los problemas del agua», IBERDROLA-Instituto Tecnológico, Valencia, 1995, páginas 171 y 172.

cionar las emergencias de la sequía [12]. El objetivo del Banco fue adquirir agua que fuera utilizable para:

1. Los usuarios urbanos con necesidades esenciales.

2. Para el mantenimiento de cultivos de los agricultores que no tenían otros recursos hídricos.

3. Para mantener la pesca y la fauna silvestre.

4. Finalmente, para almacenar parte de ella como medio de protección frente a la continuidad de la sequía que había azotado a California durante los cinco últimos años.

La venta de agua al Banco era completamente libre y voluntaria por parte de los titulares de caudales disponibles. Pues bien, el éxito del Banco superó toda expectativa, mediante la compra de 1.025 millones de m^3 de agua. La mayoría del agua adquirida provenía —claro es— de la agricultura, de cultivos que renunciaban a sus necesidades de riego y de cambios de usos de agua superficiales por aguas subterráneas, vendiéndose el agua superficial al Banco. Por último, algunos recursos hídricos provenían de depósitos del agua superficial de regiones donde se habían realizado depósitos de sobra en previsión de un aumento de las demandas rurales.

El Banco del Agua compraba ésta a 12,5 pts./m^3. Las 5 pts./m^3 de riego a su vez vendía a 17,5 pts./m^3, la diferencia se destinaba al pago del transporte del agua y gastos administrativos (California Department of Water Resources, 1992). Nos cuenta Vaux que *«aproximadamente, 986 millones de m^3 de agua se obtuvieron en muy poco tiempo del sector agrícola. De este total, casi la mitad (488 millones de m^3 de agua) fue vendida a los consumidores urbanos y agrícolas, alrededor del 15% fue destinado al control del curso de las aguas (flow control) y más de una tercera parte fue almacenada en depósitos para utilizar en años venideros (alrededor de 375 millones de m^3). El primer propósito del Banco de proveer agua rápidamente para cubrir las necesidades más urgentes se había cumplido»* [13].

Por otra parte, como explica Richard E. Howitt, si bien es verdad que California está bien adaptada para el comercio del agua debido a la extensa red de canales que fue construido durante los años 50 y 60, también lo es el que algunas operaciones se pueden realizar entre las partes contratantes sin necesidad de mover físicamente el agua. En muchos casos, el comercio se realizó a través de una serie de transacciones escritas que implicaban a intermediarios en el uso del agua a los que se les pagaba por modificar el uso del agua o el

[12] Artículo citado en la nota anterior, página 187.

[13] *Vid.* Prof Dr. Henry J. VAUX, *Economics and Markets for water,* cit.

caudal del río. Este cambio permitía al comprador conducir agua adicional a una región que no estaba directamente unida al vendedor de agua. Estos cambios eran con frecuencia mucho más baratos que trasladar físicamente el agua desde el vendedor al comprador. Tómese como ejemplo, el caso de un vendedor y comprador que están situados en diferentes afluentes de un mismo río principal, el vendedor puede trasladar agua al comprador sin tener que pagar ningún coste de transferencia por ello, mediante el cambio del caudal del río. Así, el agua comprada en el afluente «A» es utilizada para rellenar el flujo corriente abajo del río principal. El comprador puede, a continuación, desviar la misma cuantía de agua comprada del afluente «B» que deja de aportarla al mismo río sin tener que soportar los costes de transferencia física del agua, lo que ocurría si se traspasa directamente desde la parte alta del afluente «A» a la parte del afluente «B». Éste es un ejemplo de cómo se puede comercializar el agua de forma más barata que moviéndola físicamente (trasvases) de vendedor a comprador [14].

Los efectos del mercado del agua pueden ser también positivos y negativos para los distintos operadores: compradores, vendedores y terceros. La experiencia en California ha sido la que a continuación se resume.

El primer y principal efecto fue, como era de prever, una modificación de las necesidades del agua, lo que se produce como consecuencia de la toma de conciencia del verdadero valor de ésta, que ya no viene fijado por el Estado, sino por el mercado. Como ya hemos dicho, cuando el precio del agua aumenta, los usuarios revisan sus necesidades y las compras descienden hasta un 11% respecto de lo que se había estimado como «necesidades críticas». Gran parte de esta diferencia se obtiene de una efectiva conservación del agua.

En segundo lugar, se aumentan o estimulan las inversiones para conservar el agua; se buscan fuentes alternativas; se invierte en tecnología para su depuración, reutilización, etc.; se reducen los consumos para los mismos fines en los que antes se despilfarraba el recurso. De esta forma se mejora la asignación del agua dentro de cada sector y se da una eficiente reasignación del agua intersectorial.

Finalmente, el Banco genera beneficios directos sobre la economía, lo que se plasma en un aumento de los ingresos y del empleo en las regiones importadoras, es decir, compradoras de agua. Según cálculos recogidos por el Prof. Richard E. Howitt [15], los beneficios, en 1991, fueron los siguientes:

---

[14] *Vid.* Prof. Richard E. Howitt en *Resolving conflicting water demands: a market approach,* en «La Economía del Agua», edit. AGBAR, Barcelona, mayo de 1993, página 155.

[15] Ob. cit., nota anterior, páginas 158-160 inclusive.

— Beneficios netos para las regiones importadoras fueron de 104,17 millones de dólares (45,40 millones de dólares en el sector agrícola y 58,77 millones de dólares en el sector urbano).

— En las regiones agrícolas importadoras de agua se crearon 1.153 puestos de trabajo y en las regiones urbanas importadoras ascendieron a 4.236 los puestos de trabajo creados.

Obviamente, la compraventa de agua realizada por el Banco de Agua en 1991, tuvo algún impacto negativo no en los vendedores, que ganaron dinero, pero sí en las regiones exportadoras donde en conjunto los ingresos perdidos para la economía de las mismas (estimados en 12,75 millones de dólares) fueron mayores que las ganancias obtenidas por la venta de agua. Ello tuvo también un efecto negativo para el empleo, con la pérdida de 1.648 puestos de trabajo. Pero en conjunto el Estado californiano vio como su economía obtenía unos ingresos netos de casi 106 millones de dólares y un aumento de 3.741 puestos de trabajos. Por tanto, debido a las transferencias del agua operadas por el Banco del Agua de 1991, a nivel estatal, se experimentó un beneficio sustancial tanto en relación a los ingresos como al mercado laboral, si bien es verdad que en 1991, el año más seco, sólo un 1,5% de toda el agua consumida en el Estado pasó por la gestión del banco.

En cuanto a los efectos para terceros, es claro que no se pueden realizar ajustes en una economía sin que terceras partes resulten afectadas. En el caso del agua, su naturaleza de bien de dominio público requiere que se consideren los efectos a terceros, ya que la eficiencia de la reasignación no puede ser decidida únicamente en base a los derechos privados, sino que se deben tener en cuenta los impactos secundarios en las regiones donde el agua ha sido vendida. Otros efectos indirectos que tuvieron lugar, según Vaux, no siempre de carácter negativo, serían los siguientes:

— Cambios en el uso de la tierra y en los tipos de cultivo.

— Disminución en esas zonas del agua subterránea debido al aumento de su explotación.

— Impactos adversos en la calidad del agua.

— Cambio en el volumen del flujo del río, en el caudal ecológico, con efectos negativos en la pesca y fauna silvestre [16].

Como conclusión hay que decir, con respecto al futuro del mercado del agua en California, que la experiencia hasta ahora ha sido positiva en el corto

---

[16] Ob. cit., Prof. Dr. Henry J. Vaux, *Economies and markets for water,* páginas 190-193.

espacio en que funcionó el Banco del Agua. Es por ello, que actualmente, existe una opinión general de que el mercado de agua formará parte de manera estable en el futuro sistema de asignación del agua en California.

ii) *Chile*

En 1975 se inició en Chile, como es sabido, el cambio de orientación de su economía hacia un sistema de mercado, tras las masivas socializaciones del Gobierno de Allende. Los éxitos económicos de Chile en los últimos años han sido espectaculares. En materia hidráulica, se asignaba el agua al que reclamaba su derecho sobre la misma y cuando existían controversias éstas se resolvían a través del sistema judicial. Si no existían objeciones a la reclamación dentro de un período de tiempo se asignaba al usuario sin ningún tipo de gravamen fiscal y se registraba en el Registro de la propiedad. Es decir, que tanto los nuevos como los antiguos titulares de derechos del agua no están sujetos a ningún tipo de impuesto, tarifa o canon por la titularidad o uso del agua [17]. Ésta se ha privatizado, sin más, asignándola a quien la solicitó con finalidades de explotación racional.

Sin embargo, la concesión *sine die* de estos derechos libres de cargas ha originado problemas: por ejemplo, a las compañías hidroeléctricas se les han otorgado derechos significativos sobre el agua con el fin de establecer nuevos proyectos de generación eléctrica, lo que ha conducido a una excesiva concentración de la titularidad sobre las aguas en muy pocas manos. Algunas empresas se han dedicado a especular con este recurso.

En 1981, se aprueba el Código del agua, en el que el Estado concede a los entonces usuarios del agua (agricultores, industriales, compañías hidroeléctricas, etc.) [18] el derecho de aprovechamiento sobre las aguas, que tendrá las mismas garantías constitucionales que el derecho de propiedad. Así, estos derechos que son definidos como privados, pueden ser vendidos a cualquiera para cualquier uso y con una negociación totalmente libre del precio. Para comprobar si el vendedor ostenta la titularidad del derecho sobre determinadas aguas se puede acudir al Registro de aguas y comprobar su veracidad.

El Código de aguas chileno no estipula ninguna asignación prioritaria del agua, es decir, los particulares, al solicitar su derecho, no necesitaban justificar el uso futuro que van a dar a ese volumen de agua. Se recurre a la oferta públi-

---

[17] Rita CESTTI and Karin KEMPER, *Initial allocation of water Rights in the United States, Australia and Chile,* World Bank, March 1995.

[18] Aproximadamente el 70% del agua está en manos de las empresas eléctricas, el 25% en usos agrícolas y el 5% se destina a abastecimiento a poblaciones.

ca para asignar los derechos de aprovechamiento del agua en algunos supuestos. Cuando el agua es utilizable, pero nadie la reclama, cuando dos o más personas solicitan derechos sobre la misma agua y cuando surgen excedentes de derechos del agua debido a las nuevas infraestructuras [19]. No obstante, cuando en una localidad no haya ninguna manera de satisfacer las necesidades básicas del agua o en caso de sequía, el Estado puede expropiar los derechos de cualquier titular usuario en aras de proteger el Bienestar Social, abonando a aquél la correspondiente indemnización.

Este sistema, de privatización casi completa de las aguas y de asignación de usos por el mercado se realizó con el propósito de una asignación más eficiente del agua y la fijación de un precio real, resultado de la oferta y demanda, pero lo cierto es que se han observado una serie de disfuncionalidades motivadas por la forma en que se ha implantado el mercado del agua en Chile.

Por un lado, nos encontramos que junto a los derechos de agua inscritos en el registro especial de aguas existen en Chile una gran cantidad de usos consuetudinarios, cuyos títulos no están inscritos, pero están también reconocidos y protegidos por la legislación. Por tanto, como señala Vergara Blanco, *«aun cuando se quisiera hacer operar un mercado de derechos del agua separados de la tierra, nos encontramos con problemas de certeza en cuanto a los títulos, pues el sistema de inscripciones y de archivo no es completo»*.

Por otro lado, el Código de Aguas Chileno de 1981 realizó *«un incompleto diseño conceptual del mercado de aguas, ya que no se asigna a los derechos del agua un "costo", con un "valor" real de obtención y mantenimiento de tal derecho, pues la obtención de un derecho de aguas del Estado es gratis, y la no utilización de las aguas a que se tiene derecho también es gratis»* [20]. De tal manera, que se pierde eficiencia en el uso del agua pues no conlleva ninguna carga el no uso de la misma. Da igual utilizarla que no hacerlo.

En cuanto a la actual regulación de las aguas ésta viene recogida en el Texto Oficial del Código de Aguas aprobado por Decreto n.º 677 de 22 de junio de 1993, del cual podemos resaltar los siguientes preceptos:

Artículo 5:

> *«Las aguas son bienes nacionales de un uso público y se otorga a los particulares el derecho de aprovechamiento de ellas, …»*

---

[19] Rita Cestti and Karin Kemper, *Initial allocation of Water Rigs in the United States, Australia, and Chile,* World Bank, March 1995.

[20] Ver Alejandro Vergara Blanco, *El Mercado de aguas en el Derecho Chileno. Titularidades privadas y libertad de transacción en precio y mercado del agua,* Civitas, 1996.

Y seguidamente los artículos 6, 7 y 13 establecen:

Artículo 6:

> *«El derecho de aprovechamiento es un derecho real que recae sobre las aguas, y consisten el uso y goce de ellas ...*
>
> *El derecho de aprovechamiento sobre las aguas es de su titular, quien podrá usar, gozar y disponer de él de conformidad con la ley».*

Artículo 7:

> *«El derecho de aprovechamiento se expresará en volumen por unidad de tiempo».*

Artículo 13:

> *«Derecho de aprovechamiento consuntivo es aquél que facilita a su titular para consumir totalmente las aguas en cualquier actividad».*

Como vemos, el código chileno establece un sistema de asignación volumétrica, que consiste en otorgar a los usuarios caudales determinados de agua, independientemente del destino que den a tales aguas. Es decir, jurídicamente se garantiza la disponibilidad de un caudal determinado sin que, en caso de escasez, tenga prioridad unos destinos sobre otros. La prioridad en el caso de derechos volumétricos, depende de otros factores como la antigüedad del título, la proximidad a los ríos, el precio que se esté dispuesto a pagar por el agua, etc. En definitiva, el Código chileno admite la transferencia de los derechos de aprovechamiento del agua separados de la tierra. Así lo expresa el artículo 21:

> *«La transferencia, transmisión y adquisición o pérdida por prescripción de los derechos de aprovechamiento se efectuará con arreglo a las disposiciones del Código Civil».*

Este sistema de trasmisión de derechos de aprovechamiento sobre volúmenes de aguas, no obstante, provoca en Chile problemas ambientales, sociales y económicos de primer orden. Y han sido las propias deficiencias del sistema de aguas chileno las que han impedido un funcionamiento adecuado de la reasignación de los derechos de aguas por la vía del mercado transparente, mediante transacciones separadas de la tierra. Chile ha ido quizás demasiado lejos en el proceso de privatización en este sector.

iii) *Australia*

De acuerdo con el nuevo Decreto de Aguas de Australia los regantes pueden obtener permanentemente suministro de agua por dos medios:

— Transferencia definitiva de derechos actuales sobre el agua.

— Venta por el Gobierno de nuevas asignaciones mediante un precio fijado por subasta pública. El recurso es así, automáticamente asignado a su valor más eficiente.

Durante 1988 y principios de 1989 se realizaron en Victoria seis subastas públicas en la que la *Rural Water Commission* ofreció 31 millones de m^3 de agua destinados a la venta. Dichas subastas tenían las siguientes características:

1.º Los licitadores son requeridos a indicar el máximo volumen de agua que desea y su destino, siendo el máximo que puede comprar un solo licitador el 10% del volumen ofertado.

2.º La subasta tenía una estratificación del volumen de agua por escalas, había un mínimo que había que comprar y un máximo del que no se podía pasar.

Estas limitaciones fueron puestas para prevenir que los agricultores más ricos hicieran mejores ofertas que los más pobres y asumieran totalmente la gestión de las nuevas asignaciones del agua. Las subastas se diseñaron para proteger la posición de los pequeños agricultores mediante la exclusión de los usuarios urbanos y de los distritos públicos de regantes.

En conjunto, la experiencia victoriana fue positiva ya que supuso una comercialización del agua de forma económica y eficiente, poniendo al agua su verdadero valor lo cual incentiva a asignar el agua a los usos más eficientes [21].

B) *Experiencias en España*

i) *Canarias* [22]

El aprovechamiento, transporte, distribución y asignación del recurso al mercado ha estado tradicionalmente, y lo estará en su mayor parte en los próximos setenta y cinco años (por lo previsto en la Disposición Transitoria Tercera de la Ley 12/1990), reservado a la iniciativa privada.

El mercado del agua en Canarias no es único, ni siquiera existe un mercado insular, existan tantos mercados como zonas productoras y consumidoras de agua, mercados, eso sí, estrechamente relacionados.

---

[21] Rita Cestti and Karin Kemper, *Initial allocation of water Rights in the United States, Australia, and Chile,* World Bank, March 1995.

[22] Seguimos en este apartado el análisis elaborado por el Prof. Antonio Domínguez Vila, *El mercado del agua en Canarias,* en «Precios y Mercados del Agua», Civitas, 1996, páginas 278-303.

A grandes rasgos el funcionamiento del mercado del agua se produce con arreglo a la siguiente dinámica: cuando por un particular o Administración Pública se precisa comprar agua para la agricultura, o abastecimiento a poblaciones o urbanizaciones «arriendan el agua» —como allí se dice— aunque lo que se efectúa no es un arrendamiento sino una real compra del líquido elemento que se ha denominado tradicionalmente arrendamiento, quizá para distinguirlo de la compraventa de acciones de agua que es lo que otorga derechos sobre los caudales de una determinada galería o mina. El interesado en arrendar cantidades o tiempos de agua, lo solicita a unos intermediarios del agua, quienes tienen encomendado por su propietario, titular, miembro accionista de una comunidad alumbradora, la venta del caudal a que tiene derecho según la cantidad de acciones que posea. Los intermediarios hacen a cada demandante aquella oferta que circule por canales más cercanos al lugar, uso o destino en que consistan sus necesidades. El arrendamiento de agua o venta de agua se efectúa normalmente por períodos anuales o, mediante el denominado arrendamiento adulado, por temporada de riego de los cultivos, o períodos menores al año. También se determina, en la venta, el caudal o pipa por hora de dicho arrendamiento.

El pago se produce por parte del demandante de agua al intermediario y éste, previo el cobro de una comisión, le entrega el dinero al propietario de los caudales arrendados, en función del precio que alcance el agua en el mercado en aquel momento.

La Administración Pública municipal como demandante de agua se somete a las reglas del mercado como cualquier otro operador; compra el agua a los habituales proveedores a través de los intermediarios del agua o corredores del agua, si bien en épocas o momentos de escasez puede expropiarla (o requisarla) para el abastecimiento urgente de la población.

El sistema de mercado en Canarias ha tenido como efectos positivos el estímulo de la competencia, la austeridad de las empresas y Comunidades, la canalización de un importante ahorro popular de clases medias hacia una inversión en nuevos alumbramientos, lo que a veces representaba un alto riesgo.

Este sistema se ha desarrollado con un alto grado de eficacia, puesto que nunca ha faltado el agua, ni en los peores años de sequía. Pero también es cierto que el funcionamiento de dicho mercado se ha desarrollado con poca transparencia y con arreglo a costumbres que adolecen de falta de seguridad jurídica, así como con ciertos abusos de la posición preeminente de algunos operadores, por lo que sería conveniente proceder a una regulación pública que introduzca la transparencia de los operadores y el mercado.

4. Introducción del mercado en España: necesarias reformas

La introducción de un mercado del agua en España exige realizar previamente una serie de reformas, a las que aludimos a continuación:

a) *Modificación legislativa: transferencia de las concesiones.*

En España, el agua es —repito— desde 1986, un bien de dominio público, esto es, una *res extra comercium,* excluida en principio del tráfico jurídico. Al tratarse de aguas públicas, cuyo aprovechamiento se ha obtenido por medio de una concesión administrativa, no puede cederse ni venderse, salvo que la Administración previo expediente administrativo en cada caso, autorice u ordene una sustitución de caudales o un cambio de destino de los otorgados (artículo 59.2 y 3 y artículo 62 de la Ley de Aguas). Los cambios en la concesión de aguas están sujetos a estrictas limitaciones y a un complicado y largo expediente, con múltiples trámites e informes de unos y otros que hacen prácticamente inviable un cambio frecuente de los usos y completamente imposible un mercado del agua.

Bajo la legislación actual, como afirma el Prof. Gallego Anabitarte, *«el potencial merado del agua sería, pues, un merado intervenido por la Administración pública, ya que el titular de una concesión con un comprador de antemano comprometido, debería solicitar el cambio de uso,* y una vez obtenido, solicitaría la transmisión de la concesión, ya que es la Administración la que únicamente puede ceder un título por otro (artículo 59.3 Ley de Aguas)» [23]. Así pues, hay dos aspectos o fases diferentes según la Ley:

a) La modificación del uso del agua de la concesión, que requiere, tal como dispone el artículo 62 de la Ley de aguas, una previa autorización del órgano que la otorga (*vid.* artículo 144.2 RDPH).

b) La modificación de la titularidad entraña una variación de las características esenciales de la concesión y exige también autorización (artículo 144 RDPH en relación con los artículos 103 y 61 y 62 LAg.).

Nada mejor ni más claro traer aquí los textos de la Ley para darse cuenta de la rigidez de nuestro sistema.

Dicen así:

[23] Alfredo Gallego Anabitarte y Aurora Calvo Lechosa en *Algunos aspectos de la Ley de Aguas de 1985 a los diez años de su aprobación,* Revista «El Campo», BBV, n.º 132, 1995, página 174.

Artículo 59.2 y 3:

«2. *El agua que se conceda queda adscrita a los usos indicados en el título concesional, sin que pueda ser aplicada a otros distintos, ni a terrenos diferentes si se tratase de riegos.*

3. *No obstante, la Administración concedente podrá imponer la sustitución de la totalidad o de parte de los caudales concesionales por otros de distinto origen, con el fin de racionalizar el aprovechamiento del recurso*».

Artículo 62:

«*Toda modificación de las características de una concesión requerirá previa autorización administrativa del mismo órgano otorgante*».

Artículo 144.1 del RDPH:

«*No podrán variarse las características esenciales de una derivación de aguas, ni las condiciones de la concesión, sin la autorización administrativa del órgano otorgante. Esta autorización será denegada, cualquiera que sea la variación solicitada, si en el examen inicial de la modificación a realizar por el Organismo de cuenca no se pudiera alcanzar, una compatibilidad previa de la misma con el Plan Hidrológico de Cuenca, a través de los trámites indicados en el artículo 108*».

Bien es verdad que el artículo 61 (especialmente en su párrafo 2) parece abrir la posibilidad de transferir derechos de aprovechamiento, pero ello está en contradicción con los preceptos que acaban de transcribirse y con el espíritu y filosofía que inspira la ley, tal como ésta ha sido desarrollada, justamente en este punto, por el Reglamento del Dominio Público Hidráulico (R.D. 849/1986, de 11 de abril). Por lo demás, es un hecho que tales transferencias no se han producido oficialmente (se han producido en el mercado negro, al margen de la ley).

He aquí, pues, un sistema perfectamente rígido de asignación de derechos y usos de agua, que se configura con carácter cuasi inmutable, en virtud de un omnisciente legislador/planificador, capaz de prever con toda precisión las necesidades futuras y otorgar a cada uno lo suyo. El Estado sabe qué es lo mejor para todos y, además, con carácter inmutable, casi sempiterno. Pues bien, esto es, a mi juicio, una utopía, un grave error. Y engendra una mala política [24].

Sería, a mi entender, muy recomendable una reforma de la Ley de Aguas para que, bajo la supervisión de las Confederaciones, pudieran articularse unos centros de contratación del agua, con unos mecanismos de transacción de de-

---

[24] *Vid.* Gaspar ARIÑO ORTIZ, *El valor del agua,* en el Diario «Expansión», de 11 de febrero de 1997.

rechos sobre su uso con carácter temporal o definitivo. Del mismo modo, debería reformarse en lo que sea necesario la Ley de Aguas para permitir la transacción voluntaria entre una Confederación Hidrográfica y un concesionario, de modo que éste pueda ceder o renunciar con carácter temporal o definitivo a parte de la dotación de su concesión a cambio de una cantidad de dinero [25].

Por otro lado, para adecuar la legislación al futuro mercado del agua tendría que ser suprimido el apartado d) del artículo 40 de la Ley de Aguas que dice:

«Los planes hidrológicos de cuenca comprenderán obligatoriamente:

d) La asignación y reserva de recursos para usos y demandas actuales y futuros, así como para la conservación o recuperación del medio natural».

Respecto a la complejidad, abigarramiento y duración del expediente a formalizar para cualquier modificación concesional, me remito a los artículos 144 a 148 del Reglamento del Dominio Público Hidráulico, cuyo detalle ahorro al lector. Me limitaré a decir que un camino tan costoso disuade al más pintado de legalizar cualquier cambio, por lo que, o bien éstos no se llevan a cabo, o bien se hacen por las buenas en el más completo mercado negro.

Por lo demás, desde el punto de vista constitucional, ninguna traba hay para la implantación de un mercado del agua, ya que no se vulnera el artículo 132.1 CE que declara el dominio público inalienable, porque lo que se pretende no es «privatizar» las aguas sino permitir la trasmisión de derechos de aprovechamiento sobre las mismas, manteniéndose como hasta ahora la naturaleza de éstas. No estamos, por tanto, refiriéndose a la compraventa de un bien de dominio público.

b) *Red de canales y otras precondiciones del mercado.*

Para que haya intercambio de derechos entre usuarios, es necesario que haya algún modo físico de transportar el agua entre ellos (una red de canales, vasos, etc.) bien se hallen en diferentes puntos de un mismo río o entre ríos distintos, desde regiones húmedas a las áridas o semiáridas. Esta red hidráulica fue esencial en California para el desarrollo satisfactorio del mercado del agua.

En segundo lugar, antes de institucionalizar un mercado abierto debe garantizarse un reconocimiento registral de los derechos de aprovechamientos existentes, que evite situaciones confusas a las que daría lugar de otro modo un mercado de aguas poco transparente. El sistema de marcado sólo se consolidará si los derechos sobre el agua están bien definidos y las transferencias son

---

[25] En este sentido, *vid.* Víctor PÉREZ-DÍEZ, Josu MEZA y Berta ÁLVAREZ-MIRANDA en *Política y Economía del Agua en España,* Círculo de Empresario, Madrid, 1996, página 136.

públicas y transparentes. Ocurre que la Administración española hidráulica desconoce en gran parte, por mucho que pueda sorprender, el uso y explotación real de las aguas: derechos existentes, volumen del agua realmente utilizada, etc.; la realidad es que no tiene datos fiables sobre los derechos concesionales existentes, ni el número de hectáreas de regadío en España. Por otra parte, los derechos concesionales de los ríos no se respetan desde hace muchos años, existe una situación fáctica que no coincide con la legal, y en muchas cuencas hay más derechos concedidos que agua disponible.

Ello conduce a un problema que debemos plantear: ¿qué es lo que realmente se vendería, el derecho teórico consagrado en una concesión o los usos reales del agua? En nuestra opinión, lo segundo, una vez acreditados fehacientemente, ahora bien, entendemos, que aunque la compraventa de agua debería implantarse con las aguas reales, la solución está en que la Administración hiciera un esfuerzo en actualizar los derechos concesionales existentes, vendiéndose (como en los países del Oeste de USA) los derechos al uso del agua, no el agua en sí como materia.

Finalmente, como en toda transacción sobre el agua se pueden generar deseconomías externas (efectos negativos no internalizados en el precio), que afectan a quienes no participan en la compraventa, la Administración tendría que estimar los costes de transacción para terceros, adoptando medidas para paliar los efectos a terceros que pudieran surgir.

5. Conclusión

Concluyamos afirmando que las reformas necesarias para implantar un mercado del agua en España supondría en conjunto una serie de ventajas, entre las que podemos resaltar las siguientes:

1.ª) Mejor asignación de los recursos a nivel nacional y en cuanto a usos concretos. Si hay pluralidad de oferta, bajo vigilancia del Estado, el mercado será el mejor y más barato sistema de asignación de recursos desde un punto de vista económico; a medio plazo, se conseguiría, a través de los precios del agua, la mejor planificación de usos y cultivos: el más rentable pagará más por ella y desplazará al menos rentable; los usuarios irán pasando de forma espontánea de los usos (o cultivos) menos rentables a los más rentables [26].

---

[26] Esta opinión está extendida en el Ministerio de Medio Ambiente, ya que acabaría con situaciones como las actuales en las que existen pozos que no están siendo utilizados porque, históricamente, no se permite que se transfiera a otro usuario y, ahora, *«se va a dar la oportunidad para que se ponga de acuerdo e intenten rentabilizar lo que no está siendo rentable»*.

2.ª) Se fomentaría el ahorro del agua ya que se establecería un *«precio justo y equitativo adecuado al mercado fijado por oferentes y demandantes»* [27]. No como ahora, que el agua se despilfarra debido a su bajo precio que no refleja su verdadero coste, especialmente en la agricultura, donde se extenderá la utilización del riego por goteo, impulsos o aspersión, en vez de por inundación.

3.ª) Se producirá así la fijación natural de un precio eficiente para el agua, capaz de incentivar el ahorro, de evitar despilfarres, de asignar los recursos a quien más utilidad obtenga de él; cambiar los usos en función de su escasez y/o rentabilidad será la consecuencia natural del cruce de la oferta y la demanda.

4.ª) Se incentivarán las técnicas de reutilización, depuración de las aguas residuales y desalinización del agua del mar.

5.ª) Se eliminarán, finalmente, gran parte de los conflictos que está causando la política de trasvases entre las distintas Comunidades Autónomas (por ejemplo, la lucha por el agua que mantienen los agricultores de Castilla-La Mancha, Murcia y Alicante, desde que comenzó a funcionar el trasvase Tajo-Segura).

Ahora bien, hay que señalar que la implantación de un mercado del agua en España, para que sea eficaz, debe ir acompañado de las menos limitaciones posibles, es decir, sólo las imprescindibles. Para que haya verdadero mercado las transacciones tienen que ser libres, bien entre usos iguales (intra-usos) o bien entre usos distintos (inter-usos). Tampoco tienen por qué establecerse límites geográficos al mercado del agua, siempre que sea técnica y físicamente posible, si bien puede experimentarse primero con mercados locales, en aquellas zonas donde sea necesario o donde haya habido ya experiencias (Valencia, Murcia, la zona del Ebro, etc.).

Ello no quiere decir que estemos ante un mercado «libre», sino regulado. El mercado del agua será siempre un mercado «regulado», porque no afectará a todos los recursos sino a una parte pequeña de ellos: aquéllos que no hayan sido intervenidos o reservados por el Estado, que tendrá siempre el poder y la responsabilidad de garantizar los intereses nacionales, en especial el abastecimiento a poblaciones y la conservación del medio natural. Asimismo, el Estado tendrá que evitar la especulación y las explotaciones desordenadas, fijando reglas y pautas, pudiendo llegado el caso suspender una transacción si considera que perjudica el mantenimiento del caudal ecológico, que sobreexplota un

---

[27] En este sentido se pronuncia D. Juan IRANZO en su exposición *El mercado del agua,* recogida en el libro «Los problemas del agua», IBERDROLA. Instituto Tecnológico, Valencia, 1995.

acuífero o daña considerablemente la pesca o fauna silvestre. Para ello se deberá notificar a la Administración, las transacciones que se vayan a realizar entre el titular del aprovechamiento de las aguas y el comprador.

Concluyamos, en definitiva, afirmando que los efectos positivos que supondría la implantación de un mercado de aguas en España serían mayores que los negativos, a la vista de los resultados favorables que se observan en experiencias propias y ajenas; por lo demás, existe, *de facto,* y funcionan mercados negros del agua en ciertas Comunidades Autónomas, que resulta conveniente legalizar cuanto antes.

CAPÍTULO VIII

PRIVATIZACIONES, LIBERALIZACIÓN Y REGULACIÓN ECONÓMICA. LA EMPRESA

LECCIÓN 27.ª

EL RETORNO A LO PRIVADO. ANTE UNA NUEVA ENCRUCIJADA HISTÓRICA *

SUMARIO: 1. INTRODUCCIÓN Y PLANTEAMIENTO DEL TEMA.—2. EL CRECIMIENTO IMPARABLE DEL ESTADO: 1940-1990.—3. EL MITO —Y EL PELIGRO— DEL ESTADO SOCIAL.—4. LA CRISIS DEL ESTADO SOCIAL: ¿ANTE UN VERDADERO *TOURNANT DE L'HISTOIRE*?—5. UN NUEVO MODELO DE PRESTACIÓN Y GESTIÓN DE LOS SERVICIOS.—6. PRIVATIZACIÓN: SU SIGNIFICADO Y SUS RAZONES.—7. PRIVATIZACIÓN Y MODELO DE REGULACIÓN.—8. PRIVATIZACIÓN ES, ESENCIALMENTE, DEVOLUCIÓN DE ACTIVIDADES A LA SOCIEDAD.—9. EL EJEMPLO DE SUECIA, MUY ILUSTRATIVO.—10. EL CAMBIO DE MODELO DE ESTADO EN LATINOAMÉRICA. UN PROBLEMA DE ESTABILIDAD INSTITUCIONAL.—11. LA CUESTIÓN SOCIAL Y LOS CORRECTIVOS AL MERCADO.

> «Incluso si el Estado fuese siempre sabio y benevolente con nosotros, sería triste orientar nuestras vidas hacia él...
>
> Una sociedad sana no debe asemejarse a un gran rebaño de gente bien alimentada. Antes bien, debe orientarse hacia el principio de que hay que dar a cada individuo el máximo posible de responsabilidad sobre su vida y el máximo posible de libertad para hacer frente a dicha responsabilidad».
>
> George J. STIGLER
> *Private Vice and Public Virtue*
> «The Journal of Law and Economics»

1. Introducción y planteamiento del tema

¡Ojalá vivas tiempos interesantes! Cuentan que esto no era una manifestación de buena voluntad, sino una maldición que los mandarines chinos formulaban a sus enemigos, conscientes de que una de las mayores causas de infelicidad entre los hombres es el enfrentarse a hechos y situaciones que no se alcanzan a

* Este texto fue inicialmente publicado en el «Anuario de la Facultad de Derecho de la Universidad Autónoma de Madrid», año 1999, páginas 19-35.

comprender. Si el interés de los tiempos se mide por la incertidumbre, no cabe duda de que los nuestros resultan apasionantes, quizás demasiado.

La crisis de convivencia política y de diálogo social por la que atraviesa nuestro país en los últimos veinte años (1990-2010), no es consecuencia (sólo) de la mala voluntad de algunos de sus protagonistas, sino, sobre todo, de una quiebra de las viejas reglas del juego político y económico, que son hoy incapaces de ahormar, de encauzar, los nuevos fenómenos del tiempo presente: un nuevo orden europeo y mundial (que emerge tras el hundimiento del universo comunista y al que hemos llamado globalización), un nuevo modelo de Estado y de gobierno (frente al centralismo tradicional), la necesidad de un modo más auténtico de representación política (hoy falseada en muchos países), un nuevo sistema de relaciones entre Estado y Sociedad y —*last but not least*— un nuevo modelo de regulación económica de los sectores estratégicos de nuestra sociedad, tradicionalmente configurados en un régimen cerrado, de monopolio/oligopolio, con frecuencia en mano pública.

España es un país que viene, desde muy atrás en la historia, configurado como una sociedad cerrada, con múltiples estamentos y organizaciones corporativas que tienen como finalidad fundamental protegerse a sí mismos. Durante los últimos años del régimen anterior se llevaron a cabo algunos intentos de liberalización, pero muy superficiales. La energía, la banca, los seguros y los mercados financieros (Bolsa, Bolsines), el sistema de transportes (terrestres, marítimos y aéreos), la siderurgia, la minería, la construcción naval, las telecomunicaciones y tantos otros sectores, estaban bajo control público, directo o indirecto. Todos gozaban de un mercado cautivo —el mercado español— que se repartían amigablemente. Y todo se desarrollaba con notables ineficiencias, con altos costes y bajo una «regulación protectora» de los que estaban dentro del sistema. Con la entrada en la Comunidad Económica Europea (hoy, Unión Europea), muchas de estas regulaciones tuvieron que ser revisadas, pero queda todavía mucho por hacer.

Por otro lado, la crisis financiera de los Estados modernos, consecuencia de un desbocado gasto social, con un galopante déficit público, dio lugar a un profundo desorden en la economía española, con crecimiento continuo de la deuda, efecto expulsión de la inversión privada y otros. Todo ello ha obligado a modificar ciertos aspectos del Estado social, considerados hasta ahora como intocables.

Estas circunstancias han hecho surgir la conciencia de que, en Europa, son necesarias profundas reformas, si queremos hacer frente a las exigencias de un mundo cada día más abierto, más global, menos resguardado, en que la competitividad y el buen hacer se nos aparecen como elementos decisivos. No hay día que pase sin que, en los medios de opinión, en el mundo de las organizaciones empresariales, en el foro político y, desde hace mucho tiempo, en el ámbito académico y universitario, se hable y se escriba sobre la necesidad de abordar profundas reformas estructurales que abran los mercados a la competencia y liberen las posibilidades de actuación de muchas iniciativas empresariales y sociales que se encuentran hoy asfixiadas o totalmente imposibilitadas para su desarrollo.

Se trata, en efecto, de un profundo cambio de orientación, que demanda dejar al margen ideas preconcebidas y asentadas durante decenios sobre el funcionamiento de los más importantes servicios públicos del país. La razón de este cambio es bien evidente. Será difícil que nuestros productos puedan competir, en Europa o en el mundo, si nuestras empresas agrícolas e industriales no encuentran una base de servicios y suministros, de energía, agua, transportes y comunicaciones, de cargas fiscales o laborales, de crédito y tipo de interés, equivalente a las que poseen nuestros competidores.

Ocurre, sin embargo, que, aunque conscientes de la insuficiencia del pasado, no sabemos muy bien cuál es el futuro. Y éste es justamente el objeto de las páginas que siguen: tratar de analizar los hechos y factores que nos han traído hasta aquí y, en base a ello, alumbrar en lo posible soluciones de futuro.

2. El crecimiento imparable del Estado: 1940-1990

Hace ahora medio siglo, un hombre poco sospechoso de socialismo escribía lo siguiente:

> «Mañana será misión del Estado asegurar por sí mismo el desarrollo de las grandes fuentes de energía, carbón, electricidad, petróleo; también de los principales medios de transporte, por ferrocarril, mar o aire, y de los instrumentos financieros sobre los cuales todo lo anterior descansa. Es misión del Estado elevar la producción metalúrgica al nivel necesario. Es misión del Estado disponer del crédito de la Nación para dirigir el ahorro nacional hacia las grandes inversiones y evitar que los grandes grupos de interés actúen en contra del interés nacional».

Este hombre se llamaba Charles de Gaulle y formulaba tal programa de actuación en una alocución de la Nación francesa en 1946.

Cuarenta años después, el Presidente del Adam Smith Institute, de Londres, Madsen Pirie, que tanta importancia tuvo en la política de privatizaciones inglesa, daba fe del resultado a que había conducido dicha política y escribía lo siguiente:

«En el año 1979, en Gran Bretaña, uno podía pasar todo el día sin tropezarse con la economía privada. Me despertaba por la mañana y abría mi huevo pasado por agua producido por el Estado, con un cuchillo de acero de fabricación estatal, recogía el correo estatal que llegaba con una semana de retraso y le daba los buenos días al basurero, que en ese preciso instante desparramaba la basura sobre la acera. Luego subía a mi coche fabricado por el Estado, llevaba a los niños al colegio estatal, dejaba a mi mujer en el hospital estatal y me iba a trabajar, para el Estado naturalmente. Con el teléfono, estatal, llamaba a una agencia de viajes estatal, para reservar un viaje en un avión fabricado por el Estado. Y de esta forma podía pasar toda mi vida sin que tropezase jamás con ese tipo de economía que realmente general el bienestar».

Este doble testimonio es el reflejo de toda una época que caracterizó a todos los países de la Europa occidental y a gran parte de Latinoamérica. Durante medio siglo, entre 1930 y 1980, el crecimiento del sector público fue espectacular. Por una serie de factores bien conocidos, entre los que podemos citar las políticas keynesianas del *fine tunning* (ajuste fino de la economía desde el Estado) y la consagración del Estado social o Estado del Bienestar, como mecanismo de prestaciones y de redistribución de la riqueza de gran estilo, tiene lugar en esos años una progresiva invasión del Estado en la economía. Ya no se limita a hacer posible el funcionamiento de la economía mediante la fijación de unas reglas del juego que garantice el mercado y las transacciones, sino que el Estado será el encargado de configurar el orden económico, de fijar precios, de asignar rentas, de garantizar prestaciones y, finalmente, de producir y gestionar, él mismo, bienes y servicios para todos.

De esta forma, a través de un proceso bien conocido que no puedo ahora entretenerme en describir, el hombre moderno del último medio siglo veinte, no solamente vive en el Estado, sino que *vive del Estado,* tal como Madsen Pirie nos lo acaba de describir. Se ha dicho alguna vez que el sistema era como una rueda dentada que sólo pudiera girar en una dirección, de modo que el tamaño del Estado fue aumentando inexorablemente, a medida que iba absorbiendo nuevas y nuevas tareas: la educación, la sanidad, la seguridad social y la atención a los ancianos, la vivienda y el suelo urbano, la cultura, los transportes, la industria eléctrica, la siderurgia y la minería, la construcción naval o el deporte. Todo pasaba por las manos del Estado, que lo gestionaba en muchos casos según un modelo administrativo-burocrático.

Y, lógicamente, cuando las prestaciones se convierten en públicas —esto es, se estatalizan— muchos de sus agentes se convierten en funcionarios: profesores, médicos, enfermeras, asistentes sociales, gestores e interventores de las empresas y organizaciones públicas que gestionan las prestaciones, todos quedan incorporados al aparato del Estado, que crece y crece sin cesar, reclamando cada día más dinero público. El gasto creciente reclama, a su vez, la exacción de altísimos impuestos, con los que financiar ese inmenso aparato burocrático y prestacional. Son conocidas las cifras de ese imparable crecimiento del gasto público, que como término medio se duplica en esos años: del 25%, que es la media europea en los años 30, al 50% del PIB en que hoy está la media de los países de la Unión Europea.

El ciudadano —comenta Ridley— queda en un tal sistema cada vez más empobrecido, cada vez más dependiente, cada vez más obligado a la servidumbre política hacia sus dueños, aquellos que lo proveen de servicios «gratis». Los ministerios que gestionan el llamado «gasto social» en sus diferentes modalidades se convierten en los grandes «benefactores» de grandes masas de población que han de acudir a la ventanilla pública para obtener los diversos productos: una vivienda, una plaza escolar para los niños, un viaje para los ancianos, una cama en un hospital, unas recetas para obtener los medicamentos, una beca para estudiar en la Universidad, el seguro de desempleo, una ayuda para el equipo de fútbol, una subvención para una exposición o para un concierto. Y así sucesivamente. El gasto público resulta incontenible y la inferioridad social del ciudadano frente al Estado, absoluta.

Éste era el modelo de Estado vigente en Europa a lo largo del siglo XX. En Gran Bretaña hasta los años de Margaret Thatcher y en otras partes del mundo (Latinoamérica, área del Pacífico, etc.) hasta los años 90. Es todavía el modelo de Estado que consagra la Constitución Española de 1978 y que se conoce con el nombre de Estado Social, Estado del Bienestar o Estado de la Procura Existencial. La expresión constitucional del mismo la encontramos en España en el Capítulo III del Título I de nuestra Ley Fundamental (artículos 39 a 52), según el cual los poderes públicos atienden a todo, responden de todo. Naturalmente, ello es sólo un buen deseo.

3. El mito —y el peligro— del Estado Social

Este Estado benefactor y providente presentaba, sin embargo, algunos peligros no pequeños. El individuo en manos del Estado traslada a éste la exigencia de seguridad y la garantía de su existencia, que antes le ofrecía su entorno más inmediato: su familia, su taller o su empresa, su asociación profesional, la mutualidad o la Iglesia. Hoy todo ello ha sido sustituido por el Estado, pero ¿qué ocurrirá cuando el Estado instrumente la dependencia que con él tiene el individuo como un camino de servidumbre? «Un Estado —escribe Forsthoff— que se aproveche de las necesidades sociales de los súbditos para aumentar su poder de dominación es en realidad un Estado total», es decir, totalitario, aunque se presente a sí mismo estructurado bajo una Constitución liberal presidida por la división de poderes, el principio de legalidad y demás artilugios del Estado de Derecho. Porque éste, en su formulación tradicional, sólo regula —y los Tribunales sólo controlan— al Estado que manda, prohíbe o permite, pero carece de normas eficaces para someter a derecho al Estado que ofrece sus favores, que otorga subvenciones, que financia u ofrece prestaciones.

Se me dirá que las funciones del Estado social son funciones de servicio no de dominio. Así es. Pero aquéllas se pueden instrumentalizar al servicio de los gobernantes y se convierten entonces en medios de dominación. «Sería un error —sigue diciendo Forsthoff— creer que en el Estado de Derecho se ha conseguido garantizar la completa separación entre dominio y funciones sociales. La tentación de dominar allí donde se ayuda, fomenta, o subvenciona, es demasiado grande para poderla resistir siempre, en el supuesto de que se deseara. El individuo, que conoce su dependencia del Estado, no está en situación de oponerle resistencia; y no lo está, en primer lugar, porque la constitución del Estado de Derecho, tal y como es hoy, no tiene normas protectoras frente a un tal comportamiento. En segundo término, porque tampoco el particular está animado de una voluntad de resistencia frente al Estado, a pesar de que en casos concretos tenga a su disposición instrumentos jurídicos idóneos. Con mucha frecuencia el jurista, cuyo consejo se recaba en estos casos, o en otros semejantes, experimenta que los afectados renuncian a recurrir bajo la idea de que una tal victoria jurídica sería una victoria pírrica, pues hoy es más sensato estar en buenas relaciones con el Estado, de quien se depende constantemente, que obtener justicia en un caso concreto. Se teme que el Estado tome represalias y con frecuencia encontrará ocasión para hacerlo, dada la complejidad de las leyes».

Todos los viejos mecanismos constitucionales y administrativos que integran eso que llamamos Estado de Derecho se ponen de nuevo a prueba en el «Estado social». Uno y otro son como el agua y el aceite, que no se mezclan, aunque estén juntos. A lo más, si los agitamos intensamente, parecerá que están compenetrados, porque algunos pequeños nódulos de aceite navegarán entre las aguas, pero, con el tiempo, cada uno volverá a su nivel. Análogamente —concluye el gran Profesor alemán—, «es imposible detectar el componente de dominio que entra en juego en la realización por el Estado moderno de las funciones sociales que tienen encomendadas... Quien recibe ayuda del Estado se siente dependiendo de él y está inclinado a plegársele. En consecuencia, la intensidad del dominio del Estado es incomparablemente mayor de lo que parece en la literalidad de los derechos fundamentales garantizados en las constituciones» [1].

No son éstas las únicas disfunciones que ese Estado benefactor y providente genera en el orden político. Conscientes de que en él es donde se libra la verdadera batalla de los intereses (recordemos que por sus manos pasa el 50% del PIB), los grupos sociales intentan conquistarlo y, si no pueden, tratan de comprar a sus servidores, que son quienes administran esas ingentes cantidades de dinero. Por otro lado, en la medida en que el poder político adquiere también poder económico, la libertad se ve amenazada, porque en sus relaciones con el Estado, lo primero que el ciudadano quiere es salvar sus intereses: que le otorguen una concesión, que le modifiquen unos precios, que le recalifiquen un suelo como urbanizable, que le adjudiquen un contrato o unos beneficios fiscales, que le suban la pensión, que le den una beca o le mantengan el subsidio de desempleo. Y así, fácilmente se está dispuesto a vender la libertad, a cambio de la seguridad o el favor económico que el Estado le presta. Este mercado (más bien diríamos «mercadeo») de influencia y poder a cambio de dinero, es una de las más grandes lacras de los Estados modernos y ha tenido manifestaciones escandalosas de corrupción, en los últimos años, en muchos países de Europa: desde luego en Italia, Francia y España, pero también en Gran Bretaña, donde ha sido factor determinante, entre otros, de algunas derrotas electorales. No digo que la corrupción sea una consecuencia necesaria del Estado social, pero sí afirmo que cuanto más dinero pasa por las manos de los políticos, más difícil es la austeridad y que éstos, en su conjunto, se mantengan íntegros.

4. La crisis del Estado Social: ¿ante un verdadero *tournant de l'histoire*?

Así pues, no es oro todo lo que reluce en el tantas veces alabado y deseado *Welfare State*. Y es el caso que, por razones ideológicas y también por razones económicas, estamos hoy en una nueva encrucijada histórica, en un verdadero *tournant de l'histoire*, que se manifiesta en toda Europa, en América —desde Canadá a la Tierra de Fuego— y en muchos países de Asia y el Pacífico. Hoy, los herederos del viejo general francés, cuyas palabras se recordaban en esta exposición, están lanzando —aunque sea a regañadientes— un amplio programa de privatizaciones. En Gran Bretaña, lo que va resultando difícil es encontrarse al Estado en la vida de los negocios. En España se está desarrollando en

[1] *Vid.* E. Forsthoff, *La previsión existencial en la edad técnica*, DA, Madrid, 1968.

estos momentos una política de privatización y liberalización de sectores económicos tradicionalmente en mano pública; y países que fueron en su día el paradigma de la socialdemocracia, como Suecia u Holanda, han llegado a las mismas conclusiones: que el Estado debe renunciar a muchas de sus actividades económicas y prestacionales. En este orden, Chile o Brasil han sido en Iberoamérica un ejemplo a seguir, con las salvedades que luego diré.

¿Es esto sólo un cambio de políticas o más bien estamos ante un cambio de ciclo histórico? Tengo para mí que no estamos ante uno de esos cambios de ciclo que periódicamente experimentan las economías, sino ante una quiebra, tanto en sentido literal (de ruptura) como jurídico (de incapacidad de pago de las obligaciones contraídas) del propio Estado social. No hay día que no se lea, en la prensa diaria o en las revistas especializadas, algún comentario crítico o escéptico sobre el «Estado del Bienestar». Y no hay país de la comunidad europea que no esté en estos momentos aprobando o preparando drásticos planes de ajuste en el gasto público y de reducción o limitación en las prestaciones sociales.

Ahora bien, frente a la crisis del Estado Social, no basta con decir: volvamos al Estado liberal, desregulemos la economía, privaticemos empresas y servicios, cortemos el gasto público, regresemos al Estado mínimo. Esto, aparte de ser irrealizable, sería un simplismo. En una sociedad industrial y urbana, muy compleja, como es la actual, el Estado no tiene más remedio que ser grande. Después del tremendo esfuerzo de privatizaciones llevado a cabo por los conservadores ingleses entre 1980 y 1990, la dimensión del sector público siguió estando en torno al 41% del PIB (en los años 30 estaba en torno al 25%) y volvió a aumentar 2 ó 3 puntos con el New Labor. Es inútil pretender ir más allá. He escrito antes de ahora que frente al engaño de la «utopía socialista», está el error de la «locura liberal», uno de los grandes peligros (a la par que un atractivo) del socialismo es su carácter utópico: la creencia en ese «hombre nuevo» marxista (trabajador, honesto, generoso, disciplinado, bueno, eficiente), de su «nueva sociedad». Ello, naturalmente, ha sido un sueño y no ha habido más que asomarse a los países del Este para comprobar el desastre al que les llevó tan ingenua (¿o cínica?) creencia. Ahora bien, hay que evitar, por nuestra parte, la «locura liberal», la locura de los que piensan que el Estado puede ser suprimido. El Estado no puede ser suprimido. El Estado está ahí para durar: no tiene sustituto. Lo que ocurre es que hay que estructurar y organizar el Estado de tal manera que cumpla su función de servicio al individuo, sin convertirse en aparato de dominación del individuo. Por eso he dicho recientemente que la cuestión fundamental con la que se enfrenta hoy una política liberal es decidir qué haremos con el Estado, cómo estructuraremos y organizaremos el Estado, para que éste no sea, a pesar de su poder, a pesar de su inmensa función social, a pesar de los tremendos recursos de que dispone, un sistema de intervención y control que acabe con la libertad.

Más concretamente, la cuestión a la que hay que responder es la siguiente: cómo conseguir que los servicios funcionen —los transportes, las escuelas, los hospitales, el suministro de agua, gas y electricidad, los teléfonos, el correo, las universidades, la asistencia a los ancianos, y tantas otras actividades sobre las que descansa la vida de las gentes— sin necesidad de crear un inmenso aparato burocrático que acaba asfixiando al ciudadano. Y ésta otra: cómo puede ordenarse ese conjunto de actividades básicas de una sociedad —el sistema bancario, la Bolsa, los seguros, el sistema energético, las telecomunicaciones, la política de suelo y vivienda y otros sectores llamados estratégicos— de forma que el ciudadano vea protegidos sus intereses, frente a los grandes operadores de estos sectores, sin que el poder político ejerza, sobre uno y sobre otros, esa especie de señorío feudal que hoy ostenta. Éste es el desafío.

5. Un nuevo modelo de prestación y gestión de los servicios

Nos encontramos en un nuevo comienzo, en el que hay que pasar de un modelo de gestión burocrática y monopólica de los servicios, a un modelo de oferta plural y gestión privada de éstos, devolviéndoles a los ciudadanos la libertad de elegir. Hoy se postula la actuación a través de empresas privadas y organizaciones no gubernamentales, capaces de asumir con mayor flexibilidad, con mayor eficacia y con mayor calidad, la satisfacción de las necesidades sociales (aunque sea, naturalmente, con financiación estatal, mixta: público-privada). Se cuestiona si es bueno que por las manos del Estado pase necesariamente dicha prestación o si, por el contrario, no sería mejor que el ciudadano pudiera organizase a sí mismo, agrupándose en colectivos capaces de proveer a sus necesidades, conjuntamente pero sin la dependencia del Estado. Es una rebelión contra lo que Margaret Thatcher llamaba «la cultura de la dependencia».

Se parte de la base de que cada uno sabe —mejor que el Estado— cómo gastar su propio dinero y que cuanto más dinero pueda guardar en su bolsillo tanto más libertad y más dignidad conservará; se entiende que no es bueno uniformar a todos bajo un mismo patrón y que hay que respetar las preferencias y los sacrificios que cada uno esté dispuesto a hacer para obtener mejor calidad en las prestaciones que recibe. Naturalmente que el Estado deberá atender dignamente las necesidades de aquellos que no quieran o no puedan —porque no tengan medios para ello— organizarse sus propios servicios, pero en ningún caso debe ser imperativo y obligatorio para el individuo el deber de acudir a unos servicios estatales únicos. Y además financiarlos, tanto si los recibe como si no. Aquellos que prefieran proveer privadamente a sus necesidades deben ver reducidos sus impuestos. Con esto no se afirma que todos los ciudadanos no deban pagar en proporción —progresiva— a sus rentas por la vía de los impuestos (entre otras cosas para cubrir el coste de quienes no pueden pagar por los servicios que reciben), pero sí que hay que permitirles gastar una parte de lo que les corresponde pagar, como ellos quieran. Esto es lo que Thatcher llamaba «una sociedad de propietarios», en la que frente al Estado del Bienestar se obtenga la «Sociedad del bienestar» (sobre el tema, más ampliamente, *vid.* Ariño, G., «Economía y Estado», Capítulo III, número III: *«La subsidiariedad como parámetro social»*).

Desde el punto de vista organizativo e institucional esto significa la sustitución del viejo modelo de Estado administrativo-burocrático, jerárquico, unitario, centralizado y gestor directo, por un nuevo tipo de Administración en la que una multiplicidad de organizaciones tanto gubernamentales como privadas y lo que se ha llamado alguna vez el «tercer sector» (público-privado), asumirían la gestión de servicios con financiación y control del Estado. Esto no es ningún invento, es sencillamente la vuelta al viejo sistema de la «concesión», el «concierto» o la «empresa mixta» como forma de gestionar privadamente actividades públicas. Es también la vuelta al viejo principio de subsidiariedad que hoy recibe nuevas formulaciones. Así, se habla como una de las características más importantes del Estado actual, su condición de «Estado contractual», apuntando a la utilización por el Estado de organizaciones privadas, con o sin ánimo de lucro, para el logro de sus fines públicos.

6. Privatización: su significado y sus razones

La palabra que resume hoy este proceso de cambio es una que hoy se repite por doquier: PRIVATIZACIÓN. Permítanme, antes de seguir, unas breves consideraciones sobre este concepto, que encierra significados y fenómenos diversos.

A) *Significado político*

Desde una perspectiva política, las privatizaciones pueden tener un *doble significado.* En primer lugar, hay privatizaciones que se insertan en un proceso de cambio de sociedad y de modelo de Estado, que son fruto de un cambio profundo de política. Responden a un nuevo enfoque filosófico-político de cómo debe ordenarse la vida social y, por lo tanto, son un instrumento más dentro de una tarea revisora de los fines del Estado, para la consecución de una sociedad más libre y más eficaz. Las privatizaciones, así concebidas, constituyen una verdadera revolución, pacífica y pausada, pero de tanta trascendencia como lo fue, por ejemplo, el cambio de funcionamiento del Estado tras la Revolución Francesa de 1789. A este significado responden, sin duda, las privatizaciones inglesas.

Hay, en segundo término, privatizaciones que tienen un significado diferente y se constituyen como un mecanismo técnico para conseguir dinero y obtener mayor eficiencia en la producción y prestación de bienes y servicios, que tienden a la consecución de una mejora en la estructura industrial de un país, guiadas por una finalidad puramente pragmática, sin llevar a cabo mayores planteamientos significativos de alternancia o de orientación política. A este segundo modelo responde, como es obvio, el caso de Francia o Italia.

Esta distinción conceptual o ideológica —lo que alguna vez se ha llamado privatizaciones «programáticas» frente a privatizaciones «pragmáticas»— no tiene demasiada trascendencia desde el punto de vista jurídico (ni práctico), de cómo llevar a cabo una privatización, y es cierto que uno u otro modelo no se dan en estado puro. En la mayoría de las experiencias comparadas hay una mezcla de ambas motivaciones. Y es que en el fondo y por debajo de todas las «razones» que se quieran dar, las privatizaciones suponen un profundo cambio en la concepción del Estado: suponen creer o no creer en el Estado como organización económica. El cambio queda resumido en estas palabras de Nigel Lawson, *ex* Ministro de Finanzas del Reino Unido:

> «Cuando accedimos al poder en 1979, la pregunta que nos hacíamos era qué razones había para privatizar una empresa determinada. Ahora, hay que preguntarse si existen razones para que una determinada industria permanezca en el sector público» [2].

B) *Perspectiva jurídica*

Desde un punto de vista jurídico, el fenómeno de las privatizaciones puede tener distintos significados, fundamentalmente estos tres:

a) Puede significar el traspaso o venta de *propiedades y empresas* del Estado a los particulares.

b) En segundo lugar, puede implicar la devolución de *tareas o servicios,* hasta entonces gestionadas por el Estado y encomendadas ahora a particulares, vaya acompañada o no de la venta paralela de la propiedad.

c) Finalmente, con esta expresión a veces se alude a la utilización, por el Estado, de formas privadas en el modelo de gestión. Es el fenómeno conocido

---

[2] Revista «Mercado», abril 23, 1990.

como «huida del derecho público» y asunción por el Estado de técnicas organizativas y funcionales, propias del mundo jurídico-privado.

Las dos primeras son manifestaciones de este cambio histórico del Estado que estamos comentando. La tercera es una falsa privatización, que apunta justamente a lo contrario: a una expansión de los fines y tareas del Estado, «disfrazando» a éste de persona privada y liberándolo de los procedimientos y garantías del derecho público. Éste es un camino peligroso, pues constituye la negación y antítesis del Estado de Derecho. Sobre este tema —al que no me puedo ahora referir— realicé hace algún tiempo un estudio para la Fundación del Banco Bilbao-Vizcaya (BBV), publicado en sus Cuadernos de Economía Pública, al que me remito [3].

C) *Justificación económica*

Desde el punto de vista económico y financiero, las razones en que se apoyan ambas modalidades de privatización son éstas:

a) *Razones económicas.* La realidad ha demostrado que los costes de las empresas públicas son, en general, mayores que en la empresa privada. E incluso ha demostrado que las propias empresas públicas funcionan con mayor rigor y exigencia si están participados por capital privado, ante el que tienen que rendir cuenta de su gestión (especialmente si cotizan en los mercados de valores), que si son íntegramente públicas. De ahí que la razón fundamental en la que se apoyan las privatizaciones es la búsqueda de una mayor eficiencia en las empresas. Sobre ello, existe ya un cierto consenso, especialmente si al cambio de propiedad le acompaña la introducción de la competencia y el mercado en las actividades privatizadas (sobre esto volveré enseguida).

b) *Razones financieras.* Las privatizaciones permiten también reducir el déficit público y contener, al menos, los gastos que la empresa pública genera, de cuantía considerable, como hemos demostrado en otra ocasión [4]. Con los ingresos obtenidos por la venta total o parcial de las empresas públicas, los Estados pueden amortizar parte de su deuda, reducir el pago de los intereses que ésta genera, y disminuir la presión fiscal a los contribuyentes durante algún tiempo. También la privatización del sector público trae consigo una expansión de los mercados de capitales y una difusión del capitalismo popular. Este segundo tipo de razones —recaudatorias— han operado de modo muy

---

[3] *Vid.* Gaspar ARIÑO y Lucía LÓPEZ DE CASTRO, *¿Privatizar el Estado? Un retroceso en el camino de la Historia,* Fundación BBV, «Cuadernos de Economía Pública», 1994, 73 páginas.

[4] *Vid.* G. ARIÑO y L. LÓPEZ DE CASTRO, *Coste y financiación (privilegiada) de las empresas públicas,* «Presupuesto y Gasto Público», 1996.

eficaz en Italia o en España, a la hora de decidir privatizaciones, aunque es evidente que esto es algo coyuntural y momentáneo: el precio de venta no es otro que el valor actualizado de los beneficios esperados, sin que ello suponga la obtención de recursos adicionales en un marco plurianual. Es —se ha dicho alguna vez— como «vender la plata de la familia». Esto, cuando estamos ante empresas rentables, porque si lo que se espera son pérdidas, las privatizaciones no dan dinero, sino que cuestan dinero.

En definitiva, la verdadera razón, la de mayor peso, es que la privatización puede mejorar la eficiencia de las empresas, reducir la carga que éstas suponen, antes o después, para el Estado y contribuir a un mayor dinamismo de la economía nacional. Esto es algo empíricamente demostrado cuando se trata de empresas que actúan en sectores competitivos.

7. Privatización y modelo de regulación

Sin embargo, cuando se trata de empresas que desarrollan su actividad en sectores no competitivos, esto es, cuando la empresa o el sector presentan características de monopolio u oligopolio organizado, la consecución de estos efectos beneficiosos requiere una segunda condición: el cambio del modelo de regulación. En efecto, el viejo modelo de regulación conocido como *«cost plus»*, que otorga derechos de exclusiva y viene a sustituir al mercado, crea en las empresas, tanto si son públicas como privadas, factores de ineficiencia. En mayor o menor medida se generan en las empresas privadas situaciones muy parecidas a las que habitualmente engendran los vicios de la empresa pública: objetivos contradictorios, entorno socio-político, pérdida de autonomía, inflación de plantillas, alto endeudamiento y una creciente dependencia gubernamental, cuando no una verdadera invasión de la gestión por parte del regulador. Todo ello hace que la responsabilidad sobre la marcha de la empresa se desplace, en el fondo, al Estado (al aparato político-regulador), que es justamente la causa fundamental de las ineficiencias de la empresa pública. Sólo si la privatización se acompaña, en estos casos (energía, transporte, telecomunicaciones, abastecimiento de agua, etc.) de regulaciones que hagan posible la competencia, la privatización de estas actividades supondrá un aumento de eficiencia empresarial. Todo depende de la calidad de la regulación. Ésta es, ciertamente, la clave de la eficiencia empresarial en todos estos sectores disciplinados, que hasta ahora se han desarrollado, con empresa pública o privada, bajo el esquema de derechos de exclusiva (monopolio legal) y una regulación según el modelo del *cost plus.* Esto es justamente lo que hay que cambiar, al mismo tiempo que se privatizan las empresas; y a ello nos referiremos ampliamente en las lecciones siguientes.

8. Privatización es, esencialmente, devolución de actividades a la sociedad

Con ello, desembocamos en lo que es el sentido más profundo del concepto de privatización: aquél que supone un verdadero replanteamiento de los fines del Estado, una reconsideración de lo que hasta ahora han sido consideradas *tareas públicas.* Lo cual puede realizarse a dos niveles:

a) *Manteniendo la reserva o titularidad sobre el servicio o actividad a favor del Estado, pero privatizando su gestión.* En este caso, aun reconociendo que ésta sigue siendo una «tarea pública» (por ejemplo, la sanidad, la educación universitaria, la provisión de agua, gas y electricidad, el transporte ferroviario o el transporte urbano, etc.) el Estado no asume directamente la prestación del servicio sino que lo contrata con empresas privadas para que éstas lo gestionen, o incluso para que realicen o lleven a cabo determinadas actividades auxiliares o complementarias del servicio principal. Éste lo podría producir el Estado internamente, pero prefiere acudir a su provisión «externa» (es lo que los ingleses llaman *contracting out policy*).

Como es sabido, las actividades económicas denominadas *servicios públicos* han sido objeto de una declaración de publificación previa mediante ley formal en la que se señala que la actividad en cuestión pertenece al quehacer del Estado, que la asume en exclusiva, eliminando por tanto aquel sector económico la libertad de empresa. Según el modelo latino de servicio público las actividades calificadas como tales no pueden gestionarse si no es mediante una concesión administrativa, la cual es la transferencia de una actividad originariamente estatal a un particular al que se le otorga un título de entrada en ese campo. En el mundo anglosajón estas actividades se denominan *public utilities* y están sometidas, por su condición habitual de monopolistas, a una regulación interna y detallada, sin cuestionarse si la actividad pertenece al ámbito del Estado o de la sociedad. De ahí que no exista el instituto jurídico de la «concesión», que es sustituida por lo que llaman *franchise* o *license,* bajo un régimen jurídico muy parecido.

b) Pero existe otro grado de privatización todavía más importante, que podríamos denominar la *despublificación,* es decir, la *devolución de la tarea a la sociedad,* dejando ésta de ser de titularidad pública. Ello se consigue llevando a cabo una revisión de la necesidad pública que inspiró su *publicatio.* El sector de las telecomunicaciones, el de la radiodifusión y televisión, el de los carburantes derivados del petróleo, han sido ejemplos muy patentes de esta segunda modalidad en los últimos años. A ellos podríamos añadir hoy, en algunos países, el sector del gas y electricidad, el transporte aéreo, el correo, la sanidad o la enseñanza universitaria, cuya naturaleza «pública» está puesta hoy en tela de juicio.

A la primera de estas dos subespecies de devolución de tareas a la sociedad se le ha llamado *privatización organizativa* (la tarea sigue siendo pública, pero la gestiona un sujeto privado); a la segunda se le califica de *privatización funcional* (la tarea deja de ser pública y queda abierta a la iniciativa privada).

Es en este terreno donde se juega hoy el desafío al Estado del Bienestar o Estado Social. Porque privatizar es, ante todo, replantearse los fines y tareas del Estado, reservando a éste aquello que constituye su objeto esencial y devolviendo a la libre iniciativa privada —a los ciudadanos y las organizaciones sociales, como un derecho inherente a sus libertades— la realización de muchas tareas y empresas que fueron absorbidas por los poderes públicos, pero que nada tienen que ver con la soberanía. Y es que privatizar es, ante todo y esencialmente, liberalizar, esto es, devolver al ámbito de la libertad lo que se había sustraído de ella. La cuestión no está en decidir si ha de haber más o menos servicios, sino en replantearse los mecanismos, los medios, los procedimientos a través de los cuales éstos deben ser satisfechos. Nadie pone en cuestión los fines esenciales del Estado; y tampoco los no esenciales pero que han sido incorporados a la responsabilidad de éste. Nadie pretende, seriamente, la vuelta al «Estado mínimo», pero todo el mundo coincide en que el viejo modelo burocrático de Estado del Bienestar no se puede seguir manteniendo como hasta ahora.

Ese Estado asistencial está hoy en una profunda crisis y el mejor ejemplo de ello es Suecia, antaño, para muchos, un ejemplo a imitar.

9. El ejemplo de Suecia, muy ilustrativo

Durante décadas, Suecia fue un país admirado por los niveles de bienestar que el Estado había conseguido ofrecer a sus ciudadanos. Los sucesivos Gobiernos socialistas que habían asumido la dirección del país durante más de 40 años, con un ligero intervalo a mediados de los años 70, eran un ejemplo para todas las fuerzas de izquierda con convicciones democráticas. Frente al terrorífico socialismo real, el modelo sueco aparecía como un «socialismo de rostro humano», como esa «tercera vía» entre capitalismo y comunismo.

El modelo económico sueco se caracterizó por el mantenimiento formal de una economía de mercado basada en la iniciativa privada empresarial. No se llevaron a cabo nacionalizaciones de empresas (al menos hasta 1976 en que, curiosamente, un Gobierno de derechas se vio obligado a nacionalizar algunas empresas), pero el Estado asumió una redistribución masiva de rentas y la prestación pública de toda clase de actividades y servicios que cuidaban del ciudadano desde la cuna hasta la sepultura. Ello obligaba a la exacción de inmensas cantidades de dinero con los más altos impuestos jamás conocidos en sociedad alguna. El tipo marginal del impuesto sobre la renta llegó a alcanzar el 75% y el impuesto de sociedades en cerca del 50%.

Pero a partir de los años 80, el modelo sueco entró en una etapa de deterioro creciente: pérdida de competitividad de su industria, baja productividad, fuerte devaluación de la corona, inflación y desequilibrio externo. Como causas últimas de este deterioro se han señalado un sistema fiscal penalizador del ahorro, desincentivador del trabajo y de la productividad, un inmenso gasto público que exigía el sistema de prestaciones sociales, altos crecimientos salariales exigidos por unos sindicatos poderosos que se financiaban mediante contribuciones forzosas y una relajación general de las políticas de rentas, que provocaban continuos aumentos de costes y pérdida de competitividad en los mercados mundiales.

Por otro lado, tampoco el sistema de prestaciones sociales, progresivamente burocratizado, resultaba satisfactorio: la pérdida de calidad de la enseñanza era notoria, las listas de espera para obtener una atención sanitaria especializada crecían continuamente. Los análisis de costes y eficiencia que bajo el impulso de la Federación de Industrias Suecas, se llevaron a cabo en los sectores de sanidad, educación, transportes, fueron desoladores: el gasto crecía inusitadamente (Suecia gastaba aproximadamente 7.000 dólares anuales por alumno) y obtenía unos mediocres resultados. En sanidad, los análisis efectuados demostraron que el continuo aumento de coste de los servicios no se destinaba a la atención del enfermo sino, en una grandísima proporción, a gastos burocráticos y de gestión de la inmensa maquinaria que la sanidad pública había engendrado.

No puedo entrar ahora en más detalle en el análisis de la experiencia sueca. Baste decir que la cuestión que se ha suscitado en estos momentos —en Suecia y en otros países europeos— es más o menos la siguiente: ¿resulta compatible el Estado de bienestar social, en los niveles alcanzados, con una economía de mercado en libertad, competitiva y abierta a los mercados mundiales? Probablemente, no. Los economistas, desde hace años, vienen insistiendo en que no se puede mantener semejantes niveles de gasto público, que generan déficits imposibles de financiar. Si se monetizan, generan inflación; si se cubren con impuestos, dañan la inversión; si se financian con deuda, elevan los tipos de interés en perjuicio de la inversión privada. Y en todos los casos se produce el efecto expulsión *(crowding out)* de la iniciativa privada. Por lo demás, la excesiva e indiscriminada protección mata los incentivos para el ahorro y el esfuerzo.

El Estado del Bienestar sueco ha sido un ejemplo de esta incompatibilidad. Se había construido en una época de extraordinaria prosperidad, entre 1960 y

1975, en que el sector público creció en Suecia casi 40 puntos (pasó del 30% del PIB a más del 65%). La publificación de actividades y servicios, la presión fiscal y la estructura de un mercado de trabajo superprotegido por unas poderosas organizaciones sindicales, ayudadas continuamente por el Gobierno, dieron lugar a tales rigideces en la economía (regulaciones, inflación, costes laborales altos, impuestos, absentismo, falta de productividad, pérdida de ahorro, ausencia de incentivos, etc.) que al llegar a momentos de crisis (1976 a 1979) y al abrirse a la competencia de los mercados mundiales (1982-1992), han resultado muy difíciles de corregir. La consecuencia ha sido la huida de capitales y personas en busca de mejores entornos para invertir y trabajar. Y eso que Suecia es un país con técnicos de primera clase y trabajadores especializados excelentes.

El mayor empresario de Suecia, Peter Wallenberg, cuyo grupo empresarial tiene medio millón de empleados, denunciaba a comienzos de 1992 que impuestos altos, *pérdida de productividad* motivada por el Estado burocrático (en Suecia había más funcionarios que empleados en la industria) y una *pérdida en el sentido de responsabilidad* en la gente (el Estado se hace cargo de todo), eran problemas a los que había que poner remedio cuanto antes. El Estado del Bienestar amenazaba, según él, la dinámica económica, porque el sistema necesita más ingresos de los que la economía podía proporcionar [5]. Algo de esto le sucede hoy a Alemania (y también a Francia), que no saben salir de ese empantanamiento en que el llamado Estado del Bienestar les ha metido.

Por otro lado, a medida que fue pasando el tiempo, la gente empezó a sufrir las consecuencias de todo ello. La libertad individual de elección y satisfacción de sus necesidades había quedado radicalmente limitada por el sistema público y uniforme de servicios sociales, educativos y sanitarios en los que el sector público había establecido un monopolio de hecho, lo que había dado lugar a una pérdida progresiva de calidad en su prestación. Los ciudadanos se encontraron atrapados y sin alternativa. Las clases medias, sobre todo, se veían sin futuro alguno y terminaron por evadir el capital que pudieron reunir. La «tercera vía» resultaba para ellos una trampa, un callejón sin salida, lo cual, muy probablemente está determinando la pérdida de confianza de la gente en ese modelo de Estado.

---

5 *Vid.* declaraciones al diario «El País» de 1 de marzo de 1992.

10. El cambio de modelo de Estado en Latinoamérica. Un problema de estabilidad institucional

El cambio de modelo de Estado que ha quedado descrito ha tenido también importantes manifestaciones en la América Latina de los años 90. La década de los 80 fue para muchos países iberoamericanos una década de pérdida. Se desencadenó la crisis de la deuda, varios países atravesaron situaciones políticas delicadas, se cerraron sobre sí mismos y nacionalizaron sus recursos, se acudió a la propiedad pública y a subsidios generalizados como forma de sobrevivir, la inversión se derrumbó y la inflación alcanzó cifras de cuatro y cinco dígitos. En fin, la renta media per cápita descendió un 11% respecto a la de los años 70. Sólo Chile fue una excepción a este proceso.

Frente a esa triste experiencia, en los últimos años se han desarrollado procesos de transformación muy profundos en muchos países iberoamericanos, en Brasil, Perú, Colombia y antes también en Argentina, donde luego han experimentado algunos retrocesos. Tengo para mí, como ya he dicho, que no estamos sólo ante un cambio de política económica, sino ante un cambio cultural, que se aprecia en las actitudes y convicciones de los individuos; un cambio que ha penetrado hondamente en las estructuras, en las conciencias y en las gentes, de modo que, a pesar de las dificultades y frustraciones, nadie piensa en volver atrás. Ahora bien, éste es, todavía, un proceso inacabado. Los nuevos marcos regulatorios aprobados para los sectores privatizados necesitan hacerse realidad, desarrollarse y aplicarse con fidelidad a su letra y a su espíritu, y ello requiere un marco institucional adecuado.

Si se quiere mantener un desarrollo sostenido de la inversión y generar confianza en los mercados de capitales, hay que ofrecer seguridad, liquidez y una expectativa de rentabilidad razonable a los inversores. Para ello, hay que acompañar las reformas iniciales de un marco jurídico e institucional en el que se haga realidad el nuevo modelo de regulación. Esto no es fácil: requiere elaborar una doctrina y una cultura que asiente ciertas ideas, que cree una *communis opinio* sobre lo fundamental, que configure un ente u organismo regulador adecuado.

Lo esencial de una sociedad —lo que la hace rica y próspera— no son sólo, ni fundamentalmente, sus recursos naturales, que Latinoamérica posee en abundancia, sino eso que podríamos llamar su *civilidad;* los indicadores económicos (balanza de pagos, tasa de ahorros e inversión, etc.) son importantes, pero lo esencial de una sociedad es cómo se organiza, cómo se gobierna, cómo se regula y cuáles son —en función de ello— los hábitos de comportamiento de sus gentes. Eso es lo importante y eso es lo que caracteriza a una sociedad moderna. Después, los problemas económicos vendrán, pero todos tienen solución si aquello está consolidado.

Pues bien, en este orden, los países latinoamericanos, aunque en medidas muy distintas tienen un camino claro por recorrer, que pasa por estas tres exigencias:

a) Recuperar la normalidad en la vida político-administrativa.

b) Construir una función pública profesional e independiente, reducida y bien preparada, de acuerdo con el principio de mérito y capacidad.

c) Dotar a la actividad económica, especialmente a los sectores privatizados y regulados, de un sistema institucional que dé confianza y seguridad jurídica a las inversiones. Y como primer y fundamental elemento de ese sistema institucional, junto a los Entes reguladores, resultan absolutamente imprescindibles unos Tribunales de Justicia independientes, capaces, bien preparados. Ellos son, en un Estado de Derecho, la última *ratio.*

11. La cuestión social y los correctivos al mercado

No quisiera terminar esta exposición sin hacer una referencia al problema social que estas transformaciones en muchos casos generan. La experiencia de algunos países que he citado lo pone de manifiesto. En el corto plazo al menos, las transformaciones no se hacen sin costes. El desempleo crece, la vida es cara y los salarios bajos, se crean bolsas de marginación, las pensiones y ayudas, en algunos casos, están en niveles de subsistencia. Todo esto no puede ignorarse y hay que atender a ello por varias razones: a) en primer lugar, *por un imperativo ético:* no parecen aceptables esas tremendas desigualdades que a veces se generan tras los procesos privatizadores: mientras unos hacen grandes negocios y mucho dinero, otros caen en el abandono y la marginación; b) en segundo lugar, por una *exigencia política:* de otro modo, las tensiones que se puedan generar en algunos países pueden ser un detonante que dé al traste con la estabilidad política que las reformas económicas requieren; y c) finalmente, por una *razón también económica:* la calidad de los recursos humanos, la mejora de la formación profesional, la innovación tecnológica y la mejora de las condiciones laborales son condición necesaria para aumentar la productividad y la capacidad de competir internacionalmente. Ahora bien, ello requiere un mayor gasto, básicamente en tres campos: educación, salud y protección social. Y es que, en definitiva, el sostenimiento económico requiere al mismo tiempo, para ser duradero, el progreso social. Todo esto, obviamente, no es algo que se pueda hacer en pocos meses; requerirá tiempo, pero hay que empezar y la gente tiene que saber que se está en ello. De otro modo, los demagogos políticos y sindicales surgirán y se presentarán falsamente como los salvadores de jubilados, estudiantes, docentes o desempleados. Y en lugar de discutir los temas racionalmente, los llevarán a las calles y las plazas.

El Estado liberal no puede desentenderse de las necesidades de las gentes, que necesitan un poco de humanidad, de justicia y compasión, cualesquiera que sean las «culpas» —por llamarle así— de los necesitados. En el actual estado de nuestra civilización, no se puede aceptar la miseria, el abandono, la marginación e inseguridad en las calles, al tiempo que se producen fenómenos de rápido enriquecimiento —y aun de opulencia— en las capas altas de la sociedad. Los buenos negocios, en estos últimos años, han proliferado en el Reino Unido, en Chile o en Argentina; el sector servicios ha crecido espectacularmente y los beneficios generados también. Todo esto es bueno, pero hay que proveer al mismo tiempo los necesarios correctivos al mercado para, sin matar la gallina que pone los huevos, proveer a las necesidades —fundamentalmente, educación y sanidad— de quienes no tienen.

LECCIÓN 28.ª

SEGURIDAD JURÍDICA, INSTITUCIONES REGULADORAS Y RENEGOCIACIÓN DE LOS CONTRATOS *

SUMARIO: 1. INTRODUCCIÓN.—2. LOS SERVICIOS BÁSICOS Y LAS INFRAESTRUCTURAS: CARACTERÍSTICAS ESTRUCTURALES.—3. INCENTIVOS PERVERSOS EN ESTE PROCESO.—4. SOBRE LOS PRINCIPIOS DE LA REGULACIÓN, EL PROCESO REGULATORIO Y SU MARCO LEGAL.—5. TODA REGULACIÓN ES UN CONTRATO, NO ES UN ACTO DE PODER UNILATERAL.—6. LAS INSTITUCIONES EN QUE SE ASIENTA LA SEGURIDAD JURÍDICA.—7. LA REACTIVACIÓN DE LAS INSTITUCIONES.—8. LA SEGURIDAD JURÍDICA DE LOS USUARIOS (ACTUALES Y FUTUROS).—9. LA SEGURIDAD JURÍDICA DE LAS EMPRESAS.—10. LA ASEQUIBILIDAD DE LA PRESTACIÓN: SERVICIO UNIVERSAL Y SERVICIO DE MERCADO.—11. RECAPITULACIÓN Y CONCLUSIONES. LO REALMENTE IMPORTANTE ES EL RESPETO DE LOS CONTRATOS.

1. Introducción

El tema de la seguridad jurídica en los servicios públicos —tanto en el tradicional como en el nuevo servicio público— ha constituido siempre un *punctum doliens* de su régimen jurídico, especialmente en los países en desarrollo. Autoridades y líderes políticos, tanto españoles como iberoamericanos, han reiterado en los últimos días su voluntad de garantizar la seguridad jurídica de las empresas e inversiones privadas que se lleven a cabo en su país [1]. Y efectivamente, es momento oportuno para insistir en esta cuestión, porque, como se subraya en un reciente informe del Banco Mundial, finalizado el proceso de privatizaciones y liberalizaciones de los años noventa, ha de acometerse una segunda generación de reformas regulatorias, destinada a mejorar el as-

* Este texto constituyó originariamente la conferencia dictada por su autor en la Universidad de Cuyo (Mendoza, Argentina) en marzo de 2005. Se publicó a continuación en el libro ARIÑO-CASSAGNE, *Servicio Público. Regulación y Renegociación,* Lexis-Nexis, Buenos Aires, 2005.

[1] El Presidente Toledo, del Perú, lo dijo abiertamente en su visita a Madrid: personalmente otorga máxima prioridad a la seguridad jurídica de las empresas privatizadas, lo que permite disminuir el riesgo país y atraer inversiones internacionales. El Presidente argentino Kirschner, ha dicho lo mismo en su gira por los EE.UU. con la que ha tratado recientemente de reconquistar la confianza de los inversores; también en el interior, con motivo de los últimos acuerdos obtenidos en el proceso de renegociación de los contratos de las empresas privatizadas, ha declarado con orgullo que *«Argentina se va haciendo previsible»*. En esta línea hay dos proyectos de ley en marcha en este país, uno sobre *«Régimen Nacional de Servicios Públicos»* y otro con una nueva ley de telecomunicaciones, destinados a «juridificar» el comportamiento de las autoridades argentinas. Cuando estas líneas se escriben, estos dos proyectos no se han hecho públicos oficialmente y por lo mismo no me referiré aquí a ellos.

pecto institucional de la ordenación de los grandes servicios públicos, que ha sido relativamente marginado en la etapa anterior [2].

También las instituciones multilaterales como el BID o el FMI vienen insistiendo una y otra vez en la necesaria estabilidad jurídica para la normalización de sus relaciones con los países de la región. Y los medios de comunicación se refieren continuamente a esta cuestión reafirmando la importancia de asentar en cada país un marco legal fiable. *«El concepto "seguridad jurídica"* —se leía recientemente en el diario La Nación, de Buenos Aires— *se usa para calificar el grado de respeto por la ley (y por los contratos, que son ley entre las partes) que ofrece un país a sus ciudadanos y a la comunidad internacional. Seguridad jurídica es sinónimo de respeto por las instituciones y es un reclamo de los inversores»* (Álvarez Trongé, M., *Seguridad jurídica*).

Y es que, por circunstancias que no es ahora el momento de analizar, ha vuelto a surgir un problema de desconfianza de la población (y por tanto de los políticos) respecto de los servicios públicos privatizados en los años noventa [3]. Y, a la inversa, un problema de inseguridad de éstos (al menos, así lo perciben las empresas) respecto del futuro de sus inversiones.

Una y otra visión de la situación ha hecho que las concesiones de servicios públicos procedentes de las privatizaciones se contemplen hoy en algunos países con desconfianza y se califiquen como *«renegociables»*. Es una idea extendida por toda la región. Por renegociar se entiende, para unos, aplicar más obligaciones a las empresas gestoras y reducir tarifas a los usuarios; y para otros, reafirmar el equilibrio económico de sus concesiones y recuperar las garantías de su inversión. Tanto unos como otros hablan de incumplimiento de los términos concesionales; unos (las empresas) en cuanto a los niveles tarifarios, otros (las autoridades) en cuanto al nivel de inversiones realizadas. El resultado es que la conflictividad jurídica ha aumentado espectacularmente en los últimos años [4].

---

[2] Un reciente estudio del BANCO MUNDIAL, *Reforming Infrastructure. Privatization, Regulation, Competition* (Ioannis N. Kessides, 2004).

[3] Al entusiasmo por las privatizaciones de esos años, le ha sucedido la decepción. Las encuestas de opinión son concluyentes al respecto. En Argentina, por ejemplo, la pregunta *«¿Diría usted que es mejor un país donde la mayor parte de las cosas las hacen las empresas del Estado o las empresas privadas?»*, era respondida en 1992 con un rotundo 65% de la población favorable a la privatización y sólo un 20% a la estatalización, mientras que, diez años después, en 2002, los porcentajes se han invertido: el 60% se muestra favorable a las empresas públicas y sólo el 30% defiende a las privadas. Esto es lo contrario de la experiencia universal, pero es así.

[4] Sirva de muestra el número de conflictos planteados ante la Corte Internacional de Arbitraje, que en el caso de Argentina ascendía a veinte casos pendientes a mediados de 2003, cuando el país que le sigue en número de conflictos tiene tres.

La consecuencia inevitable de este aumento de la desconfianza y de la conflictividad es la contracción —cuando no paralización— de las inversiones. Esto sucede en casi todos los sectores regulados: agua, energía, transportes, y también en las telecomunicaciones, que entraron en una crisis global en la primavera del 2000 a raíz del pinchazo de la *«burbuja tecnológica»*. En este último sector, las empresas no han detenido totalmente el proceso inversor —las redes de telefonía móvil (celulares) han seguido creciendo— pero disminuyeron su ritmo. Todo ello constituye una señal de alarma para muchas autoridades iberoamericanas, temerosas de un descenso de la actividad en sus países, que se produciría en un momento delicado para la región. Las acusaciones recíprocas de incumplimiento no conducen a ninguna parte, pero en todo caso ponen de manifiesto la necesidad de reconstruir el marco legal de relación entre concedentes y concesionarios de los grandes servicios públicos nacionales. Es preciso restaurar la seguridad jurídica de las inversiones.

Yo no me voy a pronunciar ahora sobre los proyectos de reforma del marco legal que están actualmente en marcha (en Argentina y en otros países), pero sí les voy a ofrecer algunas ideas y conclusiones a las que personalmente he llegado después de estudiar estos temas durante bastantes años.

2. Los servicios básicos y las infraestructuras: características estructurales

2.1. *Empresas intensivas en capital, con tendencia al monopolio*

Los servicios básicos se prestan habitualmente sobre infraestructuras de red, continuas (como las redes eléctricas o gasistas, las autopistas o los ferrocarriles) o discontinuas (como los aeropuertos o los puertos). En ocasiones, como ocurre con las telecomunicaciones, son redes combinadas de telefonía fija o móvil, terrestres o satelitales, por cables o por ondas, que constituyen no obstante un sistema unitario.

Pues bien, este tipo de industrias ofrece las siguientes características [5].

1) Exigen cuantiosas inversiones, que requieren largos plazos de amortización.

2) Una vez hecha la inversión inicial, el coste adicional o «marginal» de suministrar una nueva unidad será bastante pequeño, lo que ofrecerá grandes

---

[5] *Vid.* sobre el tema, CONTHE, M., *Inversiones en infraestructura y riesgo regulatorio,* en «Universia Business Review», 2004.

economías de escala y una tendencia al monopolio/oligopolio, protagonizado por grandes empresas.

3) Son actividades esenciales para la vida social, tanto para el bienestar individual (que depende del buen funcionamiento de unos servicios) como para el desarrollo de la actividad económica (que depende en una parte importante de la eficiencia de aquéllos: energía, transporte, comunicaciones).

2.2. *Empresas «publificadas» en una u otra forma*

Durante muchos años, estas características de las empresas gestoras de los grandes servicios públicos llevó a los Estados a asumir tales actividades como propias por su carácter «estratégico»; se entendía que por múltiples razones —la seguridad nacional incluida— no convenía dejar estas industrias en manos ajenas. Y estos sectores, o bien se nacionalizaron, o bien se declararon, por ley, reservados al Estado (acto de *publicatio*) y se otorgaban en concesión a empresas privadas, sobre las que se ejercía toda clase de poderes de intervención. El control del Estado sobre ellas era casi igual al que ejerce sobre sus propios servicios (potestad *doméstica*).

Pero en los últimos quince años, el panorama ha cambiado por completo. Por una serie de razones que no es éste el momento de analizar, el Estado se está retirando en todo el mundo de la gestión empresarial, que se ha demostrado, en general, muy ineficiente. Por otro lado, muchas de las razones que en su día aconsejaron la nacionalización han desaparecido y el extraordinario gasto social, que pesa de modo creciente sobre las Haciendas Públicas ha obligado a éstas a acudir al capital privado, que venga a aliviarle de este peso. La conclusión se impone por sí sola: si los servicios públicos requieren grandes inversiones, si hay capital disponible en los mercados internacionales y escasea en cambio el capital público, la solución es obvia: admitamos empresas capitalistas para los servicios públicos, regulando éstos de modo que cumplan su fin.

Un servicio público en concesión es, en esencia, *un capital adelantado* al servicio de la comunidad, gestionado por su dueño, bajo la supervisión de la autoridad pública. Como en todo tipo de empresa, los dueños del capital controlan la gestión, lo cual, en los servicios públicos, es sólo admisible si los objetivos económicos de la empresa y la satisfacción de las necesidades sociales esenciales, que el servicio cubre, se hacen compatibles. Para ello algunas de las principales determinaciones de la gestión (el *«estatuto del servicio»*, con los derechos de los usuarios y las obligaciones del gestor) se fijan y supervisan por la autoridad pública. La relación entre el titular del capital y la comunidad (representada por el Estado, la Provincia o el Municipio) es un *contrato de gestión de servicios* (concesión, licencia singular o como se llame). Esta relación genera una continua interdependencia entre las partes titulares del contrato, lo que exige de ambas un constante espíritu de cooperación y buena fe. Después de todo, el Estado ha cedido la titularidad de la actividad, pero sigue manteniendo la *responsabilidad* sobre las prestaciones, que siguen siendo esenciales para la vida de la población.

Ésta es la segunda característica de estas empresas de servicio público sobre infraestructuras de red.

2.3. *Deben ser especialmente transparentes*

Es la tercera característica de estas industrias. Justamente por su carácter esencial para la población, que sufre continuamente el impacto de su actividad, las empresas de servicios tienen un especial deber de transparencia. Deben dar explicaciones de lo que hacen, de una forma que no es exigible a ninguna otra empresa privada. La empresa que asume *«obligaciones de servicio público»* sabe que debe exponer su contabilidad, su patrimonio y la identidad de sus gestores o accionistas de referencia al escrutinio público. Aunque ello se ciñe estrictamente a lo relacionado con tales obligaciones, no quita un ápice a la transparencia exigible en este terreno.

La liberalización de los servicios públicos y la aparición de instituciones reguladoras en los sectores privatizados ha hecho de la información disponible sobre el sector y las empresas que en él actúan una de las claves del éxito o fracaso de la regulación. La experiencia latinoamericana de los últimos tiempos acredita que se están haciendo valoraciones apresuradas, sesgadas, con datos insuficientes, más políticas que empresariales, de las magnitudes económicas que están en juego. Ello sólo se puede combatir con transparencia.

Un problema recurrente de las empresas de servicio público es que fácilmente se hipervaloran los beneficios (que sin duda alcanzan cifras elevadas) y se critica su repatriación (cuando ésta se produce), sin considerar la enorme cuantía de las inversiones realizadas (que se entienden amortizadas con demasiada facilidad) y la necesidad de abonar los retornos a los titulares del capital (allí donde estén). La información sobre esta realidad es esencial para que este problema se suavice; y, para obtener una precisión creíble, el entorno en que se fijan las cifras debe ser transparente. La empresa que, por cualquier razón, se sienta obligada a guardar muchos secretos comerciales o sea muy celosa de su información interna debe mantenerse alejada de los servicios públicos; por supuesto, ello no quiere decir que la empresa de servicio público deba desnudarse ante cualquiera o tener un techo de cristal; pero sí debe aceptar la exigencia de un elevado nivel de información al público como algo inherente a la gestión que realiza.

2.4. *Deben acreditar «sensibilidad social»*

Es la cuarta condición que compaña a este tipo de empresas. La sensibilidad social, juntamente con la ambiental, son hoy obligadas en todas las grandes corporaciones, tanto más cuanto más grandes sean. La aparición de corrupción en empresas multinacionales norteamericanas de enorme tamaño (algunas, gestoras de grandes servicios públicos, como Enron o Worldcom, por citar algunos) ha puesto sobre el tapete la cuestión del *«buen gobierno corporativo»*, dentro del que encajan las sensibilidades mencionadas. Pues, bien, las empresas de servicio público deben acreditarlas especialmente.

Esta sensibilidad (y responsabilidad) social es exigible tanto de empresarios como de trabajadores. Estemos aquí hablando de servicios públicos económicos (abastecimientos, energía, transportes, comunicaciones) que implican, todos ellos prestaciones de gran demanda social, vitales para una vida digna. En este contexto, la empresa gestora tiene que demostrar positivamente su compromiso con la finalidad a que sirve: *satisfacer necesidades básicas de la sociedad.* Este compromiso debe ser rectamente entendido. No se trata, como se hizo muchas veces en el pasado, de que las empresas de servicio público carguen con personal innecesario, paguen más a sus trabajadores que las demás u ofrezcan prestaciones por debajo de coste. Esto no beneficia a nadie y a medio plazo pone en riesgo la prestación, que es su responsabilidad principal. Tampoco se trata de que la empresa esté haciendo continuos «gestos» de ayuda a los necesitados o cosas por el estilo. La sensibilidad social de que hablamos tiene que ver con el ejercicio de los derechos y el cumplimiento de las obligaciones de la empresa y, sobre todo, con la respuesta de la misma a las crisis. *Las empresas de servicio público deben aportar a la superación de las crisis el mismo —si no más— esfuerzo que está haciendo toda la sociedad.* En algunos aspectos, por ejemplo en caso de una huelga general, la trascendencia social de las prestaciones aportadas por las empresas de servicio público exige a sus trabajadores el sacrificio de derechos fundamentales como es el de la huelga, para que los servicios mínimos puedan mantenerse; de la misma manera y con la misma finalidad (garantizar la continuidad del servicio) pueden pedirse esfuerzos financieros al capital o la aceptación por los usuarios de restricciones en algunos servicios.

Esta especial sensibilidad de los gestores y de sus trabajadores está acompañada de una sensibilización correlativa de los poderes públicos en caso de crisis de la empresa, que se traduce a veces en un régimen especial de quiebras o suspensión de pagos (compañías de ferrocarriles, por ejemplo) y otras veces en apoyos directos, hasta el límite mismo de lo legítimo (caso de las televisiones públicas o, a veces, de las compañías aéreas). Por el momento baste con destacar que este rasgo característico de la *«sensibilidad social»* tiene mucho más contenido de lo que aparenta.

2.5. *Pero los servicios públicos privatizados son empresas que como tales deben defender su cuenta de resultados*

Pero una empresa de servicio público es ante todo eso: una empresa, no una organización benéfica, ni una dependencia administrativa, que se financia del presupuesto del Estado. Hoy, además, en muchos servicios públicos, las actuaciones se desarrollan en régimen competitivo, frente a otras empresas que ofrecen prestaciones similares. Por ello, la primera obligación de toda empresa es sobrevivir y las de servicio público necesitan defenderse a sí mismas en los dos frentes en que actúan: el de las obligaciones de servicio público y el competitivo.

Por asumir obligaciones de servicio público una empresa no se hace ni esclava de la Administración, ni propiedad de los usuarios. Esta empresa sigue teniendo un dueño (los titulares del capital), órganos de administración y personalidad propia. El hecho de que procedan de una antigua empresa pública privatizada o que se hayan creado *ex novo* es indiferente. La defensa de los intereses de sus accionistas y de su personal, la conservación de su calificación financiera *(rating)* o la preservación de su identidad son obligaciones de los gerentes de la empresa, que la Administración y los usuarios deben respetar. La articulación de los intereses de unos y otros se produce a través del título concesional, que es un contrato que hay que respetar, cuyo contenido es plenamente exigible, con una particularidad: lo exigible es el *«equivalente económico»*, el *«equilibrio financiero»* pactado, no el modo exacto de realizar la prestación (sometido al *ius variandi*). Volveremos sobre esto más adelante.

Asimismo, por actuar en áreas hoy competitivas, una empresa necesita introducir mejoras de eficiencia en su gestión y poder adueñarse de las ganancias que ello produzca. Ésta es la esencia de la competencia, en la que no deben interferir las obligaciones de servicio público asumidas. Es cierto que en las empresas privatizadas la competencia es, a veces incipiente, y que la tentación de repartir el producto de las mejoras de productividad desde el poder público es muy grande. No obstante, no hay que caer en dicha tentación, ni directa ni indirectamente. Las cargas de servicio público de las empresas privatizadas, como las de cualquiera otra, deben ser neutrales a efectos de la competencia. Fuera de esta neutralidad sólo hay arbitrismo y peligro para el servicio. La denominada *«regulación asimétrica»*, por ejemplo, en cuanto produzca transferencias artificiales de productividad, debe ser desechada. Una cosa es igualar a los distintos agentes en las condiciones de competencia *(level playing field)* y otra tratar de hacer artificialmente eficientes a empresas que no lo son. Si para mantenerse en el mercado, una empresa necesita constantemente la protección de una regulación asimétrica, de modo que sólo apoyándose en ésta puede sobrevivir, lo mejor es que cierre. La discriminación positiva en favor de los nuevos entrantes sólo es planteable con carácter transitorio y durante poco tiempo (dos/tres años, no más).

Dicho todo lo cual, entremos en los problemas de la seguridad jurídica, referida tanto a los usuarios como a las empresas.

3. Incentivos perversos en este proceso

La relación —siempre delicada— entre los objetivos de toda empresa, que es aumentar su rentabilidad, y los de la Administración, que es garantizar el servicio al menor precio posible, genera riesgos inevitables para ambas partes. En otros tiempos la Administración corría el riesgo de las bajas temerarias, que las empresas ofrecían para quedarse con el contrato, pero en épocas recientes, las privatizaciones masivas, que se han desarrollado simultáneamente en muchos países ha llevado a los Gobiernos, ante la necesidad de atraer inversores, a formular ofertas generosas en las condiciones de explotación de los servicios privatizados (al menos en los primeros años). Y pasado un tiempo, por circunstancias varias en los distintos países, pueden producirse intentos de revisión de lo acordado, como de hecho ha ocurrido en algunos países de América latina. Surgen entonces incentivos para que las Autoridades y el poder político trate de presionar a las empresas en momentos de crisis. En efecto, los Gobiernos pueden percibir la situación del siguiente modo:

a) Las inversiones en sectores estratégicos son costes hundidos que no se pueden retirar del país.

b) Una bajada —o congelación— de tarifas (del teléfono, del agua, del transporte, de la energía) aporta beneficios políticos inmediatos al favorecer a grandes capas de la población.

c) Una subida de tarifas tiene un coste político grande, con beneficios —hipotéticos— a largo plazo.

d) El déficit tarifario, si no es muy prolongado, produce pocos daños al servicio y podrá compensarse, en su caso, en el futuro. Las empresas pueden soportarlo.

e) Es fácil encontrar razones que justifiquen la imposición de cargas extras a la empresa gestora del servicio (ganancias excesivas en el pasado, por ejemplo) y,

f) La oposición que pueda presentar la empresa, o bien es fácilmente superable (amenaza de nacionalización, multas por incumplimiento) o bien es de largo plazo (lentitud judicial).

La conclusión a la que puede llegar el poder político tras este razonamiento es patente: que las empresas soporten la crisis, asumiendo sus obligaciones sin paralela compensación (congelación tarifaria). Es fácil predecir que asociaciones de consumidores y usuarios, organizaciones no gubernamentales de ayuda a los necesitados y, en general, una opinión pública irritada en tiempos de crisis, estará con el Gobierno para que éste baje/congele las tarifas de los servicios básicos, al tiempo que imponga la obligación de prestar el servicio en casos de impago. Si toda esta dinámica se desencadena y los Gobiernos se dejan llevar por su conveniencia inmediata (al menos, aparente), la seguridad jurídica desaparece. El contrato de concesión pierde entonces su valor y el servicio y la empresa que lo presta comienzan a deteriorarse.

A este respecto, conviene recordar el testimonio de William Baumol, uno de los padres fundadores de la moderna regulación económica, que refiriéndose a este problema escribe lo siguiente:

> «El otorgamiento de estos incentivos (se refiere a los contenidos en las leyes privatizadoras para invertir y extender el servicio) ha sido seguido, en un cierto número de casos, por fuertes inversiones por parte de las nuevas empresas y por un consiguiente salto en la calidad del desempeño, junto con elevados beneficios para la firma, en línea con los incentivos financieros acordados. Esto, a su vez, ha desatado una protesta pública contra las ganancias excesivas y, al menos en ciertos casos, a una retractación de las promesas hechas a la empresa. La ilusión que subyace tras este cambio de conducta es la creencia en que, dado que la nueva firma tiene ya inversiones hundidas —que han sido necesarias para alcanzar el mejoramiento en el servicio— la remoción de los incentivos que le habían sido prometidos no puede llevarla a retirar las mejoras ya realizadas. Dado que se piensa que las ganancias obtenidas son excesivas, el gobierno puede renegar de sus promesas de manera totalmente consciente. La dificultad que existe al respecto no es una cuestión acerca del valor ético de la decisión que se adopte, sobre lo cual la economía carece de base alguna para dar opinión en un sentido o en otro. Más bien, tiene que ver con que posiblemente *no existe nada peor que la ira de un inversor defraudado* (énfasis añadido). Llegará el momento en que las inversiones tengan que ser reemplazadas, expandidas o modernizadas, pero si el gobierno ha perdido la confianza de los inversores, ¿cómo puede inducirlos a invertir nuevos fondos en un proyecto que ha demostrado ser tan vulnerable al riesgo de confiscación de las ganancias prometidas?».

Hasta aquí, la cita de Baumol, que ha sido larga, pero ha merecido la pena [6]. En efecto, la crisis de los últimos años ha activado en muchos países los mecanismos que acaban de describirse y algo parecido ocurre de vez en cuando en Europa. En la España democrática y liberalizada, las tarifas telefónicas permanecieron congeladas durante más de cinco años, primero, porque había que cumplir los requisitos que posibilitaban la incorporación a la UEM, y después por las obligaciones derivadas de tales compromisos en unos momentos en que subían con fuerza los precios de la alimentación y la vivienda. Otro tanto ha pasado después con las tarifas eléctricas, que se han establecido durante años por debajo de sus costes, dando lugar a un abultado «déficit tarifario». El reequilibrio tarifario de la telefonía en este país se retrasó desde 1998 hasta 2003, en que finalmente vino a ser impuesto por la Comisión Europea. Y el del sector eléctrico ha empezado a corregirse en 2010. Y es que los gobiernos, en las crisis, echan mano de cuantos recursos pueden disponer de modo inmediato, remitiendo a un futuro indefinido la recomposición de los daños que la superación de la crisis haya podido causar.

Pero lo malo de estos comportamientos no es sólo la insuficiencia (más o menos prolongada) de las tarifas. Lo realmente pernicioso y difícil de corregir es la generación de una conciencia social equivocada que piensa que, al fijar unas tarifas bajas, se está haciendo justicia. Es posible que tal cosa se dé alguna vez, pero lo habitual es lo contrario: que la justicia demande una subida de tarifas. En todo caso, lo que resulta pernicioso es el cortoplacismo, el mirar sólo al día de hoy o de mañana, sin importar el deterioro del servicio o su descapitalización cara al futuro. Esto es un grave error, pues una progresiva depauperación o empobrecimiento del servicio tendrá, a no tardar, consecuencias muy dañinas para la sociedad. A la vista de todo cuanto ha quedado dicho, formulo esta primera conclusión: *la seguridad jurídica no es sólo una cuestión de justicia, sino de prosperidad y bienestar a medio plazo.* Sólo si se da la primera, se alcanzará la segunda.

4. Sobre los principios de la regulación, el proceso regulatorio y su marco legal

La regulación —ya lo hemos visto en lecciones anteriores— es la obligada continuación del proceso recientemente emprendido en todo el mundo de privatización de empresas públicas y liberalización de mercados en los antiguos servicios públicos. Sin ella, las privatizaciones constituirían un proceso inacabado, que se limitaría a sustituir los viejos monopolios públicos por nue-

---

[6] BAUMOL, W., Prólogo al libro *La telefonía en Argentina: de la privatización a la desregulación,* Ediciones Machi, Buenos Aires, 2001.

vos monopolios privados; de ahí que un nuevo modelo de regulación, que denominamos «regulación para la competencia», se haga necesario como marco institucional básico para la existencia del mercado. Sin regulación, el mercado no podría existir en estos campos.

En este proceso de re-construcción de la competencia y el mercado hay que llegar a soluciones que equilibren los distintos intereses: los del Estado, que defiende los intereses públicos, de hoy y de mañana; los de las empresas, que deben recuperar las inversiones y defender los intereses de sus accionistas; y los de los consumidores, a los que en definitiva hay que servir. Todos ellos han de encontrar su ajuste en un escenario pluralista y competitivo, dentro del cual el sector pueda dinamizarse, los consumidores elegir y la innovación prosperar. Así pues, entendemos por «regulación económica» el conjunto de soluciones que utilizan la técnica regulatoria para implantar la competencia en sectores estratégicos antes monopolizados (energía eléctrica, gas, combustibles y derivados del petróleo, ferrocarriles, transporte aéreo, servicios portuarios y aeroportuarios, radiodifusión y televisión, correo, telecomunicaciones y otros), de modo que puedan entrar en ellos nuevos competidores y permitir su actuación incluso en los «cuellos de botella» que puedan formarse o que procedan del pasado (necesaria utilización de redes únicas o de recursos escasos, por ejemplo). En este tipo de regulación, la libre iniciativa empresarial y las obligaciones o cargas necesarias para la existencia y funcionamiento del mercado, han de convivir equilibradamente.

Por supuesto, lograr tal equilibrio no es fácil. Hay que reiterar aquí la idea de que hacer las cosas bien es preferible a hacerlas pronto y que la importancia de las acciones implicadas (privatización, apuntalamiento de la competencia, supresión de privilegios) requiere acompasar sus ritmos cuidadosamente. He dicho algunas veces que la regulación debe funcionar con la precisión de un reloj suizo, recordando la necesidad también de que un buen relojero compruebe periódicamente el funcionamiento de sus piezas y, de vez en cuando, ajuste su hora con la del meridiano correspondiente. Ésta sería la función del regulador: mediante constante vigilancia y pequeños ajustes, conseguir que el mercado funcione correctamente.

La regulación de que aquí se trata es una «nueva» regulación. A la luz de las experiencias que ya se tienen, de transformación del modelo antiguo, monopólico, en un nuevo modelo competitivo (desregulación, re-regulación) se comprueba que, siempre que se haga bien, sus beneficios son muy superiores a los costes. Pero para ello hay que asumir algunos cambios.

Lo primero que se exige en los sectores estratégicos tradicionalmente monopolizados es un cambio de cultura, un cambio de mentalidad, tanto en los operadores como en la Autoridad pública. Los operadores experimentan necesariamente un cambio de cultura empresarial, de un comportamiento burocrático, con mercados reservados y garantía de cobertura de sus costes (con un beneficio moderado), a un comportamiento competitivo, en el que hay que luchar por los clientes (ya no son «abonados») y nadie tiene garantizado ni limitado el beneficio.

Por lo que se refiere a la Autoridad, frente a lo que es la mentalidad administrativa tradicional, debemos entender la regulación, no en términos de poder o sujeción de unos sobre otros (del regulador sobre las empresas), sino en términos de acuerdo sobre distribución de los costes y beneficios que la actividad regulada produce para el público, para los ciudadanos, para la sociedad. La regulación no debe responder nunca a un tipo de actuación/imposición «autoritaria», sino a un *modelo de acuerdo razonable, de ordenación por incentivos, muchas veces contractualmente pactados.*

Debemos ver la regulación como un remedio, a mínimo coste, de los fallos de mercado. Es evidente que este remedio es rentable cuando nos permite disfrutar de los beneficios de la competencia, que de otra manera no surgirían. Su objetivo es crear mercados. Por tanto, cuando éste exista, desaparece la regulación.

5. Toda regulación es un contrato, no es un acto de poder unilateral

Esta afirmación puede resultar chocante. Siempre hemos entendido que el ordenamiento jurídico es algo esencialmente variable en función del liderazgo político y que nadie tiene un derecho adquirido al mantenimiento de la legislación vigente. Esto es así, en general. Pero aquí hablamos de regulación económica —en particular, regulación de los servicios públicos— que no son normas dirigidas a la generalidad de la población, sino a aquellos grupos de inversores a los que se quiere atraer para asumir la gestión de determinadas actividades de interés general, con las características que decíamos al principio de esta Lección (*supra,* epígrafe 2). La regulación económica no es sólo ejercicio de unas potestades normativas (legislativas en su caso) por los poderes públicos, sino que es también una *invitatio ad offerendum,* una llamada a invertir en una actividad esencial, bajo determinadas condiciones, que se plasman en un pliego de condiciones o en una ley (norma unilateral). La norma (o el pliego) contiene un evidente compromiso: el de mantener esas condiciones para la actividad, si ésta es finalmente asumida por los inversores. Surge ahí una relación bilateral, que tiene *alma de contrato,* aunque se establezca por norma, y que debe respetarse por ambas partes. ¿Quiere ello decir que el Estado queda privado de su poder normativo? Obviamente no. Pero si, por las razones que sea, decide alterar las condiciones del compromiso contraído, modificando la posición jurídica en la que la empresa hizo su oferta y en la que tenía derecho a confiar, entonces el Estado deberá asumir los costes del cambio (si los hay). Tal es el fundamento de los llamados «costes de transición a la competencia», que han sido reconocidos en varios países cuando las empresas han pasado de una antigua posición de monopolio, con mercados reservados, a un mercado abierto y competitivo.

Y es que los Gobiernos tienen la indudable responsabilidad de ordenar y desarrollar los servicios públicos de su país, pero deben responder igualmente de los efectos de sus decisiones sobre la confianza que los inversores han depositado en él. Deben tener en cuenta que existe un compromiso expreso, que es la concesión; y que en toda regulación sectorial hay un contrato implícito con los inversores del sector, que debe ser asimismo respetado. Una vez más, todo se resume en el respeto a los contratos y en la generación de confianza a través del respeto a las reglas jurídicas. Ambas cosas son, realmente, una sola y en eso consiste la seguridad jurídica.

Así pues y concluyendo, en lo que a este punto se refiere, la regulación de un servicio público o de una actividad privatizada puede ser replanteada, pero respetando los derechos de tercero: el derecho a recuperar sus inversiones con un beneficio razonable, manteniendo el equilibrio de prestaciones y contraprestaciones inicialmente previsto. Quizás estamos en un momento refundacional de los servicios públicos privatizados y de las instituciones reguladoras. Pero las refundaciones no se llevan a cabo haciendo tabla rasa de lo existente, se hacen tendiendo en cuenta lo construido. Puede reformularse la Ley (o el contrato), pero manteniendo el equilibrio entre las prestaciones de ambas partes. El Derecho Civil nos enseña que los elementos esenciales de todo contrato son el consentimiento, el objeto y la causa. Respetándose estos tres elementos, los textos por los que se gobiernan las relaciones entre los Estados y las empresas pueden cambiar; lo que sería inadmisible serían conductas del siguiente tipo:

Consentimiento. Las cargas y obligaciones *«consentidas»* en su día por las empresas lo fueron en el seno de unas contraprestaciones determinadas; no pueden eliminarse las contraprestaciones al tiempo que se exige que el consentimiento —compromisos de inversión— se mantenga.

Objeto. Cuando se han asumido obligaciones o cargas de servicio público con un determinado alcance, por ejemplo, la prestación de un servicio universal telefónico consistente en voz, fax y datos a baja velocidad, no cabe introducir el acceso a Internet a alta velocidad sin que cambie el objeto del contrato. Y lo mismo en otros supuestos.

Causa. En la causa de los contratos intervienen muchos elementos, incluso de orden psíquico. La confianza en la permanencia de la regulación y en la estabilidad de las instituciones de un país es muchas veces la causa de la entrada de un operador en él; el replanteo de la regulación no debe defraudarla.

Con estas salvaguardas, será bueno sin duda replantear la regulación buscando nuevos desarrollos y una competencia favorecedora de las inversiones. Pero podemos formular después de lo dicho una segunda conclusión, que es la siguiente: *la regulación económica es un contrato, no un acto de poder unilateral; por ello, los inversores tienen derechos a confiar en ella. El Estado podrá modificarla, pero indemnizando los daños que se puedan derivar del cambio.*

6. Las instituciones en que se asienta la seguridad jurídica

Un marco legal adecuado es fundamental para que se produzcan las inversiones y para que se active la libre competencia. La instrumentación legal, deberá adaptarse a la tradición política e institucional de cada país, según sus peculiaridades, que habrá que tomar en consideración. Allí donde el poder judicial tenga una notable tradición, resultan ideales los instrumentos contractuales para vincular al Gobierno; allí donde la separación de poderes sea verdadera y firme, la consolidación de la regulación en un instrumento de rango legal servirá de garantía a los inversores contra posibles veleidades del Ejecutivo; allí donde no haya una Administración ilustrada, capaz, bien dotada, será necesario promover con toda rapidez una Administración reguladora de nuevo cuño, capaz de hacer frente a los problemas. En todo caso, la «regulación para la competencia» requiere equipamiento institucional *(«institutional endowment»)*, objetivos claros y decisión. En buena medida consiste en crear un marco de actuación —de derechos y deberes— que hagan posible el nacimiento de un mercado que al principio no se sostiene por sí mismo; y, en segundo lugar, unas instituciones de nuevo cuño llamadas a aplicarlo en cada uno de los sectores, supervisando de un modo continuo la competencia y adoptando las medidas necesarias para su defensa. Un marco jurídico sólido y estable aporta la seguridad necesaria para que se produzcan las inversiones y la libre iniciativa comience a generar sus beneficios. Por el contrario, no es razonable esperar que si se deteriora el sistema de gestión de los servicios privatizados, el capital seguirá llegando. Esto es lo que puede y debe evitarse mediante un buen funcionamiento de las instituciones. Vamos a exponer a continuación algunos requisitos que debe reunir el sistema institucional.

6.1. *Un sistema bien definido de competencias y un regulador independiente*

La primera exigencia de la seguridad jurídica es que exista un sistema bien definido de competencias administrativas y organismos titulares de las mismas. Al examinar el resultado de las liberalizaciones se observa un mayor número de organismos implicados en la regulación de los servicios: el Gobierno, el Ministerio de Economía o los Ministerios sectoriales, los nuevos entes reguladores y los organismos de defensa de la competencia, autoridades provinciales (autonómicas en el caso de España) y autoridades locales; todos ellos intervienen en distintos aspectos o momentos del proceso de prestación del servicio. Demasiadas intervenciones sobre la actividad de una empresa. En muchas ocasiones, además no está claro qué le corresponde a cada una y en otras el Gobierno avoca la decisión final. El empresario no sabe a veces a quien dirigirse para resolver un problema y el coste que ello tiene para el servicio es alto.

Pues bien, es preciso reordenar este cuadro de competencias, evitando duplicidades que paralizan la toma de decisiones. Lo deseable es que el regulador sea uno y solo uno, en el que se concentren todas las facultades de ordenación, supervisión y control sobre el servicio. La experiencia aconseja, además, que el regulador sea una Autoridad independiente, desvinculada del poder político y del proceso electoral, como lo están los Jueces. Ésta es una lección que hay que aprender del modelo norteamericano de las *Independent Regulatory Commissions,* que han acreditado su buen hacer. No podemos desarrollar aquí una larga exposición sobre este tema [7], pero sí formular algunas conclusiones que están avaladas por la experiencia: 1.ª) frente al cortoplacismo inevitable del poder político, el regulador debe defender el sistema de prestaciones en el medio y largo plazo; y esto sólo lo hará si está desvinculado del proceso político inmediato; 2.ª) frente al populismo electoral, inevitable, que inspira siempre las decisiones políticas (especialmente en épocas preelectorales) la regulación económica requiere la racionalidad y el rigor del análisis económico y jurídico, el conocimiento técnico del sector y la imparcialidad de un juez; 3.ª) por éstas y otras razones, puede afirmarse con toda seguridad que sin reguladores independientes (independientes del poder político, del poder económico, sindical o mediático) no habrá verdadera liberalización ni verdadera privatización. Los políticos seguirán mandando en la empresa aunque no sean titulares del capital, ni estén en el Directorio. Por tanto, si se quiere mantener un modelo de regulación para la competencia, es indispensable que se constituyan

---

[7] Nos remitimos a trabajos anteriores: *vid.* en especial Ariño, Gaspar, *Regulación Económica y Administración Jurídica. La necesaria reforma institucional,* «Estudios Homenaje a M. Clavero», Madrid, 1992.

Entes reguladores independientes, con facultades de decisión (no meras funciones consultivas), integrados por hombres capaces de resistir, tanto las presiones políticas como los estados de opinión generados por demandas inarticuladas.

En cuanto a las intervenciones sobre el servicio de los poderes territoriales (Autonomías, Provincias, Corporaciones locales), hay que distinguir dos facetas: su capacidad reguladora debe ser mínima, en todo cuanto sean aspectos técnicos y económicos de prestación del servicio y de instalaciones necesarias para ello. La regulación del Estado debe ser precisa y clara en este orden. En cambio, deberán ser oídas —y su opinión normalmente seguida— en cuanto al despliegue de redes sobre el territorio, que deberá ajustarse en lo posible a los planes de ordenación territorial y urbana aprobados por la autoridad local. En caso de conflicto, el Gobierno de la nación decidirá.

Otro tema es el que se refiere al desarrollo de redes o la creación de empresas propias, gestoras de los servicios, por las Autoridades territoriales. Esto es algo que en la mayoría de los sectores resulta poco conveniente (la empresa pública local es igual o peor que la empresa pública estatal) pero que difícilmente se puede prohibir. Hay que tratar de convencerles de que ésta no es la mejor solución y hay que exigir en todo caso —también a los operadores públicos— el respeto a una competencia leal en el mercado, con prohibición expresa de ayudas públicas. Es muy legítimo el deseo de las autoridades locales por extender las redes de servicios en su territorio, de energía, de telecomunicaciones, de transporte aéreo o marítimo, pero el camino a seguir para ello no es la iniciativa pública empresarial, sino los convenios de cooperación con las empresas que actúan a nivel nacional, de modo que éstas desarrollen planes especiales para dichos territorios. Hay más razones para defender esta posición, pero no podemos detenernos más en ello.

6.2. *Instrumentos jurídicos precisos, normativos y reguladores*

Hemos dicho que el regulador debe ser independiente, pero ello no significa que sea soberano o arbitrario en sus decisiones. El regulador, como el juez, está sometido al imperio de la ley, que es la base de toda regulación. La función esencial del poder político radica precisamente en ello: en el diseño de un marco normativo claro, estable y conocido de antemano por las empresas, al que el regulador se tiene que atener. Tradicionalmente, el sistema normativo se articulaba a través de la dualidad Ley-Reglamento, la primera elaborada por el Parlamento y el segundo por el Gobierno. Pero en los últimos tiempos ha aparecido una variedad de manifestaciones de normas secundarias, complementarias, aclaratorias —eso que se llama *soft law*— que reciben los nombres más variados: instrucciones, recomendaciones, circulares, directrices, comunicaciones. A través de todas ellas, elaboradas y publicadas por los reguladores, se trata de precisar con mayor finura los conceptos utilizados en las normas formales, de modo que su entendimiento y aplicación por los operadores sea más certera.

Nada hay que objetar —creemos— a esta especie de interpretación y aplicación *ex ante* de las normas, pero conviene asegurarse de dos cosas: 1) que el *soft law* no viene a modificar o alterar el *hard law* (las verdaderas normas), cosa que puede a veces ocurrir por la ambigüedad de algunos conceptos; y 2) que estas *cuasi* normas de carácter secundario no vienen a abrir marcos de discrecionalidad sin límites a las actuaciones del regulador; una cierta discrecionalidad técnica —cognitiva y, por tanto, revisable por el juez— siempre existirá en la apreciación de muchos conceptos técnicos-económicos, de los que está hecha la regulación. Pero hay que huir de conceptos abiertos y genéricos, sin criterio alguno de medición, que dejen a las empresas al arbitrio (al arbitrismo) del regulador. Ésta es otra exigencia fundamental de la seguridad jurídica.

6.3. *Un sistema judicial que cumpla con su función*

El régimen jurídico del servicio público se enmarca como es lógico en el mandato constitucional del artículo 103.1 CE: *«sometimiento pleno (de la Administración) a la Ley y al Derecho»*. En un Estado de Derecho no hay zonas exentas. La Administración debe ajustar todas sus actuaciones al ordenamiento jurídico. Ya no hay «actos políticos» o discrecionales, exentos del control judicial. Ésta es la doctrina general, aplicable lógicamente al ámbito de los servicios públicos.

Ahora bien, los servicios públicos son también actividades esenciales sobre las que descansa la vida de cada individuo y del conjunto de la sociedad. A través de ellos se hace realidad el Estado social (Estado del bienestar) y, por lo mismo, su ordenación, supervisión y control constituye hoy —y siempre— un parámetro fundamental de la acción de Gobierno en su tarea de conformación social. Por ello, los actos de ordenación, en especial la aprobación de tarifas, son también «actos de gobierno», medidas de ordenación económica, no siempre revisables en sí mismas por los jueces.

De modo que el regulador, a la hora de fijar tarifas, debe ajustar sus decisiones a los criterios legalmente establecidos y el Juez puede controlar la legitimidad y fundamentación de tales decisiones, a la vista de los datos y pruebas que se presenten ante él. Pero difícilmente podrá un Juez sustituir la decisión administrativa e imponer una tarifa distinta, porque éste es un acto reservado al Gobierno de la nación (o a la Autoridad a quien por ley se haya encomendado tal decisión).

¿Cuál es entonces la función del Juez ante las decisiones del regulador sobre los servicios y, en especial, sobre las tarifas aplicables a los usuarios? Esta respuesta debe ser matizada, en los siguientes términos:

— como acto jurídico reglado que es —la tarifa, a la postre, desde el punto de vista del prestador del servicio, es un justiprecio, la retribución que se le debe por su prestación— puede y debe ser revisado por el Juez;

— pero como medida de gobierno que también es —las tarifas, como los tipos de interés o el salario mínimo, son medidas de ordenación económica— el Juez no puede sustituirla, porque ésta es una decisión que corresponde al poder ejecutivo y entraña un juicio de oportunidad que el Juez no puede revisar;

— ahora bien, de ambas afirmaciones se deduce que en cuanto acto de satisfacción de un derecho patrimonial (de la empresa y/o de los usuarios) el Juez puede apreciar en que grado y medida la tarifa aprobada cumple o incumple, por exceso o por defecto, con la obligación de pago de aquel derecho; el Juez puede apreciar el grado de insuficiencia (o de exceso) de una tarifa y acordar la compensación (o devolución) que proceda (al empresario o a los usuarios); esa compensación sí puede ser medida y cuantificada por un Juez, ordenando a la Administración el pago de la misma cuando proceda.

— Finalmente, hay que concluir que el derecho del concesionario (como el del usuario) está en cobrar (o pagar) el *justo precio* por el servicio que presta (recibe), pero no sólo vía tarifas, sino también vía indemnizaciones compensatorias; porque el derecho del gestor de un servicio no está en la tarifa misma, sino *en la ecuación financiera* del servicio, cuyos ingresos totales deben cubrir en todo momento los gastos totales de explotación, amortización del capital invertido y un beneficio (tasa de retorno) razonable.

Muchas más cosas se podrían decir sobre este tema, pero baste lo dicho en el marco de la presente exposición [8].

6.4. *Garantía de estabilidad fiscal*

Un aspecto fundamental de la seguridad jurídica es la estabilidad fiscal. Para todos los Gobiernos y Administraciones Públicas (nacional, provincial o

---

[8] Para una consideración más detallada en este tema, puede verse ARIÑO ORTIZ, G., *Servicio público y control judicial: el caso de las tarifas.* Ponencia presentada al Seminario celebrado en Salta (Argentina) en mayo de 2004. Hoy incorporada a la presente obra, Capítulo IV.

local) resulta una tentación constante el llamarse a la parte de los beneficios empresariales de los grandes servicios públicos, si es que éstos se producen, mediante la imposición de nuevas cargas fiscales dirigidas exclusivamente a ellos (obviamente si son cargas fiscales de alcance general, que afectan a todos los empresarios, nada hay que decir). En España hemos tenido alguna experiencia de ello con el llamado «espectrazo», que consistió en un aumento que decuplicó el importe de las tasas por el uso del espectro radioeléctrico, que el Gobierno impuso a las compañías titulares de licencias de telefonía móvil de tercera generación (UMTS). El desencadenante de tal medida fue ver los altísimos precios que éstas habían pagado por las licencias en aquellos países (Reino Unido, Alemania y otros) que habían subastado las licencias al mejor postor (España, en cambio, las había otorgado por concurso con pagos muy pequeños por el uso del espectro). Luego se ha demostrado que aquello (las subastas con altísimos precios) fue un grave error y que la voracidad recaudatoria que acreditaron tales Gobiernos se ha pagado con creces en términos de descapitalización de las compañías, falta de inversión, desempleo y retraso en la puesta en marcha de los servicios (con graves consecuencias también para los fabricantes de equipos). El coste social de todo ello ha sido muy superior a lo recaudado por los Gobiernos.

Pues bien, esa tentación acompaña a todas las Administraciones: las Comunidades Autónomas, Provincias y Corporaciones locales encuentran en las instalaciones de redes y servicios sobre su territorio una fuente inagotable de tasas y cánones que se imponen a las compañías. Esto es algo con lo que hay que acabar. Y el camino para ello es doble: o bien establecer por ley la intangibilidad fiscal de estas empresas frente a cualquier Autoridad que no sea el Gobierno de la Nación, o bien —y esto es quizás lo más practicable— consagrar por ley el carácter repercutible en la tarifa que paguen los ciudadanos de esa circunscripción, de cualquier impuesto, tasa o canon que pesen sobre ellas y que no tengan alcance general, como lo tiene el impuesto sobre las ganancias, el impuesto sobre el valor añadido u otros, en los que lógicamente las empresas gestoras de servicios públicos se someten al régimen común.

Puede recordarse aquí que el llamado «espectrazo» (aumento extraordinario del impuesto por el uso del specto radioeléctrico) fue en su día objeto de un juicio de constitucionalidad al aceptar la Audiencia Nacional la cuestión de constitucionalidad planteada por Telefónica Móviles en el recurso planteado contra la desproporcionada subida de la tasa. El argumento era que la alteración súbita del entorno fiscal, en las cantidades en que reprodujo, rompe los parámetros de cualquier plan de negocio y, de ser aceptada, destruiría la racionalidad de cualesquiera previsiones que pudieran hacerse en el sector.

6.5. *Una participación ciudadana bien entendida*

Dos palabras finalmente para decir que el principio de participación ciudadana en los procesos de tomas de decisión en este campo —sin duda, algo muy oportuno— resulta en ocasiones mal entendido. La participación a través de audiencias públicas mal articuladas se ha convertido en muchas ocasiones en un foro demagógico de reclamaciones infundadas de disminución de tarifas o de rechazo a la colonización económica extranjera. Las audiencias se han convertido en un debate político que se ha ido alejando progresivamente de la técnica regulatoria (es decir, del buen Derecho) y ha derivado hacia posiciones radicales (a favor o en contra de las privatizaciones, a favor o en contra del capital extranjero, o de los servicios públicos gratuitos para los necesitados...). Esto es lo contrario de lo conveniente. La participación puede y debe ser impulsada, pero siempre que se lleve a cabo por un procedimiento reglado y riguroso: con normas sobre legitimación previa, informes razonados, formalización escrita de las propuestas y publicidad ordenada. La experiencia norteamericana es, de nuevo en este punto, muy ilustrativa y a ella habría que acudir.

7. La reactivación de las instituciones

7.1. *El rearme moral*

La tergiversación del orden jurídico-administrativo (o si quieren ustedes, simplemente cívico) es una de las amenazas que gravitan permanentemente sobre estos sectores, que son al mismo tiempo, como ya se ha dicho, empresas económicas y servicios al público, indispensables para su vida. Los hábitos y costumbres cívicos propios de la convivencia al amparo de un Estado de Derecho son frágiles en muchos países y la regulación es una tarea compleja. Los avances de la democracia se malogran en muchos de ellos por esta causa. Y es que la estabilidad y la prosperidad de las naciones no está en las elecciones sino —perdonen la insistencia— en las instituciones. Por ello, sea quien sea el gobernante y sea cual sea la fórmula de gobierno, *la reactivación de las instituciones político-jurídicas de cualquier país pasará siempre la prueba del buen funcionamiento de sus servicios públicos básicos,* entendiendo por buen funcionamiento tanto su extensión a la mayoría del cuerpo social como su funcionamiento de forma continuada a precio asequible.

El buen funcionamiento de los servicios básicos (agua potable, alcantarillado, energía eléctrica, transporte, comunicaciones...) debe ser la primera prioridad de todo Gobierno en estos momentos. Lo es porque demuestra palpablemente —a un pueblo que depende en gran medida de estos servicios— que las instituciones están funcionando; también porque demuestra que las empresas de servicio público están colaborando a la salida de la crisis; y porque están demasiado cercanas las expectativas generadas en el decenio de las privatizaciones, existiendo todavía una gran desconfianza hacia la globalización. Hace falta, en este sentido, una recuperación de la confianza que no se conseguirá si los gobiernos se limitan a predicar y no dan trigo; y en muchos países ese trigo se llama *prestaciones de servicio público.* Prestaciones estables, continuadas, universales.

7.2. *Vuelta a lo básico*

Sentado lo anterior, digamos que la recuperación de la confianza pasa por una exigencia elemental: la confianza en el sistema jurídico, en el Regulador y en los Tribunales, en el valor de la seguridad jurídica. Proclamar desde el gobierno que la seguridad jurídica existe, que ya está implantada y que el *«riesgo país»* ha desaparecido, no basta. Es preciso que la gente se lo crea. ¿Cómo va a pagar sus deudas un ciudadano «de a pie», si su gobierno no lo hace?; ¿cómo va a pagar sus impuestos si no sabe qué se hace con el dinero, o algo peor?, ¿cómo va a creer en el cumplimiento de los contratos, si los del gobierno quedan en suspenso y tardan meses y meses en «renegociarse»? La seguridad jurídica —que es la base de la confianza y de la vida económica— tiene que hacerse palpable para los profesionales, empresarios, funcionarios, trabajadores cualificados y demás personas que componen las clases medias, así como para el pueblo en general. Hay que volver a lo básico.

A los efectos que ahora importan, lo básico para el gobierno es el buen orden de los servicios públicos. Los gobiernos deben convencerse de que en ellos se juegan su propia credibilidad. Y su credibilidad está en la forma de afrontar la necesaria refundación del régimen de los servicios públicos, sin hacer *«borrón y cuenta nueva»* y sin incurrir en despropósitos; está en aplicar a los servicios públicos reglas elementales internacionalmente aceptadas, que presiden estos sectores en el mundo entero. Reglas como la garantía de la prestación, la rentabilidad de la inversión y el cumplimiento de los contratos.

Volver a lo básico, sin embargo, no debe confundirse con una vuelta al servicio público a la antigua usanza, con poderes omnímodos del ministro de turno y «régimen de cola» para los usuarios. Tampoco debe verse como una reimplantación de los monopolios con renuncia a la competencia y apelación a viejos privilegios que ahora renacerían para las empresas gestoras. Éste no es el camino. Lo básico en los servicios públicos, incluso en los actualmente liberalizados y prestados en régimen de competencia radica en la seguridad: seguridad en su prestación para los ciudadanos, seguridad en su inversión para las empresas y un marco claro de regulación y seguridad jurídica para todos. Esto no es incompatible con los ajustes regulatorios en momentos de dificultad o de crisis (luego hablaremos de ello más *in extenso*); pero la claridad de las reglas y la seguridad de los comportamientos y sus consecuencias es fundamental.

En las páginas que restan de esta lección trataremos de explicar cómo se puede introducir seguridad jurídica en los servicios públicos, tanto en situaciones ordinarias como en tiempos de crisis.

8. La seguridad jurídica de los usuarios (actuales y futuros)

Por lo que se refiere a los usuarios, debemos distinguir situaciones de normalidad y situaciones de crisis. Normalmente, la seguridad para los usuarios se centra sobre tres elementos: la disponibilidad de la prestación (acceso al servicio), la calidad o regularidad del mismo y su adquisición a precio asequible. Y la cuestión es: ¿cómo aportar seguridad jurídica en estos elementos?

La seguridad de una prestación que esté permanentemente disponible para todos a un precio asequible se llama hoy día *«servicio universal»*. El servicio universal es un concepto de mínimos y un concepto evolutivo. Es de mínimos porque no se pueden universalizar unas prestaciones «de máximos», salvo que el máximo coincida con el mínimo, como ocurre, por ejemplo, en muchos países en el campo de la salud (las prestaciones del sistema público, son las mismas para todos, aunque habrá otras posibles no cubiertas por el sistema). Y es evolutivo, porque lo que hoy es una aspiración social inalcanzable para la generalidad de la población, mañana puede dejar de serlo. El abastecimiento domiciliario de agua potable a todos los hogares del casco urbano no se consiguió hasta bien entrado el siglo XX. El derecho a una conexión telefónica fija, al mismo precio en todas partes (sin sobrecostes de «extrarradio»), no aparece en España hasta el último tercio del siglo, sin que esté todavía implantado en muchos países Iberoamericanos.

El servicio universal en el suministro de agua, electricidad o telefonía puede adquirir diversas formas, pero *lo realmente importante es que en él cuentan tanto los usuarios presentes como los futuros.* No tendría lógica que un servicio básico que esté universalizado hoy, dentro de quince o veinte años deje de estarlo, salvo que haya aparecido una tecnología sustitutoria. Ello quiere decir que el servicio universal no puede diseñarse de tal modo que se descapitalice la empresa con costes excesivos que pongan en peligro el servicio para los usuarios futuros.

La descapitalización de un servicio no se da de un día para otro, pero es real y se produce cuando una insuficiencia tarifaria prolongada impide la renovación de equipos o su buen mantenimiento. Los *«apagones eléctricos»* que de vez en cuando nos sorprenden incluso en los países más industrializados (recordemos el gran apagón de la costa Este norteamericana de hace un par de años, o el de Italia del año pasado, que afectó a casi todo el país; o los continuos, aunque más localizados que se han producido en España, Gran Bretaña y otros países) son un caso de descapitalización de servicios provocada por la falta de inversión en redes. La falta de inversión continuada en los sistemas ferroviarios ha sido otro ejemplo de descapitalización, que se manifiesta cuando se producen accidentes ferroviarios, consecuencia casi siempre de detener las inversiones e «ir tirando» con lo que hay (el caso de Gran Bretaña es de nuevo un ejemplo de ello; la degradación del Metro de Madrid hace unos años, en la transición a la democracia, que dio lugar a dos accidentes que provocaron su nacionalización, es otro). Por ello, es esencial para la garantía y la seguridad del sistema que el servicio universal (y en general las tarifas «sociales», subvencionadas) se limiten a lo estrictamente necesario y que, como regla general, en tiempos normales, las tarifas de los servicios públicos se paguen regularmente por todos los usuarios, se cubran con ellas los costes (incluido un normal beneficio industrial), las instalaciones se renueven y, en general, no haya ni grandes colas de espera por el servicio, ni grandes oscilaciones en la economía de la empresa gestora. Siempre podrá haber un pequeño porcentaje de impagados, que se afronta con las clásicas medidas de corte del suministro y, en casos extremos, con el uso del procedimiento de apremio para su cobro. Éstas y otras incidencias forman parte de la normalidad del servicio y no afecta ni a la seguridad jurídica de los usuarios ni a la confiabilidad del servicio.

Este equilibrio se desestabiliza, sin embargo, en momentos de crisis. Los servicios públicos pueden pasar por dos tipos de crisis. Las primeras son las que podemos llamar *«ordinarias»* que, de tanto en tanto, sacuden todos los sectores. Adviértase que siguen siendo crisis, por lo que tienen un impacto importante sobre el servicio, pero no destruyen su entorno. Las segundas son las crisis *«extraordinarias»*, que sí lo hacen y eso es precisamente lo que las caracteriza: la pérdida de parámetros de referencia sólidos en los que anclar la economía del servicio. Ejemplos de las primeras fueron las «crisis del petróleo» de 1973 y 1979 o la derivada del pinchazo de la burbuja tecnológica en el año 2000. Ejemplos de las segundas los encontramos en la gran crisis provocada por la Primera Guerra Mundial (1914-1918), el «Crack» de 1929 o algunas crisis graves —como la argentina de 2001— en países latinoamericanos.

De las crisis del primer tipo pueden derivar algunas suspensiones de pagos, quiebras, fusiones o absorciones de unas empresas por otras y requieren medidas específicas para algunos servicios esenciales, sistemas de racionamiento o similares (la crisis del petróleo fue en 1979 un buen ejemplo, con las restricciones de circulación a que dio lugar en muchas ciudades), pero no afectan a la estructura del sistema. Las crisis del segundo tipo, en cambio, suelen llevar a que el Estado se involucre directamente en determinadas actividades, bien a través de nacionalizaciones como ocurrió en los años treinta y cuarenta, bien mediante la adopción de medidas excepcionales de intervención sobre los mercados (congelaciones de precios y tarifas, medidas monetarias, renegociación de las concesiones); estas últimas exigen una recomposición del sistema.

En lo que respecta a los servicios públicos, son observables algunas peculiaridades. La primera, que en las crisis «ordinarias» suele darse prioridad al mantenimiento del servicio respecto a cualesquiera derechos de terceros (acreedores o titulares de derechos reales sobre los bienes afectos), de lo que da testimonio la exención de las compañías de ferrocarriles (y, por extensión, de las empresas de obras y servicios en general) del régimen general de quiebras, promulgada en muchos países en el siglo XIX con el fin de que sus componentes esenciales (propiedades, maquinaria, equipamiento, acopios, etc.) no pudieran ser embargados y detraídos del servicio. Estas normas protectoras de la empresa y del servicio ante cualquier tipo de situaciones concursales han sido reiteradas en legislaciones recientes españolas como la Ley de Hidrocarburos de 1998 (Disposición Adicional 10.ª), la Ley del Sector Eléctrico de 1997 (Disposición Adicional 1.ª) o la Ley General de Telecomunicaciones de 2003 (artículo 4). Y tanto en las ordinarias como en las extraordinarias se tiende hoy, no a la nacionalización, sino a la renegociación de las concesiones o a la intervención temporal sobre la empresa y su actividad.

En Latinoamérica se han pasado muchas crisis. Por fortuna, la práctica totalidad han sido del primer tipo. Con la excepción —quizá— de la última de Argentina, cuyo ciclo de los tres últimos años (2001-2003), ciertamente se sale de lo normal. Las demás han podido superarse sin excesiva destrucción de capital social y sin una pérdida drástica de la credibilidad de sus instituciones. La crisis argentina, en cambio, ha dado lugar, por su prolongada duración sin tomar medidas claras, a una grave quiebra de la seguridad jurídica.

Todas las crisis económicas afectan seriamente a los servicios públicos, pues los Gobiernos tratan de defender a los usuarios con congelaciones temporales de tarifas y otras medidas del mismo tenor. En los casos más graves, como he dicho, hay que renegociar las concesiones. En este punto lo importante es que no se confunda *«renegociar»* con *«renacionalizar»* puesto que eso y no otra cosa sería una expropiación de rentas que rompiese la seguridad jurídica de la concesión o cualquier otra fórmula que condujese a la depreciación del capital invertido en ella. La renegociación tiene que hacerse compatible con la seguridad jurídica de la concesión y esto significa que debe mantenerse su equilibrio financiero, si bien adaptado a la crisis: con nuevos plazos, con menores derechos y menores obligaciones o como resulte más conveniente, pero manteniéndose el equilibrio concesional. La renegociación no puede suponer una confiscación larvada del capital de las empresas. Por lo demás, toda crisis es, por definición, temporal; las medidas de crisis no pueden ni deben durar mucho; se pueden, transitoriamente, aceptar menores ingresos y pérdida de rentas —una pérdida igual a la que sufren los demás ciudadanos en esos momentos— pero lo que no se puede aceptar es una completa alteración de los principios que rigen la institución concesional y el régimen del servicio público.

En cuanto a las crisis extraordinarias, la experiencia histórica enseña que la renacionalización no es en modo alguno la solución. Pero en todo caso, si se adoptase este tipo de acciones, deberá hacerse indemnizando al capital —intervenido, incautado, nacionalizado— según los principios de la expropiación forzosa.

9. La seguridad jurídica de las empresas

También en el caso de las empresas hay que distinguir entre situaciones de normalidad y tiempos de crisis. En general, la seguridad jurídica de las empresas gestoras de servicios públicos se centra en dos parámetros: 1) que sus obligaciones estén perfectamente delimitadas, y 2) que su título habilitante, definidor de su estatuto jurídico, sea sólido, incluso frente a la ley.

Por lo que hace a lo primero el cambio de modelo de regulación (del servicio público tradicional, monopólico, al servicio público competitivo) ha supuesto una transformación importante. Las obligaciones de servicio público ya no son el resultado de una *publicatio* genérica del sector (reserva de actividad a favor del Estado), en la que cualquier obligación tenía cabida, sino que están suficientemente identificadas en la norma que las declara. El problema es hoy separar estas obligaciones de servicio, del resto de la actividad de la empresa, actividad que puede seguir siendo de *«interés público»*, pero que se mueve en el ámbito comercial y competitivo —liberalizado— del sector de que se trate. Con este problema tiene que lidiar el regulador en todos los sectores (energía, telecomunicaciones, transporte, correo y otros). A título de ejemplo, digamos que en electricidad, una cosa es la generación o la comercialización (actividades liberalizadas), y otra el transporte y la distribución (actividades reguladas); en telecomunicaciones una cosa es el servicio telefónico básico, y otra las comunicaciones de banda ancha; las separaciones empresariales *(unbundling)* se imponen en todos los sectores y el régimen jurídico de unas y otras actividades (liberalizadas o reguladas) es muy diferente.

En cuanto a la solidez de los títulos habilitantes, es un *desideratum* teórico, que nadie niega. El problema surge en la práctica, por el ejercicio de poderes como el *ius variandi* o la *«potestad tarifaria»*, cuya aplicación por las Administraciones titulares de los servicios se mantiene a veces por inercia, sin una determinación precisa de sus límites (a qué aspectos puede alcanzar y a cuáles no). Para hacer compatibles éstos y otros poderes exorbitantes (potestad de dirección y control, de impartir instrucciones, etc.) con la seguridad jurídica del empresario gestor, debemos tener en cuenta que los títulos habilitantes se formalizan como contratos —normalmente concesionales— o como licencias, pero en ambos casos *establecen una relación jurídica de tracto sucesivo y de obligado respeto por ambas partes.* Más aún, como ya se ha dicho, toda regulación económica (el marco de regulación sectorial bajo el que se hizo la inversión) tiene un fondo contractual. La experiencia histórica muestra que el elemento nuclear de estas relaciones es lo que se conoce como *«equivalente económico»* o *«equilibrio financiero»* del contrato de gestión. Como ya hemos dicho también, las concesiones son un capital adelantado y nacieron para eso: para atraer capital privado sin perder completamente el control del servicio. Ahora bien, el capital, para vincularse a la concesión, se preocupó fundamentalmente de fijar los términos económicos en que lo hacía. La experiencia de los contratos de obras, en los que el número de unidades de obra podía variar, manteniéndose el precio unitario de cada una de ellas, preparó el terreno para que un servicio público contratado pudiera variar también, manteniéndose en todo caso el *«equivalente económico»* de las antiguas y nuevas obligaciones, una vez variadas. El *«equilibrio financiero»* de las concesiones se convirtió, así, en el alma de estos contratos y la esencia de la seguridad jurídica está justamente en respetarlo.

Naturalmente, la seguridad jurídica de las empresas implica también otros derechos: el de ser oído antes de que se adopte cualquier propuesta de modificación o cambio de la prestación; el de revisar y actualizar las tarifas en los tiempos y según las fórmulas pactadas; el derecho a constituir un *«fondo de reversión»* para la amortización de los activos concesionales si éstos han de revertir al Estado; o el derecho rescindir el contrato si su cumplimiento deviene imposible. Todo ello se resume en una simple afirmación: *en tiempos normales, lo que hay que hacer es cumplir los contratos.*

¿Pero qué ocurre en tiempos de crisis? En aquéllas que hemos llamado «ordinarias», el equilibrio entre la atención a los usuarios de hoy y de mañana se altera. La congelación tarifaria que normalmente se produce interrumpe el proceso normal de capitalización del servicio e incluso las dotaciones para mantenimiento pueden llegar a sufrir. Ello no tiene por qué suponer un atentado a la seguridad jurídica, siempre que la congelación sea limitada, transitoria, de modo que no se produzca un completo *«bouleversement»* de la economía del contrato. Aquello que supere una pérdida de ingresos razonable generará un crédito de la empresa contra el Estado (esto es, contra la comunidad) cuando la crisis se supere. La compañía puede tener que renunciar transitoriamente a parte del beneficio, pero no puede sufrir pérdidas de capital.

El tiempo de crisis puede llevar consigo —ya lo hemos dicho— regímenes de racionamientos para todos, congelación de tarifas, disminución del servicio, pérdida de calidad; y en verdad esto sucede. A la empresa no le queda otro remedio que aceptarlo, pues no es ella sino el Gobierno quien debe fijar el modo de dar respuesta a las crisis. Ahora bien, aquí hemos de hacer dos observaciones. La primera es que, en el nuevo modelo de *regulación para la competencia,* esto afecta solamente a las *«obligaciones de servicio público»* y no a la total actividad de la empresa que, en las áreas competitivas, deberá afrontar la crisis como una empresa más de mercado. La segunda es que la asunción de pérdidas tiene que tener un límite, pues no pueden convertirse las empresas gestoras de servicios en financiadoras indefinidas de las necesidades de sus usuarios. Si esto no se aborda con prontitud, la degradación del servicio es segura, con grave daño al sistema y a la continuidad de la prestación. Ese límite vendrá dado por la capacidad de endeudamiento que pueda asumir las empresas sin ponerse en peligro ella misma —ya lo está, por la crisis— y el servicio que presta.

En este punto es donde se plantean los mayores problemas, pero una cosa está clara: *las empresas de servicio público deben hacer un esfuerzo exactamente equiparable al que realiza el resto de la sociedad para superar la crisis.* Ni más ni menos. Por el hecho de estar reguladas no pueden sufrir un régimen más severo que las demás empresas del mercado. Se ha dicho ya, pero no importa repetirlo: estas empresas, aún desempeñando una tarea de claro interés social, siguen siendo empresas privadas; no son el Gobierno, ni tiene por qué asumir una parte mayor del esfuerzo económico que realiza la totalidad de sus ciudadanos, haciéndolo recaer sobre sus accionistas. El problema es que se les suele pedir un esfuerzo mayor que a las demás empresas. Si se hace así, la empresa gestora tiene una respuesta: desplazar el riesgo —y el daño— hacia los usuarios futuros (los únicos con lo que puede hacerlo) minorando sus inversiones presentes. Por más que el gobierno pretenda evitarlo, con acusaciones de incumplimiento de la concesión y sanciones, esto será inevitable. Todo esfuerzo desproporcionado que se pida hoy a una empresa de servicio público para salir de la crisis gravitará mañana sobre los usuarios futuros. La solución a dichas situaciones es ésta: o el esfuerzo es proporcionado o se compensa con el reconocimiento a la empresa de un crédito contra el Estado, a recuperar cuando la crisis se supere, siempre dentro de la capacidad de endeudamiento que pueda asumir la empresa. Volvamos a repetirlo: si la concesión es un capital adelantado, éste puede ampliarse con endeudamiento, pero debe quedar claro que de la deuda responde el Estado (esto es, la comunidad, que debe avalarla).

Para finalizar este punto digamos que a veces son diferentes las crisis percibidas y las crisis reales. En muchas ocasiones las crisis son tanto o más de confianza que de escasez de recursos, aunque es muy frecuente que la primera acarree la segunda. Una errónea gestión de la crisis o una prolongación de ésta más allá de lo sostenible por las empresas acabará irremediablemente en una nacionalización de la empresa gestora del servicio. Pero esto es justo lo contrario de lo deseable. Hay que recordar aquí lo sucedido con el Metro de Madrid, al que ya me he referido.

El Metro de Madrid era una empresa privada con una concesión de servicio público de régimen normal. Durante más de medio siglo (1917 a 1977) funcionó con absoluta regularidad, cotizando en la bolsa de Madrid de modo estable. En la transición política española de 1975-1978, la inestabilidad social y el riesgo político eran como pueden ustedes comprender, muy altos, generados tanto por las circunstancias interiores como exteriores (los efectos de la crisis del petróleo de 1973 todavía se dejaban sentir con fuerza). Por este motivo, las tarifas del Metro, el método de transporte más popular de la capital de España, se congelaron en un entorno de inflación alta y encarecimiento de la energía. Bastaron tres años para deteriorar gravemente el servicio, descapitalizar la empresa y generar una situación de falta de mantenimiento que provocó dos accidentes. Tuvo varios años seguidos de pérdidas, la compañía se endeudó y hubo que suspenderla de cotización. La única salida fue su nacionalización (con posterior transferencia al Gobierno Autónomo de Madrid). Naturalmente, hubo indemnización a los accionistas, que tuvieron que fijar los Tribunales (por cierto, en una cuantía tres veces superior a la ofrecida inicialmente por la Administración). La seguridad jurídica se mantuvo, pero el Metro quedó dañado para un período de quince a veinte años, no habiéndose recuperado hasta hace poco y a un coste tremendo para la Comunidad de Madrid que ha tenido que subvencionar año tras año el servicio con miles de millones de pesetas (sigue siendo hoy empresa pública). Los usuarios —y los contribuyentes— de 1998 pagaron a muy alto precio los problemas generados en 1978.

10. La asequibilidad de la prestación: servicio universal y servicio de mercado

Dentro de lo que hemos llamado seguridad (jurídica) del usuario de los servicios públicos, una nota esencial era la «asequibilidad» de éstos, en un nivel de prestación, calidad y precio adecuados. A esto, hoy, se le llama «servicio universal», al que ya nos hemos referido. Obviamente, la esencialidad de los servicios es muy diferente según los sectores o los niveles de prestación. Es claro que el abastecimiento de agua potable en buenas condiciones de salubridad es algo de primerísima necesidad, a lo que todos —absolutamente todos— deben tener acceso. Otro tanto ocurre con el suministro básico de electricidad, de la que depende hoy la satisfacción de las necesidades más elementales de la vida individual y social. Y lo mismo podríamos decir del acceso rodado (transporte urbano o interurbano, que permite a las gentes llegar a sus trabajos) o de la telefonía básica (por red fija o móvil), que nos permite una comunicación con los demás. Estos servicios deben en alguna medida ser asequibles a todos los ciudadanos en una sociedad civilizada. Ahora bien, la asequibilidad de los mismos incorpora un componente social claro: para prestar el servicio a colectivos desfavorecidos puede y debe haber subsidios. Estos subsidios pueden proceder de un Fondo de Servicio Universal cubierto con aportaciones de los operadores, o —lo que sería deseable— de una política social explícita del Gobierno cubierta con los ingresos procedentes de los impuestos. Pero cualquiera que sea la vía que se utilice, lo importante es reconocer que esta idea de *«política social»* —de extensión a todos de unos servicios mínimos a un precio asequible para ellos— no puede aplicarse más allá del servicio universal, cuyos destinatarios y cuyo contenido (mínimo, aunque evolutivo, como ya se ha dicho) hay que fijar claramente por ley. En todo lo demás, esto es, en la fijación de tarifas en los servicios ordinarios (hayan sido o no liberalizados), que van más allá del servicio mínimo universal, el objetivo no es un precio barato, sino un precio eficiente, que favorezca la competencia si ello es posible y que contenga los incentivos adecuados.

Por *«incentivos adecuados»* quiere decirse las señales enviadas desde los precios a operadores y consumidores, de forma que estos adopten una conducta equivalente a la que adoptarían en un mercado competitivo. Dado que el mercado ajusta los precios a los costes marginales (más bien coste incremental a largo plazo, incluyendo costes fijos), las tarifas que fije el Gobierno deberán encaminarse hacia este nivel de precios, teniendo en cuenta todos los costes de producción, incluidas las inversiones y el normal retorno de éstas, los costes de explotación, los esfuerzos de creación de mercado y las campañas de marketing. En las prestaciones del servicio ordinario, en tiempos de normalidad, para la población ordinaria, el requisito de la «asequibilidad» hay que entenderlo al modo de la economía de mercado, esto es, a precio de mercado, no al de un servicio público subvencionado. Si aquel segmento de actividad está liberalizado y hay en él competencia efectiva, el regulador no tiene por qué intervenir. Si no está liberalizado y/o hay en él una posición de dominio que marca precios, porque hay un insuficiente funcionamiento de la oferta y la demanda (esto puede ocurrir en las primeras fases de la liberalización) entonces la

Administración —el regulador— deberá seguir fijando los precios, orientados al mercado (no como el «servicio universal»).

Los nuevos servicios de acceso a Internet en banda ancha son un buen ejemplo de lo que decimos. Muchas personas piensan que, dada la gran trascendencia de Internet para el acceso a la Sociedad de la Información, los Gobiernos deben forzar a la baja las tarifas de acceso a internet ofreciendo además una calidad —velocidad— de acceso cada vez mayor. Dicho de otro modo, estiman que debería hacerse «asequible» un acceso a internet de alta velocidad para todos, lo mismo que se hace asequible la telefonía básica para todos. Esto es un error. Al postular estas ideas se olvidan varias cosas. En primer lugar, que el servicio universal —el telefónico básico— beneficia a las clases más necesitadas de la población, que aún no han accedido al teléfono, mientras que el acceso a internet lo hace a las clases medias y altas, que además de una línea telefónica tienen un ordenador y cultura para utilizarlo (dominio del inglés, por ejemplo). En segundo lugar, olvidan que las redes existentes tienen que ser reequipadas para los accesos a Internet de alta velocidad —lo que exige nuevas e importantes inversiones— y el titular de la red debe tener el incentivo adecuado para llevar a cabo tal inversión (los precios por debajo del coste obviamente la desincentivan). Por último —lo que es especialmente importante— olvidan que el acceso a Internet se abaratará, se hará «asequible» y quedará progresivamente al alcance de más y más personas conforme su uso se vaya extendiendo. Es más barato proveer Internet a diez millones de personas que a cien mil; pero, para que estos accesos se extiendan, es necesario conseguir primero que Internet se use, aunque su precio inicial sea caro. La expansión del mercado hace «asequible» el servicio a nuevos usuarios que, a su vez, generan mejores precios, que vienen a ampliar el mercado... Y así se entra en un círculo virtuoso. Esto es hacer «asequible» el servicio, conforme al mercado.

Cabría decir muchas cosas respecto a Internet y al modo en que se está generalizando, hasta el punto de universalizarse algunas de sus prestaciones de forma gratuita (correo electrónico, por ejemplo) pero por el momento lo que debemos retener es que la *«asequibilidad»* de una prestación de servicio público universal es una cosa y la *«asequibilidad»* de un servicio de mercado, aunque sea de interés general, es otra.

10.1. *El problema de las tarifas de los servicios públicos*

Debemos extendernos todavía un poco más en el tema de las tarifas y responder a la siguiente pregunta: ¿debe hacerse «política social» con cargo a los servicios públicos? Ésta es una pregunta que se han hecho cientos de veces los reguladores de todos los países al diseñar un sistema de tarifas, tanto en el nivel de las mismas como en su estructura. En principio, la concepción tradicional monopólica del servicio público comportaba un poder tarifario unilateral y discrecional en virtud del cual la ecuación financiera del servicio —derecho inalienable del concesionario— podría ser configurada, bien sobre la base de una tarifa suficiente, bien sobre un combinado de tarifa y subvención complementaria, concebida esta última como un instrumento de redistribución (política social habitual en el abastecimiento de agua o en el transporte urbano subterráneo).

Una segunda modalidad de «política social» fueron las subvenciones cruzadas, mediante el manejo de la estructura tarifaria, elevando el precio de unos servicios para con los excedentes obtenidos en ellos compensar los prestados en otros por debajo de coste; estas subvenciones cruzadas entre servicios de una misma empresa eran habituales en las telecomunicaciones tradicionales: la larga distancia subvencionaba la telefonía local y el acceso doméstico; y también en el transporte interurbano (adjudicaciones a la misma empresa de líneas excedentarias y deficitarias). Análogos efectos se producen en la tarificación por bloques de consumo (a precios progresivamente crecientes) o en precios diferenciados por barrios o lugar de residencia; técnicas todas ellas a través de las cuales se pretende hacer pagar más al que más tiene o al que más consume (casos del agua o la electricidad, que es síntoma indudable de que tienen más). En algún momento, incluso, se ha planteado la tesis de que este tratamiento o concepción de las tarifas como instrumento de política social era una exigencia constitucional derivada del principio de igualdad, desde una concepción del servicio público como tarea estatal (provincial o municipal) que exige tratar a cada uno según su capacidad [9].

Todos estos planteamientos se han hecho siempre desde una perspectiva política y estatalizadora de los servicios públicos, que ven éstos como un quehacer del Estado, como una tarea originariamente administrativa, cuya gestión puede delegarse a particulares, pero cuya titularidad corresponde en todo caso a los poderes públicos (*publicatio,* reserva al Estado de la actividad: artículo 128 de la CE). Vistas las cosas, sin embargo, desde un punto de vista empresarial y desde el modelo de un servicio público competitivo, con pluralidad posible de prestadores (tal como hoy se plantean los suministros de energía, petróleo, gas, electricidad, transportes o telecomunicaciones), la respuesta que habría que dar a la cuestión tarifaria es por completo diferente. Desde la

[9] *Vid.* por ejemplo, BOSCH, Juan, *La garantía constitucional de la igualdad como límite a la potestad tarifaria de la Administración,* Ponencia presentada por su autor en el Congreso Hispano Argentino de Profesores de Derecho Administrativo. Salta, marzo de 2004.

perspectiva empresarial, la mejor política social es que el servicio funcione con la máxima eficiencia, seguridad y calidad posibles; y que cada uno pague por cada servicio su justo precio: el que marque la competencia en el mercado o el que fije la Administración, cubriendo el coste total y real del mismo. Desde el punto de vista empresarial y de mercado, las subvenciones cruzadas son condenables porque falsean la competencia o la hacen imposible. Por ello el «reequilibrio tarifario» ha sido impuesto por las autoridades reguladoras europeas como *conditio sine qua non* de liberalización.

Ante tal disparidad de planteamientos es necesario llegar a un equilibrio. Comenzando por lo más sencillo, digamos que, en principio, en una economía de mercado, la gente debe pagar *siempre* por los servicios que utiliza. Debe pagar habitual y periódicamente, integrando este comportamiento en su propia cultura cívica. La seguridad jurídica de los usuarios debe ir paralela a la seguridad de los empresarios sobre estos flujos económicos, que como enseña la experiencia a todos los niveles (local y estatal), es más frágil de lo que cabría pensar. En segundo lugar, como principio general, hay que decir también que las tarifas —cuando no haya un precio de mercado— deben permitir cubrir los costes del servicio: los costes totales y reales, ajustados y depurados. La transparencia de la empresa ayudará a identificarlos y para ello habrá que establecer una contabilidad de costes, supervisada por el regulador, que permita cuantificarlos con exactitud, en lo posible. Por lo demás, la ley o el título concesional deben determinar la metodología de la revisión tarifaria. Todo esto es hoy práctica común y, aún a pesar de ello, los conflictos tarifarios están a la orden del día en todas partes. La razón es que en muchas ocasiones esta regla —suficiencia, eficiencia, objetividad— no se respeta, sino que los políticos buscan otros fines ajenos al servicio (control de la inflación, mantenimiento del *statu quo* adquisitivo de los usuarios) y para ello acuden a falsos criterios de *«orientación a coste»* o de *«corrección de beneficios excesivos»*, lo que implica una clara corrupción del sistema, que acaba arrojando tarifas desequilibradas en favor o en contra de unos u otros.

En tercer lugar hay que decir que los esfuerzos mejor intencionados para abaratar los servicios, si están mal dirigidos, pueden disminuir su asequibilidad a medio plazo; una fijación artificial de tarifas bajas hacen a la larga menos asequibles los servicios para la generalidad de la población, porque éstos descansan casi siempre sobre redes (eléctricas, gasistas, de telecomunicaciones) que están en constante proceso de crecimiento y siempre necesitadas de renovación (nuevos equipamientos). Si las tarifas bajan, desincentivan la inversión en la red e impulsan la explotación de la ya existente. Y es precisamente la red nueva (y los nuevos equipamientos) lo que hace seguro y asequible un servicio de calidad. Esto está sucediendo actualmente en las redes eléctricas de muchos países desarrollados, que no se están renovando para hacer frente a la nueva demanda, lo que ha dado lugar a continuos «apagones» en varios países. Cierto que hay obstáculos ambientales, pero no es menos cierto que la escasa rentabilidad de las redes de transporte (o distribución) de energía —derivada de tarifas bajas— tiene mucho que ver con ello. Y también puede ocurrir con las redes de telecomunicación de banda ancha, tanto fijas como móviles, que requieren nuevas inversiones; éstas no vendrán si no hay un marco de retribución adecuado.

La extensión de la red no sólo incorpora nuevos usuarios al sistema, sino que abarata los costes de producción (economías de escala y alcance) y beneficia a todos los usuarios a través del *«efecto red»* (las redes eléctricas, al desarrollarse como redes malladas, se hacen más estables, las de telecomunicaciones más eficientes, etc.). Ello abarata la unidad de producto y hace el servicio más asequible económicamente para todos. Las redes de telefonía móvil celular se han extendido de este modo, creciendo continuamente, aún siendo un servicio inicialmente caro; hoy se abarata justamente por su extensión creciente y nadie duda de que es un servicio asequible a grandes masas de población. Por todas estas razones podemos concluir afirmando que en el nuevo modelo de regulación las tarifas deben cubrir, en principio, los costes de *cada servicio;* que sólo excepcionalmente pueden aceptarse subvenciones cruzadas (que deben ser explícitas) y que para desarrollar y equipar las redes, el mayor problema suele ser de insuficiencia tarifaria. El poder político es proclive a ella. De ahí que sea en este ámbito donde se hace necesario introducir seguridad jurídica tanto para los usuarios (garantía de asequibilidad) como para la empresa (garantía de viabilidad).

10.2. *Introducción de seguridad jurídica en las tarifas: garantías institucionales*

Después de muchos años de experiencia histórica casi universal, hemos llegado a la conclusión de que el único sistema de alcanzar tarifas justas consiste en hacer que las fije un regulador independiente. El Gobierno tiene demasiados intereses entremezclados para ser objetivo; es mejor que lo haga un regulador que conozca el sector y esté dotado de una independencia real y efectiva. Algunos objetan que los reguladores resultan en muchas ocasiones demasiado débiles para esta tarea, tanto por falta de información (tienen más los operadores) cuanto por el peligro de *«captura del regulador»,* que aparece cuando se convence de que necesita vitalmente la buena voluntad de los operadores para cumplir su misión (lo que es, en sí mismo, un claro indicio de debilidad). Algo de cierto hay en ello, pero no es menos cierto que la fijación de las tarifas directamente por el Gobierno, que siempre está «capturado» por el proceso electoral, es mucho más peligrosa (el Gobierno, por definición, no hace regulación, sino política) y supone una vuelta atrás en el proceso liberalizador (recuérdese que la regulación es el complemento de la liberalización y ambas cosas no pueden hacerse a medias). El regulador independiente, cuya misión es garantizar la competencia, al tiempo que atribuye y hace cumplir las obligaciones de servicio público, es el naturalmente llamado a establecer las tarifas de este último. Ésta es una primera garantía institucional.

La segunda exigencia de una política tarifaria que respete la seguridad jurídica es que exista una metodología previamente aprobada, a la que el regulador se ajuste estrictamente, apoyado en datos ciertos y contrastados, tanto si se trata de fijar la tarifa directa como de aprobar un factor de productividad en los sistemas RPI-X. El procedimiento de cálculo (sobre datos ciertos —repito— contrastados en el mercado) debe ser razonable, ajustados a normas y criterios internacionalmente aceptados. En definitiva, tiene que ser alcanzarse una tarifa objetiva e incentivadota de la eficiencia y de la inversión.

La tercera exigencia, para toda política tarifaria que quiera incorporar elementos de redistribución y justicia social, es que cualesquiera subsidios que quieran establecerse, derivados de «políticas sociales», sean explícitos y cuantificados. De esta forma es más fácil mantener equilibrada la ecuación financiera de la gestión. Esto es especialmente indicado en tiempos de crisis, en los que los subsidios muchas veces son adelantados por la empresa, configurándose ese «crédito» de la misma, sobre la evolución futura del servicio a que nos hemos referido anteriormente; el grado de insuficiencia tarifaria que por razones de crisis sea necesario establecer debe ser medido (si es posible, cuantificado), pues con arreglo a él habrá que establecer el crédito a recuperar.

Por último, la cuarta y más importante garantía es que el control de las decisiones tarifarias por los Tribunales de Justicia esté correctamente planteado, en los términos antes vistos, para aportar la seguridad jurídica buscada. Las tarifas de los servicios públicos, querámoslo o no, tendrán siempre un componente de orden económico, esto es, de «medida de Gobierno», de naturaleza discrecional, difícil de someter, en sí misma, a revisión judicial. No podemos poner a los jueces a administrar los servicios públicos si no queremos caer en un «gobierno de los jueces» incompatible con la división de poderes (lo que se resume en la conocida frase *«El juez juzga, no administra»*). Lo que sí podemos hacer es que, a la vista de las decisiones del Gobierno o del Regulador y siempre *«ex post facto»*, un Tribunal estime si los efectos económicos de la tarifa fijada son justos o no, lo que derivará principalmente de si se ha respetado el equilibrio económico establecido en el título concesional de que dispone la empresa y en los contratos de suministro a los usuarios (que deben ser a la vez equitativos y no abusivos). Ya lo hemos dicho: los Tribunales no pueden fijar tarifas (salvo que éstas vengan determinadas por fórmulas matemáticas objetivas) pero sí pueden apreciar, *a posteriori,* el grado de insuficiencia (o de exceso) que una tarifa presenta para cumplir la ecuación financiera del contrato. Si la tarifa se reputa inadecuada, el Tribunal podrá imponer el pago de la compensación que proceda (en el supuesto de una tarifa insuficiente) o la devolución de lo indebidamente cobrado (en caso de tarifa excedentaria).

En cuanto a las «audiencias públicas» previas a la actualización de tarifas, son muy ilustrativas si se preparan adecuadamente y se desarrollan según un procedimiento riguroso (las celebradas ante la FCC o la FERC suelen ser ejemplares). Pero tienen también el peligro, que se ha prodigado en países latinos, de convertirse en un foro demagógico de quejas y agravios poco provechosas.

La no fijación de tarifas directamente, sino la utilización de técnicas tipo *«price cap»* (cestas de precios globalmente relacionadas con el IPC), o acuerdos tarifarios *tipo RPI-X,* que han tenido gran éxito en los últimos años, son fórmulas más flexibles que el viejo modelo del *cost plus,* pero no siempre es posible utilizarlas (tienen que existir varias prestaciones en régimen de servicio público o diferentes modalidades de prestación, algo frecuente en *telecomunicaciones,* pero que en servicios como la electricidad o el gas no sucede).

11. Recapitulación y conclusiones. Lo realmente importante es el respeto de los contratos

Desde antiguo sabemos que la prosperidad de una economía, basada en las interacciones económicas de los mercados, se sostiene sobre dos pilares fundamentales que debe garantizar el Estado: el sostenimiento de los derechos de propiedad y el cumplimiento de los contratos. Ambos están íntimamente unidos: el incumplimiento de lo pactado —como las nacionalizaciones sin compensación— afecta directamente a la propiedad. En el caso de los servicios públicos, la congelación de tarifas o la imposición de cargas es en el fondo una nacionalización larvada *(creeping confiscation)* que acaba con la empresa, de la cual, al final, debe hacerse cargo el Estado. Ésta es la historia de muchas nacionalizaciones en el pasado, que fueron —son— un asalto a la propiedad.

En este sentido, las *«renegociaciones»* de los contratos con las empresas privatizadas, extendidas por toda Iberoamérica, son tarea delicada. Un contrato se renegocia porque no se quiere o no se puede cumplir. Las renegociaciones pueden ser de dos tipos: puede ocurrir que cada una de ambas partes tenga algo a ganar, en cuyo caso la renegociación versará sobre el reparto de las ganancias adicionales; puede ocurrir también que la renegociación sea a pérdida, en cuyo caso, para que tenga éxito y sea realmente tal, debe llevarse a cabo en el seno de un procedimiento formal, al amparo de un árbitro independiente, en cuyo marco pueden repartirse equitativamente las pérdidas. La renegociación, cuando hay pérdidas, pero una de las partes piensa que tiene una posición de ventaja que la permite transferirlas a la otra, no es renegociación: es imposición.

Estamos hablando de contratos «del Estado» y, por tanto, es la credibilidad del Estado la que está en juego. Esto debe quedar claro. Los contratos pueden estar mejor o peor hechos; la regulación puede ser más o menos acertada; la situación puede ser más o menos difícil. Pero la realidad es que las empresas privatizadas han comprometido unas inversiones que han hecho sus accionistas para el desarrollo de una actividad industrial, asumiendo al mismo tiempo unas cargas de servicio público, todo ello a través de un título habilitante de carácter contractual. La seguridad jurídica exige que este contrato se cumpla. La regla *pacta sunt servanda* (los contratos se hacen para cumplirlos) sigue vigente, hoy como ayer, tanto en Europa como en América.

Como hemos visto, tanto en las crisis ordinarias como extraordinarias, el Estado está en una posición de fuerza sobre las compañías de servicio público. Pero si hace uso de ella, desconociendo sus compromisos y las reglas del juego pactadas, se producirá un daño grave para la colectividad a la que dice servir. Siempre es posible el cumplimiento de los contratos, salvo la *ultima ratio* de la expropiación nacionalizadora. Incluso en caso de crisis, las concesiones pueden cumplirse del modo ya apuntado: centrándolas en su equilibrio económico, generando créditos para el futuro de alcance limitado, reduciendo prestaciones, retrasando inversiones, ampliando plazos... Su cumplimiento —insisto— es siempre posible. De este modo se salvaguardan los derechos de los usuarios de hoy y los de mañana. Y de este modo se mantiene la credibilidad y confiabilidad del país ante los observadores nacionales y extranjeros.

Ciertamente, el Estado tiene que velar por el interés público y puede entender que se ha creado una nueva situación que exige replantear lo inicialmente acordado; que las cosas deben regularse hoy de distinta manera y que hay que diseñar un nuevo marco legal para estas actividades. Ahora bien, tanto la *«renegociación»* como la *«nueva regulación»* (en el fondo son lo mismo) no pueden hacer tabla rasa y partir de cero, sino que pueden y deben partir de lo que hay: de unos contratos de concesión que, en principio, deben respetarse. La seguridad jurídica no está tanto en la letra del contrato, que, ante un cambio completo de circunstancias, deberá adaptarse a ellas (cláusula *rebus sic stan-*

tibus) cuanto en el espíritu con que se asume. Los gobiernos y las empresas deben acreditar espíritu de colaboración y buena fe en todo cuanto hagan; de otro modo, la seguridad jurídica en sus países quedará muy dañada y costará recuperarla. Las empresas deben acreditar que cumplen, no sólo la letra, sino el espíritu de sus concesiones. Y, como hemos dicho, en el espíritu de toda empresa de servicio público está la cooperación a la salida de las crisis por las que pueda pasar la colectividad a que sirven. Las «renegociaciones» no deben desarrollarse como imposición sino como cooperación. El contrato de concesión debe adaptarse a la crisis. La seguridad jurídica de los usuarios exige que se haga. El contrato, en suma, *debe cumplirse por ambas partes, de acuerdo con la buena fe y con su espíritu.*

Quisiera hacer una última consideración respecto a la actitud de los gobiernos para con sus predecesores. Es muy posible que a un Gobierno no le guste lo que aquéllos hicieron, pero no se pueden sentir desvinculados de las decisiones por ellos tomadas. El mundo civilizado se asienta sobre la unidad —y continuidad— del Estado, como ente moral que está en la historia y trasciende a las personas que lo encarnan en cada momento. Esta construcción grandiosa de la personalidad del Estado (frente a la irresponsabilidad del monarca o de los señores feudales) es la base del moderno Estado de Derecho. Por ello, el Gobierno de hoy es, a todos los efectos, para lo bueno y para lo malo, sucesor —y heredero— del de ayer. Es el mismo Estado como persona moral y las decisiones de éste le vinculan, le guste o no. Ningún Gobierno puede, por tanto, si quiere permanecer en la comunidad de naciones civilizadas —y en los mercados de capitales— desconocer los actos o los contratos de un Gobierno anterior. Es impensable que, por el mero hecho de ser de otro color político, un acuerdo vaya a dejar de ser respetado. Si se trata de gobiernos democráticos legítimos, elegidos constitucionalmente, esto es indudablemente así; pero incluso en el caso de revisión de la obra de gobiernos dictatoriales ilegítimos o corruptos, los contratos de gestión de servicios públicos no contaminados políticamente deben ser respetados. Y es que la seguridad jurídica tiene un «plusvalor» que se superpone al beneficio social hipotéticamente aportado por dicha revisión.

LECCIÓN 29.ª

TITULARIDAD, RESPONSABILIDAD SOCIAL Y REGULACIÓN DE LA EMPRESA *

SUMARIO: 1. El problema en sus actuales términos.—2. La respuesta clásica, liberal.—3. El papel del Estado. Tres testimonios ilustres de una misma realidad.—4. El ciudadano cautivo.—5. La exigencia de la regulación.—6. Los tres posibles modelos de regulación.—7. El servicio público como alternativa.—8. Las críticas a la regulación y sus imposibles remedios.—9. Recapitulación y conclusiones.

1. El problema en sus actuales términos

El tema de la responsabilidad social de las empresas es todavía un tema *in fieri* en el que no sabemos muy bien por dónde nos andamos. Para muchos, hablar de responsabilidad social en un mercado duramente competitivo es como hablar de los peces voladores o del círculo cuadrado. Es decir, de una contradicción, de una aporía. En España se suele decir que no se pueden pedir peras al olmo (ni a los peces que vuelen). La empresa es una organización que tiene como notas definitorias la producción de bienes y servicios en las mejores condiciones de cantidad, calidad y precio, y simultáneamente la obtención de un beneficio por ese trabajo, lo más grande posible. Excepcionalmente y como un adorno más o menos vistoso podrán plantearse acciones culturales, educativas, de beneficencia o de caridad, a las que se destinan una parte —no muy grande de los beneficios antes de impuestos—. Pero eso es todo.

Hoy, sin embargo, se nos convoca para que discutamos sobre otras dimensiones de la actuación de la empresa que no están incluidas en ese simple esquema; y se citan como aspectos incluidos en dichas responsabilidades sociales de la empresa algunos como los siguientes: mejora de la calidad de la vida y protección del medio ambiente físico de los ciudadanos; oferta de oportunidades de empleo a grupos o sectores marginados (en especial minorías raciales o lingüísticas en aquellos países en que existen); programas educativos y de capacitación profesional que contribuyan a mejorar el entorno social en el que la empresa se desenvuelve; participación y colaboración en los problemas locales del lugar en que la empresa está ubicada, tales como problemas de vivienda, escuelas, centros de cuidados infantiles, etc.; mejora de las condiciones de trabajo del personal de la propia empresa haciendo aquél mas seguro, menos mo-

* Este trabajo fue preparado para las I Jornadas de «Economía y Sociedad», convocadas por el BBVA bajo el lema *«Balance Social de la Empresa e Instituciones Financieras»*, Madrid, 1982.

nótono, más creativo y menos alienante; o contribución al desarrollo de áreas deprimidas o subdesarrolladas del país. En una palabra, se trata de hacer de la empresa una organización más responsable, no sólo ante los grupos tradicionales (propietarios y empleados de cierto nivel), sino también ante el resto de su personal y sobre todo ante el público y la sociedad en general. Se trata de ver la empresa como uno de los elementos claves del sistema social, que no puede vivir de espaldas a su entorno y al conjunto de necesidades y problemas cada vez más apremiantes con las que se enfrenta la sociedad moderna.

Naturalmente lo primero que hay que preguntarse es hasta qué punto resulta razonable y exigible todo esto de una organización económica como la empresa mercantil (deseable sería muy deseable, como lo sería que un pez volara o que voláramos ustedes y yo). Ésta es una cuestión de principio a la que tradicionalmente se le ha dado una respuesta negativa, porque tales funciones o finalidades se han hecho recaer sobre otro tipo de organizaciones: el Estado, las Asociaciones, ONG's, los cuerpos intermedios o las Iglesias. Como justificación de esta ampliación de los objetivos y dimensiones de la empresa (especialmente en aquellos sectores clave para la vida social, y en aquellas organizaciones empresariales que por sus dimensiones y características tienen un impacto considerable sobre el resto de la colectividad) se dice que en definitiva el sistema de empresa privada, y cada una de éstas en particular no son sino parte de un sistema más amplio, político-social, en el cual la justicia y la libertad no pueden ser aseguradas solamente por el Estado sino que aquéllas solamente se darán cuando el conjunto del sistema responda a esas exigencias de responsabilidad pública. Hoy se da una situación de mutua interdependencia entre el Estado y el sistema empresarial de modo que ni éste puede vivir al margen de aquél, ni aquél puede obtener sus objetivos sin una positiva y decidida colaboración del sistema empresarial. «El sistema industrial —escribió Galbraith— no puede ser considerado en adelante como algo aparte del Gobierno; por el contrario, será visto cada vez más como parte de un complejo más amplio que abraza tanto al sistema industrial como al Estado...». Si se reconoce esto, la empresa actuará más firmemente al servicio de finalidades sociales [1]. En algunos sectores como el energético, el bancario o las telecomunicaciones esto se afirma de una manera particular, por cuanto constituyen hoy puntos neurálgicos en la evolución económico-social.

Todo ello es muy cierto. Sin embargo, no se responde con consideraciones semejantes al problema de deslindar el alcance y límites de la responsabilidad social de *cada empresa*. Ciertamente sería muy deseable que un sistema de em-

---

[1] John Kenneth GALBRAITH, *The New Industrial State,* 1967, páginas 392 y siguientes.

presa libre, en una sociedad libre, respondiese en su conjunto a las necesidades de esta sociedad, y que tuviera sensibilidad suficiente para aceptar en cada momento el sistema de valores y deseos de la colectividad, que pueden no coincidir con la máxima rentabilidad empresarial (pensemos, por ejemplo, en las actuales exigencias medio ambientales o en las alienantes condiciones de trabajo en las que se desarrolla la vida de muchas gentes). ¿Pero cómo conseguir que la actuación de cada empresa responda a ello? Pues obviamente una empresa que en nombre de la responsabilidad social acepte una serie de cargas, sin que sus competidores hagan lo propio, se encontrara antes o después en una difícil situación de desventaja respecto a éstos, que puede llegar a poner en riesgo su propia subsistencia. Sólo en el caso de que todas las empresas del sector hagan lo propio (y en ocasiones ello puede venir incluso condicionado por la actuación de terceros países en la dura competencia internacional de nuestros días) sería exigible de una empresa en concreto el cumplimiento de tales *standards* en responsabilidad social.

2. La respuesta clásica, liberal

Pero es que, además, para muchos, tal responsabilidad no debe pedírsele a la empresa (es al Estado a quién esto compete). La visión clásica del tema —hoy tan de moda— es bien conocida y queda resumida en estos dos famosos textos de Adam Smith:

> — «Cada individuo necesariamente trabaja para obtener una renta anual de la sociedad tan grande como pueda. Generalmente no pretende promover el interés público ni tampoco sabe cómo conseguirlo... se limita a dirigir su industria de tal manera que su producto sea del más grande valor; el individuo pretende solamente su propia ganancia pero en éste como en otros muchos casos, es dirigido por una *mano invisible* para la promoción de un fin que no formaba parte de su intención... A través de la búsqueda de su propio interés promueve frecuentemente el de la sociedad con más eficacia que cuando pretende obtener éste directamente. No he conocido nunca que se haya hecho mucho bien por aquéllos que parecen negociar por el bien público...» [2].
>
> — «No esperemos nuestro sustento de la generosidad del carnicero, del cervecero o del panadero; lo esperamos del cuidado que ellos tienen en su propio interés. No nos dirigimos a su sentimiento humanitario, sino a su egoísmo, y jamás les hablemos de nuestras necesidades sino de las ventajas

---

[2] Tomado de James W. Mckie, *Social Responsibility and the Business Predicament,* The Brookings Institution-Washington, D. C.

que ellos lograrán. Si exceptuamos a los mendigos, nadie quiere depender fundamentalmente de la generosidad de sus ciudadanos» [3].

El nuevo profeta de esta visión clásica de la economía —el gran Milton Friedman— no ha sido menos duro y contundente respecto de estas tendencias actuales sobre la responsabilidad social de las empresas. En su libro *«Capitalismo y Libertad»* dejó escrito este otro texto, no menos conocido:

— «Una visión que ha venido ganando amplia aceptación es la de que los directivos empresariales y líderes sindicales tienen una responsabilidad social que va más allá del servicio al interés de sus accionistas o sus miembros. Este parecer demuestra un mal entendimiento del carácter y naturaleza de una economía libre. En una economía de este tipo *hay una* y *sólo una* responsabilidad social de los negocios: usar los recursos y embarcarse en actividades destinadas a incrementar los beneficios siempre que uno se mantenga dentro de las reglas del juego, es decir, en un sistema libre, competitivo, sin engaños ni fraudes... Pocas tendencias pueden socavar más profundamente los verdaderos fundamentos de nuestra sociedad libre como la aceptación por parte de directivos empresariales de una responsabilidad social distinta a la de ganar tanto dinero como sea posible para sus accionistas y propietarios. Es ésta una doctrina radicalmente subversiva...» [4].

Dicho breve y castizamente *«The business of business is just business»*, o como dicen los catalanes *«el negosi es el negosi»*.

Con esto, para un liberal ortodoxo, se da por terminado el tema de la responsabilidad social de las empresas (tema que sería más bien sobre la *irresponsabilidad* social de aquéllas). Pero esta conclusión para los que somos liberales, pero no tanto, resulta demasiado simplista. De cuanto llevamos dicho, que es en gran parte verdad, se deduce, para ser realistas, lo siguiente:

1. Que son muy loables y deseables todas las demandas que actualmente se formulan sobre la responsabilidad social de la empresa, y especialmente de aquéllas que como las integradas en el sector bancario y crediticio constituyen una de las piezas claves en el orden de una sociedad libre.

2. Que resulta muy difícil sin embargo el cumplimiento de tales objetivos por parte de los agentes económicos como una exigencia o consecuencia derivada del mercado libre y competitivo.

---

[3] Tomado de MILTON y Rose FRIEDMAN, *Free To Choose,* Harcourt, New York, 1980; traducción española por Ed. Grijalvo, Barcelona, 1980.

[4] Citado por James W. MCKIE, editor, *Social Responsibility and the Business Predicament,* cit., página 19.

3. Que quizás como reflejo de imperativos éticos o de conciencia, pueden obtenerse algunos resultados en esta línea de responsabilidad social, pero en cualquier caso serán siempre un subproducto, más bien excepcional y siempre escaso, que se inserta dentro de las tradicionales tareas de beneficencia y caridad que han llevado a cabo desde siempre las firmas comerciales.

4. Que no se debe esperar mucho más por vía «voluntaria» y que, por tanto, si se desea introducir en el mundo económico nuevos criterios o pautas de comportamiento que tomen en consideración necesidades o aspiraciones sociales deberá ser el Estado quién fije e imponga con carácter general determinadas reglas o *standards* de actuación.

3. El papel del Estado. Tres testimonios ilustres de una misma realidad

Ciertamente conviene distinguir con claridad los distintos papeles que en una sociedad políticamente organizada corresponden al Gobierno y a las entidades y organizaciones empresariales. El Gobierno como institución política es el intérprete de las aspiraciones y necesidades de la sociedad, a la que representa; su papel consiste en establecer prioridades, arbitrar diferencias, aprobar el marco de las reglas e instituciones jurídicas que ha de presidir la vida económica y establecer las condiciones y motivaciones suficientes para que, a ser posible, el sistema económico, dejado a su libre impulso, satisfaga aquellas aspiraciones y necesidades de la sociedad. Si esto no se consigue de una manera libre, el Estado lo impondrá coactivamente y con carácter general mediante nuevas regulaciones obligatorias o bien creará sus propias empresas para que asuman tales tareas. Aquí es donde los especialistas del Derecho Público y la Ciencia Política tenemos quizás algo que decir.

En efecto, visto el problema, no desde la empresa sino desde el entorno socio-político en que aquélla se inserta, debe reconocerse una vez más el cambio profundísimo que se produjo en la sociedad y el Estado a partir, aproximadamente, de la Primera Guerra Mundial. Permítanme traer aquí el testimonio de tres figuras de primera magnitud cuya coincidencia en el diagnóstico es realmente digna de reflexión.

Un gran jurista alemán, Ernst Forsthoff, que venía observando durante muchos años las transformaciones del Estado de la sociedad industrial, constataba, en 1960, la que puede considerarse como de mayor alcance: «el moderno Estado de derecho —se refiere ante todo a la República Federal de Alemania— se ha transformado en un Estado redistribuidor de gran estilo y con ello en un Estado social de gran eficacia». Esto ha sido consecuencia ineludible del desarrollo industrial que ha modificado de manera fundamental la configuración demográfica y territorial de Europa. La acumulación de grandes masas humanas en los centros urbanos y de producción industrial hizo necesarias complicadas instalaciones y organizaciones para hacer posible las condiciones de vida de las gentes en un espacio limitado. Vivienda, transporte, abastecimiento de agua, gas, energía eléctrica, medios de comunicación de todo tipo, mercados, servicios de basuras y limpiezas, y tantas otras necesidades han tenido que ser organizadas colectivamente. Las repercusiones de esta transformación sobre el estilo de la existencia del individuo y sobre el Estado, dice Forsthoff, han sido de primera magnitud. Distingue así entre lo que llama el «ámbito vital dominado» y el «ámbito vital efectivo» del individuo:

> «Por ámbito vital *dominado* —dice— entiendo aquél dentro del cuál y sobre el cuál *dispone el individuo,* sin que tal derecho de disposición tenga que ser proporcionado por la propiedad. En este sentido, la finca rústica, la heredad campesina, constituye el caso típico del ámbito dominado. El ámbito vital *efectivo* es aquél dentro del cuál se *desarrolla de hecho la vida* del individuo. El fenómeno descrito ha conducido a que *el ámbito vital dominado haya ido disminuyendo* cada vez más, y haya quedado reducido para millones de personas a unidades mínimas, como la habitación amueblada o el apartamento, un proceso por otra parte, que a causa de las consiguientes reestructuraciones psíquicas de los hábitos de vida, no es sentido en modo alguno, en general, como una pérdida, ya que viene compensado por las comodidades de la vida en la gran ciudad. Por otra parte, el fenómeno descrito *ha ampliado extraordinariamente el ámbito vital* por cuanto que éste abarca, por efectos de las posibilidades de la técnica, la totalidad del globo terráqueo».

La consecuencia de este hecho —concluye— es la extraordinaria inferioridad social del hombre moderno. En algunos casos sus necesidades son satisfechas a través del mercado, pero en otros muchos esto no es así y ha sido por ello absolutamente necesario la asunción por el Estado de una serie de actividades que el autor llama de «previsión existencial» *(Daseinsvorsorge).* En tanto en cuanto las empresas de la previsión existencial se hallan a cargo del sector privado deben hallarse igualmente sujetas a una vigilancia amplia y diferenciada por parte del Estado.

La repercusión que sobre el *modo de ser* del Estado ha tenido esta profunda transformación de la sociedad urbana e industrial se sintetiza en estas palabras:

> «Este fenómeno ha modificado la relación entre el individuo y el Estado de tal manera que ha llegado a estar en franca oposición con respecto a la relación entre el Estado e individuo en los términos del Estado de Derecho. El Estado de Derecho estaba y está ordenado a la libertad individual. Y libertad significa a este respecto tanto como separación y liberación del indi-

viduo de la soberanía estatal. En el ámbito de la previsión existencial rige exactamente lo contrario; no la separación, sino la vinculación con el Estado en la forma de participación en las prestaciones de la previsión existencial; esto es hoy lo importante para el individuo».

Las enormes posibilidades de potenciación del poder del Estado como fruto de esa dependencia, y el enorme riesgo que para la libertad individual supone el ensanchamiento de aquel poder no puede dejar de ser constatado [5].

El testimonio de otro gran jurista anglosajón, Roscoe Pound, es igualmente significativo. En un artículo publicado en 1949 *(The Rise of the service state and its Consequences)* el autor examına el cambio de sentido de la acción del Estado experimentado en los últimos años, los peligros de su extensión y la difícil frontera que ya entonces se apuntaba entre lo público y lo privado, la inexorable socialización de nuestras necesidades y de nuestros remedios (por ejemplo, las socializaciones de las profesiones liberales que van progresivamente funcionalizándose), el creciente y desbordador mito de la igualdad en el acceso a los bienes y servicios; y aun cuando se revela frente a toda esta, al parecer, fatal evolución, no puede dejar de reconocer lo siguiente:

> «Las sociedades de hoy demandan servicios que van mucho más allá de aquéllos que el Estado liberal, encargado de mantener el orden y reparar las injusticias, podía ofrecer. En una sociedad industrial compleja resulta cada vez más difícil conseguir por propia iniciativa personal muchas cosas que el público desea ver realizadas y rápidamente. Agencias y Entidades administrativas encargadas de promover el bienestar general han llegado así a ser una necesidad y están aquí para muchos años. Resultaría fútil luchar contra la idea de un *"service state"* que guarde el debido equilibrio con la idea de espontánea iniciativa individual característica de América. Lo que uno debe resistir y combatir, no es la prestación por el Estado de muchos servicios públicos que aquél puede llevar a cabo sin atentar a nuestro sistema legal y político, sino la idea de que todos los servicios deben y pueden solamente ser realizados por el Gobierno».

Finalmente, traigamos aquí el certero diagnostico de Daniel Bell cuando califica a nuestra sociedad como «The Communal Society» caracterizada por estas tres notas: 1) el aumento en el número y alcance de los llamados bienes públicos, bienes y servicios que son producidos o comprados por el Gobierno con carácter general para todo el pueblo; 2) la extensión de las llamadas externalidades, palabra —dice— casi desconocida para el público hace sólo unos pocos años; la necesidad de controlar, internalizando en lo posible, dichos cos-

---

[5] Todo ello según Ernst FORSTHOFF, *La previsión existencial en la edad técnica*, DA, n.º 100, páginas 13 y siguientes; y en su libro *Estado de la Sociedad Industrial*, IEP, 1975, *passim*.

tes ha dado lugar a una considerable extensión de los poderes del Gobierno; 3) el reconocimiento más o menos solemnemente proclamado de una igualdad radical de las personas y el *derecho de cada una* de ellas a un *mínimo vital* que hoy alcanza fácilmente a trabajo, protección en caso de desempleo, salud, educación elemental, vivienda digna, retiro y pensiones, etc.; estos derechos económico-sociales se reconocen más o menos formalmente en algunas Constituciones modernas (entre ellas la española) y de ellos se hace primariamente responsable el Estado.

El reflejo de esta *Communal Society* sobre el Estado es, según Bell, claro: mayor control público, mayor regulación y un Estado de prestaciones a través del cuál se desea obtener una redistribución de los resultados del proceso económico. Se produce, en definitiva, en una amplia media, *«the shift from market to political decisions»* [6].

4. El ciudadano cautivo

Creo que no somos todavía muy conscientes de la profundidad y alcance de los cambios sociales en los que estamos inmersos, y desde luego no hemos sabido hasta ahora dar una respuesta institucional coherente con el mundo de exigencias, ambiciones, necesidades o simplemente esperanzas entre las que vivimos. Yo puedo decirles que en lo que a mi mundo se refiere (la Administración y el Derecho Público) estamos viviendo de un sistema heredado que no da respuesta a los nuevos problemas. Nos encontramos en la Europa continental ante una Administración todavía heredera de Napoleón, rígidamente jerárquica, autoritaria, con afición al secreto y al misterio de sus razones (los viejos *arcana imperii*), una Administración que ha estado y sigue estando excesivamente politizada, demasiado sumisa al mando político (al que se suma hoy el mando de partido) con muy estrechas vías de incentivar y exigir responsabilidad a autoridades y funcionarios, que tiene un sentido iluminista y exclusivista de lo que sea el interés público; que se considera siempre en posesión de la verdad, y que tiene en definitiva muy poco respeto al ciudadano al que dice servir.

A los efectos que ahora nos interesan conviene retener tres consecuencias que se derivan del certero diagnóstico de nuestra sociedad que acaba de ser recordado. La primera de ellas es la inevitable *publicatio* de algunas actividades que no pertenecen esencialmente al ámbito del quehacer del Estado pero que

---

[6] Todo ello según BELL, en *The Business Government Relations A Reassessment,* edited by Neil H. Jacoby, Santa Mónica, California, 1974.

como consecuencia de esa inevitable colectivización de nuestra vida han venido a recaer de una u otra manera bajo la responsabilidad de su dirección y control (esto es así en todo el mundo occidental).

La segunda consecuencia es la transformación producida en el mismo mundo empresarial, con una nueva concepción de la dirección y *management* de las grandes organizaciones. La gran empresa se configura hoy con un carácter *institucional* permanente, que desborda en alguna medida las finalidades y objetivos de sus propietarios. Los nuevos managers y administradores saben que deben llegar a establecer un equilibrio y un cierto balance de intereses entre los distintos grupos participantes de la vida de la empresa (propietarios, empleados, consumidores y usuarios, comisionistas y agentes de sus ventas, autoridades públicas nacionales y locales con los que la empresa se relaciona, etc.).

Finalmente, una tercera consecuencia ha sido la ampliación de aquel grupo de actividades, industrias o empresas que conocemos con el nombre de «servicios públicos» y que pueden caracterizarse como actividades indispensables para la colectividad, que se prestan casi siempre en régimen de monopolio de hecho, y que deben serlo además con continuidad y con carácter general al público.

Lógicamente la creciente dependencia del ciudadano respecto a las organizaciones sociales prestadoras de bienes y servicios ha impuesto sobre éstas una reglamentación más detallada que hoy alcanza no sólo a los servicios públicos clásicos (ferrocarriles, abastecimiento de agua a poblaciones, suministro de electricidad, gas, teléfonos, etc.), sino también a sectores como seguros, banca, transporte de mercancías, mataderos, abastos, radio y televisión, aparcamientos públicos, sanidad, deporte, etc.

Diré finalmente que como consecuencia de este proceso que vengo comentando se han producido también algunas quiebras en las precondiciones necesarias para aplicar el modelo liberal de mercado. En efecto, como es sabido, la idea clave de *«La Riqueza de las Naciones»,* de Adam Smith era que si un intercambio entre dos partes *es voluntario* no se llevará a cabo a menos que ambas obtengan con él un beneficio y que por tanto ninguna protección mejor para el ciudadano que la competencia del mercado y la libertad de elegir que cada ciudadano tiene dentro de éste [7]. Pues bien, es patente que en muchos

---

[7] Esta concepción de los intercambios ha traído consigo importantes consecuencias en la regulación de las obligaciones y contratos, que luce todavía en el Código Civil, con la afirmación casi ilimitada de la autonomía de la voluntad, la exigencia rígida del *pacta sunt servanda*, la práctica desaparición de la idea de equivalencia de las prestaciones, la desaparición de la rescisión por lesión y otras consecuencias que no es del caso explicar ahora.

casos el ciudadano de nuestras grandes ciudades no puede elegir libremente, sino que *debe* necesariamente apoyar su existencia sobre una vivienda, un transporte urbano, una energía eléctrica, un parque infantil, un centro de enseñanza o un espacio natural que es el único que está a su alcance y que no puede dejar de utilizar. El ciudadano actual es muchas veces un ciudadano «capturado» por los servicios.

5. La exigencia de la regulación

Esta circunstancia ha dado lugar a una abundante regulación administrativa que ha sido dictada con distinto alcance y modalidades según los sectores. Una gran parte de actividades económicas han pasado a estar «disciplinadas». Resulta por completo imposible referirse aquí ni siquiera brevemente a los distintos tipos de regulación pero sí quiero hacerlo respecto de aquéllos que se encuentran vinculados, afectos de un modo muy particular al interés público, tanto a los intereses nacionales en su conjunto como a la vida aislada e individual de cada ciudadano. Se trata de un grupo especial de empresas a las que se debe aplicar de modo particular estas ideas de responsabilidad social, porque efectivamente la tienen en mayor grado.

En todos los países la legislación ha separado un conjunto de actividades que con el nombre de servicios públicos, actividades reglamentadas, actividades de interés público u otra calificación similar, se hallan especialmente *disciplinadas* y sometidas al poder público, cuando no nacionalizadas y gestionadas por el propio Estado. Son empresas y actividades sometidas a detalladas regulaciones, no sólo en su marco externo (leyes generales sobre la propiedad, los contratos, las relaciones laborales o las leyes fiscales) sino en la propia vida interna de la empresa en cuyos aspectos técnicos, financieros, comerciales o contables, en el *quantum* y el modo de su actividad, están también sometidas a normas, directrices especiales (sobre volumen de producción, mercado, precios, calidades, etc.) que la Administración dicta para ellas.

Este fenómeno no es de ahora sino de muy antiguo, recordemos que en el derecho intermedio ya se calificaban algunas de las actividades comerciales o industriales como «ocupaciones públicas» entre las que se citan los molinos, las posadas, los portazgos y pontazgos entre otras. El *common law* calificará estas empresas como *«public callings»* imponiéndoles la obligación de servir a todos los que lo soliciten, a un precio razonable y sin discriminaciones. Recuérdese igualmente, porque el dato es ilustrativo, que fue en pleno siglo XIX y en pleno triunfo de Adam Smith cuando el Tribunal Supremo Norteamericano, que era un firme creyente del *«laissez faire»*, dictaminó en Munn *v.* Illinois (1877) que el Estado de Illinios tenía poder para regular los precios que había de cobrarse para el almacenamiento de trigo en los depósitos elevadores de Chicago; y recordando lo escrito por Lord Hale doscientos años antes, afirmará que *«cuando la propiedad privada queda afecta al interés público deja de ser una propiedad puramente privada»*, y añade: *«una propiedad resulta revestida con un interés público cuando es usada de tal manera que queda afectada la comunidad en su conjunto. Por tanto, si uno dedica su propiedad a estos usos en los cuales el público tiene un interés, está en efecto ofreciendo y garantizando al público un interés en tal uso y debe admitir ser controlado por el público para el bien común en la medida del interés que él mismo ha creado»*.

Resultaría interesantísimo reconstruir la historia de esta línea de argumentación jurídica que hace del destino de los bienes (y no sólo de su propiedad) uno de los elementos decisivos del régimen jurídico de aquéllos. Permítaseme remitirme en este punto a un antiguo trabajo mío, que publiqué en 1973 [8].

Naturalmente la determinación de cuándo una industria o empresa se encuentra o no afecta al interés público es una calificación siempre relativa y no puede ser hecha con carácter general. En los Estados Unidos una rica jurisprudencia que va de 1876 a 1934 (Nebbia *v.* New York) fue calificando o denegando esta condición a distintos sectores [9]. En éste como en otros muchos campos el criterio ha sido variable en función de las convicciones del Tribunal Supremo norteamericano que procura reflejar en cada momento las concepciones sociales imperantes. En cualquier caso lo que importa ahora es concluir que en todo momento a lo largo de la historia se ha reconocido la existencia de ciertas actividades que tienen carácter público cualquiera que sea el sujeto y modo de su gestión. Criterios concretos que puedan ayudar a esta calificación pueden ser los siguientes: la condición de monopolio natural, el carácter indispensable del bien o servicio, el reconocimiento o disfrute de ciertos privilegios públicos (por ejemplo, expropiación, utilización especial y privativa de las calles y las vías públicas, privilegios fiscales, etc.) el tratarse de actividades ofrecidas y abiertas al público de una manera oficial y formal, la exigencia previa de un título administrativo específico (charter, franchise, concesión, etc.) [10] y otros de este estilo. En realidad todo esto es variable y coyuntural. En el fondo lo único decisivo es la dependencia vital que la prestación suponga respecto de la vida de la sociedad y de cada uno de sus ciudadanos,

---

[8] Gaspar ARIÑO ORTIZ, *La afectación de bienes al Servicio Público*, Alcalá de Henares, INAP, 114 páginas, *in totum*. Hoy recogido en este volumen como Lección 20.ª

[9] Véase sobre el tema LYON and ABRAMSON, *Government and Economic Life, Development and Current Issues of American Public Policy*, Greenwood Press, 1978, reimpresión.

[10] Véase un minucioso análisis jurisprudencial en Ford P. HALL, *The Concept of a Business Affected With a Public Interest*, Bloomington, Indiana, 1940, 159 páginas.

calificación que variará de país a país y de tiempo en tiempo. En nuestro caso y sin pretensión alguna de exhaustividad podemos citar entre estas actividades «públicas» (las viejas *public callings*) algunas como las siguientes: el transporte regular en todas sus modalidades, las comunicaciones telegráficas y telefónicas, la radio y la televisión, el sector eléctrico, los abastecimientos de agua, la industria y el suministro de gas, la actividad urbanística y de vivienda (especialmente la creación de suelo urbano y la promoción de vivienda protegida), las actividades que marcan las condiciones de la vida urbana (desde el servicio de recogida de basuras hasta el sistema de parking), actividades asistenciales y de sanidad, organización e infraestructura del deporte, y finalmente no puede excluirse de esta relación el sector bancario y crediticio.

En todos estos sectores coexisten en distinta proporción empresas privadas y empresas públicas, pero tanto si se trata de unas como de otras, resulta para mí obvio que la repercusión social de su actuación es muy superior en estos casos que en el de una empresa de fabricación de camisetas o de cosméticos. Todas estas empresas y actividades sobre las cuales descansa de un modo particular la vida social requerirían un marco claro de principios y reglas que guíen y encuadren la relación entre ellas y el Estado.

Característica bastante común a todas estas actividades es la inexistencia de libre y real competencia en el ejercicio de las mismas, bien porque por naturaleza, económica y técnicamente, reclaman el monopolio, bien porque las condiciones de acceso a ellas se encuentran rígidamente controladas por el poder público. En cualquier caso las leyes del mercado no se cumplen en estos sectores más que en grado débil y ello es lo que justifica la existencia de una regulación más intensa que venga a ordenar y suplir de alguna manera la inexistencia de total competencia (los nuevos liberales dicen aquí que el proceso es justamente el inverso y que es la existencia de regulación, en provecho de los sectores regulados, los que impiden que funcione, de verdad, el mercado; en algún caso ello puede ser así pero en los grandes servicios públicos la experiencia universal demuestra la tendencia al monopolio o cuasi monopolio).

6. Los tres posibles modelos de regulación

Pues bien, el hecho es que carecemos de un marco claro de principios y reglas capaz de dar claridad, seguridad y unidad de sentido a la numerosa y fragmentaria legislación que se viene dictando en estos sectores de una manera anárquica y arbitraria por parte de la Administración. Los tres posibles modelos de configuración jurídica de estos sectores son, a mi juicio, los siguientes:

a) Configuración del sector como actividad *«reglamentada»*, esto es, minuciosamente regulada por el Estado en su totalidad, y especialmente en sus precios, si bien la actividad se considera en todo caso como actividad industrial o comercial privada; la Administración la regula desde fuera y lo hace con particular intensidad por la trascendencia social y económica del sector. Éste ha sido el planteamiento anglosajón de las *«Public Utilities»* tanto inglesas como norteamericanas, de corte típicamente liberal y de mercado.

b) Configuración del sector como *«servicio público* en mano privada», lo cual significará la asunción por el Estado de la titularidad sobre esa actividad o quehacer social (exclusividad regalística), si bien aquél delega o concede su gestión a los particulares, por razones económicas y de buen servicio; la Administración, aquí, no sólo establecerá una regulación jurídica exterior, sino que asumirá poderes de dirección y control internos del servicio. La Administración es el «señor del servicio», el titular, el *«dominus»* de la actividad y actuará como tal. Ésta ha sido la concepción propia del derecho francés, español o belga, imperante en épocas del Gobierno liberal.

c) *Nacionalización del sector,* lo cual consiste esencialmente en la transformación de empresas privadas en empresas del Estado, mediante el traspaso a éste de la propiedad de los medios de producción; la Administración, en este caso, no sólo manda en virtud de su poder de imperio sobre la actividad, sino en virtud de su condición de propietario (aunque sea vicarial) de las empresas gestoras; no sólo es el *«dominus»* de la actividad, sino también el dueño de la empresa. Ésta ha sido y es la solución de los gobiernos socialistas.

¿Cuáles son los pros y los contras de cada una de estas opciones? Ésta es una gran cuestión que no se puede responder genéricamente sino en base a cuidadosos análisis económicos, técnicos y sociales de cada actividad o servicio en concreto, y en función de las posibilidades, aptitud y grado de eficiencia de la Administración de cada país. Sin embargo, se harán a continuación algunas observaciones que ayuden a valorar exactamente los términos de la decisión.

En la doctrina jurídica y en la ciencia política europea de los últimos años ha imperado la creencia de que «el Estado tiene fatalmente la necesidad de tener entre sus manos una parte esencial de las instalaciones necesarias para la satisfacción de las necesidades vitales de la población» [11]. Se apunta con ello a la conveniencia, no sólo de asegurar el control y la prestación adecuada por la sociedad de tales bienes o servicios, sino de ostentar la titularidad pública —la

---

[11] Así, por ejemplo, Ernst FORSTHOFF, *Traité de Droit Administratif Allemand*, trad. francesa de la 9.ª edición alemana, Bruselles, 1969, página 738.

propiedad por el Estado— de los medios de producción necesarios para conseguirlos. Entre nosotros las tesis nacionalizadoras han sido más de una vez afirmadas no sólo por los partidos de izquierdas sino también por estudiosos y gentes, más o menos de derechas, que se han ocupado de estos temas. En concreto, el sector eléctrico y el sector bancario y crediticio han sido objeto de tales pronunciamientos [12] que se formulan como algo axiomático que no requiere mayor demostración. La experiencia histórica, sin embargo, nos dice que la empresa pública, que puede ser necesaria en algún caso, resulta bastante incompatible con una gestión empresarial eficiente y capaz. Permítaseme remitirme en este punto a un reciente libro mío que resume mis trabajos sobre la empresa pública en los últimos treinta años. Mi conclusión, en base a la experiencia de más de medio siglo de empresa pública en Europa, es que la gestión pública ha resultado muy poco brillante, por lo que creo que hay que replantearse esa tendencia a la propiedad pública, considerada poco menos que como irremediable [13].

7. El servicio público como alternativa [14]

Ahora bien, todo ello no puede llevamos a desconocer la realidad de nuestra sociedad industrial y urbana, cuyas exigencias no se pueden ignorar. Una de ellas es el necesario control y dirección pública de aquellas actividades esenciales a la colectividad, de tal forma que éstas se presten en las condiciones económicas y con la extensión adecuada a ese fin asumido hoy por la generalidad de los estados modernos: asegurar el mínimo vital a sus ciudadanos. La «propiedad pública» es uno de los modos de asegurar esto, pero no es el único. La evolución y la experiencia histórica demuestran la intercambiabilidad, a estos efectos, de las técnicas del servicio público y la empresa pública. Un análisis jurídico de estos dos procedimientos demuestra que el control y dirección

---

[12] Sobre el sector eléctrico véase, por ejemplo, el libro de J. SALS, *Régimen jurídico administrativo de la energía eléctrica,* Madrid-Bolonia, 1977. En la embocadura misma del libro se propugna sin más la nacionalización del sector afirmando: «como es obvio el presupuesto básico para que tales problemas puedan real y efectivamente resolverse, no puede ser otro que el de la nacionalización del sector eléctrico»; esta solicitud había sido formulada ya, en tiempos pasados, por autores como Ramón TAMAMES o Juan VELARDE, este último en *Estructura e Instituciones económicas de España,* Madrid, 1969. En cuanto al crédito y la banca, a análogas conclusiones llegaba Sebastián MARTÍN RETORTILLO en su libro *Crédito, Banca* y *Cajas de Ahorro. Aspectos jurídico-administrativos,* Madrid, 1975. Más matizadamente en *Aspectos constitucionales del crédito,* Madrid, 1978

[13] Véase G. ARIÑO ORTIZ, *Empresa pública, empresa privada, empresa de interés general,* Aranzadi, Pamplona, 2008.

[14] Puede verse, si se desea, una versión amplia de este tema en la Lección 19.ª, anterior, de este libro.

de los servicios y de las actividades económicas esenciales para la sociedad, que constituyen hoy objetivo primario y deber irrenunciable de los Estados modernos, puede conseguirse a través de mecanismos de regulación y gestión que no requieren en todo caso la «propiedad pública» de los medios de producción. El estatuto jurídico del servicio público, renovado y modernizado en algunos aspectos, constituye una alternativa válida y en muchos casos preferente al régimen de empresa de propiedad pública. Es preciso distinguir tres elementos cuya titularidad no tiene por qué coincidir: propiedad, gestión y dirección (control). En la moderna sociedad industrial y urbana —a la luz de los principios de la economía de mercado— corresponde al Estado irrenunciablemente el último de ellos, y sólo cuando sea necesario debe asumir los dos primeros. Pero la opción no debe ser nunca una decisión apriorística y dogmática sino que debe estar en función de factores de muy diverso orden, y entre ellos fundamentalmente la capacidad financiera del Estado (sin llevar la presión fiscal a límites intolerables) y la capacidad de gestión de la Administración.

La Constitución española reconoce y consagra, como es bien sabido, el principio general de libertad de empresa en el marco de la economía de mercado (artículo 38) y modula la aplicación de este principio con la consagración de otros tres criterios de ordenación económica que tienen siempre un carácter en alguna medida excepcional: la subordinación de toda actividad económica al interés general, el reconocimiento de la iniciativa pública en ciertos campos y la reserva incluso al Estado de ciertos recursos o servicios esenciales (artículo 128). Toda reserva al Estado deberá hacerse «mediante ley» y, aunque la Constitución no lo refiere expresamente, sería muy de desear que la «iniciativa pública» cuando se considere necesaria se formalice también en cada caso mediante ley. La declaración de una reserva mediante ley ha sido lo habitual en España para la declaración de una actividad como servicio público, entre otras razones por las graves consecuencias que eso entraña en el régimen jurídico de estas actividades de que venimos hablando. En efecto, la Administración goza en ellas de unos poderes de intervención, de ordenación o sanción que van mucho más allá de lo que la Constitución permite para el resto de la economía. Los derechos y libertades en el orden económico-social a que se refiere el Título 1, capítulo 2.º, sección 2.ª de la Constitución, se encuentran muy limitados en el caso de los servicios públicos. Veámoslo.

Tres son los grandes pilares del Estado constitucional moderno: el *principio de legalidad* (necesidad de Ley/o norma previa a cualquier actuación singular por orden o acto concreto, artículo 9.3 Const.), los *derechos fundamentales* (reconocidos en el Título 1 de la Constitución, y en especial, por lo que ahora nos interesa, en los artículos 30, 31, 33, 37 y 38) y la *plenitud de protección jurídi-*

ca, en los términos reconocidos por las grandes leyes administrativas (Ley de Régimen Jurídico, Ley de Procedimiento Administrativo, Ley General Tributaria, etc.). Pues bien, los tres quiebran aquí: el primero porque una primera declaración legal (la de servicio público) abre el campo para que la Administración pueda entrar a regular por Orden Ministerial (general o singular) aspectos o materias que de otro modo exigirían una Ley, por ejemplo, fijación o congelación de precios o tarifas (contra el artículo 38 de la Constitución), imposición de prestaciones o deberes de *facere* (en contra del artículo 31.3) intervención en las empresas (en contra del artículo 128.2), o expropiación-rescate de la concesión y sus elementos, sin declaración por Ley de utilidad pública (en contra del artículo 33.3 de la Constitución y el artículo 11 LEF).

Igualmente y en contra del principio de legalidad (reconocido por el artículo 9 de la Constitución), se le permite dictar órdenes o actos concretos sin necesidad de norma previa en la que se prevea *cada actuación,* porque lo característico de estos campos de regulación es la imprevisibilidad de las múltiples y variadas situaciones, que exige una *cláusula general de habilitación* para adoptar las órdenes necesarias de *acuerdo con el fin*. Esta quiebra de los derechos fundamentales es patente —como digo— con la posibilidad de imponer prestaciones personales o actividades forzosas sin ley formal habilitante específica (en contra del artículo 31.3 Constitución y artículo 27 LRJ). La falta de protección jurídica plena es consecuencia del peculiar tipo de relación en que la Administración y concesionario se encuentran, con la creación de un ámbito de *supremacía o sujeción especial* de éste respecto a aquélla, análoga en cierto modo a aquella relación de dependencia más intensa en la que se encuentra el funcionario o el militar. De acuerdo con todo ello puede concluirse que el grado de dependencia de aquellas empresas que sean calificadas como de servicio público (o afectas de modo especial al interés público) es muy alto en relación con la Administración Pública encargada de su regulación.

8. Las críticas a la regulación y sus imposibles remedios

El autor de estas páginas no desconoce que la experiencia tanto española como, sobre todo, norteamericana acerca de la regulación de estos sectores no es tampoco muy brillante. La crítica a que ha sido sometido en los últimos años el sistema de regulación en los Estados Unidos ha sido demoledora. Los estudios llevados a cabo por Stigler (*The Citizen and the State, Essais on Regulation,* 1975), Paul *W.* MacAvoy (*The Crisis of the Regulatory Commissions,* Norton 1970), Roger G. Noll (*Reforming Regulation,* The Brookings Institution, Washington, 1971), Stephen G. Breyer y Paul W. MacAvoy (*Energy Regulation by the Federal Power Commission,* The Brookings Institution, Washington,

1974), James O. Freedman (*Crisis and Legitimacy. The Administrativo Process and American Government,* Cambridge University Press, 1978), y otros muchos, cuya cita sería inagotable, han puesto de manifiesto hasta qué punto la regulación económica ha sido ineficiente, retardataria, anuladora de incentivos y de innovación tecnológica, y sobre todo en lugar de instrumentar una defensa correcta del usuario y el consumidor, ha sido en realidad la defensa organizada de los sectores reguladores, que han «capturado» las agencias y comisiones administrativas a favor de las industrias y empresas afectadas. Pero si todo ello es cierto, la alternativa es peor: la famosa desregulación podrá ser posible en algún caso [15] pero resulta utópica en la mayoría de las actividades y sectores que han sido calificados en estas páginas como servicios públicos. La experiencia histórica en todos los países es en este punto unánime: de una inicial dispersión empresarial se ha pasado progresivamente a la concentración, a la división del mercado, a las asignaciones de zonas en exclusiva y, al amparo de tales tendencias, a las prácticas abusivas respecto al usuario. Hay quien piensa hoy que todos hemos estado equivocados durante tantos años pero parece más razonable pensar que en muchas o en todas estas actividades (transportes, comunicaciones, grandes suministros, etc.) hay algo en la naturaleza de las cosas que impone la unidad de dirección y prestación. Lanzar a estas alturas hipótesis (no muy fundadas, por cierto, a diferencia de lo que es habitual en él) como hace Fredman en relación con lo que hubiera sido la industria ferroviaria norteamericana si por fortuna no se hubiese llegado a constituir la interesante Commerce Commission en 1887, resulta fútil.

Así pues, y resumiendo, podemos decir que ciertamente la experiencia que tenemos hasta el momento de regulación económica, en particular en los campos en que venimos tratando, no es muy positiva pero resulta necesaria porque es *lo menos malo.* La desregulación es imposible y la propiedad pública mucho más peligrosa y mucho más expuesta a manipulaciones políticas ajenas al bien de la empresa. La única salida por tanto, y el camino a seguir, es intentar humildemente mejorar el sistema institucional.

9. Recapitulación y conclusiones

Recapitulemos e intentemos reconstruir el sentido de la argumentación contenida en estas páginas: la responsabilidad social de las empresas constituye

---

[15] Véase, por ejemplo, la experiencia reciente del transporte aéreo en los Estados Unidos (testimonios en FREDMAN, *Libertad de elegir...*; sobre el tema en general véase los resultados contenidos en Donald L. MARTIN y Warren F. SCHWARTZ, *Deregulating American Industry,* Lexington Brooks, 1977).

hoy una dimensión que no puede ignorarse, y especialmente ello es así en una serie de actividades y sectores sobre los que descansa de una manera especial la vida de la colectividad. Estos recursos o servicios esenciales a los que se refiere nuestra Constitución pueden y deben ser sometidos a un régimen especial de disciplina y control aun cuando sean gestionados en mano privada. En una economía libre y en un sistema competitivo de mercado el único procedimiento para asegurar la responsabilidad social de las empresas en cada sector que lo requiera es la intervención del Estado, imponiendo sobre aquéllas, con carácter general, determinados *standards* y normas de actuación que respondan a las necesidades sociales. Las medidas o caminos gubernamentales son básicamente de dos tipos: a) regulación de servicio publico o similar; b) empresa de propiedad pública y gestión directa por el Estado de la actividad. De ambas, la opción preferible es sin duda la primera pero las empresas deben de ser bien conscientes de que si los resultados socialmente deseables y políticamente exigidos no llegan a cumplirse, el poder político acabará nacionalizando las empresas o sectores que fracasen en el intento. Hay que mejorar el sistema, el procedimiento, las instituciones encargadas de la regulación. Hay que ir a un modelo de Administración que está muy lejos del actual español, napoleónico, autoritario, jerárquico, intervencionista y centralizado. Lo que se necesita es justamente lo contrario, una Administración descentralizada, participativa, respetuosa del mercado y de la sociedad, y a ser posible aislada de influencias políticas directas. Se trata de configurar una autoridad reguladora dotada al mismo tiempo de preparación técnica, independencia política y legitimación democrática. Tales son algunas de las características que a mi juicio debe reunir la autoridad político-administrativa a quién se confíe la regulación de estos sectores.

Precisar con un mayor detalle el nuevo tipo de autoridad u organismo que requiere este tipo de tareas nos llevaría muy lejos y tampoco es éste el momento de hacerlo.

Baste, para concluir, asentar claramente la necesidad de realismo y audacia en el planteamiento de este tema. Realismo para no pretender hacer recaer sobre las empresas una responsabilidad que no les corresponde. La identificación y movilización de las fuerzas necesarias para la resolución de los problemas sociales no corresponde a éstas sino al Gobierno, que deberá adoptar las medidas necesarias para corregir los defectos del mercado o para exigir de los agentes económicos un comportamiento deseable, siempre naturalmente que asuma la responsabilidad de hacer frente a lo que es necesidad y requisito imprescindible de la vida empresarial: la necesidad de cubrir los costes de los bienes y servicios que de ella se reclama y de obtener al mismo tiempo un razonable beneficio. Es ilusorio pensar que esta relación empresas-Gobierno va a ser fácil y exenta de conflictos. En unos casos los Gobiernos intentarán dominar o condicionar decisivamente las decisiones empresariales en el sector privado, exprimiendo al máximo los excedentes de las Compañías. En otros casos, éstas tratarán de imponer sus condiciones y de asegurar su protección frente a terceros amparándose para ello en la regulación gubernamental. El Estado deberá en estos casos mostrarse exigente en cuanto a la extensión y calidad de las prestaciones de éstas. No hay otra solución para estos problemas que la de afinar los instrumentos de medida, la de clarificar y hacer más transparentes estas relaciones y, finalmente, la de mejorar los instrumentos de dirección gubernamental sobre la totalidad del sistema.

LECCIÓN 30.ª

REGULACIÓN EMPRESARIAL Y GOBIERNO CORPORATIVO *

SUMARIO: 1. PLANTEAMIENTO DE LA CUESTIÓN.—2. LA RESPONSABILIDAD SOCIAL DE LA EMPRESA.—3. ¿REGULACIÓN DE LA EMPRESA, REGULACIÓN DE LA SOCIEDAD ANÓNIMA O REGULACIÓN DEL MERCADO?

1. Planteamiento de la cuestión

Este trabajo responde a una petición que se me ha hecho para reflexionar sobre el análisis de la regulación empresarial en España, viejo tema que, después de los escándalos de los últimos años, vuelve a estar en primer plano. Dentro de los límites marcados a esta colaboración, voy a ocuparme sólo de dos aspectos de tan amplia cuestión. El primero es la responsabilidad social de la empresa y sus consecuencias sobre el gobierno corporativo; es obvio que si queremos afrontar el tema de la regulación como garantía de buen gobierno, lo primero que hay que plantearse es la naturaleza y los objetivos de la realidad que queremos regular, a qué debe servir, cuáles son sus fines y qué se desea alcanzar con ella. Sólo si sabemos responder a tales preguntas, podremos establecer un marco normativo que conduzca a ello. El segundo aspecto consiste en determinar cuál debe ser exactamente el objeto y el tipo de regulación que conviene a la empresa, diferenciando cuidadosamente lo que es, por un lado, una organización económica, es decir, una comunidad de bienes y personas (capital y trabajo organizados), y, por otro, lo que es una corporación, persona jurídica, titular de la misma, que en la mayoría de los casos es una sociedad anónima creada con este fin. El Derecho ha regulado esta última desde hace siglos en las leyes mercantiles, pero se ha quedado siempre a las puertas de la primera (cuando ha intentado entrar, ha tenido escaso éxito). Pues bien, lo que debemos ahora preguntarnos es si esas llamadas que desde las más diversas organizaciones internacionales y nacionales (ONU, OCDE, Unión Europea, numerosos Gobiernos) se hacen al buen gobierno corporativo y la reforma de los mercados deben suponer —o no— una nueva regulación pública de la empresa. Tales son las dos cuestiones que voy a examinar.

* Este trabajo constituyó la contribución de su autor al volumen colectivo *La empresa española en el siglo XXI,* tomo II, «El gobierno corporativo», publicado por el Instituto de Estudios Económicos (IEE), Madrid, 2003.

2. La responsabilidad social de la empresa

En los últimos años, como consecuencia quizás de los amplios procesos de privatización que se han extendido por el mundo y de la importancia, cada vez mayor, que el buen funcionamiento de las empresas tiene para el recto orden de la economía y el bienestar de los ciudadanos, la preocupación por el gobierno empresarial se ha incrementado. Se entiende que éste no afecta sólo al interés y la utilidad de sus propietarios, sino que alcanza también al entorno en el que la empresa actúa y a todas las personas que con ella se relacionan: inversores, trabajadores, proveedores, consumidores y usuarios de sus servicios, entorno social y medioambiental. Se insiste, por ello, en la responsabilidad corporativa que tienen las empresas sobre ese amplio conjunto de colectivos que la integran y se concluye que el buen gobierno empresarial debe contribuir a lograr que aquéllas actúen en beneficio de la sociedad en su conjunto (no sólo de sus propietarios). Tal es la «función social» de la empresa (análoga a la función social de la propiedad: artículo 33.2 de la Constitución), que debe plasmarse —nos dicen— en un anual balance social que, junto a la inevitable cuenta de resultados, refleje esas otras dimensiones que no son los puros resultados económicos.

No es nuevo, ni muchos menos, este tema del balance social de las empresas [1]. Hace casi un cuarto de siglo que se debatió ampliamente en ámbitos académicos y hace más de medio siglo que se predicaba la «democracia industrial» y se defendía la participación de los trabajadores en los consejos de administración de las empresas (recuérdense las Leyes de *participación* francesas, la Ley de *codeterminación* alemana, o la diseñada Ley española de *cogestión*). Desde los años veinte se viene afirmando que, junto al título normal de legitimación del poder empresarial, que es la propiedad del capital, hay otros dos elementos que integran y dan vida a la empresa como organización productiva, que son el trabajo y la dirección *(management)*. Se dice que la empresa es, sobre todo, una comunidad de trabajo que cristaliza como institución (la empresa en sí) integrada por accionistas (propietarios del capital), administradores y directivos (consejos de administración y *managers,* que ejercitan sus funciones con autonomía) y trabajadores y empleados, que prestan su actividad para la realización de los fines de aquélla. Durante años se debatió en toda Europa la forma de dar entrada a estos tres sectores en los órganos de gobierno y dirección de las empresas, especialmente de aquellas más grandes e impersonales que el

---

[1] El autor de estas páginas se ocupó de él hace casi 30 años, en un Seminario convocado por el Banco de Bilbao (entonces no era todavía BBVA) en la primavera de 1980. Aquella ponencia constituye hoy la Lección 29.ª de este libro y en ella se desarrollan ampliamente algunas ideas que han sido aquí resumidas, aunque naturalmente algunas de ellas se reiteran.

desarrollo industrial había alumbrado. La verdad es que los intentos de articular en leyes estas reformas de las empresas (Ley de Codecisión —*Mitbestimmung*— alemana de 1951, Ley de Cogestión española de 1962, etc.) fueron, en general, un fracaso, y hoy de todo aquello queda más bien poco.

Pero los recientes y continuados escándalos empresariales que han tenido lugar en los últimos años (ENRON, VIVENDI, PARMALAT, WORLDCOM, LEHMAN, MADOFF), en los que algunos desaprensivos han engañado a los mercados, a los accionistas y a las autoridades reguladoras (todo ello en connivencia con auditores y bancos de inversión), han vuelto a levantar graves dudas sobre el gobierno de las empresas y han desatado de nuevo la preocupación por la ética y la transparencia empresarial. Han aparecido en los últimos meses una multitud de informes, dictámenes y estudios sobre el marco legal e institucional de la empresa —especialmente las cotizadas—, de forma que se garantice en lo posible la práctica de esa responsabilidad social que hoy se ve muy necesaria para mantener la confianza en el sistema capitalista. Y así, la preocupación por la ética empresarial y por la responsabilidad social constituye un *ritornello* que se escucha una y otra vez en las recomendaciones de los organismos internacionales (ONU, OCDE, Unión Europea) y en todos los discursos de presidentes y CEOs de las grandes empresas multinacionales que quieren estar al día. El último informe Aldama no podía dejar de referirse a ello, y lo hace —bien es cierto que con moderación— en los siguientes términos:

> «Se insta a que las empresas asuman y cumplan con otras responsabilidades sociales, en las que podemos distinguir dos niveles:
>
> El primer nivel se refiere a la continuidad de la empresa a largo plazo, que supone generar beneficios suficientes mediante una buena posición competitiva en los mercados, cumpliendo las leyes y evitando toda actuación injusta, incluso más allá de lo que la ley regula. Esto exige también *minimizar los efectos colaterales negativos* ocasionados por la actividad empresarial (reestructuraciones, contaminación, etc.).
>
> El segundo nivel, más amplio y contingente, lleva a actuaciones positivas con *todos los agentes involucrados* directa o indirectamente en la empresa, incluyendo a *la sociedad en su conjunto,* en la medida y extensión en que sea posible en cada situación. Este segundo nivel de responsabilidades tiene, por naturaleza, un carácter variable en el tiempo, muy dependiente de las realidades sociales y culturales de cada país, y, en consecuencia, debe ser claramente de *naturaleza voluntaria*. El gobierno corporativo de la empresa y la dirección ejecutiva han de considerar los diversos intereses concurrentes en una decisión, pero el criterio superior para dirimir intereses en conflicto y para avanzar es el bien de la empresa en su conjunto y su continuidad a largo plazo.

> En el contexto de la denominada *responsabilidad social* de la empresa en la gestión de sus negocios y en su relación con sus interlocutores, cada empresa podrá asumir libremente aquellas *obligaciones o compromisos adicionales que desee,* de carácter ético o social dentro de un marco general de desarrollo sostenible, como la presentación de un triple balance económico, social y medioambiental que se discute en algunos foros, para darlos a conocer a los accionistas, empleados y a la sociedad en su conjunto, sobre la base de los principios de voluntariedad y transparencia».

Pues bien, ante esta nueva ola de socialización —llamémosle así— de la empresa, conviene hacer algunas distinciones en ese *totum revolutum,* conceptual y filosófico, que se nos ofrece. Si con ello se quiere afirmar que en un mundo como el actual (en el que se ha producido una ola de privatizaciones masivas, en el que se intensifica la integración de los mercados de capitales y en el que florecen las instituciones de inversión colectiva) el buen gobierno de las empresas es clave para el bienestar social y la confianza de los ciudadanos en los mercados, sin la cual el sistema capitalista no puede funcionar; si es esto lo que se quiere decir, estamos plenamente de acuerdo. Si se quiere, además, afirmar que para ello resulta indispensable el respeto a la ética empresarial (y personal) que debe llevar a los empresarios a no mentir, a cumplir sus compromisos, a dar una información veraz y completa, a cumplir las reglas de la contabilidad y de una auditoría independiente y seria, a no aprovecharse de los bienes y activos de la empresa en beneficio propio; en una palabra, a guardar los deberes de lealtad y diligencia de los administradores, tal como éstas se encuentran recogidas en el reciente Informe Aldama (Cap. III, apartado 2), estamos también plenamente de acuerdo. Si, finalmente, se quiere subrayar que para el funcionamiento eficiente y sostenido de una gran empresa es absolutamente necesario llevar a cabo una política de personal basada en retribuciones justas, sin dejar de atender a la dignidad del hombre y la mujer concretos que trabajan en ella (que no son cosas, ni máquinas, ni «recursos», sino personas); que es necesario practicar una política de pagos a proveedores no leonina, con una atención esmerada al cliente antes y después de la prestación del servicio y, en fin, una política de comunicación y relación con el entorno social, abierta y cordial, amistosa y cercana; si es eso —repito— lo que se quiere decir, ¿cómo no estar de acuerdo con todo ello? Sólo así se consolidará una empresa eficiente en el largo plazo.

Ahora bien, dicho esto, lo que no puede hacerse es convertir la empresa en una especie de institución social, regulada y supervisada por los poderes públicos, en la que unos supuestos seres buenos, justos y magnánimos —los directivos y managers— crean y distribuyen la riqueza entre los distintos grupos implicados en la organización (todos los *stakeholders*) y colaboran, con el Estado o el Municipio, en la resolución de los problemas sociales de su entorno. Todo ello, con el dinero de sus propietarios, los accionistas. Semejante ampliación de los objetivos de la empresa, especialmente en los sectores regulados (clave para la vida social) y en las grandes empresas del país (con un impacto considerable sobre el resto de la colectividad) fue algo teorizado ya años atrás por John Kennet Galbraith (*The New Industrial State,* 1967), entre otros. Hoy —decía este autor— se da una situación de mutua interdependencia entre el Estado y el sistema empresarial de modo que ni éste puede vivir al margen de aquél, ni aquél puede obtener sus objetivos sin una positiva y decidida colaboración del sistema empresarial. «El sistema industrial —escribe— no puede ser considerado en adelante como algo aparte del Gobierno; por el contrario, será visto cada vez más como parte de un complejo más amplio que abraza tanto al sistema industrial como al Estado...». Si se reconoce esto, la empresa actuará más firmemente al servicio de finalidades sociales. En algunos sectores como las telecomunicaciones, el sector energético o el bancario, esto se afirma de manera particular, por cuanto constituyen hoy sectores neurálgicos para el sistema económico-social. Tal era, en esencia, la posición del gran profesor americano.

Frente a estas concepciones de la empresa (especialmente la gran empresa) como institución social, en la que se quiere desarrollar gradualmente una «conciencia corporativa» de sus finalidades públicas, se levantó, entre otras, la voz destacada de Milton Friedman, que en su libro *Capitalismo y Libertad* dejó escrito este otro texto, no menos conocido:

> «Una visión que ha venido ganando amplia aceptación es la de que los directivos empresariales y líderes sindicales tienen una responsabilidad social que va más allá del servicio al interés de sus accionistas o sus miembros. Este parecer demuestra un mal entendimiento del carácter y naturaleza de una economía libre. En una economía de este tipo *hay una y sólo una responsabilidad social* de los negocios: usar los recursos y embarcarse en actividades destinadas a incrementar los beneficios siempre que uno se mantenga dentro de las reglas del juego, es decir, en un sistema libre, competitivo, sin engaños ni fraudes... Pocas tendencias pueden socavar más profundamente los verdaderos fundamentos de nuestra sociedad libre como la aceptación por parte de directivos empresariales de una responsabilidad social distinta a la de ganar tanto dinero como sea posible para sus accionistas y propietarios. Es ésta una doctrina radicalmente subversiva...».

Dicho breve y castizamente: *«The business of business is just business»,* o como dicen los catalanes «el negosi es el negosi». Con esto, para un liberal ortodoxo, se da por terminado el tema de la responsabilidad social de las empresas (tema que sería más bien de la *irresponsabilidad* social de aquéllas). Pero esta conclusión para los que somos liberales, pero no tanto, resulta demasiado simplista. Resumiendo lo dicho hasta aquí, que es en gran parte verdad, se puede afirmar, siendo realistas, lo siguiente:

1) Son muy loables todas las demandas que actualmente se formulan sobre la responsabilidad social de la empresa, especialmente de aquéllas que actúan en sectores estratégicos y constituyen piezas clave para la prosperidad y bienestar de los ciudadanos en una sociedad libre.

2) Resulta, sin embargo, muy difícil articular y hacer realidad tales demandas, como la experiencia histórica acredita; y más difícil todavía, en un mercado libre y competitivo, imponer legalmente el cumplimiento de tales objetivos, que vienen a alterar esencialmente el funcionamiento eficiente del sistema.

3) Ciertamente, como reflejo de imperativos éticos o de conciencia, todas las grandes empresas ofrecen hoy, en esta línea de responsabilidad social, un creciente mecenazgo de actividades de interés público (educativo, cultural, asistencial), muy loable, pero externo a las actividades de la propia empresa y que conviene no mezclar.

Sería muy deseable que un sistema de empresa libre, en una sociedad libre, respondiese en su conjunto a las necesidades de esta sociedad, y que tuviera sensibilidad suficiente para aceptar en cada momento el sistema de valores y deseos de la colectividad, que pueden no coincidir con la máxima rentabilidad empresarial (pensemos, por ejemplo, en las actuales exigencias medioambientales o en las alienantes condiciones de trabajo en las que se desarrolla la vida de algunas personas). ¿Pero cómo conseguir que la actuación de *cada* empresa responda a ello? Pues obviamente una empresa que en nombre de la responsabilidad social acepte una serie de cargas, sin que sus competidores hagan lo propio, se encontrará antes o después en una difícil situación de desventaja respecto a éstos, que puede llegar a poner en riesgo su propia subsistencia. Sólo en el caso de que todas las empresas del sector hagan lo propio, sería exigible de una empresa en concreto el cumplimiento de tales *standards* de responsabilidad social. Pero ello es muy difícil de articular en una economía global como la presente.

Concluyamos, pues, afirmando las siguientes tesis: 1) la empresa tiene que ser una organización jerárquica, que precisa de un fuerte liderazgo, que necesita resultados económicos y control por sus dueños, que funciona bien cuando ofrece productos y servicios de calidad, consiguiendo entonces, indirectamente, buenísimos resultados sociales; 2) la empresa mercantil es una organización económica que actúa en un mercado libre y competitivo y debe sobrevivir en él ofreciendo sus productos en las mejores condiciones de cantidad, calidad y precio; 3) el beneficio de la empresa es el mejor signo de su utilidad social, pues significa que viene a llenar una necesidad por la que la gente está dispuesta a pagar un precio; 4) las empresas privadas y el Gobierno tienen funciones y finalidades diferentes; y no deben mezclarse unas con otras: ni es misión de las empresas resolver problemas sociales (aunque con frecuencia así lo hace), ni ejecutar los programas económicos del Gobierno; 5) la llamada «responsabilidad social» o «función social» de las empresas es un mito: se trata sencillamente de cumplir la ley, respetar los contratos con terceros, pagar los impuestos, respetar las reglas del mercado —en especial, las de la competencia— sin engaños ni fraudes, dar cuenta puntual de su gestión ante sus dueños y cumplir las regulaciones administrativas y laborales que garantizan la defensa de los intereses públicos (seguridad, salubridad, medioambiente, etc.); ésa es toda su responsabilidad social: crear riqueza y ganar limpiamente tanto dinero como sea posible para todos: accionistas, empleados y trabajadores. Después, todo el mecenazgo que éstos (o la empresa) quieran hacer será poco; pero no conviene confundir los planos.

3. ¿Regulación de la empresa, regulación de la Sociedad Anónima o regulación del mercado?

La segunda cuestión que queríamos plantearnos, a la que me gustaría responder brevemente es ésta: dada una supuesta responsabilidad de la empresa (para con los accionistas y para los demás *stakeholders*) a la que debe servir un buen gobierno corporativo, ¿conviene establecer éste mandatoriamente por ley, con normas imperativas, que configuren la estructura de dirección y toma de decisiones en la empresa y sean garantía de su responsabilidad?

Para responder a esta pregunta, conviene en primer lugar distinguir entre sociedad y empresa. Ésta fue una enseñanza reiterada de Don Joaquín Garrigues, sobre la que volvía una y otra vez en sus escritos [2]. Decía el gran maestro que frente al imponente edificio que los legisladores han construido para la sociedad anónima, cuya estructura ha permanecido esencialmente inalterada a pesar de los múltiples movimientos de reforma, la ley no ha reconocido nunca a la empresa como objeto del Derecho... «¿Cómo es una empresa por dentro desde el punto de vista jurídico, cuál es —se pregunta— el esquema jurídico de una empresa? A esta natural pregunta tengo yo que responder —dice—

---

[2] *Vid.* sobre todo uno de sus últimos libros, *Hacia un nuevo Derecho Mercantil,* Madrid, Tecnos, 1971, un delicioso libro en el que se recogen un conjunto de escritos, lecciones y conferencias en las que el gran maestro vuelve una y otra vez a esa necesaria distinción.

con una confesión: tal esquema jurídico no existe; el verdadero derecho de la empresa está aún por nacer» [3]. Con un cierto sentimiento de fracaso, se acercaba el maestro, de nuevo, al tema de la regulación de la empresa, a finales de 1969, y escribía: «llevamos medio siglo cortejándole y todavía no hemos conseguido tomar posesión de ella. Por ello, cuando surge el tremendo problema de la reforma de la empresa, es decir, el de la armónica ponderación y jerarquía de sus elementos, el de la asignación de derechos a cada uno de ellos, nos damos cuenta de que el problema escapa de nuestras manos y que nuestros esquemas tradicionales del Derecho mercantil —que sólo tratan del empresario y de su actividad externa— son incapaces de resolverlo. Sorprende por ello que se intente la reforma de la empresa a través de una reforma subrepticia de la sociedad anónima, que en España sólo ha conseguido adulterar la tradicional estructura capitalista de ese tipo social, sin avanzar ni un paso en la reforma de la empresa... La reforma de la empresa —concluye— ha de hacerse en terreno distinto del de la sociedad anónima; ha de hacerse en el terreno de la empresa misma, como entidad diferente de la sociedad anónima».

Pero si la empresa ha resultado un objetivo inalcanzable hasta ahora para los juristas, no han corrido mejor suerte los economistas. Sólo muy tardíamente, en los años noventa, se ha iniciado, de la mano de Ronald Coase, un análisis del sistema económico que ponga el foco en la estructura institucional de la producción, es decir, en la empresa. Los economistas —dice Coase— «no se ocupaban del funcionamiento interno de las organizaciones, sino de lo que sucede en el mercado: la adquisición de factores de producción y la venta de los bienes que los mismos producen. Lo que ocurre entre la adquisición de los factores de producción y la venta de los bienes que son producidos por dichos factores es ampliamente ignorado». Por otro lado, señala Coase, la creciente abstracción del análisis económico (presidido por las matemáticas y «los modelos») parece no requerir un conocimiento detallado del sistema económico real. Se llega así —escribe— «a una teoría sin apoyo empírico; lo estudiado es un sistema que existe en la mente de los economistas, pero no en la Tierra. Yo la he llamado —dice— "economía de pizarra". La empresa y el mercado son mencionados, pero carecen de sustancia. La empresa en la teoría económica tradicional ha sido descrita como una "caja negra". Y lo es. Resulta muy llamativo, teniendo en cuenta que la mayoría de los recursos en un sistema económico moderno son utilizados a través de empresas. Y el modo en que los recursos son empleados depende de las decisiones administrativas y no en forma directa del mercado. En consecuencia, la eficiencia del sistema económico depende en gran medida de cómo estas organizaciones empresariales

---

[3] Ob. cit., págs. 276-277.

manejen sus negocios, en particular, por supuesto, la corporación moderna». La conclusión, que Coase predica una y otra vez, es ésta: «la necesidad de incorporar esos factores institucionales al "Corpus" de la economía, que se hace más clara ante la consideración de los hechos recientes de la Europa del Este; sin las instituciones adecuadas no puede alcanzarse una mínima economía de mercado» [4].

Resulta muy interesante para mí esta doble perspectiva de dos grandes maestros de nuestro tiempo, coincidentes en la constatación de un hecho: ni juristas ni economistas han entrado hasta ahora en el conocimiento —mucho menos en la regulación— de esa maravillosa «caja negra» de la economía que es la empresa. Ambos subrayan, sin embargo, la necesidad de ir más allá de Adam Smith, más allá de ese mecanismo de regulación automática de la economía que es el sistema de precios («el sistema económico trabaja sólo», dicen los smithianos pero conduce a veces al descalabro); de ahí la necesidad de complementar —en algún caso de corregir— la pura libertad de pactos y las transacciones entre los fundadores —más tarde socios— de una Sociedad Anónima. Si queremos tener un conocimiento más cabal del sistema económico y sus operadores, necesitamos entender mejor el funcionamiento de las instituciones, tanto públicas como privadas, porque éstas, aun suponiendo que el mercado sea siempre benéfico (mano invisible), no responden siempre de un modo espontáneo a las señales del mercado, sino a procesos de decisión administrativos, a veces perversos, en los que unos operadores pueden abusar de su posición, expropiando a otros de sus derechos. Cada vez está más claro que en el seno de la empresa hay distintos grupos de interés con frecuentes conflictos entre ellos; y éste es el primer problema al que la regulación debe hacer frente.

Ahora bien, ¿cuál puede ser el objeto de la regulación? Hay que distinguir aquí tres realidades diferentes:

A) *La sociedad, como persona jurídica, titular de la empresa:* es una corporación, integrada por miembros, que ponen en común un capital y se dotan de una organización capaz de alumbrar una voluntad común, constituyéndose en centro final de imputación de relaciones jurídicas (obligaciones y derechos), separado de sus miembros y con responsabilidad diferenciada (y limitada). El derecho regula la constitución de tal corporación, los órganos de gobierno de la entidad, la formación válida de su voluntad, su objeto social y el montante de las aportaciones, los derechos patrimoniales y administrativos inherentes a la posición de socio, las relaciones de éstos con la corporación y de ellos entre

[4] R. H. Coase, *La empresa, el mercado y la ley,* Alianza, Madrid, 1994, págs. 208 y ss.

sí, el régimen de adopción de acuerdos, sus cuentas anuales, el proceso de disolución y liquidación, etc. En suma, el Derecho regula la constitución (incorporación) de una persona jurídica y su régimen básico de funcionamiento como tal. El grado de libertad o vinculación a la ley de estas organizaciones ha variado en las distintas épocas, caracterizándose hoy por una regulación coactiva aunque de mínimos: no entra, como ya se ha dicho, en el funcionamiento interno de la actividad societaria, sino que se limita a ser garantía de los derechos e intereses de los socios, no coincidentes en muchos casos.

B) *La empresa en cuanto tal:* ésta es una realidad distinta de la anterior; no es una persona jurídica sino una comunidad organizada de capital y trabajo, que tiene por objeto la producción de bienes y/o la prestación de servicios; en ella se internalizan, mediante contratos de suministros, laborales o de servicios, múltiples transacciones sobre materias primas, recursos humanos, capitales y tecnología, destinados todos ellos a la ejecución de un proyecto. Detrás de cada empresa hay siempre unas personas que ponen en juego su patrimonio (y/u obtienen de otras un capital a riesgo) para llevar a cabo el proyecto comercial o industrial en que la empresa consiste. El empresario (persona física o jurídica) es la mente creadora capaz de reunir, de poner juntos, todos los medios necesarios para obtener el resultado que quiere ofrecer al mercado. La sociedad es la titular de la empresa, pero ésta, en cuanto tal, es algo distinto; tiene una identidad y una realidad más compleja, porque en ella se integran otros elementos, además de los accionistas. El empresario, titular de la empresa, arriesga su propiedad y responde, con el capital que aporta (más las reservas que constituya), de todos los compromisos que la empresa contraiga con los prestadores de servicios productivos, suministradores y demás empleados y servidores de la empresa. En contrapartida con los riesgos que asume, ejerce el poder de decisión y el control sobre los directivos y, una vez satisfechas todas las obligaciones garantizadas, se apropia de los remanentes.

C) *Finalmente, está el mercado:* éste es el ámbito en el que la empresa actúa, el lugar de encuentro de oferta y demanda de los bienes y servicios producidos por la empresa. De acuerdo con la teoría económica, si el mercado funciona correctamente (esto es, libremente, con adecuada información y en competencia efectiva), a través de él se produce, de un modo espontáneo y casi automático, la mejor asignación de recursos y se alcanza la mejor organización industrial (división de las actividades desempeñadas por las distintas empresas, mejor estructura empresarial, grado de concentración y economías de escala y alcance, etc.). También los mejores precios y calidades. Ahora bien, para que todo ello sea así y el mercado funcione correctamente, es absolutamente necesario que existan unas reglas que garanticen los comportamientos de los agentes; especialmente, una competencia efectiva y leal entre ellos, sin posiciones de dominio, sin ayudas ocultas, sin prácticas predatorias, ni discriminatorias; dando una información veraz sobre las empresas, los precios y calidades; con transparencia y certeza en los balances y cuentas de resultados de las compañías; eliminando los cuellos de botella que impidan o hagan difícil la entrada de otros agentes al mercado. Son todos ellos aspectos de la organización de los mercados en los que el Derecho —es decir, el Estado, mediante normas imperativas— debe exigir determinados estándares de conducta a los agentes que quieran operar en él. Los mercados, lógicamente, tendrán distinto grado de exigencia según los sectores y según las características que cada uno presenta. Hay sectores —por ejemplo, las industrias de red— especialmente necesitados de regulación para que el mercado sea posible; pero, en general, puede afirmarse hoy que una de las principales misiones de los Estados modernos es la regulación, vigilancia y supervisión de todos los mercados. La experiencia muestra que sin Estado, no hay mercado.

Examinadas estas tres realidades —sociedad, empresa, mercado— debemos preguntarnos de nuevo: ¿cuál es el papel del Derecho, de la regulación imperativa, en la configuración y ordenación de las mismas? Parece claro que, entre las tres, existen zonas de solapamiento y límites difusos. Es obvio que las normas que regulan la sociedad anónima se proyectan y condicionan en sus líneas básicas el gobierno de la empresa. Es obvio también que las normas que regulan los mercados tienen consecuencias inesquivables sobre las conductas y comportamientos que hay que exigir de las empresas que en ellos actúan y condicionan fuertemente su gobierno corporativo (obligaciones de información, auditorías, apertura de sus instalaciones al uso de terceros en algunos casos, etc.). Pues bien, la cuestión de principio a la que hay que responder es ésta: ¿conviene extender el derecho de sociedades hacia el interior de la empresa, incorporando a aquél una regulación detallada de los procedimientos de decisión —y sistemas de retribución— que hay que seguir en ésta, imponiéndole todas aquellas prácticas que la experiencia ha demostrado saludables: sistemas de doble dirección, dualidad de Consejos, deberes de información vertical, sistemas de retribución, temporalidad de los cargos, edades de jubilación, etc.?

Tanto en el Informe Olivencia como en el Informe Aldama, que le siguió, se contienen un conjunto de criterios muy certeros sobre muchas de las cuestiones que integran hoy el gobierno corporativo, pero ambos han preferido no darle a sus recomendaciones pretensión normativa (ni recomendar al Gobierno que las incorpore a normas legales). Los informes optan por mantener la actual libertad de la empresa para organizarse y gobernarse a sí misma (por cierto, ello es parte esencial de la «libertad de empresa»: artículo 38 de la Constitución), lo que se manifiesta en su opción por la autorregulación, frente a la imposición de una normativa estatal vinculante. Yo suscribo plenamente tal posición, con algunos correctivos que no puedo explicar ahora *in extenso* [5]. En mi criterio, el Informe Aldama es prudente y certero en cuanto al alcance con que el Derecho público debe entrar a regular una empresa. Una cosa es el marco legal de la sociedad y del mercado, externo a ella, en el que ésta deba desenvolver su actividad, y otra la regulación de su organización interna y reglas de funcionamiento. En el estatuto jurídico de la sociedad se plasman, como he dicho, las reglas esenciales que definen los derechos y deberes de los socios y de los administradores, cuya especificación y alcance pueden sin duda mejorarse (p.e., deberes de lealtad, deberes de información leal y puntual, publicación y auditoría de sus cuentas, incompatibilidades de consejeros, operaciones prohibidas y *self-dealing,* etc.).

Por otro lado, la ordenación y defensa de los mercados puede exigir normas vinculantes en materia de auditorías y consultorías, regulación de la actividad de analistas y bancos de inversión (conflictos de interés), prohibición de blindajes empresariales (que bloquean los mercados) [6], límites a las *golden shares,* regulación de OPA's, deberes de información a la CNMV, al Banco de España y/o a otras Comisiones Reguladoras, etc. Todo esto constituye el marco legal del derecho de propiedad y de la empresa en una economía de mercado, que es imprescindible para dar seguridad y confianza a los inversores, sin lo que un sistema capitalista no puede subsistir. Ahora bien, ello nada tiene que ver con el gobierno corporativo, esto es, con la forma en que la empresa se organiza y funciona. El Derecho ha respetado siempre la libertad creadora, organizativa y de dirección interna, que el empresario ostenta y no debe regular la empresa, imponiendo derechos y obligaciones como si fuera un organismo público, ya que debe ser una organización libre y flexible, siempre que se garanticen los derechos de terceros (accionistas, trabajadores, clientes, competidores, acreedores). Así, pues, es necesaria, en mi opinión, una normativa de orden público que enmarca su actuación. Pero no hay que extender ésta a cuestiones tales como la estructura y composición del consejo de administración (número y condición de sus miembros, comisiones que deba constituir, etc.), la edad de los consejeros, la separación entre presidente y consejero delegado, el sistema y cuantía de las remuneraciones de directivos y administradores, que deberán hacerse públicas para que los accionistas puedan conocerlas (y la Hacienda Pública también, aplicándoles el régimen fiscal que proceda); y

[5] Me remito a mi libro, con Lucía López de Castro, en su segunda edición, que lleva por título *La competencia en sectores regulados. Control de empresas y poder político,* Madrid, 2003 *in totum*.

[6] *Vid*. sobre ello lo que se dice en la lección siguiente.

tantas otras cuestiones que pueden integrar un modelo de buen gobierno corporativo. Sobre estos y otros temas, basta que se formulen unas recomendaciones no vinculantes. Ciertamente, el accionista —y el inversor, en general— tiene derecho a conocer cuáles son los criterios y reglas que presiden la dirección y gestión de la empresa, lo que le ayudará a decidir si se va o se queda en ella; y esto es justamente lo que el Informe Aldama defiende con buen criterio, obligando a cada empresa cotizada a dar razón de sí misma, mediante la elaboración y publicación de un informe anual —éste sí, impuesto por Ley— en el que se dé una información transparente sobre todas las cuestiones que integran el gobierno corporativo. En definitiva, hay dos planos distintos: el de una buena regulación del mercado, vinculante, y el de la orientación y recomendación sobre el buen gobierno de las empresas, consultivo y recomendable.

Por lo demás, las violaciones a ese *orden público económico,* en el que se basan los mercados, deben quedar claramente tipificadas en las leyes —también en leyes penales, cuando sea necesario— y ser sancionadas severamente.

LECCIÓN 31.ª

LOS BLINDAJES: ¿PERO DE QUIÉN ES LA EMPRESA? *

En la pugna por Endesa, que hace meses se desarrolló entre Gas Natural, E. On y luego ENEL, que finalmente se hizo con ella, el tema de los blindajes empresariales volvió a plantearse en toda su gravedad. Un informe de la Comisión Europea denunciaba por aquellos días la existencia de blindajes en un gran número de sociedades europeas cotizadas para defenderse de posibles opas no deseadas. Otro informe elaborado por alguna de las Fundaciones próximas a partidos políticos españoles los denunciaba igualmente como «malas prácticas que atacan directamente los intereses de los accionistas». El Código de Buen Gobierno conocido como *Código Conthe,* incluyó entre sus normas recomendadas la conveniencia de suprimir los blindajes, que según los más cualificados análisis restan valor a las empresas [1]. Y así podríamos citar otros testimonios. Hasta el mismísimo presidente de E.On, Wolf Bernotat, en una de sus múltiples declaraciones de aquellos días afirmaba: «los blindajes estatutarios tendrán que volver a ponerse encima de la mesa, pues son medidas que ya no se corresponden con la realidad actual». Pero frente a lo que era y es *communis opinio* de los expertos, la *communis practica* de las empresas era y ha seguido siendo la contraria. Fuimos testigos del espectáculo de una Junta General convocada por el Consejo de Administración de Endesa con el exclusivo objeto de suprimir el blindaje estatutario existente, que a los pocos días es desconvocada porque el destinatario de tales favores (E.On) renuncia a ellos y tal desblindaje puede ahora favorecer a otros dos aspirantes que han adquirido más del 45% del capital. Es decir, una descarada manipulación.

Como es sabido, los blindajes son mecanismos que usan las empresas para dificultar al máximo cualquier intento de compra hostil. Existe una variada panoplia de artefactos utilizados con este fin contra los que la Comisión Europea y el Tribunal de Justicia han luchado en los últimos años. Así, las acciones de oro, los vetos políticos discrecionales, las variadas limitaciones legales a la inversión extranjera que algunos países han intentado en estos años y a las que sistemáticamente se han opuesto las autoridades de Bruselas, tratando de hacer realidad la libre circulación de capitales y la libertad de establecimiento, que el Tratado impone a los países miembros. De ello me he ocupado en otras

---

* Artículo publicado originariamente en la Revista «La Ley-Diario», Año XXVIII, n.º 6685, correspondiente al 3 de abril de 2007.

[1] *Vid.* el reciente trabajo: Lucian BEBCHUK, Alma COHEN y Allen FERRELL, *What matters in corporate governance*?, «Discussion Paper», Harvard Law School, marzo de 2005.

ocasiones [2]. Pero el sistema más común y más radical de blindaje es la limitación de los derechos de voto de un accionista, cualquiera que sea el número de acciones y la participación que posea en el capital. Es ésta una verdadera contradicción y un atentado a lo que constituye la esencia misma de la sociedad anónima, basada en la rigurosa proporcionalidad entre la titularidad de acciones y el derecho a participar en la gestión y toma de decisiones de la compañía, lo que se concreta y manifiesta en el derecho de voto en la Junta General. Ello, por lo demás, no es sino la aplicación a las personas jurídicas de un principio inmanente a toda economía de mercado, que es el derecho de propiedad como título legitimador de los actos de disposición en el orden económico. Así de simple.

Este atentado contra los principios más esenciales de una economía de mercado viene, sin embargo, siendo habitual en muchas empresas cotizadas y así ocurre en el sector eléctrico español, la mayoría de cuyas empresas incorporan a sus Estatutos sociales preceptos como los siguientes: «Ningún accionista podrá emitir un número de votos superior a los que correspondan a acciones que representen un porcentaje del diez por ciento (10%) del capital social, aun cuando el número de acciones que posea exceda de dicho porcentaje de capital»; a lo que se añade una segunda medida que suele formularse así: «los acuerdos que tengan por objeto la supresión o modificación de tal régimen requerirán el voto favorable de las tres cuartas partes del *capital presente* en la Junta General»; otra fórmula aparentemente más benévola pero quizás más difícil de cumplir dado el porcentaje de capital que acude a las Juntas es ésta: «la modificación de este régimen requerirá en la Junta General el voto favorable presente de más del 50 por 100 del *capital suscrito* con derecho a voto». En tales condiciones, se dan situaciones grotescas, como la que en su día se produjo en la pugna por Hidrocantábrico y la que luego se ha producido en la pugna por Endesa.

En aquella ocasión —abril de 2001— Cajastur y Electricidade de Portugal (EDP) se habían hecho con un 34,2% del capital de Hidrocantábrico y, frente a ellas, una OPA de EnBW y Ferroatlántica podía llegar a alcanzar el 65,8% del capital de la compañía. Pero esta oferta de adquisición, a un precio superior al de mercado, estaba condenada al fracaso pues también entonces los Estatutos limitaban los derechos de voto al 10%, cualquiera que fuese la parti-

[2] *Vid.*, entre otras, mis artículos en el diario «Expansión», 17 de abril de 2001, *Blindajes empresariales;* 23 de mayo de 2000, *Acciones de oro y otros artefactos. Mercado de empresas y Unión Europea,* 11 de julio de 2000 y *OPAS: una Directiva mendaz,* 4 de febrero de 2004. Más ampliamente y con carácter general, *vid.* ARIÑO Y ASOCIADOS, *Energía en España y desafío europeo,* Madrid, 2006, especialmente Capítulos I y III. Y antes, con Lucía LÓPEZ DE CASTRO, *Competencia en sectores regulados,* Madrid, 2.ª ed., 2004.

cipación en el capital; y para modificar los Estatutos y eliminar el blindaje se requería el apoyo del 75% de las acciones presentes en la Junta General, cosa que EnBW no podía conseguir, porque EDP-Cajastur, unidas, alcanzaban el 35% del capital. De este modo, teniendo sólo algo más de la mitad de acciones de sus competidoras podían seguir manteniendo la mayoría en el Consejo y bloquear la adquisición del consorcio alemán, como efectivamente ocurrió [3].

En el caso de ENDESA, los datos publicados eran los siguientes: dos grupos accionariales, ENEL y ACCIONA, resultaban titulares, respectivamente, del 24,9% y 21,4% del capital, lo que supone que ambos, unidos al 3% que todavía ostentaba el Estado (SEPI), estaban próximos a alcanzar el 50% del capital suscrito. En tales condiciones, E.On, que había puesto como condición de su OPA la abolición del blindaje estatutario —para ello había convocado ENDESA su Junta General— ve que le va a ser muy difícil obtener a través de la OPA la mayoría suficiente para controlar la sociedad (50,01% del capital como mínimo). En tal situación el desblindaje no le favorece, sino que le perjudica, pues ello permitiría a sus oponentes hacer en la Junta pleno uso de todos sus derechos políticos, impidiéndole el control de la sociedad. En cambio, si el blindaje se mantenía, ENEL y ACCIONA verían limitados al 10% sus derechos de voto, sumando entre ambos menos de lo que E.On podía conseguir con su OPA (entre el 30 y el 40%, según las mejores previsiones). Por otro lado, tanto ENEL como Acciona participaban ya, aunque no con carácter principal, en el mercado eléctrico español [4], lo que pudiera ser causa de incompatibilidad para tener presencia en el Consejo de Endesa, limitación ésta que no afectaba a E.On; ésta podría obtener así, con el apoyo del Consejo de Endesa, con el que parecía entenderse bastante bien, una representación proporcional a la presencia accionarial que finalmente consiguiese.

Dejando al margen el resultado final que todo ello tuvo, parece evidente que ese manejo oportunista de los blindajes según las conveniencias de cada

[3] Hay que decir que al blindaje se unía un segundo factor que era la presencia de capital público en ambas ofertas, lo que estaba severamente controlado por la legislación española vigente, no anulada todavía por el Tribunal de Justicia europeo. El Estado portugués controlaba EDP y el francés controlaba EDF y consiguientemente EnBW, sociedad en la que ostentaba y ostenta un paquete de control; el Gobierno español, entonces, otorgó su autorización a EDP y no parecía inclinado a hacer otro tanto con EDF; pero ésta es otra cuestión.

[4] La primera es propietaria de Viesgo, con algo menos del 3% en el mercado español; la segunda dispone de un parque de generación eólico cercano a los 2000 MW de potencia. Ni una ni otra pueden ser consideradas hoy «operadores principales» en el mercado eléctrico ni gasista, aunque al margen de esta Ley, los Estatutos de Endesa consideran incompatible el cargo de consejero con el desempeño de cargos o funciones de representación, dirección o asesoramiento en empresas competidoras, cosa que efectivamente eran, tanto ENEL como ACCIONA.

momento no tiene ninguna justificación. En todo caso, pone de manifiesto la falta de fundamento sólido de una práctica que viene a falsear la esencia misma de la moderna sociedad anónima, en la que los derechos corporativos se hacen descansar, como decía el maestro Garrigues, «sobre el principio de la igualdad más estricta y absoluta» [5]. Este principio, aun con todas las matizaciones y variantes que se quiera (existencia de diferentes clases o series de acciones con diferente valor nominal y contenido de derechos) conserva en la sociedad anónima toda su fuerza, estableciendo límites a la libertad normativa de las sociedades, tanto a través de sus estatutos como por acuerdos posteriores. Las acciones privilegiadas que la Ley admite no pueden afectar nunca a derechos indisponibles y en particular al derecho de voto y demás derechos corporativos (suscripción preferente, por ejemplo); sólo alcanzará a aspectos patrimoniales (derechos de preferencia para percibir dividendos o cuota de liquidación) [6]. La mejor doctrina ha afirmado siempre que hay un «contenido mínimo e inexcusable de la condición de socio del que no puede ser privado ningún accionista» [7]. Tal fue la conclusión a la que el legislador llegó en 1951 después de una larga polémica de casi medio siglo (desde 1914). Como es sabido, en contra de la práctica hasta entonces vigente, nuestra Ley de Sociedades Anónimas de 1951 declaró la prohibición de acciones de voto plural y asentó el principio de la estricta proporción entre el capital de la acción y el derecho de voto, declarando ilícitas sin excepción todas las combinaciones que pudieran alterar o falsear dicha proporción, mediante la creación, directa o indirectamente, de un voto plural a favor de determinadas acciones (art. 38). Esta prohibición se mantuvo en la reforma de la LSA como enseguida veremos y los argumentos a favor y en contra de ese tipo de acciones fueron los mismos que hoy se utilizan para defender u oponerse a los blindajes. En favor de las acciones de voto plural se decía que:

— Permitían obtener capitales, conservando los accionistas primitivos la administración de la sociedad, sin necesidad de disponer de la mayoría del capital.

— Se daba estabilidad a la administración de las sociedades.

---

[5] GARRIGUES-URÍA, *Comentario a la Ley de Sociedades Anónimas,* Madrid, 2.ª ed., 1953, págs. 382 y ss.

[6] Y aun estos privilegios de estricto contenido patrimonial tienen algunos límites inmanentes al sistema; por ejemplo, serían ilícitos los que pudieran hacer prácticamente ilusorios los derechos económicos de los accionistas ordinarios: *vid.* Aníbal SÁNCHEZ, *Comentario al art. 50,* en vol. colectivo de URÍA-MENÉNDEZ, «Comentario al Régimen Legal de las Sociedades Mercantiles», Civitas, tomo III, pág. 319.

[7] GARRIGUES-URÍA, *loc. cit.,* pág. 389.

— Se defendía a la empresa emisora del asalto de empresas rivales, más poderosas, que podían adueñarse de aquélla.

— Se servía con ello a la protección de «superiores intereses nacionales» que de otro modo podían acabar cayendo en manos hostiles, defensores quizás de intereses extranjeros.

En contra se argumentaba que:

— El uso de tales instrumentos daba lugar a fraudes y abusos por parte de administradores desaprensivos.

— Permitía el dominio de las sociedades por unas oligarquías financieras o familiares que no arriesgaban su capital en proporción al poder que ejercitaban.

Estos argumentos, muy propios del período de entreguerras, habrían justificado en esos años la admisibilidad de desigualdades en el voto. Pero la desfavorable experiencia, recogida a los pocos años de ser empleados esos mecanismos, determinó la decisión legal de prohibirlos que fue, en opinión de Garrigues, «la mejor que podía adoptarse». Por ello, también la Ley de 1989 (Texto Refundido de 22 de diciembre) vino a ratificar la prohibición de privilegios corporativos que afectasen al contenido esencial de la acción y los derechos de ella derivados. El art. 50.2 preceptúa: *«No es válida la creación de acciones... que de forma directa o indirecta alteren la proporcionalidad entre el valor nominal de la acción y el derecho de voto o el derecho de suscripción preferente»*. En el fondo, ambas realidades —acciones de voto plural o con suscripción preferente— conducían al mismo resultado pues determinaban, a corto o medio plazo, una posición privilegiada de sus titulares, respecto a los demás accionistas, en lo que a la gestión y administración de la sociedad se refiere. Aníbal Sánchez señaló certeramente que «el privilegio en la suscripción incrementa las posibilidades de control para algunos, en la misma proporción que posterga la posición administrativa de los demás» [8].

Pues bien, si todo ello es así, resulta más que sorprendente que el antiguo art. 38 (hoy el 105.2) admitiese al mismo tiempo la posibilidad de limitar «el número máximo de votos que un accionista puede emitir» (hoy el texto de la Ley es éste: «podrán fijar con carácter general el número máximo de votos que puede emitir un mismo accionista o sociedades pertenecientes a un mismo grupo»). Después de tan reiterados cantos al principio de igualdad y paridad de tratamiento de los socios, que es uno de esos «principios configuradores de la sociedad anónima» a que se refería el art. 10 de la Ley como límite a la vo-

---

[8] *Loc. cit.*, pág. 273.

luntad estatutaria, resulta —digo— de lo más sorprendente que se aceptase luego una tal limitación a los derechos de voto, lo cual no tiene a mi juicio fundamento alguno (aparte del legal, al que luego me referiré).

Con el grandísimo respeto que yo tengo al gran maestro D. Joaquín Garrigues, por quien he sentido siempre, más que admiración, veneración, tengo que decir aquí que en este punto se equivocó. En sus admirables comentarios, con D. Rodrigo Uría, a la Ley de 1951, trata de explicar la contradicción ínsita en el art. 38 y nos dice que se da en la ley la quiebra del principio de paridad (proporcionalidad entre capital y derecho de voto) en un supuesto «que nada tiene que ver con el voto plural: el posible establecimiento de un límite máximo al número de votos...» [9]. A continuación justifica esta limitación en una serie de razones.

Yo creo, sin embargo, que ambos supuestos tienen mucho que ver uno con otro, existe entre ambos una gran similitud, porque conducen al mismo resultado. La privación de voto a una buena parte de capital —algo que por definición se da en los blindajes— puede alcanzar fácilmente al 20% o 30% de aquél, que queda sin participación en las decisiones, lo que supone para los demás accionistas unos derechos políticos adicionales al porcentaje de propiedad de que son titulares y ello equivale a un voto plural. Es una forma indirecta de alterar el principio de paridad, que es justamente lo que la Ley prohíbe.

Por lo demás, las razones que daban en 1953 Garrigues y Uría, siempre tan convincentes, son en este caso muy poco concluyentes. Y si entonces fueron válidas, no resultan hoy en modo alguno admisibles. Dicen, por ejemplo, que ello puede facilitar «la defensa de las minorías y defender la sociedad frente a los grandes poderes sociales y administrativos». Pero la realidad es justamente la contraria; lo que los blindajes permiten es la inamovilidad y el apoltronamiento de los administradores (verdaderos poderes sociales y administrativos) frente a quienes llegan a tener la mayoría del capital, es decir, frente a los dueños. Es por ello que los blindajes son un gran obstáculo al mercado de empresas porque hacen más difícil —a veces inviable— la compra de éstas por quienes podrían gestionarlas con mayor eficiencia y están dispuestos a pagar por las acciones un precio superior al del mercado con una prima de control. Resulta

---

[9] *Vid.*, en este sentido, Aníbal Sánchez, *Comentario al artículo 50,* en Uría-Menéndez-Olivencia, «Comentario al Régimen Legal de las Sociedades Mercantiles», Civitas, Madrid, tomo III, págs. 318 y ss. Como muy bien subraya este autor, aunque la Ley no proclame expresamente este principio de paridad, lo cierto es que éste luce y se refleja en numerosísimos preceptos, como reconoce la generalidad de los autores, por lo que cabe con rigor identificarlo como uno de los principios a los que se refiere el art. 10 de la Ley.

así que el blindaje perjudica —y no poco— a los pequeños y dispersos accionistas, que pueden verse impedidos de vender sus acciones al mejor precio posible (el que pagaría quien pudiera hacerse con el control de la empresa, ostentando la mayoría del capital).

En el fondo, frente a lo que son las leyes de la competencia y el mercado, estas medidas tienen como objetivo final consolidar la gestión en manos de quien la tiene, haciendo dificilísima, cuando no imposible, la entrada de terceros y la sustitución de un proyecto empresarial por otro, en perjuicio de la mayoría de sus propietarios; y también de la propia competitividad del tejido empresarial, porque el obstáculo a la disposición congela la propiedad e impide que los recursos productivos se destinen hacia usos más eficientes, según explicó Ronald Coase en su famoso teorema. Esta realidad no es pura suposición, sino que está acreditada econométricamente en un reciente estudio en el que, sobre la base de un índice que mide la dificultad de los accionistas mayoritarios para alcanzar el control de las compañías, demuestra que la elevación de nivel en ese índice va acompañada de significativas reducciones en el valor atribuible a la empresa [10] con paralela pérdida de valor de los títulos que posean sus accionistas. Es decir, los blindajes no defienden, sino que dañan a las minorías.

Decían también Garrigues y Uría que la limitación de voto no «lesiona la naturaleza del derecho de voto, ni rompe la igualdad de trato entre las distintas acciones, siempre que la limitación se haga sobre una base común para todas ellas». Ahora bien, esta apreciación no parece muy verdadera, pues el derecho de voto no es un título honorífico sino que está justamente para ser ejercido en la adopción de las decisiones de la Junta General, especialmente en la elección de los administradores. En ninguna de ellas se le permite intervenir al accionista mayoritario por encima de un 10%, aun cuando sea titular de un 24% o un 40% del capital. La participación del titular mayoritario se ve así reducida a la mitad de lo que le correspondería. ¿Dónde está la igualdad de trato? Al que tiene una participación accionarial de menos del 10% se le reconocen todos sus derechos políticos pero al que tiene más no se le reconocen. ¿Dónde está la base común?

Se trataría con ello —dicen también los autores— de «limitar la influencia de los accionistas preponderantes». Pero aquí hay que negar la mayor, porque en un sistema capitalista, del que la sociedad anónima es supuesto paradigmático, en el que la propiedad es el principal título legitimador de las decisiones,

---

[10] Lucian Bebchuk, Alma Cohen y Allen Ferrell, *What matters in corporate governance?*, cit., *in totum*.

¿por qué hay que limitar la influencia de los accionistas preponderantes? ¿De quién es, entonces, la empresa?

Por todas estas razones, la limitación del derecho de voto que lleva al blindaje de las compañías —y de los Consejos de Administración— no es una disposición certera, sino que es una incoherencia con la que hay que acabar cuanto antes. Ciertamente, la Ley le da amparo, lo que para algunos autores permite «disipar cualquier posible duda respecto a la legitimidad de esa limitación de voto». Pero ello, que era cierto en 1951, no lo es hoy, porque la Ley no es el máximo título legitimador de las regulaciones económicas o sociales. La Ley, después de 1978, tiene que pasar la prueba de constitucionalidad y, como ya escribí en su día, ese art. 105.2 del texto vigente (antiguo art. 38) constituye un atentado a la garantía constitucional del derecho de propiedad consagrado en los arts. 33.3 y 53.1 de nuestra ley fundamental: «Nadie podrá ser privado de sus bienes y derechos, sino por causa justificada de utilidad pública o interés social, mediante la correspondiente indemnización...»; «sólo por ley, que en todo caso deberá respetar su contenido esencial, podrá regularse el ejercicio de tales derechos y libertades...».

Es obvio para mí (y también lo es para la Ley de Sociedades Anónimas) que el derecho de voto forma parte del contenido esencial de la propiedad accionarial en el seno de una sociedad anónima cotizada; es igualmente obvio que el art. 105.2 regula ese derecho sin respetar su contenido esencial, pues priva de él sin más a aquellos accionistas que ostentan más del 10% del capital de una anónima blindada; es, finalmente, evidente que esta privación, acordada por pacto estatutario, viola el art. 33.3, pues no está acreditada, ni es presumible en abstracto, la existencia de utilidad pública e interés social alguno en estos blindajes, que son hoy denunciados por tirios y troyanos. Tampoco hay reconocimiento de indemnización o compensación alguna por tal privación, al contrario de lo que ocurre con los accionistas sin voto, que se caracterizan precisamente por sustituir el voto por un privilegio económico. Por consiguiente, no veo por qué taumatúrgica virtud pueden unos pactos estatutarios sanar tales y tan radicales vicios. Los citados estatutos son tan inconstitucionales como la ley que los ampara.

No he visto, entre los escritos más recientes de los mercantilistas españoles que he leído, ninguna argumentación en este sentido. La mayoría de ellos se limitan a repetir esa imaginada —que no real— «defensa de las minorías». Todos se limitan a repetir los viejos argumentos de D. Joaquín y D. Rodrigo [11], aunque alguno, como Aníbal Sánchez, entiende que:

---

[11] *Vid.*, por ejemplo, el comentario al art. 105 de Rodrigo Uría González, Aurelio

> «la consideración de la limitación del voto como práctica intrínsecamente no prohibida, resulta bastante peligrosa por cuanto puede sugerir que las limitaciones del voto son un recorte fisiológico de los derechos sociales, compatible, además, con el criterio de proporcionalidad que inspira nuestro sistema normativo, lo que, a nuestro juicio, es sencillamente una fuente de confusiones según hemos intentado demostrar anteriormente; y por esa misma razón no estará de más insistir todavía un poco más en la idea de que cualquier ruptura de aquella proporcionalidad, incluidas las limitaciones del voto y no sólo las acciones de voto plural (sea cual fuere su posible carácter, directo o indirecto), constituyen situaciones jurídicas anómalas y en principio, por tanto, han de considerarse sustantivamente prohibidas».

Pero en esa «teórica» prohibición se quedó la cosa, admitiendo a continuación, a disgusto, la «tolerancia ulterior por parte del legislador» [12]. Vicent Chuliá, por su parte, identifica certeramente la similitud entre el voto plural y la limitación de voto de los mayoritarios, afirmando: «nos hallamos (en la limitación de voto) ante un supuesto claro de voto plural, permitido por la Ley...», lo que obviamente está en abierta contradicción con el 50.2 LSA y con aquellos «principios configuradores de la sociedad anónima» a que se refiere el art. 10.

Naturalmente, frente a todo esto alguien podría argumentar: *volenti non fit iniuria*. La limitación de voto se encuentra recogida en los estatutos sociales (es posible incluso que venga reconocida desde el pacto estatutario inicial) y el que compra acciones de tal entidad sabe que éstas verán disminuido su voto —es decir, su derecho a participar en las decisiones y en el Consejo— por encima del límite establecido. Este régimen está publicado y *volenti non fit iniuria*. Es éste, sin embargo, un argumento de muy poco valor cuando se trata de normas y/o principios de orden público, incluido el orden público económico, configurador de las instituciones, que no puede ser renunciado por los interesados. El régimen de blindaje de las sociedades no es un tema que pueda quedar remitido al consentimiento de los accionistas, pues es un factor que afecta a la economía nacional y a la libre circulación de capitales exigida por el Tratado de la Unión Europea, como enseguida veremos.

Debemos concluir, por ello, este punto, afirmando y resumiendo que la limitación del derecho de voto contradice abiertamente la lógica de la So-

---

MENÉNDEZ y J. M.ª MUÑOZ PLANAS, «Comentario al Régimen Legal...», cit., tomo V, págs. 187 y ss., con transcripción literal del viejo texto de los maestros, de 1953. A ellos se suma también Javier GARCÍA DE ENTERRÍA en el *Curso de Derecho Mercantil,* Civitas, Madrid, 1999, Capítulo 32, firmado también por este último. De nuevo los mismos tópicos: la defensa de las minorías, la conveniencia de recortar la influencia de los grandes accionistas, la defensa ante posibles cambios de control hostiles, etc.

[12] Aníbal SÁNCHEZ, *Comentario al artículo 50,* cit., págs. 326-327.

ciedad Anónima (la esencia de ésta es que el control venga dado por la participación en el capital) y no tiene justificación, por muy extendida que esté semejante práctica. No se justifica ni en términos de la llamada «estabilidad de gestión de las compañías» (que más bien debería denominarse apoltronamiento de los gestores), ni en términos de evitar la «excesiva concentración de poder económico», recortando la influencia de los grandes accionistas, en defensa de las minorías, porque ello es absolutamente falso. Supone sencillamente un atentado al contenido esencial del derecho de propiedad *(ius utendi, fruendi et disponendi)* que lleva consigo la riqueza mobiliaria. Constituye una verdadera privación de derechos —una expropiación— acordada por una persona jurídico-privada, sin causa ni justificación alguna de utilidad pública, con efectos *erga omnes* en sociedades cotizadas, sin compensación alguna (no conlleva participación privilegiada en beneficios) y en claro atentado al art. 33 de la Constitución Española de 1978. Esto es algo que debería ser tomado en consideración por los Registradores Mercantiles y apreciado por los Jueces, si el tema llega ante ellos. El derecho de voto forma parte del contenido esencial del derecho de propiedad de las acciones, del que no pueden ser despojados los accionistas por muchos acuerdos que hayan tomado los fundadores o tome la Junta General, ya que ello supone traspasar los límites de su propia soberanía. Y si una Ley de Sociedades Anónimas —como hace la nuestra, en su art. 105.2— autoriza semejante régimen, lo que hay que plantearse seriamente es la constitucionalidad de tal precepto.

De igual manera, la limitación del derecho de voto en la forma que ha quedado descrita supone un atentado a la libertad de circulación de capitales consagrada en el art. 56 del Tratado de la Comunidad Europea, que es uno de los principios fundamentales de ésta. En efecto, la Sentencia del Tribunal de Justicia de la CE 2005/161, de 2 de junio, contempla un supuesto similar, el del Decreto Ley 192, de 25 de mayo de 2001, de la República de Italia en el que se establece la limitación de los derechos de voto de las acciones propiedad de empresas públicas de otro país que superen el límite del 2% del capital social en empresas que operan en Italia en los sectores de la electricidad y del gas. El citado Decreto-Ley disponía lo siguiente:

> «Hasta la realización en la Unión Europea de un mercado plenamente competitivo en los sectores de la electricidad y del gas, a fin de salvaguardar los procesos de liberalización y privatización abiertos en estos sectores, la expedición o transmisión de las autorizaciones o concesiones previstas en los Decretos Legislativos número 79, de 16 de marzo de 1999, sobre la energía eléctrica, y número 164, de 23 de mayo de 2000, sobre el mercado nacional del gas natural, quedará sometida a los requisitos mencionados en el párrafo segundo en lo que respecta a las personas jurídicas controladas direc-

ta o indirectamente por un Estado o por otras administraciones públicas, que ocupen una posición dominante en su mercado nacional y no coticen en mercados financieros regulados, y que adquieran directa o indirectamente, a través de una persona interpuesta, o bien mediante una oferta pública a plazo o diferida, participaciones superiores al 2% en el capital de sociedades que operen en los sectores mencionados de forma directa o bien a través de sociedades controladas o asociadas. El límite global del 2% se aplicará a la propia persona jurídica y al grupo al que ésta pertenezca, es decir, a la persona jurídica que ejerza el control aunque no tenga la forma jurídica de una sociedad, a las sociedades controladas y a las sujetas a control conjunto, así como a las sociedades asociadas. Este límite se aplicará también a las personas jurídicas que, directa o indirectamente, incluso a través de sociedades controladas o asociadas, sociedades fiduciarias o mediante persona interpuesta, se adhieran, incluso con terceros, a acuerdos relativos al ejercicio del derecho de voto o de acuerdos o pactos entre accionistas.

En caso de superarse el límite mencionado en el párrafo primero, a partir del momento de la expedición o transmisión de las autorizaciones o concesiones mencionadas en el párrafo primero, el derecho de voto inherente a las acciones que superen tal límite se suspenderá automáticamente y no se tendrá en cuenta para establecer el quórum de las juntas. Tampoco podrán ejercerse los derechos de adquisición o suscripción a plazo o diferidos».

No vale la pena traer aquí las extensas alegaciones que este texto suscrito ante el Tribunal de Justicia de la Unión Europea, de un lado la Comisión y de otro el Gobierno italiano. Bastará, a nuestros efectos, resumir aquí los pronunciamientos del Tribunal que pueden sintetizarse así:

1. La inversión directa en forma de participación en una empresa mediante la posesión de acciones, así como la adquisición de títulos en el mercado de capitales, constituyen movimientos de capitales en el sentido del art. 56 CE. Toda inversión directa se caracteriza por la posibilidad de participar de manera efectiva en la gestión y en el control de una sociedad.

2. La suspensión de los derechos de voto establecida en el Decreto impugnado impide que la categoría de empresas públicas a la que éste se aplica participe de una manera efectiva en la gestión y en el control de las empresas italianas en los mercados de la electricidad y del gas.

3. De lo anterior se deduce con toda evidencia que la suspensión de los derechos de voto prevista en el Decreto-Ley núm. 192/2001 constituye una restricción a la libre circulación de capitales, prohibida por el art. 56 CE. Esta afirmación no resulta desvirtuada por el hecho de que la normativa contro-

vertida se dirija únicamente a una categoría de empresas públicas, las que ocupan en su mercado nacional una posición dominante. En efecto, las disposiciones del Tratado relativas a la libre circulación de capitales no hacen ninguna distinción entre empresas privadas y públicas ni entre las empresas que ocupan una posición dominante y las que no la tienen.

No parece precipitado ni arbitrario concluir, a la vista de tal pronunciamiento, que si todo esto es así cuando la limitación de los derechos de voto se establecen por Ley, con respecto a inversores extranjeros, sean empresas públicas o privadas, con igual o mayor razón habrá que establecerlo cuando la limitación sea establecida por pacto estatutario o por acuerdo posterior de Junta General, tanto para inversores nacionales como extranjeros (no discriminación). Parece indiscutible concluir que si las leyes nacionales están sometidas a los principios comunitarios, los acuerdos societarios también lo están.

LECCIÓN 32.ª

EL CONTROL JUDICIAL DE LAS ENTIDADES REGULADORAS: LA NECESARIA EXPANSIÓN DEL ESTADO DE DERECHO *

SUMARIO: 1. PLANTEAMIENTO DEL TEMA.—2. LOS FUNDAMENTOS DEL ESTADO DE DERECHO Y SUS QUIEBRAS.—3. CONTROL JUDICIAL SOBRE OPERACIONES DE CONCENTRACIÓN.—4. CONTROL DE ACTOS DE INTERVENCIÓN EN ENTIDADES FINANCIERAS.—5. LOS CONCEPTOS JUDICIALMENTE ASEQUIBLES.—6. EL PRINCIPIO DE DEFERENCIA.—7. LA EXPANSIÓN DEL ESTADO DE DERECHO. POTESTAD REGLAMENTARIA Y *SOFT LAW* COMO REMEDIO A LAS QUIEBRAS DE LA LEGALIDAD. SÓLO ASÍ SERÁ POSIBLE LA REVISIÓN JUDICIAL.

1. Planteamiento del tema

El tema objeto de esta lección podría formularse, de manera general, en los siguientes términos: ¿cuál es el control jurisdiccional posible sobre las medidas del Gobierno (o de los Entes Reguladores cuando éstos existen realmente con plenitud de funciones) adoptadas en forma reglamentaria o mediante resoluciones concretas, que llevan consigo la adjudicación o privación de derechos u obligaciones a las empresas y los ciudadanos? No son pocos en nuestros días los casos de intervención de los Gobiernos (del Regulador) en el mundo económico y en los mercados. La fijación de precios y tarifas, la autorización o prohibición de concentraciones de empresas (fusiones, OPAs, alianzas comerciales), el reconocimiento de ayudas públicas a ciertos sectores (a veces a costa de otros, como hemos visto recientemente con la TV pública), la intervención de entidades financieras (bancos y cajas de ahorro) por razones de solvencia (a las que hemos asistido y vamos a seguir experimentando en una variedad de formas y modalidades), las sanciones o revocación de permisos, y otras muchas que no es necesario detallar.

Las preguntas que el tema suscita serían algunas como las siguientes: las tarifas e intervenciones sobre los precios, en cualquiera de sus formas, ¿son revisables por los jueces?, ¿en qué medida? ¿Pueden los tribunales suspender y en su caso anular, en virtud de las reglas y principios clásicos del Derecho Administrativo, un acuerdo que autorice (o prohíba) una concentración empresarial? ¿Puede un Juez revisar las condiciones que el Gobierno haya impuesto para garantizar la competencia en el mercado? ¿Y podrá adoptar, si lo cree necesario, medidas cautelares, suspendiendo o paralizando la operación? ¿Qué

* Artículo publicado en la RAP, n.º 182, mayo-agosto 2010, páginas 9-37.

control judicial puede ejercerse sobre la decisión del Banco de España o del Gobierno de la nación, de intervenir una entidad de crédito con sustitución de los administradores, o revocar la autorización para seguir operando como banco? ¿Puede un Tribunal suspender la concesión de una prima o ayuda acordada en beneficio de un sector como el carbón o las energías renovables?

La respuesta inicial a todos estos interrogantes parece, en principio, obvia: sin discusión, el control judicial de estos actos es posible y necesario en un Estado de Derecho y, por lo mismo, también será posible la adopción de medidas cautelares, si están justificadas conforme a su propio fin. Tras la Constitución de 1978, ya no hay «actos políticos» —actos exentos del control judicial— sino que la Administración y, en general, los poderes públicos deben actuar siempre «con sometimiento pleno a la Ley y al Derecho» (artículo 103.1 CE). Así respondería un estudiante de Derecho que hubiese cursado con aprovechamiento Derecho Constitucional y Administrativo.

Ahora bien, sentado tal principio, la pregunta siguiente sería ésta: ¿hasta dónde puede llegar el control sobre actos de esta naturaleza?, ¿se trata simplemente de un control liminar, que recae sobre los elementos reglados del acto (procedimiento, competencia, hechos determinantes, razonabilidad y lógica interna de la decisión, existencia o no de motivación) o puede afectar también al núcleo interno de la misma, revisando la apreciación o valoración del interés público que haya realizado el Gobierno o el Ente Regulador (control sustancial, de fondo)? Aquí el estudiante (quizás también su profesor) no sabría muy bien qué responder.

Hace algunos años [1], comentando la dificultad con que los Jueces se encuentran cuando han de pronunciarse sobre medidas de intervención económica de los Gobiernos, escribí lo siguiente:

> «si queremos que el nuevo modelo de regulación se consolide y dé todos los frutos que en teoría lleva dentro, es preciso juridificar sus prescripciones, de modo que la Justicia pueda actuar cuando los operadores o los reguladores —Gobierno incluido— violen las reglas que ellos mismos han aprobado. Es preciso diseñar nuevas formas de control de esas zonas de acción libre del político, que inventa continuamente nuevos títulos de intervención. Es necesaria una renovación de nuestros Tribunales, tanto en su estructura y composición como en su formación y sus hábitos de trabajo. Tal como están hoy concebidos, integrados y organizados, con sus escasos medios, sus tradiciones y su mentalidad, difícilmente abrirán las nuevas vías

---

[1] Gaspar Ariño, edit., Prólogo al libro *Precios y tarifas en sectores regulados,* FER-Comares, 2001, páginas IX-XIX.

de control jurisdiccional que las actuales intervenciones del poder político requieren. Pensemos, por ejemplo en la impracticable revisión judicial, aunque teóricamente posible, de los procesos de defensa de la competencia (alianzas, fusiones y adquisiciones, posiciones de dominio colectivo, etc.) o en la hasta ahora inexistente revisión judicial fundada de las decisiones tarifarias».

Y concluía:

> «Ha llegado el momento de pensar en la creación de una Sala especial del Tribunal Supremo (o una Sección especializada, dentro de la Sala 3.ª) con competencia especial en materias económicas, capaz de juzgar las decisiones gubernamentales en este campo, no para sustituir al gobierno legítimo de la nación —el gobierno de los jueces es siempre peor que el gobierno de los políticos— sino para valorar la adecuación a Derecho de sus decisiones y las consecuencias, a veces inícuas, que de ellas se derivan. El Estado de Derecho, social y democrático (artículo 1 CE), no puede quedarse a las puertas de la regulación económica».

Pues bien, después de analizar las últimas decisiones judiciales recaídas en supuestos de revisión judicial de este tipo de decisiones de intervención económica, podemos volver a preguntarnos: ¿hasta dónde llega, en verdad, el Estado de Derecho? Porque lo más llamativo de las Sentencias y Autos recaídos hasta ahora en estos supuestos no ha sido la desestimación habitual de los recursos interpuestos contra las mismas, sino la pobre argumentación que contienen, si las comparamos con lo que es habitual en los Tribunales de Justicia españoles de nivel superior. Tal es la impresión que se saca de las Sentencias del Tribunal Supremo español de 5 de mayo de 2004 y de 14 de marzo de 2006, ambas sobre la intervención de Banesto por el Banco de España, en las que continuamente se excepciona, sin mayor fundamento, lo que es norma habitual en nuestro Derecho; o la que se desprende de las tres Sentencias recaídas en materia de concentración de empresas (caso Prosegur, caso Ebro Agrícolas, caso Vía Digital; luego daremos sus fechas) en las que el Tribunal reconoce la imposibilidad de entrar a juzgar el núcleo mismo de las decisiones impugnadas; a igual conclusión se llega en dos Sentencias sobre revisión de las tarifas eléctricas, una de la Audiencia Nacional, de 22 de abril de 2009, y otra del Tribunal Supremo, de 17 de octubre de 2007, en las que se desestiman sendos recursos de revisión tarifaria; y, en fin, semejante impresión deja el Auto de 28 de abril de 2006 (OPA de Gas Natural sobre Endesa), al que acompañan varios votos particulares, en el que el Tribunal se parte en dos. Son sólo algunas nuestras —habría más— en las que se puede testar cuán difícil es dar una respuesta segura a las preguntas planteadas. Intentaremos hacerlo en las páginas que siguen. Y para ello, empecemos por el principio.

2. Los fundamentos del Estado de Derecho y sus quiebras

Como es sabido, la aspiración del *«rule of law»* inglés, del *«Rechtstaat»* germánico o del *«principe de legalité»* francés ha sido siempre la misma: el gobierno de la ley frente al gobierno de los hombres *(government by law, not by men)*. El gran triunfo histórico sobre el Antiguo Régimen, tanto en Inglaterra como en el continente, fue justamente la sumisión del Rey —del Estado— a la Ley (frente al viejo principio de *«quod Principi placuit legem habet vigorem»*) [2]. A eso respondieron conceptos tales como *«due process», «natural law», «higher law», «reasonableness and fairness», «absence of arbitrariness»*. Una clásica formulación del principio del *«rule of law»* fue la de Hayek [3], quien afirmaba:

> «Desnudo de todos sus tecnicismos, éste significa que el Gobierno en todas sus acciones está vinculado a reglas previamente establecidas y anunciadas de antemano, reglas que hacen posible prever con bastante certeza cómo la Autoridad usará sus poderes de coacción en una determinada circunstancia, lo que permite planear las actuaciones o los asuntos de cada individuo sobre la base de aquel conocimiento».

En los mismos términos se expresaba el gran teórico francés León Duguit cuando definía el *«principio de legalidad»* destacando que la discrecionalidad debe ser guiada por reglas previamente fijadas, de modo que «ningún órgano del Estado puede adoptar una decisión singular que no se ajuste a la regla general previamente declarada» [4]. Este principio es hoy conocido en toda Europa como «principio de la norma previa» o «principio de tipicidad del acto administrativo». Y algo semejante había escrito antes, en los Estados Unidos de América, Oliver Wendel Holmes:

> «Cuando estudiamos Derecho —decía— no estamos desvelando un misterio, sino ejerciendo una bien conocida profesión. Estudiamos aquello que debemos hacer en el supuesto de que tengamos que presentarnos ante un juez o asesoramos a la gente de tal manera que podamos mantenerles lejos de los Tribunales; el objeto de nuestro estudio es básicamente *predicción*, la predicción de qué incidencia puede tener en nuestra vida la fuerza públi-

[2] Sé muy bien que este tema de la sujeción del poder al Derecho y su realización histórica es mucho más complejo y no se puede despachar con lo que se dice en el texto, pero a los efectos del tema de esta lección no podemos entrar ahora en esa historia. Para quien esté interesado, remito a un trabajo mío muy anterior, *Derechos del Rey, derechos del pueblo,* «Actas de Historia de la Administración», 1971, ENAP, Madrid. Y, sobre todo, remito al libro de Alfredo GALLEGO, *Poder y Derecho,* M. Pons, Madrid, 2009, en el que se encontrará un completo análisis de la sujeción a derecho en el Antiguo Régimen y en el Estado Constitucional. A los efectos del tema aquí tratado, baste lo dicho.

[3] *The Road to Serfdom,* 1944.

[4] *Traité de Droit Constitutionnel,* 1923.

> ca instrumentada por los Tribunales; éstos han sido llamados con toda propiedad "oráculos del Derecho". Lo más importante, por consiguiente, y el sentido último de cualquier nuevo esfuerzo del pensamiento jurídico es lograr que estas profecías sean cada vez más precisas» [5].

Por supuesto, esto ha sido siempre —repito— un ideal, una aspiración nunca plenamente lograda en la resolución de los numerosos problemas con los que se enfrentan los gobiernos modernos. Frente a tal utopía, la realidad es que un amplio poder discrecional ha estado siempre presente, tanto en las decisiones del *poder legislativo* (al que la Constitución no vincula estrechamente), como en las decisiones de los *Gobiernos* (a los que ha habido que reconocer poderes de decisión discrecional en multitud de materias y circunstancias), como también en las de los *jueces* (a quienes se reconoce una no pequeña dosis de discrecionalidad judicial a la hora de dictar sus sentencias). Y es que el Derecho (constituciones, leyes, normas infralegales) va siempre acompañado de un grado de indeterminación variable que, caso por caso, tiene que ser rellenado y cumplimentado por el aplicador jurídico. Como decía D. Álvaro D'Ors, al final, «derecho es lo que dicen los Jueces».

Frente al dualismo clásico del *«rule of law»,* que únicamente reconocía dos categorías —aplicación de la ley o acto arbitrario *(«application of law and arbitrary action»)*— se ha añadido una tercera modalidad de actuación del poder político: el *razonable ejercicio de un poder discrecional,* que los juristas han tratado siempre de limitar, pero que renace una y otra vez a medida que los gobiernos amplían su campo de actuación e intervienen en el mundo económico y social.

Esto ha sido así especialmente en el área de la *regulación económica,* en la que el legislador ha tenido que otorgar amplios poderes de decisión a los entes u órganos reguladores o decisorios. La razón es muy clara: los Parlamentos son incapaces de prever y dar respuesta a las grandes cuestiones de política económica que se plantean una y otra vez en el campo de la regulación económica, industrial o de los mercados; por ello, el legislador se ve obligado a aprobar marcos de actuación flexibles y a delegar amplios poderes a los órganos y entes reguladores para que los apliquen y resuelvan las controversias que surjan entre los principales actores de cada sector. Como escribe Kenneth Davis, «incluso cuestiones que podrían ser objeto de determinaciones legislativas son a menudo "delegadas" por cualesquiera razones, bien sea la falta de acuerdo de los legisladores o el deseo de éstos de evitar los conflictos encomendando el problema a los administradores. Por una u otra razón, intencionadamente o no, la

---

[5] *The Path of the Law,* «Harvard Law Review», 1897.

redacción de las leyes es muchas veces vaga e imprecisa, cuando no contradictoria; y, en ocasiones, ambas cosas. Las reglas son esenciales, pero el poder discrecional es también esencial en la regulación económica y hay que alcanzar en ella un correcto equilibrio entre regulación y discrecionalidad»; «reglas sin discrecionalidad —continúa este autor— no podrán nunca tomar en consideración plenamente los hechos y circunstancias de cada caso, a los que hay que ajustar la regla. Esto ocurre tanto en los procesos judiciales como en los procedimientos administrativos. Por tanto, podemos concluir con certeza que nunca ha habido un "gobierno de las leyes", sino de los hombres, porque nunca se ha podido eliminar por completo el poder discrecional. "Los gobiernos han sido siempre *un Gobierno de leyes y de hombres*"» [6].

La lucha por el Derecho está hoy en esto: en la progresiva delimitación de los poderes discrecionales mediante una mejor definición de los criterios de actuación que deben acompañar a toda delegación de poder, es decir, mediante un mejor y más extenso *administrative rule making* y mediante una mejor definición de estándares a los que deba ajustarse la aplicación de las reglas. En ello consiste en gran medida el progreso del *«rule of law»*, del *«principio de legalidad»* y del Estado de Derecho de nuestros días. Luego volveremos sobre ello. Pero antes veamos algunos de los supuestos a los que aludíamos al comienzo de estas páginas.

3. Control judicial sobre operaciones de concentración

Es palmario que el análisis del alcance del control judicial de los acuerdos gubernamentales de concentración de empresas es uno de esos supuestos en los que los Gobiernos gozan de una amplia discrecionalidad, que le permita apreciar la mejor defensa de los intereses públicos en los términos que enseguida veremos. Pero es igualmente cierto que sus decisiones se insertan en un procedimiento jurídico que enmarca y delimita las decisiones posibles y al que el Gobierno (o el Ente Regulador) se tiene que ajustar, cuestiones ambas que conviene examinar.

La Ley 16/1989, de Defensa de la Competencia, exige notificar al Servicio de Defensa de la Competencia todo proyecto u operación de concentración de empresas en los supuestos que la propia Ley señala (artículo 14), hasta el punto de que la operación no podrá ejecutarse antes de dicha notificación o de que la Administración manifieste, expresa o presuntamente, su no oposición a ella, o la subordine al cumplimiento de las condiciones que determine

---

[6] Kenneth Culp DAVIS, *Administrative Law Text,* West Publishing, 1972, páginas 26 y siguientes, y *Administrative Law, Cases-Text-Problems,* WP, 1977, página 26.

(artículo 15). Como se sabe, concentración económica es toda operación que suponga una modificación permanente de la estructura empresarial de un sector económico y de los mercados en que esas empresas participan. Las concentraciones se articulan a través del control de la totalidad o parte de una empresa o empresas por cualquier medio o negocio jurídico válido [artículo 14.2.b)]; si la operación se lleva a cabo mediante una oferta pública de adquisición de acciones que se negocien en bolsa, la Ley se cuida de precisar que una vez autorizada la oferta por la Comisión Nacional del Mercado de Valores, quedará suspendida y subordinada a la autorización expresa o presunta de la Administración (artículo 15.2, segundo párrafo).

Trámite fundamental de instrucción de ese procedimiento de autorización de operaciones de concentración que puedan obstaculizar la competencia efectiva en el mercado es el Dictamen del Tribunal de Defensa de la Competencia (artículo 15, bis 1), que éste debe emitir en el término máximo de dos meses y en el que debe analizar los efectos restrictivos de aquélla, previsibles o comprobados, de la operación. Para ello debe atender principalmente a la delimitación del mercado relevante y su estructura, las posibilidades de elección de proveedores, distribuidores y consumidores o usuarios, el poder económico y financiero de las empresas, la evolución de la oferta y la demanda, o la competencia exterior. El TDC podrá considerar asimismo la contribución que la concentración pueda aportar a «la mejora de los sistemas de producción o comercialización, al fomento del progreso técnico o económico, a la competitividad internacional de la industria nacional o a los intereses de los consumidores o usuarios, y si esta aportación es suficiente para compensar los efectos restrictivos sobre la competencia» (artículo 16). Finalmente, a la vista de este dictamen, el Gobierno podrá decidir no oponerse a la operación de concentración, subordinar su aprobación al cumplimiento de condiciones que aporten al progreso económico y social una contribución suficiente para compensar esos efectos restrictivos de la competencia o declararla improcedente (artículo 17). Tal es, en síntesis, el procedimiento de autorización de las operaciones de concentración empresarial que puedan obstaculizar el mantenimiento de una competencia efectiva en el mercado.

El Tribunal Supremo español se ha enfrentado a este problema del control de concentraciones en diversas ocasiones a lo largo de los últimos años, básicamente en estos cuatro casos: STS de 2 de abril de 2002 (caso Prosegur-Blindados del Norte), STS de 29 de marzo de 2004 (caso Ebro Agrícolas-Sociedad Azucarera), STS de 7 de noviembre de 2005 (caso Vía Digital-Canal Satélite Digital) y Auto de 28 de abril de 2006 (caso Endesa-Gas Natural). En todas ellas el Tribunal ha reconocido la amplia discrecionalidad que corresponde al Gobierno en estas «materias sensibles capaces de afectar a la política económica general»; discrecionalidad que la propia Ley (artículo 17 de la Ley 16/1989) otorga al Gobierno como órgano de dirección de la política económica y que, por tanto, conlleva «una apreciación subjetiva acerca de lo que sea el interés público, en la que los Tribunales no pueden intervenir»; discrecionalidad, ciertamente, que no es absoluta, en cuanto que requiere motivación suficiente de las decisiones (especialmente si éstas se apartan del Dictamen de la Comisión); exige ajustarse a los hechos determinantes de las mismas y debe presentar racionalidad y coherencia de las condiciones que se impongan a la operación con los objetivos marcados por la Ley.

El problema, sin embargo, que el propio Tribunal reconoce y en el que insisten sus comentadores más cualificados, es si el Juzgador puede ir más allá y entrar en el fondo material de la decisión, en la medida en que ésta sea manifestación de la política económica general patrocinada por el Gobierno. El propio Presidente de la Sala Tercera del Tribunal Supremo español, D. Ramón Trillo, constata a este respecto, en un luminoso artículo, que en muchos casos «la complejidad (del problema), afección a los intereses generales de la economía encomendados al Gobierno y, a veces, perplejidad e incertidumbre ante el pronóstico, determinan la reseñada dificultad del órgano judicial para alcanzar el núcleo, la sustancia y los matices de las cuestiones ofrecidas a su control de legalidad» [7].

Recordemos que el citado Auto de 28 de abril de 2006, por el que se suspende la autorización del Gobierno a la OPA de Gas Natural paralizando el proceso de fusión, dividió al Tribunal (18 votos a favor y 14 en contra), lo que da idea también de la falta de una doctrina segura y de razonamientos consolidados. Otro tanto ocurrió con el Auto que dictó el Juzgado de lo Mercantil n.º 3 de Madrid con fecha 21 de marzo de 2006, luego revocado por la Audiencia de Madrid, que establecía en su parte dispositiva:

> «Estimando la petición de medidas cautelares interesada por la representación de ENDESA ordeno suspender y declaro suspendidas:
>
> a) La tramitación de la OPA formulada por Natural SDG, S.A. el 5 de septiembre de 2005 sobre las acciones de ENDESA y, por consiguiente, la ejecución de todos los actos relativos a, o relacionados con, la citada OPA, en especial, la adquisición de acciones de ENDESA por parte de GAS NATURAL.

---

[7] Tales son exactamente los términos en que el Presidente de la Sala 3.ª, Excmo. Sr. D. Ramón TRILLO TORRES, plantea la cuestión en su luminoso trabajo *Revisión Judicial de autorizaciones y prohibiciones en materia de concentraciones,* en volumen colectivo «El Derecho de la Competencia y los Jueces», Fundación del Pino-Marcial Pons, Madrid, 2007, páginas 181-193.

b) La ejecución del contrato de 5 de septiembre de 2005 suscrito entre Gas Natural SDG, S.A. e Iberdrola, S.A.».

Dicho Auto fue revocado, como digo, por la Audiencia Provincial de Madrid, que en el recurso de apelación sentenció:

> «Estimamos los recursos de apelación interpuestos por las representaciones de Gas Natural, SDG S.A. e Iberdrola S.A. contra el auto dictado el 21 de marzo de 2006 por el Juzgado de lo Mercantil n.º 3 de Madrid en la pieza separada del procedimiento n.º 523/2005 del que este rollo dimana y en consecuencia revocamos dicha resolución y declaramos que no había lugar a la adopción de las medidas cautelares instadas por ENDESA, S.A. contra aquéllas, imponiendo a la parte solicitante de las mismas las costas derivadas de la primera instancia».

Finalmente, cuando Endesa solicitó al Tribunal Supremo que se levantasen las medidas cautelares, porque éstas paralizaban también la OPA competidora de E.On, que ahora Endesa quería aceptar, de nuevo el Tribunal se parte en dos, con 16 votos (a favor) frente a 15 (en contra) y tiene que decidir con su voto el presidente de la Sala, adoptando un nuevo Auto en el que se acuerda levantar la suspensión cautelar, decretada meses atrás.

No podemos entrar ahora en el análisis de los argumentos en que se apoyaban una y otra postura, ambas sin duda fundadas. Basta dejar constancia de la incertidumbre y la perplejidad que todas estas decisiones proyectan. En ellas, los intereses en juego (el interés público de asegurar la competencia en el mercado, los intereses de los accionistas, de los consumidores y de las propias instituciones) son juzgados por unos y por otros de modo diferente; y, lo que es peor, a veces son juzgados por las mismas personas de modo contradictorio en unos casos y en otros, lo que da idea de que el Tribunal anda a tientas. Y es que los actos de regulación económica, que afectan a un sector industrial o financiero, en los que se adoptan medidas estructurales o funcionales con imposición de condiciones para el buen funcionamiento de los mercados, o en los que se recompone el equilibrio económico-financiero de las empresas, son difíciles de enjuiciar con los moldes del Derecho Administrativo clásico.

El acuerdo final del Consejo de Ministros que autoriza, prohíbe o condiciona una concentración empresarial no es, en efecto, un «acto administrativo» ordinario, sujeto regladamente al derecho, sin más, sino que entraña una medida conformadora de una política económica o industrial, difícilmente revisable por un Juez. Como he escrito en otro lugar [8], la regulación económica

[8] Gaspar Ariño *et al.*, *Principios de Derecho Público Económico,* 3.ª edición, Comares, Granada, 2004, páginas 650 y siguientes.

contiene reglas y principios, pero de ordinario no define soluciones precisas y cerradas a los múltiples conflictos que la realidad ofrece. Por ello, las decisiones del ente regulador no revisten las características de los actos administrativos clásicos, caracterizados por lo que se llama su «tipicidad», esto es, la vinculación estricta del contenido del acto a lo previsto por la norma que contempla ese supuesto de hecho (plena subsunción del acto en la norma). Frente a ello, en la regulación económica, aunque se aplique el principio de norma previa, existe un margen de discrecionalidad económica y técnica. El ente regulador tiene que ponderar en muchos casos los diferentes factores (técnicos, económicos, sociales, medioambientales, etc.) que entran en juego en toda decisión reguladora, con un impacto directo en el régimen económico de los servicios públicos. La apreciación y valoración de estos factores no es algo que pueda preverse con detalle en una norma escrita [...]. Por ello, el acto administrativo del ente regulador tendrá siempre una capacidad creadora, un ámbito de flexibilidad del que no gozan habitualmente las decisiones de la Administración ordinaria. Justamente por ello, es especialmente exigible una amplia motivación de los mismos. La decisión debe ser especialmente transparente y argumentada. Sólo así, es pensable su revisión judicial [9]. *Mutatis mutandi,* es obvio que lo dicho de los entes reguladores es predicable del Consejo de Ministros, órgano que, en España, se superpone a aquéllos y que adopta la decisión final sobre la operación, en función, no sólo de la competencia *stricto sensu,* sino de los intereses generales de la nación [artículo 17.b) de la Ley de Defensa de la Competencia].

El problema se ha planteado igualmente ante el Tribunal de Justicia de las Comunidades Europeas, cuando éste ha tenido que revisar decisiones de la Comisión sobre operaciones de concentración. Tal ocurrió en el caso *Tetra-Laval* BV (Sentencia 2005/39, de 15 de febrero) en el que la Comisión había declarado ilegal una concentración de tipo «conglomerado» en el mercado de envases para alimentos líquidos (adquisición por Tetra, sociedad líder a nivel mundial en el ámbito de envases de cartón, de la Sociedad Sidel, S.A., líder en la producción y suministro de máquinas para la producción de aquéllos). El Tribunal de Primera Instancia de la C.E. había anulado una decisión de la Comisión que prohibía la concentración, estimando errores manifiestos en la apreciación de las consecuencias de la misma en lo que se refiere al refuerzo de la posición dominante de Tetra; frente a ello, la Comisión apela en casación ante el Tribunal de Justicia. Éste entiende que, efectivamente, las normas del Reglamento confieren a la Comisión cierta facultad discrecional, en lo que

---

[9] *Principios de Derecho Público Económico,* 3.ª edición, Comares, 2004, páginas 650 y siguientes.

respecta a las apreciaciones de orden económico; por consiguiente, el control por parte del juez debe ser efectuado teniendo en cuenta el margen de apreciación implícito en las normas de carácter económico que forman parte del régimen de las concentraciones. Ahora bien —sigue diciendo la Sala—, «ello no implica que el juez comunitario deba abstenerse *de controlar la interpretación de los datos* de carácter económico por la Comisión. En efecto, el juez comunitario no sólo debe verificar la *exactitud material* de los elementos probatorios invocados, *su fiabilidad y su coherencia,* sino también comprobar si tales elementos constituyen el conjunto de *datos pertinentes* que deben tomarse en consideración para apreciar una situación compleja y si son *adecuados* para sostener las conclusiones que se deducen de los mismos. Un control de este tipo es aún más necesario cuando se trata de un análisis prospectivo que viene exigido por el examen de un proyecto de concentración que produce un efecto de conglomerado». El Tribunal concluye desestimando el recurso y confirmando la decisión apelada.

Con ello, sin embargo, no se cierra la cuestión, pues hay que preguntarse cuál es el alcance de ese «controlar la interpretación de los datos» de que habla la Sentencia; de su texto parece deducirse que estamos aquí ante un control de la veracidad, fiabilidad y adecuación de los datos y elementos probatorios existentes, de la lógica y coherencia interna del razonamiento («si son adecuados para sostener las conclusiones»), es decir, de la racionalidad de la decisión, pero sin que ello suponga *sustituir* la interpretación y valoración de la Comisión por la suya propia.

Tal es la conclusión a la que ha llegado otra Sentencia posterior (Asunto SNIACE, TJCE, Sala Primera, Sentencia de 22 de noviembre de 2007) en la que se ventilaba la adecuación o no a Derecho de una ayuda de Estado otorgada por el Reino de España a esta sociedad. El Tribunal de Primera Instancia, en Sentencia de 21 de octubre de 2001, la había anulado, pero el Tribunal de Justicia, después de recordar la competencia del Juez para verificar la exactitud, fiabilidad y adecuación de los hechos, añade: «No obstante, en el marco de ese control, no le corresponde sustituir la apreciación económica de la Comisión por la suya propia».

Así pues, la pregunta subsiste: ¿hasta dónde y cómo puede ejercer un Tribunal su función jurisdiccional de control de este tipo de actos? Es incontrovertible —ya se ha dicho— que legal y formalmente son residenciables ante los Tribunales de Justicia, como cualquier otra actuación de la Administración. En España —ya se ha dicho también— no hay «actos políticos» exentos [10].

---

[10] La Ley 50/1997, del Gobierno, dispone que *los actos de éste son impugnables* ante la juris-

Pero admitido que estos acuerdos del Gobierno son actos que ejercen potestades administrativas sobre la ordenación de sectores económicos, es evidente que muchos de esos actos, por las dimensiones de la operación a la que afectan, constituyen verdaderas medidas de política económica general (artículo 97.1 CE), por lo que hay que preguntarse: para lograr una auténtica revisión judicial de fondo de estos acuerdos, ¿qué instrumentos o técnicas jurídicas serían utilizables?

Llegar al fondo de las cuestiones debatidas en estos procesos de concentración exige un conocimiento profundo del sector y del mercado afectado, del derecho de la empresa y de la competencia; conocimientos de los que muchas veces los Jueces (y los Abogados) carecen. Estamos ante un reto que exige conjugar el saber jurídico (no de una rama del Derecho, sino de varias disciplinas jurídicas) con otros conocimientos no jurídicos y con la recta comprensión de problemas de naturaleza económica. Ahora bien, no parece ser ésta, hoy, la situación de los jurisconsultos españoles, por muy colegiado que sea el Tribunal y por muchos Abogados de campanillas que acudan ante él. La mejor prueba de ello es el carácter polémico y discutido que, como hemos visto, tienen estas Sentencias, con pareceres divididos y abundantes votos particulares. Cierto que un órgano judicial puede proveerse de los conocimientos necesarios a través de las pericias que se le aporten o soliciten. Pero no es fácil que una prueba pericial pueda sustituir los estudios que sirven de soporte teórico y práctico a una decisión económica previamente informada por largos dictámenes de los órganos reguladores o de las autoridades de la competencia. Obviamente, los dictámenes y análisis que presenten las partes no son más fiables que aquéllos. El Juez podrá pedir pericias «independientes», pero al final, caso de confrontación, ¿a quién creer? Lo que el Juez puede y debe hacer es valorar la «razonabilidad», el rigor y coherencia de unos y otros y ver hasta qué punto los acuerdos que finalmente se adoptan se separan o no de los informes o propuestas precedentes. Podría incluso pensarse que, en estas operaciones, el Tribunal no tiene por qué entrar en el fondo, justamente por haber ya intervenido en ellas órganos de control con capacidad de análisis económico, jurídico y técnico, a los que la Ley les encomienda esta tarea, por lo que el trabajo del Juez se limitaría al mero contraste de los dictámenes con la resolución final

---

dicción contencioso-administrativa según su Ley reguladora (artículo 26); jurisdicción a la que corresponde conocer de las pretensiones que se deduzcan en relación con la actuación de las Administraciones Públicas sujeta al Derecho Administrativo (artículo 1.1 LJCA); así como de las cuestiones que se susciten en relación con la protección jurisdiccional de los derechos fundamentales, los elementos reglados y la determinación de las indemnizaciones que fueran procedentes en relación con los *actos del Gobierno cualquiera que fuese la naturaleza de dichos actos* [artículo 2.a)].

(criterio que parece haber seguido el Auto de 28 de abril de 2006 para adoptar la medida cautelar de suspensión).

Ahora bien, ocurre que, en ocasiones, la misma Ley otorga expresamente al Gobierno la competencia para adoptar la decisión final sin que su acuerdo tenga que coincidir con el dictamen de los técnicos o de los entes u órganos reguladores, ya que aquél conserva un margen de discrecionalidad basada en otros factores distintos de la competencia o la eficiencia empresarial, con objeto de atender fines de política económica general (*vid.* artículo 17 de la Ley de Defensa de la Competencia de 1989). De esa discrecionalidad no hay que abominar, pues por propia definición supone la legítima posibilidad de adoptar «libre y prudencialmente» una medida razonable de entre varias posibles. Pero es evidente la dificultad de juzgar en derecho el ejercicio de semejante apreciación discrecional. El TS español y los autores que se han ocupado de esta cuestión reconocen, por ello, con práctica unanimidad, la amplia discrecionalidad de que goza el Gobierno en estas decisiones de «regulación», como son la autorización o no de concentración de empresas, la política tarifaria o la revisión de las primas de apoyo a las energías renovables o al carbón nacional.

Porque esa discrecionalidad no es solamente «técnica», sino de juicio o decisión, en base a criterios de oportunidad o de valoración política, cuya apreciación —repito— ha sido encomendada por la ley al Gobierno o al Ente regulador. Su juicio no debe ser sustituido por la apreciación (discrecional también) del Juez. Estas decisiones, en definitiva, no admiten un control sustancial o material, sino sólo formal, procedimental, de «hechos determinantes» o de pura «razonabilidad» interna. Son controles de adecuación a Derecho en sus límites, no en su núcleo, sin perjuicio naturalmente de la exigencia de motivación fundada que el Gobierno (o el ente regulador) deberá dar a su decisión, sin la cual ésta sería anulable. Tal es mi conclusión.

4. Control de actos de intervención en entidades financieras

Es lo que ocurre, también, con los actos de intervención de entidades del sector financiero ante amenazas de crisis. Se han producido en estos años dos Sentencias del Tribunal Supremo, de 5 de mayo de 2004 y de 14 de marzo de 2006, sobre la intervención de Banesto (ocurrida diez años antes) en las que se manifiesta dramáticamente la impotencia del Tribunal. Como se recordará, el caso Banesto se inició el 28 de diciembre de 1993, con la intervención del Banco, la remoción de los administradores y el nombramiento por el Banco de España de un equipo de intervención. Después, se procedió a la reducción y paralela ampliación del capital, que fue suscrita por el Fondo de Garantía de

Depósitos con exclusión de los antiguos accionistas y, finalmente, tuvo lugar la adquisición de Banesto por el Banco de Santander. Tras una larga historia se dictan finalmente dos Sentencias del Tribunal Supremo en las que se planteó la revisión de dichos acuerdos: el de intervención del banco con remoción de los administradores (que éstos creían injustificada, no basada en hechos reales ni en datos ciertos) y el de conminar a éstos a renunciar a su derecho de suscripción preferente en la ampliación de capital (para evitar que el banco pudiera de nuevo caer en sus manos).

Dejando ahora a un lado el desfase temporal (¡diez años después!) —algo que ya de por sí hace difícilmente revisable la situación creada— en ambas Sentencias se desestiman las pretensiones de los antiguos administradores y se ratifican las decisiones tomadas en su día por el Banco de España, confirmadas después por el Ministerio de Economía. Pero lo importante a destacar no es la desestimación del recurso, sino los pobres argumentos utilizados por el Tribunal, el desconocimiento por éste de algunas garantías esenciales (audiencia del interesado, práctica y valoración de prueba y otros) y la aceptación de toda clase de excepciones a lo que es el sistema normal de adopción de decisiones por la Administración. Todavía más destacable es que la Ley de Disciplina e Intervención de las Entidades de Crédito esté redactada en términos tan amplios que permiten a la Autoridad supervisora la libre apreciación de una realidad (la definida en la Ley) que los Tribunales son incapaces de corregir muchos años después. ¿Dónde está la legalidad de ese modo de actuar? En la norma se habla, por ejemplo, de «situación de especial gravedad», «peligro de falta de estabilidad, liquidez y solvencia», o simplemente «indicios fundados de que suceda tal situación, aunque ésta no pueda deducirse de su contabilidad» (uno se pregunta: ¿de qué se podrá deducir si la contabilidad no está falseada?); y así otras expresiones semejantes que amparan cualquier posible apreciación o decisión.

Es patente en ambas sentencias, sobre todo en la segunda, la incapacidad del Tribunal para juzgar una situación ya consumada y en buena medida irreversible. Y es que las medidas a adoptar por el regulador (en este caso el Banco de España) pueden ser, según la Ley, múltiples: desde la simple advertencia a la suspensión provisional en los cargos, desde la prohibición de actuaciones a la sustitución de los administradores, o la misma revocación de la autorización para seguir operando como banco. Y esta elección —dice la Sentencia de 14 de marzo de 2006— entra en «la discrecionalidad técnica de la Administración, que debe decidir cuál es la que satisface mejor los intereses generales». Toda una panoplia de actuaciones posibles, entre las que la Autoridad Supervisora puede elegir discrecionalmente (una elección prácticamente libre).

En los poderes de regulación del Banco de España —y en general de las Autoridades financieras— nos encontramos ante un poder discrecional de gran amplitud: el que se deriva de una norma que permite, por un lado, la apreciación discrecional e inmediatamente ejecutiva de si se da o no en la realidad el supuesto de hecho previsto en la norma; y, por otro, la delegación, que muchas veces hace el legislador en la autoridad reguladora, de la facultad de determinar, también libremente, de entre las muchas medidas posibles, las que crea más conveniente adoptar en cada situación. Es el poder discrecional en su esencia más pura: el que se deriva de la estructura de unas normas que son *normas de fines*, esto es, normas que se limitan a prescribir un fin determinado, dejando a los encargados de aplicarla la elección de la conducta a seguir para alcanzar aquél [11]. La norma se limita a decir: «adoptar las medidas necesarias para restablecer la situación patrimonial» (así, Real Decreto 567/1980). Son apoderamientos en blanco que permite a la autoridad reguladora adoptar cualquier decisión sin control alguno. En tales términos —es decir, ante una tipificación indeterminada del supuesto de hecho que permite a la autoridad decidir si éste existe o no y ante una libre elección de las medidas a tomar— el control real, sustantivo, de la decisión adoptada por la autoridad de supervisión es prácticamente imposible, salvo que aquélla sea completamente incoherente o completamente inadecuada al fin de la norma, lo que no es presumible que suceda. Ahora bien, ello levanta una pregunta alarmante para un jurista y es la siguiente: ¿las Autoridades supervisoras del sistema financiero y las decisiones sobre las entidades de crédito en general están realmente sometidas «a la ley y al Derecho» tal como exige el artículo 103 de la Constitución o están realmente, en la práctica, por encima y al margen de la Ley? Si llegamos a esta última conclusión, el Banco de España resulta ser el Juez final de tales situaciones (lo que llevaría a replantearnos muchas cuestiones sobre la naturaleza, funciones y régimen de esta entidad, en las que ahora no podemos entrar).

5. Los conceptos judicialmente asequibles

Hay que traer aquí a colación la Sentencia del Tribunal Supremo de 4 de abril de 1997 (papeles del CESID), que aun referida a actos estrictamente políticos *«en principio inmunes al control jurisdiccional de legalidad»,* afirman rotundamente que sobre ellos puede efectuarse otro tipo de control judicial (protección de derechos constitucionales, indemnizaciones) en base al siguiente razonamiento:

---

[11] *Vid.* sobre el tema, en general, T. R. Fernández Rodríguez, *Del arbitrio y de la arbitrariedad judicial,* Madrid, 2005, páginas 53 y siguientes.

«Cuando el legislador haya definido mediante "conceptos judicialmente asequibles" los límites o requisitos previos a los que deben sujetarse dichos actos de dirección política, los Tribunales debemos aceptar el examen de las eventuales extralimitaciones o incumplimiento de los requisitos previos en que el Gobierno hubiera podido incurrir al tomar la decisión».

Un sector de la doctrina ha entendido que el Juez podrá entrar a revisar tales valoraciones en la medida en que la norma reguladora haya establecido una posibilidad de control de las decisiones en base a «conceptos judicialmente asequibles», en los que se hayan establecido límites o requisitos a los que deben sujetarse dichos actos. Tales conceptos vendrían a juridificar —es decir, someter a legalidad previa— decisiones en principio discrecionales, permitiendo así el control de las eventuales extralimitaciones o el incumplimiento de los requisitos necesarios [12].

Esta expresión *(«conceptos judicialmente asequibles»)* bien merece un comentario. Decir que el legislador defina límites o requisitos de los actos políticos mediante conceptos *«asequibles»* y que éstos permitan establecer un control judicial finalista de los actos parece un contrasentido; primero, porque en la norma no caben conceptos que no sean asequibles (que puedan conseguirse o alcanzarse); lo contrario, lo inasequible o abstruso, choca con la esencia misma del Derecho que exige determinaciones de supuestos y consecuencias jurídicas claras según el sentido propio de las palabras (artículo 3.1 del Código civil); segundo, porque por inasequibles o muy intrincados que sean los conceptos, siempre que conformen requisitos o límites normativos habrán de ser interpretados y, por tanto, aplicados, por los Tribunales (artículo 117 de la Constitución: los jueces están obligados a juzgar y hacer ejecutar lo juzgado; no pueden negar sentencia: principio de tutela efectiva: artículo 25 CE). Ahora bien, frente a los clásicos conceptos jurídicos indeterminados, pero determinables por el Juez, los conceptos y razonamientos sobre los que se basa habitualmente la regulación económica resultan, en muchos casos, bastante «inasequibles» para los jueces (en general, para los juristas).

«Conceptos judicialmente asequibles» serían algunos como los siguientes:

- Economía de mercado (en relación con el alcance y límites de la libertad de empresa).
- Existencia o no de competencia efectiva (o competencia leal).

---

12 *Vid.* en este sentido el excelente trabajo de Pedro Escribano, *El control judicial de las intervenciones administrativas del Gobierno en materia de operaciones de concentración,* en Ariño y Asociados, «Energía en España y desafío europeo», Anexo IV, 2, páginas 397-417.

• Dominio o poder de mercado (a la hora de determinar la sujeción o no de una empresa a determinadas obligaciones).

• Razonable tasa de retorno o normal beneficio industrial (a determinar en un proceso de revisión tarifaria).

• Cuota de mercado máxima en el corto plazo (para apreciar la existencia o no de poder de mercado).

• Seguridad de los abastecimientos (para justificar en su caso una prima a la inversión).

• Estabilidad del sistema financiero (como título legitimador de una intervención).

• Solvencia y equilibrio financieros (para justificar la intervención de un banco).

Y así, algunos más que aparecen con frecuencia en las normas reguladoras de la economía. Todos son ciertamente conceptos «asequibles», en base a los cuales se podría argumentar la revisión judicial de una decisión tomada por el Gobierno/regulador. Pero de nuevo hemos de preguntarnos: ¿cuáles son sus límites?, ¿cómo medir su alcance?, ¿quién puede apreciar su existencia o sus resultados en una determinada situación? Hay que distinguir siempre, en Derecho, la existencia misma de los hechos y la apreciación de su significado. Pero ocurre que frente a los tradicionales conceptos jurídicos indeterminados, que suelen ser de carácter técnico («casa ruinosa»), moral («buen padre de familia») o jurídico («honrado comerciante», «imagen fiel», «buena fe»), y son jurídicamente determinables por un Juez, porque forman parte del acervo cultural jurídico en el que nos hemos formado, los conceptos y razonamientos sobre los que se basa habitualmente la regulación económica son, hoy por hoy, bastante desconocidos y en esa misma medida inasequibles para los jueces (en general, para los juristas), por lo que su revisión pudiera ser muy arbitraria. La existencia misma del hecho —de las situaciones que se acaban de enumerar— queda entregada al regulador. Y la apreciación de sus efectos sobre la economía, sobre el sector o sobre la competencia en el mercado, es algo que corresponde igualmente al órgano o ente al que la Ley haya atribuido tales juicios o valoraciones. En el máximo de la discrecionalidad, la ley puede, como ya he dicho, atribuir a estos órganos la determinación de las medidas a adoptar (sin especificar) para resolver el problema de que se trate. Más aún, puede decir: identifique el problema (la insolvencia, el abuso, el desequilibrio financiero, la necesidad pública), cuando lo haya, y resuélvalo. Pues bien, ¿es posible revisar esas apreciaciones —de los hechos o de sus efectos— en su fondo material? De nuevo hemos de decir: no.

El gran jurista español Ramón Trillo, Magistrado y Presidente de Sala del Tribunal Supremo, ha escrito certeramente que ésta es «una constante dialéctica del Derecho, especialmente del público: la capacidad de comprender, de que le sea explicado al órgano judicial el soporte de hecho al que como supuesto abstracto se refiere la norma y la constatación de su existencia en la realidad acontecida y probada. El camino puede ser pedregoso, pero siempre puede intentarse transitarlo y, desde luego, aunque mejorable, hasta ahora ha satisfecho las expectativas de una razonable tutela judicial efectiva» [13].

La jurisprudencia española recaída hasta ahora en estos casos ha puesto de manifiesto cuán difícil es medir el alcance de conceptos como «contribución al progreso económico», mejora de los sistemas de producción, aumento de la competitividad, todos ellos contenidos en el artículo 16 de la Ley de Defensa de la Competencia de 1989. Ciertamente, en la medida en que, reglamentariamente, el Gobierno (o el propio regulador) fijase estándares o criterios de medición y se pudiesen «juridificar» los conceptos económicos, el control judicial sobre los mismos sería ampliable. Así se expande el Estado de Derecho y tal ha sido la experiencia histórica en campos como el comercio, el urbanismo o las telecomunicaciones. Más adelante veremos cómo esto se está tratando de hacer hoy. Pero antes, una referencia, aunque sea breve, al comportamiento de los tribunales británicos.

6. El principio de deferencia

Dejemos a un lado los resultados y comportamientos que hemos visto de los Tribunales españoles y planteemos una cuestión más general, que es ésta: hasta qué punto y en qué medida *deben* los Tribunales enjuiciar el ejercicio del poder de ordenación de las Comisiones Reguladoras y, en concreto, el ejercicio de la discrecionalidad técnica y/o valorativa (de oportunidad) que la ley les otorga en la toma de decisiones. Obviamente, los Tribunales pueden y deben controlar, como ya se ha dicho, el respeto a las normas de atribución de competencia sobre la materia, de procedimiento, de tipificación legal de faltas y sanciones, de veracidad de los hechos, de racionalidad y «razonabilidad» de las decisiones (que no sean incongruentes, incoherentes o ilógicas). Pero ¿es que acaso *deben* los Tribunales —y acaso sería bueno que lo hiciesen— sustituir las valoraciones de los intereses en juego que haya hecho el regulador?

---

[13] *Vid.* R. TRILLO, *Revisión Judicial de Autorizaciones y Prohibiciones en materia de concentraciones,* en M. LAGE y PETITBÓ, editores, «El Derecho de la Competencia y los Jueces», M. Pons, Madrid, 2007, páginas 188 y siguientes.

Los jueces británicos han practicado lo que se llama «principio de deferencia» en materia de control de los reguladores. Han decidido, en negocios por lo general complejos, que es mejor respetar la esfera de atribuciones del regulador, sin enmendar sus criterios respecto al modo de resolver los problemas. Es una manifestación más de la abstención generalizada de la judicatura en materia de regulación económica, basada en las especiales cualidades que se le suponen a la autoridad reguladora (su alto grado de *expertise*, la formación especializada y los servicios de estudios que ordinariamente les asisten, su dedicación al sector y la mayor flexibilidad que reviste el modo de actuación de estas autoridades, lo que les permite integrar mejor los intereses en juego). Y sobre todo, se basa en la idea de que las potestades públicas, con la discrecionalidad que conllevan, les han sido conferidas precisamente a ellos por el Parlamento, sin que los jueces deban, como ya he dicho, sustituir los criterios de valoración que aquéllos apliquen por los suyos propios. Ésta es la principal línea de argumentación.

Una segunda línea argumental en la que los Tribunales británicos han fundamentado su trato «deferente» hacia el regulador es un principio de eficiencia administrativa; entienden que la intervención jurisdiccional paralizaría la actuación eficaz y oportuna de la Administración y atentaría contra la seguridad de los negocios y transacciones, lo que se vería agravado por la incapacidad de los Tribunales para medir las consecuencias indirectas o policéntricas de sus sentencias, con efectos para terceros. Esto resulta especialmente grave en el ámbito financiero y crediticio, basado en la confianza y en la seguridad, lo que requiere soluciones inmediatas y firmes [14].

Me parece prudente y certera esta praxis, siempre que naturalmente nos encontremos ante reguladores *fiables*, seleccionados con todas las garantías, independientes y completamente alejados de la política, es decir, sometidos únicamente a la Ley y al Derecho, como lo está un Juez. Éste es el perfil de los reguladores británicos y por ello es entendible el criterio de la «deferencia» [15]. Y

---

[14] Sobre el tema, J. ARANCIBIA MATTAR, *The Intensity of Judicial Review in the Commercial Context*, Tesis Doctoral, Cambridge, 2006. El autor critica el «principio de deferencia» porque entiende que la *«expertise»* técnica puede y debe ser contratada por el Juez acudiendo a los medios disponibles para ello (informes de peritos, *amicus curiae,* juicios de terceros, etc.); y asimismo cree que la abstención judicial estaría en contra de principios fundamentales del *«rule of law»* (es decir, de la Constitución no escrita del Reino Unido) que ni el Parlamento podría ignorar. En cuanto a la eficiencia administrativa y la seguridad del mercado, está por demostrar que ese «interés general» está por encima de los derechos individuales de propiedad o libertad, especialmente en procesos sancionadores.

[15] Sobre la figura de los reguladores fiables (y deseables), me remito a lo que escribí en mi trabajo *Una reflexión sobre los Entes Reguladores, Estatuto jurídico y funciones de la CNE,* en «Regulación Económica. Lecturas Escogidas», de próxima publicación.

ello, no obstante, con la excepción de los procedimientos sancionadores, en los que el control de legalidad (tipicidad de los supuestos de hecho y de las penas, racionalidad y proporcionalidad de las decisiones, exigencia y certeza de las conductas, etc.) es mucho más necesario y exigible. La interpretación de la norma sancionadora pertenece en exclusiva al órgano judicial; él es el único y verdadero «experto» en la interpretación de la norma sancionadora. Este criterio se ha visto expresamente ratificado —como señala Arancibia— por la Convención Europea de Derechos Humanos, cuyo artículo 6 prescribe que «en la determinación de los derechos y obligaciones civiles, toda persona tiene derecho a un juicio justo y público dentro de un período razonable de tiempo y por un órgano independiente e imparcial establecido por la ley». Sucede que en la práctica un número significativo de autoridades económicas determinan obligaciones civiles a través de la imposición de sanciones, pero no gozan de las cualidades de independencia e imparcialidad exigidas por la Convención (sea porque pertenecen al gobierno central; o porque sus decisiones pueden ser eventualmente revocadas por el ministro de turno; o simplemente porque son parte interesada). Por consiguiente, las decisiones del regulador que tengan contenido sancionador solo serán válidas en la medida en que el Estado miembro garantice el acceso a un tribunal de jurisdicción general con poderes para controlar la validez del acto desde un punto de vista sustantivo y fáctico.

7. La expansión del Estado de Derecho. Potestad reglamentaria y *«soft law»*, como remedio a las quiebras de la legalidad. Sólo así será posible la revisión judicial

El Derecho Administrativo tradicional eclosiona, como es sabido, con la gran Administración transformadora que se desarrolla en Europa a lo largo del siglo XIX y se consolida en el XX; en él, a la par que se otorgaron a la Administración títulos de intervención sobre la esfera jurídica del individuo, se le sujetó paralelamente mediante técnicas de control e imputación de responsabilidad por sus decisiones (principio de legalidad y norma previa, revisión judicial, responsabilidad patrimonial, debido procedimiento legal). Frente a ese Derecho Público Administrativo, el moderno Derecho Económico, aquél que regula los grandes sectores económicos que afectan a la sociedad, cuenta con unas normas redactadas casi siempre por economistas, ingenieros o técnicos, que, como ya se ha dicho, resultan bastante «inasequibles» para unos juristas carentes de formación económica y analítico-empresarial. No puede comprenderse el moderno Derecho Público Económico sin un conocimiento paralelo, no ya de las demás ramas del Derecho con él vinculadas (especialmente, ciertas partes del Derecho mercantil o industrial y del Derecho europeo e internacional, por citar las más próximas), sino incluso de aquellas otras disciplinas que le sirven de sustento (la economía, la contabilidad, la organización industrial y de los mercados, etc.).

Esta afirmación viene confirmada por una realidad: las empresas que operan en los grandes sectores sujetos a regulación, de gran importancia estratégica y trascendencia social, han tenido que articular para su buen gobierno grupos multidisciplinares capaces de asesorar al empresario. Igual acontece en el sector público y en el seno de la Administración, especialmente en los organismos reguladores independientes, integrados con personal de sólida formación en todos los órdenes, cuando emiten sus dictámenes y proponen medidas de actuación. Por descontado, el Consejo de Ministros, en el ejercicio de sus potestades de ordenación de la política económica o industrial, tiene detrás de sí todo el enorme aparato administrativo (economía, industria, asuntos comunitarios, relaciones exteriores, etc.). Y aquellos operadores o agentes que no son capaces de articular buenos equipos propios, acuden a consultores y bancos de inversión para el diseño de sus operaciones, cuando éstas tienen alguna entidad. Todo ello ha dado lugar en el terreno académico a esa rama de las enseñanzas jurídicas que hoy se titula *«Law and Economics»,* que integra aquel sector del ordenamiento jurídico que disciplina el comportamiento de los individuos y las organizaciones, públicas y privadas, en sus actuaciones de contenido económico. El Estado es, queramos o no, el centro y la clave de la vida económica. Garantiza la seguridad, sostiene los derechos, permite los intercambios, impone el cumplimiento de los contratos. El sistema institucional de un país es hoy una de las claves de su prosperidad. La experiencia nos dice que eso que los economistas llaman el «metamercado» es hoy la clave del éxito de los mercados. Pues bien, a ello sirve básicamente ese sector del ordenamiento jurídico que llamamos «regulación económica».

Aunque siempre ha existido ordenación económica, el modelo de regulación que hoy prima en el mundo en los sectores disciplinados es de reciente factura. Es una normativa compleja, mezcla de presupuestos tecnológicos (que hay que conocer, si queremos entender las normas), análisis económico y derecho constitucional y administrativo, todo ello más o menos embadurnado de política, en una relación siempre difícil con ésta. Es una realidad todavía no bien sistematizada (ni comprendida) por los juristas. Las normas son en muchos casos, como ya he dicho, elaboradas y también aplicadas por no juristas y en muchos ámbitos del derecho económico no hay apenas pronunciamientos judiciales que ayuden a consolidar una doctrina. Estamos, en una palabra, ante un derecho *«in fieri»,* que está todavía en el telar.

Por otro lado, el derecho económico es, en sus detalles, el reino de lo fugaz y lo mudable. La innovación tecnológica (por ejemplo, en el campo de las telecomunicaciones) o el cambio de la estructura de producción en un sector (por ejemplo, en la energía o el transporte) pueden dar lugar a alteraciones sustanciales en el funcionamiento —y por tanto en la regulación— de los mercados. La construcción del mercado único europeo y el actual proceso de globalización de las finanzas, la industria o el comercio, ha impuesto un sistema de supervisión y control de los agentes económicos verdaderamente complejo y exigente. No es fácil en este mundo mantener intactos los principios que han presidido hasta ahora la construcción de ese edificio magnífico que conocemos con el nombre de *principio de legalidad* o *Estado de Derecho.* La reserva de Ley, la potestad reglamentaria exclusiva del Gobierno, el procedimiento ordinario de elaboración de disposiciones generales con garantías de calidad (informes del Consejo de Estado, debates en las Comisiones parlamentarias), el principio de la norma previa, incluso la garantía de la revisión judicial, quiebran, como hemos visto, en este mundo.

En la moderna regulación económica hay que distinguir dos cosas, ambas importantísimas: el régimen legal teórico y la práctica regulatoria. El primero es el definidor de los derechos y deberes de todos —autoridades, operadores y usuarios— y conviene que sea claro, estable, equilibrado; debe contener reglas y principios creíbles que inspiren confianza a los operadores; pero, por su propia naturaleza, la regulación no define con precisión *soluciones cerradas* a los múltiples conflictos que la realidad ofrece, sino que se ve obligada a formular criterios flexibles de actuación, en función de los objetivos y las circunstancias del momento. Aquí entra la práctica regulatoria y la calidad del regulador. La apreciación o no de si existe abuso de poder de mercado o prácticas restrictivas de competencia por parte de una empresa en una determinada área de actuación; si hay o no capacidad disponible en la red para el acceso de terceros en un momento dado de cuál haya de ser la cuantía y condiciones de los aportes financieros exigibles a aquellos usuarios que quieran nuevas conexiones; la eventual reserva de caudales necesaria en los embalses para garantizar la prestación del servicio; o la estimación del canon de peaje exigible para la interconexión y el transporte de energía (o de señales) por la red, son todos ellos problemas que los reguladores han de resolver, pero que no pueden ser predeterminados *ex ante* en los textos legales. Sin perjuicio de establecer criterios o principios de apreciación, hay que dejarlos en su determinación final al juicio discrecional y técnico de los órganos competentes. Ello implica que *tan importantes como las regulaciones son los reguladores* encargados de su aplicación. Tan importante como el diseño de la norma es la calidad y ejemplaridad de las personas a quienes se confía esa tarea.

Ahora bien, aún contando con ello, conviene reducir al mínimo el *riesgo regulatorio.* Éste no es otro que el riesgo de que la discrecionalidad, inseparable de la tarea del regulador, se convierta en arbitrariedad, parcialidad o inseguridad en sus decisiones. La figura del regulador independiente no está tampoco exenta de riesgos, frente a los que el legislador debe precaverse. Para ello, es fundamental que en el ejercicio de la actividad reguladora se cumplan, en todo lo posible, los requisitos generalmente exigidos a toda la actividad administrativa, a saber: a) toda regulación debe ser elaborada con *carácter general,* objetivo y global, como es propio de toda norma; b) *principio de la norma previa:* todo acto o resolución singular debe estar, en lo posible, previsto en su contenido en una norma anterior; c) *no se deben admitir dispensas* ni tratamientos singulares (*inderogabilidad singular* de las normas) ni alteración arbitraria y ocasional de las soluciones dadas con anterioridad *(vinculación al precedente);* d) en un modelo de regulación para la competencia es importante insistir en la necesidad de *transparencia y estabilidad en las reglas;* que exista seguridad jurídica en cuanto a su aplicación y que las conductas produzcan efectos previsibles; y finalmente hay que *reducir en lo posible, la discrecionalidad* del regulador en las decisiones concretas. A todo ello sirve el ejercicio de la potestad reglamentaria y el uso del *soft law* por el regulador.

La gran cuestión que se plantea es el correcto ejercicio por éste de la potestad reglamentaria y la aplicación del principio de la norma previa, de modo que quede también limitada la discrecionalidad técnica de sus juicios. Un ejemplo en el que ello se aprecia con claridad es el de las tarifas; no basta con establecer «principios» (suficiencia, aditividad, costes reales, tasa razonable de retorno, equilibrio financiero y otros conceptos semejantes); hay que definir también con precisión los parámetros, índices y elementos de medición (fórmulas matemáticas incluidas) que permitan una valoración exacta de aquellos conceptos, de modo que las decisiones del regulador vengan enmarcadas en parámetros bien definidos. De esta forma, la tarifa no se fija. Simplemente se calcula. En tales condiciones, el control judicial sería posible y el sistema ofrecería credibilidad y seguridad a los inversores.

No bastan en estos campos los patrones clásicos de la legalidad (Ley, Reglamento, Decreto, Orden Ministerial). Éstos se ven hoy completados por nuevas formas de «ordenación» que llamamos «directrices», «recomendaciones», «cartas circulares» o admonitorias, «instrucciones», guías interpretativas *(guidelines),* «comunicaciones», códigos de buen gobierno y otros productos a los que hemos venido en llamar *soft law.* Nadie sabe muy bien cuál es la naturaleza de todas estas declaraciones, de juicio o voluntad, que formulan los reguladores; no son propiamente normas (no se elaboran ni se publican como tales) ni actos (no son resoluciones declarativas de derechos). Por ello, no son impugnables ante los Tribunales, aunque algunas veces lo hayan sido [16]. Pero en la práctica resultan muy constrictivas (es decir, vinculantes) para el comportamiento de los agentes, a los que se hace saber —«avisos a navegantes»— cuál será la reacción del regulador si aquéllos llevan a cabo determinadas conductas.

Éste es un dilema ante el que se encuentra hoy la regulación económica, tanto la elaborada desde el Parlamento o el Gobierno, como la alumbrada por las Comisiones Reguladoras. ¿Hasta qué punto puede mantenerse hoy en estos campos la tradicional aspiración del Estado de Derecho, conforme a la cual ningún poder público puede adoptar una decisión singular que no se ajuste a una regla general previamente declarada? Este principio de la norma previa suponía que éstas debían «pre-configurar» el contenido del acto o resolución que adopte la Administración *(principio de tipicidad del acto administrativo)* lo cual es, con la reserva de ley, las dos dimensiones esenciales del principio de legalidad. Pues bien, en el derecho económico moderno —ya lo hemos dicho— el grado de indeterminación contenido en las normas generales es tan grande que el principio de tipicidad resulta ilusorio. La lucha por el Derecho está hoy en esto: en la progresiva delimitación de los poderes discrecionales que la ley, necesariamente, otorga al regulador. A esto, justamente, viene a contribuir el *soft-law,* pero lo hace de una manera informal, un tanto anárquica porque ni es *rule-making,* ni se ajusta a una definición exacta de «estándares» vinculantes

---

[16] Recuérdese la impugnación por Endesa de una carta de la CNMV (de su Presidente) en la que le recordaba su deber de abstención de conductas perturbadoras de la OPA de Gas natural, de que había sido objeto. La carta fue recurrida y el 11 de noviembre la Audiencia Nacional dictó un auto, lleno de buen sentido, que los medios de comunicación, por error, presentaron como una «anulación» de la carta y un fuerte «varapalo» a la CNMV. Porque la Audiencia se limitó a constatar que el «deber de pasividad» de los administradores de Endesa derivaba directamente del artículo 14 del Real Decreto de OPAs, «sin precisar de la intermediación de actos administrativos que así lo acuerden o recuerden». Y si la propia CNMV consideraba que su carta tenía carácter puramente informativo —razonaban los magistrados—, nada tenía que oponer a la suspensión provisional de sus eventuales efectos jurídicos. La Audiencia tenía razón. De forma análoga, si durante una nevada la Dirección General de Tráfico anuncia que hacen falta cadenas para cruzar un puerto, ese anuncio carece de efecto jurídico: lo importante será que los guardias de tráfico multen o impidan el tránsito a los vehículos concretos que, desatendiendo el aviso, pretendan cruzar el puerto sin cadenas. El auto describe bien la naturaleza de muchos de los comunicados que la CNMV hace públicos: no son «actos administrativos» que incorporen decisiones que innoven el ordenamiento jurídico, sino meras «advertencias» o «avisos para navegantes» que informan al mercado de las posibles consecuencias jurídicas de hechos o conductas hipotéticos. Son trasunto del dicho de que «quien avisa no es traidor»: el supervisor anuncia qué opinión le merecen ciertos hechos hipotéticos y, en consecuencia, señala cómo actuará si se producen. No tienen, pues, efectos jurídicos. Pero esos avisos sólo serán útiles si la CNMV no juega «de farol» y no se arruga más tarde, si hay que cumplir la advertencia.

(sólo son guías, orientaciones, consejos o advertencias). Es una forma de construir el derecho sin comprometerse, pues luego, a la hora de dictar resoluciones en los casos concretos, declarando derechos o deberes, estas manifestaciones ni siquiera vinculan al propio regulador (salvo el supuesto de creación de confianza legítima, que puede dar lugar a responsabilidad patrimonial).

Este problema de «quiebra de la legalidad» ha sido planteado en España con agudeza por quien fue Presidente de la CNMV (Conthe) para quien las normas deben tener «la máxima calidad posible», pero sin perjuicio de ello, —dice— en materia de interpretación:

> «Debiera arrumbarse, por estéril y perturbador, el enfoque jurídico que los filósofos del Derecho han dado en llamar "positivismo dogmático", esto es, la pretensión de encontrar la solución jurídica de todas las cuestiones prácticas en la aplicación directa y mecánica de los preceptos legales aplicables. Esa pretensión es una quimera: las normas, especialmente las de mayor rango, deben limitarse a enunciar grandes principios, sin aspirar a establecer reglas detalladas y casuísticas que, en su rigidez, quedarán pronto obsoletas o podrán ser burladas por quienes, respetando su letra, defrauden su espíritu».

En su opinión, las normas legales (Leyes y Reales Decretos)

> «Debieran ser más generosos al prever su ulterior desarrollo por Circulares de la CNMV, cuya mayor flexibilidad y agilidad permitirían que la norma positiva pudiera responder con mayor rapidez a las continuas innovaciones en los mercados financieros».

Me parece de gran interés consignar aquí con algún detalle el razonamiento de Conthe, porque creo que apunta certeramente a esa necesaria interpretación finalista de las normas que hoy se conoce como «análisis económico del Derecho». Recuerda el autor las palabras de un jurista español del siglo XVI (Juan Huarte) que descubrió D. José Castán [17] y que dicen así:

> «No es posible escribir las leyes de tal manera que comprendan todos los casos que pueden acontecer; basta determinar aquéllos que ordinariamente suelen suceder, y si otros acaecieren que no tengan ley que en propios términos los decida, no es el Derecho tan falto de reglas y principios que, si el Juez o el Abogado tiene buen entendimiento para saber inferir, no halle la verdadera determinación. De suerte que, si hay más negocios que leyes, es menester que en el Juez o en el Abogado haya mucho entendimiento para hacerlas de nuevo, y no de cualquier manera, sino que por su buena consonancia las reciba sin contradicción el Derecho».

---

[17] Y recogió en su *Teoría de la Aplicación e Investigación del Derecho,* José CASTÁN TOBEÑAS, Ed. Reus, Madrid, 1947.

Pues bien, comenta Conthe:

> «En los mercados financieros contemporáneos "siempre hay más negocios que leyes". Por desgracia, quien no comprende la finalidad económica de las normas y de los negocios que regulan, suele refugiarse en un cómodo pero peligroso positivismo. Se tarda menos en aprenderse de memoria una norma y un largo catálogo de conceptos abstractos que en comprender el complejo entramado histórico de intereses y problemas que engendraron tales normas. El buen intérprete de las normas del mercado de valores debe, por el contrario, volver a las esencias históricas de nuestro Derecho Civil, que, inspirado en una concepción causal del negocio y enemigo de los abstractos, reacciona con vigor contra la simulación, el abuso de derecho y el fraude de ley.
>
> Esta cuestión de cómo interpretar las normas, aun incardinada en debates doctrinales sobre la interpretación jurídica, tiene mucha más enjundia práctica de lo que parece. Porque quien, perezoso, se refugie en el positivismo jurídico y en la interpretación literal de las normas y dé prioridad a las apariencias frente a las realidades, pasará por alto que un pacto de recompra transforma en negocio financiero una compraventa de sellos; que quien integra contablemente en su balance a una filial por el método de integración global está declarando *urbi et orbe* que la controla; que quien contrata con un intermediario financiero un *equity swap* está escondiendo con frecuencia, bajo un nombre inglés, lo que ya el Derecho Romano conocía como *fiducia cum amico;* y, en fin, que quien anuncia públicamente una OPA futura en condiciones más favorables que otra presente, está compitiendo con ella y condenándola al fracaso. El positivismo jurídico es, en ocasiones, la venda que nos ponemos cuando queremos ignorar la realidad».

Me parecen muy certeras estas observaciones que están basadas en el «viejo y buen derecho» que proscribe la mala fe y el fraude de ley. Ahora bien, no se puede pretender tampoco dejar en manos del regulador, caso por caso, la solución de los problemas que llegan ante él sin más previsión normativa que unas vagas delegaciones de potestad en su favor por parte de la ley; las «delegaciones legislativas», en las que se basa y legitima la regulación económica, deben contener estándares precisos y, si éstos faltan, deben elaborarlos y aprobarlos los reguladores, pero no como *soft-law,* sino a través de un procedimiento formal como auténticas normas reglamentarias (aunque se llamen circulares o instrucciones) publicadas como tales.

He escrito antes de ahora que la tendencia natural de muchas agencias es la de renunciar a su poder regulador y actuar únicamente caso por caso. Ciertamente, esperar a que surja caso tras caso y clarificar los criterios de actuación en la medida en que sea necesario para decidir aquel supuesto, sin más, hasta que llegue el siguiente, es una forma cauta de construir el derecho sin comprometerse. Así lo hacía el *Pretor* romano. Pero no es la mejor forma de predecir situaciones futuras, como quería Holmes, cuando en *«The path of law»* decía que la tarea de un jurista es básicamente «predicción»: la predicción de qué consecuencias puedan tener nuestras actuaciones. Lo cierto es que las Comisiones (en USA y en los demás países) en general han caído en estos hábitos de aplazar innecesariamente la tarea de elaborar y aprobar reglas. Con mucha frecuencia se resisten a la expresión detallada de su comportamiento a través de Reglamentos. Éste es un punto en el que es necesaria también una reforma, exigiendo a las Comisiones Reguladoras que de verdad regulen, es decir, que hagan normas y se atengan a ellas.

CAPÍTULO IX
OTROS ESCRITOS Y UN EPÍLOGO

LECCIÓN 33.ª
AUTONOMÍA Y REFORMA UNIVERSITARIA: LA LEY MARAVALL *

SUMARIO: 1. PRESENTACIÓN.—2. EL MODELO DE UNIVERSIDAD.—3. LA FINANCIACIÓN.—4. VIDA INSTITUCIONAL PROPIA.—5. UNA HISTORIA DE FRUSTRACIONES.—6. LA EXPERIENCIA COMPARADA MÁS PRÓXIMA: FRANCIA.—7. ALGUNAS CONCLUSIONES PROVISIONALES.—8. CONCLUSIÓN FINAL.

1. Presentación

Las páginas que siguen constituyen la ponencia que el autor presentó hace más de veinte años en el Simposio sobre la Ley de Reforma Universitaria, que se celebró en Madrid los días 15 y 16 de julio de 1983. Aquel texto constituyó la Ley Orgánica 11/1983, de 25 de agosto, que fue publicada en el *Boletín Oficial* del 1 de septiembre. De entonces acá, las reformas de la Universidad no han cesado, dando lugar a una progresiva pérdida de excelencia de la Institución; y aunque hoy habría muchas más cosas que decir, la crítica que entonces hice a aquella primera reforma socialista de la Universidad sigue siendo válida, pues en ella ya se plantearon, muy equivocadamente, las grandes opciones que han desembocado en la triste situación en la que ahora estamos.

Como tantas otras leyes de los Gobiernos socialistas, la Reforma Universitaria fue elaborada en los arcanos del Ministerio, tramitada a uña de caballo en los meses de julio y agosto de aquel año 1983, sin que en ella participasen los claustros universitarios, ni las autoridades académicas, que se la encontraron hecha, ni los propios parlamentarios, que fueron sometidos una vez más al trámite de urgencia (dispusieron de ocho días para estudiar, analizar y enmendar un proyecto tan complejo; luego se les dieron tres días más, en un alarde de generosidad), ni, en fin, los grupos parlamentarios, que apenas consiguieron

---

* Este trabajo constituyó la ponencia presentada por su autor a las jornadas sobre reforma universitaria celebradas en Madrid en julio de 1983. Publicado a continuación en las Actas editadas por la revista «Cuenta y Razón», n.º 13, 1985, que las convocó.

introducir enmienda alguna en su articulado (una mayoría socialista de 202 Diputados yugulaba cualquier enmienda).

Quiérese decir que la ley fue, en su integridad, un producto del Gobierno socialista. Suya sería la gloria, si conseguía transformar y enaltecer nuestra Universidad; suya la vergüenza, y también la responsabilidad, si aquélla se degradaba más de lo que ya estaba, hasta convertir las otrora famosas Universidades españolas en academias profesionales de tres al cuarto.

Yo preferiría tener, en este punto, la fe y el entusiasmo socialistas, que refleja el *Diario de Sesiones* en la presentación y defensa que de la Ley hicieron el ministro Maravall y el señor Lazo Díaz, portavoz del Grupo Socialista en el Congreso. Este último llegó a decir, sin duda en un arrebato, que el proyecto «nos coloca a la altura de las grandes Universidades del mundo occidental», afirmación verdaderamente sorprendente por muchos conceptos. En fin, el tiempo lo diría [1]. Por el pronto, lo que yo en aquella ponencia ofrecía no era un análisis detallado del articulado (otros lo hicieron en abundancia a lo largo de los dos días de debate), sino más bien una especie de preámbulo, esto es, de consideraciones previas que ayudasen a comprender, a la vista de experiencias análogas propias y ajenas, lo que aquí podía pasar. Porque es lo cierto que todo el mundo hablaba en las Cortes de «autonomía» como si ésta fuera el bálsamo de Fierabrás, capaz de curar todos los males, y como si esa «autonomía universitaria» nos fuera a asimilar por sí sola a las mejores Universidades del mundo, como creía el señor Lazo.

¿De qué se habla cuando se nos habla de autonomía de la Universidad española? El concepto no es unívoco. Tiene significados muy diferentes según sea el marco y el sistema institucional en el cual se inserta. Hablar de autonomía sin saber a qué modelo de Universidad responde la institución es engañoso. Comparar la autonomía de las Universidades inglesas o norteamericanas con la autonomía de la Universidad francesa o española, después de la Ley Faure (en Francia) o de la Ley Maravall (en España), es hablar de cosas que no tienen nada que ver la una con la otra. Por la sencilla razón de que ambas se insertan en dos mundos, en dos marcos institucionales completamente diferentes.

---

1 Transcurrido más de un cuarto de siglo desde que estas líneas se escriben, vista la evolución degradante que ha sufrido la Universidad española en los últimos treinta años, bien podemos hoy decir, en octubre de 2010, que aquel gobierno —y los sucesivos— deben apuntarse más bien la vergüenza al ver donde han llevado a la Universidad española. Ni una sola aparece entre las 200 primeras del mundo, en los últimos «rankings» publicados.

2. El modelo de Universidad

La autonomía universitaria hace referencia, obviamente, al modo de configurar las relaciones entre la Universidad y el Estado, lo cual puede hacerse de modos diferentes según la idea que se tenga de ambos. Si se quiere llegar a una regulación coherente hay que partir de una idea básica acerca del papel del Estado respecto de la Universidad y de la propia realidad de ésta. Puede partirse de un «Estado educador» o por el contrario concebir en este campo al Estado como promotor y garantizador de la educación, la ciencia y la cultura. En la primera de estas concepciones, la Universidad quedará configurada como «un servicio público» (por tanto, estatal); según la segunda, la Universidad será más bien una actividad vinculada a organizaciones y grupos sociales, más que al Estado, aun cuando sea una Universidad pública. En el primer caso la forma jurídica de la Universidad será la de una «Institución» estatal, del tipo administrativo —llámense como se llamen— de los organismos autónomos, con la consiguiente vinculación patrimonial, financiera y de personal al Estado (sus bienes serán patrimonio estatal, adscrito a ellas, sus fondos serán fondos públicos —por tanto intervenidos— y sus profesores serán funcionarios), que es propia de aquéllos; en el segundo, la Universidad será más bien, como en los tiempos clásicos, una «Corporación» integrada por maestros, ex alumnos y escolares que forman una comunidad, con vida, patrimonio y financiación propia, y con un sistema de personal no necesariamente vinculado al Estado. En el primer modelo, la Universidad, además de investigar y transmitir los saberes (que es su misión esencial) asume una función socialmente importante, que es la habilitación para el ejercicio de las profesiones, mediante la titulación profesional que otorga en nombre del Estado, lo cual las vincula a éste de un modo intenso e inevitable (control del profesorado, aprobación de sus planes de estudio, del calendario y enseñanzas, etc.). En el segundo, en cambio, la Universidad otorga únicamente títulos académicos (no profesionales) y es el Estado el que se reserva, mediante pruebas adecuadas, que *no se realizan en la Universidad,* la habilitación profesional. Esto libera a las Universidades de una fuerte dependencia estatal.

Éstos son dos modelos diferentes, uno anglosajón, otro continental (y fundamentalmente francés, napoleónico). La autonomía referida a uno u otro es completamente diferente, como se comprenderá.

Entre ambos, no hay más remedio que elegir. Puede adoptarse uno u otro modelo de Universidad, pero no es fácil obtener una especie de mixtura en la que, sin abandonar los principios y las raíces napoleónicas pretenda luego llegarse (naturalmente, sólo en el papel) a un tipo de Universidad anglosajona. Esto es imposible, y cuando se intenta construir una tercera vía, un sistema intermedio o una forma mixta, fácilmente se desemboca en un engendro y es imposible hacerlo funcionar. Mucho me temo que los intentos sucesivos de diseñar una Ley de Reforma (o de Autonomía) Universitaria han incidido en este planteamiento, que ha llevado a la Universidad española a un régimen de irresponsabilidad generalizada, con cargo a fondos públicos.

3. La financiación

Inserto en uno u otro modelo está el sistema de financiación (pública o privada) de esas instituciones o corporaciones que se llaman Universidad. Tanto en uno como en otro modelo, la financiación tiene que ser necesariamente mixta: pública y privada. Así es en todo el mundo. Y no se entiende muy bien esa pretendida reserva en exclusiva de la financiación pública para las Universidades estatales. Ciertamente las Universidades públicas se financiarán siempre con cargo a los presupuestos y fondos públicos en muchos de sus conceptos (casi todo su personal, edificios e inmuebles, equipos e instalaciones, material, etc.) frente a las privadas, que cubren estos gastos y sus activos con fondos dotacionales *(endowment)* e ingresos varios, todos ellos privados. Pero en otros muchos órdenes (fondos destinados a programas de investigación, promoción del estudiante, apoyo al deporte o intercambios internacionales) ambas Universidades —públicas y privadas— deberían concurrir, en régimen de igualdad de derechos, tanto a fuentes de financiación públicas (Estado, Comunidades Autónomas) como privadas (bancos, fundaciones, empresas o particulares). Hay que recordar aquí una verdad de Perogrullo y es ésta: la peseta pública no estataliza todo lo que toca. Hay que preguntarse: ¿pero de quién es el dinero, después de todo? El Estado no es el dueño sino el administrador de la riqueza pública, que es de todos aquéllos que contribuimos a su formación; por ello, los fondos públicos no tienen por qué estar exclusivamente vinculados a los servicios o actividades estatales, organizados y dirigidos *por el Estado,* bajo su propio personal y su gestión directa, sino que tienen que estar igualmente disponibles para la promoción, financiación o ayuda de todas aquellas entidades o instituciones, en mano pública o en mano privada, que realizan, con el debido control, una función esencial a la Comunidad, reconocida por las leyes como tal. Si los privados no realizaran dichas actividades (educativas, sanitarias, culturales o deportivas) las tendría que realizar el Estado (con toda seguridad a un coste superior).

4. Vida institucional propia

En cualquier caso, si queremos tener una Universidad sana, rica intelectualmente y socialmente rentable, es preciso respetar su *vida institucional*. Ello quiere decir que ni en un sistema ni en otro, la dirección y gobierno de la Universidad debe verse interferida, manipulada o explotada por intereses ajenos a ella. Ni el Estado, ni los mecenas privados, ni las organizaciones sociales del tipo que sean, ni —mucho menos— los partidos políticos, deben coartar su libertad, ni pretender ponerla a su servicio. Un sistema de gobierno universitario que permita tales interferencias hará mucho daño a la institución.

Hay que abrogar, en este campo, un viejo dicho que se tiene como algo axiomático: quien paga, manda. Pues no; en la Universidad, como en las instituciones destinadas a la investigación o a la promoción y difusión de la cultura, quien paga no debe mandar. Sería un grave error. Las grandes Fundaciones culturales y las grandes Universidades del mundo tienen legalmente reconocido ese poder de autogobierno frente a sus financiadores, ya sean éstos los fundadores o los Estados. Podríamos recordar aquí los enfrentamientos ante los Tribunales que algunas Universidades americanas, estatales, han mantenido frente a los Gobernadores (o legisladores) del Estado, que pretendían mediatizar su actividad.

Vivimos, sin embargo, en un país en el que no hay vida institucional, ni en la Universidad ni en ninguna parte. Venimos asistiendo desde hace muchos años —yo, desde que tengo uso de razón— al sistemático apoderamiento de las instituciones públicas por los políticos que en cada momento conquistan el poder; hemos visto el continuo tejer y destejer del CSIC, del Centro de Estudios Constitucionales o del Instituto Nacional de Administración Pública, del INI o de la Universidad. Pues bien, frente a esta vinculación umbilical de las instituciones a la línea política imperante, hay que defender a toda costa su vida autónoma, la inamovilidad de sus cargos, su capacidad para adoptar decisiones y trazarse sus propios planes de acción, al margen del turnismo político.

Por supuesto, el Estado conservará siempre un *poder general de regulación*, de planificación, coordinación y tutela sobre el conjunto del sistema, que irá acompañado de algo muy importante: el *poder de financiación de programas* de investigación y docencia especializada, en línea con las necesidades nacionales de cada momento. Ahora bien, estos poderes de orientación u ordenación general, en ningún caso deben suponer la conversión de la Universidad en un servicio administrativo, en una dependencia del Ministerio (o de las Comunidades Autónomas) sometida al poder jerárquico del Estado como lo están las secciones y negociados. Tanto en el orden científico, como en el de la gestión y administración de la empresa universitaria, la institución reclama un poder de autogobierno, sin remisión a órdenes vinculantes ni a jerarquía. Por ello, la «orientación» del sistema universitario se instrumentará ordinariamente mediante medidas de fomento, no de coacción; sobre las decisiones de los órganos de gobierno de las Universidades no hay más control que el de los Tribunales.

Sólo en un marco legal de este tipo pueden las Universidades, con el paso de los años y con el respaldo social, si es que llegan a conseguirlo, volver a ser las vigorosas y fuertes Corporaciones de maestros y escolares que fueron antaño y que son hoy, todavía, en algunos países. ¿Era éste el marco que ofrecía la LRU? Intentaremos responder a esta pregunta más adelante, pero con carácter previo conviene señalar que ese nuevo intento de reforma universitaria fue uno más, en una ya larga serie de proyectos anteriores y posteriores, algunos culminados, otros no. Los patrocinadores de esta Ley hablaban de ella como si fuera un nuevo amanecer, tras la noche de los tiempos; el comienzo de la historia que había de traernos a los universitarios toda clase de bienes sin mezcla de mal alguno. De nuevo aquí conviene hacer una breve reflexión histórica para tomar conciencia de dónde estamos.

5. Una historia de frustraciones

Decía el juez Holmes que en las ciencias sociales una página de Historia vale más que un volumen de Lógica. A estos efectos, debemos recordar, para empezar, que la experiencia nacional española, desde la Ley Moyano de 1857 hasta el día de hoy, ha sido la infructuosa y trágica impotencia de los sucesivos gobiernos de turno para dotar a la Universidad de una autonomía nunca alcanzada. Podríamos citar, en este sentido, unos cuantos intentos: el proyecto de Ruiz Zorrilla, de 1868, fiel a los dogmas de la Gloriosa; el plan de don Alejandro Pidal, de 1885, que era una reacción, desde dentro, contra la centralización férrea que habían impuesto los moderados con la Ley Moyano; el proyecto Silió, de 1919, uno de los más interesantes de nuestra historia, en el que se rompía una lanza en favor de la autonomía de las Universidades: fue suspendido a los tres años por el Real Decreto de 31 de julio de 1922, en el que todavía se afirmará que «se carece de base sólida para conceder a dichas Universidades plena e indiscutiblemente la condición de personas jurídicas»; esta condición de persona jurídica se otorgará finalmente a las Universidades en 1924, pero no pasará de ser una pura declaración legal, una ficción, un engaño; después, tras el paréntesis de nuestra guerra civil, vendrán la Ley de Ordenación Universitaria, la Ley Lora, la Ley Villar, todas ellas fruto de un régimen político incapaz de dar libertad y autonomía a las Universidades (ni a ninguna otra institución); luego, la Ley de Autonomía Universitaria (LAU) de UCD, que no llegó a nacer, y, finalmente, la Ley de Reforma de Maravall. Demasiadas leyes para tan poco tiempo. Demasiados intentos para tan magros resultados [2].

Podríamos citar multitud de textos en los que comprobaríamos que en el último siglo ha habido muchos buenos deseos y pronunciamientos de todos los colores políticos, en los que se reconoce, o se solicita, o se exige, la autonomía universitaria: se dirá que es una necesidad singular, una característica esencial de nuestra institución; que la enseñanza no debe constituirse en un monopolio del Estado; que es necesario integrar a la Universidad en la sociedad; que, asimismo, hay que incorporar la sociedad a la Universidad; y mil afirmaciones semejantes que se han ido repitiendo desde 1857 hasta nuestros días. Las exposiciones de motivos de las sucesivas normas son casi siempre una crítica rotunda a la situación anterior y una defensa apasionada de la reforma que se propone, al estilo del señor Lazo Díaz. La realidad es que, tras cien años de intentarlo, no lo hemos conseguido.

Bueno será, por tanto, que moderemos los entusiasmos. Cuando estos fenómenos suceden en la vida estatal (sucesivos intentos fracasados de reforma institucional) hay que pensar que quizás se está pretendiendo un imposible, a saber: que una Universidad estatalizada, burocrática, habilitadora de títulos profesionales, concebida como servicio público, sea, al mismo tiempo, «autónoma», con vida y patrimonio propio, con respaldo social y todo lo demás (véase lo que antes se dijo sobre los dos modelos de Universidad). ¿No habrá entre ambas cosas una cierta contradicción? ¿No ocurrirá aquí como con la empresa pública, que no puede ser «empresa» y «pública» al mismo tiempo? Aquí, la Universidad no puede ser «estatal» y «autónoma» al mismo tiempo.

6. La experiencia comparada más próxima: Francia

Puede resultar oportuno recordar en este momento un ejemplo muy próximo a nosotros, no sólo geográficamente, sino también en cuanto a tradición administrativa y estructura institucional: el ejemplo francés. Recordemos el testimonio de un gran «mandarín», el profesor de Derecho Administrativo y Constitucional Georges Vedel, gran decano de París, miembro del Conseil Constitutionnel y hombre especialmente sensible y atento a la estructuración

---

[2] Puede verse una exposición completa de estos intentos en J. L. MEILÁN GIL, *Los planes universitarios de enseñanza en la España contemporánea,* Madrid, 1970, especialmente en las páginas 14-40.

estatutaria de la Universidad. Sus conclusiones fueron publicadas hace tiempo y resultan todavía muy ilustrativas para nosotros [3].

Primera conclusión: después de la reforma ha aumentado de hecho el poder del ministro, aunque teóricamente se le han reducido los poderes. Unos poderes que jamás había ejercido nunca ningún ministro, desde Napoleón acá.

Segunda: frente a lo que parecerían dos exigencias —y dos logros— de la autonomía universitaria, a saber: 1) la responsabilidad de las Universidades respecto a sus títulos o diplomas, y 2) la libertad de las Universidades para contratar su profesorado, he aquí que la reacción en Francia ha sido la negativa radical a que haya diplomas dependientes de cada Universidad y la exigencia, por parte de todos —estudiantes y profesores, sin distinción— de que haya un título nacional habilitador para el ejercicio profesional. Lo único que interesa a los estudiantes es el «título oficial» (único que abre posibilidades profesionales); por su parte, el profesorado, que dice que quiere ser autónomo y tener una Universidad autónoma, no está dispuesto a perder en ningún caso su situación funcionarial; los profesores quieren, ante todo, seguir siendo funcionarios del Estado. Todos los grupos de estudiantes —dice Vedel— desde la derecha hasta la izquierda, mantienen una unión sagrada para oponerse a un sistema de competencia de títulos o diplomas no reglamentados nacionalmente; y todos los sindicatos del profesorado, del color que sean, defienden ferozmente el sistema del profesor-funcionario.

Tal planteamiento se repite también entre nosotros. Ahora bien, una exigencia ineludible para una autonomía real y verdadera es ésta: la separación entre título académico y título de habilitación profesional; con una consecuencia ineludible: la libre concurrencia y competencia entre los primeros y la reserva al Estado del segundo. En tales condiciones, puede perfectamente aceptarse la libertad de selección de profesorado y la desfuncionarización de los enseñantes, pues cada Universidad responderá inexcusablemente de sus actos: si selecciona al revés al profesorado (por amiguismo, por afinidad ideológica o por partidismo), si elabora mal sus planes de estudio, si enseña lo que no debe o enseña mal lo que debe, el producto que salga de aquellos centros se depreciará y los alumnos, especialmente los buenos (o sus familias), se alejarán de tales centros que verán reducida su financiación, tanto privada como pública. Habrá Universidades buenas y malas; las habrá con alto nivel en unas ramas del saber y no tan alto en otras, serán diferentes y todas ellas competirán entre sí por el triunfo de sus gentes (que será *su* triunfo) en la vida social.

---

[3] Georges VEDEL, *La experiencia de la reforma universitaria francesa: autonomía y participación*, Cuadernos Civitas, Madrid, 1978, 90 páginas.

Esto ciertamente sería autonomía —que es sinónimo de libertad—, pero ello exige un marco general de responsabilidad personal e institucional. Ahora bien, ¿era esto lo que nos ofrecía la LRU y nos ofrece hoy el régimen vigente? En absoluto. Nos ofrecen sólo un simulacro. No se diferencian de la Ley Faure. Por ello, volvamos a Vedel. He aquí su tercera conclusión o tercera característica de la reforma: la calificación de la Universidad como «servicio público». Esta calificación es uno de esos conceptos mágicos, que reflejan toda una visión institucional y comportan unas consecuencias irremediables; éstas son, según el maestro francés, las siguientes: continuación de la dirección estatal, derecho a usar el servicio público por un módico precio, cosa que está inserta en la naturaleza del servicio y, como consecuencia, proliferación y dispersión anárquica de las Universidades, puesto que en principio el servicio público es una prestación universal que el Estado ofrece y a la que tiene derecho cualquier persona que reúna unas condiciones reglamentarias. Naturalmente, muchas de las Universidades de reciente creación —dice Vedel— no merecen tal nombre. ¿No nos suena a los españoles esta música?

Los resultados de aquella reforma, tal como los formulaba Vedel en las reuniones universitarias de Granada fueron los siguientes:

— Las Universidades no han cambiado, sino que se han degradado.

— La autonomía financiera es prácticamente nula, porque aunque la Ley habilitaba de alguna manera cierta autonomía, los reglamentos han venido a reducir en gran medida las posibilidades de disposición de fondos o de patrimonio; las Universidades tienen tasados los precios de la matrícula y la sociedad se desentiende de ellas (nadie les da un euro).

— La autonomía docente se encuentra encorsetada por los títulos nacionales profesionales, que imponen una reglamentación bastante estricta; los cursos y diplomas estrictamente académicos, aunque teóricamente posibles, no tienen ningún valor.

— La selección de alumnos es un puro régimen de cola (dentro de unos determinados niveles de calificación en las pruebas de grado medio), como es propio de todos los servicios públicos, donde no caben discriminaciones de ningún tipo.

— La libertad de selección de profesorado, limitada por las habilitaciones nacionales en los niveles superiores, ha venido a ofrecer a las Universidades unas posibilidades de elección, pero ésta se ha visto acompañada de una degradación endogámica que ha sido total.

— Las reformas y mixtificaciones del sistema han provocado un notorio alejamiento de los antiguos elementos rectores (catedráticos y profesores consagrados), que, dice Vedel, «se sienten exiliados y no se interesan más que por las cuestiones que atañen a su disciplina» (o a su personal instalación). El vacío producido ha sido llenado por gentes de medio pelo, muy motivadas políticamente (tanto alumnos como profesores), cuyos criterios de actuación vienen determinados en muchos casos por objetivos extraños a las finalidades propiamente institucionales. La Universidad ya no atrae a los mejores.

— La incorporación que se ha pretendido de personalidades y fuerzas sociales en los Consejos de las Universidades ha estado presidida por cierto absentismo. Se ha intentado seleccionar a personas de excesiva altura, que han acudido a las primeras reuniones, han visto que se discute mucho y se decide poco (esto es, se pierde el tiempo). Y no han vuelto (la experiencia española de los Consejos sociales es ésa).

7. Algunas conclusiones provisionales

Las dos experiencias, francesa y española, nos deberían hacer reflexionar. Porque una conclusión que no parece descabellada es ésta: cuando tantas personas inteligentes y capaces, dentro y fuera de nuestro país, han fracasado en este buen deseo de devolver a la Universidad su autonomía y su vida institucional perdida, hay motivos para pensar que el sistema sencillamente no da más de sí. Es muy difícil que sobre las bases y el modelo de Universidad que hemos heredado pueda irse muy lejos en materia de autonomía y si se va muy lejos y el Estado se desentiende completamente de ellas, como ha ocurrido en España, es todavía peor. Si se quiere mantener un mínimo de garantía y calidad en el producto que sale de las Universidades —de lo contrario, será peor el remedio que la enfermedad— no se puede dar mucha autonomía a una institución que, a la postre, no tiene ninguna responsabilidad exigible y ninguna sanción social (lo haga bien o lo haga mal).

En efecto, según el modelo de la LRU y leyes posteriores —la Universidad como servicio público— el sistema universitario es único y estatal (las Universidades privadas son algo marginal al sistema y de muy difícil supervivencia); las Universidades públicas son, todas, uniformes e iguales (las diferencias, los títulos o diplomas propios, son algo anecdótico), sin que quepa la competencia entre ellas ni la apreciación o depreciación de unos títulos respecto a otros en el mercado. «No hay tal mercado —se dice— porque la Constitución no lo ha querido...» (T. R. Fernández), y se cita en apoyo de tal tesis la Sentencia del Tribunal Constitucional de 22 de diciembre de 1981 dictada en el recurso contra la Ley de Bibliotecas de Cataluña, según la cual el principio de igualdad exige la equiparación (igualdad de valor) de todos los títulos académicos, cualquiera que sea el centro donde se obtengan [4]. Esto es un grave error.

Pero antes de explicar por qué, acabemos de exponer las cortas alas que ese simulacro de autonomía tiene en un sistema universitario estatalizado. En efecto, los defensores de la autonomía, dentro de este modelo de Universidad estatalizada, afirmarán que no es un servicio público cualquiera sino un servicio que ha sido siempre, en mayor o menor medida, autogestionado, como una exigencia de la libertad de cátedra y la libertad científica, consustanciales a la institución (Vedel, T. R. Fernández). Ahora bien, ocurre que ambas libertades son sobre todo libertades *personales* con un pálido reflejo institucional. La autonomía es *sólo* «autonomía para la ciencia y no otra cosa». Ello exige ciertamente una distancia o defensa de la institución frente a injerencia del aparato de poder estatal en la labor científica, pero *no alcanza a evitar una tupida y complicada red de reglamentaciones, que son consecuencia inevitable de su naturaleza institucional.* La Universidad —cada Universidad— seguirá sometida a dos series de limitaciones muy importantes; de una parte, las reglas del Ordenamiento Jurídico General de las Instituciones del Estado, aun cuando se las dote de cierta flexibilidad en algunos aspectos (por ejemplo, en cuanto a la intervención previa del gasto o a las incompatibilidades); de otra parte, las limitaciones son consecuencia de los planes, reglas, criterios y normas uniformes que se imponen al sistema en su conjunto y que éste traslada a cada una de las piezas que lo componen (planificación, dirección y coordinación de todas las Universidades, creación de nuevos centros, selección y admisión de alumnos, planes de estudio, retribución del profesorado, etc.) [5]. Todo ello está reglamentado.

En estas condiciones, las posibilidades de autonomía son cortas. Una pretendida escisión entre la autonomía científico-docente y la autonomía institucional de cada Universidad (de funcionamiento económico-administrativo) resulta imposible. La autonomía es inescindible y la primera, a la larga, depende en gran medida de la segunda. Por ello, todos estos intentos de devolver a la institución su autonomía perdida, más que un replanteamiento de la naturaleza y el anclaje oficial (estatal) de la institución, tratarán sólo de asegurar que las decisiones en materia de enseñanza e investigación queden en manos de quienes protagonizan esta función con carácter principal (sin injerencias externas, ni tampoco internas, de estamentos o elementos ajenos a la función principal) [6]. Esto es lo más que se puede conseguir. La LRU y leyes sucesivas sólo

---

[4] T. R. FERNÁNDEZ, *La autonomía universitaria: ámbito y límites,* Cuadernos Civitas, Madrid, 1982, 73 páginas.

[5] *Vid.* T. R. FERNÁNDEZ, *La autonomía...,* cit., páginas 55 y siguientes.

[6] Así, T. R. FERNÁNDEZ, *La autonomía...,* cit., página 52. Más que una defensa de la Univer-

han sido una nueva variante, cada vez peor, dentro del sistema que arrastramos desde la Ley Moyano. No han sido, en modo alguno, un cambio de sistema.

Ahora bien, ello no tiene que ser necesariamente así, ni basándose en el artículo 27 de la Constitución ni en el artículo 149.1.30.ª Ninguno de ambos preceptos exige, inexcusablemente, este sistema estatalista. Antes al contrario, el último de los preceptos citados distingue claramente entre titulación académica y titulación profesional, reservando al Estado la regulación de las condiciones de obtención y homologación de títulos profesionales (no los académicos). Sería perfectamente pensable separar unos de otros, referir las facultades del control del Estado única y exclusivamente a los títulos profesionales, dejando a las Comunidades Autónomas y a las propias Universidades la configuración y dispensación de sus títulos académicos. Y ello, tanto si son públicas como si son privadas. La financiación se distribuiría entonces entre todas ellas mediante un fondo nacional que se repartiría con criterios objetivos. Sería una reforma radical, de consecuencias múltiples en el sistema. Constituiría una fórmula adecuada para atribuir a las Comunidades Autónomas, casi sin limitación alguna, la competencia sobre las Universidades (lo cual es, por otro lado, inevitable) y el Estado se reservaría aquello de lo que verdaderamente no puede hacer dejación: la regulación y el control de las profesiones en todo el territorio nacional, en condiciones de igualdad y de unidad.

Las consecuencias de una tal decisión serían, como digo, múltiples: las Universidades quedarían vinculadas a los gobiernos regionales, que asumirían la financiación ordinaria de las mismas con cargo a sus propios fondos (los que cada año integren su presupuesto, cualquiera que sea su procedencia). Junto a esto, existiría un fondo nacional de inversiones en materia de enseñanza e investigación, como existe en todos los Estados federales y que tiene cada día más importancia en Alemania o Estados Unidos; cada Universidad competiría con las demás no sólo en la búsqueda de fondos, sino también de profesores y alumnos de calidad; desaparecería, por innecesario, el Cuerpo Nacional de Catedráticos y también la cátedra vitalicia; cada centro organizaría sus enseñanzas y planes de estudios, de acuerdo con sus criterios; en todo caso, los alumnos tendrían que superar al final las pruebas de habilitación profesional, ante Tribunales nacionales integrados no sólo ni fundamentalmente por catedráticos, sino por representantes elegidos de las distintas profesiones, sobre la

---

sidad frente al Estado, lo que este autor parece propugnar es una defensa frente al principio democrático interno, asambleario y de cogestión estamental que ciertamente no le es aplicable como principio de organización y gobierno. La «autonomía para la ciencia» que se postula implica un principio jerárquico en la forma de organizar y dirigir la Universidad. «La ciencia —dice— es necesariamente jerárquica».

base de programas y niveles de conocimientos previamente establecidos; las retribuciones, dedicaciones, calendario escolar y demás normas reguladoras de su actividad quedarían a la libre decisión de cada Universidad; éstas serían dueñas y titulares de sus bienes y derechos, no sólo con una titularidad ficticia —fiduciaria— como son hoy, sino real, como auténticas corporaciones-empresa, con amplias facultades en la gestión de su patrimonio; y así en todos los demás aspectos de su vida institucional. El control ministerial, burocrático y ordenancista, que hoy agobia a nuestros centros (y que la nueva ley se limita a trasladar de Madrid a las capitales regionales) se sustituiría por un único control, pero muy eficaz: el control oficial —estatal— del resultado final; paralelamente, el control social que ejerza el mercado sobre el valor de los títulos académicos [7]. En definitiva, como en cualquier otro orden, sí el producto final que sale de una determinada Universidad es, a la postre, de mala calidad, será desechado tanto por el Estado como por el mercado. Y aquel centro sufrirá la sanción social, que le obligará a cambiar de dirección. Como cualquier otra empresa, ni más ni menos.

Todo esto es, hoy por hoy, ciencia ficción; para mí, un bello sueño. Las tesis que aquí se defienden, de libertad y responsabilidad social para las instituciones universitarias, están muy lejos de los planteamientos ideológicos y políticos que inspiraron la LRU y normas sucesivas. Éstas han sido, una tras otra, pasos sucesivos en una dirección equivocada; en la dirección de un sistema que ha agotado todas sus posibilidades y es incapaz de responder a las actuales exigencias de competencia global. Hoy tenemos una Universidad «autónoma» (es decir, descontrolada) pero de bajísima calidad, que no responde ante nadie, ni ante el Estado, ni ante la sociedad, la cual se ha desentendido de ella. Esto es suicida, pero es lo que hay.

8. Conclusión final

Poco queda ya por decir. Alguien ha escrito recientemente: «La crisis universitaria no es coyuntural, sino estructural; nuestra Universidad es anacrónica..., no es una fábrica de conocimientos, sino de diplomas». Suscribo plenamente este juicio de Mario Bunge. En una sociedad tecnológica, en un mundo donde lo que cuenta es la ciencia y el *know how,* en un país que paga al año inmensas cantidades de *royalties,* donde no hay apenas investigación, nues-

[7] Alfredo Gallego Anabitarte, uno de los grandes universitarios de este país, con quien he hablado largamente de estas cuestiones, siempre suele decir, recordando sus largos años de estudio en Alemania y Estados Unidos: «Los profesores de Universidad están para investigar y transmitir los saberes... ¡Que examine el Estado! Este será su mejor control».

tra Universidad fabrica miles y miles de licenciados, que, pobremente formados, salen con sus títulos bajo el brazo y pasan a engrosar las filas del paro. La LRU y los textos legales que le han sucedido no ofrecen solución a este estado de cosas. Un ilustre intelectual español, el profesor Aranguren, afirmaba, hace ya tiempo, con algo de exageración, que nuestra Universidad no tenía solución, que había que destruirla y volverla a hacer. Los intentos de reforma hasta ahora diseñados no nos ofrecen, ciertamente, una nueva construcción. Se limita a apuntalar las paredes del viejo edificio.

LECCIÓN 34.ª

SOBRE LAS LENGUAS DE LA NACIÓN ESPAÑOLA *

Que yo escriba una nota de presentación, un a modo de prólogo, a un libro de Aurelio Guaita, es algo que resultará sorprendente para todo aquel que nos conozca a él y a mí. Es, sencillamente, el mundo al revés. Porque yo me tendría que preguntar: ¿y quién me presenta a mí? Pero, en fin, aceptamos una vez más la incoherencia, que es, al parecer, un componente creciente de la vida, como el lector podrá comprobar, si es que necesita alguna prueba, en las deliciosas páginas de este libro que figuran bajo el epígrafe *«Anecdotario de actualidad»*.

Recuerdo aún, como si fuese ahora mismo, la primera vez que vi a Aurelio Guaita. Yo había llegado a Zaragoza desde mi tierra valenciana, en el crudo invierno de 1959. Debía realizar allí la última fase de mi servicio militar. Por entonces, yo no pensaba en el Derecho Administrativo, sino en el Mercantil, y había ya hablado, para venirme a Madrid, con don Joaquín Garrigues. Pero una mañana de finales de febrero, en que el viento soplaba con fuerza sobre Torrero, me acerqué a la Facultad de Derecho y me presenté a Guaita. Me acogió con afecto y magnanimidad, me invitó a participar en el curso de doctorado que él dirigía y me recomendó la lectura de un artículo de García de Enterría que se recoge en el número 2 de la RAP: «Riesgo y ventura y fuerza mayor en el contrato administrativo». (El tema de su curso era el contrato de obra pública).

Y así empezó todo. El tema del trabajo de Enterría acabó siendo, años después, mi tesis doctoral (*«Teoría del Equivalente Económico en los Contratos Administrativos»*, Madrid, 1965). Yo me olvidé del Mercantil y me dediqué a esta disciplina que tanta brillantez y madurez ha alcanzado de entonces acá. Así pues, yo debo mi vocación al Derecho Administrativo a un trabajo de García de Enterría y a la acogida amable y generosa que Aurelio Guaita me dispensó aquella fría mañana. ¿Cómo podía yo negarme a escribir este prólogo?

Después, mi admiración y afecto por el autor, maestro mío, hombre de bien donde los haya, ejemplo de estudio y dedicación universitaria, ha crecido año tras año, mes tras mes, día a día. Aurelio Guaita, valenciano de Picassent, que ha enseñado Derecho público durante cuarenta años en cuatro Universidades españolas (Santiago, Navarra, Zaragoza y Autónoma de Madrid), que habla de «mi Navarra» y «mi Aragón», demuestra en este estudio una dimensión suya que yo

* Prólogo al libro de Aurelio GUAITA sobre *Las lenguas y la Constitución,* Madrid, 1988.

desconocía. Resulta una delicia leer sus páginas, salpicando el razonar técnico de las sentencias con citas y testimonios de Juan de Valdés, de Cervantes, Gracián, Marañón o Camilo José Cela. Por primera vez, en lo que yo conozco, el autor nos habla de sí mismo: «me atrevo por un momento a hacerlo —al fin y al cabo estoy leyendo mi testamento académico oficial—, porque dadas mis circunstancias personales creo que puedo intentar (no sé si conseguir) exponer una posición comprensiva, equilibrada, ecuánime, razonable y, en una palabra, justa». Así es. Lo consigue plenamente; y bien harían los líderes políticos catalanes, valencianos, vascos o gallegos en leer con atención este libro.

Permítaseme, finalmente, glosar aquí en dos palabras esas «circunstancias personales» a que se refiere el autor. Quisiera que fuesen un testimonio de homenaje al ejemplar cultivador de nuestra disciplina, que roturó por vez primera y en solitario muchos campos en los que nadie hasta entonces había entrado. Muchos colegas han iniciado la publicación, en estos últimos años, de Cursos y Manuales de la asignatura. Pero los cinco tomos del Derecho Administrativo Especial de Aurelio Guaita siguen ahí, en solitario, y creo que seguirán por muchos años. «Me encuentro hoy —nos dice el autor— como en la conocida locución cervantina, puesto ya el pie en el estribo de mi vida académica oficial; de lo que las leyes administrativas que tan bien tengo el deber de conocer, denominan "situación de actividad"...». Y es que la primera parte de este libro, que es el discurso de gozosa inauguración de un nuevo curso académico, era al mismo tiempo, para él, su lección de despedida. A las pocas semanas se jubilaba, si bien todos esperamos, Dios mediante, que no pase a ser, como él mismo nos promete, «un pasivo, un jubilado propiamente dicho en términos reales».

A ese discurso se le ha añadido después una segunda parte —casi otro tanto de aquél— en la que se actualiza y complementa el tratamiento de la cuestión lingüística hasta marzo de 1988, momento en que el libro se cierra. En su conjunto constituye quizás el tratamiento más equilibrado dado a este tema hasta el momento. Leyendo esta última obra de Aurelio Guaita, se confirma la perplejidad, a la par que la indignación, con que algunos contemplamos la marcha de nuestro país, presidida por una política académica y funcionarial que nos ha privado a los estudiosos del Derecho Administrativo español, en los últimos dos años, de sus más grandes maestros (José Luis Villar Palasí, Eduardo García de Enterría, Fernando Garrido y el propio Aurelio Guaita), todos ellos jubilados a los 65 años. Algo suicida. A veces, en estos años, tiene uno la impresión de ser dirigido por unos advenedizos a medio educar que no saben dónde van, que hacen y deshacen leyes, actuando sobre el cuerpo social con la grosería de un carnicero y no con la precisión del cirujano, que es lo que el país necesitaría.

Pero vengamos al tema de las lenguas, que este libro aborda. Tengo para mí que es éste un problema grave, de repercusiones históricas incalculables en el futuro de los españoles, sobre el que el Gobierno de la Nación —y los demás Gobiernos de las Comunidades Autónomas con lengua propia— deberían reflexionar. Deberían tener muy presente aquello que dice el discreto Gracián en *«El Político Don Fernando El Católico»*, y que Guaita nos recuerda:

> «Pero en la Monarquía de España, donde las Provincias son muchas, las naciones diferentes, *las lenguas varias*, las inclinaciones opuestas, los climas encontrados..., así como es menester gran capacidad para conservar, así *mucha para unir»*.

El libro de Aurelio Guaita nos muestra un cuadro completo de cuál es la situación en que nos encontramos. Lo que alguien ha llamado *«la guerra de las lenguas»* se desarrolla implacable en continuos episodios: nada menos que 187 Sentencias y Autos, si yo he contado bien, han recaído en estos pocos años —diez, desde la Constitución— en los Tribunales españoles, lo que da idea de lo conflictivo de la cuestión. Es uno de esos fenómenos de la España contemporánea que el nuevo Estado constitucional ha suscitado porque constituyen una realidad viva y palpitante de nuestro país que era preciso encauzar.

Todos los que hemos nacido y vivido en regiones bilingües sabemos hasta que punto esta realidad, que es una riqueza, se convierte en un problema para la convivencia de las dos comunidades que habitan en ellas. Unos u otros se sienten en situación de preterición, de sujeción, de desigualdad, lo que genera en ellos, alternativamente, un ansia de desquite, de revanchismo y de imposición. Es quizás lo que en este momento padecemos, aun cuando ello se recubra púdicamente con la palabra «normalización», denominación utilizada por las Comunidades Autónomas que han aprobado hasta ahora sus respectivas leyes de «normalización lingüística, es decir, del estudio, enseñanza, promoción, difusión y progresiva implantación y extensión de la correspondiente lengua propia». Pero lo cierto es que tal política es vista por otros grupos de ciudadanos, en Valencia, en Cataluña, en Galicia, en el País Vasco o en Baleares, no como una implantación o una promoción para aquellos que deseen utilizarla, sino más bien como una declarada o encubierta imposición, semejante y de signo contrario a la que estas Comunidades tuvieron que sufrir en años felizmente superados [1].

---

[1] Después de escribir estas líneas, hemos asistido —estamos asistiendo— a una disparatada política lingüística en estas Comunidades Autónomas (Cataluña, País Vasco, Galicia y Valencia) en las que, con un horizonte aldeano y miope, se limita, cuando no se persigue, el uso del castellano en las escuelas y el comercio, lo cual además de inconstitucional, es suicida para estas comunidades y sus poblaciones.

Pues bien, el estudio de Aurelio Guaita resulta extraordinariamente iluminador. Estamos —dice el autor— ante un tema muy emocional, en el que para algunos se pone en juego su propia identidad porque en él se expresan sus creencias más profundas, sus sentimientos más hondos, sus amores más intensos; para otros, casi siempre castellano-parlantes, se trata de un problema artificial, una complejidad innecesaria que se introduce en el funcionamiento de las instituciones, de la Administración Pública, de la Justicia, de los Centros de Enseñanza, y que exige dispendios inútiles. En definitiva un obstáculo más a la eficacia de aquéllas. Naturalmente, el diálogo entre ambas actitudes de espíritu resulta imposible. Y sin embargo, ese diálogo es necesario y debe ser articulado por el Derecho.

No es fácil la ordenación jurídica de temas tan hondamente sentidos. Es interesante destacar que el autor inicia este pequeño gran libro con la siguiente dedicatoria: «A mis padres, que me hablaban siempre en valenciano, pero que se cuidaron de que aprendiera también la lengua castellana». Es todo un símbolo. Porque este tema de las lenguas no puede ser tratado con la fría razón de las estadísticas, de los intereses del mercado, de las mayorías políticas o de la eficacia económica, que son las razones con las que muchas veces argumentamos los juristas. Este tema requiere la sensibilidad del humanista; requiere acercarse a él, también, con el corazón de aquellos que aman y disfrutan de su lengua, que es a la postre el alma de los pueblos.

Y tal es el feliz equilibrio que este trabajo alcanza, escrito en la plena madurez de su autor, que refleja en él su fino instinto de jurista, su vasta cultura y, sobre todo, un corazón sensible capaz de albergar en su seno esa gran capacidad para conservar, así como para unir, que pedía Gracián.

LECCIÓN 35.ª
EPÍLOGO: «CONTRA UN NUEVO LEVIATÁN» *

Sr. Presidente-Editor de ABC

Sras. y Sres.:

Sean mis primeras palabras, de agradecimiento por el honor que se me ha dispensado. No lo es pequeño para mí, estar aquí esta noche, entre estas paredes cargadas de historia, para recibir un premio periodístico de tan larga tradición. Desde 1929, esta escena se ha repetido año tras año y yo me siento hoy muy orgulloso de sumarme a esa relación de nombres ilustres que me han precedido a lo largo del medio siglo, entre los que yo soy el menor.

Resulta obligado dedicar un recuerdo en este momento al titular del premio que se me otorga, el fundador y primer Presidente de esta casa. Él simboliza plenamente lo que aquí se quiere galardonar: no una persona, sino unas ideas, una actitud de espíritu, un mensaje de libertad y humanismo. El primer Marqués de Luca de Tena fue un hombre coherente, leal y valiente, tres virtudes esenciales en tiempos no fáciles como los suyos; o como los nuestros. Bueno es recordarle hoy.

Para quienes son profesionales del periodismo, los premios que esta noche se celebran, son algo natural y constituyen la culminación de una carrera. Para mí es algo más: conlleva la alegría de no haber defraudado la confianza que otros pusieron en mí. Yo soy un modesto profesor universitario, un jurista que, aficionado a las ciencias sociales, sintió un día la necesidad de decir algo. A la amable acogida que la Dirección de esta casa me dispensó, y en especial a Darío Valcárcel, que me alentó en la tarea, quisiera yo hacerle partícipe de este honor, a la par que hago público mi reconocimiento.

Pero la reflexión que esta noche se impone no se centra, obviamente, en la persona, sino en el trabajo galardonado, que aborda un problema muy preocupante para la sociedad española. En España vamos camino de hacer realidad aquella idea del Estado-máquina política que describió Hobbes: un Leviatán protector, al que el ciudadano confía todas sus necesidades y ante el que depo-

---

* Discurso pronunciado en la Cena de los Premios Cavia y Luca de Tena con motivo de la concesión al autor del segundo de ellos en 1985. Este texto, escrito en 1986, conserva desgraciadamente plena actualidad 25 años después. Resulta penoso —y alarmante— que ello sea así. Por ello, he querido incorporarlo a esta colección de lecciones escogidas, no sólo como un testimonio «histórico» sino como una voz de alarma que es preciso reiterar en el día de hoy, 17 de agosto de 2010.

ne todos sus derechos, en el que se concentra todo el poder, sin sujeción a norma alguna, porque él mismo es dueño y señor del Derecho.

El Leviatán de Hobbes surge en una época muy parecida a la que nos ha tocado vivir; un tiempo de grandes cambios y grandes temores. En el turbulento ecuador del siglo XVII, el miedo era una constante del vivir humano. Ese fue el caldo de cultivo de las ideas sobre el poder absoluto, que nos ofrece protección a cambio de sometimiento. En todas las épocas, ese fenómeno del miedo, de la inseguridad dentro de la sociedad civil, dará lugar al mismo resultado: la sumisión al poder. El «gran miedo», durante la Revolución, dio paso, primero, a la tiranía de los Gobiernos del Terror y, luego, a Napoleón; el miedo a la miseria y a la anarquía, en la Alemania de los años treinta, termina con el ascenso de Hitler al poder; el miedo de la sociedad española, tras los horrores de la Guerra Civil, alumbró su entrega incondicionada al General Franco. Los ejemplos no son parangonables, pero en todo caso una sociedad temerosa, que no sabe adónde va, está siempre al borde de entregar su libertad.

No son necesarias grandes dotes de observador para percatarse de que en España, en los últimos años, se ha ido extendiendo una sensación de miedo, producto de muy diversas causas. Se habla de un temor de los empresarios a invertir, de los jóvenes a emprender (prefieren un empleo burocrático), de los políticos a hablar por teléfono, de las gentes a circular por las calles, del miedo al paro; se habla del miedo del funcionario, que teme ser postergado; de los empresarios que trabajan para el Estado, que temen ser marginados; del miedo del banquero, que ha visto el triste resultado de alguno de sus colegas. El golpismo, el separatismo, el terrorismo terrible que hemos padecido, alimentan también un cierto miedo al futuro, un miedo de fondo, un miedo histórico.

No se trata sólo de la incertidumbre y riesgo que son propios de la vida. A lo que yo me refiero es a algo más. Es un miedo oscuro y no confesado que ha engendrado en muchos sectores de nuestra sociedad la tentación de abandonarse a un Estado lleno de poder. Y así, hemos visto crecer en nuestro país un nuevo Leviatán desencadenado, como le llama Passerin d'Entreves, que nos protege, que mantiene a raya no se sabe qué «poderes fácticos», que pacifica —dice— unas bases radicalizadas, que compra personas y ocupa instituciones, que ofrece negocios, financia sindicatos, mantiene a la Iglesia, subvenciona a los partidos, reconvierte sectores y sanea los bancos en crisis. A cambio, naturalmente, todos tienen un precio que pagar: el sometimiento al «Señor», en una especie de nuevo feudalismo.

Todo es poco para alimentar a este Leviatán protector. Su enorme déficit se traga el dinero que debería servir para crear riqueza. Y una vez él mismo enriquecido, con la voracidad de una política fiscal esquilmadora, ofrece sus favores y ocupa, sin protestas, eso que se llama «sociedad civil». Aquéllos a los que previamente ha empobrecido acuden solícitos a él y, recordando un viejo refrán, aceptan que «quien paga la música, diga lo que hay que tocar». El resultado, a la vista está: unas instituciones de crédito convertidas casi en dependencias estatales, una sanidad burocratizada, una enseñanza degradada, progresivamente estatalizada, una parte de los medios (cine, radio, televisión) que vive de subvenciones o que son graciosamente «concedidos». Estos y otros tantos hitos, jalonan nuestro particular *«camino de servidumbre».*

No, no es la incertidumbre y el riesgo propios de la vida humana. No son sólo temores difusos, miedos más o menos infundados. Digámoslo claramente: es el miedo político, un temor concreto y real a la amenaza permanente del poder. Cada atropello, cada invasión —alguna como la de RUMASA de la que todavía no nos hemos recuperado— han ido precedidos y acompañados de penosos episodios de claudicación. Ha habido silencios temerosos por parte de quienes tenían el deber de alzar la voz. Han sido silencios ensordecedores de los que conviene levantar acta. Y ante ese ejemplo, ¿cómo no comprender que el miedo se haya extendido a una buena parte de la sociedad española?

Deben recordarse aquí, esta noche, unas palabras célebres del gran juez americano Louis D. Brandeis, cuando dijo: «aquéllos que conquistaron nuestra independencia creían firmemente que la libertad es el secreto de la felicidad y el coraje el secreto de la libertad; que la gran amenaza a la libertad es un pueblo inerte; que la discusión pública es un deber cívico y que éste debía ser un principio fundamental de nuestro sistema de gobierno». Porque los silencios aumentan la sensación de inseguridad y llevan a la gente a preguntarse: ¿a dónde va a ir a parar todo esto?

Pues bien, quedaba todavía una barrera que contenía a nuestro Leviatán. Estaban los jueces, los Tribunales. Porque ésta es la cuestión más preocupante: ¿cómo es posible que tanto miedo exista en un *Estado de Derecho,* que se dice *«social y democrático»*?, ¿cómo es posible que ello se dé en un Estado Constitucional? ¿Acaso no quedan Tribunales?

Cuando Montesquieu y los padres de la Constitución Americana articularon el concepto de Constitución, les animaba la idea de establecer un sistema de garantías institucionales que asegurase la libertad y diera seguridad al ciudadano. El concepto de Constitución equivale esencialmente a Gobierno limitado. Se fijaron para ello en tres mecanismos: primero, el reconocimiento de unos *derechos fundamentales* del hombre y del ciudadano, inherentes a la persona, anteriores al Estado y a la ley; segundo, *la separación de poderes,* de modo que uno apruebe las normas, otro las aplique y un tercero, independiente de los anteriores, controle su aplicación; finalmente, el *principio de legalidad* en la actuación de los poderes públicos, esto es, la predeterminación y vinculación a la Ley —una norma abstracta y general— del contenido de las actuaciones singulares de los gobernantes. Es la bella utopía del Estado de Derecho, de un Estado de justicia. Es el *«Government by law, not by men»*.

Todos sabemos las quiebras y frustraciones que esa profunda aspiración humana ha tenido desde entonces. Es mi más firme convicción —y tengo para ello muy buenas razones, que ahora no puedo explicar—, que el Estado de Derecho, esto es, la garantía de la libertad, la igualdad y la justicia, no está hoy en los contenidos, sino en las formas: en el respeto a la naturaleza de las Instituciones, en el normal funcionamiento de éstas, en un sistema objetivo de distribución de competencias, en la fidelidad a los procedimientos que el Derecho impone para la adopción de decisiones por los poderes públicos. El Estado moderno es una compleja y a veces peligrosa organización de poder, tanto político como económico, que está presidido por un sistema institucionalizado de sujeciones y controles, de procedimientos y formas de actuación, que son garantía de libertad. Si ese orden se falsea o degrada, si se rompen las reglas y se olvidan las formas, entonces ese Estado, aparentemente democrático, se convierte en un Estado absoluto, tiránico, aunque sea con la tiranía de la mayoría. Hay que reafirmar, por tanto, otra vez, la exigencia de lealtad a las instituciones del Estado, no solamente a su letra, sino también a su espíritu, a su tradición, a su historia, a los valores que encarnan, a eso que se llama la «Constitución material» de una nación. Hay que reafirmar la fe en el Derecho.

El respeto al Derecho no es sólo garantía de libertad individual, sino también garantía de buen gobierno. El derecho no es una carrera de obstáculos para el gobernante, sino un camino seguro de justicia y también de eficacia. El Derecho es producto de la razón y de la historia. Es sabiduría acumulada a lo largo de los siglos, y sólo la ignorancia o una aterradora inexperiencia puede explicar la falta de respeto a esos principios esenciales del orden jurídico-público, que son hoy patrimonio universal en las sociedades libres. Sólo los que se creen salvadores de una nación desprecian las formas. Se consideran portadores de la verdad, que creen llevar siempre, como le gustaba decir a Unamuno, en el bolsillo de su chaleco. Si el Derecho no sirve para sus objetivos —llámese revolución o cambio, que para el caso es lo mismo— lo fuerzan, lo alteran o lo ignoran. El Derecho —piensan— es sólo un instrumento: *¡salus populi, suprema lex!* Es esta concepción la que justifica el *uso alternativo del Derecho,* la perversión de la ley, la deslegalización de cuantas materias sea posible, el imparable crecimiento del articulado de esas leyes de acompañamiento a los Presupuestos, que alteran cada año la totalidad del ordenamiento y, en una palabra, la justificación *a priori* del arbitrismo gubernamental. La consecuencia de todo ello es ésta: el orden jurídico, en vez de proteger al ciudadano y darle seguridad, se convierte en un mecanismo más de opresión y angustia. Esta falta de respeto a las reglas del juego, a las formas, a la naturaleza de las Instituciones, constituye, para este observador, la más grave tara de estos años de Gobierno socialista.

Pero las consecuencias de un tal proceder no se hacen esperar y se manifiestan antes o después en toda su gravedad. No podemos engañarnos. Desde que en 1978 se aprobó la Constitución, el desprestigio de las grandes Instituciones del Estado, con la sola excepción de la Corona, que ha visto crecer su autoridad y su prestigio en el mundo entero, ha sido alarmante: tenemos un Parlamento domesticado (y en ocasiones, burlado), un Tribunal Constitucional que atraviesa una grave crisis de supervivencia, un Poder Judicial que se ve mediatizado, un Tribunal Supremo desautorizado, un Consejo de Estado desprestigiado, un Tribunal de Cuentas silenciado, cuyos informes más significativos son olímpicamente ignorados, una Administración politizada, una Función Pública atemorizada o, en fin, una extinta Dirección General de lo Contencioso del Estado, antaño tan prestigiosa y hoy sustituida por legistas a sueldo.

Podría seguir, pero no es necesario. Baste concluir que un Estado así no puede ser, en verdad, un Estado de Derecho; ni siquiera un Estado respetable, porque como ha dicho recientemente una autorizada voz, no se respeta a sí mismo. Se ha convertido en máquina política de dominación, en el viejo y desencadenado Leviatán.

Frente a él, una sociedad insensibilizada soporta, bajo los efectos de una extraña anestesia, cuantas intervenciones quirúrgicas se operan sobre el cuerpo social. En la versión de la Ética a Nicómaco que hace unos años nos dio Julián Marías, éste escribió lo que sigue: «la sociedad es lo decisivo, no la política ni el Estado, porque cuando parece que es la política quien decide, lo que pasa es que la sociedad está enferma y es, una vez más, el sustrato social —en este caso, su enfermedad— quien hace posible, *en lugar del poder legítimo, la ilimitada prepotencia* política, que termina en la inseguridad». ¿No les suena a ustedes esta canción?

Pues bien, ha llegado la hora de decir basta. Devolvamos al Estado su dignidad, su ética inmanente, su autoridad moral. Aquella idea pura del Estado, realización de la idea moral, que Hegel defendió, se ha perdido y es preciso volver a ella. Acabemos con el golpe de Estado continuado. Reconozcamos al Parlamento —no sólo a la mayoría, sino sobre todo a las minorías— su derecho a controlar, esto es, a conocer, a investigar, a imponer el debate público, que es siempre purificador. Devolvamos a los representantes elegidos por el pueblo —hoy mudos— su capacidad de hablar. Respetemos escrupulosamente la Justicia, devolvamos al Consejo General del Poder Judicial su plena independencia y su perfil constitucional; acatemos las decisiones de Jueces y Tribunales que son, en su mayoría, de una integridad ejemplar; proclamemos nuestra confianza renovada y plena en el Tribunal Constitucional, que es una de las claves de la democracia española; restablezcamos a la Función Pública en su profesionalidad y su independencia. Demos, en una palabra, una vez más, la batalla por el Derecho.

Quienes de verdad quieran hacer frente a esa amenazante maquinaria de poder, deben incorporarse a esta tarea. Hay que sujetar al Leviatán. Con tal propósito y con tal intención se escribió el artículo que hoy celebramos.